Dicionário
Alemão

Alemão ⋆ Português
Português ⋆ Alemão

CB074295

Dicionário Alemão

Alemão ★ Português
Português ★ Alemão

COORDENAÇÃO

Afonso Telles Alves

Expediente

Fundador	Italo Amadio (*in memoriam*)
Diretora editorial	Katia F. Amadio
Revisão Técnica	Sandro Figueredo
Revisão	Marcela Vaz Roseli Simões
Diagramação	Sheila Fahl / Projeto e Imagem

```
Dados Internacionais de Catalogação na Publicação (CIP)
             Angélica Ilacqua CRB-8/7057

    Dicionário Alemão : Alemão - Português - Alemão /
  coordenação de Afonso Telles Alves. -- São Paulo : Rideel,
  2021.
    368 p.

  ISBN 978-65-5738-237-0

  1. Língua alemã - Dicionários - Português 2. Língua portuguesa
  - Dicionários - Alemão I. Alves, Afonso Telles

  21-2052                                          CDD 433.69

              Índices para catálogo sistemático:

    1. Língua alemã - Dicionários - Português
    2. Língua portuguesa - Dicionários - Alemão
```

© Copyrigth – Todos os direitos reservados à

e-mail: sac@rideel.com.br
www.editorarideel.com.br

Proibida a reprodução total ou parcial desta obra, por qualquer meio ou processo, especialmente gráfico, fotográfico, fonográfico, videográfico, internet. Essas proibições aplicam-se também às características de editoração da obra. A violação dos direitos autorais é punível como crime (art. 184 e parágrafos do Código Penal), com pena de prisão e multa, conjuntamente com busca e apreensão e indenizações diversas (artigos 102, 103, parágrafo único, 104, 105, 106 e 107, incisos I, II e III, da Lei n. 9.610, de 19/02/1998, Lei dos Direitos Autorais).

3 5 7 9 8 6 4
0 5 2 3

APRESENTAÇÃO

Elaboramos este *Dicionário de Alemão* tendo como ponto de partida as ofertas linguísticas do dia a dia, ou seja, do cinema, do rádio, da televisão, dos videogames, da inventividade popular. Cuidamos também da inclusão de neologismos e expressões pertinentes às diversas disciplinas curriculares do ensino fundamental e médio.

Fácil de carregar e manusear, este dicionário é ideal para todas as pessoas que necessitam de uma fonte de consulta rápida e precisa.

O Editor

QUADRO DE PRONÚNCIA — ALEMÃO

VOGAIS

Palavras em alemão	Som aproximado em português	Transcrição usada no dicionário
Stadt, dann	„a" curto, como em „abelha"	a
Name, Paar, Fahrer	„a" longo, como em „água"	a:
Geste, setzen	„é" curto, como em „esperto"	é
Geste, setzen	„e" curto, quase „a", como em „mesa"	e
Tee, den, nehmen	„ê" longo, como em „êxtase"	ê:
Bild, ist, bitte	„i" curto, como em „cidade"	i
Spiel, mir, Ihr	„í" longo, como em „ímã"	i:
doch, von	„ó" curto, como em „hora"	ó
Cola, Zoo, wohnen	„ô" longo, como em „ônibus"	ô:
Gruppe, hundert	„u" curto, como em „jabuti"	u
Stuhl, gut	„ú" longo, como em „único"	u:
Gäste	„é" curto, como em „esperto"	é
spät, wählen	„ê" longo, como em „êxtase"	ê:
Töpfe, zwölf	**vogal curta entre „o" e „e"** = lábios arredondados como se pronunciasse „ô", emitindo som de „é"	ø
schön, fröhlich	**vogal longa entre „o" e „e"** = lábios arredondados como se pronunciasse „ô", emitindo som de „ê"	ø:
Stück, erdnüsse	**vogal curta entre „u" e „i"** = lábios arredondados como se pronunciasse „u", emitindo som de „i"	y
Tür, Stühle	**vogal longa entre „u" e „i"** = lábios arredondados como se pronunciasse „u", emitindo som de „i"	y:
Typ	**vogal longa entre „u" e „i"** = lábios arredondados como se pronunciasse „u", emitindo som de „i"	y:

Palavras em alemão	Som aproximado em português	Transcrição usada no dicionário
Gymnastik	**vogal curta entre „u" e „i"** = lábios arredondados como se pronunciasse „u", emitindo som de „i"	y
Kaufhaus, laut	„au", como em „**au**tomóvel"	au
Häuser, teuer	„ói", como em „jib**ói**a"	ói
Weißwein, Mai	„ai", como em „p**ai**"	ai

CONSOANTES

Palavras em alemão	Som aproximado em português	Transcrição usada no dicionário
Buch, Hobby, schreiben	„b", como em „**b**anana"	b
Laden, der, die, das	„d", como em „**d**ado"	d
Freund, finden, Koffer	„f", como em „**f**aca"	f
Ingenieur, Garage	„g", como em „**g**elo"	j
Wagen, gut	„g", como em „**g**ato" e „**gu**erra"	g - gu
Haus, haben, Gesundheit	Aspirado, próximo do „r" em „**r**ato"	rh
Journalist, Jalousie	„j", como em „**j**acaré"	j
Jahr, jetzt	quase um „i", porém mais brando	i
Koch, Zucker	como em „**c**asa" e „**qu**eijo"	k
Telefon, alles, schnell, mogeln	„l", como em „**l**ápis"	l
Mantel, Lampe, dem	„m", como em „**m**acaco"	m
Nudeln, kennen	„n", como em „**n**avio"	n
Papiere, Suppe	„p", como em „**p**ato"	p
Qual, Qualität, bequem	„kv", som de „k" seguido de „v", não se lê como em „qualidade" ou „queijo".	kv

Palavras em alemão	Som aproximado em português	Transcrição usada no dicionário
Reise, Rhythmus, Gitarre	„r", forte uvular ou brando como em „barata"	r
Eis, Adresse	„s", como em „sapo" e „mais"	s
Sofa, sie, super, Kaiser	„z", como em „zebra" ou como o „s" em „casa"	z
heißen, weiß	„ss", como em „pássaro"	ss - s
Tag, Mittag, Methode	„t", como em „tatu"	t
Vater, vielleicht, naiv, vergessen, von	„f", como em „faca"	f
Verb, Vitamin, Adverb	„v", como em „vaca"	v
Wasser, gewesen, wie, was, woher	„v", como em „vaca"	v
Examen, Explosion, Infobox	como o „x" em „táxi"	ks
Zeit, zu, Salz	como o „z" em „pizza"	ts
Urlaub, abholen, Kalb	„p", como em „papel"	p
Fahrrad, Stadt, Feld, Adverb, Advokat	„t", como em „atmosfera"	t
Tag, Dialog	„k", como em „casa" ou „queijo"	k
Schwierigkeit, ledig, zwanzig	sem correspondente em português*	çh
Mutter, Fahrer, wir	„a" breve, como em „filha"	a
Milch, nicht, Bücher, Mechaniker	sem correspondente em português*	çh
Buch, acht, auch, doch, Hochzeit	sem correspondente em português**	*RR*
Chaos, sechs	como o „c" de „casa"	k
Alphabet, Philosophie	„f", como em „faca"	f
Tisch, schreiben, schön	como o „x" em „xadrez" e o „ch" em „chapéu"	ch
Student, stehen, verstehen	como o „x" em „xadrez" e o „ch" em „chapéu"	ch

Palavras em alemão	Som aproximado em português	Transcrição usada no dicionário
Sprache, **s**prechen, ver**s**prechen	como o „**x**" em „**x**adrez" e o „**ch**" em „**ch**apéu"	ch
Lek**t**ion, Spedi**t**ion, Kau**t**ion	como o „**z**" em „pi**zz**a"	ts

* **som inexistente em português**. Para uma pronúncia correta: encostar a ponta da língua nos dentes inferiores. Aproximar a parte posterior da língua do céu da boca e produzir um som suave. Não é o mesmo som do "ch" do português.
** **som inexistente em português**. Para uma pronúncia correta: encostar a ponta da língua na gengiva inferior e produzir um som forte, gutural, semelhante ao „**j**" do espanhol em **„Juan"**. *Dica:* "Buch" (livro), pronuncia-se como em "burro", porém sem o "o" final, reforçando o som do "r".

ABREVIATURAS

Foram utilizadas para a confecção deste dicionário as seguintes abreviaturas:

abrev.	abreviatura;
adj.	adjetivo;
adv.	advérbio;
art.	artigo;
card.	cardinal;
compar.	comparativo;
conj.	conjunção;
contr.	contração;
def.	definido;
dem.	demonstrativo;
fem.	gênero feminino;
fig.	sentido figurado;
indef.	indefinido;
interj.	interjeição;
loc. adv.	locução adverbial;
loc. pron.	locução pronominal;
masc.	gênero masculino;
neut.	gênero neutro;
num.	numeral;
ord.	ordinal;
pess.	pessoal;
pl.	plural;
poss.	possessivo;
prep.	preposição;
pron.	pronome;
sing.	singular;
s.f.	substantivo feminino;
s.m.	substantivo masculino;
s.n.	substantivo neutro;
superl.	superlativo;
v.	verbo;
v.i.	verbo intransitivo;
v.l.	verbo de ligação;
v.p.	verbo pronominal;
v.t.	verbo transitivo;

e algumas outras de fácil entendimento.

Alemão
Português

A [a] primeira letra do alfabeto alemão; A,a; lá (nota musical); *von — bis Z*: do princípio ao fim.

Aal [á:l] *s.m.*, -e enguia.

aal.glatt [á:l-glat] *adj.* muito hábil; fino.

Aasgei.er [á:s-gaia] *s.m.*, -. abutre.

ab [áp] *prep.* de, desde, a partir de. *part.* que indica separação.

ab.än.dern [ápéndérn] *v.* mudar, consumir.

Ab.än.de.rung [áp-énderunk] *s.f.*, -en. modificação, alteração.

ab.ar.bei.ten [áp-árbaiten] *v.* usar, gastar alguma coisa, pelo uso; *eine Schuld —*: indenizar uma dívida pelo trabalho; *sich —*: labutar, estafar-se, afadigar-se.

ab.är.geren [ápéaguéren] *v.* enfadar, vexar; *sich —*: consumir-se pelo despeito.

Ab.art [áp-árt] *s.f.*, -en variedade, variação.

Ab.ar.tung [áp-ártunk] *s.f.*, -en. variação, anomalia.

Ab.bau [áp-báu] *s.m.* (*sem plural*). exploração, redução; demolição; *— hammer*: picareta.

ab.bau.en [áp-báuen] *v.* explorar, reduzir.

ab.bei.ßen [áp-baissen] *v.* morder, cortar com os dentes.

ab.bil.den [áp-bilden] *v.* retratar, modelar, figurar.

Ab.bil.dung [áp-bildunk] *s.f.*, -en. retrato, figura, imagem.

ab.bin.den [áp-binden] *v.* desligar, desamarrar.

Ab.bit.te [áp-bite] *s.f.*, -n. desculpa, perdão.

ab.bit.ten [áp-biten] *v.* pedir perdão.

ab.blassen [áp-blásen] *v.* soprar, descarregar, anular.

ab.blät.tern [ap-blétérn] *v.* desfolhar.

ab.bre.chen [ap-bréçhen] *v.* quebrar, romper, desmembrar, abater, colher.

ab.bren.nen [ap-brenen] *v.* incendiar, queimar.

ab.brin.gen [ap-bringuen] *v.* desviar; *einen von etwas —*: dissuadir de.

Ab.bruch [ap-brúrr] *s.m.* (*sem plural*). ruptura, quebra, derribamento.

ab.bu.chen [ap-bu-rren] *v.* debilitar.

ab.bü.ßen [ap-by:ssen] *v.* expiar.

Ab.da.chung [ap-da-drunk] *s.f.*, -en. descida, talude; inclinação, pendor, vocação.

ab.dan.ken [ap-dánken] *v.* despedir-se, licenciar; abdicar.

Ab.dan.kung [ap-dánk-unk].*s.f.*, -en. despedida, licença, abdicação.

ab.dar.ben [ap-dár-ben] *v.* privar-se do necessário, poupar privando-se do alimento.

ab.de.cken [ap-dé-ken] *v.* descobrir; destelhar; pagar, amortizar, esfolar, levantar; *den Tisch —*: tirar a mesa.

ab.din.gen [ap-dín-gen] *v.* baixar, negociar o preço.

ab.dre.hen [ap-drè:en] *v.* torcer, tirar torcendo.

ab.drin.gen [ap-drín-gen] *v.* extorquir.

Ab.dru.ck [ap-drúk] *s.m.*, -e. estampa, cópia, marca, sinal, impressão.

ab.dru.cken [ap-drúken] *v.* imprimir, estampar, disparar.

ab.drücken [ap-dryken] *v.* moldar.

ab.dun.keln [ap-dúnkeln] *v.* escurecer, dar cor escura a.

A.bend [ábent] *s.m.*, -e. tarde, noite; *der heilige —*: véspera de Natal; *guten —*: boa noite!; *— werden*: anoitecer; *zu — essen*: jantar.

A.bend.an.dacht [ábent-andarrt] *s.f.*, -en. orações da noite.

A.bend.brot [ábent-brót] *s.n.*, -e. ceia, jantar.

a.bend.län.disch [ábent-lén-dich] *adj.* ocidental.

a.bend.lich [ábent-liçh] *adj.* vespertino, da noite.

A.bend.rot [ábent-rót] *s.n.*, *Abendröte*. arrebol.

A.ben.teu.er [abentóia] *s.n.*, -. aventura.

a.ben.teu.er.lich [abentóia-liçh] *adj.* aventuroso, cheio de aventura.

A.ben.teu.rer [abentóir-a] *s.m.*, -. aventureiro.

a.ber [ába] *conj.* mas, porém, contudo, todavia.

Aber.glau.be [ába-gláube] *s.m.* (*sem plural*). superstição.

a.ber.gläu.bisch [ába-glóibich] *adj.* supersticioso.

ab.er.ma.lig [ába-máliç] *adj.* novo, repetido.

a.ber.mals [ába-máls] *adv.* de novo, novamente.

ab.fah.ren [ap-fá:-ren] *v.* partir (em carruagem, em trem etc.); *— lassen*: mandar passear.

Ab.fahrt [ap-fá:rt] *s.f.*, -en. partida.

Ab.fall [ap-fál] *s.m.*, *Abfälle*. caída, queda, pendor, lixo.

ab.fal.len [ap-fálen] *v.* cair, enfraquecer.

ab.fäl.lig [ap-féliçh] *adj.* que cai, caidiço; apóstata; desfavorável; caduco.

ABFANGEN • ABHALTEN

ab.fan.gen [ap-fánguen] v. apanhar, colher; interceptar, desviar (com prejuízo de outrem).

ab.fas.sen [ap-fássen] v. compor, assentar, apanhar, prender, lançar por escrito.

Ab.fassung [ap-fássunk] s.f., -en. composição, redação, recopilação.

ab.fau.len [ap-fáulen] v. apodrecer, cair de putrefação.

ab.fei.len [ap-fáilen] v. tirar com uma lima, limar, alisar.

ab.fer.ti.gen [ap-féatiguen] v. despachar, expedir; einen —: despedir alguém grosseiramente.

Ab.fer.ti.gung [ap-féatigunk] s.f., -en. despacho, expedição.

ab.fin.den [ap-finden] v. pagar, contentar, satisfazer; sich —: contentar-se, acomodar-se, resignar-se.

Ab.fin.dung [ap-fin-dunk] s.f., -en. satisfação, pagamento.

ab.fi.schen [ap-fíchen] v. pescar; das Beste —: tirar a nata, o melhor.

ab.fla.chen [ap-flá-rren] v. aplanar, aplainar, nivelar.

ab.flau.en [ap-fláuen] v. diminuir.

ab.flie.gen [ap-flíguen] v. voar, fugir voando.

ab.flie.ßen [ap-flíssen] v. correr, escoar-se.

Ab.flug [ap-flúk] s.m., Abflüge. partida (do avião), decolagem.

Ab.fluß [ap-flús] s.m., Abflüsse. escoamento.

ab.for.dern [ap-fórdérn] v. pedir, requerer.

ab.fra.gen [ap-frà:guen] v. perguntar, interrogar.

ab.füh.ren [ap-fy:ren] v. transportar, conduzir, evacuar, obrar; entregar; — vom Thema; — vom Wege: afastar, desviar.

Ab.führ.mit.tel [ap-fy:a-mitel] s.n., -. purgante, laxante.

ab.füh.rungmit.tel [ap-fy:runks-mitel] s.n., -. V. Abführmittel.

Ab.ga.be [ap-gá:be] s.f., -n. entrega, imposto, contribuição.

Ab.gang [ap-gáng] s.m., Abgänge. perda, diminuição, falta.

ab.ge.ben [ap-guê:ben] v. entregar; dar; sich — mit: ocupar-se de, dedicar-se a; sich nicht — wollen mit: não se interessar por.

ab.ge.dro.schen [ap-guedrórchen] adj. trivial, vulgar.

ab.ge.feimt [ap-guefáimt] adj. astuto, velhaco.

ab.ge.hen [ap-guê:en] v. partir, ir-se embora; sair; Gemus.

ab.ge.lebt [ap-guelépt] adj. muito velho, decrépito, caduco.

ab.ge.le.gen [ap-guelê:gen] adj. solitário, distante, desviado, remoto.

ab.gel.ten [ap-guélten] v. pagar.

ab.ge.messen [ap-guemēssen] adj. compassado, medido, regular.

ab.ge.neigt [ap-guenáikt] adj. contrário, desafeto, inimigo.

ab.ge.nutzt [ap-guenútst] adj. gasto, usado.

Ab.ge.ord.ne.te [ap-gue-óat-nete] s.m. + s.f., -n. deputado, delegado, representante.

ab.ge.re.det [ap-guerêdet] adj. apalavrado, concertado, ajustado.

Ab.ge.sand.te [ap-guezánte] s.m. + s.f., -n. embaixador, enviado.

ab.ge.schie.den [ap-guechí:den] adj. separado, retirado, só.

Ab.ge.schie.den.heit [ap-guechí:den-rháit] s.f., -en. solitude, retiro, afastamento.

ab.ge.schlif.fen [ap-guech-lifen] adj. polido.

ab.ge.schmackt [ap-guech-mákt] adj. insípido, sem graça.

ab.ge.se.hen [ap-gue-zê:en] p. pt. v. absehen; — von: exceto; abstraindo de; a não ser; es auf — haben: ter em mira, visar.

ab.ge.spannt [ap-gue-chpánt] adj. fatigado, abatido.

ab.ge.stan.den [ap-gue-chtánden] adj. que não é fresco, amanhecido.

ab.ge.stor.ben [ap-gue-chtóaben] adj. apático, indiferente.

ab.ge.tra.gen [ap-gue-trá:guen] adj. usado, gasto.

ab.ge.wöh.nen [ap-gue-vø:nen] v. desacostumar.

Ab.glanz [ap-glánts] s.m. (sem plural). reflexo.

ab.glei.chen [ap-glái-chen] v. igualar, aplanar.

ab.glei.ten [ap-glái-ten] v. escorregar, resvalar, deslizar, separar-se de, cair.

Ab.gott [ap-gót] s.m., Abgötter. ídolo.

Ab.göt.te.rei [ap-ggøte-rái] s.f., -en. idolatria.

ab.göt.tisch [ap-gø-tich] adj. idólatra, idolátrico.

ab.gra.ben [ap-grá:ben] v. cavar, sangrar; das Wasser —: desviar curso d'água.

ab.gra.sen [ap-grá:zen] v. cortar ou segar a erva.

ab.gren.zen [ap-gréntsen] v. marcar ou traçar os limites, limitar.

Ab.gren.zung [ap-grèn-tsunk] s.f., -en. demarcação.

Ab.grund [ap-grúnt] s.m., Abgründe. abismo, precipício.

ab.gür.ten [ap-gyaten] v. descingir, desapertar, soltar o cinto.

Ab.guß [ap-gús] s.m., Abgüße. molde.

ab.ha.ben [ap-rháben] v. — wollen: querer também (familiar).

ab.ha.cken [ap-rháken] v. cortar, partir ou derrubar com machado.

ab.ha.ken [ap-rhá:ken] v. tirar, soltar, desenganchar.

ab.hal.ten [ap-rhálten] v. ter apartado de si, deter, impedir; eine Sitzung —: fazer uma junta, uma reunião.

ABHANDELN • ABMÄHEN

ab.han.deln [ap-rhán-déln] v. comprar, regatear no preço; dissertar, discursar.
ab.han.den [ap-rhánden] v. — kommen: perder-se, desaparecer.
Ab.hand.lung [ap-rhánt-lunk] s.f., -en. tratado, ensaio, dissertação.
Ab.hang [ap-rháng] s.m., Abhänge. encosta, declive, escarpa, pendor.
ab.hän.gig [ap-rhén-guiçh] adj. dependente.
Ab.hän.gig.keit [ap-rhén-guiçh-káit] s.f., -en. dependência; gegenseitige —: interdependência.
ab.här.ten [ap-rhéa-ten] v. endurecer, fortalecer.
Ab.här.tung [ap-rhéa-tunk] s.f., -en. endurecimento.
ab.hau.en [ap-rháuen] v. cortar, derrubar com machado; den Kopf —: decapitar, degolar.
ab.he.ben [ap-rhé:ben] v. levantar, tirar, levar.
ab.het.zen [ap-rhé-tsen] v. cansar à força de correr.
Ab.hil.fe [ap-rhil-fe] s.f., -n. remédio; — schaffen: remediar.
ab.ho.len [ap-rhô:-len] v. ir ou vir buscar alguém ou alguma coisa.
ab.hol.zen [ap-rhól-tsen] v. cortar mato ou bosque.
ab.hor.chen [ap-rhôa-chen] v. aprender escutando, estar à escuta.
ab.hö.ren [ap-rhø:ren] v. interrogar, ouvir testemunha.
Ab.hub [ap-rhúp] s.m., -Abhübe. resto, sobejo, resíduo.
Ab.hül.fe [ap-rhyl-fe] s.f., -n. remédio.
ab.hül.fen [ap-rhyl-fen] v. debulhar, descascar, esburgar legume.
ab.hun.gern [ap-rhún-gérn] v. debilitar-se, matar-se de fome.
ab.jo.chen [ap-iô-rren] v. descangar, desjungir os bois, tirar a canga.
ab.kan.zeln [ap-kán-tséln] v. censurar, repreender.

ab.kar.ten [ap-kár-ten] v. combinar, tramar.
Ab.kauf [ap-káuf] s.m., Abkäufe. compra, resgate.
ab.kau.fen [ap-káu-fen] v. comprar.
Ab.käu.fer [ap-kói-fa] s.m., -. comprador.
ab.keh.ren [ap-kê:-ren] v. desviar, apartar; mit dem Besen —: varrer.
ab.klä.ren [ap-klé-ren] v. clarificar, purificar.
Ab.klatsch [ap-klátch] s.m., -e. decalque, cópia, clichê, imitação.
ab.klop.fen [ap-klóp-fen] v. bater, sacudir, interromper, auscultar.
ab.knal.len [ap-kná-len] v. disparar.
ab.knöp.fen [ap-knø pfen] v. desabotoar.
ab.ko.chen [ap-kô-rren] v. cozer, escaldar.
Ab.kom.men [ap-kó-men] s.n., -. convenção, declaração.
Ab.kömm.ling [ap-køm-ling] s.m., -e. descendente.
ab.krat.zen [ap-krá-tsen] v. raspar, esfregar.
ab.krie.gen [ap-krí:-guen] v. tomar ou levar alguma coisa.
ab.küh.len [ap-ky:-len] v. refrescar, refrigerar, arrefecer.
Ab.kunft [ap-kúnft] s.f., Abkünfte. origem, descendência.
ab.kür.zen [ap-kya-tsen] v. encurvar-se, abreviar, encurtar.
Ab.kür.zung [ap-kya-tsunk] s.f., -en. abreviatura, encurtamento.
ab.la.den [ap-lá:den] v. descarregar.
Ab.la.dung [ap-lá:-dunk] s.f., -en. descarga.
ab.la.gern [ap-lá:-guérn] v. armazenar, depositar.
Ab.la.ge.rung [ap-lá:-guê-runk] s.f., -en. armazenagem.
Ab.lass [ap-lás] s.m., Abläsee. indulgência, sangradura.
ab.lassen [ap-lássen] v. soltar, fazer escorrer, desaguar.

Ab.lassung [ap-lássunk] s.f., -en. sangria.
ab.lau.ben [ap-láu-ben] v. desfolhar, desparrar uma vinha.
ab.lau.ern [ap-láu-érn] v. espreitar, espiar, obter espiando.
Ab.lauf [ap-láuf] s.m., Abläufe. decurso, decorrer, evolução.
ab.lau.fen [ap-láufen] v. decorrer.
ab.le.ben [ap-lê:ben] v. falecer, morrer.
ab.le.cken [ap-léken] v. lamber.
ab.le.gen [ap-lê:guen] v. tirar, depor.
Ab.le.ger [ap-lê:ga] s.m., -. filial, mergulhão.
ab.leh.nen [ap-lê:nen] v. declinar, renunciar.
Ab.leh.nung [ap-lê:-nunk] s.f., -en. recusa, negação, refutação, recusa, impugnação.
ab.lei.ten [ap-láiten] v. desviar (curso d'água) derivar.
Ab.lei.tung [ap-lái-tunk] s.f., -en. desvio, derivação, desaguamento.
ab.len.ken [ap-lénken] v. desviar, apartar.
Ab.len.kung [ap-lên-kunk] s.f., -en. desvio, diversão.
ab.le.sen [ap-lé:zen] v. ler em voz alta.
ab.leug.nen [ap-lóik-nen] v. negar, desmentir.
ab.lie.fern [ap-lí:-féan] v. entregar, remeter.
Ab.lie.fer.ung [ap-lí;-fê-runk] s.f., -en. entrega.
ab.lo.cken [ap-ló-ken] v. tirar algo de alguém; conseguir por astúcia.
ab.lö.schen [ap-lø-chen] v. apagar, limpar.
ab.ma.chen [ap-má-rren] v. soltar, desatar, ajustar, combinar, regular.
Ab.ma.chung [ap-má-rrunk] s.f., -en. arranjo, acordo, convênio, ajuste.
ab.ma.gern [ap-má-guérn] v. emagrecer, abater.
ab.mä.hen [ap-mê:-en] v. ceifar, segar.

17

ABMALEN • ABSAUGPUMPE

ab.ma.len [ap-má:-len] *v.* retratar pintando, copiar pintando.

Ab.marsch [ap-márch] *s.m.,* -*Abmärsche.* marcha, partida.

ab.mar.tern [ap-már-térn] *v.* martirizar, atormentar.

ab.mei.ßeln [ap-mái-sséln] *v.* alisar com cinzel.

ab.mel.den [ap-mél-den] *v.* avisar, anunciar a saída.

Ab.mel.dung [ap-mél-dunk] *s.f.,* -*en.* despedida; retirar registro.

ab.messen [ap-méssen] *v.* medir.

Ab.messung [ap-méssunk] *s.f.,* -*en.* medição, regulamento, dimensão.

ab.na.gen [ap-náguen] *v.* roer.

ab.nä.hen [ap-nê:-en] *v.* fazer uma pinça, pinçar.

Ab.nä.her [ap-nê-a] *s.m.,* -. pinça.

ab.nah.men [ap-ná:me] *s.f.,* -*n.* diminuição, decadência, amputação; minguante da lua; — *finden:* vender bem, sair bem (comercialmente).

ab.neh.men [ap-nê:me] *v.* tirar, levar, diminuir.

Ab.neh.mer [ap-nê:ma] *s.m.,* -. comprador, freguês.

Ab.nei.gung [ap-nái-gunk] *s.f.* (*sem plural*). aversão, antipatia.

ab.norm [ap-nóam] *adj.* anormal, irregular.

Ab.nor.mi.tät [ap-nóamitê:t] *s.f.,* -*en.* anormalidade.

ab.nö.ti.gen [ap-nø-tiguen] *v.* extorquir.

ab.nut.zen [ap-nú-tsen] *v.* usar, gastar, deteriorar.

Ab.nut.zung [ap-nú-tsunk] *s.f.,* -*en.* desgaste, deterioração.

A.bon.ne.ment [abône-mãn] *s.n.,* -. assinatura, subscrição.

A.bon.nent [abô-nent] *s.m.,* -*en.* assinante, subscritor.

a.bon.nie.ren [abô-ni:ren] *v.* assinar, subscrever.

ab.ord.nen [ap-óat-nen] *v.* delegar.

Ab.ord.nung [ap-óat-nunk] *s.f.,* -*en.* delegação.

ab.or.tie.ren [abôa-ti:ren] *v.* abortar.

a.bpa.cken [ap-páken] *v.* descarregar, tirar a carga.

ab.passen [ap-pássen] *v.* compassar, ajustar; *die Gelegenheit —:* aguardar a ocasião própria.

ab.pflü.cken [ap-pfly-ken] *v.* colher (flores, frutos).

Ab.prall [ap-prál] *s.m., Abprälle.* ressaltro, recuo, retrocesso.

ab.pral.len [ap-prálen] *v.* ressaltar, recuar, ricochetear, fracassar; fracassar.

Ab.pral.ler [ap-prála] *s.m.,* -. ricochete.

ab.pressen [ap-préssen] *v.* espremer.

Ab.prü.geln [ap-pry:-guéln] *v.* apalear, espancar.

Ab.putz [ap-púts] *s.m.* (*sem plural*). reboco.

ab.put.zen [ap-pútsen] *v.* limpar; espevitar.

ab.quä.len [ap-kvê:-len] *v.* fatigar.

ab.quet.schen [ap-kvé-tchen] *v.* tirar, separar contundindo.

ab.rah.men [ap-rá:men] *v.* desnatar.

ab.raspeln [ap-ràs-péln] *v.* raspar.

ab.ra.ten [ap-rá:ten] *v.* desaconselhar, dissuadir.

Ab.raum [ap-ráum] *s.m., Abräume.* entulho.

ab.räu.men [ap-róimen] *v.* desentulhar.

ab.rech.nen [ap-réch-nen] *v.* descontar, subtrair.

Ab.rech.nung [ap-réch-nunk] *s.f.,* -*en.* desconto, ajuste de conta.

Ab.rech.nungsstel.le [ap-réch-núnks-chté-le] *s.f.,* -*n.* contabilidade.

Ab.re.de [ap-rê-de] *s.f.,* -*n.* convenção.

ab.rei.ben [ap-rái-ben] *v.* limpar ou desgastar esfregando.

Ab.rei.se [ap-rái-zê] *s.f.,* -*n.* partida, saída.

ab.rei.sen [ap-rái-zen] *v.* partir.

ab.rei.ßen [ap-rái-ssen] *v.* romper, arrancar.

ab.rei.ten [ap-rái-ten] *v.* partir a cavalo.

ab.rich.ten [ap-rích-ten] *v.* ensinar, adestrar.

ab.rie.geln [ap-rí-guéln] *v.* trancar, aferrolhar.

Ab.rie.ge.lung [ap-rí:-gue:lunk] *s.f.,* -*en.* bloqueio, cerco, vedação.

ab.rin.nen [ap-rínen] *v.* fluir, escorrer.

Ab.riß [ap-rí:s] *s.m., Abrisse.* diagrama, esboço.

ab.rol.len [ap-rólen] *v.* desenrolar.

ab.rü.cken [ap-ryken] *v.* recuar, apartar.

Ab.ruf [ap-rú:f] *s.m.,* -*e.* publicação, proclama, chamada, pregão; revocação; *auf —:* às ordens, à disposição.

ab.ru.fen [ap-rú:fen] *v.* publicar, apregoar, chamar.

ab.rüh.ren [ap-ry:ren] *v.* mexer, misturar revolvendo.

ab.run.den [ap-rúnden] *v.* arredondar.

ab.rup.fen [ap-rúp-fen] *v.* arrancar, depenar.

ab.rü.sten [ap-rysten] *v.* desarmar.

Ab.rü.stung [ap-rys-tunk] *s.f.,* -*en.* desarmamento.

ab.rut.schen [ap-rút-chen] *v.* escorregar.

ab.sä.beln [ap-zê-béln] *v.* cortar com espada.

Ab.sa.ge [ap-zá:gue] *s.f.,* -*n.* contraordem; recusa.

ab.sa.gen [ap-zá:guen] *v.* revogar, renunciar.

ab.sah.nen [ap-zá:nen] *v.* desnatar.

Ab.satz [ap-záts] *s.m., Absätze.* parágrafo, alínea; salto (de sapato), tacão.

Ab.satz.ge.biet [ap-záts-guebí:t] *s.n.,* -*e.* mercado.

ab.sau.gen [ap-záu-guen] *v.* aspirar, chupar.

Ab.saug.pum.pe [ap-záugs-pumpe] *s.f.,* -*n.* bomba de sucção.

ABSCHABEN • ABSCHWÖREN

ab.scha.ben [ap-chá:ben] *v.* rapar, raspar.

ab.schaf.fen [ap-cháfen] *v.* abolir, anular, despedir um criado.

ab.schaf.fung [ap-chá-funk] *s.f., -en.* anulação, abolição.

ab.schät.zen [ap-chétsen] *v.* taxar, avaliar.

Ab.schät.zung [ap-ché-tsunk] *s.f., -en.* avaliação, taxação.

Ab.schaum [ap-cháum] *s.m., Abschäume.* espuma; *(fig.)* ralé.

ab.schäu.men [ap-chóimen] *v.* escumar, espumar.

ab.schei.den [ap-cháiden] *v.* separar, segregar; *sich —:* precipitar; falecer, partir.

ab.sche.ren [ap-chê-ren] *v.* tosar, cortar com tesoura.

Ab.scheu [ap-chói] *s.m.,* + *s.f. (sem plural).* horror, abominação, aversão.

ab.scheu.lich [ap-chói-liçh] *adj.* abominável, detestável, atroz.

Ab.scheu.lich.keit [ap-chói-liçh-káit] *s.f., -en.* atrocidade, horror.

ab.schi.cken [ap-chiken] *v.* enviar, delegar.

Ab.schied [ap-chi:t] *s.m., -e.* despedida.

Ab.schiedbe.such [ap-chi:ts-bezúrr] *s.m., -e.* despedida; *seinen — machen:* apresentar cumprimentos de despedida.

Ab.schiedge.such [ap-chi:ts-guezúrr] *s.n., -e.* demissão.

ab.schie.ßen [ap-chí:ssen] *v.* atirar, descarregar, disparar (arma de fogo).

ab.schif.fen [ap-chifen] *v.* partir de um porto, fazer-se à vela.

ab.schin.den [ap-chínden] *v.* esfolar.

ab.schir.men [ap-chíamen] *v.* proteger, cobrir.

Ab.schirm.ung [ap-chía-munk] *s.f., -en.* proteção, cobertura; blindagem.

ab.schie.ren [ap-chí:ren] *v.* desaparelhar, desarrear um cavalo.

ab.schlach.ten [ap-chláaten] *v.* abater, matar animais.

Ab.schlag [ap-chlá:k] *s.m., Abschläge.* desconto, dedução; *auf —:* a prestações.

ab.schla.gen [ap-chlá:-guen] *v.* cortar, derribar, abater; conceder desconto.

ab.schlä.gig [ap-chlé-guiçh] *adj.* negativo, de recusa; *— bescheiden:* indeferir.

Ab.schlagzah.lung [ap-chlá:ks-tsá:-lunk] *s.f., -en.* pagamento a prazo, prestação.

Ab.schläm.mung [ap-chlé-munk] *s.f., -en.* lavagem de minerais.

ab.schlei.chen [ap-chlái-çhen] *v.* esquivar-se, safar-se.

ab.schlei.fen [ap-chlái-fen] *v.* amolar, afiar, polir, limpar, desgastar.

ab.schlie.ßen [ap-chlí:-ssen] *v.* fechar, concluir.

ab.schlie.ßlich [ap-chlí:s-liçh] *adj.* definitivo, concluído.

Ab.schlie.ßung [ap-chlí:-ssunk] *s.f., -en.* fechamento, conclusão.

Ab.schluss [ap-chlús] *s.m., Abschlüsse.* conclusão, remate, liquidação, fim, termo.

Ab.schlusprü.fung [ap-chlús-pry-funk] *s.f., -en.* exame final.

ab.schmat.zen [ap-chmá-tsen] *v.* beijocar.

ab.schme.cken [ap-chmé-ken] *v.* tomar o paladar, provar.

ab.schmei.cheln [ap-chmái-çheln] *v.* conseguir por lisonja ou por adulação.

ab.schmel.zen [ap-chmél-tsen] *v.* desmanchar fundindo, derreter.

ab.schnal.len [ap-chná-len] *v.* desafivelar.

ab.schnei.den [ap-chnái-den] *v.* cortar.

Ab.schnitt [ap-chnit] *s.m., -e.* seção, parte, trecho, segmento, corte, talho, retalho.

ab.schnittwei.se [ap-chnits-vái-zê] *adv.* por seções, em parágrafos.

ab.schnü.ren [ap-chny:-ren] *v.* desligar, estrangular, isolar, cortar as comunicações.

ab.schöp.fen [ap-chœ-pfen] *v.* escumar, tirar a parte de cima de um líquido.

ab.schrau.ben [ap-chráu-ben] *v.* desparafusar.

ab.schre.cken [ap-chré-ken] *v.* intimidar, assustar, horrorizar.

Ab.schre.ckung [ap-chré-kunk] *s.f., -en.* intimidação.

ab.schrei.ben [ap-chrái-ben] *v.* copiar, transcrever.

Ab.schrei.bung [ap-chrái-bunk] *s.f., -en.* cópia, transcrição.

ab.schrei.ten [ap-chrái-ten] *v.* medir com passos.

Ab.schrift [ap-chrift] *s.f., -en.* cópia.

ab.schrift.lich [ap-chrift-liçh] *adj.* copiado, duplicado.

ab.schup.pen [ap-chú-pen] *v.* escamar.

Ab.schuss [ap-chús] *s.m., Abschüsse.* tiro; lançamento; derrubamento; *zum — bringen:* abater, destruir.

Ab.schusram.pe [ap-chús-rám-pe] *s.f., -n.* plataforma de lançamento.

ab.schüssig [ap-chy:-ssiçh] *adj.* íngreme, escarpado.

Ab.schüssig.keit [ap-chy-ssiçh-káit] *s.f., -en.* inclinação, declive, ladeira.

ab.schüt.teln [ap-chy-téln] *v.* sacudir, deitar fora, livrar-se de.

ab.schüt.ten [ap-chy-ten] *v.* despejar, verter.

ab.schwä.chen [ap-chvé-çhen] *v.* abrandar, diminuir, moderar, atenuar.

ab.schwei.fen [ap-chvái-fen] *v.* desviar-se, afastar-se, perder-se em divagações.

ab.schwei.fung [ap-chvái-funk] *s.f., -en.* divagação, digressão.

ab.schwel.len [ap-chvé-len] *v.* diminuir, desinchar.

ab.schwin.deln [ap-chvin-déln] *v.* obter por meio de embuste.

ab.schwö.ren [ap-chvœ-ren] *v.* abjurar.

ABSCHWÖRUNG • ABSTEMPELN

Ab.schwö.rung [ap-chvø:-runk] s.f., -en. abjuração.

ab.seh.bar [ap-zé:-bá:r] adj. determinável; ao alcance da vista; previsível.

ab.sei.fen [ap-záifen] v. ensaboar, lavar com água e sabão.

ab.sei.hen [ap-zái-en] v. filtrar, coar.

ab.sei.len [ap-záilen] v. sich —: desatar-se.

ab.sei.tig [ap-zái-tiç] adj. afastado, desviado, anormal; abseitiges: fora, desviado, afastado.

ab.seits [ap-záits] adv. à parte, de lado.

ab.sen.den [ap-zénden] v. enviar, expedir, despachar.

ab.sen.der [ap-zénda] s.m., -. remetente.

ab.sen.dung [ap-zén-dunk] s.f., en. remessa, envio, expedição.

ab.sen.gen [ap-zén-guen] v. chamuscar.

ab.sen.ken [ap-zén-ken] v. afundar, rebaixar, cavar, mergulhar.

ab.sen.kung [ap-zén-kunk] s.f., -en. abaixamento.

ab.setz.bar [ap-zéts-bá:r] adj. amovível; deduzível.

ab.set.zen [ap-zé-tsen] v. depor, pôr em terra, demitir, destituir, destronar; fazer uma pausa, deduzir.

Ab.set.zung [ap-zé-tsunk] s.f., -en. deposição, demissão, destituição; privação de crédito.

Ab.sicht [ap-ziçt] s.f., -en. intenção, intuito, designio, intento, propósito, mira, objetivo.

ab.sicht.lich [ap-ziçt-liç] adj. propositado, intencional, deliberado, premeditado.

ab.sichtlos [ap-ziçht-lôs] adv. sem intenção; sem querer.

ab.si.ckern [ap-zikérn] v. gotejar, destilar.

ab.sie.ben [ap-zí:ben] v. peneirar.

ab.sie.den [ap-zí:den] v. fazer ferver.

ab.sin.ken [ap-zín-ken] v. descer; ir abaixo, afundar (navio).

ab.sit.zen [ap-zítsen] v. expiar uma pena na cadeia; von Pferde —: desmontar, apear.

ab.so.lut [ap-zolú:t] adj. absoluto; adv. absolutamente.

Ab.so.lu.ti.on [ap-zolú-tsió:n] s.f., -en. absolvição.

ab.sol.vie.ren [ap-zôl-ví:ren] v. concluir um curso; absolver.

ab.son.der.lich [ap-zóndea-liç] adj. singular, extravagante, estranho, esquisito.

ab.son.dern [ap-zôn-dérn] v. separar, desagregar; sich —: isolar-se.

Ab.son.de.rung [ap-zôn-de-runk] s.f., -en. separação, isolamento.

ab.sor.bie.ren [ap-zôa-bi:ren] v. absorver.

ab.sor.bie.rend [ap-zôa-bí:rent] adj. absorvedor, absorvente.

Ab.sor.bie.rung [ap-zôa-bí:runk] s.f., -en. absorção.

ab.spal.ten [ap-chpálten] v. cindir, separar, fender.

ab.span.nen [ap-chpánen] v. soltar, afrouxar; desatrelar (cavalos).

ab.spei.sen [ap-chpái-zen] v. dar de comer, alimentar.

ab.spen.stig [ap-chpêns-tiç] adj. alienado, infiel, desleal.

ab.sper.ren [ap-chpé:ren] v. trancar, barrar, bloquear.

Ab.sper.rung [ap-chpé:rrunk] s.f., -en. obstrução, bloqueio.

Ab.spie.ge.lung [ap-chpi:-guélunk] s.f., -en. reflexo, reflexão.

ab.spie.len [ap-chpi:-len] v. acontecer, suceder, ocorrer; ein Lied —: tocar uma canção.

ab.split.tern [ap-chpli-térn] v. lascar, estilhaçar.

Ab.spra.che [ap-chprá-rre] s.f., -n. acordo, ajuste.

ab.spre.chen [ap-chprá-rren] v. desapossar, privar; das Leben —: sentenciar à morte.

ab.sprin.gen [ap-chprín-guen] v. saltar fora; saltar de um cavalo; despegar-se; desunir-se.

ab.sprit.zen [ap-chpri-tsen] v. lavar.

Ab.sprung [ap-chprunk] s.f., Absprünge. salto, pulo; digressão, saída de um assunto.

ab.spü.len [ap-chpy-len] v. lavar, enxaguar.

ab.stam.men [ap-chtá-men] v. descender, proceder, trazer sua origem de, derivar.

Ab.stam.mung [ap-chtá-munk] s.f., -en. ascendência, origem.

Ab.stand [ap-chtânt] s.m., Abstände. distância, intervalo, margem; diferença; — nehmen von: desistir de, renunciar a.

ab.stän.dig [ap-chtén-diç] adj. seco, morto; o que não é fresco.

ab.stat.ten [ap-chtá-ten] v. fazer, pagar, render, apresentar; einen Besuch —: fazer uma visita.

ab.stau.ben [ap-chtáu-ben] v. desempoeirar, tirar o pó, espanar.

ab.ste.chen [ap-chté-çhen] v. cortar, matar, abrir; ein Schwein —: matar um porco.

Ab.ste.cher [ap-chté-çha] s.m., -. cortador; visita, passagem rápida.

ab.ste.cken [ap-chté-ken] v. marcar, delimitar, demarcar um terreno.

Ab.steck.pfahl [ap-chték-pfá:l] s.m., Absteckpfähle. posto de demarcação para alinhamento.

ab.ste.hen [ap-chté:-en] v. distar, estar distante, guardar distância, ficar ao largo.

ab.steh.len [ap-chtê:-len] v. roubar, furtar.

Ab.stei.fung [ap-chtái-funk] s.f., -en. escora, escoramento.

ab.stei.gen [ap-chtái-guen] v. apear, descer de alguma coisa.

ab.stel.len [ap-chtélen] v. parar, interromper, estacionar, desligar.

ab.stem.peln [ap-chtêm-péln] v. marcar com ferro, selar, carimbar.

ABSTEPPEN • ABWEICHEND

ab.step.pen [ap-chté-pen] v. pespontar; acolchoar.

ab.ster.ben [ap-chtér-ben] v. morrer, expirar, extinguir-se.

Ab.stich [ap-chtíçh] s.m., -e. contraste, diferença; sangria.

Ab.stieg [ap-chtí:k] s.m. (sem plural). descida, decadência.

ab.stim.men [ap-chtímen] v. votar; afinar (instrumento), sintonizar.

Ab.stim.mung [ap-chtí-munk] s.f., -en. voto, votação, plebiscito; afinação; sintonização, sintonia.

Absti.nenz [aps-ti-nènts] s.f. (sem plural). abstinência.

Absti.nenz.ler [aps-ti-nên-tsla] s.m., -. abstêmio.

ab.sto.ßen [ap-chtô:-ssen] v. empurrar, impelir; repelir.

ab.stra.hie.ren [ap-chtrá-rhí:ren] v. abstrair.

abstrakt [ap-chtrákt] adj. abstrato.

ab.stre.ben [ap-chtrè:-ben] v. fugir ou afastar-se do centro.

Ab.stre.be.kraft [ap-chtrè:-be-kráft] s.f., Abstrebekräfte. força centrífuga.

ab.strei.chen [ap-chtrái-chen] v. deduzir, subtrair; riscar, cancelar.

ab.strei.fen [ap-chtrái-fen] v. esfolar, pelar.

ab.strei.ten [ap-chtrái-ten] v. disputar, contestar.

Ab.strich [ap-chtriçh] s.m., -e. desconto, corte.

ab.strö.men [ap-chtrø:men] v. ser levado por corrente, seguir corrente; dispersar-se.

ab.stu.fen [ap-chtú:-fen] v. cavar por degraus, graduar; modular.

Ab.stu.fung [ap-chtú:-funk] s.f., -en. graduação, matiz, modulação.

ab.stump.fen [ap-chtúmp-fen] v. embotar (o fio, o gume, a ponta).

Ab.sturz [ap-chtúats] s.m., Abstürze. queda, precipício.

ab.stür.zen [ap-chtyr-tsen] v. cair, precipitar.

ab.stut.zen [ap-chtyr-tsen] v. cortar, despontar, aparar.

ab.su.chen [ap-zú-rren] v. dar busca a, revisitar, percorrer.

Ab.sud [ap-zút] s.m., -e. decocção.

ab.surd [ap-zúat] adj. absurdo.

Abt [apt] s.m., Äbte. abade.

ab.ta.keln [ap-tákeln] v. desaparelhar, desarmar um navio.

ab.tan.zen [ap-tán-tsen] v. cansar-se dançando.

ab.tasten [ap-tás-ten] v. tatear, apalpar.

Ab.tei [ap-tái] s.f., -en. abadia.

ab.teil.bar [ap-táil-bá:r] v. divisível.

ab.tei.lung [ap-tái-lunk] s.f., -en. divisão, separação.

Äb.tissin [èp-tissin] s.f., -nen. abadessa.

ab.tö.ten [ap-tø:-ten] v. mortificar.

Ab.trag [ap-trá:k] s.m., Abträge. indenização, reparação.

ab.tra.gen [ap-trá:guen] v. demolir, tirar a mesa; ein Kleid —: gastar um vestido pelo uso.

ab.träg.lich [ap-trék-liçh] adj. prejudicial, nocivo.

Ab.tra.gung [ap-trágunk] s.f., -en. demolição, desaterro; liquidação; amortização.

ab.trei.ben [ap-trái-ben] v. repelir, repulsar, abortar.

Ab.trei.bung [ap-trái-bunk] s.f., -en. repulsão; aborto.

ab.tren.nbar [ap-tren-bá:r] v. separável.

ab.tren.nen [ap-tre-nen] v. descoser, separar.

ab.tret.bar [ap-trét-bá:r] adv. cedível.

ab.tre.ten [ap-trê:-ten] v. ceder, desunir-se pela ação de pisar.

Ab.tritt [ap-tríft] s.f., -e. pastagem, abatimento, saída (de cena); latrina; V. Abort.

ab.trock.nen [ap-trók-nen] v. enxugar, secar.

ab.trop.fen [ap-tróp-fen] v. gotejar.

ab.trot.zen [ap-tró-tsen] v. extorquir com ameaça.

ab.trün.nig [ap-try-niçh] adj. rebelde, apóstata.

Ab.trün.nig.keit [ap-try-niçh-káit] s.f., -en. apostasia, deserção.

ab.ur.tei.len [ap-úa-táilen] v. julgar definitivamente.

Ab.ur.tei.lung [ap-úa-táilunk] s.f., -en. julgamento condenação.

ab.ver.lan.gen [ap-féa-lánguen] v. pedir, exigir.

ab.wä.gen [ap-vè:guen] v. pesar, ponderar.

ab.wäl.zen [ap-vél-tsen] v. rolar, fazer rolar.

ab.wan.del.bar [ap-ván-del-bá:r] adj. conjugável, declinável.

ab.wan.deln [ap-ván-déln] v. conjugar, declinar.

Ab.wan.de.lung [ap-ván-delunk] s.f., -en. conjugação, declinação.

ab.war.ten [ap-várten] v. esperar, aguardar o final de alguma coisa.

ab.wärts [ap-vèrts] adv. para baixo, abaixo.

Ab.wärtbe.we.gung [ap-várts-bevè:-gunk] s.f., -en. descida.

Ab.war.tung [ap-vártunk] s.f., -en. espera.

ab.wa.schen [ap-váchen] v. lavar.

ab.wech.seln [ap-vékséln] v. cambiar, variar, alternar.

Ab.wech.se.lung [ap-vékselunk] s.f., -en. alternativa, alternância, mudança, câmbio, troca, variação.

Ab.weg [ap-vè:k] s.m., -e. volta, desvio.

ab.we.gig [ap-vè:guiçh] adj. despropositado, inoportuno, errado.

Ab.wehr [ap-vè:a] s.f. (sem plural). defesa, resistência.

ab.weh.ren [ap-vè:ren] v. impedir, resistir.

ab.wei.chend [ap-vái-çhent] adj. divergente, diferente.

ABWEICHUNG • ADAMSAPFEL

Ab.wei.chung [ap-vái-chunk] s.f., -en. desvio, rodeio, afastamento.

ab.wei.den [ap-vái-den] v. pascer a erva.

ab.wei.sen [ap-vái-zen] v. despedir com desprezo.

Ab.wei.sung [ap-vái-zunk] s.f., -en. repulsa, denegação.

ab.wend.bar [ap-vênd-bá:r] adj. evitável.

ab.wen.den [ap-vênden] v. desviar.

Ab.wen.dung [ap-vêndunk] s.f., -en. ação de desviar.

ab.wer.fen [ap-vérfen] v. lançar por terra.

ab.wer.ten [ap-vérten] v. depreciar, desvalorizar.

Ab.wer.tung [ap-vértunk] s.f., -en. depreciação.

ab.we.send [ap-vê:zent] adj. ausente.

Ab.we.sen.heit [ap-vê:zên-ráit] s.f., -en. ausência.

ab.wi.ckeln [ap-ví-kéln] v. desnovelar, desenvolver.

ab.wie.gen [ap-ví:guen] v. pesar.

ab.win.den [ap-vínden] v. dobar, desenrolar, destorcer, desenroscar.

ab.wi.schen [ap-víchen] v. limpar com um pano, enxugar.

ab.zah.len [ap-tsá:-len] v. pagar, satisfazer.

Ab.zah.lung [ap-tsá:-lunk] s.f. paga, amortização, saldo.

ab.zap.fen [ap-tsáp-fen] v. tirar, sacar, vazar.

ab.zäu.men [ap-tsói-men] v. desenfrear, tirar o freio.

ab.zäu.nen [ap-tsói-nen] v. cercar ou separar com sebe.

ab.zäh.ren [ap-tsé:-ren] v. emagrecer, extenuar; sich –: emagrecer.

Ab.zei.chen [ap-tsái-chen] s.n., -. insígnia, divisa.

ab.zeich.nen [ap-tsáich-nen] v. desenhar, delinear.

Ab.zieh.bild [ap-tsí:-bild] s.n., -er. decalque, mania.

ab.zie.hen [ap-tsí:-en] v. tirar, sacar; von Preise –: descontar no preço; ein Messer –: afiar uma faca.

ab.zie.len [ap-tsí:-len] v. tender, aspirar, pôr em mira, fazer pontaria.

ab.zir.keln [ap-tsír-kéln] v. compassar, medir com o compasso.

Ab.zug [ap-tsú:k] s.m., Abzüge. partida, saída, retirada (de tropas); baixa, abatimento.

ab.züg.lich [ap-tsyk-liçh] adj. menos; descontando; – der Unkosten: despesas a descontar.

Ab.zugshahn [ap-tsú:ks-rhá:n] s.m. gatilho.

ab.zwa.cken [ap-tsvá-ken] v. separar beliscando.

ab.zwei.gen [ap-tsvái-guen] v. ramificar-se.

ab.zwin.gen [ap-tsvin-guen] v. extorquir, arrancar.

Ach! [árr] interj. ai!, ai de mim!

Achat [árrat] s.m., -e. ágata.

Ach.se [ákse] s.f., -n. eixo; árvore.

Ach.sel [áksél] s.f., -n. ombro.

Acht [árrt] 1. num. oito; 2. s.f. (sem plural). desterro, exílio; 3. s.f. (sem plural). atenção, cuidado, desvelo; außer – lassen: descuidar de, deixar de tomar em conta; (sich) in – nehmen (vor): ter cuidado (com).

acht.bar [árrt-bá:r] adj. respeitável, estimável, honrado, apreciável.

Acht.bar.keit [árrt-bár-káit] s.f., -en. respeito, honra, respeitabilidade, estimação.

acht.bei.nig [árrt-bái-niçh] adj. octópode; de oito pés.

Acht.eck [árrt-ék] s.n., e. octágono.

Ach.tel [árrtél] s.n., -. oitava parte; colcheia.

ach.ten [árrtén] v. estimar, cuidar.

äch.ten [éçhten] v. banir, desterrar.

ach.tens [árrténs] adv. oitavo lugar.

Ach.ter.bahn [árrtêa-bá:n] s.f., -en. montanha-russa.

acht.fach [árrt-fárr] adj. óctuplo.

acht.jäh.rig [árrt-iê:riçh] adj. de oito anos.

Acht.hun.dert [árrt-rhún-dêat] num. oitocentos.

acht.los [árrt-lòs] adj. distraído, negligente, desatento.

Acht.lo.sig.keit [árrt-lóziçh-káit] s.f., -en. desatenção, descuido, negligência.

acht.mal [árrt-mál] adj. oito vezes (repetido).

acht.sam [árrt-zám] adj. atento, diligente, cuidadoso.

Acht.sam.keit [árrt-zám-káit] s.f., -en. atenção, vigilância, cuidado.

Ach.tung [árr-tunk] s.f. (sem plural). atenção, cuidado, estima; – erweisen: respeitar; in – stehen: ser respeitado.

Ächtung [éçh-tunk] s.f., -en. proscrição.

acht.win.ke.lig [árrt-vinke-liçh] adj. octógono.

acht.zehn [árr-tse:n] num. dezoito.

acht.zehn.te [árr-tsé:nte] adj. e num. ord. décimo oitavo.

acht.zei.lig [árr-tsái-liçh] adj. de oito linhas.

acht.zig [árr-tsiçh] num. oitenta.

acht.zig.jäh.rig [árr-tsiçh-iê:riçh] adj. octogenário.

äch.zen [éçh-tsen] v. gemer.

Acker [áka] s.m., Äcker. campo, terra de cultura, acre.

Acker.ar.beit [áka-árbáit] s.f., -en. lavoura, cultivo.

Acker.bau [áka-báu] s.m. (sem plural). agricultura, lavoura.

Acker.bau.kun.de [áka-báu-kúnde] s.f., -n. agronomia.

a.ckern [ákérn] v. lavrar, cultivar a terra.

A.ckersmann [ákas-mán] s.m., Ackersmänner. lavrador.

A.damsap.fel [áadams-ápfél] s.m., Adamsäpfel. pomo de Adão.

ADÄQUAT • AGRARISCH

ad.ä.quat [áde-kvát] *adj.* adequado.

Ad.ä.quat.heit [áde-kvát-rháit] *s.f., -en.* adequação.

ad.die.ren [adí:ren] *v.* adicionar, somar.

Ad.di.ti.on [aditsió:n] *s.f., -en.* adição.

A.del [ádél] *s.m. (sem plural).* nobreza, fidalguia.

a.de.lig [áde-liç] *adj.* aristocrático.

A.de.li.ge [áde-lígue] *s.f., -n.* nobre, aristocrata.

a.deln [adéln] *v.* enobrecer.

A.delsherr.schaft [ádels-rhéa-cháft] *s.f., -en.* nobreza, aristocracia.

Ade.lung [áde-lunk] *s.f., -en.* enobrecimento.

A.der [áda] *s.f., -n.* veia, flúida.

A.der.bruch [áda-brúrr] *s.m., Aderbrüche.* ruptura de uma veia.

a.de.rig [áde-riç] *adj.* venoso.

ad.hä.rie.ren [adê-rí:ren] *v.* aderir.

Ad.hä.si.on [adê-zió:n] *s.f., -en.* adesão.

ad.hä.siv [adê-zí:f] *adj.* adesivo.

Ä.di.li.tät [édi-lité:t] *s.f., -en.* edilidade.

ad.ja.zent [ad-iatsent] *adj.* adjacente.

Ad.jek.tiv [ad-iektíf] *s.n., -e.* adjetivo.

ad.jek.ti.visch [ad-iek-tivich] *adj.* adjetivamente, como adjetivo.

Ad.junkt [ad-iúnkt] *adj.* adjunto.

Ad.junk.tur [ad-iúnk-túa] *s.f., -en.* adjunção.

ad.jus.tie.ren [ad-iústi:ren] *v.* ajustar.

Ad.jutie.rung [ad-iústi:runk] *s.f., -en.* ajuste.

Ad.ju.tant [ad-iútant] *s.m., -en.* ajudante.

Ad.ju.tan.tur [ad-iútantua] *s.f., -en.* casa militar.

Ad.ler [át-la] *s.m., -.* águia.

Ad.ler.au.ge [át-la-áugue] *s.n., -n. (lit.; fig.)* olho de águia; visão aguda.

Ad.ler.na.se [át-la-ná:-ze] *s.f., -n.* nariz aquilino.

ad.lig [at-liç] *adj.* nobre, fidalgo.

Ad.mi.nist.ra.ti.on [at-minístra-tsió:n] *s.f., -en.* administração.

ad.mi.nist.ra.tiv [at-ministra-tíf] *adj.* administrativo.

ad.mi.nist.rie.ren [at-ministrí:ren] *v.* administrar.

Ad.mi.ral [at-mirá:l] *s.m., -e ou Admiräle.* almirante.

Ad.mi.ra.li.tät [at-miralité:t] *s.f., -en.* almirantado.

a.dop.tie.ren [adóp-tí:ren] *v.* adotar.

A.dop.ti.on [adóp-tsió:n] *s.f., -en.* adoção.

a.dop.tiv [adóp-tíf] *adj.* adotivo.

Adres.sant [adressánt] *s.m., -en.* remetente.

Adres.sat [adressá:t] *s.m., -en.* destinatário.

Adres.buch [adrés-búrr] *s.n., Adressbücher.* livro de endereços, indicador.

Ad.rese [adrésse] *s.f., -n.* endereço; an die falsche — kommen: enganar-se de endereço.

adres.sie.ren [adressí:ren] *v.* endereçar.

adria.ti.sch [adriátich] *adj.* adriático.

Ad.vent [at-vént] *s.m., -e.* advento.

Ad.vent.zeit [at-vén-tsáit] *s.f., -en.* dia (ou época) do advento.

Ad.verb [at-vérp] *s.n., -ien.* advérbio.

ad.ver.bi.al [at-veabiál] *adj.* adverbial.

Ad.ver.bi.al.satz [at-veabiál-záts] *s.m., Adverbialsätze.* proposição adverbial.

Ad.vo.kat [at-vokát] *s.m., -en.* advogado.

A.e.ro.dy.na.mik [aéro-dynámik] *s.f. (sem plural).* aerodinâmica.

a.e.ro.dy.na.misch [aéro-dynámich] *adj.* aerodinâmico.

A.e.ro.me.ter [aéro-mê:ta] *s.n., -.* aerômetro.

A.e.ro.naut [aéro-náut] *s.m., -en.* aeronauta.

A.e.ro.nau.tik [aéro-náutiç] *s.f. (sem plural).* aeronáutica.

A.e.ro.sta.tik [aéro-chtá-tik] *s.f. (sem plural).* aerostática.

a.e.ro.sta.tisch [aéro-chtá-tich] *adj.* aerostático.

Af.fä.re [afé:re] *s.f., -n.* assunto, caso; escândalo; sich aus der — ziehen: safar-se de um caso.

Äff.chen [éf-chen] *s.n., -.* macaquinho, macaquinha.

Af.fe [áfe] *s.m., -n.* macaco.

Af.fekt [áfekt] *s.m., -e.* afeto, afeição.

äf.fen [éfen] *v.* macaquear, imitar, fazer troça de.

Af.fe.rei [éfe-ráí] *s.f., -en.* macaquice.

Af.fi.ni.tät [afinité:t] *s.f., -en.* afinidade.

Af.ter [áfta] *s.m., -.* ânus, reto; retalhos, tripas duma rês.

Af.ter.arzt [áfta-ártst] *s.m., -e.* Afterärzte. charlatão.

A.gent [aguent] *s.m., -en.* agente.

A.gen.tur [aguêntúa] *s.f., -en.* agência.

Ag.glo.me.ra.ti.on [aglo-meratsió:n] *s.f., -en.* aglomeração.

Ag.gre.gat [agre-gá:t] *s.n., -e.* agregado, umidade, conjunto.

ag.gre.gie.ren [agre-gui:ren] *v.* agregar, associar.

ag.gresiv [agre-sif] *adj.* agressivo.

Ä.gi.de [éguide] *s.f., -e.* égide, proteção.

a.gie.ren [aguí:ren] *v.* agir.

A.gi.ta.ti.on [aguíta-tsió:n] *s.f., -en.* agitação.

A.gi.ta.tor [aguíta-tôa] *s.m., -en.* agitador.

a.gi.ta.to.risch [aguíta-tô:rich] *adj.* demagógico, subversivo.

a.gi.tie.ren [aguití:ren] *v.* agitar.

Ag.raf.fe [ágráfe] *s.f., -n.* alfinete, broche, colchete.

ag.ra.risch [agrá-rich] *adj.* agrário.

Ag.ro.nom [agro-nô:m] *s.m., -en.* agrônomo.

Ag.ro.no.mie [agro-nomí:] *s.f. (sem plural).* agronomia.

a.ha! [a-rhá] *interj.* ah! logo vi.

Ah.le [á:le] *s.f., -n.* sovela.

ahn.den [á:n-den] *v.* castigar, vingar.

Ahn.dung [á:n-dunk] *s.f., -en.* pena, castigo, vingança.

Ah.ne [á:ne] *s.m. ou + s.f., -n.* avô, avó.

äh.neln [é:nèln] *v.* parecer-se, assemelhar-se

ah.nen [á:nen] *v.* pressentir, adivinhar.

äh.nlich [é:n-liçh] *adj.* semelhante, parecido, análogo.

Ähn.lich.keit [é:n-liçh-káit] *s.f., -en.* semelhança.

Ah.nung [á:n-unk] *s.f., -en.* pressentimento, noção.

Ah.nungslo.sig.keit [á:nunks-lôsich-káit] *s.f., -en.* ignorância.

ah.nungsvoll [á:nunks-fól] *adj.* apreensivo, desconfiado.

A.horn [ahôan] *s.m., -e.* ácer.

Äh.re [é:-re] *s.f., -n.* espiga ; *Ähren lesen:* respigar, recolher espigas depois da ceifa.

A.ka.de.mie [akademí:] *s.f., -n.* academia.

A.ka.de.mi.ker [akadé:mika] *s.m., -.* acadêmico.

a.ka.de.misch [akadèmich] *adj.* acadêmico.

A.ka.zie [aka-tsí:] *s.f., -n.* acácia.

Ak.kla.ma.ti.on [aklama-tsiô:n] *s.f., -en.* aclamação.

Ak.kord [akórt] *s.m., -e.* acordo, ajuste, empreitada, trabalho por tarefa.

Ak.kord.ar.beit [akôat-árbáit] *s.f., -en.* obra de empreitada, trabalho por tarefa.

Ak.kord.ar.bei.ter [akòrt-árbáita] *s.m., -.* trabalhador por empreitada, tarefa.

ak.kor.die.ren [akôa-dí:ren] *v.* acordar, ajustar.

Ak.kor.de.on [akôadeô:n] *s.n., s.n., -* acordeão.

ak.kre.di.tie.ren [akre-díti:ren] *v.* acreditar, crer.

Ak.ku.mu.la.ti.on [akumula-tsiô:n] *s.f., -en.* acumulação.

ak.ku.mu.lie.ren [akumulí:ren] *v.* acumular.

ak.ku.rat [akurá:t] *adj.* exato, justo.

Ak.ku.sa.tiv [ákuza-tif] *s.m., -e.* acusativo.

Ak.ro.bat [akrobá:t] *s.m., -en.* acrobata.

ak.ro.ba.tisch [akrobá-:tich] *adj.* acrobático.

Akt [ákt] *s.m., -e.* ato, ação.

Ak.te [ákte] *s.f., -n.* ata, documento, processo.

ak.ten.kun.dig [ákten-kun-diçh] *adj.* notório.

Ak.ten.map.pe [ákten-mápe] *s.f., -n.* pasta, mala.

Ak.ten.mä.ßig [ákten-mè:ssiçh] *adj.* documentado.

Ak.ten.schrank [ákten-chránk] *s.m., Äktenschränke.* arquivo.

Ak.tie [ak-tsie] *s.f., -n.* ação, título.

Ak.ti.en.ge.sell.schaft [ak-tsien-guezél-cháft] *s.f., -en.* sociedade anônima.

Ak.ti.en.in.ha.ber [ak-tsien-in-rhába] *s.m., -.* acionista.

Ak.tio.när [ak-tsionéa] *s.m., -e.* acionário, acionista.

ak.tiv [ak-tíf] *adj.* ativo.

Ak.tua.li.tät [ak-tváli-tè:t] *s.f., -en.* atualidade.

ak.tu.ell [ak-tuél] *adj.* atual, de grande atualidade.

a.kut [akú:t] *adj.* agudo; urgente.

A.ku.stik [akús-tiçh] *s.f. (sem plural).* acústica.

a.ku.stisch [akús-tich] *adj.* acústico.

Ak.zent [ak-tsent] *s.m., -e. sotaque,* acento; *scharfer —:* acento agudo; *gedehnter —:* acento circunflexo; *schwerer —:* acento grave.

Ak.zen.tua.ti.on [ak-tsen-tua-tsiô:n] *s.f., -en.* acentuação.

ak.zep.tie.ren [ak-tsêp-tí:ren] *v.* aceitar, honrar.

ak.zesso.risch [ak-tsessó-rich] *adj.* acessório.

A.larm [alárm] *s.m., -e.* alarme.

a.lar.mie.ren [alármí:ren] *v.* alarmar.

al.bern [álbèrn] *adj.* bobo, parvo.

Al.bern.heit [álb-èan-rháit] *s.f., -en.* tolice, bobice, parvoíce.

Al.bum [álbum] *s.n., Alben.* álbum.

Al.fan.ze.rei [alfán-tsè-rái] *s.f., -en.* tolice.

Al.ge [álge] *s.f., -n.* alga.

Al.geb.ra [álgue-bra] *s.f. (sem plural).* álgebra.

al.gebr.a.isch [álgue-bráich] *adj.* algébrico.

All [ál] *s.n. (sem plural).* universo.

all— [ál] *— adj.* todo, toda.

al.le [á:le] *adj.* todos os, todas as.

Al.lee [alè:] *s.f., -n.* avenida, alameda.

al.lein [aláin] *adj.* só, separado, isolado.

Al.lein.be.sitz [aláin-bezits] *s.m. (sem plural).* posse exclusiva.

Al.lein.ge.spräch [aláin-guès-prèçh] *s.n., -e.* monólogo.

Al.lein.hän.dler [aláin-rhént-la] *s.m., s.m., -.* monopolizador.

Al.lein.herr.schaft [aláin-rhèr-cháft] *s.f., -en.* monarquia.

Al.lein.herr.scher [aláin-rhèr-cha] *s.m., -.* monarca.

al.lein.se.lig.ma.chend [aláin-zèliçh-ma-rrent] *adj.* santo, verdadeiro.

Al.le.mal [ále-mál] *adv.* todas as vezes, sempre; *ein für —:* duma vez por todas.

al.len.falls [álen-fáls] *adv.* em todo caso.

al.lent.hal.ben [álent-rhál-ben] *adv.* por toda parte.

al.ler.art [ála-árt] *adv.* de todas as qualidades.

al.ler.best [ála-bést] *adj.* melhor de todos, ótimo.

ALLERDINGS • ÄLTETER

al.ler.dings [ála-dinks] adv. certamente.

al.ler.erst [ála-êast] adj. o primeiro de todos.

al.ler.hand [ála-rhánt] adj. diversos, de todas as sortes.

Al.ler.hei.li.gen.fest [ála-rhái-liguen-fést] s.n., -e. dia de Todos os Santos.

al.ler.hei.ligst [ála-rhái-likst] adj. santíssimo.

al.ler.höchst [ála-rhaçhst] adj. altíssimo, supremo.

al.ler.lei [ála-lái] adj. diversos, vários.

al.ler.letzt [ála-lêtst] adj. o último de todos, derradeiro.

al.ler.liebst [ála-li:pst] adj. muito amado, caríssimo; lindo, engraçado, encantador.

al.ler.meist [ála-máist] adv. sobretudo, principalmente.

al.ler.nächst [ála-néçhst] adj. o mais próximo.

al.ler.nö.tigst [ála-nøtikst] adj. o mais necessário.

al.ler.or.ten [ála-óaten] adv. por toda a parte.

Al.ler.see.len.tag [ála-zê:-len-tá:k] s.m., -e. dia das almas, finados.

al.les [áles] pron. indef. tudo; über —: sobretudo, acima de tudo.

al.le.samt [ále-zámt] adj. todos quantos, todos juntos.

al.le.zeit [ále-tsáit] adv. sempre, em todos os tempos.

All.ge.gen.wart [álgue-guenvárt] s.f. (sem plural). onipresença.

all.ge.gen.wär.tig [álgue-guenvéa-tiçh] adj. onipresente.

all.ge.mein [álgue-máin] adj. universal, comum, público.

all.ge.mein.hin [álgue-máin-rhin] adv. pouco a pouco, lentamente.

All.ge.mein.heit [álgue-máin-rháit] s.f., -en. universalidade, generalidade.

all.ge.mein. ver.ständ.lich [álgue-máin-féa-chtént-liçh] adj. ao alcance de todos; simples, popular.

All.ge.walt [álge-guevált] s.f., -en. poder supremo, onipotência.

all.ge.wal.tig [ále-gueval-tiçh] adj. todo poderoso, onipotente.

all.gül.tig [ál-gyl-tiçh] adj. válido, verdadeiro em todos os casos.

all.gü.tig [ál-gy-tiçh] adj. bonissimo.

Al.li.anz [áli-ánts] s.f., -en. aliança.

all.jähr.lich [ál-iéa-liçh] adj. anual.

All.macht [ál-márrt] s.f., Allmächte. onipotência.

all.mäch.tig [ál-méçh-tiçh] adj. onipotente, todo-poderoso.

all.mäh.lich [ál-mé:-liçh] adj. sucessivamente, gradualmente.

Al.lo.ku.ti.on [álo-kutsió:n] s.f., -en. alocução.

all.se.hend [ál-zê:end] adj. que vê tudo.

all.sei.tig [ál-zái-tiçh] adv. de todos os lados, universal.

All.sei.tig.keit [ál-zái-tiçh-káit] s.f., -en. universalidade.

all.täg.lich [ál-ték-liçh] adj. de todos os dias, quotidiano.

All.täg.lich.keit [ál-ték-liçh-káit] s.f., -en. vulgaridade, trivialidade.

all.um.fassend [ál-um-fássent] adj. universal.

all.wissend [ál-víssent] adj. onisciente.

All.wissen.heit [ál-víssen-rháit] s.f., -en. onisciência.

all.wö.chent.lich [ál-vø-çhent-liçh] adj. semanal.

all.zeit [ál-tsáit] adv. sempre.

all.zu.lan.ge [ál-tsu-lángue] adv. demasiadamente.

Alm [álm] s.f., -en. pastagem, pasto.

Al.mo.sen [ál-mô:zen] s.n., -. esmola.

Al.mo.sen.we.sen [ál-mó:zen-vê:zen] s.n., -. esmolaria, caridade.

Al.pen [álpen] pl. Alpes; pastagens montanhosas.

Al.pen.ro.se [álpen-rô:ze] s.f., -n. rododendro.

Al.pha.bet [álfa-bê:t] s.n., -e. alfabeto.

al.pha.be.tisch [álfa-bêtich] adj. e adv. alfabético, por ordem alfabética.

al.pin [álpin] adj. alpino.

Alp.traum [álp-tráum] s.m., Alpträume. pesadelo.

als [áls] adv. quando, durante, como.

albald [áls-bált] adv. desde logo, no mesmo instante.

aldann [áls-dán] adv. então, depois.

al.so [ál-zô] adv. assim, pois, logo.

alt [ált] adj. velho, antigo, idoso, ancião; contralto.

Al.tan [áltan] s.m., -en. balcão, corredor, tribuna.

Al.tar [áltár] s.m., Altäre. altar.

Al.ter [álta] s.n. (sem plural). idade, velhice.

äl.ter [élta] adj. mais velho.

al.tern [ál-térn] v. envelhecer.

Al.ter.na.ti.ve [áltéa-native] s.f., -n. alternativa, opção.

Al.tersge.nosse [áltas-guenósse] s.m., -n. contemporâneo.

Al.terschwä.che [áltas-chvé-çhe] s.f., -n. decrepitude, caducidade.

al.terschwach [áltas-chvarr] adj. velho, caduco.

Al.ter.tum [álta-tum] s.n., Altertümer antiguidade.

Al.ter.tüm.ler [álta-tymla] s.m., -. antiquário.

al.ter.tüm.lich [álta-tym-liçh] adj. antigo; arcaico.

Al.ter.tums.for.scher [álta-tums-fórcha] s.m., -. arqueólogo.

Al.ter.tums.kun.de [álta-tums-kunde] s.f., -n. arqueologia.

äl.tete [éltes-te] adj. superl. o mais velho.

Äl.teter [éltes-ta] s.m., -. decano.

ÄLTETERSOHN • ANDERSGLÄUBIG

Äl.tetersohn [éltesta-zö:n] *s.m., Äl.tetersöhne.* filho mais velho, primogênito.

Alt.flö.te [ált-flØ:te] *s.f., -n.* flauta de contralto.

alt.frän.kisch [ált-frénkich] *adj.* e antigo, gótico.

alt.hoch.deutsch [ált-rhörr-dóitch] *adj.* alto-alemão antigo.

ält.lich [élt-lich] *adj.* que começa a envelhecer, de idade, idoso.

Alt.meister [ált-máista] *s.m., -.* juiz do ofício.

alt.mo.disch [ált-mô:dich] *adj.* da moda antiga, fora de moda.

Am.boss [ám-bôs] *s.m., -e.* bigorna.

A.mei.se [amáize] *s.f., -n.* formiga.

A.mei.sen.hau.fen [amáizen-rháufen] *s.m., -.* formigueiro.

a.me.ri.ka.nisch [améri-kánich] *adj.* americano, da América.

Am.me [áme] *s.f., -n.* ama de leite, ala.

Amnestie [ám-nes-tí:] *s.f., -n.* anistia.

Am.pel [ám-pel] *s.f., -n.* lanterna, lampião, sinal de trânsito, semáforo.

Am.phi.bie [am-fi-bí:] *s.f., -n.* anfíbio.

Am.phi.thea.ter [am-fíte-áta] *s.n., -.* anfiteatro.

Am.sel [ám-zél] *s.f., -n.* melro.

Amt [ámt] *s.n., Ämter.* cargo, emprego, ofício.

amt.lich [ámt-lich] oficial.

Amtbe.richt [ámts-berícht] *s.m., -e.* relatório oficial.

A.mu.lett [ám-ulét] *s.n., -e.* amuleto.

a.mü.sant [ámy-zánt] *adj.* divertido, recreativo.

an [án] *prep.* a, ao, em, de, sobre, junto a, perto de, quase.

A.na.lo.gie [analogui:] *s.f., -n.* analogia.

a.na.lo.gisch [ana-lô:guich] *adj.* análogo.

a.na.ly.sie.ren [ana-lizí:ren] *v.* analisar.

A.na.ly.ti.ker [ana-lytika] *s.m., -.* analista.

a.na.lytisch [ana-lystich] *adj.* analítico.

A.nar.chie [anárchi:] *s.f., -n.* anarquia.

A.nar.chist [anárkist] *s.m., -en.* anarquista.

A.na.to.mie [anatomí:] *s.f., -n.* anatomia.

an.bah.nen [án-bá:nen] *v.* traçar, preparar, iniciar.

an.bau [án-bau] *s.m., -ten.* anexo de um edifício; cultivo, lavoura, roça.

an.bau.bar [án-báu-bá:r] *adj.* cultivável.

an.bau.en [án-báuen] *v.* edificar, construir junto a; cultivar, lavrar a terra; cultura, cultivo.

an.be.ginn [án-beguín] *s.m. (sem plural).* começo, princípio.

an.bei [án-bái] *adv.* junto, anexo, ao mesmo tempo.

an.bei.ßen [án-báissen] *v.* romper com os dentes, encetar.

an.be.lan.gen [án-belánguen] *v.* concernir.

an.bel.len [án-bélen] *v.* ladrar a ou para.

an.be.rau.men [án-beráu-men] *v.* aprazar, fixar prazo.

an.be.ten [án-bê:ten] *v.* adorar.

An.be.tracht [án-betrárrt] *s.m. (sem plural).* in – em consideração, visto que.

an.bet.teln [án-bétéln] *v.* mendigar a alguém.

An.be.tung [án-bê:tunk] *s.f., -en.* adoração.

an.be.tungwür.dig [an-bê:tunks-vya-dich] *adj.* adorável, digno de ser adorado.

an.bie.ten [án-bí:ten] *v.* oferecer.

an.bin.den [án-binden] *v.* atar, ligar, amarrar.

An.blick [án-blik] *s.m., -e.* vista, aspecto, olhadela.

an.blicken [án-bliken] *v.* mirar, olhar.

an.blit.zen [án-blítsen] *v.* lançar um olhar fulminante.

an.boh.ren [án-bô:ren] *v.* furar, esburacar.

an.bra.ten [án-brá:ten] *v.* assar um pouco.

an.bre.chen [án-bré-chen] *v.* encetar rompendo; apontar, romper.

an.bren.nen [án-brê-nen] *v.* acender-se, começar a arder.

an.brin.gen [án-bringen] *v.* proporcionar, dispor, empregar.

An.bruch [án-brúrr] *s.m. (sem plural).* encetadura, quebradura, começo.

an.brül.len [án-brylen] *v.* mugir, bramar contra.

An.dacht [án-dárrt] *s.f., -en.* devoção, piedade.

an.däch.tig [án-déch-tich] *adj.* e *adv.* devoto; com devoção.

an.dau.ern [án-dáu-érn] *v.* continuar, perdurar, durar, persistir.

an.dau.ernd [án-dáu-éant] *adj.* contínuo, persistente.

An.den.ken [án-dénken] *s.n., -.* memória, lembrança, recordação.

an.der [án-dea] *adj.* outro, alternativo, segundo.

an.der.ar.tig [án-dea-ár-tich] *adj.* diverso, diferente, de outra espécie.

än.der.bar [éndea-bá:r] *adj.* transformável, mudável.

an.der.falls [ándea-fáls] *adv.* em caso contrário.

än.dern [én-dérn] *v.* mudar, converter, modificar.

an.ders [án-deas] *adv.* de outra forma, diferentemente.

an.der.artig [án-dera-ár-tich] *adj.* diferente.

an.dersde den.kend [án-deas-dên-kent] *adj.* opinião diferente.

an.der.seits [án-dea-záits] *adv.* por outro lado.

an.dersfar.big [án-deas-fár-bich] *adj.* de outra cor.

an.dersglä.big [án-deas-glói-bich] *adj.* de outra religião.

an.derwo [án-deas-vô] noutra parte.

an.derwo.her [án-deas-vô-rhéa] *adj.* de outra parte.

an.derwo.hin [án-deas-vô-rhin] *adv.* para outra parte.

an.dert.halb [án-déat-rhálp] *adj.* um e meio; — *Meter:* um metro e meio.

Än.de.rung [én-erunk] *s.f., -en.* modificação, alteração, alteração, emenda.

an.deu.ten [án-dóiten] *v.* notificar, significar, insinuar.

An.deu.tung [án-dóitunk] *s.f., -en.* intimação, notificação; insinuação, alusão, indício.

an.don.nem [án-dôn-érn] *v.* trovejar contra alguém.

An.drang [án-dránk] *s.m.* (sem plural). afluência; multidão.

an.dro.hen [án-drô:-en] *v.* ameaçar de.

An.dro.hung [án-drô:-unk] *s.f., -en.* ameaça; *unter — von:* sob pena de.

an.drü.cken [án-dryken] *v.* apertar, estreitar contra.

an.du.seln [án-dúzéln] *v.* embriagar-se.

An.eig.nung [án-áik-nunk] *s.f., -en.* apropriação, adoção, aquisição, usurpação.

an.ein.an.der [án-áin-ánda] *adj.* junto, imediato.

A.nek.do.te [ánek-dôte] *s.f., -en.* anedota.

an.ekeln [án-ékéln] *v.* causar fastio, repugnar.

An.emp.feh.lung [ánem-pfê:-lunk] *s.f., -en.* recomendação.

an.er.bie.tung [án-eabítunk] *s.f., -en.* oferta, proposta.

an.er.kannt [án-eákánt] *adv.* reconhecidamente, como se sabe.

an.er.ken.nen [án-eákénen] *v.* reconhecer.

an.er.ken.nend [án-eákénent] *adj.* reconhecido, elogioso.

an.er.ken.nenswert [án-eákénens-vért] *adj.* louvável, apreciável.

An.er.kennt.nis [án-éa-kênt-nis] *s.f., Anerkenntnisse.* percepção, compreensão.

An.er.ken.nung [án-éa-kénunk] *s.f., -en.* reconhecimento, declaração, estima.

an.er.zie.hen [án-éa-tsí:en] *v.* acostumar por meio da educação.

an.fa.chen [án-fá-rren] *v.* soprar, atiçar.

an.fah.ren [án-fá:-ren] *v.* chegar (em carro, barco).

An.fahrt [án-fá:rt] *s.f., -en.* chegada.

an.fall [án-fál] *s.m., Anfälle.* embate, ataque, assalto.

an.fal.len [án-fálen] *v.* atacar, assaltar, investir.

an.fäl.lig [án-féliçh] *adj.* fraco, de saúde delicada; — *für:* suscetível de.

An.fallsrecht [án-fáls-reçht] *s.n., -e.* direito de sucessão, de herança.

An.fang [án-fáng] *s.m., Anfänge.* princípio, origem, entrada.

an.fan.gen [án-fángen] *v.* começar, principiar.

An.fän.ger [án-fénga] *s.m., -.* principiante, noviço.

an.fängs.lich [án-féng-liçh] *adv.* primeiro, primeiramente.

an.fangs [án-fángs] *adv.* ao princípio.

An.fangszei.le [án-fángs-tsáile] *s.f., -n.* regra inicial, linha inicial.

an.fassen [án-fássen] *v.* empunhar, prender, agarrar.

an.fecht.bar [án-feçht-bá:r] *adj.* contestável.

an.fech.ten [án-feçht-en] *v.* acometer, provocar, insultar.

An.fech.tung [án-féçh-tunk] *s.f., -en.* ataque, contestação.

an.fein.den [án-fáin-den] *v.* hostilizar.

an.fer.ti.gen [án-fér-ti-guen] *v.* fazer, fabricar, produzir; redigir.

An.fer.ti.gung [án-fér-ti-gunk] *s.f., -en.* fabricação, produção.

an.fesseln [án-fésséln] *v.* prender, atar com corrente.

an.feuch.ten [án-fóiçh-ten] *v.* umedecer.

An.feu.erung [án-fói-erunk] *s.f., -en.* incitação, animação.

an.fle.hen [án-flê:-en] *v.* implorar, suplicar.

An.fle.hung [án-flê:-unk] *s.f., -en.* súplica.

An.flug [án-flú:k] *s.m., Anflüge.* voo do falcão; arbustos novos, aproximação para pouso.

An.fluss [án-flús] *s.m., Anflüsse.* fluxo, cheia.

an.for.dern [án-fór-dérn] *v.* exigir, pretender.

An.for.de.rung [án-fór-derunk] *s.f., -en.* pretensão, exigência.

An.fra.ge [án-frá:gue] *s.f., -n.* pergunta, questão.

an.fra.gen [án-frá:guen] *v.* perguntar.

an.fressen [án-fréssen] *v.* carcomer, corroer.

an.freun.den [án-fróin-den] *v. sich —:* tornar-se amigo de.

an.fü.gen [án-fy-guen] *v.* juntar, encaixar.

an.füh.len [án-fy:-len] *v.* tocar, apalpar, manusear.

an.fuhr [án-fúa] *s.f., -en.* carreto, transporte.

an.füh.ren [án-fy:ren] *v.* acarretar, conduzir, levar, comandar, guiar.

an.füh.rer [án-fy:-ra] *s.m., -.* condutor, comandante, guia.

An.füh.rung [án-fy:-runk] *s.f., -en.* condução, comando, guia.

An.füh.rungstriche [án-fy:runks-chtri-çhe] (plural). aspas.

An.ga.be [án-gá:be] *s.f., -n.* indicação, declaração, informação.

An.ga.ben [án-gá:ben] (plural). dados, elementos.

an.gaf.fen [án-gáfen] *v.* olhar com a boca aberta, embasbacar.

an.ge.ben [án-guê:ben] *v.* declarar, relatar, projetar, gabar-se.

An.ge.ber [án-guê:ba] *s.m., -.* autor, inventor, delator, presumido.

ANGEBEREI • ANHÄNGLICH

An.ge.be.rei [án-guêbe-rái] s.f., -en. denúncia, delação, mexerico, presunção.

an.geb.lich [án-guêp-liçh] adj. pretendido, pretenso, suposto.

an.ge.bo.ren [án-guebô:ren] adj. inato, natural, congênito, hereditário.

An.ge.bot [án-guebô:t] s.n., -e. oferta, primeiro lance.

an.ge.bracht [án-gue-brárrt] adj. oportuno, indicado, apropriado; schlecht –: inoportuno, inadequado.

an.ge.hängt [án-gue-rhénkt] adj. adicional, anexo.

an.ge.hen [án-gê:en] v. pedir, solicitar; importar, ser concernente.

an.ge.hö.ren [án-gue-rhø:ren] v. pertencer a.

an.ge.hö.rig [án-gue-rhø:riçh] adj. pertencente a.

An.ge.hö.ri.ge [án-gue-rhø:rigue] s.m. + s.f., -n. parente, familiar; meine –: meus parentes, os meus.

An.gel [án-guêl] s.f., -n. gancho; anzol.

an.ge.le.gen [án-gue-lê:guen] adj. importante; sich – sein lassen: tomar um assunto a peito, por desvelo.

An.ge.le.gen.heit [án-gue-lê:lguen-rháit] s.f., -en. interesse, assunto.

an.ge.legt [án-gue-lékt] adj. colocado, disposto, ordenado.

An.gel.ha.ken [án-guel-rhá:ken] s.m., -. anzol.

an.geln [án-guéln] v. pescar com anzol.

an.ge.lo.ben [án-guelô:ben] v. prometer solenemente.

An.ge.löb.nis [án-guelǿp-nís] s.f., Angelöbnisse. promessa solene, voto.

An.gel.punkt [án-guel-punkt] s.m., -e. ponto cardinal.

An.gel.ru.te [án-guel-rú:te] s.f., -n. cana ou vara de pescar.

An.gel.schnur [án-guel-chnúa] s.f., Angelschnüre. linha de pescar.

an.gel.weit [án-guel-váit] adj. escancarado.

an.ge.mes.sen [án-gue-méssen] adj. correspondente, conforme, sob medida.

an.ge.nehm [án-gue-nê:m] adj. agradável, aprazível.

An.ger [án-ga] s.m., -. prado, pastagem.

an.ge.regt [án-guerêgt] adj. vivaz.

an.ge.schen [án-guê-chen] adj. estimado, considerável.

an.ge.sessen [án-gue-zéssen] adj. domiciliado, estabelecido.

an.ge.sicht [án-gue-ziçht] s.n., -er. semblante, rosto; von – zu –: cara a cara; ins – sehen: encarar.

an.ge.spannt [án-gue-chpánt] adj. tenso.

An.ge.stell.te [án-gue-chtélte] s.m. + s.f., -n. empregado.

an.ge.strengt [án-gue-chtrénkt] adj. cansado.

an.ge.tan [án-gue-tán] adj. próprio para; – mit: vestido de.

an.ge.trun.ken [án-gue-trúnken] adj. embriagado.

an.ge.wöh.nen [án-gue-vø:nen] v. acostumar.

An.ge.wohn.heit [án-guevô:n-rháit] s.f., -en. costume, hábito.

an.ge.wöhnt [án-guevønt] adj. acostumado, habituado.

an.glot.zen [án-gló-tsen] v. olhar com olhos arregalados.

an.greif.bar [án-gráif-bá:r] adj. atacável, vulnerável, discutível.

an.grei.fen [án-gráifen] v. prender, apanhar, colher, pegar.

an.grei.fend [án-grái-fent] adj. ofensivo, agressivo.

An.grei.fer [án-gráifa] s.m., -. ofensor, agressor; atacante (esporte).

an.gren.zen [án-grên-tsen] v. confinar.

an.gren.zend [án-grên-tsent] adj. limítrofe, vizinho.

An.gren.zung [án-grên-tsunk] s.f., -en. confinidade, contiguidade.

An.griff [án-grif] s.m., -e. apreensão, assalto, ataque, ofensiva.

an.grifflustig [án-grífs-lus-tiçh] adj. agressivo.

Angst [ánkst] s.f., Ängste. medo, angústia, inquietação, medo, inquietação.

angst.be.kom.men [ánkst-be-kómen] adj. angustiado.

angst.er.füllt [ánkst-éafylt] adj. aflito.

Angst.ge.schrei [ánkst-gue-chrái] s.f., -en. gritos de pavor.

Angst.ha.se [ánkst-rháze] adj.s.m., -n. medroso, poltrão, covarde.

ängsti.gen [ênks-tiguen] v. angustiar, inquietar, assustar.

ängst.lich [énkst-liçh] adj. ansioso, inquieto, angustiado, medroso.

Ängst.lich.keit [énkst-liçh-káit] s.f., -en. ansiedade, inquietação, timidez.

an.gu.cken [ángúken] v. olhar, mirar.

an.ha.ben [án-rháben] v. trazer ou levar sobre si (roupas).

an.haf.ten [án-rháf-ten] v. atar, aderir.

An.halt [án-rhált] s.m., -e. parada, proteção; indício, pista.

an.hal.ten [án-rhált] v. parar, deter, apreender, embargar.

an.hal.tend [án-rhál-tent] adj. continuado, persistente.

An.haltpunkt [án-rhálts-punkt] s.m., -e. fundamento, ponto de referência; prova, indício.

An.hang [án-rhánk] s.m., Anhänge. apêndice, anexo, suplemento, facção, partido.

an.hän.gen [án-rhén-guen] v. suspender, pendurar, engonçar.

An.hän.ger [án-rhén-ga] s.m., -. sequaz, partidário.

an.häng.lich [án-rhénk-liçh] adj. afeiçoado.

ANHÄNGLICHKEIT • ANMAßEND

An.häng.lich.keit [án-rhénk-ligh-káit] s.f., -en. afeição, apego, lealdade.
An.häng.sel [án-rhénk-zél] s.n., -. apêndice; rótulo; medalha, adorno; amuleto.
An.häu.fung [án-rhói-funk] s.f., -en. acumulação, agregação.
an.he.ben [án-rhê-ben] v. alçar, levantar um pouco; chegar uma coisa a outra levantando; começar.
an.hef.ten [án-rhéf-ten] v. atar, alinhavar, juntar.
an.heim.fal.len [án-rháim-fálen] v. recair.
an.hei.schig [án-rháim-chich] v. sich — machen: empenhar-se, obrigar-se.
an.het.zen [án-rhé-tsen] v. incitar, instigar.
An.hö.he [án-rhø:-e] s.f., -n. altura; outeiro, colina.
an.hö.ren [án-rhø:ren] v. escutar, dar ouvido.
An.hö.rung [án-rhø:runk] s.f., -en. audição, audiência.
an.jo.chen [án-iô-rren] v. jungir.
An.kauf [án-káuf] s.m., Ankäufe. arras, compra.
An.käu.fer [án-kóifa] s.m., -. comprador.
An.ker [ánka] s.m., -. âncora.
An.ker.arm [ánka-árm] s.m., -e. unhas ou braços de âncora.
an.ker.ben [ánka-ben] v. talhar, marcar por um corte.
an.kern [án-kérn] v. ancorar.
an.ket.ten [án-kéten] v. encadear.
an.kit.ten [án-kíten] v. unir com massa ou cimento.
an.klag.bar [án-klák-bá:r] adj. denunciável.
An.kla.ge [án-klá:gue] s.f., -n. acusação, denúncia, delação, incriminação.
an.kla.gen [án-klá:guen] v. acusar, denunciar.
An.klä.ger [án-klä:ga] adj. acusador.
An.klang [án-klánk] s.m., Anklänge. ressonância, eco; sabor (fig.).

an.klei.den [án-kláiden] v. vestir.
An.klei.de.zim.mer [án-kláide-tsíma] s.n., -. quarto de vestir; sacristia.
an.klin.geln [án-klin-guéln] v. tocar, bater à porta de alguém.
an.klop.fen [án-klóp-fen] v. bater à porta.
an.knöp.fen [án-knøpfen] v. segurar com botões, abotoar.
an.knüp.fen [án-knýpfen] v. ligar, atar com nó.
an.kom.men [án-kómen] v. chegar, vir, arribar, chegar ao que se deseja.
An.kömm.ling [án-kǿm-link] s.m., -e. novo, recém-chegado.
an.kör.nen [án-kǿa-nen] v. engordar, cevar.
an.kün.di.gen [án-kyn-diguen] v. anunciar, dar aviso, intimar.
An.kün.di.gung [án-kyn-digunk] s.f., -en. anúncio, aviso.
An.kunft [án-kunft] s.f., Ankünfte. chegada.
an.kup.peln [án-kúpeln] v. engatar.
an.kur.beln [án-kua-béln] v. dar à manivela, pôr a trabalhar, fomentar.
An.kur.be.lung [án-kúa-belunk] s.f., -en. fomento.
an.lä.cheln [án-lǽ-cheln] v. olhar para alguém com ar de riso.
An.la.ge [án-lá:gue] s.f., -n. aplicação, investimento; anexo, peça adicional, inclusa; cabedal; plano, planta; imposto, fundo; öffentliche —n: jardins ou passeios públicos.
An.la.ge.ka.pi.tal [án-lá:gue-kapitál] s.n., -e. cabedal, fundos investidos.
An.län.de [án-lénde] s.f., -n. ancoradouro, atracação.
an.lan.gen [án-lánguen] v. chegar, vir, concernir.
An.lass [án-lás] s.m., Anlässe. aparência, motivo; ocasião, oportunidade; kein —!: não tem de quê!
an.lassen [án-lássen] v. die Kleidung —: ficar com a roupa no corpo; sich —: esforçar-se.

An.lauf [án-láuf] s.m., Anläufe. arremesso, afluência; assalto, ataque.
an.lau.fen [án-láufen] v. começar a correr, dar o primeiro impulso.
An.lauf.ha.fen [án-láuf-rháfen] s.m., -. porto de escala.
An.lauf.zeit [án-láuf-tsáit] s.f., -en. período inicial.
An.laut [án-láut] s.m., -e. som inicial.
An.le.ge.brü.cke [án-légue-bryke] s.f., -n. cais de embarque.
An.le.ge.bühr [án-lé-gue-by:a] taxa de ancoragem.
an.le.gen [án-lê-guen] v. colocar, pôr, empregar, assestar, esboçar.
an.le.hen [án-lê:-en] An.lei.he s.f., -. empréstimo.
an.leh.nen [án-lê:-nen] v. arrimar, apoiar.
An.leh.nung [án-lê:-nunk] s.f., -en. ação de arrimar.
an.lei.men [án-lái-men] v. colar, grudar.
an.lei.ten [án-lái-ten] v. conduzir, dirigir, ensinar.
an.ler.nen [án-léa-nen] v. ensinar.
an.lie.gen [án-li:-guen] v. estar contíguo, junto; interesse, petição, cuidado.
An.lie.ger [án-li:-ga] s.m., -. morador, vizinho.
an.lo.cken [án-lóken] v. lograr, atrair com promessa.
An.lo.ckung [án-ló-gunk] s.f., -en. engodo, isca, atrativo.
an.lö.ten [án-lǿ-ten] v. soldar.
an.lü.gen [án-ly-guen] v. mentir a alguém.
an.ma.chen [án-má-rren] v. juntar, atar, unir; Feuer —: acender o fogo.
An.marsch [án-márch] s.m., Anmärsche. chegada, vinda em marcha.
an.ma.ßen [án-má:ssen] v. sich —: atribuir-se, apropriar-se.
an.ma.ßend [án-má:ssent] adj. arrogante, atrevido.

ANMAßUNG • ANSCHLAGEN

An.ma.ßung [án-máːssunk] *s.f., -en.* arrogância, pretensão.

an.mel.den [án-mélden] *v.* avisar, noticiar, registrar.

An.mel.dung [án-méldunk] *s.f., -en.* anúncio, registro.

an.mer.ken [án-méaken] *v.* observar, anotar.

An.mer.kung [án-méakunk] *s.f., -en.* observação, nota.

An.muste.rung [án-múste-runk] *s.f., -en.* matrícula; alistamento.

An.mut [án-mút] *s.f. (sem plural).* graça, gentileza, garbo, encanto.

an.mu.tig [án-mu-tich] *adj.* gracioso, gentil, ameno; lindo.

an.nä.hen [án-nèːen] *v.* coser a alguma coisa.

an.nä.hern [án-nèːérn] *v.* aproximar.

an.nah.me [án-náːme] *s.f., -n.* aceitação, admissão.

an.nä.he.rung [án-nèːe-runk] *s.f., -en.* aproximação.

an.nehm.bar [án-neːm-báːr] *adj.* admissível.

an.neh.men [án-nèːmen] *v.* aceitar, admitir.

an.nehm.lich [án-nèːm-lich] *adj.* aceitável, admissível.

An.nehm.lich.keit [án-nèːm-lich-káit] *s.f., -en.* admissibilidade; amenidade.

an.nie.ten [án-niːten] *v.* fixar com rebites, arrebitar.

an.non.cie.ren [án-nón-tsiːren] *v.* anunciar.

an.ord.nen [án-óat-nen] *v.* ordenar, regular, mandar.

An.ord.nung [án-óat-nunk] *s.f., -en.* ordem, disposição.

a.nomal [á-nôamál] *adj.* anormal, anômalo.

A.noma.lie [á-nomaliː] *s.f., -n.* anomalia.

an.pa.cken [án-páken] *v.* empunhar, atacar.

an.passen [án-pássen] *v.* ajustar, adaptar.

An.passung [án-pássunk] *s.f., -en.* ajuste, acomodação.

an.passungsfä.hig [án-pássunks-fèː-ich] *adj.* adaptável.

An.passungsfä.hig.keit [án-pássunks-fèː-ich-káit] *s.f., -en.* faculdade de adaptação.

an.pflan.zen [án-pflán-tsen] *v.* plantar.

An.pflan.zer [án-pflán-tsa] *s.m., -.* colono.

An.pflan.zung [án-pflán-tsunk] *s.f., -en.* plantação.

an.po.chen [án-pó-rren] *v.* bater à porta.

An.prall [án-prál] *s.m. (sem plural).* choque, embate.

an.pran.gern [án-prán-guérn] *v.* denunciar ao público.

An.pran.ge.rung [án-prán-gue-runk] *s.f., -en.* denúncia.

An.prei.sung [án-práí-zunk] *s.f., -en.* elogio.

an.pressen [án-préːssen] *v.* apertar contra.

an.pro.bie.ren [án-probiːren] *v.* provar.

An.putz [án-púts] *s.m. (sem plural).* compostura, adorno.

an.ra.ten [án-ráːten] *v.* aconselhar.

an.rech.nen [án-réch-nen] *v.* por ou lançar na conta; imputar.

An.recht [án-récht] *s.n., -e.* direito; título.

An.re.de [án-rèːde] *s.f., -n.* discurso dirigido a alguém, alocução.

an.re.den [án-rèːden] *v.* dirigir a palavra.

an.re.gen [án-rèːguen] *v.* incitar, animar.

an.re.gend [án-rèːguent] *adj.* animador, estimulante.

An.re.gung [án-rèːgunk] *s.f., -en.* incitação.

an.rei.chern [án-rái-chérn] *v.* enriquecer.

An.rei.che.rung [án-rái-che-runk] *s.f., -en.* enriquecimento, concentração.

an.rei.zen [án-rái-tsen] *v.* incitar, excitar.

An.rei.zung [án-rái-tsunk] *s.f., -en.* incitação, excitação.

an.ren.nen [án-renen] *v.* correr contra, chegar correndo.

an.rich.ten [án-ríçh-ten] *v.* servir a mesa, cozinhar; causar, fazer.

an.rü.chig [án-ry-chiçh] *adj.* que começa a apodrecer.

an.rü.cken [án-rý-ken] *v.* aproximar, adiantar.

An.ruf [án-rúf] *s.m., -e.* invocação, chamada telefônica.

an.ru.fen [án-rúːfen] *v.* chamar, telefonar, invocar, pedir auxílio.

an.rüh.ren [án-rýːren] *v.* tocar, manusear, misturar revolvendo (líquidos).

An.sa.ge [án-záːgue] *s.f., -n.* aviso, notificação.

an.sa.gen [án-záːguen] *v.* anunciar, notificar.

an.sässig [án-zèssiçh] *adj.* domiciliado.

An.satz [án-záts] *s.m., Ansätze.* peça anexada, ajuntada.

an.schaf.fen [án-cháfen] *v.* administrar, prover.

An.schaf.fung [án-chá-funk] *s.f., -en.* provisão.

an.schau.en [án-chau-en] *v.* contemplar, mirar.

An.schau.ung [án-cháu-unk] *s.f., -en.* contemplação.

An.schein [án-cháin] *s.m. (sem plural).* aparência.

an.schei.nend [án-cháí-nent] *adj.* aparente.

an.schi.cken [án-chíken] *v.* preparar-se, aviar-se.

an.schie.ben [án-chíː-ben] *v.* empurrar, impelir contra.

an.schie.len [án-chíːlen] *v.* olhar de esguelha.

an.schie.ßen [án-chíː-ssen] *v.* ferir atirando; disparar pela primeira vez; anexar, juntar.

an.schif.fen [án-chí-fen] *v.* abordar.

an.schir.ren [án-chí-ren] *v.* ajaezar, aparelhar (um cavalo).

An.schlag [án-chláːk] *s.m., Anschläge.* ação de golpear; choque, embate.

an.schla.gen [án-chláːguen] *v.* golpear, avaliar.

ANSCHLÄGIG • ANSTÖßIG

an.schlä.gig [án-chlá-guich] *adj.* inventivo, engenhoso.

an.schlei.chen [án-chlái-chen] *v.* chegar-se sorrateiramente.

an.schlie.ßen [án-chlí:-ssen] *v.* encadear, unir, apertar um cavalo; *sich —:* juntar-se.

An.schluss [án-chlús] *s.m., Anschlüsse.* adição, adjunção, anexação.

an.schmie.gen [án-chmí:-guen] *v.* apertar-se, pegar-se a.

an.schnau.zen [án-chnáu-tsen] *v.* esbravejar.

an.schnei.den [án-chnái-den] *v.* dar o primeiro corte em (pão, queijo etc.).

An.schnitt [án-chnit] *s.m., -e.* o primeiro corte.

an.schnüf.feln [án-chny-féln] *v.* escarafunchar.

an.schnü.ren [án-chny:-ren] *v.* atar, prender com cordão.

an.schrau.ben [án-chráu-ben] *v.* atarrachar.

an.schrei.ben [án-chrái-ben] *v.* anotar, lançar, escrever.

An.schrift [án-chrift] *s.f., -en.* endereço, direção.

an.schul.di.gen [án-chúl-di-guen] *v.* acusar, incriminar.

an.schü.ren [án-chy:-ren] *v.* atiçar, avivar o fogo.

an.schwär.men [án-chvéa-men] *v.* começar a enxamear.

an.schwär.zen [án-chvéa-tsen] *v.* enegrecer.

an.schwel.len [án-chvélen] *v.* inchar.

An.schwel.lung [án-chvé-lunk] *s.f., -en.* inchação, inchaço; tumor, incremento.

an.schwem.men [án-chvémen] *v.* conduzir balsas ou jangadas.

An.schwem.mung [án-chvémunk] *s.f., -en.* aluvião, enxurrada.

an.se.hen [án-zé:en] *v.* olhar, contemplar, considerar.

an.sehn.lich [án-ze:n-lich] *adj.* aparente, bem-afigurado.

an.sen.gen [án-zén-guen] *v.* chamuscar.

an.set.zen [án-zé-tsen] *v.* aplicar, fixar, avaliar, estimar.

An.sicht [án-zicht] *s.f., -en.* aspecto, parecer, opinião.

an.sie.deln [án-zí:déln] *v.* avizinhar-se.

An.sie.de.lung [án-zi:delunk] *s.f., -en.* colônia.

An.sie.dler [án-zi:dla] *s.m., -.* colono.

an.sin.nen [án-zínen] *v.* pretender.

an.span.nen [án-chpánen] *v.* atrelar.

an.spit.zen [án-chpítsen] *v.* apontar, aguçar a ponta.

An.spra.che [án-chprá-rre] *s.f., -n.* discurso dirigido a alguém.

an.sprech.bar [án-chpréch-bá:r] *adj.* acessível, disponível.

an.spre.chen [án-chpré-chen] *v.* dirigir a palavra a alguém.

an.spre.chend [án-chpré-chent] *adj.* atrativo, simpático.

an.sprit.zen [án-chpri-tsen] *v.* salpicar, regar.

An.spruch [án-chprúrr] *s.m., Ansprüche.* pretensão, reivindicação, direito.

an.spruchlos [án-chprúrr-lós] *adj.* despretensioso.

an.spruchvoll [án-chprúrr-fóll] *adj.* pretensioso, exigente.

An.spruchlo.sig.keit [án-chprúrr-lózich-káit] *s.f., -en.* despretensão, modéstia.

an.spu.cken [án-chpúken] *v.* cuspir em.

an.sta.cheln [án-chtá-rréln] *v.* aguilhoar.

An.stalt [án-chtált] *s.f., -en.* aparelho; preparo; estabelecimento, instituto.

An.stand [án-chtánt] *s.m. (sem plural).* dúvida, dificuldade, elegância, bons modos, compostura; *— nehmen:* tardar, hesitar.

an.stän.dig [án-chtén-dich] *adj.* decente, digno.

An.stän.dig.keit [án-chtén-dich-káit] *s.f., -en.* decência, dignidade.

An.standsda.me [án-chtánts-dá:me] *s.f., -n.* dama de companhia.

An.standge.fühl [án-chtánts-guefíl] *s.n., -e.* delicadeza, tato.

an.standhal.ber [án-chtánts-rhálba] por conveniência, para ser amável.

An.standsre.gel [án-chtánts-rêguel] *s.f., -n.* etiqueta.

an.standswid.rig [án-chtánts-vi-drich] *adj.* indecente, impróprio.

an.star.ren [án-chtá-rren] *v.* fitar, pregar os olhos em alguma coisa.

an.statt [án-chtát] *adv.* em lugar de, em vez de.

an.ste.cken [án-chté-ken] *v.* meter, pôr, furar, infectar.

an.ste.ckend [án-chté-kent] *adj.* contagioso.

An.ste.ckung [án-chté-kunk] *s.f., -en.* contágio.

an.ste.hen [án-chté:en] *v.* estar posto; duvidar, tardar.

an.stel.len [án-chté-len] *v.* encostar; pôr a trabalhar, contratar; *sich —:* fingir, ser melindroso.

An.stel.lung [án-chté-lunk] *s.f., -en.* cargo, emprego.

an.stif.ten [án-chtíf-ten] *v.* maquinar, causar, tramar.

An.stift.er [án-chtif-ta] *e adj e s.m., -.* maquinador, autor.

An.stif.tung [án-chtíf-tunk] *s.f., -en.* instigação, incitamento; suborno.

an.stim.men [án-chtímen] *v.* entoar.

An.stoß [án-chtó:s] *s.m., Anstöße.* choque, impulso.

an.sto.ßen [án-chtó:ssen] *v.* chocar, impelir.

an.stö.ßig [án-chtö-ssich] *adj.* indecente, escandaloso, ofensivo.

ANSTÖßIGKEIT • ANZIEHUNG

An.stö.ßig.keit [án-chtɔ̧·ssich-káit] s.f., -en. indecência.

an.stre.ben [án-chtré:ben] v. ambicionar, aspirar a alguma coisa.

an.strei.chen [án-chtrái-chen] v. esfregar, pintar de uma cor só.

an.stren.gen [án-chtrén-guen] v. esforçar.

An.stren.gung [án-chtrén-gunk] s.f., -en. esforço.

An.strich [án-chtrich] s.m., -e. pintura, camada de tinta.

An.sturm [án-chtúam] s.m., Anstürme. assalto, ataque.

an.su.chen [án-zu-rren] v. requerer, pedir, solicitar.

An.teil [án-táil] s.m., -e. interesse, parte, quota.

an.teil.mä.ßig [án-táil-mé-ssich] adv. por cota.

An.teil.nah.me [án-táil-ná:-me] s.f. (sem plural). interesse, simpatia, participação.

An.teil.schein [án-táil-cháin] s.m., -e. ação.

An.ten.ne [án-téne] s.f., -n. antena.

An.thro.po.lo.ge [án-tropó-ló:-gue] s.m., -n. antropólogo.

An.thro.po.lo.gie [án-tropo-ló:gui:] s.f. (sem plural). antropologia.

an.thro.po.lo.gisch [án-tropó-ló:guich] adj. antropológico.

An.ti.christ [ánti-krist] s.m., -en. anticristo.

An.ti.ke [án-tí:ke] s.f., -n. antiguidade, peça antiga.

An.ti.lo.pe [ánti-lō:-pe] s.f., -n. antílope.

An.ti.po.de [ánti-pô:-de] s.m., -n. e adj. antípoda.

an.tip.pen [án-tipen] v. tocar ligeiramente.

An.ti.se.mit [ánti-zemí:t] s.m., -en. antissemita.

An.trag [án-trák] s.m., Anträge. oferta, proposta, proposição, requerimento, petição.

an.tra.gen [án-trá:-guen] v. oferecer, propor.

An.trag.stel.ler [án-tráks-té-la] s.m., -. proponente.

an.tref.fen [án-tré-fen] v. encontrar, achar.

an.trei.ben [án-trái-ben] v. fazer correr, empuxar.

an.tre.ten [án-tré:-ten] v. começar, tomar posse, firmar pisando.

An.trieb [án-trí:p] s.m., -e. impulso, estímulo; motor.

An.tritt [án-trit] s.m. (sem plural). primeiro passo, entrada, tomada de posse.

Ant.wort [ánt-vórt] s.f., -en. resposta.

ant.wor.ten [ánt-vórten] v. responder.

an.ver.trau.en [án-féa-tráuen] v. confiar.

an.ver.wandt [án-féa-vánt] adj. aparentado, parente.

An.walt [án-vált] s.m., Anwälte. advogado, procurador.

An.walt.schaft [án-vált-cháft] s.f., -en. advocacia, procuradoria.

an.wäl.zen [án-vél-tsen] v. rodar, fazer rodar contra.

an.wan.deln [án-van-déln] v. chegar-se de devagar; sentir-se assaltado; pressentir.

An.wand.lung [án-vant-lunk] s.f., -en. acesso.

an.wär.men [án-vér-men] v. aquecer.

An.wart.schaft [án-várt-cháft] s.f., -en. expectativa.

an.wei.sen [án-vái-zen] v. assinar, assinalar, indicar, ensinar.

An.wei.sung [án-vái-zunk] s.f., -en. instrução, ordem, determinação.

an.wend.bar [án-vént-bá:r] adj. aplicável.

An.wend.bar.keit [án-vént-bár-káit] s.f., -en. aplicação, aplicabilidade.

an.wen.den [án-vén-den] v. empregar, servir.

An.wen.dung [án-vén-dunk] s.f., -en. aplicação, destino, uso.

an.wer.ben [án-vér-ben] v. alistar, recrutar.

An.wer.bung [án-vér-bunk] s.f., -en. alistamento, matrícula.

an.wer.fen [án-vér-fen] v. arremessar, atirar.

An.we.sen [án-vé:-sen] s.n. -. propriedade, bens imóveis.

an.we.send [án-vé:-zent] adj. presente.

An.we.sen.heit [án-vé:-zen-ráit] s.f. (sem plural). presença.

an.wi.dern [án-ví:dérn] v. repugnar.

An.wuchs [án-vúks] s.m. (sem plural). aumento por crescimento.

An.wurf [án-vuaf] s.m., Anwürfe. reboco.

an.wur.zeln [án-vúa-tséln] v. arraigar.

An.zahl [án-tsá:l] s.f. (sem plural). número, quantidade.

an.zah.len [án-tsá:len] v. pagar a primeira parte, a primeira prestação.

An.zah.lung [án-tsá:lunk] s.f., -en. entrada, sinal, primeiro pagamento, a primeira prestação.

an.zap.fen [án-tsap-fen] v. abrir um barril, uma pipa de vinho, desbatocar.

An.zei.chen [án-tsái-chen] s.n., -. sinal, indício, presságio.

an.zeich.nen [án-tsáich-nen] v. marcar, anotar.

An.zei.ge [án-tsái-gue] s.f., -n. indicação, indício, anúncio.

an.zei.gen [án-tsái-guen] v. notificar, anunciar, indicar.

An.zei.gen.teil [án-tsái-guen-táil] s.m., -e. seção de anúncio.

an.zet.teln [án-tsé-téln] v. tramar, urdir, traçar.

An.zet.tler [án-tsét-la] s.m., -. urdidor, maquinador.

an.zie.hen [án-tsí:-en] v. puxar, vestir; atrair.

an.zie.hend [án-tsí:-ent] adj. atraente, atrativo; interessante.

An.zie.hung [án-tsí:-unk] s.f., -en. atração.

ANZIEHUNGSKRAFT • ARGUMENTATION

An.zie.hungs.kraft [án-tsï-unks-kráft] *s.f. (sem plural)*. atração, magnetismo, encanto; *der Erde –:* gravitação.

An.zug [án-tsú:k] *s.m., Anzüge*. traje, terno (vestimenta); *in – sein: v.* estar iminente, estar a chegar.

an.züg.lich [án-tsyk-liçh] *adj.* alusivo, insinuador, insinuante.

An.züg.lich.keit [án-tsyk-liçh-káit] *s.f., -en*. alusão, remoque, indireta.

an.zün.den [án-tsyn-den] *v.* incendiar, inflamar, abrasar, acender.

an.zün.der [án-tsyn-da] *s.m., -*. acendedor, isqueiro.

Ä.on [ê-ôn] *s.m. (sem plural)*. eternidade.

a.part [apárt] *adj.* aparte, singular, esquisito.

A.pa.thie [apatí:] *s.f. (sem plural)*. apatia.

a.pa.thisch [apá-tich] *adj.* apático.

Ap.fel [áp-fél] *s.m., Äpfel*. maçã.

Ap.fel.baum [áp-fêl-báum] *s.m., Apfelbäume*. macieira.

Ap.fel.si.ne [áp-fêl-zí:ne] *s.f., -n*. laranja.

Ap.fel.si.nen.baum [áp-fêl-zí:nen-báum] *s.m., Apfelsinenbäume*. laranjeira.

Ap.fel.si.nen.li.mo.na.de [áp-fêl-zí:nen-limo-ná:de] *s.f., -n*. laranjada.

Ap.fel.si.nen.saft [áp-fêl-zí:-nen-záft] *s.m., Apfelsinensäfte*. suco de laranja.

Ap.fel.tor.te [áp-fêl-tóa-te] *s.f., -n*. torta de maçã.

Ap.fel.wein [áp-fêl-váin] *s.m., -e*. cidra.

A.po.lo.gie [apôlô-guí:] *s.f., -n*. apologia.

A.posta.sie [apôsta-zí:] *s.f. (sem plural)*. apostasia.

A.postat [apôs-tát] *s.m., -en*. apóstata.

A.postel [apôs-tél] *s.m., -*. apóstolo.

A.postel.ge.schich.te [apôstél-gue-chiçh-te] *s.f. (sem plural)*. Evangelhos; Atos dos Apóstolos.

a.posto.lisch [apostô-lich] *adj.* apostólico.

A.po.stroph [apos-trôf] *s.m., -e*. apóstrofe.

A.po.the.ke [apo-té:ke] *s.f., -n*. farmácia, botica.

A.po.the.ker [apo-té:ka] *s.m., -*. farmacêutico.

Ap.pa.rat [apará:t] *s.m., -e*. aparelho.

Ap.pell [apél] *s.m., -e*. apelo, chamada.

Ap.pel.la.ti.on [apela-tsió:n] *s.f., -en*. apelação, recurso.

ap.pel.lie.ren [apelí:ren] *v.* apelar.

Ap.pe.tit [ape-tí:t] *s.m. (sem plural)*. apetite.

ap.pe.tit.lich [ape-tít-liçh] *adj.* apetitoso, saboroso.

ap.pla.nie.ren [aplaní:ren] *v.* aplanar, nivelar.

ap.plau.die.ren [aplaudí:ren] *v.* aplaudir.

ap.pre.tie.ren [apretí:ren] *v.* dar lustro.

Ap.pre.tur [aprétua] *s.f., -en*. lustro de tecido.

A.pri.ko.se [aprikô:ze] *s.f., -n*. damasco.

A.pril [april] *s.m., -e*. abril.

A.qua.rell [akvaré:l] *s.n., -e*. aquarela.

A.qua.ri.um [akvárium] *s.n., Aquarien*. aquário.

Ä.qua.tor [ékva-tôa] *s.m. (sem plural)*. Equador.

Ar [ár] *s.n. ou s.m., -e* are.

Ä.ra [é:ra] *s.f., Ären*. era.

A.ra.ber [ára:-ba] *s.m., -*. árabe.

A.ra.besken [ára-bësken] *s.f., -n*. arabesco.

a.ra.bisch [ará-bich] *adj.* arábico.

Ar.beit [árbait] *s.f., -en*. trabalho, afazeres, lavoura, exercícios, labor, labuta; *in – geben:* mandar fazer.

ar.bei.ten [árbaiten] *v.* trabalhar.

Ar.bei.ter [árbaita] *s.m., -*. trabalhador, operário, artífice.

Ar.bei.ter.be.we.gung [árbaita-bevê:-gunk] *s.f., -en*. movimento operário.

Ar.bei.ter.fra.ge [árbaita-frá:gue] *s.f., -n*. questão operária.

Ar.bei.ter.ge.werk.schaft [árbaita-guevéak-cháft] *s.f., -en*. sindicato operário.

Ar.bei.ter.klasse [árbaita-klásse] *s.f., -n*. classe trabalhadora.

Ar.bei.ter.par.tei [árbaita-partái] *s.f., -en*. partido trabalhista.

Ar.bei.ter.schaft [árbaita-cháft] *s.f., -en*. operariado.

Ar.bei.ter.vier.tel [árbaita-fiatél] *s.n., -*. bairro operário.

Ar.beit.ge.ber [árbait-guê:ba] *s.m., -*. patrão, empregador.

ar.beit.sam [árbait-zam] *adj.* laborioso, ativo.

Ar.beit.sam.keit [árbait-zam-káit] *s.f., -en*. atividade, assiduidade.

ar.beitslos [árbaits-lôs] *adj.* sem trabalho, desempregado.

Ar.chä.o.lo.ge [ár-kêo-lo-gue] *s.m., -n*. arqueólogo.

Ar.chä.o.lo.gie [ár-kêo-loguí:] *s.f. (sem plural)*. arqueologia.

Ar.che [ár-çhe] *s.f., -n*. arca.

Ar.chi.tekt [ár-çhi-tékt] *s.m., -en*. arquiteto.

Ar.chi.tek.tur [ár-çhi-ték-túa] *s.f., -en*. arquitetura.

arg [árk] *adj.* mau, ruim, maligno.

Är.ger [éa-ga] *s.m., -*. desgosto, enfado, ira.

är.ger.lich [éa-guéa-liçh] *adj.* zangado, indignado, irado.

är.gern [éa-guérn] *v.* enfadar, desgostar, irritar.

Är.ger.nis [éa-guéanis] *s.n., Ärgernisse*. despeito, enfado, desgosto.

Arg.list [árk-líst] *s.f., -en*. astúcia, ardil.

arg.litig [árk-listiçh] *adj.* ardiloso, astucioso.

Ar.gu.ment [árgument] *s.n., -e*. argumento.

Ar.gu.men.ta.ti.on [árgumenta-tsió:n] *s.f., -en*. argumentação.

ARGUMENTIEREN • ATEMZUG

ar.gu.men.tie.ren [árgumentí:ren] v. argumentar.

arg.wil.lig [árk-viliçh] adj. maligno.

Arg.wil.lig.keit [árk-viliçh-káit] s.f., -en. malignidade.

Arg.wohn [árk-vō:n] s.m. (sem plural). suspeita, receio, desconfiança.

arg.wöh.nen [árk-vø:nen] v. suspeitar, recear, desconfiar.

arg.wöh.nisch [árk-vø:nich] adj. desconfiado, receoso.

A.ri.a.ner [ariá:na] s.m., -. ariano.

A.rie [á-rie] s.f., -n. ária.

A.rito.krat [aristo-krá:t] s.m., -en. aristocrata.

A.rito.kra.tie [aristo-kratsí:] s.f., -n. aristocracia.

a.rito.kra.tisch [aristo-krá:tich] adj. aristocrático.

A.rith.me.tik [arit-mé:tik] s.f. (sem plural). aritmética.

A.rith.me.ti.ker [arit-mé:tika] s.m. aritmético.

a.rith.me.tisch [arit-mé:tich] adj. aritmético.

ark.tisch [árk-tich] adj. ártico.

arm [árm] adj. pobre, indigente, falto, destituído.

Arm [árm] s.m., -e. braço; — in —: de braços dados; auf dem —; im —: ao colo.

Ar.ma.tur [árm-átua] s.f., -en. armadura.

Arm.band [árm-bánt] s.n., Armbänder. pulseira, bracelete.

Arm.bin.de [árm-binde] s.f., -n. braçadeira; tipoia, faixa.

Ar.mee [árme:] s.f., -n. exército.

Är.mel [árme:l] s.m., -. manga de camisa.

Är.mel.ka.nal [éamél-kanál] s.m. Canal da Mancha.

Ar.men.an.stalt [ármen-an-chtált] s.f., -en. casa de caridade, de misericórdia.

ärm.lich [éam-liçh] adj. pobre.

Ärm.lich.keit [éam-liçh-káit] s.f., -en. pobreza, miséria.

Arm.ring [árm-rink] s.m., -e. (sem plural). bracelete.

arm.se.lig [árm-zé:liçh] adj. pobre, miserável.

Arm.stuhl [árm-chtú:l] s.m., Armstühle. poltrona, cadeira de braço.

Ar.mut [ármut] s.f. (sem plural). pobreza.

Ar.rest [atést] s.m. (sem plural). embargo, prisão, sequestro.

ar.restie.ren [a-resti:ren] v. prender.

Art [árt] s.f., -en. espécie, qualidade, modo.

Ar.te.rie [ár-té:rie] s.f., -n. artéria.

Ar.te.rien.ver.kal.kung [ár-té:rien-féa-kálkunk] s.f., -en. arteriosclerose.

art.fremd [árt-frêmt] adj. exótico, esquisito.

ar.tig [ár-tiçh] adj. bonito, elegante, bem-comportado.

Ar.tig.keit [ár-tiçh-káit] s.f., -en. gentileza, graça, polidez.

Ar.ti.kel [ár-tíckel] s.m., -. artigo.

Ar.ti.kel.schrei.ber [ár-tíckel-chrái-ba] s.m., -. articulista, colunista de jornal.

Ar.ti.ku.la.ti.on [ártikula-tsió:n] s.f., -en. articulação.

Ar.ti.ku.lie.ren [ártikulí:ren] v. articular.

Ar.til.le.rie [ártileri:] s.f., -n. artilharia.

Ar.ti.scho.cke [árti-chóke] s.f., -n. alcachofra.

Ar.tist [ártíst] s.m., -en. acrobata, artista.

Ar.tistin [ártistín] s.f., -nen. acrobata (fem.).

ar.titisch [ártistich] adj. acrobático.

Arz.nei [árts-nái] s.f., -en. remédio.

Arz.nei.mit.tel [árts-nái-mitel] s.n., -. medicamento.

Arzt [árts] s.m., Ärzte. médico.

ärzt.lich [éats-liçh] adj. médico.

Aschen.be.cher [ách-bé-cha] s.m., -. cinzeiro.

A.sche [áche] s.f., -n. cinza.

A.scher.mitt.woch [ácha-mit-vórr] s.m., -e. Quarta-feira de Cinzas.

asch.grau [ách-gráu] adj. -. cinzento.

a.schig [áchiçh] adj. cheio ou coberto de cinza.

A.si.at [aziát] s.m., -en. asiático, oriental.

a.si.a.tisch [aziá-tich] adj. asiático.

Asphalt [asfált] s.m., -e. asfalto, betume.

aphal.tie.ren [asfal-tí:ren] v. asfaltar.

Aspi.rant [as-piránt] s.m., -en. aspirante.

Aspi.ra.ti.on [as-pira-tsió:n] s.f., -en. aspiração.

aspi.rie.nen [as-piri:ren] v. aspirar, pretender.

Asse.ku.rant [asse-kuránt] s.m., -en. assegurador.

Assessor [assèssoá] s.m., -en. assessor.

Assitent [assistent] s.m., -en. assistente.

Ast [ást] s.m., Äste. ramo, galho.

ästen [ésten] v. ramificar-se, encher-se de ramos.

Asth.ma [ást-ma] s.n. (sem plural). asma.

asth.ma.tisch [ast-má-toh] adj. asmático.

Astro.lo.gie [ástro.lō-gui:] s.f. (sem plural). astrologia.

Astro.no.mie [ástro-nó-mi:] s.f. (sem plural). astronomia.

A.tem [átem] s.m. (sem plural). alento, fôlego, hálito.

a.tem.be.rau.bend [átem-beráu-bent] adj. sensacional, empolgante.

A.tem.be.schwer.de [átem-bech-vér-de] s.f., -n. dificuldade de respirar.

A.tem.ho.len [átem-rhó:len] s.n., -. respiração.

a.tem.los [átem-lôs] adj. esbaforido, sem alento; febril.

A.tem.not [átem-nô:t] s.f., Ätemnöte. dispneia.

A.tem.pau.se [átem-páuze] s.f., -. momento de folga.

A.tem.übung [átem-y-bunk] s.f., -en. exercício respiratório.

A.tem.zug [átem-tsu:k] s.m., Atemzüge. fôlego; aspiração.

ÄTHER • AUFFORDERUNG

Ä.ther [éta] *s.m. (sem plural).* éter.

ä.the.risch [é-térich] *adj.* etéreo.

at.men [átmen] *v.* respirar.

At.mo.sphä.re [átmos-fé-re] *s.f., -n.* atmosfera.

At.mung [át-munk] *s.f (sem plural).* respiração.

A.tom [atôm] *s.m., -e.* átomo.

a.to.misch [atômich] *adj.* atômico.

At.ten.tat [atentá:t] *s.m., -e.* atentado.

At.test [atést] *s.n., -e.* atestado, certificado.

at.tes.tie.ren [atestí:ren] *v.* atestar, certificar.

At.trak.ti.on [atrák-tsió:n] *s.f., -en.* atração.

ät.zen [ét-tsen] *v.* pastar, cevar, cauterizar, corroer.

ät.zend [ét-tsent] *adj.* cáustico, corrosivo.

Ätz.lau.ge [éts-láugue] *s.f., -n.* lixívia cáustica.

Ätz.mit.tel [éts-mitel] *s.n., -.* corrosivo cáustico.

Ätz.waser [éts-vássa] *s.m., - ou Ätzwässer.* água-forte.

auch [áurr] *adv.* também, mesmo, igualmente.

Au.di.enz [audiênts] *s.f., -en.* audiência.

Au.di.tor [auditôa] *s.m., -en.* auditor.

Au.di.to.ri.um [auditô-rium] *s.n., Auditorien.* auditório.

Aue [áue] *s.f., -n.* planície, campina, várzea.

Au.er.hahn [áua-rhà:n] *s.m., Auerhähne.* galo bravo.

auf [áuf] *prep.* sobre, em cima, por cima.

auf.ar.bei.ten [áuf-árbáiten] *v.* acabar, despachar, pôr em dia.

auf.bah.ren [áuf-bá:ren] *v.* depositar em câmara ardente, pôr no ataúde.

Auf.bau [áuf-báu] *s.m. (sem plural).* construção, reedificação.

Auf.bau [áuf-báu] *s.m., -ten.* carroceria.

auf.bau.en [áuf-báuen] *v.* construir, reedificar.

auf.be.hal.ten [áuf-be-rhál-ten] *v.* reter, reservar, conservar.

Auf.besse.rung [áuf-bèsse-runk] *s.f., -en.* melhoria, aumento.

auf.be.wah.ren [áuf-bevá:ren] *v.* conservar, reservar.

Auf.be.wah.rung [áuf-bevá:runk] *s.f., -en.* conservação.

auf.bie.ten [áuf-bí:ten] *v.* mobilizar, alistar soldados; proclamar matrimônio.

auf.bla.sen [áuf-blá:zen] *v.* encher de vento, abrir soprando.

auf.blä.hen [áuf-blê:-en] *v.* inchar.

auf.bli.cken [áuf-bliken] *v.* levantar os olhos para cima.

auf.blit.zen [áuf-blitsen] *v.* relampejar.

auf.blü.hen [áuf-bly:en] *v.* florescer.

auf.brau.chen [áuf-bráu-rren] *v.* consumir, empregar, gastar.

auf.brau.sen [áuf-bráu-zen] *v.* ferver, borbulhar, encolerizar-se.

auf.bre.chen [áuf-brê-çhen] *v.* romper, abrir, arrombar.

auf.brin.gen [áuf-bringen] *v.* alçar, levantar, criar, inventar.

Auf.bruch [áuf-brurr] *s.m., Aufbrüche.* abertura, partida, despertar; fratura.

auf.bür.den [áuf-bya-den] *v.* impor.

auf.dre.hen [áuf-drê:en] *v.* destorcer, abrir volvendo.

auf.drin.gen [áuf-dringen] *v.* instar, obrigar a aceitar.

auf.dring.lich [áuf-drink-lich] *adj.* importuno, maçador, "chato".

Auf.dring.lich.keit [áuf-drink-liçh-káit] *s.f., -en.* importunação, chateação.

auf.druck [áuf-drúk] *s.m., -e.* título; letreiro.

auf.dru.cken [áuf-drúken] *v.* estampar, imprimir.

auf.drü.cken [áuf-dryken] *v.* abrir apertando, apor.

auf.ein.an.der [áuf-áin-ánda] *adv.* um sobre outro.

Auf.ent.halt [áufent-rhált] *s.m., -e.* estadia, permanência, demora, retardação, residência, estância.

auf.er.le.gen [áufea-lê:guen] *v.* impor, ordenar.

auf.er.ste.hen [áuf-éa-chtê-en] *v.* ressurgir.

Auf.er.ste.hung [áuf-éa-chtê:-unk] *s.f., -en.* ressurgimento.

auf.er.we.cken [áufèa-vé:ken] *v.* ressuscitar.

auf.er.we.ckung [áuféèa-vé-kunk] *s.f., -en.* ressurreição.

auf.er.zie.hen [áuf-éa-tsí:-en] *v.* criar, educar.

auf.fah.ren [áuf-fá:-ren] *v.* estremecer, levantar-se precipitadamente.

auf.fah.rend [áuf-fá:rent] *adj.* sobressaltado, irascível.

Auf.fahrt [áuf-fá:rt] *s.f., -en.* rampa; ascensão, subida.

auf.fal.len [áuf-fálen] *v.* cair sobre uma coisa, dar na vista.

auf.fal.lend [áuf-fálent] *adj.* surpreendente, estranho.

auf.fäl.lig [áuf-féliçh] *adj.* saliente, acentuado; estranho, que chama a atenção.

auf.fan.gen [áuf-fán-guen] *v.* receber, acolher.

auf.fassen [áuf-fássen] *v.* compreender, conceber, entender, considerar.

Auf.fassung [áuf-fássunk] *s.f., -en.* concepção, compreensão, opinião.

Auf.fasungver.mö.gen [áuf-fássunks-féa-mø:guen] *s.n. (sem plural).* inteligência, compreensão.

auf.fin.den [áuf-finden] *v.* achar, descobrir.

auf.flam.men [áuf-flämen] *v.* acender, inflamar.

auf.for.dern [áuf-fór-dérn] *v.* convidar; intimar.

Auf.for.de.rung [áuf-fór-derunk] *s.f., -en.* convite; intimação; desafio; pedido; apelo.

35

AUFFRESEN • AUFMACHEN

auf.fres.sen [áuf-fréssen] *v.* comer tudo, devorar (animais).

auf.fri.schen [áuf-frichen] *v.* refrescar.

auf.füh.ren [áuf-fy:ren] *v.* levantar, conduzir para cima; representar (comédia, música).

Auf.füh.rung [áuf-fy:runk] *s.f., -en.* subida; apresentação, representação (de comédia ou música), encenação.

auf.fül.len [áuf-fylen] *v.* encher, preencher.

Auf.ga.be [áuf-gá:be] *s.f., -n.* tarefa, trabalho, missão, exercício, lição.

auf.ga.beln [áuf-gábéln] *v.* apanhar, pescar.

Auf.gang [áuf-gánk] *s.m., Aufgänge.* subida, nascer do sol.

auf.ge.ben [áuf-guë:ben] *v.* propor, encarregar, abandonar, despachar no correio.

auf.ge.bla.sen [áuf-guëblá:zen] *adj.* inchado, arrogante.

auf.ge.bot [áuf-guëbô:t] *s.n., -e.* convocação, contingente, pelotão; edital.

auf.ge.bracht [áuf-gue-brárrt] *adj.* furioso; *v. — werden:* irritar-se.

auf.ge.dun.sen [áuf-guedúnzen] *adj.* inchado.

auf.ge.klärt [áuf-gueklézt] *adj.* ilustrado, instruído.

Auf.geld [áuf-guélt] *s.n., -er.* ágio, arra.

auf.ge.legt [áuf-guelékt] *adj.* disposto, inclinado.

auf.ge.räumt [áuf-gue-róimt] *adj.* jovial, bem humorado.

auf.ge.regt [áuf-gue-rékt] *adj.* perturbado, agitado.

auf.ge.wärmt [áuf-gue-vérmt] *adj.* requentado.

auf.ge.weckt [áuf-gue-vékt] *adj.* desperto, ágil.

auf.gie.ßen [áuf-gui:ssen] *v.* vazar, verter sobre.

auf.gra.ben [áuf-grá:ben] *v.* desenterrar.

Auf.guss [áuf-gús] *s.m., Aufgüsse.* infusão.

auf.ha.cken [áuf-rháken] *v.* abrir ou cortar (com enxada ou machado).

auf.hal.ten [áuf-rhálten] *v.* deter, demorar, retardar.

auf.hän.gen [áuf-rhén-guen] *v.* suspender; enforcar, pendurar.

auf.häu.fen [áuf-rhói-fen] *v.* acumular, amontoar.

auf.he.ben [áuf-rhê:ben] *v.* levantar, suspender, abolir, revogar, anular.

Auf.he.bung [áuf-rhê:-bunk] *s.f., -en.* anulação, suspensão, abolição; encerramento.

auf.hei.te.rung [áuf-rhái-terunk] *s.f., -en.* recreio.

auf.hel.fen [áuf-rhélfen] *v.* ajudar a levantar-se, aliviar.

Auf.hel.lung [áuf-rhélunk] *s.f., -en.* melhora do tempo (em meteorologia), clareamento.

auf.hen.ken [áuf-rhénken] *v.* enforcar.

auf.het.zen [áuf-rhétsen] *v.* incitar, instigar.

Auf.het.zer [áuf-rhétza] *s.m., -.* instigador.

auf.hor.chen [áuf-rhôa-chen] *v.* escutar atentamente.

auf.hö.ren [áuf-rhø:-ren] *v.* acabar, terminar; *— zu:* cessar de, deixar de.

auf.jauch.zen [áuf-iáurr-tsen] *v.* gritar de júbilo; rejubilar.

Auf.kauf [áuf-káuf] *s.m., Aufkäufe.* compra, açambarcamento.

auf.kau.fen [áuf-káufen] *v.* comprar, açambarcar.

Auf.käu.fer [áuf-kóifa] *s.m., -.* comprador, açambarcador, monopolista.

auf.keh.ren [áuf-kê:ren] *v.* varrer.

auf.kei.men [áuf-káimen] *v.* germinar, brotar.

auf.klä.ren [áuf-klé:ren] *v.* aclarar, elucidar.

Auf.klä.rung [áuf-klé:runk] *s.f. (sem plural).* esclarecimento; *— Zeit:* Século das Luzes, Iluminismo; *sexuelle —:* iniciação sexual.

auf.kle.ben [áuf-klé:ben] *v.* colar.

auf.kna.cken [áuf-knáken] *v.* quebrar, arrombar.

auf.knöp.fen [áuf-nøpfen] *v.* desabotoar.

auf.kom.men [áuf-kómen] *v.* surgir, nascer; *— für:* responsabilizar-se por.

auf.krei.schen [áuf-krái-chen] *v.* soltar um grito.

auf.kün.di.gen [áuf-kyn-diguen] *v.* desdizer, contramandar, despedir.

**auf.la.la-rren] *v.* desatar a rir, dar gargalhada.

auf.la.den [áuf-lá:-den] *v.* carregar.

Auf.la.ge [áuf-lá:gue] *s.f., -n.* imposto, tributo; tiragem de uma edição.

auf.lau.ern [áuf-láu-ern] *v.* espreitar, emboscar.

Auf.lauf [áuf-láuf] *s.m., Aufläufe.* tumulto, ajuntamento; suflê.

auf.lau.fen [áuf-láufen] *v.* inchar, elevar-se, aumentar-se (o mar); encalhar (o navio).

auf.le.ben [áuf-lê:ben] *v.* reviver; renascer, revigorar.

auf.le.cken [áuf-léken] *v.* lamber.

auf.le.gen [áuf-lê:gen] *v.* pôr em cima, imprimir, aplicar.

auf.leh.nen [áuf-lê:-nen] *v. sich —:* sublevar-se, insurgir-se.

Auf.leh.nung [áuf-lê:-nunk] *s.f. (sem plural).* rebelião, insurreição, sublevação.

auf.le.sen [áuf-lê:zen] *v.* colher; *Ähren —:* respigar.

auf.leuch.ten [áuf-lóich-ten] *v.* reluzir, brilhar.

auf.lo.cke.rung [áuf-lóke-runk] *s.f., -en.* relaxação.

auf.lo.dern [áuf-lô:-dérn] *v.* acender-se, chamejar.

auf.lös.bar [áuf-lœs-bá:r] *adj.* dissolúvel, solúvel.

auf.lö.sen [áuf-lø:zen] *v.* solver, resolver, desatar, dissolver.

Auf.lö.sung [áuf-lǿ:zunk] *s.f., -en.* solução, dissolução; cancelamento; decomposição.

auf.ma.chen [áuf-márren] *v.* abrir, desfazer, desatar; *sich —:* partir, abalar-se para algum lugar.

AUFMARSCHIEREN • AUFSCHRIFT

auf.mar.schie.ren [áuf-mar-chí:ren] v. desfilar, concentrar-se.

auf.merk.sam [áuf-mèrk-zam] adj. atento, atencioso.

Auf.merk.sam.keit [áuf-mèrk-zam-káit] s.f., -en. atenção; deferência.

Auf.mun.te.rung [áuf-munterunk] s.f., -en. excitação, animação.

auf.nä.hen [áuf-nè:en] v. coser sobre alguma coisa.

Auf.nah.me [áuf-nà:me] s.f., -n. admissão, acolhimento, recepção, fotografia, registro; início.

Auf.nah.me.ap.pa.rat [áuf-nà:me-aparà:t] s.m., -e. câmera filmadora, gravador de som.

auf.nah.me.fä.hig [áuf-nà:me-fé:içh] adj. admissível.

Auf.nah.me.fä.hig.keit [áuf-nà:me-fé:içh-káit] s.f., -en. capacidade, inteligência.

Auf.nah.me.prü.fung [áuf-nà:me-pry-funk] s.f., -en. exame de admissão, vestibular.

auf.neh.men [áuf-nè:men] v. colher, levantar, admitir, acolher.

Auf.op.fe.rung [áuf-óp-ferunk] s.f., -en. sacrifício.

auf.pap.pen [áuf-pàpen] v. grudar sobre.

auf.passen [áuf-pássen] v. estar atento, espreitar, ter cuidado.

auf.plat.zen [áuf-plátsen] v. rebentar, romper, estalar.

Auf.prall [áuf-prál] s.m., -e. choque, embate.

auf.presen [áuf-prèssen] v. abrir apertando, tomar a espremer.

Auf.putz [áuf-púts] s.m. (sem plural). adorno, adereço.

auf.put.zen [áuf-pútsen] v. adornar, enfeitar, adereçar.

auf.quel.len [áuf-kvé-len] v. inchar, manar, brotar.

auf.raf.fen [áuf-ráfen] v. colher, arrebatar; sich —: levantar-se, cobrar ânimo.

auf.rau.hen [áuf-ráu-en] v. cardar, frisar (pano).

auf.räu.men [áuf-rói-men] v. arrumar, pôr em ordem.

auf.rech.nen [áuf-réçh-nen] v. contar; — gegen: compensar com.

auf.recht [áuf-rèçht] adj. ereto, direito.

auf.recht.er.hal.ten [áuf-rèçht-éa-rhálten] v. manter.

Auf.recht.er.hal.tung [áuf-rèçht-éa-rhál-tunk] s.f. (sem plural). manutenção, conservação.

auf.re.gen [áuf-rè:gen] v. agitar, revolver, incitar, irritar.

Auf.re.gung [áuf-rè:gunk] s.f., -en. agitação, irritação.

auf.rei.ben [áuf-ráiben] v. esfregar, triturar.

Auf.rei.bung [áuf-ráibunk] s.f., -en. esfregamento.

auf.rei.ßen [áuf-ráissen] v. abrir rasgando, abrir precipitadamente.

auf.rei.zen [áuf-ráitsen] v. provocar, incitar, irritar.

auf.rich.ten [áuf-riçh-ten] v. erigir, levantar, endireitar, arvorar.

auf.rich.tig [áuf-riçh-tiçh] adj. sincero, leal, franco.

Auf.rich.tig.keit [áuf-riçh-tiçh-káit] s.f. (sem plural). sinceridade, lealdade, franqueza.

Auf.rich.tung [áuf-riçh-tunk] s.f., -en. ereção.

auf.rie.geln [áuf-ri:guéln] v. desaferrolhar.

auf.rol.len [áuf-rólen] v. desenrolar.

auf.rü.cken [áuf-ryken] v. ascender, ser promovido a.

Auf.ruf [áuf-rúf] s.m., -e. chamada, citação, convite; manifesto.

auf.ru.fen [áuf-rú:fen] v. chamar, convidar; die Namen —: fazer a chamada; — zu: convidar.

Auf.ruhr [áuf-rú:a] s.m., -e. revolta, sublevação.

Auf.rüh.rer [áuf-ry:ra] s.m., -. instigador, rebelde.

auf.run.den [áuf-rúnden] v. arredondar excessivamente.

auf.rüten [áuf-rysten] v. armar.

Auf.rüstung [áuf-rystunk] s.f., -en. armamento, rearmamento.

auf.rüt.teln [áuf-rytéln] v. sacudir; (fig.) despertar, animar.

auf.sam.meln [áuf-zam-éln] v. recolher, ajuntar, colecionar.

auf.sat.teln [áuf-zá-teln] v. selar (animais).

Auf.satz [áuf-záts] s.m., Aufsätze. remate, alça; redação, artigo, ensaio, estudo.

auf.sät.zig [áuf-zé-tsiçh] adj. contrário, adverso.

auf.sau.gen [áuf-záu-guen] v. chupar, absorver.

auf.schäu.men [áuf-chói-men] v. subir escumando, borbotar.

auf.schich.ten [áuf-chiçh-ten] v. empilhar, amontoar.

auf.schie.ben [áuf-chi:ben] v. protelar, adiar; abrir empurrando.

auf.schla.gen [áuf-chlá:guen] v. abrir à força de golpes, forçar, armar.

auf.schlie.ßen [áuf-chlí:ssen] v. abrir com chave, explicar, aclarar.

Auf.schluss [áuf-chlús] s.m., Aufschlüsse. abertura; explicação, informação.

auf.schnap.pen [áuf-chná-pen] v. apanhar, apreender.

auf.schnei.den [áuf-chnái-den] v. abrir cortando; exagerar, mentir.

Auf.schnei.der [áuf-chnái-da] s.m., -. mentiroso, fanfarrão.

auf.schnel.len [áuf-chné-len] v. saltar, abrir-se subitamente.

Auf.schnitt [áuf-chnít] s.m. (sem plural). frios fatiados, corte em fatias.

auf.schnü.ren [áuf-chny-ren] v. desatar.

auf.schrei.ben [áuf-chrái-ben] v. notar, apontar.

Auf.schrift [áuf-chrift] s.f., -en. sobrescrito, legenda, endereço, letreiro.

AUFSCHUB • AUFWIEGELN

Auf.schub [áuf-chúp] *s.m.*, *Aufschübe*. retardamento, adiamento, demora, prorrogação.

auf.schüt.teln [áuf-chy-téln] *v.* revolver, sacudir.

auf.schüt.ten [áuf-chy-ten] *v.* despejar sobre, armazenar, acumular.

Auf.schwung [áuf-chvunk] *s.f.*, *Aufschwünge*. desenvolvimento, prosperidade, elevação.

auf.se.hen [áuf-zé:-en] *v.* olhar para cima, vigiar; ação de olhar para cima; escândalo, sensação.

Auf.se.her [áuf-zê:-a] *s.m.*, -. vigia, inspetor, guarda.

auf.set.zen [áuf-zê-tsen] *v.* estabelecer, pôr sobre.

auf.seuf.zen [áuf-zóif-tsen] *v.* suspirar.

Auf.sicht [áuf-zícht] *s.f.* (sem plural). inspeção, conduta, guarda, vigilância.

auf.spal.ten [áuf-chpál-ten] *v.* fender, cindir, abrir-se.

auf.span.nen [áuf-chpá-nen] *v.* tender, esticar, estender.

auf.spa.ren [áuf-chpá:-ren] *v.* poupar.

auf.sper.ren [áuf-chpéa-ren] *v.* abrir de par em par, arregalar os olhos.

auf.spie.len [áuf-chpí:-len] *v.* tocar, começar a tocar; *sich* —: dar-se importância; *sich* — *als*: arvorar-se em.

auf.spie.ßen [áuf-chpí:-ssen] *v.* espetar, pôr na ponta do espeto.

auf.sprin.gen [áuf-chprín-guen] *v.* saltar, pular, abrir-se.

Auf.sprung [áuf-chprunk] *s.m.*, *Aufsprünge*. salto, pulo.

auf.spü.ren [áuf-chpy:-ren] *v.* rastejar, seguir pelo rasto.

auf.sta.cheln [áuf-chtá-rréln] *v.* instigar.

Auf.stand [áuf-chtánt] *s.m.*, *Aufstände*. levante, rebelião; tumulto, motim.

auf.stän.disch [áuf-chtán-dich] *adj.* sedicioso, insurreto.

auf.sta.peln [áuf-chtá-péln] *v.* empilhar, amontoar, armazenar.

auf.ste.chen [áuf-chtê-chen] *v.* abrir furando.

auf.stecken [áuf-chté-ken] *v.* arregaçar; segurar com alfinete; arvorar; plantar a bandeira.

auf.ste.hen [áuf-chtê:-en] *v.* levantar-se, estar aberto.

auf.stei.gen [áuf-chtái-guen] *v.* subir, elevar-se.

auf.stei.gend [áuf-chtái-guent] *adj.* ascendente.

auf.stel.len [áuf-chté-len] *v.* pôr em pé, endireitar, erigir.

Auf.stel.lung [áuf-chté-lunk] *s.f.*, *-en.* colocação, montagem, formação, posição, apresentação; escalação (esporte).

auf.stö.bern [áuf-chtø:-bérn] *v.* levantar a caça, encontrar.

auf.sto.ßen [áuf-chtô:-ssen] *v.* abrir impelindo ou empurrando.

auf.stre.ben [áuf-chtrê:-ben] *v.* erguer-se; — *zu*: ambicionar, aspirar a.

auf.stre.bend [áuf-chtrê-bent] *adj.* ascendente, progressivo.

auf.stür.men [áuf-chtyr-men] *v.* levantar-se em tumulto.

auf.stüt.zen [áuf-chty-tsen] *v.* apoiar sobre.

auf.tau.chen [áuf-táu-rren] *v.* assomar, chegar à superfície da água.

auf.tau.en [áuf-táuen] *v.* degelar, derreter.

Auf.trag [áuf-trá:k] *s.m.*, *Aufträge*. encargo, tarefa, comissão; encomenda.

auf.tra.gen [áuf-trá:-guen] *v.* pôr a mesa, trazer, levar; *Farbe* —: aplicar.

Auf.trag.ge.ber [áuf-trák-guê:-ba] *s.m.*, -. comitente, cliente.

Auf.trag.neh.mer [áuf-trák-né:-ma] *s.m.*, -. mandatário.

auf.trei.ben [áuf-trái-ben] *v.* abrir à força, impelir para cima.

auf.tren.nen [áuf-tré-nen] *v.* descoser.

auf.tre.ten [áuf-trê:-ten] *v.* abrir com uma atada, pisar sobre, entrar.

Auf.trieb [áuf-tri:p] *s.m.*, -e. impulsão, estímulo, movimento ascensional.

Auf.tritt [áuf-trit] *s.m.*, -e. subida (degrau), entrada em cena, aparição.

auf.trump.fen [áuf-trúmp-fen] *v.* teimar, querer impor-se.

auf.wa.chen [áuf-vá-rren] *v.* acordar, despertar.

auf.wach.sen [áuf-váksen] *v.* crescer.

Auf.wal.lung [áuf-vá-lunk] *s.f.*, -en. fermentação, ebulição.

Auf.wand [áuf-vánt] *s.m.* (sem plural). gasto, despesa; luxo.

auf.wär.men [áuf-vérmen] *v.* requentar.

auf.war.ten [áuf-várten] *v.* servir, assistir a alguém.

auf.wärts [áuf-vérts] *adv.* para cima.

Auf.war.tung [áuf-vártunk] *s.f.*, -en. guarda, serviço.

auf.wa.schen [áuf-váchen] *v.* lavar, consumir lavando.

Auf.wech.sel [áuf-vékssél] *s.m.*, -. ágio, agiotagem.

auf.we.cken [áuf-véken] *v.* acordar, despertar, ressuscitar os mortos.

auf.wei.chen [áuf-vái-chen] *v.* amolecer, umedecer.

auf.wei.sen [áuf-vái-zen] *v.* mostrar, exibir.

auf.wen.den [áuf-vên-den] *v.* empregar em, gastar.

Auf.wen.dung [áuf-vên-dunk] *s.f.*, -en. emprego, despesa.

auf.wer.fen [áuf-vérfen] *v.* abrir por um tiro ou arremesso; arremessar para cima.

auf.wer.ten [áuf-vérten] *v.* valorizar.

Auf.wer.tung [áuf-vértunk] *s.f.*, -en. revalorização; deflação.

auf.wi.ckeln [áuf-vikéln] *v.* enrolar, envolar.

auf.wie.geln [áuf-ví:-géln] *v.* sublevar, amotinar.

AUFWIEGEN • AUSDEHNBAR

auf.wie.gen [áuf-ví:guen] v. pesar, compensar, levar vantagem.

Auf.wieg.ler [áuf-ví:g-la] s.m., -. amotinador, incitador.

auf.wieg.le.risch [áuf-ví:g-lerich] adj. revoltoso.

Auf.wie.ge.lung [áuf-ví:gue-lunk] s.f., -en. amotinação.

auf.wi.schen [áuf-vichen] v. limpar, enxugar.

auf.wüh.len [áuf-vy:len] v. revolver, cavar.

Auf.wurf [áuf-vúaf] s.m., Aufwürfe. terra escavada dum fosso, dique.

auf.zäh.len [áuf-tsé:-len] v. contar, enumerar.

Auf.zäh.lung [áuf-tsé:-lunk] s.f., -en. ação de contar, enumeração.

auf.zäu.men [áuf-tsói-men] v. bridar, enfrear.

auf.zeich.nen [áuf-tsáich-nen] v. notar, apontar, inventariar.

Auf.zeich.nung [áuf-tsáich-nunk] s.f., -en. apontamento, inventário.

auf.zie.hen [áuf-tsi:-en] v. puxar para cima levantar; *eine Uhr —*: dar corda num relógio; *Kinder —*: educar criança.

Auf.zucht [áuf-tsúrrt] s.f., -en. cultura de planta.

Auf.zug [áuf-tsu:k] s.m., Aufzüge. abertura, séquito, cortejo, elevador.

auf.zwin.gen [áuf-zvin-gen] v. obrigar a tomar, constranger.

Aug.ap.fel [áuk-ápfel] s.m., Augäpfel. globo ocular, menina do olho, pupila.

Au.ge [áugue] s.n., -n. olho, vista; *aus dem —, aus dem Sinn*: longe dos olhos, longe do coração; *im — behalten*: não perder de vista; *ins — fallen*: dar na vista; *ins — springen*: saltar aos olhos, ser muito evidente; *nicht die Hand vor — n sehen*: não ver absolutamente nada, não ver um palmo adiante do nariz.

Au.gen.arzt [áuguen-árts] s.m., Augenärzte. oftamologista.

Au.gen.blick [áuguen-blík] s.m., -e. instante, momento.

au.gen.blick.lich [áuguen-blík-lich] adj. instantâneo, momentâneo.

Au.gen.braue [áuguen-bráue] s.f., -n. sobrancelha.

Au.gen.glas [áuguen-glás] s.n., Augengläser. lente ocular, óculos.

Au.gen.höh.le [áuguen-rhøle] s.f., -n. órbita dos olhos.

Au.gen.lid [áuguen-lít] s.n., -er. pálpebra.

Au.gen.merk [áuguen-mêak] s.n. (sem plural). intenção, designio.

Au.gen.schein [áuguen-cháin] s.m. (sem plural). aparência, vista.

Au.gen.wim.per [áuguen-vímpa] s.f., -n. pestana.

Au.gen.zahn [áuguen-tsá:n] s.m., Augenzähne. dente canino.

Au.gen.zeu.ge [áuguen-tsóigue] s.m., -n. testemunha ocular.

Au.gust [augúst] s.m., -e. Agosto.

Auk.ti.on [áuk-tsiõ:n] s.f., -en. leilão, venda em hasta pública.

aus [áus] prep. de, do, da, dos, das, com, por, em, fora de.

aus.ar.bei.ten [áus-árbaiten] v. elaborar, redigir, acabar de trabalhar, concluir, lavrar, aperfeiçoar.

aus.ar.ten [áus-árten] v. degenerar.

Aus.ar.tung [áus-ártunk] s.f., -en. degeneração.

aus.at.men [áus-átmen] v. exalar, expirar, morrer.

Aus.bau [áus-báu] s.m., -ten. ampliação (de uma edificação), reforma.

aus.bau [áus-báu] v. arquear, tornar convexo.

aus.bau.en [áus-báuen] v. ampliar (edificação).

aus.be.din.gen [áus-bedingen] v. estipular, reservar.

aus.bes.sern [áus-bêssérn] v. remendar, consertar, melhorar, compor.

Aus.bes.se.rung [áus-bésserunk] s.f., -en. conserto, reparação.

Aus.beu.te [áus-bóite] s.f., -n. proveito, benefício; rendimento, lucro.

aus.beu.ten [áus-bóiten] v. explorar, desfrutar.

Aus.beu.tung [áus-bóitunk] s.f., -en. exploração.

Aus.be.zah.lung [áus-betzá:-lunk] s.f., -en. pagamento.

aus.bil.den [áus-bilden] v. instruir, acabar de formar, aperfeiçoar.

Aus.bil.dung [áus-bildunk] s.f., -en. instrução, preparação, treinamento.

aus.bla.sen [áus-blá:zen] v. soprar, apagar soprando.

aus.blei.ben [áus-blái-ben] v. não vir, ficar fora, ser omitido.

aus.boo.ten [áus-bô:ten] v. desembarcar, afastar, eliminar.

aus.bre.chen [áus-brè-chen] v. arrancar, tirar, desdentar, debulhar, esburgar, vomitar.

Aus.brei.tung [áus-brái-tunk] s.f., -en. dilatação, extensão, divulgação.

Aus.bruch [áus-brúrr] s.m., Ausbrüche. fratura, erupção; ímpeto, arrebatamento; transporte; fuga.

aus.brü.ten [áus-bry:ten] v. chocar, incubar, acabar de chocar.

Aus.bund [áus-búnt] s.m., Ausbünde. portento, modelo, exemplo.

aus.dau.er [áus-dáua] s.f. (sem plural). tenacidade, perseverança, persistência.

aus.dau.ern [áus-dáuern] v. perseverar, durar até o fim.

aus.dau.ernd [áus-dáu-éant] adj. resistente; perseverante, persistente; perene.

aus.dehn.bar [áus-dê:n-bá:r] adj. dilatável, expansivo.

39

AUSDEHNEN • AUSGEWACHSEN

aus.deh.nen [áus-dè:nen] v. estender, dilatar.

Aus.deh.nung [áus-dè:nunk] s.f., -en. extensão, dilatação.

aus.dei.chen [áus-dái-chen] v. separar por um dique.

aus.den.ken [áus-dénken] v. idear; *sich —*: imaginar, inventar; *sich — können*: fazer ideia, calcular.

Aus.deu.tung [áus-dóitunk] s.f., -en. interpretação, explicação.

aus.die.nen [áus-dí:nen] v. acabar o tempo do seu serviço.

aus.din.gen [áus-díngen] v. estipular.

aus.dre.hen [áus-drè:en] v. desenroscar, tornear.

audre.schen [áus-dréchen] v. debulhar, trilhar.

Aus.druck [áus-drúk] s.m., *Ausdrücke*. expressão, manifestação; explicação.

aus.drücken [áus-dryken] v. exprimir, enunciar.

aus.drück.lich [áus-dryk-liçh] *adj. e adv.* claro, expresso, formal; expressamente, de propósito.

Aus.dünstung [áus-dyns-tunk] s.f., -en. evaporação, exalação.

aus.ein.an.der [áus-áin-ânda] *adv.* separadamente; *— bringen*: separar; *— setzen*: desmembrar, explicar, analisar; *— setzung*: separação, explicação, análise.

aus.er.ko.ren [áus-éakó:-ren] *adj.* escolhido, eleito.

aus.er.le.sen [-áus-éalè:-zen] *adj.* escolhido, excelente.

aus.er.se.hen [áus-erzé:-en] v. escolher, eleger.

aus.er.wäh.len [áus-ér-vè:-len] v. escolher, eleger; *— zu*: destinar.

aus.essen [áus-éssen] v. comer tudo.

aus.fah.ren [áus-fá:ren] v. sair, passear em carruagens, transportar para fora do país.

Aus.fahrt [áus-fá:rt] s.f., -en. saída, partida, passeio (de veículo), desembocadura.

Aus.fall [áus-fál] s.m., *Ausfälle*. queda, falta, perda.

aus.fal.len [áus-fálen] v. cair, sair, faltar, não entrar, não se realizar.

aus.fäl.lig [áus-féliçh] *adj.* insolente; invectivo.

Aus.fall.stra.ße [aus-fál-chtra-sse] s.f., -n. saída, porta falsa, postigo.

Aus.fall.tor [áus-fál-tóa] s.n., -e. saída, porta falsa, postigo.

aus.fech.ten [áus-féçh-ten] v. acabar, decidir pelas armas, concluir.

aus.fer.ti.gen [áus-féati-guen] v. despachar, expedir, aviar.

Aus.fer.ti.gung [áus-féati-gunk] s.f., -en. despacho, expedição.

aus.fin.dig [áus-fíndiçh] v. — *machen*: descobrir, averiguar.

aus.flie.sen [áus-flí:zen] v. guarnecer com azulejo.

aus.flie.ßen [áus-flí:ssen] v. derramar, emanar.

Aus.flucht [áus-flúrt] s.f., *Ausflüchte*. saída, excursão, desculpa, escapada.

Aus.flug [áus-flú:k] s.m. *Ausflüge*. saída, passeio, excursão.

Aus.fluss [áus-flús] s.m., *Ausflüsse*. fluxo, corrimento, desembocadura.

Aus.for.schung [áus-fór-chunk] s.f., -en. pesquisa, exploração, investigação.

aus.fra.gen [áus-frá:guen] v. fazer perguntas, examinar.

aus.fran.sen [áus-fránzen] v. desfiar.

Aus.fuhr [áus-fúa] s.f., -en. exportação.

aus.führ.bar [áus-fy:abá:r] *adj.* praticável; exportável.

Aus.führ.bar.keit [áus-fy:a-bár-káit] s.f., -en. exequibilidade.

aus.füh.ren [áus-fy:ren] v. exportar, transportar para fora do país; executar, realizar.

aus.führ.lich [áus-fy:a-liçh] *adj.* pormenorizado, minucioso.

Aus.führ.lich.keit [áus-fyaliçh-káit] s.f., -en. minuciosidade.

Aus.fuhr.ort [áus-fúa-órt] s.m., -e. lugar de origem.

Aus.füh.rung [áus-fy:runk] s.f., -en. exportação; execução; realização.

aus.fül.len [áus-fylen] v. encher, preencher.

Aus.fül.lung [áus-fylunk] s.f., -en. enchimento; obturação de dente.

Aus.ga.be [áus-gá:be] s.f., -n. gasto, despesa, entrega, emissão.

Aus.ga.be.schal.ter [áus-gá:be-chálta] s.m., -. entrega, despacho.

Aus.gang [áus-gánk] s.m., *Ausgänge*. saída, terminação, fim, desfecho.

Aus.gangs.punkt [áus-gánks-púnkt] s.m., -e. ponto de partida.

Aus.gangs.tel.lung [áus-gánks-chté-lunk] s.f., -en. posição inicial.

aus.ge.ben [áus-guè:ben] v. gastar, distribuir, publicar.

aus.ge.dient [áus-guê-dí:nt] *adj.* gasto, inválido; veterano.

aus.ge.fah.ren [áus-gue-fá:-ren] *adj.* gasto.

aus.ge.fal.len [áus-gue-fá-len] *adj.* extravagante.

aus.ge.hen [áus-guê:-en] v. sair, passear, perder-se a cor, apagar-se o fogo.

Aus.ge.lassen.heit [áus-gue-lássen-rháit] s.f., -en. extravagância, dissolução, excesso de alegria.

aus.ge.lernt [áus-gue-léant] *adj.* que terminou o aprendizado; velhaco, astuto.

aus.ge.macht [áus-gue-márrt] *adj.* decidido, combinado.

aus.ge.nom.men [áus-gue-nó-men] *adv.* exceto, com exceção de.

aus.ge.sucht [áus-gue-zúrrt] *adj.* seleto, escolhido.

aus.ge.wach.sen [áus-gue-váksen] *adj.* adulto, feito; desenvolvido (animal).

40

AUSGEZEICHNET • AUSMARSCHIEREN

aus.ge.zeich.net [áus-gue-tsáich-nét] *adj.* insigne, notável, distinto.

aus.gie.big [áus-guí:-bich] *adj.* abundante.

aus.glei.chen [áus-glái-chen] *v.* igualar, aplanar.

aus.glei.ten [áus-glái-ten] *v.* resvalar, escorregar, deslizar.

aus.glü.hen [áus-gly:-en] *v.* incandescer, abrasar.

aus.gra.ben [áus-grá:ben] *v.* desenterrar, exumar.

Aus.gra.bung [áus-grá:bunk] *s.f., -en.* desenterramento, exumação.

aus.grü.beln [áus-gry:béln] *v.* esquadrinhar, investigar.

Aus.guss [áus-gús] *s.m., Ausgüsse.* cano, pia; cano de esgoto, ralo; efusão.

aus.hal.ten [áus-rhál-ten] *v.* sofrer, suportar.

aus.hän.di.gen [áus-rhén-diguén] *v.* entregar em mãos.

aus.hän.gen [áus-rhén-guen] *v.* pendurar à vista, expor.

aus.har.ren [áus-rhá-ren] *v.* perseverar, resistir.

aus.he.ben [áus-rhê:ben] *v.* tirar de, recrutar.

Aus.he.bung [áus-rhê:bunk] *s.f., -en.* ação de tirar, recrutamento.

aus.he.cken [áus-rhé-ken] *v.* chocar, inventar, imaginar.

aus.hel.fen [áus-rhélfen] *v.* ajudar, socorrer.

aus.hil.fe [áus-rhilfe] *s.f., -n.* socorro, auxílio.

aus.hilfwei.se [áus-rhilfe-váize] *adv.* provisoriamente.

aus.höh.len [áus-rhø:-len] *v.* escavar, acanalar.

Aus.höh.lung [áus-rhø:-lunk] *s.f., -en.* escavação, cavidade.

aus.ho.len [áus-rhô:len] *v.* sondar alguém, levantar a mão, o braço para sacudir ou dar golpe.

aus.hor.chen [áus-rhôa-chen] *v.* sondar, examinar.

aus.hül.fen [áus-rhyl-fen] *v.* descascar, esburgar legume.

aus.hun.gern [áus-rhún-guérn] *v.* esfomear, esfaimar, atormentar.

aus.keh.ren [áus-kê:-ren] *v.* varrer.

aus.ker.nen [áus-kéanen] *v.* tirar as sementes dos frutos; tirar o miolo de nozes.

Aus.klang [áus-klánk] *s.m. (sem plural).* final desfecho.

aus.klei.den [áus-kláiden] *v.* despir.

Aus.klei.dung [áus-kláidunk] *s.f., -en.* revestimento, forro.

aus.ko.chen [áus-kó-ren] *v.* obter cozendo, cozer suficientemente.

aus.kom.men [áus-kómen] *v.* sair, abrir-se, vir à luz.

aus.kömm.lich [áus-køm-liçh] *adj.* suficiente, bastante.

aus.kra.men [áus-krá:men] *v.* pôr à mostra, expor à venda; ostentar.

aus.krie.chen [áus-krí:-çhen] *v.* sair do ovo.

aus.kund.schaf.ten [áus-kunt-cháften] *v.* espiar, explorar, desenterrar, reconhecer.

Aus.kunft [áus-kúnft] *s.f., Auskünfte.* meio, expediente, recurso; informação.

aus.la.chen [áus-lá-ren] *v.* rir-se, zombar de alguém.

aus.la.den [áus-lá:den] *v.* descarregar.

Aus.la.ge [áus-lá:gue] *s.f., -n.* custeamento, despesa.

Aus.land [áus-lánt] *s.n. (sem plural).* pais estrangeiro, o exterior.

Aus.län.der [áus-lénda] *s.m.,-.* estrangeiro, forasteiro.

aus.län.disch [áus-lèn-dich] *adj.* estrangeiro, exótico.

aus.lassen [áus-lássen] *v.* fazer ou deixar sair; derreter (gorduras); omitir.

Aus.lassung [áus-lássunk] *s.f., -en.* ação de fazer ou deixar sair, alargamento; omissão.

Aus.lauf [áus-láuf] *s.m. (sem plural).* derramamento, corrimento, foz, saída.

aus.lau.fen [áus-láufen] *v.* escorrer, derramar, vazar-se, correr, terminar.

aus.lau.gen [áus-láuguen] *v.* lixiviar.

Aus.laut [áus-láut] *s.m., -e.* som final; *im —:* no fim da palavra.

aus.lau.ten [áus-láuten] *v. – auf:* terminar em.

aus.läu.ten [áus-lóiten] *v.* dar o último toque de sino, anunciar ao som da campainha.

aus.le.cken [áus-léken] *v.* lamber, vazar gota por gota.

aus.lee.ren [áus-le:ren] *v.* despejar, desocupar.

aus.le.gen [áus-lê:guen] *v.* expor à venda; adiantar, explicar.

Aus.le.ger [áus-lê:gua] *s.m., -.* intérprete, guia, expositor.

Aus.le.gung [áus-lê:gunk] *s.f., -en.* exposição; desembolso; explicação.

aus.lei.hen [áus-lái-en] *v.* emprestar, dar emprestado.

aus.ler.nen [áus-léa-nen] *v.* acabar a aprendizagem.

Aus.le.se [áus-lê:ze] *s.f., -n.* escolha; seleção.

aus.lie.fern [áus-li-férn] *v.* entregar, restituir, desapropriar-se.

Aus.lie.fe.rung [áus-li:fe-runk] *s.f., -en.* entrega, restituição, desapropriação.

aus.lö.schen [áus-løchen] *v.* apagar, extinguir.

aus.lösch.lich [áus-løch-liçh] *adj.* extinguível, apagável.

aus.lo.sen [áus-ló:zen] *v.* tirar a sorte, rifar, sortear.

aus.lö.sen [áus-lø:zen] *v.* desatar, soltar, resgatar.

Aus.lo.sung [áus-lózunk] *s.f., -en.* sorteio, rifa.

aus.lüf.ten [áus-ly-ften] *v.* arejar, ventilar.

aus.ma.chen [áus-má-rren] *v.* formar, constituir, desligar, apagar.

aus.ma.len [áus-má:len] *v.* pintar, colorir, ilustrar.

aus.mar.schie.ren [áus-márchi:ren] *v.* marchar, sair.

aus.mei.ßeln [áus-mái-sséln] v. cinzelar, esculpir com cinzel.

aus.mer.geln [áus-méa-géln] v. extenuar.

aus.mer.zen [áus-méa-tsen] v. exterminar, eliminar.

Aus.messung [áus-mé-ssunk] s.f., -en. medição.

aus.mutern [áus-mústérn] v. eliminar, dispensar, reformar.

Aus.mute.rung [áus-múste-runk] s.f., -en. eliminação, isenção (do serviço militar).

aus.nah.me [áus-ná:me] s.f., -n. exceção, reserva, restrição.

aus.nahms.los [áus-ná:ms-lôs] adv. sem exceção.

aus.nahmswei.se [áus-ná:ms-váize] adv. por exceção, excepcionalmente.

aus.neh.men [áus-nè:-men] v. tomar, tirar para fora de um lugar, comprar fiado; selecionar.

aus.nut.zen [áus-nú-tsen] v. desfrutar, usufruir, lograr, explorar.

Aus.nut.zung [áus-nú-tsunk] s.f., -en. aproveitamento, exploração.

aus.pa.cken [áus-páken] v. desenfardar, desembalar, desempacotar.

aus.peit.schen [áus-páitchen] v. açoitar.

aus.pfei.fen [áus-pfái-fen] v. apitar, assobiar, vaiar.

aus.pi.chen [áus-pi-çhen] v. cobrir com piche ou breu.

aus.plau.dem [áus-pláu-dérn] v. tagarelar, divulgar.

Aus.plün.de.rung [áus-plyn-derunk] s.f., -en. saque, roubo.

aus.polstern [áus-pôls-térn] v. acolchoar.

aus.po.sau.nen [áus-pô:-zaunen] v. divulgar, publicar, contar a toda gente, trombetear, publicar por pregão.

aus.prä.gen [áus-prê:guen] v. fazer moeda, cunhar, estampar; sich –: exprimir-se, manifestar-se.

aus.pressen [áus-préssen] v. espremer, extorquir.

aus.pro.bie.ren [áus-probi:ren] v. experimentar, provar, ensaiar.

Aus.puff [áus-púf] s.m., -e. escape, escapamento.

aus.pum.pen [áus-púmpen] v. tirar com bomba.

aus.pusten [áus-pústen] v. apagar soprando.

Aus.putz [áus-púts] s.m. (sem plural). adorno, enfeite.

aus.quat.schen [áus-kvátchen] v. fazer sair esmagando, espremer.

aus.ra.die.ren [áus-radi:ren] v. apagar com borracha, raspar.

aus.räu.chern [áus-rôi-çhérn] v. defumar, perfumar.

aus.räu.men [áus-rôi-men] v. desocupar, evacuar, limpar, desguarnecer de móveis.

aus.rech.nen [áus-réçh-nen] v. contar, calcular.

Aus.re.de [áus-rè:de] s.f., -n. elocução; desculpa, escusa.

aus.re.den [áus-rè:den] v. enunciar, dissuadir, desculpar-se; — lassen: deixar falar.

aus.rei.ben [áus-ráiben] v. tirar esfregando, esfregar.

aus.rei.chen [áus-rái-çhen] v. chegar, bastar.

Aus.rei.se [áus-ráize] saida.s.f., -n. saida, partida.

Aus.rei.se.vi.sum [áus-ráize-vizum] s.n., Ausreisevisa ou Ausreisevisen. visto de saída.

aus.rei.ßen [áus-ráissen] v. arrancar, romper, fugir.

Aus.rei.ßer [áus-ráissa] s.m., -. o que arranca, fugitivo, desertor.

aus.rei.ten [áus-ráiten] v. sair a cavalo.

Aus.ren.kung [áus-rênkunk] s.f., -en. deslocamento (de um osso).

aus.rich.ten [áus-riçh-ten] v. desempenhar-se de, efetuar, executar, preparar.

Aus.rich.tung [áus-riçh-tunk] s.f., -en. desempenho, execução.

aus.rin.gen [áus-ringuen] v. torcer.

aus.rin.nen [áus-rinen] v. escorrer, esgotar-se.

Aus.ritt [áus-rít] s.m., -e. saída, passeio a cavalo.

aus.rol.len [áus-rólen] v. desenrolar.

aus.rot.ten [áus-róten] v. extirpar, desarraigar.

Aus.rot.tung [áus-rótunk] s.f., -en. extirpação, exterminação.

aus.rü.cken [áus-ryken] v. sair, marchar.

Aus.ruf [áus-rúf] s.m., -e. exclamação, grito, clamor, pregão.

aus.ru.fen [áus-rú-fen] v. apregoar, publicar, proclamar.

Ausru.fung [áus-rú-funk] s.f., -en. proclamação, aclamação.

Aus.ru.fungswort [áus-rú-funks-vórt] s.n., Ausrufungswörter. interjeição.

Aus.ru.fungszei.chen [áus-rú-funks-tsái-çhen] s.n., -. ponto de exclamação.

aus.ru.hen [áus-rú-en] v. descansar, repousar.

aus.rup.fen [áus-rúpfen] v. arrancar, depenar.

aus.rüsten [áus-rysten] v. equipar, armar, abastar; dotar.

Aus.rüstung [áus-rystunk] s.f., -en. armamento, equipamento, abastecimento.

aus.rut.schen [áus-rút-chen] v. resvalar, escorregar, deslizar.

Aus.saat [áus-zá:t] s.f. (sem plural). sementeira.

Aus.sa.ge [áus-zä:gues] s.f., -n. relação, noticia, exposição, depoimento.

aus.sa.gen [áus-zä:guen] v. expressar, dizer, depor em juizo.

Aus.satz [áus-záts] s.m. (sem plural). hanseniase; lepra.

aus.sät.zig [áus-zê:-tsig] adj. hanseniano; leproso.

aus.sau.gen [áus-záuguen] v. chupar, esgotar.

aus.schal.ten [áus-chálten] v. interromper, desligar, apagar, fechar.

AUSSCHANK • AUSTAND

Aus.schank [áus-chánk] *s.m.,* *Ausschänke.* serviço de bar, venda de bebidas a miúdos, balcão.

aus.schar.ren [áus-chárren] *v.* tirar da terra esgravatando, desenterrar.

aus.schei.den [áus-cháiden] *v.* separar.

aus.schif.fen [áus-chífen] *v.* desembarcar, transportar por água, partir por água.

aus.schimp.fen [áus-chimp-fen] *v.* injuriar, ofender.

aus.schla.fen [áus-chlá:-fen] *v.* dormir bastante, dormir o suficiente.

Aus.schlag [áus-chlá:k] *s.m., Ausschläge.* primeiro golpe; fiel da balança; excesso; renovo.

aus.schla.gen [áus-chlá:guen] *v.* romper, separar; descansar; dar o primeiro golpe.

aus.schlag.ge.bend [áus-chlá:k-guê:bent] *adj.* decisivo.

aus.schlie.ßen [áus-chlí:ssen] *v.* cerrar, fechar a porta a alguém; excluir.

aus.schlie.ßlich [áus-chlí:s-liçh] *adj.* e *adv.* exclusivo; exclusivamente.

Aus.schlie.ßung [áus-chlí:ssunk] *s.f., -en.* exclusão.

aus.schlüp.fen [áus-chlyp-fen] *v.* sair (da casca do ovo); escapar.

Ausschluss [áus-chlús] *s.m., Ausschlüsse.* exclusão.

aus.schmü.cken [áus-chmyken] *v.* enfeitar, adornar.

aus.schnei.den [áus-chnáiden] *v.* cortar, talhar, podar.

Aus.schnitt [áus-chnit] *s.m., -e.* corte, retalho.

Aus.schrei.bung [áus-chráibunk] *s.f., -en.* cópia; publicação.

aus.schrei.en [áus-chráien] *v.* apregoar, publicar, gritar.

aus.schrei.ten [áus-chráiten] *v.* caminhar a passos largos.

Aus.schrei.tung [áus-chráitunk] *s.f., -en.* excesso; desregramento.

Aus.schuss [áus-chús] *s.m., Ausschüsse.* comissão, junta.

Aus.schuss.wa.re [áus-chús-vá:re] *s.f., -n.* rebotalho, refugo.

aus.schüt.teln [áus-chy-téln] *v.* sacudir, fazer sair sacudindo.

aus.schüt.ten [áus-chyten] *v.* derramar, verter, difundir.

aus.schwei.fend [áus-chvái-fent] *adj.* extravagante, dissoluto.

Aus.schwei.fung [áus-chvái-funk] *s.f., -en.* chanfradura; digressão; extravagância.

aus.se.hen [áus-zé:en] *v.* ver até o fim, assemelhar-se; ~ *wie, ~ nach:* parecer; *gut* ~: ter boa cara.

au.ßen [áussen] *adv.* fora, no exterior; nach ~: para fora.

Au.ßen.bezirk [áussen-betsiak] *s.m., -e.* subúrbio, periferia.

aus.sen.den [áus-zénden] *v.* enviar, mandar, despachar.

au.ßer [áussa] *adv.* fora de, exceto, além de, fora.

au.ßer.dem [áussa-dêm] *adv.* além disso, de mais a mais.

Äu.ße.re [óissere] *s.n.* (sem plural). exterior, aparência física; negócios estrangeiros; relações.

au.ßer.ehe.lich [áussa-è:e-liçh] *adj.* extramatrimonial.

au.ßer.ge.richt.lich [áussa-gue-riçht-liçh] *adj.* extrajudicial.

au.ßer.ge.wöhn.lich [áussa-gueveû:n-liçh] *adj.* extraordinário.

äu.ßer.lich [óissa-liçh] *adj.* exterior, externo; superficial.

Äu.ßer.lich.keit [óissa-liçh-káit] *s.f., -en.* formalidade.

äu.ßern [óissérn] *v.* manifestar-se, dizer, exprimir.

au.ßer.or.dent.lich [áussa-óadent-liçh] *adj.* extraordinário.

äu.ßerst [óisserst] *adj.* extremo; sumo.

Äu.ßer.ste [óisseáste] *s.n., -n.* extremo; *sein ~s tun:* fazer o possível.

Äu.ße.rung [óisserunk] *s.f., -en.* expressão, declaração, manifestação.

aus.set.zen [áus-zétsen] *v.* expor, lançar à água, instituir.

Aus.set.zung [áus-zétsunk] *s.f., -en.* exposição, lançamento.

Aus.sicht [áus-ziçht] *s.f., -en.* vista, aspecto, panorama; perspectiva, esperança; *in ~ nehmen:* projetar; *in ~ stehen:* estar iminente; *in ~ stellen:* prometer.

aus.sichts.lo.sig.keit [áus-ziçhts-lô:ziçh-káit] *s.f., -en.* inutilidade.

Aus.sichts.punkt [áus-ziçhts-púnkt] *s.m., -e.* miradouro, mirante.

aus.sichts.reich. [áus-ziçhts-ráiçh] *adj.* promissor, auspicioso.

aus.sichts.voll [áus-ziçhts-fól] *adj.* promissor, auspicioso.

aus.sie.ben [áus-zi:ben] *v.* peneirar, joeirar.

aus.söh.nen [áus-zœ:-nen] *v.* reconciliar.

Aus.söh.nung [áus-zœ:-nunk] *s.f., -en.* reconciliação.

aus.son.dern [áus-zôn-dérn] *v.* separar, apartar.

Aus.son.de.rung [áus-zôn-derunk] *s.f., -en.* separação.

aus.spä.hen [áus-chpê:en] *v.* espreitar, explorar.

aus.span.nen [áus-chpanen] *v.* desatrelar, tirar os cavalos do carro.

aus.sper.ren [áus-chpérren] *v.* abrir, afastar, alargar.

aus.spre.chen [áus-chpré-chen] *v.* pronunciar, proferir.

Aus.spruch [áus-chprúrr] *s.m., Aussprüche.* publicação, sentença, juízo, decreto.

aus.spü.len [áus-chpylen] *v.* enxaguar, banhar, lavar na água corrente (roupas etc.).

aus.staf.fie.ren [áus-chtafi:ren] *v.* guarnecer, vestir, equipar.

Austand [áus-chtánt] *s.m., Austände.* divida ativa; resto; greve.

AUSSTÄNDIG • AUSWRINGEN

aus.stän.dig [áus-chtén-diçh] *adv. e adj.* em greve; devido, atrasado.

Aus.stän.dig.er [áus-chtén-diga] *s.m., -.* grevista.

aus.stat.ten [áus-chtáten] *v.* dotar, equipar.

Aus.stat.tung [áus-chtátunk] *s.f., -en.* dote, enxoval, dotação, provisão.

aus.stei.gen [áus-chtáiguen] *v.* apear-se, desembarcar.

aus.stel.len [áus-chtélen] *v.* expor, pôr à vista (mercadorias).

Aus.tel.lung [áus-chtélunk] *s.f., -en.* exposição, suspensão.

aus.ster.ben [áus-chtéaben] *v.* despovoar, extinguir-se.

Aus.steu.er [áus-chtóia] *s.f., -n.* enxoval, dote.

aus.stop.fen [áus-chtóp-fen] *v.* encher (de crina etc.), estofar, rechear.

Aus.stoß [áus-chtô:s] *s.m., Ausstöße.* bote, estocada.

aus.sto.ßen [áus-chtô:ssen] *v.* expelir, repelir, empurrar para fora.

Aus.sto.ßung [áus-chtô:ssunk] *s.f., -en.* expulsão, ação de empurrar para fora.

aus.strah.len [áus-chtrá:-len] *v.* irradiar, emitir, difundir.

aus.strah.lung [áus-chtrá:-lunk] *s.f., -en.* emissão, difusão, irradiação.

aus.stre.cken [áus-chtré-ken] *v.* estender, esticar.

aus.strei.chen [áus-chtrái-chen] *v.* apagar, riscar, cancelar.

aus.streu.en [áus-chtróien] *v.* espalhar, dispersar.

aus.strö.men [áus-chtrœ:men] *v.* escoar, transbordar, correr em torrente.

aus.su.chen [áus-zú:rren] *v.* escolher, investigar.

Aus.tausch [áuch-táuch] *s.m.* (sem plural). troca, intercâmbio.

aus.tau.schen [áuch-táuchen] *v.* trocar, cambiar, permutar.

aus.tei.len [áus-táilen] *v.* distribuir, dar, emitir, repartir.

Aus.tei.lung [áus-táilunk] *s.f., -en.* distribuição, divisão.

Auster [áus-ta] *s.f., -n.* ostra.

Aus.tern.bank [áus-téan-bánk] *s.f., -en.* ostreira.

Aus.tern.zucht [áus-téan-tsúrrt] *s.f., -en.* ostricultura.

aus.til.gen [áus-tílguen] *v.* riscar, exterminar.

aus.to.ben [áus-tô:ben] *v.* desabafar; *sich* —: acalmar-se.

aus.tra.gen [áus-trágen] *v.* resolver, decidir.

Aus.trä.ger [áus-trè:ga] *s.m., -.* portador, distribuidor.

Aus.trei.bung [áus-trái-bunk] *s.f., -en.* expulsão.

aus.tre.ten [áus-trê:ten] *v.* pisar, espremer pisando, gastar à força de pisar, sair.

aus.trin.ken [áus-trínken] *v.* beber tudo, acabar de beber.

Aus.tritt [áus-trít] *s.m., -e.* ação de sair, saída.

aus.tro.ck.nen [áus-trók-nen] *v.* secar, enxugar, secar-se.

Aus.tro.ck.nung [áus-trók-nunk] *s.f., -en.* dessecação, ação de secar.

aus.trom.meln [áus-tróméln] *v.* anunciar a toque de caixa ou tambor.

aus.trom.pe.ten [áus-trom-pêten] *v.* anunciar ao som da trombeta.

aus.trop.fen [áus-tróp-fen] *v.* gotejar, pingar; cessar de gotejar.

aus.üben [áus-y:ben] *v.* exercitar, praticar, exercer, desempenhar.

Aus.übung [áus-y:bunk] *s.f., -en.* exercício, prática.

Aus.ver.kauf [áus-féa-káuf] *s.m., Ausverkäufe.* venda total, liquidação.

Aus.wahl [áus-vá:l] *s.f.* (sem plural). escolha, seleção.

aus.wäh.len [áus-vè:-len] *v.* escolher, selecionar.

Aus.wan.de.rer [áus-vándera] *s.m., -.* emigrante.

aus.wan.dern [áus-ván-dérn] *v.* emigrar.

Aus.wan.de.rung [áus-vá-derunk] *s.f., -en.* emigração.

aus.wär.tig [áus-vér-tiçh] *adj.* forasteiro, estrangeiro, estranho.

aus.wärts [áus-vérts] *adv.* para fora.

aus.wässe.rung [áus-vésserunk] *s.f., -en.* imersão em líquido, molho.

aus.wech.seln [áus-vékséln] *v.* cambiar, trocar, permutar, substituir.

Aus.weg [áus-vè:k] *s.m., -e.* saída; solução.

aus.wei.chen [áus-vái-chen] *v.* afastar-se de, esquivar-se, evitar.

aus.wei.chend [áus-vái-çhent] *adj.* esquivo, evasivo.

Aus.weich.stra.ße [áus-váiçh-chtrásse] *s.f., -n.* desvio, rota alternativa.

aus.wei.den [áus-váiden] *v.* estripar, destripar.

aus.weis [áus-váis] *s.m., -e.* declaração, prova, documento de identidade.

aus.wei.sen [áus-vái-zen] *v.* expulsar, desterrar.

Aus.wei.sung [áus-vái-zunk] *s.f., -en.* expulsão, desterro.

Aus.wei.tung [áus-váitunk] *s.f., -en.* alargamento, ampliação.

aus.wen.dig [áus-vén-diçh] *adj.* exterior, externo; de cor.

aus.wer.fen [áus-vérfen] *v.* lançar, jogar fora, expectorar.

aus.wer.ten [áus-vérten] *v.* valorizar, explorar, analisar.

Aus.wer.tung [áus-vér-tunk] *s.f., -en.* valorização; exploração; avaliação, interpretação.

aus.wet.zen [áus-vétsen] *v. eine Scharte* —: tirar desforra, ir à forra.

Aus.wir.ken [áus-vírken] *v.* conseguir; *sich* —: agir, atuar sobre.

Aus.wir.kung [áus-virkunk] *s.f., -en.* efeito, consequência.

aus.wrin.gen [áus-vrín-guen] *v.* torcer.

Aus.wuchs [áus-vúks] s.m. (sem plural). distorção; excrescência; tumor; protuberância; abuso.

aus.wüh.len [áus-vy:len] v. arrancar, tirar cavando.

Aus.wurf [áus-vúaf] s.m., Auswürfe. expectoração, escarro; explosão, lava de vulcão; refugo.

aus.zah.len [áus-tsá:len] v. pagar.

aus.zäh.len [áus-tsê:len] v. contar; fazer conta.

Aus.zah.lung [áus-tsá:lunk] s.f., -en. paga, pagamento.

Aus.zäh.lung [áus-tsê:lunk] s.f., -en. contagem contagem, apuração.

Aus.zeh.rung [áus-tsê:-runk] s.f., -en. consunção, consumição; tuberculose; magreza, marasmo.

aus.zeich.nen [áus-tsáiçh-nen] v. marcar, notar, assinalar, desenhar, acabar um desenho.

Aus.zeich.nung [áus-tsáiçh-nunk] s.f., -en. distinção, marcação, condecoração, rótulo.

aus.zer.ren [áus-tsérren] v. arrancar.

aus.zie.hen [áus-tsi:en] v. tirar, extrair, despir, descalçar; deixar a casa; mudar-se, emigrar.

aus.zir.keln [áus-tsia-kéln] v. fazer circulos; medir a compasso.

Aus.zug [áus-tsu:k] s.m., Auszüge. saida, partida, desalojamento, emigração.

aus.zugs.wei.se [áus-tsuks-váize] adj. condensado; resumido.

aus.zup.fen [áus-tsúpfen] v. arrancar.

au.tark [áu-tárk] adj. autárquico.

Au.tar.kie [áu-tárki:] s.f., -n. autarquia.

Au.to [áuto] s.n., - automóvel.

Au.to.bahn [áuto-bá:n] s.f., -en. rodovia.

Au.to.bus [áuto-bús] s.m., Autobusse. ônibus, coletivo.

Au.to.fah.rer [áuto-fá:ra] s.m., -. motorista, condutor de veículos automotores.

Au.to.gramm [áuto-grám] s.n., -e. autógrafo.

Au.to.he.ber [áuto-rhê:ba] s.m., -. macaco mecânico.

Au.to.hilfs.dienst [áuto-rhilfs-di:nst] s.m., -e. pronto-socorro.

Au.to.num.mer [áuto-núma] s.f., -n. placa (número), licença de veículo.

Au.to.park.platz [áuto-párk-pláts] s.m., Autoparkplätze. estacionamento, pátio ou área destinada ao estacionamento de veículos.

Au.tor [áu-tôa] s.m., -en. autor.

Au.to.rin [áu-tôrin] s.f., -en. autora.

au.to.ri.tär [áutori-tèa] adj. autoritário.

Au.to.ri.tät [autori-tê:t] s.f., -en. autoridade.

Au.tor.schaft [áutôa-cháft] s.f. (sem plural). estado ou profissão de autor.

A.ver.si.on [àvér-tsiô:n] s.f., -en. aversão, repugnância.

Axt [ákst] s.f. machadinha, s.f., Äxte. machado.

a.zur.blau [atsúa-bláu] adj. azul-celeste.

a.zurn [atsúan] adj. azul, azulado, de cor azul.

Azeton [atsêtô:n] s.n. (sem plural). acetona.

Azteke [atsê:ke] s.m., -n. asteca.

B

B [be] segunda letra do alfabeto alemão; alemão.

B, b; [be] si-bemol (em música).

Ba.by [bei-bi] *s.n.,* - bebê.

Bach [bárr] *s.m., Bäche.* riacho, regato, ribeiro, arroio.

Ba.che [bárre] *s.f., -n.* javalina.

Bach.stel.ze [bárr-chtél-tse] *s.f., -n.* lavandisca.

Back.bord [bék-bórt] *s.n. (sem plural).* bombordo.

Backe [báke] *s.f., -n.* bochecha, face.

backen [báken] *v.* cozer, assar, fazer pão, frigir.

Backen.bart [baken-bárt] *s.m., Backenbärte.* suíças, barba.

Backen.kno.chen [báken-nó-rren] *s.m.,* - maçã do rosto.

Backen.zahn [báken-tsá:n] *s.m., Backenzähne.* dente molar.

Bäcker [béka] *s.m.,* -. padeiro.

Bäcke.rei [békerái] *s.f., -en.* padaria.

Back.fisch [bák-fich] *s.m., -e.* peixe para fritar; menina, moçoila.

Back.form [bák-fórm] *s.f., -en.* forma.

Back.ofen [bák-ô:fen] *s.m., Backöfen.* forno de pão.

Back.pfei.fe [bák-pfáife] *s.f., -n.* bofetada.

Back.stein [bák-chtáin] *s.m., -e.* ladrilho, tijolo.

Bad [bát] *s.n., Bäder.* banho; *ins — steigen:* tomar um banho.

Ba.de.an.stalt [báde-án-chtált] *s.f., -en.* casa de banhos, estabelecimento balneário; piscina pública.

Ba.de.an.zug [báde-antsú:k] *s.m., Badezüge.* roupa de banho, maiô.

Ba.de.gast [bá:de-gást] *s.m., Badegäste.* banhista.

Ba.de.ho.se [bá:de-rhô:ze] *s.f., -n.* calção de banho, sunga.

Ba.de.kap.pe [bá:de-kápe] *s.f., -n.* touca de banho.

Ba.de.man.tel [bá:de-mántel] *s.m., Bademäntel.* roupão de banho.

ba.den [bá:den] *v.* banhar, tomar banho.

Ba.de.ort [bá:de-órt] *s.m., -e.* caldas, termas, balneário, estação termal.

Ba.de.sai.son [báde-sézõn] *s.f., -s* ou *-en.* estação balnear, temporada (de praia).

Ba.de.strand [báde-chtránt] *s.m., Badestrände.* praia.

Ba.de.wan.ne [báde-váne] *s.f., -n.* banheira.

Ba.de.zim.mer [báde-tsíma] *s.n.,* -. sala de banho, banheiro.

Ba.de.zeug [bá:de-tsóik] *s.n. (sem plural).* utensílios ou roupas de banho.

baff [báf] *adj.* pasmado, atoleimado.

Ba.ga.tel.le [bagatéle] *s.f., -n.* bagatela.

Bag.ger [bága] *s.m.,* - draga.

bä.hen [bè:en] *v.* fomentar; lavrar; tostar pão.

Bahn [bá:n] *s.f., -en.* via, caminho, estrada, carreira; *sich — brechen:* abrir caminho.

Bahn.an.ges.tell.ter [bá:n-ângue-chtélta] *s.m.* + *s.f., -n.* ferroviário.

Bahn.an.schluss [bá:n-ánch-lús] *s.m., Bahnanschlüsse.* ligação ferroviária.

Bahn.ar.bei.ter [bá:n-árbáita] *s.m.,* -. ferroviário, operário de estrada de ferro.

bahn.bre.chend [bá:n-bréchent] *adj.* revolucionário; pioneiro.

Bahn.hof [bá:n-rhô:f] *s.m., Bahnhöfe.* gare, estação.

Bahn.li.nie [bá:n-líni:] *s.f., -n.* linha ou estrada de ferro.

Bahn.wäch.ter [bá:n-véchta] *s.m.,* -. guarda de estação ferroviária.

Bahn.wär.ter [bá:n-vérta] *s.m.,* -. guarda de estação ferroviária.

Bah.re [bá:re] *s.f., -n.* esquife, ataúde; padiola, maca.

Baisse [bàisse] *s.f., -n.* baixa.

Ba.jo.nett [baionét] *s.n., -e.* baioneta.

Ba.ke [bá:ke] *s.f., -n.* baliza, boia.

Ba.lan.ce [bá-lántse] *s.f., -n.* equilíbrio.

ba.lan.cie.ren [bálan-tsí:ren] *v.* equilibrar.

bald [bált] *adv.* logo, (dentro em breve; *für —:* para breve; *möglichst —:* quanto antes; *darauf —:* pouco depois.

bal.dig [báldçh] *adj.* próximo, iminente; *auf —es Wiedersehen:* até breve; *—st:* o quanto antes.

Balg [bálk] *s.m.* ou *s.n., Bälger.* pele, bainha, casca, fole.

bal.gen [bál-guen] *v. sich —:* brigar, engalfinhar-se, agarrar-se.

Bal.ken [bál-ken] *s.m.,* -. trava, tirante, viga.

Bal.kon [bál-kô:n] *s.m., -e.* sacada, varanda.

Ball [bál] *s.m., Bälle.* bola; baile.

Bal.la.de [balá:de] *s.f., -n.* balada.

Bal.last [ba-lást] *s.m., -e.* lastro, fardo; *(anat.)* joanete; joanete.

bal.len [bálen] *s.m.,* -. bala, fardo; *(anat.)* joanete; joanete.

bal.len [bálen] *v. die Fäuste —:* cerrar os punhos; *sich —:* aglomerar-se, concentrar-se.

46

BALLETT • BAUCHIG

Bal.lett [balé] s.n., -e. balé, bailado, baile.
Bal.lettän.zer [balé-tén-tsa] s.m., -. bailarino.
Bal.lett.mei.ster [balé-máista] s.m., -. coreógrafo.
Bal.lon [balõ:n] s.m., - balão; garrafão, bomba.
Ball.saal [bál-zá:l] s.m., *Ballsäle*. salão de baile.
Ball.spiel [bál-chpí:l] s.n., -e. jogo de bola.
Bal.sam [bál-zá:m] s.m., -e. bálsamo.
Bam.bus [bám-bus] s.m., *Bambusse*. bambu; cana-da-índia.
Bamburohr [bámbu:rô:a] s.n., -e. bambu; cana-da-índia.
Ba.na.ne [ba-ná-ne] s.f., -n. banana.
Bananenstecker [ba-ná-ne-nchtéka] s.m., -. cacho de bananas.
Band [bánt] s.n., *Bänder*. tomo, volume, encadernação; fita, cordão, ligadura, laço; vínculo.
Ban.da.ge [bándáje] s.f., -n. bandagem, atadura.
ban.da.gie.ren [bándají:ren] v. fazer uma atadura.
Bänd.chen [bént-chen] s.n., -. fita estreita, cadarço.
Ban.de [bánde] s.f., -n. borda, guarnição, moldura; quadrilha, bando.
bän.di.gen [bén-diguen] v. domar, subjugar.
Ban.dit [bán-di:t] s.m., -en. bandido, salteador.
Band.maß [bánt-má:s] s.n., -e. fita métrica.
Band.wie.be [bánt-váide] s.f., -n. vime.
Band.wurm [bánt-vuam] s.m., *Bandwürme*. lombriga, solitária, tênia.
ban.ge [bángue] adj. que tem medo, receoso, inquieto.
ban.gen [bánguen] v. recear; ter saudades, desejar ardentemente.
Bank [bánk] s.f., -en banco, banca de jogo, casa bancária.

Bank.ak.tie [bánk-aktsie] s.f., -n. ação de banco.
Bank.an.wei.sung [bánk-anvái-zunk] s.f., -en. cheque.
Bank.be.am.ter [bánk-beám-ta] s.m., -. bancário.
Bän.kel.sän.ger [bénkel-zénga] s.m., -. cantor ou músico ambulante.
Ban.kett [bán-két] s.n., -e. banquete, festim.
Ban.kier [bán-ki:a] s.m., -e. banqueiro, cambista.
Bank.kon.to [bánk-kônto] s.n., *Bankkonten*. conta bancária, conta-corrente.
Bank.no.te [bánk-nô:te] s.f., -n. cédula, nota de dinheiro.
Bank.rott [bánk-rôt] adj. insolvente; bancarrota; v. – *machen*: falir, quebrar.
Bann [bán] s.m., -e. feitiço, encanto; proscrição, exílio, excomunhão.
ban.nen [bánen] v. proscrever, excomungar; *(fig.)* encantar, fascinar, enfeitiçar.
Ban.ner [bána] s.n., -. bandeira, estandarte, insígnia.
Bär [béa] s.m., -en. urso.
Ba.racke [baa-ráke] s.f., -n. barraca, tenda.
Bar.bar [bár-bá:r] s.m., -en. bárbaro.
Bar.ba.rei [bár-barái] s.f., -en. barbárie, crueldade, selvageria.
bar.ba.risch [baabárich] adj. bárbaro, feroz, selvagem.
bär.bei.ßig [béa-báissiçh] adj. de mau gênio, rabugento.
Bar.bier [bár-bí:a] s.m., -e. barbeiro.
Bä.ren.haut [béren-rháut] s.f., *Bärenhäute*. pele de urso.
bar.füssig [bár-fyssiçh] adj. descalço.
bar.häup.tig [bár-rhóip-tiçh] adj. com o peito descoberto.
Bar.kasse [bár-kásse] s.f., -n. lancha, barcaça.
Bar.kauf [bár-káuf] s.m., *Barkäufe*. compra a varejo.
Bär.me [béame] s.f., -n. levedura, espuma de cerveja.

barm.her.zig [bárm-rhéa-tsiçh] adj. misericordioso.
Barm.her.zig.keit [bárm-rhéa-tsiçh-káit] s.f. (sem plural). misericórdia, piedade.
Ba.ro.me.ter [baró-mê:ta] s.n., -. barômetro.
Ba.ron [baró:n] s.m., -e. barão.
Ba.ro.nesse [baró-nôsse] s.f., -n. baronesa.
Bar.ren [bárren] s.m., -. barra, lingote.
Bar.rie.re [barri:re] s.f., -n. barreira.
barsch [bárch] adj. áspero, rude, brusco; perca (peixe).
Bar.schaft [bár-cháft] s.f., -en. dinheiro, pecúlio.
Bart [bárt] s.m., *Bärte*. barba, bigode.
bär.tig [béa-tiçh] adj. barbado.
Ba.salt [bazált] s.m., -e. basalto.
Ba.se [bá:ze] s.f., -n. prima; base.
ba.sie.ren [bazí:ren] v. basear(-se).
Ba.sis [bázis] s.f., *Bassen*. base, fundamento.
Bass [bás] s.m., *Bässe*. baixo, contrabaixo.
Basgei.ge [bás-gái-gue] s.f., -n. contrabaixo, violoncelo.
Bassist [bássist] s.m., -e. contrabaixista.
Baspfei.fe [bás-pfáife] s.f., -n. fagote.
Bast [bást] s.m., -e. cortiça, fibra, entrecasco.
Ba.stei [bás-tái] s.f., -en. baluarte, bastião.
Ba.tail.lon [batálió:n] s.n., -e. batalhão.
Ba.tist [bátist] s.m., -e. cambraia.
Bat.te.rie [bateri:] s.f., -n. bateria.
Bat.zen [bátsen] s.m., -. moedinha, tostão.
Bau [báu] s.m., -ten. construção, estrutura, edificação; cultura, cultivo.
Bauch [báurr] s.m., *Bäuche*. barriga, ventre.
Bauch.fett [báurr-fét] s.n., -e. gordura, banha (de porco).
bau.chig [báurriçh] adj. barrigudo, pançudo.

47

BAUCHREDNER • BEDARF

Bauch.red.ner [báurr-rétna] s.m., -. ventríloquo.

bau.en [báuen] v. edificar, construir, cultivar; *das Feld —*: cultivar, lavrar a terra.

Bau.er [báua] s.m., -n. lavrador, camponês; gaiola; valete (no baralho).

Bäue.rin [bói-ërin] s.f., -nen. camponesa.

bäue.risch [bói-ê-rich] adj. rústico, campestre.

bäu.er.lich [bói-ëaliçh] adj. rústico, campestre.

Bau.ern.gut [báuëan-gú:t] s.n., *Bauerngüter*. quinta, fazenda, propriedade rural.

Bau.ern.haus [báuëan-rháus] s.n., *Bauernhäuser*. casa de fazenda.

bau.fä.hig [báu-fé:-içh] adj. cultivável.

bau.fäl.lig [báu-fé-liçh] adj. destroçado, arruinado.

Bau.fäl.lig.keit [báu-fé-liçh-kàit] s.f., -en. caducidade, ruína, deterioração.

Baum [báum] s.m., *Bäume*. árvore.

Bau.mei.ster [báu-máis-ta] s.m., -. construtor, mestre de obras; arquiteto.

bau.meln [báu-méln] v. tremular.

bäu.men [bói-men] v. *sich —*: levantar-se; empinar-se (um cavalo).

Baum.eu.le [báum-óile] s.f., -n. coruja, mocho.

Baum.gang [báum-gánk] s.m., *Baumgänge*. aleia.

Baum.gar.ten [báum-gárten] s.m., *Baumgärten*. pomar.

Baum.harz [báum-rhárts] s.n., -e. resina, goma amarela.

Baum.hecke [báum-rhéke] s.f., -n. sebe.

Baum.schu.le [báum-chú:le] s.f., -n. tanchoal, viveiro de planta.

Baum.stumpf [báum-chtúmpf] s.m., *Baumstümpfe*. cepa, cepo.

Baum.wachs [báum-váks] s.n., -e. emplastro de enxerto.

Baum.wol.le [báum-vóle] s.f. (sem plural). algodão.

Baum.wol.len.garn [báum-vólen-gárt] s.n., -e. fio de algodão.

Baum.wol.len.pflan.zung [báum-vólen-pflán-tsunk] s.f., -en. algodoal, plantação de algodão.

Baum.wuchs [báum-vúks] s.n. (sem plural). arborização, vegetação.

Baum.zucht [báum-tsúrrt] s.f., -en. cultivo de árvores, arboricultura.

Bau.platz [báu-pláts] s.m., *Bauplätze*. sítio, terreno para construção.

Bausch [báuch] s.m., -e. tufo, inchaço; *in — und Bogen*: globalmente, totalmente.

bau.schen [báu-chen] v. inchar.

bau.schig [báu-chiçh] adj. fofo, inchado.

Bau.schlosser [báu-chlóssa] s.m., -. serralheiro.

Bau.schutt [báu-chút] s.m. (sem plural). entulho.

Bau.stein [báu-chtáin] s.m., -e. pedra; bloco, elemento construtivo.

Bau.werk [báu-vérk] s.n., -e. edifício, construção.

Bau.we.sen [báu-vë:zen] s.n. (sem plural). arquitetura, obras públicas.

be.ab.sich.ti.gen [be-áp-siçh-tiguen] v. tencionar; propor-se.

be.ach.ten [bê-árr-ten] v. atender, considerar com atenção, observar.

be.ach.tens.wert [be-árrtens-vért] adj. digno de atenção; considerável, notável.

Be.ach.tung [be-árr-tunk] s.f. (sem plural). atenção, consideração.

be.ackern [be-ákërn] v. lavrar, cultivar.

Be.am.ter [be-ámta] s.m. + s.f., -n. oficial, funcionário público.

be.äng.sti.gend [be-ënksti-guent] adj. inquietante, alarmante.

be.an.spru.chen [be-án-chprú-rren] v. pretender, reclamar, reivindicar.

Be.an.spru.chung [be-án-chprú-rrunk] s.f., -en. reclamação, reivindicação.

be.an.stan.den [be-án-chtánden] v. fazer reparos, reclamar contra.

Be.an.stan.dung [be-án-chtán-dunk] s.f., -en. reclamação, objeção.

be.an.tra.gen [be-án-trá:guen] v. requerer.

be.ant.wor.ten [be-ánt-vórten] v. responder, contestar.

be.ar.bei.ten [be-árbáiten] v. trabalhar, lavrar, cultivar, revisar (livro).

Be.ar.bei.tung [be-árbái-tunk] s.f., -en. trabalho, obra, cultivo, revisão, análise, adaptação.

be.auf.sich.ti.gen [be-áuf-ziçh-tiguen] v. vigiar, inspecionar.

be.auf.tra.gen [be-áuf-trá:guen] v. encarregar, incumbir.

be.bau.en [be-báuen] v. construir edifícios; urbanizar.

be.ben [bé-ben] v. tremer, estremecer; tremor.

Be.cher [bé-çha] s.m., -. copo, taça, cálice.

Be.cher.klang [bé-çha-klánk] s.m., *Becherklänge*. toque de taças.

Becken [bé-ken] s.n., -. bacia, tanque, pia.

be.da.chen [be-dá-rren] v. cobrir com um telhado.

be.dacht [bedárt] adj. cuidadoso, ponderado.

be.däch.tig [be-déçh-tiçh] adj. refletido, prudente; adv. deliberadamente, de propósito.

be.dacht.los [be-dárrt-lôs] adj. irrefletido, descuidado.

Be.da.chung [be-dárrunk] s.f., -en. o ato de cobrir um telhado.

be.dank.en [be-dánken] v. agradecer.

Be.darf [be-dárf] s.m. (sem plural). necessidade, falta; *-sartikel*: utilidades; *-sfall*: caso de necessidade.

BEDAUERLICH • BEFEUCHTEN

be.dau.er.lich [be-dáuéa-liçh] *adj.* deplorável, lamentável.

be.dau.ern [be-dáu-érn] *v.* pesar, lamentar.

be.dau.erns.wert [bedauéans-vért] *adj.* digno de compaixão.

be.dau.erns.wür.dig [be-dáu-éans-vya-diçh] *adj.* digno de compaixão.

be.decken [be-déken] *v.* cobrir, tapar, abrigar, resguardar.

Be.deckung [be-dékunk] *s.f., -en.* cobertura, ação de cobrir.

be.den.ken [be-dénken] *v.* considerar, pensar em, refletir sobre; *vorher* —: premeditar; *sich* —: deliberar, refletir, ponderar; dúvida, escrúpulo.

be.denk.lich [be-dénk-liçh] *adj.* digno de reflexão; duvidoso; crítico, grave, precário.

Be.denk.zeit [be-dénk-tsáit] *s.f., -en.* tempo ou prazo para deliberar.

be.deu.ten [be-dói-ten] *v.* significar, querer dizer.

be.deu.tend [be-dói-tent] *adj.* importante, considerável.

be.deut.sam [be-dóit-zám] *adj.* significativo.

be.deut.sam.keit [be-dóit-zám-káit] *s.f., -en.* importância.

Be.deu.tung [be-dói-tunk] *s.f., -en.* significado, significação.

be.deu.tungslos [be-dói-tunkslos] [be-dói-tungs-lózich-káit] *adj.* sem importância, insignificante.

Be.deu.tungs.lo.sig.keit [be-dói-tungs-lózich-káit] *s.f., -en.* insignificância.

be.deu.tungs.voll [be-dói-tunks-fól] *adj.* significativo, importante, transcendente.

be.die.nen [be-dí:nen] *v.* servir, atender.

be.dien.sten [be-dí:ns-ten] *v.* dar um emprego ou cargo.

Be.die.nung [be-dí:nunk] *s.f., -en.* serviço, emprego, cargo.

be.din.gen [be-dínguen] *v.* condicionar, estipular, ajustar.

Be.din.gung [be-dín-gunk] *s.f., -en.* condição, cláusula, estipulação.

be.din.gungs.los [be-dingunks-lós] *adj.* incondicional.

be.din.gungs.wei.se [be-digunks-váize] *adv.* condicionalmente.

be.drän.gen [be-drén-guen] *v.* importunar, acossar, afligir.

Be.dräng.nis [be-drénk-nis] *s.f., Bedrängnisse.* dificuldades, aflições, apuro.

be.dro.hen [be-dró:en] *v.* ameaçar.

be.droh.lich [be-dró:-liçh] *adj.* ameaçador.

Be.dro.hung [be-dró:unk] *s.f., -en.* ameaça.

be.drucken [be-drúken] *v.* imprimir, estampar.

be.drücken [be-dryken] *v.* oprimir, afligir, atormentar.

be.drückt [be-drykt] *adj.* deprimido, aflito, triste.

Be.drückung [be-drykunk] *s.f., -en.* opressão.

be.dür.fen [be-dyafen] *v.* precisar, carecer, necessitar.

Be.dürf.nis [be-dyaf-nis] *s.n., Bedürfnisse.* carência, necessidade, demanda, vontade.

be.dürf.nis.los [be-dyaf-nis-lós] *adj.* modesto, simples.

be.dürf.tig [be-dyaf-tiçh] *adj.* necessitado, carente; pobre.

Be.dürf.tig.keit [be-dyaf-tiçh-káit] *s.f., -en.* necessidade, indigência, pobreza.

be.eh.ren [be-é:ren] *v.* honrar, distinguir; *sich — zu:* ter a honra de.

be.ei.den [be-áiden] *v.* jurar, afirmar sob juramento.

be.ei.di.gen [be-ái-diguen] *v.* jurar, afirmar sob juramento.

be.ei.len [be-áilen] *v.* apressar.

be.ein.flussen [be-áin-flüssen] *v.* influir, influenciar.

be.ein.träch.ti.gen [be-áin-trèçh-tiguen] *v.* prejudicar.

Be.ein.träch.ti.gung [be-áin-trèçh-tigunk] *s.f., -en.* prejuízo, dano; restrições.

be.en.den [be-énden] *v.* acabar, terminar.

be.en.di.gung [be-èn-digunk] *s.f., -en.* fim, conclusão; acabamento.

be.er.ben [be-éaben] *v.* herdar.

be.er.di.gen [be-éadiguen] *v.* enterrar, sepultar.

Be.er.di.gung [be-éadigunk] *s.f., -en.* enterro, funeral.

Bee.re [bè:re] *s.f., -n.* baga.

Beet [bè:t] *s.n., -e.* canteiro.

be.fä.hi.gen [be-fé:-iguen] *v.* habilitar.

Be.fä.hi.gung [be-fé:-igunk] *s.f. (sem plural).* habilitação.

be.fahr.bar [be-fá:a-bá:r] *adj.* transitável, navegável (um rio).

be.fah.ren [be-fá:ren] *v.* passar por, navegar em, navegar por.

Be.fah.rung [be-fá:runk] *s.f., -en.* navegação.

be.fal.len [be-fálen] *v.* acometer, atacar, colher; *adj.* cheio de; *vom Frost* —: queimado.

be.fan.gen [be-fánguen] *adj.* acanhado, tímido, embaraçado.

Be.fan.gen.heit [be-fánguen-rháit] *s.f. (sem plural).* acanhamento, timidez.

be.fassen [be-fássen] *v. sich — mit:* ocupar-se de, tratar de; debruçar-se sobre.

Be.fehl [be-fé:l] *s.m., -e.* ordem, comando; *zu* — !: às ordens!.

be.feh.len [be-fé:len] *v.* ordenar, mandar, encomendar.

Be.fehls.form [be-fè:ls-fórm] *s.f., -en.* modo imperativo.

Be.fehls.ha.ber [be-fè:ls-rhába] *s.m., -.* comandante em chefe.

be.fehls.wi.drig [be-fè:ls-ví-driçh] *adj.* contrário às ordens.

be.fein.den [be-fáin-den] *v.* inimizar.

be.fes.ti.gung [be-fés-tigunk] *s.f., -en.* fortificação; fortalecimento, consolidação.

be.feuch.ten [be-fóiçh-ten] *v.* umedecer, molhar.

49

Beff.chen [béf-chen] *s.n.*, -. colarinho amplo e engomado.

be.fin.den [be-fínden] *v. für gut —*: ter por bem, aprovar; *für schlecht —*: ter por mal, reprovar; *sich —*: achar-se, encontrar-se, ficar, estar.

be.fin.dlich [be-fínt-liçh] *adj.* situado, sito em; o que se encontra em.

be.flag.gen [be-flágüen] *v.* embandeirar.

be.flecken [be-fléken] *v.* manchar, sujar; *(fig.)* desonrar.

Be.fleckung [be-flékunk] *s.f., -en.* mancha; desonra, infamação.

be.flei.ßi.gen [be-fláissiguen] *v. sich —*: aplicar-se a, esforçar-se por, dedicar-se a.

Be.flis.sen.heit [be-flíssen-rháit] *s.f., -en.* aplicação, zelo, assiduidade.

be.flü.gelt [be-fly-guélt] *adj.* alado.

be.fol.gen [be-fólguen] *v.* seguir, obedecer a, cumprir.

Be.fol.gung [be-fólgunk] *s.f., -en.* execução, cumprimento, observância.

be.för.dern [be-føa-dérn] *v.* transportar, despachar, promover.

Be.för.de.rung [be-føa-derunk] *s.f., -en.* transporte, despacho.

Be.för.de.rungs.mit.tel [be-føa-derunks-mitel] *s.n.*, -. meio de transporte.

Be.frach.tung [be-frárrtunk] *s.f., -en.* carga, fretamento.

be.fra.gen [be-frágüen] *v.* interrogar, perguntar.

Be.fra.gung [be-frá:-gunk] *s.f., -en.* indagação, interrogatório, informação.

be.frei.en [be-fráien] *v.* libertar, livrar, soltar, eximir.

Be.frei.ung [be-frái-unk] *s.f. (sem plural).* libertação, isenção, emancipação.

Be.frem.den [be-frêm-den] *s.n.* surpresa, estranheza, estranhamento.

be.frem.den [be-frem-den] *v.* estranhar.

be.fremd.lich [be-frêmt-liçh] *adj.* estranho.

be.freun.den [be-fróin-den] *v.* contrair amizade; familiarizar-se.

be.freun.det [be-fróin-dêt] *adj.* amigo; familiarizado.

be.frie.den [be-fri:den] *v.* apaziguar, pacificar.

be.frie.di.gen [be-fri:-diguen] *v.* contentar, satisfazer a, apaziguar.

be.frie.di.gend [be-fri:-diguent] *adj.* satisfatório.

be.frie.di.gung [be-fri:-digunk] *s.f. (sem plural).* satisfação, contentamento.

be.frie.dung [be-fri:-dunk] *s.f. (sem plural).* pacificação, apaziguamento.

be.fruch.ten [be-frúrrten] *v.* fecundar, fertilizar.

Be.fruch.tung [be-frúrr-tunk] *s.f.* fecundação, fertilização.

be.fu.gen [be-fú:guen] *v.* autorizar, conceder poder.

Be.fug.nis [be-fúknis] *s.f. Befugnisse.* autorização, competência.

be.fugt [be-fúkt] *adj.* autorizado.

be.füh.len [be-fy:len] *v.* apalpar, tocar.

Be.fund [be-fúnt] *s.m., -e.* estado ou condição das coisas; resultado, averiguação, diagnóstico.

be.fürch.ten [be-fyiçh-ten] *v.* temer, recear.

Be.fürch.tung [be-fyiçh-tunk] *s.f., -en.* temor, medo, receio.

be.gabt [be-gápt] *adj.* inteligente, talentoso, esperto; — *mit*: dotado de; — *für*: ter jeito para.

Be.ga.bung [be-gá:bunk] *s.f., -en.* talento, vocação, aptidão.

be.gaf.fen [be-gáfen] *v.* ficar boquiaberto; olhar embasbacado.

be.gat.ten [be-gáten] *v.* juntar-se carnalmente, ter cópula.

Be.gat.tung [be-gátunk] *s.f., -en.* cópula, coito.

be.ge.ben [be-guè:ben] *v.* negociar; *sich — nach*: deslocar-se para, dirigir-se a; *sich — zu*: ir ter com.

be.ge.ben.heit [be-guè:ben-rháit] *s.f., -en.* acontecimento, caso.

Be.ge.bung [be-guè:-bunk] *s.f., -en.* endosso.

be.geg.nen [beguék-nen] *v.* encontrar-se.

Be.geg.nung [beguék-nunk] *s.f., -en.* encontro; competição.

be.ge.hen [beguè:en] *v.* percorrer, cometer, praticar, perpetrar.

be.geh.ren [be-guè:-ren] *v.* desejar, cobiçar, ambicionar, pretender.

be.gehr.rens.wert [be-guè:rens-vért] *adj.* desejável.

be.gehr.lich [be-guè:a-liçh] *adj.* cobiçoso.

Be.geh.ung [be-guè:unk] *s.f., -en.* crime; tolice; celebração.

be.gei.stern [be-gái-stérn] *v.* inspirar, entusiasmar.

Be.gei.ste.rung [be-gái-sterunk] *s.f. (sem plural).* inspiração, entusiasmo, paixão.

Be.gier.de [bê-gui:ade] *s.f., -n.* apetite, desejo, cobiça, avidez.

be.gie.rig [be-gui:riçh] *adj.* ávido, cobiçoso, ansioso.

Be.ginn [be-guín] *s.m. (sem plural).* princípio.

be.gin.nen [be-guinen] *v.* começar, principiar; fazer, empreender; empresa.

be.glau.bi.gen [be-gláu-biguen] *v.* certificar, atestar, acreditar.

be.glau.bigt [be-gláubikt] *adj.* certificado, acreditado.

Be.glau.bi.gung [be-gláu-bigunk] *s.f., -en.* certificado, autenticação, atestado.

be.glei.chen [be-glái-çhen] *v.* pagar.

Be.glei.chung [be-glái-çhunk] *s.f., -en.* pagamento.

Be.gleit.adrese [be-gláit-adrésse] *s.f., -n.* guia.

BEGLEITEN • BEHERZIGUNG

be.glei.ten [be-gláiten] v. acompanhar, escoltar.
Be.glei.ter [be-gláita] s.m., -. acompanhante, companheiro.
Be.glei.tung [be-glái-tunk] s.f., -en. acompanhamento, comitiva.
be.glücken [be-glyken] v. tornar feliz.
be.glück.wün.sch.en [beglyk-vynchen] v. felicitar, congratular, parabenizar.
Be.gna.di.gung [bek-nádi-gunk] s.f., -en. perdão, anistia, indulto.
be.gnü.gen [bek-ny:guen] v. sich —: contentar-se.
be.gra.ben [be-grá:ben] v. enterrar, sepultar.
Be.gräb.nis [be-grêp-nis] s.n., Begräbnisse. enterro, funeral; sepultura.
Be.gräb.nis.fei.er [begrêp-nis-fáia] s.f., -n. funerais, exéquias.
Be.gräb.nis.fei.er.lich.keit [be-grêp-nis-fáia-liçh-káit] s.f., -en. funerais, exéquias.
be.gra.di.gen [be-grádi-guen] v. retificar.
be.grei.fen [be-gráifen] v. compreender, perceber, entender, conceber; in sich —: conter.
be.greif.lich [be-gráif-liçh] adj. compreensível, inteligível.
be.gren.zen [be-grên-tsen] v. confinar, limitar, restringir.
Be.gren.zung [be-grên-tsunk] s.f., -en. limites; limitação, restrição.
Be.griff [be-grif] s.m., -e. noção, conceito, ideia, opinião; *im — stehen zu —*: estar para, estar a ponto de; *schwer von —*: lento.
be.griff.lich [be-grif-liçh] adj. abstrato.
Be.griffs.be.stim.mung [be-grifs-bê-chtímunk] s.f., -en. definição, conceito.
be.griffs.stut.zig [be-grifs-stu-tsiçh] adj. parado, lento.

Be.griffs.ver.mö.gen [be-grifs-fér-mø:guen] s.n., -. inteligência, capacidade de compreensão, intelecto.
Be.griffs.ver.wir.rung [be-grifs-fér-vir-runk] s.f., -en. confusão de ideias.
be.grün.den [be-grynden] v. fundar, estabelecer; fundamentar.
Be.grün.der [be-grynda] s.m., -. fundador.
Be.grün.dung [be-gryndunk] s.f., -en. razão, motivação, fundamento; fundação.
be.grü.ßen [be-gry:ssen] v. saudar, cumprimentar.
Be.grü.ßung [be-gry:ssunk] s.f., -en. saudação.
be.gün.sti.gen [be-gyns-tiguen] v. favorecer, proteger.
Be.gün.sti.gung [be-gyns-ti-gunk] s.f., -en. proteção; favor, mercê, conveniência.
be.gut.ach.ten [be-gút-árr-ten] v. apreciar, pronunciar-se sobre, opinar acerca de.
Be.gut.ach.tung [be-gut-árr-tunk] s.f., -en. opinião, juízo, parecer.
be.gü.tert [be-gy:téat] adj. abastado, rico, opulento.
be.haart [be-há:at] adj. cabeludo, peludo.
be.haf.tet [be-háf-têt] adj. carregado, molestado; *sein mit*: estar com (ou cheio de), ser acometido de.
be.ha.gen [be-háguen] v. agradar.
be.hag.lich [be-hák-liçh] adj. agradável, cômodo.
Be.hag.lich.keit [be-rhák-liçh-káit] s.f., -en. comodidade, conforto, bem-estar.
be.hal.ten [be-hál-ten] v. reter, guardar, conservar; *im Kopfe —*: reter na memória, fixar; *im Auge —*: não perder de vista.
Be.häl.ter [be-rhél-ta] s.m., -. recipiente, reservatório, depósito.

be.han.deln [be-rhán-dêln] v. versar sobre, tratar de.
Be.hand.lung [be-rhánt-lunk] s.f., -en. manejo, tratamento.
be.hän.gen [be-rhên-guen] v. cobrir com alguma coisa, guarnecer, pendurar.
be.har.ren [be-rhá-ren] v. perseverar, durar, persistir.
be.harr.lich [be-rhár-liçh] adj. perseverante, pertinaz.
Be.harr.lich.keit [be-rhár-liçh-káit] s.f., -en. perseverança, persistência, constância.
be.hau.en [be-rháuen] v. cortar, talhar.
be.haup.ten [be-rháup-ten] v. suster, manter, afirmar, asseverar.
Be.haup.tung [be-rháup-tunk] s.f., -en. afirmação, asserção; defesa, manutenção.
Be.hau.sung [be-rháu-zunk] s.f., -en. alojamento, moradia.
be.he.ben [be-rhê:-ben] v. remediar.
be.hei.ma.tet [be-rháimatêt] adj. — *in*: natural de, oriundo de.
Be.helf [be-rhélf] s.m., -e. recurso, auxílio, expediente; escusa, desculpa.
be.hel.fen [be-rhélfen] v. sich —: arranjar-se; sich — mit: contentar-se com.
be.hel.li.gen [be-rhé-liguen] v. importunar, incomodar.
be.hend [be-rhent] adj. ágil, ligeiro, hábil.
Be.hen.dig.keit [be-rhên-diçh-káit] s.f., -en. agilidade, ligeireza.
be.herr.schen [be-rhér-chen] v. dominar; conhecer a fundo.
Be.herr.scher [be-rhér-cha] s.m., -. dominador, soberano.
Be.herr.schung [be-rhér-chunk] s.f. (sem plural). dominação, domínio.
be.her.zi.gen [be-rhêat-tsiguen] v. tomar a peito; envolver-se com; engajar-se.
Be.her.zi.gung [be-rhêat-tsigunk] s.f., -en. consideração, apreço.

be.herzt [be-rhéats] *adj.* corajoso, resoluto.
be.hilf.lich [be-rhilf-liçh] *adj.* prestimoso, solícito.
be.hin.dern [be-rhín-dérn] *v.* estorvar.
Be.hör.de [be-rhøa-de] *s.f., -n.* autoridade competente, tribunal, instância, órgão.
be.hörd.lich [be-rhøat-liçh] *adj.* oficial, da parte das autoridades.
be.hü.ten [be-rhy:ten] *v.* guardar, defender, preservar.
be.hut.sam [be-rhút-zám] *adj.* cuidadoso, cauteloso, prudente.
Be.hut.sam.keit [be-rhút-zám-káit] *s.f., -en.* cuidado, cautela, precaução.
bei [bái] *prep.* ao lado de, perto de, junto de; para; — *Gott!*: por Deus!
bei.be.hal.ten [bái-bé-rhálten] *v.* guardar, conservar, manter.
Bei.blatt [bái-blát] *s.n., Beiblätter.* suplemento.
bei.brin.gen [bái-bringuen] *v.* trazer, apresentar, alegar.
Beich.te [báiçh-te] *s.f., -n.* confissão.
beich.ten [báiçh-ten] *v.* confessar(-se).
Beicht.ge.heim.nis [báiçht-gue-rháim-nis] *s.n., Beichtgeheimnisse.* segredo de confissão.
Beicht.va.ter [báiçht-fáta] *s.m., Beichtväter.* confessor.
bei.de [báide] *adj.* ambos; um e outro.
bei.der.lei [báida-lái] *adv.* de ambos os.
bei.der.sei.tig [báida-zái-tiçh] *adv.* de ambos os lados; mutuamente, reciprocamente.
bei.der.seits [báida-záits] *adj.* mútuo, recíproco.
beid.hän.dig [béid-rhén-diçh] *adj.* ambidestro.
Bei.fall [bái-fál] *s.m. (sem plural).* aplauso, aprovação.
bei.fäl.lig [bái-fé-liçh] *adj.* aprobatório.

bei.fü.gen [bái-fy:guen] *v.* fazer acompanhar por; juntar, unir.
Bei.fü.gung [bái-fy:gunk] *s.f., -en.* anexo, suplementar.
bei.ge.ben [bái-guê:ben] *v.* juntar, dar, associar, agregar.
Bei.ge.schmack [bái-gue-chmák] *s.m. (sem plural).* ressaibo; gosto ruim.
Bei.hil.fe [bái-rhilfe] *s.f., -n.* subsídio, ajuda; préstimo, socorro.
bei.kom.men [bái-kómen] *v.* acompanhar, competir com.
Beil [báil] *s.n., -e.* machado, cutelo.
Bei.la.ge [bái-lá:gue] *s.f., -n.* suplemento, peça anexa.
bei.läu.fig [bái-lói-fiçh] *adj.* casual; *adv.* incidentalmente, casualmente.
bei.le.gen [bái-lè:guen] *v.* juntar, atribuir.
Bei.le.gung [bái-lè:gunk] *s.f., -en.* atribuição.
bei.lei.be [bái-láibe] *adv.* — *nicht!:* de modo algum!
Bei.leid [bái-láit] *s.n.* condolências, pêsames.
bei.lie.gend [bái-lí:guent] *adj.* junto, anexo, incluso.
bei.men.gen [bái-ménguen] *v.* misturar; V. beimischen.
bei.mes.sen [bái-méssen] *v.* atribuir, imputar.
bei.mi.schen [bái-míchen] *v.* misturar, mesclar.
Bein [báin] *perna; auf die — e bringen (kommen):* pôr(-se) em pé; *sich auf die — e machen:* pôr-se a caminho, pôr-se em marcha.
bei.na.he [bái-ná:e] *adv.* quase; perto de.
Bei.na.me [bái-ná:me] sobrenome, alcunha.
be.in.hal.ten [be-in-rhálten] *v.* conter.
bei.packen [bái-páken] *v.* empacotar, embrulhar junto.
Bei.pflich.tung [bái-pflich-tunk] aprovação, consentimento.
Bei.rat [bái-rá:t] *s.m., Beiräte.* conselho, junta consultiva.

be.ir.ren [be-írren] *v.* desconcertar.
bei.sam.men [bái-zámen] *adj.* junto(s), reunido(s).
Bei.schlaf [bái-chláf] *s.m. (sem plural).* coito, cópula.
Bei.schlä.fe.rin [bái-chléferin] *s.f., -nen.* parceira sexual; concubina.
Bei.schrift [bái-chrift] *s.f., -en.* apontamento, anotação.
Bei.sein [bái-záin] *s.n. (sem plural).* presença.
bei.sei.te [bái-záite] *adv.* à parte, separadamente; — *bringen:* salvaguardar; — *gehen:* afastar-se; — *lassen:* deixar, pôr de parte; — *schieben:* afastar.
bei.set.zen [bái-zétsen] *v.* enterrar, sepultar.
Bei.set.zung [bái-zétsunk] *s.f., -en.* enterro, funeral.
Bei.sit.zer [bái-zitsa] *s.m., -.* assessor; juiz adjunto.
Bei.spiel [bái-chpí:l] *s.n., -e.* exemplo; *zum —:* por exemplo.
bei.spiel.haft [bái-chpí-l-rháft] *adj.* exemplar, modelar.
bei.spiel.los [bái-chpí-l-lôs] *adj.* sem exemplo, sem igual.
bei.spiels.wei.se [bái-chpí:ls-váize] *adv.* exemplarmente, por exemplo.
bei.ßen [báissen] *v.* morder.
bei.ßend [báissent] *adj.* mordaz, sarcástico.
Beiß.zahn [báis-tsá:n] *s.m.* *Beißzähne.* incisivo; tenaz.
Bei.stand [bái-chtánt] *s.m. (sem plural).* auxílio, assistência.
bei.ste.hen [bái-chtê:en] *v.* socorrer, assistir.
Bei.steu.er [bái-chtóia] *s.n., -.* contribuição.
bei.steu.ern [bái-chtóiérn] *v.* contribuir com; — *zu:* contribuir para.
bei.stim.men [bái-chtímen] *v.* concordar, assentir, consentir.
Bei.strich [bái-chtriçh] *s.m., -e.* vírgula.
Bei.trag [bái-trá:k] *s.m., Beiträge.* contribuição, ajuda.

BEITRAGEN • BELANGEN

bei.tra.gen [bái-trá:guen] v. — zu: contribuir para, colaborar com.

bei.tre.ten [bái-trê:ten] v. aderir, alistar-se, inscrever-se.

Bei.tritt [bái-trít] s.m., -e. adesão, entrada, ingresso.

Bei.wa.gen [bái-vá:guen] s.m., -. reboque, carro atrelado.

Bei.werk [bái-vérk] s.n., -e. ornamento, obra acessória.

Bei.wort [bái-vórt] s.n., Beiwörter. adjetivo, epíteto.

Bei.ze [bái-tse] s.f., -n. maceração, corrosão.

bei.zei.ten [bái-tsáiten] adv. em boa hora.

bei.zen [bái-tsen] v. corroer, macerar.

Beiz.mit.tel [báits-mítel] s.m., -. corrosivo, cáustico.

be.ja.hen [be-iá:en] v. afirmar, dizer sim.

be.ja.hend [be-iá:ent] adj. afirmativo.

be.jahrt [be-iá:rt] adj. idoso, velho.

Be.ja.hung [be-iá:unk] s.f., -en. afirmação, resposta afirmativa.

be.jam.mern [be-iá-mérn] v. deplorar, lastimar.

be.jam.merns.wert [bê-iá-méans.véat] adj. deplorável, lamentável.

be.jam.merns.wür.dig [bê-iá-mêrns-vya-díçh] adj. deplorável, lamentável.

be.kämp.fen [be-kémp-fen] v. combater, pelejar.

Be.kämp.fung [be-kémp-funk] s.f., -en. combate, peleja.

be.kannt [be-kánt] adj. conhecido, sabido, notório, público.

Be.kann.ter [be-kánta] s.m. + s.f., -n. o conhecido, o público; ein — von mir: um conhecido meu.

be.kann.ter.masen [be-kánta-mássen] adv. como se sabe, notoriamente.

be.kannt.lich [bê-kánt-líçh] adv. como se sabe, notoriamente.

be.kannt.ma.chen [be-kánt-má-rren] v. publicar, anunciar, dar publicidade a.

Be.kannt.ma.chung [be-kánt-má-mrunk] s.f., -en. publicação, promulgação, notificação.

Be.kannt.schaft [be-kánt-cháft] s.f., -en. conhecimento, relações pessoais.

be.keh.ren [be-kê:ren] v. converter.

Be.keh.rer [be-kê:ra] s.m., -. conversor, missionário.

be.kehrt [be-kê:at] adj. convertido.

Be.keh.rung [be-kê:runk] s.f., -en. conversão.

Be.keh.rungs.ei.fer [be-ké:runks-áifa] s.m. (sem plural). proselitismo.

be.ken.nen [be-kénen] v. confessar, reconhecer; professar; sich — zu: declarar-se partidário de.

Be.ken.ner [be-kéna] s.m., -. confessor; o que confessa ou professa (uma religião).

Be.kennt.nis [be-ként-nís] s.n., Bekenntnisse. confissão, credo, profissão de fé; — -schule: escola confessional.

be.kla.gen [be-klá:guen] v. lastimar, lamentar, queixar-se.

be.kla.gens.wert [be-klá:guérns-vért] adj. deplorável, lastimável, triste.

Be.klag.ter [be-klák-ta] s.m. + s.f., -n. acusado, réu, ré, arguido.

be.klat.schen [be-klátchen] v. aplaudir, bater palmas a.

be.kle.ben [be-klê:ben] v. colar, grudar.

be.kleck.sen [be-klék-zen] v. manchar, sujar, borrar; mit Tinte —: manchar com tinta; sich mit Ruhm —: fazer má figura.

be.klei.den [be-kláiden] v. vestir, cobrir, forrar; ein Amt —: exercer uma função, ter um emprego.

Be.klei.dung [be-kláidunk] s.f., -en. vestuário, revestimento; exercício de uma função.

be.klem.mung [be-klémunk] s.f., -en. ânsia, opressão, angústia.

be.klom.men [be-klomen] adj. angustiado, aflito, oprimido.

be.kom.men [be-komen] v. receber, obter, arranjar, conseguir, apanhar.

be.kömm.lich [be-kөm-líçh] adj. bom, bem assimilável; — sein: fazer bem; — finden: dar-se bem com.

Be.kös.ti.gung [be-kөs-tigunk] s.f., -en. sustento, alimentação.

be.kräf.ti.gen [be-kréftigen] v. afirmar, confirmar, comprovar, assegurar.

Be.kräf.ti.gung [be-kréftigunk] s.f., -en. afirmação, confirmação, corroboração.

be.kreu.zen [be-króitsen] v. sich —: fazer o sinal da cruz, persignar-se, benzer-se.

be.krie.gen [be-kri:guen] v. guerrear, combater.

be.küm.mern [be-kymérn] v. afligir, preocupar; sich — um: cuidar de, tratar de.

be.küm.mert [be-ky-méat] adj. aflito, preocupado.

be.kun.den [be-künden] v. exprimir, manifestar.

be.lä.cheln [be-léchéln] v. sorrir-se de.

be.la.chen [be-lárren] v. rir-se de.

be.la.den [be-lá:den] v. carregar.

Be.lag [be-lá:k] s.m., Beläge. coberta, cobertura, revestimento.

be.la.gern [be-lá:guérn] v. sitiar, cercar, assediar.

Be.la.ge.rung [be-lá:guerunk] s.f., -en cerco, sítio, bloqueio, assédio.

Be.la.ge.rungs.zu.stand [be-lágue-runks-tsú-chtánt] s.m., Belagerungszustände. estado de sítio.

Be.lang [be-lánk] s.m., -e. importância, interesse.

be.lan.gen [be-lángen] v. acusar, arguir, autuar, intimar, citar.

BELANGLOS • BENZINPUMPE

be.lang.los [be-lánk-lôs] *adj.* insignificante.

be.lang.lo.sig.keit [be-lánk-lózich-káit] *s.f., -en.* insignificância, bagatela.

Be.lan.gung [be-lángunk] *s.f., -en.* demanda, acusação.

be.la.sten [be-lásten] *v.* carregar, pesar sobre, culpar, incriminar; debitar.

be.lä.sti.gen [be-léstiguen] *v.* importunar, molestar.

Be.lä.sti.gung [be-léstigunk] *s.f., -en.* carga, importunação.

Be.la.stung [be-lástunk] *s.f., -en.* carga, fardo.

be.lau.fen [be-láufen] *v. sich — auf:* importar em, montar a, somar.

be.lau.schen [be-láuchen] *v.* espreitar, escutar.

be.le.ben [be-lê:ben] *v.* vivificar, animar, movimentar, ativar.

be.le.bend [be-lê:bent] *adj.* animador; animado, movimentado.

be.lebt [be-lê:pt] *adj.* animado, vivo.

be.leg [be-lê:k] *s.m., -e.* prova, documento.

be.le.gen [be-lê:guen] *v.* cobrir, provar, justificar.

be.leh.nen [be-lê:-nen] *v.* investir.

be.leh.ren [be-lê:-ren] *v.* instruir, ensinar.

be.leh.rend [be-lê:-rent] *adj.* instrutivo.

Be.leh.rung [be-lê:-runk] *s.f., -en.* instrução, ensinamento.

be.leibt [beláipt] *adj.* corpulento, obeso.

be.lei.di.gen [be-lái-diguen] *v.* ofender, insultar, injuriar.

be.lei.di.gend [be-lái-diguent] *adj.* ofensivo, injurioso.

be.lei.di.gung [be-lái-digunk] *s.f., -en.* insulto, ofensa, injúria.

be.le.sen [be-lê:zen] *adj.* letrado, erudito.

be.le.sen.heit [be-lê:zen-rháit] *s.f. (sem plural).* erudição.

be.leuch.ten [be-lóich-ten] *v.* iluminar, elucidar.

Be.leuch.tung [be-lóich-tunk] *s.f., -en.* iluminação, elucidação.

be.lie.ben [be-lí:ben] *v.* querer, estar disposto a, agradar; prazer, vontade, agrado, gosto; *nach —:* à vontade; *nach Ihrem —:* a seu bel-prazer.

be.lie.big [be-lí:bich] *adj.* qualquer.

be.liebt [be-li:pt] *adj.* agradável, apreciado, estimado.

bel.len [bélen] *v.* latir, ladrar.

be.loh.nen [be-ló:nen] *v.* recompensar, gratificar.

Be.loh.nung [be-lô:-nunk] *s.f., -en.* recompensa, remuneração.

be.lü.gen [be-ly:guen] *v.* mentir, enganar.

Be.lu.sti.gung [be-lús-ti-gunk] *s.f., -en.* divertimento, distração, recreio.

be.mäch.ti.gen [be-méch-ti-guen] *v.* apoderar-se de.

Be.mäch.ti.gung [be-méch-ti-gunk] *s.f., -en.* apoderamento, posse.

be.män.teln [be-ménteln] *v.* disfarçar, dissimular; aliviar, remediar.

be.mei.stern [be-máistérn] *v.* assenhorear-se.

be.merk.bar [be-méak-bá:r] *adj.* perceptível, visível; *— werden, sich — machen:* fazer-se notar, manifestar-se.

be.mer.ken [be-méaken] *v.* reparar, perceber, observar.

Be.mer.kung [be-méa-gunk] *s.f., -en.* reparo, nota, observação.

be.mit.lei.den [bemit-láiden] *v.* compadecer-se, apiedar-se de.

be.mit.telt [bemi-télt] *adj.* abastado, rico.

be.mü.hen [be-my:en] *v.* incomodar; afadigar-se, empenhar-se, esforçar-se.

Be.mü.hung [be-my:unk] *s.f., -en.* incômodo; trabalho, esforço.

be.nach.bart [be-nárr-bárt] *adj.* vizinho.

be.nach.rich.ti.gen [be-nárr-rich-tiguen] *v.* avisar, informar, participar a.

Be.nach.rich.ti.gung [be-nárr-rich-tigunk] *s.f., -en.* aviso, informação.

be.nach.tei.li.gen [be-nárr-tái-liguen] *v.* prejudicar, lesar.

be.ne.beln [be-nê:-béln] *v.* enevoar, nublar; *(fig.) sich —:* embebedar-se.

be.ne.dei.en [be-bene-dáien] *v.* bem-dizer, glorificar.

Be.ne.dik.ti.ner [bene-dik-tina] *s.m., -.* beneditino.

be.neh.men [bené:-men] *v.* tirar, privar; proceder; *sich —:* comportar-se.

be.nei.den [be-náiden] *v.* invejar.

be.nei.dens.wert [be-náidens-vért] *adj.* invejável.

be.nen.nen [be-nénen] *v.* nomear, denominar, designar.

Be.nen.nung [be-nénunk] *s.f., -en.* denominação, título, designação.

be.net.zen [be-né-tsen] *v.* molhar, regar.

Ben.gel [ben-guel] *s.m., -.* garoto; badalo de sino, homem rústico.

Ben.ge.lei [ben-guelái] *s.f., -en.* grosseria, rusticidade.

ben.gel.haft [ben-guel-rháft] *adj.* grosseiro, rústico; malcriado.

be.nom.men [be-nómen] *v. part. pas de benehmen) adj.* perturbado, tonto.

Be.nom.men.heit [be-nómen-rháit] *s.f. (sem plural).* atordoamento, tontura.

be.nö.ti.gen [benö:-tiguen] *v.* precisar de.

be.nutz.bar [be-núts-bá:r] *adj.* utilizável, aproveitável.

be.nut.zen [be-nútsen] *v.* usar, utilizar, empregar.

Be.nut.zung [be-nú-tsunk] *s.f., -en.* utilização, emprego, uso, aproveitamento.

Ben.zin [ben-tsin] *s.n., -e.* benzina, gasolina.

Ben.zin.pum.pe [ben-tsín-pùmpe] *s.f., -n.* bomba de gasolina.

BEOBACHTEN • BERUFEN

be.o.bach.ten [be-o-bárr-ten] *v.* observar; cumprir, guardar (dias santos etc.).

Be.o.bach.ter [be-o-bárr-ta] *s.m., -.* observador.

Be.o.bach.tung [be-o-bárr-tunk] *s.f., -en.* observação, observância, vigilância.

be.or.dern [be-óa-dérn] *v.* mandar, ordenar, chamar à ordem.

be.packen [be-páken] *v.* carregar, encher de.

be.pflan.zen [be-pflán-tsen] *v.* plantar, arborizar.

be.quem [be-kvém] *adj.* cômodo, confortável, conveniente.

be.que.men [be-kvémen] *v.* acomodar, conformar; *sich — zu:* acomodar-se a.

Be.quem.lich.keit [be-kvêm-lich-káit] *s.f., -en.* comodidade, conforto; comodismo.

be.ra.ten [be-rá:ten] *v.* aconselhar.

Be.ra.ter [be-rá:ta] *s.m., -.* conselheiro.

be.rat.schla.gen [be-rát-chlá:guen] *v.* deliberar, consultar.

Be.ra.tung [be-rá:tunk] *s.f., -en.* conselho deliberativo.

be.rau.ben [be-rau-ben] *v.* roubar, furtar.

be.rau.schend [be-ráu-chent] *adj.* embriagador, embriagante; *(fig.)* arrebatador.

be.rauscht [be-ráucht] *adj.* bêbado, ébrio; *(fig.)* extático.

be.rech.nen [be-réch-nen] *v.* contar, calcular.

Be.rech.nung [be-réch-nunk] *s.f., -en.* conta, cálculo.

be.rech.ti.gen [be-réch-tiguen] *v.* autorizar, legitimar.

Be.rech.ti.gung [be-réch-tigunk] *s.f., -en.* autorização, direito.

be.re.den [be-ré:den] *v.* persuadir, conferenciar.

be.red.sam [be-rêt-zám] *adj.* eloquente.

Be.red.sam.keit [be-rêt-zám-káit] *s.f. (sem plural).* eloquência.

Be.reich [be-ráich] *s.m., -e.* âmbito, área, domínio, esfera, zona, alcance.

be.rei.chern [be-rái-chèrn] *v.* enriquecer.

Be.rei.che.rung [be-rái-cherunk] *s.f., -en.* enriquecimento.

be.rei.fen [be-ráifen] *v.* guarnecer de arcos; colocar as rodas (pneus) em um automóvel; cobrir de geada.

be.rei.sen [be-ráizen] *v.* viajar, percorrer, visitar.

be.reit [be-ráit] *adj.* pronto, disposto.

be.rei.ten [be-ráiten] *v.* preparar, aprontar.

be.reit.hal.ten [be-ráit-rhál-ten] *v.* ter à disposição.

be.reit.le.gen [be-rait-lê:-gen], *v.* preparar.

be.reit.ma.chen [be-ráit-má-rren] *v.* preparar.

be.reits [be-ráits] *adv.* já.

Be.reit.schaft [be-ráit-cháft] *s.f., -en.* disposição, *in — halten* (= bereithalten): estar pronto, estar disposto.

be.reit.stel.len [be-ráit-chtélen] *v.* preparar, pôr à disposição.

be.reit.wil.lig [be-ráit-vilich] *adj.* pronto, solícito.

be.reu.en [be-rói-en] *v.* arrepender-se de.

Berg [bérk] *s.m., -e.* monte, montanha.

berg.ab [bérk-ap] *adv.* descendo, morro abaixo.

berg.an [bérk-án] *adv.* subindo, morro acima.

berg.auf [bérk-áuf] *adv.* subindo, morro acima.

Berg.ar.bei.ter [bérk-árr-báita] *s.m., -.* mineiro.

Berg.bau [bérk-báu] *s.m. (sem plural).* mineração, exploração de minas.

Berg.be.woh.ner [bérk-bevó:na] *s.m., -.* montanhês, serrano.

Berg.fahrt [bérk-fá:rt] *s.f., -en.* excursão na serra, subida.

Berg.füh.rer [bérk-fy:ra] *s.m., -.* montanhista guia.

Berg.geist [bérk-gáist] *s.m., -er.* gnomo.

Berg.grat [bérk-grá:t] *s.m., -e.* cumeada.

ber.gig [bér-guich] *adj.* montanhoso.

Berg.land [bérk-lánt] *s.n., Bergländer.* país montanhoso, serra.

Berg.mann [bérk-mán] *s.m., Bergleute.* mineiro.

Berg.mei.ster [bérk-máis-ta] *s.m., -.* diretor ou administrador de minas.

Berg.rat [bérk-rá:t] *s.m., Bergräte.* conselho das minas.

Ber.gung [bér-gunk] *s.f., -en.* salvamento.

Be.richt [be-richt] *s.m., -e.* relação, notícia, aviso.

be.rich.ten [be-righ-ten] *v.* relatar, avisar.

Be.rich.ter.stat.ter [be-righ-ta-chtá-ta] *s.m., -.* relator, informante, correspondente.

Be.rich.ter.stat.tung [be-righ-ta-chtá-tunk] *s.f. (sem plural).* relação, informação.

be.rich.ti.gen [be-rìch-tiguen] *v.* corrigir, emendar, retificar, ajustar.

Be.rich.ti.gung [be-righ-tigunk] *s.f., -en.* correção, emenda, ajustamento.

be.rit.ten [be-riten] *adj.* montado a cavalo.

Bern.stein [bérn-chtáin] *s.m. (sem plural).* âmbar.

ber.sten [bérsten] *v.* arrebentar, fender.

be.rüch.tigt [berych-tikt] *adj.* difamado, de má nota.

be.rücken [be-ryken] *v.* apanhar um pássaro, enganar.

be.rück.sich.ti.gen [be-ryk-zich-tiguen] *v.* considerar.

be.rück.sich.ti.gung [be-ryk-zich-ti-gunk] *s.f. (sem plural).* consideração.

Be.ruf [be-rú:f] *s.m., -e.* vocação, ofício, carreira, profissão.

be.ru.fen [be-rú:fen] *v.* convocar, mandar vir, referir.

55

BERUFLICH • BESCHRÄNKEN

be.ruf.lich [be-rúf-liçh] *adj.* profissional.

Be.rufs.aus.bil.dung [be-rúfs-áus-bil-dunk] *s.f. (sem plural).* formação profissional.

Be.rufs.ge.nosse [be-rúfs-gue-nósse] *s.m., -n.* colega de trabalho.

be.ru.fung [be-rúfunk] *s.f., -en.* vocação; convocação, apelação.

be.ru.hi.gen [be-rú.i-guen] *v.* sossegar, tranquilizar, consolar.

be.ru.hi.gung [be-rú:igunk] *s.f., -en.* tranquilidade, sossego.

be.rühmt [be-ry:mt] *adj.* célebre, famoso, notável.

be.rühmt.heit [be-ry:mt-rháit] *s.f., -en.* celebridade, fama.

be.rüh.ren [be-ry:-ren] *v.* tocar, aludir a, referir-se a.

Be.rüh.rung [be-ry-runk] *s.f., -en.* contato.

be.sä.en [be-zé:en] *v.* semear, salpicar de.

be.sa.gen [be-zá:guen] *v.* querer dizer, significar.

be.sagt [be-zákt] *adj.* mencionado, referido, dito.

Be.satz [be-záts] *s.m., Besätze.* guarnição, debrum, enfeite.

Be.sat.zung [be-zá-tsunk] *s.f., -en.* guarnição militar, tripulação.

be.sau.fen [be-záufen] *v. sich —:* embriagar-se.

be.schä.di.gen [be-chédiguen] *v.* danificar, estragar.

Be.schä.di.gung [be-chédigunk] *s.f., -en.* dano, estrago.

be.schaf.fen [be-cháfen] *v.* arranjar, fornecer; *adj. gut —:* em bom estado, em boas condições.

Be.schaf.fen.heit [be-cháfen-rháit] *s.f. (sem plural).* qualidade, natureza, condição.

be.schäf.ti.gen [be-chéf-ti-guen] *v.* ocupar, lidar, empregar; *sich —:* ocupar-se de, andar a.

be.schäf.tigt [be-chéf-tiçht] *adj.* ocupado.

Be.schäf.ti.gung [be-chéf-tigunk] *s.f., -en.* ocupação, emprego, trabalho.

be.schä.men [be-ché:men] *v.* envergonhar.

be.schämt [be-chémt] *adj.* envergonhado.

Be.schä.mung [be-chè:munk] *s.f. (sem plural).* vergonha, humilhação.

be.schat.ten [be-cháten] *v.* sombrear, dar sombra; *(fig.)* seguir de perto a.

be.schau.en [be-cháuen] *v.* contemplar, examinar.

be.schau.lich [be-cháu-liçh] *adj.* contemplativo.

Be.schau.lich.keit [be-cháu-liçh-káit] *s.f. (sem plural).* contemplação.

Be.scheid [be-cháit] *s.m., -e.* resposta, sentença, decisão, informação.

be.schei.den [be-cháiden] *v.* responder a, informar a; *sich —:* resignar-se, conformar-se; *adj.* modesto.

be.schei.den.heit [be-cháiden-rháit] *s.f. (sem plural).* modéstia, humildade.

be.schei.nen [be-cháinen] *v.* iluminar.

be.schei.ni.gen [be-chái-niguen] *v.* atestar, certificar, confirmar.

Be.schei.ni.gung [be-chái-ni-gunk] *s.f., -en.* atestado, certidão, recibo.

be.schen.ken [be-chén-ken] *v.* presentear, contemplar.

be.sche.ren [be-chê:-ren] *v.* presentear; *(fig.)* arranjar.

Be.sche.rung [be-chê:-runk] *s.f., -en.* distribuição de presentes; *(fig.) schöne —!:* lindo serviço!; *da haben wir die —!:* estamos arranjados!

be.schicken [be-chi-ken] *v.* enviar delegados, ordenar.

be.schie.ßen [be-chí:ssen] *v.* atirar em, disparar contra; bombardear, canhonear.

be.schif.fen [be-chifen] *v.* navegar.

be.schimp.fen [be-chimp-fen] *v.* insultar, injuriar, ultrajar.

Be.schimp.fung [be-chimp-funk] *s.f., -en.* insulto, injúria, afronta.

be.schir.men [be-chírmen] *v.* abrigar, proteger, amparar.

Be.schlag [be-chlá:k] *s.m., Beschläge.* guarnição, ferradura; *mit — belegen, in — nehmen:* apreender, embargar; *(fig.)* querer só para si.

be.schla.gen [be-chlá:-guen] *v.* guarnecer, ferrar; sequestrar, embargar.

Be.schlag.nah.me [be-chlá:k-ná:me] *s.f., -n.* confisco, embargo, sequestro de bens.

be.schlag.nah.men [be-chlá:k-ná:men] *v.* apreender, confiscar, sequestrar.

be.schleu.ni.gen [be-chlói-ni-guen] *v.* acelerar, apressar, ativar.

Be.schleu.ni.gung [be-chlói-ni-gunk] *s.f., -en.* aceleração, ativação.

be.schlie.ßen [be-chlí:-ssen] *v.* terminar, concluir, resolver, fechar.

Be.schluss [be-chlús] *s.m., Beschlüsse.* conclusão, resolução, fechamento.

be.schlussfä.hig [be-chlús-fè:içh] *loc. adv.* em número para votar.

Be.schlussfä.hig.keit [be-chlús-fè:içh-káit] *s.f., -en.* quórum.

Be.schlussfassung [be-chlús-fassunk] *s.f., -en.* votação, decisão, deliberação.

be.schmie.ren [be-chmí:ren] *v.* untar, besuntar, manchar.

be.schmut.zen [be-chmú-tsen] *v.* sujar.

Be.schnei.dung [be-chnáidunk] *s.f., -en.* corte, poda; *(fig.)* redução; circuncisão.

be.schnit.ten [be-chni-ten] *adj.* circunciso.

be.schö.ni.gen [be-chø:-niguen] *v.* embelezar, disfarçar.

be.schrän.ken [be-chrén-ken] *v.* limitar, reduzir, restringir.

BESCHRÄNKT • BESPRECHEN

be.schränkt [be-chrénkt] *adj.* escasso, apertado, limitado.

be.schrei.ben [be-chrái-ben] *v.* descrever, escrever em, traçar.

be.schrei.bend [be-chrái-bent] *adj.* descritivo.

Be.schrei.bung [be-chrái-bunk] *s.f., -en.* descrição.

be.schrei.ten [be-chrái-ten] *v.* subir, andar sobre.

be.schrif.ten [be-chrif-ten] *v.* legendar, rotular; explicar.

Be.schrif.tung [be-chrif-tunk] *s.f., -en.* legenda, inscrição, letreiro.

be.schul.di.gen [be-chúl-diguen] *v.* inculpar, acusar, imputar.

Be.schul.di.gung [be-chúl-digunk] *s.f., -en.* acusação, incriminação.

be.schüt.zen [be-chy-tsen] *v.* proteger, amparar.

Be.schüt.zer [be-chy-tsa] *s.m., -.* protetor, defensor.

be.schwat.zen [be-chvá-tsen] *v.* seduzir, aliciar.

Be.schwer.de [be-chvér-de] *s.f., -n.* fadiga, pena, incômodo, queixa.

Be.schwer.de.buch [be-chvérde-búrr] *s.n., Beschwerdebücher.* livro de reclamações.

Be.schwer.de.füh.rer [be-chvérde-fy:ra] *s.m., -.* queixoso, reclamante.

Be.schwer.de.füh.rung [be-chvérde-fy:runk] *s.f., -en.* reclamação.

Be.schwer.de.schrift [be-chvérde-chrift] *s.f., -en.* queixa por escrito.

be.schwe.ren [be-chvé:ren] *v.* carregar, agravar, sobrecarregar, incomodar; *sich* —: queixar-se.

be.schwer.lich [be-chvér-liçh] *adj.* pesado, penoso, incômodo.

Be.schwer.lich.keit [be-chvér-liçh-káit] *s.f., -en.* incômodo, fadiga, dificuldade.

be.schwich.ti.gen [be-chvich-tiguen] *v.* acalmar, tranquilizar, acalentar.

be.schwin.deln [be-chvín-déln] *v.* enganar, trapacear.

be.schwö.ren [be-chvø:ren] *v.* jurar, suplicar jurando, implorar.

Be.schwö.rung [be-chvø:runk] *s.f., -en.* juramento, súplica, evocação.

be.seelt [be-zé:lt] *adj.* vivo, animado.

be.se.hen [be-zé:en] *v.* contemplar, mirar, olhar; considerar, examinar.

be.sei.ti.gen [be-zái-tiguen] *v.* remover, pôr de lado; afastar; eliminar, assassinar.

Be.sei.ti.gung [be-zái-tigunk] *s.f., -en.* eliminação, remoção.

Be.se.li.gung [be-zé:-ligunk] *s.f., -en.* beatificação.

be.sen [be:zen] *s.m., -.* vassoura, espanador.

be.sen.bin.der [be:zen-binda] *s.m., -.* vassoureiro.

be.sen.stiel [be:zen-chti:l] *s.m., -e.* cabo de vassoura.

be.ses.sen [be-zéssen] *adj.* possesso; energúmeno.

Be.ses.sen.heit [be-zéssen-ráit] *s.f. (sem plural).* obsessão.

be.set.zen [bezé-tsen] *v.* guarnecer de, nomear para.

Be.set.zung [bezé-tsunk] *s.f., -en.* guarnição, provimento, nomeação.

be.sich.ti.gen [be-ziçh-tiguen] *v.* visitar, inspecionar.

Be.sich.ti.gung [be-ziçh-tigunk] *s.f., -en.* visita, inspeção.

be.sie.geln [be-zi:guéln] *v.* selar, confirmar, chancelar.

be.sie.gen [be-zi:guen] *v.* vencer, triunfar.

be.sin.gen [be-zínguen] *v.* cantar; *(fig.)* celebrar.

be.sin.nen [be-zínen] *v. sich* —: lembrar-se, recordar-se; *sich anders* —: mudar de opinião, ideia; reflexão.

be.sinn.lich [be-zín-liçh] *adj.* pensativo.

Be.sin.nung [be-zínunk] *s.f. (sem plural).* sentidos; consciência.

be.sin.nungs.los [be-zinunks-lós] *adj. e adv.* sem sentido.

Be.sitz [be-zíts] *s.m. (sem plural).* posse; bens, haveres, propriedade.

Be.sit.zer [be-zítsa] *s.m., -.* possuidor, proprietário, dono.

be.sof.fen [bezófen] *adj.* bêbado.

Be.sol.dung [bezóldunk] *s.f., -en.* soldo, salário.

be.son.der [bezónda] *adj.* peculiar, particular, especial.

Be.son.der.heit [bezónda-rháit] *s.f., -en.* particularidade, especialidade, singularidade.

be.son.ders [bezóndas] *adv.* particularmente, especialmente.

be.son.nen [bezónen] *v.* expor ao sol; *adj.* refletido, prudente.

Be.son.nen.heit [bezónen-rháit] *s.f. (sem plural).* circunspecção, reflexão, prudência.

be.sor.gen [bezór-guen] *v.* arranjar, cuidar de, tratar de; recear.

Be.sorg.nis [bezórk-nis] *s.f., Besorgnisse.* cuidado, inquietação, receio.

be.sorg.ni.er.re.gend [bezórk-nis-ér-rêguent] *adj.* inquietador, alarmante, que inspira cuidado.

be.sorgt [bezórkt] *adj.* inquieto, apreensivo, preocupado.

Be.sorgt.heit [bezórkt-rháit] *s.f., -en.* cuidado, inquietação.

Be.sor.gung [bezórgunk] *s.f., -en.* compra, aquisição, recado; execução.

be.span.nen [be-chpá-nen] *v. mit Pferden* —: atrelar; *mit Saiten* —: pôr cordas em; *Stoff* —: forrar, revestir.

be.spei.en [be-chpái-en] *v.* salivar, cuspir, escarrar.

be.spit.zeln [be-chpítseln] *v.* vigiar, espiar.

Be.spit.ze.lung [be-chpítse-lunk] *s.f., -en.* espionagem.

be.spöt.teln [be-chpø-téln] *v.* zombar, fazer troça de.

be.spre.chen [be-chpré-çhen] *v.* falar de, tratar de, discutir.

57

BESPRECHUNG • BETÄUBEN

Be.spre.chung [be-chpré-chunk] s.f., -en. discussão, resenha, crítica; conferência, entrevista.

be.spren.gen [be-chprénguen] v. regar, borrifar, aspergir.

be.sprit.zen [be-chpritsen] v. regar; *mit Schmutz* –: borrar, manchar, salpicar.

besser [béssa] *adj. comp.* melhor.

bessern [bésse'rn] v. melhorar, corrigir.

Besse.rung [bésserunk] s.f. *(sem plural).* melhoramento.

best [bést] *adj. superl.* melhor.

Be.stal.lung [be-chtálunk] s.f., -en. nomeação.

Be.stand [be-chtánt] s.m., *Bestände.* existência, duração; estabilidade, resistência.

be.stän.dig [be-chtén-dich] *adj.* constante, estável, contínuo, seguro; duradouro, firme.

Be.stän.dig.keit [be-chtén-dich-káit] s.f., -en. estabilidade, constância, firmeza.

Be.stand.teil [be-chtánt-táil] s.m., -e. elemento, parte integrante, componente, ingrediente.

be.stär.ken [be-chtéa-ken] v. confirmar, corroborar.

Be.stär.kung [be-chtéa-gunk] s.f., -en. confirmação.

be.stä.ti.gen [be-chté-tiguen] v. confirmar, ratificar, sancionar, autenticar.

Be.stä.ti.gung [be-chté-tigunk] s.f., -en. confirmação, ratificação, sanção, autenticação; atestado, certificado.

Be.stat.tung [be-chtá-tunk] s.f., -en. enterro, sepultamento.

be.stäu.ben [be-chtói-ben] v. cobrir de pó, empoeirar; polinizar.

be.ste.chen [be-chté-chen] v. corromper, subornar.

be.stech.lich [be-chtéch-lich] *adj.* corrupto, venal.

Be.steck [be-chték] s.m., -e. talher; estojo; instrumento.

be.stecken [be-chtéken] v. guarnecer, equipar.

be.ste.hen [be-chté-en] v. sair vitorioso de, ter êxito em; *nicht* –: ser reprovado.

be.ste.hend [be-chté-ent] *adj.* existente; *noch* –: subsistente; – *aus:* composto de.

be.stei.gen [be-chtái-guen] v. subir; *Pferde* –: montar a cavalo.

Be.stei.gung [be-chtái-gunk] s.f., -en. escalada, subida, ascensão.

be.stel.len [be-chtél-en] v. mandar vir, encomendar; determinar, designar, marcar.

Be.stel.ler [be-chté-la] s.m., -. cliente, comprador, requisitante.

Be.stell.zettel [be-chtél-tsétel] s.m., -. nota de pedido.

Be.stel.lung [be-chté-lunk] s.f., -en. encomenda, pedido, ordem.

be.stens [bés-téns] *adv.* do melhor modo, o melhor possível.

be.steu.ern [be-chtóiern] v. lançar impostos sobre, estabelecer taxas, tributos.

Be.steue.rung [be-chtói-erunk] s.f., -en. impostos, tributos.

be.stia.lisch [bes-tiá-lich] *adj.* bestial, feroz.

Be.stia.li.tät [bes-tiá-litét] s.f., -en. bestialidade, ferocidade.

Be.stie [bes-ti:] s.f., -n. fera, monstro, besta.

be.stim.men [be-chtimen] v. determinar, destinar.

be.stimmt [be-chtímt] *adj.* determinado, certo, categórico, definido.

Be.stimmt.heit [be-chtímt-rháit] s.f. *(sem plural).* certeza, exatidão; determinação.

Be.stim.mung [be-chtimunk] s.f., -en. determinação, resolução.

Be.stim.mungsort [be-chtimunks-órt] s.m., -e. lugar de destino.

Best.leitung [bést-lái-tunk] s.f., -en. melhor resultado, recorde, rendimento máximo.

be.stra.fen [be-chtrá:fen] v. punir, castigar.

Be.stra.fung [be-chtrá-funk] s.f., -en. castigo, punição, pena.

be.strah.len [be-chtrá-len] v. irradiar, iluminar; lançar raios de luz.

Be.strah.lung [be-chtrá-lunk] s.f., -en. irradiação; radioterapia.

be.stre.ben [be-chtré:ben] v. *sich* –: esforçar-se por, pretender; procurar.

Be.stre.bung [be-chtré:bunk] s.f., -en. esforço, empenho.

be.strei.chen [be-chtrái-chen] v. untar, ungir.

be.strei.ten [be-chtrái-ten] v. contestar, negar, impugnar.

be.streu.en [be-chtróien] v. espargir, semear, salpicar.

be.stür.men [be-chtyrmen] v. assaltar, assediar.

be.stür.zen [be-chtyr-tsen] v. consternar, perturbar.

be.stürzt [be-chtyrtst] *adj.* consternado, perturbado, atônito.

Be.stür.zung [be-chtyr-tsunk] s.f. *(sem plural).* consternação, perturbação.

Be.such [bezúrr] s.m., -e. visita, frequência.

be.su.chen [bezú-rren] v. visitar, frequentar.

Be.su.cher [bezú-rra] s.m., -. visitante, cliente, frequentador.

Be.suchkar.te [bezúrr-kárte] s.f., -n. cartão de visita.

Be.suchzim.mer [bezúrr-tsíma] s.n., -. sala de visita.

be.su.deln [bezú-déln] v. manchar, sujar.

be.tagt [be-tákt] *adj.* idoso, velho.

be.ta.sten [be-tás-ten] v. apalpar.

Be.ta.stung [be-tás-tunk] s.f., -en. apalpamento.

be.täu.ben [be-tói-ben] v. atordoar, anestesiar.

BETÄUBUNG • BEVÖLKERUNG

Be.täu.bung [be-tói-bunk] s.f., -en. atordoamento, anestesia, entorpecimento.

be.tei.li.gen [be-tái-liguen] v. interessar, tomar parte em, participar de.

be.ten [be:ten] v. orar, rezar.

be.teu.ern [be-tói-érn] v. reiterar, reafirmar, protestar.

Be.teue.rung [be-tói-erunk] s.f., -en. protesto, juramento.

Bet.haus [be:t-rháus] s.n., Bethäuser. oratório, capela.

be.ti.teln [be-tí:-teln] v. intitular, nomear.

be.ti.telt [be-tí:-télt] adj. intitulado.

be.to.nen [be-tô:nen] v. acentuar, carregar em.

Be.to.nung [be-tô:nunk] acentuação.s.f., -en. acentuação, ênfase.

Be.tracht [be-trärrt] s.m. (sem plural). consideração; in — kommen: interessar; in — ziehen: tomar em consideração, ter em conta.

be.trach.ten [be-trárr-ten] v. considerar, encarar.

be.trächt.lich [be-trérht-liçh] adj. considerável, importante.

Be.trach.tung [be-trárr-tunk] s.f., -en. consideração, observação; contemplação, meditação.

Be.trag [be-trá:k] s.m., Beträge. importância, quantia, soma; verba.

be.tra.gen [be-trá:guen] v. importar, montar a; conduta, comportamento; sich —: comportar-se.

be.trau.ern [be-tráu-érn] v. chorar, estar de luto por.

be.träu.feln [be-trói-féln] v. gotejar.

Be.treff [be-tréf] s.m., -e. referência, assunto.

be.tref.fen [be-tréfen] v. dizer respeito a; atingir, afetar a; surpreender.

be.tref.fend [be-tréfent] adj. que diz respeito a, relativo.

be.trei.ben [be-tráiben] v. exercer, fazer, mover, explorar.

Be.trei.bung [be-tráibunk] s.f., -en. instância, pretensão, cultura.

be.tre.ten [be-trè:ten] v. andar sobre, entrar em; trilhar, pisar.

Be.trieb [be-trí:p] s.m., -e. serviço, trabalho, empresa, estabelecimento; funcionamento; in — sein: estar trabalhando, estar em funcionamento; viel —: grande movimento.

be.trieb.sam [be-trí:p-zám] adj. ativo, diligente.

Be.trieb.sam.keit [be-trí:p-zám-káit] s.f., -en. atividade.

be.trin.ken [be-trinken] v. sich —: embriagar-se.

be.trof.fen [be-trófen] adj. confuso, perplexo, surpreendido.

Be.trof.fen.heit [be-trófen-rháit] s.f. (sem plural). confusão; espanto, perplexidade.

be.trübt [be-tript] adj. aflito, triste.

Be.trug [be-trú:k] s.m. (sem plural). engano, fraude, trapaça.

be.trü.gen [be-try:guen] v. enganar, fraudar.

Be.trü.ger [be-try:ga] s.m., -. embusteiro, trapaceiro, impostor.

be.trü.ge.risch [be-try:-guerich] adj. falso, enganoso, fraudulento.

be.trun.ken [be-trúnken] adj. embriagado, bêbado.

Bet.saal [bè:t-zá:l] s.m., Betsäle. oratório.

Bet.schwe.ster [bèt-chvésta] s.f., -n. beata.

Bet.stuhl [bè:t-chtú:l] s.m., Betstühle. genuflexório.

Bett [bét] s.n., -en. cama, leito; zu — bringen: deitar; zu — gehen, sich ins — legen: ir para a cama, ir deitar-se.

bet.tel.arm [bétel-árm] adj. paupérrimo, indigente, muito pobre.

Bet.tel.ar.mut [bétel-ármut] s.f. (sem plural). indigência, miséria.

Bet.te.lei [béte-lái] s.f., -en. mendicância.

bet.teln [bételn] v. mendigar.

Bet.tel.volk [bétel-fólk] s.n., Bettelvölker. mendigos, indigentes.

Bet.tel.sack [bétel-zák] s.m., Bettelsäcke. alforje.

bet.ten [béten] v. fazer a cama.

bett.lä.ge.rig [bét-lè:gue-riçh] adj. acamado por doença.

Bett.ler [bèt-la] s.m., -. mendigo.

Bett.stel.le [bét-chtéle] s.f., -n. armação da cama.

Bet.tuch [bet-túrr] s.n., Bettücher. lençol.

Bett.zeug [bét-tsóik] s.n. (sem plural). roupa de cama.

beu.gen [bói-guen] v. dobrar, curvar, flectir.

Beu.gung [bói-gunk] s.f., -en. flexão, inclinação, dobra.

Beu.le [bóile] s.f., -n. mossa, inchaço, tumor, galo; (fig) ereção.

be.un.ru.hi.gen [be-un-rú:-iguen] v. inquietar, perturbar, preocupar.

Be.un.ru.hi.gung [be-un-rú:-igunk] s.f., -en. inquietação, perturbação, preocupação.

be.ur.kun.den [be-ua-kúnden] v. documentar, reconhecer, legalizar, abonar.

be.ur.lau.ben [be-ua-láuben] v. licenciar, suspender; sich —: despedir-se.

be.ur.tei.len [be-ua-táilen] v. julgar, apreciar; criticar, ajuizar.

Be.ur.tei.lung [be-ua-tái-lunk] s.f., -en. juízo, apreciação, crítica.

Beu.te [bóite] s.f. (sem plural). presa, despojo, caçada; (fig.) vítima.

Beu.tel [bóitel] s.m., -. bolsa, saco, sacola.

be.völ.kern [be-føl-kérn] v. povoar.

Be.völ.ke.rung [be-føl-kerunk] s.f., -en. população, povoação.

BEVOLLMÄCHTIGEN • BEZAUBERND

be.voll.mäch.ti.gen [be-fól-méch-tiguen] v. autorizar, dar plenos poderes a.

be.voll.mäch.tig.ter [be-fól-méch-tich-ta] s.m., -n. plenipotenciário, mandatário, procurador.

Be.voll.mäch.ti.gung [be-fól-méch-tigunk] s.f., -en. autorização, procuração.

be.vor [be-fór] adv. antes que, antes de.

be.vor.mun.den [be-fór-mún-den] v. tutelar.

Be.vor.mun.dung [be-fór-mún-dunk] s.f., -en. tutela.

be.vor.rech.ten [be-fór-réch-ten] v. privilegiar.

be.vor.ste.hen [be-fór-chtê:-en] v. ameaçar, estar para suceder, ser iminente.

be.vor.ste.hend [be-fór-chtê:-ent] adj. iminente, próximo.

be.vor.zu.gen [be-fór-tsu:guen] v. preferir, favorecer.

be.vor.zugt [be-fór-tsú:kt] adj. privilegiado, predileto.

Be.vor.zu.gung [be-fór-tsu:gunk] s.f., -en. preferência, privilégio.

be.wa.chen [be-vá-ren] v. vigiar, guardar.

Be.wa.chung [be-vá-rrunk] s.f., -en. guarda, vigilância, escolta, detenção.

be.wach.sen [be-váksen] adj. – mit: coberto de; mit Bäumen –: arborizado.

be.waff.nen [be-váf-nen] v. armar.

Be.waff.nung [be-váf-nunk] s.f., -en. armamento.

be.wah.ren [be-vá-ren] v. guardar, preservar; Bewahre!: Deus me livre!

be.wäh.ren [be-vê:-ren] v. comprovar, confirmar; sich –: afirmar-se, satisfazer; dar bom resultado.

be.war.hei.ten [be-vár-rháiten] v. sich –: confirmar.

be.währt [be-vé:rt] adj. comprovado, certo, experimentado.

Be.wäh.rung [be-vê:runk] s.f., -en. comprovação, prova; condicional.

be.wan.dert [be-ván-déat] adj. versado, experimentado.

be.wandt [be-vánt] adj. condicionado.

Be.wandt.nis [be-vánt-nis] s.f., Bewandtnisse. condição; was für eine – hat es mit...?: o que há com...?

be.wässern [be-véssérn] v. regar, irrigar.

Be.wässe.rung [be-vésserunk] s.f., -en. irrigação.

be.we.gen [be-vê:guen] v. mover, agitar, mexer.

Be.weg.grund [be-vê:k-grúnt] s.m., Beweggründe. motivo, motivação, razão.

be.weg.lich [be-vê:k-liçh] adj. móvel, ágil, vivaz.

Be.weg.lich.keit [be-vê:k-liçh-káit] s.f. (sem plural). mobilidade, agilidade.

be.wegt [be-vê:kt] adj. movido, agitado.

Be.we.gung [be-vê:gunk] s.f., -en. movimento, agitação.

be.we.gungs.los [be-vê:gunks-lôs] adj. sem movimento, imóvel.

Be.we.gungs.lo.sig.keit [be-vê:gunks-lôziçh-káit] s.f. (sem plural). imobilidade.

be.wei.nen [be-váinen] v. chorar, deplorar.

Be.weis [be-váis] s.m., -e. prova, documentação, argumento; demonstração.

be.weis.bar [be-váis-bá:r] adj. demonstrável.

be.wei.sen [be-váizen] v. provar, evidenciar, demonstrar.

be.wen.den [be-vénden] v. es dabei – lassen: dar-se por satisfeito, deixar ficar, não insistir mais.

be.wer.ben [be-vérben] v. sich – um: solicitar, requerer, pretender.

be.wer.ber [be-vérba] s.m., -. concorrente, pretendente, candidato.

Be.wer.bung [be-vérbunk] s.f., -en. solicitação, pedido; concurso.

be.werk.stel.li.gen [be-vérk-chtéliguen] v. realizar, efetuar.

be.wer.ten [be-vérten] v. avaliar, valorizar.

Be.wer.tung [be-vértunk] s.f., -en. valorização, avaliação.

be.wil.li.gen [be-víliguen] v. conceder, outorgar.

Be.wil.li.gung [be-viligunk] s.f., -en. outorga, concessão.

be.wir.ken [be-vírken] v. efetuar, realizar, causar.

be.wir.ten [be-vírten] v. receber, hospedar.

Be.wirt.schaf.ten [be-vírt-cháften] v. administrar, explorar, racionar.

Be.wir.tung [be-vírtunk] s.f., -en. hospedagem; provisão, alimento.

be.wohn.bar [be-vô:n-bá:r] adj. habitável.

be.woh.nen [be-vô:nen] v. habitar, morar.

Be.woh.ner [be-vô:na] s.m., -. habitante, morador.

be.wölkt [be-vølkt] adj. nublado.

be.wun.dern [be-vúndérn] v. admirar.

Be.wun.de.rung [be-vúnderunk] s.f., -en. admiração, espanto.

be.wusst [be-vúst] adj. consciente, cônscio, sabedor.

be.wusst.los [be-vúst-lôs] adj. inconsciente, sem conhecimento; desfalecido.

be.wusst.sein [be-vúst-záin] s.n., -e. consciência, conhecimento, percepção.

be.zahl.bar [be-tsá:l-bá:r] adj. pagável.

be.zah.len [be-tsá:-len] v. pagar, remunerar.

Be.zah.lung [be-tsá:-lunk] s.f., -en. pagamento, remuneração.

be.zähm.bar [be-tsé:m-bá:r] adj. domável.

be.zau.bern [be-tsáu-bérn] v. enfeitiçar, encantar.

be.zau.bernd [be-tsáu-bérnt] adj. encantador.

be.ze.chen [be-tsé-chen] *v.* toldar-se, embebedar-se.

be.zeich.nen [be-tsáich-nen] *v.* marcar, designar, inidicar, assinalar.

be.zeich.nend [be-tsáich-nent] *adj.* significativo, característico.

Be.zeich.nung [be-tsáich-nunk] *s.f., -en.* designação, classificação; marca.

be.zei.gen [be-tsái-guen] *v.* demonstrar, manifestar.

be.zeu.gen [be-tsói-guen] *v.* atestar, testemunhar, testificar.

Be.zeu.gung [be-tsói-gunk] *s.f., -en.* testemunho, atestação; (*milit.*) continência.

Be.zich.ti.gen [be-tsích-tiguen] *v.* imputar, acusar, incriminar.

Be.zich.ti.gung [be-tsích-tigunk] *s.f., -en.* imputação, acusação, incriminação.

be.zie.hen [be-tsí:-en] *v.* receber; *ein Haus —:* habitar uma casa.

Be.zie.hung [be-tsí:-unk] *s.f., -en.* relação, relacionamento, referência.

be.zie.hungs.wei.se, bzw [be-tsí:-unks-váize] *adv.* respectivamente, relativamente; ou seja...

be.zif.fern [be-tsí-férn] *v.* numerar, cifrar, calcular.

Be.zirk [be-tsírk] *s.m., -e.* território, distrito, circunscrição, comarca.

Be.zug [be-tsú:k] *s.m., Bezüge.* referência, relação.

be.züg.lich [be-tsy:k-lich] *adj.* relativo, com respeito.

be.zug.nah.me [be-tsú:k-ná:me] *adv. unter — auf:* com referência a.

be.zwecken [be-tsvé-ken] *v.* visar a, ter em vista, ter por fim, pretender.

be.zwei.feln [be-tsvái-féln] *v.* duvidar.

be.zwin.gen [be-tsvíngen] *v.* dominar, subjugar, domar.

Be.zwin.gung [be-tsvín-gunk] *s.f., -en.* sujeição.

Bi.bel [bí-bel] *s.f., -n.* Bíblia.

Bi.bel.vers [bí-bel-vérs] *s.m., -e.* versículo.

Bi.ber [bí-ba] *s.m., -.* castor.

Bi.blio.thek [bíblio-té:k] *s.f., -en.* biblioteca.

Bi.blio.the.kar [bíblio-té-ká] *s.m., -e.* bibliotecário.

bi.blisch [bí-blich] *adj.* bíblico.

bie.der [bí:-da] *adj.* leal, probo, honesto.

Bie.der.mann [bída-mán] *s.m., Biedermänner.* homem de bem.

bie.gen [bí:-guen] *v.* dobrar, torcer, vergar, curvar.

bieg.sam [bí:k-zám] *adj.* flexível, elástico.

Bieg.sam.keit [bí:k-zám-káit] *s.f., -en.* flexibilidade, elasticidade.

Bie.gung [bí:-gunk] *s.f., -en.* curva, dobradura, arqueamento.

Bie.ne [bí:ne] *s.f., -n.* abelha.

Bie.nen.korb [bí:nen-kórp] *s.m., Bienenkörbe.* colmeia.

Bier [bi:a] *s.n., -e.* cerveja.

Bier.brau.er [bi:a-bráua] *s.m., -.* cervejeiro.

Bier.braue.rei [bi:a-bráue-rái] *s.f., -en.* cervejaria.

Biest [bi:st] *s.n., -er.* besta, fera.

bie.ten [bi:ten] *v.* oferecer, apresentar.

Bi.gott [bigót] *s.m., Bigötter.* beato.

Bi.lanz [bí-lánts] *s.f., -en.* balanço.

Bild [bilt] *s.n., -er.* imagem, figura; quadro, pintura; gravura, estampa; retrato.

bil.den [bíl-den] *v.* formar, informar, instruir, civilizar, educar.

bil.dend [bil-dent] *adj.* instrutivo, formativo, civilizador.

Bil.der.schrift [bíl-da-chríft] *s.f., -en.* hieróglifo.

Bil.der.spra.che [bíl-da-chprá-rre] *s.f., -n.* linguagem figurada, metafórica.

Bil.der.stür.mer [bíl-da-chtyr-ma] *s.m., -.* iconoclasta.

Bild.hau.er [bílt-ráua] *s.m., -.* escultor, estatuário, fabricante de imagens.

Bild.hau.er.ar.beit [bilt-rháua-ár-beit] *s.f., -en.* escultura.

Bild.hau.er.kunst [bilt-rháua-kúnst] *s.f., Bildhauerkünste.* escultura.

bild.lich [bilt-liçh] *adj.* figurado, simbólico, metafórico.

Bild.nis [bilt-nis] *s.n., Bildnisse.* retrato, efigie, imagem, figura.

Bild.säu.le [bilt-zóile] *s.f., -n.* estátua.

Bild.schirm [bilt-chírm] *s.m., -e.* tela, display.

Bild.schirm.ge.rät [bilt-chírm-gue-rë:t] *s.n., -e.* monitor.

bild.schön [bilt-chφn] *adj.* beleza plástica.

Bil.dung [bíl-dunk] *s.f., -en.* formação, constituição, cultura, educação.

Bil.lard [bilárt] *s.n., -e.* bilhar, sinuca.

Bil.lard.stock [bilárt-chtók] *s.m., -e.* taco de bilhar.

bil.lig [bí-liçh] *adj.* barato, módico.

bil.li.gen [bí-li-guen] *v.* aprovar.

Bil.li.gung [bí-li-gunk] *s.f., -en.* aprovação, consentimento.

Bim.stein [bim-chtáin] *s.m., -e.* pedra-pomes.

Bin.de [binde] *s.f., -n.* cinta, ligadura, venda,venda, atadura, faixa.

bin.den [bínden] *v.* atar, ligar; *Buch —:* encadernar.

Bin.de.strich [binde-chtriçh] *s.m., -e.* hífen, traço de união.

Bin.de.wort [binde-vórt] *s.n., Bindewörter.* conjunção.

Bin.dung [bín-dunk] ligação, liga.

bin.nen [bínen] *adv.* dentro de, no prazo de.

Bin.nen.deich [bínen-dáiçh] *s.m., -e.* represa, dique.

Bin.nen.fi.sche.rei [bínen-fiche-rái] *s.f.* (*sem plural*). pesca em água doce.

Bin.nen.ge.wässer [bínen-gue-véssa] *s.n., -.* águas continentais.

Bin.nen.ha.fen [bínen-rhá:fen] *s.m., Binnenhäfen.* porto fluvial.

Bin.nen.kli.ma [bínen-klíma] *s.n., -s ou Klimate.* clima continental.

Bin.nen.land [bínen-lánt] *s.n., Binnenländer.* país ou território sem costas marítimas; interior do país.

Bin.nen.meer [bínen-mè:a] *s.n., -e.* mar interior.

Bin.nen.schif.fahrt [bínen-chif-fá:rt] *s.f. (sem plural).* navegação fluvial.

Bin.nen.wäh.rung [bínen-vé:runk] *s.f., -en.* moeda nacional, cotação interna.

Bin.se [bínze] *s.f., -n.* junco.

bin.sig [bín-ziçh] *adj.* juncado.

Bir.ke [bírke] *s.f., -n.* bétula, vidoeiro.

Birn.baum [bírn-báum] *s.m., Birnbäume.* pereira.

Bir.ne [bírne] *s.f., -n.* pêra; lâmpada elétrica.elétrica; *(fig)* cabeça.

bis [bis] *prep.* até.

Bi.schof [bí-chô:f] *s.m., Bischöfe.* bispo.

bi.schöf.lich [bi-chøf-liçh] *adj.* episcopal.

bis.her [bis-rhéa] *adv.* até agora, até aqui.

bis.he.rig [bís-rhèriçh] *adj.* de até agora, que tem sucedido.

Biss [bis] *s.m., -e.* dentada.

bis.schen [bís-chen] *adj* e *adv.* um bocado, um pouco.

Bissen [bissen] *s.m., -.* pedaço, bocado.

bis.sig [bíssiçh] *adj.* mordaz, mordedor.

Bitum [bis-tum] *s.n., Bistümer.* bispado, episcopado.

bis.wei.len [bís-váilen] *adv.* às vezes, de vez em quando.

Bit.te [bíte] *s.f., -n.* pedido, requerimento, rogo; petição, súplica.

bit.ten [bíten] *v.* rogar, pedir, solicitar.

bit.ter [bíta] *adj.* amargo, duro.

Bit.ter.keit [bíta-káit] *s.f. (sem plural).* amargor, amargura, azedume.

bit.ter.lich [bíta-liçh] *adv.* amargamente.

Bitt.schrift [bit-chrift] *s.f., -en.* petição, requerimento.

Blach.feld [bláhr-félt] *s.n., -er.* planície.

blä.hen [blè:en] *v.* inchar, intumescer; causar flatos.

Blä.hung [blè:unk] *s.f., -en.* flatulência, ventosidade, gases.

bla.mie.ren [blá-mí:ren] *v.* ridicularizar, desacreditar.

blank [blánk] *adj.* liso, brilhante.

Blan.ko.voll.macht [blánko-fól-márrt] *s.f., -en.* carta branca.

Bla.se [blá:ze] *s.f., -n.* ampola; bolha, borbulha.

Bla.se.balg [blá:ze-bálk] *s.m., Blasebälge.* fole.

bla.sen [blá:zen] *v.* soprar, assoprar.

Bla.se.rohr [blá:ze-rô:a] *s.n., -e.* zarabatana; canudo de ferro para soprar vidro.

bla.sig [blá:ziçh] *adj.* que tem bexigas, empolado.

blass [blás] *adj.* pálido, lívido.

Bläs.se [blésse] *s.f. (sem plural).* palidez.

Blatt [blát] *s.n., Blätter.* folha, jornal, periódico; *kein — vor den Mund nehmen:* não ter papas na língua; *von —:* à primeira vista.

blät.te.rig [blét-eriçh] *adj.* frondoso, coberto de folhas.

blät.tern [blét-ern] *v.* folhear, desfolhar.

Blatt.laus [blát-láus] *s.f., Blattläuse.* pulgão.

blatt.los [blát-lô:s] *adj.* desfolhado.

Blatt.pflan.ze [blát-pflán-tse] *s.f., -n.* planta.

Blatt.stiel [blát-chti:l] *s.m., -e.* pecíolo.

blau [bláu] *adj.* azul: *— machen:* não trabalhar. *ins — e hinein:* à toa.

blau.äu.gig [bláu-ói-guiçh] *adj.* de olhos azuis.

bläu.lich [blói-liçh] *adj.* azulado, lívido.

Blech [bléçh] *s.n., -e.* lata, chapa de ferro; *Weiss —:* folha de flandres.

Blei [blái] *s.n., -e.* chumbos.

Blei.be [bláibe] *s.f., -n.* alojamento.

blei.ben [bláiben] *v.* ficar, permanecer, restar, demorar-se, continuar; *vom Halse —:* deixar (alguém) em paz; *am Leben —:* sobreviver.

bleich [bláiçh] *adj.* pálido, descorado.

blei.chen [blái-çhen] *v.* branquear, alvejar, fazer-se branco, empalidecer.

blei.ern [blái-ern] *adj.* de chumbo.

Blei.erz [blái-érts] *s.n., -e.* minério de chumbo.

blei.ig [blái-içh] *adj.* que contém chumbo.

Blei.lot [blái-lô:t] *s.n., -e.* prumo, sonda.

Blei.schnur [blái-chnúr] *s.f., Bleischnüre.* prumo, sonda.

Blei.stift [blái-chtíft] *s.m., -e.* lápis.

Blei.stift.spit.zer [blai-stift-chpitsa] *s.m., -.* apontador.

Blen.de [blèn-de] *s.f., -n.* mira; abajur, diafragma.

blen.den [blèn-den] *v.* cegar, ofuscar, deslumbrar.

blen.dend [blèndend] *adj.* brilhante, deslumbrante.

Blend.werk [blènt-vérk] *s.n., -e.* ilusão, fantasmagoria.

Blick [blík] *s.m., -e.* o olhar; *auf den ersten —:* à primeira vista.

blicken [blíken] *v.* olhar, mirar.

blind [blint] *adj.* cego.

Blind.darm [blint-dárm] *s.m., Blinddärme. (med.)* apêndice.

Blin.de [blínde] *s.m + s.f., -n.* cego.

Blind.heit [blint-rháit] *s.f., -en.* cegueira.

blind.lings [blint-línks] *adv.* às cegas, às apalpadelas.

blin.ken [blínken] v. reluzir, cintilar, resplandecer.
blin.zeln [blin-tséln] v. pestanejar, piscar os olhos.
Blitz [blíts] s.m., -e. relâmpago.
blit.zen [blítsen] v. relampejar.
Blitz.krieg [blíts-krí:k] s.m., -e. guerra-relâmpago.
Blitz.licht [blíts-lícht] s.m., -er. flash.
Blitz.schlag [blíts-chlá:k] s.m., *Blitzschläge*. raio.
Blitz.schutz [blíts-chúts] s.m., -e. para-raio.
Blitz.strahl [blits-chtrá:l] s.m., -en. raio.
Block [blók] s.m., *-s ou Blöcke*. bloco, tronco, cepo.
Blo.cka.de [bloká:de] s.f., -n. bloqueio.
Block.haus [blók-rháus] s.n., *Blockhäuser*. casa de madeira, fortim.
blö.d [blø:t] adj. imbecil, estúpido; tímido.
Blöd.sinn [blø:t-zin] s.m., *(sem plural)*. imbecilidade, bobagem.
blöd.sin.nig [blø:t-ziních] adj. imbecil, idiota.
blö.ken [blø:ken] v. berrar, mugir, balar.
blond [blônt] adj. louro.
bloß [blô:s] adj. nu, despido, mero. adv. somente, apenas.
Blö.ße [blø:sse] s.f., -n. nudez, desabrigo, privação.
blü.hen [blyːen] v. florescer.
blü.hend [blyːent] adj. florescente.
Blu.me [blúme] s.f., -n. flor.
Blu.men.kohl [blúmen-kôːl] s.m., *(sem plural)*. couve-flor.
Blu.men.strauss [blúmen-chtráus] s.m., *Blumensträusse*. ramalhete.
Blu.men.va.se [blúmen-váze] s.f., -n. vaso de flores.
Blu.men.zwie.bel [blúmen-tsví-bél] s.f., -n. bulbo.
blu.mig [blúː-mich] adj. florido, cheio de flores; aromático.
Blu.se [blúːze] s.f., -n. blusa.

Blut [blúːt] s.n. *(sem plural)*. sangue; casta, raça, família.
blut.arm [blúːt-árm] adj. anêmico; paupérrimo.
Blut.bild [blúːt-bilt] s.n., -er. hemograma.
Blut.druck [blúːt-druk] s.m. *(sem plural)*. pressão sanguínea.
Blü.te [blyːte] s.f., -n. flor, florescência.
Blut.egel [blúːt-è:guel] s.m., -. sanguessuga.
blu.ten [blúːten] v. sangrar.
Blu.ter [blúːta] s.m., -. hemofílico.
Blut.ge.fäß [blúːt-ge-féːs] s.n., -e. artéria, vaso sanguíneo.
blut.gie.rig [blúːt-guí:-rích] adj. sanguinário, cruel.
Blut.grup.pe [blúːt-grúpe] s.f., -n. grupo sanguíneo.
blu.tig [blúː-tich] adj. sangrento, ensanguentado.
Blut.krebs [blúːt-krèps] s.m. *(sem plural)*. leucemia.
Blut.kreis.lauf [blúːt-krais-láuf] s.m. *(sem plural)*. circulação sanguínea.
Blut.man.gel [blúːt-mánguel] s.m., *Blutmängel*. anemia.
Blut.schan.de [blúːt-chánde] s.f., -n. incesto.
Blut.schuld [blúːt-chúlt] s.f., -en. homicídio.
Blut.sturz [blúːt-chtúrts] s.m., *Blutstürze*. hemorragia.
bluts.ver.wandt [blúts-fêr-vánt] adj. consanguíneo.
Blut.wurst [blúːt-vúrst] s.f., *Blutwürste*. chouriço de sangue, morcela.
Blut.zeu.ge [blúːt-tsóigue] s.m., -n. mártir.
Bock [bók] s.m., *Böcke*. bode; cavalete.
Bo.den [bóːden] s.m., *Böden*. terra, solo, assoalho, sótão.
Bo.den.be.lag [bóːden-be.láːk] s.m., *Bodenbeläge*. piso, pavimento.
bo.den.los [bóːden-lôs] adj. sem fundo; insondável, espantoso.
Bo.gen [bóːguen] s.m., *- ou Bögen*. arco, curva, contorno.

Bo.gen.gang [bóː-guen-gánk] s.m., *Bogengänge*. arcada.
bo.gen.wei.se [bóːguen-váize] adj. em arco, arqueado.
bo.gig [bóː-guich] adj. em arco, arqueado.
Boh.le [bôːle] s.f., -n. prancha, madeiro.
boh.len [bôːlen] v. assoalhar, forrar com tábua.
Boh.ne [bôːne] s.f., -n. fava, feijão verde.; grão de café.
boh.nern [bôː-nérn] v. encerar, lustrar.
boh.ren [bôː-ren] v. furar, verrumar.
Boh.rer [bôː-ra] s.m., -. broca, verruma, furador.
Bo.je [bôːie] s.f., -n. boia, baliza.
Böl.ler [béla] s.m., -. morteiro.
Boll.werk [ból-vérk] s.m., -e. baluarte, bastião.
Bol.zen [ból-tsen] s.m., -. flecha, seta, dardo, cavilha; pino.
bom.batisch [bom-bách-tich] adj. estrondoso, altissonante; *(fig.)* empolado, extravagante.
Bom.be [bômbe] s.f., -n. bomba.
Boot [bôːt] s.n., -e. barco, bote, lancha, canoa.
Bord [bórt] s.n., -e. bordo; *an — gehen*: embarcar, subir a bordo; *von — gehen*: desembarcar.
bor.gen [bór-guen] v. emprestar, pedir emprestado.
Bor.ke [bórke] s.f., -n. cortiça, casca.
bor.niert [bór-ní:rt] adj. parvo, tapado, de pouca inteligência, burro.
Bör.se [bør-ze] s.f., -n. bolsa, praça de comércio.
Bör.sen.be.richt [børzen-berícht] s.m., -e. relatório financeiro.
Bör.sen.mak.ler [bør-zen-mak-la] s.m., -. corretor de valores.
Bör.sen.spe.ku.lant [bør-zen-chpê-kulánt] s.m., -en. agiota.
Bor.ste [bórs-te] s.f., -n. cerda.
bor.stig [bôrs-tich] adj. cerdoso, hirsuto, eriçado, arisco.

BÖSARTIG • BRENNHOLZ

bös.ar.tig [bøs-ártiçh] *adj.* maligno, mau.

Bös.ar.tig.keit [bøs-ártiçh-káit] *s.f. (sem plural).* malignidade, maldade.

Bö.schung [bø-chunk] *s.f., -en.* barranco, escarpa, talude, declive.

bö.se [bø:ze] *adj.* mau, maligno; irritado; — *machen:* zangar.

bos.haft [bós-rháft] *adj.* malicioso, mau.

Bos.haft.ig.keit [bós-rháftiçh-káit] *s.f., -en.* malícia, perversidade.

bös.wil.lig [bøs-viliçh] *adj.* malévolo.

Bös.wil.lig.keit [bøs-viliçh-káit] *s.f. (sem plural).* maldade, má-fé, perfídia, malícia.

Bo.ta.nik [botánik] *s.f. (sem plural).* botânica.

Bo.ta.ni.ker [botá:nika] *s.m., -.* botânico.

Bo.ta.nisch [botá:nich] *adj.* botânico.

Bo.te [bó:te] *s.m., -n.* mensageiro, emissário, office-boy.

bot.mässig [bót-mé:ssiçh] *adj.* tributário.

Bot.schaft [bót-cháft] *s.f., -en.* mensagem, recado; *(polit.)* embaixada.

Bot.schaf.ter [bót-cháfta] *s.m., -.* mensageiro; *(polit.)* embaixador.

Bot.tich [bótiçh] *s.m., -e.* cuba, tina.

brach [brárr] *adj.* sem cultivo, inculto, baldio.

Brach.land [brárr-lánt] *s.n. (sem plural).* terra de cultivo, terrreno baldio.

brach.lie.gen [brárr-lí:guen] *v.* preparar a terra para o cultivo.

Brand [bránt] *s.m., Brände.* incêndio; gangrena.

Brand.fleck [bránt-flék] *s.m., -e.* queimadura.

bran.dig [brándiçh] *adj.* gangrenoso.

brand.mar.ken [bránt-márken] *v.* marcar a ferro quente, estigmatizar.

Brand.op.fer [bránt-ópfa] *s.n., -.* vítima de incêndio.

Brand.ro.dung [bránt-ródunk] *s.f., -en.* queimada.

Brannt.wein [bránt-váin] *s.m., -e.* aguardente.

Brasilianer [braziliána] *s.m., -.* brasileiro.

Brasilien [brasílien] *s.n. (sem plural).* Brasil.

bra.ten [brá:ten] *v.* assar, fritar; assado.

Bra.ten.brü.he [brá:ten-bry:e] *s.f., -n.* molho.

Brat.ofen [brát-ô:fen] *s.m., Bratöfen.* forno.

Brat.pfan.ne [brát-pfáne] *s.f., -n.* frigideira.

Brat.rost [brát-róst] *s.m., -e.* grelha.

Brat.spieß [brát-chpi:s] *s.m., -e.* espeto.

Brat.wurst [brát-vúrst] *s.f., Bratwürste.* salsicha fresca.

Brauch [bráurr] *s.m., Bräuche.* costume, uso, prática.

brauch.bar [bráurr-bá:r] *adj.* útil, que pode servir.

brau.chen [bráu-rren] *v.* usar, empregar, utilizar.

Braue [bráue] *s.f., -n.* sobrancelha.

brau.en [bráuen] *v.* fazer cerveja.

Brau.er [bráua] *s.m., -.* fabricante de cerveja, cervejeiro.

Braue.rei [bráue-rái] *s.f., -en.* fábrica de cerveja.

Brau.haus [bráu-rháus] *s.n., Brauhäuser.* cervejaria.

braun [bráun] e *adj.* marrom; castanho, moreno, escuro.

bräu.nen [bróinen] *v.* bronzear-se, tostar.

Braun.koh.le [bráun-kô:le] *s.f. (sem plural).* linhita.

bräun.lich [bróin-liçh] *adj.* trigueiro, amorenado, pardo.

Brau.se.bad [bráuze-bát] *s.n., Brausebäder.* ducha, chuveiro.

brau.sen [bráuzen] *v.* roncar, bramar, soprar, ferver.

brau.send [bráu-zent] *adj.* ruidoso, fervente.

Braut [bráut] *s.f., Bräute.* noiva.

Braut.bett [bráut-bét] *s.n., -en.* leito nupcial.

Braut.füh.rer [bráut-fy:ra] *s.m., -.* paraninfo, padrinho.

Bräu.ti.gam [brói-tigám] *s.m., -e.* noivo.

Braut.kleid [bráut-kláit] *s.n., -er.* vestido de noiva.

Braut.leu.te [bráut-lóite] *pl.* noivo.

Braut.nacht [bráut-nárrt] *s.f., Brautnächte.* noite de núpcias.

Braut.paar [bráut-pá:r] *s.n., -e.* casal de noivos.

Braut.schlei.er [bráut-chláia] *s.m., -.* véu de noivado, noiva.

Braut.stand [bráut-chtánt] *s.m. (sem plural).* noivado.

Braut.wer.bung [bráut-vér-bunk] *s.f., -en.* pedido de casamento.

brav [bráf] *adj.* bravo, valente, valoroso, bom.

bre.chen [bré-çhen] *v.* romper, quebrar, fraturar.

Brei [brái] *s.m., -e.* papa, mingau, purê.

breit [bráit] *adj.* largo, amplo, espaçoso.

Brei.te [bráite] *s.f., -n.* largura, amplitude.

brei.ten [bráiten] *v.* estender, alargar.

Brem.se [brêm-ze] *s.f., -n.* freio, travão.

brem.sen [brêm-zen] *v.* frear, travar.

brenn.bar [brên-ba:r] *adj.* inflamável, combustível.

bren.nen [brénen] *v.* queimar, pegar fogo. incendiar, arder.

bren.nend [brénend] *adj.* ardente, queimante, abrasador, picante.

Bren.ner [bréna] *s.m., -.* destilador, bico de gás, lampião.

Bren.ne.rei [bréne-rái] *s.f., -en.* destilação, destilaria, fábrica de aguardente.

Brenn.glas [brén-glás] *s.n., Brenngläser.* lente de aumento.

Brenn.holz [brén-rhólts] *s.n. (sem plural).* lenha.

BRENNKOLBEN • BÜGELEISEN

Brenn.kol.ben [brên-kólben] *s.m.,* -. alambique.

Brett [brét] *s.n.,* -er. tábua, tabuleiro.

Bret.ter.ver.schlag [brét-vér-chlá:k] *s.m., Bretterverschläge.* parede divisória, biombo, tabique; estiva.

Bret.ter.wand [bréter-fér-vánt] *s.f., Bretterwände.* parede divisória, biombo, tabique; estiva.

Bre.zel [bré-tsêl] *s.f.,* -n. biscoitinho, rosca.

Brief [bri:f] *s.m.,* -e. carta, epístola.

brief.lich [bri:f-liçh] *adj.* por escrito, em forma de carta, epistolar.

Brief.mar.ke [bri:f-márke] *s.f.,* -n. estampilha, selo postal.

Brief.tau.be [bri:f-táube] *s.f.,* -n. pombo-correio.

Brief.trä.ger [bri:f-trè:ga] *s.m.,* -. carteiro.

Brief.um.schlag [bri:f-úm-chlá:k] *s.m., Briefumschläge.* envelope.

Brief.wech.sel [bri:f-véksel] *s.m. (sem plural).* correspondência.

bril.lant [bri-lánt] *adj.* brilhante, pomposo.

Bril.le [brile] *s.f.,* -n. óculos.

brin.gen [bringuen] *v.* trazer, levar, transportar, acompanhar.

Brin.ger [bringa] *s.m.,* -. próprio; portador.

Bri.se [brize] *s.f.,* -n. brisa, aragem.

bröckeln [brø-këln] *v.* esmigalhar, reduzir a farelos; esmiuçar.

Brocken [bró-ken] *s.m.,* -. bocado, pedaço, fragmento.

Brom.bee.re [bróm-bê:re] *s.f.,* -n. amora silvestre.

Brot [brô:t] *s.n.,* -e. pão.

Brot.bäcke.rei [brö:t-bé-keráj] *s.f.,* -en. padaria, panificadora.

brot.los [brö:t-lôs] *adj.* sem pão; sem emprego.

Bruch [brürr] *s.m., Brüche.* ruptura, fratura, hérnia; fração.

brü.chig [bry-çhiçh] *adj.* que tem fratura.

Bruch.stück [brürr-chtyk] *s.n.,* -e. fragmento.

Bruch.zahl [brurr-tsá:l] *s.f.,* -en. número fracionário.

Brücke [bryke] *s.f.,* -n. ponte.

Bru.der [brú-da] *s.m., Brüder.* irmão.

brü.der.lich [bry-da-liçh] *adj.* fraternal.

Brü.der.lich.keit [bry-da-liçh-káit] *s.f. (sem plural).* fraternidade, irmandade.

Brü.he [bry:e] *s.f.,* -n. molho, caldo.

brü.hen [bry:en] *v.* escaldar.

brül.len [bry-len] *v.* rugir, bramir, mugir.

brum.men [brúmen] *v.* murmurar, rosnar, grunhir, zumbir.

Brun.nen [brúnen] *s.m.,* -. poço, fonte, chafariz.

Brust [brüst] *s.f., Brüste.* peito, seio, tórax.

brü.sten [brys-ten] *v. sich —:* vangloriar-se, pavonear-se.

Brü.stung [brys-tunk] *s.f.,* -en. parapeito, peitoril.

Brust.war.ze [brust-vártse] *s.f.,* -e. bico de peito, mamilo.

Brut [brút] *s.f.,* -en. incubação, ninhada, choco.

brü.ten [bry:ten] *v.* incubar, chocar.

Bu.b [bú:p] *s.m.,* -en. rapaz, menino, garoto; *adj.* maroto, patife.

Buch [bürr] *s.n., Bücher.* livro.

Buch.bin.der [bürr-bínda] *s.m.,* -. encadernador.

Buch.druck [bürr-drúk] *s.m. (sem plural).* impressão, tipografia.

Buch.drucker [bürr-drúka] *s.m.,* -. impressor, tipógrafo.

Buch.drucke.rei [bürr-drukeráj] *s.f.,* -en. imprensa, tipografia.

Buch.ei.chel [bürr-ái-çhél] *s.f.,* -n. faia.

Buch.ein.band [bürr-áin-bánt] *s.m., Bucheinbände.* encadernação.

bu.chen [búrren] *v.* assentar, registrar, escriturar, lançar, fazer lançamento.

Bu.chen.wald [búrren-vált] *s.m., Buchenwälder.* plantação de faias, faial.

Buch.fink [bürr-fink] *s.m.,* -en. lentilhão.

buch.hal.ten [búrr-rhálten] *v.* fazer a escrituração contábil.

Buch.hal.ter [búrr-rhálta] *s.m.,* -. contador.

Buch.hal.tung [búrr-rháltunk] *s.f.,* -en. contabilidade.

Buch.han.del [búrr-rhándel] *s.m. (sem plural).* comércio de livros.

Buch.händ.ler [búrr-rhént-la] *s.m.,* -. livreiro.

Büch.se [bykse] *s.f.,* -n. lata, caixa metálica; arcabuz, espingarda.

Buch.sta.be [bürr-chtábe] *s.m.,* -n. letra.

Buch.sta.ben.fol.ge [bürr-chtáben-fólgue] *s.f.,* -n. ordem alfabética.

buch.sta.bie.ren [bürr-chtabi:ren] *v.* soletrar.

buch.stäb.lich [bürr-chtép-liçh] *adj.* literal.

Bucht [bürrt] *s.f.,* -en. baía, golfo.

Buckel [búkel] *s.m.,* -. corcova, corcunda, giba.

bucke.lig [búke-liçh] *adj.* corcovado, corcunda.

bück.en [byken] *v. sich —:* curvar-se, abaixar-se.

Bück.ling [byk-link] *s.m.,* -e. inclinação, reverência; arenque defumado.

bud.deln [búdéln] *v.* cavar, brincar na areia.

Bu.de [bú:de] *s.f.,* -n. loja, barraca, quiosque.

Bud.get [bádje] *s.n.,* -. orçamento.

Büf.fel [byfel] *s.m.,* -. búfalo.

Bug [bú:k] *s.m.,* -e. curvatura, prega; proa de navio.

Bü.gel [by:guel] *s.m.,* -. arco, asa, cabide, haste, estribo.

Bü.ge.lei.sen [by:gue-láizen] *s.n.,* -. ferro de engomar.

BÜGELN • BÜTTNER

bü.geln [by:guéln] *v.* passar a ferro, engomar.

bug.sier.en [búk-zi:ren] *v.* rebocar, levar, puxar.

buh.len [bú:len] *v.* namorar, galantear, fazer a corte.

Büh.ne [by:ne] *s.f.,* tribuna, teatro, palco, cadafalso; *über die — gehen:* subir à cena; *auf die — bringen:* pôr em cena.

Bul.lau.ge [búl-áugue] *s.n., -n.* vigia.

Bul.le [búle] *s.m., -n.* touro.

bum.meln [bú-méln] *v.* vaguear, vadiar, mandriar.

Bum.mel.le.ben [búmel-lê:ben] *s.n., -.* pândega, vida ociosa.

Bum.mel.zug [búmel-tsú:k] *s.m., Bummelzüge.* comboio misto, ônibus.

Bund [búnt] *s.m., Bünde.* liga, ligadura, aliança, confederação.

Bün.del [byndel] *s.n., -.* feixe, trouxa, embrulho, pacote.

Bun.des.ge.nosse [búndes-guenósse] *s.m., -n.* aliado, confederado.

Bun.deskanz.ler [búndés-kántsla] *s.m., -.* Chanceler, Chefe de governo.

Bun.desland [bundes-lánt] *s.n., Bundesländer.* Estado da aliança.Federação.

Bun.desli.ga [bundes-liga] *s.f., -en.* campeonato nacional.

Bun.destag [bundes-tá:k] *s.m. (sem plural).* Câmara Federal.

Bun.deswehr [bundes-vê:r] *s.f. (sem plural).* forças armadas.

bün.dig [byn-díçh] *adj.* válido, legítimo.

Bünd.nis [bynt-nis] *s.n., Bündnisse.* aliança, liga, confederação.

bunt [búnt] *adj.* malhado, matizado, pintado, colorido.

Bür.de [byrde] *s.f., -n.* carga, fardo, peso.

Burg [búrk] *s.f., -en.* castelo, burgo, cidadela, fortaleza.

Bür.ge [byr-gue] *s.m., -.* fiador, abonador.

bür.gen [byr-guen] *v.* aliançar, abonar.

Bür.ger [byr-ga] *s.m., -.* cidadão, burguês.

bür.ger.lich [byr-guer-líçh] *adj.* civil, cívico.

Bürg.schaft [byrk-cháft] *s.f., -en.* caução, fiança, garantia.

Bü.ro [byrô] *s.n., -.* escritório.

Bü.ro.krat [byro-krát] *s.m., -en.* burocrata.

Bü.ro.kra.tie [byro-krátsi:] *s.f., -n.* burocracia.

Bur.sche [búr-che] *s.m., -n.* rapaz, jovem, mancebo; criado, estudante.

Bur.schen.schaft [búr-chen-cháft] *s.f., -en.* liga, associação de estudantes.

Bür.ste [byrs-te] *s.f., -n.* escova.

bür.sten [byrs-ten] *v.* escovar.

Bür.sten.bin.der [byrs-ten-bínda] *s.m., -.* escoveiro, que faz escova.

bur.zeln [búr-tséln] *v.* cair de cabeça para baixo.

Busch [búch] *s.m., Büsche.* sarça, moita, arbusto.

Bü.schel [by-chel] *s.n., -.* tufo, topete, ramalhete.

bu.schig [bú-chíçh] *adj.* cerrado, espesso; cheio de mato.

Bu.sen [bú:zen] *s.m., -.* seio, peito; colo.

Bu.sen.freund [bú:zen-fróint] *s.m., -e.* amigo do peito, amigo íntimo.

Bu.ße [bú:sse] *s.f., -en.* penitência.

bü.ßen [by:ssen] *v.* expiar, reparar.

Bü.ßer [by:ssa] *s.m., -.* penitente.

Bü.ste [byste] *s.f., -n.* busto.

Bü.sten.hal.ter [bysten-rháłta] *s.m., -.* sutiã.

Bü.tel [bytel] *s.m., -.* policial, guarda.

But.ter [búta] *s.f. (sem plural).* manteiga.

But.ter.brot [búter-brô:t] *s.n., -e.* pão com manteiga.

but.te.rig [búte-riçh] *adj.* amanteigado.

But.ter.milch [búta-milçh] *s.f. (sem plural).* soro de leite.

but.tern [bú-térn] *v.* agitar, bater o leite para fazer manteiga.

Bütt.ner [bytna] *s.m., -.* tanoeiro.

C

C [tsê] terceira letra do alfabeto alemão; C, c; dó *(nota musical)*.

ca. [tsírka] *abrev. zirka*: cerca de.

Ca.fé [kafê] *s.n.*, - café (local), bar.

Cape [ká:pe] *s.n.*, - capa.

Cel.list [tsê-list] *s.m.*, -en. violoncelista.

Cel.lo [tsélo] *s.n.*, -s *ou* Celli. violoncelo.

Cel.si.us [tsél-ziús] *s (sem artigo)*. centígrado, grau centígrado.

Cem.ba.lo [tsêm-balô] *s.n.*, -s *ou* Cembali. cravo *(mú)*.

Cer.ve.lat.wurst [tsér-fé-lát-vúrst] *s.f.*, Cervelatwürste. chouriço.

Cha.mä.le.on [kamé-leôn] *s.n.*, - camaleão.

Cham.pi.gnon [chám-pinhô:n] *s.m.*, - cogumelo, tortulho.

Cha.os [káos] *s.n. (sem plural)*. caos.

chao.tisch [ká-ô-tich] *adj.* caótico.

Cha.rak.ter [karák-ta] *s.m.*, -e. caráter, índole, categoria, personagem.

Cha.rak.ter.bild [karák-ta-bílt] *s.n.*, -er. perfil moral.

cha.rak.ter.fest [karák-ta-fést] *adj.* íntegro.

Cha.rak.ter.fes.tig.keit [karák-ta-féstiçh-káit] *s.f. (sem plural)*. integridade moral.

cha.rak.te.ri.sie.ren [karák-terízi:ren] *v.* caracterizar.

Cha.rak.te.ri.stik [karák-terístiçh] *s.f.*, -en. característica.

cha.rak.te.ri.stisch [karák-terístich] *adj.* característico, *adv.* caracteristicamente.

Cha.rak.ter.lo.sig.keit [karák-téa-lózigh-káit] *s.f. (sem plural)*. falta de caráter.

Cha.rak.ter.zug [karák-ta-tsú:k] *s.m.*, Charakterzüge. feição, feitio.

Char.ge [tchár-ge] *s.f.*, -n. carga, ofício, patente.

Che.mie [che-mí:] *s.f. (sem plural)*. química.

Che.mi.ka.lie [che-mikalí:] *s.f.*, -en. produto químico.

Che.mi.ker [chêmi-ka] *s.m.*, -. químico.

che.misch [chê-mich] *adj.* químico.

chi.mä.risch [chimé:-rich] *adj.* ilusório.

Chi.nin [chíni:n] *s.n. (sem plural)*. quinino.

Chi.rurg [chí-rúrk] *s.m.*, -. cirurgião.

Chi.rur.gie [chí-rur-guí:] *s.f.*, -n. cirurgia.

chi.rur.gisch [chi-rur-guích] *adj.* cirúrgico.

Chlor [klór] *s.n. (sem plural)*. cloro.

Chlor.säu.re [klór-zóire] *s.f.*, -n. clorato.

Cho.le.ra [kólera] *s.f. (sem plural)*. cólera.

Cho.le.ri.ker [ko-lê-ri-ka] *s.m.*, -. colérico.

cho.le.risch [kô-lêrich] *e adj.* colérico, encolerizado.

Chor [kôr] *s.m.*, Chöre. coro; tribuna.

Cho.ral [kôrál] *s.m.*, Chorále. coral, canto coral.

Chor.al.tar [kôr-áltar] *s.m.*, Choraltäre. altar-mor.

Cho.ral.ge.sän.ge.rin [kôrál-guezénguerin] Choral. ge.sän.ger *s.m.*, -. corista.

Cho.ral.herr [kôrál-rhéa] *s.m.*, -en. cônego.

Christ [krist] *s.m.*, -en. cristão.

Christ.abend [krist-àbent] *s.m.*, -e. véspera de Natal.

Christ.baum [krist-báum] *s.m.*, Christbäume. árvore de Natal.

Christ.be.sche.rung [krist-bechê:runk] *s.f.*, -en. ceia de Natal, consoada.

Chri.sten.heit [kristen-rháit] *s.f. (sem plural)*. cristandade.

Chri.sten.tum [kristén-tum] *s.n. (sem plural)*. cristianismo.

Christ.fest [krist-fést] *s.n.*, -e. Natal.

Chri.stin [kristín] *s.f.*, -nen. cristã.

Christ.kind [krist-kínt] *s.n. (sem plural)*. o Menino Jesus.

christ.lich [críst-lich] *adj.* cristão.

Christ.me.sse [krist-mésse] *s.f.*, -n. missa do galo.

Christ.nacht [krist-nárrt] *s.f.*, Christnächte. noite de Natal.

Christ.tag [krist-tá:k] *s.m.*, -e. dia de Natal.

Chri.stus [kristus] *s.m. (sem plural)*. Cristo.

Chrom [krôm] *s.n. (sem plural)*. cromo *(quím.)*; cromo *(estampa colorida)*.

chro.ma.tisch [krô-má-tich] *adj.* cromático, colorido.

Chro.nik [krôniçh] *s.f.*, -en. crônica.

chro.nisch [krôniçh] *adj.* crônico.

Chro.no.lo.gie [kronô-loguí:] *s.f.*, -en. cronologia.

chro.no.lo.gisch [kronô-lôguich] *adj.* cronológico.

67

Co.che.nil.le [kôche-ní-iê] *s.f.,* -n. cochonilha.

Co.mic.heft [kômik-rhéft] *s.n.,* -e. história em quadrinhos, gibi.

Com.pu.ter [kôm-piu-tár] *s.m,* -. computador.

Couch [káutch] *s.f.,* -e divã, sofá-cama.

cou.pie.ren [ku-pí:ren] *v.* talhar, cortar, rever.

Cou.sin [ku-zãn] *s.m.,* - primo.

Cou.si.ne [ku-zíne] *s.f.,* -n. prima.

D

D [dê] quarta letra do alfabeto alemão; D, d; ré *(nota musical)*.
da [dá] *adv.* lá, ali, naquele lugar; *conj.* quando, pois, no tempo de.
da.bei [dabái] *adv.* junto, perto, próximo.
da.blei.ben [da-blái-ben] *v.* ficar, permanecer.
Dach [dárr] *s.n.*, *Dächer.* telhado, teto.
Dach.kam.mer [dárr-káma] *s.f.*, -n. água-furtada, sótão.
Dachs [dáks] *s.m.*, -e. texugo.
Dach.zie.gel [dárt-tsí:guel] *s.m.*, -n. telha.
da.durch [dá-dúrçh] *adv.* por ali, por lá, por meio de, desse modo, assim.
da.für [dá-fyr] *adv.* por isso; em vez de.
da.ge.gen [dá-guê'guen] *adv.* contra isto, em oposição a, em comparação com.
da.heim [dá-rháim] *adv.* em sua casa, domesticamente; em sua pátria.
da.her [dá-rhéa] *adv.* dali, de lá, por isso, pois.
da.hin [dá-rhín] *adv.* para lá, para ali.
da.hin.ei.len [dá-rhín-ái-len] *v.* correr, fugir, disparar.
da.hin.ein [dá-rhín-áin] *adv.* para dentro.
da.hin.fah.ren [da-rhin-fá:-ren] *v.* ir-se.
da.hin.ge.hen [dá-rhín-guê:en] *v.* ir-se.
da.hin.ter [dá-rhínta] *adv.* para trás, depois de; *dahinter kommen:* vir atrás, descobrir, achar.
da.ma.lig [dá-má-liçh] *adj.* de então, daquele tempo.
da.mals [dá-máls] *adv.* então, naquele tempo.
Da.mast [dá-mást] *s.m. (sem plural).* damasco.
Da.me [dá:me] *s.f.*, -n. senhora, dama.
Da.men.bin.de [dá:men-bin.de] *s.f.*, -n. toalha higiênica, absorvente íntimo feminino.
Da.men.schnei.der [dá:men-chnái:da] *s.m.*, -. costureiro.
Dam.hirsch [dám-rhírch] *s.m.*, -e. gamo.
da.mit [dá-mit] *adv.* para que, a fim de; por isso, por este meio.
däm.lich [dém-liçh] *adj.* tolo, parvo, imbecil.
Damm [dém] *s.m.*, *Dämme.* dique, barragem, molhe, calçada.
däm.me.rig [démeriçh] *adj.* crepuscular, escuro.
Däm.me.rung [démerunk] *s.f.*, -en. crepúsculo, alvorada.
Dä.mon [dé:mon] *s.m.*, -en. demônio.
da.mo.nisch [démonich] *adj.* demoníaco, sobrenatural; fatídico.
Dampf [dámpf] *s.m.*, *Dämpfe.* vapor.
damp.fen [dámpfen] *v.* fumegar, exalar.
dämp.fen [démpfen] *v.* estufar, extinguir, sufocar, abafar.
Dämp.fer [démpfa] *s.m.*, -. amortecedor, abafador, surdina.
Dampf.schiff [dámpf-chif] *s.n.*, -e. barco a vapor.
Dämp.fung [démp-funk] *s.f.*, -en. ação de sufocar; abafamento, repressão.
da.nach [dá-nárr] *adv.* depois disso, conforme.
da.ne.ben [dá-nê:ben] *adv.* junto, perto, ao pé, além disso.
Dä.ne [dé:ne] *s.m.*, -n. dinamarquês.
Dä.nin [dé:nin] *s.f.*, -nen. dinamarquesa.
dä.nisch [dé:nich] *adj.* dinamarquês, natural da Dinamarca.
Dank [dánk] *s.m. (sem plural).* agradecimento, gratidão.
dank.bar [dánk-bá:r] *adj.* grato.
Dank.bar.keit [dánk-barkáit] *s.f. (sem plural).* gratidão.
dann [dán] *adv.* então.
da.ran [dá-rán] *adv.* nisso, nisto.
da.rauf [dá-ráuf] *adv.* em cima disto, a isto, depois.
da.raus [dá-ráus] *adv.* disto, disso, dali.
dar.ben [dár-ben] *v.* viver na miséria.
dar.bie.ten [dar-bí:ten] *v.* oferecer, apresentar.
dar.in [dá-rin] *adv.* lá dentro, nisso.
Darm [dárm] *s.m.*, *Därme.* tripa, intestino.
dar.ren [dá-ren] *v.* secar no forno.
dar.stel.len [dár-chtélen] *v.* expor, apresentar, descrever.
Dar.stel.lung [dár-chtélunk] *s.f.*, -en. exposição, representação.
dar.tun [dár-tun] *v.* provar, demonstrar.
dar.über [dár-y:ba] *adv.* ali em cima, sobre isso.
dar.um [dá-rúm] *adv.* e *conj.* por isto, porque, pois que.
dar.un.ter [dá-únta] *adv.* sob, debaixo, abaixo, dentre, entre.
das [dás] *art. def. neut.* e *pron.* o, a; este, esta, o qual, a qual, que.

DASEIN • DICH

da.sein [dá-záin] v. estar presente, ter vindo, existir, haver; existência, vida.

da.selbst [dá-zélpst] adv. lá, ali, onde.

dass [dás] conj. a fim de de, a, para que, para.

da.sel.be [dasélbe] pron. o mesmo que.

da.tie.ren [dati:ren] v. datar.

Dat.tel [dátel] s.f., -n. tâmara.

Da.tum [dátum] s.n., Daten. data.

Dau.be [dáube] s.f., -n. aduela.

Dau.er [dáua] s.f. (sem plural). duração, firmeza.

dau.er.haft [dáua-rháft] adj. durável, firme.

dau.ern [dáu-ern] v. durar, subsistir.

Dau.men [dáu-men] s.m., -. polegar.

Dau.ne [dáu-ne] s.f., -n. pena, penugem.

da.von [da-fón] adv. dele, disto, disso.

da.vor [dá-fór] adv. diante, disto, disso.

da.wi.der [dá-vida] adv. contra isso, contrariamente, em oposição a.

da.zu [dá-tsu] adv. além disso, além do mais.

da.zwi.schen [dáts-vichen] adv. no meio disso, entre dois.

De.büt [debyt] s.n., - estreia.

Deck [dék] s.n., -. convés, coberta de navio.

Decke [déke] s.f., -n. coberta, cobertor, toalha de mesa; teto, forro.

Deckel [dékel] s.m., -. tampa.

decken [déken] v. cobrir.

Deck.man.tel [dékmántel] s.m., Deckmäntel. pretexto, motivo velado.

Deck.na.me [dék-ná:me] s.m., -n. pseudônimo, codinome.

De.fekt [dé-fékt] s.m., -e. defeito, falha.

De.gen [dé:guen] s.m., -. espada; guerreiro.

de.ge.nerie.ren [de-gueneri:ren] v. degenerar.

dehn.bar [dê:n-bá:r] adj. elástico, flexível, dúctil.

Dehn.bar.keit [dê:nbar-káit] s.f., -en. elasticidade, ductilidade.

deh.nen [dê:nen] v. estender, dilatar, estirar.

Deh.nung [dê:nunk] s.f., -en. dilatação, extensão.

Deich [dáich] s.m., -e. dique, represa.

Deich.sel [dáich-zél] s.f., -n. tirante, varal, timão.

dein [dáin] pron. teu, tua.

dei.ne [dáine] pron. teus, tuas.

dei.net.we.gen [dáinét-vè:guen] adv. por ti, por causa de ti.

dei.ni.ge [dáinigue] pron. o teu, a tua.

de.li.kat [delikát] adj. delicado, requintado; delicioso, fino.

De.li.ka.te.sse [delikatésse] s.f., -n. delicadeza, fineza; iguaria.

dem.nach [dêm-nárr] adv. logo, pois, assim.

dem.nächst [dêm-néchst] adv. em breve, logo.

de.mo.lie.ren [demoli:ren] v. demolir.

De.mut [de:mú:t] s.f. (sem plural). humildade.

de.mü.tig [de:-my:tich] adj. humilde, submisso.

de.mü.ti.gen [de-my:tiguen] v. humilhar, rebaixar, aviltar.

den.geln [dên-guéln] v. aguçar, afiar.

Denk.art [dénk-árt] s.f., -en. opinião, modo de pensar.

denk.bar [dénkbá:r] adj. imaginável.

den.ken [dénken] v. pensar, imaginar.

Den.ker [dênka] s.m., -. pensador.

Denk.mal [dênk-mál] s.n., -e ou Denkmäler. monumento.

Denk.zet.tel [dênk-tsétel] s.m., -. lembrete, advertência.

denn [dén] conj. porque, pois, assim, logo.

den.noch [dén-nórr] conj. não obstante.

de.po.nie.ren [deponi:ren] v. depositar, depor.

der [déa] art. def. masc. e pron. o; que, o qual.

derb [dérp] adj. compacto, duro, áspero.

Derb.heit [dérp-rháit] s.f., -en. firmeza, aspereza.

der.einst [déa-áinst] adv. um dia, no futuro.

de.ren [dê:-ren] pron. relat. cujo, cuja; cujos, cujas; de quem, da qual, dos quais; destas, destes, daquelas, daqueles.

der.glei.chen [dèa-gláichen] adv. igualmente, também, do mesmo modo.

der.je.ni.ge [déa-iê:nigue] pron. aquele; esse, o que está ali.

der.ma.ßen [déa-má:ssen] adv. de tal modo.

der.sel.be [déa-zélbe] pron. o mesmo.

der.sel.bi.ge [déa-zélbigue] pron. o mesmo (usado somente em posposição).

des.halb [dês-rhálp] conj. por isto, por causa disto.

des.sen [déssen] pron. cujo, o qual.

De.ssert [désser] s.n., -. sobremesa.

de.sto [dés-to] adv. tanto, tão, mais.

des.we.gen [dês-vê:guen] adv. por isso, assim.

De.tail [dé-táil] s.n., - pormenor, detalhe.

de.tail.lie.ren [dê-tái-li:ren] v. detalhar, pormenorizar.

deu.ten [dói-ten] v. interpretar, indicar, explicar; mostrar, indicar.

deut.lich [dóit-liĉh] adj. distinto, claro, inteligível.

Deut.lich.keit [dóit-ligh-káit] s.f., -en. clareza, precisão.

deutsch [dóitch] adj. alemão, germânico, da Alemanha.

Deutsch.tum [dóitch-tum] s.n. (sem plural). nacionalidade alemã, germanismo.

Deu.tung [dói-tunk] s.f., -en. explicação, interpretação.

De.zem.ber [dê-tsêm-ba] s.m., -. dezembro.

dich [diĉh] pron. te, ti, a ti.

dicht [dícht] *adj.* denso, espesso, compacto, sólido; — *bei:* perto de, junto de, cerca de.

dich.ten [díçh-ten] *v.* meditar, inventar, forjar, fazer versos.

Dich.ter [díçh-ta] *s.m., -.* poeta.

dich.te.risch [díçh-te-rich] *adj.* poético, romântico.

Dich.tig.keit [díçh-tiçh-káit] *s.f., -en.* densidade, espessura.

Dich.tung [díçh-tunk] *s.f., -en.* poesia, ficção, literatura; vedação.

dick [dik] *adj.* espesso, grosso, forte, gordo, volumoso; — *werden:* engordar, inchar.

dick.bäckig [dík-békiçh] *adj.* bochechudo.

dick.bäu.chig [dík-bóiçhiçh] *adj.* barrigudo, pançudo.

Dicke [díke] *s.f. (sem plural).* grossura, espessura; — *Luft:* situação crítica *(fig.).*

dick.häu.tig [dík-rhóit-içh] *adj.* que tem pele grossa, insensível.

Dickicht [díkiçht] *s.n., -e.* mata cerrada, vegetação espessa, matagal.

Dick.kopf [dík-kópf] *s.m., Dickköpfe.* cabeça dura.

dick.köp.fig [dík-kөp-fiçh] *adj.* cabeçudo, teimoso, obtuso.

die [di:] *art. def. fem. e pron. a;* que, a qual.

Dieb [di:p] *s.m., -e.* ladrão.

Die.be.rei [di:beráî] *s.f., -en.* gatunagem, ladroíce.

Die.bes.ban.de [di:besbánde] *s.f., -n.* quadrilha, bando de ladrões.

Die.bes.gut [di:besgú:t] *s.n., Diebesgüter.* roubo.

Die.bes.pra.che [di:bes-sprárre] *s.f., -n.* gíria.

Dieb.stahl [di:p-chtá:l] *s.m., Diebstähle.* furto, roubo.

die.je.ni.ge [di:-iê:nigue] *pron.* aquela, esta, essa.

Die.le [di:le] *s.f., -n.* tábua, ripa; vestíbulo, hall, entrada.

die.len [di:len] *v.* revestir de tábua.

die.nen [di:nen] *v.* servir, ser útil.

Die.ner [di:na] *s.m., -.* servo, criado.

Die.ner.schaft [di:nérn-cháft] *s.f., -en.* criados, criadagem.

dien.lich [di:n-liçh] *adj.* próprio, útil.

Dienst [di:nst] *s.m., -e.* serviço, ofício, função.

Diens.tag [di:ns-tá:k] *s.m., -e.* terça-feira.

dienst.bar [di:nst-bá:r] *adj.* serviçal, obsequioso.

Dienst.bar.keit [di:nst-bár-káit] *s.f., -en.* obsequiosidade, gentileza; servidão.

dienst.be.fli.ßen [di:nst-befli:ssen] *adj.* oficioso, obsequioso.

Dienst.fer.tig.keit [di:nst-fértiçh-káit] *s.f., -en.* oficiosidade.

dienst.pflich.tig [di:nst-pfliçh-tiçh] *adj.* obrigado a servir.

dienst.wil.lig [di:nst-viliçh] *adj.* oficioso, benevolente.

dies [di:s] *pron.* isto, isso, aquilo.

die.se; die.ser; die.ses [di:ze; di:za; di:zes] *pron.* essa, esta *(fem.);* esse, este *(masc.);* isso, isto *(neut.).*

dies.jäh.rig [di:s-iê:a-riçh] *adj.* deste ano.

dies.mal [di:s-mál] *adv.* esta vez.

dies.seits [di:s-záits] *adj.* deste lado, de cá.

Diet.rich [dí:-triçh] *s.m., -e.* gazua.

Ding [dink] *s.n., -e.* coisa.

din.gen [dínguen] *v.* alugar, empregar.

ding.lich [dink-liçh] *adj.* real, efetivo.

dir [di:a] *pron.* te, a ti, para você, de você.

Dir.ne [dírne] *s.f., -n.* moça; prostituta.

Dis.kant [dis-kánt] *s.m., -en.* soprano.

Di.stel [dístel] *s.f., -n.* cardo.

Di.stel.fink [distel-fink] *s.m., -en.* pintassilgo.

doch [dóch] *conj.* não obstante, todavia, porém, pois.

Docht [dórrt] *s.m., -e.* pavio, mecha.

Doh.ne [dô:-ne] *s.f., -n.* armadilha, cilada, ardil.

Dok.tor [dók-tôa] *s.m., -en.* doutor, médico.

Do.ku.men.te.ren [dokument] *s.n., -e.* documento.

do.ku.men.tie.ren [dokumentí:ren] *v.* documentar, certificar.

Dolch [dólçh] *s.m., -e.* punhal.

Dol.de [dól-de] *s.f., -n.* guarda-chuva.

dol.met.schen [dól-métchen] *v.* interpretar.

Dol.met.scher [dól-métcha] *s.m., -.* intérprete.

Dom [dô:m] *s.m., -e.* sé, igreja, catedral.

Don.ner [dóna] *s.m., -.* trovão.

Don.ner.schlag [dóner-chlá:k] *s.m., Donnerschläge.* detonação.

Don.ner.büch.se [dóner-bykse] *s.f., -n.* bombarda.

don.nern [dónérn] *v.* trovejar.

Don.ners.tag [dónas-tá:k] *s.m., -e.* quinta-feira.

Don.ner.wet.ter [dóna-véta] *s.n., -.* trovoada.

dop.pel [dópel] *adj.* duplicado, duplo.

Dop.pel.bett [dópel-bét] *s.n., -en.* cama de casal.

dop.pel.deu.tig [dópel-dóitiçh] *adj.* ambíguo, equívoco.

Dop.pel.ehe [dópel-ê:e] *s.f., -n.* bigamia.

Dop.pel.flin.te [dópel-flínte] *s.f., -n.* espingarda de dois canos.

Dop.pel.laut [dópel-láut] *s.m., -e.* ditongo.

dop.peln [dópeln] *v.* dobrar, duplicar.

Dop.pel.punkt [dópel-púnkt] *s.m., -e.* dois pontos (:).

Dop.pel.rei.hig [dópel-rái-içh] *adj.* de duas linhas.

dop.pel.sin.nig [dópel-zíniçh] *adj.* ambíguo, equívoco.

dop.pelt [dópelt] *adj.* dobrado, reforçado, duplo.

DORF • DU

Dorf [dórf] *s.n., Dörfer.* aldeia, vilarejo.

dörf.lich [dörf-lich] *adj.* aldeão; roceiro, rústico.

Dorn [dórn] *s.m., -en.* espinho.

Dorn.busch [dórn-búch] *s.m., Dornbüsche.* espinheiro.

dor.nen.voll [dórnen-fól] *adj.* espinhoso.

dor.nig [dór-nich] *adj.* espinhoso.

dor.ren [dórren] *v.* secar-se.

dort [dórt] *adv.* lá, ali.

dort.hin [dórt-rhin] *adv.* para lá.

dor.tig [dór-tich] *adj.* daquele lugar, de lá.

Do.se [dô:-ze] *s.f., -n.* caixa, estojo, lata.

do.sie.ren [dó-zi:ren] *v.* dosar, medir em doses.

Do.sis [dô:zis] *s.f., Dosen.* dose.

Dot.ter [dóta] *s.m., -.* gema de ovo.

Do.zent [dô-tsent] *s.m., -en.* docente, professor.

do.zie.ren [dô-tsí:ren] *v.* ensinar.

Dra.che [drá-rre] *s.m., -n.* dragão.

Dra.chen [drá-rren] *s.m., -.* papagaio de papel, "pipa".

Draht [drát] *s.m., Drähte.* arame, fio metálico.

Drall [drál] *s.m., -e.* estria, torcedura; rotação, giro.

drall [drál] *adj.* forte, robusto.

Dra.ma [dráma] *s.n., Dramen.* drama.

Dra.ma.ti.ker [dramátika] *s.m., -.* dramaturgo.

dra.ma.tisch [dramátich] *adj.* dramático.

dra.ma.ti.sie.ren [dramatizí:ren] *v.* dramatizar.

Dra.ma.turg [dráma-túrk] *s.m., -en.* diretor artístico, redator de tv.

Drang [dránk] *s.m., Dränge.* aperto, tropel, urgência, ímpeto.

drän.gen [drénguen] *v.* apertar, estreitar, oprimir.

Drang.sal [dránk-zál] *s.f., -e.* tormento, opressão.

drau.ßen [dráussen] *adv.* fora.

Drech.sel.bank [drèch-zél-bánk] *s.f., -en.* torno.

drech.seln [drèch-zèln] *v.* tornear.

Dreck [drék] *s.m. (sem plural).* sujeira, excremento.

dreckig [drékich] *adj.* sujo, lodoso.

dre.hen [drè:en] *v.* volver, tornar, voltar, tornear.

Dre.her [drè:a] *s.m., -.* torneiro, molinete, manivela.

Drei [drái] *num.* três.

Drei.eck [drái-ék] *s.n., -e.* triângulo.

drei.eckig [drái-ékich] *adj.* triangular.

Drei.ecks.leh.re [drái-éks-lê:re] *s.f., -n.* trigonometria.

drei.ei.nig [drái-ai-nich] *adj.* trino.

Drei.ei.nig.keit [drái-ai-nich-káit] *s.f. (sem plural).* trindade.

drei.fach [drái-fárr] *adj.* triplo.

drei.far.big [drái-fár-bich] *adj.* tricolor.

drei.monat.lich [drái-mônat-lich] *adj.* trimensal, trimestral.

drei.sei.tig [drái-záitich] *adj.* trilateral, trilátero.

drei.ßig [dráissich] *num.* trinta.

drei.ßig.ste [drái-ssik-ste] *num.* trigésimo, trigésima parte, trinta avos.

dreist [dráist] *adj.* atrevido.

drei.zehn [drái-tsê:n] *num.* treze.

drei.zehn.te [drái-tsê:nte] *num.* décimo-terceiro.

dre.schen [dréchen] *v.* malhar, debulhar.

Dresch.fle.gel [drèch-flê:guel] *s.m., -.* malho.

dres.sie.ren [drè-ssi:ren] *v.* adestrar.

Dres.sur [dréssúa] *s.f., -en.* adestramento.

Drill [dríl] *s.m. (sem plural).* exercício, disciplina.

Drill.boh.rer [dríl-bô:ra] *s.m., -.* verruma, broca.

dril.len [drílen] *v.* fazer girar, verrumar, adestrar.

Dril.ling [dríl-ink] *s.m., -e.* trigêmeo; cada um dos três gêmeos.

drin.gen [drín-guen] *v.* − *durch:* trespassar, perfurar; *in −:* penetrar em; *auf −:* insistir em.

drin.gend [drin-guent] *adj.* urgente.

dring.lich [drink-lich] *adj.* urgente.

Dring.lich.keit [dring-lich-káit] *s.f. (sem plural).* urgência.

drit.te [dríte] *num.* terceiro.

Drit.tel [drítel] *s.n., -.* terça parte, terço.

drit.teln [drit-èln] *v.* dividir em três partes.

drit.tens [dritens] *adv.* em terceiro lugar.

dro.ben [drô:ben] *adv.* lá em cima.

dro.hen [drô:en] *v.* ameaçar, intimidar.

dro.hend [drô:ent] *adj.* ameaçador, terrível.

Droh.ne [drô:-ne] *s.f., -n.* abelhão, zangão.

dröh.nen [drö:-nen] *v.* tremer, abalar-se.

Droh.ung [drô:-unk] *s.f., -en.* ameaça.

drol.lig [dró-lich] *adj.* engraçado, divertido.

Drosch.ke [dróch-ke] *s.f., -n.* carruagem.

Dros.sel [dróssél] *s.f., -n.* tordo, melro.

drü.ben [dry:ben] *adv.* do outro lado, do lado de lá.

Druck [drúk] *s.m., Drücke.* pressão, aperto; impressão, estampa.

drücken [dryken] *v.* apertar, comprimir, premir.

drucken [drúken] *v.* imprimir, estampar.

Drucker [drúka] *s.m., -.* impressor, estampador.

Drucke.rei [drúkearái] *s.f., -en.* artes gráficas; imprensa, estamparia.

Drü.se [dry:ze] *s.f., -n.* glândula.

du [dú] *pron.* tu; *auf − und − stehen:* ser muito íntimo, tratar-se com intimidade; *mit − anreden:* tratar por tu.

DUCKEN • DURCHMARSCH

ducken [dúken] v. rebaixar, humilhar, desprezar.
Du.del.sack [dúdel-zák] s.m., Dudelsäcke. gaita de fole, realejo.
Du.ett [duét] s.n., -e. dueto, duo.
Duft [dúft] s.m., Düfte. vapor, cheiro, fragrância, aroma, perfume.
duf.ten [dúf-ten] v. exalar, perfumar.
duf.tend [dúf-tent] adj. aromático; stark —: recendente.
duf.tig [dúf-tiçh] adj. cheiroso, vaporoso.
duld.bar [dúlt-bà:r] adj. tolerável.
dul.den [dúl-den] v. sofrer, suportar, tolerar.
Dul.dung [dúl-dunk] s.f., -en. tolerância, sofrimento.
dumm [dúm] adj. estúpido, imbecil.
dumm.dreist [dúm-dráist] adj. impertinente.
Dumm.heit [dúm-rháit] s.f., -en. estupidez, burrice, bobagem.
dumpf [dúmpf] adj. surdo, insensível.
Dumpf.heit [dúmpf-rháit] s.f., -en. apatia.
Dü.ne [dy:ne] s.f., -n. duna.
Dung [dunk] s.m. (sem plural). estrume, esterco; excremento.
dün.gen [dyn-guen] v. estercar, adubar.
dun.kel [dúnkel] adj. sombrio, escuro.
Dün.kel [dynkel] s.m. (sem plural). presunção, petulância.
Dun.kel.heit [dúnkel-rháit] s.f., -en. obscuridade, escuridão.
dun.keln [dún-këln] v. escurecer.
dünken [dynken] v. parecer a, pensar, julgar, crer; sich —: crer-se, julgar-se; mich dünkt: parece-me.
dünn [dyn] adj. delgado, magro, franzino.
Dünn.darm [dyn-dárm] s.m., Dünndärme. intestino delgado.
dünn.flü.ßig [dyn-fly:ssiçh] adj. fluido.

Dunst [dúnst] s.m., -e. vapor, exalação, emanação.
dun.sten [dúnsten] v. exalar, evaporar.
Dunst.kreis [dúnst-kráis] s.m., -e. atmosfera, órbita.
Dur [dúa] s.n. (sem plural). maior (tom musical).
durch [dúiçh] prep. por, por meio de.
durch.aus [dúiçh-rháus] adv. totalmente, inteiramente.
durch.bei.ßen [dúiçh-bái-ssen] v. partir com os dentes, trincar.
durch.blät.tern [dúiçh-blétérn] v. folhear.
Durch.blick [dúiçh-blík] s.m., -e. visão, transparência, controle.
durch.blicken [dúiçh-blíken] v. transparecer, olhar através.
durch.bren.nen [dúiçh-brénen] v. perfurar queimando, safar-se.
durch.brin.gen [dúiçh-brínguen] v. transportar, conservar, manter.
Durch.bruch [dúiçh-brúrr] s.m., Durchbrüche. ruptura, rompimento.
durch.den.ken [dúiçh-dénken] v. meditar, examinar a fundo.
durch.drin.gen [dúiçh-dríngen] v. penetrar, passar, atravessar.
durch.drin.gend [dúiçh-dríngent] adj. penetrante, agudo.
durch.ei.len [dúiçh-áilen] v. passar precipitadamente.
durch.ein.an.der [dúiçh-lóiçh-ten] adv. confusamente, sem distinção, confusão, trapalhada;. -brin.gen, -men.gen, -wer.fen: misturar, confundir, atrapalhar.
Durch.fahrt [dúiçh-fá:rt] s.f., -en. passagem.
Durch.fall [dúiçh-fál] s.m., Durchfälle. diarreia.
durch.for.schen [dúiçh-fórchen] v. examinar a fundo, investigar.
durch.füh.ren [dúiçh-fy:ren] v. conduzir, transportar por.
durch.fur.chen [dúiçh-fúr-chen] v. sulcar.

durch.füt.tern [dúiçh-fytérn] v. sustentar.
Durch.gang [dúiçh-gánk] s.m., Durchgänge. passagem.
durch.gän.gig [dúiçh-guén-guiçh] adj. geral, universal.
durch.ge.hen [dúiçh-guë:en] v. passar, atravessar.
durch.ge.hend [dúiçh-guê:ent] adj. contínuo, direto.
durch.ge.hends [dúiçh-guê:ents] adv. geralmente.
durch.grei.fen [dúiçh-gráifen] v. tomar medidas enérgicas, impor-se.
durch.hal.ten [dúiçh-rhál-ten] v. perseverar, resistir, manter-se firme; nicht —: vir abaixo.
durch.hel.fen [dúiçh-rhélfen] v. ajudar, tirar alguém de uma dificuldade; sich —: ir vivendo.
durch.kämp.fen [dúiçh-kémpfen] v. lutar até vencer.
durch.kom.men [dúiçh-kómen] v. passar por, ser aprovado em.
Durch.lass [dúiçh-lás] s.m., Durchlässe. coador, peneira, filtro; passagem.
durch.la.ssen [dúiçh-lássen] v. coar, filtrar, fazer passar.
Durch.laucht [dúiçh-láurrt] Euer —: Vossa Alteza.
durch.lau.fen [dúiçh-láufen] v. gastar andando, esgotar em caminho; passar correndo.
durch.le.sen [dúiçh-lë:zen] v. ler do princípio ao fim.
durch.leuch.ten [dúiçh-lóiçh-ten] v. transluzir; fazer uma radioscopia.
Durch.leuch.tung [dúiçh-lóiçh-tunk] s.f., -en. radioscopia.
durch.lö.chern [dúiçh-lø-çhérn] v. perfurar, esburacar.
durch.lüf.ten [dúiçh-lyften] v. ventilar, arejar.
durch.ma.chen [dúiçh-márren] v. passar por, aguentar, sofrer.
Durch.marsch [dúiçh-márch] s.m., Durchmärsche. marcha, passagem; travessia de tropas marchando.

durch.mar.schie.ren [dúich-marchí:ren] v. atravessar marchando, marchar por.

Durch.me.sser [dúich-méssa] s.m., -. diâmetro.

durch.neh.men [dúich-nê:men] v. ensinar.

durch.prü.geln [dúich-chpryguéln] v. espancar, sovar.

Durch.rei.se [dúich-ráize] s.f., -n. passagem.

durch.rei.sen [dúich-ráizen] v. passar, percorrer viajando.

Durch.rei.sen.de [dúich-ráizende] s.m. + s.f., -n. viajante que está de passagem.

durch.rei.ßen [dúich-ráissen] v. rasgar-se, romper-se.

durch.rin.gen [dúich-ríngen] v. sich –: vencer os obstáculos, impor-se.

durch.rüh.ren [dúich-ry:ren] v. mexer, misturar bem.

durch.rüt.teln [dúich-rytéln] v. sacudir, agitar bem.

durch.sä.gen [dúich-zé:guen] v. cortar com a serra, serrar.

durch.schei.nen [dúich-cháinen] v. transluzir, transparecer.

durch.scheu.ern [dúich-chói-ërn] v. gastar esfregando; *sich die Haut –:* escoriar-se.

durch.schla.fen [dúich-chláfen] v. passar dormindo; dormir sem despertar.

Durch.schlag [dúich-chlá:k] s.m., Durchschläge. filtro, coador, passador, furo; perfuração; cópia.

durch.schla.gen [dúich-chlá:guen] v. coar, filtrar, passar através, perfurar.

durch.schnei.den [dúich-chnáiden] v. cortar, talhar.

Durch.schnitt [dúich-chnít] s.m., -e. corte, diâmetro, meio termo.

durch.schnitt.lich [dúich-chnít-lich] adj. mediocre, mediano; em média.

Durch.schuss [dúich-chús] s.m., Durchschüsse. trama; entrelinha (em tipografia).

durch.se.hen [dúich-zê:en] v. examinar, ler, rever.

durch.set.zen [dúich-zé-tsen] v. realizar.

Durch.sicht [dúich-zícht] s.f. (sem plural). exame, inspeção.

durch.sich.tig [dúich-zich-tich] adj. transparente.

Durch.sich.tig.keit [dúr-zich-tich-káit] s.f., -en. transparência.

durch.spre.chen [dúich-chpré-chen] v. discutir.

durch.ste.chen [dúich-chté-chen] v. transpassar, perfurar.

durch.ste.hen [dúich-chtê:en] v. aguentar.

durch.such.en [dúich-zú-rren] v. pesquisar, investigar, revistar.

Durch.su.chung [dúich-zu-rrunk] s.f., -en. busca, pesquisa, investigação, revista.

durch.trie.ben [dúich-trí:ben] adj. astuto, ladino.

Durch.trie.ben.heit [dúich-trí:ben-rháit] s.f., -en. astúcia, velhacaria.

durch.wüh.len [dúich-vy:len] v. revolver, esgravatar.

Durch.zug [dúich-tsú:k] s.m. (sem plural). passagem, corrente de ar.

durch.zwän.gen [dúich-tsvénguen] v. fazer passar à força; *sich –:* passar com força, passar a custo.

dür.fen [dyrfen] v. poder, ter licença ou permissão de.

dürf.tig [dyrf-tich] adj. indigente, escasso.

Dürf.tig.keit [dyrf-tich-káit] s.f., -en. indigência.

dürr [dya] adj. seco, magro; estéril.

Dür.re [durre] s.f., -n. aridez, secura, esterilidade.

Durst [dúrst] s.m. (sem plural). sede.

dur.sten [dúrs-ten] v. ter sede, estar sedento.

dürs.ten [dyrs-ten] v. ter sede, estar sedento.

dur.stig [dúastich] adj. sedento.

Du.sche [dúche] s.f., -n. chuveiro.

du.schen [dúchen] v. tomar banho de chuveiro.

Du.sel [dú:zel] s.m. (sem plural). sonolência, vertigem.

Du.se.lei [duzelái] s.f., -en. relaxamento, abandono.

du.se.lig [du:ze-liçh] adj. sonolento, relaxado.

dus.se.lig [du-ssé-liçh] adj. bobo, tolo.

dü.ster [dysta] adj. sombrio, escuro.

Dut.zend [dú-tsent] num. s.n., -e. dúzia.

dut.zen.wei.se [dú-tsen-váize] adv. às dúzias.

du.zen [dú-tsen] v. tratar por „du", chamar de „você".

Duz.freund [dúts-fróint] s.m., -e. amigo íntimo.

D-Zug [dê-tsú:k] s.m., D-Züge. trem rápido.

E

E [ê:] quinta letra do alfabeto alemão; E, e; mi *(nota musical)*.

Eb.be [ébe] *s.f.*, *-n.* maré baixa, vazante.

eben [ê:ben] *adj.* plano, liso, uniforme.

Eben.bild [ê:ben-bilt] *s.n.*, *Ebenbilder.* imagem, retrato fiel.

eben.bür.tig [ê:ben-byr-tiçh] *adj.* igual.

Ebe.ne [ê:bene] *s.f.*, *-n.* planície, plano.

eben.er.dig [êben-ér-diçh] *adj.* térreo.

eben.falls [ê:ben-fáls] *adv.* também, igualmente.

Eben.maß [ê:ben-má:s] *s.n.* *(sem plural).* proporção, simetria.

eben.mä.ßig [ê:ben-mé:ssiçh] *adj.* igual, simétrico.

eben.so [ê:ben-zô] *adv.* da mesma forma, do mesmo modo.

Eber [ê:ba] *s.m.*, *-.* varrão.

eb.nen [êp-nen] *v.* aplanar, igualar.

echt [éçht] *adj.* verdadeiro, puro, autêntico.

Echt.heit [éçht-rháit] *s.f.*, *-en.* pureza, autenticidade.

Ecke [éke] *s.f.*, *-n.* esquina, canto, ângulo.

eckig [ékiçh] *adj.* angular, anguloso.

edel [ê:del] *adj.* fidalgo, nobre; *(fig.)* generoso.

Edel.mut [ê:del-mú:t] *s.m.* *(sem plural).* generosidade.

edel.mü.tig [ê:del-my:tiçh] *adj.* generoso, nobre.

Edel.stein [ê:del-chtáin] *s.m.*, *-e.* pedra preciosa.

Edel.weiß [ê:del-váis] *s.n.*, *-e.* flor rara dos Alpes.

Egge [égue] *s.f.*, *-n.* rastelo, ancinho.

Ehe [ê:e] *s.f.*, *-n.* matrimônio, casamento; *conj.* antes, dantes.

Ehe.bre.cher [ê:e-bréçha] *s.m.*, *-.* adúltero.

ehe.bre.cher.isch [ê:e-bréçherich] *adj.* adúltero.

ehe.dem [ê:e-dêm] *adv.* antes, antigamente.

Ehe.frau [ê:e-fráu] *s.f.*, *-en.* esposa, mulher casada.

Ehe.gat.te [ê:e-gáte] *s.m.*, *-n.* marido, consorte.

Ehe.le.ben [ê:e-lê:ben] *s.n.*, *-.* vida conjugal.

Ehe.leu.te [ê:e-lóite] plural. cônjuges; *junge —:* recém-casados.

ehe.lich [ê:e-liçh] *adj.* conjugal.

Ehe.lo.sig.keit [ê:e-lóziçh-káit] *s.f.*, *-en.* celibato.

ehe.ma.lig [ê:e-má:liçh] *adj.* antigo, do passado.

ehe.mals [ê:e-máls] *adv.* outrora, antigamente.

Ehe.mann [ê:e-mán] *s.m.*, *Ehemänner.* marido, esposo.

Ehe.paar [ê:e-páar] *s.n.*, *-e.* casal.

Ehe.part.ner [ê:e-párt-na] *s.m.*, *-.* cônjuge.

eher [ê:a] *adv.* antes, mais cedo, mais depressa; *je — desto besser:* quanto antes melhor.

Ehe.recht [ê:e-réçht] *s.n.*, *-e.* direito matrimonial.

Ehe.ring [ê:e-rink] *s.m.*, *-e.* aliança. (anel).

Ehe.schei.dung [ê:e-chái-dunk] *s.f.*, *-en.* divórcio.

Ehe.schlie.ßung [ê:e-chli:ssunk] *s.f.*, *-en.* casamento, matrimônio.

Ehe.se.gen [ê:e-zê:guen] *s.m.*, *-.* bênção nupcial.

Ehe.stand [ê:e-chtánt] *s.m.*, *Ehestände.* matrimônio.

ehe.stens [ê:e-chtens] *adv.* o mais breve possível.

ehr.bar [ê:a-bá:r] *adj.* honrado, honesto.

Ehr.bar.keit [ê:a-bár-káit] *s.f.*, *-en.* honestidade, decência.

Eh.re [ê:re] *s.f.*, *-n.* honra.

Eh.ren.da.me [ê:ren-dá:me] *s.f.*, *-n.* dama de honra.

Eh.ren.rüh.rig [ê:ren-ry:riçh] *adj.* injurioso, difamante.

Eh.ren.schän.der [ê:ren-chénda] *s.m.*, *-.* difamador.

eh.ren.voll [ê:ren-fól] *adj.* honroso, honorífico.

eh.ren.wert [ê:ren-vért] *adj.* digno de honra, respeitável.

eh.rer.bie.tig [ê:ra-bi:tiçh] *adj.* respeitoso.

Ehr.furcht [ê:a-fúi-çht] *s.f. (sem plural).* reverência, veneração.

Ehr.geiz [ê:a-gáits] *s.m.* *(sem plural).* ambição.

ehr.gei.zig [ê:a-gáitziçh] *adj.* ambicioso.

ehr.lich [ê:a-líçht] *adj.* honrado, honesto.

Ehr.lich.keit [ê:a-líçh-káit] *s.f.*, *-en.* honestidade, probidade.

ehr.los [ê:a-lôs] *adj.* infame, desonrado.

ehr.sam [ê:a-zám] *adj.* honesto, respeitável.

Ei [ái] *s.n.*, *-er.* ovo; óvulo.

Eich.baum [áiçh-báum] *s.m.*, *Eichbäume.* carvalho.

Ei.che [áiçhe] *s.f.*, *-n.* carvalho.

Ei.chel [ái-çhél] *s.f.*, *-n.* bolota.

ei.chen [ái-çhen] *v.* aferir pesos e medidas.

Eich.hörnchen [áiçh-rhørn-çhen] *s.n.*, *-.* esquilo.

75

EICHKÄTZCHEN • EINFANGEN

Eich.kätz.chen [áiçh-kéts-çhen] s.n., -, esquilo.

Eid [áit] s.m., -e. juramento.

Eid.bruch [áit-brúrr] s.m., Eichbrüche. perjúrio.

Ei.dech.se [ái-ékse] s.f., -n. lagarto, lagartixa.

Eid.ge.no.ssen.schaft [áit-guenóssen-cháft] s.f. (sem plural). confederação.

Ei.dot.ter [ái-dóta] s.m. + s.n., -. gema de ovo.

Ei.er.scha.le [áia-chá:le] s.f., -n. casca de ovo.

Ei.er.stock [áia-chtók] s.m., Eierstöcke. ovário.

Ei.fer [ái-fa] s.m. (sem plural). zelo; fervor.

ei.fern [ái-fern] v. ter zelo por, zelar.

Ei.fer.sucht [ái-fa-zúrrt] s.f., Eifersüchte. ciúme, zelo.

ei.fer.süch.tig [ái-fa-zyçh-tiçh] adj. ciumento.

ei.för.mig [ái-før-miçh] adj. oval.

eif.rig [ái-friçh] adj. zeloso, diligente.

ei.gen [áiguen] adj. próprio, singular.

Ei.gen.art [áiguen-art] s.f., -en. particularidade, originalidade.

ei.gen.ar.tig [áiguen-ártiçh] adj. estranho, singular.

ei.gen.hän.dig [áigen-rhéndiçh] adj. e adv. de próprio punho.

Ei.gen.heit [áiguen-rháit] s.f., -en. particularidade, peculiaridade.

Ei.gen.lie.be [áiguen-li:be] s.f., -n. amor-próprio.

ei.gen.mäch.tig [áiguen-méçh-tiçh] adj. arbitrário, despótico.

Ei.gen.nutz [áiguen-núts] s.m. (sem plural). egoismo.

ei.gens [áiguens] adv. particularmente, de propósito.

Ei.gen.schaft [áiguen-cháft] s.f., -en. qualidade, propriedade.

Ei.gen.sinn [áiguen-zín] s.m. (sem plural). obstinação, capricho.

ei.gen.sin.nig [áiguen-ziniçh] adj. obstinado, caprichoso.

ei.gent.lich [áiguent-liçh] adv. propriamente, aliás.

Ei.gen.tum [áiguen-túm] s.n. (sem plural). propriedade.

Ei.gen.tü.mer [áiguen-ty:ma] s.m., -. proprietário, dono.

ei.gen.tüm.lich [áiguen-tymliçh] adj. próprio peculiar.

ei.gen.wil.lig [áiguen-viliçh] adj. caprichoso, teimoso.

eig.nen [áik-nen] v. ser conveniente, ser próprio para.

Eig.ner [áik-na] s.m., -. proprietário.

Ei.land [ái-lánt] s.n., Eiländer. ilha.

Eil.bo.te [áil-bó:te] s.m., -n. mensageiro, estafeta.

Ei.le [áile] s.f. (sem plural). pressa, urgência.

ei.len [áilen] v. apressar-se.

ei.lend [ái-lent] adv. apressadamente.

ei.lig [ái-liçh] adj. urgente, apressado.

Eil.zug [áil-tsú:k] s.m., Eilzüge. trem rápido.

Ei.mer [áima] s.m., -. balde.

ein, ei.ne [áin, áine] num. e art. indef. um, uma.

ein.an.der [áin-ánda] pron. um ao outro, mutuamente.

Ein.äsche.rung [áin-écherunk] s.f., -en. incineração; cremação.

ein.at.men [áin-átmen] v. aspirar, inalar.

Ein.band [áin-bánt] s.m., Einbände. encadernação.

ein.be.ru.fen [áin-berú:fen] v. convocar, chamar.

ein.bie.gen [áin-bi:guen] v. curvar, dobrar para dentro.

ein.bil.den [áin-bilden] v. imaginar, julgar-se.

Ein.bil.dung [áin-bildunk] s.f., -en. imaginação, fantasia.

ein.bin.den [áin-binden] v. encadernar, embrulhar.

ein.bla.sen [áin-blá:zen] v. soprar, insuflar.

Ein.bre.cher [áin-bré-çha] s.m., -. ladrão, arrombador.

ein.brin.gen [áin-bringuen] v. introduzir, recolher, produzir.

ein.brocken [áin-bróken] v. ensopar, migar.

Ein.bruch [áin-brúrr] s.m., Einbrüche. roubo, arrombamento, invasão.

Ein.bu.sse [áin-bússe] s.f., -n. perda, prejuízo.

ein.bü.ssen [áin-byssen] v. perder.

ein.däm.men [áin-démen] v. represar, cercar com diques.

ein.drin.gen [áin-drínken] v. entrar a força, invadir.

ein.dring.lich [áin-drink-liçh] adj. enérgico, incisivo, penetrante.

Ein.dring.ling [áin-drink-link] s.m., -e. intruso.

Ein.druck [áin-drúk] s.m., Eindrücke. impressão.

ein.drucken, ein.drücken [áin-drúken, áin-dryken] v. imprimir, estampar; comprimir, esmagar.

ein.drucks.voll [áin-drúks-fóll] adj. impressionante.

ei.nen [áinen] v. unir.

Ei.ner [áina] s.m., -. uno; unidade.

ei.ner.lei [áina-lái] adj. o mesmo, igual.

ein.fach [áin-fárr] adj. simples.

Ein.fach.heit [áin-fárr-rháit] s.f. (sem plural). simplicidade.

ein.fä.deln [áin-fédéln] v. enfiar, principiar.

Ein.fahrt [áin-fá:rt] entrada. s.f., -en. entrada, acesso.

ein.fall [áin-fál] s.m., Einfälle. queda, ruína, invasão, ideia súbita.

ein.falls.reich [áin-fáls-ráiçh] adj. engenhoso.

ein.falt [áin-fált] s.f. (sem plural). simplicidade, ingenuidade.

ein.fäl.tig [áin-féltiçh] adj. ingênuo.

Ein.falts.pin.sel [áin-fálts-pin-zel] s.m., -. simplório.

Ein.fa.mi.li.en.haus [áin-familien-rháus] s.n., Einfamilienhäuser. moradia de uma família.

ein.fan.gen [áin-fánguen] v. prender, encerrar.

EINFASSUNG • EINKLEIDUNG

Ein.fa.ssung [áin-fássunk] s.f., -en. guarnição, debrum, moldura, engaste.

ein.fet.ten [áin-féten] v. besuntar, engraxar.

ein.flie.ßen [áin-fli:ssen] v. entrar, desaguar em.

ein.flö.ßen [áin-flø:ssen] v. instilar, inspirar.

Ein.fluss [áin-flús] s.m., *Einflüsse*. influência, confluência.

ein.fluss.reich [áin-flús-ráiçh] adj. muito influente.

ein.flüs.tern [áin-flys-térn] v. sugerir, inspirar.

ein.for.dern [áin-fôr-dérn] v. reclamar, cobrar.

ein.för.mig [áin-før-miçh] adj. uniforme, monótono.

ein.frie.den [áin-fri:den] v. cercar, circundar.

ein.frie.di.gen [áin-fri:diguen] v. cercar, circundar.

Ein.frie.dung [áin-fri:dunk] s.f., -en. recinto, cerca.

ein.fü.gen [áin-fy:guen] v. intercalar, encaixar, engastar.

ein.füh.len [áin-fy:len] v. sich – in: tratar de compreender, penetrar em.

Ein.fuhr [áin-fú:a] s.f., -en. importação, entrada.

ein.füh.ren [áin-fy:ren] v. introduzir, apresentar, importar.

Ein.füh.rung [áin-fy:runk] s.f., -en. introdução, importação; iniciação.

ein.fül.len [áin-fylen] v. encher.

Ein.ga.be [áin-ga:be] s.f., -n. petição, requerimento.

Ein.gang [áin-gánk] s.m., *Eingänge*. entrada, princípio.

ein.ge.ar.bei.tet [áin-gue-árbáitet] adj. perito, versado.

ein.ge.ben [áin-guê:ben] v. dar, ministrar (remédio); inspirar, sugerir.

ein.ge.bil.det [áin-guebildet] adj. imaginário; presunçoso, arrogante.

ein.ge.bo.ren [áin-guebô:ren] adj. inato, natural.

Ein.ge.bo.re.ne [áin-guebô:rene] s.m. + s.f., -n. nativo, autóctone; indígena.

Ein.ge.bung [áin-guê:bunk] s.f., -en. ação de dar, apresentação, inspiração.

ein.ge.hen [áin-guê:en] v. entrar, consentir, aprovar; decair, secar.

ein.ge.macht [áin-gue-márrt] adj. confeitado, em conserva.

ein.ge.nom.men [áin-guenómen] adj. tomado, preocupado, prevenido.

ein.ge.schränkt [áin-gue-chrénkt] adj. limitado, circunscrito.

ein.ge.schrie.ben [áin-gue-chri:ben] adj. registrado.

Ein.ge.ständ.nis [áin-gue-chtênt-nis] s.n., *Eingeständnisse*. confissão, reconhecimento.

ein.ge.ste.hen [áin-gue-chtê:en] v. confessar, reconhecer.

Ein.ge.wei.de [áin-gue-váide] plural. intestinos, entranhas, tripas.

ein.ge.zo.gen [áin-gue-tsô:guen] adj. retirado, confiscado.

ein.grei.fen [áin-gráifen] v. intervir; engrenar, endentar-se.

Ein.griff [áin-gríf] s.m., -e. encaixe de rodas dentadas; intervenção.

Ein.halt [áin-rhált] s.m. (sem plural). impedimento, suspensão.

ein.hal.ten [áin-rhálten] v. impedir, suspender, cumprir.

ein.häm.mern [áin-rhémern] v. cravar, gravar na memória.

ein.han.deln [áin-rhan-déln] v. – gegen: trocar por.

ein.hän.dig [áin-rhén-diçh] adj. manco.

ein.hei.misch [áin-rháimich] adj. nativo, aborígene.

Ein.heit [áin-rháit] s.f., -en. unidade, coesão; continuidade.

ein.heit.lich [áin-rháit-liçh] adj. uniforme, homogêneo.

Ein.heit.lich.keit [áin-rháit-liçh-káit] s.f., -en. unidade, homogeneidade, uniformidade.

ein.hei.zen [áin-rhái-tsen] v. aquecer.

ein.hel.lig [áin-rhéliçh] adj. unânime.

ein.her [áin-rhéa] adv. perto, junto.

ein.ho.len [áin-rhô:len] v. alcançar, recuperar.

Ein.horn [áin-rhórn] s.n., *Einhörner*. unicórnio.

ein.hül.len [áin-rhylen] v. envolver, rebuçar.

ei.nig [áiniçh] adj. um único; de acordo.

ei.ni.ge [áinigue] pron. alguns, algumas; uns, umas.

ei.ni.gen [áiniguen] v. unir, chegar a um acordo.

ei.ni.ger.ma.ßen [áiniga-má:ssen] adv. de algum modo, mais ou menos.

ei.ni.ges [áinigues] pron. algum, alguma.

Ei.nig.keit [áiniçh-káit] s.f. (sem plural). unidade, união, acordo.

Ei.ni.gung [áinigunk] s.f., -en. união, acordo.

ein.imp.fen [áin-impfen] v. inocular, vacinar.

ein.jäh.rig [áin-ié:riçh] adj. de um ano.

ein.kap.seln [áin-káp-zel] v. enquistar, isolar-se.

ein.kas.sie.ren [áin-kassi:ren] v. cobrar (dinheiro).

Ein.kauf [áin-káuf] s.m., *Einkäufe*. compra.

Ein.käu.fer [áin-kóifa] s.m., -. comprador.

ein.keh.ren [áin-kê:ren] v. recolher (em estalagem, hospedaria etc.); abrigar-se.

Ein.ker.ke.rung [áin-kéa-kê:runk] s.f., -en. encarceramento.

ein.klam.mern [áin-klámérn] v. engatar, pôr entre parênteses.

Ein.klang [áin-klánk] s.m., *Einklänge*. unissono, harmonia.

Ein.klei.dung [áin-kláidunk] s.f., -en. ação de investir, investidura.

77

EINKLEMMEN • EINSCHLÄGIG

ein.klem.men [áin-klémen] v. apertar, segurar com prendedor.

ein.ko.chen [áin-kórren] v. diminuir por meio de fervura.

Ein.kom.men [áin-kómen] s.n., -. renda, rendimento. v. entrar.

ein.krei.sen [áin-kráizen] v. envolver, cercar.

Ein.künf.te [áin-kynfte] rendimento. plural. rendimentos, receita.

ein.la.den [áin-láːden] v. convidar; carregar.

Ein.la.dung [áin-láːdunk] s.f., -en. convite; carga.

Ein.la.ge [áin-láːgue] s.f., -en. depósito, quota-parte de um sócio; incluso.

ein.la.gern [áin-láːguern] v. depositar, aquartelar.

Ein.lass [áin-lás] s.m. (sem plural). entrada, ingresso.

ein.las.sen [áin-lássen] v. deixar entrar, permitir ingresso.

Ein.lauf [áin-láuf] s.m., Einläufe. entrada.

ein.lau.fen [áin-láufen] v. entrar, chegar.

ein.le.ben [áin-lèːben] v. acostumar-se, habituar-se.

ein.le.gen [áin-lèːguen] v. pôr em conserva, interpor.

ein.lei.ten [áin-láiten] v. introduzir, arranjar, dirigir.

Ein.lei.tung [áin-láitunk] s.f., -en. introdução, iniciação.

ein.len.ken [áin-lênken] v. encaixar, reconsiderar.

ein.leuch.tend [áin-lóiçh-tent] adj. evidente.

ein.lie.fern [áin-líːfern] v. entregar, levar.

Ein.lie.fe.rung [áin-líːferunk] s.f., -en. entrega.

ein.lös.bar [áin-løs-bàːr] adj. convertível, conversível.

ein.lul.len [áin-lúlen] v. arrulhar.

ein.mal [áin-mál] adv. uma vez; auf —: de repente; noch —: outra vez; nicht —: nem sequer.

Ein.mal.eins [áin-mál-áins] s.n. (sem plural). tabuada.

ein.ma.lig [áin-máːliçh] adj. único, que é feito uma vez só; (fig.) sem par, sem igual.

Ein.ma.lig.keit [áin-máːliçh-káit] s.f., -en. singularidade.

Ein.marsch [áin-márch] s.m., Einmärsche. entrada (milit.).

ein.mar.schie.ren [áin-marchiːren] v. entrar.

ein.mi.schung [áin-michunk] s.f., -en. interferência, ingerência.

Ein.mün.dung [áin-myn-dunk] s.f., -en. foz, embocadura.

ein.mü.tig [áin-mytiçh] adj. unânime.

ein.neh.men [áin-nèːmen] v. ingerir; tomar, capturar.

ein.neh.mend [áin-nèːment] adj. atrativo, cativante.

ein.nicken [áin-níken] v. adormecer.

ein.nis.ten [áin-nísten] v. alojar-se, aninhar-se.

Ein.öde [áin-øːde] s.f., -n. deserto, solidão.

ein.packen [áin-páken] v. empacotar, embalar.

ein.pau.ken [áin-páuken] v. incluir, inculcar.

ein.pö.keln [áin-pøːkéln] v. salgar, pôr em salmoura.

ein.prä.gen [áin-prèːguen] v. gravar; sich —: fixar na memória.

ein.quar.tie.ren [áin-kvarti:ren] v. alojar, aquartelar.

Ein.rah.mung [áin-ráːmunk] s.f., -en. moldura, enquadramento.

ein.räu.men [áin-róimen] v. dispor, arrumar, conceder.

ein.re.den [áin-rèːden] v. persuadir, convencer.

ein.rei.ben [áin-ráiben] v. esfregar, friccionar.

ein.rei.chen [áin-ráiçhen] v. entregar, apresentar.

ein.rei.hen [áin-ráiːhen] v. dispor, classificar.

Ein.rei.se [áin-ráize] s.f., -n. entrada, imigração.

ein.rei.sen [áin-ráizen] v. entrar, imigrar.

ein.rei.ßen [áin-ráissen] v. rasgar, lacerar, demolir; laceração.

ein.ren.ken [áin-rênken] v. endireitar (um osso deslocado).

ein.rich.ten [áin-riçh-ten] v. arranjar, preparar, organizar, instalar.

Ein.rich.tung [áin-riçh-tunk] s.f., -en. arranjo, organização, instalação.

Eins [áins] eins num. e adv. um; o mesmo, a mesma coisa.

ein.sacken [áin-záken] v. ensacar.

ein.sal.ben [áin-zálben] v. untar.

ein.sam [áin-zám] adj. só, solitário.

Ein.sam.keit [áin-zám-káit] s.f., -en. solidão.

ein.sam.meln [áin-zám-mèln] v. receber, recolher, coletar.

Ein.satz [áin-záts] s.m. Einsätze. uso, emprego; aposta; entrada em operação; dinheiro aplicado para determinado fim; — des Lebens: com risco da vida.

ein.satz.be.reit [áin-záts-beráit] adj. disposto a entrar em ação, a sacrificar-se; arrojado.

Ein.satz.be.reit.schaft [áin-záts-beráit-cháft] s.f., -en. arrojo, espírito de sacrifício.

ein.schal.ten [áin-chálten] v. intercalar; ligar (luz etc.).

ein.schar.ren [áin-chá-ren] v. enterrar, soterrar.

ein.schen.ken [áin-chênken] v. deitar, dispor, servir (bebidas).

ein.schie.ben [áin-chi:ben] v. intercalar, introduzir.

ein.schif.fen [áin-chifen] v. embarcar.

ein.schla.fen [áin-chláːfen] v. adormecer.

ein.schlä.fern [áin-chléːfern] v. fazer dormir, entorpecer, sacrificar animal.

Ein.schlag [áin-chláːk] s, m, Einschläge. dobra, prega, trama; impacto.

ein.schla.gen [áin-chláːguen] v. pregar, tramar, arrombar.

ein.schlä.gig [áin-chléːguiçh] adj. relativo.

ein.schlei.chen [áin-chlái-chen] *v.* entrar furtivamente.
ein.schlep.pen [áin-chlépen] *v.* introduzir, contagiar (doenças).
ein.schlie.ßen [áin-chli:ssen] *v.* encerrar.
ein.schließ.lich [áin-chlí:s-liç] *adj.* incluso.
Ein.schlie.ßung [áin-chlí:ssunk] *s.f., -en.* inclusão; reclusão, cerco, bloqueio.
Ein.schluss [áin-chlús] *s.m., Einschlüsse.* inclusão.
ein.schmie.ren [áin-chmí:ren] *v.* untar, besuntar.
Ein.schnitt [áin-chnit] *s.m., -e.* entalhe, incisão, corte.
ein.schrän.ken [áin-chrénken] *v.* limitar, reduzir.
Ein.schrän.kung [áin-chrénkunk] *s.f., -en.* redução, limitação.
ein.schrei.ben [áin-chráiben] *v.* inscrever, registrar.
ein.schrei.ten [áin-chráiten] *v.* intervir.
ein.schüch.tern [áin-chyç-térn] *v.* intimidar.
ein.se.hen [áin-zè:en] *v.* examinar, reconhecer.
ein.sei.fen [áin-záifen] *v.* ensaboar.
ein.sei.tig [áin-záitiç] *adj.* unilateral, parcial.
ein.sei.tig.keit [áin-záitiç-káit] *s.f. (sem plural).* parcialidade.
ein.sen.den [áin-zénden] *v.* remeter.
Ein.sen.der [áin-zènda] *s.m., -.* remetente.
Ein.sen.kung [áin-zènkunk] *s.f., -en.* depressão, abaixamento.
ein.set.zen [áin-zé-tsen] *v.* encaixar, colocar; instituir, começar.
Ein.sicht [áin-ziçht] *s.f., -en.* juízo, prudência.
ein.sich.tig [áin-ziçh-tiç] *adj.* inteligente, sensato.
ein.sickern [áin-zikérn] *v.* infiltrar-se.
Ein.sied.lei [áin-zí:t-lái] *s.f., -en.* ermida.
Ein.sie.dler [áin-zí:t-la] *s.m., -.* eremita.

ein.sil.big [áin-zíl-biç] *adj.* monossílabo, monossilábico; taciturno, lacônico.
ein.span.nen [áin-chpánen] *v.* atrelar, aparelhar (cavalos).
Ein.spän.ner [áin-chpéna] *s.m., -.* carro puxado por um só cavalo.
ein.spa.ren [áin-chpá:ren] *v.* economizar.
Ein.spa.rung [áin-chpá:runk] *s.f., -en.* economia, corte.
ein.sper.ren [áin-chpé-ren] *v.* encerrar, encarcerar.
ein.spin.nen [áin-chpinen] *v.* prender (na teia); *sich —:* fazer um casulo, *(fig.)* ensimesmar-se.
ein.sprin.gen [áin-chpringuen] *v.* substituir.
Ein.sprit.zung [áin-chprít-tsunk] *s.f., -en.* injeção.
Ein.spruch [áin-chprürr] *s.m., Einsprüche.* protesto, veto.
einst [áinçht] *adv.* um dia, algum dia.
ein.stecken [áin-chtéken] *v.* embolsar, arrecadar.
ein.stei.gen [áin-chtáiguen] *v.* embarcar, entrar em.
ein.stel.len [áin-chtélen] *v.* colocar em, alistar, incorporar; *Arbeit —:* suspender o trabalho; *Kampf —:* suspender a luta, o combate.
Ein.stel.lung [áin-chtélunk] *s.f., -en.* alistamento, incorporação; suspensão de trabalho, greve; suspensão de luta, trégua; atitude.
ein.stig [áin-chtiçh] *adj.* antigo; anterior.
ein.stim.mig [áin-chtímiçh] *adj.* uníssono, unânime.
Ein.sturz [áin-chtúrts] *s.m., Einstürze.* desmoronamento, queda.
ein.stür.zen [áin-chtyr-tsen] *v.* desmoronar.
einst.wei.len [áinst-váilen] *adv.* no entanto; por enquanto, provisoriamente.
einst.wei.lig [áinst-váiliçh] *adj.* provisório.

ein.tä.gig [áin-téguiçh] *adj.* de um só dia, efêmero.
Ein.tags.flie.ge [áin-táks-flí:gue] *s.f., -n.* mosca efêmera.
ein.tau.chen [áin-táu-rren] *v.* mergulhar.
ein.tei.len [áin-táilen] *v.* dividir, repetir.
ein.tö.nig [áin-tø:niçh] *adj.* monótono.
Ein.tö.nig.keit [áin-tø:niçh-káit] *s.f., -en.* monotonia.
Ein.tracht [áin-trárrt] *s.f. (sem plural).* concórdia, harmonia.
Ein.trag [áin-trá:k] *s.m., Einträge.* registro, nota, entrada.
ein.tra.gen [áin-trá:guen] *v.* registrar, anotar, assentar.
ein.träg.lich [áin-trè:k-liçh] *adj.* proveitoso, lucrativo.
Ein.tra.gung [áin-trá:gunk] *s.f., -en.* inscrição, registro, lançamento.
ein.träu.feln [áin-trói-féln] *v.* instilar.
ein.tref.fen [áin-tréfen] *v.* chegar, acontecer; chegada.
ein.trei.ben [áin-tráiben] *v.* cobrar, arrecadar, tocar para dentro.
ein.tre.ten [áin-trè:ten] *v.* entrar, começar; arrombar; *— für:* interceder em favor de, defender.
ein.trich.tern [áin-triçh-térn] *v.* inculcar.
Ein.tritt [áin-trit] *s.m., -e.* entrada, princípio.
ein.tröp.feln [áin-trøpféln] *v.* instilar.
ein.üben [áin-y:ben] *v.* exercitar, ensaiar.
Ein.ver.lei.bung [áin-fér-láibunk] *s.f., -en.* incorporação.
ein.ver.stan.den [áin-fér-chtánden] *adv.* estar de acordo.
Ein.ver.ständ.nis [áin-fér-chtént-nis] *s.n., Einverständnisse.* consentimento, acordo.
Ein.wand [áin-vánt] *s.m., Einwände.* objeção, reparo, réplica, argumento.

Ein.wan.de.rer [áin-vándera] s.m., -. imigrante.

ein.wan.dern [áin-vándern] v. imigrar.

Ein.wan.de.rung [áin-vánderunk] s.f., -en. inauguração; consagração.

Ein.wei.hung [áin-vái-unk] s.f., -en. inauguração; consagração.

Ein.wei.sung [áin-vái-zunk] s.f., -en. posse.

ein.wen.den [áin-vênden] v. objetar.

Ein.wen.dung [áin-vêndunk] s.f., -en. objeção.

ein.wickeln [áin-víkéln] v. embrulhar.

ein.wil.li.gen [áin-víliguen] v. consentir.

Ein.woh.ner [áin-vô:na] s.m., -. morador, habitante.

Ein.wurf [áin-vúrf] s.m., Einwürfe. objeção.

Ein.zahl [áin-tsá:l] s.f. (sem plural). número singular.

ein.zah.len [áin-tsá:len] v. pagar, depositar.

Ein.zah.lung [áin-tsá:lunk] s.f., -en. pagamento, depósito.

Ein.zäu.nung [áin-tsói-nunk] s.f., -en. cerca, cercado de sebe.

Ein.zel.han.del [áin-tsél-rhán-del] s.m. (sem plural). varejo.

Ein.zel.heit [áin-tsél-rháit] s.f., -en. detalhe, particularidade, pormenor.

ein.zeln [áin-tséln] adj. só, isolado, singular.

ein.zieh.bar [áin-tsí-:bá:r] adj. retrátil.

ein.zie.hen [áin-tsí:en] v. retrair, recolher, confiscar.

ein.zig [áin-tsíçh] adj. único; adv. unicamente.

Ein.zug [áin-tsú:k] s.m., Einzüge. ingresso, entrada; chegada; recuo.

Eis [áis] s.n. (sem plural). gelo; sorvete.

Eis.bahn [áis-bá:n] s.f., -en. pista de patinação.

Eis.bär [áis-béa] s.m., -en. urso polar.

Eis.berg [áis-bêrk] s.m., -e. iceberg.

Eis.bre.cher [áis-bré-çha] s.m., -. navio quebra-gelo.

Ei.sen [áizen] s.n., -. ferro, ferradura.

Ei.sen.bahn [áizen-bá:n] s.f., -en. estrada de ferro, via férrea.

Ei.sen.gie.ße.rei [áizen-guí:sseráí] s.f., -en. fundição de ferro.

ei.sen.hal.tig [áizen-rhál-tiçh] adj. ferruginoso.

ei.sern [ái-zérn] adj. de ferro, férreo.

ei.sig [ái-zíçh] adj. glacial, gélido, gelado; impassível.

eikalt [áis-kált] adj. glacial, gélido, gelado; impassível.

Eis.lauf [áis-láuf] s.m. (sem plural). patinação no gelo.

Eis.läu.fer [áis-lóifa] s.m., -. patinador (no gelo).

ei.tel [ái-têl] adj. vaidoso, fútil; sem valor.

Ei.tel.keit [ái-têl-káit] s.f., -en vaidade.

Ei.ter [ái-ta] s.m. (sem plural). pus.

ei.te.rig [ái-teríçh] adj. purulento.

Ei.weiß [ái-váis] s.n., -e. clara de ovo, albumina.

Ekel [è:kel] s.m. (sem plural). asco, náusea, repugnância.

ekel.haft [è:kel-rháft] adj. nojento, repugnante.

ekeln [è:kéln] v. enojar, repugnar.

ekla.tant [eklántánt] adj. retumbante; evidente.

Eks.ta.se [èks-táze] s.f., -n. êxtase.

eks.ta.tisch [èks-tátich] adj. extático, extasiado.

Elch [élçh] s.m., -e. alce.

Elek.tri.zi.tät [elêktri-tsitè:t] s.f. (sem plural). eletricidade.

Elek.tron [elêk-trôn] s.n., -en. elétron.

Ele.men.tar.schu.le [elemêntár-chùle] s.f., -n. escola primária.

Elend [è:lent] s.n. (sem plural). miséria, calamidade.

elend [è:lent] adj. miserável, infeliz.

elf [élf] num. onze.

El.fen.bein [élfen-báin] s.n., -e. marfim.

elf.tel [élftél] num. ord. undécimo.

elf.tens [élf-têns] num. ord. undécimo.

El.bo.gen [él-bò:guen] s.m., -. cotovelo.

El.le [éle] s.f., -n. vara, côvado.

Els.ter [éls-ta] s.f., -n. pega.

el.ter.lich [él-tér-liçh] adj. dos pais; paterno e materno.

El.tern [éltérn] plural. pais.

el.tern.los [éltérn-lôs] adj. órfão.

Emp.fang [empfánk] s.m., Empfänge. recepção, acolhimento, recebimento.

emp.fan.gen [empfánguen] v. receber.

Emp.fän.ger [empfênga] s.m., -. recebedor, receptor, destinatário.

emp.fäng.lich [empfênk-liçh] adj. suscetível, sensível.

Emp.fäng.lich.keit [empfênk-liçh-káit] s.f., -en. suscetibilidade.

Emp.fäng.nis [empfênk-nis] s.f. (sem plural). concepção.

emp.feh.len [empfê:-len] v. recomendar.

Emp.feh.lung [empfê:-lunk] s.f., -en. recomendação.

emp.fin.den [emp-finden] v. sentir, perceber.

emp.find.lich [emp-fint-liçh] adj. sensível, delicado, melindroso.

Emp.fin.dung [emp-fin-dunk] s.f., -en. sentimento, sensação.

em.por [êmpô:a] adv. acima, para cima.

em.pö.ren [empô:ren] v. indignar, revoltar.

em.por.kom.men [êmpô:a-kômen] v. subir, prosperar.

Em.pö.rung [empô:runk] s.f., -en. rebelião, revolta, indignação.

em.sig [êm-ziçh] adj. ativo, diligente.

En.de [ëndə] s.n., -n fim, extremidade, ponta; *von Anfang bis – :* de cabo a rabo, do começo ao fim.
en.den [ëndən] v. terminar, acabar.
end.gül.tig [ënt-gyltiçh] adj. definitivo.
En.di.vie [endi-vi:] s.f., -n. endívia, chicória.
end.lich [ënt-liçh] adv. afinal, finalmente, por fim.
end.los [ent-lôs] adj. sem fim, infinito.
End.lo.sig.keit [ënt-lóziçh-káit] s.f., -en. infinidade.
End.ung [ëndunk] s.f., -en. terminação.
Ener.gie [enêr-guí:] s.f., -n. energia.
ener.gisch [enêr-guich] adj. enérgico.
eng [ënk] adj. estreito, apertado.
En.ge [ënguə] s.f., -n. estreiteza, aperto.
En.gel [ënguəl] s.m., -. anjo.
en.gel.haft [ënguəl-rháft] adj. angelical, angélico.
En.ger.ling [ënga-link] s.m., -e. larva.
Eng.län.der [ënglända] s.m., -. inglês; chave-inglesa.
eng.lisch [ënglich] adj. inglês; anglicano; *englische Krankheit:* raquitismo.
Eng.pass [ënk-pás] s.m., *Engpässe.* desfiladeiro, garganta, passagem estreita.
eng.stir.nig [ënk-chtir-niçh] adj. pouco inteligente; *(fig)* "burro", tapado.
En.kel [ënkəl] s.m., -. neto.
en.tar.ten [entärten] v. degenerar.
ent.täu.ßern [entöissérn] v. renunciar a, privar-se de.
ent.beh.ren [ent-bèren] v. carecer, sentir falta.
ent.behr.lich [ent-bè:rlich] adj. dispensável, supérfluo.
Ent.bin.dung [ent-bin-dunk] s.f., -en. exoneração; parto.
ent.blö.ßen [ent-blössen] v. descobrir, descarnar, destituir.

ent.bren.nen [ent-brénen] v. inflamar-se; *in Liebe – zu:* apaixonar-se por.
ent.decken [ent-déken] v. descobrir, revelar.
Ent.deckung [ent-dék-unk] s.f., -en. descobrimento.
En.te [ëntə] s.f., -n. pata (ave fêmea).
ent.eh.ren [ent-è:-ren] v. desonrar, difamar.
ent.er.ben [ent-érben] v. deserdar.
En.te.rich [ëntə-riçh] s.m., -e. pato (ave macho).
en.tern [ënt-érn] v. abordar, abalroar.
ent.fa.chen [ënt-fâ-rren] v. atiçar.
ent.fal.len [ent-fâlen] v. cair de, escapar, esquecer; *auf – :* recair em.
Ent.fal.tung [ent-fâl-tunk] s.f., -en. desdobramento, ostentação.
ent.fer.nen [ent-férnen] v. afastar, tirar.
ent.fernt [ent-fërnt] adj. distante, remoto.
Ent.fer.nung [ent-férnunk] s.f., -en. distância, afastamento.
Ent.fe.sse.lung [ent-féssélunk] s.f., -en. desencadeamento.
ent.flam.men [ent-flámen] v. inflamar.
ent.flie.hen [ent-fli:en] v. fugir.
ent.füh.ren [ent-fy:en] v. raptar, roubar.
Ent.füh.rer [ent-fy:ra] raptor/a, s.m., -. raptor, sequestrador.
Ent.füh.rung [ent-fy:runk] s.f., -en. rapto.
ent.ge.gen [ent-guê:guen] adj. contrário, adverso.
ent.geg.nen [ent-guêk-nen] v. contestar, replicar.
Ent.gelt [ent-guélt] s.n., -e. compensação; honorário.
ent.glei.sen [ent-gláizen] v. descarrilar.
ent.hal.ten [ent-rhálten] v. conter; *sich – :* abster-se.
ent.halt.sam [ent-rhált-zám] adj. sóbrio, abstinente.

Ent.halt.sam.keit [ent-rhált-zám-káit] s.f., -en. sobriedade, abstinência.
Ent.haup.tung [ent-rháup-tunk] s.f., -en. decapitação, degolar.
ent.he.ben [ent-rhè:-ben] v. dispensar, desobrigar.
ent.hei.li.gen [ent-rhái-liguen] v. profanar.
ent.hül.len [ent-rhylen] v. desvendar, revelar.
Ent.hül.lung [ent-rhylunk] s.f., -en. revelação, inauguração.
ent.hül.sen [ent-rhyl-zen] v. descascar.
ent.jung.fern [ent-iúnk-férn] v. deflorar, desvirginar.
ent.klei.den [ent-kláiden] v. despir.
ent.kom.men [ent-kómen] v. escapar, fugir, salvar-se.
ent.kräf.ten [ent-kréften] v. debilitar, enfraquecer.
ent.la.den [ent-lâden] v. descarregar.
ent.lang [ent-lánk] adv. ao longo de.
ent.lar.ven [ent-lárfen] v. desmascarar.
ent.la.ssen [ent-lássen] v. demitir, despedir.
Ent.la.ssung [ent-lássunk] s.f., -en. demissão, despedida; alta médica.
ent.lau.fen [ent-láufen] v. fugir, evadir-se.
ent.le.di.gen [ent-lè:diguen] v. desembaraçar; *sich – :* libertar-se.
ent.lee.ren [ent-lè:en] v. esvaziar; *die Blase – :* urinar; *den Darm – :* evacuar.
ent.le.gen [ent-lè:guen] adj. distante, remoto.
ent.man.nen [ent-mánen] v. castrar; *(fig.)* enervar, irritar.
ent.rei.ßen [ent-ráissen] v. arrancar.
ent.rich.ten [ent-riçh-ten] v. pagar, contribuir.
ent.rin.nen [ent-rinen] v. escapar a.
ent.rücken [ent-ryken] v. ocultar; *(fig.)* enlevar; *den Sorgen entrückt:* livre de.

ENTRÜMPELUNG • ERBEUTEN

Ent.rüm.pe.lung [ent-rym-pelunk] s.f., -en. arrumação.

ent.rü.sten [ent-rysten] v. sich –: indignar-se.

Ent.rü.stung [ent-rystunk] s.f., -en. indignar-se.

ent.sa.gen [ent-zá:guen] v. renunciar a, desistir de.

Ent.sa.gung [ent-zá:gunk] s.f., -en. renúncia, resignação, abnegação.

Ent.schä.di.gung [ent-chédigunk] s.f., -en. indenização.

ent.schei.den [ent-cháiden] v. decidir, resolver.

ent.schei.dend [ent-chái-dent] adj. decisivo, definitivo.

Ent.schei.dung [ent-chái-dunk] s.f., -en. decisão; sentença.

Ent.schie.den.heit [ent-chi:den-ráit] s.f., -en. decisão, firmeza.

ent.schla.fen [ent-chlá:fen] v. adormecer; (fig.) morrer.

ent.schlie.ßen [ent-chli:ssen] v. sich –: decidir-se; resolver.

Ent.schlo.ßen.heit [ent-chlô:ssen-ráit] s.f., -en. determinação, firmeza.

ent.schul.di.gen [ent-chúl-diguen] v. desculpar.

Ent.schul.di.gung [ent-chúl-digunk] s.f., -en. desculpa.

ent.schwin.den [ent-chvinden] v. desaparecer; desvanecer-se.

ent.seelt [ent-zé:lt] adj. exânime.

Ent.sen.dung [ent-zéndunk] s.f., -en. envio; delegação; alegação.

ent.set.zen [ent-zé-tsen] v. destituir, exonerar; sich –: espantar-se, horrorizar-se.

ent.setz.lich [ent-zé-tslich] adj. horrível, terrível.

ent.sin.nen [ent-zinen] v. sich –: recordar-se.

Ent.sitt.li.chung [ent-zit-li-chunk] s.f., -en. desmoralização.

ent.spre.chen [ent-chpré-chen] v. corresponder, condizer.

ent.spre.chend [ent-chpré-chent] adj. correspondente.

ent.stam.men [ent-chtámen] v. provir de, descender de.

ent.ste.hen [ent-chtê:en] v. nascer; (fig.) resultar de.

Ent.ste.hung [ent-chtê:unk] s.f., -en. nascimento, formação, origem, gênese, surgimento.

ent.stei.gen [ent-chtáiguen] v. sair de; surgir de.

Ent.stel.lung [ent-chtélunk] s.f., -en. desfiguração, deformação.

ent.strö.men [ent-chtrø:men] v. manar, jorrar; sair de.

Ent.täu.schung [ent-tóichunk] s.f., -en. desengano, desilusão, decepção, desapontamento.

ent.thro.nen [ent-trô:nen] v. destronar.

ent.völ.kern [ent-fǿlk-ern] v. despovoar.

Ent.waff.nung [ent-váf-nunk] s.f., -en. desarmamento.

ent.wä.ssern [ent-véssern] v. enxugar, drenar; desaguar.

ent.we.der [ent-vê:da] conj. – ... oder: ou ... ou; quer... quer; seja... seja.

ent.wei.chen [ent-vái-chen] v. escapar, fugir.

Ent.wei.chung [ent-vái-chunk] s.f., -en. evasão, fuga.

ent.wei.hen [ent-vái-chen] v. profanar.

ent.wen.den [ent-vénden] v. furtar, roubar; desviar, extraviar.

Ent.wen.dung [ent-véndunk] s.f., -en. extravio; roubo, furto.

ent.wer.fen [ent-vérfen] v. traçar, delinear, projetar.

ent.wer.ten [ent-vérten] v. desvalorizar, depreciar.

ent.wickeln [ent-vikéln] v. desenvolver; revelar (fotografia).

Ent.wicklung [ent-vík-lunk] s.f., -en. desenvolvimento, evolução; revelação (fotografia).

ent.wöh.nen [ent-vǿ:-nen] v. desacostumar, desabituar; Kind –: desmamar uma criança.

Ent.wöh.nung [ent-vǿ:-nunk] s.f., -en. ação de desacostumar; ablactação.

Ent.wür.di.gung [ent-vyrdigunk] s.f., -en. aviltamento, degradação.

ent.wur.zeln [ent-wurtséln] v. desenraizar, desarraigar.

ent.zau.bern [ent-tsáu-bérn] v. desencantar.

ent.zie.hen [ent-tsí:en] v. subtrair, retirar, privar.

Ent.zie.hung [ent-tsí:unk] s.f., -en. subtração.

Ent.zif.fe.rung [ent-tsí-ferunk] s.f., -en. decifração.

ent.zückend [ent-tsy-kent] adj. encantador.

ent.zün.den [ent-tsyn-den] v. inflamar, incendiar; sich –: acender-se, inflamar-se.

Ent.zün.dung [ent-tsyn-dunk] s.f., -en. inflamação.

ent.zwei [ent-tsvái] adj. quebrado em duas partes, partido.

ent.zwei.en [ent-tsváien] v. sich –: desavir-se, cortar relações; desunir.

er [êr] pron. ele.

er.ach.ten [ér-árr-ten] v. pensar, crer, julgar, considerar; meines –s: a meu parecer, a meu ver, a meu entender.

er.ar.bei.ten [ér-árbáiten] v. sich –: obter com o (por meio do) próprio trabalho.

er.bar.men [ér-bár-men] v. sich jemandes –: compadecer-se de alguém; piedade, compaixão.

er.bärm.lich [ér-bérm-liçh] adj. deplorável, mesquinho.

er.bau.en [ér-báuen] v. construir, edificar.

erb.be.dingt [érp-bedinkt] adj. hereditário.

Er.be [érbe] s.n. (sem plural). herança, herdade; s.m., -n. herdeiro.

er.be.ben [ér-bê:ben] v. tremer, estremecer.

er.ben [érben] v. herdar.

er.beu.ten [érbóiten] v. capturar, apreender, ganhar.

Erb.fall [érp-fál] s.m., Erbfälle. sucessão.

Erb.fol.ge [érp-fólgue] s.f., -n. sucessão.

Erb.gut [érp-gú:t] s.n., Erbgüter. patrimônio.

er.bie.ten [érp-bí:ten] v. sich – zu: oferecer-se para.

er.bit.ten [érbíten] v. solicitar, pedir; sich – lassen: condescender.

er.bit.tert [erbítért] adj. irritado, exasperado.

er.bla.ssen [ér-blá-ssen] v. empalidecer.

er.blei.chen [ér-blái-chen] v. empalidecer.

Erb.la.sser [érp-lássa] s.m., -. testador, provador.

erb.lich [érp-liçh] adj. hereditário.

er.blicken [ér-bliken] v. divisar, avistar, perceber.

er.blin.den [ér-blinden] v. cegar.

er.blü.hen [ér-bly:en] v. florescer, desabrochar.

er.bre.chen [ér-bré-çhen] v. arrombar; sich –: vomitar; vômito.

Erb.schaft [érp-cháft] s.f., -en. herança, sucessão.

Erb.se [érbze] s.f., -n. ervilha; Kichererbsen: grão-de-bico.

Erb.sün.de [érb-zynde] s.f., -n. pecado original.

Erb.teil [érp-táil] s.m., -e. herança, legado, quinhão.

Erb.tei.lung [érp-táilunk] s.f., -en. partilha.

Erd.achse [ért-ákse] s.f., -n. eixo da Terra.

Erd.bahn [ért-bá:n] s.f., -en. órbita da Terra.

Erd.bee.re [ért-bè:re] s.f., -n. morango.

Erd.bo.den [ért-bô:den] s.m., Erdböden. solo, chão.

Er.de [érde] s.f., -n. o planeta Terra; terra, solo, chão.

er.den [érden] adj. de terra, de barro.

Er.den.bür.ger [érden-byrga] s.m., -. habitante da Terra, terrestre.

er.den.ken [ér-dénken] v. imaginar, inventar.

er.denk.lich [ér-dénk-liçh] adj. imaginável.

er.dich.ten [ér-diçh-ten] v. inventar, imaginar; fingir.

Erd.kar.te [ért-kárte] s.f., -n. mapa-múndi, planisfério.

Erd.kreis [ért-kráis] s.m., -e. orbe, universo.

Erd.ku.gel [ért-kú:guel] s.f., -n. globo terrestre.

Erd.kun.de [ért-kúnde] s.f. (sem plural). geografia.

Erd.nuss [ért-nús] s.f., Erdnüsse. amendoim.

Erd.öl [ért-ø:l] s.n. (sem plural). petróleo.

er.dol.chen [ér-dól-çhen] v. apunhalar.

er.drei.sten [ér-dráis-ten] v. sich – zu: atrever-se a.

Erd.rin.de [ért-rinde] s.f., -n. crosta da terra.

er.dröh.nen [ér-drø:nen] v. retumbar.

er.dro.ßeln [ér-drò:sseln] v. estrangular.

er.drücken [ér-dryken] v. esmagar.

er.dul.den [ér-dúlden] v. sofrer, suportar, padecer.

Erd.um.fang [ért-úm-fánk] s.m. (sem plural). circunferência da Terra.

Erd.wall [ért-vál] s.m., Erdwälle. aterro, trincheira.

er.ei.fern [ér-áifern] v. sich –: exaltar-se.

er.eig.nen [ér-áik-nen] v. acontecer, suceder.

Er.eig.nis [ér-áik-nis] s.n., Ereignisse. acontecimento.

er.fah.ren [ér-fá:ren] v. experimentar, ficar sabendo, provar; adj. experimentado, versado.

Er.fah.rung [ér-fá:runk] s.f., -en. experiência, prática.

er.fah.rungs.mä.ßig [ér-fá:runks-mé:ssiçh] adj. experimental, empírico.

er.fas.sen [ér-fássen] v. agarrar, atingir; (fig.) compreender, abranger, entender.

er.fin.den [ér-finden] v. achar, encontrar, descobrir, inventar.

Er.fin.der [ér-finda] s.m., -. descobridor, inventor.

er.fin.de.risch [ér-finderich] adj. engenhoso.

Er.fin.dung [ér-findunk] s.f., -en. invenção.

Er.folg [ér-fólk] s.m., -e. êxito, resultado.

er.fol.gen [ér-fólguen] v. resultar, suceder, ocorrer.

er.folg.los [ér-fólk-lós] adj. ineficaz, infrutífero; frustrado, sem resultado.

Er.folg.lo.sig.keit [ér-fólk-lòziçh-káit] s.f., -en. inutilidade.

er.folg.reich [ér-fólk-ráiçh] adj. eficaz; bem-sucedido, exitoso.

er.for.der.lich [ér-fór-der-liçh] adj. necessário, preciso.

er.for.dern [ér-fór-dérn] v. requerer, exigir.

Er.for.der.nis [ér-fór-dernis] s.n., Erfordernisse. necessidade, exigência.

er.for.schen [ér-fór-chen] v. pesquisar, investigar, estudar; jemands Absichten –: sondar alguém.

Er.for.scher [ér-fór-cha] s.m., -. pesquisador, investigador, explorador.

Er.for.schung [ér-fór-chunk] s.f., -en. exploração, pesquisa, investigação.

er.fra.gen [ér-frá:guen] v. perguntar, inquirir.

er.freu.lich [ér-fróil-içh] v. alegre, agradável.

er.freut [ér-fróit] adj. contente, satisfeito; sehr –, Sie kennenzulernen: muito prazer em conhecer.

er.frie.ren [ér-frí:ren] v. congelar; morrer congelado.

Er.fri.schung [ér-fríchunk] s.f., -en. refresco.

er.fül.len [ér-fylen] v. cumprir, desempenhar, satisfazer.

Er.fül.lung [ér-fylunk] s.f., -en. cumprimento, realização.

er.gän.zen [ér-guén-tsen] v. completar, preencher.

er.gän.zend [ér-guén-tsent] *adj.* complementar, suplementar.

Er.gän.zung [ér-guén-tsunk] *s.f., -en.* complemento, suplemento.

er.gat.tern [ér-gátérn] *v.* apanhar, abiscoitar.

er.gau.nern [ér-gáu-nérn] *v.* surrupiar.

er.ge.ben [ér-guê:ben] *v.* dar, provar, sujeitar-se, entregar-se; *sich — Folge:* resultar de; render-se, capitular; *adj.* dedicado, resignado; *— sten Dank:* muit(íssim)o reconhecido.

Er.ge.ben.heit [ér-guê:ben-rháit] *s.f., -en.* afeto, dedicação, devoção.

Er.geb.nis [ér-guê:p-nis] *s.n., Ergebnisse.* resultado.

er.ge.hen [ér-guê:en] *v.* sair, publicar-se.

er.gie.big [ér-gui:-biçh] *adj.* rendoso, produtivo, lucrativo.

Er.gie.big.keit [ér-gui:-biçh-káit] *s.f., -en.* rendimento, fertilidade.

er.gie.ßen [ér-gui:ssen] *v.* derramar.

er.glü.hen [ér-gly:en] *v.* abrasar; *(fig.)* exaltar-se, apaixonar-se; corar, enrubescer.

er.göt.zen [ér-gø-tsen] *v.* deleitar; deleite.

er.götz.lich [ér-gøts-liçh] *adj.* divertido, engraçado.

er.graut [ér-gráut] *adj.* grisalho.

er.grei.fen [ér-grái-fen] *v.* agarrar; prender a atenção; emocionar, comover.

er.grei.fend [ér-grái-fent] *adj.* comovente, tocante.

Er.grif.fen.heit [ér-grífen-rháit] *s.f., -en.* emoção, comoção.

er.grim.men [ér-grimen] *v.* encolerizar-se.

er.grün.den [ér-grynden] *v.* examinar a fundo, sondar.

Er.guss [ér-gús] *s.m., Ergüsse.* contusão, hematoma; derrame, ejaculação, *Blut—:* hemorragia; (fig) desabafo.

er.ha.ben [ér-rháben] *adj.* alto, elevado, proeminente.

Er.ha.ben.heit [ér-rháben-rháit] *s.f., -en.* elevação; altura, eminência.

er.hal.ten [ér-rhálten] *v.* receber; obter, conseguir; conservar; guardar; manter; suster.

Er.hal.tung [ér-rháltunk] *s.f., -en.* conservação, sustento, manutenção.

er.hän.gen [ér-rhénguen] *v. sich —:* enforcar-se.

er.här.ten [ér-rhérten] *v.* endurecer; corroborar, provar, justificar.

er.he.bend [ér-rhê:bent] *adj.* sublime.

er.heb.lich [ér-rhê:p-liçh] *adj.* importante, considerável.

Er.he.bung [ér-rhê:bunk] *s.f., -en.* saliência; *(fig.)* elevação; sublevação, levantamento.

er.hei.schen [ér-rháichen] *v.* requerer, reclamar, exigir.

Er.hei.te.rung [ér-rhái-terunk] *s.f., -en.* divertimento, recreação.

Er.hel.lung [ér-rhélunk] *s.f., -en.* iluminação, esclarecimento.

er.hit.zen [ér-rhítsen] *v.* aquecer; *(fig.)* exaltar-se.

er.hö.hen [ér-rhø:en] *v.* levantar, aumentar, elevar.

Er.hö.hung [ér-rhø:unk] *s.f., -en.* aumento, elevação.

er.ho.len [ér-rhô:len] *v.* reestabelecer-se, refazer-se, descansar.

Er.ho.lung [ér-rhô:lunk] *s.f., -en.* repouso, descanso.

Er.hö.rung [ér-rhø:runk] *s.f., -en.* atenção, ato de atender.

er.in.nern [ér-inérn] *v.* lembrar, recordar.

Er.in.ne.rung [ér-ine-runk] *s.f., -en.* lembrança, recordação.

Er.in.ne.rungs.ver.mö.gen [ér-ine-runks-fermø:guen] *s.n., -.* memória.

er.käl.ten [ér-kélten] *v. sich —:* constipar-se.

er.käl.tet [ér-kéltet] *adj.* resfriado.

Er.käl.tung [ér-kéltunk] *s.f., -en.* resfriado, constipação.

er.kämp.fen [ér-kémpfen] *v. — sich —:* lutar por.

er.ken.nen [ér-kenen] *v.* conhecer, reconhecer, diagnosticar, sentenciar; *— lassen:* dar a perceber.

Er.kennt.lich.keit [ér-kènt-liçh-káit] *s.f., -en.* reconhecimento, gratidão.

Er.kennt.nis [ér-kènt-nis] *s.f., Erkenntnisse.* conhecimento, compreensão.

Er.kennt.nis.ver.mö.gen [ér-kènt-nis-fermø:guen] *s.n., -.* inteligência.

Er.ken.nung [ér-kénunk] *s.f., -en.* reconhecimento.

er.klä.ren [ér-klè:ren] *v.* explicar, interpretar, declarar.

Er.klä.rung [ér-klè:runk] *s.f., -en.* explicação.

er.klet.tern [ér-klétérn] *v.* galgar, trepar, subir.

er.klim.men [ér-klimen] *v.* galgar, trepar, subir.

er.klin.gen [ér-klinguen] *v.* tinir, soar.

er.ko.ren [ér-kô:ren] *adj.* eleito, escolhido.

er.kran.ken [ér-kránken] *v.* adoecer.

Er.kran.kung [ér-kránkunk] *s.f., -en.* adoecimento, doença súbita.

er.kun.di.gen [ér-kúndiguen] *v. sich —:* informar-se.

Er.kun.di.gung [ér-kúndigunk] *s.f., -en.* informação, averiguação.

er.lah.men [ér-lá:men] *v.* perder as forças, enfraquecer.

er.lan.gen [ér-lánguen] *v.* obter, alcançar.

Er.lan.gung [ér-lángunk] *s.f., -en.* obtenção.

Er.lass [ér-lás] *s.m., Erlässe.* decreto, edital; indulgência, remissão.

er.la.ssen [ér-lássen] *v.* perdoar a, dispensar de, isentar de.

er.läss.lich [ér-lés-liçh] *adj.* dispensável, perdoável.

er.lau.ben [ér-láuben] *v.* permitir.

Er.laub.nis [ér-láup-nis] *s.f., Erlaubnisse.* licença, permissão.

er.laubt [ér-láupt] *adj.* permitido, lícito.

er.laucht [ér-láurrt] *adj.* ilustríssimo, augusto.

er.läu.tern [ér-lóitern] *v.* esclarecer, explicar, comentar.

Er.läu.te.rung [ér-lóiterunk] *s.f., -en.* esclarecimento, explicação, comentário.

er.le [érle] *s.f., -n.* amieiro, choupo.

er.le.ben [ér-lê:ben] *v.* viver, presenciar, assistir a, experimentar, sofrer.

Er.leb.nis [ér-lê:p-nis] *s.n., Erlebnisse.* aventura, experiência; *zum — werden:* causar profunda emoção.

er.le.di.gen [ér-lê:diguen] *v.* despachar; executar.

er.le.digt [ér-lê:dikt] *adj.* vago; pronto.

Er.le.di.gung [ér-lê:digunk] *s.f., -en.* despacho; execução.

er.le.gen [ér-lê:guen] *v.* matar (caça), abater; pagar, saldar.

Er.leich.te.rung [ér-láich-terunk] *s.f., -en.* alívio; *(fig.)* facilitação.

er.lei.den [ér-láiden] *v.* sofrer, padecer.

er.ler.nen [ér-lérnen] *v.* aprender.

Er.ler.nung [ér-lérnunk] *v. s.f., -en.* aprendizado.

er.le.sen [ér-lê:zen] *v.* escolher; *adj.* seleto.

Er.leuch.tung [ér-lóich-tunk] *s.f., -en.* iluminação; *(fig.)* inspiração, revelação.

er.lie.gen [ér-lí:guen] *v.* sucumbir.

er.lo.gen [ér-lô:guen] *adj.* falso, inventado.

Er.lös [ér-lǿ:s] *s.m., -e.* produto, rendimento.

er.lö.schen [ér-lǿchen] *v.* apagar-se, extinguir-se.

er.lö.sen [ér-lǿ:zen] *v.* salvar, redimir, libertar.

Er.lö.ser [ér-lǿ:za] *s.m., -.* redentor, libertador; Salvador, Messias.

Er.lö.sung [ér-lǿ:zunk] *s.f., -en.* redenção, salvação; livramento.

Er.mäch.ti.gung [ér-méçh-tigunk] *s.f., -en.* autorização, procuração.

er.mah.nen [ér-mã:nen] *v.* admoestar, advertir; *— zu etwas:* exortar (a fazer).

Er.mah.nung [ér-mã:nunk] *s.f., -en.* admoestação, advertência; exortação.

er.man.geln [ér-mánguéln] *v.* carecer de.

Er.man.ge.lung [ér-mánguelunk] *s.f., -en.* falta, escassez.

Er.mä.ßi.gung [ér-méssigunk] *s.f., -en.* moderação, redução.

er.mat.ten [ér-máten] *v.* cansar, esmorecer.

er.mes.sen [ér-méssen] *v.* medir, calcular, estimar; opinião, parecer.

er.mit.teln [ér-mitéln] *v.* averiguar, verificar.

Er.mitt.lung [ér-mit-lunk] *s.f., -en.* averiguação, verificação.

er.mög.li.chen [ér-mǿ:k-li-çhen] *v.* facilitar, possibilitar; proporcionar.

er.mor.den [ér-mórden] *v.* assassinar.

Er.mor.dung [ér-mórdunk] *s.f., -en.* assassinato.

er.mü.dend [ér-my:dent] *adj.* cansativo, fatigante.

Er.mü.dung [ér-mý:dunk] *s.f., -en.* cansaço, fadiga.

Er.mun.te.rung [ér-múnterunk] *s.f., -en.* animação, estímulo.

er.mu.ti.gen [ér-mútiguen] *v.* instigar, encorajar.

Er.mu.ti.gung [ér-mútigunk] *s.f., -en.* instigação, estímulo.

er.näh.ren [ér-nè:ren] *v.* alimentar, sustentar.

Er.näh.rung [ér-nè:runk] *s.f. (sem plural).* alimentação, sustento.

er.nen.nen [ér-nénen] *v. — zu:* nomear para.

Er.nen.nung [ér-nénunk] *s.f., -en.* nomeação.

er.neu.ern [ér-nói-ern] *v.* renovar, reiterar.

Er.neue.rung [ér-nói-erunk] *s.f., -en.* renovação, reiteração.

er.nie.dri.gen [ér-ni:-driguen] *v.* abaixar; *(fig.)* humilhar, degradar.

Er.nie.dri.gung [ér-ni:-drigunk] *s.f., -en.* humilhação, degradação.

Ernst [ërnst] *s.m. (sem plural).* seriedade, gravidade; *im —:* a sério; *allen —es seriamente; — machen mit:* começar a sério.

ernst.haft [érnst-rháft] *adj.* sério, grave, severo, rigoroso; *adv.* seriamente, a sério; *— nehmen:* levar a sério.

ernst.lich [érnst-liçh] *adj.* sério, grave, severo, rigoroso; *adv.* seriamente, a sério; *— nehmen:* levar a sério.

Ern.te [érnte] *s.f., -n.* colheita, safra.

ern.ten [érnten] *v.* colher, segar.

Er.obe.rer [éa-ô:-bera] *s.m., -.* conquistador.

er.obern [éa-ô:-bérn] *v.* conquistar.

Er.obe.rung [éa-ô:-berunk] *s.f., -en.* conquista.

Er.öff.nung [éa-øf-nunk] *s.f., -en.* abertura, inauguração.

Er.ör.terung [éa-ør-terunk] *s.f., -en.* discussão, polêmica.

Ero.tik [erô:-tik] *s.f. (sem plural).* erotismo.

ero.tisch [erô:-tich] *adj.* erótico.

er.picht [ér-piçht] *adj.* ávido, ansioso, interessado.

Er.pres.sung [ér-préssunk] *s.f., -en.* extorsão, concussão, chantagem.

Er.pro.bung [ér-prô:bunk] *s.f., -en.* prova, experiência.

er.quickend [ér-kvi-kent] *adj.* refrescante.

er.quick.lich [ér-kvik-liçh] *adj.* recreativo, agradável.

er.ra.ten [ér-rá:ten] *v.* adivinhar, acertar.

Er.re.gung [ér-ré:gunk] *s.f., -en.* excitação, irritação; agitação, alvoroço.

er.reich.bar [ér-ráiçh-bá:r] *adj.* acessível, realizável.

er.rei.chen [ér-rái-çhen] *v.* alcançar, conseguir.

ERRETTUNG • ERSTRECKEN

Er.ret.tung [ér-rétunk] *s.f.*, *-en.* salvação.

er.rich.ten [ér-rich-ten] *v.* erigir, levantar; edificar.

Er.rich.tung [ér-rich-tunk] *s.f.*, *-en.* ereção, levantamento; construção.

er.rin.gen [ér-ringuen] *v.* ganhar, conquistar.

er.rö.ten [ér-rø:ten] *v.* corar, enrubescer; rubor.

Er.run.gen.schaft [ér-rúnguen-cháft] *s.f.*, *-en.* aquisição, conquista; *(fig.)* progresso, realização.

Er.satz [ér-záts] *s.m.* *(sem plural).* substituto; substituição, compensação, indenização.

Er.satz.an.spruch [ér-záts-án-chprúrr] *s.m.*, *Ersatzansprüche.* recurso substitutivo; reparação; indenização.

Er.satz.glied [ér-záts-gli:t] *s.n.*, *-er.* prótese.

Er.satz.mann [ér-sáts-mán] *s.m.*, *Ersatzmänner.* suplente, reserva, substituto.

Er.satz.spie.ler [ér-sáts-chpí:la] *s.m.*, *-.* jogador reserva, substituto.

Er.satz.mit.tel [ér-záts-mítel] *s.n.*, *-.* substituto, sucedâneo.

Er.satz.pflicht [ér-záts-pflícht] *s.f.*, *-en.* responsabilidade.

er.sau.fen [ér-záufen] *v.* afogar-se.

er.säu.fen [ér-zóifen] *v.* afogar.

er.schaf.fen [ér-cháfen] *v.* criar.

er.schal.len [ér-chálen] *v.* ressoar, retumbar.

er.schei.nen [ér-cháinen] *v.* aparecer, publicar, sair; aparecimento, publicação.

Er.schei.nung [ér-cháinunk] *s.f.*, *-en.* aparição, visão; sintoma, manifestação; comparecimento.

er.schie.ßen [ér-chí:ssen] *v.* fuzilar, matar a tiros; *sich —:* suicidar-se.

Er.schie.ßung [ér-chí:ssunk] *s.f.*, *-en.* fuzilamento.

Er.schlaf.fung [ér-chláfunk] *s.f.*, *-en.* afrouxamento, relaxação, abatimento.

er.schla.gen [ér-chlá:guen] *v.* matar a (pancadas), assassinar.

Er.schlie.ßung [ér-chli:ssunk] *s.f.*, *-en.* exploração; abertura.

er.schmei.cheln [ér-chmái-chéln] *v.* conseguir por lisonja.

er.schöp.fend [ér-chøp-fent] *adj.* extenuante, exaustivo; completo; *adv.* profundamente, a fundo.

Er.schöp.fung [ér-chøp-funk] *s.f.*, *-en.* esgotamento, exaustão, cansaço.

er.schrecken [ér-chréken] *v.* assustar.

er.schreckend [ér-chrékent] *adj.* assustador, apavorante.

er.schrocken [ér-chróken] *adj.* assustado, espantado.

er.schüt.ternd [ér-chy-térnt] *adj.* comovente, abalador.

Er.schüt.te.rung [ér-chy-terunk] *s.f.*, *-en.* abalo, agitação.

er.schwe.rend [ér-chvê:rent] *adj.* agravante.

er.schwin.deln [ér-chvín-déln] *v. sich —:* captar, conseguir por meio de intrujice.

er.schwing.lich [ér-chvink-lích] *adj.* acessível.

er.setz.bar [ér-zéts-bar] *adj.* reparável, substituível.

er.setz.lich [ér-zéts-lích] *adj.* reparável, substituível.

Er.set.zen [ér-zé-tsen] *v.* substituir; suprir; reparar, restituir; restabelecer.

Er.set.zung [ér-zé-tsunk] *s.f.*, *-en.* reparação, restituição.

er.sicht.lich [ér-zícht-lích] *adj.* evidente, manifesto.

er.sin.nen [ér-zínen] *v.* idear, inventar.

er.spä.hen [ér-chpè:en] *v.* espiar, avistar; lobrigar.

er.spa.ren [ér-chpá:ren] *v.* poupar, economizar.

Er.spar.nis [ér-chpár-nis] *s.f.*, *Ersparnisse.* economia.

er.sprieß.lich [ér-chpri:s-lich] *adj.* proveitoso, vantajoso; salutar, benéfico.

erst [érst] *adj.* primeiro; *adv.* primeiramente, ao princípio, antes, por agora, por enquanto; *eben —, jetzt —:* só agora, agora mesmo; *— recht:* com maior razão; *— recht nicht:* muito menos ainda; *nun — recht nicht!:* menos do que nunca!

er.star.ken [ér-chtárken] *v.* robustecer, enrijar.

Er.star.rung [ér-chtárrunk] *s.f.*, *-en.* entorpecimento; solidificação, coagulação; estarrecimento.

Er.stat.tung [ér-chtátunk] *s.f.*, *-en.* restituição; denúncia; reembolso.

er.staun.lich [ér-chtáun-lich] *adj.* assombroso, admirável.

Erst.be.ste [érst-béste] *s.m.* + *s.f.* + *s.n.*, *-n. der, die, das —:* o melhor de todos.

er.ste [érste] *adj.* primeiro; *zum — n Mal:* pela primeira vez; *fürs —:* primeiro, por enquanto; *an — r Stelle:* em primeiro lugar.

er.ste.chen [ér-chté-chen] *v.* apunhalar, esfaquear.

er.ste.hen [ér-chte:-en] *v.i.* nascer; ressurgir; *v.t.* arrematar, comprar em leilão.

er.stei.gen [ér-chtáiguen] *v.* subir, trepar.

Er.stei.gung [ér-chtái-gunk] *s.f.*, *-en.* subida, escalada.

er.stens [érs-têns] *adv.* em primeiro lugar, primeiramente.

erst.ge.bo.ren [érst-guebó:ren] *adv.* primogênito.

Erst.ge.burt [érst-guebúrt] *s.f.*, *-en.* primogenitura.

Erst.ge.burts.recht [érst-guebúrts-récht] *s.n.*, *-e.* primogenitura.

er.sticken [ér-chtiken] *v.* sufocar, asfixiar; *(fig.)* abafar.

er.stre.ben [ér-chtrè:ben] *v.* aspirar a, pretender; ambicionar.

er.stre.bens.wert [ér-chtrè:bens-vért] *adj.* desejável.

er.strecken [ér-chtréken] *v.* estender.

er.stür.men [ér-chtyrmen] *v.* tomar de assalto.

er.su.chen [ér-zú-rren] *v.* rogar, pedir, solicitar.

er.tap.pen [ér-tápen] *v.* apanhar, surpreender.

er.tei.len [ér-táilen] *v.* dar, conferir; lançar.

er.tö.nen [ér-tǿ:nen] *v.* ressoar, retumbar.

Er.trag [ér-trá:k] *s.m., Erträge.* produto, rendimento, receita.

er.tra.gen [ér-trá:guen] *v.* suportar, aturar.

er.träg.lich [ér-trè:k-liçh] *adj.* suportável, tolerável.

er.trän.ken [ér-trénken] *v.* afogar.

er.träu.men [ér-tróimen] *v.* imaginar, sonhar.

er.trin.ken [ér-trínken] *v.* afogar-se; afogamento.

er.üb.ri.gen [ér-ýbriguen] *v.* economizar; dispensar; *sich* —: já; não ser necessário; ser escusado.

er.wa.chen [ér-vá-rren] *v.* acordar, despertar.

er.wach.sen [ér-vá-ksen] *v.* crescer, redundar, resultar de; *adj.* crescido, adulto.

er.wä.gen [ér-vè:guen] *v.* considerar, ponderar, refletir.

Er.wä.gung [ér-vè:gunk] *s.f., -en.* consideração, reflexão.

er.wäh.nens.wert [ér-vè:nens-vért] *adj.* digno de ser mencionado.

Er.wäh.nung [ér-vè:nunk] *s.f., -en.* menção.

er.wär.men [ér-vérmen] *v.* aquecer; (fig.) entusiasmar.

Er.wär.mung [ér-vérmunk] *s.f., -en.* aquecimento.

er.war.ten [ér-várten] *v.* aguardar, esperar.

Er.war.tung [ér-vártunk] *s.f., -en.* espera, expectativa.

er.war.tungs.voll [ér-vártunks-fól] *adj.* ansioso, impaciente.

er.wecken [ér-véken] *v.* despertar; *vom Tode* —: ressuscitar; (fig.) provocar.

er.weh.ren [ér-vé:ren] *v., sich* —: defender-se.

er.wei.chen [ér-vái-çhen] *v.* amolecer, abrandar.

er.weis [ér-váis] *s.m., -e.* prova.

er.wei.sen [ér-váizen] *v.* provar, demonstrar.

Er.wei.sung [ér-váizunk] *s.f., -en.* demonstração, prova.

Er.wei.te.rung [ér-vái-terunk] *s.f., -en.* alargamento, amplificação, extensão.

Er.werb [ér-vérp] *s.m., -e.* aquisição, ganho, provento.

er.wer.ben [ér-vérben] *v.* ganhar, adquirir.

er.wi.dern [ér-ví-dérn] *v.* retribuir, corresponder.

Er.wi.de.rung [ér-víderunk] *s.f., -en.* resposta, réplica, retribuição.

er.wir.ken [ér-vírken] *v.* obter, conseguir.

er.wi.schen [ér-víchen] *v.* apanhar, colher.

er.wünscht [ér-vynçht] *adj.* desejado, oportuno.

er.wür.gen [ér-vyr-guen] *v.* estrangular.

Erz [érts] *s.n., -e.* minério.

Erz.ader [érts-áda] *s.f., -n.* veio, filão.

er.zäh.len [ér-tsè:len] *v.* narrar, contar.

Er.zäh.ler [ér-tsè:la] *s.m., -.* narrador; contista, novelista.

Er.zäh.lung [ér-tsè:lunk] *s.f., -en.* narrativa, narração; (lit.) conto, novela.

Erz.bi.schof [érts-bíchof] *s.m., Erzbischöfe.* arcebispo.

Erz.en.gel [érts-énguel] *s.m., -.* arcanjo.

er.zeu.gen [ér-tsói-guen] *v.* criar, gerar, produzir.

Er.zeu.ger [ér-tsói-ga] *s.m., -.* produtor; procriador; genitor.

Er.zeug.nis [ér-tsóik-nis] *s.n., Erzeugnisse.* produto, produção.

Er.zeu.gung [ér-tsói-gunk] *s.f., -en.* criação, geração, produção.

Erz.feind [érts-fáint] *s.m., -e.* inimigo mortal.

Erz.grube [érts-grúbe] *s.f., -n.* mina.

erz.hal.tig [érts-rhál-tiçh] *adj.* metalífero.

Erz.her.zog [érts-rhér-tsó:k] *s.m., Erzherzöge.* arquiduque.

er.zie.hen [ér-tsí:en] *v.* criar, educar.

Er.zie.her [ér-tsí:a] *s.m., -.* educador, pedagogo.

Er.zie.hung [ér-tsí-unk] *s.f.* (sem plural). educação.

er.zie.len [ér-tsí:len] *v.* conseguir, obter.

er.zit.tern [ér-tsí-térn] *v.* tremer, estremecer.

er.zür.nen [ér-tsýrnen] *v.* irritar, encolerizar.

er.zwin.gen [érts-vínguen] *v.* forçar, obter à força.

er.zwun.gen [érts-vúnguen] *adj.* forçado, fingido, afetado.

es [és] *pron. neut.* ele, ela; *ich bin* —: sou eu; — *regnet:* chove; — *fertig bringen, zu:* conseguir; *(mu)* mi bemol.

Esche [éche] *s.f., -n.* freixo.

Esel [è:zel] *s.m., -.* burro, asno.

Ese.lei [è:ze-lái] *s.f., -en.* asneira.

Es.kor.te [és-kórte] *s.f., -n.* escolta.

es.kor.tie.ren [és-korti:ren] *v.* escoltar.

Es.pe [éspe] *s.f., -n.* álamo.

E.ssay [essái] *s.m. ou s.n., -s.* ensaio.

ess.bar [és-bá:r] *adj.* comestível.

E.ße [é:sse] *s.f., -n.* chaminé, forja.

e.ssen [éssen] *v.* comer; comida.

ess.gie.rig [és-guírriçh] *adj.* faminto, voraz.

E.ssig [éssiçh] *s.m., -e.* vinagre.

Ess.wa.ren [és-váren] *plural.* gêneros alimentícios.

Eszim.mer [és-tsíma] *s.n., -.* sala de jantar.

Est.rich [és-triçh] *s.m., -e.* assoalhado, ladrilho.

Etat [etát] *s.m., -.* orçamento.

Ethik [è-tík] *s.f., -en.* ética, moral.

ethisch [è-tích] *adj.* ético, moral.

Eti.kett [etikét] *s.n., -en.* etiqueta, rótulo.

ETLICHE • EXZESS

et.liche [ét-liçhe] *pron.* alguns, algumas, uns, umas.
Etui [etui:] *s.n.,* - estojo.
et.wa [ét-va] *adv.* aproximadamente, cerca de.
et.waig [ét-váiçh] *adj.* eventual, fortuito.
et.was [ét-vas] *pron.* alguma coisa, um pouco.
euch [óiçh] *pron.* vós, a vós.
eu.er [óia] *pron.* de vós, vosso, vossa.
Eu.le [óile] *s.f., -n.* coruja, mocho.
Eu.len.spie.gel [óilen-chpí:guel] *s.m., -.* maganão.
eu.re [óire] *pron.* vossos, vossas.
eu.rer.seits [óira-záits] *adv.* de vossa parte.
eu.ri.ge [óirigue] *adv.* o vosso, a vossa.
Eu.ter [óita] *s.m., -.* teta, úbere.
Eva.ku.ie.rung [éva-kui:runk] *s.f., -en.* evacuação.
Evan.ge.list [évânguelist] *s.m., -en.* evangelista.
Evan.ge.li.um [évânguélium] *s.n., Evangelien.* evangelho.
ewig [éviçh] *adj.* eterno, perpétuo.
Ewig.keit [éviçh-káit] *s.f., -en.* eternidade.
ex.akt [êkzákt] *adj.* exato.
Ex.akt.heit [êkzákt-rháit] *s.f., -en.* exatidão.
Ex.amen [êkzámen] *s.n., -.* exame.
ex.ami.nie.ren [êkzaminí:ren] *v.* examinar.
Exe.ku.ti.on [êkzekutsió:n] *s.f., -en.* execução.
Exe.ku.ti.ve [êkzekutive] *s.f., -n.* poder executivo.
ex.er.zie.ren [êk-zertsí:ren] *v.* exercer; exercitar, adestrar.
Exil [ekzil] *s.n., -e.* exílio, desterro.
exi.stie.ren [êkzistí:ren] *v.* existir.
ex.plo.die.ren [êks-plodí:ren] *v.* explodir.
Ex.plo.si.on [êks-plozió:n] *s.f., -en.* explosão.

ex.plo.siv [êks-plo-sí:v] *adj.* explosivo.
Ex.plo.siv.stoff [êks-ploziv-chtóf] *s.m., -e.* explosivo.
Ex.port [êks-pórt] *s.m., -e.* exportação.
Ex.por.teur [êks-portéa] *s.m., -e.* exportador.
ex.por.tie.ren [êks-portí:ren] *v.* exportar.
ex.press [êks-prés] *adj.* expresso.
Ex.preszug [êks-prés-tsu:k] *s.m., Expresszüge.* trem expresso.
ex.tra [êks-tra] *adj.* extra, suplementar; acessório.
ex.trem [êks-trê:m] *e adj.* extremo.
Ex.tre.mi.tä.ten [êks-tremitê:ten] *s.f., -en.* extremidade.
Ex.zel.lenz [êks-tselênts] *s.f., -en.* excelência.
Ex.zess [êks-tsês] *s.m., -e.* excesso.

F

F [éf] sexta letra do alfabeto alemão.

F, f; [éf] fá (nota musical).

Fa.bel [fá:bel] s.f., -n. fábula, fantasia, história.

fa.bel.haft [fá:bel-ráft] adj. fabuloso, maravilhoso.

Fa.brik [fabri:k] s.f., -en. fábrica, manufatura.

Fa.bri.kant [fabri:kánt] s.m., -en. fabricante.

Fa.bri.ka.ti.on [fabri:ka-tsió:n] s.f., -en. fabricação, feitura.

fa.bri.zie.ren [fabri-tsí:ren] v. fabricar.

Fach [fárr] s.n., *Fächer*. gaveta, compartimento de estante, prateleira, divisão; disciplina, matéria; ofício profissional.

Fach.aus.bil.dung [fárr-áus.bildunk] s.f., -en. instrução profissional, formação técnica.

Fach.bil.dung [fárr-bil-dunk] s.f., -en. instrução profissional.

Fach.aus.druck [fárr-áus-drúk] s.m., *Fachausdrücke*. termo técnico.

fä.cheln [féçhéln] v. abanar.

Fä.cher [féçha] s.m., -. leque.

Fach.mann [fárr-mán] s.m., *Fachleute*. especialista, perito, técnico.

Fackel [fákel] s.f., -n. archote, tocha.

fackeln [fá-kéln] v. bruxulear; vacilar, titubear.

fa.de [fá:de] adj. insípido, insosso.

Fa.den [fá:den] s.m., *Fäden*. fio, filamento, fibra.

Fa.gott [fagót] s.m., -e. fagote.

Fä.hig.keit [féiçh-káit] s.f., -en. capacidade, habilidade.

fahl [fá:l] adj. pálido, descorado.

Fahn.dung [fá:n-dunk] s.f., -en. perseguição, busca; investigação.

Fah.ne [fán:e] s.f., -n. bandeira, estandarte.

Fah.nen.eid [fá:nen-áit] s.m., -e. juramento à bandeira.

Fah.nen.flucht [fá:nen-flúrrt] s.f., -en. deserção.

Fähn.rich [fé:n-riçh] s.m., -e. cadete, alferes; — *zur See:* guarda-marinha.

Fahr.bahn [fá:r-bá:n] s.f., -en. rodovia, pista, estrada.

fahr.bar [fá:r-bá:r] adj. transitável, navegável.

Fah.re [fé:re] s.f., -n. barca, balsa.

fah.ren [fá:ren] v. trafegar, andar, conduzir veículo.

Fah.rer [fá:ra] s.m., -. condutor, motorista.

Fahr.gast [fá:r-gást] s.m., *Fahrgäste*. passageiro, viajante.

Fahr.kar.te [fá:r-kárte] s.f., -n. bilhete de passagem.

fahr.läs.sig [fá:r-léssiçh] adj. indolente, negligente.

Fähr.mann [fé:a-mán] s.m., *Fährleute*. barqueiro.

Fahr.plan [fá:r-plá:n] s.m., *Fahrpläne*. tabela de horário.

Fahr.rad [fá:r-rá:t] s.n., *Fahrräder*. bicicleta.

Fahr.stuhl [fá:r-chtú:l] s.m., *Fahrstühle*. elevador; cadeira de rodas.

Fahrt [fá:rt] s.f., -en. caminho, viagem, excursão, trajeto, marcha; — *über:* travessia; *auf der — nach:* a caminho de; *in — kommen:* começar a andar; *(fig.)* ficar furioso.

Fähr.te [fá:a-te] s.f., -n. pista, rasto, trilha.

Fahr.zeug [fá:r-tsóik] s.n., -e. embarcação, veículo, carro; viatura.

fak.tisch [fák-tich] adj. efetivo; adv. de fato.

Fal.ke [fálke] s.m., -n. falcão.

Fall [fál] s.m., *Fälle*. queda, declive, catástrofe; caso; *auf jeden —:* em todo caso; *zu — bringen:* derrubar; *zu — kommen:* cair.

Fall.beil [fál-báil] s.n., -e. guilhotina.

Fal.le [fále] s.f., -n. armadilha, ratoeira, cilada.

fal.len [fálen] v. cair; baixar; morrer em combate.

fäl.len [félen] v. abater, abaixar, diminuir.

Fäl.lig.keit [féliçh-káit] s.f., -en. vencimento; prazo ou data de vencimento.

Fall.schirm [fál-chirm] s.m., -e. paraquedas.

falsch [fálch] adj. falso, errado.

fäl.schen [félchen] v. falsificar.

Fäl.scher [félcha] s.m., -. falsificador.

Falsch.heit [fálch-rháit] s.f. (sem plural). falsidade.

Fäl.schung [fél-chunk] s.f., -en. falsificação.

Fal.te [fálte] s.f., -n. prega, dobra, ruga, vinco.

fal.ten [fálten] v. franzir, dobrar, enrugar.

Fal.ter [fálta] s.m., -. mariposa, borboleta.

Falz [fálts] s.m., -e. entalhe, encaixe.

fal.zen [fál-tsen] v. dobrar, entalhar.

fa.mi.li.är [familiér] adj. familiar.

Fa.mi.lie [familie] s.f., -n. família.

FAMILIENNAME • FEINSCHMECKER

Fa.mi.li.en.na.me [familien-náːme] s.m., -e. sobrenome.

fa.mos [fá-môs] adj. excelente, esplêndido, magnífico.

Fa.na.tis.mus [fanatis-mús] s.m. (sem plural). fanatismo.

Fang [fánk] s.m., Fänge. presa, garra; captura.

fan.gen [fánguen] v. apanhar, prender.

Far.be [fárbe] s.f., -n. cor, tinta.

fär.ben [férben] v. colorir, tingir.

far.ben.blind [fárben-blint] adj. daltônico.

Fär.be.rei [fér-beráí] s.f., -en. tinturaria.

far.big [fár-biçh] adj. colorido, de cor.

farb.los [fárp-lôs] adj. acromático, sem cor.

Fa.san [fa:zán] s.m., e ou -en. faisão.

Fa.sching [fáchink] s.m., -e ou -s. carnaval.

fa.seln [fá:-zéln] v. palavrear, falar disparates; (méd.) delirar.

Fa.ser [fá:za] s.f., -n. fibra, filamento.

fa.se.rig [fá:-zeriçh] adj. fibroso.

Fass [fás] s.n., Fässer. pipa, tonel, barril.

fas.sen [fássen] v. tomar, agarrar, prender; (fig.) compreender.

fass.lich [fás-liçh] adj. compreensível.

Fas.sung [fássunk] s.f., -en. guarnição, engaste, armação; embarrilamento; versão.

Fas.sungs.kraft [fássunks-kráft] s.f., -en. compreensão, capacidade.

fas.sungs.los [fássunks-lôs] adj. sem ação, perplexo, atônito.

fast [fást] adv. quase.

fa.sten [fásten] v. jejuar, abster-se; jejum; dieta.

Fa.sten.zeit [fásten-tsáit] s.f., -en. quaresma.

Fast.nacht [fást-nárrt] s.f. (sem plural). carnaval.

fa.tal [fatál] adj. desagradável, fatídico, funesto.

fau.chen [fáu-rren] v. bufar, exalar vapor ou fumaça.

faul [fául] adj. podre, estragado; (fig.) preguiçoso.

fau.len.zen [fáu-lêntsen] v. vadiar, fazer nada.

fau.lig [fáuliçh] adj. podre.

Fäul.nis [fóil-nis] s.f. (sem plural). podridão, putrefação.

Faul.tier [fául-tia] s.n., -e. bicho-preguiça.

Faust [fáust] s.f., Fäuste. punho; auf eigene — : por conta própria, de próprio punho.

Faust.recht [fáust-reçht] s.n. (sem plural). lei do mais forte.

Fa.xen [fáksen] plural. bobagens, besteira.

faxen [fáksen] v. enviar um fax.

Fe.bru.ar [fê-bruár] s.m., -e. fevereiro.

fech.ten [féçh-ten] v. combater, esgrimir.

Fe.der [fê:da] s.f., -n. pena, pluma; mola.

fe.der.leicht [fê:da-láiçht] adj. muito leve, leve como pluma.

fe.dern [fêdérn] v. mudar as penas (aves).

fe.dern [fêdérn] adj. elástico, flexível, de mola.

Fee [fê:] s.f., -n. fada.

Fe.ge.feu.er [fê:gue-fóia] (rel.) s.n., -. Purgatório.

fe.gen [fê:guen] v. varrer, limpar.

Feh.de [fê:de] s.f., -n. hostilidade, conflito.

fehl.bar [fê:l-báːr] adj. falho, falível.

Fehl.be.trag [fê:l-betrá:k] s.m., Fehlbeträge. déficit; escassez; saldo negativo.

Fehl.bil.dung [fê:l-bil-dunk] s.f., -en. deformidade.

feh.len [fé:len] v. faltar, fazer falta, estar ausente.

Feh.ler [fê:la] s.m., -. falha, defeito, erro.

feh.ler.frei [fê:la-fráı] adj. certo, perfeito.

feh.ler.los [fê:la-lôs] adj. certo, perfeito.

Fehl.ge.burt [fê:l-guebúrt] s.f., -en. aborto.

Fehl.sum.me [fê:l-zúme] s.f., -n. déficit, prejuízo.

Fehl.tritt [fê:l-trit] s.m., -e. tropeço, deslize, passo em falso.

fei.en [fái-en] v. proteger-se.

Fei.er [fái-a] s.f., -n. festa, solenidade, celebração; descanso.

Fei.er.abend [fáia-ábent] s.m., -e. fim do expediente, término do trabalho do dia.

feier.lich [fáia-liçh] adj. solene, festivo.

fei.ern [fáiern] v. descansar; festejar, celebrar.

Fei.er.tag [fáia-táːk] s.m., -e. dia santificado.

feig [fáik] adj. covarde.

Fei.ge [fáigue] s.f., -n. figo.

Feig.heit [fáik-rháit] s.f. (sem plural). covardia, pusilanimidade.

Feig.ling [fáik-link] s.m., -e. covarde, poltrão.

feil [fáil] adj. venal, que se vende.

Fei.le [fáile] s.f., -n. lima.

fei.len [fáilen] v. limar.

fein [fáin] adj. fino, delgado, miúdo; astuto.

Feind [fáint] s.m., -e. inimigo, opositor, adversário.

feind.lich [fáint-liçh] adj. hostil, inamistoso, contrário.

Feind.schaft [fáint-cháft] s.f., -en. inimizade, aversão.

Feind.se.lig.keit [fáint-zêliçh-káit] s.f., -en. inimizade, hostilidade.

fein.füh.lend [fáin-fy:lent] adj. delicado, sensível.

fein.füh.lig [fáin-fy:liçh] adj. delicado, sensível.

Fein.ge.bäck [fáin-guebék] s.n. (sem plural). bolos, confeitos.

Fein.ge.fühl [fáin-guefy:l] s.n., -e. delicadeza, sensibilidade.

Fein.heit [fáin-rháit] s.f., -en. delicadeza, sensibilidade.

Fein.me.cha.nik [fáin-meçhánik] s.f. (sem plural). mecânica de precisão.

Fein.schmecker [fáin-chméka] s.m., -. gastronomista, gourmet.

fein.sin.nig [fáin-zinich] *adj.* sutil, delicado, fino, espirituoso.
feist [fáist] *adj.* obeso, gordo.
Feld [félt] *s.n.,* -er. campo, terra, campanha.
Feld.ar.beit [félt-árbáit] *s.f.,* -en. lavoura, agricultura.
Feld.ar.bei.ter [félt-árbáita] *s.m.,* -. agricultor, lavrador.
Feld.herr [félt-rhér] *s.m.,* -en. general.
Feld.huhn [félt-rhú:n] *s.n., Feldhühner.* perdiz.
Feld.la.ger [félt-lá:ga] *s.n.,* - ou *Feldläger.* acampamento.
Feld.post [félt-póst] *s.f.* (sem plural). correio militar.
Feld.ste.cher [félt-chtécha] *s.m.,* -. binóculo.
Feld.we.bel [félt-vê:bel] *s.m.,* - segundo sargento.
Feld.weg [félt-vè:k] *s.m.,* -e. atalho, travessa.
Feld.zug [félt-tsú:k] *s.m., Feldzüge.* campanha, expedição militar.
Fell [fél] *s.n.,* -e. pele, couro.
Fels [féls] *s.m.,* -en. rocha, rochedo.
fel.sen.fest [félzen-fést] *adj.* firme como uma rocha.
fel.sig [félzich] *adj.* rochoso.
Fen.ster [fénsta] *s.f.,* -. janela, vitrine.
Fen.ster.brett [fénsta-brét] *s.n.,* -er. parapeito de janela, peitoril.
Fen.ster.la.den [fénsta-lá:den] *s.m., Fensterläden.* portada, contra-vento da janela.
Fen.ster.schei.be [fénsta-cháibe] *s.f.,* -n. vidraça.
Fe.ri.en [fé:rien] *plural.* féria.
Fer.kel [férkel] *s.n.,* -. leitão, bácoro.
fern [férn] *adj.* longe, distante, remoto.
Fer.ne [férne] *s.f.,* -n. afastamento, distância.
fer.ner [férna] *adj.* posterior, futuro, seguinte.
Fern.glas [férn-glás] *s.n., Ferngläser.* binóculo.

Fern.rohr [férn-rò:r] *s.n.,* -e. telescópio.
Fer.se [férze] *s.f.,* -n. calcanhar.
fer.tig [fértich] *adj.* pronto.
fer.tig. be.kom.men [fértich-bekómen] *v.* ser capaz de.
fer.tig. brin.gen [fértich-bringuen] *v.* ser capaz de.
fer.tig.ma.chen [fér-tich-má-rren] *v.* terminar; repreender.
fer.ti.gen [fértiguen] *v.* acabar, concluir.
Fer.tig.keit [fértich-káit] *s.f.,* -en. prontidão; desembaraço.
Fes.sel [féssel] *s.f.,* -en. cadeia; grilhões, algemas.
fe.sseln [fésseln] *v.* encadear, prender, algemar.
fest [fést] *adj.* fixo, firme, sólido; sólido.
Fest [fést] *s.n.,* -e. festa, solenidade.
Fe.ste [féste] *s.f.,* -n. fortaleza, forte; *Himmels –:* firmamento, céu.
fest.hal.ten [fést-rhálten] *v.* segurar.
Fe.stig.keit [féstich-káit] *s.f.* (sem plural). firmeza, solidez.
Fest.land [fést-lánt] *s.n.* (sem plural). continente, terra firme.
fest.lich [fést-lich] *adj.* festivo, solene.
Fest.lich.keit [fést-lich-káit] *s.f.,* -en. solenidade, pompa.
Fest.mahl [fést-má:l] *s.n., Festmähler.* banquete.
fest.set.zen [fést-zé-tsen] *v.* fixar, determinar.
Fe.stung [fés-tunk] *s.f.,* -en. fortaleza.
Fest.zug [fést-tsú:k] *s.m.,* -e. cortejo, procissão.
Fett [fét] *s.n.,* -e. gordura, banha. *adj.* gordo.
fet.tig [fétich] *adj.* gorduroso.
Fet.zen [fé-tsen] *s.m.,* -. trapo, farrapo.
feucht [fóicht] *adj.* úmido.
Feuch.tig.keit [fóich-tich-káit] *s.f.* (sem plural). umidade.
Feuer [fóia] *s.n.,* -. fogo, ardor.

feu.ern [fóiérn] *v.* queimar.
feu.er.spei.end [fóia-chpái-ent] *adj.* vulcânico, que vomita fogo.
Feu.er.stein [fóia-chtáin] *s.m.,* -e. pederneira, pedra de isqueiro.
Feuer.waf.fe [fóia-váfe] *s.f.,* -n. arma de fogo.
Feuer.wehr [fóia-vê:r] *s.f.* (sem plural). corpo de bombeiros.
Feuer.wehr.mann [fóia-vê:r-mán] *s.m., Feuerwehrmänner* ou *Feuerwehrleute.* bombeiro.
Feuer.werk [fóia-vérk] *s.n.,* -e. fogos de artifício.
Feuer.zeug [fóia-tsóik] *s.n.,* -e. isqueiro.
Fi.bel [fíbel] *s.f.,* -n. abecedário, cartilha; fíbula.
Fi.ber [fíba] *s.f.,* -n. fibra.
Fich.te [fich-te] *s.f.,* -n. pinheiro.
Fich.ten.holz [fíchten-rhólts] *s.n., Fichtenhölzer.* pinho.
fi.del [fidél] *adj.* alegre, jovial.
Fie.ber [fí:ba] *s.n.,* -. febre.
fie.deln [fí:-déln] *v.* tocar violino ou rabeca.
Fi.gur [figúr] *s.f.,* -en. figura, forma.
fi.gür.lich [figyr-lich] *adj.* figurado.
Fi.li.ale [filiále] *s.f.,* -n. sucursal, casa filial.
Film.auf.nah.me [film-áuf-ná:me] *s.f.,* -n. filmagem.
fil.men [fílmen] *v.* filmar.
Film.star [film-stár] *s.m.,* -s estrela de cinema, astro.
Film.rol.le [fílm-róle] *s.f.,* -n personagem de filme, papel em um filme.
Film.preis [film-práis] *s.m.,* -e. prêmio cinematográfico.
Film.vor.stel.lung [fílm-vór-chté-lunk] *s.f.,* -en. sessão de cinema.
Fil.ter [fílta] *s.m.,* -. filtro.
Filz [fílts] *s.m.,* -e. feltro.
Fi.nan.zen [finán-tsen] *plural.* finanças.
fin.den [fínden] *v.* encontrar, achar.

FINDLING • FLOTT

Find.ling [fint-link] *s.m., -e.* enjeitado, rejeitado.
Fin.ger [fínga] *s.m., -.* dedo da mão.
Fin.ger.ab.druck [fínga-áp-drúk] *s.m., Fingerabdrücke.* impressão digital.
Fin.ger.na.gel [fínga-ná:guel] *s.m., Fingernägel.* unha.
Fink [fink] *s.m., -en.* tentilhão (pássaro).
fin.nisch [fínich] *adj.* finlandês, da Finlândia.
fin.ster [fíns-ta] *adj.* escuro, sombrio.
Fin.ster.nis [fíns-tér-nís] *s.f., Finsternisse.* escuridão, treva.
Fin.te [fínte] *s.f., -n.* logro, artifício.
Fir.le.fanz [fír-lefánts] *s.m., -e.* futilidade.
fir.men [fírmen] *v.* crismar, confirmar.
Fir.mung [fír-munk] *s.f., -en.* crisma, confirmação.
Fir.nis [fírnis] *s.m., Firnisse.* verniz.
First [fírst] *s.m., -e.* cume, cumeeira.
Fisch [fích] *s.m., -e.* peixe.
fi.schen [fíchen] *v.* pescar.
Fi.scher [fícha] *s.m., -.* pescador.
Fi.scher.boot [fícha-bô:t] *s.n., -e.* barco de pesca.
Fisch.flosse [fich-flósse] *s.f., -n.* barbatana.
Fisch.ot.ter [fich-óta] *s.m., -n.* lontra.
Fisch.rei.her [fich-ráia] *s.m., -.* garça cinzenta.
Fisch.zug [fich-tsú:k] *s.m., Fischzüge.* arrastão, pesca de arrasto; *(fig.)* lucro.
fi.stel [fístel] *s.f., -n.* fístula.
Fit.tich [fítiçh] *s.m., -e.* asa.
fix [fíks] *adv.* depressa; *adj.* fixo; ligeiro, destro.
flach [fláiT] *adj.* plano, chato; raso.
Flä.che [flêçhe] *s.f., -n.* superfície plana.
Flä.chen.in.halt [flêçhen-in-rháit] *s.m., -e.* superfície, área.

Flach.heit [flárr-rháit] *s.f., -en.* trivialidade, superficialidade.
Flachs [fláks] *s.m. (sem plural).* linho.
Flachs.kopf [fláks-kópf] *s.m., Flachsköpfe.* louro, alourado.
flackern [flá-kérn] *v.* chamejar, arder.
Fla.den [flá:den] *s.m., -.* bolo folhado, folhado, panqueca.
Flag.ge [flá:gue] *s.f., -n.* bandeira.
Fla.me [flá:me] *s.f., -n.* flamengo, de Flandre.
flä.misch [flê:mich] *e adj.* flamengo, de Flandres.
Flam.me [fláme] *s.f., -n.* chama.
Fla.nell [flánél] *s.m., -e.* flanela.
Fla.sche [fláche] *s.f., -n.* garrafa.
flat.ter.haft [fláta-rháft] *adj.* volúvel, inconstante, leviano.
flat.te.rig [fláte-riçh] *adj.* volúvel, inconstante, leviano.
flat.tern [flátérn] *v.* esvoaçar, adejar; ser leviano.
flau [fláu] *adj.* frouxo, fraco.
Flaum [fláum] *s.m. (sem plural).* penugem.
Flau.se [fláuze] *s.f., -n.* peça, mentira.
Flech.te [fléçh-te] *s.f., -n.* trança.
flech.ten [fléçh-ten] *v.* trançar.
Fleck [flék] *s.m., -e.* mancha, nódoa.
flecken.los [fléken-lô:s] *adj.* imaculado.
fleckig [flékiçh] *adj.* manchado, malhado.
Fle.der.maus [fléda-máus] *s.f., Fledermäuse.* morcego.
fle.gel.haft [fléguel-rháft] *adj.* grosseiro.
fle.hen [flé:en] *v.* implorar, suplicar; súplica.
fle.hent.lich [flé:ent-líçh] *adj.* suplicante, fervoroso; *adv.* veementemente.
Fleisch [fláich] *s.n. (sem plural).* carne, polpa; *mein – und Blut:* sangue do meu sangue; *in – und Blut übergehen:* entranharar-se; entrar na massa do sangue; *– werden:* encarnar-se.

Flei.scher [fláicha] *s.m., -.* açougueiro.
Fleiß [fláis] *s.m. (sem plural).* aplicação, diligência.
flei.ßig [fláissiçh] *adj.* aplicado, diligente.
flicken [flíken] *v.* remendar, consertar.
Flie.der [flí:da] *s.m., -.* sabugo.
Flie.der.baum [flí:da-báum] *s.m., Fliederbäume.* sabugueiro.
Flie.ge [flí:gue] *s.f., -n.* mosca; *spanische –:* cantárida.
flie.gen [flí:guen] *voar; — lassen:* soltar; *in die Höhe —:* levantar voo; *in die Luft —:* explodir, voar pelos ares.
Flie.ger [flí:ga] *s.m., -.* aviador, piloto de avião.
flie.hen [flí:en] *v.* fugir.
Flieh.kraft [flí:-kráft] *s.f., Fliehkräfte.* força centrífuga.
Flie.se [flí:ze] *s.f., -n.* ladrilho, azulejo.
flie.ßen [flí:ssen] *v.* manar, fluir, correr (água).
flie.ßend [flí:ssent] *adj.* corrente, fluente; *adv.* correntemente.
Fließ.pa.pier [flí:s-papí:a] *s.n., -e.* mata-borrão.
flim.mern [flímérn] *v.* cintilar, bruxulear.
flink [flink] *adj.* ágil, ligeiro.
Flin.te [flínte] *s.f., -n.* espingarda; *die — ins Korn werfen:* desanimar, desistir.
Flit.ter [flíta] *s.m., -.* lantejoula.
Flocke [flóke] *s.f., -n.* floco.
flockig [flókiçh] *adj.* flocoso, flocado.
Floh [flô:] *s.m., Flöhe.* pulga.
flo.rie.ren [florí:ren] *v.* florescer; *(fig.)* prosperar.
Flo.skel [flóskel] *s.f., -n.* floreios, figuras de retórica.
Floß [flô:s] *s.m., Flöße.* jangada, balsa.
Flosse [flósse] *s.f., -n.* barbatana.
Flö.te [flø:te] *s.f., -n.* flauta.
flö.ten.ge.hen [flø:ten-guê:en] *v.* ir-se embora, perder-se.
flott [flót] *adj.* descuidado, desembaraçado; *— gehen:* ir de vento em popa.

Flot.te [flótə] s.f., -n. frota, armada, esquadra.

Fluch [flúːr] s.m., *Flüche.* maldição, praga.

flu.chen [flú-rren] v. blasfemar, praguejar, amaldiçoar.

Flucht [flúrt] s.f., -en. fuga, evasão; série, alinhamento; *die — ergreifen:* pôr-se em fuga; *in die — schlagen:* pôr em fuga, derrotar.

flüch.ten [flyçh-ten] v. fugir, refugiar-se.

flüch.tig [flyçh-tiçh] adj. fugidio, fugaz, passageiro, volátil.

Flüch.tig.keit [flyçh-tiçh-káit] s.f., -en. ligeireza, volatilidade.

Flücht.ling [flyçht-link] s.m., -e. fugitivo, refugiado.

Flug [flúːk] s.m., *Flüge.* voo.

Flug.bahn [flúːk-báːn] s.f., -en. trajetória.

Flug.blatt [flúːk-blát] s.n., *Flugblätter.* folheto.

Flü.gel [fly-guel] s.m., -. asa, ala; batente; piano de cauda.

Flü.gel.horn [fly-guel-rhórn] s.n., *Flügelhörner.* trompa de caçador.

Flug.gast [flúːk-gást] s.m., *Fluggäste.* passageiro de avião.

flüg.ge [flygue] adj. emplumado; prestes a deixar o ninho; *(fig.)* núbil, casadouro.

Flug.ha.fen [flúːk-rhá-fen] s.m., *Flughäfen.* aeroporto.

flugs [flúks] adv. imediatamente.

Flug.zeug [flúːk-tsóik] s.n., -e. avião, aeroplano.

Flur [flúːr] s.m., -e. campo, campina; vestíbulo de entrada, corredor.

Fluss [flús] s.m., *Flüsse.* rio, fluxo; *in — bringen, in — kommen:* adiantar.

flü.ßig [fly:ssiçh] adj. líquido, fluido, corrente.

Flü.ßig.keit [fly:ssiçh-káit] s.f., -en. liquidez, fluidez.

Fluss.pferd [flús-pfért] s.n., -e. hipopótamo.

flü.stern [flys-térn] v. cochichar, murmurar.

Flut [flúːt] s.f., -en. fluxo, enchente, inundação, dilúvio; maré cheia, preamar; plenitude.

Foh.len [fó:len] s.n., -. potro.

Föhn [fø:n] s.m., -e. vento sul; tempestade.

Fol.ge [fólgue] s.f., -n. série, sequência; resultado, consequência; *— leisten:* obedecer a; *in der —:* em seguida.

fol.gen [fólguen] v. seguir, suceder; obedecer; entender, compreender; resultar.

fol.gend [fól-guent] adj. seguinte.

fol.gen.der.ma.ßen [fólguen-da-má:ssen] adv. da seguinte maneira, tal como segue.

fol.gen.los [fólguen-lô:s] adj. sem consequências, inconsequente.

fol.gen.schwer [fólguen-chvér] adj. importante, grave.

fol.ge.rich.tig [fólgue-riçh-tiçh] adj. consequente, lógico.

fol.gern [fól-guérn] v. concluir, deduzir.

Fol.ge.rung [fól-guerunk] s.f., -en. conclusão, dedução.

folg.lich [fólk-liçh] adv. por conseguinte, consequentemente.

Folg.sam.keit [fólk-zám-káit] s.f., -en. obediência.

Fo.lie [fó:lie] s.f., -n. folha; *zur — dienen:* dar relevo a, fazer ressaltar.

Fol.ter [fólta] s.f., -n. tortura, tormento; instrumento de tortura.

Fön [fø:n] s.m., -e. secador de cabelos.

fop.pen [fópen] v. pilheriar, zombar.

För.de.rer [fœrdera] s.m., -. benfeitor, protetor.

för.der.lich [fœrda-liçh] adj. útil, vantajoso.

För.der.mit.tel [fœrda-mítel] s.n., -. meio de transporte.

for.dern [fór-dérn] v. exigir, requerer.

för.dern [fœr-dérn] v. promover, adiantar, fomentar; proteger.

For.de.rung [fór-derunk] s.f., -en. demanda, desafio, exigência.

För.de.rung [fœr-derunk] s.f., -en. adiantamento, promoção, proteção.

Fo.rel.le [forêle] s.f., -n. truta.

Form [fórm] s.f., -en. forma, figura, molde.

for.mal [formál] adj. formal.

For.ma.li.tät [formalitɛ̂:t] s.f., -en. formalidade.

For.mel [for-mél] s.f., -n. fórmula.

for.mell [for-mél] adj. formal, cerimonioso.

for.men [fórmen] v. formar, moldar.

förm.lich [fœrm-liçh] adj. formal, cerimonioso; em forma protocolar.

form.los [fórm-lôs] adj. amorfo, informe; rude, grosseiro; sem cerimônia.

for.schen [fór-chen] v. inquirir, investigar.

For.scher [fór-cha] s.m., -. investigador, explorador.

For.schung [fór-chunk] s.f., -en. investigação, exploração.

Forst [fórst] s.m., -e. floresta, bosque.

För.ster [fœrsta] s.m., -. guarda florestal.

fort [fórt] adv. longe, fora, adiante.

for.tan [fórt-án] adv. doravante, de hoje em diante.

fort.be.ge.ben [fórt-beguê:ben] v. ir-se embora, partir.

Fort.be.stand [fórt-bechtánt] s.m., *Fortbestände.* existência, persistência.

fort.be.ste.hen [fórt-bechtê:en] v. continuar, subsistir.

fort.be.we.gen [fórt-bevê:guen] v. deslocar-se, mover-se.

Fort.bil.dung [fórt-bíldunk] s.f. *(sem plural).* aperfeiçoamento, especialização.

fort.dau.ern [fórt-dáu-érn] v. continuar, persistir.

fort.ge.hen [fórt-guê:en] v. sair, ir-se embora.

fort.hin [fórt-rhin] adv. daqui em diante.

FORTJAGEN • FREUNDLICHKEIT

fort.ja.gen [fórt-rhá:guen] v. afugentar, expulsar, mandar embora.

fort.lau.fend [fórt-láu-fent] adj. contínuo, seguido, sucessivo.

Fort.satz [fórt-záts] s.m., Fortsätze. prolongamento, apêndice, continuação.

fort.schrei.ten [fórt-chráiten] v. progredir, adiantar, ir adiante.

Fort.schritt [fórt-chrít] s.m., -e. adiantamento, progresso.

Fort.set.zen [fórt-zétsen] v. continuar.

Fort.set.zung [fórt-zé-tsunk] s.f., -en. continuação.

fort.wäh.ren [fórt-vé:ren] v. durar, permanecer.

Fracht [frárrt] s.f., -en. transporte, frete, carga.

Frack [frák] s.m., Fräcke. fraque.

Fra.ge [frá:gue] s.f., -n. pergunta, questão, interrogação; eine — stellen: fazer uma pergunta; keine —: não haver dúvida; in — kommen: interessar; ohne —: sem dúvida.

fra.gen [frá:guen] v. perguntar, interrogar.

Fra.ger [frá:ga] s.m., -. interrogador, perguntador.

Fra.ge.zei.chen [frá:gue-tsái-chen] s.n., -. ponto de interrogação.

frag.lich [frák-liçh] adj. duvidoso.

frag.los [frák-lòs] adj. indiscutível.

frag.wür.dig [frák-vyrdiçh] adj. discutível, questionável, problemático, duvidoso.

Frak.ti.on [frák-tsiö:n] s.f., -en. fração.

Frak.tur [fráktúa] s.f., -en. alfabeto gótico.

fran.kie.ren [frán-ki:ren] v. selar, franquear.

fran.kie.rung [frán-ki:runk] s.f., -en. franquia.

fran.ko [fránko] adj. franqueado.

Fran.se [fránze] s.f., -n. franja.

Fran.zo.se [frán-tsó:ze] s.m., -. francês.

fran.zö.sisch [frán-tsœzich] adj. francês, da França.

Fraß [frá:s] s.m., -e. comida, pasto, ceva.

Frat.ze [frátse] s.f., -n. caricatura, careta, carranca.

Frau [fráu] s.f., -en. mulher, esposa, senhora.

Fräu.lein [fröi-láin] s.n., -. senhorita.

frech [fréçh] adj. atrevido, impertinente; insolente, arrogante.

frei [fráil] adj. livre, independente; isento de; aberto; vago; aus — en Stücken: espontaneamente, voluntariamente.

Frei.beu.ter [frái-bóita] s.m., -. flibusteiro, pirata.

Frei.er [fráia] s.m., -. namorado, pretendente, noivo.

frei.ge.big [frái-guê:biçh] adj. liberal, generoso.

Frei.han.del [frái-hán-dél] s.m. (sem plural). livre-comércio, câmbio livre.

Frei.heit [fréçh] adj. s.f., -en. liberdade.

Frei.heits.krieg [frái-rháits-kri:k] s.m., -e. guerra da (de) independência.

Frei.heits.stra.fe [frái-rháits-chtrá:fe] s.f., -n. pena de prisão.

frei.her.aus [frái-rhér-áus] adv. com franqueza; francamente.

Frei.herr [frái-rhér] s.m., -en. barão.

frei.lich [frái-liçh] adv. sem dúvida, certamente.

Frei.mau.rer [frái-máu-ra] s.m., -. (franco-) maçom.

Frei.mut [frái-mú:t] s.m. (sem plural). franqueza.

frei.mü.tig [frái-my:tiçh] adj. franco, sincero.

Frei.schütz [frái-chyts] e s.m., -n. francoatirador.

Frei.sinn [frái-zin] s.m., -e. liberalismo.

Frei.sin.nig [frái-ziniçh] adj. liberal.

Frei.spre.chung [frái-chprê-chunk] s.f., -en. absolvição.

Frei.staat [frái-chtá:t] s.m., -en. Estado livre; república.

Frei.tag [frái-tá:k] s.m., -e. sexta-feira.

Freizeit [frái-tseit] s.f. (sem plural). tempo livre, lazer.

frei.wil.lig [frái-viliçh] adj. voluntário, espontâneo.

fremd [frêmt] adj. alheio, desconhecido; forasteiro, estrangeiro, estranho.

fremd.ar.tig [frêmt-ártiçh] adj. heterogêneo; estranho.

Frem.den.ver.kehr [frêmden-verkê:a] s.m. (sem plural). turismo.

Frem.de [frêmde] s.m., -n. estrangeiro, forasteiro, desconhecido.

Fremd.spra.che [frêmt-chprá-rre] s.f., -n. língua estrangeira.

Fresko.ge.mäl.de [frrêchko-guemélde] s.n., -. afresco (pintura).

Fresse [frésse] s.f., -n. boca; cara; in die — schlagen: partir a cara a (de).

fressen [fré-ssen] v. comer, devorar, tragar.

Freu.de [fróide] s.f., -n. alegria, prazer; — haben an: gostar de, ter prazer em.

Freu.den.mäd.chen [fróiden-mét-chen] s.n., -. prostituta.

Freu.den.tag [fróiden-tá:k] s.m., -e. dia de festa.

Freu.den.tau.mel [fróiden-táumel] s.m. (sem plural). efusão de alegria.

freu.dig [frói-diçh] adj. alegre, contente.

freu.en [fróien] v. regozijar-se, alegrar-se.

Freund [fróint] s.m., -e. amigo; namorado.

Freun.din [fróindin] s.f., -nen. amiga; namorada.

freund.lich [fróint-liçh] adj. alegre, bom, amável, agradável.

Freund.lich.keit [fróint-liçh-káit] s.f., -en. amabilidade, afabilidade.

FREUNDSCHAFT • FUNGIEREN

Freund.schaft [frójnt-cháft] s.f., -en. amizade, intimidade; namoro.

fre.vel.haft [fré:fel-ráft] adj. injurioso, criminoso.

fre.veln [fré:feln] v. violar uma lei, insultar; pecar; — gegen: atentar contra, violar.

Frie.den [frí:den] s.m., -. paz, sossego.

Frie.dens.bruch [fri:dens-brúrr] s.m., Friedensbrüche. agressão.

fried.fer.tig [frí:t-fértiç] adj. pacífico.

Fried.hof [frí:t-rhô:f] s.m., Friedhöfe. cemitério.

fried.lich [frí:t-liç] adj. tranquilo.

fried.los [frí:t-lôs] adj. intranquilo, irrequieto.

frie.ren [frí:ren] v. gelar, ter frio.

frisch [frisch] adj. fresco, recente.

Fri.seur [fri-zør] s.m., -e. cabeleireiro.

fri.sie.ren [fri-zí:ren] v. pentear, frisar, arrumar o cabelo.

Frist [frist] s.f., -en. termo, prazo.

Frist.ab.lauf [fríst-ap-láuf] s.m., Fristabläufe. vencimento, expiração do prazo.

Frist.ver.län.ge.rung [frist-fér-léngeurunk] s.f., -en. prorrogação de um prazo.

fri.sur [frizúa] s.f., -en. penteado.

fri.vol [frivo:l] adj. frívolo.

froh [frô:] adj. alegre, contente.

fröh.lich [frø:-liç] adj. alegre, contente, jovial.

Fröh.lich.keit [frø:-liçh-kájt] s.f. (sem plural). alegria, jovialidade.

froh.locken [frô:-lóken] v. jubilar, exultar.

Froh.sinn [frô:-zinn] s.m., -e. alegria, bom humor.

fromm [fróm] adj. devoto, religioso.

Fröm.mig.keit [frø-miçh-kájt] s.f. (sem plural). devoção, religiosidade.

Fron.ar.beit [frô:n-árbajt] s.f., -. escravidão, trabalho escravo.

Fron.dienst [frô:n-di:nst] s.m., -e. escravidão, trabalho escravo.

Fron.leich.nam [frô:n-láiçh-ná:m] s.m., -e. Corpus Christi.

Front [frónt] s.f., -e. frente, fachada, frontispício; linha de combate, fronteira.

Frosch [fróch] s.m., Frösche. rã.

Frost [fróst] s.m., Fröster. frio, geada.

frö.steln [frǿs-téln] v. ter calafrio.

frot.tie.ren [frô-ti:ren] v. friccionar.

Frucht [frúrrt] s.f., Früchte. fruto, resultado.

frucht.bar [frúrrt-bá:r] adj. fértil, fecundo.

Frucht.bar.keit [frúrrt-bár-kájt] s.f. (sem plural). fertilidade.

fruch.ten [frúrr-ten] v. render, frutificar.

Frucht.kno.ten [frúrrt-knô:ten] s.m., -. ovário.

Frucht.saft [frúrrt-záft] s.m., Fruchtsäfte. suco de fruta.

Frucht.wein [frúrrt-vájn] s.m., -e. cidra, suco de fruta.

früh [fry:] adv. cedo, de madrugada; adj. prematuro.

frü.her [fry:a] adj. e adv. outrora, antes, mais cedo.

Früh.jahr [fry:-iá:r] s.n., -e. primavera.

Früh.ling [fry:-link] s.m., -e. primavera.

früh.reif [fry:-ráif] adj. precoce, prematuro.

Früh.stück [fry:-chtyk] s.n., -e. café da manhã, desjejum.

Fuchs [fúks] s.m., Füchse. raposa; adj. (fig.) ladino, esperto.

Fuchs.bau [fúks-báu] s.m., -ten. covil, toca.

fuchs.rot [fúks-rôt] adj. ruivo.

fuch.teln [fúrr-téln] v. agitar.

Fu.der [fú:da] s.m., -. carrada, carga.

Fuge [fú:gue] s.f., -n. junta, encaixe.

fü.gen [fy:guen] v. encaixar, juntar.

füg.sam [fy:k-zám] adj. dócil, obediente.

Fú.gung [fy:gunk] s.f., -en. destino, desígnio.

fühl.bar [fy:l-bá:r] adj. sensível, palpável; sich — machen: fazer-se sentir.

füh.len [fy:len] v. apalpar, tocar, sentir.

Füh.ler [fy:la] s.m., -. (zool.) antena.

Füh.lung [fy:l-unk] s.f. (sem plural). contato.

Fuh.re [fú:re] s.f., -n. carreto, carga.

füh.ren [fy:ren] v. conduzir, transportar, dirigir.

Füh.rer [fy:ra] s.m., -. condutor, diretor, guia, líder; chefe, dirigente político.

Füh.rung [fy:runk] s.f., -en. condução, direção.

Fuhr.werk [fú:r-vérk] s.n., -e. veículo.

Fül.le [fyle] s.f. (sem plural). abundância, plenitude.

fül.len [fylen] v. encher, rechear; encaixar.

Fül.lung [fylunk] s.f., -en. enchimento, recheio.

Fund [fúnt] s.m., -e. achado, descoberta.

Fun.da.ment [fúnda-ment] s.n., -e. alicerce, fundamento.

Fund.gru.be [fúnt-grú:be] s.f., -n. mina.

fun.die.ren [fundi:ren] v. fundamentar, assegurar.

Fund.stel.le [funt-chtéle] s.f., -n. jazida.

fünf [fynf] num. cinco.

Fünf.eck [fynf-ék] s.n., -e. pentágono.

fünf.eckig [fynf-ékiçh] adj. pentagonal.

fünf.fach [fynf-fáçh] adj. quíntuplo; adv. cinco vezes.

Fünf.kampf [fynf-kámpf] s.m. (sem plural). pentatlo.

fünf.zehn [fynf-tsé:n] num. quinze.

fünf.zig [fynf-tsiçh] num. cinquenta.

fünf.zi.ger [fynf-tsíga] adj. quinquagenário.

fun.gie.ren [funguí:ren] v. funcionar, trabalhar.

Funk [funk] *s.m. (sem plural).* rádio, radiotelefonia.

Funk.ap.pa.rat [fúnk-apará:t] *s.m., -e.* aparelho de rádio; emissora de rádio.

Fun.ke [fúnke] *s.m., -n.* centelha, faísca.

fun.keln [fún-kéln] *v.* cintilar, faiscar.

fun.kel.na.gel.neu [fúnkél-náguel-nói] *adj.* novo em folha, recente.

fun.ken [fúnken] *v.* faiscar, chispar, irradiar; telegrafar; funcionar.

Funk.spruch [fúnk-chprúrr] *s.m., Funksprüche.* radiograma.

für [fyr] *prep.* para, por, a, a fim de.

Für.bit.te [fyr-bíte] *s.f., -n.* intercessão, mediação.

Fur.che [fúi-çhe] *s.f., -n.* sulco, ruga.

fur.chig [fúi-çhiçh] *adj.* sulcado, rugoso.

Furcht [fúiçht] *s.f. (sem plural).* medo, receio.

furcht.bar [fúiçht-bá:r] *adj.* terrível, tremendo, espantoso, horrível.

fürch.ten [fýiçh-ten] *v.* recear, temer.

fürch.ter.lich [fýiçht-tér-liçh] *adj.* terrível, espantoso.

furcht.los [fúiçht-lôs] *adj.* destemido.

furcht.sam [fuiçht-zám] *adj.* tímido, medroso.

für.lieb neh.men [fyr-lí:p-nê:men] *v.* contentar-se.

Für.sor.ge [fyr-zórgue] *s.f. (sem plural).* assistência, cuidado, solicitude, previsão.

Für.spra.che [fyr-chprá-rre] *s.f., -n.* intercessão.

Fürsprecher [fyr-chpré-çha] *s.m., -.* advogado, intercessor.

Fürst [fyrcht] *s.m., -e.* príncipe.

Für.sten.haus [fyrchten-ráus] *s.n., Fürstenhäuser.* dinastia.

Für.sten.tum [fyrchtentúm] *s.n., Fürstentümer.* principado.

fürst.lich [fyrst-liçh] *adj.* principesco.

Fu.run.kel [furúnkel] *s.m. ou s.n., -.* furúnculo.

für.wahr [fyr-vá:r] *adv.* deveras, realmente.

Für.wort [fyr-vórt] *s.n., Fürwörter.* pronome.

Fu.sel [fú:zel] *s.m., -.* aguardente ordinária.

Fu.si.li.er [fyzili:a] *s.m., -.* carbineiro, fuzileiro.

Fuß [fu:s] *s.m., Füße.* pé, pata; base; *auf den — treten:* pisar em, magoar; *—e leben:* viver à larga; *auf eigenen Füßen stehen:* ser independente; *mit Füßen treten:* dar pontapés, zu —*:* à pé.

Fuß.ball [fú:s-bál] *s.m., Fußbälle.* futebol.

Fuß.ball.mann.schaft [fú:s-bál-mán-cháft] *s.f., -en.* time de futebol.

Fuß.ball.platz [fú:s-bál-pláts] *s.m., Fußballplätze.* campo de futebol.

Fuß.ball.spie.ler [fú:s-bál-chpí:la] *s.m., -.* jogador de futebol, futebolista.

Fuß.bo.den [fú:s-bô:den] *s.m., Fußböden.* assoalho, piso.

fu.ßen [fú:sen] *v.* basear-se, fundar-se, tomar pé.

Fuß.tritt [fú:s-trit] *s.m., -e.* pontapé.

Fuß.weg [fú:s-vè:k] *s.m., -e.* atalho, vereda.

futsch [fútch] *adj.* perdido, desaparecido; *es ist —!:* lá vai!, foi-se!.

Fut.ter [fúta] *s.n. (sem plural).* ração para animais, forragem.

Fut.te.ral [fúteral] *s.n., -e.* estojo, bainha.

füt.tern [fytérn] *v.* alimentar (animais), dar de comer a, forrar.

Füt.te.rung [fyterunk] *s.f., -en.* pasto, forragem.

Fu.tur [futú:r] *s.n., -e.* futuro. (gramatical).

fu.tu.ritisch [futuristich] *adj.* futurista.

G

G [guê] sétima letra do alfabeto alemão.

G, g: [guê] sol (nota musical).

Ga.be [gá:be] s.f., -n. dom, dádiva, donativo; presente; talento.

Ga.bel [gá:bel] s.f., -n. garfo.

gackern [gá-kérn] v. cacarejar.

gaf.fen [gáfen] v. embasbacar, pasmar.

Ga.ge [gá:gue] s.f., -n. soldo, ordenado.

gäh.nen [guê:nen] v. bocejar.

Gal.gen [gálguen] s.m., -. forca, patíbulo.

Gal.le [gále] s.f., -n. bile, fel.

Ga.ma.sche [ga:máche] s.f., -n. polaina.

Gang [gánk] s.m., Gänge. caminhada, andar, caminho, passagem.

gang.bar [gánk-bá:r] adj. transitável, viável em uso.

Gans [gáns] s.f., Gänse. ganso.

Gän.se.fü.ßchen [guénze-fy:s-chen] s.n., -. aspa.

Gän.se.haut [guénzê:rháut] s.f. (sem plural). pele arrepiada; (fig.) pele de galinha.

ganz [gánts] adj. inteiro, todo, completo; adv. inteiramente, completamente; *wieder — machen:* reparar, consertar, *ein — bisschen:* muito pouco; *— und gar:* completamente; *— und gar nicht:* de modo nenhum; *— recht:* exatamente; *— Recht haben:* ter toda a razão.

Gan.ze [gán-tse] s.n. (sem plural). total, totalidade.

Ganz.heit [gánts-rháit] s.f., -en. totalidade, integridade.

gar [gár] adj. pronto, bem cozido; adv. bem, muito.

Gar.be [gárbe] s.f., -n. feixe, molho.

Gar.de [gárde] s.f., -n. guarda.

Gar.di.ne [gardí:ne] s.f., -n. cortina.

gä.ren [guê:ren] v. fermentar.

Garn [gárn] s.n., -e. fio de linha, rede.

gar.nie.ren [garní:ren] v. guarnecer.

Gar.nie.rung [garní:runk] s.f., -en. guarnição.

gar.stig [gárs-tich] adj. feio, repugnante, ruim.

Gar.ten [gárten] s.m., Gärten. jardim, quintal, horta.

Gar.ten.an.la.ge [gárten-atái:gue] s.f., -n. parque, jardim público.

Gar.ten.ar.beit [gárten-árbáit] s.f., -en. jardinagem.

Gar.ten.bau [gárten-báu] s.m. (sem plural). horticultura.

Gärt.ner [guért-na] s.m., -. jardineiro.

Gärt.ne.rei [guért-nerái] s.f., -en. jardinagem, horticultura; horta.

Gä.rung [guê:-runk] s.f., -en. fermentação.

Gas [gás] s.n., -e. gá.

Gasse [gá-sse] s.f., -n. rua, viela, travessa.

Gast [gást] s.m., Gäste. hóspede, convidado.

Gast.ge.ber [gást-guê:ber] s.m., -. hospedeiro, anfitrião.

Gast.haus [gást-rháus] s.n., Gasthäuser. hotel, hospedaria, estalagem.

Gast.mahl [gást-má:l] s.n., Gastmähler. banquete.

Gast.zim.mer [gást-tsi:ma] s.n., -. quarto de hóspede.

Gat.te [gáte] s.m., -n. marido, esposo.

Gat.ter [gáta] s.n., -. grade, cancela.

Gat.tin [gátin] s.f., -nen. esposa.

Gat.tung [gátunk] s.f., -en. gênero, classe, espécie.

Gat.tungs.na.me [gátunks-ná:me] s.n., -n. nome genérico.

Gau [gáu] região, distrito, comarca.

Gau.ke.lei [gáu-kelái] s.f., -en. charlatanismo, mistificação.

Gau.kler [gáu-kla] s.m., -. bufão, charlatão; embusteiro, impostor.

Gaul [gául] s.m., Gäule. cavalo.

Gau.men [gáumen] s.m., -. palato, céu da boca; paladar.

Gau.ner [gáuna] s.m., -. gatuno, velhaco.

Gau.ne.rei [gáu-nerái] s.f., -en. gatunice, velhacaria.

Ga.ze [gá:-tse] s.f., -n. gaze, atadura.

ge.ach.tet [guê-árrtet] adj. estimado, querido.

ge.äch.te.te [guê-éch-tê-te] adj. desterrado, banido.

Ge.bäck [guê-bék] s.n., -e. pão, pastelaria, panificação.

Ge.bär.de [guê-bérde] s.f., -n. gesto, gesticulação.

ge.bär.den [guê-bérden] v. gesticular.

Ge.bär.den.spra.che [guê-bérden-chpré-che] s.f., -n. pantomima.

ge.ba.ren [guê-bá:ren] v. comportar-se; conduta, comportamento.

ge.bä.ren [guê-bé:ren] v. dar à luz.

Ge.bär.mut.ter [guê-bér-mú-ta] s.f., Gebärmütter. útero; matriz.

GEBÄUDE • GEFAHRLOS

Ge.bäu.de [guê-bóide] s.n., -. edifício, construção; estrutura, sistema.

Ge.bein [guê-báin] e plural. ossada, esqueleto.

Ge.bell [guêbél] s.n. (sem plural). latido.

ge.ben [guê:ben] v. dar, entregar, conceder.

Ge.bet [gue-bê:t] s.n., -e. oração, prece.

ge.beugt [guê-bóikt] adj. curvado, inclinado.

Ge.biet [guê-bi:t] s.n., -e. distrito, território, região.

ge.bie.ten [guê-bi:ten] v. ordenar, mandar, dominar.

Ge.bie.ter [guê-bi:ta] s.n., -. senhor, soberano.

ge.bie.te.risch [guê-bi:terich] adj. imperioso, urgente, categórico.

ge.bil.de [guê-bílde] s.n., -. criação, formação, composição.

ge.bil.det [guê-bíldet] adj. culto, ilustrado, letrado.

Ge.bir.ge [guê-bír-gue] s.n., -. montanhas, serras.

ge.bir.gig [guê-bír-guich] adj. montanhoso.

Ge.biss [guê-bís] s.n., -e. dentadura, dente.

Ge.blä.se [guê-blé:ze] s.n., -. fole, ventilador.

ge.blen.det [guê-blèndet] adj. ofuscado, deslumbrado.

ge.blümt [guê-blymt] adj. florido, floreado.

Ge.bot [guê-bô:t] s.n., -e. ordem, comando, mandamento; zu — e stehen: estar à disposição; die zehn — e: os Dez Mandamentos, o decálogo.

ge.bo.ten [guê-bô:ten] p.p. indicado, necessário.

Ge.brauch [guê-bráurr] s.m., Gebräuche. uso, costume; ausser — kommen: cair em desuso.

ge.brau.chen [guê-bráu-rren] v. usar, empregar.

ge.bräuch.lich [guê-bróich-lich] adj. usual, comum, vulgar.

Ge.bre.chen [guê-brê-chen] s.n., -. falta, imperfeição, defeito.

ge.brech.lich [guê-brèch-lich] adj. enfermo, frágil.

Ge.brech.lich.keit [guê-brêch-lich-káit] s.f., -en. fragilidade, fraqueza, decrepitude.

ge.bro.chen [guê-brô-rren] adj. abalado; adv. — Deutsch sprechen: arranhar o alemão.

Ge.brü.der [guê-bry:da] plural. irmão.

Ge.brüll [guê-bryl] s.n. (sem plural). urro, mugido, bramido.

ge.bückt [guê-bykt] adj. curvo, encurvado, inclinado.

Ge.bühr [guê-by:r] s.f., -en. dever, obrigação taxa.

ge.büh.ren [guê-by:ren] v. dever, ser devido; convir.

ge.büh.rend [guê-by:rent] adj. conveniente, devido.

Ge.büh.ren.er.lass [guê-by:ren-èr-làs] s.m., Gebührenerlässe. isenção de tarifa.

Ge.büh.ren.ord.nung [guê-by:ren-órrt-nunk] s.f., -en. tarifa, tabela, pauta.

ge.bun.den [guê-bùnden] adj. comprometido, ligado.

Ge.bun.den.heit [guê-bùnden-rháit] s.f., -en. vinculação, falta de liberdade.

Ge.burt [guê-búrt] s.f., -en. parto, nascimento.

ge.bür.tig [guê-býr-tich] adj. natural, oriundo.

Ge.büsch [guê-bých] s.n., -e. arbusto, moita; mata, bosque.

gecken.haft [guéken-rháft] adj. fanfarrão, jactancioso; vaidoso.

Ge.dächt.nis [guê-dècht-nis] s.n., Gedächtnisse. memória, recordação.

Ge.dan.ke [guê-dánke] s.m., -n. pensamento, ideia; in — n: mentalmente; in — n sein: pensativo, distraído; in — n versung: preocupado, ensimesmado; kein — !: nem se pensa nisso!

ge.dan.ken.los [guê-dánken-lôs] adj. distraído, descuidado, irreflétido.

ge.dan.ken.voll [guê-dánken-fól] adj. pensativo.

Ge.därm [guê-dèrm] e plural. intestinos, tripa.

Ge.deck [guê-dék] s.n., -e. talher; tampa, cobertura.

ge.deckt [guê-dékt] adj. coberto, tampado.

ge.dei.hen [guê-dái-en] v. prosperar, progredir; prosperidade, êxito.

ge.den.ken [guê-dénken] v. pensar, lembrar-se; memória.

Ge.denk.fei.er [guê-dénk-fáia] s.f., -n. festa comemorativa.

Ge.denk.tag [guê-dénk-ta:k] s.m., -e. aniversário, data comemorativa.

Ge.dicht [guê-dicht] s.n., -e. poesia, poema.

Ge.dicht.samm.lung [guê-dicht-zám-lunk] s.f., -en. antologia. poética.

ge.die.gen [guê-di:guen] adj. sólido; puro.

Ge.drän.ge [guê-dréngue] s.n (sem plural). aperto, multidão.

ge.drückt [guê-drytk] adj. abatido, desanimado.

ge.drun.gen [guê-drúnguen] adj. atarracado, conciso.

Ge.duld [guê-dúlt] s.f (sem plural). paciência.

ge.dul.den [guê-dúlden] v. sich —: ter paciência.

ge.dul.dig [guê-dúldich] adj. paciente.

ge.ehr.te [guê-ê:rte] adj. estimado, prezado, — r Herr : excelentíssimo senhor, ilustríssimo senhor; Ihr — s Schreiben : a sua estimada carta.

Ge.fahr [guê-fá:r] s.f., -en. perigo, risco.

ge.fähr.den [guê-fér:den] v. expor a risco ou perigo, arriscar.

ge.fähr.lich [guê-fé:r-lich] adj. perigoso, arriscado.

ge.fahr.los [guê-fa:r-lôs] adj. sem perigo, seguro.

Ge.fähr.te [guê-fé:rte] *s.m., -n.* companheiro, colega.

Ge.fäl.le [guê-féle] *s.n., -.* declive, inclinação; queda; *Fluss —:* cachoeira.

ge.fal.len [guê-fálen] *v.* agradar; prazer, gosto.

ge.fäl.lig [guê-félich] *adj.* agradável.

Ge.fäl.lig.keit [guê-félich-káit] *s.f., -en.* obséquio, favor.

ge.fäl.ligst [guê-féli:kst] *adv.* se faz favor.

ge.fan.gen [guê-fánguen] *adj.* preso, prisioneiro.

Ge.fan.gen.schaft [guê-fánguen-cháft] *s.f., -en.* cativeiro, prisão.

Ge.fäng.nis [guê-fénk-nis] *s.n., Gefängnisse.* cárcere, prisão.

Ge.fäng.nis.stra.fe [guê-fénk-nis-chtráfe] *s.f., -n.* pena de prisão.

Ge.fäß [guê-fé:s] *s.n., -e.* vasilha, vaso; punho de espada, receptáculo.

ge.fasst [guê-fást] *adj.* sereno, senhor de si.

Ge.fecht [guê-féçht] *s.n., -e.* peleja, escaramuça; *außer — setzen:* pôr fora de combate, nocautear.

ge.feit [guê-fáit] *adj.* imune.

ge.fe.stigt [guê-festíkt] *adj.* firme.

Ge.fie.der [guê-fí:da] *s.n., -.* plumagem.

ge.fie.dert [guê-fí:dért] *adj.* emplumado.

Ge.fil.de [guê-fílde] *s.n., -.* campo, campina.

Ge.flecht [guê-fléçht] *s.n., -e.* entrançado, entreçalamento.

ge.fleckt [guê-flékt] *adj.* manchado, malhado.

ge.fli.ßent.lich [gue-fli:ssent-liçh] *adj.* premeditado; *adv.* de propósito.

Ge.flü.gel [guê-fly:guel] *s.n. (sem plural).* aves domésticas.

Ge.flü.gelt [guê-fly:guelt] *adj.* alado.

Ge.flü.gel.zucht [guê-fly:guel-tsúrrt] *s.f., -en.* avicultura.

Ge.flü.ster [guê-flysta] *s.n. (sem plural).* sussurro, murmúrio.

Ge.fol.ge [guê-fólgue] *s.n., -.* comitiva, séquito.

Ge.fol.ge.schaft [gue-fólgue-cháft] *s.f., -en.* sequazes, quadrilha.

ge.fragt [gue-frákt] *adj.* procurado.

ge.frä.ßig [gue-fré:ssiçh] *adj.* voraz, glutão.

Ge.frei.te [gue-fráite] *s.m., -n.* cabo de esquadra.

frie.ren.an.la.ge [gue-fri:r-anlá:gue] *s.f., -n.* instalação frigorífica.

ge.frie.ren [gue-fri:ren] *v.* gelar, congelar-se.

Ge.fü.ge [gue-fy:gue] *s.n., -.* junta, encaixe, juntura.

ge.fü.gig [gue-fy:guiçh] *adj.* flexível, maleável; dócil, brando.

Ge.fühl [guê-fy:l] *s.n., -e.* sensibilidade, sentimento; *— haben für:* ser sensível a.

ge.fühl.los [guê-fy:l-lôs] *adj.* insensível, apático.

Ge.fühl.lo.sig.keit [guê-fy:l-lôziçh-káit] *s.f., -en.* insensibilidade, apatia.

ge.fühls.du.se.lei [guê-fy:ls-dú:ze-lái] *s.f., -en.* sentimentalismo.

ge.fühl.voll [guê-fy:l-fól] *adj.* sentimental, delicado.

ge.gen [guê:guent] *prep.* para, contra, em direção a.

Ge.gend [guê:guent] *s.f., -en.* região, lugar.

Ge.gen.druck [guê:guen-drúk] *s.m., Gegendrücke.* contrapressão, reação.

ge.gen.ein.an.der [guê:guen-áin-ánda] *adv.* oposto, contrário, um contra o outro.

ge.gen.falls [guê:guen-fáls] *conj.* senão, aliás.

Ge.gen.wicht [guê:guen-viçht] *s.n., -e.* contrapeso.

Ge.gen.gift [guê:guen-guíft] *s.n., -e.* antídoto.

Ge.gen.mit.tel [guê:guen-mítel] *s.n., -.* antídoto.

Ge.gen.kan.di.dat [guê:guen-kandidá:t] *s.m., -en.* oponente, concorrente.

Ge.gen.leis.tung [guê:guen-láis-tunk] *s.f., -en.* equivalente, compensação.

Ge.gen.sei.te [guê:guen-záite] *s.f., -n.* lado oposto, contrário.

ge.gen.sei.tig [guê:guen-záitiçh] *adj.* mútuo, reciproco.

Ge.gen.stand [guê:guen-chtánt] *s.m., Gegenstände.* objeto, causa, assunto.

Ge.gen.stück [guê:guen-chtyk] *s.n., -e.* contraste, parte correspondente.

Ge.gen.teil [guê:guen-táil] *s.n. (sem plural).* contrário, parte contrária.

ge.gen.tei.lig [guê:guen-táiliçh] *adj.* contrário, oposto.

ge.gen.über [guê:guen-y:ba] *adv.* em frente, defronte.

Ge.gen.wart [guê:guen-várt] *s.f. (sem plural).* presença, atualidade.

ge.gen.wär.tig [guê:guen-vértiçh] *adj.* presente, atual; *adv.* atualmente.

Ge.gen.wehr [guê:guen-ve:r] *s.f. (sem plural).* defesa, resistência.

Ge.gen.wert [guê:guen-vért] *s.m., -e.* valor equivalente.

Ge.gen.wind [guê:guen-vint] *s.m., -e.* vento contrário.

Ge.gen.win.kel [guê:guen-vínkel] *s.m., -.* ângulo oposto.

Ge.gen.wir.kung [guê:guen-virkunk] *s.f., -en.* reação.

ge.gen.zeich.nen [guê:guen-tsáiçhnen] *v.* rubricar, firmar.

ge.glie.dert [gue-gli:dért] *adj.* articulado.

GEGNER • GELDGIER

Geg.ner [guèk-na] s.m., -. adversário.

ge.halt [gue-rhált] s.m., -e. conteúdo, capacidade; valor intrínseco.

Gehalt [gue-rhált] s.n., Gehälter. pagamento, ordenado.

ge.hal.ten [gue-rhálten] adj. obrigado a, forçado a.

ge.halt.los [gue-rhált-lôs] adj. sem valor.

Ge.halts.er.hö.hung [gue-rhálts-ér-rhø:unk] s.f., -en. aumento de salário.

Ge.halts.zu.la.ge [gue-rhálts-tsu:lá:gue] s.f., -n. gratificação.

ge.har.nischt [gue-rhár-nicht] adj. armado de couraça.

ge.hä.ßig [gue-rhé:ssiçh] adj. hostil, odioso.

ge.heim [gue-rháim] adj. secreto, privado; adv. secretamente.

Ge.heim.nis [gue-rháim-nis] s.n., Geheimnisse. segredo, mistério.

ge.hen [guê:en] v. ir, andar, caminhar.

ge.heu.er [gue-rhóia] adj. seguro, sem perigo.

Ge.heul [gue-rhóil] s.n. (sem plural). uivo, bramido, grito.

Ge.hil.fe [gue-rhilfe] s.m., -n. auxiliar, ajudante.

Ge.hirn [gue-rhírn] s.n., -e. cérebro, miolo.

Ge.hirn.ent.zün.dung [gue-rhírn-en-tsyndunk] s.f., -en. meningite, encefalite.

Ge.hirn.er.schüt.te.rung [gue-rhirna-chyterunk] s.f., -en. abalo cerebral.

Ge.hör [gue-rhø:a] s.n., -e. ouvido; audição.

ge.hor.chen [gue-rhôr-çhen] v. obedecer.

ge.hö.ren [gue-rhø:ren] v. pertencer.

ge.hö.rig [gue-rhø:riçh] adj. pertencente a; próprio; adv. devidamente.

Ge.hörn [gue-rhørn] plural. chifre.

ge.hörnt [gue-rhórnt] adj. de chifres, cornudo.

ge.hor.sam [gue-rhôrzam] adj. obediente; obediência.

Gei.er [gái:a] s.m., -. abutre, urubu.

gei.fern [gái-fern] v. babar.

Gei.ge [gáigue] s.f., -n. violino, rabeca.

Gei.ger [gáiga] s.m., -. violinista.

geil [gáil] adj. viçoso, exuberante; lascivo, sensual.

Geil.heit [gáil-rháit] s.f., -en. exuberância; luxúria, lascívia.

Gei.sel [gáizel] s.f., -n. refém.

gei.ßeln [gái-ssëln] v. flagelar, açoitar, fustigar, censurar.

Geist [gáist] s.m., -er. espírito, alma, mente, gênio, espectro; seinen — aufgeben: entregar a alma a Deus.

Gei.ster.be.schwö.rung [gáister-bechvø:runk] s.f., -en. necromancia, conjuro; exorcismo.

Gei.ster.haft [gáister-rháft] adj. fantástico, misterioso.

Gei.steswä.che [gáist-chvéçhe] s.f. (sem plural). deficiência mental.

gei.stig [gáistiçh] adj. espiritual, intelectual.

geist.lich [gáist-liçh] adj. espiritual, eclesiástico.

Geist.li.che [gáist-liçhe] s.m., -n. eclesiástico, sacerdote.

Geist.lich.keit [gáist-liçh-káit] s.f., -en. clero.

geist.reich [gáist-ráiçh] adj. espirituoso, engenhoso.

Gei.stewisen.schaf.ten [gáist-vissen-chaft] plural. Ciências Humanas.

Geiz [gáits] s.m., -e. avareza.

Geiz.hals [gáits-rháls] s.m., Geizhälse. avarento, sovina.

gei.zig [gáits-içh] adj. avaro, sovina.

Ge.jam.mer [gue-iá-ma] s.m. (sem plural). gemidos, lamentações.

Ge.ki.cher [guekiçha] s.n. (sem plural). casquinadas.

ge.knickt [gue-nikt] adj. dobrado.

ge.kocht [gue-kórrt] adj. cozido.

Ge.krei.sche [gue-kráiche] s.n. (sem plural). gritaria, vociferação.

ge.kreu.zigt [guekrói-tsikt] adj. crucificado.

ge.kün.stelt [guekyns-tëlt] adj. afetado, fingido.

Ge.läch.ter [gueléçh-ta] s.n., -. risada, gargalhada.

Ge.la.ge [guelá:gue] s.n., -. banquete.

ge.lähmt [guelë:mt] adj. paralítico.

Ge.län.de [guelénde] s.n., -. terreno, região.

Ge.län.der [guelénda] s.n., -. corrimão, balaustrada, gradil.

ge.lan.gen [guelángen] v. chegar.

ge.lassen [gue-lá-ssen] adj. calmo, tranquilo.

Ge.lassen.heit [gue-lá-ssen-rháit] s.f. (sem plural). tranquilidade, resignação.

ge.läu.fig [gue-lói-fiçh] adj. corrente, usual, ágil.

ge.launt [guelàunt] adj. disposto.

gelb [guélp] adj. amarelo.

gelb.lich [guélp-liçh] adj. amarelado.

Gelb.rü.be [guélp-ry:be] s.f., -n. cenoura.

Gelbs.schna.bel [guélps-chná:bel] s.m., Gelbschnäbel. pássaro novo, fedelho.

Geld [guélt] s.n., -er. dinheiro, troco, moeda; zu — machen: vender.

Geld.an.wei.sung [guélt-án-vái-zunk] s.f., -en. vale-postal, vale do correio.

Geld.beu.tel [guélt-bóitel] s.m., -. bolsa, carteira.

Geld.bu.ße [guélt-bú:sse] s.f., -n. multa.

Geld.for.de.rung [guélt-fórderunk] s.f., -en. dívida ativa.

Geld.ge.ber [guélt-guê:ba] s.m., -. capitalista.

Geld.gier [guélt-gui:r] s.f. (sem plural). cobiça.

GELDMARKT • GENAUIGKEIT

Geld.markt [guélt-márkt] *s.m., Geldmärkte.* mercado financeiro.

Geld.mit.tel [guélt-mítel] *plural.* meios, recurso financeiros, fundos.

Geld.schrank [guélt-chránk] *s.m., Geldschränke.* cofre.

Geld.stra.fe [guélt-chtrá:fe] *s.f., -n.* multa.

Geld.stück [guélt-chtyk] *s.n., -e.* peça, moeda.

Geld.um.lauf [guélt-úm-láuf] *s.m., Geldumläufe.* circulação monetária.

Geld.um.satz [guélt-úm-záts] *s.m., Geldumsätze.* circulação monetária.

Geld.ver.le.gen.heit [guélt-vérlê:guen-rháit] *s.f., -en.* apuros financeiros.

ge.le.gen [guelê:guen] *adj.* situado, sito; oportuno; *adv.* a propósito; — *kommen:* fazer arranjo.

Ge.le.gen.heit [guelê:guen-rháit] *s.f., -en.* oportunidade, ocasião; — *macht Diebe:* a ocasião faz o ladrão.

ge.leh.rig [guelê:-riçh] *adj.* dócil, capaz.

Ge.lehr.sam.keit [guelê:r-zamkáit] *s.f., -en.* sabedoria, erudição.

Ge.lehr.te [guelê:rte] *adj.* + *s.f.* + *s.m., -n.* letrado, erudito, douto.

Ge.leit [guelá it] *s.n., -e.* comitiva, escolta, comboio.

Ge.leit.brief [guelá it-brí:f] *s.m., -e.* salvo-conduto.

ge.lei.ten [guelá iten] *v.* acompanhar, escoltar.

Ge.lenk [guelênk] *s.n., -e.* articulação.

ge.len.kig [guelên-kiçh] *adj.* flexível, ágil.

ge.liebt [guelí:pt] *adj.* amado, querido.

Ge.lieb.ter [guelí:pta] *s.m., -.* amante.

ge.lin.de [guelinde] *adj.* benigno, agradável.

ge.lin.gen [guelínguen] *v.* acertar, sair bem.

gel.len [guélen] *v.* ressoar, estridular.

ge.lo.ben [guelô:ben] *v.* prometer.

Ge.löb.nis [guelö:pnis] *s.n., Gelöbnisse.* voto, promessa.

gel.ten [guélten] *v.* valer, custar; ser considerado, ser estimado; *was gilt die Wette?:* quer apostar?; *jetzt gilt's!:* chegou a hora!

gel.tend [guéltent] *adj.* vigente, em vigor; — *machen:* fazer valer.

Gel.tung [guéltunk] *s.f. (sem plural).* valor, importância.

ge.lü.sten [guelysten] *v.* apetecer, ter vontade, desejo.

ge.mäch.lich [guemêçh-liçh] *adj.* cômodo; vagaroso; calmo.

Ge.mahl [guemá:l] *s.m., -e.* esposo, marido.

Ge.mah.lin [guemá:lin] *s.f., -nen.* esposa.

ge.mah.nen [guemá:nen] *v.* lembrar, recordar.

Ge.mäl.de [guemélde] *s.n., -.* painel, quadro, pintura.

Ge.mäl.de.austel.lung [guemélde-áus-chtélunk] *s.f., -en.* exposição de pintura.

Ge.mäl.de.ga.le.rie [guemélde-galerí:] *s.f., -n.* galeria de pintura.

ge.mäß [guemé:s] *adv.* segundo, conforme a, de acordo com; *adj.* adequado.

ge.mä.ßigt [guemé:ssikt] *adj.* moderado.

Ge.mäu.er [guemóia] *s.n., -.* muros, muralha.

ge.mein [guemáin] *adj.* comum, público, vulgar.

Ge.mein.de [guemáinde] *s.f., -n.* comunidade, municipalidade, paróquia.

Ge.mein.heit [guemáin-rháit] *s.f., -en.* maldade, trivialidade, baixeza.

ge.mein.hin [guemáin-rhín] *adv.* em geral, comumente.

ge.mein.nüt.zig [guemáin-ny-tsiçh] *adj.* de interesse geral, de utilidade pública.

ge.mein.sam [guemáin-zám] *adj.* comum, geral.

Ge.mein.schaft [guemáin-cháft] *s.f., -en.* comunidade, sociedade.

ge.mein.schaft.lich [guemáin-cháftliçh] *adv.* em comum, em sociedade.

Ge.mein.wohl [guemáin-vô:l] *s.n. (sem plural).* bem comum, bem público.

Ge.men.ge [guemêngue] *s.n., -.* mistura, mescla.

ge.mes.sen [gue-mé-ssen] *adj.* medido, limitado, moderado.

Ge.mesen.heit [gueméssen-rháit] *s.f., -en.* mesura; gravidade, respeitabilidade.

Ge.met.zel [guemétzel] *s.f., -.* matança, carnificina, massacre.

Ge.misch [guemich] *s.n., -e.* mistura.

ge.mischt [guemícht] *adj.* misturado.

Gems.bock [guêms-bók] *s.m., Gemsböcke.* gamo.

Ge.mü.se [guemy:ze] *s.n., -.* verduras, hortaliça.

Ge.mü.se.gar.ten [guemy:ze-gárten] *s.m., Gemüsengärten.* horta.

Ge.müt [guemý:t] *s.n., -er.* ânimo, alma.

ge.müt.lich [guemy:tliçh] *adj.* disposto, agradável, sossegado.

Ge.müt.lich.keit [guemy:t-liçh-káit] *s.f. (sem plural).* comodidade, conforto.

Ge.müts.art [guemy:ts-árt] *s.f., -en.* caráter, gênio, índole.

Ge.müts.krank [guemy:ts-kránk] *adj.* melancólico.

Ge.müts.stim.mung [guemy:ts-chtímunk] *s.f., -en.* humor, estado de espírito.

Gen [guê:n] *s.n., -e.* gene.

ge.nannt [guenánt] *adj.* denominado, chamado.

ge.nau [guenáu] *adj.* exato, rigoroso, minucioso.

Ge.nau.ig.keit [guenáuiçh-káit] *s.f. (sem plural).* exatidão.

GENEHM • GERÜMPEL

ge.nehm [guenê:m] *adj.* agradável.

ge.neh.mi.gen [guenê:miguen] *v.* aprovar, consentir.

Ge.neh.mi.gung [guenê:migunk] *s.f., -en.* aprovação, autorização, consentimento.

ge.neigt [guenáikt] *adj.* inclinado, propenso.

Ge.ne.sung [guenê:zunk] *s.f., -en.* convalescença.

ge.ni.al [guéniál] *adj.* genial, engenhoso.

Ge.nick [guenik] *s.n., -e.* nuca.

Ge.nie [djé-ni:] *s.n.,* - talento, capacidade, engenho, gênio.

ge.nie.ren [gueni:ren] *v.* incomodar, constranger.

ge.nieß.bar [gueni:sbá:r] *adj.* comestível.

ge.nie.ßen [gueni:ssen] *v.* gozar, usufruir.

Ge.no.sse [guenósse] *s.m., -n.* companheiro, sócio.

Ge.no.ssen.schaft [guenóssen-cháft] *s.f., -en.* companhia, sociedade, cooperativa.

ge.nug [guenúk] *adv.* bastante, suficiente; *— !:* basta! ; *— zu leben:* o suficiente para; *— haben von:* estar farto de.

ge.nü.gen [gueny:guen] *v.* bastar, ser suficiente.

ge.nü.gend [gueny:guent] *adj.* suficiente, bastante.

ge.nüg.sam [gueny:k-zäm] *adj.* frugal, sóbrio; suficientemente.

Ge.nug.tu.ung [guenú:k-tú-unk] *s.f., -en.* satisfação.

Ge.nuss [guenúss] *s.m., Genüsse.* gozo, prazer.

ge.nus.mit.tel [guenús-mitel] *s.n., -.* estimulante.

Ge.päck [guepéck] *s.n. (sem plural).* bagagem.

ge.pan.zert [guepán-tsért] *adj.* blindado, couraçado.

ge.pfla.stert [gue-pflästert] *adj.* calçado, pavimentado.

Ge.pol.ter [guepólta] *s.n. (sem plural).* barulho, ruído.

ge.presst [gueprést] *adj.* comprimido, apertado.

ge.prüft [guepryft] *adj.* diplomado.

ge.ra.de [guerá́de] *adj.* direito, direto, imediato.

ge.ra.de.aus [guerá́de-áus] *adv.* diretamente, em frente, em linha reta.

ge.ra.de.her.aus [gue-ráde-rhér-áus] *adv.* francamente.

ge.ra.de ma.chen [gue-ráde-márren] *v.* endireitar.

ge.ra.de rich.ten [gue-ráde-rich-tem] *v.* endireitar.

ge.ra.de sit.zen [gue-ráde-zitsen] *v.* endireitar-se.

ge.ra.de.so [guerá́de-zô] *adv.* assim mesmo.

ge.ra.de ste.hen [gue-ráde-chtê:en] *v.* endireitar-se; tomar a responsabilidade de.

ge.ra.de.zu [guerá́de-tsú:] *adv.* diretamente, francamente.

Ge.rät [guerê:t] *s.n., -e.* instrumento, ferramenta, utensílio.

ge.ra.ten [gue-rá:ten] *v.* sair bem, ter bom êxito, encontrar-se.

ge.ra.te.wohl [guerá:te-vô:l] *adv.* a esmo, ao acaso.

ge.räu.chert [guerói-chért] *adj.* defumado.

ge.raum [gueráum] *adj.* espaçoso, vasto, amplo.

Ge.räusch [gueróich] *s.n., -e.* ruído, barulho.

ger.ben [guérben] *v.* curtir.

Ger.ber [guérba] *s.m., -.* curtidor.

Ger.be.rei [guérbe-rái] *s.f., -en.* curtume.

ge.recht [gue-récht] *adj.* justo.

Ge.rech.tig.keit [gue-récht-tich-káit] *s.f. (sem plural).* justiça.

Ge.re.de [gue-rê:de] *s.n. (sem plural).* conversações, palavrório, boato.

Ge.reizt.heit [gue-ráits-rháit] *s.f., -en.* irritação.

Ge.richt [gueright] *s.n., -e.* justiça, tribunal, foro, julgamento.

ge.richt.lich [gueright-liçh] *adj.* judicial; *adv.* judicialmente.

Ge.richts.bar.keit [guerights-barkáit] *s.f. (sem plural).* jurisdição.

Ge.richts.be.hör.de [guerights-be-rhørde] *s.f., -n.* autoridade judicial.

Ge.richts.be.zirk [guerights-betsirk] *s.m., -e.* comarca.

ge.rie.ben [gue-rí:ben] *adj. (fig.)* finório, astuto, sabido; moído, ralado.

ge.ring [guerink] *adj.* pequeno, diminuto, mediocre.

ge.rin.gelt [gueringuélt] *adj.* anelado.

ge.ring.fü.gig [guerink-fy:guiçh] *adj.* insignificante.

ge.ring.schät.zig [guerink-chétsiçh] *adj.* desdenhoso, depreciativo.

ge.rin.nen [guerínen] *v.* coagular-se, coalhar-se.

Ge.rip.pe [gueripe] *s.n., -.* esqueleto, carcaça, armação.

ge.rippt [gueript] *adj.* estriado, canelado.

ge.ri.ßen [gueri:ssen] *adj. (fig.)* sabido.

ger.ma.nisch [guermániçh] *adj.* germânico.

Ger.ma.ni.stik [guermanistik] *s.f. (sem plural).* filologia germânica.

gern [guérn] *adv.* com muito gosto, de boa vontade, prazerosamente; *adj.* benquisto.

Ge.röll [gué-røl] *s.n., -e.* entulho, escombros; cascalho.

Ger.ste [guérste] *s.f., -n.* cevada.

Ger.te [guérte] *s.f., -n.* vara, vareta.

Ge.ruch [gue-rúrr] *s.m., Gerüche.* cheiro, perfume, olfato.

ge.ruch.los [gue-rúrr-lôs] *adj.* sem cheiro, inodoro.

ge.ru.hen [gue-rú:en] *v.* dignar-se.

Ge.rüm.pel [gue-rympel] *s.n. (sem plural).* utensílios velhos, trastes.

GERÜST • GESICHT

Ge.rüst [gue-ryst] *s.n.*, -e. andaime, armação, cadafalso.

ge.rü.stet [querystet] *adj.* armado, disposto.

ge.samt [guezámt] *adj.* todo completo, reunido.

Ge.samt.heit [guezámt-rháit] *s.f. (sem plural).* totalidade.

Ge.sand.te [guezánte] *s.m. + s.f.*, -n. enviado, embaixador.

Ge.sang [guezánk] *s.m.*, Gesänge. canto, canção.

Ge.säß [guezé:s] *s.n.*, -e. assento, traseiro.

Ge.schäft [gue-chéft] *s.n.*, -e. negócio, ocupação, afazeres.

ge.schäf.tig [guechéf-tiçh] *adj.* ativo, diligente.

Ge.schäft.lich [guechéft-liçh] *adv. e adj.* comercial.

Ge.schäfts.an.teil [guechéfts-antáil] *s.m.*, -e. quota, cota.

Ge.schäfts.auf.ga.be [guechéfts-áuf-gá:be] *s.f.*, -n. liquidação.

Ge.schäfts.haus [guechéfts-rháus] *s.n.*, Geschäftshäuser. casa comercial; gerência, direção técnica.

Ge.schäfts.in.ha.ber [guechéfts-in-rhába] *s.m.*, -. patrão.

Ge.schäfts.le.ben [guechéfts-lè:ben] *s.n.*, -. comércio, negócio.

Ge.schäfts.mann [guechéfts-mán] *s.m.*, Geschäftsleute. homem de negócios, comerciante, empresário.

Ge.schäfts.rei.se [guechéfts-ráize] *s.f.*, -n. viagem de negócios.

Ge.schäfts.zweig [guechéfts-tsvaík] *s.m.*, -e. ramo de negócios.

ge.sche.hen [guechê:en] *v.* acontecer, suceder.

ge.scheit [gue-cháit] *adj.* inteligente, prudente.

Ge.schenk [guechénk] *s.n.*, -e. presente, brinde.

Ge.schich.te [guechíçhte] *s.f.*, -n. narração, história, conto.

ge.schicht.lich [guechíçht-liçh] *adj.* histórico.

Ge.schick.lich.keit [guechík-liçh-káit] *s.f. (sem plural).* habilidade, destreza.

ge.schickt [guechíkt] *adj.* hábil, destro.

ge.schie.den [guechí:den] *adj.* separado, divorciado.

Ge.schirr [guechír] *s.n.*, -e. louça, prataria.

Ge.schlecht [gue-chléçht] *s.n.*, -er. sexo; gênero, espécie.

ge.schlecht.lich [gue-chléçht-liçh] *adj.* sexual; genérico.

Ge.schlechts.akt [gue-chléçhts-ákt] *s.m.*, -e. ato sexual; cópula, coito.

Ge.schlechts.tei.le [gue-chléçhts-táile] *plural.* órgãos genitais.

Ge.schlechts.wort [gue-chléçhts-vórt] *s.n.*, Geschlechtswörter. artigo (gram.).

Ge.schlo.ßen [guechló:ssen] *adj.* fechado, cerrado.

Ge.schmack [gue-chmák] *s.m.*, Geschmäcke. gosto, paladar, sabor.

ge.schmack.los [gue-chmák-lôs] *adj.* insípido.

Ge.schmack.lo.sig.keit [gue-chmák-lôziçh-káit] *s.f.*, -en. insipidez, falta de gosto.

ge.schmack.voll [gue-chmák-fól] *adj.* saboroso, de muito gosto.

ge.schmei.dig [gue-chmáidiçh] *adj.* flexível, dócil.

Ge.schöpf [guechépf] *s.n.*, -e. criatura, ser.

Ge.schoss [gue-chós] *s.n.*, -e. projétil; andar, pavimento de uma casa.

Ge.schrei [guechrái] *s.n. (sem plural).* gritaria.

Ge.schütz [gue-chyts] *s.n.*, -e. peça de artilharia, canhão.

Ge.schwa.der [guech-vá:da] *s.n.*, -. esquadra, esquadrilha, esquadrão.

Ge.schwätz [gue-chvéts] *s.n. (sem plural).* palavrório, falatório.

Ge.schwei.ge [gue-chváigue] *adv.* ainda menos; sem falar de.

ge.schwind [gue-chvint] *adv.* rapidamente; *adj.* ligeiro, rápido.

Ge.schwin.dig.keit [gue-chvíndiçh-káit] *s.f.*, -en. rapidez, velocidade.

Ge.schwister [gue-chvis-ta] *plural.* irmãos e irmã(de ambos os sexos).

Ge.schwo.re.ne [guechvô:rene] *s.m. + s.f.*, -n. jurado.

Ge.schwulst [gue-chvúlst] *s.f.*, Geschwülste. tumor, inchaço.

Ge.schwür [gue-chvy:r] *s.n.*, -e. abscesso, úlcera; furúnculo.

Ge.sel.le [gue-zéle] *s.m.*, -n. companheiro, colega; oficial.

ge.sel.len [gue-zélen] *v.* juntar, associar.

ge.sel.lig [guezéliçh] *adj.* sociável.

Ge.sel.lig.keit [guezéliçh-káit] *s.f. (sem plural).* sociabilidade.

Ge.sell.schaft [guêzél-cháft] *s.f.*, -en. sociedade, companhia.

Ge.setz [guezéts] *s.n.*, -e. lei, regra, norma; estatuto.

Ge.setz.ge.bend [guezéts-guê:bent] *adj.* legislativo.

Ge.setz.ge.ber [guezéts-guê:ba] *s.m.*, -. legislador.

Ge.setz.ge.bung [guezéts-ghé:bunk] *s.f.*, -en. legislação.

Ge.setz.lich [guezéts-liçh] *adj.* legal.

ge.setz.los [guezéts-lôs] *adj.* sem lei, anárquico.

ge.setz.mä.ßig [guezéts-mé:ssiçh] *adj.* legal, conforme as leis.

ge.setzt [guezétst] *adj.* determinado; sério, comedido.

Ge.setz.vor.la.ge [guezéts-forlá:gue] *s.f.*, -n. projeto de lei.

Ge.sicht [guezíçht] *s.n.*, -er. rosto, semblante; vista.

GESINDEL • GEWANDTHEIT

Ge.sin.del [guezíndel] *s.n. (sem plural).* gentalha, ralé.

ge.sinnt [guezínt] *adj.* intencionado, disposto.

Ge.sin.nung [guezínung] *s.f., -en.* intenção, disposição; convicções.

ge.sit.tet [guezítèt] *adj.* civilizado, urbano, decente, moral; *— machen:* civilizar.

Ge.sit.tung [guezí-tunk] *s.f., -en.* civilização, cultura, urbanidade.

ge.son.nen [gue-zónen] *v.* estar disposto a.

Ge.spann [gue-chpán] *s.n., -e.* junta de bois, parelha de cavalos.

ge.spannt [gue-chpánt] *adj.* esticado, tenso.

Ge.spenst [gue-chpênst] *s.n., -er.* fantasma, espectro.

Ge.spie.lin [gue-chpí-lin] *s.f., -nen.* companheira.

Ge.spött [gue-chpœt] *s.n. (sem plural).* mofa, zombaria, gozação.

Ge.spräch [gue-chpréçh] *s.n., -e.* conversa, diálogo, colóquio.

ge.sprä.chig [gue-chpréçhich] *adj.* conversador, afável.

Ge.sta.de [gue-chtá-de] *s.n., -.* costa, praia, margem.

Ge.stalt [gue-chtált] *s.f., -en.* forma, aparência, estatura; *— annehmen:* tomar forma, tomar corpo.

ge.stal.ten [gue-chtálten] *v.* formar, informar; organizar.

ge.stal.tet [gue-chtáltet] *adj.* formado, feito.

ge.stalt.los [gue-chtált-lôs] *adj.* sem forma, informe.

Ge.stal.tung [gue-chtáltunk] *s.f., -en.* formação, configuração.

Ge.ständ.nis [gue-chtént-nis] *s.n., Geständnisse.* confissão, declaração.

Ge.stank [gue-chtánk] *s.m. (sem plural).* mau cheiro, fedor.

ge.stat.ten [gue-chtáten] *v.* permitir, consentir.

ge.ste.hen [gue-chtêen] *v.* reconhecer, confessar.

Ge.stein [gue-chtáin] *s.n., -e.* pedras, rochas.

Ge.stell [gue-chtél] *s.n., -e.* pedestal, cavalete, armação, estrutura.

ge.stern [gues-térn] *adv.* ontem.

ge.stie.felt [gue-chtí-félt] *adj.* calçado (de botas).

Ge.stirn [gue-chtírn] *s.n., -e.* constelação; astro.

ge.stirnt [gue-chtírnt] *adj.* estrelado.

ge.stört [gue-chtœrt] *adj.* perturbado, transtornado.

Ge.sto.ßen [gue-chtô:ssen] *adj.* pulverizado.

Ge.sträuch [gue-chtróiçh] *s.n., -e.* matagal, arbusto.

ge.streift [gue-chtráift] *adj.* listrado, riscado.

ge.stri.chen [gue-chtri-çhen] *adj.* pintado, riscado.

ge.strig [gue-chtriçh] *adj.* de ontem.

Ge.strüpp [gue-chtryp] *s.n., -e.* abrolhos; mato, vegetação rasteira.

Ge.stüt [gue-chty:t] *s.n., -e.* coudelaria, haras.

Ge.such [guezúr] *s.n., -e.* demanda, petição, pedido, requerimento.

ge.sund [guezúnt] *adj.* são, saudável, salubre; *— machen:* curar, restabelecer, *— werden:* curar-se.

Ge.sund.heit [guezúnt-rháit] *s.f. (sem plural).* saúde.

ge.tä.felt [guetéfelt] *adj.* revestido de madeira.

Ge.tö.se [guetœze] *s.n. (sem plural).* ruído, estrondo.

Ge.tränk [guetrénk] *s.n., -e.* bebida.

ge.trau.en [guetráuen] *v.* ousar.

Ge.trei.de [guetráide] *s.n. (sem plural).* grão, trigo, cereais.

Ge.trei.de.bau [guetráide-báu] *s.m. (sem plural).* cultura dos cereais.

Ge.trei.de.feld [guetráide-félt] *s.n., -er.* seara, trigal.

Ge.trei.de.spei.cher [guetráide-chpái-çha] *s.m., -.* celeiro.

ge.treu [guetrói] *adj.* fiel, leal; *adv.* lealmente.

Ge.trie.be [guetríbe] *s.n., -.* engenho, engrenagem, mecanismo; movimento.

ge.trost [guetróst] *adj.* confiado, tranquilo, seguro.

Ge.tue [guetý:e] *s.n. (sem plural).* afetação, espalhafato; protesto.

Ge.tüm.mel [gue-tymel] *s.n., -.* tumulto; aperto.

ge.übt [gue-y:pt] *adj.* exercitado, prático.

Ge.va.ter [gue-fá-ta] *s.m., Gevater.* compadre, padrinho.

Ge.wächs [guevéks] *s.n., -e.* planta; tumor, excrescência.

ge.wach.sen [guevéksen] *adj.* crescido.

Ge.wächs.haus [guevéks-rháus] *s.n., Gewächshäuser.* estufa.

ge.wagt [guevákt] *adj.* arriscado, ousado.

ge.wählt [guevé:lt] *adj.* apurado, escolhido.

Ge.währ [guevé:r] *s.f. (sem plural).* garantia.

ge.wah.ren [guevá:ren] *v.* avistar, enxergar.

ge.wäh.ren [guevá:ren] *v.* conceder, outorgar.

ge.währ.lei.sten [guevé:r-láis-ten] *v.* garantir.

Ge.wahr.sam [guevá:r-zám] *s.m. (sem plural).* custódia, depósito; detenção.

Ge.wäh.rung [gue-vé:runk] *s.f., -en.* concessão, aprovação.

Ge.walt [guevált] *s.f., -en.* força, violência, poder.

Ge.walt.herr.schaft [guevált-rhér-cháft] *s.f. (sem plural).* despotismo, tirania.

ge.wal.tig [guevált¡çh] *adj.* poderoso, forte.

ge.walt.sam [guevált-zám] *adv.* à força, violentamente; violento.

Ge.wand [guevánt] *s.n., Gewänder.* vestimentos, roupagem.

ge.wandt [guevánt] *adj.* ágil, ligeiro.

Ge.wandt.heit [guevánt-rháit] *s.f., -en.* agilidade, ligeireza.

GEWÄRTIGEN • GLASPERLE

ge.wär.ti.gen [guevértiguen] v. esperar, aguardar.

Ge.wäser [guevéssɐ] s.n., -. água.

Ge.we.be [guevé:be] s.n., -. tecido, tela, textura.

Ge.wehr [guevé:r] s.n., -e. arma, espingarda.espingarda, fuzil.

Ge.weih [guevái] s.n., -e. chifres, esgalho.

Ge.wer.be [guevérbe] s.n., -. ofício, profissão, negócio.

ge.werb.lich [guevérp-liçh] adj. industrial.

Ge.werbs.mä.ßig [guevérps-mé:ssiçh] adj. profissional; de profissão.

Ge.wicht [gue-viçht] s.n., -e. peso.

ge.wich.tig [gue-viçh-tiçh] adj. pesado.

ge.wil.ligt [gue-vilikt] adj. decidido, disposto.

Ge.wim.mel [guevimel] s.n. (sem plural). agitação, torvelinho, confusão, tumulto.

Ge.win.de [guevinde] s.n., -. rosca; grinalda, festão.

Ge.winn [guevin] s.m., -e. lucro, proveito, ganho.

ge.winn.brin.gend [guevin-bringuent] adj. lucrativo, proveitoso.

ge.win.nen [guevinen] v. ganhar, lucrar.

Ge.win.ner [guevinɐ] s.m., -. ganhador, vencedor.

ge.winn.süch.tig [guevin-zyçhtiçh] adj. ganancioso.

Ge.wirr [guevir] s.n. (sem plural). enredo, confusão.

ge.wiss [guevis] adj. certo, seguro.

Ge.wis.sen [gue-vi-ssen] s.n., -. consciência.

ge.wis.sen.haft [gue-vi-ssen-rháit] adj. consciencioso, escrupuloso.

ge.wis.sen.los [gue-vi-ssen-lôs] adj. sem consciência.

Ge.wis.sens.bis.se [gue-vi-ssen-bi-sse] plural. remorso, culpa.

Ge.wis.sens.fra.ge [gue-vi-ssens-frá:gue] s.f., -n. caso de consciência.

ge.wi.ßer.ma.ßen [guevissa-má:ssen] adv. por assim dizer, mais ou menos, de certa forma.

Ge.wiss.heit [guevis-rháit] s.f., -en. certeza.

Ge.wit.ter [guevita] s.n., -. trovoada; temporal.

Ge.wit.ter.re.gen [gue-vi-ta-rê-guen] s.m., -. aguaceiro, tempestade.

Ge.wit.ter.schau.er [gue-vi-ta-cháua] s.m., -. aguaceiro, tempestade.

Ge.wit.ter.sturm [guevitter-chtúrm] s.m., Gewittestürme. temporal, tempestade.

Ge.wo.gen.heit [guevôguen-rháit] s.f., -en. benevolência, afeição.

ge.wöh.nen [guevø:nen] v. acostumar-se.

Ge.wohn.heit [guevô:n-rháit] s.f., -en. costume, hábito.

ge.wöhn.lich [guevø:nliçh] adj. usual; adv. usualmente.

ge.wohnt [guevô:nt] adj. acostumado.

Ge.wöh.nung [guevø:nunk] s.f. (sem plural). costume.

Ge.wöl.be [guevølbe] s.n., -. abóbada.

ge.wölbt [guevølpt] adj. abobadado, arqueado.

Ge.wühl [guevy:l] s.m. (sem plural). multidão, tumulto, escavação.

Ge.würz [guevyrts] especiariasn, -e. especiarias, condimento.

Ge.würz.nel.ke [guevyts-nélke] s.f., -n. cravo-da-índia.

ge.zackt [guetsákt] adj. recortado em pontas.

ge.zahnt [guetsá:nt] adj. dentado.

Ge.zänk [guetsénk] s.n. (sem plural). discórdia, rixa.

ge.zeich.net [guetsáiçh-net] adj. marcado, desenhado.

Ge.zei.ten [guetsáiten] plural. maré.

ge.zie.men [guetsi:men] v. convir.

ge.ziert [guetzi:rt] adj. enfeitado, adornado, afetado.

Ge.zwit.scher [guetsvitcha] s.n. (sem plural). gorjeio.

ge.zwun.gen [guetsvúnguen] adj. forçado, coagido.

Gicht [guiçht] s.f. (sem plural). gota, artrite.

Gie.bel [guí:bel] s.m., -. cumeeira.

Gier [gui:r] s.f. (sem plural). avidez, voracidade, cobiça.

gie.rig [gui:riçh] adj. ávido, cobiçoso.

gie.ßen [guí:ssen] v. derramar, fundir.

Gie.ße.rei [guí:sse-rái] s.f., -en. fundição.

Gift [guift] s.n., -e. veneno.

gif.tig [guiftiçh] adj. venenoso.

Gif.tig.keit [guiftiçh-káit] s.f., -en. toxicidade, virulência.

Gip.fel [guip-fel] s.m., -. cume, ápice.

Gips [guips] s.m., -e. gesso.

Git.ter [guita] s.n., -. grade, gradil.

Gla.cé.hand.schuh [glátse-rhánt-chú] s.m., -e. luva de pelica.

Glanz [glánts] s.m. (sem plural). brilho, esplendor.

glän.zend [glén-tsent] adj. brilhante, lustroso, resplandecente.

Glas [glás] s.n., Gläser. vidro, cristal; copo; óculos.

Gla.ser [glá:zɐ] s.m., -. vidraceiro.

glä.sern [glé-zern] adj. de vidro, vítreo.

Glas.glocke [glás-glóke] s.f., -n. redoma; campânula.

glas.grün [glás-gryn] adj. verde-gaio, verde-garrafa.

gla.sie.ren [gla-zí:ren]; v. vidrar envernizar.

gla.sig [glá:ziçh] adj. vítreo.

Glas.ma.le.rei [glás-male-rái] s.f., -en. tintura em vidro.

Glas.per.le [glás-pérle] s.f., -n. vidrilho, miçanga.

GLASSCHEIBE • GLÜHWEIN

Glas.schei.be [glás-cháibe] *s.f., -n.* vidraça.

Glas.scher.be [glás-chérbe] *s.f., -n.* caco de vidro.

Gla.sur [glazúr] *s.f., -en.* esmalte, verniz; vitrificação; glacê.

glatt [glat] *adj.* liso, escorregadio.

Glät.te [gléte] *s.f. (sem plural)* lisura.

glät.ten [gléten] *v.* alisar, brunir.

Gla.tze [glátse] *s.f., -n.* calva, careca.

Glau.be [gláube] *s.m. (sem plural)* crença, fé, religião, confiança.

glau.ben [gláuben] *v.* crer, acreditar.

gläu.big [gláubiçh] *adj.* crente, fiel.

glaub.lich [gláup-liçh] *adj.* crível.

gleich [gláiçh] *adj.* igual, uniforme; *adv.* já, logo, agora.

gleich.ar.tig [gláiçh-ártiçh] *adj.* homogêneo.

gleich.be.deu.tend [gláiçh-bedói-tent] *adj.* sinônimo.

glei.chen [glái-çhen] *v.* igualar, parecer-se.

gleich.falls [gláiçh-fáls] *adv.* do mesmo modo, igualmente.

gleich.för.mig [gláiçh-førmiçh] *adj.* uniforme.

gleich.ge.sinnt [gláiçh-guezint] *adj.* concorde.

Gleich.ge.wicht [gláiçh-gueviçht] *s.n. (sem plural).* equilíbrio.

gleich.gül.tig [gláiçh-gyltiçh] *adv.* indiferente.

Gleich.gül.tig.keit [gláiçh-gyltiçh-káit] *s.f. (sem plural).* indiferença, apatia.

gleich.lau.tend [gláiçh-láutent] *adj.* consoante.

gleich.ma.chen [gláiçh-má-rren] *v.* igualar, nivelar.

gleich.mä.ßig [gláiçh-mé:ssiçh] *adj.* regular, uniforme.

gleich.mü.tig [gláiçh-my:tiçh] *adj.* resignado, impassível.

gleich.na.mig [gláiçh-ná:miçh] *adj.* homônimo.

Gleich.nis [gláiçh-nís] *s.n. Gleichnisse.* semelhança; parábola.

gleich.sam [gláiçh-zám] *adv.* como se, quase.

gleich.schen.ke.lig [gláiçh-chénke-liçh] *adj.* isósceles.

gleich.sei.tig [gláiçh-záitiçh] *adj.* equilátero.

Gleich.strom [gláiçh-chtrô:m] *s.m. (sem plural).* corrente contínua.

Glei.chung [glái-çhunk] *s.f., -en.* equação.

gleich.weit [gláiçh-váit] *adj.* equidistante.

gleich.wie [gláiçh-ví:] *adv.* assim como.

gleich.win.ke.lig [gláiçh-vinkeliçh] *adj.* equiângulo.

gleich.wohl [gláiçh-vô:l] *adv.* não obstante.

gleich.zei.tig [gláiçh-tsái-tiçh] *adj.* simultâneo, contemporâneo.

glei.ßend [gláissent] *adj.* luzente.

glei.ten [gláiten] *v.* escorregar, resvalar.

Glet.scher [glétcha] *s.m., -.* geleira.

Glied [gli:t] *s.n., -er.* membro, fila, elo.

Glie.der.bau [glí:da-báu] *s.m., -ten.* estrutura, articulação.

glie.dern [gli:dérn] *v.* dividir, classificar, dispor, organizar, coordenar.

Glie.der.tier [glida-ti:a] *s.n., -e.* articulado (animal).

Glie.de.rung [gli:derunk] *s.f., -en.* articulação, organização, estrutura.

Glied.mas.se [glít-másse] *s.f., -n.* membro, extremidade.

glim.men [glimen] *v.* arder (sem chamas).

Glim.mer [glíma] *s.m., -.* mica.

glim.mern [glimérn] *v.* bruxulear.

glimpf.lich [glim-pfliçh] *adj.* leve, brando, moderado.

glit.schig [glit-chiçh] *adj.* escorregadio.

glit.zern [glit-tsérn] *v.* cintilar.

Glo.bus [glô:bus] *s.m., Globen.* globo.

Glöck.chen [glœk-çhen] *s.n., -.* campainha, sineta.

Glocke [glóke] *s.f., -n.* sino.

Glocken.blu.me [glóken-blúme] *s.f., -n.* campânula.

Glocken.klang [glóken-klánk] *s.m., Glockenklänge.* som, toque dos sinos.

Glocken.schlag [glóken-chlá:k] *s.m., Glockenschläge.* badalada.

Glocken.spiel [glóken-chpí:l] *s.n., -e.* carrilhão.

Glocken.turm [glóken-turm] *s.m., Glockentürme.* campanário.

Glöck.ner [glœkna] *s.m., -.* sineiro, sacristão.

glor.reich [glôr-ráiçh] *adj.* glorioso.

Glos.se [glósse] *s.f., -n.* glosa, anotação; crônica.

glot.zen [glótsen] *v.* arregalar os olhos.

Glück [glyk] *s.n., -e.* felicidade, sorte.

Glucke [glúke] *s.f., -n.* galinha choca.

glücken [glyken] *v.* ter sucesso.

glucken [glúken] *v.* cacarejar.

glück.lich [glyk-liçh] *adj.* feliz, ditoso.

Glück.se.lig.keit [glyk-zèliçh-káit] *s.f. (sem plural).* bem-aventurança.

Glücks.kind [glyks-kint] *s.n., -er.* felizardo.

Glücks.vo.gel [glyks-fô:guel] *s.m., Glücksvögel.* felizardo.

glücks.ver.hei.ßend [glíks-fér-rhái-ssent] *adj.* auspicioso.

glücks.ver.spre.chend [glíks-fér-chpré-çhent] *adj.* auspicioso.

Glück.wunsch [glyk-vúnch] *s.m., Glückwünsche.* parabéns, congratulação.

glü.hen [gly:en] *v.* pôr em brasa.

Glüh.wein [gly:váin] *s.m., -e.* vinho quente.

GLÜHWÜRMCHEN • GRAUSAMKEIT

Glüh.würm.chen [glyː'vyrm-çhen] s.n., -. vagalume.

Glut [gluːt] s.f., -en. brasa, calor, ardor.

Gna.de [gnáːde] s.f., -n. graça, indulgência, misericórdia.

gna.den.brot [gnáːden-brôːt] s.n., -e. pão de misericórdia, esmola.

gna.den.reich [gnáːden-ráiçh] adj. cheio de graça.

gnä.dig [gnéːdiçh] adj. clemente, misericordioso, benigno.

Gold [gólt] s.n. (sem plural). ouro.

gol.den [gólden] adj. áureo; de ouro.

gold.far.big [gólt-fárbiçh] adj. da cor do ouro, dourado.

Gold.gru.be [gólt-grüːbe] s.f., -n. mina de ouro.

gol.dig [góldiçh] adj. áureo.

Gold.schmied [gólt-chmíːt] s.m., -e. ourives; bordas douradas.

gön.nen [gønen] v. não invejar; nicht –: invejar.

Gön.ner [gøna] s.m., -. protetor, benfeitor.benfeitor, mecenas.

Gön.ner.schaft [gøna-cháft] s.f., -en. proteção.

Gos.se [gósse] s.f., -n. sarjeta, cano de esgoto.

Go.te [góːte] s.m., -n. godo.

go.tisch [góːtich] adj. gótico.

Gott [gót] s.m., Götter. Deus; um – es willen!: pelo amor de Deus! – befohlen!: vá com Deus!; – bewahre!: Deus me livre!; – gebe, dass: queira Deus que; – sei Dank!: graças a Deus!; – vergelt's: Deus lhe pague; so – will: se Deus quiser.

Göt.ter.däm.me.rung [gøta-dê-me-runk] s.f., -en. crepúsculo dos deuses.

gott.er.ge.ben [gót-érgueːben] adj. resignado, devoto.

Got.tes.dienst [gótes-díːnst] s.m., -e. missa, culto divino.

got.tes.fürch.tig [gótes-fyrçh-tiçh] adj. temente a Deus.

Got.tes.lä.ste.rung [gótes-léːsterunk] s.f., -en. blasfêmia.

Got.tes.leug.ner [gótes-lóikna] s.m., -. ateu.

Got.tes.wort [gótes-vórt] s.n., -e ou Gotteswörter. palavra divina, Bíblia.

gott.ge.fäl.lig [gót-guefélíçh] adj. agradável a Deus.

Gott.heit [gót-ráit] s.f., -en. divindade.

gött.lich [gøt-liçh] adj. divino.

gott.los [gót-lôs] adj. ímpio, profano.

gott.se.lig [gót-zéːliçh] adj. bem-aventurado, piedoso.

gott.ver.flucht [gót-fér-flúrrt] adj. maldito.

gott.ver.ge.ssen [gót-ferguéssen] adj. ímpio.

Göt.ze [gøtse] s.m., -n. ídolo.

Göt.zen.an.be.ter [gøtsen-án-bêː-ta] s.m., -. idólatra.

Göt.zen.die.ner [gøtsen-díːna] s.m., -. idólatra.

Grab [gráːp] s.n., Gräber. túmulo, sepultura.

gra.ben [gráːben] v. cavar; canal, valeta, fosso.

Grab.ge.wöl.be [gráːp-guevølbe] s.n., -. cripta.

Grab.hü.gel [gráːp-rhy-guel] s.m., -. túmulo.

Grab.ka.pel.le [gráːp-kapéle] s.f., -n. mausoléu.

Grab.mal [gráːp-mál] s.n., -e ou Grabmäler. mausoléu.

Grab.re.de [gráːp-rêːde] s.f., -n. oração fúnebre.

Grab.schän.dung [gráːp-chéndunk] s.f., -en. profanação.

Grab.schrift [gráːp-chrift] s.f., -en. epitáfio.

Grab.stät.te [gráːp-chtéte] s.f., -n. jazigo.

Grab.stein [gráːp-chtáin] s.m., -e. lápide sepulcral.

Grad [gráːt] s.m., -e. grau.

Gra.die.rung [gradíːrunk] s.f., -en. graduação.

Graf [gráːf] s.m., -en. conde.

Graf.schaft [gráːf-cháft] s.f., -en. condado.

Gram [gráːm] s.m. (sem plural). aflição, mágoa, desgosto.

grä.men [gréːmen] v. afligir-se.

Gramm [grém] s.n., -e. grama.

gram.ma.ti.ka.lisch [gramatikálich] adj. gramatical; adv. gramaticalmente.

Gra.nat.ap.fel [granáːt-ápfel] s.m., Granatäpfel. romã.

Gra.na.te [granáːte] s.f., -n. granada.

Gras [gráːs] s.n., Gräser. relva, capim.

gras.fressend [gráːs-fréssent] adj. herbívoro.

Grahüp.fer [gráːs-rhipfa] s.m., -. gafanhoto.

gras.sie.ren [grassíːren] v. grassar.

gräs.lich [gréːs-liçh] adj. medonho, horrendo.

Grat [gráːt] s.m., -e. cume, alto.

Grä.te [gréːte] s.f., -n. espinha de peixe.

gra.tu.lie.ren [gratulíːren] v. felicitar.

grau [gráu] adj. cinzento, pardo, grisalho.

Grau.bart [gráu-bárt] s.m., Graubärte. barba grisalha; (fig.) velhote.

grau.en [gráuen] v. 1. amanhecer, alvorecer; 2. sich –: ter medo; 3. medo, horror.

grau.en.er.re.gend [gráu-ér-rê-guent] adj. horrível, medonho.

grau.en.haft [gráuen-rháft] adj. horrível, medonho.

grau.en.voll [gráuen-fól] adj. horrível, medonho.

grau.haa.rig [gráu-rháːriçh] adj. grisalho.

grau.lich [gráu-liçh] adj. cinzento; horrível.

Grau.pe [gráupe] s.f., -n. cevadinha, grão de trigo descascado.

grau.sam [gráuzam] adj. cruel.

Grau.sam.keit [gráuzam-káit] s.f., -en. crueldade.

GRAUSEN • GRUNDSATZ

grau.sen [gráuzən] v. estremecer, ter arrepio.

grau.sig [gráuziçh] adj. horrendo, pavoroso.

Gra.veur [gravǿur] s.m., -e. gravador.

gra.vie.ren [gravi:rən] v. gravar.

greif.bar [gráif-bá:r] adj. tangível, palpável.

grei.fen [gráifən] v. tomar, pegar.

Greis [gráis] s.m., -e. ancião; adj. encanecido.

Grei.sen.al.ter [gráizən-álta] s.n. (sem plural). velhice.

grell [grél] adj. tom demasiado claro.

Gren.ze [gréntsə] s.f., -n. fronteira, limite.

gren.zen [gréntsən] v. confinar, aproximar-se.

gren.zen.los [gréntsən-lôs] adj. sem limites, ilimitado.

Greu.el [gróiel] s.m., -. horror.

greu.el.haft [gróiel-ráft] adj. horrível.

Grieß [grí:s] s.m., -e. semolina, sêmola.

Griff [grif] s.m., -e. cabo, punho, puxador.

Gril.le [grilə] s.f., -n. grilo; mania, capricho.

Gri.mas.se [grimássə] s.f., -n. carranca, careta; - *schneiden*: fazer careta.

grim.mig [grímiçh] adj. furioso.

Grind [grint] tinha.s.m., -e. tinha, sarna; casca de ferida.

grin.sen [grínzən] v. sorrir, arreganhar os dentes.

grob [grô:p] adj. grosso, graúdo, grosseiro, rude; rudimentar.

Grob.heit [grô:p-ráit] s.f., -en. grosseria, rudeza, brutalidade.

Grob.i.an [grô:biân] s.m., -e. homem grosseiro, labrego.

grob.kör.nig [grô:p-kørniçh] adj. graúdo.

gröb.lich [grǿ:p-liçh] adv. grosseiramente.

grö.len [grǿ:lən] v. cantar berrando.

Groll [gról] s.m. (sem plural). rancor.

grol.len [grólən] v. querer mal, ter ódio; atroar, resmungar.

Gro.schen [gróchən] s.m. -. vintém, trocado.

groß [grô:s] adj. grande, alto, maiúsculo, largo, adulto; *gleich* —: de igual tamanho; *so* —: tamanho; *wie* —?: de que tamanho?; *im* — em: em grande escala, por atacado.

groß.ar.tig [grô:s-ártiçh] adj. grandioso, magnífico.

Grö.ße [grǿ:sə] s.f., -n. grandeza, tamanho, dimensão, altura.

Gro.ßel.tern [grô:s-éltərn] s.m., plural. avós.

Gro.ßen.kel [grô:s-énkel] s.m., -. bisneto.

gro.ßen.teils [grô:ssentáils] adv. em grande parte, na maior parte.

Groß.fürst [grô:s-fyrst] s.m., -en. grão-duque.

Groß.für.sten.tum [grô:s-fyrstən-tum] s.n., *Großfürstentümer*. grão-ducado.

Groß.han.del [grô:s-rhántel] s.m. (sem plural). comércio por atacado.

groß.her.zig [grô:s-rhértsiçh] adj. magnânimo.

groß.mäch.tig [grô:s-méçh-tiçh] adj. poderoso.

Groß.ma.ma [grô:s-má:ma] s.f., - avozinha.

Groß.maul [grô:s-mául] s.n., *Großmäuler*. fanfarrão.

grosmäu.lig [grô:s-móiliçh] e adj. fanfarrão.

groß.mü.tig [grô:s-mytiçh] adj. generoso.

Groß.mut.ter [grô:s-mú:ta] s.f., *Großmütter*. avó.

Groß.va.ter [grô:s-fá:ta] s.m., *Großväter*. avô.

Grot.te [grótə] s.f., -n. gruta, furna.

Gru.be [grú:bə] s.f., -n. buraco, cova, fosso, mina.

Grü.be.lei [gry:bə-lái] s.f., -en. sutileza, meditação.

grü.beln [gry:bəln] v. meditar, cismar.

Gruft [grúft] s.f., *Grüfte*. jazigo, túmulo, sepultutura.

grün [gryn] adj. verde.

Grund [grúnt] s.m., *Gründe*. solo, terra, terreno; fundo, causa, base.

Grund.be.deu.tung [grúnt-bedóitunk] s.f., -en. sentido primitivo acepção original.

Grund.be.din.gung [grúnt-bedíngunk] s.f., -en. condição principal.

Grund.be.griff [grúnt-bedrí] s.m., -e. conceito fundamental.

Grund.buch [grúnt-búrr] s.n., *Grundbücher*. cadastro.

grün.den [grynden] v. fundar, instituir.

Grün.der [grynda] s.m., -. fundador.

grund.falsch [grúnt-fálche] adj. inteiramente falso.

Grund.far.be [grúnt-fárbe] s.f., -n. cor primitiva, cor fundamental.

Grund.flä.che [grúnt-flé-çhe] s.f., -n. área.

Grund.ge.setz [grúnt-guezéts] s.n., -e. lei fundamental, constituição.

Grund.la.ge [grúnt-lá:gue] s.f., -n. base fundamento, alicerce.

grüd.lich [grínt-liçh] adj. fundamental, sólido.

Gründ.lich.keit [grínt-líçh-káit] s.f., -en. solidez, meticulosidade.

Grund.li.nie [grúnt-lini:] s.f., -n. princípio, base, linha geral.

grund.los [grúnt-lôs] adj. sem fundo, infundado.

Grund.mau.er [grúnt-máua] s.f., -n. fundamento, alicerce, baldrame.

Grund.pfei.ler [grúnt-pfáila] s.m., -. pilar.

Grund.re.gel [grúnt-rè:guel] s.f., -n. regra fundamental, princípio.

Grund.satz [grúnt-záts] s.m., *Grundsätze*. princípio, base, máxima.

Grund.satz.ent.schei.dung [grünt-záts-ent-cháidunk] *s.f.,* *-en.* acordão, doutrinário.

grund.sätz.lich [grúnt-zéts-lich] *adv.* por princípio.

Grund.schu.le [grúnt-chúle] *s.f.,* *-n.* escola primária.

Grund.stein [grúnt-chtáin] *s.m.,* *-e.* pedra fundamental.

Grund.stück [grúnt-chtyk] *s.n.,* *-e.* terreno, lote.

Grün.dung [gryndunk] *s.f.,* *-en.* fundação, estabelecimento.

grün.lich [gryn-lich] *adj.* esverdeado.

Grun.zen [grún-tsen] *s.n.,* -. grunhido.

grun.zen [grún-tsen] *v.* grunhir.

gru.se.lig [grú-zë:lich] *adj.* que causa arrepio.

Gruß [grú:s] *s.m., Grüße.* saudação, cumprimento.

grü.ßen [gry:ssen] *v.* saudar, cumprimentar.

gucken [gúken] *v.* olhar, mirar.

Gul.den [gúlden] *s.m.,* -. florim (moeda).

gül.tig [gyltich] *adj.* válido, admissível, vigente.

Gül.tig.keit [gyltich-káit] *s.f. (sem plural).* validade.

Gum.mi [gúmi] *s.m.* + *s.n.,* - borracha, goma, elástico; camisinha.

Gum.mi.band [gúmi-bánt] *s.n., Gummibänder.* elástico.

Gum.mi.baum [gúmi-báum] *s.m., Gummibäume.* seringueira.

gum.mie.ren [gumí:ren] *v.* engomar, pôr cola em, colar.

Gunst [günst] *s.f. (sem plural).* favor, graça, benevolência.

Gunst.be.zeich.nung [günst-betsáich-nunk] *s.f.,* *-en.* favor, obséquio.

gün.stig [gyns-tich] *adj.* favorável, propício.

Günst.ling [gynst-link] *s.m.,* *-e.* favorito; válido.

Gur.gel [gúrkel] *s.f.,* *-n.* garganta, guela.

gur.geln [gúr-guéln] *v.* gargarejar.

Gur.ke [gúrke] *s.f.,* *-n.* pepino.

Gurt [gúrt] *s.m.,* *-e.* cinto, cinta, cilha.

Gür.tel [gyrtel] *s.m.,* -. cinto, cinta.

Gür.tel.rose [gyrtel-rô:ze] *s.f.,* *-n.* erisipela, cobreiro.

Gür.tel.tier [gyrtel-tí:a] *s.n.,* *-e.* tatu, armadilho.

gür.ten [gyrten] *v.* cingir, cilhar.

Guss [gus] *s.n., Güsse.* fundição, fusão.

Guss.ei.sen [gús-áizen] *s.n.,* -. ferro fundido, ferro gusa.

gut [gú:t] *adj.* bom, boa; *adv.* bem; *es ist —!:* está bem!; *seien Sie so —:* tenha a bondade de, faça-me o favor; *es — haben:* ter sorte; *zu — er Letzt:* por fim, por último; *—, dass:* ainda bem que; *so — wie sicher:* quase; *sich — stehen:* ganhar bem.

Gut.ach.ten [gú:t-árrten] *s.n.,* -. parecer, opinião.

Gut.ach.ter [gú:t-árrta] *s.m.,* -. perito.

gut.ar.tig [gú:t-ártich] *adj.* de boa índole, bom, benigno.

Gut [gú:t] *s.n., Güter.* bem.

Gü.te [gy:te] *s.f. (sem plural).* bondade, benignidade, qualidade.

gut ge.launt [gú:t-gueláunt] *adj.* de bom humor.

gut ge.sinnt [gú:t-guezínt] *adj.* bem-intencionado.

Gut.ha.ben [gú:t-rhá:ben] *s.n.,* -. saldo positivo, haver.

gut.her.zig [gú:t-rhér-tsich] *adj.* de bom coração, bondoso.

Gü.tig.keit [gy:tich-káit] *s.f. (sem plural).* bondade.

gut.ma.chen [gú:t-márren] *v.* remediar, emendar, reparar.

gut.mü.tig [gú:t-my:tich] *adj.* bondoso, benévolo.

Gut.mü.tig.keit [gú:t-my:tich-káit] *s.f. (sem plural).* bondade, benevolência.

Guts.be.sit.zer [gú:ts-bezítza] *s.m.,* -. proprietário de uma terra.

gut.schrei.ben [gú:t-chráiben] *v.* creditar.

Guts.herr [gú:ts-rhér] *s.m.,* *-en.* fazendeiro.

gut.wil.lig [gú:t-vilich] *adj.* benévolo, de boa vontade; voluntariamente.

Gym.na.si.ast [gym-náziast] *s.m., -en.* ginasiano.

Gym.na.si.um [gym-ná-zium] *s.n. Gymnasien.* ginásio.

Gym.na.stik [gym-nástik] *s.f. (sem plural).* ginástica.

Gy.nä.ko.lo.gie [gyne-kôlo-gui:] *s.f. (sem plural).* ginecologia.

H

H [rhá] oitava letra do alfabeto alemão.

H, h [rhá] si (nota musical).

Ha! [rhá] *interj.* ah!

Haar [rhá:r] *s,* -e. cabelo, pelo; *weißes —:* cãs; *auf ein —, aufs —:* exatamente; *um ein —:* por um fio de cabelo, por um triz; *kein gutes — an lassen:* dizer cobras e lagartos de; *—e auf den Zähnen haben:* não ter papas na língua.

Haar.aus.fall [rhá:r-áus-fál] *s.m. (sem plural).* queda dos cabelos, alopecia.

Haar.locke [rhá:r-lóke] *s.f.,* -n. anel de cabelo, cacho.

haar.scharf [rhá:r-chárf] *adj.* afiadíssimo; *(fig.)* certíssimo.

Haar.schnitt [rhá:r-chnít] *s.m.,* -e. corte de cabelo.

Haar.wuchs [rhá:r-vúks] *s.m. (sem plural).* crescimento do cabelo.

Haar.zopf [rhá:r-tsópf] *s.m.,* Haarzöpfe. trança.

Ha.bem [rhá:bem] *s.n.,* -. crédito, ativo; bens.

ha.ben [rhá:ben] *v. ter,* possuir; *was — wir davon?:* que ganhamos com isso?; *da — wir's!:* ora, aí está!; *nichts auf sich —, nichts zu sagen —:* não ser nada, não ter importância.

Hab.gier [rhá:p-guí:r] *s.f. (sem plural).* ganância, cobiça.

Ha.bicht [rhá:-bícht] *s.m.,* -e. açor, gavião.

Hacke [rhá-ke] *s.f.,* -n. enxada, picareta.

Hack.brett [rhák-brét] *s.n.,* -er. tímpano (mú).

hacken [rháken] *v.* picar, capinar, cortar lenha.

ha.dern [rhá-dérn] *v.* discutir, altercar com.

Ha.fen [rhá:fen] *s.m.,* Häfen. pote, jarro; porto; refúgio.

Ha.fer [rhá:fa] *s.m.,* -. aveia.

Haft [rháft] *s.f. (sem plural).* prisão, detenção.

haf.ten [rháften] *v.* prender, deter.

Häft.ling [rháft-link] *s.m.,* -e. prisioneiro.

Haft.pflicht [rháft-pflicht] *s.f.,* -en. responsabilidade civil.

Ha.gel [rhá:guel] *s.m.,* -. granizo.

ha.ger [rhá:ga] *adj.* magro, fraco.

Hahn [rhá:n] *s.m.,* Hähne. galo; gatilho; torneira.

Hai [rhái] *s.m.,* -e. tubarão.

Hai.fisch [rhái-fích] *s.m.,* -e. tubarão.

hä.keln [rhé-kéln] *v.* fazer crochê.

Ha.ken [rhá:ken] *s.m.,* -. gancho, cabide, anzol.

halb [rhálp] *adv.* meio, metade.

hal.bie.ren [rhalbi:ren] *v.* dividir em duas partes.

Halb.in.sel [rhálp-ínzel] *s.f.,* -n. península.

halb.jäh.rig [rhálp-ié:riç] *adj.* semestral.

Halb.kreis [rhálp-kráis] *s.m.,* -e. semicírculo.

Halb.mond [rhálp-mônt] *s.m.,* -e. meia-lua.

halb.stünd.lich [rhálp-chtynt-liçh] *adj.* de meia em meia hora.

halb.wegs [rhálp-véks] *adv.* a meio caminho, mais ou menos.

halb.wüch.si.ger [rhálp-vyçh-ziga] *s.m.,* -. jovem, adolescente.

Halb.zeit [rhálp-tsáit] *s.f.,* -en. meio período, intervalo.

Hal.de [rhálde] *s.f.,* -n. ladeira, encosta.

Hälf.te [rhélfte] *s.f.,* -n. metade.

Half.ter [rhálfta] *s.m.,* -. cabresto.

Hal.le [rhále] *s.f.,* -en. galeria, pavilhão; praça de mercado; salão.

hal.len [rhálen] *v.* ressoar, retumbar.

Hal.lo! [rha-lô] *interj.* alô! oi!

Halm [rhálm] *s.m.,* -e. palhinha; caule, aste.

Hals [rháls] *s.m.,* Hälse. pescoço, gargalo, garganta; *— über Kopf:* precipitadamente; *auf dem —e liegen:* importunar; *sich vom —e schaffen:* desembaraçar-se de.

Hals.ab.schnei.der [rháls-ap-chnáida] *s.m.,* -. *(fig.)* usurário.

Hals.band [rháls-bánt] *s.n.,* Halsbänder. colar, coleira.

hals.star.rig [rháls-chtá-riçh] *adj.* teimoso, obstinado.

Hals.tuch [rháls-túrr] *s.n.,* Halstücher. lenço de pescoço, cachecol.

Halt [rhált] *s.m.,* - *ou* -e. parada; apoio.

halt [rhált] *(interj.)* —!: alto!

halt.bar [rhált-bá:r] *adj.* durável, resistente.

Halt.bar.keit [rhált-bar-káit] *s.f. (sem plural).* consistência; validade, durabilidade.

hal.ten [rhálten] *v.* segurar, manter; parar, resistir; conter; durar, continuar; conservar.

Hal.te.stel.le [rhálte-chtéle] *s.f.,* -n. ponto de ônibus, parada.

Hal.tung [rháltunk] *s.f.,* -en. porte, comportamento, atitude.

Ha.lun.ke [rhá-lúnke] *s.m.,* -n. patife.

hä.misch [rhémich] *adj.* malicioso.

Ham.mel [rhámel] *s.m.,* -. carneiro.

HAMMER • HAUPTBAHNHOF

Ham.mer [rháma] s.m., Hämmer. martelo, forja.

häm.mern [rhémérn] v. martelar.

Ham.pel.mann [rhámpel-mán] s.m., Hampelmänner. fantoche, marionete.

Ham.ster [rháms-ta] s.m., -. hamster.

Hand [rhánt] s.f., Hände. mão; die — lassen von: não se meter em, largar de mão; weder — noch Fuß haben: não ter pés nem cabeça; an die — gehen: ajudar alguém, "dar uma mão"; — an sich legen: suicidar-se; aus der — geben: largar; — in —: de mãos dadas; unter der —: às escondidas.

Hand.ar.beit [rhánt-árbáit] s.f., -en. trabalho manual, artesanato.

Hand.buch [rhánt-búrr] s.n., Handbücher. manual; livro de instruções.

Hän.de.druck [rhánde-drúk] s.m. (sem plural). aperto de mão.

Han.del [rhándel] s.m. (sem plural). comércio, negócio.

han.deln [rhán-déln] v. agir, tratar, negociar.

hand.fest [rhánt-fést] adj. robusto, forte.

hand.grei.flich [rhánt-grái-flíçh] adj. palpável, evidente.

Hand.griff [rhánt-grif] s.m., -e. manejo, habilidade; asa; cabo; operação.

hand.ha.ben [rhánt-rháben] v. manejar, manipular.

Hand.lan.ger [rhánt-lánga] s.m., -. ajudante, criado, servente.

Händ.ler [rhént-la] s.m., -. comerciante, vendedor, negociante.

hand.lich [rhánt-líçh] adj. portátil, manejável.

Hand.lung [rhánt-lunk] s.f., -en. manejo, manuseio; comércio, loja, negócio.

Hand.schelle [rhánt-chéle] s.f., -n. algema.

Hand.schrift [rhánt-chríft] s.f., -en. escrita manual, caligrafia, letra.

hand.schrift.lich, [rhánt-chríft-líçh] adj. manuscrito; caligrafia.

Hand.schuh [rhánt-chú:] s.m., -e. luva.

Hand.ta.sche [rhánt-táche] s.f., -n. bolsa de mão.

Hand.tuch [rhánt-túrr] s.n., Handtücher. toalha de mão, toalha de rosto.

Hand.werk [rhánt-vérk] s.n., -e. artesanato, trabalhos manuais.

Hand.wer.ker [rhánt-vérka] s.m., -. artesão.

Hanf [rhánf] s.m. (sem plural). cânhamo, linho.

Hang [rhánk] s.m., Hänge. declive.

hän.gen [rhénguen] v. pender, pendurar; enforcar; (fig.) afeiçoar-se a; depender de.

hän.seln [rhén-zéln] v. caçoar, fazer troça de.

Hans.wurst [ráns-vúrst] s.m., -e. palhaço, arlequim.

han.tie.ren [rhán-tí:ren] v. manejar, manipular.

Hap.pen [rhápen] s.m., -. bocado, naco, bolo.

Har.fe [rhárfe] s.f., -n. harpa.

Har.ke [rhárke] s.f., -n. ancinho.

harm.los [rhárm-lõs] adj. inofensivo, inocente.

Har.mo.nie [rhár-moní:] s.f., -n. harmonia.

Harn [rhárn] s.m., -e. urina.

Harn.röh.re [rhárn-rø:re] s.f., -n. uretra.

Har.pu.ne [rhár-pú:ne] s.f., -n. arpão.

har.ren [rhá-ren] v. aguardar, esperar.

harsch [rhárch] adj. áspero, duro, rude.

hart [rhárt] adj. duro, rijo, firme; rigoroso; violento; — werden: endurecer, solidificar-se; — ankommen: custar; — auf —: impiedoso, encarniçado.

Här.te [rhérte] s.f., -n. dureza, rudeza, aspereza, rigor.

här.ten [rhérten] v. endurecer, temperar.

Här.tung [rhért-unk] s.f., -en. tempero; endurecimento.

Harz [rhárts] s.n., -e. resina.

har.schen [rhár-chen] v. colher, apanhar; prender.

Ha.se [rhá:ze] s.m., -n. lebre; coelho.

Ha.sel.strauch [rhá:zel-chtráurr] s.m., Haselsträucher. aveleira.

Ha.sel.nuss [rhá:zel-nús] s.f., Haselnüsse. avelã.

Has.pel [rháspel] s.f., -n. bobina, carretel.

has.peln [rhás-péln] v. dobar, guindar, enrolar.

Hass [rhás] s.m. (sem plural). ódio.

has.sen [rhássen] v. odiar.

hässlich [rhés-líçh] adj. feio, disforme.

Hast [rhást] s.f. (sem plural). pressa, precipitação.

ha.stig [rhás-tiçh] adj. apressado, precipitado.

hät.scheln [rhét-chéln] v. mimar, acariciar.

Hau.be [rháube] s.f., -n. touca, topete; capota (de carro); (fig.) unter die — bringen (kommen): casar-se.

Hau.ben.ler.che [rháuben-lér-çhe] s.f., -n. cotovia.

Hauch [rháurr] s.m., -e. sopro, hálito.

hau.chen [rháu-rren] v. soprar, bafejar, exalar.

hau.en [rháuen] v. cortar, golpear, bater.

Hau.fen [rháufen] s.m., -. monte, pilha, aglomeração.

häu.fen [rhóifen] v. acumular, amontoar.

hau.fen.wei.se [rháufen-váize] adv. aos montões, em abundância.

häu.fig [rhói-fiçh] adj. frequente, abundante.

Haupt [rháupt] s.n., Häupter. principal, mor; (fig.) cabeça, chefe.

Haupt.bahn.hof [rháupt-bá:n-hô:f] s.m., Hauptbahnhöfe. estação ferroviária central.

Haupt.dar.stel.ler [rháupt-dár-chtéla] *s.m.*, -. protagonista, ator principal.

Häupt.ling [rhóipt-link] *s.m.*, -e. chefe; cacique.

Haupt.mann [rháupt-mán] *s.m.*, *Hauptleute*. capitão.

Haupt.sache [rháupt-zárre] *s.f.*, -n. principal, essencial.

haupt.säch.lich [rháupt-zéçh-liçh] *adv.* principalmente.

Haupt.satz [rháupt-záts] *s.m.*, *Hauptsätze. (gram.)* oração principal.

Haupt.stadt [rháupt-chtát] *s.f.*, *Haptstädte.* capital.

Haupt.ver.samm.lung [rháupt-vérzám-lunk] *s.f.*, -en. assembleia geral.

Haus [rháus] *s.n., Häuser.* casa, habitação.

Haus.auf.ga.be [rháus-áuf-gá:be] *s.f.*, -n. lição de casa, dever de casa.

Haus.frau [rháus-fráu] *s.f.*, -en. dona de casa.

haus.häl.te.risch [rháus-rhélteriçh] *adj.* relativo à economia doméstica; econômico.

hau.sie.ren [rhauzí:ren] *v.* vender (algo) de casa em casa, de porta em porta; mascatear.

Haus.halt [rháus-rhált] *s.m.*, -e. tarefas domésticas; domicílio, lar; família; orçamento.

Haus.num.mer [rháus-núma] *s.f.*, -n. número da casa.

Haus.tier [rháus-tí:r] *s.n.*, -e. animal de estimação.

Haut [rháut] *s.f., Häute.* pele, cútis.

häu.ten [rhóiten] *v.* tirar a pele; mudar de pele.

Heb.am.me [rhébáme] *s.f.*, -n. parteira.

He.bel [rhé:bel] *s.m.*, -. alavanca; *alle Hebel in Bewegung setzen:* empregar todos os meios.

he.ben [rhé:ben] *v.* levantar, elevar.

he.brä.isch [rhe:brê:-iç] *adj.* hebraico, hebreu.

he.cheln [rhé-çhéln] *v.* rastelar.

Hecht [rhéçht] *s.m.*, -e. traíra (peixe).

Heck [rhék] *s.n.*, -e ou - popa, cauda.

Hecke [rhéke] *s.f.*, -n. sebe, cerca-viva; incubadeira.

Hecken.ro.se [rhéken-ró:ze] *s.f.*, -n. rosa silvestre.

Heer [rhé:a] *s.n.*, -e. exército, tropa; horda, multidão.

He.fe [rhè:fe] *s.f.*, -n. fermento, levedura.

Heft [rhéft] *s.n.*, -e. caderno, fascículo; punho, cabo.

hef.ten [rhéften] *v.* atar, alinhavar; encadernar.

hef.tig [rhéftiçh] *adj.* violento, impetuoso; — *werden:* irritar-se.

Heft.pfla.ster [rhéft-pflás-ta] *s.n.*, -. adesivo; esparadrapo, emplastro.

he.gen [rhê:guen] *v.* conservar, cuidar, criar; *(fig.)* nutrir.

heh.len [rhê:len] *v.* ocultar, esconder; encobrir.

Heh.le.rei [rhé:-lerái] *s.f.*, -en. encobrimento, dissimulação.

hehr [rhè:a] *adj.* augusto, sublime, majestoso.

Hei.de [rháide] *s.m.*, -n. pagão; *(pl.)* gentio; - *s.f.*, -n. cerrado.

Hei.de.land [rháide-lànt] *s.n.*, *Heideländer.* charneca.

Hei.den.angst [rháiden-ànkst] *s.f., Heidenängste.* medo, horror.

Hei.den.tum [rháiden-tum] *s.n. (sem plural).* paganismo.

hei.kel [rháikel] *adj.* difícil, delicado; *(fig.)* espinhoso, bicudo.

heik.lig [rháik-liçh] *adj.* difícil, delicado; *(fig.)* espinhoso, bicudo.

heil [rháil] *adj.* são, curado, inteiro, intacto.

Heil [rháil] *s.n. (sem plural).* sorte, salvação, felicidade, fortuna.

Hei.land [rháil] *s.m.*, -e. salvador, redentor.

heil.bar [rháil-bár] *adj.* curável, remediável.

hei.lig [rháiliçh] *adj.* santo, sagrado, sacro.

hei.li.gen [rháiliguen] *v.* santificar, consagrar.

Hei.lig.spre.chung [rháiliçh-chprê-chunk] *s.f.*, -en. canonização.

Hei.lig.tum [rháiliçh-tum] *s.n., Heiligtümer.* santuário, relíquia.

Heil.kraut [rháil-kráut] *s.n., Heilkräuter.* erva medicinal.

Heil.kün.stler [rháil-kynst-la] *s.m.*, -. charlatão.

heil.los [rháil-lôs] *adj.* deplorável, ímpio, funesto.

heil.sam [rháil-zám] *adj.* saudável, proveitoso.

Hei.lung [rháilunk] *s.f.*, -en. cura, tratamento, cicatrização.

Heim [rháim] *s.n.*, -e. lar; casa, domicílio; país, pátria.

heim [rháim] *adv.* em casa, em sua terra.

Hei.mat [rháimat] *s.f.*, -en. pátria, terra natal.

Hei.mat.dich.ter [rháimat-diçhta] *s.m.*, -. poeta regionalista; folclorista.

hei.mat.lich [rháimat-liçh] *adj.* pátrio.

hei.mat.los [rháimat-lôs] *adj.* sem pátria, errante.

Heim.chen [rháim-çhen] *s.n.*, -. grilo.

heim.ge.hen [rháim-guê:en] *v.* voltar para casa; morrer.

hei.misch [rháimich] *adj.* familiar, pátrio.

heim.lich [rháim-liçh] *adj.* secreto, oculto.

Heim.su.chung [rháim-zurrunk] *s.f.*, -en. visitação; prova, tribulação; *Maria —:* visitação de Nossa Senhora.

heim.tückisch [rháim-tykich] *adj.* pérfido, malicioso.

heim.warts [rháim-varts] *adv.* em direção à casa, à pátria.

Heim.weg [rháim-vêk] *s.m.*, -e. caminho de casa, regresso à pátria.

Heim.weh [rháim-vê:] *s.n. (sem plural).* nostalgia, saudade.

Hein.zel.männ.chen [rháin-tsêl-mèn-çhen] *s.n.*, -. duende, gnomo.

HEIRAT • HERRGOTT

Hei.rat [rhái-rát] s.f., -en. casamento, matrimônio.

hei.ra.ten [rhái-raten] v. casar, desposar.

hei.schen [rhái-chen] v. reclamar, exigir, pedir.

hei.ser [rháiza] adj. rouco.

heiß [rháis] adj. muito quente, ardente, caloroso.

heiß.blü.tig [rháis-bly:tiçh] adj. colérico, violento.

hei.ßen [rháissen] v. ordenar; chamar-se, significar.

hei.ter [rháita] adj. alegre, jovial.

heiz.bar [rháits-bá:r] adj. aquecível, que se pode aquecer.

hei.zen [rháitsen] v. aquecer, acender.

Heiz.kör.per [rháits-kørpa] s.m., -. aquecedor; radiador.

Heiz.stoff [rháits-chtóf] s.m., -e. combustível.

Hei.zung [rhái-tsunk] s.f., -en. aquecimento.

Held [rhélt] s.m., -en. herói, protagonista.

hel.den.mü.tig [rhélden-my:tiçh] adj. heroico.

hel.den.haft [rhélden-rháft] adj. heroico, valente.

Hel.den.tod [rhélden-tô:t] s.m., -e. morte heroica: *den — sterben*: morrer pela pátria.

Hel.den.tum [rhélden-tum] s.n. (sem plural). heroísmo.

Hel.din [rhéldin] s.f., -nen. heroína.

hel.fen [rhélfen] v. ajudar, socorrer, cooperar; *— gegen*: ser bom para; *nichts —*: não valer nada.

Hel.fer [rhélfa] s.m., -. ajudante, assistente.

Hel.fers.hel.fer [rhélfers-rhélfa] s.m., -. cúmplice.

hell [rhél] adj. claro, agudo, brilhante, iluminado; *— werden*: amanhecer, alvorecer.

hell.blond [rhél-blônt] adj. louro claro.

Hel.lig.keit [rhéliçh-káit] s.f., -en. claridade, pespicácia.

Hell.se.her [rhél-zê:a] s.m., -. sonâmbulo, com visão sobrenatural, vidente.

Helm [rhélm] s.m., -e. elmo, capacete.

Hemd [rhémt] s.n., -en. camisa.

hem.men [rhémen] v. deter, impedir, obstruir.

Hemm.nis [rhém-nis] s.n., Hemmnisse. impedimento, estorvo, obstáculo.

Hengst [rhénkst] s.m., -e. garanhão.

Hen.kel [rhénkel] s.m., -. asa (de um recipiente).

hen.ken [rhénken] v. enforcar.

Hen.ker [rhénka] s.m., -. carrasco, algoz.

Hen.kers.mahl [rhénkers-mál] s.n., Henkersmähler. a última refeição de um condenado.

Hen.ne [rhéne] s.f., -n. galinha.

her [rhér] adv. cá, para cá.

her.ab [rhér-áp] adv. abaixo, cá para baixo.

her.ab.set.zen [rhér-áp-zé-tsen] v. baixar, reduzir.

her.ab.wür.di.gen [rhér-áp-vyrdi-guen] v. degradar, aviltar.

her.an [rhér-án] adv. para cá, para perto.

her.auf [rhér-áuf] adv. cá para cima.

her.auf.be.schwö.ren [rhér-áuf-bechvø:ren] v. evocar.

her.auf.kom.men [rhér-áuf-kómen] v. (vir a) subir.

her.auf.set.zen [rhér-áuf-zé-tsen] v. aumentar, fazer subir.

her.aus [rhér-áus] adv. fora, cá para fora.

her.aus.be.kom.men [rhér-áus-bekómen] v. conseguir arrancar ou tirar de; achar uma solução, resolver.

Her.aus.for.de.rung [rhér-áus.fór-de-runk] s.f., -en. desafio, provocação.

her.aus.ga.be [rhér-áus-gá:be] s.f. (sem plural). entrega, restituição; publicação, edição.

her.aus.ge.ben [rhér-áus-guêben] v. devolver, restituir; publicar, editar, organizar a edição de.

her.aus.neh.men [rhér-áus-nê:men] v. retirar, extrair; *sich —*: tomar liberdades, permitir-se.

her.aus.stel.len [rhér-áus-chtélen] v. *sich —*: provar-se, verificar-se; *(fig.)* salientar, destacar.

herb [rhérp] adj. ácido, áspero, azedo.

her.bei [rhér-bái] adv. cá, para cá.

Her.ber.ge [rhér-bérgue] s.m., -n. albergue, hospedaria.

her.be.stel.len [rhér-be-chtélen] v. mandar vir, chamar.

Herbst [rhérpst] s.m., -e. outono.

Herd [rhért] s.m., -e. fogão; lareira; fornalha.

Her.de [rhérde] s.f., -n. rebanho.

her.ein [rhér-áin] adv. para dentro.

her.ge.ben [rhér-guê:ben] v. dar, render; *sich — zu*: prestar-se a.

her.hal.ten [rhér-rhálten] v. oferecer, apresentar.

He.ring [rhê:rink] s.m., -e. arenque.

her.kom.men [rhér-kómen] v. vir; *(fig.)* derivar, provir; tradição, costume; chegada, vinda.

her.kömm.lich [rhér-køm-liçh] adj. tradicional.

Her.kunft [rhér-kúnft] s.f., Herkünfte. origem, proveniência.

her.nach [rhér-nárr] adv. depois, mais tarde.

her.nie.der [rhér-ní:da] adv. para baixo.

Herr [rhér] s.m., -en. senhor, cavalheiro, patrão, dono; *alter —*: pai; *mein —*: senhor; *— über sich*: senhor de si.

Her.rei.se [rhér-ráize] s.f., -n. viagem de ida.

her.ren.los [rhérren-lôs] adj. sem dono, abandonado.

Herr.gott [rhér-gót] s.m. (sem plural). *der —*: Deus; Nosso Senhor.

HERRISCH • HINEINKOMMEN

her.risch [hérrich] *adj.* imperioso, autoritário.

Herr.lich.keit [rhér-liçh-káit] *s.f., -en.* magnificência, esplendor, glória.

Herr.schaft [rhér-cháft] *s.f., -en.* domínio, poder.

herrsch.süch.tig [rhér-zyçh-tiçh] *adj.* ambicioso, despótico.

her.schen [rhér-chen] *v.* mandar, dominar, reinar.

Herr.scher [rhér-cha] *s.m., -.* senhor, soberano, dominador.

her.stel.len [rhér-chtélen] *v.* fazer, fabricar; produzir.

her.über [rhér-y:ba] *adv.* para este lado, para aqui.

her.um [rhérúm] *adv.* ao redor, em torno.

her.un.ter [rhér-únta] *adv.* para baixo.

her.vor [rhér-fór] *adv.* fora, adiante.

her.vor.brin.gen [rhér-fór-bringuen] *v.* produzir, articular.

her.vor.he.ben [rhér-fór-rhê:ben] *v.* acentuar, salientar.

her.vor.ru.fen [rhér-fór-rú:fen] *v.* chamar; *(fig.)* provocar, causar.

her.wärts [rhér-vérts] *adv.* para aqui.

Herz [rhérts] *s.n., -en.* coração.

herz.an.fall [rhérts-án-fáll] *s.m., Herzanfälle.* ataque cardíaco.

herz.ens.gut [rhértzens-gú:t] *adj.* profundamente bondoso.

herz.er.grei.fend [rhérts-ëh-gráifent] *adj.* comovente.

herz.lich [rhérts-liçh] *adj.* cordial, afável, afetuoso.

Herz.lo.sig.keit [rhérts-lózigh-káit] *s.f. (sem plural).* insensibilidade.

Her.zog [rhér-tsó:k] *s.m., Herzöge.* duque.

Herz.schlag [rhérts-chlá:k] *s.m., Herzschläge.* palpitação, ataque cardíaco.

her.zu [rhér-tsú] *adv.* para cá, perto.

Het.ze [rhé-tse] *s.f., -n.* pressa; caçada, perseguição; *(fig.)* campanha difamatória.

hetzen [rhétsen] *v.* 1. acossar, dar caça a; 2. agitar; fazer propaganda subversiva; provocar.

Het.zer [rhétsa] *s.m., -.* agitador, arruaceiro; provocador, instigador; demagogo.

Heu [rhói] *s.n. (sem plural).* feno.

Heu.chler [rhóiçh-la] *s.m., -.* hipócrita.

heuch.le.risch [rhóich-lêrich] *adj.* dissimulado, fingido.

heu.ern [rhói-érn] *v.* alugar, contratar.

heu.len [rhóilen] *v.* uivar.

heu.rig [rhói-riçh] *adj.* novo, deste ano.

Heu.schnup.fen [rhói-chnúpfen] *s.m., -.* febre do feno.

heu.te [rhóite] *adv.* hoje.

heu.tig [rhóitiçh] *adj.* de hoje, atual.

heut.zu.ta.ge [rhóit-tsu-tá:gue] *adv.* hoje em dia, atualmente.

He.xe [rhékse] *s.f., -n.* bruxa.

He.xe.rei [rhékseraí] *s.f., -en.* bruxaria.

Hieb [rhi:p] *s.m., -e.* golpe, batida.

hier [rhi:a] *adv.* aqui, cá, presente.

hier.an [rhi:a-án] *adv.* nisto, por isso.

hier.auf [rhi:a-áuf] *adv.* a isso, depois.

hier.aus [rhi:a-áus] *adv.* disto, por isso.

hier.durch [rhi:a-dúiçh] *adv.* por aqui, desta maneira, assim.

hier.her [rhi:a-rhér] *adv.* para cá.

hier.mit [rhi:a-mit] *adv.* com isto.

hier.orts [rhi:a-órts] *adv.* neste lugar.

hier.über [rhi:a-y:ba] *adv.* sobre isso, deste lado.

hier.von [rhi:a-fón] *adv.* disto, daqui.

hier.zu [rhi:a-tsú] *adv.* a isto, além disto.

hie.sig [hi:-ziçh] *adj.* nativo; indígena.

Hil.fe [rhílfe] *s.f., -n.* socorro, auxílio, assistência.

hilf.reich [rhílf-ráiçh] *adj.* prestimoso, solícito.

Hilfs.mit.tel [rhílfs-mítel] *s.n., -.* recurso, remédio.

Hilfs.verb [rhílfs-vérp] *s.n., -en.* verbo auxiliar.

Hilfs.zeit.wort [rhílfs-tsáit-vórt] *s.n., Hilfszeitwörter.* verbo auxiliar.

Him.bee.re [rhim-bè:re] *s.f., -n.* framboesa.

Him.mel [rhímel] *s.m., -.* céu; Paraíso *(rel.).*

Him.mel.bett [rhímel-bét] *s.n., -en.* cama com dossel.

Him.mel.fahrt [rhímel-fá:rt] *s.f. (sem plural).* ascensão ao céu.

Him.mel.reich [rhímel-ráiçh] *s.n. (sem plural).* reino dos céus.

Him.mels.braut [rhimels-bráut] *s.f., Himmelsbräute.* freira.

himm.lisch [rhim-lich] *adj.* celeste, celestial.

hin [rhin] *adv.* para lá, ali.

hin.ab [rhin-áp] *adv.* para baixo, em declive.

hin.an [rhin-án] *adv.* para cima, acima.

hin.auf [rhin-áuf] *adv.* para cima, acima.

hin.aus [rhin-áus] *adv.* para fora.

hin.aus.be.ge.ben [rhin-áus-be-guë:ben] *v. sich —:* sair.

Hin.blick [rhin-blík] *s.m., -e.* consideração.

hin.dern [rhindérn] *v.* embaraçar, estorvar.

Hin.der.nis [rhindér-nis] *s.n., Hindernisse.* obstáculo, embaraço.

hin.deu.ten [rhin-dóiten] *v.* indicar, assinalar.

hin.durch [rhin-dúiçh] *adv.* através, durante.

hin.ein [rhin-áin] *adv.* para dentro.

hin.ein.fal.len [rhin-áin-fálen] *v.* cair deixar-se apanhar, deixar-se enganar.

hin.ein.ge.hen [rhin-áin-guë:en] *v.* entrar.

hin.ein.kom.men [rhin-áin-kömen] *v.* entrar, penetrar.

HINEINLEBEN • HOCKER

hin.ein.le.ben [rhín-áin-lê:ben] v. *in den Tag —:* viver ao Deus-dará.

Hin.ga.be [rhín-gá:be] entrega.*s.f. (sem plural).* dedicação.

hin.ge.ben [rhín-guê:ben] v. abandonar, entregar.

hin.ge.gen [rhín-guê:guen] *adv. e conj.* ao contrário, mas.

hin.hal.ten [rhín-rháltem] v. estender, apresentar.

hin.ken [rhínken] v. claudicar, coxear.

hin.lan.gen [rhín-lánguen] v. estender, dar, ser suficiente.

hin.läng.lich [rhín-lénk-liçh] *adj.* suficiente.

hin.neh.men [rhín-nê:men] v. tomar, aceitar.

hin.rei.chend [rhin-rái-çhent] *adj.* suficiente.

hin.rei.ßend [rhín-ráissent] *adj.* arrebatador, impressionante.

Hin.rich.tung [rhín-riçhtunk] *s.f., -en.* execução, suplício.

Hin.sicht [rhín-zíçht] *s.f. (sem plural).* consideração, contemplação, trato de um assunto.

hin.sicht.lich [rhín-zíçht-liçh] *adj.* concernente a, referente a.

hin.ten [rhinten] *adv.* atrás, do fim, no fundo; *nach —:* para atrás; *weiter —:* mais atrás.

hin.ter [rhínta] *prep.* detrás, atrás; *— sich lassen:* ultrapassar, adiantar-se.

Hin.ter.bein [rhinta-báin] *s.n., -e.* perna, pata traseira de um animal.

Hin.ter.blie.be.ner [rhinta-bli:be-na] *s.m. + s.f., -n.* sobrevivente.

hin.te.re [rhintere] *adj.* traseiro, posterior.

hin.ter.ein.an.der [rhinta-ain-ánda] *adv.* seguidamente.

Hin.ter.ge.hen [rhinta-guê:en] v. lograr, enganar.

Hin.ter.grund [rhinta-grúnt] *s.m., Hintergründe.* fundo.

hin.ter.häl.tig [rhinta-rhéltiçh] *adj.* pérfido, traiçoeiro, manhoso.

Hin.ter.her [rhínta-rhér] *adv.* atrás, depois, em seguida.

Hin.ter.land [rhínta-lánt] *s.n. (sem plural).* interior de um país; sertão.

Hin.ter.las.sen.schaft [rhinta-lássen-cháft] *s.f., -en.* herança, legado.

Hin.ter.le.gen [rhínta-lê:guen] v. depositar, consignar.

hin.ter.li.stig [rhínta-listiçh] *adj.* falso, traiçoeiro.

hin.ter.rücks [rhínta-ryks] *adv.* traiçoeiramente, pelas costas.

hin.über [rhin-y:ba] *adv.* além, para o outro lado.

hin.un.ter [rhin-únta] *adv.* para baixo.

Hin.weg [rhin-vê:k] *s.m., -e.* ida, caminho para um lugar.

Hin.weis [rhín-váis] *s.m., -e.* indicação, indício.

hin.wei.sen [rhín-váizen] v. indicar, mostrar.

hin.wei.send [rhín-váizent] *adj.* demonstrativo.

hin.zie.hen [rhín-tsí:en] v. puxar para; *(fig.)* estender, demorar.

hin.zu [rhin-tsú] *adv.* para perto de, para junto.

hin.zu.fü.gen [rhín-tsu-fy:guen] v. acrescentar.

hin.zu.set.zen [rhín-tsu-zé-tsen] v. acrescentar, ajuntar.

Hirn [rhirn] *s.n., -e.* cérebro, miolo.

hirn.los [rhírn-lôs] *adj.* sem miolos, estúpido.

Hirsch [rhirch] *s.m., -e.* veado, cervo.

Hir.se [rhírze] *s.f., -n.* milho miúdo, painço.

Hir.te [rhírte] *s.m., -n.* pastor, vaqueiro.

hi.sto.risch [rhistô-rich] *adj.* histórico.

Hit.ze [rhi-tse] *s.f., -n.* calor, ardor.

hit.zig [rhi-tsiçh] *adj.* fogoso, ardente, colérico.

H-Milch [rhá-milçh] *s.f. (sem plural).* leite longa vida.

Hob.by [rhóbi] *s.n., -* hobby.

Ho.bel [rhô:bel] *s.m., -.* plaina, cepilho.

ho.beln [rhô:bêln] v. acepilhar, aplanar.

hoch [rhôrr] *adj.* alto, elevado.

hoch.acht.bar [rhôrr-arrt-bá:r] *adj.* ilustríssimo, dignissimo.

hoch.ach.tungvoll [rhôrr-árrtunks-fól] *adv.* com muita estima.

Hoch.bau [rhôrr-báu] *s.m. (sem plural).* arquitetura, superestrutura.

hoch.be.gabt [rhôrr-begápt] *adj.* talentoso.

hoch.deutsch [rhôrr-dóitch] *adj.* alto-alemão.

Hoch.ebe.ne [rhôrr-ê:bene] *s.f., -n.* planalto.

hoch.fah.rend [rhôrr-fá:rent] *adj.* altivo, orgulhoso.

hoch.ge.ehrt [rhôrr-guê-ê:rt] *adj.* muito honrado.

hoch.gra.dig [rhôrr-grá:diçh] *adj.* em alto grau, intensivo.

Hoch.mut [rhôrr-mú:t] *s.m. (sem plural).* orgulho, soberba.

hoch.mü.tig [rhôrr-my:tiçh] *adj.* orgulhoso, soberbo.

hoch.nä.sig [rhôrr-nézich] *adj.* arrogante, presunido.

Hoch.schu.le [rhôrr-chúle] *s.f., -n.* universidade, escola superior.

Hoch.schü.ler [rhôrr-chy:la] *s.m., -.* acadêmico, universitário.

höchst [rhœçhst] *adj. compar.* o mais alto.

höch.stens [rhœçhstens] *adv.* quando muito, no máximo.

Hoch.waser [rhôrr-vássa] *s.n., -.* enchente.

hoch.würdig [rhôrr-vyrdiçh] *adj.* reverendíssimo; venerando, reverendo.

Hoch.zeit [rhôrr-tsáit] *s.f., -en.* casamento, núpcias.

hocken [rhóken] v. ficar de cócoras.

Hocker [rhóka] *s.m., -.* banquinho.

HÖCKER • HÜNDIN

Höck.er [rhǿka] giba,*s.m.,* -. corcova; corcunda.

Ho.de [rhǿ:de] n *s.m.,*-. testículo.

Hof [rhǿ:f] *s.m.,* Höfe. pátio, curral; corte.

hof.fen [rhófen] *v.* esperar.

hof.fent.lich [rhófent-lîçh] *adv.* como se espera, de acordo com uma expectativa.

Hoff.nung [rhóf-nunk] *s.f,* -en. esperança.

hoff.nunglos [rhóf-nunks-lòs] *adj.* sem esperança, desesperançado.

hoff.nungvoll [rhófnunks-fól] *adj.* promissor, esperançoso.

Höf.lich.keit [rhǿf-lîçh-káit] *s.f.,* -en. cortesia; educação.

Hof.narr [rhóf-nár] *s.m.,* -en. bobo, bufão da corte.

Hö.he [rhǿ:e] *s.f.,* -n. altura, elevação; *in gleicher —:* no mesmo nível, ao nível de; *in die —:* ao alto, para o ar; *das ist die —!:* (isto) é o cúmulo!

Ho.heit [rhǿ:-rháit] *s.f.,* -en. elevação; Alteza (título).

Hö.hen.mes.ser [rhǿ:en-méssa] *s.m.,* -. altímetro.

hö.her [rhǿ:a] *adj.* compar. mais alto.

hohl [rhǿ:l] *adj.* oco, vazio.

Höh.le [rhǿ:le] *s.f.,* -n. caverna, cava, cavidade.

hohl.ge.schlif.fen [rhó:l-gue-chlîfen] *adj.* côncavo.

hohl.köp.fig [rhó:l-køpfîçh] *adj.* imbecil.

Hohl.raum [rhó:l-ráum] *s.m.,* Hohlräume. cavidade.

Hohn [rhó:n] *s.m.* (sem plural). escárnio, zombaria, desdém.

höh.nisch [rhǿ:nich] *adj.* irônico, sardônico.

Ho.kus.po.kus [rhó:kus-pó:kus] *s.m.* (sem plural). trapaça, charlatanaria; cerimônia.

hold [rhólt] *adj.* propício, favorável.

Ho.lun.der [rhólúnda] *s.m.,* -. sabugueiro.

ho.len [rhó:len] *v.* ir ou vir buscar; *— lassen:* mandar buscar; *der Teufel soll ihn —!:* raios o partam!, os diabos o levem!

Höl.le [rhǿle] *s.f.,* -n. inferno.

höl.lisch [rhǿlich] *adj.* infernal.

Holm [rhólm] *s.m.,* -e. cabo, ilhota.

hol.pe.rig [rhól-pe:rîçh] *adj.* áspero, desigual, acidentado.

Holz [rhólts] *s.n.,* Hölzer. madeira, lenha, pau.

hol.zen [rhól-tsen] *v.* cortar lenha.

Holz.hacker [rhólts-rháka] *s.m.,* -. lenhador.

Holz.hau.er [rhólts-rháua] *s.m.,* -. lenhador.

hol.zig [rhól-tsîçh] *adj.* lenhoso.

Ho.nig [rhó:nîçh] *s.m.,* -e. mel.

Ho.nig.stock [rhó:nîçh-chtók] *s.m.,* Honigstöcke. colmeia; cortiça.

ho.no.rie.ren [rhóno-ríren] *v.* pagar o honorário.

Hop.fen [rhópfen] *s.m.,* -. lúpulo.

hop.sen [rhópzen] *v.* saltitar.

hör.bar [rhǿ:r-bá:r] *adj.* audível.

hor.chen [rhór-çhen] *v.* escutar.

Hor.de [rhórde] *s.f.,* -n. horda, bando.

hö.ren [rhǿ:ren] *v.* ouvir, escutar.

Hö.ren.sa.gen [rhǿ:ren-zá:guen] *s.n.,* -. boato.

Hö.rer [rhǿ:ra] *s.m.,* -. ouvinte, auditor.

hö.rig [rhǿ:rîçh] *adj.* sujeito, escravo, dependente.

Horn [rhórn] *s.n.,* Hörner. chifre, corno, corneta.

Horn.haut [rhórn-rháut] *s.f.,* Hornhäute. calosidade; córnea.

Hor.nisse [rhór-nísse] *s.f.,* -n. vespão.

Horst [rhórst] *s.m.,* -e. sarça, espinheiro; ninho de aves de rapina.

Hort [rhórt] *s.m.,* -e. asilo, abrigo.

Ho.se [rhó:ze] *s.f.,* -n. calça.

Ho.sen.trä.ger [rhó:zen-trêga] plural. suspensório.

Hub [rhú:p] *s.m.,* Hübe. levantamento, empuxo; elevação.

hü.ben [rhy:ben] *adv.* aquém.

hübsch [rhypçh] *adj.* bonito, agradável, formoso.

Huf [rhú:f] *s.m.,* -e. casco.

Hüf.te [rhyfte] *s.f.,* -n. quadril, anca.

Hü.gel [rhy:guel] *s.m.,* -. colina, outeiro.

hü.ge.lig [rhy:gue-lîçh] *adj.* acidentado.

Huhn [rhú:n] *s.n.,* Hühner. galinha.

Hüh.ner.au.ge [rhy:na-áugue] *s.n.,* -n. calo.

Hüh.ner.stall [rhy:na-chtál] *s.m.,* Hühnerställe. galinheiro.

Hul.di.gung [rhúldigunk] *s.f.,* -en. juramento, homenagem.

Hül.le [rhyle] *s.f.,* -n. invólucro, capa; *in — und Fülle:* em abundância.

hül.len [rhylen] *v.* envolver, cobrir.

Hül.se [rhylze] *s.f.,* -n. casca, vagem.

Hül.sen.frucht [rhylzen-frúrrt] *s.f.,* Hülsenfrüchte. legume.

Hum.mel [rhúmel] *s.f.,* -n. zangão.

Hum.mer [rhúma] *s.m.,* -. lagosta.

Hum.pen [rhúmpen] *s.m.,* -. caneca, taça.

Hund [rhúnt] *s.m.,* -e. cão, cachorro; *auf den — kommen:* cair na miséria.

Hun.de.käl.te [rhúnde-kélte] *s.f.* (sem plural). frio de cachar.

Hun.de.le.ben [rhúnde-lè:ben] *s.n.,* -. vida de cachorro, vida miserável.

Hun.dert [rhúndért] *num.* cem, cento.

hun.dert.jäh.rig [rhúndért-iê:rîçh] *adj.* centenário, secular.

hun.dert.pro.zen.tig [rhúndért-protsêntîçh] *adj.* cem por cento, perfeito; *adv.* absolutamente.

Hün.din [rhyndin] *s.f.,* -nen. cadela.

hunds.ge.mein [rhúnts-guemáin] *adj.* biltre, velhaco, ordinário.

Hü.ne [rhíne] *s.m., -n.* gigante.

Hun.ger [rhúnga] *s.m. (sem plural).* fome.

hun.gern [rhúnguérn] *v.* ter ou sentir fome.

Hun.gers.not [rhúngas-nô:t] *s.f., Hungersnöte.* penúria, flagelo da fome.

hun.grig [rhúngriçh] *adj.* faminto, esfomeado.

hüp.fen [rhýpfen] *v.* pular, saltitar.

Hür.de [rhýrde] *s.f., -n.* grade feita de vime entrelaçado; cerca portátil para prender ovelhas.

Hu.re [rhú:re] *s.f., -n.* meretriz, prostituta.

hur.tig [rhúrtiçh] *adj.* ágil, ligeiro; *adv.* depressa, prontamente.

Husch! [rhúch] *interj.* psiu!; boca calada!

hu.schen [rhúchen] *v.* passar ligeiro, deslizar, esgueirar-se.

Hu.sten [rhústen] *s.m., -.* tosse.

hu.sten [rhústen] *v.* tossir.

Hut [rhu:t] *s.m., Hüte.* chapéu; guarda, vigia.

hü.ten [rhy:ten] *v.* guardar, vigiar.

Hü.ter [rhy:ta] *s.m., -.* guarda, vigia.

Hüt.te [rhíte] *s.f., -n.* cabana, choupana; fundição; mina.

Hüt.ten.werk [rhýten-vérk] *s.n., -e.* fundição; mina em exploração.

Hyä.ne [rhy-é:ne] *s.f., -n.* hiena.

Hy.ste.rie [rhys-terí:] *s.f., -n.* histeria.

hy.ste.risch [rhys-tê:rich] *adj.* histérico.

I

I [i:] nona letra do alfabeto alemão; I,i.
ich [iҫh] *pron.* eu.
Ich [iҫh] *s.n.* - ou - ego.
ide.al [ide-ál] *adj.* ideal.
idea.li.sie.ren [ide-alizi:ren] *v.* idealizar.
Idee [idê:] *s.f., -n.* ideia.
Idi.ot idió:t] *s.m., -en.* idiota.
idio.tisch [idi-ó:tich] e *adj.* idiota.
Igel [i:guel] *s.m., -.* ouriço.
ihm [i:m] *pron. (dativo)* o, lhe, a ele.
ihn [i:n] *pron. (acusativo)* o, a ele.
ih.nen [i:-nen] *pron.* a vós, a vocês; a eles, lhes; ao Sr., à Sra, você.
ihr [i:r] *pron. vocês;* vós; seu; dele, dela.
ih.re [i:-re] *pron.* dele, dela.
ih.ret.hal.ben [i:-rêt-hálben] *adv.* por causa dela, dele.
ih.ret.we.gen [i:-rêt-vê:guen] *adv.* por causa dela, dele.
ih.ret.wil.len [i:-rêt-vilen] *adv.* por causa dela, dele.
ih.ri.ge [i:-rigue] *pron.* o seu, a sua.
im [im] *contr. prep. + art. (in dem)* no, na.
Im.biss [im-bis] merenda. *s.m., -e.* merenda, lanche.
Im.ker [im-ka] *s.m., -.* apicultor.
im.mer [íma] *adv.* sempre, constantemente; — *noch*: ainda; *wer auch —*: quem quer que seja.
im.mer.dar [íma-dár] *adv.* para sempre.
im.mer.fort [íma-fórt] *adv.* incessantemente, continuamente.
im.mer.hin [íma-rhin] *adv.* em todo caso, todavia, sempre.
im.mer mehr [íma-mê:r] *adv.* cada vez mais, mais e mais.
im.mer wäh.rend [íma-vè:rent] *adj.* eterno, perpétuo, contínuo.
im.mer.zu [íma-tsú] *adv.* incessantemente, sempre e sempre.
Im.mo.bi.lie [imô-bí:lie] *s.f., -n.* imóvel.
imp.fen [imp-fen] *v.* vacinar, inocular, enxertar.
Imp.fung [imp-funk] vacinação.
im.po.nie.ren [imponi:ren] *v.* impressionar.
im.po.nie.rend [imponi:-rent] *adj.* impressionante, imponente.
im.po.sant [impozánt] *adj.* impressionante, imponente.
in [in] *prep.* em, dentro de.
In.be.griff [in-begrif] *s.m., -e.* síntese, conteúdo, essência.
in.be.grif.fen [in-begrifen] *adj.* incluso, compreendido.
In.brunst [in-brúnst] *s.f. (sem plural)* paixão, fervor.
in.brün.stig [in-bryns-tiçh] *adj.* fervoroso, apaixonado.
in.dem [in-dê:m] *conj.* como, enquanto, conquanto.
In.der [in-da] *s.m., -.* indiano.
In.de.rin [in-dérin] *s.f., -nen.* indiana.
in.des [indes] *adv.* e *conj.* entretanto, todavia, contudo, porém, ainda assim, enquanto que.
in.dessen [in-déssen] *adv.* e *conj.* entretanto, todavia, contudo, porém, ainda assim, enquanto que.
In.dex [indeks] *s.m., -e* ou *Indize* índice.
In.dia.ner [indiá:na] *s.m., -.* índio, ameríndio.
In.dia.ne.rin [indiá:nerin] *s.f., -nen.* india.
In.dia.nisch [indiá:nich] *adj.* índio.
in.ein.an.der [in-áin-ánda] *adv.* uns aos outros; um dentro do outro.
in.fol.ge [in-fólgue] *adv.* em consequência de, em virtude de.
In.ge.nieur [in-djenéur] *s.m., -e.* engenheiro.
in.grim.mig [in-grímiçh] *adj.* raivoso, rancoroso, feroz.
Ing.wer [ink-vér] *s.m., -.* gengibre.
In.ha.ber [in-rhá:ba] *s.m., -.* proprietário, portador.
in.haf.tie.ren [in-rháf-ti:ren] *v.* deter, encarcerar.
In.halt [in-rhált] *s.m., -e.* conteúdo, assunto.
in.haltlos [in-rhált-lôs] *adj.* sem conteúdo, vazio.
In.halts.an.ga.be [in-rhálts-angá:be] *s.f., -n.* resumo, sumário.
In.halts.ver.zeich.nis [in-rhálts-fér-tsáiçh-nis] *s.n., Inhaltsverzeichnisse.* índice.
In.land [in-lánt] *s.n. (sem plural).* interior de um continente.
in.län.disch [in-léndich] *adj.* natural do país; nacional.
in.lie.gend [in-lí:guent] *adj.* incluso, anexo.
in.mit.ten [in-míten] *prep.* entre, no meio de.
in.ne.ha.ben [ine-rhá:ben] *v.* possuir, ocupar.
in.ne.hal.ten [ine-rhálten] *v.* parar, observar.
in.nen [ínen] *adv.* por dentro, no interior.

INNERE • ITALIENISCH

in.ne.re [inere] *adj.* interior, interno.

in.ner.lich [ina-liçh] *adj.* interior, interno.

in.ne.wer.den [ine-vérden] *v.* perceber, avistar, reconhecer, ficar sabendo.

in.nig [iniçh] *adj.* íntimo, profundo, cordial.

In.nig.keit [iniçh-káit] *s.f., -en.* intimidade.

in.nig.lich [iniçh-liçh] *adv.* intimamente.

ins [ins] *contr. prep. + art.* (in das) no, na, ao, à.

In.sas.se [in-zásse] *s.m., -n.* habitante, morador; ocupante, interno.

ins.be.son.de.re [ins-bezóndere] *adv.* particularmente.

In.schrift [in-chrift] *s.f., -en.* inscrição.

In.sel [inzel] *s.f., -n.* ilha.

In.sel.grup.pe [inzel-grúpe] *s.f., -n.* arquipélago.

In.sel.meer [inzel-mé:a] *s.n., -e.* arquipélago.

In.se.rat [inze-rá:t] *s.n., -e.* anúncio.

in.se.rie.ren [inze-rí:ren] *v.* inserir, anunciar.

ins.ge.heim [ins-gue-rháim] *adv.* secretamente.

ins.ge.mein [ins-guemáin] *adv.* geralmente.

ins.ge.samt [ins-guezámt] *adv.* ao todo, todos juntos, juntamente.

in.so.fern [inzo-férn] *prep.* contanto que, desde que.

in.stän.dig [in-chténdiçh] *adv.* insistentemente, encarecidamente.

In.stän.dig.keit [in-chténdiçh-káit] *s.f., -en.* insistência, empenho.

In.stinkt [in-chtinkt] *s.m., -e.* instinto.

in.stinkt.mä.ßig [in-chtinkt-mé:ssiçh] *adj.* instintivo.

In.stru.ment [ins-trument] *s.n., -e.* instrumento.

In.stru.men.tie.rung [ins-trumen-tí:runk] *s.f., -en.* orquestração.

in.takt [intákt] *adj.* intato, íntegro.

In.te.gri.tät [integritê:t] *s.f., -en.* integridade.

in.tel.lek.tu.ell [intelêk-tuél] *adj.* intelectual.

in.tel.li.gent [inteligent] *adj.* inteligente.

In.tel.li.genz [inteliguênts] *s.f., -en.* inteligência.

in.ten.siv [intên-zif] *adj.* intenso.

in.ten.si.vie.ren [intênzi-ví:ren] *v.* intensificar.

in.te.res.sant [interessánt] *adj.* interessante.

In.te.res.sent [interessent] *s.m., -en.* interessado.

in.te.res.sie.ren [interessí:ren] *v.* interessar, empenhar.

in.te.ri.mi.stisch [interi-místich] *adj.* interino, provisório.

In.ter.punk.ti.on [inta-punk-tsió:n] *s.f.* (sem plural). pontuação.

in.ven.tar [inventár] *s.n., -e.* inventário.

in.wen.dig [invéndiçh] *adj.* interno, interior.

in.zwi.schen [in-tsvíchen] *adv.* entrementes.

ir.disch [irdich] *adj.* terrestre, mundano, material.

ir.gend [írguent] *adv.* talvez, acaso, quiçá.

irgendeiner [írguent-áina] *pron.* algum, qualquer pessoa.

ir.gend.wann [írguent-ván] *adv.* a qualquer tempo.

ir.gend.was [írguent-vás] *pron.* algo, alguma coisa.

ir.gend.wie [írguent-ví:] *adv.* de qualquer modo.

ir.gend.wo [írguent-vô:] *adv.* em alguma parte.

Iro.nie [ironí:] *s.f., -n.* ironia.

iro.nisch [irônich] *adj.* irônico.

Ir.re [írre] *s.m. + s.f., -n.* errante, desencaminhado; doido, louco.

ir.re.le.vant [írre-levánt] *adj.* irrelevante, sem importância.

ir.ren [írren] *v.* errar; *sich —:* enganar-se; pecar.

Ir.ren.haus [írren-rháus] *s.n., Irrenhäuser.* hospício.

Irr.fahrt [ír-fá:rt] *s.f., -en* odisséia.

Irr.gar.ten [ír-gárten] *s.m., Irrgärten.* labirinto.

irr.gläu.big [ír-glóibiçh] *adj.* heterodoxo, herético.

Irr.leh.re [ír-lé:re] *s.f., -e.* heresia.

Irr.sinn [ír-zin] *s.m., -e.* loucura, demência.

irr.sin.nig [ír-ziniçh] *adj.* louco, alienado.

Irr.tum [ír-tum] *s.m., Irrtümer.* erro, engano.

irrtümlich [ír-tym-liçh] *adj.* errôneo, falso; *adv.* por engano.

Irr.weg [ír-vé:k] *s.m., -e.* caminho errado.

Is.chi.as [íchias] *s.m.* ou *s.n., -.* ciática.

Is.chi.as.nerv [íchias-nérf] *s.m., -en.* nervo ciático.

Is.lam [islá:m] *s.m.* (sem plural). Islã, islamismo.

Is.län.der [is-lênda] *s.m., -.* islandês.

ilän.di.sch [islêndich] *adj.* islandês, da Islândia.

Ist-Bestand *s.m.,* [ist-bechtánt] *Ist-Bestände.* efetivo; estoque.

Ita.lie.ner [italiê:na] *s.m., -.* italiano.

ita.lie.nisch [italiê:nisch] *e adj.* italiano, da Itália.

J

J [iót] décima letra do alfabeto alemão; J, j.

ja [iá] *adv.* sim; *o – !, – doch!*: sim, claro! *sei – vorsichtig!*: cuidado!; *geh – nicht!*: não vá!

Jacht [iárrt] *s.f., -en.* iate.

Jacke [iáke] *s.f., -n.* casaco, jaqueta.

Jackett [djakét] *s.n., -* jaqueta, paletó.

Jagd [iákt] *s.f., -en.* caça.

Jagd.flie.ger [iákt-flí:ga] *s.m., -.* aviador de caça.

Jagd.horn [iákt-thórn] *s.n.*, *Jagdhörner*. trompa de caçador.

Jagd.hund [iákt-rhúnt] *s.m., -e* cão de caça.

Jagd.zeit [iákt-tsáit] *s.f., -en.* temporada de caça.

ja.gen [iá:guen] *v.* caçar, perseguir; caça, perseguição.

Jä.ger [iê:ga] *s.m., -.* caçador.

Jä.ge.rei [iê:gue-rái] *s.f., -en.* caçada.

jäh [iê] *adj.* repentino, brusco, súbito; ingreme.

jäh.lings [iê:-links] *adv.* subitamente, de repente.

Jahr [iá:r] *s.n., -e* ano.

Jahr.buch [iá:r-búrr] *s.n.*, *Jahrbücher*. anuário; anais.

jah.re.lang [iá:re-lánk] *adj.* de muitos anos; *adv.* durante muitos anos.

jähren [iê:ren] *v.* fazer anos.

Jah.res.fei.er [iá:res-fáia] *s.f., -n* festa anual; festa de aniversário.

Jah.res.fest [iá:res-fést] *s.n., -e.* festa anual; festa de aniversário.

Jah.res.zahl [iá:res-tsá:l] *s.f., -en.* número do ano.

Jahr.hun.dert [iá:r-rhúndért] *s.n., -e.* cem anos; século.

jahr.hun.der.te.lang [iá:r-rhúndérte-lánk] *adj.* com duração de um século; secular.

jähr.lich [iê:r-liçh] *adj.* anual; *adv.* por ano.

Jahr.tau.send [iá:r-táuzent] *s.n. -e.* milênio; mil anos.

Jahr.zehnt [iá:r-tsê:nt] *s.n., -e.* decênio, década.

Jäh.zorn [iê-tsórn] *s.m. (sem plural).* raiva, cólera, irascibilidade.

jäh.zor.nig [iê-tsórniçh] *adj.* irascível, colérico.

Jam.mer [iáma] *s.m. (sem plural).* lamentação; lamento, gemido.

jäm.mer.lich [iêma-liçh] *adj.* miserável, deplorável.

jam.mer.voll [iáma-vól] *adj.* miserável, deplorável.

jam.mern [iámern] *v.* gemer, lamentar-se.

Ja.nu.ar [iá:nuar] *s.m., -e.* janeiro.

jäten [iê:ten] *v.* capinar, carpir.

Jau.che [iáu-rre] *s.f., -e.* esterco, estrume.

jau.chig [iáu-rriçh] *adj.* purulento.

jauch.zen [iáurr-tsen] *v.* jubilar, gritar de júbilo.

ja.wohl [iá-vô:l] *interj.* sim, senhor!; pois sim!.

Ja.wort [iá-vórt] *s.n., -e.* consentimento; promessa; *sein – geben*: concordar, estar de acordo.

je [iê] *adv.* em algum tempo; nunca, jamais; *–einer*: cada um; *– mehr, desto besser*: quanto mais, melhor; *– nachdem*: conforme; *von –*: desde sempre; *– zwei (und zwei)*: de dois em dois; *– zwei auf einmal*: dois de cada vez.

je.de [iê:de] *pron.* cada, toda(s), a(s); *– einzelne, eine –*: cada uma.

je.den.falls [iê:den-fáls] *adv.* em todo caso.

je.der, je.des [iê:da, iê:des] *pron.* cada, todo, cada um.

je.der.lei [iê:da-lái] *adj.* de todas as espécies.

je.der.zeit [iê:da-tsáit] *adv.* a qualquer hora.

je.des.mal [iê:des-mál] *adv.* cada vez, sempre, todas as vezes.

je.doch [iê:-dórr] *adv.* não obstante, contudo.

jed.we.der [iêt-vê:der] *pron.* cada um, qualquer um.

jeg.li.cher [iê:gli-çha] *pron.* cada um, qualquer um.

je.her [iê:-rhér] *adv.* desde sempre.

je.mals [iê:-máls] *adv.* jamais, alguma vez.

je.mand [iê:-mánt] *pron.* alguém.

je.ne [iê:ne] *pron.* aquela(s), aquele(s), essa(s), esse(s).

je.ner, je.nes [iê:na, iê:nes] *pron.* aquele(s), esse(s).

jen.sei.tig [iê:n-záitiçh] *adj.* do outro lado, ulterior.

jen.seits [iê:n-záits] *prep.* de lá e cá, além, do outro lado.

jet.zig [iétsiçh] *adj.* atual, presente.

jetzt [iétst] *adv.* agora, atualmente.

Joch [iórr] *s.n., -e.* jugo, canga.

jo.deln [ïô-déln] *v.* cantar à tirolesa.

Ju.bel [iú:bél] *s.m. (sem plural).* júbilo.

ju.beln [iú:-béln] *v.* jubilar, exultar.

Juch, Juch! [iúrr-iúrr] *interj.* viva!

jucken [iúken] *v.* coçar, comichar.

Juck.reiz [iúk-ráits] *s.m., -e.* comichão, coceira.

Ju.de [iú:de] *s.m., -n.* judeu.

Ju.den.tum [iú:den-túm] *s.n. (sem plural).* judaísmo.

jü.disch [iy:dich] *adj.* judáico.

Ju.gend [iú:-guent] *s.f. (sem plural).* juventude, mocidade.

ju.gend.lich [iú:-guênt-liçh] *adj.* juvenil.

Ju.li [iú:li] *s.m.,* - julho.

jung [iunk] *adj.* jovem, novo.

Jun.ge [iúngue] *s.m., -n.* rapaz, moço; aprendiz.

jun.gen.haft [iúnguen-ráft] *adj.* pueril.

jün.ger [iynga] *adj. compar.* mais jovem, mais moço.

Jung.fer [iúnk-fér] *s.f., -n.* donzela, mocinha virgem.

Jung.fern.schaft [iúnk-férn-cháft] *s.f. (sem plural).* virgindade.

Jung.frau [iúnk-fráu] *s.f., -en.* virgem; moça, donzela.

jung.fräu.lich [iúnk-frói-liçh] *adj.* virginal, puro, casto.

Jung.ge.sel.le [iúnk-guezéle] *s.m., -n.* celibatário, solteirão.

Jüng.ling [iynk-link] *s.m., -e.* rapaz, adolescente, jovem.

jüngst [iynkst] *adj. compar.* o mais novo; *adv.* recentemente; *der -e Tag:* o dia do Juízo Final.

Ju.ni [iú:ni] *s.m.,* - junho.

Ju.rist [iurist] *s.m., -en.* jurista, advogado.

ju.ri.stisch [iuris-tich] *adj.* jurídico.

Ju.stiz [iús-tits] *s.f. (sem plural).* justiça.

Ju.wel [iú-ve:l] *s.m. ou s.n., -en.* joia, pedra preciosa.

Ju.we.len.han.del [iú-ve:len-rhándel] *s.m. (sem plural).* joalheria, comércio de joia.

Ju.we.lier [iú-ve-li:r] *s.m., -e.* joalheiro.

Ju.we.lier.ge.schäft [iú-ve-li:r-guechéft] *s.n., -e.* ourivesaria.

K

K [ká] décima primeira letra do alfabeto alemão; K, k.
Ka.bel [ká:bel] *s.n.*, -. cabo telegráfico, cabo de aço.
Ka.bel.jau [ká:bel-iáu) *s.m.*, -e ou - bacalhau.
Ka.bi.ne [kabi:ne] *s.f.*, -n. camarote; beliche.
Ka.bi.nett [kabinét] *s.n.*, -e. gabinete; *(polit.)* conselho de ministros.
Ka.chel [ká-rrél] *s.f.*, -n. ladrilho, azulejo.
Ka.denz [kadénts] *s.f.*, -en. cadência.
Kaf.fee [ká-fê:] *s.m.*, - café.
Kä.fig [ké:fiçh] *s.m.*, -e. gaiola, jaula.
kahl [ká:l] *adj.* calvo, despido.
Kahn [ká:n] *s.m.*, *Kähne*. barquinha, bote.
Kai [kái] *s.m.*, - cais.
Kai.ser [káiza] *s.m.*, -. imperador.
kai.ser.lich [káiza-liçh] *adj.* imperial.
Ka.jü.te [ka-iy:te] *s.f.*, -n. camarote.
Kalb [kálp] *s.n.*, *Kälber.* vitela, bezerro.
Ka.len.der [kalénda] *s.m.*, -. calendário, agenda, almanaque.
Ka.li.um [káljum] *s.n* (*sem plural*). potássio.
Kalk [kálk] *s.m.*, -e. calcário; cal.
kalk.hal.tig [kálk-rháltiçh] *adj.* calcário.
kalt [kált] *adj.* frio; *(fig.)* insensível.
kalt.blü.tig [kált-bly:tiçh] *adj.* de sangue-frio; *adv.* friamente, a sangue-frio.
Käl.te [kélte] *s.f.* (*sem plural*). frio; *(fig.)* indiferença.

Kalt.her.zig.keit [kált-rhértsiçh-káit] *s.f.* (*sem plural*). insensibilidade, frieza.
Ka.mel [káme:l] *s.n.*, -e. camelo.
Ka.me.rad [kámera:t] *s.m.*, -en. camarada, companheiro.
Ka.mil.le [kamíle] *s.f.*, -n. camomila.
Ka.min [kámin] *s.m.*, -e. chaminé, lareira.
Kamm [kám] *s.m.*, *Kämme.* pente.
käm.men [kémen] *v.* pentear, cardar.
Kam.mer [káma] *s.f.*, -n. quarto, alcova, câmara.
Kam.mer.die.ner [káma-dí:na] *s.m.*, -. camareiro.
Kam.mer.mu.sik [káma-muzi:k] *s.f.* (*sem plural*). música de câmara.
Kampf [kámpf] *s.m.*, *Kämpfe.* combate, luta.
kämp.fen [kémpfen] *v.* combater.
Kamp.fer [kámpfa] *s.m.* (*sem plural*). cânfora.
Ka.na.ri.en.vo.gel [kaná:rien-fô:guel] *s.m.*, *Kanarienvögel.* canário.
kan.die.ren [kán-di:ren] *v.* açucarar, cristalizar.
Ka.nin.chen [kánin-çhen] *s.n.*, - coelho.
Kan.ne [káne] *s.f.*, -n. jarro, pote, bule.
Ka.no.ne [kanô:ne] *s.f.*, -n. canhão.
Kan.te [kánte] *s.f.*, -n. aresta, borda, canto; *auf die hohe – legen:* economizar.
kan.tig [kántiçh] *adj.* anguloso.
Ka.nu [ká:nú ou kanú:] *s.n.*, - canoa.
Kan.zel [kántsel] *s.f.*, -n. púlpito.

Kanz.lei [kánts-lái] *s.f.*, -en. chancelaria.
Kanz.ler [kánts-la] *s.m.*, -. chanceler.
Kap [ká:p] *s.n.*, - cabo, promontório.
Ka.pel.le [kapéle] *s.f.*, -n capela; ermida; banda de música, orquestra.
Ka.per [ká:pa] *s.f.*, -n. alcaparra; corsário, pirata.
ka.pern [ká-pérn] *v.* capturar.
ka.pie.ren [kapí:ren] *v.* *(fig.)* compreender.
Ka.pi.tal [kapi:tál] *s.n.*, -e capital; dinheiro, fundos; *adj.* principal.
Ka.pi.tän [kapité:n] *s.n.*, -e. capitão.
Ka.pi.tel [kapí:tel] *s.n.*, -. capítulo.
Kap.pe [kápe] *s.f.*, -n. boné, gorro.
Kap.sel [káp-zel] *s.f.*, -n. cápsula, estojo.
ka.putt [kapút] *adj.* arruinado, quebrado, exausto.
Ka.pu.ze [kapútsé] *s.f.*, -n. capuz.
Ka.pu.zi.ner [kaputsína] *s.m.*, -. frade capuchinho.
Ka.rat [kárat] *s.m.*, -e. quilate.
Kar.frei.tag [kár-fráita:k] *s.m.*, -e. Sexta-feira Santa.
karg [kárk] *adj.* mísero, escasso.
ka.riert [kari:rt] *adj.* xadrezado, quadriculado.
Ka.ro [ká:ro] *s.n.*, - o naipe de ouros no baralho; losango, quadradinho.
Ka.ro.tte [karóté] *s.f.*, -n. cenoura.
Karp.fen [kárp-fen] *s.m.*, -. carpa.
kar.ren [ká-ren] *v.* carretear; carreta, carrinho.
Kar.te [kárte] *s.f.*, -n. cartão, mapa geográfico, bilhete, carta de jogo.

kar.ten [kárten] v. jogar cartas; (fig.) planejar crime.

Kar.tof.fel [kartófel] s.f., -. batata.

Kar.ton [kartõ:n] s.m., - papelão; cartão, cartolina.

Kar.wo.che [kárvó-rre] s.f., -n. Semana Santa.

Kä.se [kè:ze] s.m., - queijo.

Ka.ser.ne [kazérne] s.f., -n. quartel.

Kas.se [kásse] s.f., -n. caixa, bilheteria.

Kas.sie.rer [kassi:ra] s.m., -. caixa (profissão), caixeiro.

Ka.sta.nie [kás-tá:nie] s.f., -n. castanha.

Ka.ste [káste] s.f., -n. casta, classe.

Ka.stei.ung [kás-táiunk] s.f., -en. mortificação.

Ka.sten [kásten] s.m., Kästen. caixa, caixão.

Ka.te.go.rie [kategori:] s.f., -n. categoria.

ka.te.go.risch [kategórich] adj. categórico.

Ka.ter [ká:ta] s.m., -. gato.

Kat.ze [kátse] s.f., -n. gata.

Kat.zen.mu.sik [kátsen-muzi:k] s.f. (sem plural). música enfadonha ou dissonante.

kau.en [káuen] v. mastigar, ruminar.

kau.ern [káu-érn] v. acocorar-se.

Kauf [káuf] s.m., Käufe. compra.

kau.fen [káufen] v. comprar.

Käu.fer [kóifa] s.m., -. comprador.

käuf.lich [kóif-liçh] adj. comprável.

Kauf.mann [káuf-mán] s.m., Kaufleute. comerciante, negociante.

Kaul.quap.pe [kául-kvápe] s.f., -n. girino.

kaum [káum] adv. apenas, mal; – glauben können: custar a crer.

Kau.ta.bak [káu-tabá:k] s.m., -. tabaco para mastigar.

Kau.tschuk [káu-tchúk] s.m., -. borracha.

Kauz [káuts] s.m., Käuze. coruja, mocho.

Ka.va.lier [kavali:r] s.m., -e. cavalheiro.

keck [kék] adj. atrevido, destemido.

Ke.gel [ké:guel] s.m., -. cone.

ke.gel.för.mig [ké:guel-förmiçh] adj. cônico.

Kehle [kè:le] s.f., -n. garganta.

Kehl.kopf [kè:l-kópf] s.m., Kehlköpfe. laringe.

Keh.re [kè:re] s.f., -n. volta, curva.

keh.ren [kè:ren] v. varrer, limpar.

Keh.richt [ke:riçht] s.m. ou s.n. (sem plural). lixo, cisco.

Kehr.sei.te [ké:r-záite] s.f., -n. avesso, reverso.

kei.fen [káifen] v. berrar.

Keil [káil] s.m., -e. cunha.

kei.len [káilen] v. apertar ou segurar com uma cunha.

Kei.ler [káila] s.m., -. javali.

Kei.le.rei [kái-leráí] s.f., -en. briga, rixa.

keil.för.mig [káil-förmiçh] adj. cuneiforme.

Keim [káim] s.m., -e. embrião, germe.

kei.men [káimen] v. germinar, brotar.

kein... [káin...] adj. nenhum, nenhuma; ninguém.

kei.ner.lei [káina-láí] adj. e adv. nenhum, de nenhum modo.

kei.ner.seits [káina-záíts] adv. de nenhuma parte.

kei.nes.wegs [káines-véks] adv. de nenhum modo.

kein.mal [káin-mál] adv. nunca.

Kelch [kélçh] s.m., -e. cálice, taça.

Kelle [kéla] s.f., -n. colher de servir sopa, concha.

Kel.ler [kéla] s.m., -. adega.

Kell.ner [kél-na] s.m., -. garçom.

kel.tern [kél-térn] v. esmagar as uvas.

kenn.bar [kén-bá:r] adj. reconhecível.

ken.nen [kénen] v. conhecer.

Kennt.nis [ként-nis] s.f., Kenntnisse. conhecimento, ciência, saber.

Kenn.wort [kén-vórt] s.n., Kennwörter. lema, divisa.

kenn.zeich.nend [kén-tsáiçh-nent] adj. característico, distinto.

ken.tern [kén-térn] v. sossobrar, virar (um navio).

Ker.be [kérbe] s.f., -n. entalhe, corte na madeira.

Ker.ker [kérka] s.m., -. cárcere, calabouço.

Kerl [kérl] s.m., -e. homem, sujeito.

Kern [kérn] s.m., -e. grão, caroço.

ker.nig [kérniçh] adj. cheio de grãos, robusto, forte.

Ker.ze [kértse] s.f., -n. vela.

Kes.sel [késsel] s.m., -. caldeira, tacho.

Ket.te [kéte] s.f., -n. corrente.

Ket.ten.glied [kéten-gli:t] s.n., -er. elo.

Ket.zer [kétser] s.m., -. herege.

Ket.ze.rei [kétserái] s.f., -en. heresia.

keu.chen [kói-çhen] v. arfar, ofegar.

Keuch.hu.sten [kóiçh-rhústen] s.m. (sem plural). coqueluche, tosse violenta.

Keu.le [kóile] s.f., -n. clava, tacape, coxa(animal).

keusch [kóich] adj. casto.

Keusch.heit [kóich-rháit] s.f. (sem plural). castidade.

ki.chern [ki-çhérn] adj. baixinho.

Kie.fer [ki:fa] s.f., -n. queixada, maxilar; pinheiro bravo.

Kiel [ki:l] s.m., -e. quilha; pena de ganso, pena de escrever.

Kie.me [ki:me] s.f., -n. guelras, brânquias.

Kien [ki:n] s.m. (sem plural). madeira resinosa.

Kien.ap.fel [ki:n-ápfel] s.m., Kienäpfel. pinha.

Kien.öl [ki:n-öl] s.m., -e. terebintina.

Kies [ki:s] s.m., -e. saibro, cascalho; dinheiro (gíria).

Kie.sel [ki:zel] s.m., -. seixo, calhau; sílex.

Ki.lo.me.ter [kilóme:ta] s.m., -. quilômetro.

KIND • KLIRREN

Kind [kint] *s.n.*, -er. criança, menino(a), filho(a); *mit – und Kegel*: (fig.) com todos os seus.

Kind.bett [kint-bét] *s.n.*, -en. parto.

Kin.der.gar.ten [kinda-gárten] *s.m., Kindergärten.* jardim de infância.

kin.der.leicht [kinda-láicht] *adj.* facílimo.

kin.der.los [kinda-lôs] *adj.* sem filhos.

Kind.heit [kint-rháit] *s.f. (sem plural).* infância.

kind.lich [kint-liçh] *adj.* inocente, filial.

Kinn [kin] *s.n.*, -e. queixo.

Ki.no [kí:no] *s.n.*, -. cinema.

kip.pen [kipen] *v.* voltar, virar; perder o equilíbrio, cair.

Kir.che [kir-çhe] *s.f.*, -n. igreja.

Kir.sche [kirche] *s.f.*, -n. cereja.

Kis.sen [kissen] *s.n.*, -. almofada, travesseiro.

Kis.sen.be.zug [kissen-betsú:k] *s.m., Kissenbezüge.* fronha.

Ki.ste [kiste] *s.f.*, -n. caixa, caixote.

Kitt [kit] *s.m.*, -e. betume, argamassa; massa de vidraceiro.

Kit.tel [kitel] *s.m.*, -. camisola, avental.

kit.ten [kiten] *v.* calafetar, betumar.

kit.zeln [kit-tsêln] *v.* fazer cócegas.

kläf.fen [kléfen] *v.* ladrar, latir, ganir.

Kla.ge [klá:gue] *s.f.*, -n. queixa, lamentação.

kla.gen [klá:guen] *v.* lamentar-se, queixar-se.

Klä.ger [klè:ga] *s.m.*, -. queixoso, acusador.

kläg.lich [klè:k-liçh] *adj.* lamentável, vergonhoso.

Klam.mer [kláma] *s.f.*, -n. gancho, pegador; parênteses.

klam.mern [klámérn] *v.* enganchar, engatar, prender.

Klang [klánk] *s.m., Klänge.* som, tom.

klang.voll [klánk-fól] *adj.* sonoro.

Klap.pe [klápe] *s.f.*, -n. portinhola, válvula.

klap.pern [klá-pérn] *v.* matraquear, estalar, fazer ruído; (fig.) taramelar.

Klap.per.schlan.ge [klápa-chlángue] *s.f.*, -n. cobra cascavel.

Klapp.stuhl [kláp-chtú:l] *s.m., Klappstühle.* cadeira dobrável.

Klaps [kláps] *s.m.*, -e. pancada, palmada.

klar [klá:r] *adj.* claro, evidente, nítido.

klä.ren [klè:ren] *v.* aclarar, clarificar.

Klar.heit [klá:r-rháit] *s.f.*, -en. clareza, claridade.

Klatsch [klátch] *s.m.*, -e. mexerico, boato.

klat.schen [klátchen] *v.* bater palmas, aplaudir; (fig.) mexericar.

klau.ben [kláuben] *v.* escolher, joeirar; separar o mau, o nocivo.

Klaue [kláue] *s.f.*, -n. unha, garra.

klau.en [kláuen] *v.* rapinar, furtar.

Kla.vier [klávi:r] *s.n.*, -e. piano; cravo.

kle.ben [klé:ben] *v.* grudar, colar.

Klecks [kléks] *s.m.*, -e. borrão, nódoa.

kleck.sen [kléksen] *v.* manchar, borrar.

Klee [klè:] *s.m. (sem plural).* trevo; *-Kleeblatt –*: trevo de quatro folhas.

Kleid [kláit] *s.n.*, -er. vestido, traje.

klei.den [kláiden] *v.* vestir.

Klei.der.ha.ken [kláida-rhá:ken] *s.m.*, -. cabide.

Klei.der.schrank [kláida-chránk] *s.m., Kleiderschränke.* guarda-roupa.

Klei.dung [kláidunk] *s.f.*, -en. roupa, traje, vestuário.

Kleie [kláie] *s.f.*, -n. farelo.

klein [kláin] *adj.* pequeno, baixo, miúdo; *– beigeben*: ceder; *– machen*: esmiuçar; *sich – machen*: rebaixar-se; *jeden – kriegen*: dar cabo de alguém; *von – auf*: desde pequenino.

Klein.geld [kláin-guélt] *s.n. (sem plural).* dinheiro miúdo, trocado.

Klei.nig.keit [kláiniçh-káit] *s.f.*, -en. insignificância, bagatela.

Klein.kind [kláin-kint] *s.n.*, -er. criança pequena, bebê.

Klein.kram [kláin-krá:m] *s.m. (sem plural).* bagatelas, ninharias.

klein.laut [kláin-láut] *adj.* desanimado; modesto.

klein.lich [kláin-liçh] *adj.* mesquinho.

klein.mü.tig [kláin-my:tiçh] *adj.* desanimado, desalentado.

Klei.ster [kláis-ta] *s.m.*, -. grude, cola.

Klem.me [kléme] *s.f.*, -n. pinça, prendedor; aperto.

Klemp.ner [klémpna] *s.m.*, -. latoeiro, funileiro.

Klet.te [kléte] *s.f.*, -n. bardana, carrapicho; *adj. (fig.)* chato.

klet.tern [klétérn] *v.* trepar, subir.

Klet.ter.pflan.ze [kléta-pflán-tse] *s.f.*, -n. planta trepadeira.

klim.pern [klimpérn] *v.* arranhar; *mit dem Geld –*: fazer tilintar o dinheiro.

Klin.ge [klingue] *s.f.*, -n. lâmina, folha; fio de espada; *jeden über die – springen lassen*: passar alguém na faca; matar alguém.

Klin.gel [klinguel] *s.f.*, -n. campainha.

klin.geln [klin-guéln] *v.* tocar a campainha.

klin.gen [klinguen] *v.* soar, tocar sino.

Kli.nik [klinick] *s.f.*, -en. clínica, casa de saúde.

kli.nisch [klinich] *adj.* clínico.

Klin.ke [klinke] *s.f.*, -n. tranqueta, trinco; puxador.

klipp [klip] *adj. – und klar*: evidente, claro; *adv.* claramente, redondamente.

Klip.pe [klipe] *s.f.*, -n. recife, escolho.

klir.ren [kli-ren] *v.* tinir, tilintar.

124

klop.fen [klópfen] v. bater, palpitar; es klopft: batem à porta; mit dem Hammer –: martelar; auf den Busch –: (fig.) sondar, estudar o terreno.

Klöp.pel [klöpel] s.m., -. badalo.

Klo.sett [klô:zét] s.n., - ou -e. privada.

Kloß [klô:s] s.m., Klöße. torrão; almôndega, bolinho.

Klo.ster [klósta] s.n., Klöster. convento, claustro.

klö.ster.lich [klästér-lich] adj. monástico.

Klotz [klóts] s.m., Klötze. cepo, tronco; homem grosseiro.

klot.zig [klótsich] adj. grosseiro, maciço.

Klub [klú:p] s.m., - clube; círculo, centro.

Kluft [klúft] s.f., Klüfte. abismo, precipício.

klug [klú:k] adj. inteligente, prudente, esperto; – werden aus: compreender; durch Schaden – werden: aprender com.

Klug.heit [klú:k-rháit] s.f., -en. inteligência, prudência.

Klum.pen [klúmpen] s.m., -. montão, torrão, pilha.

Klump.fuß [klúmp-fú:s] s.m., Klumpfüße. pé equino; pé aleijado.

Kna.be [knábe] s.m., -n. menino, rapaz.

knacken [knáken] v. estalar, quebrar.

Knall [knál] s.m., -e. estalo, estrondo, denotação.

knal.len [knálen] v. estalar, detonar.

knapp [knáp] adj. escasso, apertado; conciso, sucinto, lacônico; – leben: viver pobremente.

Knap.pe [knápe] s.m., -n. pajem, escudeiro; aprendiz.

Knar.re [knáre] s.f., -n. matraca.

knar.ren [knáren] v. ranger, chiar.

knat.tern [knátern] v. crepitar, pipocar; estalos, crepitação.

Knäu.el [knói-el] s.m. ou s.n., -. novelo.

Knauf [knáuf] s.m., Knäufe. maçaneta, empunhadura; capitel.

knau.se.rig [knáuzerich] adj. mesquinho, avarento.

Kne.bel [knê:bel] s.m., -. mordaça, garrote.

kne.beln [knê:béln] v. amordaçar.

Knecht [knécht] s.m., -e. criado, servo.

knei.fen [knáifen] v. beliscar; (fig.) fugir, acovardar-se.

Knei.pe [knáipe] s.f., -n. taverna, barzinho.

kne.ten [knê:ten] v. amassar.

Knick [knik] s.m., -e. dobra, rachadura, fenda.

Knicks [kniks] s.m., -e. mesura, reverência, inclinação do corpo.

Knie [kní:] s.n., -. joelho.

Kniff [knif] s.m., -e. beliscão; (fig.) artimanha.

Knirps [knirps] s.m., -e. fedelho; pessoa de pequena estatura.

knir.schen [knír-chen] v. ranger.

kni.stern [knis-térn] v. crepitar, dar estalos.

kno.beln [knô:-béln] v. jogar dado.

Knob.lauch [knô-bláurr] s.m. (sem plural). alho.

Knö.chel [knø-chel] s.m., -. nó; maléolo, tornozelo.

Kno.chen [knó-rren] s.m., -. osso.

Kno.chen.bruch [knó-rren-brürr] s.m., Knochenbrüche. fratura óssea.

Kno.chen.mark [knó-rren-márk] s.n. (sem plural). medula, tutano.

Knö.del [knø:del] s.m., -. almôndega.

knol.lig [knólich] adj. tuberoso, nodular.

Knopf [knópf] s.m., Knöpfe. botão.

knöp.fen [knøpfen] v. abotoar.

Knor.pel [knórpel] s.m., -. cartilagem; tendão.

knor.rig [knó-rich] adj. nodoso; (fig.) rude.

Knos.pe [knôspe] s.f., -n. botão, rebento.

Kno.ten [knô:ten] s.m., -. nó; gânglio; caroço.

Kno.ten.punkt [knô:ten-púnkt] s.m., -e entroncamento.

Knuff [knúf] s.m., Knüffe. murro; empurrão.

knül.len [knylen] v. enrugar, amarrotar.

knüp.fen [knypfen] v. amarrar, ligar; (fig.) travar.

knur.ren [knú-rren] v. ralhar, resmungar.

knus.pe.rig [knús-pe-rich] adj. crocante; tostado.

Ko.bold [kô:bolt] s.m., -e. duende; adj. (fig.) brincalhão.

Koch [kórr] s.m., Köche. cozinheiro.

ko.chen [kó-rren] v. cozer, ferver, cozinhar; fervura, ebulição, cozimento.

Koch.herd [kórr-rhért] s.m., -e. fogão.

Kö.chin [kø-chin] s.f., -nen. cozinheira.

Kö.der [kø:da] s.m., -. engodo, isca.

kö.dern [kø:dérn] v. engodar.

Kof.fer [kófa] s.m., -. mala; baú.

Ko.gnak [konhák] s.m., -. conhaque.

Kohl [kô:l] s.m., -e. couve.

Kohl.dampf [kô:l-dámpf] s.m. (sem plural). fome; escassez de alimento.

Koh.le [kô:le] s.f., -n. carvão; glühende –n: brasa.

koh.len [kô:len] v. carbonizar; abastecer de carvão.

Koh.len.berg.werk [kô:len-bérk-vérk] s.n., -e. mineração de carvão.

Koh.len.stoff [kô:len-chtóf] s.m. (sem plural). carbono.

Kohl.kopf [kô:l-kópf] s.m., Kohlköpfe. repolho.

Kohl.ra.bi [kô:l-rá:bi] s.m. (sem plural). couve-rábano.

Kohl.rü.be [kô:l-ry:be] s.f., -n. nabo.

Ko.je [kô:ie] s.f., -n. cama-beliche.

Ko.kos.pal.me [kókos-pálme] s.f., -n. coqueiro.

KOKOSNUSS • KRÄFTIG

Ko.kos.nuss [kókos-nús] *s.f., Kokosnüsse.* coco.

Koks [kóks] *s.m. (sem plural).* carvão coque.

Kol.ben [kólben] *s.m., -.* alambique; êmbolo, pistão.

Kol.le.ge [kolè:guel] *s.m., -n.* colega, companheiro.

ko.misch [kómich] *adj.* cômico, engraçado.

Kom.ma [kóma] *s.n., -s ou Kommata.* vírgula (,).

kom.men [kómen] *v.* vir, chegar, aproximar-se; vinda, chegada; *adj.* vindouro, futuro.

Kom.misar [komissá:r] *s.m., -e.* comissário; delegado de polícia.

Kom.pass [kòm-pás] *s.m., -e.* bússola.

kom.po.nie.ren [kòmpo-ní:ren] *v.* compor, escrever música.

Kom.po.nist [kòmpo-níst] *s.m., -en.* compositor.

Kom.post [kompóst] *s.m., -e.* estrume.

Kom.pott [kompót] *s.n., -e.* compota.

Kom.pro.miss [kòmpro-mís] *s.m., -e.* compromisso, acordo.

kom.pro.miss.los [kòmpromiss-lôs] *adj.* intransigente.

kom.pro.mit.tie.ren [kòmpro-miti:ren] *v.* comprometer.

kon.den.sie.ren [kònden-zí:ren] *v.* condensar.

Kon.di.to.rei [kòndi-toráí] *s.f., -en.* confeitaria.

kon.do.lie.ren [kòndo-lí:ren] *v.* dar os pêsames.

Kon.fekt [kòn-fékt] *s.n., -e.* confeitos, doces.

Kö.nig [kø:nich] *s.m., -e.* rei.

kö.nig.lich [kø:nich-liçh] *adj.* real, régio.

Kö.nig.reich [kø:nich-ráiçh] *s.n., -e.* reino.

ko.nisch [kó:nich] *adj.* cônico.

kön.nen [kønen] *v.* poder, saber.

Kön.ner [kønα] *s.m., -e.* perito; virtuoso.

Kon.trol.le [kontróle] *s.f., -n.* controle, fiscalização, verificação.

kon.trol.lie.ren [kontrolí:ren] *v.* fiscalizar, revisar, examinar, verificar.

Kon.tur [kontú:r] *s.f., -en.* contorno.

kon.ver.tier.bar [kòn-vertí:r-bá:r] *adj.* conversível.

kon.vex [kòn-véks] *adj.* convexo.

Kon.zert [kontsért] *s.n., -e.* concerto.

Kopf [kópf] *s.m., Köpfe.* cabeça; inteligência, talento; chefe; *den – hängen lassen:* andar cabisbaixo, desanimado; *auf den – zusagen:* dizer na cara; *auf den – hauen: (fig.)* gastar; *auf den – stellen:* remexer, revolver, pôr às avessas; *aus dem –:* de cor, de memória; *sich aus dem – schlagen:* desistir de; *in den – setzen:* meter na cabeça; *mit dem – durch die Wand wollen:* ser teimoso, teimar; *jemandem über den – wachsen:* exceder as forças de alguém, *(fig.)* emancipar-se da autoridade de alguém; *von – bis Fuß:* dos pés à cabeça; *jeden vor den – stoßen:* ofender alguém; escandalizar.

köp.fen [køpfen] *v.* decapitar, degolar; podar (árvores etc.).

kopf.los [kópf-lôs] *adj.* sem cabeça, acéfalo; *(fig.)* perplexo.

Kopf.sa.lat [kópf-zalá:t] *s.m. (sem plural).* alface.

Kopf.schmerz [kópf-chmèrts] *en plural.* dor de cabeça.

ko.pie.ren [kò-pí:ren] *v.* copiar.

Kop.pel [kópel] *s.f., -n.* matilha de cães.

kop.peln [kópeln] *v.* ligar, enganchar, acoplar.

Korb [kórb] *s.m., Körbe.* cesto, canastra.

Kork [kórk] *s.m., -e.* cortiça; rolha.

Kork.ei.che [kórk-áiçhe] *s.f., -n.* sobreiro.

Kor.ken.zie.her [kórken-tsi:-a] *s.m., -.* saca-rolhas.

Korn [kórn] *s.n., Körner.* grãos, cereais.

kör.nig [kørniçh] *adj.* granulado.

Kör.per [kørpa] *s.m., -.* corpo.

kör.per.lich [kørpa-liçh] *adj.* corporal, físico.

Kör.per.schaft [kørpa-cháft] *s.f., -en.* corporação.

Kor.rek.tur [kòrréktu:r] *s.f., -en.* emenda, correção.

Kor.sett [kòr-zét] *s.n., -s ou -e.* espartilho.

kosmisch [kósmich] *adj.* cósmico.

Kost [kóst] *s.f. (sem plural).* comida, alimento, sustento; *– und Wohnung:* pensão completa; *in –:* hospedado; *auf schmale – setzen:* pôr de dieta.

kost.bar [kóst-bá:r] *adj.* caro, precioso.

Kost.bar.keit [kóst-bá:r-káit] *s.f., -en.* preciosidade.

ko.sten [kósten] *v.* custar; provar, saborear, gozar de; custo; despesas, gastos.

Ko.sten.an.schlag [kósten-ánchlá:k] *s.m., Kostenanschläge.* orçamento.

ko.sten.los [kósten-lôs] *adj.* livre de despesas, gratuito.

Ko.sten.preis [kósten-práis] *s.m., -e.* preço de custo.

köst.lich [køst-liçh] *adj.* delicioso, precioso.

Kot [kó:t] *s.m., -e.* lodo, lama; excrementos, imundície.

kot.zen [kó-tsen] *v.* vomitar; *zum – sein:* enojar-se.

Krab.be [krábe] *s.f., -n.* caranguejo.

krab.beln [krá-béln] *v.* formigar, mexer; *(fig.)* arrastar-se.

Krach [krárr] *s.m., Kräche.* estalo, estrondo.

kra.chen [krá-rren] *v.* estalar, rebentar.

kräch.zen [kréçh-tsen] *v.* grasnar, crocitar.

Kraft [kráft] *s.f., Kräfte.* força, vigor; potência, energia; *mit voller –:* a todo vapor.

kräf.tig [kréf-tiçh] *adj.* forte, robusto, válido.

126

kraft.los [kráft-lôs] *adj.* sem forças, débil.
Kraft.stoff [kráft-chtóf] *s.m., -e.* combustível, gasolina.
kraft.strot.zend [kráft-chtró-tsent] *adj.* robusto, pujante.
kraft.voll [kráft-fól] *adj.* vigoroso, energético.
Kraft.wa.gen [kráft-vá:guen] *s.m., -.* automóvel, caminhão.
Kraft.werk [kráft-vérk] *s.n., -e.* usina elétrica.
Kra.gen [krá:guen] *s.m., -.* gola, colarinho.
Krä.he [krɛ:e] *s.f., -n.* gralha.
krä.hen [krɛ:en] *v.* cantar (o galo); *(fig.)* cantar mal.
Kral.le [krále] *s.f., -n.* garra, unha.
kral.len [králen] *v.* unhar, arranhar; *sich an -:* agarrar-se a.
Kram [krá:m] *s.m.* (sem plural). miudezas, bugigangas; bagatela.
kra.men [krá:men] *v.* remexer, revolver; vender a varejo.
Krä.mer [krɛ:ma] *s.m., -.* pequeno comerciante; merceeiro.
Krampf [krámpf] *s.m., Krämpfe.* cãimbra; convulsão, espasmo.
Krampf.ader [krámpf-á:da] *s.f., -n.* variz.
Kran [krá:n] *s.m., Kräne.* guindaste; grua.
krank [kránk] *adj.* doente, enfermo.
krän.ken [krénken] *v.* ofender, magoar, melindrar.
Kran.ken.wa.gen [kránken-vá:guen] *s.m., -.* ambulância.
Krank.heit [kránk-ráit] *s.f., -en.* doença, mal.
kränk.lich [krénk-liçh] *adj.* enfermo, adoentado; doentio.
Krän.kung [krén-kunk] *s.f., -en.* ofensa, agravo.
Kranz [kránts] *s.m., Kränze.* coroa, grinalda.
krän.zen [krén-tsen] *v.* coroar; engalanar; encimar.

Kratz.bür.ste [kráts-biyste] *s.f., -n.* escova dura; *(fig.)* mulher rabugenta.
krat.zen [krátsen] *v.* raspar, coçar; arranhar; cardar.
krau.len [kráu-len] *v.* coçar; nadar no estilo "crawl".
kraus [kráus] *adj.* crespo, enrugado, eriçado.
Krau.se [kráuze] *s.f., -n.* encrespadura, franzido; cacho, caracol (dos cabelos); gola franzida dos trajes antigos.
Kraut [kráut] *s.n., Kräuter.* erva, hortaliça.
Kra.wall [kraváll] *s.m., -e.* tumulto.
Kra.wat.te [kraváte] *s.f., -n.* gravata.
Krebs [kréps] *s.m., -e.* caranguejo; *(astrol.)* câncer.
kre.den.zen [kredéntsen] *v.* oferecer, servir.
Krei.de [kráide] *s.f., -n.* giz.
Kreis [kráis] *s.m., -e.* círculo; esfera; distrito, comarca; cenáculo; *die höheren -e:* a alta roda; *im Familien-:* no seio da família; *im engsten -e:* na maior intimidade.
Kreis.ab.schnitt [kráis-áps-chnít] *s.m., -e.* segmento.
Kreis.aus.schnitt [kráis-áus-chnít] *s.m., -e.* setor.
krei.schen [kráichen] *v.* gritar, guinchar, chiar.
Krei.sel [kráizel] *s.m., -.* pião.
krei.seln [krái-zéln] *v.* rodopiar, girar.
krei.sen [kráizen] *v.* circular, gravitar.
kreis.för.mig [kráis-fǿrmiçh] *adj.* circular.
Krem.pe [krémpe] *s.f., -n.* aba de chapéu; borda.
kre.pie.ren [kré-pi:ren] *v.* rebentar; morrer.
Krepp [krép] *s.m., -s ou -e.* crepe; fumo.
Kres.se [krésse] *s.f., -n.* agrião.

Kreuz [króits] *s.n., -e.* cruz, crucifixo; espinha dorsal; *das – schlagen:* benzer-se, fazer o sinal da cruz; *– und quer:* em todos os sentidos, em zigue-zague.
kreu.zen [króitsen] *v.* cruzar.
Kreu.zi.gung [króitsigunk] *s.f., -en.* crucificação.
Kreuz.rit.ter [króits-rita] *s.m., -.* cruzado, templário.
Kreuz.zung [króitsunk] *s.f., -en.* cruzamento, encruzilhada.
Kreuz.weg [króits-vè:k] *s.m.* (sem plural). Via Sacra.
krib.be.lig [kribeliçh] *adj.* nervoso.
krie.chend [kri:çhent] *adj.* rasteiro; *(fig.)* servil, adulador.
Krie.cher [kri:çha] *s.m., -.* *(fig.)* bajulador, adulador.
Kriech.tier [kri:çh-ti:r] *s.n., -e.* réptil.
Krieg [kri:k] *s.m., -e.* guerra; *– führen (gegen):* fazer guerra, guerrear; *in den – ziehen:* partir para a guerra.
krie.gen [kri:guen] *v.* apanhar, receber, obter; *(fig.) klein –:* dar cabo de; amarfanhar; *sich –:* casar-se.
Krie.ger [kri:ga] *s.m., -.* guerreiro.
krie.ge.risch [kri:guerich] *adj.* guerreiro, belicoso.
Kriegs.er.klä.rung [kri:ks-ér-klérunk] *s.f., -en.* declaração de guerra.
Kri.mi.nal.be.am.te [kriminal-beám-te] *s.m., -n.* agente de polícia.
Kri.mi.nal.ro.man [krími-nál-romá:n] *s.m., -e.* romance policial.
Krin.gel [krin-guél] *s.m., -.* rosca.
Krip.pe [kripe] *s.f., -n.* creche; manjedoura, presépio.
Kri.se [kri:ze] *s.f., -n.* crise.
kri.sen.fest [kri:zen-fést] *adj.* resistente a crise.
kri.tisch [krítich] *adj.* crítico.
kri.ti.sie.ren [kritizi:ren] *v.* criticar.
krit.zeln [kri-tséln] *v.* rabiscar, garatujar.

KROKODIL • KURIER

Kro.ko.dil [krokodí:l] s.n., -e. crocodilo.

Kro.ne [kró:ne] s.f., -n. coroa; *(bot.)* copa, corola.

krö.nen [krö:nen] v. coroar; *(fig.)* rematar, finalizar.

Kron.prinz [kró:n-prints] s.m., -en. príncipe herdeiro.

Krö.nung [krö:nunk] s.f., -en. coroação; *(fig.)* remate, finalização.

Kropf [krõpf] s.m., *Kröpfe.* papo, bócio, papeira.

kröp.fen [krœpfen] v. podar; decotar; dobrar, pregar.

Krö.te [krö:te] s.f., -n. sapo.

Krücke [kryke] s.f., -n. muleta.

Krug [krú:k] s.m., *Krüge.* cântaro, bilha, jarra; taverna.

Krümel [kry:mel] s.m., -. migalha.

krü.meln [kry:méln] v. esmigalhar.

krumm [krúm] *adj.* torto, encurvado.

krumm.bei.nig [krum-báiniç] *adj.* de pernas tortas.

krüm.men [krymen] v. encurvar, torcer, dobrar, arquear; *sich –:* arquear-se; *adj.* curvo, torcido.

Krüp.pel [krypel] s.m., -. aleijado, mutilado.

Kru.ste [krúste] s.f., -n. crosta.

Kü.bel [ky:bel] s.m., -. tina, cuba.

Kü.che [kyçhe] s.f., -n. cozinha.

Ku.chen [kú-rren] s.m., -. bolo, torta.

Kuckuck [kukúk] s.m., -e. cuco.

Ku.fe [kú:fe] s.f., -n. cuba, tina.

Kü.fer [ky:fa] s.m., -. tanoeiro.

Ku.gel [kú:guel] s.f., -n. esfera, bola; globo terrestre; bala, projétil.

ku.gel.fest [kú:guel-fest] *adj.* à prova de bala.

ku.gel.ar.tig [kú:guel-ártiç] *adj.* esférico, globular; redondo.

ku.gel.för.mig [kúguel-førmiçh] *adj.* esférico, globular; redondo.

ku.ge.lig [kú:gueliçh] *adj.* esférico, globular; redondo.

ku.gel.rund [kú:guel-rúnt] *adj.* esférico, globular; redondo.

Kuh [kú:] s.f., *Kühe.* vaca.

kühl [ky:l] *adj.* fresco.

Küh.le [ky:le] s.f., -n. frescura, frescor; *(fig.)* reserva.

küh.len [ky:len] v. refrescar, resfriar.

kühn [ky:n] *adj.* ousado, intrépido.

Kul.tur [kúltu:r] s.f., -en. cultura; cultivo; civilização.

kul.tu.rell [kulturél] *adj.* cultural.

Kul.tur.stu.fe [kúltu:r-chtú:fe] s.f., -n. grau de cultura ou de civilização.

Küm.mel [kymel] s.m., -. cominho.

Kum.mer [kúma] s.m. *(sem plural).* cuidado; pena, mágoa; aflição.

küm.mer.lich [kyma-liçh] *adj.* pobre, escasso, miserável.

küm.mern [kymérn] v. importar; preocupar, affligir.

Kum.pan [kumpán] s.m., -e. companheiro, camarada; cúmplice.

kund [kúnt] *adj.* conhecido, notório; público.

Kun.de [kúnde] s.m., -n. conhecido; freguês, cliente.

kün.den [kynden] v. anunciar, comunicar, divulgar.

Kund.ge.bung [kúnt-guê:bunk] s.f., -en. manifestação, demonstração; expressão; manifesto.

kün.di.gen [kyndiguen] v. despedir, mandar embora; notificar rescisão (de contrato etc.), dar aviso-prévio.

Kün.di.gung [kyndigunk] s.f., -en. despedida, dispensa; denúncia; aviso-prévio.

Kund.ma.chung [kúnt-má-rrunk] s.f., -en. publicação, divulgação, comunicação.

Kund.schaft [kúnt-cháft] s.f. *(sem plural).* conhecimento; freguesia, clientela.

Kund.schaf.ter [kúnt-cháfta] s.m., -. emissário; espião; explorador.

künf.tig [kynft-tiçh] *adj.* futuro, vindouro.

Kunst [kúnst] s.f., *Künste.* arte; habilidade.

Kunst.aus.stel.lung [kúnst-áus-chtélunk] s.f., -en. exposição de arte.

Kunst.ge.wer.be [kúnst-guevérbe] s.n. *(sem plural).* arte aplicada; ofício de artesão.

Kunst.griff [kúnst-grif] s.m., -e. artifício, jeito, truque.

Kunst.hand.werk [kúnst-rhánt-vérk] s.n., -e. trabalhos manuais; produto de artesanato.

Künst.ler [kynst-la] s.m., -. *(masc.* e *fem.)* artista; artista plástico; ator.

künst.le.risch [kynst-lêrich] *adj.* artístico, estético.

künst.lich [kynst-liçh] *adj.* artificial, postiço.

Kunst.stück [kunst-chtyk] s.n., -e. habilidade artística; maestria.

Kunst.werk [kúnst-vérk] s.n., -e. obra de arte.

kun.ter.bunt [kúnta-búnt] *adj.* e *adv.* embaralhado, fora de ordem.

Kup.fer [kúpfa] s.n. *(sem plural).* cobre.

Kup.fer.druck [kúpfa-drúk] s.m., *Kupferdrücke.* metalogravura; impressão de gravuras em baixo-relevo, desenhadas em placas de cobre.

Kup.fer.stich [kúpfa-chtiçh] s.m., -e. gravura em cobre; estampa.

Kup.pe [kúpe] s.f., -n. cume, cimo.

Kup.pel [kúpel] s.f., -n. cúpula, abóbada.

Kup.pe.lei [kúpe-lái] s.f., -en. alcovitagem, cafetinagem.

kup.peln [kúpéln] v. acasalar, alcovitar.

Kup.pler [kúpla] s.m., -. alcoviteiro, cafetão; mexeriqueiro.

Kur [kú:r] s.f., -en. cura, tramento.

Kur.bel [kú:rbel] s.f., -n. manivela, sarilho.

Kür.bis [kyrbis] s.m., *Kürbisse.* abóbora.

Ku.rier [kuri:a] s.m., -e. correio; mensageiro.

ku.rie.ren [kuríːren] v. curar.
ku.ri.os [kúri-òːs] adj. curioso, estranho.
Ku.rio.si.tät [kúrio-zitɛ̀ːt] s.f., -en. curiosidade, raridade.
Kur.ort [kúːr-órt] s.m., -e. estação termal, estação climática.
Kurs [kúrs] s.m., -e. rumo, rota, curso; câmbio, preço da praça.
Kürsch.ner [kyrchna] s.m., -. peleiro.
Kur.ve [kúrve] s.f., -n. curva; gráfico.
kurz [kúrts] adj. curto, breve, efêmero, conciso; *über – oder lang*: mais dia menos dia; *– nachdem*: pouco depois; *zu – kommen*: ficar atrás; *– angebunden*: (fig.) lacônico; *– und klein schlagen*: espancar, escangalhar; *es – machen*: ser breve.

kurz.at.mig [kúrts-átmiçh] adj. asmático.
Kür.ze [kyrtse] s.f. (sem plural). brevidade, curteza.
kür.zen [kyrtsen] v. encurtar, abreviar, cortar, reduzir.
kurz ge.fasst [kúrts-guefàst] adj. breve, sucinto, resumido, conciso.
kurz.le.big [kurts-lèːbiçh] adj. efêmero, de curta duração.
kürz.lich [kyrts-liçh] adv. recentemente, há pouco.
Kurz.schluss [kúrts-chlús] s.m., *Kurzschlüsse*. curto-circuito.
kurz.sich.tig [kurts-ziçh-tiçh] adj. míope.
Kür.zung [kyr-tsunkt] s.f., -en. abreviação, encurtamento; corte, redução.

kurz.weilig [kurts-vái-liçh] adj. passatempo.
Kurz.wel.le [kúrts-véle] s.f., -n. onda curta.
ku.schen [kuschen] v. deitar-se no chão; submeter-se, sujeitar-se.
Kuss [kús] s.m., *Küsse*. beijo.
küs.sen [kyssen] v. beijar.
Kü.ste [kyste] s.f., -n. costa; *–nland*: terra costeira; *an der – von*: ao largo de.
Kü.sten.strich [kysten-chtriçh] s.m., -e. litoral.
Kü.ster [kysta] s.m., -. sacristão.
Kut.sche [kútche] s.f., -n. carruagem, coche.
Kut.scher [kútcha] s.m., -. cocheiro.
Ku.vert [kuvért] s.n., -. envelope; talher.

L

L [él] décima segunda letra do alfabeto alemão; L, l.

la.ben [lá:ben] v. animar, refrescar; *sich –:* deleitar-se.

la.bil [lá:bil] *adj.* instável.

La.bo.rant [laboránt] *s.m., -en.* laboratorista; químico, técnico em laboratório.

Lab.sal, [lá-rren] *s.n., -e.* refresco, bálsamo; *(fig.)* alívio.

La.by.rinth [laby-rínt] *s.n., -e.* labirinto.

La.che [lá-rre] *s.f., -n.* charco, poça; gargalhada.

lä.cheln [lé-çhéln] v. sorrir.

Lä.cheln [lé-çhéln] *s.n. (sem plural).* sorriso.

lä.chelnd [lé-çhélnt] *adj.* sorridente.

La.chen [lá-rren] v. rir; *s.n. (sem plural).* riso, risada.

la.chen [lá-rren] v. rir.

lä.cher.lich [lé-çhér-liçh] *adj.* risível, ridículo.

Lach.gas [lárr-gás] *s.n., -e.* gás hilariante.

lach.haft [lárr-rháft] *adj.* ridículo, caricato.

Lachs [láks] *s.m., -e.* salmão.

Lack [lák] *s.m., -e.* verniz, laca, esmalte.

lackie.ren [laki-ren] v. envernizar.

La.den [lá:den] *s.m., Läden.* loja, comércio.

la.den [lá:den] v. carregar, encarregar; convocar, intimar, citar; convidar.

Lä.die.rung [lä-dí:runk] *s.f., -en.* estrago, dano.

La.dung [lá:dunk] *s.f., -en.* carga, carregamento.

La.dungs.fä.hig.keit [lá:dunks-fé:içh-káit] *s.f., -en.* capacidade; tonelagem.

La.ge [lá:gue] *s.f., -n.* situação, posição; estado, condições.

La.ger [lá:ga] *s.n.* – ou *Läger.* cama, leito; depósito, armazém.

La.ger.haus [lá:ga-rháus] *s.n., Lagerhäuser.* armazém.

la.gern [lá-guérn] v. acampar, alojar; armazenar.

La.ge.rung [lá:gue-runk] *s.f., -en.* armazenagem, estocagem; *(geol.)* estratificação.

lahm [lá:m] *adj.* paralítico, aleijado.

läh.men [lê:men] v. paralisar, tolher, aleijar.

Läh.mung [lê:munk] *s.f., -en.* paralisia, tolhimento; *(fig.)* paralisação.

Laich [láiçh] *s.m., -e.* ovas; desova.

Laie [láie] *s.m., -n.* leigo; *(rel.)* profano; *(fig.)* ignorante; não versado.

La.ken [lá:ken] *s.m., -.* lençol.

La.krit.ze [lakrít-tse] *s.f., -n.* alcaçuz.

lal.len [lálen] v. balbuciar, resmungar; gaguejar.

Lamm [lám] *s.n., Lämmer.* cordeiro.

Läm.mer.gei.er [léma-gáia] *s.m., -.* abutre.

Lam.pe [lámpe] *s.f., -n.* lâmpada, candeeiro; *(poét.)* lebre.

Land [lánt] *s.n., Länder.* terra, país; campo, fazenda; *an – gehen:* desembarcar; *des –es verweisen:* expulsar.

Land.ar.beit [lánt-árbáit] *s.f., -en.* trabalho braçal; lavoura.

Land.ar.bei.ter [lánt-ábáita] *s.m., -.* camponês, lavrador.

lan.den [lánden] v. desembarcar, aterrissar.

Län.de.rei.en [lénde-ráien] *plural.* terras, terrenos; bens de raiz.

Lan.des.gren.ze [lándes-gréntse] *s.f., -n.* fronteira.

Lan.des.ho.heit [lándes-rhô:-rháit] *s.f., -en.* soberania.

Lan.des.kun.de [lándes-kúnde] *s.f. (sem plural).* geografia, cultura de um povo.

Lan.des.re.gie.rung [lándes-regui:runk] *s.f., -en.* governo.

Lan.des.spra.che [lándes-chprárre] *s.f., -n.* língua ou idioma de um país.

lan.des.üb.lich [lántes-y:pliçh] *adj.* usual, costumeiro no país; costume ou uso nacional.

länd.lich [lént-liçh] *adj.* rural, campestre.

land.schaft.lich [lánt-cháft-liçh] *adj.* regional.

Lands.mann [lánts-mán] *s.m., Landsleute.* compatriota, conterrâneo; patrício, camponês.

Land.stra.ße [lánt-chtrá:sse] *s.f., -n.* estrada.

Land.strei.cher [lánt-chtráiçha] *s.m., -.* migrante, errante; vagabundo.

Land.strich [lánt-chtríçh] *s.m., -e.* região, distrito.

Land.tag [lánt-tá:k] *s.m., -e.* assembleia estadual.

Lan.dung [lán-dunk] *s.f., -en.* desembarque, aterrissagem.

Land.wirt [lánt-virt] *s.m., -e.* agricultor, agrônomo, fazendeiro.

Land.wirt.schaft [lánt-virt-cháft] *s.f. (sem plural).* agricultura, agronomia.

LANG • LEBENSART

lang [lánk] *adj.* longo, comprido.
Län.ge [léngue] *s.f., -n.* comprimento, extensão; duração.
lan.gen [lánguen] *v.* chegar, bastar; ~ nach: estender a mão para; *(fig.)* apanhar, passar, deixar ver.
Lan.ge.wei.le [lángue-váile] *s.f. (sem plural).* aborrecimento, enfado.
lang.fri.stig [lánk-frístiçh] *adj.* de longo prazo.
lang.jäh.rig [lánk-iê:riçh] *adj.* antigo, de muitos anos.
lang.le.big [lánk-lê:biçh] *adj.* longevo, duradouro.
läng.lich [lénk-liçh] *adj.* oblongo, alongado.
längs [lénks] *prep.* ao longo de.
lang.sam [lánk-zám] *adj.* lento, vagaroso; *adv.* devagar.
Lang.sam.keit [lánk-zám-káit] *s.f., -en.* vagar, lentidão.
Lang.schlä.fer [lánk-chlê:fa] *s.m., -.* dorminhoco.
längst [lénkst] *adj. superl.* o mais longo, o mais comprido; *adv.* há muito tempo.
läng.stens [lénks-tens] *adv.* o mais tardar.
lang.wei.len [lánk-váilen] *v.* aborrecer, enfastiar, entediar.
lang.wei.lig [lánk-váiliçh] *adj.* aborrecido, enfadonho.
lang.wie.rig [lánk-ví:riçh] *adj.* de longa duração, moroso; crônico.
Lan.ze [lántse] *s.f., -n.* lança.
Lap.pa.lie [lapáli:] *s.f., -n.* bagatela, ninharia.
Lap.pen [lápen] *s.m., -.* retalho, trapo, farrapo.
läp.pisch [lépich] *adj.* pueril, trivial.
Lärm [lérm] *s.m. (sem plural).* ruído, barulho.
lär.men [lérmen] *v.* fazer barulho.
lär.mend [lérment] *adj.* ruidoso, barulhento.
Lar.ve [lárve] *s.f., -n.* máscara; *(zool.)* larva.
las.sen [lássen] *v.* deixar, permitir, mandar; fazer; ~ von: desistir de, renunciar a; *sein Leben* ~: sacrificar a vida; *jemanden (hoch)leben* ~: dar vivas a; *vom Stapel* ~: lançar à água; *jemandem Zeit* ~: dar tempo a (alguém); *sich Zeit* ~: não ter pressa; *sich sehen* ~: aparecer; *sich sehen* ~: apresentar-se bem; *lass mich!*: deixa-me em paz!; *lass nur*: deixa estar!
läs.sig [léssiçh] *adj.* negligente, indiferente, descuidado.
Last [lást] *s.f., -en.* peso, carga, fardo; agravo, acusação; responsabilidade, ônus.
las.ten [lásten] *v.* pesar, carregar.
Las.ter [lásta] *s.n., -.* vício; carreta.
Läs.te.rer [léstera] *s.m., -.* caluniador, difamador, detrator; blasfemo.
las.ter.haft [lásta-rháft] *adj.* depravado, vicioso, perverso.
läs.tern [lés-térn] *v.* caluniar, difamar; *Gott* ~: blasfemar.
läs.tig [lés-tiçh] *adj.* incômodo, importuno, enfadonho.
La.tein [latáin] *s.n. (sem plural).* latim.
la.tei.nisch [latáinich] *adj.* latino.
La.ter.ne [latérne] *s.f., -n.* lanterna, farol.
lat.schen [látchen] *v.* andar arrastando os pés.
Lat.te [láte] *s.f., -n.* sarrafo, ripa.
lau [láu] *adj.* morno, tépido.
Laub [láup] *s.n. (sem plural).* folhagem.
Lau.be [láube] *s.f., -n.* caramanchão.
Lauch [láurr] *s.m., -e.* alho-porro.
lau.ern [láu-érn] *v.* estar à espreita de; aguardar, esperar; *jemandem auf* ~: espiar alguém.
Lauf [láuf] *s.m., Läufe.* curso, corrida, carreira, corrente, andamento.
Lauf.bur.sche [láuf-búrche] *s.m., -n.* moço de recados, contínuo, office-boy.
lau.fen [láufen] *v.* correr, andar, marchar, funcionar.
lau.fend [láu-fent] *adj.* corrente; *adv.* permanentemente; *am* ~*n Band*: sem interrupção; *auf dem* ~*en*: ao corrente.
Läu.fer [lóifa] *s.m., -.* corredor; ordenança.
Lauf.zeit [láuf-tsaít] *s.f., -en.* prazo de circulação; tempo de corrida; cio.
Lau.ge [láugue] *s.f. (sem plural).* lixívia, barrela.
Lau.ne [láune] *s.f., -n.* disposição de espírito, humor.
lau.nisch [láunich] *adj.* caprichoso, instável.
Laus [láus] *s.f., Läuse.* piolho.
lau.schen [láuchen] *v.* escutar; estar à escuta.
lau.sen [láusen] *v.* catar piolhos, espiolhar.
lau.sig [láuziçh] *adj.* piolhento; *(fig.)* miserável.
laut [láut] *adj.* alto, sonoro, ruidoso; *adv.* em voz alta.
lau.ten [láuten] *v.* soar. *(texto)* dizer.
läu.ten [lóiten] *v.* fazer soar, tocar sino ou campainha.
lau.ter [láuta] *adj.* claro, sincero, puro.
Läu.te.rung [lóiterunk] *s.f., -en.* purificação, decantação; sublimação.
laut.los [láut-lôs] *adj.* silencioso, mudo.
Laut.spre.cher [láut-chpré-çha] *s.m., -.* alto-falante.
La.ven.del [lavêndel] *s.m., -.* alfazema.
La.wi.ne [laví:ne] *s.f., -n.* alude, avalanche.
Le.be.hoch [lê:be-rhôrr] *s.n. (sem plural).* vivas, brinde.
Le.ben [lê:ben] *s.n., -.* vida, vivacidade. *v.* viver; ~ *bleiben*: sobreviver, *gut* ~: levar boa vida; ~ *Sie wohl!*: adeus!; *(hoch)- lassen*: beber à saúde de, dar vivas a.
le.bend [lê:bent] *adj.* vivo, vivente.
le.ben.dig [lê:bendiçh] *adj.* vivo.
Le.bens.al.ter [lê:bens-álta] *s.n., -.* idade.
Le.bens.art [lê:bens-árt] *s.f., -en.* modo de vida.

LEBENSBESCHREIBUNG • LEIERN

Le.bens.be.schrei.bung [lè:bens-bechrái-bunk] *s.f., -en.* biografia.

Le.bens.er.in.ne.run.gen [lè:bens-er-ine-rúnguen] *plural.* memória.

le.bens.fä.hig [lè:bens-fé:içh] *adj. (fig.)* viável.

le.bens.froh [lè:bens-frô:] *adj.* alegre, feliz.

le.bens.ge.fähr.lich [lè:bens-guefé:r-liçh] *adj.* muito perigoso, muito grave.

le.bens.läng.lich [lè:bens-lénk-liçh] *adj.* perpétuo, vitalício; para toda a vida.

Le.bens.mit.tel [lè:bens-mitel] *s.n., -.* mantimentos, víveres.

le.bens.mü.de [lè:bens-my:de] *adj.* cansado da vida; mortalmente entediado.

Le.bens.weis.heit [lè:bens-váis-rháit] *s.f., -en.* experiência, filosofia de vida.

Le.ber [lè:ba] *s.f., -n.* fígado.

Le.be.wohl [lè:be-vô:l] *s.n., -e ou -adeus,* despedida.

leb.haft [lèp-rháft] *adj.* vivo, animado.

leb.los [lè:p-lôs] *adj.* inanimado, inerte.

Leb.zei.ten [lèp-tsáiten] *plural.* época da vida; *bei (zu) jemandes -:* em vida de alguém, durante a vida de alguém.

lech.zen [léçh-tsen] *v.* ter sede, desejar, ansiar.

Leck [lék] *s.n., -e.* rombo, furo, vazamento.

lecken [léken] *v.* lamber; vazar, fazer água.

lecker [léka] *adj.* delicioso, apetitoso.

Lecker.bis.sen [léka-bíssen] *s.m., -.* petisco.

Le.der [lè:da] *s.n., -.* couro.

le.dig [lè:diçh] *adj.* solteiro; livre, desocupado.

le.dig.lich [lè:dik-liçh] *adv.* meramente, pura e simplesmente; exclusivamente, somente.

leer [lè:r] *adj.* vazio, vago.

Lee.re [lè:re] *s.f. (sem plural).* vazio; vácuo.

lee.ren [lè:ren] *v.* esvaziar, tirar de.

le.gen [lè:guen] *v.* colocar, pôr; *sich -:* deitar-se; *sich auf -:* dedicar-se a, tratar de.

Le.gen.de [leguênde] *s.f., -n.* lenda; legenda.

le.gie.ren [legui:ren] *v.* fazer ligas metálicas.

Le.gie.rung [legui:runk] *s.f., -en.* liga metálica.

Lehm [lè:m] *s.m., -e.* terra argilosa; barro.

Leh.ne [lène] *s.f., -n.* encosto, apoio, espaldar de cadeira.

leh.nen [lè:nen] *v.* encostar(-se), apoiar(-se).

Lehr.buch [lè:a-búrr] *s.n., Lehrbücher.* livro escolar; compêndio, manual, livro didático.

Leh.re [lè:re] *s.f., -n.* ensinamento, doutrina, teoria, ciência; aprendizagem.

leh.ren [lè:ren] *v.* ensinar.

Leh.rer [lè:ra] *s.m., -.* professor, mestre.

Leh.re.rin [lè:re-rin] *s.f., -nen.* professora.

Lehr.ling [lè:r-link] *s.m., -e.* aprendiz, discípulo.

lehr.reich [lè:a-ráich] *adj.* instrutivo, educativo.

Lehr.satz [lè:a-záts] *s.m., Lehrsätze.* teorema, tese; *(rel.)* dogma.

Leib [láip] *s.m., -er.* corpo; torso, tronco; ventre, barriga.

Leib.arzt [láip-ártzt] *s.m., Leibärzte.* médico particular.

Leib.chen [láip-çhen] *s.n., -.* corpinho, corpete, espartilho.

Leib.ei.gen.schaft [láip-áiguen-cháft] *s.f. (sem plural).* servidão.

Leib.gar.de [láip-gárde] *s.f., -n.* guarda-costas.

leib.haf.tig [láip-rháftiçh] *adj.* próprio, pessoal.

Lei.che [láiçhe] *s.f., -n.* cadáver, defunto.

lei.chen.blass [láiçhen-blás] *adj.* lívido, cadavérico.

Lei.chen.haus [láiçhen-rháus] *s.n., Leichenhäuser.* necrotério.

Lei.chen.wa.gen [láiçhen-vá:guen] *s.m., -.* carro fúnebre.

Leich.nam [láiçh-nàm] *s.m., -e.* cadáver, corpo.

leicht [láiçht] *adj.* leve; fácil.

leicht.fer.tig [láiçht-fértiçh] *adj.* leviano, frívolo.

Leicht.fer.tig.keit [láiçht-fértiçh-káit] *s.f., -en.* levíandade, frivolidade.

leicht.gläu.big [láiçht-glóibiçh] *adj.* crédulo.

Leich.tig.keit [láiçh-tiçh-káit] *s.f. (sem plural).* ligeireza, facilidade.

leicht.sin.nig [láiçht-síniçh] *adj.* leviano; irrefletido, imprudente.

Leid [láit] *s.n. (sem plural).* dor, mágoa, dano, pena, pesar.

lei.den [láiden] *v.* sofrer, padecer, suportar, tolerar; sofrimentos, dores.

lei.dend [lái-dent] *adj.* doente, paciente.

Lei.den.schaft [láiden-cháft] *s.f., -en.* paixão.

lei.den.schaft.lich [láiden-cháftliçh] *adj.* apaixonado.

Lei.dens.ge.schich.te [láidens-guechíçhte] *s.f., -n.* história trágica; *(relig.)* paixão.

Lei.dens.weg [láidens-vè:k] *s.m., -e.* calvário.

lei.der [láida] *adv.* infelizmente, por desgraça.

lei.dig [láidiçh] *adj.* deplorável, triste.

leid.tra.gend [láit-tráguent] *adj.* enlutado.

Leid.we.sen [láit-vè:zen] *s.n., -.* pena, pesar; *zu meinem -:* para meu desgosto.

Lei.er [láia] *s.f., -n.* lira; *(fig.) immer die alte -:* sempre a mesma cantiga.

Lei.er.ka.sten [láia-kásten] *s.m., Leierkästen.* realejo.

lei.ern [lái-ern] *v.* tocar realejo; salmodiar; *etwas herunter -:* dizer a sua lenga-lenga, repetir sempre a mesma coisa.

Leih.bü.che.rei [lái-byçhe-rái] s.f., -en. biblioteca pública.

Leim [láim] s.m., -e. cola, grude; *auf den – gehen*: deixar-se apanhar por; *aus dem – gehen*: desfazer-se de.

lei.men [láimen] v. colar, grudar.

Lei.ne [láine] s.f., -n. cordão, linha; guia.

Lein.tuch [láin-túrr] s.n., *Leintücher*. lençol.

Lein.wand [láin-vánt] s.f., *Leinwände*. tela; tecido de linho.

lei.se [láize] *adj.* baixo; *(fig.)* leve, suave, manso; *adv.* em voz baixa; silenciosamente.

Lei.ste [láiste] s.f., -n. régua; remate, limite, borda, orla; *(anat.)* virilha.

lei.sten [láisten] v. executar, fazer, realizar.

Lei.stung [láistunk] s.f., -en. trabalho, obra, realização; feitura; resultado; êxito; rendimento.

Lei.stungs.fä.hig.keit [láistunks-fè:içh-káit] s.f. (sem plural). capacidade, potencial, força, habilidade, potência.

lei.ten [láiten] v. conduzir, guiar, dirigir.

Lei.ter [láita] s.m., -. diretor, chefe, guia, gerente; escada de mão.

Leit.fa.den [láit-fá:den] s.m., -. fio condutor, roteiro; manual.

Leit.mo.tiv [láit-motíf] s.n., -e. motivo principal, motivo condutor.

Leit.spruch [láit-chprúrr] s.m., *Leitsprüche*. lema, moto.

Leit.stern [láit-chtérn] s.m., -e. estrela polar.

Lei.tungs.rohr [láit-túnks-rô:r] s.n., -e. tubo, cano condutor.

Lek.ti.on [lèk-tsió:n] s.f., -en. lição.

Lek.tor [lèkto:r] s.m., -en. leitor; palestrante, conferencista.

Lek.tü.re [lèk-ty:re] s.f., -n. leitura; palestra, conferência.

Len.de [lénde] s.f., -n. anca, coxa; *~ -n*: rins.

Len.den.ge.gend [lènden-guê:guent] s.f. (sem plural). região lombar.

Len.den.schurz [lènden-chúrts] s.m., -e. tanga.

Len.den.stück [lènden-chtyk] s.n., -e. lombo.

lenk.bar [lênk-bá:r] *adj.* dirigível.

len.ken [lênken] v. dirigir, governar, conduzir, guiar.

Len.ker [lênka] s.m., -. condutor, piloto; *(fig.)* senhor; volante, guidão.

Lenk.rad [lênk-rát] s.n., *Lenkräder*. volante.

Len.kung [lênkunk] s.f., -en. direção, condução.

Lenz [lénts] s.m., -e. primavera.

Ler.che [lèr-çhe] s.f., -n. cotovia.

lern.be.gie.rig [lèrn-beguí:riçh] *adj.* estudioso; sequioso de saber.

ler.nen [lérnen] v. aprender, estudar.

Les.art [lè:s-árt] s.f., -en. lição; variante, versão.

les.bar [lè:s-bá:r] *adj.* legível.

le.sen [lè:zen] v. ler; decifrar.

Le.ser [lè:za] s.m., -. leitor; *~ratte*: *(fig.)* rato de biblioteca; leitor voraz.

le.ser.lich [lè:za-liçh] *adj.* legível.

letzt [lètst] *adj.* último, derradeiro, final.

letz.tens [lèts-têns] *adv.* ultimamente.

letz.te.re [lèts-ére] *adj.* o último.

Leuch.te [lóiçh-te] s.f., -n. luz, lanterna, farol.

leuch.ten [lóiçh-ten] v. iluminar, luzir.

leuch.tend [lóiçh-tent] *adj.* luminoso, resplandecente.

Leuch.ter [lóiçh-ta] s.m., -. castiçal, lustre.

Leucht.kä.fer [lóiçht-kè:fa] s.m., -. vaga-lume, pirilampo.

Leucht.turm [lóiçht-túrm] s.m., *Leuchttürme*. farol.

leug.nen [lóik-nen] v. negar, desmentir.

Leu.mund [lói-münt] s.m. (sem plural). renome, fama, reputação.

Leu.te [lóite] *plural.* gente, pessoas.

leut.se.lig [lóit-zè:liçh] *adj.* afável, benévolo.

Li.bel.le [libéle] s.f., -n. libélula.

Licht [liçht] s.n., -er. luz, claridade; *adj.* claro, luminoso.

Licht.bild [liçht-bilt] s.n., -er. projeção luminosa; fotografia.

lich.ten [liçhten] v. podar, desbastar; aclarar; rarear; levantar ferros (do navio).

lich.ter.loh [liçhta-ló:] *adj.* – *brennen*: flamejante; estar em chamas.

Licht.schein [liçht-cháin] s.m., -e. clarão, resplendor.

licht.scheu [liçht-chói] *adj.* que teme a luz, lucífugo.

Lich.tung [liçh-tunk] s.f., -en. clareira.

lieb [li:p] *adj.* querido, amado; agradável, amável; simpático; *ist mir –*: estimo; *den –en langen Tag*: todo o dia; *um des –en Friedens willen*: por amor a paz.

lieb.äu.geln [li:b-óiguéln] v. – *mit*: namorar com; acariciar.

Lieb.chen [li:p-çhen] s.n., -. queridinho(a), amorzinho.

Lie.be [lí:be] s.f., -n. amor; afeto, estima.

Lie.be.die.ner [lí:be-dí:na] s.m., -. adulador, bajulador.

lie.be.die.ne.risch [lí:be-dí:nerich] *adj.* adulador, bajulador.

Lie.be.lei [lí:be-lái] s.f., -en. galanteio, namorico.

lie.ben [lí:ben] v. amar, gostar de, ser amigo de.

lie.bens.wür.dig [lí:bens-vyrdiçh] *adj.* amável, gentil.

lie.ber [lí:ba] *adv.* antes; melhor, de preferência; *– haben, – mögen, – wollen*: gostar mais de, preferir.

lie.be.voll [lí:be-fól] *adj.* carinhoso, afetuoso.

lieb.ha.ben [lí:p-rhá:ba] v. querer a.

Lieb.ha.ber [lí:p-rhá:ba] s.m., -. amante, namorado.

Lieb.ko.sung [liːp-koːzuŋk] *s.f., -en.* carícia.

lieb.lich [liːp-liçh] *adj.* brando, agradável, delicioso.

Lieb.ling [liːp-liŋk] *s.m., -e.* favorito, predileto; *(fig.)* meu amor, meu bem.

lieb.los [liːp-lôs] *adj.* rude, insensível.

Lieb.lo.sig.keit [liːp-lòziçh-káit] *s.f., -en.* rudeza, insensibilidade.

lieb.rei.zend [liːp-ráitsent] *adj.* formoso, encantador.

Lieb.schaft [liːp-cháft] *s.f., -en.* namoro, caso.

Lied [liːd] *s.n., -er.* canção, cantiga; *immer das alte –:* sempre a mesma cantiga.

lie.der.lich [liːda-liçh] *adj.* descuidado, desleixado, devasso.

Lie.fe.rant [liːfe-ránt] *s.m., -en.* fornecedor.

Lie.fe.rung [liːferunk] *s.f., -en.* entrega, fornecimento.

lie.gen [liːguen] *v.* estar deitado; estar situado.

lie.gend [liːguent] *adj.* deitado; situado.

Li.mo.ne [limôːne] *s.f., -n.* limão.

Lin.de [linde] *s.f., -n.* tília.

lin.dern [lin-dérn] *v.* aliviar, abrandar.

lin.dernd [lin-dérnt] *adj.* calmante, lenitivo, mitigante, atenuante, paliativo.

Lin.de.rung [linderunk] *s.f. (sem plural).* alívio, abrandamento.

Lind.wurm [lint-vúrm] *s.m., Lindwürmer.* dragão.

Li.ne.al [lineáːl] *s.n., -e.* régua; *adj.* linear.

Li.nie [liːnie] *s.f., -n.* linha.

link [link] *adj.* esquerdo, esquerda.

lin.kisch [linkich] *adj.* canhoto; desajeitado; acanhado.

links [links] *adv.* à esquerda; – *liegen lassen:* não se importar com.

Lin.se [linze] *s.f., -n.* lentilha; lente.

Lip.pe [lipe] *s.f., -n.* lábio.

Lip.pen.laut [lipen-láut] *adj.s.m., -e.* labial.

Lip.pen.stift [lipen-chtíft] *s.m., -e.* batom.

Li.qui.da.ti.on [likvi-datsióːn] *s.f., -en.* liquidação.

li.qui.die.ren [likvi-díːren] *v.* liquidar, pagar.

lis.peln [lis-péln] *v.* sibilar, ciciar.

List [list] *s.f., -en.* astúcia, sutileza.

Li.ste [liste] *s.f., -n.* lista, relação.

li.stig [listiçh] *adj.* astuto, sutil; *adv.* astuciosamente, ardilosamente.

Li.ta.nei [litanái] *s.f., -en.* litania, ladainha; *(fig.)* lenga-lenga.

Li.ter [lita] *s.m. ou s.n., -.* litro.

li.te.ra.risch [literáːrich] *adj.* literário.

Li.te.ra.tur [literatúːr] *s.f., -en.* literatura.

Li.tur.gie [liturguíː] *s.f., -n.* liturgia.

li.tur.gisch [litúrguich] *adj.* litúrgico.

Lob [lôːp] *s.n., -e.* elogio, louvor; aplauso.

lo.ben [lôːben] *v.* louvar, elogiar.

Lob.hu.de.lei [lôːp-rhudelái] *s.f., -en.* lisonja; adulação; bajulação.

löb.lich [løːp-liçh] *adj.* louvável.

Lob.lied [lôːp-liːt] *s.n., -er.* hino de louvor.

Lob.prei.sung [lôːp-práizunk] *s.f., -en.* glorificação.

Loch [lórr] *s.n., Löcher.* buraco, furo, abertura; vácuo; *(fig.)* cárcere; *elendes –:* cubículo; *auf dem letzten – pfeifen:* estar nas últimas.

lo.chen [lôːchen] *v.* furar.

Lo.cher [lôːrra] *s.m., -.* furador.

lö.che.rig [løche-riçh] *adj.* furado, esburacado; poroso.

Locke [lôke] *s.f., -n.* caracol; cacho, anel de cabelo.

locken [lôken] *v.* atrair, engodar, seduzir; encaracolar, frisar (os cabelos); *-d: adj.* sedutor, atrativo; *-kopf:* cabelo encaracolado.

locker [lôker] *adj.* frouxo, fofo, solto, poroso, fraco.

lockig [lôkiçh] *adj.* anelado, crespo, encaracolado.

Lockung [lôkunk] *s.f., -en.* tentação, atração.

Lock.vo.gel [lôk-fôːguel] *s.m., Lockvögel.* chamariz.

lo.dern [lôː-dérn] *v.* chamejar, arder em labaredas.

Löf.fel [løfel] *s.m., -.* colher.

Lo.ge [lôːje] *s.f., -n.* camarote, loja; *Freimaurer–:* loja maçônica.

Lo.gen.bru.der [lôːgen-brúːda] *s.m., Logenbrüder.* maçom.

Lo.gier.gast [lôjiːr-gást] *s.m., Logiergäste.* hóspede.

Lo.gik [lôːguik] *s.f. (sem plural).* lógica.

lo.gisch [lôːguich] *adj.* lógico.

lo.gi.scher.wei.se [lôːguicha-váize] *adv.* logicamente.

Lo.he [lôːe] *s.f., -n.* chama, labareda.

lo.hen [lôːen] *v.* chamejar.

Lohn [lôːn] *s.m., Löhne.* salário, recompensa.

loh.nen [lôːnen] *v.* recompensar, pagar.

Lor.beer [lôr-bêːr] *s.m., -en.* loureiro, louro; *–er:* lauréis.

los [lôs] *adj.* solto, livre, frouxe; *adv.* ao léu, à solta, à larga.

lös.bar [løːs-báːr] *adj.* solúvel.

los.bin.den [lôːs-bínden] *v.* desatar, desligar, soltar.

los.bre.chen [lôːs-bréçhen] *v.* desprender, romper; brotar, rebentar.

Lösch.blatt [løch-blát] *s.n., Löschblätter.* mata-borrão.

lö.schen [løchen] *v.* apagar, extinguir.

lo.se [lôːze] *adj.* solto, frouxo; móvel; a granel.

lo.sen [lôːzen] *v.* tirar à sorte, sortear.

lö.sen [løːzen] *v.* soltar; desligar, desatar, desfazer, dissolver.

los.ge.hen [lôːs-guêːen] *v.* partir, pôr-se em marcha; separar-se, soltar-se, desligar-se.

los.las.sen [lôːs-lássen] *v.* largar, soltar; libertar.

los.spre.chen [lő:s-chpré-çhen] v. absolver.

Lo.sung [lő:zunk] s.f., -en. sorteio; -*wort*: senha, contrassenha.

Lö.sung [lǿ:zunk] s.f., -en. solução; desenlace, desfecho.

Lot [lő:t] s.n., -e. fio de prumo; sonda; meia onça (*peso; aprox.* = 16 g).

lo.ten [lǿ:ten] v. tomar o prumo, aprumar; sondar.

lö.ten [lǿ:ten] v. soldar.

Löt.kol.ben [lǿ:t-kólben] s.m., -. soldador; ferro de soldar.

Lot.se [lőtse] s.m., -n. piloto.

lot.sen [lőtsen] v. pilotar; (*fig.*) arrastar.

lot.te.rig [lőteriçh] adj. desarrumado, relaxado, desordenado.

Lö.we [lǿ:ve] s.m., -n. leão.

Lö.wen.zahn [lǿ:ven-tsá:n] s.m. (*sem plural*). dente-de-leão.

Luchs [lúks] s.m., -e. lince.

Lücke [lýke] s.f., -n. brecha, fenda, lacuna.

Lücken.bü.ßer [lýken-by:ssa] s.m., -. suplente, substituto.

lücken.haft [lýken-rháft] adj. defeituoso, incompleto; cheio de lacunas.

Luft [lúft] s.f., *Lüfte*. ar, atmosfera; ambiente; *in frischer* –: ao ar livre; *sich* – *machen*: aliviar-se; – *herauslassen aus*: deixar escapar o ar de, esvaziar; seinem Herzen – *machen*: desabafar; *aus der* – *gegriffen*: sem fundamento; *in der* – *liegen*: andar no ar, estar nas nuvens; palpitar; *in die* – *gehen*: ir pelos ares, explodir.

luft.dicht [lúft-tiçht] adj. hermético.

Luft.druck [lúft-drúk] s.m. (*sem plural*). pressão atmosférica.

lüf.ten [lýften] v. arejar, ventilar.

Luft.fahrt [lúft-fá:rt] s.f. (*sem plural*). aviação, transportes aéreos.

luf.tig [lúf-tiçh] adj. aéreo, arejado.

Luft.schiff [lúft-chif] s.n., -e. aeronave.

Luft.spie.ge.lung, [lúft-chpi:ge-lunk] s.f., -en. miragem.

Lüf.tung [lyf-tunk] s.f., -en. arejamento, ventilação.

Luft.waf.fe [lúft-váfe] s.f., -n. força aérea; aviação militar.

Luft.weg [lúft-vé:k] s.m., -e. via aérea.

Luft.zug [lúft-tsú:k] s.m., *Luftzüge*. corrente de ar.

Lü.ge [ly:gue] s.f., -n. mentira.

lu.gen [lú:guen] v. espiar, espreitar.

lü.gen [lý:guen] v. mentir.

Lüg.ner [lý:k-na] s.m., -. mentiroso.

lüg.ne.risch [lý:k-ne:rich] adj. mentiroso.

Lüm.mel [lymel] s.m., -. moleque, malcriado.

Lump [lúmp] s.m., -en. tratante, trapaceiro.

Lum.pen [lúmpen] s.m., -. farrapo, trapo.

lum.pig [lúmpiçh] adj. esfarrapado, miserável.

Lun.ge [lúngue] s.f., -n. pulmão, pulmões.

Lun.te [lúnte] s.f., -n. estopim, mecha.

lup.fen [lúpfen] v. levantar, erguer.

lüp.fen [lypfen] v. levantar, erguer.

Lust [lúst] s.f., *Lüste*. prazer, gozo; vontade, gosto; desejo, apetite.

lü.stern [lys-térn] adj. ávido, desejoso; concupiscente.

lu.stig [lús-tiçh] adj. alegre, divertido, jovial, jocoso.

Lüst.ling [lyst-link] s.m., -e. lascivo, libertino.

Lust.seu.che [lúst-zói-çhe] s.f., -n. (*ant.*) sífilis.

Lust.spiel [lúst-chpí:l] s.n., -e. comédia.

lust.wan.deln [lúst-vándéln] v. passear.

lut.schen [lútchen] v. chupar, sugar.

Lu.xus [lúksus] s.m. (*sem plural*). luxo.

Ly.rik [ly:rik] s.f. (*sem plural*). poesia, lírica.

M

M [êm] décima terceira letra do alfabeto alemão; M, m.

Maat [má:t] *s.m.*, *-e ou -en.* grumete.

ma.chen [má-rren] *v.* produzir, fazer; *sich – lassen:* arranjar-se; *sich die Arbeit – (zu):* dar-se ao trabalho (de).

Macht [márrt] *s.f.*, *Mächte.* poder, potência, força.

mäch.tig [méch-tiçh] *adj.* poderoso, potente.

macht.los [márrt-lôs] *adj.* impotente.

Macht.lo.sig.keit [márrt-lôziçh-kált] *s.f.*, *-en.* impotência; fraqueza.

Mach.werk [márr-vérk] *s.n.* (sem plural). obra malfeita.

Mäd.chen [mêt-çhen] *s.n.*, *-.* menina, moça.

Ma.de [má:de] *s.f.*, *-n.* verme, larva.

Mä.del [mê:del] *s.n.*, *-.* garota, menina.

ma.dig [má:diçh] *adj.* bichado.

Ma.ga.zin [mága-tsín] *s.n.*, *-e.* armazém, depósito; arsenal.

Magd [mákt] *s.f.*, *Mägde.* criada, serventa.

Mägd.lein [mékt-láin] *s.n.*, *-.* mocinha; criada.

Ma.gen [má:guen] *s.m.*, *Mägen.* estômago; moela; *schwer im – liegen:* ser indigesto; *jemandem im – liegen:* afligir alguém.

ma.ger [má:ga] *adj.* magro; *(fig.)* insuficiente, pouco satisfatório.

Ma.gnet [mák-nê:t] *s.m.*, *-e.* magneto, ímã.

ma.gne.tisch [mak-nê:tich] *adj.* magnético.

mä.hen [mê:en] *v.* segar, ceifar.

Mahl [má:l] *s.n.*, *Mähler.* refeição, comida.

Mahl.zeit [má:l-tsáit] *s.f.*, *-en.* hora de refeição; *gesegnete –!:* bom proveito!, bom apetite!

Mäh.ne [mê:ne] *s.f.*, *-n.* juba, crina.

mah.nen [má:nen] *v.* advertir, admoestar; *– wegen:* reclamar.

Mah.nung [má:nunk] *s.f.*, *-en.* admoestação, advertência.

Mäh.re [mê:re] *s.f.*, *-n.* cavalo velho; rocim, pangaré.

Mai [mái] *s.m.*, *-e.* Maio.

Mai.baum [mái-báum] *s.m.*, *Maibäume.* árvore de maio; calandra, cilindro.

Mai.kä.fer [mái-kê:fa] *s.m.*, *-.* besouro.

Mais [máis] *s.m.* (sem plural). milho.

Mais.kol.ben [máis-kólben] *s.m.*, *-.* espiga de milho.

Ma.kel [má:kel] *s.m.*, *-.* nódoa, mancha.

ma.kel.los [má:kel-lôs] *adj.* imaculado.

Mak.ler [má-kla] *s.m.*, *-.* corretor, agente.

Mal [má:l] *s.n.*, *-e.* vez; sinal, marca; marco, monumento.

ma.len [má:len] *v.* pintar, retratar.

Ma.ler [má:la] *s.m.*, *-.* pintor.

Ma.le.rei [má:lerai] *s.f.*, *-en.* pintura.

ma.le.risch [má:lerich] *adj.* pitoresco; pictórico.

Malz [málts] *s.n.* (sem plural). malte.

Ma.ma [má:ma] *s.f.*, *-.* mamãe, mãe.

Mam.mut [mamú:t] *s.n.*, *-e ou -.* mamute.

man [mán] *pron.* pessoa, a gente, alguém, se; *– sagt:* diz-se; *– muss:* é preciso.

manch... [mánçh...] *pron.* tal, fulano, alguém; muitos, muita gente.

man.cher.lei [mán-çha-lái] *adj.* diversos, vários, muitos.

manch.mal [mánçh-mál] *adv.* às vezes, por vezes, de vez em quando.

Man.del [mándel] *s.f.*, *-n.* amêndoa; amídala.

Man.do.li.ne [mándo-li:ne] *s.f.*, *-n.* bandolim.

Man.gel [mánguel] *s.m.*, *Mängel.* falta, defeito; carência, penúria; calandra, cilindro.

man.gel.haft [mánguel-rháft] *adj.* defeituoso, imperfeito, deficiente.

man.geln [mán-guéln] *v.* vir a faltar, fazer falta; calandrar, calandragem.

Ma.nier [mani:a] *s.f.*, *-en.* maneira, modo.

ma.nier.lich [mani:a-liçh] *adj.* bem-educado, de boas maneiras.

Man.ko [mánko] *s.n.*, *-.* falta, defeito, déficit.

Mann [mán] *s.m.*, *Männer.* homem, varão; marido.

mann.bar [mán-bá:r] *adj.* púbere, núbil.

mann.haft [mán-rháft] *adj.* viril, varonil; valente, forte.

man.nig.fach [mániçh-fárr] *adj.* variado, diverso, diferente, múltiplo; *adv.* diversamente.

man.nig.fal.tig [mániçh-fáltiçh] *adj.* variado, diverso, diferente, múltiplo; *adv.* diversamente.

männ.lich [mén-liçh] *adj.* másculo, varonil, viril; masculino.

MÄNNLICHKEIT • MAULESELIN

Männ.lich.keit [mén-lich-káit] *s.f. (sem plural).* virilidade; masculinidade.

Mann.schaft [mán-cháft] *s.f., -en.* homens, tropas, turma, tripulação.

Man.schet.te [mán-chéte] *s.f., -n.* punho; punho de camisa.

Man.tel [mántel] *s.m., Mäntel.* sobretudo, casaco, capa, manto; *den – nach den Winde hängen:* "virar a casaca", mudar de opinião; *unter dem –:* sob o pretexto de.

Map.pe [mápe] *s.f., -n.* pasta, carteira.

Mär.chen [mér-chen] *s.n., -.* conto de fadas, fábula, lenda.

mär.chen.haft [mér-chen-ráft] *adj.* fabuloso, fantástico.

Mar.der [már-da] *s.m., -.* marta, fuinha.

Ma.ri.ne [mari:ne] *s.f., -n.* marinha mercante; armada.

Mark [márk] *s.f., -.* miolo, tutano, medula; fronteira, limite; marco (moeda alemã).

Mar.ke [márke] *s.f., -n.* marca, sinal; selo, estampilha.

mar.kie.ren [markí:ren] *v.* marcar, acentuar, assinalar; registrar.

mar.kig [márkich] *adj.* vigoroso, marcante.

Mark.schei.de [márk-cháide] *s.f., -n.* limite, marca de fronteira.

Markt [márkt] *s.m., Märkte.* mercado, feira; *auf den – bringen:* lançar no mercado.

Markt.bu.de [márkt-bú:de] *s.f., -n.* barraca de feira.

Markt.hal.le [márkt-rhále] *s.f., -n.* praça do mercado.

Markt.platz [márkt-pláts] *s.m., Marktplätze.* praça do mercado.

Markt.schrei.er [márkt-chráia] *s.m., -.* charlatão, curandeiro.

Mar.kung [már-kunk] *s.f., -en.* marcação; demarcação, estabelecimento de limites.

Mar.mor [már-mó:r] *s.m., -e.* mármore.

ma.ro.de [maró:de] *adj.* fatigado, cansado; doente.

Mars [márs] *s.m. (sem plural).* Marte.

Marsch [márch] *s.m., Märsche.* marcha, caminhada.

marsch.be.reit. [márch-beráit] *adj.* preparado para marchar; disposto ou pronto a cerrar fileira.

marsch.fer.tig [márch-fértich] *adj.* preparado para marchar; disposto ou pronto a cerrar fileira.

mar.schie.ren [marchí:ren] *v.* marchar.

Mar.stall [már-chtál] *s.m., Marställe.* estrebaria, baia; cavalariças reais.

Mar.ter [márta] *s.f., -n.* martírio; tortura, suplício.

mar.tern [mártérn] *v.* martirizar, torturar.

Mär.ty.rer [mérty:ra] *s.m., -.* mártir.

März [mérts] *s.m., -e.* Março.

Mar.zi.pan [már-tsipá:n] *s.n. ou s.m., -e* marzipã; massapão.

Ma.sche [máche] *s.f., -n.* malha, rede; laço.

Ma.schi.ne [machine] *s.f., -n.* máquina, motor; aparelho.

ma.se.rig [má:zerich] *adj.* estriado, com veio.

Ma.sern [má:zérn] *plural.* sarampo; *v.* estriar, listrar, prover de veio.

Mas.ke [máske] *s.f., -n.* máscara, disfarce; caracterização.

Mas.ken.ball [másken-bál] *s.m., Maskenbälle.* baile de máscaras.

mas.kie.ren [maskí:ren] *v.* mascarar, disfarçar.

Maß [má:s] *s.n., -e.* medida, proporção, extensão, grau, escala.

Mase [másse] *s.f., -n.* massa; quantidade; multidão, vulgo.

mas.sen.haft [mássen-rháft] *adv.* em grande quantidade.

mas.sen.wei.se [mássen-váize] *adv.* em grande quantidade.

mä.ßig [mé:ssich] *adj.* moderado, módico.

mä.ßi.gen [mé:ssi-guen] *v.* moderar, temperar.

Mä.ßi.gung [mé:ssigunk] *s.f., -en.* moderação, temperança; frugalidade.

mas.siv [massi:f] *adj.* maciço, sólido.

maß.los [má:s-lós] *adj.* desmedido, imoderado, imenso.

Maß.lo.sig.keit [má:s-lôzich-káit] *s.f., -en.* imoderação, excesso.

Maß.nah.me [má:s-ná:me] *s.f., -n* medida, disposição, expediente; prevenção; providência.

Ma.ß.stab [má:s-chtá:p] *s.m., Maßstäbe.* medida, escala; critério, norma.

Mast [mást] *s.m. ou s.f., -en.* engorda, ceva (de animais).

Mast.darm [mást-dárm] *s.m., Mastdärme.* intestino, reto.

mä.sten [mésten] *v.* engordar, cevar.

Mast.vieh [mást-vi:] *s.n. (sem plural).* gado gordo.

Ma.trat.ze [ma-trátse] *s.f., -n.* colchão.

Ma.tro.se [matrô:ze] *s.m., -n.* marinheiro, marujo.

matt [mát] *adj.* fraco, débil, abatido, esgotado; fosco, mortiço.

Mat.te [máte] *s.f., -n.* esteira; prado.

Mat.tig.keit [mátich-káit] *s.f. (sem plural).* fraqueza, esgotamento; astenia.

matz [máts] *adj.* basbaque, tonto.

Mau.er [máua] *s.f., -n.* parede, muro.

mau.ern [máuérn] *v.* murar; levantar muros, paredes etc.

Mau.er.werk [máua-vérk] *s.n. (sem plural).* muros; alvenaria.

Maul [mául] *s.n., Mäuler.* focinho, boca.

Maul.bee.re [mául-bê:re] *s.f., -n.* amora.

mau.len [máulen] *v.* amuar, resmungar.

Maul.e.sel [mául-ê:zel] *s.m., -.* mulo, burro.

Maul.e.selin [mául-ê:zelin] *s.f., -nen.* mula, burra.

MAULKORB • MENGEN

Maul.korb [mául-kórp] *s.m., Maulkörbe*. focinheira, mordaça.
Maul.tier [mául-tí:r] *s.n., -e*. muar; V. Maulesel.
Mau.rer [máu-ra] *s.m., -*. pedreiro.
Maus [máus] *s.f., Mäuse*. rato; camundongo.
mäus.chen.still [móis-chen-chtíl] *adj.* muito quieto; caladinho, quietinho.
Mau.se.fal.le [máuze-fále] *s.f., -n*. ratoeira.
mau.sen [máuzen] *v.* apanhar ratos; *(fig.)* furtar, roubar.
me.cha.nisch [meçhánich] *adj.* mecânico.
meckern [mékérn] *v.* gritar, berrar, bradar; reclamar.
Me.di.zin [médi-tsí:n] *s.f., -en*. medicina, remédio.
Me.di.zi.ner [médi-tsi:na] *s.m., -*. médico; estudante de medicina.
me.di.zi.nisch [médi-tsi:nich] *adj.* medicinal; médico.
Meer [mé:r] *s.n., -e*. mar.
meh.lig [mé:liçh] *adj.* farinhoso, farinhento.
Mehl.spei.se [mé:l-chpáize] *s.f., -n*. pudim, creme.
mehr [mé:r] *adv.* mais; *nicht – als:* apenas, não...; *nicht –:* senão; *nicht –:* não mais, deixar de; *und dergleichen –:* e tudo mais, e outras coisas assim.

Mehr.ar.beit [mé:r-árbáit] *s.f., -en*. trabalho adicional, excesso de trabalho.
Mehr.be.trag [mé:r -betrá:k] *s.m., Mehrbeträge*. excedente.
mehr.deu.tig [mé:r -dóitiçh] *adj.* ambíguo, equívoco.
meh.ren [mé:ren] *v.* aumentar.
meh.re.re [mé:rère] *adj.* muitos, vários, alguns.
mehr.fach [mé:r-fárr] *adj.* repetido, reiterado, múltiplo; *adv.* muito.
Mehr.heit [mé:r-rháit] *s.f., -en*. pluralidade, multiplicidade, maioria.
mehr.mals [mé:r-máls] *adv.* frequentemente, muitas vezes.
mehr.ma.lig [mé:r-máliçh] *adj.* repetido, frequente, reiterado.
mehr.sil.big [mé:r-zílbiçh] *adj.* polissílabo.
mehr.stim.mig [mé:r-chtímiçh] *adj.* polifônico.
Meh.rung [mé:runk] *s.f., -en*. aumento, multiplicação.
Mehr.zahl [mé:r -tsá:l] *s.f. (sem plural).* plural, maioria.
mei.den [máiden] *v.* evitar, fugir.
Mei.le [máile] *s.f., -n.* légua, milha.
mein, meine [máin, máine] *pron.* meu, minha; o meu, a minha.
Mein.eid [máin-áit] *s.m., -e*. perjúrio, juramento falso.
mei.nen [máinen] *v.* pensar, achar, julgar, considerar, opinar; *ich meine:* parece-me, quero dizer; *das will ich –:* pois é claro!; *es gut –:* ter as melhores intenções; *es gut mit jemandem –:* ser amigo de; *was – Sie?:* que lhe parece?
mei.ner.seits [máina-záits] *adv.* da minha parte.
mei.net.hal.ben [máinet-hálben] *adv.* quanto a mim, por mim, de minha parte.
mei.net.we.gen [máinet-vê:guen] *adv.* quanto a mim, por mim, de minha parte.
mei.net.wil.len [máinet-vilen] *adv.* quanto a mim, por mim, de minha parte.

mei.ni.ge [máinigue] *pron. pos* o meu, a minha.
Mei.nung [máinunk] *s.f., -en*. opinião, parecer, intenção.
Mei.ßel [máisséël] *s.m., -*. cinzel.
mei.ßeln [máisséln] *v.* cinzelar, esculpir.
meist, mei.stens [máist, máis-tens] *adv.* o mais, na maior parte das vezes, em geral, geralmente.
Mei.ster [máis-ta] *s.m., -*. mestre.
mei.ster.haft [máista-rháft] *adv.* com perfeição, primorosamente; *adj.* magistral.
mei.ster.lich [máistér-liçh] *adv.* com perfeição, primorosamente; *adj.* magistral.
mei.stern [máis-térn] *v.* dominar, vencer.
Mei.ster.sin.ger [máista-zinga] *s.m., -*. mestre-cantor, trovador.
Mei.ster.schaft [máista-cháft] *s.f., -en*. maestria; mestrado, magistério.
Mei.ster.werk [máista-vérk] *s.n., -e*. obra-prima.
mel.den [mélden] *v.* anunciar, informar, comunicar; *sich –:* apresentar-se; *sich zu –:* oferecer-se para; *sich zum Wort –:* pedir a palavra.
Mel.dung [méldunk] *s.f., -en*. aviso, comunicação; informe, relatório.
mel.ken [mélken] *v.* ordenhar.
Melk.kuh [mélk-ku:] *s.f., Melkkühe*. vaca leiteira.
Me.lo.die [melodí:] *s.f., -n*. melodia.
me.lo.disch [meló:dich] *adj.* melodioso.
me.lo.di.ös [melodiø:s] *adj.* melodioso.
Me.lo.ne [meló:ne] *s.f., -n*. melão; *Wasser–:* melancia.
Men.ge [mêngue] *s.f., -n*. quantidade, multitude, abundância.
men.gen [mênguen] *v.* misturar; imiscuir-se, intrometer-se.

Meer.bu.sen [mé:r-bú:zen] *s.m., -*. baia, golfo.
Meer.en.ge [mê:r-êngue] *s.f., -n*. estreito.
Mee.res.arm [mê:res-árm] *s.m., -e*. braço de mar.
Mee.res.jung.frau [mê:r-iúnk-fráu] *s.f., -en*. sereia, ondina.
Mee.res.spie.gel [mê:res-chpí:guel] *s.m. (sem plural).* nível do mar.
Meer.ret.tich [mê:r-rétiçh] *s.m., -e*. rábano.
Meer.schwein.chen [mê:r-chváin-çhen] *s.n., -*. cobaia, porquinho-da-india.
Mehl [mê:l] *s.n., -e*. farinha.

MENSCH • MILITÄRISCH

Mensch [ménch] *s.m., -en.* homem, ser humano, pessoa, gente.

men.schen.feind.lich [ménchen-fáint-liçh] *adj.* misantropo.

men.schen.freund.lich [ménchen-fróint-liçh] *adj.* filantrópico, humanitário.

men.schen.ge.schlecht [ménchen-guech-léçht] *s.n., -er.* gênero humano; geração.

Men.schen.kun.de [ménchen-kúnde] *s.f. (sem plural).* antropologia.

men.schen.leer [ménchen-lê:a] *adj.* despovoado, deserto.

men.schen.men.ge [ménchen-mêngue] *s.f., -n.* multidão.

men.schen.mög.lich [ménchen-möglich] *adj.* humanamente possível.

Men.schen.scheu [ménchen-chói] *s.f. (sem plural).* timidez, acanhamento; *adj.* tímido, acanhado.

Men.schen.see.le [ménchen-zê:le] *s.f., -n.* alma humana; *keine –:* nem vivalma.

Men.schen.sohn [ménchen-zôn] *s.m. (sem plural).* Filho do Homem (Jesus).

Mensch.heit [ménch-ráit] *s.f. (sem plural).* humanidade.

mensch.lich [ménch-liçh] *adj.* humano, humanitário.

Mensch.lich.keit [ménch-liçh-káit] *s.f., -en.* humanidade, condição humana; humanitarismo.

merk.bar [mérkba:r] *adj.* sensível, perceptível.

merk.lich [mérk-liçh] *adj.* sensível, perceptível, visível.

mer.ken [mérken] *v.* notar, perceber, sentir; *sich etwas –:* tomar nota de, ficar sabendo; *– lassen:* dar a perceber; *sich nichts – lassen:* dissimular.

Merk.mal [mérk-mál] *s.n., -e.* marca, sinal, indício.

merk.wür.dig [mérk-vyrdiçh] *adj.* notável, extraordinário.

Merk.zei.chen [mérk-tsáiçhen] *s.n., -.* sinal, marca.

Mess.band [més-bánt] *s.n., Messbänder.* fita métrica; trena.

mess.bar [més-bá:r] *adj.* mensurável.

Mess.buch [més-búrr] *s.n., Messbücher.* missal; livro de missa.

Mes.se [mésse] *s.f., -n.* missa.

mes.sen [méssen] *v.* medir; *sich – mit:* medir forças com; *sich mit jemandem – können:* igualar alguém.

Mes.ser [méssa] *s.n., -.* faca; medidor, contador.

Mes.ser.schmied [méssa-chmí:t] *s.m., -e.* cuteleiro.

Mes.ser.stich [méssa-chtiçh] *s.m., -e.* facada.

Mes.sing [méssink] *s.n., -e.* latão.

Mess.op.fer [més-ópfa] *s.n., -.* oferenda da missa; ofertório.

Mess.tisch [més-tich] *s.m., -e.* prancheta.

Mes.sung [méssunk] *s.f., -en.* medição.

Me.tall [metál] *s.n., -e.* metal.

Me.tall.ar.bei.ter [metál-árbáita] *s.m., -.* operário metalúrgico.

me.tall.hal.tig [metál-ráltiçh] *adj.* metalífero.

me.tal.lisch [metáliçh] *adj.* metálico, de metal.

Me.ter [métal] *s.m. ou s.n., -.* metro.

me.trisch [mê:trich] *adj.* métrico.

Mett.wurst [mét-vúrst] *s.f., Mettwürste.* salsicha defumada; salsichão.

Met.ze.lei [métse-lái] *s.f., -en.* carnificina, matança.

Metz.ger [métsga] *s.m., -.* açougueiro; carniceiro.

Metz.ge.rei [méts-gue-rái] *s.f., -en.* açougue; talho.

Meu.chel.mör.der [móiçhel-mørda] *s.m., -.* assassino.

Meu.te [móite] *s.f., -n.* matilha.

Meu.te.rei [mói-te-rái] *s.f., -en.* motim, revolta.

Meu.te.rer [móitera] *s.m., -.* revoltoso, amotinado.

mi.au.en [miáuen] *v.* miar.

Mie.der [mída] *s.n., -.* corpete, espartilho.

Mie.ne [mí:ne] *s.f., -n.* cara, semblante, aspecto; *– machen zu:* fazer menção de; *– zum bösen Spiel machen:* fazer das tripas coração; *ohne eine – zu verziehen:* sem pestanejar.

Mie.nen.spiel [mí:nen-chpí:l] *s.n., -e.* expressão fisionômica; pantomima.

mies [mí:s] *adj.* mau; ruim, feio.

Mie.te [mí:te] *s.f., -n.* aluguel; arrendamento.

mie.ten [mí:ten] *v.* alugar, arrendar.

Mie.ter [mí:ta] *s.m., -.* inquilino.

Miet.ver.trag [mít-fertrá:k] *s.m., Mietverträge.* contrato de aluguel.

Mi.grä.ne [migré:ne] *s.f., -n.* enxaqueca; cefaleia.

Mil.be [mílbe] *s.f., -n.* ácaro, traça; verme.

Milch [milçh] *s.f. (sem plural).* leite.

mil.chig [milçhiçh] *adj.* lácteo, leitoso.

Milch.kan.ne [milçh-káne] *s.f., -n.* leiteira.

Milch.kuh [milçh-kú:] *s.f., Milchkühe.* vaca leiteira.

Milch.stra.ße [milçh-chtrá:sse] *s.f. (sem plural).* Via Láctea.

Milch.wirt.schaft [milçh-virt-cháft] *s.f. (sem plural).* indústria de laticínios.

Milch.zahn [milçh-tsá:n] *s.m., Milchzähne.* dente de leite.

mild [milt] *adj.* brando, suave, indulgente.

Mil.de [milte] *s.f. (sem plural).* suavidade, brandura.

mil.dern [mildérn] *v.* suavizar, abrandar, atenuar.

Mil.de.rung [milderunk] *s.f., -en.* suavização, amenização.

Mi.li.tär [milité:r] *s.n. (sem plural).* militar, soldado.

mi.li.tä.risch [milité:rich] *adj.* militar; *adv.* militarmente.

Mil.li.on [miliõ:n] *s.f., -en.* milhão.

Milz [milts] *s.f. (sem plural).* baço.

Mi.mik [mi:mik] *s.f. (sem plural).* mímica.

min.der [mìnda] *adj.* menor, inferior; *adv.* menos.

Min.der.heit [mìnda-rháit] *s.f., -en.* minoria.

min.der.jäh.rig [mìnder-ié:riçh] *adj.* menor (de idade).

min.dern [mín-dérn] *v.* diminuir, reduzir.

Min.de.rung [mìnde-runk] *s.f., -en.* diminuição, redução.

Min.der.zahl [mìnda-tsá:l] *s.f., -en.* minoria; menoridade.

min.dest [mìn-dêst] *adj. superl.* o mínimo; *der -e:* o menor; *das -e:* o menos; *nicht im -em:* de modo nenhum; *zum -en:* pelo menos, no mínimo.

min.de.stens [mìndestêns] *adv.* ao menos, pelo menos.

Mi.ne [mi:ne] *s.f., -n.* mina.

Mi.ne.ral [mine-rá:l] *s.n., -e ou -ien.* mineral.

Min.ze [mìntse] *s.f., -n.* hortelã.

mir [mí:a] *pron. ma, a mim.*

mi.schen [míchen] *v.* misturar.

Misch.ling [mìch-link] *s.m., -e.* e *adj.* mestiço.

Misch.masch [mìch-mách] *s.m., -e.* misturada, confusão.

Mi.schung [míchunk] *s.f., -en.* mistura.

miss.ach.ten [mìs-árr-ten] *v.* desprezar, menosprezar.

Miss.be.ha.gen [mìs-berhá:guen] *s.n. (sem plural).* desgosto, aborrecimento, desagrado.

miss.bil.li.gen [mìs-biliguen] *v.* desaprovar, reprovar.

Miss.brauch [mìs-bráurr] *s.m., Missbräuche.* abuso.

miss.bräuch.lich [mìs-bróiçh-liçh] *adj.* abusivo.

miss.deu.ten [mìs-dóiten] *v.* interpretar mal.

mis.sen [míssen] *v.* prescindir de, passar sem.

Miss.tä.ter [mìs-tê:ta] *s.m., -.* criminoso, delinquente.

miss.fal.len [mìsfálen] *v.* desagradar, desgostar; desagrado, desgosto.

Miss.ge.burt [mìs-guebúrt] *s.f., -en.* criatura disforme, monstro; aborto.

Miss.ge.schick [mìs-guechík] *s.n., -e.* infortúnio, contratempo.

miss.glücken [mìs-glyken] *v.* falhar, fracassar, malograr.

miss.gön.nen [mìs-guønen] *v.* invejar.

Miss.gunst [mìs-gúnst] *s.f. (sem plural).* inveja.

miss.gün.stig [mìs-gyns-tiçh] *adj.* invejoso.

miss.han.deln [mìs-rhándeln] *v.* maltratar.

Miss.hand.lung [mìs-rhánt-lunk] *s.f., -en.* maus-tratos.

Miss.klang [mìs-kláhk] *s.m., Missklänge.* cacofonia; dissonância.

Miss.kre.dit [mìs-krêdi:t] *s.m., -e.* descrédito; *in – bringen:* desacreditar.

miss.lich [mìs-liçh] *adj.* desagradável; precário; incerto.

miss.lin.gen [mìs-línguen] *v.* sair-se mal, frustrar-se.

miss.mu.tig [mìs-mú:tiçh] *adj.* mal-humorado.

miss.ra.ten [mìs-rá:ten] *v.* sair-se mal, falhar; fracassar.

Miss.stand [mìs-chtant] *s.m., Misstände.* situação penosa, embaraço.

miss.trau.en [mìs-tráuen] *v.* desconfiar, suspeitar; desconfiança, suspeita.

miss.trau.isch [mìs-tráuich] *adj.* desconfiado.

Miss.ver.gnü.gen [mìs-férk-ny:guen] *s.n., -.* desgosto, desprazer.

Miss.ver.hält.nis [mìs-fér-rhélt-nis] *s.n., Missverhältnisse.* desproporção.

Miss.ver.ständ.nis [mìs-férchtênt-nis] *s.n., Missverständnisse.* equívoco, mal-entendido.

miss.ver.ste.hen [mìs-fer-chtê:en] *v.* entender mal.

Miss.wirt.schaft [mìs-virt-cháft] *s.f., -en.* desordem, desorganização.

Mist [mìst] *s.m. (sem plural).* estrume, esterco.

mi.sten [místen] *v.* estercar, estrumar.

Mist.hau.fen [mìst-rháufen] *s.m., -.* esterqueira.

mit [mìt] *prep.* com, de, a, em, junto.

mit.ar.bei.ten [mìt-árbáiten] *v.* cooperar, colaborar.

Mit.ar.bei.ter [mìt-árbáita] *s.m., -.* colaborador, funcionário.

Mit.be.wer.ber [mìt-bevér-ba] *s.m., -.* concorrente, rival.

mit.brin.gen [mìt-bringuen] *v.* trazer consigo, portar.

Mit.bür.ger [mìt-byrga] *s.m., -.* concidadão.

mit.ein.an.der [mìt-áin-ánda] *adv.* junto, juntos; um com o outro.

Mit.es.ser [mìt-êssa] *s.m., -.* cravo, espinha.

Mit.gift [mìt-guíft] *s.n., -e.* dote.

Mit.glied [mìt-gli:t] *s.n., -er.* sócio, membro.

Mit.glied.schaft [mìt-gli:t-cháft] *s.f., -en.* qualidade de sócio.

Mit.hil.fe [mìt-rhílfe] *s.f., -n.* assistência, colaboração, cooperação.

mit.hin [mìt-rhin] *adv.* portanto, consequentemente.

Mit.laut [mìt-láut] *s.m., -e.* consoante.

Mit.leid [mìt-láit] *s.n. (sem plural).* compaixão, pena.

mit.ma.chen [mìt-márren] *v.* acompanhar; tomar parte em, assistir a.

Mit.mensch [mìt-mênch] *s.m., -en.* o próximo, o semelhante.

mit.neh.men [mìt-né:men] *v.* tomar, levar.

mit.samt [mìt-zámt] *adv.* conjuntamente.

mit.schul.dig [mìt-chúldiçh] *adj.* cúmplice.

Mit.schü.ler [mit-chy:la] *s.m., -.* colega, condiscípulo.
Mit.tag [mi-tá:k] *s.m., -e.* meio-dia.
Mit.tag.es.sen [mi-tá:k-éssen] *s.n., -.* almoço.
mit.täg.lich [mi-tè:k-liçh] *adv.* ao meio-dia.
mit.tags [mit-táks] *adv.* ao meio-dia.
Mit.tags.schläf.chen [mit-táks-chlé:f-çhen] *s.n., -.* sesta.
Mit.te [mite] *s.f., -n.* meio, centro.
mit.tei.len [mi-táilen] *v.* comunicar, participar, informar.
mit.teil.sam [mi-táil-zäm] *adj.* expansivo, comunicativo.
Mit.tei.lung [mi-táilunk] *s.f., -en.* comunicação, informação.
Mit.tel [mitel] *s.n., -.* meio, recurso; médio.
mit.tel.al.ter [mitel-álta] *s.n. (sem plural).* Idade Média.
mit.tel.al.te.risch [mitel-álterich] *adj.* medieval.
mit.tel.groß [mitel-grò:s] *adj.* de estatura mediana; de compleição média.
Mit.tel.klas.se [mitel-klássen] *s.f., -n.* classe média; (escolar) curso médio.
mit.tel.los [mitel-lôs] *adj.* sem meios, sem recursos.
mit.tel.maß [mitel-má:s] *s.n. (sem plural).* massa, povo; média.
mit.tel.mä.ßig [mitel-mè:ssiçh] *adj.* mediocre.
Mit.tel.meer, [mitel-mê:r] *s.n. (sem plural).* Mar Mediterrâneo.
Mit.tel.punkt [mitel-púnkt] *s.m., -e.* ponto médio; centro.
mit.tels [mitels] *prep.* por meio de; por intermédio de; mediante.
Mit.tel.weg [mitel-vê:k] *s.m., -e.* meio-termo.
Mit.tel.wort [mitel-vórt] *s.n. Mittelwörter.* particípio.
mit.ten [miten] *adv.* no meio, em meio.
Mit.ter.nacht [mita-nártt] *s.f. (sem plural).* meia-noite.

Mitt.ler [mit-la] *s.m., -.* medianeiro; intermediador.
mitt.le.re [mit-lere] *adj.* meio, médio.
mitt.ler.wei.le [mit-la-váile] *adv.* enquanto, entretanto.
Mitt.woch [mit-vórr] *s.m., -e.* quarta-feira.
mit.un.ter [mit-únta] *adv.* de vez em quando; por vezes.
Mit.wir.kung [mitvírkunk] *s.f. (sem plural).* participação, cooperação.
Mit.wis.sen [mit-víssen] *s.n., -.* conhecimento, consciência; *ohne mein ~:* sem eu saber, sem o meu conhecimento.
Mö.bel [mø:bel] *s.n., -.* móveis, mobília.
Mo.bi.li.sie.rung [mobilízi:runk] *s.f., -en.* mobilização.
mö.blie.ren [mø-bli:ren] *v.* mobiliar.
Mo.de [mô:de] *s.f., -n.* moda.
Mo.dell [modél] *s.n., -e.* modelo, padrão, molde.
mo.del.lie.ren [modelí:ren] *v.* modelar.
Mo.der [mô:da] *s.m. (sem plural).* putrefação, apodrecimento.
mo.de.rig [mô:de-riçh] *adj.* podre, estragado, corrompido, deteriorado.
mo.dern [modérn] *adj.* moderno, da moda.; ~ *v.* apodrecer, estragar, corromper, deteriorar.
mo.disch [mô:dich] *adj.* da moda; *adv.* à moda.
mö.gen [mø:guen] *v.* querer, desejar, gostar.
mög.lich [mø:kliçh] *adj.* possível, provável.
Mög.lich.keit [møkliçh-káit] *s.f., -en.* possibilidade.
Mohn [mô:n] *s.m., -e.* papoula.
Möh.re [mø:re] *s.f., -n.* cenoura.
Molch [mólçh] *s.m., -e.* salamandra.
Mol.ke, [mólke] *s.f., -n.* soro de leite.
Mol.ke.rei [mólke-rái] *s.f., -en.* leiteria.

Moll [mól] *s.n. (sem plural). (mú)* bemol; *~ton:* tom menor.
Mo.ment [moment] *s.m. ou s.n., -n.* momento, instante.
Mon.arch [mónarçh] *s.m., -en.* monarca.
Mon.ar.chie [mô-narçhí:] *s.f., -n.* monarquia.
Mo.nat [mô:nat] *s.m., -e.* mês.
mo.nat.lich [mô:nat-liçh] *adj.* mensal; *adv.* mensalmente, por mês.
Mönch [møngh] *s.m., -e.* monge, frade.
Mönchs.or.den [møngçhs-órden] *s.m., -.* ordem monástica.
Mond [mônt] *s.m., -e.* lua; período de uma lunação, mês.
Mond.fin.ster.nis [mônt-fínster-nis] *s.f., Mondfinsternisse.* eclipse da lua.
Mond.licht [mônt-liçht] *s.n. (sem plural).* luar.
Mond.schein [mônt-cháin] *s.m. (sem plural).* luar.
Mond.si.chel [mônt-ziçhel] *s.f., -n.* quarto de lua, crescente ou minguante.
mond.süch.tig [mônt-zyçh-tiçh] *adj.* lunático; sonâmbulo.
Mon.tag [môntá:k] *s.m., -e.* segunda-feira.
mon.tie.ren [montí:ren] *v.* montar; instalar.
Moor [mô:r] *s.n., -e.* pântano, charco.
Moos [mô:s] *s.n., -e.* musgo.
Mo.ral [morá:l] *s.f., -en.* moral.
mo.ra.lisch [morá:lich] *adj.* moral.
Mo.rast [morást] *s.m., -e ou Moräste.* lama; pântano, lodaçal.
Mord [mórt] *s.m., -e.* homicídio, assassinato.
mor.den [mórden] *v.* assassinar.
Mör.der [mørda] *s.m., -.* assassino, homicida.
mör.de.risch [mørderich] *adj.* homicida; sangrento, mortal.

MORGEN • MUSTERUNG

Mor.gen [mórguen] s.m., -. manhã; leste, oriente; *am –, des –s*: de manhã, pela manhã; *am anderen –*: na manhã seguinte; *um 8 Uhr –s*: às 8 (horas) da manhã; *guten –*: bom dia; adv. amanhã.

Mor.gen.däm.me.rung [mórguen-déme-runk] s.f., -en. alvorada.

mor.gend.lich [mórguent-liçh] adj. matutino, da manhã.

Mor.gen.land [mórguen-lánt] s.n. *(sem plural)*. oriente; levante.

Mor.gen.stern [mórguen-chtérn] s.m. *(sem plural)*. estrela-d'alva, estrela matutina; Vênus.

Mor.gen.tau [mórguen-táu] s.m. *(sem plural)*. orvalho.

morsch [mórch] adj. podre, frágil; *– Zahn*: dente cariado.

Mör.ser [mørza] s.m., -. almofariz, pilão; morteiro.

Mör.tel [mørtel] s.m. *(sem plural)*. argamassa.

Mo.schee [mô-chê:] s.f., -n. mesquita.

Most [móst] s.m., -e. mosto, *Apfel-*: cidra.

Mot.te [móte] s.f., -n. traça.

Mot.to [móto] s.n., -. lema, moto.

Mö.we [møːve] s.f., -n. gaivota.

Mücke [múke] s.f., -n. mosquito.

Mucken [múken] plural. caprichos, manhas; v. fazer manha.

mü.de [myːde] adj. cansado, fatigado.

Mü.dig.keit [myːdiçh-káit] s.f. *(sem plural)*. cansaço, fadiga.

Muff [múf] s.m., -e. musgo, mofo.

muf.fig [múfiçh] adj. mofado.

Mü.he [myːe] s.f., -n. trabalho, incômodo; esforço, fadiga; *sich die – machen*: dar-se ao trabalho de, der*– wert*: valer a pena; *sich – geben*: ter cuidado; esforçar-se.

mü.he.los [myːe-lôs] adv. sem esforço, facilmente.

mü.hen [myːen] v. esforçar-se.

mu.hen [múːen] v. mugir.

Müh.le [myːle] s.f., -n. moinho.

Mühl.rad [myːl-ráːt] s.n., *Mühlräder*. roda de moinho.

Müh.sal [myːzál] s.f., -e. labuta; fadiga, sacrifício.

müh.sam [myːzám] adj. trabalhoso, penoso, difícil.

müh.se.lig [myːzë-liçh] adj. trabalhoso, penoso, difícil.

Mul.de [múlde] s.f., -n. tigela, gamela; *Erd-*: depressão no terreno, vale.

Müll [myl] s.m. *(sem plural)*. lixo, cascalho.

Mül.ler [myla] s.m., -. moleiro.

mul.mig [múlmiçh] adj. abafado; podre, carcomido (madeira); *(fig.)* suspeitoso.

Mu.mie [múːmie] s.f., -n. múmia.

mu.mi.fi.ziert [múmi-fítsiːrt] adj. mumificado.

Mund [múnt] s.m., *Münder*. boca.

Mund.art [múnt-árt] s.m., -en. dialeto.

mund.art.lich [múnt-árt-liçh] adj. dialetal.

Mün.del [myndel] s.m., -. pupilo.

mün.den [múnden] v. saber bem; *sich – lassen*: gozar, saborear.

mün.den [mynden] v. desaguar, desembocar.

mund.faul [múnt-fául] adj. lacônico; de poucas palavras.

mün.dig [myndiçh] adj. de maior idade, maior; *– sprechen*: emancipar.

münd.lich [mynt-liçh] adj. oral, verbal; adv. de viva voz.

Mund.stück [múnt-chtyk] s.n., -e. boquilha, bocal; embocadura.

Mund.win.kel [múnt-vinkel] s.m., -. canto da boca; comissura dos lábios.

Mu.ni.tion [munitsióːn] s.f. *(sem plural)*. munição.

mun.keln [mún-kéln] v. murmurar, cochichar.

Mün.ster [mynsta] s.n., -. catedral; sé.

mun.ter [múnta] adj. esperto, vivo, alegre.

Mun.ter.keit [múnta-káit] s.f., -en. vivacidade, alegria.

Mün.ze [myntse] s.f., -n. moeda; medalha.

mür.be [myrbe] adj. mole, tenro.

Murks [múrks] s.m. *(sem plural)*. trabalho malfeito.

mur.meln [múr-méln] v. murmurar.

Mur.mel.tier [múrmél-tiːr] s.n., -e. marmota.

mur.ren [múːren] v. resmungar; queixar-se.

mür.risch [myːriçh] adj. rabugento.

Mus [múːs] s.n. ou s.m., -e. purê, mingau; *– von Früchten*: doce de frutas; marmelada, goiabada etc.

Mu.schel [múchel] s.f., -n. concha, marisco.

Mu.se.um [muzéːum] s.n., *Museen*. museu.

Mu.sik [muzíːk] s.f. *(sem plural)*. música.

mu.si.ka.lisch [muziká:lich] adj. musical.

Mu.si.kant [muzikánt] s.m., -en. músico.

Mus.kat [mús-kát] s.m., -e. noz-moscada.

Mus.kel [múskel] s.m., -n. músculo.

Mus.ke.tier [múske-tiːr] s.m., -en. mosqueteiro.

Muss [mús] s.n. *(sem plural)*. necessidade, carência.

Mu.ße [múːsse] s.f. *(sem plural)*. folga, descanso, ócio.

müs.sen [myssen] v. precisar, dever.

mü.ßig [myːssiçh] adj. ocioso, desocupado.

Mü.ßig.gang [myːssiçh-gánk] s.m. *(sem plural)*. ociosidade; folga.

Mu.ster [músta] s.n., -. amostra, modelo.

mu.ster.gül.tig [músta-gyltiçh] adj. exemplar, modelo.

mu.stern [mús-térn] v. inspecionar, examinar, passar em revista.

Mu.ste.rung [mús-terunk] s.f., -en. inspeção, exame.

MUT • MYTHOS, MYTHUS

Mut [mút] *s.m. (sem plural).* ânimo, coragem, denôdo; *jemandem – machen:* animar alguém; *den – sinken lassen:* desanimar; *guten –es:* otimista.

mu.tig [mú:tiçh] *adj.* corajoso, valente.

mut.los [mú:t-lôs] *adj.* desanimado.

mut.maß.lich [mú:t-másliçh] *adj.* presumível, provável.

Mut.ma.ßung [mút-má:ssunk] *s.f., -en.* conjetura, suspeita; hipótese.

Mut.ter [múta] *s.f., Mütter.* mãe.

müt.ter.lich [myta-liçh] *adj.* materno, maternal.

Mut.ter.mal [múta-mál] *s.n., -e.* sinal de nascença.

Mut.ter.schaft [múta-cháft] *s.f. (sem plural).* maternidade.

Mut.ter.spra.che [múta-chprárre] *s.f., -n.* língua materna.

mut.wil.lig [mut-viliçh] *adj.* travesso, malicioso; *adv.* propositalmente, intencionalmente.

Müt.ze [mytse] *s.f., -n.* boné, gorro.

my.ste.ri.ös [mysteriø:s] *adj.* misterioso.

my.sti.fi.zie.ren [mystifi-tsí:ren] *v.* mistificar, burlar.

My.stik [mystik] *s.f. (sem plural).* mística, misticismo.

My.sti.ker [mystika] *s.m., -.* mistico.

my.stisch [mystich] *adj.* místico.

My.tho.lo.gie [mytologuí:] *s.f., -n.* mitologia.

My.thos, My.thus [my:tos, my:tus] *s.m., Mythen.* mito.

N

N [én] décima quarta letra do alfabeto alemão; N, n.
Na! [ná] *interj.* ora!; então!
Na.be [ná:be] cubo da roda.
Na.bel [ná:bel] umbigo.
nach [nárr] *prep.* a, para, depois, conforme, segundo.
nach.äf.fen [nárr-éfen] *v.* imitar, copiar; arremedar, macaquear.
nach.ah.mens.wert [nárr-á:mens-vért] *adj.* digno de imitação, exemplar.
Nach.ah.mung [nárr-á:munk] *s.f., -en.* imitação, cópia, falsificação.
Nach.bar [nárr-bá:r] *s.m., -n.* vizinho.
nach.bar.lich [nárr-bá:rlich] *adj.* vizinho.
Nach.bar.schaft [nárr-bá:r-cháft] *s.f. (sem plural).* vizinhança, proximidade.
Nach.be.hand.lung [nárr-berhánt-lunk] *s.f., -en. (med.)* observação após um tratamento.
nach.be.stel.len [nárr-be-chtélen] *v.* fazer um pedido suplementar, refazer um pedido.
nach.be.ten [nárr-bê:ten] *v.* repetir o que se ouve; falar sem refletir.
Nach.bil.dung [nárr-bíldunk] *s.f., -en.* imitação, réplica; cópia.
nach.dem [nárr-dê:m] *conj.* após, depois que; segundo, conforme.
nach.den.ken [nárr-dênken] *v.* refletir, meditar, ponderar; reflexão, meditação.
nach.denk.lich [nárr-dênk-lich] *adj.* pensativo, meditativo.

Nach.druck [nárr-drúk] *s.m., -e.* ênfase, insistência; energia; *(tipog.)* reprodução, reimpressão.
nach.drucken [nárr-drúken] *v.* reimprimir.
nach.drück.lich [nárr-dryk-lich] *adj.* enérgico, forte, enfático, incisivo; expressivo, vigoroso; marcante.
nach.ei.fern [nárr-ái-férn] *v.* emular, tentar imitar, seguir o exemplo de.
nach.ein.an.der [nárr-áin-ánda] *adv.* um atrás do outro, em sequência.
nach.emp.fin.den [nárr-empfínden] *v.* compreender os sentimentos de alguém.
nach.fah.ren [nárr-fá:ren] *v.* seguir, ir atrás de alguém.
Nach.fol.ge [nárr-fólgue] *s.f. (sem plural).* sucessão, sequência.
nach.fol.gend [nárr-fólguent] *adj.* seguinte.
nach.for.schen [nárr-fórchen] *v.* investigar, indagar, buscar.
Nach.fra.ge [nárr-frá:gue] *s.f., -n.* indagação à procura de informação; demanda, procura.
nach.ge.ben [nárr-guê:ben] *v.* anuir, ceder, condescender.
nach.ge.hen [nárr-guê:en] *v.* seguir, obedecer.
nach.ge.macht [nárr-guemárrt] *adj.* imitado, feito segundo um modelo.
nach.ge.ord.net [nárr-gue-órt-net] *adj.* subordinado.
nach.gie.big [nárr-guí:bich] *adj.* flexível, condescendente, tolerante.

nach.grü.beln [nárr-grybéln] *v.* matutar, ponderar, meditar.
nach.hal.tig [nárr-rháltich] *adj.* eficaz, duradouro.
nach.her [nárr-rhéa] *adv.* depois, em seguida.
Nach.hil.fe [nárr-rhílfe] *s.f., -n.* aula de reforço, ajuda.
nach.ho.len [nárr-rhô:len] *v.* recobrar, recuperar, reparar.
Nach.hut [nárr-rhú:t] *s.f., -en.* retaguarda.
nach.ja.gen [nárr-iá:guen] *v.* perseguir, correr atrás de.
Nach.kom.me [nárr-kóme] *s.m., -n.* filho, descendente.
Nach.kömm.ling [nárr-kømlink] *s.m., -e.* descendente.
nach.kom.men [nárr-kómen] *v.* chegar mais tarde; obedecer, cumprir.
Nach.kom.men.schaft [nárr-kómen-cháft] *s.f. (sem plural).* descendência, posteridade.
Nach.lass [nárr-lás] *s.m., -e.* redução, abatimento; herança, legado.
nach.las.sen [nárr-lássen] *v.* afrouxar, diminuir, cessar; abater; relegar; legar; *nachgelassenes Werk:* obra póstuma.
nach.läs.sig [nárr-léssich] *adj.* negligente, descuidado.
Nach.läs.sig.keit [nárr-léssich-káit] *s.f., -en.* negligência, descuido.
nach.le.sen [nárr-lê:zen] *v.* respigar; *in einem Buch –:* ler em um livro, consultar um livro.
Nach.lie.fe.rung [nárr-li:ferunk] *s.f., -en.* remessa suplementar.
nach.mals [nárr-mals] *adv.* posteriormente.

nach.mes.sen [nárr-méssen] v. verificar, medir outra vez.

Nach.mit.tag [nárr-mita:k] s.m., -e. tarde.

nach.mit.tags [nárr-mitaks] adv. à tarde.

Nach.nah.me [nárr-ná:me] s.f., -n. reembolso, pagamento.

nach.prü.fen [nárr-pry:fen] v. revisar, verificar, conferir.

nach.rech.nen [nárr-réçh-nen] v. verificar ou conferir uma conta.

Nach.re.de [nárr-ré:de] s.f., -n. epílogo; *üble –*: difamação.

Nach.richt [nárr-riçht] s.f., -en. notícia, informação, noticiário (*pl.*).

Nach.ruf [nárr-rú:f] s.m., -e. necrológio.

Nach.satz [nárr-záts] s.m., *Nachsätze.* consequência, conclusão.

Nach.schlüs.sel [nárr-chlyssel] s.m., -. gazua; chave falsa.

Nach.schrift [nárr-chrift] s.f., -en. pós-escrito; apostila.

Nach.schub [nárr-chú:p] s.m., *Nachschübe.* abastecimento, aprovisionamento; reforços, reservas (tropas).

nach.se.hen [nárr-zê:en] v. seguir com os olhos, revisar; ação de examinar.

Nach.sen.dung [nárr-zêndunk] s.f., -en. expedição; envio.

nach.sich.tig [nárr-ziçh-tiçh] adj. indulgente.

Nach.sil.be [nárr-zilbe] s.f., -n. sufixo.

nach.sin.nen [nárr-zinen] v. refletir, meditar.

Nach.spei.se [nárr-chpáize] s.f., -n. sobremesa.

Nach.spiel [nárr-chpi:l] s.n., -e. epílogo; conclusão; repercussão.

nach.spre.chen [nárr-chprê-çhen] v. repetir as palavras de alguém.

nach.spü.ren [nárr-chpy:ren] v. investigar, seguir o rastro de.

nächst [néçhst] adv. perto; próximo; prep. depois, logo após; *in –er Nähe*: nas imediações de; *in –er Zeit*: em breve, brevemente.

nächst.best [néçhst-bést] adj. o segundo melhor; o segundo em qualidade.

nächst.dem [néçhst-dê:m] adv. depois, a seguir.

näch.ste [néçhste] adj. próximo, seguinte; o mais próximo.

nach.ste.hend [nárr-chtê:ent] adj. que segue, seguinte.

Nach.stel.len [nárr-chtélen] v. pôr detrás de; atrasar (o relógio); perseguir; armar cilada.

Nach.stel.lung [nárr-chtélunk] s.f., -en. perseguição; cilada.

näch.stens [néçhstens] adv. em breve, dentro em pouco.

nach.stre.ben [nárr-chtrê:ben] v. perseguir, aspirar a.

nach.su.chen [nárr-zú:rren] v. procurar, solicitar, requerer.

Nacht [nárrt] s.f., *Nächte.* noite; *über –*: de um dia para outro; *über – bleiben*: passar a noite; *gute –!*: boa noite!; *heute –*: hoje à noite; *zu – essen*: cear; *in der – arbeiten*: fazer serão; *– werden*: anoitecer; *bei einbrechender –*: ao anoitecer.

Nacht.ar.beit [nárrt-árbáit] s.f., -en. trabalho noturno; serão, vigília.

Nacht.dienst [nárrt-di:nst] s.m., -e. serviço noturno.

Nach.teil [nárr-táil] s.m., -e. desvantagem, defeito, inconveniente; prejuízo.

nach.tei.lig [nárr-táiliçh] adj. desfavorável, prejudicial.

Nacht.es.sen [nárrt-éssen] s.n., -. jantar, ceia.

Nacht.eu.le [nárrt-óile] s.f., -n. coruja, mocho.

Nacht.fal.ter [nárrt-fálta] s.m., -. mariposa; falena.

Nach.ti.gall [nárr-tigál] s.f., -en. rouxinol.

Nach.tisch [nárr-tich] s.m. (*sem plural*). sobremesa.

nächt.lich [néçht-liçh] adj. noturno.

nach.trag [nárr-trá:k] s.m., *Nachträge.* suplemento, aditamento.

nach.tra.gen [nárr-trá:guen] v. levar a reboque; carregar atrás; complementar; (*fig.*) guardar rancor.

nach.träg.lich [nárr-tré:k-liçh] adj. ulterior, posterior.

nachts [nárrts] adv. de noite.

Nacht.topf [nárrt-tópf] s.m., *Nachttöpfe.* penico, urinol.

Nacht.wäch.ter [nárrt-véçhta] s.m., -. guarda-noturno; vigia noturno.

Nacht.wand.ler [nárrt-vánt-la] s.m., -. sonâmbulo.

nach.wach.sen [nárr-váksen] v. voltar a crescer, rebrotar; renovar-se.

nach.we.hen [nárr-vê:en] *plural.* dores puerperais; dores depois do parto.

nach.wei.sen [nárr-váizen] v. provar, indicar, demonstrar.

Nach.welt [nárrt-vélt] s.f. (*sem plural*). posteridade; porvir.

Nach.wir.kung [nárr-virkunk] s.f., -en. consequência, repercussão; efeito secundário, reação.

Nach.wort [nárr-vórt] s.n., -e. epílogo; posfácio.

Nach.wuchs [nárr-vúks] s.m. (*sem plural*). descendência; nova geração; os jovens.

nach.zah.len [nárr-tsá:len] v. pagar depois, pagar a diferença.

nach.zäh.len [nárr-tsê:len] v. contar; verificar.

nach.zeich.nen [nárr-tsáiçh-nen] v. copiar (desenho) de um modelo.

Nacken [náken] s.m., -. nuca, pescoço.

nackend [nákent] adj. nu, despido.

nackig [nákiçh] adj. nu, despido.

nackt [nákt] adj. nu, despido.

Nackt.heit [nákt-ráit] s.f. (*sem plural*). nudez.

Na.del [ná:del] s.f., -n. agulha; alfinete.

Na.del.baum [ná:del-bàum] *s.m.,* *Nadelbäume.* pinheiro; conífera.

Na.del.öhr [ná:del-ø:a] *s.n.,* *-e.* buraco da agulha.

Na.del.wald [ná:del-vált] *s.m.,* *Nadelwälder.* pinhal; floresta de conífera.

Na.gel [ná:guel] *s.m., Nägel.* unha; prego, cavilha.

na.geln [ná:guéln] *v.* pregar.

na.gel.neu [ná:guel-nói] *adj.* novo em folha.

na.gen [ná:guen] *v.* roer; carcomer.

Na.ge.tier [ná:gue-ti:r] *s.n., -e.* animal roedor.

Näh.ar.beit [nè:-árbáit] *s.f., -en.* costura.

na.he [ná:e] *adj.* próximo, perto; iminente.

Nä.he [nè:e] *s.f. (sem plural).* proximidade, vizinhança.

na.hen [ná:en] *v.* aproximar-se.

nä.hen [nè:en] *v.* coser, costurar.

Nä.he.rin [nè:erin] *s.f., -nen.* costureira.

nä.hern [nè:ern] *v.* aproximar-se.

Näh.ma.schi.ne [nè:-machí:ne] *s.f., -n.* máquina de costura.

näh.ren [nè:ren] *v.* alimentar, nutrir.

nahr.haft [ná:r-rháft] *adj.* nutritivo.

Nah.rung [ná:runk] *s.f. (sem plural).* alimento.

Näh.sei.de [nè:-záide] *s.f., -n.* retrós.

Naht [nát] *s.f., Nähte.* costura, sutura.

Näh.zeug [nè:tsóik] *s.n. (sem plural).* estojo de utensílios para costura.

Na.me [ná:me] *s.m., -n.* nome; sobrenome.

na.men.los [ná:men-lôs] *adj.* anônimo, sem nome; inominável, indizível.

Na.mens.vet.ter [na:mens-féta] *s.m., -.* homônimo, xará.

Na.mens.zug [ná:mens-tsú:k] *s.m., Namenszüge.* assinatura, rubrica.

na.ment.lich [ná:ment-liçh] *adj.* nominal; *adv.* sobretudo, principalmente.

nam.haft [nám-rháft] *adj.* notório, notável, considerável; ilustre.

näm.lich [ném-liçh] *adj.* mesmo; *adv.* a saber; pois que, é que...

na.nu! [na-nú] *interj.* essa agora!

Napf [nápf] *s.m., Näpfe.* tigela, gamela.

Nar.be [nárbe] *s.f., -n.* cicatriz, estigma.

nar.big [nárbiçh] *adj.* estigmatizado; cheio de cicatrizes.

nar.ko.tisch [narkótich] *adj.* narcótico.

Narr [nár] *e adj.s.m., -en.* louco, bobo, tolo; bufão.

nar.ren [ná-ren] *v.* fazer de bobo, zombar.

Nar.re.tei [ná-re-tái] *s.f., -en.* tolice.

Narr.heit [nár-rháit] *s.f. (sem plural).* loucura.

när.risch [né-rich] *adj.* louco, tolo.

na.schen [náchen] *v.* petiscar.

Nasch.maul [nách-mául] *s.n., Naschmäuler.* glutão.

Nasch.werk [nách-vérk] *s.n., -e.* guloseimas, doces.

Na.se [ná:ze] *s.f., -n.* nariz; *jemandem eine lange – machen:* fazer pouco de alguém; *an der – herumführen:* fazer troça de; levar pelo nariz, fazer gato e sapato de; *jemandem auf der – herumtanzen:* não se importar com alguém, fazer pouco caso de alguém; *jemandem unter die – reiben:* atirar à cara de alguém; *jemandem die Tür vor der – zuschlagen:* bater a porta na cara de alguém.

nä.seln [nézèln] *v.* falar pelo nariz; ser fanhoso; nasalar.

Na.sen.flü.gel [ná:zen-fly:guel] *s.m., -.* aletas do nariz; narinas.

Na.sen.loch [ná:zen-lòrr] *s.n., Nasenlöcher.* fossa nasal, narina.

na.se.weis [ná:ze-váis] *adj.* curioso, indiscreto.

Nas.horn [nás-rhórn] *s.n., Nashörner.* rinoceronte.

nass [nás] *adj.* molhado; úmido.

Näs.se [nésse] *s.f. (sem plural).* umidade.

näs.sen [néssen] *v.* molhar, umedecer.

nass.kalt [nás-kált] *adj.* úmido e frio.

Na.tion [natsió:n] *s.f., -en.* nação.

Nat.ter [náta] *s.n., -n.* cobra, víbora.

Na.tur [natú:r] *s.f., -en.* natureza.

Na.tu.ra.li.en [naturá:lien] *plural.* produtos naturais; objetos de história natural.

Na.tur.arzt [natú:r-àrtst] *s.m., Naturärzte.* médico naturalista, curandeiro.

Na.tur.for.scher [natú:r-fórcha] *s.m., -.* naturalista.

Na.tur.ge.schich.te [natú:r-guechíçhte] *s.f. (sem plural).* história natural.

Na.tur.ge.setz [natú:r-guezéts] *s.n., -e.* lei natural.

na.tür.lich [natyr-liçh] *adv.* naturalmente.

Na.tür.lich.keit [natyr-liçh-káit] *s.f. (sem plural).* simplicidade, naturalidade.

Na.zi [ná:tsi] *s.m., -e.* nazista.

Na.zi.zeit [ná:tsi-tsait] *s.f. (sem plural).* época nazista.

Ne.bel [nè:bel] *s.m., -.* nevoeiro, neblina.

ne.bel.haft [nè:bel-rháft] *adj.* nebuloso; vago.

ne.be.lig [nè:beliçh] *adj.* nebuloso; vago.

ne.ben [nè:ben] *prep. e adv.* ao lado de, perto de.

ne.ben.ab.sicht [nè:ben-apçíçht] *s.f., -en.* segunda intenção; objetivo secundário.

ne.ben.an [nè:ben-án] *adv.* ao lado.

Ne.ben.ar.beit [nè:ben-árbáit] *s.f., -en.* trabalho extra, trabalho paralelo.

ne.ben.bei [nè:ben-bái] *adv.* ao lado, além disso.

Ne.ben.be.ruf [nè:ben-berú:f] *s.m., -e.* segunda profissão.

Ne.ben.be.schäf.ti.gung [nê:ben-be-chéf-ti-gunk] *s.f., -en*, - trabalho temporário.

ne.ben.ein.an.der [nê:ben-áin-ánda] *adv.* um ao lado do outro.

ne.ben.hin [nê:ben-rhín] *adv.* acessoriamente; de passagem, por alto.

Ne.ben.li.nie [nê:ben-l:nie] *s.f.*, -n. linha (co)lateral; ramal ferroviário.

Ne.ben.mann [nê:ben-mán] *s.m., Nebenmänner* ou *Nebenleute.* vizinho de fila, par; companheiro.

Ne.ben.pro.dukt [nê:ben-produkt] *s.n., -e.* derivado; subproduto.

Ne.ben.sa.che [nê:ben-zárre] *s.f., -n.* coisa secundária; coisa sem importância.

nebst [népst] *prep.* com, acompanhado de; além de.

necken [néken] *v.* provocar; gracejar.

neckisch [nékich] *adj.* travesso; provocante.

Nef.fe [néfe] *s.m., -n.* sobrinho.

Ne.ger [né:ga] *s.m.,* -. negro, preto.

neh.men [nê:men] *v.* tomar, pegar em, levar, tirar; *an sich –*: ficar com; *auf sich –*: tomar a seu cargo; *in Empfang –*: receber; *zu sich –*: acolher; *Rache – für*: vingar-se de; *zu – verstehen*: saber lidar com alguém, dar-se com alguém; *beim Wort –*: lembrar; *auf die leichte Schulter –*: fazer pouco caso de; *wie man's nimmt*: conforme.

Neh.rung [nê:runk] *s.f., -en.* estreita faixa de terra.

Neid [náit] *s.m. (sem plural).* inveja.

nei.disch [náidich] *adj.* invejoso.

Nei.ge [náigue] *s.f., -n.* resto, fim, pé; *bis zur – trinken*: beber até a última gota.

nei.gen [náiguen] *v.* inclinar, tender para.

Nei.gung [náigunk] *s.f., -en.* inclinação, tendência.

nein [náin] *e adv.* não.

Nel.ke [nélke] *s.f., -n.* cravo, cravo-da-índia.

nen.nen [nénen] *v.* nomear, chamar, denominar.

Nen.ner [néna] *s.m.,* -. denominador.

Nenn.fall [nén-fál] *s.m. (sem plural). (gram.)* nominativo.

Nen.nung [nénunk] *s.f., -en.* nomeação, citação.

Nerv [nérf] *s.m., -en.* nervo.

ner.ven.schwach [nérfen-chvárr] *adj.* neurastênico.

ner.ven.stär.kend [nérfen-chtérkent] *adj.* tônico para os nervos.

ner.vig [nérfich] *adj.* enervado, nervoso.

ner.vös [nervö:s] *adj.* nervoso, neurastênico.

Nes.sel [néssel] *s.f., -n.* urtiga.

Nest [nést] *s.n., -er.* ninho.

ne.steln [nés-téln] *v.* atar, ligar.

Nest.häk.chen [nést-rhék-chen] *s.n.,* -. o último da ninhada; filho caçula.

nett [nét] *adj.* simpático, bonito, gentil.

net.to [néto] *adv.* limpo, líquido (peso).

Netz [néts] *s.n., -e.* rede; trama.

net.zen [nétsen] *v.* molhar, umedecer.

Netz.haut [néts-rháut] *s.f., Netzhäute.* retina.

neu [nói] *adj.* novo, recente, moderno; *fast -, wie -*: em estado de novo; *-ere Sprachen*: línguas vivas; *nichts –es*: nada de novo; *das ist mir –*: não sabia, para mim é novidade; *aufs –s, von –em*: de novo.

Neu.auf.la.ge [nói-auf-lá:gue] *s.f., -n.* reedição, reimpressão.

Neu.bau [nói-báu] *s.m.,* -. *Neubauten.* construção nova.

neu.er.dings [nóia-dinks] *adv.* recentemente, ultimamente.

Neu.e.rer [nóie-ra] *s.m.,* -. reformador, inovador.

Neu.e.rung [nóie-runk] *s.f., -en.* inovação, reforma, novidade.

neu.ge.bo.ren [nói-guebô:ren] *adj.* recém-nascido.

Neu.ge.stal.tung [nói-guechtáltunk] *s.f., -en.* reorganização.

Neu.gier [nói-guí:r] *s.f. (sem plural).* curiosidade.

Neu.gier.de [nói-gírde] *s.f. (sem plural).* curiosidade.

neu.gie.rig [nói-guí:rich] *adj.* curioso.

Neu.heit [nói-rháit] *s.f., -en.* novidade.

Neu.ig.keit [nói-içh-káit] *s.f., -en.* notícia, nova, novidade.

Neu.jahr [nói-iá:r] *s.n. (sem plural).* Ano-novo.

neu.lich [nói-lich] *adj.* recente; *adv.* há pouco.

Neu.ling [nói-link] *s.m.,* -. principiante, novato.

neu.mo.disch [nói-mô:dich] *adj.* da última moda.

Neu.mond [nói-mônt] *s.m. (sem plural).* lua nova.

neun [nóin] *num.* nove.

neun.te [nóin-te] *num.* nono; a nona parte.

Neun.tel [nóin-têl] *s.n.,* -. a nona parte.

neun.zehn [nóin-tsê:n] *num.* dezenove.

neun.zig [nóin-tsiçh] *num.* noventa.

neu.ver.mählt [nói-fermê:lt] *adj.* recém-casado.

nicht [niçht] *adv.* não.

Nich.te [niçhte] *s.f., -n.* sobrinha.

Nicht.er.fül.lung [niçht-ér-fylunk] *s.f., -en.* não cumprimento, não observância.

Nicht.er.schei.nung [niçht-ér-cháinunk] *s.f., -en.* ausência.

nich.tig [niçh-tiçh] *adj.* fútil, vão, nulo.

Nich.tig.keit [niçh-tiçh-káit] *s.f., -en.* futilidade, nulidade.

nichts [niçhts] *adv.* não, nada; *für – und wieder –*: por nada; *mir – dir –*: sem mais nem menos; *– wissen von*: não saber nada de.

nichtde.sto.we.ni.ger [nĭchts-désto-vêniga] *conj.* nem por isso, não obstante, contudo.

nichts.nut.zig [níchts-nútsich] *adj.* inútil, ruim.

nichts.sa.gend [níchts-zá:guent] *adj.* insignificante.

Nichts.tu.er [níchts-tú:a] *s.m.,* -. vadio, malandro, preguiçoso.

Nicht.wis.sen [nícht-vissen] *s.n.,* -. desconhecimento, ignorância.

Nickel [níkel] *s.n.* (sem plural). níquel.

nicken [níken] *v.* inclinar a cabeça, acenar com a cabeça.

nie [ni:] *adv.* nunca, jamais.

nie.der [ní:da] *adj.* baixo, inferior, ignóbil, mesquinho; *adv.* abaixo.

nie.der.bre.chen [ní:da-bréçhen] *v.* derrubar.

nie.der.bren.nen [ní:da-brénen] *v.* queimar, destruir pelo fogo.

nie.der.drücken [ní:da-dryken] *v.* abaixar; oprimir; deprimir.

nie.der.ducken [ní:da-dúken] *v.* agachar.

nie.der.fal.len [ní:da-fálen] *v.* cair.

Nie.der.gang [ní:da-gánk] *s.m.* (sem plural). decadência; ocaso, declínio.

nie.der.ge.schla.gen [ní:da-gue-chlá:guen] *adj.* deprimido, abatido.

nie.der.kni.en [ní:da-kní:en] *v.* ajoelhar.

Nie.der.la.ge [ní:da-lá:gue] *s.f.,* -n. armazém, depósito, sucursal/derrota.

nie.der.las.sen [ní:da-lássen] *v.* abaixar; *sich* –: sentar-se.

Nie.der.las.sung [ní:da-lássunk] *s.f.,* -en. colônia, estabelecimento, consultório.

nie.der.met.zeln [ní:da-mé-tsêln] *v.* matar, assassinar, massacrar.

nie.der.rei.ßen [ní:da-ráissen] *v.* abater, derrubar.

Nie.der.schlag [ní:da-chlá:k] *s.m., Niederschläge.* precipitado, sedimento.

Nie.der.schrift [ní:da-chrift] *s.f.,* -en. ata, minuta; anotações, apontamento.

nie.der.stei.gen [ní:da-chtáiguen] *v.* descer.

nie.der.sto.ßen [ní:da-chtó:ssen] *v.* derrubar.

nie.der.träch.tig [ní:da-tréçh-tiçh] *adj.* infame, abjeto.

nie.der.tre.ten [ní:da-trê:ten] *v.* calcar os pés em.

Nie.de.rung [ní:de-runk] *s.f.,* -en. vale, bacia; depressão no terreno.

nie.der.wärts [ní:da-vérts] *adv.* para baixo.

nie.der.wer.fen [ní:da-vérfen] *v.* derrubar.

nied.lich [ní:t-liçh] *adj.* engraçado; gracioso.

nied.rig [ní:drich] *adj.* baixo, pequeno.

nie.mals [ní:-máls] *adv.* nunca, jamais.

nie.mand [ní:-mánt] *pron.* ninguém.

Nie.re [ní:re] *s.f.,* -n. rim.

Nie.ren.ent.zün.dung [ní:ren-entsyndunk] *s.f.,* -en. nefrite.

Nie.ren.stück [ní:ren-chtyk] *s.n.,* -e. lombo.

nie.sen [ní:zen] *v.* espirrar.

Nieß.brauch [nís-bráurr] *s.m., Nießbräuche.* usufruto.

Nieß.nut.zer [nís-nútsa] *s.m.,* -. usufrutuário.

Nie.te [ní:te] *s.f.,* -n. rebite; falha.

nie.ten [ní:ten] *v.* rebitar.

Nil.pferd [níl-pfért] *s.n.,* -e. hipopótamo.

nim.mer [níma] *adv.* nunca mais, não mais; jamais.

nim.mer.mehr [níma-mê:r] *adv.* nunca mais, não mais; jamais.

nim.mer.satt [níma-zát] *adj.* comilão, glutão; insaciável.

nip.pen [nípen] *v.* bebericar.

Nipp.sa.chen [níp-zárren] *plural.* quinquilharias, bugigangas.

nir.gend [nír-guent] *adv.* em nenhuma parte.

Ni.sche [níche] *s.f.,* -n. nicho, vão.

Nis.se [nísse] *s.f.,* -n. lêndea.

ni.sten [nísten] *v.* aninhar; fazer ninho.

Ni.xe [níkse] *s.f.,* -n. ninfa aquática; ondina.

noch [nórr] *adv.* ainda, todavia.

noch.ma.lig [nórr-máliçh] *adj.* repetido, reiterado.

noch.mals [nórr-máls] *adv.* outra vez, mais uma vez.

no.ma.disch [nô:madich] *adj.* errante; nômade.

No.mi.na.tiv [nominati:f] *s.m.,* -e. (*gram.*) caso nominativo.

Non.ne [nóne] *s.f.,* -n. freira, religiosa.

Nord [nórt] *s.n.* (sem plural). norte.

nörd.lich [nørt-liçh] *adj.* setentrional.

Nord.licht [nórt-liçht] *s.n.,* -er. aurora boreal.

nord.wärts [nørt-vérts] *adv.* para o norte.

Not [nô:t] *s.f., Nöte.* necessidade, falta, miséria, apuros, urgência, precisão, perigo; – *leiden:* estar na miséria; *an – leiden:* carecer de; – *haben mit:* estar a braços com; ter dificuldades com; *es hat keine –:* não há perigo, não tem dúvida; *zur –:* no pior dos casos; – *tun:* ser preciso; *wenn – am Mann ist:* em caso de urgência.

Not.brem.se [nô:t-brêm-ze] *s.f.,* -n. freio de emergência.

not.dürf.tig [nô:t-dyrf-tiçh] *adj.* provisório, precário.

No.te [nô:te] *s.f.,* -n. nota; nota musical.

Not.hil.fe [nô:t-rhilfe] *s.f.,* -n. serviço de emergência.

no.tie.ren [noti:ren] *v.* anotar, apontar.

nö.tig [nø:tiçh] *adj.* preciso; necessário.

nö.ti.gen [nø:tiguen] *v.* obrigar, forçar, coagir.

Nö.ti.gung [nø:tigunk] *s.f.,* -en. intimação.

No.tiz.buch [nôtits-búrr] *s.n., Notizbücher.* caderneta de apontamentos; agenda.

NOTLEIDEND • NYMPHE

not.lei.dend [nô:t-láident] *adj.* necessitado.

Not.ruf [nô:t-ru:f] *s.m.*, -e. chamada de emergência, pedido de socorro.

Not.stand [nô:t-chtánt] *s.m.*, *Notstände*. situação premente, estado de emergência.

Not.wehr [nôt-vê:r] *s.f. (sem plural)*. legítima defesa.

not.wen.dig [nôt-vêndiçh] *adj.* necessário.

Not.wen.dig.keit [nôt-vêndiçh-káit] *s.f., -en.* necessidade.

No.vem.ber [novêmba] *s.m.*, -. novembro.

nu [nú] *adv.* num instante; num relance.

nüch.tern [nyçh-têrn] *adj.* em jejum, sóbrio; insípido; prosaico.

Nu.del [nú:del] *s.f., -n.* massa, macarrão.

null [núl] *num.* e *adj.* zero; *adj.* nulo.

nu.me.risch [nume:rich] *adj.* numérico.

Num.mer [núma] *s.f., -n.* número.

nun [nún] *adv.* agora, já.

nun.mehr [nún-mê:r] *adv.* doravante, daqui em diante.

nur [núa] *adj.* e *adv.* só, apenas, somente; não... senão; não... mais que; *nicht –, sondern auch*: não só... (como) mas também; *– zu!*: vamos! *wenn –*: contanto que.

Nuss [nús] *s.f., Nüsse.* noz, avelã; castanha.

Nuss.baum [nús-báum] *s.m.*, *Nussbäume.* nogueira.

Nuss.knacker [nús-knáka] *s.m.*, -. quebra-nozes.

nutz.bar [núts-bá:r] *adj.* utilizável, aproveitável.

Nutz.bar.keit [núts-ba:r-káit] *s.f., -en.* utilidade.

nutz.brin.gend [núts-bringuent] *adj.* útil, produtivo.

Nut.zen [nútsen] *s.m. (sem plural)*. vantagem, proveito; serventia, utilidade.

nüt.zen [nytsen] *v.* ser útil, servir.

Nutz.last [núts-lást] *s.f., -en.* carga útil.

nütz.lich [nyts-liçh] *adj.* útil.

nutz.los [núts-lôs] *adj.* inútil.

Nutz.lo.sig.keit [núts-lôziçh-káit] *s.f., -en.* inutilidade.

Nutz.nie.ßer [núts-ni:ssa] *s.m.*, -. beneficiário, usufrutuário.

Nut.zung [nútsunk] *s.f., -en.* usufruto, gozo.

Nym.phe [nym-fe] *s.f., -n.* ninfa; moça nova e graciosa.

O

O [ó:] décima quinta letra do alfabeto alemão; O, o.

Oa.se [oá:ze] s.f., -. oásis.

ob [óp] *conj.* e *prep.* se; als –: como se; *und –...!:* e se...!; –... *auch:* ainda que.

Ob.dach [óp-dárr] s.n. *(sem plural).* abrigo, asilo; telhado, cobertura.

ob.dach.los [óp-dárr-lôs] *adj.* desabrigado.

oben [ó:ben] *adv.* em cima, sobre.

oben.auf [ó:ben-áuf] *adv.* em primeiro lugar.

oben.er.wähnt [ó:ben-ér-vé:nt] *adj.* supra-citado, supra-referido; acima indicado, acima mencionado.

ober [ó:ba] *adj.* de cima, do alto; superior.

Ober.be.fehl [ó:ba-befé:l] s.m. -. comando superior.

Ober.be.griff [ó:ba-begrif] s.m., -e. conceito genérico.

Ober.flä.che [ó:ba-flêçhe] s.f., -n. superfície.

ober.fläch.lich [ó:ba-flêçh-liçh] *adj.* superficial.

Ober.ge.walt [ó:ba-guê-vált] s.f., -en. poder supremo.

ober.halb [ó:ba-hálp] *prep.* acima de.

Ober.hand [ó:ba-ránt] s.f., *Oberhände.* superioridade.

Ober.haut [ó:ba-ráut] s.f., *Oberhäute.* epiderme.

oberst [ó:berst] *adj.* superior, supremo.

Oberst [ó:bêrst] s.m., -en. coronel.

Ober.stu.fe [ó:ba-chtúfe] s.f., -n. nível superior, nível avançado.

Ober.teil [ó:ba-táil] s.m., -e. parte superior.

ob.gleich [óp-gláiçh] *conj.* ainda que; embora.

Ob.hut [óp-rhú:t] s.f. *(sem plural).* cuidado, proteção, amparo; guarda, tutela.

obig [ó:biçh] *adj.* supra-referido; acima mencionado.

Ob.jekt [óbiékt] s.n., -e. objeto.

Ob.ku.chen [ópst-kurren] s.m., -. bolo de fruta.

Obst [ópst] s.n. *(sem plural).* fruta; fruto.

Obst.gar.ten [ópst-gárten] s.m., *Obstgärten.* pomar.

Obst.ku.chen [ópst-kurren] s.m., -. bolo de fruta.

Obst.schüs.sel [ópst-chyssel] s.f., -n. fruteira.

Obst.wein [ópst-váin] s.m., -e. vinho de fruta.

Obst.zucht [ópst-zúrrt] s.f., -en. fruticultura.

ob.wal.ten [óp-válten] v. reinar, predominar, governar; existir, ser.

ob.wohl [óp-vô:l] *conj.* embora; apesar de.

Ochs [óks] e s.m., -n. boi.

Och.sen.au.ge [óksen-áugue] s.n., -n. olho de boi; claraboia.

Och.sen.ge.spann [óksen-guéch-pán] s.n., -e. junta de bois.

och.sig [óksiçh] *adj.* bovino; *(fig.)* lento, pesado, tardio; estúpido.

Öde [ø:de] s.f., -n. abandono, desolação; monotonia.

öde [ø:de] *adj.* ermo, deserto, inculto; triste.

Odem [ó:dem] s.m. *(sem plural).* hálito; alento; inspiração.

oder [ó:da] *conj.* ou, de outro modo; senão; aliás.

Ofen [ó:fen] s.m., *Öfen.* forno, estufa; fogão.

of.fen [ófen] *adj.* aberto, franco; público, manifesto.

of.fen.bar [ófen-bá:r] *adj.* evidente, notório; óbvio, visível.

of.fen.ba.ren [ófen-bá:ren] v. manifestar, revelar, mostrar.

of.fen.ba.rung [ófen-bá:runk] s.f., -en. manifestação, revelação.

Of.fen.heit [ofen-rháit] s.f. *(sem plural).* franqueza, sinceridade.

of.fen.her.zig [ófen-rhér-tsiçh] *adj.* franco, sincero; leal.

of.fen.kun.dig [ófen-kúndiçh] *adj.* conhecido, notório; aberto.

of.fent.lich [ǿfent-liçh] *adj.* público, manifesto.

Öf.fent.lich.keit [ǿfent-liçh-káit] s.f. *(sem plural).* publicidade; domínio público; opinião pública.

Of.fi.zier [ófi-tsí:r] s.m., -e. oficial.

öff.nen [ǿf-nen] v. abrir; franquear.

Öff.nung [ǿf-nunk] s.f., -en. abertura; passagem; orifício, furo.

oft [óft] *adv.* frequentemente.

oft.malig [óft-máliçh] *adj.* frequente.

oft.mals [óft-máls] *adv.* frequentemente.

oh.ne [ó:ne] *prep.* sem, destituído de.

oh.ne.dem, oh.ne.dies [ó:ne-dêm] *adv.* exceto, sem isso.

150

oh.ne.dies [ô:ne-dí:s] *adv.* exceto, sem isso.

oh.ne.hin [ône-rhin] *adv.* além disso.

Ohn.macht [ô:n-márrt] *s.f., -en.* impotência; desmaio, fraqueza.

ohn.mäch.tig [ô:n-méçh-tiçh] *adj.* impotente; sem sentido.

Ohr [ô:a] *s.n., -en.* orelha, ouvido; *die –en steif halten:* não desanimar; *sich aufs – legen:* deitar-se; *bis über die –en verliebt in:* doido por; *sich hinter die –en schreiben können:* ficar sabendo.

Öhr [ø:a] *s.n.* fundo (olho)*s.n., -e.* buraco da agulha.

Ohr.fei.ge [ô:a-fáigue] *s.f., -n.* bofetada, tapa.

Ohr.läpp.chen [ô:a-lép-çhen] *s.n., -.* lóbulo da orelha.

Ohr.mu.schel [ô:a-múchel] *s.f., -n.* pavilhão auditivo; aurícula.

Ohr.ring [ô:a-rink] *s.m., -e.* brinco; argola para usar na orelha.

öko.no.misch [øko-nô:mich] *adj.* econômico.

Ok.to.ber [ók-tô:ba] *s.m., -.* outubro.

Öl [ø:l] *s.m., -e.* azeite, óleo.

Ölbaum [ø:l-báum] *s.m., Ölbäume.* oliveira.

ölen [ø:len] *v.* azeitar, untar; lubrificar.

ölig [ø:liçh] *adj.* oleoso, oleaginoso.

Oli.ve [olí:ve] *s.f., -n.* azeitona.

oli.ven.grün [olí:ven-gryn] *adj.* verde-oliva.

Oli.ven.baum [olí:ven-báum] *s.m., Olivenbäume.* oliveira.

Öl.lam.pe [ø:l-lámpe] *s.f., -n.* candeeiro.

Öl.lei.tung [ø:l-láitunk] *s.f., -en.* oleoduto.

Öl.quel.le [ø:l-kvéle] *s.f., -n.* poço de petróleo.

Öl.zweig [ø:l-tsváik] *s.m., -e.* ramo de oliveira.

On.kel [ónkel] *s.m., -.* tio.

Oper [ô:pa] *s.f., -n.* ópera.

ope.rie.ren [operí:ren] *v.* operar; *sich – lassen:* fazer uma operação.

Opern.glas [ôpérn-glá:s] *s.n., Operngläser.* binóculos de teatro.

Op.fer [ópfa] *s.n., -.* oferenda, oferta; sacrifício.

Op.fer.be.reit.schaft [ópfa-beráit-cháft] *s.f., -en.* abnegação, espírito de sacrifício.

Op.fer.ga.be [ópfa-gá:be] *s.f., -n.* oferenda.

Op.fer.lamm [ópfa-lám] *s.n., Opferlämmer.* vítima inocente.

op.fern [ópfern] *v.* imolar; sacrificar-se.

Op.fe.rung [ópferunk] *s.f., -en.* sacrifício, ofertório.

op.po.nie.ren [oponí:ren] *v.* opor-se.

Oran.ge [orán-je] *s.f., -n.* laranja.

Or.chi.dee [or-çhíde:] *s.f., -n.* orquídea.

Or.den [órden] *s.m., -.* condecoração, medalha; comenda, ordem.

Or.dens.bru.der [órdens-brú:da] *s.m., Ordensbrüder.* confrade; membro de uma ordem.

or.dent.lich [órdent-liçh] *adj.* ordeiro, regular; metódico.

ord.nen [órt-nen] *v.* ordenar, pôr em ordem; dispor, arranjar.

Ord.nung [órt-nunk] *s.f., -en.* ordem, disciplina; disposição, arranjo.

ord.nungs.lie.bend [órt-nunks-lí:bent] *adj.* ordeiro, organizado; caprichoso.

ord.nungs.wid.rig [órt-nunks-ví-driçh] *adj.* contrário a ordem.

Ord.nungs.zahl [órt-nunks-tsá:l] *s.f., -en.* número ordinal.

or.ga.nisch [orgánich] *adj.* orgânico.

or.ga.ni.sie.ren [organizí:ren] *v.* organizar; ordenar.

Or.gel [órguel] *s.f., -n. (mú)* órgão.

Or.gel.pfei.fe [órguel-pfáife] *s.f., -n.* tubo de orgão.

Or.gel.spie.ler [órguel-chpí:la] *s.m., -.* organista.

Or.kan [órká:n] *s.m., -e.* furacão, borrasca.

Ort [órt] *s.m., -e.* lugar, sítio, local.

ört.lich [ørt-liçh] *adj.* local.

Ört.lich.keit [ørt-liçh-káit] *s.f., -en.* localidade.

Ort.schaft [órt-cháft] *s.f., -en.* lugarejo, povoação.

Öse [ø:ze] *s.f., -n.* colchete, ilhós; alça.

Osten [ósten] *s.m. (sem plural).* leste, oriente.

Oster.ei [ósta-ái] *s.n., -er.* ovo de Páscoa.

Oster.fest [ósta-fést] *s.n., -e.* Páscoa.

Ostern [óstérn] *s.n., -.* Páscoa.

Oster.ha.se [ósta-rhá:ze] *s.m., -n.* coelho da Páscoa.

Oster.wo.che [ósta-vô-rre] *s.f., -n.* Semana Santa.

öst.lich [øst-liçh] *adj.* oriental; do leste.

Ost.wind [óst-vint] *s.m., -e.* vento leste.

Ot.ter [óta] *s.m., -.* víbora; lontra.

Oze.an [otseá:n] *s.m., -e.* oceano.

Oze.an.damp.fer [otseá:n-dámpfa] *s.m., -.* navio transatlântico.

Ozon [otsô:n] *s.m. + s.n. (sem plural).* ozônio.

Ozon.loch [otsô:n-lórr] *s.f., Ozonlöcher.* buraco na camada de ozônio.

P

P [pê:] décima sexta letra do alfabeto alemão; P, p.

Paar [pá:r] *s.n., -e.* par; casal, noivos; parelha; *ein – Hosen:* um par de calças; *ein –:* um par de; alguns, uns poucos.

paaren [pá:ren] *v.* emparelhar; copular, acasalar; juntar.

paar.mal [pá:r-mál] *adv. ein –:* algumas vezes, várias vezes.

Paa.rung [pá:runk] *s.f., -en.* acasalamento; cópula.

paar.wei.se [pá:r-váize] *adv.* aos pares; de dois em dois.

Pacht [párrt] *s.f., -en.* arrendamento.

pach.ten [párr-ten] *v.* arrendar.

Päch.ter [péch-ta] *s.m., -.* arrendatário; locatário.

Pacht.geld [párrt-guélt] *s.n., -er.* valor de arrendamento; aluguel.

Pacht.gut [párrt-gú:t] *s.n., Pachtgüter.* propriedade agrícola; fazenda, granja.

Pacht.herr [párrt-rhér] *s.m., -en.* arrendador, proprietário.

Pach.tung, [párr-tunk] *s.f., -en.* arrendamento, aluguel.

Pack [pák] *s.n. (sem plural).* pacote, embrulho; fardo; maço (de papéis etc.).

Päck.chen [pék-chen] *s.n., -.* pacotinho, embrulho pequeno; *Zigaretten –:* maço de cigarros.

packen [páken] *v.* empacotar, embalar, enfardar.

Pack.pa.pier [pák-papí:r] *s.n., -e.* papel de embrulho.

paf.fen [páfen] *v.* fumar a grandes baforadas; bufar.

Paket [pakè:t] *s.n., -e.* pacote, embrulho; *Post–:* encomenda postal.

Pakt [pápst] *s.m., -e.* tratado, convênio, acordo; pacto.

Pa.last [palást] *s.m., Paläste.* palácio.

Pal.me [pálme] *s.f., -n.* palmeira.

Palm.her.zen [pálm-rhér-tsen] *plural.* palmito.

Palm.sonn.tag [pálm-zón-ta:k] *s.m., -e.* Domingo de Ramos.

Pan.ther [pán-ta] *s.m., -.* pantera.

Pan.tof.fel [pán-tófel] *s.m., -n.* chinelo, pantufa.

Pan.zer [pán-tsa] *s.m., -.* couraça; *–wagen:* carro blindado, tanque de guerra.

Pan.zer.kreu.zer [pán-tsa-króitsa] *s.m., -.* encouraçado; cruzador.

Pan.ze.rung [pán-tserunk] *s.f., -en.* blindagem; couraça.

Pa.pa [pápa] *s.m., - (inf.)* pai, papai.

Pa.pa.gei [papagái] *s.m., -en ou -e.* papagaio.

Pa.pier [papí:r] *s.n., -e.* papel; documento, documentação; título, valor; *zu – bringen:* assentar, escrever.

Pa.pier.dra.chen [papí:r-drárren] *s.m., -.* papagaio de papel, pipa.

Pa.pier.geld [papí:r-guélt] *s.n. (sem plural).* papel-moeda; dinheiro em cédula.

Pa.pier.ge.schäft, [papí:r-guechéft] *s.n., -e.* papelaria.

Pa.pier.korb [papí:r-kórp] *s.m., Papierkörbe.* cesto de papéis.

Pap.pe [pápe] *s.f., -n.* cartão, papelão.

Pap.pel [pápel] *s.f., -n.* álamo, choupo.

Papp.schach.tel [páp-chárr-tél] *s.f., -n.* caixa de papelão.

Papst [pápst] *s.m., Päpste.* Papa, Santo Padre.

pa.ra.bo.lisch [parabó:lich] *adj.* parabólico.

pa.ra.dies [paradí:s] *s.n., -e.* paraíso.

pa.ra.dies.ap.fel [paradí:s-ápfel] *s.m., Paradiesäpfel.* tomate; romã.

pa.ra.die.sisch [pára-dí:zich] *adj.* paradisíaco.

pa.rie.ren [parí:ren] *v.* obedecer; tomar as rédeas; aparar um golpe.

Park [párk] *s.m., -.* parque.

par.ken [párken] *v.* estacionar automóvel; estacionamento.

Par.kett [párkè:t] *s.n., - ou -e* piso forrado com peças de madeira formando desenhos; assoalho; plateia (de teatro).

Pa.ro.le [pàrô:le] *s.f., -n* senha; palavra de passe.

Par.tei [partái] *s.f., -en.* partido.

par.tei.lich [partái-liçh] *adj.* parcial.

Par.terre [pár-térre] *s.n., -.* plateia, andar térreo.

Par.tie [parti:] *s.f., -n.* parte; partida de um jogo.

Par.ti.kel [parti:kel] *s.f., -n.* partícula.

Pass [pás] *s.m., Pässe.* passo, passagem; desfiladeiro; *Reise–; –gang:* passagem.

Pas.sa.gier [passaji:r] *s.m., -.* passageiro.

pas.sen [pássen] *v.* ser conveniente, assentar bem.

pas.sie.ren [passí:ren] *v.* acontecer.

pas.siv [passíf] *adj.* passivo.

Pa.ste.te [pás-tè:te] *s.f., -n.* pastel, empada.

Pa.te [pá:te] *s.m., -n.* padrinho.

Pa.tho.lo.gie [pato-lô-guí:] *s.f., -n.* patologia; doença.

PATRIARCHALISCH • PFLANZENKUNDE

pa.tri.ar.cha.lisch [pàtri-ar-chà:lich] *adj.* patriarcal.
Pa.tri.ot [patriò:t] *s.m., -en.* patriota.
pa.trio.tisch [patriò:tich] *adj.* patriótico.
Pa.tron [patrò:n] *s.m., -e.* patrão; patrono, padroeiro.
Pa.tro.ne [patrò:ne] *s.f., -n.* cartucho.
pat.zig [pàtsich] *adj.* arrogante.
Pau.ke [páuke] *s.f., -n.* timbale.
paus.bäckig [páus-bèkich] *adj.* bochechudo, papudo.
pau.schal [páu-chál] *adj.* global.
Pau.se [páuze] *s.f., -n.* pausa, intervalo.
pau.sie.ren [pauzi:ren] *v.* pausar.
Pa.vi.an [pàviá:n] *s.m., -e.* babuíno; *(fig.)* homem feio.
Pech [pèch] *s.n., -e* piche, alcatrão; azar.
Pech.fackel [pèch-fákel] *s.f., -n.* tocha, archote.
pech.schwarz [pèch-chvárts] *adj.* negro-azeviche.
Pech.vo.gel [pèch-fò:guel] *s.m., Pechvögel.* azarado; pessoa de pouca sorte.
Pe.gel [pè:guel] *s.m., -.* fluviômetro.
pei.len [páilen] *v.* sondar, medir.
Pein [páin] *s.f. (sem plural).* pena, tormento, sofrimento; tortura.
pei.ni.gen [páiniguen] *v.* atormentar, torturar.
pein.lich [páin-liçh] *adj.* penoso, doloroso, vergonhoso.
Peit.sche [páitche] *s.f., -n.* açoite, chicote.
Pelz [pèlts] *s.m., -e.* pele, pelica.
Pelz.man.tel [pèlts-mántel] *s.m., Pelzmäntel.* casaco de pele.
Pen.del [pèndel] *s.n., -.* pêndulo.
Pen.si.on [penziò:n] *s.f., -en.* pensão.
Pen.sio.när [penzioné:r] *s.m., -e.* pensionista, reformado.
pen.sio.nie.ren [penzioní:ren] *v.* aposentar, reformar.
Pen.sum [pènzum] *s.n., Pensen.* matéria, programa; tarefa, lição.

per [péa] *prep.* por; *- Adresse:* aos cuidados de.
Per.ga.ment [pergamènt] *s.n., -e.* pergaminho.
Per.le [pèrle] *s.f., -n.* pérola.
per.len [pèrlen] *v.* rebrilhar; espumar.
Perl.huhn [pèrl-rhú:n] *s.n., Perlhühner.* galinha-d'angola.
Perl.mut.ter [pèrl-múta] *s.f.* ou *s.n. (sem plural).* madrepérola.
Per.son [perzò:n] *s.f., -en.* pessoa; personagem.
Per.so.na.li.en [perzoná:lien] *plural.* documentação; papéis de identidade; dados pessoais.
per.sön.lich [perzö:nliçh] *adv.* em pessoa, pessoalmente.
Per.sön.lich.keit [perzö:n-liçh-káit] *s.f., -en.* personalidade, individualidade.
Pe.rücke [pe-ry-ke] *s.f., -n.* peruca.
per.vers [pervèrs] *adj.* perverso, depravado.
Pest [pèst] *s.f. (sem plural).* peste; *Beulen-:* peste bubônica.
Pe.ter.si.lie [pêta-zi:lie] *s.f., -n.* salsa.
Pe.ti.ti.on [petitsiò:n] *s.f., -en.* petição, requerimento.
Pe.tro.le.um [petrò:leum] *s.n. (sem plural).* petróleo.
Pfad [pfát] *s.m., -e.* atalho, vereda.
Pfad.fin.der [pfát-finda] *s.m., -.* escoteiro; batedor.
Pfahl [pfá:l] *s.m., Pfähle.* estaca, moirão, poste.
Pfahl.bau [pfá:l-báu] *s.m., -ten.* habitação lacustre; palafita.
Pfalz [pfálts] *s.f., -en.* castelo imperial; palatinado.
Pfäl.zer [pfèltsa] *s.m., -.* habitante do palatinado.
Pfand [pfánt] *s.n., Pfänder.* penhor, fiança.
Pfand.brief [pfánt-brí:f] *s.m., -e.* hipoteca.
Pfän.dung [pféndunk] *s.f., -en.* penhora.
Pfan.ne [pfáne] *s.f., -n.* frigideira.
Pfann.ku.chen [pfán-kúrren] *s.m., -.* panqueca, crepe.

Pfar.rer [pfárra] *s.m., -.* cura, pároco.
Pfar.rei [pfá-rai] *s.f., -en.* paróquia.
Pfau [pfáu] *s.m., -en.* pavão.
Pfef.fer [pféfa] *s.m., -.* pimenta; *spanischer -:* pimentão; *da liegt der Hase im -:* eis a questão; aí está o caso.
Pfef.fer.min.ze [pféfa-mintse] *s.f. (sem plural).* hortelã-pimenta.
Pfef.fer.vo.gel [pféfa-fò:guel] *s.m., Pfeffervögel.* tucano.
Pfei.fe [pfáife] *s.f., -n.* apito, flauta, cachimbo; *auf -:* rir-se de, fazer pouco de; *nach jemandes - tanzen:* fazer tudo que alguém manda.
pfei.fen [pfáifen] *v.* assobiar, apitar.
Pfeil [pfáil] *s.m., -e.* flecha, dardo.
Pfei.ler [pfáila] *s.m., -.* pilar, pilastra.
Pfen.nig [pféniçh] *s.m., -e. (mon.)* centavo; a centésima parte de um marco alemão.
Pfen.nig.fuch.ser [pféniçh-fúksa] *s.m., -. (fig.)* avarento, sovina.
Pferd [pfért] *s.n., -e.* cavalo.
Pfer.de.ge.schirr [pférde-guechír] *s.n., -e.* arreio.
Pfer.de.ren.nen [pférde-rénen] *s.n., -.* corrida de cavalo.
Pfer.de.stall [pférde-chtál] *s.m., Pferdeställe.* estrebaria.
Pfer.de.stär.ke [pférde-chtérke] *s.f., -n.* cavalo-força; cavalo-vapor.
Pfiff [pfif] *s.m., -e.* assobio, apito; *(fig.)* jeito, manha.
pfif.fig [pfifiçh] *adj.* esperto, astuto.
Pfing.sten [pfinks-ten] *s.n., -.* Pentecostes.
Pfir.sich [pfir-ziçh] *s.m., -e.* pêssego.
Pflan.ze [pflántse] *s.f., -n.* planta.
pflan.zen [pfläntsen] *v.* plantar.
pflan.zen.fres.send [pfläntsen-frèssent] *adj.* herbívoro.
Pflan.zen.kun.de [pfläntsen-kúnde] *s.f. (sem plural).* botânica.

153

Pflan.zen.wuchs [pflántsen-vúks] s.m. (sem plural). vegetação.

Pflänz.ling [pflénts-link] s.m., -e. muda.

Pflaster [pflás-ta] s.n., -. calçamento, pavimento, emplastro.

Pflasterung [pflás-terunk] s.f., -en. pavimentação.

Pflau.me [pfláume] s.f., -n. ameixa.

Pfle.ge [pflê:gue] s.f. (sem plural). tratamento, cuidado, assistência.

pfle.gen [pflê:guen] v. cuidar, tratar.

Pfle.ger [pflê:ga] s.m., -. tutor; enfermeiro.

Pflicht [pflicht] s.f., -en. dever, obrigação, responsabilidade.

Pflicht.ei.fer [pflicht-áifa] s.m. (sem plural). zelo.

Pflicht.fach [pflicht-fárr] (escolar) s.n., Pflichtfächer. disciplina (escolar) obrigatória; cadeira obrigatória.

pflicht.ge.mäß [pflicht-guemé:s] adj. devido, adequado; em conformidade com o dever.

pflicht.ge.treu [pflicht-guetrói] adj. leal, cumpridor.

pflicht.wid.rig [pflicht-vidrich] adj. contrário ao dever; desleal.

Pflock [pflók] s.m., Pflöcke. estaca, cavilha, calço.

pflücken [pflyken] v. apanhar, colher.

Pflug [pflú:k] s.m., Pflüge. arado, charrua.

pflü.gen [pfly:guen] v. arar, lavrar.

Pfor.te [pfórte] s.f., -n. porta, portão.

Pfört.ner [pfœrtna] s.m., -. porteiro.

Pfos.ten [pfós-ten] s.m., -. poste, moirão.

Pfo.te [pfó:te] s.f., -n. pata; garra.

pfrop.fen [pfrópfen] v. tapar, enxertar.

Pfrün.de [pfrynde] s.f., -n. benefício; mordomia, prebenda, sinecura.

Pfui [pfúi] interj. chi!; que vergonha!

Pfund [pfúnt] s.n., -e. meio quilo; libra.

pfu.schen [pfúchen] v. trabalhar mal; remendar.

Pfu.sche.rei [pfúche-rái] s.f., -en. obra malfeita.

Pfüt.ze [pfytse] s.f., -n. poça d'água; charco, atoleiro.

Phä.no.men [fénóme:n] s.n., -e. fenômeno.

Phan.ta.sie [fantazí:] s.f., -n. fantasia, imaginação.

phan.ta.sie.ren [fantazi:ren] v. fantasiar; delirar, desvairar; improvisar.

phan.ta.stisch [fantás-tich] adj. fantástico, fabuloso; utópico.

Phil.an.thro.pie [fílán-tropí:] s.f. (sem plural). filantropia.

phil.an.thro.pisch [fílán-tró:pich] adj. filantrópico.

Phi.lo.soph [fílozó:f] s.m., -en. filósofo.

Phi.lo.so.phie [fílozofí:] s.f., -n. filosofia.

phi.lo.so.phie.ren [fílozofí:ren] v. filosofar, fazer filosofia; raciocinar.

phi.lo.so.phisch [fílozófich] adj. filosófico.

Phos.phor [fós-fó:r] s.m. (sem plural). fósforo.

Phy.sik [fyzí:k] s.f. (sem plural). física.

phy.si.ka.lisch [fyziká:lich] adj. físico.

Phy.si.ker [fy:zika] s.m., -. físico.

Phy.sio.lo.gie [fyziologuí:] s.f. (sem plural). fisiologia.

picken [píken] v. picar; debicar.

pie.pen [pi:pen] v. piar, pipilar.

Pi.ke [píke] s.f., -n. lança.

Pil.ger [pílga] s.m., -. peregrino, romeiro.

Pil.ger.fahrt [pílga-fá:rt] s.f., -en. peregrinação, romaria.

pil.gern [pil-guérn] v. peregrinar.

Pil.le [pile] s.f., -n. pílula.

Pilz [pilts] s.m., -e. cogumelo, fungo.

Pi.nie [píni:] s.f., -n. pinha, pinheiro.

Pin.sel [pín-zèl] s.m., -. pincel, broxa; (fig.) simplório, pateta.

pin.seln [pín-zéln] v. pincelar, pintar; borrar.

Pio.nier [pioni:r] s.m., -e. pioneiro, iniciador; soldado de engenharia, sapador.

pir.schen [pírchen] v. caçar.

Placke.rei [pláke-rái] s.f., -en. vexame; maçada.

Pla.ge [plá:gue] s.f., -n. praga, calamidade, flagelo; mal, tormento.

pla.gen [plá:guen] v. atormentar, importunar.

Pla.kat [plaká:t] s.n., -e. cartaz; placa.

Plan [plá:n] s.m., Pläne. plano, projeto; planta, desenho; auf dem – erscheinen: surgir; auf dem – rufen: provocar a reação de; adj. plano, liso.

Pla.ne [plá:ne] s.f., -n. lona.

pla.nen [plá:nen] v. projetar, planejar.

Pla.net [planè:t] s.m., -en. planeta.

Pla.ne.ten.bahn [planéten-bá:n] s.f., -en. órbita planetária.

Pla.nie.rung [planí:runk] s.f., -en. nivelamento.

Plan.ke [plánke] s.f., -n. prancha, tábua.

Plän.ke.lei [plénke-lái] s.f., -en. escaramuça; tiroteio.

plän.keln [plén-kéln] v. escaramuçar.

plan.los [plá:n-ló:s] adj. sem plano, sem método; desorientado.

plan.mä.ßig [plá:n-mé:ssich] adj. metódico, sistemático.

plan.schen [plán-chen] v. chapinhar.

Plan.ta.ge [plán-tá:je] s.f., -n. plantação.

Pla.nung [plá:nunk] s.f., -en. planificação, planejamento, urbanização.

Plan.wirt.schaft [plá:n-virt-cháft] s.f., -en. economia dirigida (ou planificada).

plap.pern [pla-pérn] v. tagarelar; ser indiscreto.

plär.ren [plé-ren] v. choramingar.

Pla.stik [plástik] *s.n. (sem plural).* plástico; *s.f.,* -en. escultura.

pla.stisch [plástich] *adj.* plástico; moldável; estético.

plät.schem [plét-chérn] *v.* patinhar; rumorejar, murmurar.

platt [plát] *adj.* plano, chato.

Plat.te [pláte] *s.f.,* -n. chapa, lâmina; prato, travessa; lousa; tampo.

plät.ten [pléten] *v.* passar a ferro; engomar.

Platt.heit [plát-rháit] *s.f.,* -en. platitude; achatamento; *(fig.)* trivialidade.

Platz [pláts] *s.m., Plätze.* praça; lugar, sítio, recinto; – *finden:* caber; – *machen:* abrir caminho; – *nehmen:* assentar-se; *bis auf den letzten – besetzt:* abarrotar; *am –e:* ser oportuno; *nicht am –e:* estar fora do seu lugar, ser inoportuno.

Plätz.chen [pléts-chen] *s.n.,* -. bolacha, biscoito, pastilha.

plat.zen [plátsen] *v.* rebentar, estalar.

Platz.re.gen [pláts-rè:guen] *s.f.,* -en. aguaceiro.

Plau.de.rei [pláu-deráï] *s.f.,* -en. palestra, conversação.

plau.dern [pláu-dérn] *v.* tagarelar.

Plei.te [pláite] *s.f.,* -n. falência, bancarrota; *adj.* falido, perdido; *– gehen:* falir.

plom.bie.ren [plombi:ren] *v.* chumbrar, obturar.

plötz.lich [pléts-liçh] *adj.* súbito, repentino; *adv.* repentinamente.

plump [plúmp] *adj.* tosco, grosseiro; pesado.

plump.sen [plúmpzen] *v.* tombar; cair pesadamente.

Plun.der [plúnda] *s.m. (sem plural).* farrapos, objetos velhos.

plün.dern [plyn-dérn] *v.* saquear, roubar, despojar.

Plün.de.rung [plyndérunk] *s.f.,* -en. saque, pilhagem.

plus [plú:s] *adv.* mais.

Plüsch [plych] *s.m.,* -e. pelúcia.

Pö.bel [pø:bel] *s.m. (sem plural).* plebe, ralé.

po.chen [pó-rren] *v.* bater, palpitar, latejar; batida, batimento cardíaco; ritmo.

Pocke [póke] *s.f.,* -n. bexiga; bolha.

Pocken [póken] *plural.* varíola.

pocken.nar.big [póken-nárbiçh] *adj.* bexigoso.

Poe.sie [poezi:] *s.f. (sem plural).* poesia.

Po.et [poè:t] *s.m.,* -en. poeta.

poe.tisch [poè:tich] *adj.* poético; *adv.* poeticamente.

Po.kal [poka:l] *s.m.,* -e. taça, púcaro.

Pö.kel.fleisch [pø:kel-fláich] *s.n. (sem plural).* carne conservada em salmoura.

pö.keln [pø:kéln] *v.* salgar; preparar em salmoura.

po.lie.ren [poli:ren] *v.* polir, lustrar.

Po.li.tur [politú:r] *s.f.,* -en. polimento, lustro.

Po.li.zei [politzáï] *s.f.,* -en. polícia.

Po.li.zist [politzíst] *s.m.,* -en. policial; oficial de polícia.

Pol.ster [póls-ta] *s.n.,* -. almofada, coxim.

pol.stern [póls-térn] *v.* estofar, acolchoar.

Pol.ster.stuhl [pólsta-chtú:l] *s.m., Polsterstühle.* poltrona, cadeira estofada.

Pol.ter.abend [pólta-ábent] *s.m.,* -e. véspera de casamento.

Pol.ter.geist [pólta-gáist] *s.m.,* -er. duende, diabrete.

pol.tern [pól-térn] *v.* fazer barulho.

Po.re [pó:re] *s.f.,* -n. poro.

po.rös [pö-rø:s] *adj.* poroso.

Por.tier [pórti:a] *s.m.,* - porteiro.

Por.to [pórto] *s.n., -s ou Porti.* porte, franquia postal.

por.to.frei [pórto-fráï] *adj.* isento de porte; porte-franco.

Por.to.ko.sten [pórto-kósten] *plural.* despesas de porte, tarifas postais.

por.to.pflich.tig [pórto-pfiçh-tiçh] *adj.* sujeito a porte.

Por.trät [pór-tré:] *s.n.,* - retrato.

Por.zel.lan [pórtse-lá:n] *s.n.,* -e. porcelana; *adj.* de porcelana.

Po.sau.ne [pozáune] *s.f.,* -n. trombone; trombeta.

po.sau.nen [pozáunen] *v.* tocar trombone; *(fig.)* vociferar.

Pos.se [pósse] *s.f.,* -n. bufoneria, farsa.

pos.sen.rei.ßer [póssen-ráissa] *s.m.,* -. farsista, bufão.

Post [póst] *s.f.,* -en. correio.

po.sta.lisch [pôs-tálich] *adj.* postal.

Post.amt [pôst-ámt] *s.n., Postämter.* agência de correio.

Post.an.wei.sung [pôst-anváizunk] *s.f.,* -en. vale-postal.

Po.sten [pósten] *m,* -. posto, cargo, posição, emprego; sentinela.

Post.kar.te [pôst-kárte] *s.f.,* -n. cartão-postal.

post.la.gernd [pôst-láguernt] *adj.* posta-restante.

Post.stem.pel [pôst-chtêmpel] *s.m.,* -. carimbo postal.

Pott.fisch [pót-fich] *s.m.,* -e. cachalote.

Pracht [prárrt] *s.f. (sem plural).* pompa, esplendor; fausto, luxo.

präch.tig [préch-tiçh] *adj.* magnífico, vistoso, esplêndido.

pracht.voll [prárrt-fól] *adj.* magnífico, vistoso, esplêndido.

präg.en [prè:guen] *v.* estampar, imprimir; cunhar moeda.

prah.len [prá:len] *v.* gabar-se, vangloriar-se.

prah.le.risch [prá:-leriçh] *adj.* fanfarrão, pretensioso.

prak.tisch [prák-tich] *adj.* prático; *adv.* praticamente; de forma prática.

prall [prál] *adj.* apertado, justo; tenso.

PRALLEN • PROZENT

pral.len [prálen] *v.* ressaltar, ricochetear.

pran.gen [pránguen] *v.* brilhar, ostentar.

Pran.ger [pránga] *s.m.,* -. pelourinho.

pras.seln [prásseln] *v.* crepitar; tamborilar.

pras.sen [prássen] *v.* comer e beber à farta; banquetear-se.

Pras.ser [prásser] *s.m.,* -. glutão, comilão.

Pra.xis [práksis] *s.f., Praxen.* prática, costume, uso; praxe.

pre.di.gen [prê:diguen] *v.* pregar.

Pre.di.ger [prê:diga] *s.m.,* -. pregador.

Pre.digt [prê:dikt] *s.f.,* -en. sermão, pregação.

Preis [práis] *s.m.,* -e. preço, valor; prêmio, recompensa; *im - steigen:* subir de preço; *um jeden -:* custe o que custar; *um keinen -:* de modo algum; *einen - ansetzen für:* cotizar; *einen - ausschreiben:* abrir concurso.

Preis.auf.schlag [práis-áuf-chlá:k] *s.m., Preisaufschläge.* sobretaxa, aumento.

Preis.aus.schrei.ben [práis-áus-chráiben] *s.n.,* -. concurso.

prei.sen [práizen] *v.* elogiar, louvar.

Preis.ga.be [práis-gá:be] *s.f. (sem plural).* abandono, renúncia; revelação.

preis.ge.ben [práis-guê:ben] *v.* abandonar; revelar.

Preis.li.ste [práis-liste] *s.f.,* -n. lista ou tabela de preços.

Preis.schrift [práis-chrift] *s.f.,* -en. tese (trabalho escrito) premiada.

Preis.sturz [práis-chtúrts] *s.m., Preisstürze.* queda brusca dos preços.

Preis.trei.be.rei [práis-trái-berái] *s.f.,* -en. manobra para conseguir preços altos; especulação.

preis.wert [práis-vért] *adj.* barato, em conta.

Prell.bock [prél-bók] *s.m., Prellböcke.* para-choque.

prel.len [prélen] *v.* contundir; *(fig.)* lograr, enganar.

Prel.le.rei [préle-rái] *s.f.,* -en. trapaça, logro, roubalheira, velhacaria.

Pres.se [présse] *s.f.,* -n. prensa, prelo; imprensa.

Pres.se.frei.heit [présse-frái-rháit] *s.f. (sem plural).* liberdade de imprensa.

pres.sen [préssen] *v.* comprimir, apertar, espremer.

pres.sie.ren [préssi:ren] *v.* ter pressa, urgir.

Pres.sung [préssunk] *s.f.,* -en. pressão.

prickeln [pri-kéln] *v.* picar, arder, comichar; comichão.

prickelnd [pri-kélnt] *adj.* picante.

Prie.ster [prí:sta] *s.m.,* -. sacerdote.

Prie.ster.rock [prí:sta-rók] *s.m., Priesterröcke.* batina, sotaina.

Prie.ster.tum [prí:sta-tùm] *s.n. (sem plural).* clero.

Prie.ster.wei.he [prí:sta-váie] *s.f.,* -n. ordenação.

pri.ma [prima] *interj.* excelente!; maravilhoso!; *adj.* de primeira classe; primoroso, esplêndido.

Prinz [prints] *s.m.,* -en. príncipe.

Prin.zes.sin [prín-tséssin] *s.f.,* -nen. princesa.

Pri.se [prí:ze] *s.f.,* -n. presa, captura; pitada, punhado.

Prit.sche [pritche] *s.f.,* -n. catre, tarimba.

pri.vat [privá:t] *adj.* privado, particular, pessoal.

pri.va.ti.sie.ren [privatizí:ren] *v.* viver de renda.

Pri.vat.le.ben [privát-lê:ben] *s.n.,* -. vida privada; intimidade.

Pri.vat.leh.rer [privát-lê:ra] *s.m.,* -. professor particular.

Pri.vat.sa.che [privát-zá-rre] *s.f.,* -n. assunto particular.

Pri.vat.schu.le [privát-chúle] *s.f.,* -n. escola particular.

Pri.vat.un.ter.richt [privát-únta-rrișt] *s.m. (sem plural).* ensino particular.

Pro.be [prô:be] *s.f.,* -n. prova, amostra; ensaio; *auf die - stellen:* pôr à prova.

pro.bie.ren [probi:ren] *v.* provar, experimentar.

Pro.blem [problê:m] *s.m.,* -e. problema.

Pro.ble.ma.tik [problemá:tik] *s.f.,* -en. problemática.

Pro.ble.ma.tisch [problemá:tich] *adj.* problemático.

Pro.dukt [prodúkt] *s.n.,* -e. produto, resultado; *-en:* mercadorias, produto.

Pro.fes.sor [professor] *s.m.,* -en. professor; lente; catedrático.

Pro.fes.sur [professu:r] *s.f.,* -en. cadeira, cátedra.

Pro.fit [profi:t] *s.m.,* -e. proveito, lucro.

pro.fi.tie.ren [profiti:ren] *v.* lucrar, aproveitar, ganhar.

Pro.me.na.de [promená:de] *s.f.,* -n. passeio.

prompt [prômpt] *adj.* pronto, rápido.

Pro.pel.ler [propéla] *s.m.,* -. hélice.

pro.per [prô:pa] *adj.* limpo, asseado.

Propst [própst] *s.m., Pröpste.* prior, pastor.

Pro.sit [prózit] *interj.* à sua saúde!; *- Neujahr!:* feliz Ano-novo!

pro.te.stan.tisch [prôtes-tántich] *adj.* protestante.

pro.te.stie.ren [prôtes-tí:ren] *v.* protestar.

prot.zig [prótsiç] *adj.* arrogante, orgulhoso.

Pro.vi.ant [prô-viánt] *s.m.,* -e. provisões, víveres, mantimentos.

Pro.vinz [prô-vints] *s.f.,* -en. província.

pro.vin.zi.ell [prô-vintsiél] *adj.* provincial, provinciano.

Pro.vi.si.on [prô-vizió:n] *s.f.,* -en. provisão.

pro.vi.so.risch [prô-vizorich] *adj.* provisório.

Pro.zent [prô-tsênt] *s.n.,* -e. percentagem; por cento.

Pro.zess [prô-tsés] *s.m., -e.* processo, demanda; *jemandem den – machen:* processar alguém; *kurzen – machen mit:* (fig.) dar despacho rápido a, acabar com.

Pro.zess.füh.rung [prô-tsés-fy:runk] *s.f., -en.* procedimento processual.

pro.zes.sie.ren [prô-tsessi:ren] *v.* processar, pleitear, litigar.

prü.de [pry:de] *adj.* pudibundo; afetado.

prü.fen [pry:fen] *v.* examinar, verificar, conferir, experimentar.

Prüf.ling [pryf-link] *s.m., -e.* candidato, examinando.

Prü.fung [pry-funk] *s.f., -en.* exame, prova.

Prü.fungs.auf.gabe [pry-fûnks-auf-gà:be] *s.f., -n.* quesito, ponto.

Prü.fungs.kom.mis.si.on [pry-fûnks-kommissiò:n] *s.f., -en.* júri; banca examinadora.

Prü.gel [pry:guel] *s.m., -.* cacete, porrete; bastão, cajado.

prü.geln [pry:-guèln] *v.* espancar; dar pauladas.

Prunk [prunk] *s.m. (sem plural).* pompa, fausto.

prun.ken [prünken] *v.* brilhar, ostentar.

prunk.los [prúnk-lôs] *adj.* simples, sem pompa.

pru.sten [prús-ten] *v.* espirrar.

Pud.ding [pú-dink] *s.m., - ou -e.* pudim.

Pu.del [pú:-del] *s.m., -.* carapuça.

Pu.der [pú:-da] *s.m., -.* pó-de-arroz; talco.

pu.dern [pú:-dérn] *v.* empoar.

Puff [púf] *s.m., Püffe.* murro, soco.

puf.fen [púfen] *v.* esmurrar, socar; estalar, rebentar.

Puls [púls] *s.m., -e.* pulso.

Puls.ader [púls-áda] *s.f., -n.* artéria.

Puls.schlag [púls-chlá:k] *s.m., Pulsschläge.* pulsação.

Pult [púlt] *s.n., -e.* púlpito; *Schreib-:* escrivaninha; *Ständer-:* estante.

Pul.ver [púlva] *s.n., -.* pó, poeira; pólvora.

pul.ve.rig [púlveriçh] *adj.* em pó.

Pump [púmp] *s.m. (sem plural).* crédito, empréstimo.

Pum.pe [púmpe] *bomba.*

pum.pen [púmpen] *v.* bombear (água etc.); *jemandem –:* (fig.) emprestar a alguém; *von jemandem –:* (fig.) pedir emprestado a alguém.

Pump.ho.sen [púmp-rhô:zen] *s.f., -n.* bombacha.

Punkt [púnkt] *s.m., -e.* ponto.

punk.tie.ren [púnk-tí:ren] *v.* pontear, pontilhar.

pünkt.lich [pynkt-liçh] *adj.* pontual.

Pünkt.lich.keit [pynkt-liçh-káit] *s.f. (sem plural).* pontualidade.

Punsch [púnch] *s.m., -e ou Pünsche.* ponche.

Pup.pe [púpe] *s.f., -n.* boneca.

Pup.pen.thea.ter [púpen-teá-ta] *s.n., -.* teatro de marionete.

pur.gie.ren [purgui:ren] *v.* purgar.

pur.pur.far.big [púrpu:a-fárbiçh] *adj.* purpúreo.

pur.purn [púr-purn] *adj.* purpúreo.

Pur.zel.baum [púrtsel-báum] *s.m., Purzelbäume.* cambalhota, cabriola.

pur.zeln [púr-tséln] *v.* dar cambalhotas, cabriolar.

Pu.ste [púste] *s.f. (sem plural).* fôlego.

pu.sten [pústen] *v.* soprar.

Pu.te [pu:te] *s.f., -n.* perua.

Pu.ter [pú:ta] *s.m., -.* peru.

Putsch [pútch] *s.m., -e.* revolta; golpe de estado.

Put.schist [pút-chist] *s.m., -en.* conspirador.

Putsch.ver.such [pútch-fer-zúrr] *s.m., -e.* intentona; tentativa de revolução.

Putz [púts] *s.m. (sem plural).* enfeite, adorno, ornamento; reboco; limpeza.

put.zen [pútsen] *v.* limpar, polir; enfeitar, adreçar.

Putz.lap.pen [púts-lápen] *s.m., -.* pano (ou trapo) de limpeza; esfregão.

put.zig [pútsiçh] *adj.* engraçado; gaiato.

Putz.zim.mer [púts-tsima] *s.n., -.* toucador; camarim.

Py.ra.mi.de [pyrami:de] *s.f., -n.* pirâmide.

py.ra.mi.den.för.mig [pyrami:den-fœrmiçh] *adj.* piramidal.

Py.ro.tech.nik [pyro-téçh-ní:k] *s.f., -en.* pirotecnia; pirotécnica.

Q

Q [kú] décima sétima letra do alfabeto alemão; Q, q.

quab.be.lig [kvábeliçh] *adj.* gordo, rechonchudo; mole, fofo.

quab.beln [kvà-béln] *v.* tremer, vacilar.

quack.sal.bern [kvák-zál-bérn] *v.* charlatanear; fazer-se de curandeiro.

Qua.drat [kvadrá:t] *s.n., -e.* quadrado; (*mú*) bequadro.

qua.dra.tisch [kvadrá:tich] *adj.* quadrado, segundo grau.

qua.ken [kvá:ken] *v.* grasnar, coaxar.

Qual [kvá:l] *s.f., -en.* tormento, martírio, tortura, dor.

quä.len [kvê:-len] *v.* atormentar, afligir, torturar.

quä.lend [kvè:-lent] *adj.* incômodo, penoso,penoso, torturante.

Qual.le [kvále] *s.f., -n.* medusa; água-viva.

Qualm [kvàlm] *s.m. (sem plural).* fumaça; fumaceira.

qual.men [kválmen] *v.* fumegar.

qual.mig [kválmiçh] *adj.* fumacento.

qual.voll [kvál-fól] *adj.* doloroso, torturante; cruel.

Quan.tum [kvántum] *s.n., Quanten.* quantidade, porção.

Quark [kvárk] *s.m. (sem plural).* ricota, requeijão; (*fig.*) disparate.

Quar.tal [kvartál] *s.n., -e.* trimestre.

Quar.tier [kvarti:r] *s.n., -e.* alojamento, pousada; aquartelamento.

Qua.ste [kváste] *s.f., -n.* borla.

Quatsch [kvátch] *s.m. (sem plural).* disparate, asneira, besteira.

quat.schen [kvátchen] *v.* dizer disparates.

Quatsch.kopf [kvátch-kópf] *s.m., Quatschköpfe.* tolo, idiota.

Quecke [kvéke] *s.f., -n.* grama.

Queck.sil.ber [kvék-zílba] *s.n. (sem plural).* mercúrio.

Quel.le [kvéle] *s.f., -n.* fonte, manancial.

quel.len [kvélen] *v.* brotar, manar, saltar, nascer.

quel.len.mä.ßig [kvélen-mé:ssiçh] *adj.* original, autêntico; puro, nato.

Quell.was.ser [kvél-vássa] *s.n. (sem plural).* água de fonte.

quen.geln [kvén-guéln] *v.* resmungar.

quer [kvér] *adj.* transversal; *adv.* de través, atravessado; – *durch, – über:* através de; *sich – stellen:* atravessar-se.

Quer.bal.ken [kvér-bálken] *s.m., -.* travessa; travessão.

quer.durch [kvér-dúiçh] *adv.* através de, por meio de.

Que.re [kvê:re] *s.f., -n.* direção transversal; sentido oblíquo; *jemandem in die – kommen:* vir ao encontro de alguém; cruzar o caminho de alguém; contrariar os projetos de alguém.

quer.feld.ein [kvér-félt-áin] *adv.* através dos campos; pelos campos afora.

quer.kopf [kvér-kópf] *s.m.* teimoso, intratável.

quer.köp.fig [kvér-køpfiçh] *adj.* teimoso, intratável.

Quer.schnitt [kvér-chnit] *s.f., -en.* corte (ou secção) transversal.

Quer.stan.ge [kvér-chtángue] *s.f., -n.* ferrolho; barra transversal usada como tranca.

Quer.stras.se [kvér-chtrásse] *s.f., -n.* travessa; rua transversal.

Quer.strich [kvér-chtriçh] *s.m., -e.* linha transversal; (*fig.*) contratempo.

Quer.trei.ber [kvér-tráiba] *s.m., -.* intrigante; espírito de contradição.

quer.über [kvér-y:ba] *adv.* defronte, em frente, diante.

Quer.wand [kvér-vánt] *s.f., Querwände.* parede divisória; tabique.

quet.schen [kvétchen] *v.* prensar, esmagar, espremer.

Quet.schung [kvétchunk] *s.f., -en.* pisadura, esmagamento, contusão.

Quetsch.wun.de [kvétch-vúnde] *s.f., -n.* contusão.

quick [kvik] *adj.* vivo, ágil.

quie.ken [kví:ken] *v.* gritar, grunhir; chiar, ranger.

quiet.schen [kví:-tchen] *v.* gritar, grunhir; chiar, ranger.

Quirl [kvírl] *s.m., -e.* batedeira; processador de alimentos.

quir.len [kvírlen] *v.* bater, mexer.

quitt [kvit] *adj.* quite, pago; livre, desembaraçado; *wir sind –:* estamos quites.

Quit.te [kvíte] *s.f., -n.* marmelo.

Quit.ten.mar.me.la.de [kvíten-marmelá:de] *s.f., -n.* marmelada.

quit.tie.ren [kvití:ren] *v.* quitar; passar recibo.

Quit.tung [kvitunk] *s.f., -en.* quitação; recibo.

Quo.te [kvô:te] *s.f., -n.* quota, cota.

Quo.ti.ent [kvô-tsiènt] *s.m., -en.* quociente.

R

R [ér] décima oitava letra do alfabeto alemão; R r.
Ra.batt [rabát] *s.m., -e.* abatimento, desconto.
Ra.be [rá:be] *s.m., -n* corvo.
Ra.ben.el.tern [rá:ben-éltérn] *plural.* pais desnaturados.
ra.ben.schwarz [rá:ben-chvárts] *adj.* negro como um corvo.
Ra.bi.at [rabiá:t] *adj.* raivoso.
Ra.che [rá-rre] *s.f. (sem plural).* vingança; – *nehmen:* vingar-se.
Ra.che.ge.fühl [rá-rre-guefy:l] *s.n., -e.* rancor.
Ra.chen [rá-rren] *s.m., -.* garganta; goela.
rä.chen [réchen] *v.* vingar.
Rä.cher [réçha] *s.m., -.* vingador.
rach.gie.rig [rárr-guí:riçh] *adj.* rancoroso, vingativo.
rach.süch.tig [rárr-zyçh-tiçh] *adj.* rancoroso, vingativo.
Rad [rá:t] *s.n., Räder.* roda; *Fahr–:* bicicleta.
Ra.dau [radáu] *s.m. (sem plural).* barulho, algazarra.
ra.deln [rá:dêln] *v.* andar de bicicleta; pedalar.
Rä.dels.füh.rer [rè:dels-fy:ra] *s.m., -.* chefe de um bando; cabeça.
Rä.der.werk [rè:da-vérk] *s.n., -e* engrenagem; roda de moinho.
Rad.fah.rer [rá:t-fá:ra] *s.m., -.* ciclista; *(fig)* puxa-saco.
Rad.fel.ge [rá:t-félgue] *s.f., -n.* aro de roda.
ra.die.ren [radí:ren] *v.* raspar; apagar com borracha; gravar em baixo-relevo.
Ra.dier.gum.mi [radí:r-gúmi] *s.m., -* borracha de apagar.
Ra.die.rung [radí:runk] *s.f., -en.* gravura; água-forte.
Ra.dies.chen [radí:s-chen] *s.n., -.* rabanete.
Ra.dio [rá:dio] *s.n., -* rádio; *– apparat:* aparelho de rádio.
Ra.di.us [rá:dius] *s.m., Radien. (geomet.)* raio.
ra.di.zie.ren [raditsí:ren] *v. (mat.)* extrair a raiz (quadrada, cúbica etc.).
Rad.sport [rà:t-chpórt] *s.m (sem plural).* ciclismo.
raf.fen [ráfen] *v.* arrebatar, apanhar.
raff.gierig [ráf-gí:-riçh] *adj.* ávido.
raf.fi.nie.ren [rafiní:ren] *v.* refinar.
raf.fi.niert [rafiní:rt] *adj.* refinado; *(fig.)* astuto, velhaco.
ra.gen [rá:guen] *v.* erguer-se, elevar-se.
Ra.gout [ragú:t] *s.n., -* ragu; carne ensopada.
Rahm [rá:m] *s.m. (sem plural).* creme, nata.
Ra.ke.te [rakè:te] *s.f., -n.* foguete.
ram.men [rámen] *v.* cravar; bater estaca.
Ramm.ler [rám-la] *s.m., -.* coelho macho.
Ram.pe [rámpe] *s.f., -n.* rampa; plataforma.
ram.po.niert [rám-poní:rt] *adj.* estragado, avariado; deteriorado.
Ramsch [rámch] *s.m., -e.* refugo, rebotalho; *im – (ver)kaufen:* vendido ou comprado em saldo.
Rand [ránt] *s.m., Ränder.* margem, borda; orla, beira; *Ränder unter den Augen:* olheiras; *bis an den – füllen:* abarrotar.
Rand.ver.zie.rung [ránt-fértsí:runk] *s.f., -en.* iluminura, vinheta.

Rang [ránk] *s.m., Ränge.* categoria, ordem, classe, grau; posição, posto.
ran.gie.ren [rán-guí:ren] *v.* manobrar trens.
Rang.ord.nung [ránk-órtnunk] *s.f., -en.* hierarquia; precedência.
rank [ránk] *adj.* esbelto; flexível.
Ran.ke [ránke] *s.f., -n.* gavinha; abraço; *Kletter–:* trepadeira.
Rän.ke [rénke] *plural.* intrigas; *–schmieden:* intrigar.
rän.ke.süch.tig [rénke-zyçh-tiçh] *adj.* intrigante.
rän.ke.voll [rénke-fól] *adj.* intrigante.
Ran.zen [rántsen] *s.m., -.* mochila, alforje.
ran.zig [rántsiçh] *adj.* rançoso.
Rap.pe [rápe] *s.m., -n.* cavalo preto; morzelo.
Raps [ráps] *s.m., -e.* colza; couve-brava.
rar [rá:r] *adj.* raro, escasso.
Ra.ri.tät [raritè:t] *s.f., -en.* raridade; curiosidade.
rasch [rách] *adj.* rápido, veloz; *adv.* depressa.
ra.scheln [ráchéln] *v.* sussurrar; fazer ruído.
ra.sen [rá:zen] *v.* enfurecer-se, enraivecer-se; correr a toda pressa; relva; *–fläche, –platz:* relvado.
ra.send [rá:zent] *adj.* furioso, raivoso; muito apressado.
Ra.se.rei [ra:zeraí] *s.f., -en.* fúria, raiva; *(med.)* delírio; correria louca.
Ra.sier.ap.pa.rat [razí:r-apará:t] *s.m., -e* barbeador; aparelho para fazer a barba.
ra.sie.ren [razí:ren] *v.* barbear-se.

Ra.sier.mes.ser [razi:r-méssa] s.n., -. navalha.

Ras.pel [ráspel] s.f., -n. lima grossa; ralador.

ras.peln [rás-pêln] v. limar, ralar; raspar; *Süßholz –:* (*fig.*) namorar, galantear.

ras.se [rásse] s.f., -n. raça.

Ras.sel [rássel] s.f., -n. matraca, chocalho.

ras.seln [rásseln] v. matraquear; fazer ruído.

ras.sisch [rássich] adj. racial.

Rast [rást] s.f., -en. descanso, repouso; folga.

ras.ten [rásten] v. descansar.

rast.los [rást-lôs] adj. incansável, infatigável.

Rast.lo.sig.keit [rást-lôzich-káit] s.f., -en. desassossego; atividade infatigável.

Rat [rá:t] s.m., *Räte*. conselho; *Berater:* conselheiro; *sich bei jemandem – holen, jemanden zu –e ziehen, jemanden um – fragen:* pedir conselho a alguém, aconselhar-se com alguém; *sich keinen – mehr wissen:* já não saber o que fazer.

Ra.te [rá:te] s.f., -n. cota; prestação.

ra.ten [rá:ten] v. aconselhar.

Rat.ge.ber [rá:t-guê:ba] s.m., -. consultor, conselheiro.

Rat.haus [rá:t-ráuss] s.n., *Rathäuser.* câmara municipal.

rat.los [rá:t-lôs] adj. perplexo.

Rat.lo.sig.keit [rá:t-lôzich-káit] s.f., -en. perplexidade.

rat.sam [rá:t-zám] adj. aconselhável; conveniente, oportuno.

rat.schen [rá:tchen] v. matraquear; falar muito.

Rat.schlag [rá:t-chlá:k] s.m., *Ratschläge.* conselho.

Rat.schluss [rá:t-chlúss] s.m., *Ratschlüsse.* deliberação; decreto.

Rät.sel [rétsel] s.n., -. enigma, adivinhação.

rät.sel.haft [rétsel-ráft] adj. misterioso, enigmático.

rätseln [rétseln] v. adivinhar.

Rats.herr [ráts-rhér] s.m., -en. vereador.

Rat.te [ráte] s.f., -n. rato, ratazana.

Rat.ten.fän.ger [ráten-fénga] s.m., -. caçador de ratos.

rat.tern [rá:t-térn] v. fazer barulho; estalar, crepitar; barulho; estalo, crepitação.

Raub [ráup] s.m., -e. roubo, rapina.

rau.ben [ráuben] v. roubar, raptar.

Räu.ber [róiba] s.m., -. ladrão; *Straßen–:* salteador.

Raub.tier [ráup-ti:r] s.n., -e. animal predador; fera.

Raub.vo.gel [ráup-fô:guel] s.m., *Raubvögel.* ave de rapina.

Raub.zug [ráup-tsú:k] s.m., *Raubzüge.* saque.

Rauch [ráurr] s.m. (*sem plural*). fumo; fumaça.

rau.chen [ráu-rren] v. fumar; fumegar.

Rau.cher [ráu-rra] s.m., -. fumante.

Räu.che.rung [rói-cherunk] s.f., -en. defumação, fumigação.

Rauch.fah.ne [ráurr-fá:ne] s.f., -n. coluna de fumaça.

Rauch.fang [ráurr-fánk] s.m., *Rauchfänge.* chaminé.

Rauch.wol.ke [ráurr-vólke] s.f., -n. nuvem de fumaça.

räu.dig [róidich] adj. sarnento.

rau.fen [ráufen] v. brigar; *Haaren–:* descabelar-se.

Rau.fe.rei [ráu-feráI] s.f., -en. briga; rixa.

rauh [ráu] adj. áspero, rude; rouco.

Rauh.heit [ráu-rháit] s.f., -en. rudeza, aspereza; rouquidão.

Raum [ráum] s.m., *Räume.* espaço, lugar.

räu.men [róimen] v. desocupar, evacuar; despejar.

räum.lich [róim-lich] adj. espacial.

Raum.man.gel [ráum-máguel] s.m., *Raummängel.* falta de espaço.

Räu.mung [rói-munk] s.f., -en. despejo, evacuação.

rau.nen [ráunen] v. cochichar, segredar, murmurar.

Rau.pe [ráupe] s.f., -n. lagarta.

Rausch [ráuch] s.m., *Räusche.* bebedeira, embriaguez; (*fig.*) êxtase; –*haben:* estar bêbado; *sein – ausschlafen:* amargar uma ressaca.

rau.schen [ráuchen] v. sussurrar, rumorejar; sussurro, rumor.

rau.schend [ráu-chent] adj. ruidoso, rumoroso.

räu.spern [róis-pérn] v. pigarrear.

Rau.te [ráute] s.f., -n arruda; (*geomet.*) losango, rombo.

rea.gie.ren [reagui:ren] v. reagir.

Re.ak.ti.on [reaktsiô:n] s.f., -en. reação.

re.al [reá:l] adj. real, efetivo; concreto, material.

Re.a.li.en [reá:lien] *plural*. ciências naturais.

rea.li.sie.ren [realizí:ren] v. realizar.

Rea.li.sie.rung [realizí:runk] s.f., -en. realização.

Re.al.schu.le [reá:l-chú:le] s.f., -n. escola de ensino médio (sem acesso à universidade).

Re.al.wert [reá:l-vért] s.m., -e. valor real.

Re.be [rê:be] s.f., -n. cepa, videira.

Re.bell [rebél] s.m., -en. rebelde, revoltoso.

re.bel.lie.ren [rebeli:ren] v. rebelar, revoltar; insurgir-se.

Re.bel.li.on [rebeliô:n] s.f., -en. rebelião, revolta; insurreição.

re.bel.lisch [rebélich] adj. rebelde.

Reb.huhn [ré:p-rhú:n] s.n., *Rebhühner.* perdiz.

Reb.stock [ré:p-chtók] s.m., *Rebstöcke.* videira.

re.chen [réchen] v. rastelar; juntar por meio de varredura; ancinho, rastelo.

RECHENAUFGABE • REGENDICHT

Re.chen.auf.ga.be [réçhen-áuf-gá:be] s.f., -n. problema de aritmética.

Re.chen.brett [réçhen-brét] s.n., -er. ábaco.

Re.chen.kunst [réçhen-kúnst] s.f. (sem plural). aritmética.

Re.chen.ma.schi.ne [réçhen-machíne] s.f., -n. máquina calculadora.

rech.nen [réçh-nen] v. calcular; fazer contas; contar com; incluir em; acrescentar a; pertencer a, fazer parte de; *sich zur Ehre –* considerar uma honra; cálculo; aritmética.

rech.ne.risch [réçh-nè:rich] adj. aritmético.

Rech.nung [réçh-nunk] s.f., -en. cálculo, operação aritmética; conta; *– tragen:* ter em conta; *auf eigene –:* por conta própria.

Recht [réçht] s.n., -e. direito; justiça; razão; *– sprechen:* julgar, sentenciar, pronunciar sentença; *zu –:* com razão; *zu – bestehen:* ser legal; *jemandem – widerfahren lassen:* fazer justiça a alguém; *jemandem das – verweigern:* negar justiça a alguém; reto, direito, justo; certo, correto, exato.

Rech.te [réçhte] s.f., -n. destra, mão direita, lado direito.

Recht.eck [réçht-ék] s.n., -e. retângulo.

recht.eckig [réçht-ékiçh] adj. retangular.

recht.fer.ti.gen [réçht-fér-tiguen] v. justificar, explicar.

recht.gläu.big [réçht-glóibiçh] adj. ortodoxo.

Recht.ha.be.rei [réçht-rha:beráí] s.f. (sem plural). teimosia.

recht.lich [réçht-liçh] adj. jurídico; legal.

Recht.lo.sig.keit [réçht-lózich-káit] s.f. (sem plural). ilegalidade.

recht.mä.ßig [réçht-mé:ssiçh] adj. legítimo.

Recht.mä.ßig.keit [réçht-mé:ssiçh-káit] s.f., -en. legitimidade.

rechts [réçhts] adv. à direita.

Rechts.an.walt [réçhts-án-vált] s.m., *Rechtsanwälte.* advogado; defensor.

rechts.be.stän.dig [réçhts-bechtándiçh] adj. válido.

recht.schaf.fen [réçht-chá-fen] adj. honrado, leal, reto, honesto.

Recht.schrei.bung [réçht-chráíbunk] s.f., -en. ortografia.

Rechts.fall [réçhts-fál] s.m., *Rechtsfälle.* caso jurídico; causa.

Rechts.fra.ge [réçhts-frá:gue] s.f., -n. questão jurídica; questão de direito.

rechts.gül.tig [réçhts-gyltiçh] adj. legal, autêntico; válido.

Rechts.kraft [réçhts-kráft] s.f. (sem plural). força de lei.

rechts.kräf.tig [réçhts-kréftiçh] adj. válido, vigente; legal.

Rechts.ver.tre.ter [réçhts-fertrè:ta] s.m., -. procurador.

rechts.wid.rig [réçhts-vidriçh] adj. ilegal.

Rechts.wis.sen.schaft [réçhts-víssen-cháft] s.f. (sem plural). jurisprudência.

rechts.win.ke.lig [réçht-vinkeliçh] adj. retangular.

recht.zei.tig [réçht-tsáítiçh] adj. oportuno; adv. a tempo.

recken [réken] v. esticar, estender; *sich –:* espreguiçar-se.

Re.de [rè:de] s.f., -n. discurso, pronunciamento; sermão, oração; conversa; *in – stehend:* em questão; *wovon ist die – ?:* de que se trata?; *jemandem in die – fallen:* interromper alguém; *jemanden zur – stellen:* pedir explicações a alguém; *nicht der – wert:* não ter importância.

Re.de.kunst [rè:de-kúnst] s.f. (sem plural). retórica.

re.den [rè:den] v. falar, conversar.

Re.dens.art [rè:dens-árt] s.f., -en. locução, frase; expressão idiomática.

Re.de.wei.se [rè:de-váize] s.f., -n. modo de falar; estilo de linguagem.

Re.de.wen.dung [rède-véndunk] s.f., -en. modo de falar; estilo de linguagem.

Red.lich.keit [rèt-liçh-káit] s.f. (sem plural). honradez, probidade, seriedade; honestidade.

Red.ner [rètna] s.m., -. orador.

red.se.lig [rèt-zèliçh] adj. loquaz.

Ree.de [rè:de] s.f., -n. ancoradouro.

Re.fe.rat [referá:t] s.n., -e. relatório, comunicação; exposição.

Re.fe.rent [referént] s.m., -en. relator; informante.

re.fe.rie.ren [referi:ren] v. referir; relatar, informar.

Re.form [refórm] s.f., -en. reforma.

Re.for.ma.ti.on [refórma-tsió:n] s.f., -en. reforma.

re.for.mie.ren [reformi:ren] v. reformar.

Re.frain [refrä] s.m., - estribilho, refrão.

Re.gal [regál] s.n., -e. estante, prateleira.

re.ge [ré:gue] adj. ativo, vivo; animado.

Re.gel [ré:guel] s.f., -n. regra, norma.

re.gel.mä.ßig [rè:guel-mé:ssiçh-káit] s.f., -en. regularidade; simetria.

re.geln [ré-guéln] v. regular, conformar.

re.gel.recht [rè:guel-réçht] adj. correto; normal; autêntico; perfeito.

Re.ge.lung [rè:gue-lunk] s.f., -en. regulamento.

re.gel.wid.rig [rè:gue-vidriçh] adj. irregular; contrário às regras.

Re.gen [ré:guen] s.m., -. chuva; v. mover, mexer.

Re.gen.bo.gen [ré:guen-bò:guen] s.m., -. arco-íris.

re.gen.dicht [rè:guen-diçht] adj. impermeável.

Re.gen.fall [rè:guen-fál] *s.m.*, *Regenfälle*. chuva; o cair da chuva.

Re.gen.guss [rè:guen-gús] *s.m.*, *Regengüsse*. chuvarada, pancada de chuva; aguaceiro.

Re.gen.man.tel [rè:guen-mántel] *s.m.*, *Regenmäntel*. capa de chuva; impermeável.

Re.gen.schirm [rè:guen-chirm] *s.m.*, *-e*. guarda-chuva.

Re.gent [reguênt] *s.m.*, *-en*. regente, reitor.

Re.gen.trop.fen [rè:guen-trópfen] *s.m.*, *-*. gotas de chuva.

Re.gen.was.ser [rè:guen-vássa] *s.n. (sem plural)*. águas pluviais.

Re.gen.wurm [rè:guen-vúrm] *s.m.*, *Regenwürmer*. minhoca.

re.gie.ren [regui:ren] *v.* reger, governar; dirigir.

Re.gie.rung [regui:runk] *s.f.*, *-en*. governo; regência, reinado.

Re.gi.ment [rejimént] *s.n.*, *-e ou -er*. regimento; regime.

Re.gi.ster [reguísta] *s.n.*, *-*. registro.

re.gi.strie.ren [reguis-tri:ren] *v.* registrar.

reg.nen [réknen] *v.* chover.

reg.ne.risch [rék-ne:rich] *adj.* chuvoso.

Reg.sam.keit [rèk-zàm-káit] *s.f.*, *-en*. atividade, vivacidade.

Re.gung [rè:gunk] *s.f.*, *-en*. movimento; *(fig.)* emoção, comoção; sentimento.

re.gungs.los [rè:gunks-lôs] *adj.* imóvel, inerte.

Reh [rê:] *s.n.*, *-e*. cabrito montê.

Reh.bock [rê:-bók] *s.m.*, *Rehböcke*. cabrito montês.

Rei.be [ráibe] *s.f.*, *-n*. ralo, ralador.

rei.ben [ráiben] *v.* ralar; roçar; esfregar.

Rei.bung [rái-bunk] *s.f.*, *-en*. atrito, fricção.

reich [ráich] *adj.* rico; – *machen*, – *werden*: ficar rico; império, reino.

rei.chen [rái-chen] *v.* passar, estender; estender-se; chegar, bastar, ser suficiente.

reich.hal.tig [ráich-rháltig] *adj.* rico, abundante.

reich.lich [ráich-liç] *adv.* bastante, suficientemente.

Reich.tum [ráich-tùm] *s.m.*, *Reichtümer*. riqueza.

reif [ráif] *adj.* maduro; arco, círculo, anel; geada.

Rei.fe [ráife] *s.f. (sem plural)*. maturidade, madureza; maturação.

Rei.fen [ráifen] *s.m.*, *-*. arco, roda; pneumático. v. amadurecer, maturar; gear.

reif.lich [ráif-liç] *adj.* maduro, refletido; *adv.* maduramente.

Rei.he [rái-e] *s.f.*, *-n*. fileira, enfiada, série; *der – nach*: por ordem; *ich bin an der -*: é a minha vez; *in einer – stehen*: formar fila.

rei.hen [rái-en] *v.* enfileirar, ordenar.

Rei.hen.fol.ge [rái-en-fólgue] *s.f.*, *-en*. ordem, sequência.

rei.hen.wei.se [rái-en-váize] *adv.* em fila; em série.

Rei.her [rái-a] *s.m.*, *-*. garça.

Reim [ráim] *s.m.*, *-e*. rima.

rei.men [ráimen] *v.* rimar.

rein [ráin] *adj.* puro, limpo.

Rein.heit [ráin-rháit] *s.f. (sem plural)*. pureza, limpeza.

rei.ni.gen [ráiniguen] *v.* purificar, limpar.

Rei.ni.gung [ráinigunk] *s.f.*, *-en*. purificação, limpeza.

rein.lich [ráin-liç] *adj.* limpo, asseado.

Rein.lich.keit [ráin-liç-káit] *s.f. (sem plural)*. asseio, limpeza.

Rein.schrift [ráin-chrift] *s.f.*, *-en*. cópia passada a limpo.

Reis [ráis] *s.n.*, *-e*. arroz; raminho de broto.

Rei.se [ráize] *s.f.*, *-n*. viagem.

rei.se.fer.tig [ráize-fértiç] *adj.* pronto para partir.

Rei.se.füh.rer [ráize-fy:ra] *s.m.*, *-*. guia, cicerone.

rei.se.lu.stig [ráize-lústiç] *adj.* gosto por viagens; gostar de viajar.

rei.sen [ráizen] *v.* viajar.

Rei.sen.der [ráizenda] *s.m.* ou *s.f.*, *-n*. viajante.

Rei.se.pass [ráize-pás] *s.m.*, *Reisepässe*. passaporte.

Rei.se.ziel [ráize-tsi:l] *s.n.*, *-e*. destino de viagem.

Reis.feld [ráis-félt] *s.n.*, *-er*. arrozal.

rei.ßen [ráissen] *v.* tirar, puxar, arrancar, rasgar; dores reumáticas.

rei.ßend [ráissent] *adj.* rápido; feroz, impetuoso.

Reiß.fe.der [ráis-fê:da] *s.f.*, *-n*. tira-linhas.

Reiß.na.gel [ráis-ná:guel] *s.m.*, *Reißnägel*. tachinha, percevejo.

rei.ten [ráiten] *v.* montar; cavalgar.

Rei.ter [ráita] *s.m.*, *-*. cavaleiro.

Rei.te.rin [ráiterin] *s.f.*, *-nen*. amazona.

Reit.peit.sche [ráit-páitche] *s.f.*, *-n*. chicote.

Reit.pferd [ráit-pfért] *s.n.*, *-e*. cavalo de sela.

Reit.schu.le [ráit-chú:le] *s.f.*, *-n*. escola de equitação; picadeiro.

Reit.sport [ráit-chpórt] *s.m. (sem plural)*. hipismo.

Reit.stall [ráit-chtál] *s.m.*, *Reitställe*. picadeiro.

Reit.weg [ráit-vê:k] *s.m.*, *-e*. caminho para cavaleiro.

Reiz [ráits] *s.m.*, *-e*. atrativo, encanto.

reiz.bar [ráits-bá:r] *adj.* irritável, sensível.

rei.zen [ráitsen] *v.* irritar, provocar.

rei.zend [rái-tsent] *adj.* excitante, encantador.

reiz.los [ráits-lôs] *adj.* sem graça.

Reiz.mit.tel [ráits-mitel] *s.m.*, *-*. estimulante, excitante.

Rei.zung [ráitsunk] *s.f.*, *-en*. irritação.

re.keln [rè:kèln] *v.* espreguiçar-se.

Re.kla.ma.ti.on [reklamatsiô:n] *s.f.*, *-en*. reclamação.

re.kla.mie.ren [reklamí:ren] v. reclamar.

Re.lief [relí:f] s.m., -s ou -e. relevo.

Re.li.gi.on [religuiô:n] s.f., -en. religião.

Re.li.gi.nos.frei.heit [religuiô:ns-frái-rháit] s.f. (sem plural). liberdade de culto.

Re.ling [rë:link] s.f., - ou -e. balaustrada; corrimão.

Renn.bahn [rén-bá:n] s.f., -en. pista de corrida.

ren.nen [rénen] v. correr.

Renn.pferd [rén-pfért] s.n., -e. cavalo de corrida.

Renn.wa.gen [rén-vá:guen] s.m., -. automóvel de corrida.

Re.nom.mee [renomé:] s.n., -. reputação, fama.

re.nom.mie.ren [renomí:ren] v. gabar-se.

ren.ta.bel [rentá:bel] adj. rentável, lucrativo.

Ren.ta.bi.li.tät [rentabilitä:t] s.f. (sem plural). rentabilidade; produtividade.

Ren.te [rénte] s.f., -n. renda, provento; lucro.

ren.tie.ren [rentí:ren] v. render.

Rent.ner [rént-na] s.m., -. pensionista; aposentado.

Re.pa.ra.tur [reparatú:r] s.f., -en. reparação; conserto.

re.pa.rie.ren [reparí:ren] v. reparar; consertar.

Re.qui.sit [rekvizí:t] s.n., -en. requisito.

Re.ser.ve [rezérve] s.f., -n. reserva.

re.ser.vie.ren [rezerví:ren] v. reservar.

Re.ser.voir [rëzer-voár] s.n., -e. tanque, reservatório.

Re.spekt [respékt] s.m. (sem plural). respeito.

re.spek.tie.ren [respektí:ren] v. respeitar.

re.spekt.los [respékt-lôs] adj. desrespeitoso.

re.spekt.voll [respékt-fól] adj. respeitoso.

Rest [rést] s.m., -e. resto, resíduo.

Re.stau.rie.rung [rês-taurí:runk] s.f., -en. restauração.

Rest.be.stand [rést-bechtánt] s.m., Restbestände. saldo.

Rest.be.trag [rést-betrá:k] s.m., Restbeträge. resto.

rest.lich [rést-liçh] adj. restante.

rest.los [rést-lôs] adj. completamente, inteiramente.

Rest.schuld [rést-chúlt] s.f., -en. dívida restante.

ret.ten [réten] v. salvar.

Ret.ter [réta] s.m., -. salvador.

Ret.tich [rétiçh] s.m., -e. rábano.

Ret.tung [rétunk] s.f., -en. salvação, salvamento; libertação.

ret.tungs.los [rétunks-lôs] adj. sem remédio, sem esperança; adv. irremediavelmente.

Reue [róie] s.f. (sem plural). arrependimento.

reu.en [róien] v. arrepender-se.

reu.ig [rói-içh] adj. arrependido; contrito.

Re.vier [reví:r] s.n., -e. distrito, comarca; bairro.

Re.vue [revý] s.f., -n. revista.

Re.zept [retsépt] s.n., -e. receita.

rich.ten [riçhten] v. endireitar, ajustar, dirigir; julgar.

Rich.ter [riçhta] s.m., -. juiz.

rich.ter.lich [riçhta-liçh] adj. judicial.

rich.tig [riçh-tiçh] adj. direito, certo; correto, justo; autêntico, verdadeiro.

Rich.tig.keit [riçh-tiçh-káit] s.f. (sem plural). correção, justeza, exatidão.

Rich.tung [riçh-tunk] s.f., -en. direção, orientação; sentido; tendência.

rich.tungs.los [riçh-túnks-lôs] adj. desnorteado; sem direção, sem sentido.

Ricke [rike] s.f., -n. corça.

rie.chen [rí:-çhen] v. cheirar; farejar.

Rie.gel [rí:guel] s.m., -. ferrolho; barra.

Rie.men [rí:men] s.m., -. correia, cinta; tira.

Rie.se [rí:ze] s.m., -n. gigante.

rie.seln [rí:-zéln] v. correr, escorrer; chuviscar, garoar.

rie.sen.groß [rízen-grö:s] adj. gigantesco.

rie.sen.haft [rízen-rháft] adj. gigantesco.

Rie.sen.schlan.ge [rízen-chlángue] s.f., -n. jiboia.

Riff [rif] s.n., -e. recife.

Ril.le [rile] s.f., -n. rego, sulco.

Rind [rint] s.n., -er. bezerro.

Rin.de [rinde] s.f., -n. casca; côdea; córtex.

Rind.fleisch [rint-fláich] s.n. (sem plural). carne bovina.

Rind.vieh [rint-ví:] s.n., Rindviecher. gado bovino.

Ring [rink] s.m., -e. anel; argola, aro; aliança.

rin.ge.lig [ringueliçh] adj. anelado; encaracolado, cacheado.

Rin.gel.locke [ringuel-lóke] s.f., -n. caracol, cacho.

rin.geln [rin-guëln] v. encaracolar, anelar.

rin.gen [ringuen] v. torcer; lutar; luta.

Rin.ger [ringa] s.m., -. lutador.

Ring.fin.ger [rink-fínga] s.m., -. dedo anular.

rings [rinks] adv. em torno, ao redor.

Rin.ne [rine] s.f., -n. rego, calha.

rin.nen [rinen] v. vazar, correr, escoar.

Rin.sal [rí:n-zál] s.n., -e. regato, arroio.

Rip.pe [ripe] s.f., -n. costela.

Riss [ris] s.m., -e. rasgão, rotura, fenda; planta, plano, delineamento.

ris.sig [rrissiçh] adj. fendido, rachado.

Ritt [rit] s.m., -e. passeio a cavalo.

Rit.ter [rita] s.m., -. cavaleiro; cavalheiro.

rit.ter.lich [rita-liçh] adj. cavalheiresco.

Rit.ze [ritse] s.f., -n. fenda, racha, frincha; arranhão.

rit.zen [ritsen] v. rachar; arranhar.

Rob.be [róbe] s.f., -n. foca.

rö.cheln [rö-çhéln] v. estertorar.

Ro.chen [ró-rren] *s.m., -.* raia, arraia.

Rock [rók] *s.m., Röcke.* saia.

ro.den [ró:den] *v.* arrotear, desbravar, desmatar.

Ro.gen [ró:guen] *s.m. (sem plural).* ovas de peixe.

Rog.gen [róguen] *s.m., -.* centeio.

roh [ró:] *adj.* cru; tosco, bruto.

Ro.heit [ró:-rháit] *s.f., -en.* crueza, rudeza; brutalidade.

Rohr [ró:r] *s.n., -e.* junco, cana; tubo, cano.

Röh.re [rø:re] *s.f., -n.* tubo, cano; trompa.

röh.ren [rø:ren] *v.* bramar, rugir; berrar.

Rol.le [róle] *s.f., -n.* rolo.

rol.len [rólen] *v.* rodar; rolar, enrolar.

rol.lend [rólent] *adj.* rolante.

Rol.ler [róla] *s.m., -.* patinete; canário; flauta.

Roll.schin.ken [ról-chínken] *s.m., -.* paio.

Roll.schuh [ról-chú:] *s.m., -e.* patim; – *laufen:* patinar (sobre rodas).

Roll.stuhl [ról-chtú:l] *s.m., Rollstühle.* cadeira de rodas.

Roll.trep.pe [ról-trépe] *s.f., -n.* escada rolante.

Ro.man [romá:n] *s.m., -e.* romance.

Ro.man.tik [romántik] *s.f. (sem plural).* romântico.

ro.man.tisch [romántich] *adj.* romantismo.

Ro.man.ze [romántse] *s.f., -n.* balada romântica.

Rö.mer [rø:ma] *s.m., -.* romano, cálice, taça.

Ro.se [ró:ze] *s.f., -n.* rosa.

Ro.sen.busch [ró:zen-búch] *s.m., Rosenbüsche.* roseira.

ro.sen.far.big [ró:zen-fárbiçh] *adj.* cor-de-rosa, rosado.

ro.sig [ró:ziçh] *adj.* cor-de-rosa, rosado.

Ro.sen.kranz [ró:zen-kránts] *s.m., Rosenkränze.* grinalda de rosas; rosário.

Ro.si.ne [rozí:ne] *s.f., -n.* uvas secas, uvas-passas.

Ross [rós] *s.n., -e ou Rösser.* cavalo de montaria.

Rost [róst] *s.m., -e.* ferrugem.

ro.sten [rósten] *v.* enferrujar.

rö.sten [røsten] *v.* grelhar, tostar; torrar.

rost.frei [róst-frái] *adj.* inoxidável.

ro.stig [róstiçh] *adj.* enferrujado.

rot [ró:t] *adj.* vermelho, encarnado; ruivo; corado.

rot.bäckig [ró:t-békiçh] *adj.* que tem faces vermelhas.

Rö.te [rø:te] *s.f., -n.* rubor, vermelhidão.

Rö.teln [rø:téln] *plural.* rubéola.

Rot.fink [ró:t-fink] *s.m., -en.* tentilhão.

Rot.fuchs [ró:t-fúks] *s.m., Rotfüchse.* cavalo alazão.

rot.glü.hend [ró:t-gly:ent] *adj.* candente, em brasa.

Rot.kehl.chen [ró:t-kè:l-çhen] *s.n., -.* pintarroxo.

röt.lich [rø:t-liçh] *adj.* avermelhado.

Rot.te [róte] *s.f., -n.* chusma, corja, quadrilha; turma, tropa.

Rot.wein [ró:t-váin] *s.m., -e.* vinho tinto.

Rot.wild [ró:t-vilt] *s.n. (sem plural).* caça brava.

Rotz [róts] *s.m. (sem plural).* muco; ranho.

Rotz.na.se [róts-náze] *s.f., -n.* nariz ranhoso; fedelho.

Rü.be [ry:be] *s.f., -n.* nabo; *Gelbe-:* cenoura; *Zucker-:* beterraba.

Ru.bel [rú:bel] *s.m., -.* rublo; unidade monetária da Rússia.

Ru.brik [rubrík] *s.f., -en.* rubrica.

ruch.bar [rúrr-bá:r] *adj.* notório, divulgado. público; – *werden:* divulgar-se.

Ruch.bar.keit [rúrr-ba:r-káit] *s.f. (sem plural).* notoriedade.

ruch.los [rúrr-lôs] *adj.* perverso, malvado.

Ruck [rúk] *s.m., -e.* empurrão, solavanco; safanão.

Rück.an.sicht [ryk-ánziçht] *s.f., -en.* em reverso.

Rück.an.spruch [ryk-ánchprurr] *s.m., Rückansprüche.* recurso.

Rück.blick [ryk-blík] *s.m., -e.* olhadela, relance.

Rücken [ryken] *s.m., -.* costas, dorso; lombada; *v. mover,* empurrar, afastar; *sich nicht – noch rühren:* não (se) mexer; *an jemandes Stelle –:* substituir alguém.

Rücken.mark [ryken-márk] *s.n. (sem plural).* medula espinhal.

Rück.fahrt [ryk-fà:rt] *s.f., -en.* volta, regresso.

Rück.fall [ryk-fál] *s.m., Rückfälle.* recaída, recidiva, *adj.* reincidente.

Rück.gang [ryk-gánk] *s.m., Rückgänge.* arrefecimento, recuo.

Rück.grat [ryk-grá:t] *s.n., -e.* espinha dorsal; *(fig.)* aprumo, dignidade.

Rück.halt [ryk-hált] *s.m., -e.* reserva, apoio.

Rück.kehr [ryk-kè:r] *s.f. (sem plural).* volta, regresso.

Rück.lauf [ryk-láuf] *s.m., Rückläufe.* retrocesso.

rück.läu.fig [ryk-lòifiçh] *adj.* retrógrado.

rück.lings [ryk-links] *adv.* para trás; pelas costas.

Rück.marsch [ryk-márch] *s.m., Rückmärsche.* volta, retirada.

Ruck.sack [rúk-zák] *s.m., Rucksäcke.* mochila.

Rück.schlag [ryk-chlá:k] *s.m., Rückschläge.* contragolpe; *(fig.)* revés.

Rück.sei.te [ryk-záite] *s.f., -n.* verso; costas.

Rück.sicht [ryk-ziçht] *s.f., -en.* respeito, consideração.

rück.sichts.los [ryk-ziçhts-lôs] *adj.* desconsiderado, indelicado.

rück.sichts.voll [ryk-ziçhts-fól] *adj.* atencioso, delicado.

Rück.sitz [ryk-zíts] *s.m., -e.* assento traseiro.

Rück.spie.gel [ryk-chpí:guel] *s.m., -.* espelho retrovisor.

Rück.spra.che [ryk-chpra-rre] *s.f., -n.* conferência.

Rück.stand [ryk-chtánt] *s.m., Rückstände.* resto; refugo, resíduo.

rück.stän.dig [ryk-chténdiçh] *adj.* restante, remanescente.

rück.wärts [ryk-vérts] *adv.* para trás.

Rück.weg [ryk-vè:k] *s.m., -e.* caminho de volta.

rück.wir.kend [ryk-virkent] *adj.* reativo; retroativo.

Rück.zah.lung [ryk-tsá:lunk] *s.f., -en.* reembolso.

Rück.zug [ryk-tsú:k] *s.m., Rückzüge.* retirada.

rü.de [ry:de] *adj.* rude, brutal, grosseiro; cão de caça, mastim.

Ru.del [rú:del] *s.n., -.* bando, matilha, manada.

Ru.der [rú:da] *s.n., -.* remo, leme, timão.

Ru.de.rer [rú:dera] *s.m., -.* remador.

ru.dern [rú:-dérn] *v.* remar.

Ruf [ru:f] *s.m., -e.* grito; clamor, chamada; reputação.

ru.fen [rú:fen] *v.* gritar; clamar.

Rüf.fel [ryfel] *s.m., -.* repreensão.

Rü.ge [ry:gue] *s.f., -n.* admoestação, descompostura.

rü.gen [ry:guen] *v.* censurar, admoestar.

Ru.he [rú:e] *s.f. (sem plural)* descanso, repouso; calma, sossego; *in – lassen:* deixar em paz; *(sich) aus der – bringen (lassen):* abalar, abalar-se; *sich zur – setzen:* retirar-se dos negócios, aposentar-se.

ru.he.be.dürf.tig [rú:e-bedyrf-tiçh] *adj.* necessitado de descanso.

Ru.he.la.ge [rú:e-lá:gue] *s.f., -n.* descanso, equilíbrio.

Ru.he.los [rú:e-lòs] *adj.* agitado, inquieto.

Ru.he.lo.sig.keit [rú:e-lóziçh-káit] *s.f. (sem plural)* agitação, desassossego.

ru.hen [rú:en] *v.* descansar, repousar; *– lassen:* deixar em paz.

ru.hend [rú:ent] *adj.* descansado; inerte, suspenso.

Ru.he.pau.se [rú:e-páuze] *s.f., -n.* intervalo, pausa.

Ru.he.stand [rú:e-chtánt] *s.m. (sem plural).* jubilado, aposentado; *in den – versetzen:* jubilar, aposentar.

ru.hig [rú:içh] *adj.* quieto, sossegado, tranquilo.

Ruhm [ru:m] *s.m. (sem plural).* glória, fama, renome.

rüh.men [ry:men] *v.* gabar, elogiar.

rühm.lich [ry:m-liçh] *adj.* glorioso, louvável.

ruhm.reich [rú:m-ráiçh] *adj.* glorioso.

ruhm.süch.tig [rúm-zyçh-tiçh] *adj.* ambicioso.

Ruhr [rú:r] *s.f., -en.* diarreia, disenteria.

ruhr.ar.tig [rú:r-ártiçh] *adj.* disentérico.

ruhr.krank [rú:r-kránk] *adj.* disentérico.

Rühr.ei [ry:r-ái] *s.n., -er.* ovos mexidos.

rüh.ren [ry:ren] *v.* mexer, mover; *(fig.)* comover, enternecer.

rüh.rend [ry:r-rent] *adj.* enternecedor, tocante, comovente.

Rühr.kel.le [ry:r-kéle] *s.f., -n.* colherão, colher de mexer.

Ru.in [ru-í:n] *s.f., -n.* ruína; derrocada; falência.

rui.nie.ren [ruiní:ren] *v.* arruinar; estragar.

rülp.sen [rylpzen] *v.* arrotar.

Rülp.ser [rylpza] *s.m., -.* arroto.

Rum.mel [rúmel] *s.m. (sem plural).* barulho, tumulto.

ru.mo.ren [rumô:ren] *v.* rumorejar.

rum.peln [rúm-péln] *v.* dar solavancos; estrondar.

Rumpf [rúmpf] *s.m., Rümpfe.* tronco, casco, fuselagem.

rümp.fen [rympfen] *v.* torcer.

rund [rúnt] *adj.* circular, redondo, curvo.

Rund.blick [rúnt-blík] *s.m., -e.* panorama.

Run.de [rúnde] *s.f., -n.* círculo, roda; volta, ronda; turno.

Rund.funk [rúnt-funk] *s.m. (sem plural).* rádio, radiodifusão.

Rund.gang [rúnt-gánk] *s.m., Rundgänge.* volta; corredor circular.

rund.he.rum [rúnt-rhérum] *adv.* em roda; em redor.

rund.lich [rúnt-liçh] *adj.* arredondado.

Rund.schau [rúnt-cháu] *s.f., -en.* panorama.

Rund.schreiben [rúnt-chráiben] *s.n., -.* circular, boletim.

Run.dung [rún-dunk] *s.f., -en.* redondeza; rotundidade, curvatura.

rund.weg [rúnt-vè:k] *adv.* redondamente.

Run.zel [rún-tsél] *s.f., -n.* ruga.

run.ze.lig [rúntse:-liçh] *adj.* rugoso, enrugado.

run.zeln [rún-tsélén] *v.* enrugar, franzir.

Rü.pel [ry:pel] *s.m., -.* homem grosseiro.

rü.pel.haft [ry:pel-rháft] *adj.* grosseiro.

rup.fen [rúpfen] *v.* tirar, arrancar; depenar.

rup.pig [rúpiçh] *adj.* andrajoso, esfarrapado; grosseiro.

Rup.pig.keit [rúpiçh-káit] *s.f., -en.* grosseria.

Ruß [rú:s] *s.m., -e.* ferrugem; fuligem.

Rüs.sel [ryssel] *s.m., -.* tromba; focinho.

ru.ßig [ru:ssiçh] *adj.* fuliginoso.

rü.sten [rysten] *v.* preparar, armar; dispor.

rü.stig [rys-tiçh] *adj.* robusto; disposto.

Rü.stung [rys-tunk] *s.f., -en.* armamento, armadura.

Ru.te [rú:te] *s.f., -n.* vara, verga; açoite; membro viril.

Rutsch [rútch] *e s.f., -n.* desmoronamento, desabamento; escorregador.

rut.schen [rútchen] *v.* deslizar, resvalar, escorregar.

Rutsch.bahn [rútch-bá:n] *s.f., -en.* resvaladouro; escorrega, montanha-russa.

rut.schig [rútchiçh] *adj.* escorregadio.

rüt.teln [ry-téln] *v.* sacudir, agitar.

S

S [és] décima nona letra do alfabeto alemão.
Saal [záːl] *s.m., Säle.* sala, salão.
Saat [záːt] *s.f., -en.* semente, caroço.
Saat.zeit [záːt-tsáit] *s.f., -en.* tempo de semear.
Sä.bel [zéː-bél] *s.m., -.* sabre, espada.
sach.dien.lich [zárr-díːn-liçh] *adj.* conveniente, útil.
Sa.che [zárre] *s.f., -n.* coisa, objeto; assunto; negócio; causa política; questão, caso; *alte –:* velharia; *zur – gehören, zur – kommen:* vir ao caso; *nichts zur – tun:* não fazer caso de; *bei der – bleiben:* cingir-se ao assunto, não fugir do assunto; *nicht bei der – sein:* estar distraído, não se dar conta de.
sach.ge.mäß [zárr-guemés] *adj.* apropriado, próprio, específico; objetivo.
Sach.kennt.nis [zárr-ként-nis] *s.f., -en.* experiência, conhecimento da matéria; perícia.
Sach.kun.de [zárr-kúnde] *s.f. (sem plural).* experiência, conhecimento da matéria; perícia.
sach.kun.dig [zárr-kúndiçh] *adj.* perito, especialista.
Sach.la.ge [zárr-láːgue] *s.f. (sem plural).* situação; estado de coisas; circunstância.
sach.lich [zárr-liçh] *adj.* objetivo; pragmático; prático; realista.
säch.lich [zéçh-liçh] *adj.* neutro.
Sach.scha.den [zárr-cháːden] *s.m., Sachschäden.* dano material.
sach.te [zárrte] *adj.* lento; *adv.* devagar, lentamente.
Sach.wal.ter [zárr-válta] *s.m., -.* procurador; advogado; representante.
Sach.wert [zárr-vért] *s.m. (sem plural).* valor real; valor efetivo.
Sack [zák] *s.m., Säcke.* saco, saca; bolsa.
Sack.gas.se [zák-gásse] *s.f., -n.* beco sem saída.
sä.en [zéː:en] *v.* semear.
Saft [záft] *s.m., Säfte.* seiva, sumo, suco.
saf.tig [záftiçh] *adj.* suculento, sumarento.
saft.los [záft-lóːs] *adj.* seco, sem suco; *(fig.)* mole, frouxo, insípido.
Sa.ge [záːgue] *s.f., -n.* lenda heroica, mito; saga; história de tradição popular.
Sä.ge [zéːgue] *s.f., -n.* serra, serrote.
sa.gen [záːguen] *v.* dizer; falar; *nichts zu – haben:* não ter importância, não ser digno de menção.
sä.gen [zéːguen] *v.* serrar.
sa.gen.haft [záːguen-rháft] *adj.* lendário, legendário.
Sai.te [záite] *s.f., -n.* corda, fibra; *–n-instrument:* instrumento de corda.
sa.kral [zakráːl] *adj.* sacro; sagrado.
Sa.kra.ment [zakramént] *s.n., -e.* sacramento.
Sa.lat [zaláːt] *s.m., -e.* salada; *Kopf–:* alface; salada de alface.
Sal.be [zálbe] *s.f., -n.* pomada, bálsamo.
Sal.bung [zálbunk] *s.f., -n.* unção, consagração.
Sal.mi.ak [zálmi-ák] *s.m. ou s.n. (sem plural).* sal de amônia.

Sal.pe.ter [zál-péta] *s.m. (sem plural).* salitre; nitro.
Sal.pe.ter.säu.re [zál-péta-zóire] *s.f., -n.* ácido nítrico.
Salz [zálts] *s.n., -e.* sal.
Salz.berg.werk [zálts-bérk-vérk] *s.n., -e.* mina de sal; salina.
sal.zen [záltsen] *v.* salgar, pôr sal em.
Salz.fass [zálts-fás] *s.n., Salzfässer.* saleiro.
Salz.ge.halt [zálts-guerhált] *s.m., -e.* salinidade.
Salz.gur.ke [zálts-gúrke] *s.f., -n.* pepino em conserva.
Salz.hal.tig [zálts-rháltiçh] *adj.* salino.
sal.zig [záltsiçh] *adj.* salgado.
Salz.säu.re [zálts-zóire] *s.f. (sem plural).* ácido clorídrico.
Salz.was.ser [zálts-vássa] *s.n. (sem plural).* Salz água.
Sa.men [záːmen] *s.m., -.* semente.
Sa.men.staub [záː-men-chtáup] *s.m. (sem plural).* pólen.
sä.misch [zéːmich] *adj.* de camurça; acamurçado.
Sam.mel.becken [zámel-béken] *s.n., -.* reservatório; depósito.
sam.meln [zá-meln] *v.* juntar; colecionar, coletar.
Sam.mel.platz [zámel-pláts] *s.m., Sammelplätze.* lugar de reunião; ponto de convergência.
Sam.mel.punkt [zámel-púnkt] *s.m., -e.* lugar de reunião; ponto de convergência.
Sam.mel.werk [zámel-vérk] *s.n., -e.* trabalho coletivo; compilação, coletânea.
Samm.ler [zám-la] *s.m., -.* colecionador; coletor; compilador.

SAMMLUNG • SCHADENERSATZ

Samm.lung [zám-lunk] *s.f., -en.* coleção, compilação.

Sams.tag [záms-tá:k] *s.m., -e. sábado; -s: adv.* aos sábados.

Samt [zámt] *s.m., -e.* veludo; *prep.* com, junto, juntamente; em companhia de.

sämt.lich [zémt-lich] *adj.* todo, completo, inteiro; todos juntos; *-e Werke:* obras completas.

Sand [zánt] *s.m. (sem plural).* areia.

Sand.pa.pier [zánt-papí:r] *s.n., -e.* papel abrasivo; lixa.

Sand.sack [zánt-zák] *s.m., Sandsäcke.* saco de areia.

Sand.uhr [zánt-ú:r] *s.f., -en.* ampulheta.

Sand.wü.ste [zánt-vyste] *s.f., -n.* deserto de areia.

sanft [zánft] *adj.* suave, brando.

Sanft.heit [zánft-ráit] *s.f., -en.* suavidade, brandura.

sänf.ti.gen [zénf-tiguen] *v.* acalmar; abrandar.

Sanft.mut [zánft-mú:t] *s.f. (sem plural).* afabilidade, brandura.

Sän.ger [zénga] *s.m., -.* cantor.

sa.nie.ren [zani:ren] *v.* sanear.

Sa.ni.tä.ter [zanitéta] *s.m., -.* enfermeiro; socorrista.

sank.tio.nie.ren [zánk-tsioni:ren] *v.* sancionar, chancelar.

Sap.per.ment! [zápa-mênt] *interj.* caramba!

Sap.per.lot! [zápa-ló:t] *interj.* caramba!

Sar.del.le [zardéle] *s.f., -n.* anchova; sardinha.

Sar.di.ne [zardíne] *s.f., -n.* anchova; sardinha.

Sarg [zárk] *s.m., Särge.* caixão, ataúde.

Sa.tin [za:tin] *s.m. (sem plural).* cetim.

satt [zát] *adj.* satisfeito, farto; regalado.

Sat.tel [zátel] *s.m., Sättel.* sela, cilha; selim.

sät.ti.gen [zétiguen] *v.* fartar, saciar.

satt.sam [zát-zám] *adv.* suficientemente.

Satz [záts] *s.m., Sätze.* frase, sentença; oração, proposição; tese; camada, sedimento; salto, pulo.

Satz.ge.gen.stand [záts-guê:guen-chtánt] *s.m., Satzgegenstände.* sujeito; sujeito de uma oração.

Sat.zung [zá-tsunk] *s.f., -en.* preceito, estatuto; regulamento.

Satz.zei.chen [záts-tsái-chen] *s.n., -.* sinal gráfico de pontuação.

Sau [záu] *s.f., Säue.* porca.

sau.ber [záuba] *adj.* limpo, asseado.

Sau.ber.keit [záuba-káit] *s.f. (sem plural).* limpeza, asseio.

Sau.ce [zóu-se] *s.f., -n.* molho.

sau.er [záua] *adj.* azedo, ácido.

Sau.er.bra.ten [záua-brá:ten] *s.m., -.* assado preparado com vinagre.

Saue.rei [záue-rái] *s.f., -en.* porcaria.

Sau.er.kraut [záua-kráut] *s.n. (sem plural).* chucrute.

säu.er.lich [zóia-lich] *adj.* azedo.

Sau.er.stoff [záua-chtóf] *s.m. (sem plural).* oxigênio.

Sau.er.teig [záua-táik] *s.m., -e.* fermento; levedura.

sau.fen [záufen] *v.* embriagar-se, beber à farta.

Säu.fer [zóifa] *s.m., -.* bêbado; beberrão.

sau.gen [záugen] *v.* sugar, aspirar; chupar, sorver; mamar.

säu.gen [zóiguen] *v.* amamentar.

Säu.ge.tier [zóigue-tí:r] *s.n., -e e adj.* mamífero.

Säu.le [zóile] *s.f., -n.* coluna, pilar.

Säu.len.gang [zóilen-gánk] *s.m., Säulengänge.* arcada, colunata; claustro.

Saum [záum] *s.m., Säume.* orla, bainha.

säu.men [zóimen] *v.t.* orlar, debruar; *v.i.* tardar.

Säu.mer [zóima] *s.m., -.* retardatário.

säu.mig [zóimich] *adj.* demorado, tardio, lento, moroso.

säum.se.lig [zóim-zê:lich] *adj.* demorado, tardio, lento, moroso.

Saum.tier [záum-tí:r] *s.n., -e.* besta de carga.

sau.re [záu-re] *adj.* azedo, ácido.

Säu.re [zói-re] *s.f., -n.* acidez, acrimônia, azedume; ácido.

säu.seln [zói-zéln] *v.* sussurrar, murmurar.

sau.sen [záuzen] *v.* sibilar, zunir; correr velozmente.

Sau.stall [záu-chtál] *s.m., Ställe.* chiqueiro, pocilga.

Scha.be [chá:be] *s.f., -n.* barata.

scha.ben [chá:ben] *v.* raspar.

Scha.ber.nack [chába-nák] *s.m., -e.* travessura.

schä.big [chê:bich] *adj.* surrado, gasto; mesquinho, sórdido.

Scha.blo.ne [chábló:ne] *s.f., -n.* molde; gabarito; *(fig.)* rotina.

Schach [chárr] *s.n., -* jogo de xadrez.

Schach.brett [chárr-brét] *s.n., -er.* tabuleiro de xadrez.

Schä.cher [chê-cha] *s.m., -.* ladrão, larápio.

scha.chern [cha-rrérn] *v.* mercadejar; traficar.

Schacht [chárrt] *s.m., Schächte.* clarabóia; poço, mina.

Schach.tel [chárr-têl] *s.f., -n.* caixa.

Scha.de [chá:de] *interj. -!; es ist -!:* é penal; que pena!

Schä.del [chê:del] *s.m., -.* crânio; caveira.

scha.den [chá:den] *v.* prejudicar, fazer mal a; *was schadet das?:* que importa?; que mal faz?; dano, prejuízo, estrago, detrimento; *- nehmen:* zu *- kommen:* estragar-se, ferir-se, ficar prejudicado; *den - haben:* não levar a melhor; *durch - klug werden:* escarmentar; receber uma lição.

Scha.den.er.satz [chá:den-erzáts] *s.m. (sem plural).* indenização.

Scha.den.er.satz.pflicht [chá:den-érzáts-pflícht] s.f., -en. responsabilidade.

scha.den.froh [chá:den-fro:] adj. malicioso.

schad.haft [chát-ráft] adj. deteriorado; defeituoso; lesado.

schäd.lich [chét-liç] adj. prejudicial, nocivo, pernicioso.

Schaf [chá:f] s.n., -e. ovelha.

Schaf.bock [chá:f-bók] s.m., Schafböcke. carneiro.

Schä.fer [chè:fa] s.m., -. pastor.

schaf.fen [cháfen] v. criar, gerar, produzir.

Schaff.ner [cháf-na] s.m., -. feitor; revisor; condutor.

Schaf.fung [cháfunk] s.f., -en. produção, criação.

Schaf.her.de [chá:f-rhérde] s.f., -n. rebanho de ovelhas.

Schaft [cháft] s.m., Schäfte. cabo, haste; cano de bota.

Schaf.wol.le [chá:f-vóle] s.f., -n. lã.

Schä.ke.rei [chè:ke-rái] s.f., -en. brincadeira, gracejo.

Schal [chá:l] s.m., -s ou -e. mantilha, xale, cachecol; adj. insípido, sem sabor.

Scha.le [chá:le] s.f., -n. casca, pele; invólucro; taça, concha.

schä.len [chè:len] v. descascar; sich –: perder a casca.

schalk.haft [chálk-ráft] adj. malandro, astuto.

Schall [chál] s.m., -e ou Schälle. som; ressonância.

schal.len [chálen] v. soar; ressoar.

Schal.mei [chál-mái] s.f., -en. charamela; flauta de pastor.

schal.ten [chálten] v. comutar, ligar; (fig.) perceber; – und walten: mandar e desmandar, pôr e dispor.

Schal.ter [cháltá] s.m., -. comutador, interruptor; bilheteria.

Schalt.jahr [chált-iá:r] s.n., -e. ano bissexto.

Scham [chá:m] s.f. (sem plural). vergonha, pudor.

schä.men [chè:men] v. envergonhar-se, ter vergonha.

scham.los [chá:m-lôs] adj. desavergonhado, impudente.

Schan.de [chánde] s.f. (sem plural). vergonha, infâmia, opróbrio, desonra, ofensa, ignomínia; estupro.

schän.den [chénden] v. desonrar, injuriar, difamar, profanar; violentar, estuprar.

Schand.fleck [chánt-flék] s.m., -e. mancha, mácula, desonra, estigma.

Schand.mal [chánt-mál] s.n., -e. estigma; mácula.

Schan.ze [chántse] s.f., -n. trincheira, reduto; barricada, fortim.

Schar [chá:r] s.f., -en. tropa, bando, grupo.

scharf [chárf] adj. afiado, cortante, agudo.

Scharf.blick [chárf-blík] s.m. (sem plural). agudeza; perspicácia, sagacidade.

Schär.fe [chérfe] s.f., -n. corte, gume, fio.

schär.fen [chérfen] v. afiar, amolar.

Scharf.ma.cher [chárf-márra] s.m., -. (fig.) agitador, instigador.

Scharf.rich.ter [chárf-ríchta] s.m., -. verdugo, carrasco.

Scharf.sinn [chárf-zín] s.m. (sem plural). perspicácia, sagacidade.

schar.lach.far.ben [chár-lárr-fárben] adj. cor escarlate.

schar.lach.rot [chár-lárr-rô:t] adj. vermelho escarlate.

Schar.la.tan [chár-latá:n] s.m., -e. charlatão.

Schar.nier [chár-ní:r] s.n., -e. dobradiça.

schar.ren [chá-ren] v. esgravatar, raspar.

Schar.te [chárte] s.f., -n. mossa; falha, brecha; falta de gume.

Schat.ten [cháten] s.m., -. sombra.

Schat.ten.bild [cháten-bílt] s.n., -er. silhueta, perfil.

Schat.ten.sei.te [cháten-záite] s.f., -n. lado fraco, lado escuro; reverso; inconveniente.

Schat.tie.rung [chat:írunk] s.f., -en. matiz cambiante; sombreado.

Schatz [cháts] s.m., Schätze. tesouro; patrimônio.

Schatz.amt [cháts-ámt] s.n., Schatzämter. tesouraria.

schät.zen [chétsen] v. apreciar, estimar; avaliar, apreçar; valorizar.

Schatz.mei.ster [cháts-máista] s.m., -. tesoureiro.

Schät.zung [chét-tsunk] s.f., e-n. avaliação.

Schau [cháu] s.f., -en. vista, aspecto; visão; exame, revista, mostra, exposição, exibição; espetáculo.

Schau.büh.ne [cháu-by:ne] s.f., -n. teatro; palco.

Schau.der [cháuda] s.m., -. arrepio; calafrio.

schau.der.haft [cháuda-ráft] adj. horrível, horrendo.

schau.dern [cháudern] v. arrepiar-se de medo; horrorizar-se.

schau.en [cháuen] v. olhar, mirar, contemplar; ver.

Schau.er [cháua] s.m., -. arrepio, horror; calafrio, tremor.

schau.er.lich [cháua-liç] adj. horrível, horripilante, monstruoso.

Schau.fel [cháu-fél] s.f., -n. pá, palheta.

schau.feln [cháu-féln] v. trabalhar ou remexer com pá.

Schau.fel.rad [cháufel-rá:t] s.n., Schaufelräder. roda com pás usada em moinhos de vento.

Schau.fen.ster [cháu-fénsta] s.n., -. vitrina.

Schau.kel [cháukel] s.f., -n. balanço.

schau.keln [cháu-kéln] v. balançar, oscilar.

Schau.kel.stuhl [cháukel-chtú:l] s.m., Schaukelstühle. cadeira de balanço.

Schaum [cháum] s.m., Schäume. espuma.

Schaum.be.deckt [cháum-bedékt] *adj.* espumoso.
Schaum.bläs.chen [cháum-blés-chen] *s.n.,* -. bolhas de espuma, borbulha.
schäu.men [chóimen] *v.* espumar.
Schaum.löf.fel [cháum-løfel] *s.m.,* -. escumadeira.
Schau.platz [cháu-pláts] *s.m., Schauplätze.* cenário; teatro.
Schau.spiel [cháu-chpí:l] *s.n.,* -e. peça de teatro; espetáculo teatral.
Schau.spie.ler [cháu-chpí:la] *s.m.,* -. ator.
Schau.spiel.haus [cháu-chpí:l-ráus] *s.n., Schauspielhäuser.* teatro; casa de espetáculos.
Schei.de [cháide] *s.f., -n.* bainha; vagina; *in die – stecken:* embainhar; *aus der – ziehen:* desembainhar.
Schei.de.li.nie [cháide-lí:nie] *s.f., -n.* linha divisória.
Schei.de.wand [cháide-vánt] *s.f., Scheidewände.* tabique, parede divisória; diafragma; septo.
Schei.de.weg [cháide-vêk] *s.m., -e.* encruzilhada, bifurcação; *(fig.)* dilema.
Schei.dung [cháidunk] *s.f., -en.* decomposição; separação; *Ehe –:* divórcio.
Schei.dungs.grund [cháidunks-grünt] *s.m., Scheidungsgründe.* causa do divórcio.
Schei.dungs.kla.ge [cháidunks-klá:gue] *s.f., -n.* ação de divórcio; *die – einreichen:* pedir o divórcio.
Schein [cháin] *s.m., -e.* brilho, clarão; luz; esplendor; *An –:* aparência.
Schein.an.griff [cháin-án-grif] *s.m., -e.* ataque simulado.
schein.bar [cháin-bá:r] *adj.* aparente.
schei.nen [cháinen] *v.* luzir, brilhar; *(fig.)* parecer.
schein.hei.lig [cháin-ráilich] *adj.* hipócrita; falso, fingido.

Schein.tod [cháin-tô:t] *s.m., -e.* catalepsia; letargia.
Schein.wer.fer [cháin-vérfa] *s.m.,* -. projetor; holofote, farol.
schei.teln [chái-téln] *v.* repartir os cabelos.
Schei.tel.li.nie [cháitel-lí:nie] *s.f., -n.* linha vertical.
Schei.tel.punkt [cháitel-púnkt] *s.m., -e.* vértice.
Schei.ter.hau.fen [cháita-ráufen] *s.m.,* -. fogueira.
schei.tern [chái-térn] *v.* naufragar; *(fig.)* falhar, fracassar; naufrágio; fracasso.
Schel.lack [che:l-lák] *s.m., -e.* goma-laca.
Schel.le [chéle] *s.f., -n.* campainha, guizo; cascavel.
schel.len [chélen] *v.* tocar a campainha.
Schell.fisch [chél-fich] *s.m., -e.* bacalhau.
Schelm [chèlm] *s.m., -e.* travesso, maroto.
Schel.men.streich [chèlmen-chtráich] *s.m., -e.* travessura.
Schel.te [chélte] *s.f. (sem plural).* repreensão, reprimenda.
Sche.mel [chê:mel] *s.m.,* -. escabelo, banquinho.
Schen.ke [chênke] *s.f., -n.* taberna, bodega.
Schen.kel [chênkel] *s.m.,* -. coxa; perna.
schen.ken [chênken] *v.* presentear, dar de presente; doar.
Schen.kung [chènkunk] *s.f., -en.* presente; doação.
Scher.be [chérbe] *s.f., -n.* caco; pedaço quebrado.
Sche.re [chê:re] *s.f., -n.* tesoura; tenazes.
Sche.ren.schlei.fer [chê:ren-chláifa] *s.m.,* -. amolador, afiador.
Sche.re.rei [chê:re-rái] *s.f., -en.* maçada, aborrecimento.
Scherz [chérts] *s.m., -e.* brincadeira, gracejo.
scher.zen [chértsen] *v.* gracejar; fazer chacota.

scherz.haft [chérts-ráft] *adj.* divertido, engraçado.
Scheu [chói] *s.f. (sem plural).* timidez, acanhamento; *adj.* tímido, envergonhado.
scheu.chen [chói-chen] *v.* espantar, afugentar.
scheu.en [chói-en] *v.* temer, recear.
scheu.ern [chói-érn] *v.* esfregar, lavar; limpar.
Scheu.klap.pe [chói-kláp_e] *s.f., -n.* antolhos; tapa-olho.
Scheu.ne [chóine] *s.f., -n.* celeiro; granja.
Scheu.sal [chói-zál] *s.n., -e.* monstro.
scheuß.lich [chóis-lich] *adj.* monstruoso, horrível; atroz, abominável.
Schicht [chicht] *s.f., -en.* camada, crosta; estrato; turno.
schicken [chiken] *v.* mandar, enviar; remeter.
schick.lich [chik-lich] *adj.* conveniente; decente, decoroso.
Schick.sal [chik-zál] *s.n., -e.* sorte, destino.
schie.ben [chí:ben] *v.* empurrar, impelir.
Schie.ber [chí:ba] *s.m.,* -. ferrolho, trinco, tranca.
Schie.be.tür [chí:be-ty:r] *s.f., -en.* porta corrediça.
Schie.bung [chí:bunk] *s.f., -en.* tráfico; negócio ilícito.
Schieds.ge.richt [chí:ts-gue-ríçht] *s.n., -e.* tribunal de arbitragem.
Schieds.rich.ter [chí:ts-ríchta] *s.m.,* -. árbitro (esporte).
schief [chi:f] *adj.* oblíquo, enviesado, inclinado; torto; *(fig.)* equívoco; *adv.* de viés, de soslaio, de esguelha.
Schie.fer [chí:fa] *s.m.,* -. ardósia, lousa.
schief.win.ke.lig [chí:f-vinkelich] *adj.* de ângulos oblíquos; obliquângulo.
schie.len [chi:len] *v.* ser estrábico; olhar de soslaio; estrabismo.

Schien.bein [chí:n-báin] *s.n., -e.* canela; tíbia.
Schie.ne [chí:ne] *s.f., -n.* trilho, carril; tala.
schier [chí:r] *adv.* quase; aproximadamente.
Schies.schei.be [chí:s-cháibe] *s.f., -n.* alvo.
schie.ßen [chí:ssen] *v.* atirar, disparar; lançar, arrojar; tiro.
Schie.ße.rei [chí:sse-rái] *s.f., -en.* tiroteio.
Schieß.ge.wehr [chí:s-guevê:r] *s.n., -e.* arma de fogo; espingarda.
Schieß.pul.ver [chí:s-púlva] *s.n., -.* pólvora.
Schiff [chíf] *s.n., -e.* navio, embarcação, nau.
Schiff.fahrt [chif-fá:rt] *s.f. (sem plural).* navegação.
Schiff.bau [chíf-báu] *s.m. (sem plural).* construção de navios; engenharia naval.
Schiff.bruch [chíf-brúrr] *s.m., Schiffbrüche.* naufrágio.
schiff.brü.chig [chíf-bry-çhiçh] *adj.* náufrago.
Schiffs.jun.ge [chífs-iúngue] *s.m., -n.* grumete.
Schiffs.rumpf [chifs-rúmpf] *s.m., Schiffsrümpfe.* casco do navio.
Schiffs.schrau.be [chífs-chráube] *s.f., -n.* hélice de motor de navio.
Schiffs.tau [chífs-táu] *s.n., -e.* corda, cabo; amarras.
schi.ka.nie.ren [chikani:ren] *v.* fazer chicana.
Schild [chílt] *s.m., -e.* escudo; placa, tabuleta, letreiro.
schil.dern [chil-dérn] *v.* descrever; caracterizar.
Schil.de.rung [chil-derunk] *s.f., -en.* descrição.
Schild.krö.te [chilt-krø:te] *s.f., -n.* tartaruga.
Schild.laus [chilt-láus] *s.f., Schildläuse.* cochonilha.
Schild.wa.che [chilt-várre] *s.f., -n.* sentinela.
Schilf [chílf] *s.n., -e.* junco, caniço; cana.

schil.lern [chi-lérn] *v.* reluzir, cintilar.
Schim.mel [chímel] *s.m., -.* bolor, mofo; cavalo branco.
schim.me.lig [chímeliçh] *adj.* bolorento; embolorado, mofado.
schim.meln [chí-méln] *v.* embolorar, mofar.
Schim.mer [chima] *s.m. (sem plural).* brilho; *(fig.)* vislumbre, relance; ideia ou inspiração súbita.
schim.mern [chi-mérn] *v.* brilhar, cintilar; *(fig.)* vislumbrar.
Schimp.fen [chimpfen] *v.* ultrajar, afrontar; *(fig.)* vociferar.
Schirm [chirmen] *v.* abrigar, proteger.
Schin.del [chindel] *s.f., -n.* ripa.
Schin.del.dach [chindel-dárr] *s.n., Schindeldächer.* cobertura ou telhado feito com ripa.
schin.den [chinden] *v.* esfolar; *(fig.)* vexar.
Schin.de.rei [chinde-rái] *s.f., -en.* esfoladura; *(fig.)* vexame.
Schin.ken [chinken] *s.m., -.* presunto.
Schirm [chirm] *s.m., -e.* guarda-chuva, sombrinha, quebra-luz; *(fig.)* abrigo.
schir.men [chirmen] *v.* abrigar, proteger.
Schlacht [chlárrt] *s.f., -en.* matança, morticínio; batalha, combate violento.
Schlacht.bank [chlárrt-bánk] *s.f., -en.* matadouro; *(fig.)* açougue.
schlach.ten [chlárr-ten] *v.* matar; abater; imolar; matança.
Schläch.ter [chléçhta] *s.m., -.* carniceiro; açougueiro.
Schlacht.feld [chlárrt-félt] *s.n., -er.* campo de batalha.
Schlacht.haus [chlárrt-rháus] *s.n., Schlachthäuser.* matadouro.
Schlacke [chláke] *s.f., -n.* escória.
schlackig [chlá-kiçh] *adj.* impuro; cheio de escória.
Schlaf [chla:f] *s.m. (sem plural).* sono; *im -e liegen:* estar dormindo.

Schlä.fe [chlé:fe] *s.f., -n.* regiões do crânio humano situadas entre os olhos e os ouvidos, de ambos os lados da cabeça; fonte.
schla.fen [chlá:fen] *v.* dormir.
schlaff [chláf] *adj.* frouxo, brando; indolente.
Schlaf.lo.sig.keit [chlá:f-lö:ziçh-káit] *s.f. (sem plural).* insônia.
Schlaf.mit.tel [chláf-mitel] *s.n., -.* sonífero.
schläf.rig [chlé:f-riçh] *adj.* sonolento.
Schlaf.rock [chlá:f-rók] *s.m., Schlafröcke.* roupão, robe.
schlaf.trun.ken [chlá:f-trúnken] *adj.* sonolento; inebriado de sono.
Schlaf.wand.ler [chlá:f-vánt-la] *s.m., -.* sonâmbulo.
Schlaf.zim.mer [chlá:f-tsima] *s.n., -.* quarto de dormir.
Schlag [chlá:k] *s.m., Schläge.* pancada, golpe, batida; *Puls-:* pulsação; *Herz-:* palpitação.
Schlag.ader [chlá:k-áda] *s.f., -n.* artéria.
Schlag.baum [chlá:k-báum] *s.m., Schlagbäume.* barreira; obstáculo.
schla.gen [chlá:guen] *v.* bater, vencer, derrotar; *in die Flucht -:* pôr em fuga; *Kapital aus -:* explorar pelo capital; *in Papier -:* embrulhar; *an -; auf -:* dar contra; *aus der Art -:* degenerar, abastardar; *in jemandes Fach -:* ser da alçada (ou especialidade) de alguém.
schla.gend [chlá:-guent] *adj.* concludente, convincente.
Schla.ger [chlá:ga] *s.m., -.* canção da moda; canção exaustivamente tocada ou repetida.
Schlä.ge.rei [chlé:-guerái] *s.f., -en.* briga, pancadaria; desordem.
schlag.fer.tig [chlá:k-férticçh] *adj.* espirituoso; que tem resposta para tudo; *- sein:* não ter papas na língua.

SCHLAGSCHATTEN • SCHLUCHT

Schlag.schat.ten [chlá:k-cháten] *s.m., -.* sombra projetada.

Schlamm [chlám] *s.m., -e ou Schlämme.* lodo, lama.

Schlam.pe.rei [chlámpe-rái] *s.f., -en.* desleixo, negligência.

Schlan.ge [chlángue] *s.f., -n.* serpente, cobra; fila.

schlän.geln [chlén-guéln] *v.* serpear, serpentear; arrastar-se, enroscar-se.

Schlan.gen.brut [chlánguen-brú:t] *s.f., -en.* ninhada de víbora.

schlan.gen.för.mig [chlánguen-förmiçh] *adj.* serpentino, sinuoso.

schlank [chlánk] *adj.* delgado, esbelto; elegante, esguio.

Schlap.pe [chlápe] *s.f., -n.* derrota; insucesso.

Schlapp.hut [chláp-rhú:t] *s.m., Schlapphüte.* chapéu mole, de aba caída.

schlau [chláu] *adj.* astuto, esperto.

Schlau.ber.ger [chláu-bérga] *s.m., -.* espertalhão, aproveitador.

Schlauch [chláurr] *s.m., Schläuche.* mangueira, tubo de borracha; odre; câmara de ar.

Schlau.fe [chláufe] *s.f., -n.* laço.

schlecht [chléçht] *adj.* ruim, mau; *adv.* mal; – *machen*: *(fig.)* falar mal de; – *werden*: estragar-se, deteriorar-se; *sich – fühlen*: sentir-se mal; – *und recht*: *adv.* sofrivelmente; mais ou menos.

schlech.ter [chléçhta] *adj. compar.* pior; – *als*: inferior a; – *werden*: ir de mal a pior.

schlecht.hin [chléçht-rhin] *adv.* pura e simplesmente.

schlecken [chléken] *v.* lamber.

Schlecke.rei [chléke-rái] *s.f., -en.* gulodice, glutonaria.

Schle.gel [chlé:guel] *s.m., -.* malho, maço; baqueta.

Schle.he [chlé:e] *s.f., -n.* abrunho.

schlei.chen [chláiçhen] *v.* andar furtivamente; andar lentamente sem fazer ruído.

schlei.chend [chláiçhent] *adj.* insidioso, furtivo; lento.

Schlei.cher [chlái-çha] *s.m., -.* dissimulador, hipócrita; sorrateiro.

Schlei.er [chláia] *s.m., -.* véu.

Schlei.fe [chláife] *s.f., -n.* laço, nó.

schlei.fen [chláifen] *v.* afiar, amolar, aguçar; arrastar, roçar, resvalar, deslizar.

Schleim [chláim] *s.m., -e.* muco, escarro; mucosidade, viscosidade.

schlei.ßen [chlái-ssen] *v.* fender, lascar.

schlem.men [chlémen] *v.* farrear; regalar-se, comer e beber à farta.

schlen.dern [chléndérn] *v.* vadiar; andar despreocupadamente.

Schlen.dri.an [chléndriá:n] *s.m. (sem plural).* rotina; praxe.

schlen.kern [chlén-kérn] *v.* menear, agitar; gingar; derrapar.

Schlep.pe [chlépe] *s.f., -n.* cauda.

schlep.pen [chlépen] *v.* arrastar, puxar, rebocar.

Schlepp.netz [chlép-néts] *s.n., -e.* rede de arrastão.

Schlepp.tau [chlép-táu] *s.n., -e.* cabo de reboque.

Schleu.der [chlóida] *s.f., -n.* atiradeira, funda; catapulta.

schleu.dern [chlói-dérn] *v.* atirar com a funda, arremessar; arrojar.

schleu.nigst [chlói-nikst] *adv.* o mais depressa possível.

Schleu.se [chlóize] *s.f., -n.* represa, açude.

schlicht [chliçht] *adj.* simples, despretencioso; liso, plano.

schlich.ten [chliçhten] *v.* aplanar, alisar; *(fig.)* apaziguar.

Schlicht.heit [chliçht-rháit] *s.f. (sem plural).* simplicidade.

Schlich.tung [chliçh-tunk] *s.f., -en.* arbitragem; acordo.

Schlick [chlík] *s.m., -e.* lama, barro.

schlie.ßen [chlí:ssen] *v.* fechar, vedar; concluir; *Frieden* –: fazer as pazes; *in sich* –: implicar, incluir, abranger.

schließ.lich [chli:s-liçh] *adj.* definitivo; *adv.* finalmente; por fim.

Schlie.ßung [chlí:ssunk] *s.f., -en.* encerramento; fechamento.

Schliff [chlíf] *s.m., -e.* gume, fio; polimento, maneiras, educação; *(fig.)* rigorosa instrução militar.

schlimm [chlím] *adj.* mau; grave, doente; *adv.* mal.

schlim.mer [chlíma] *adj. compar.* pior; – *werden*: piorar.

schlimmst [chlímst] *adj. superl.* pior.

schlimm.sten.falls [chlímsten-fáls] *adv.* na pior das hipóteses.

Schlin.ge [chlíngue] *s.f., -n.* laço, rede, armadilha.

Schlin.gel [chlínguel] *s.m., -.* maroto, patife.

schlin.gen [chlínguen] *v.* atar, entrelaçar, enroscar.

Schling.pflan.ze [chlink-pfläntse] *s.f., -n.* planta trepadeira.

Schlips [chlíps] *s.m., -e.* gravata.

Schlit.ten [chlíten] *s.m., -.* trenó.

schlit.tern [chlí-térn] *v.* patinar, escorregar sobre o gelo.

Schlitt.schuh [chlít-chú:] *s.m., -e.* patim.

Schlitz [chlíts] *s.m., -e.* corte, incisão; abertura, rasgão; fenda.

Schloss [chlós] *s.n., Schlösser.* fechadura, fecho; gatilho, cão (de arma de fogo); cadeado; castelo, palácio.

schlo.ßen [chló:ssen] *v.* chover granizo; granizar.

Schlos.ser [chlóssa] *s.m., -.* serralheiro; metalúrgico.

Schloß.herr [chlós:s-rhér] *s.m., -en.* senhor do castelo; castelão.

Schlot [chló:t] *s.m., -e.* chaminé.

schlot.te.rig [chlóteriçh] *adj.* tremulante.

schlot.tern [chlótérn] *v.* tremer; cambalear.

Schlucht [chlúrrt] *s.f., -en.* garganta, barranco; abismo.

SCHLUCHZEN • SCHMOREN

schluch.zen [chlúrr-tsen] v. soluçar; soluço.

Schluck [chluk] s.m., -e ou Schlücke. gole, trago.

schlucken [chlúken] v. engolir, tragar; deglutir.

Schlucker [chlúka] s.m., -. pobretão.

schlum.mern [chlú-mérn] v. cochilar.

Schlund [chlúnt] s.m., Schlünde. garganta, goela; abismo.

schlüp.fen [chlypfen] v. meter-se, enfiar-se.

Schlüp.fer [chlypfa] s.m., -. calcinha; roupa íntima feminina.

schlüpf.rig [chlyp-frich] adj. escorregadio; (fig.) lascivo, obsceno.

Schlüpf.rig.keit [chlyp-frich-káit] s.f., -en. obscenidade.

Schlupf.win.kel [chlúp-vinkel] s.m., -. esconderijo.

schlür.fen [chlyrfen] v. sorver; saborear; – gehen: arrastar os pés.

Schluss [chlús] s.m., Schlüsse. conclusão, fim; fechamento, termo; – machen mit: pôr termo a, acabar com.

Schluss.be.mer.kung [chlús-bemér-kunk] s.f., -en. observação final.

Schlüs.sel [chlyssel] s.m., -. chave; clave.

Schlüs.sel.bein [chlyssel-báin] s.n., -e. clavícula.

Schlüs.sel.blu.me [chlyssel-blúme] s.f., -n. prímula; flor-de-primavera.

Schlüs.sel.loch [chlyssel-lórr] s.n., Schlüssellöcher. buraco da fechadura.

schlüs.sig [chlyssich] adj. decidido; resolvido; sich – werden: decidir-se, resolver-se.

Schluss.wort [chlús-vórt] s.n., Schlusswörter. epílogo; (fig.) última palavra.

Schmach [chmárr] s.f (sem plural). vergonha, ignomínia, ultraje, afronta.

schmach.ten [chmárr-ten] v. languir; – nach: suspirar por; estar sequioso de.

schmäch.tig [chméch-tich] adj. magro, franzino.

schmach.voll [chmárr-fól] adj. infame, ignominioso, ignóbil.

schmack.haft [chmák-rháft] adj. saboroso.

Schmä.hung [chmë:unk] s.f., -en. injúria, insulto; difamação.

schmal [chmál] adj. estreito; magro; parco; débil; delgado.

Schmä.le.rung [chmë:-lerunk] s.f., -en. redução, estreitamento; míngua.

Schmalz [chmálts] s.n., -e. banha, gordura.

schmal.zig [chmáltsich] adj. gorduroso, untuoso; (fig.) sentimental.

Schma.rot.zer [chmá-rótsa] s.m., -. parasita.

schmat.zen [chmátsen] v. mascar; beijocar; fazer ruído estalando com a língua.

schmau.chen [chmáu-rren] v. lançar fumo espesso; fumar.

schmausen [chmáuzen] v. banquetear.

schmecken [chméken] v. provar, saborear; saber a, ter gosto de.

schmei.cheln [chmái-chéln] v. lisonjear, adular.

schmei.ßen [chmáissen] v. lançar, atirar, arremessar, arrojar.

Schmeiß.flie.ge [chmáis-flí:ge] s.f., -n. mosca varejeira.

Schmelz.bar.keit [chmélts-bä:rkáit] s.f. (sem plural). fusibilidade, fundibilidade.

schmel.zen [chméltsen] v. fundir, derreter.

Schmelz.ofen [chmélts-ô:fen] s.m., Schmelzöfen. forno de fundição.

Schmer.bauch [chmér-báurr] s.m., Schmerbäuche. pança; barriga; adj. pançudo, barrigudo.

Schmerz [chmérts] s.m., -en. dor, mágoa, desgosto.

schmer.zen [chmértsen] v. causar dor, doer; magoar, afligir.

Schmer.zens.geld [chmértsens-guélt] s.n., -er. indenização; multa.

schmerz.haft [chmérts-rháft] adj. doloroso, penoso; (fig.) aflitivo.

schmerz.lich chmérts-lich] adj. doloroso, penoso; (fig.) aflitivo.

schmerz.los [chmérts-lôs] adj. indolor; anestésico, analgésico.

schmerz.stil.lend [chmérts-chti-lent] adj. analgésico; sedativo; lenitivo, paliativo.

schmerz.voll [chmérts-fól] adj. doloroso, dolorido.

Schmet.ter.ling [chméta-link] s.m., -e. borboleta, mariposa.

schmet.tern [chmé-térn] v. atirar com força, lançar com violência; ressoar, retumbar; estrépito.

Schmied [chmí:t] s.m., -e. ferreiro, forjador.

schmie.den [chmí:den] v. forjar; (fig.) tramar, urdir intrigas; Verse –: versejar.

schmie.gen [chmí:guen] v. sich –: dobrar-se; sich an –: ajustar-se a, adaptar-se a; (fig.) afeiçoar-se a.

schmieg.sam [chmí:k-zám] adj. flexível, maleável; (fig.) dócil.

Schmie.re [chmí:re] s.f., -n. graxa; gordura, banha; unguento; lubrificante.

schmie.ren [chmí:ren] v. untar, lubrificar, engraxar.

Schmie.re.rei [chmí:re-rái] s.f., -en. porcaria, lambança.

Schmier.sei.fe [chmí:r-záife] s.f., -n. sabão mole.

schmin.ken [chminken] v. maquiar; pintar o rosto.

schmir.geln [chmír-guéln] v. esmerilhar.

schmol.len [chmólen] v. amuar; zangar-se.

Schmor.bra.ten [chmór-brá:ten] s.m., -. carne assada em estufa.

schmo.ren [chmô:ren] v. estufar; (fig.) abafar de calor.

SCHMUCK • SCHOLLE

Schmuck [chmúk] *s.m., -e.* adorno, enfeite, ornamento; joias; *adj.* bonito, lindo.
schmücken [chmyken] *v.* enfeitar, adornar.
schmuck.los [chmúk-lôs] *adj.* simples, sem adorno.
Schmuck.stück [chmúk-chtyk] *s.n., -e.* joia, bijuteria.
schmug.geln [chmú-guéln] *v.* contrabandear.
Schmug.gel.wa.re [chmúguel-vá:re] *s.f., -n.* artigos de contrabando; mercadorias contrabandeadas.
schmun.zeln [chmún-tsèln] *v.* sorrir de satisfação; sorriso satisfeito.
Schmutz [chmúts] *s.m. (sem plural).* sujeira, sujidade; lixo.
Schmutz.fink [chmúts-fink] *s.m., -en.* porcalhão.
Schmutz.fleck [chmúts-flék] *s.m., -e.* nódoa, mancha; mácula.
schmut.zig [chmútsich] *adj.* sujo, obsceno.
Schna.bel [chná:bel] *s.m., Schnäbel.* bico; esporão.
Schna.ke [chná:ke] *s.f., -n.* mosquito.
Schnal.le [chnále] *s.f., -n.* fivela.
schnal.len [chnálen] *v.* afivelar; apertar.
schnap.pen [chnápen] *v.* agarrar, apanhar; fechar, cerrar.
Schnaps [chnáps] *s.m., Schnäpse.* aguardente.
Schnaps.bren.ne.rei [chnáps-brenerái] *s.f., -en.* alambique, destilaria.
schnar.chen [chnár-chen] *v.* ressonar, roncar.
schnar.ren [chná-ren] *v.* ranger; chilrear.
schnat.tern [chná-térn] *v.* grasnar; *(fig.)* palrar.
schnau.fen [chnáufen] *v.* arquejar, ofegar.
Schnauz.bart [chnáuts-bárt] *s.m., Schnauzbärte.* bigode.
Schnau.ze [chnáutse] *s.f., -n.* focinho.
schnau.zen [chnáutsen] *v.* ralhar.

Schnecke [chnéke] *s.f., -n.* caracol; voluta; rosca.
schnecken.för.mig [chnéken-førmiçh] *adj.* espiral, helicoidal.
Schnee [chnê:] *s.m. (sem plural).* neve; *Eier zu – schlagen:* bater as claras dos ovos em ponto de neve.
Schnee.ball [chnê:-bál] *s.m., Schneebälle.* bola de neve.
schnee.be.deckt [chnê:-bedékt] *adj.* coberto de neve.
schnee.blind [chnê:-blínt] *adj.* cegado pela neve.
Schnee.fall [chnê:-fáll] *s.m., Schneefälle.* nevada.
Schnee.flocke [chnê:-flóke] *s.f., -n.* floco de neve.
Schnee.mann [chnê:-mán] *s.m., Schneemänner.* boneco de neve.
Schnee.schmel.ze [chnê:-chméltse] *s.f (sem plural).* degelo.
Schnee.sturm [chnê:-chtúrm] *s.m., Schneestürme.* tempestade de neve.
schnee.weiß [chnê:-váis] *adj.* alvíssimo; branco como a neve.
Schnei.de [chnáide] *s.f., -n.* gume, fio, corte.
schnei.den [chnáiden] *v.* cortar, partir, talhar.
Schnei.der [chnáida] *s.m., -.* alfaiate.
schnei.dig [chnáidiçh] *adj.* elegante, garboso; brioso.
schnei.en [chnáien] *v.* nevar.
schnell [chnél] *adj.* rápido, veloz; *adv.* rápido, rapidamente.
Schnel.lig.keit [chnéliçh-káit] *s.f., -en.* velocidade, rapidez.
Schnell.zug [chnél-tsú:k] *s.m., Schnellzüge.* trem expresso.
schneu.zen [chnói-tsen] *v.* assoar.
Schnipp.chen [chníp-chen] *s.n., -. jemandem ein – schlagen:* fazer troça de alguém; pregar uma peça em alguém.
schnip.pisch [chnipich] *adj.* impertinente.

Schnitt [chnit] *s.m., -e.* corte, talho; incisão, abcisão; amputação; secção.
Schnit.te [chnite] *s.f., -n.* fatia, talhada.
Schnitt.lauch [chnit-láurr] *s.m., -e.* cebolinha.
Schnit.zel [chnitsel] *s.n., -.* retalho, apara; *Wiener–:* escalope de filé.
schnit.zen [chnitsen] *v.* entalhar, cinzelar; esculpir.
Schnit.ze.rei [chnitse-rái] *s.f., -en.* escultura, entalhe.
schnö.de [chnø:de] *adj.* vil, indigno; *adv.* desdenhosamente, com desprezo.
Schnör.kel [chnørkel] *s.m., -.* floreio, voluta, arabesco.
schnor.ren [chnó-ren] *v.* mendigar.
schnüf.feln [chny-féln] *v.* farejar; fungar, focinhar; *(fig.)* meter o nariz, intrometer-se.
Schnüff.ler [chnyf-la] *s.m., -.* espião, bisbilhoteiro; *adj.* indiscreto; "xereta".
Schnul.ler [chnúla] *s.m., -.* chupeta.
Schnup.fen [chnúpfen] *s.m., -.* constipação, coriza; defluxo; *v.* aspirar rapé.
Schnupf.ta.bak [chnúpf-tabá:k] *s.m., -e.* rapé.
schnup.pern [chnú-pérn] *v.* farejar.
Schnur [chnú:r] *s.f., Schnüre.* cordão, barbante; *über die – hauen: (fig.)* passar dos limites.
schnü.ren [chny:ren] *v.* amarrar, atar.
schnur.ge.ra.de [chnú:r-guerá:de] *adv.* direitinho; em linha reta.
Schnurr.bart [chnúr-bárt] *s.m., Schnurrbärte.* bigode.
schnur.ren [chnúrren] *v.* ronronar.
Schnür.sen.kel [chnyr-zénkel] *s.m., -.* atacador; cadarço, cordão de sapato.
Schock [chók] *s.m., -* choque; abalo.
Schol.le [chóle] *s.f., -n.* gleba, lote; solha, linguado.

173

SCHON • SCHUBLADE

schon [chó:n] *adv.* já; agora; – *jetzt:* agora mesmo; – *lange:* desde há muito; – *der Gedanke:* a própria ideia; – *gut:* está bem; *wenn –:* embora; porém.

schön [chǿ:n] *adj.* belo, bonito; *adv.* bem.

scho.nen [chǿ:nen] *v.* poupar, conservar; *sich –:* cuidar da saúde; *–end behandeln:* tratar bem, tratar com cuidado.

scho.nend [chǿ:nent] *adj.* cuidadoso; *adv.* com cuidado.

Schön.heit [chǿ:n-rháit] *s.f., -en.* beleza.

Schön.schrift [chǿ:n-chríft] *s.f., -en.* caligrafia.

Scho.nung [chǿ:nunk] *s.f., -en.* cuidado, conservação, consideração, deferência.

Schopf [chópf] *s.m., Schöpfe.* topete; penteado.

Schöpf.ei.mer [chǿpf-áima] *s.m., -.* caçamba; balde para tirar água.

schöp.fen [chǿpfen] *v.* tirar água; tomar fôlego, respirar.

Schöp.fer [chǿpfa] *s.m., -.* criador.

schöp.fe.risch [chǿpfe-rich] *adj.* criativo, produtivo.

Schöp.fung [chǿp-funk] *s.f., -en.* criação.

Schorn.stein [chórn-chtáin] *s.m., -e.* chaminé.

Schoss [chós] *s.m., Schösse.* rebento, filhote; regaço; *(fig.)* seio, colo.

Scho.te [chó:te] *s.f., -n.* vagem; ervilha.

Schot.te [chóte] *s.m., -n.* escocês.

Schot.ter [chóta] *s.m., -.* cascalho.

schraf.fie.ren [chafi:ren] *v.* tracejar.

schräg [chrèk] *adj.* oblíquo, diagonal, transversal; inclinado; *adv.* de través, de esguelha.

Schräg.stel.lung [chrèk-chtélunk] *s.f., -en.* inclinação.

Schram.me [chráme] *s.f., -n.* arranhão; esfoladela.

Schrank [chránk] *s.m., Schränke.* armário.

Schran.ke [chránke] *s.f., -n.* barreira, cancela; *(fig.)* limite.

schran.ken.los [chránken-lôs] *adj.* ilimitado; desmedido.

Schrau.be [chráube] *s.f., -n.* parafuso; hélice.

schrau.ben [chráuben] *v.* aparafusar, atarraxar.

schrau.ben.för.mig [chráuben-fǿrmiçh] *adj.* em forma de parafuso; helicoide, helicoidal.

Schrau.ben.ge.win.de [chráuben-guevínde] *s.n., -.* rosca de parafuso.

Schrau.ben.mut.ter [chráuben-múta] *s.f., Schraubenmütter.* porca de parafuso.

Schrau.ben.schlüs.sel [chráuben-chlyssel] *s.m., -.* chave de parafuso.

Schrau.ben.zie.her [chráuben-tsi:-a] *s.m., -.* chave de fenda.

Schraub.stock [chráup-chtók] *s.m., Schraubstöcke.* torno, tornilho.

Schreck [chrék] *s.m., -e.* susto, medo, espanto; *jemandem einen – einjagen:* assustar alguém; *einen – bekommen:* assustar-se.

schreck.haft [chrék-ráft] *adj.* medroso, assustadiço.

schreck.lich [chrék-liçh] *adj.* espantoso, medonho, horrível.

Schrei [chrái] *s.m., -e.* grito.

schrei.ben [chráiben] *v.* escrever.

Schrei.ber [chráiba] *s.m., -.* escritor, autor; escriturário, escrevente, escrivão.

Schreib.ma.schi.ne [chráip-machine] *s.f., -n.* máquina de escrever.

Schreib.tisch [chráip-tich] *s.m., -e.* escrivaninha.

schrei.en [chráien] *v.* gritar; chorar; clamar, vociferar.

Schrein [chráin] *s.m., -e.* armário; arca, cofre.

Schrei.ner [chráina] *s.m., -.* marceneiro.

schrei.ten [chráiten] *v.* andar, caminhar; *(fig.)* proceder.

Schrift [chríft] *s.f., -en.* escrita, escritura; *Hand–:* escrita manual; caligrafia.

schrift.lich [chríft-liçh] *adv.* por escrito.

Schrift.satz [chríft-záts] *s.m., Schriftsätze.* libelo, manifesto; composição tipográfica.

Schrift.set.zer [chríft-zétsa] *s.m., -.* tipógrafo.

Schrift.stel.ler [chríft-chtéla] *s.m., -.* escritor.

Schrift.ver.kehr [chríft-férkè:r] *s.m. (sem plural).* correspondência.

Schrift.wech.sel [chríft-véksel] *s.m., -.* troca de correspondência.

schrill [chríl] *adj.* estridente, agudo.

Schritt [chrít] *s.m., -e.* passo.

schritt.wei.se [chrít-váize] *adv.* passo a passo.

schroff [chróf] *adj.* escarpado; *(fig.)* brusco, rude; áspero.

schröp.fen [chrǿpfen] *v.* aplicar ventosas a; *(fig.)* esfolar; lograr.

Schrot [chró:t] *s.m.* ou *s.n., -e.* trigo triturado, quirera; chumbo para arma de fogo; *von echtem – und Korn: (fig.)* da gema, autêntico.

Schrot.mehl [chró:t-mè:l] *s.n., -e.* farinha grossa.

Schrott [chrót] *s.m., -e.* sucata, ferro-velho.

schrub.ben [chrúben] *v.* esfregar; escovar.

schrul.len.haft [chrúlen-ráft] *adj.* caprichoso, extravagante, esquisito.

schrul.lig [chrúliçh] *adj.* caprichoso, extravagante, esquisito.

schrum.pe.lig [chrúmpe-liçh] *adj.* enrugado, arrugado.

schrump.fen [chrúmp-fen] *v.* encolher, enrugar; atrofiar.

Schub [chú:p] *s.m., Schübe.* empurrão, encontrão; surto; fornada, leva.

Schub.la.de [chú-blá:de] *s.f., -n.* gaveta.

SCHUBKARRE • SCHWÄCHEN

Schub.kar.re [chúp-ká-re] *s.f.*, *-n.* carrinho de mão.

Schub.leh.re [chúp-lê:re] *s.f.*, *-n.* craveira.

schub.wei.se [chúp-váize] *adv.* aos empurrões; por surtos, por ondas.

schüch.tern [chých-térn] *adj.* tímido.

Schuft [chúft] *s.m.*, *-e.* velhaco, patife.

schuf.ten [chúften] *v.* trabalhar como um escravo; trabalhar muito.

Schuh [chú:] *s.m.*, *-e.* sapato, calçado.

Schuh.fa.brik [chú:-fabrí:k] *s.f.*, *-en.* fábrica de sapatos; sapataria.

Schuh.ge.schäft [chú:-gue-chéft] *s.f.*, *-en.* loja de sapatos; sapataria.

Schuh.ma.cher [chú:-márra] *s.m.*, *-.* fabricante (ou artesão) de sapatos; sapateiro.

Schuh.put.zer [chú:-pútsa] *s.m.*, *-.* engraxate.

Schuh.wich.se [chú:-vikse] *s.f.*, *-n.* graxa para calçados.

Schul.an.fang [chúl-ánfank] *s.m.*, *Schulanfänge.* início das aulas.

Schul.ar.beit [chúl-árbáit] *s.f.*, *-en.* dever escolar, trabalho escolar.

Schul.be.such [chúl-bezúrr] *s.m.*, *-e.* frequência à escola.

Schul.bil.dung [chúl-bildunk] *s.f.* (sem plural). instrução escolar; escolaridade.

Schul.buch [chúl-búrr] *s.n.*, *Schulbücher.* livro escolar, livro didático.

Schuld [chúlt] *s.f.*, *-en.* culpa, dívida, pecado, delito, crime; in *–en geraten:* endividar-se.

Schuld.be.kennt.nis [chúlt-beként-nis] *s.n.*, *Schuldbekenntnisse.* confissão de culpa.

Schuld.be.wusst.sein [chúlt-bevúst-záin] *s.n.*, *-e.* consciência da própria culpa.

schul.den [chúlden] *v.* dever; ter dívidas.

schul.den.frei [chúlden-frái] *adj.* sem dúvidas.

schuld.los [chúlt-lôs] *adj.* inocente.

Schuld.ner [chúlt-na] *s.m.*, *-.* devedor.

Schuld.schein [chúlt-cháin] *s.m.*, *-e.* nota promissória; título de obrigação.

Schu.le [chú:le] *s.f.*, *-n.* escola.

schu.len [chú:len] *v.* ensinar, instruir; adestrar; formar.

Schü.ler [chy:la] *s.m.*, *-.* aluno, estudante.

Schul.geld [chú:l-guélt] *s.n.* (sem plural). mensalidade escolar.

Schul.hof [chú:l-rhô:f] *s.m.*, *Schulhöfe.* pátio de recreio da escola.

Schul.jahr [chú:l-iá:r] *s.n.*, *-e.* ano letivo; ano escolar.

Schul.ter [chúlta] *s.f.*, *-n.* ombro, espádua.

Schul.ter.blatt [chúlta-blát] *s.n.*, *Schulterblätter.* omoplata.

schul.tern [chúl-térn] *v.* levar ao ombro; *das Gewehr –:* carregar arma.

Schu.lung [chú:lunk] *s.f.*, *-en.* instrução.

Schul.un.ter.richt [chú:l-únta-riçht] *s.m.*, *-e.* ensino escolar.

Schul.vor.ste.her [chú:l-fôr-chtê:a] *s.m.*, *-.* diretor de escola.

Schul.zeit [chú:l-tsáit] *s.f.* (sem plural). carga horária, horas de aula; anos de escola.

Schul.zim.mer [chú:l-tsima] *s.n.*, *-.* sala de aula.

schum.meln [chú-méln] *v.* fazer batota.

schum.me.rig [chúme-riçh] *adj.* crepuscular.

Schund [chúnt] *s.m.* (sem plural). refugo; coisa sem valor, bagatela.

Schup.pe [chúpe] *s.f.*, *-n.* escama; caspa.

schup.pen [chúpen] *v.* escamar; coçar-se, esfolar-se; barracão, telheiro.

schü.ren [chy:ren] *v.* atiçar o fogo.

schür.fen [chyrfen] *v.* arranhar, raspar, esfolar; fazer escavações, minerar.

Schur.ke [chúrke] *s.m.*, *-n.* malandro, patife.

Schür.ze [chyrtse] *s.f.*, *-n.* avental.

Schuss [chús] *s.m.*, *Schüsse.* tiro, disparo.

Schüs.sel [chyssel] *s.f.*, *-n.* terrina, travessa.

Schuss.waf.fe [chús-váfe] *s.f.*, *-n.* arma de fogo.

Schu.ster [chú:s-ta] *s.m.*, *-.* consertador de sapatos; sapateiro (cf. Schuhmacher).

Schutt.ab.la.de.stel.le [chútt-áp-lá:de-chtéle] *s.f.*, *-n.* escombros; entulho; lixo.

Schüt.tel.frost [chytel-fróst] *s.m.* (sem plural). calafrio.

schüt.teln [chy-téln] *v.* sacudir, agitar, abanar.

schüt.ten [chyten] *v.* deitar, despejar.

Schutz [chúts] *s.m.*, *-e.* proteção, amparo, apoio; abrigo, asilo; defesa.

Schutz.brief [chúts-bri:f] *s.m.*, *-e.* salvo-conduto.

Schüt.ze [chytse] *s.m.*, *-n.* atirador; fuzileiro; caçador.

schüt.zen [chytsen] *v.* proteger, amparar, abrigar, defender.

Schutz.zen.gel [chúts-énguel] *s.m.*, *-.* anjo de guarda.

Schüt.zen.gra.ben [chytsen-grá:ben] *s.m.*, *Schützengräben.* trincheira.

schutz.los [chúts-lôs] *adj.* desamparado, desprotegido; indefeso.

Schutz.mar.ke [chúts-márke] *s.f.*, *-n.* marca de fábrica; marca registrada.

schwach [chvárr] *adj.* fraco, débil.

Schwä.che [chvé-çhe] *s.f.*, *-n.* fraqueza, debilidade.

schwä.chen [chvé-çhen] *v.* enfraquecer.

schwäch.lich [chvéch-liçh] *adj.* débil, frágil, doentio.

Schwäch.ling [chvéçh-link] *s.m., -e.* homem fraco, sem energia; *(fig.)* fracote, banana.

Schwach.sinn [chvárr-zínn] *s.m. (sem plural).* imbecilidade.

schwach.sin.nig [chvárr-ziniçh] *adj.* imbecil, parvo.

Scha.dron [chvá-drô:n] *s.f., -en.* esquadrão.

Schwa.ger [chvága] *s.m., Schwäger.* cunhado.

Schwä.ge.rin [chvè:-guerin] *s.f., -nen.* cunhada.

Schwal.be [chváibe] *s.f., -n.* andorinha.

Schwall [chvál] *s.m., -e.* torrente; multidão.

Schwamm [chvám] *s.m., Schwämme.* esponja; cogumelo, fungo.

Schwan [chva:n] *s.m., Schwäne.* cisne.

schwan.ger [chvánga] *adj.* grávida, prenhe.

schwän.gern [chvén-guérn] *v.* engravidar; empreender, impregnar.

Schwank [chvánk] *s.m., Schwänke.* farsa; conto burlesco.

schwan.kend [chván-kent] *adj.* oscilante, vacilante; indeciso; incerto; precário.

Schwan.kung [chván-kunk] *s.f., -en.* oscilação; vacilação.

Schwanz [chvánts] *s.m., Schwänze.* cauda, rabo.

schwän.zeln [chvén-tséln] *v.* agitar a cauda; saracotear.

schwän.zen [chvéntsen] *v.* pôr uma cauda em; *die Schule –:* gazetear, faltar à aula.

Schwarm [chvárm] *s.m., Schwärme.* enxame, bando; *Fische –:* cardume.

schwär.men [chvérmen] *v.* enxamear; vaguear; für, apaixonar-se.

Schwar.te [chvárte] *s.f., -n.* pele de porco; couro de toucinho.

schwarz [chvárts] *adj.* preto, negro; *(fig.)* ilegal, ilícito; *– auf weiß:* por escrito; em letra redonda; "preto no branco"; *– machen; – werden:* enegrecer; *– sehen:* ser pessimista; *ins – treffen:* acertar, dar em cheio.

Schwarz.ar.beit [chvárts-árbáit] *s.f. (sem plural).* trabalho ilegal ou ilícito.

Schwarz.braun [chvárts-bráun] *eschwarz.braun adj.* moreno.

Schwarz.brot [chvárts-brô:t] *s.n., -e.* pão de centeio.

Schwarz.dorn [chvárts-dórn] *s.m., -en.* abrunheiro silvestre.

Schwarz.dros.sel [chvárts-dróssel] *s.f., -n.* melro, toutinegra.

schwär.zen [chvé:rtsen] *v.* enegrecer; pintar de preto.

Schwarz.han.del [chvárts-hándel] *s.m. (sem plural).* mercado negro.

Schwarz.händ.ler [chvárts-héntla] *s.m., -.* traficante; comerciante do mercado negro.

Schwät.zer [chvétsa] *s.m., -.* falador, tagarela.

schwatz.haft [chváts-ráft] *adj.* falador, tagarela.

Schwe.be.bahn [chvè:be-bá:n] *s.f., -en.* teleférico.

schwe.ben [chvè:ben] *v.* estar suspenso; pairar, voar.

Schwe.fel [chvè:fel] *s.m. (sem plural).* enxofre.

schwe.fel.far.big [chvè:fel-fárbiçh] *adj.* enxofre (cor), sulfurino.

schwe.fel.gelb [chvè:fel-guélp] *adj.* amarelo enxofre, sulfurino.

Schwe.fel.holz.chen [chvè:fel-rholts-çhen] *s.n., -.* palito de fósforo.

schwe.fe.lig [chvè:fe-liçh] *adj.* sulfuroso, sulfúrico.

Schwe.fel.säu.re [chvè:fel-zóire] *s.f. (sem plural).* ácido sulfúrico.

Schwe.fel.was.ser.stoff [chvè:fel-vássa-chtóf] *s.m. (sem plural).* ácido sulfídrico.

Schweif [chváif] *s.m., -e.* cauda, rabo.

schwei.fen [chváifen] *v.* errar, vaguear.

schwei.gen [chváiguen] *v.* calar; calar-se; silêncio.

schwei.gend [chvái-guent] *adj.* calado, silencioso, taciturno.

schweig.sam [chváik-zám] *adj.* calado, silencioso, taciturno.

Schwein [chváin] *s.n., -e.* porco; suíno.

Schwei.ne.rei [chvái-neráí] *s.f., -en.* porcaria.

Schweiß [chváis] *s.m. (sem plural).* suor, transpiração; *in – geraten:* começar a suar.

schwei.ßen [chváissen] *v.* soldar.

Schwei.ßer [chváissa] *s.m., -.* soldador.

schwel.gen [chvélguen] *v.* gozar; regalar-se com.

Schwel.ge.rei [chvélgue-rái] *s.f., -en.* devassidão; excesso.

Schwel.le [chvéle] *s.f., -n.* soleira, limiar, umbral.

schwel.len [chvélen] *v.* inchar, intumescer, tumefazer.

Schwel.lung [chvélunk] *s.f., -en.* inchaço, inflamação.

Schwemm.sand [chvèm-zánt] *s.m. (sem plural).* areia movediça.

schwen.ken [chvénken] *v.* agitar, brandir; volver, virar; fazer girar.

schwer [chve:r] *adj.* pesado, difícil, duro, penoso, grave, severo; *–es Geld:* dinheiro grosso; um dinheirão; *Kilo –:* pesar, medir o peso.

Schwe.re [chvè:re] *s.f. (sem plural).* peso; *(fig.)* gravidade, dificuldade.

Schwe.re.nö.ter [chvè:re-nø:ta] *s.m., -.* galanteador; malandro.

schwer.fäl.lig [chvé:r-fáliçh] *adj.* pesado; lento.

schwer.hö.rig [chvé:r-rhø:riçh] *adj.* surdo, mouco.

Schwer.kraft [chvé:r-kráft] *s.f. (sem plural).* força de gravidade; gravitação.

schwer.lich [chvé:r-liçh] *adv.* dificilmente.

Schwer.mut [chvé:r-mú:t] *s.f. (sem plural).* melancolia; *(med.)* hipocondria.

schwer.mü.tig [chvé:r-my:tiçh] *adj.* melancólico, triste.

Schwer.punkt [chvé:r-púnkt] *s.m., -e.* centro de gravidade; *(fig.)* ponto principal.

Schwert [chvért] *s.n., -er.* espada.

Schwert.fisch [chvért-fich] *s.m., -e.* peixe-espada.

schwer.wie.gend [chvé:r-ví:guent] *adj.* importante, grave; transcendente.

Schwe.ster [chvés-ta] *s.f., -n.* irmã; *Kranken-:* enfermeira.

Schwie.ger.el.tern [chví:ga-él-tèrn] *plural.* sogro.

Schwie.ger.mut.ter [chví:ga-múta] *s.f., Schwiegermütter.* sogra.

Schwie.ger.sohn [chví:ga-zô:n] *s.m., Schwiegersöhne.* genro.

Schwie.ger.toch.ter [chví:ga-tórr-ta] *s.f., Schwiegertöchter.* nora.

Schwie.ger.va.ter [chví:ga-fá:ta] *s.m., Schwiegerväter.* sogro.

Schwie.le [chví:le] *s.f., -n.* calo; calosidade.

schwie.rig [chví:riçh] *adj.* difícil.

Schwie.rig.keit [chví:riçh-káit] *s.f., -en.* dificuldade.

schwim.men [chvímen] *v.* nadar; flutuar; boiar.

Schwim.mer [chvíma] *s.m., -.* nadador.

Schwimm.flos.se [chvím-flósse] *s.f., -n.* barbatana.

Schwimm.gür.tel [chvím-gyrtel] *s.m., -.* salva-vida.

Schwin.del [chvíndel] *s.m. (sem plural).* mentira, trapaça.

Schwin.del.an.fall [chvíndel-án-fál] *s.m., Schwindelanfälle.* vertigem, tontura.

schwin.del.er.re.gend [chvíndel-èa-règuent] *adj.* vertiginoso.

Schwin.del.ge.fühl [chvíndel-guefy:l] *s.n., -e.* sensação de vertigem.

schwin.de.lig [chvíndeliçh] *adj.* vertiginoso.

schwin.deln [chvín-déln] *v.* ter vertigens, sentir-se tonto; mentir, enganar.

schwin.den [chvínden] *v.* diminuir, desvanecer; fugir, desaparecer.

Schwind.ler [chvíndla] *s.m., -.* embusteiro, mentiroso.

Schwind.sucht [chvint-zúrrt] *s.f., -en* ou *Schwindsüchte.* tísica, tuberculose.

schwin.gen [chvínguen] *v.* agitar, vibrar, sacudir; oscilar; balançar.

Schwin.gung [chvíngunk] *s.f., -en.* vibração, oscilação.

Schwips [chvips] *s.m., -e.* bico.

schwir.ren [chví-ren] *v.* vibrar; zunir, assobiar, sibilar.

schwit.zen [chvítsen] *v.* suar, transpirar.

schwö.ren [chvø-ren] *v.* jurar; *einen Eid -:* prestar juramento; jura, juramento.

schwül [chvy:l] *adj.* abafado, sufocante; pesado.

Schwu.le [chvú:le] *s.m., -n.* homossexual.

schwul.stig [chvúl-chtiçh] *adj.* empolado; *(lit.)* cultismo, gongorismo.

Schwund [chvúnt] *s.m. (sem plural).* redução, diminuição; definhamento, atrofia; desaparecimento, perda.

Schwung [chvunk] *s.m., Schwünge.* arranco, impulso, ímpeto; salto, arremesso.

schwung.haft [chvúnk-ráft] *adj.* florescente, próspero, lucrativo; enfático, vivo.

Schwung.kraft [chvúnk-kráft] *s.f., Schwungkräfte.* força centrífuga, força motriz; *(fig.)* elasticidade; brio.

Schwur [chvú:r] *s.m., Schwüre.* juramento.

Schwur.ge.richt [chvú:r-guericht] *s.n., -e.* corpo de jurados; júri.

Sechs [zéks] *num.* seis.

Sechs.eck [zéks-ék] *s.n., -e.* hexágono.

sechsfach [zéks-fárr] *adj.* sêxtuplo, hexa.

sechfäl.tig [zéks-féltiçh] *adj.* sêxtuplo, hexa.

Sechs.hun.dert [zèks-rhún-dért] *num.* seiscentos.

sechs.mo.nat.lich [zèks-mô:nat-liçh] *adj.* semestral.

Sechs.tau.send [zèks-táu-zent] *num.* seis mil.

Sech.ste [zèkste] *num. ord.* sexto.

Sech.stel [zèkstèl] *num.* sexto, sexta parte.

Sech.zehn [zéçh-tse:n] *num.* dezesseis.

Sech.zig [zéçh-tsiçh] *num.* sessenta.

See [zè:] *s.f. (sem plural).* mar, oceano; *- s.m., -n.* lago.

See.bad [zè:-bà:t] *s.n., Seebäder.* praia, balneário; banho de mar.

See.gang [zè:-gánk] *s.m. (sem plural).* marulho; agitação do mar.

See.hund [zè:-rhúnt] *s.m., -e.* foca, lobo-do-mar.

see.krank [zè:-kránk] *adj.* enjoado, mareado.

See.kü.ste [zè:-kyste] *s.f., -n.* litoral; costa marítima.

See.le [zè:le] *s.f., -n.* alma.

See.len.ru.he [zè:len-rú:e] *s.f. (sem plural).* serenidade; paz de espírito.

see.lisch [zè:lich] *adj.* anímico, espiritual.

See.mann [zè:-mán] *s.m., Seeleute.* marinheiro; marujo.

See.mei.le [zè:-máile] *s.f., -n.* milha náutica.

See.not [zè:-nôt] *s.f. (sem plural).* perigo.

See.räu.ber [zè:-róiba] *s.m., -.* pirata.

See.ro.se [zè:-rô:ze] *s.f., -n.* actínia; anêmona-do-mar; nenúfar.

See.stern [zè:-chtèrn] *s.m., -e.* estrela-do-mar.

see.tüch.tig [zè:-tyçh-tiçh] *adj.* navegável.

see.wärts [zè:-vérts] *adv.* ao largo, pelo mar.

See.weg [zê:-vêːk] *s.m.*, *-e*. via marítima.

See.we.sen [zê:-vêːzen] *s.n.*, -. marinha, ciência náutica.

Se.gel [zê:guel] *s.n.*, -. vela de embarcação.

Se.gel.boot [zê:guel-bôːt] *s.n.*, *-e*. barco à vela.

Se.gel.flug.zeug [zê:guel-flúːk-tsóik] *s.n.*, *-e*. planador.

se.geln [zê:-guéln] *v.* navegar à vela.

Se.gel.schiff [zê:guel-chíf] *s.n.*, *-e*. veleiro.

Se.gen [zê:guen] *s.m.*, -. bênção; *(fig.)* prosperidade.

se.gens.reich [zê:guens-ráiçh] *adj.* abençoado; benéfico, benfazejo.

seg.nen [zêːknen] *v.* abençoar, consagrar; benzer.

Seg.nung [zêːknunk] *s.f.*, *-en*. bênção, consagração.

se.hen [zêːen] *v.* ver, olhar, enxergar; vista, visão.

se.hens.wert, I[zêːens-vért] *adj.* notável, interessante; digno de ser visto.

se.hens.wür.dig [zêːens-vyrdiçh] *adj.* notável, interessante; digno de ser visto.

Seh.feh.ler [zê:-fèːla] *s.m.*, -. defeito visual; problema de visão.

Seh.kraft [zêː-kráft] *s.f.* (sem plural). acuidade visual.

Seh.ne [zêːne] *s.f.*, *-n*. tendão, nervo; corda.

seh.nen [zêːnen] *v.* ter saudade; ansiar, anelar.

Seh.nerv [zêː-nêrv] *s.m.*, *-en*. nervo óptico.

sehn.lich [zêːn-liçh] *adj.* ardente, apaixonado; veemente.

Sehn.sucht [zêːn-zûrrt] *s.f.*, *Sehnsüchte.* saudade; ânsia, nostalgia.

sehn.süch.tig [zêːn-zyçh-tiçh] *adj.* saudoso, ansioso.

sehr [zêːr] *adv.* muito; bastante.

sei.chen [záiçhen] *v.* (vulg.) urinar.

seicht [záiçht] *adj.* baixo, raso; pouco profundo; *(fig.)* superficial, fútil.

Sei.de [záide] *s.f.*, *-n*. seda.

Sei.den.pa.pier [záiden-papíːr] *s.n.*, *-e*. papel de seda.

Sei.den.rau.pe [záide-ráupe] *s.f.*, *-n*. bicho-da-seda.

Sei.fe [záife] *s.f.*, *-n*. sabão, sabonete.

Sei.fen.bla.se [záifen-bláːze] *s.f.*, *-n*. bolha de sabão.

sei.hen [záien] *v.* coar; filtrar.

Seil [záil] *s.n.*, *-e*. corda, cabo.

Seil.bahn [záil-báːn] *s.f.*, *-en*. funicular; teleférico.

sein [záin] *v.* ser, estar; existir; existência; vida; *pron.* seu, sua; dele.

seiner [záina] *pron.* dele.

sei.ner.seits [záina-záits] *adv.* da sua parte, pela sua parte; da parte dele; por sua vez.

sei.ner.zeits [záina-tsáits] *adv.* a seu tempo; em tempo.

sei.nes.glei.chen [záines-gláiçhen] *adv.* igual; do seu tipo; seus semelhantes.

sein.et.hal.ben [záinet-rháːbén] *adv.* por ele, por causa dele.

sein.et.we.gen [záinet-vêːguen] *adv.* por ele, por causa dele.

sein.et.wil.len [záinet-vilen] *adv.* por ele, por causa dele.

sei.ni.ge [záinigue] *pron. der–/ das –*: (o) seu; *die –*: (a) sua.

seit [záit] *prep.* desde, a partir de; *conj.* desde que.

seit.dem [záit-dêːm] *adv.* e *conj.* daí em diante, a partir de; desde então; desde que.

Sei.te [záite] *s.f.*, *-n*. lado, flanco; banda, parte; aspecto; página; *rechte –*: lado direito; direito, frente; *linke –*: lado esquerdo; avesso; verso; *von der – ansehen*: de soslaio, de esguelha; *auf die – gehen*: *zur – gehen*: passar para o lado, bandear-se; *mit jemandem zur –*: ladeado por alguém; *auf die – bringen*: pôr de lado; *jemandem zur – stehen*: assistir a alguém; *jemandem an die – stellen*: comparar com alguém; *seine guten –n haben*: ter boas qualidades; ter seu lado bom; ter as suas vantagens.

Sei.ten.an.sicht [záiten-án-ziçht] *s.f.*, *-en*. vista lateral; perfil.

Sei.ten.flä.che [záiten-fléçhe] *s.f.*, *-n*. face lateral.

Sei.ten.wa.gen [záiten-váːguen] *s.m.*, -. reboque.

Sei.ten.weg [záiten-vêːk] *s.m.*, *-e*. atalho.

seit.her [záit-rhéa] *adv.* desde então.

seit.lich [záit-liçh] *adj.* lateral.

seit.wärts [záit-vérts] *adv.* de lado, ao lado; lateralmente.

Sekt [zêkt] *s.m.*, *-e*. vinho espumante.

Sek.te [zêkte] *s.f.*, *-n*. seita.

Sek.tie.rer [zêk-tíːra] *s.m.*, -. sectário.

Sek.ti.on [zêk-tsióːn] *s.f.*, *-en*. secção; autópsia, dissecção.

Se.kun.de [zê-kúnde] *s.f.*, *-n*. segundo; *(fig.)* átimo, instante.

se.kun.die.ren [zê-kundíːren] *v.* apadrinhar, servir de padrinho; servir de testemunha; acompanhar.

sel.bi.g... [zêlbig...] *pron.* o mesmo, a mesma; o próprio, a própria.

selbst [zêlpst] *adj.* mesmo; próprio; *adv.* mesmo; até; ainda que.

Selbst.ach.tung [zêlpst-árr-tunk] *s.f.* (sem plural). autoestima; dignidade.

selb.stän.dig [zêlp-chténdiçh] *adj.* independente, autônomo.

Selb.stän.dig.keit [zêlp-chténdiçh-káit] *s.f.* (sem plural). independência, autonomia.

Selbst.be.stim.mung [zêlpst-be-chtímunk] *s.f.* (sem plural). liberdade, independência, autodeterminação.

selbst.be.wusst [zêlpst-bevúst] *adj.* consciente de si mesmo; presunçoso.

Selbst.er.kennt.nis [zêlpst-érként-nis] *s.f.* (sem plural). autoconhecimento.

Selbst.ge.fühl [zélpst-guefý:l] *s.n. (sem plural).* orgulho; dignidade pessoal.

Selbst.hil.fe [zélpst-rhílfe] *s.f., -n.* defesa pessoal.

Selbst.lie.be [zélpst-lí:be] *s.f., -n.* amor próprio.

selbst.los [zélpst-lôs] *adj.* desinteressado; abnegado; altruísta.

Selbst.lo.sig.keit [zélpst-lòzigh-káit] *s.f. (sem plural).* abnegação, altruísmo.

Selbst.mord [zélpst-mórt] *s.m., -e.* suicídio.

selbst.süch.tig [zélpst-zych-tich] *adj.* egoísta.

selbst.tä.tig [zélpst-tê:tich] *adj.* autoativo; automático, espontâneo.

Selbst.ver.tei.di.gung [zélpst-fertái-digunk] *s.f., -en.* legítima defesa; defesa própria.

Selbst.ver.trau.en [zélpst-fertráuen] *s.n. (sem plural).* autoconfiança.

se.lig [zé:lich] *adj.* bem-aventurado; feliz.

Se.lig.spre.chung [zè:lich-chpré-chunk] *s.f., -en.* beatificação.

Sel.le.rie [zé-leri:] *s.f., -ou -* aipo.

sel.ten [zélten] *adj.* raro; singular; estranho; *adv.* poucas vezes.

Sel.ten.heit [zélten-rháit] *s.f., -en.* raridade.

selt.sam [zélt-zám] *adj.* exótico, estranho; esquisito.

Selt.sam.keit [zélt-zám-káit] *s.f., -en.* estranheza; singularidade.

Se.mi.ko.lon [zèmi-kô:lon] *s.n., -s ou Semikola.* ponto e vírgula.

Sem.mel [zémel] *s.f., -n.* pãozinho branco.

sen.den [zénden] *v.* enviar, remeter.

Sen.der [zénda] *s.m., -.* remetente; emissor.

Sen.dung [zên-dunk] *s.f., -en.* envio, remessa; emissão radiofônica.

Senf [zênf] *s.m., -e.* mostarda.

sen.gen [zênguen] *v.* chamuscar.

Senk.blei [zênk-blái] *s.n., -e.* fio de prumo; sonda.

Sen.ke [zênke] *s.f., -n.* depressão.

sen.ken [zênken] *v.* abaixar, abater; afundar.

senk.recht [zênk-récht] *adj.* vertical, perpendicular; *adv.* a prumo.

Senn [zén] *s.m., -.* vaqueiro; pastor.

Sen.se [zênze] *s.f., -n.* gadanha, foice.

Sep.tem.ber [zêp-têmba] *s.m., -e.* Setembro.

ser.vie.ren [zêr-ví:ren] *v.* servir; prestar serviços.

Ses.sel [zéssel] *s.m., -.* poltrona, cadeira.

sess.haft [zés-rháft] *adj.* sedentário.

set.zen [zé-tsen] *v.* pôr, colocar; fixar, estabelecer, determinar; sentar-se; assentar.

Set.zer [zé-tsa] *s.m., -.* tipógrafo; compositor.

Setz.ling [zéts-link] *s.m., -e.* estaca; tanchão.

Set.zung [zé-tsunk] *s.f., -en.* estabelecimento; posição.

Seu.che [zóiçhe] *s.f., -n.* peste, praga.

seuf.zen [zóif-tsen] *v.* suspirar; gemer.

se.xu.ell [zêksuél] *adj.* sexual.

se.zie.ren [zê-tsí:ren] *v.* dissecar.

sich [ziçh] *pron.* se, si; *an –:* em si, de per si; propriamente; em princípio; *für –:* para si; *für – leben:* viver retirado; *bei – denken:* pensar consigo mesmo; *nichts auf – haben:* não ter importância para si.

Si.chel [ziçhel] *s.f., -n.* foicinha; *Mond–:* lua crescente; *–förmig:* falciforme.

si.cher [zi-cha] *adj.* certo, seguro, certeiro; *adv.* certamente, seguramente.

Si.cher.heit [zi-chér-rháit] *s.f., -en.* segurança, certeza; garantia.

si.cher.lich [zi-chér-liçh] *adv.* seguramente, certamente; sem dúvida.

si.chern [zi-chérn] *v.* assegurar, garantir.

Si.che.rung [ziçhe-runk] *s.f., -en.* segurança, garantia.

Sicht [ziçht] *s.f., -en.* vista, visibilidade, aspecto, perspectiva; *auf kurze –:* a curto prazo; *auf lange –:* a longo prazo.

sicht.bar [ziçht-bá:r] *adj.* visível, evidente, manifesto.

sicht.lich [ziçht-liçh] *adj.* visível, evidente, manifesto.

sich.ten [ziçhten] *v.* avistar, divisar.

sickern [zi-kérn] *v.* passar, infiltrar-se.

sie [zi:] *pron.* ela; eles, elas; Sie; o senhor, a senhora.

Sieb [zi:p] *s.n., -e.* crivo, peneira.

sie.ben [zí:ben] *v.* peneirar, joeirar; *num.* sete.

Sie.ben.eck [zí:ben-ék] *s.n., -e.* heptágono.

sie.ben.fach [zí:ben-fárr] *adj.* séptuplo; que ocorre sete vezes.

sie.ben.fäl.tig [zí:ben-féltiçh] *adj.* séptuplo; que ocorre sete vezes.

Sie.ben.hun.dert [zí:ben-thún-dért] *num.* setecentos.

Sie.ben.te [zí:bente] *num. ord.* sétimo.

sie.ben.tel [zí:ben-tel] *num.* sétimo; sétima parte.

Sieb.zehn [zí:b-tse:n] *num.* dezessete.

Sieb.zig [zí:b-tsiçh] *num.* setenta.

siech [ziçh] *adj.* doente, enfermo; doentio.

sie.chen.haus [zí:çhen-rháus] *s.n., Siechenhäuser.* hospital.

sie.den [zí:den] *v.* ferver; entrar em ebulição.

sie.dend [zí:-dent] *adj.* fervente.

Sie.de.punkt [zí:de-púnkt] *s.m., -e.* ponto de ebulição.

Sied.ler [zi:t-la] *s.m., -.* colono.

Sied.lung [zí:t-lunk] *s.f., -en.* colônia; colonização.

Sieg [zi:k] *s.m., -e.* vitória, triunfo; *zum –e verhelfen:* fazer triunfar.

SIEGEL • SOMMER

Sie.gel [zi:guel] *s.n.,* -. selo; lacre.
sie.geln [zí:guéln] *v.* selar; lacrar.
sie.gen [zí:guen] *v.* vencer, triunfar.
Sie.ger [zí:ga] *s.m.,* -. vencedor, ganhador.
Si.gnal [zik-nál] *s.n.,* -e. sinal.
Sil.be [zilbe] *s.f.,* -n. sílaba.
Sil.ber [zilba] *s.n.* (*sem plural*). prata.
Sims [zims] *s.m.* ou *s.n.,* -e. cornija, friso; moldura.
sin.gen [zinguen] *v.* cantar; canto.
Sing.stim.me [zink-chtíme] *s.f.,* -n. voz; parte vocal de uma melodia; partitura de canto.
Sing.vo.gel [zink-fô:guel] *s.m.,* Singvögel. ave canora.
sin.ken [zinken] *v.* descer, abaixar; ir a pique, afundar.
Sinn [zin] *s.m.,* -e. sentido, significado; mente, espírito; – *für:* interesse por, gosto de, inclinação para; disposição para; *keinen* – *haben:* não fazer sentido; *anderen* –*es werden:* mudar de ideia; *in den* – *kommen:* lembrar, ocorrer; *sich aus dem* – *schlagen:* deixar-se de, abandonar a ideia de; *aus dem Auge, aus dem* –: longe dos olhos, longe do coração; *von* –*en sein:* ser ajuizado, ter juízo; *nicht recht bei* –*en sein:* não ter juízo.
Sinn.bild [zin-bilt] *s.n.,* -er. emblema, símbolo.
sinn.bild.lich [zin-bilt-liçh] *adj.* simbólico.
sin.nen [zinen] *v.* meditar, refletir; pensar; pensamento, meditação, reflexão.
sin.nig [ziniçh] *adj.* engenhoso; fino.
Sinn.lich.keit [zin-liçh-káit] *s.f.* (*sem plural*). sensualidade, volúpia.
sinn.los [zin-lôs] *adj.* sem sentido, absurdo.
Sinn.spruch [zín-chprúrr] *s.m.,* Sinnsprüche. máxima, aforismo.
sinn.ver.wandt [zin-férvánt] *adj.* congênere.

sin.tern [zín-tèrn] *v.* gotejar, pingar.
Sint.flut [zint-flú:t] *s.f.,* -en. dilúvio.
Sip.pe [zípe] *s.f.,* -n. parentela, clã.
Si.re.ne [zirène] *s.f.,* -n. sereia.
Si.rup [zirú:p] *s.m.,* -e. xarope; melaço.
Sit.te [zíte] *s.f.,* -n. costume, hábito.
Sit.ten.leh.re [zíten-lè:re] *s.f.,* -n. ética.
sit.ten.los [ziten-lôs] *adj.* imoral.
Sit.ten.lo.sig.keit [ziten-lôziçh-káit] *s.f* (*sem plural*). imoralidade.
Sit.ten.ver.fall [ziten-ferfál] *s.m.* (*sem plural*). decadência moral; corrupção.
sitt.lich [zit-liçh] *adj.* moral, ético.
Sitz [zits] *s.m.,* -e. assento, cadeira; lugar; domicílio, residência; sede.
sit.zen [zí-tsen] *v.* sentar, assentar; estabelecer, fixar; pousar.
Sitz.fleisch [zits-fláich] *s.n.* (*sem plural*). nádegas, traseiro; (*fig.*) paciência; – *haben:* ser sedentário; *kein* – *haben:* não ter paciência.
Sit.zung [zí-tsunk] *s.f.,* -en. sessão, assembleia; audiência.
Skan.dal [skándál] *s.m.,* -e. escândalo; barulho; – *ös:* escandaloso.
Skiz.ze [skítse] *s.f.,* -n. esboço, rascunho.
skiz.zie.ren [skitzí:ren] *v.* esboçar, rascunhar.
Skla.ve [sklá:ve] *s.m.,* -e. escravo.
Skla.ve.rei [sklá:ve-rái] *s.f* (*sem plural*). escravidão.
skla.visch [sklá:vich] *adj.* escravo, servil; *adv.* servilmente.
Skle.ro.se [sklerô:ze] *s.f.,* -n. esclerose.
Skru.pel [skrú:pel] *s.m.,* -. escrúpulo.
Sma.ragd [smarákt] *s.m.,* -e. esmeralda.

so [zô:] *adv.* e *conj.* assim, de tal modo, então; tão; tanto; – *groß:* assim grande, tão grande; *deste tamanho;* – *hoch:* assim alto, tão alto; desta altura; –*?: é* verdade?; – *etwas:* tal coisa, uma coisa assim; *ganz* –: tal e qual; – *oder* –: de uma maneira ou de outra; – *groß wie möglich:* o maior possível; – *dass:* de modo que; – *ziemlich:* quase.
so.bald [zô:-bált] *adv.* logo que; assim que.
Socke [zóke] *s.f.,* -n. meia.
Sockel [zókel] *s.m.,* -. pedestal; base.
so.dann [zô:-dán] *adv.* logo, então, depois.
Sod.bren.nen [zô:t-brénen] *s.n.* (*sem plural*). azia.
so.fern [zo:fern] *loc. conj.* contanto que.
so.fort [zo:fórt] *adv.* imediatamente, logo a seguir.
so.gar [zo:ga:r] *adv.* ainda, até mesmo; também.
so.ge.nannt [zô:-guenánt] *adj.* assim chamado, pretenso; denominado.
so.gleich [zo:gláich] *adv.* imediatamente, subsequentemente.
Soh.le [zô:le] *s.f.,* -n. planta do pé; palmilha; sola de sapato.
Sohn [zô:] *s.m.,* Söhne. filho.
so.lan.ge [zo:lángue] *adv.* enquanto; *conj.* conquanto.
solch [zólçh] *pron.* tal, semelhante; desta espécie, deste tipo.
Sol.dat [zoldá:t] *s.m.,* -en. soldado, militar.
Söld.ner [zœlt-na] *s.m.,* -. soldado mercenário.
Soll [zól] *s.n.,* - ou - débito; dívida; obrigação, compromisso.
sol.len [zólen] *v.* dever; ter de; *v. aux.* ser ou estar obrigado a.
so.mit [zô:-mit] *adv.* por conseguinte; logo; consequentemente.
Som.mer [zóma] *s.m.,* -. verão; estio.

som.mer.lich [zóma-liçh] *adj.* de verão; estival.

Som.mer.spros.se [zóma-chprósse] *s.f.*, *-n.* sarda.

so.nach [zô:-nárr] *adv.* por conseguinte.

son.der [zónda] *prep.* sem; destituído de.

son.der.bar [zónda-bá:r] *adj.* estranho, esquisito; raro, singular.

son.der.lich [zónda-liçh] *adj.* estranho, esquisito; raro, singular.

Son.der.ling [zónda-link] *s.m.*, *-e.* homem esquisito; tipo singular.

son.dern [zón-dèrn] *v.* apartar, separar, distinguir; *conj.* senão, mas sim.

Son.de.rung [zónderunk] *s.f.*, *-en.* separação, distinção.

son.die.ren [zón-dí:ren] *v.* sondar.

Sonn.abend [zón-ábent] *s.m.*, *-e.* sábado.

Son.ne [zóne] *s.f.*, *-n.* sol.

son.nen [zónen] *v.* insolar, expor ao sol.

Son.nen.auf.gang [zónen-áuf-gánk] *s.m.*, Sonnenaufgänge. nascer do sol; aurora, alvorada.

Son.nen.bad [zónen-bá:t] *s.n.*, Sonnenbäder. banho de sol.

Son.nen.blu.me [zónen-blúme] *s.f.*, *-n.* girassol.

Son.nen.bril.le [zónen-brile] *s.f.*, *-n.* óculos escuros; óculos de sol.

Son.nen.fin.ster.nis [zónen-finstér-nis] *s.f.*, Sonnenfinsternisse. eclipse do sol.

Son.nen.licht [zónen-líçht] *s.n.* (sem plural). luz solar.

Son.nen.schein [zónen-cháin] *s.m.* (sem plural). brilho do sol.

Son.nen.schirm [zónen-chirm] *s.m.*, *-e.* sombrinha; guarda-sol.

Son.nen.stich [zónen-chtich] *s.m.*, *-e.* insolação.

Son.nen.uhr [zónen-ú:r] *s.f.*, *-en.* relógio de sol; solário.

Son.nen.un.ter.gang [zónen-únta-gánk] *s.m.*, Sonnenuntergänge.

Son.nen.un.ter.gang [zónen-únter-gánk] *s.* pôr do sol, crepúsculo.

Son.nen.wen.de [zónen-vénde] *s.f.*, *-n.* solstício.

son.nig [zóniçh] *adj.* ensolarado; radiante.

Sonn.tag [zónta:k] *s.m.*, *-e.* domingo.

Sonn.tags.kind [zónta:ks-kínt] *s.n.*, *-er.* pessoa que nasceu num domingo; *(fig.)* felizardo, afortunado; pessoa de sorte.

sonst [zónst] *adv.* outrora, antes; senão, aliás; *wie –:* como de costume; *– nichts:* nada mais; *– niemand:* mais ninguém; *– nirgends:* em parte alguma; *mehr als –:* mais do que de costume; *was (wer) –?:* que(m) senão? *was (wer) – noch?:* que(m) mais; *wie –?:* como, senão assim?

son.stig [zónstiçh] *adj.* outro.

sonst.wie [zónst-ví:] *adv.* de outro modo.

sonst.wo [zónst-vô:] *adv.* noutra parte.

Sor.ge [zórgue] *s.f.*, *-n.* cuidado, preocupação; inquietação; diligência, desvelo, solicitude.

sor.gen [zórguen] *v.* cuidar de, olhar por; tratar de; providenciar, arranjar; preocupar-se, inquietar-se.

sor.gen.frei [zórguen-frái] *adj.* despreocupado; descansado.

sor.gen.voll [zórguen-fól] *adj.* preocupado; diligente, zeloso.

Sorg.falt [zórk-fált] *s.f.* (sem plural). cuidado, zelo.

sorg.fäl.tig [zórk-féltiçh] *adj.* cuidadoso, atencioso.

sorg.los [zórk-lôs] *adj.* indolente, descuidado.

Sor.te [zórte] *s.f.*, *-n.* qualidade, espécie, gênero.

sor.tie.ren [zortí:ren] *v.* classificar, selecionar.

So.ße [zô:sse] *s.f.*, *-n.* molho.

Souf.fleur [zufliér] *s.m.*, *-e.* *(teat.)* ponto.

souf.flie.ren [zuflí:ren] *v.* fazer o ponto, servir de ponto; *(fig.)* sugerir, soprar.

so.viel [zô:-fí:l] *adv.* tanto, tão; tanto que.

so.weit [zô:-váit] *conj.* enquanto; até aí.

so.wie [zô:-ví:] *conj.* assim como; logo que, assim que.

so.zi.al [zô:-tsiá:l] *adj.* social.

spä.hen [chpê:en] *v.* espiar, espreitar.

Spa.lier [chpá-lí:r] *s.n.*, *-e.* fila, fileira; ramada.

Spalt [chpált] *s.m.*, *-e.* racha, fenda, frincha, greta.

spalt.bar [chpált-bá:r] *adj.* cindível; fissível.

spal.ten [chpálten] *v.* fender, rachar.

Spal.tung [chpáltunk] *s.f.*, *-en.* separação; desdobramento; fração; divisão; cisão; cisma.

Span [chpá:n] *s.m.*, Späne. falha; apara, lasca, limalha.

Span.fer.kel [chpá:n-férkel] *s.n.*, *-.* leitão.

Spann [chpán] *s.m.*, *-e.* peito do pé.

Span.ne [chpáne] *s.f.*, *-n.* palmo; espaço de tempo.

span.nen [chpánen] *v.* esticar, tender, estirar, estender; armar, atrelar; apertar; *(fig.)* excitar, cativar, motivar; *vor den Wagen –:* atrelar ao carro; *sine Erwartungen zu hoch –:* ter ilusões exageradas.

span.nend [chpá-nent] *adj.* muito interessante; palpitante.

Spann.feder [chpán-fê:da] *s.f.*, *-n.* mola.

Spann.kraft [chpán-kráft] *s.f.* (sem plural). elasticidade.

Span.nung [chpánunk] *s.f.*, *-en.* ação de esticar; tensão; voltagem.

spa.ren [chpá:ren] *v.* poupar, economizar.

Spa.rer [chpá:ra] *s.m.*, *-.* poupador.

Spar.gel [chpárguel] *s.m.*, *-n.* aspargo.

SPARKASSE • SPIELDOSE

Spar.kas.se [chpá:r-kásse] *s.f., -n.* caixa econômica, caixa de depósito.

spar.sam [chpá:r-zám] *adj.* econômico; econimizado, poupado.

Spar.sam.keit [chpá:r-zám-káit] *s.f., -en.* economia; parcimônia.

Spaß [chpá:s] *s.m., Späße.* gracejo, brincadeira; *an sein – haben:* gostar de; *– verstehen:* gostar de brincadeiras; *keinen – verstehen:* não estar para brincadeira.

spa.ßen [chpá:ssen] *v.* gracejar, brincar.

spaßhaft [chpá:s-rháft] *adj.* divertido, engraçado.

spaßig [chpá:ssiçh] *adj.* divertido, engraçado.

Spaß.ma.cher [chpá:s-márra] *s.m., -.* brincalhão, trocista.

spät [chpè:t] *adj.* tardio, atrasado; *adv.* tarde; *wie – ist es?:* que horas são?; *bis – in die Nacht:* até altas horas da noite.

Spa.tel [chpá:tel] *s.m., - ou s.f., -n.* espátula.

Spa.ten [chpá:ten] *s.m., -.* pá.

spä.ter [chpè:ta] *adj.* posterior, ulterior; *adv.* mais tarde.

spä.te.stens [chpè:tes-tèns] *adv.* o mais tardar.

Spatz [chpáts] *s.m., -en.* pardal.

spa.zie.ren [chpá-tsí:ren] *v.* passear.

Spa.zier.gang [chpatzí:r-gánk] *s.m., Spaziergänge.* passeio.

Spa.zier.gän.ger [chpatzí:r-guênga] *s.m., -.* passeante; passeador.

Spa.zier.stock [chpatzí:r-chtók] *s.m., Spazierstöcke.* bengala.

Specht [chpéçht] *s.m., -e.* picanço; pica-pau.

Speck [chpék] *s.m., -e.* toucinho.

speckig [chpékiçh] *adj.* gordo; seboso, sebento.

Spe.di.teur [chpedítø:r] *s.m., -e.* expedidor, transportador; despachante.

Spe.di.ti.on [chpeditsió:n] *s.f., -en.* expedição, remessa; despacho.

Speer [chpè:r] *s.m., -e.* lança, dardo.

Speer.wurf [chpè:r-vúrf] *s.m., Speerwürfe.* lançamento de dardo.

Spei.che [chpái-çhe] *s.f., -n.* raio de roda; raio de circunferência.

Spei.chel [chpái-çhèl] *s.m.* (*sem plural*). saliva, baba; escarro, cuspo.

Spei.chel.drü.se [chpái-çhel-dry:ze] *s.f., -n.* glândula salivar.

Spei.cher [chpái-çha] *s.m., -.* armazém, depósito, celeiro.

spei.chern [chpái-çhérn] *v.* armazenar; acumular.

Spei.che.rung [chpái-çherunk] *s.f., -en.* armazenagem; acúmulo.

spei.en [chpáien] *v.* cuspir, escarrar.

Spei.se [chpáize] *s.f., -n.* comida, prato; refeição.

Spei.se.eis [chpáize-áis] *s.n.* (*sem plural*). sorvete.

Spei.se.kam.mer [chpáize-káma] *s.f., -n.* despensa.

Spei.se.kar.te [chpáize-kárte] *s.f., -n.* cardápio, carta; ementa.

spei.sen [chpáizen] *v.* alimentar, dar de comer; comer, fazer uma refeição; *zu Mittag –:* almoçar; *zu Abend –:* jantar; *zur Nacht –:* cear; *wünsche wohl zu –!:* bom proveito!

Spei.se.öl [chpáize-ø:l] *s.n., -e.* azeite de mesa.

Spei.sung [chpái-zunk] *s.f., -en.* alimentação.

Spek.ta.kel [chpekh-tá:kel] *s.m., - ou s.n.* (*sem plural*). espetáculo; ruído, barulho.

Spe.ku.lant [chpekulánt] *s.m., -en.* especulador.

Spe.ku.la.ti.on [chpekulatsió:n] *s.f., -en.* especulação.

spe.ku.lie.ren [chpekulí:ren] *v.* especular.

Spen.de [chpénde] *s.f., -n.* donativo, doação.

spen.den [chpénden] *v.* dar, dispensar, doar.

spen.die.ren [chpendí:ren] *v.* presentear, dar de presente.

Sper.ber [chpérba] *s.m., -.* gavião.

Sper.ling [chpérlink] *s.m., -e.* pardal.

Sper.re [chpé-re] *s.f., -n.* barreira, bloqueio.

sper.ren [chpé-ren] *v.* obstruir, bloquear.

Spe.sen [chpê:zen] *plural.* despesa.

spe.zia.li.sie.ren [chpê-tsializí:ren] *v.* especializar.

Spe.zia.list [chpê-tsialíst] *s.m., -en.* especialista.

spe.zi.ell [chpê-tsi-él] *adj.* especial.

Spe.zi.es [chpétsi-ês] *s.f., -.* espécie.

spe.zi.fisch [chpê-tsífich] *adj.* específico.

Sphä.re [sfé:re] *s.f., -n.* esfera; (*fig.*) ambiente.

Sphinx [sfinks] *s.f., -n.* esfinge.

Spie.gel [chpí:guel] *s.m., -.* espelho; nível d'água; espéculo; percentagem, taxa.

Spie.gel.bild [chpí:guel-bilt] *s.n., -er.* imagem em reflexo; miragem.

spie.gel.blank [chpí:guel-blánk] *adj.* muito limpo.

Spie.gel.ei [chpí:guel-ái] *s.n., -er.* ovo estrelado.

spie.geln [chpí:guéln] *v.* refletir; espelhar; brilhar.

Spie.ge.lung [chpí:gue-lunk] *s.f., -en.* reflexo.

Spiel [chpí:l] *s.n., -e.* jogo, partida; representação teatral; execução de música; *-erei:* jogo; *– karten:* baralho; *aufs – setzen:* arriscar; *auf dem stehen:* estar em jogo; *sein – treiben mit:* brincar com; *die Hand im –e haben:* ter mão no jogo; *gewonnenes – haben:* ter o jogo na mão.

Spiel.bank [chpí:l-bánk] *s.f., -en.* casa de jogo.

Spiel.do.se [chpí:l-dô:ze] *s.f., -n.* caixa de música.

182

SPIELEN • SPRUDELN

spie.len [chpí:len] v. jogar, brincar; representar; tocar instrumentos musicais.
Spie.ler [chpí:la] s.m., -. jogador; ator; músico.
Spie.le.rei [chpí:le-rái] s.f., -en. brincadeira, brinquedo.
Spiel.ver.der.ber [chpí:l-fér-dérba] s.m., -. desmancha-prazeres.
Spiel.zeug [chpí:l-tsóik] s.n., -e. brinquedo.
Spieß [chpí:s] s.m., -e. lança, espeto.
Spieß.bra.ten [chpí:s-brá:ten] s.m., -. carne assada no espeto; churrasco.
Spi.nat [chpiná:t] s.m., -e. espinafre.
Spind [chpínt] s.m. ou s.n., -e. armário.
Spin.del [chpíndel] s.f., -n. fuso de roca; eixo.
Spin.ne [chpíne] s.f., -n. aranha.
spin.nen [chpínen] v. fiar; tramar.
Spinn.rad [chpin-rát] s.n., Spinnräder. roda de fiar.
Spi.on [chpió:n] s.m., -e. espião.
Spio.na.ge [chpioná:je] s.f., -n. espionagem.
Spi.ra.le [chpirá:le] s.f., -n. espiral.
Spi.ri.tuo.se [chpirítuó:zen] s.f., -n. bebida alcoólica.
Spi.ri.tus [chpí:ritus] s.m., Spirituose. álcool; espírito, alma.
spitz [chpíts] adj. agudo, afiado; (fig.) mordaz.
Spitz.bu.be [chpíts-bú:be] s.m., -n. ladrão, gatuno.
Spit.ze [chpítse] s.f., -n. ponta, pico, cume, extremidade.
spit.zen [chpítsen] v. aguçar, apontar.
spitz.fin.dig [chpíts-findiçh] adj. sutil; sofisticado.
Spitz.hacke [chpíts-rháke] s.f., -n. picareta.
spit.zig [chpítsiçh] adj. pontudo; (fig.) ferino, mordaz.
Spitz.na.me [chpíts-ná:me] s.m., -n. alcunha.

Split.ter [chplíta] s.m., -. lasca, cavaco; estilhaço.
split.ter.nackt [chplíta-nákt] adj. completamente nu; nu em pelo.
spon.tan [chpontá:n] adj. espontâneo.
spo.ra.disch [chporá:dich] adj. esporádico.
Sporn [chpórn] s.m., -en. espora; esporão.
Sport [chpórt] s.m. (sem plural). esporte.
Sport.ler [chpórt-la] s.m., -. esportista.
Spott [chpót] s.m. (sem plural). escárnio, troça.
spöt.teln [chpœ-téln] v. caçoar, zombar.
spot.ten [chpóten] v. caçoar, zombar.
Spöt.ter [chpóta] s.m., -. zombeteiro, escarnecedor; (rel.) blasfemo.
spöt.tisch [chpœtich] adj. sarcástico; irônico.
Spra.che [chprá-rre] s.f., -n. língua, idioma, linguagem, fala.
Sprach.kun.de [chprárr-kúnde] s.f. (sem plural). filologia, linguística.
sprach.lich [chprárr-liçh] adj. linguístico, idiomático.
sprach.los [chprárr-lôs] adj. estupefato; mudo, sem fala.
Sprach.rohr [chprárr-ró:r] s.n., -e. trombeta; (fig.) porta-voz.
Sprach.schatz [chprárr-cháts] s.m., Sprachschätze. vocabulário.
Sprech.art [chpréçh-árt] s.f., -en. fala; modo de falar, sotaque.
spre.chen [chpré-çhen] v. falar, dizer, pronunciar; proferir; expressar, significar; denotar; condenar; indicar.
spre.chend [chpré-çhent] adj. falante; expressivo.
Spre.cher [chpré-çha] s.m., -. locutor, orador.
Sprech.zim.mer [chpréçh-tsíma] s.n., -. gabinete, consultório.
sprei.zen [chpráï-tsen] v. estender, esticar.

spren.gen [chprênguen] v. regar, borrifar, aspergir; romper; irromper, arrombar; fazer explodir, dinamitar.
Spreng.la.dung [chprênk-lá:dunk] s.f., -en. carga explosiva.
Spreng.stoff [chprênk-chtóf] s.m., -e. explosivo.
spren.keln [chprênkel] v. salpicar, manchar.
Spreu [chprói] s.f. (sem plural). debulho, moreda.
Sprich.wort [chpríçh-vórt] s.n., Sprichwörter. provérbio, adágio.
sprie.ßen [chprí:ssen] v. germinar.
Spring.brun.nen [chprink-brúnen] s.m., -. chafariz.
sprin.gen [chprínguen] v. saltar, galgar, pular; brotar, jorrar, manar; saltar por cima de; in die Augen –: saltar aos olhos, ser evidente; Geld – lassen: gastar um dinheirão; der – de Punkt: o principal; o busílis.
Sprin.ger [chpringa] s.m., -. saltador.
Sprit.ze [chprítse] s.f., -n. seringa de injeção; esguicho; extintor de incêndio.
sprit.zen [chprítsen] v. regar, esguichar; injetar.
spröd [chprœ:t] adj. fragilidade; aspereza; (fig.) reserva, mesquinhez.
Spross [chprós] s.m., -e ou -en. renovo, rebento; descendente, broto.
Spros.se [chprósse] s.f., -n. degrau; haste; sarda.
Spruch [chprúrr] s.m., Sprüche. sentença, veredicto; versículo bíblico; ditos, provérbio; fórmula mágica.
Spruch.band [chprúrr-bánt] s.n., Spruchbänder. letreiro, dístico.
Spru.del [chprú:del] s.m., -. jorro; fonte mineral termal.
spru.deln [chprú:deln] v. jorrar, borbulhar; (fig.) falar muito depressa.

sprü.hen [chpry:en] v. lançar chispas, faiscar; chuviscar, garoar.

sprü.hend [chpry:ent] adj. cintilante, refulgente.

Sprüh.re.gen [chpry:-rè:guen] s.m., -. chuvisco, garoa.

Sprung [chprunk] s.m., *Sprünge*. pulo, salto.

Sprung.brett [chprúnk-brét] s.n., -er. trampolim.

sprung.haft [chprúnk-ráft] adj. brusco; saltitante; (fig.) incoerente.

Spucke [chpúke] s.f., -n. cusparada, escarro, esputo.

spucken [chpúken] v. cuspir, escarrar.

Spuk [chpu:k] s.m., -e. aparição de duendes; aparição fantasmagórica; assombração.

Spuk.geist [chpú:k-gáist] s.m., -er. fantasma, duende.

Spu.le [chpú:le] s.f., -n. bobina, fuso; canilha.

spu.len [chpú:len] v. bobinar, enrolar.

spü.len [chpy:len] v. lavar; enxaguar; *den Mund -*: bochechar.

Spund [chpúnt] s.m., *-e* ou *Spünde*. rolha; batoque.

Spur [chpú:r] s.f., -en. rastro, vestígio; *Rad-*: carril, trilho ferroviário.

spü.ren [chpy:ren] v. seguir um pista; rastrear, farejar; sentir, perceber.

Spür.hund [chpy:r-rhúnt] s.m., -e. sabujo; cão farejador.

spu.ten [chpú:ten] v. *sich -*: mexer-se, aviar-se.

Staat [chtá:t] s.m., -en. Estado; pais; gala, luxo, aparato.

Staa.ten.bund [chtá:ten-búnt] s.m., *Staatenbünde*. confederação.

Staa.ten.kun.de [chtá:ten-kúnde] s.f. (sem plural). geografia política.

staa.ten.los [chtá:ten-lös] adj. sem nacionalidade, apátrida.

staat.lich [chtá:t-lich] adj. público, do Estado, nacional; estatal; *- anerkannt*: oficializado; *- gepruft*: diplomado.

Staats.akt [chtá:ts-ákt] s.m., -e. cerimônia; cerimonial oficial do Estado.

Staats.an.ge.hö.ri.ge [chtá:ts-ángue-rhø:rigue] s.m. e s.f., -n. cidadão; súdito.

Staas.an.ge.hö.rig.keit [chtá:ts-ángue-rhø:rich-káit] s.f., -en. nacionalidade; *eine - erwerben*: naturalizar-se.

Staats.be.am.te [chtá:ts-beám-te] s.m., -n. funcionário público.

Staats.bür.ger [chtá:ts-byrga] s.m., -. cidadão.

Staats.dienst [chtá:ts-di:nst] s.m., -e. serviço público.

staats.ge.fähr.dend [chtá:ts-guefé:r-dent] adj. subversivo.

Staats.ge.heim.nis [chtá:ts-gue-rháim-nis] s.n., *Staatsgeheimnisse*. segredo de Estado.

Staats.ho.heit [chtá:ts-rhö:-rháit] s.f., -en. soberania nacional.

Staats.ober.haupt [chtá:ts-ó:ba-rháupt] s.n., *Staatsoberhäupter*. chefe de Estado.

Staats.streich [chtá:ts-chtráich] s.m., -e. golpe de Estado.

Staats.ver.bre.cher [chtá:ts-ferbré-cha] s.m., -. criminoso político.

Staats.wis.sen.schaft [chtá:ts-víssen-cháft] s.f., -en. ciências políticas.

Stab [chtá:p] s.m., *Stäbe*. vara, bastão, barra; *(mil.)* Estado-Maior.

sta.bil [chtábi:l] adj. estável, firme.

sta.bi.li.sie.ren [chtabilitzi:ren] v. estabilizar.

Sta.bi.li.tät [chtabilité:t] s.f (sem plural). estabilidade.

Stab.sprin.gen [chtáp-chpringuen] s.n., -. salto com vara.

Sta.chel [chtá-chél] s.m., -n. espinho; ferrão; aguilhão.

Sta.chel.draht [chtá-rrél-drá:t] s.m., *Stacheldrähte*. arame farpado.

sta.che.lig [chtá-relich] adj. espinhoso, eriçado.

Sta.chel.schwein [chtá-rrél-chváin] s.n., -e. porco-espinho.

Sta.di.um [chtádium] s.n., *Stadien*. estágio, fase; período.

Stadt [chtát] s.f., *Städte*. cidade, vila.

stadt.be.kannt [chtát-bekánt] adj. notório, público.

Stadt.be.zirk [chtát-betsírk] s.m., -e. zona urbana; perimetro urbano.

Stadt.be.völ.ke.rung [chtát-befølke-runk] s.f., -en. população urbana.

Stadt.bild [chtát-bilt] s.n., -er. vista da cidade, panorama da cidade.

Städt.er [chtéta] s.m., -. habitante da cidade, municipe.

städt.isch [chtétich] adj. urbano; municipal.

Stadt.rand [chtát-ránt] s.m., *Stadtränder*. periferia da cidade.

Stadt.rat [chtát-rá:t] s.m., *Stadträte*. câmara ou conselho municipal.

Stadt.teil [chtát-táil] s.m., -e. bairro, distrito.

Staf.fel [chtáfel] s.f., -n. degrau; escalão.

Staf.fe.lei [chtafelái] s.f., -en. cavalete.

staf.feln [chtá-féln] v. escalonar; graduar.

Stahl [chtá:l] s.m., *Stähle*. aço.

Stahl.blech [chtá:l-bléçh] s.n., -e. chapa de aço.

Stahl.draht [chtá:l-drá:t] s.m., *Stahldrähte*. arame de aço.

stäh.lern [chtè:-lérn] adj. de aço; *(fig.)* rigoroso.

Stahl.helm [chtá:l-rhélm] s.m., -e. capacete de aço.

Stall [chtál] s.m., *Ställe*. estábulo, cavalariça.

STALLUNG • STÄUPEN

Stal.lung [chtálunk] s.f., -en. estrebaria.

Stamm [chtám] s.m., Stämme. tronco, caule; estirpe, linhagem; raça, tribo.

Stamm.baum [chtám-báum] s.m., Stammbäume. árvore genealógica.

stam.meln [chtá-méln] v. balbuciar.

stam.men [chtámen] v. provir, derivar; ser natural de.

Stamm.gast [chtám-gást] s.m., Stammgäste. freguês; cliente.

Stamm.haus [chtám-rháus] s.n., Stammhäuser. casa matriz; central.

stäm.mig [chtémiçh] adj. robusto.

Stamm.ler [chtám-la] s.m., -. gago.

Stamm.sil.be [chtám-zílbe] s.f., -n. (gram.) radical.

stamp.fen [chtámpfen] v. socar, pisar, triturar.

Stand [chtánt] s.m., Stände. posição, situação; posto; classe, categoria; condição.

Stand.bild [chtánt-bílt] s.n., -er. estátua.

Ständ.chen [chtént-çhen] s.n., -. serenata.

Stän.der [chténda] s.m., -. suporte, cavalete.

Stan.des.amt [chtándes-ámt] s.n., Standesämter. registro civil.

stan.des.ge.mäß [chtándes-guemé:s] adj. conforme a (sua) categoria.

stand.fest [chtánt-fést] adj. firme, inabalável.

stand.haf.tig [chtánt-rháf-tiçh] adj. constante, firme.

stän.dig [chténdiçh] adj. permanente, continuo; fixo, constante.

stän.disch [chténdich] adj. corporativo.

Stand.punkt [chtánt-púnkt] s.m., -e. ponto de vista.

stand.recht.lich [chtánt-reçht-liçh] adj. segundo a lei marcial; – erschießen: fuzilar.

Stan.ge [chtángue] s.f., -n. vara, barra, pau; ramo, galho; jemandem die – halten: (fig.) ajudar alguém; bei der – bleiben: (fig.) não fugir, enfrentar; von der – kaufen: (fig.) comprar já feito.

stän.kern [chtén-kérn] v. cheirar mal; (fig.) intrigar, fazer intriga.

Stan.ze [chtán-tse] s.f., -n. estampa; matriz, molde; (lit.) estância, estrofe.

stan.zen [chtán-tsen] v. estampar.

Sta.pel [chtá:pel] s.m., -. depósito; pilha, monte; vom – laufen: ser lançado à água; vom – laufen lassen: lançar à água; (fig.) apresentar.

Sta.pel.lauf [chtá:pel-láuf] s.m., Stapelläufe. lançamento à água; (fig.) bota-fora.

sta.peln [chtá:-péln] v. empilhar, amontoar.

stap.fen [chtápfen] v. andar com dificuldade.

Star [stá:r] s.m., -e. (zool.) estorninho; grauer –: catarata; grüner –: glaucoma; schwarzer –: gota serena, amaurose. – s.m., - estrela, astro.

stark [chtárk] adj. forte, robusto, vigoroso, enérgico, intenso; adv. fortemente, muito.

Stär.ke [chtérke] s.f., -n. força, robustez, vigor; fécula, amido; – wäsche: goma.

stär.ken [chtérken] v. fortificar, fortalecer, robustecer; tonificar; engomar.

stär.kend [chtérkent] adj. tonificante, fortificante.

Stär.ke.zucker [chtérke-tsú:ka] s.m., -. glucose; glicose.

Stark.strom [chtárk-chtró:m] s.m., Starkströme. corrente de alta-tensão.

Stär.kung [chtér-kunk] s.f., -en. fortalecimento.

Stär.kungmit.tel [chtér-kúnks-mítel] s.n., -. tônico, fortificante.

starr [chtár] adj. rígido, imóvel, teso, hirto; inflexível, intransigente, teimoso.

star.ren [chtárren] v. – nach: fitar; fixar os olhos em.

starr.köp.fig [chtár-køpfiçh] adj. cabeçudo, teimoso; cabeça-dura.

Starr.krampf [chtár-krámpf] s.m., Starrkrämpfe. tétano.

Starr.sinn [chtár-zín] s.m. (sem plural). pertinácia, obstinação.

Sta.ti.on [chtá-tsió:n] s.f., -en. estação; seção; enfermaria; posto.

sta.tisch [chtátich] adj. estático.

Sta.ti.stik [chtatistík] s.f., -en. estatística.

statt [chtát] prep. em lugar de, em vez de; lugar; sítio.

Stätte [chtéte] s.f., -n. lugar, sítio.

statt.fin.den [chtát-finden] v. ter lugar; haver; realizar-se, acontecer.

statt.haft [chtát-rháft] adj. lícito, admissível; válido.

Statt.hal.ter [chtát-rhálta] s.m., -. lugar-tenente; governador.

statt.lich [chtát-liçh] adj. imponente; esplendoroso.

Sta.tue [chtátu:e] s.f., -n. estátua.

Sta.tur [chtátu:r] s.f., -en. estatuto, regulamento; estatura.

Staub [chtáup] s.m. (sem plural). pó, poeira.

Staub.besen [chtáup-bê:zen] s.m., -. espanador.

stau.ben [chtáuben] v. fazer poeira.

stäu.ben [chtóiben] v. ab–: desempoeirar; be–: empoeirar.

stau.big [chtáubiçh] adj. poeirento; empoeirado.

Stau.damm [chtáu-dám] s.m., Staudämme. represa, dique, barragem.

Stau.de [chtáude] s.f., -n. arbusto.

stau.en [chtáuen] v. estivar; Wasser –: estancar, represar água; Blut –: congestionar o sangue nas veias.

stau.nen [chtáunen] v. admirar-se, pasmar; admiração, assombro.

stäu.pen [chtóipen] v. açoitar, fustigar; flagelar.

Stau.werk [chtáu-vérk] *s.n.*, *-e.* represa, barragem.

Stech.ap.fel [chtéch-ápfel] *s.m.*, *Stechäpfel.* estramônio.

ste.chen [chté-chen] *v.* picar, ferir; ferrar; cravar.

ste.chend [chté-chent] *adj.* agudo, duro; picante; pungente.

Stech.flie.ge [chtéch-flí:gue] *s.f.*, *-n.* moscardo; mutuca.

Stech.uhr [chtéch-ú:r] *s.f.*, *-en.* odômetro.

stecken [chtéken] *v.* pôr em, meter em, cravar em.

Steck.na.del [chték-ná:del] *s.f.*, *-n.* alfinete.

Steg [chték] *s.m.*, *-e.* atalho, vereda; pinguela, ponte pequena; prancha.

Steg.reif [cht:ék-ráif] *s.m.* (*sem plural*). improviso.

ste.hen [chtê:en] *v.* estar em pé, estar parado; – *auf:* estar em; *auf dem Programm –:* vir em, figurar em; – *für:* substituir; *bei jemandem –:* depender de alguém; *jemandem teuer zu – kommen:* sair caro a alguém, vir a custar caro a alguém; *sein Mann –:* cumprir; *zum – bringen:* deter.

ste.hen.blei.ben [chtê:en-bláiben] *v.* parar, ficar parado.

ste.hend [chtê:ent] *adj.* em pé, de pé; direito; *-en Fußes:* (*adv.*) sem demora, imediatamente, ato-contínuo.

ste.hen.las.sen [chtê:en-lássen] *v.* deixar ficar, esquecer; *sich den Bart –:* deixar crescer a barba.

steh.len [chtê:len] *v.* furtar, roubar; *sich – aus:* sair furtivamente de; *sich – in:* entrar furtivamente em, insinuar-se.

steif [chtáif] *adj.* rígido, teso, inteiriçado; engomado; (*fig.*) acanhado, constrangido; cerimonioso.

stei.fen [chtáifen] *v.* entesar, enrijecer; engomar; *jemandem den Rücken –:* apoiar alguém; *sich auf –:* insistir em, teimar.

Steif.heit [chtáif-háit] *s.f.* (*sem plural*) rigidez; (*fig.*) acanhamento, constrangimento.

Steig.bü.gel [chtáik-by:guel] *s.m.*, *-.* estribo.

stei.gen [chtáiguen] *v.* subir, trepar; elevação; subida.

stei.gend [chtái-guent] *adj.* crescente.

stei.gern [chtái-guérn] *v.* fazer subir; elevar, aumentar; desenvolver.

Stei.ge.rung [chtáigue-runk] *s.f.*, *-en.* aumento; subida; desenvolvimento.

Stei.gung [chtáigunk] *s.f.*, *-en.* subida.

steil [chtáil] *adj.* íngreme; abrupto; escarpado; *adv.* a pique.

Stein [chtáin] *s.m.*, *-e.* pedra.

stein.alt [chtáin-ált] *adj.* muito velho; da idade da pedra.

Stein.bruch [chtáin-brúrr] *s.m.*, *Steinbrüche.* pedreira.

Stein.gut [chtáin-gú:t] *s.n.* (*sem plural*). louça.

stein.hart [chtáin-rhárt] *adj.* duro como uma pedra.

Stei.ni.gung [chtáini-gunk] *s.f.*, *-en.* apedrejamento.

Stein.koh.le [chtáin-kô:le] *s.f.* (*sem plural*) carvão mineral; hulha.

Stein.mar.der [chtáin-márda] *s.m.*, *-.* fuinha.

Stein.mei.ßel [chtáin-máissel] *s.m.*, *-.* cinzel.

stein.reich [chtáin-ráich] *adj.* (*fig.*) muito rico.

Stein.zeich.nung [chtáin-tsáich-nunk] *s.f.*, *-en.* litografia.

Stein.zeit [chtáin-tsáit] *s.f.* (*sem plural*) idade da pedra; *ältere –:* paleolítico; *jüngere –:* neolítico; *mittlere –:* mesolítico.

Steiß.bein [chtáis-báin] *s.n.*, *-e.* cóccix.

stell.bar [chtél-bá:r] *adj.* movediço.

Stell.dich.ein [chtél-dich-áin] *s.n.*, *-.* entrevista; encontro marcado.

Stel.le [chtéle] *s.f.*, *-n.* lugar, local, sítio, ponto; emprego, colocação; passo, trecho; repartição; serviços; *freie –:* vaga; ferida; mancha; *an – von:* em lugar de, em substituição a; *auf der –:* adv. (*fig.*) imediatamente, sem demora; *auf der – treten:* marcar passo; *nicht von der – kommen:* não avançar, não adiantar o trabalho; *zur –!:* presente! *zur – schaffen:* trazer; *an Ort und – sein:* estar no seu lugar; *an Ort und – ankommen:* chegar.

stel.len [chtélen] *v.* pôr, colocar; dispor; formular.

stel.len.wei.se [chtélen-váize] *adv.* parcialmente; parcial; por vezes; aqui e ali.

Stel.lung [chtélunk] *s.f.*, *-en.* posição; atitude, postura; emprego, colocação, situação.

stell.ver.tre.tend [chtél-fértrè:tent] *adj.* vice; segundo em comando; substituto; interino; adjunto.

Stell.ver.tre.ter [chtél-fértrè:ta] *s.m.*, *-.* representante; substituto; lugar-tenente; (*rel.*) vigário.

Stell.ver.tre.tung [chtél-fértrè:tunk] *s.f.*, *-en.* representação; substituição; *in –:* por procuração.

Stemm.ei.sen [chtém-áizen] *s.n.*, *-.* formão.

stem.men [chtémen] *v.* fincar; apoiar-se em; *sich – gegen:* encostar-se contra; (*fig.*) opor-se a.

Stem.pel [chtémpel] *s.m.*, *-.* selo; carimbo; sinal, marca.

stem.peln [chtém-péln] *v.* carimbar, selar, cunhar.

Sten.gel [chtênguel] *s.m.*, *-.* caule, haste.

Stepp.decke [chtép-déke] *s.f.*, *-n.* colcha.

Step.pe [chtépe] *s.f.*, *-n.* estepe.

step.pen [chtépen] v. pespontar.

Step.tanz [chtép-tánts] s.m., *Steptänze*. sapateado.

Ster.be.bett [chtérbe-bét] s.n., *-en*. leito de morte.

Ster.be.fall [chtérbe-fál] s.m., *Sterbefälle*. falecimento, óbito.

ster.ben [chtérben] v. morrer, falecer; morte, falecimento.

Ster.ben.de [chtérbende] s.m., s.f., *-n*. moribundo.

sterb.lich [chtérp-liçh] adj. mortal.

Sterb.lich.keit [chtérp-liçh-káit] s.f. (*sem plural*). mortalidade.

ste.ril [chtéri:l] adj. estéril.

ste.ri.li.sie.ren [chtéri-lizí:ren] v. esterilizar.

Stern [chtérn] s.m., -e. estrela; astro.

Stern.bild [chtérn-bílt] s.n., -er. constelação.

Stern.chen [chtérn-çhen] s.n., -. asterisco.

Stern.deu.ter [chtérn-dóita] s.m., -. astrólogo.

Stern.deu.tung [chtérn-dóitunk] s.f. (*sem plural*). astrologia.

Stern.kar.te [chtérn-kárte] s.f., -n. mapa celeste.

Stern.kun.de [chtérn-kúnde] s.f. (*sem plural*). astronomia.

Stern.schnup.pe [chtérn-chnúpe] s.f., -n. meteoro, estrela cadente.

Stern.war.te [chtérn-várte] s.f., -n. observatório astronômico.

ste.tig [chtétiçh] adj. contínuo, constante.

Steu.er [chtóia] s.n., -. imposto, contribuição; leme, timão, volante.

Steu.er.ab.zug [chtóia-áp-tsu:k] s.m., *Steuerabzüge*. desconto do imposto sobre o salário.

steu.er.frei [chtóia-frái] adj. isento de imposto.

steu.ern [chtói-érn] v. governar; conduzir, dirigir; estar ao leme.

Steu.er.we.sen [chtóia-vê-zen] s.n., -. impostos, taxas.

Steu.er.zah.ler [chtóia-tsá:la] s.m., -. contribuinte; pagador de imposto.

Stich [chtiçh] s.m., -e. picada, pontada.

Sti.che.lei [chtiçhe-lái] s.f., -en. picada; (*fig.*) alusão indireta, motejo.

stich.fest [chtiçh-fést] adj. invulnerável.

Stich.tag [chtiçh-tá:k] s.m., -e. dia marcado, data marcada, prazo.

Stich.waf.fe [chtiçh-váfe] s.f., -n. arma branca; arma de ponta.

Stich.wahl [chtiçh-vá:l] s.f., -en. eleição de desempate; escrutínio decisivo.

Stich.wort [chtiçh-vórt] s.n., -e. apontamento, nota; (*teat.*) deixa; (*tipog.*) título.

sticken [chtiken] v. bordar.

stickig [chtikiçh] adj. abafado; sufocante.

Stick.stoff [chtik-chtóf] s.m. (*sem plural*). azoto; nitrogênio.

stie.ben [chti:ben] v. dissipar; dispersar.

Stief.bru.der [chti:f-brú:da] s.m., *Stiefbrüder*. meio-irmão.

Stie.fel [chti:fel] s.m., -. bota.

stie.feln [chti:-féln] v. calçar; (*fig.*) andar a passos largos.

Stief.el.tern [chti:f-éltern] plural. padrasto.

Stief.ge.schwi.ster [chti:f-guêch-vísta] plural. meios-irmãos.

Stief.kind [chti:f-kint] s.n., -er. enteado.

Stief.mut.ter [chti:f-múta] s.f., *Stiefmütter*. madrasta.

Stief.schwe.ster [chti:f-chvésta] s.f., -n. meia-irmã.

Stief.toch.ter [chti:f-tórr-ta] s.f., *Stieftöchter*. enteada.

Stief.va.ter [chti:f-fá:ta] s.m., *Stiefväter*. padrasto.

Stie.ge [chti:gue] s.f., -n. escada.

Stiel [chti:l] s.m., -e. cabo, talo, haste.

Stiel.au.gen [chti:l-áuguen] plural. – machen: arregalar os olhos.

Stier [chti:r] s.m., -e. touro; olhar fixo.

Stier.kampf [chti:r-kámpf] s.m., *Stierkämpfe*. tourada.

Stier.kämp.fer [chti:r-kémpfa] s.m., -. toureiro.

Stift [chtift] s.m., -e. ponta, agulheta, cavilha; prego; *Blei–*: lápis; fundação, instituição.

stif.ten [chtíften] v. fundar, estabelecer, instituir.

Stif.ter [chtífta] s.m., -. fundador.

Stif.tung [chtif-tunk] s.f., -en. fundação, instituição.

Stil [chti:l] s.m., -e. estilo.

still [chtil] adj. quieto, tranquilo, calmo; imóvel.

Stil.le [chtile] s.f. (*sem plural*). calma, tranquilidade.

still.hal.ten [chtil-rhálten] v. ficar quieto, não se mexer; parar.

Still.schwei.gen [chtil-chváiguen] s.n. (*sem plural*). silêncio; imobilidade.

still.schwei.gend [chtil-chvái-guent] adj. calado; (*fig.*) tácito.

Still.stand [chtil-chtánt] s.m. (*sem plural*). suspensão, paralisação, cessação; greve.

Stimm.band [chtím-bánt] s.n., *Stimmbänder*. corda vocal.

Stim.me [chtíme] s.f., -n. voz; (*polít.*) voto.

stim.men [chtímen] v. acordar, afinar, dispor, determinar; estar de acordo; estar afinado.

Stimm.ga.bel [chtim-gá:bel] s.f., -n. diapasão.

Stimm.recht [chtim-réçht] s.n., -e. direito de votar.

Stim.mung [chtímunk] s.f., -en. afinação, consonância, disposição; ambiente, atmosfera; ânimo, moral.

stin.ken [chtínken] v. cheirar mal, feder.

Stink.tier [chtink-ti:r] s.n., -e. gambá.

Stirn [chtírn] s.f., -en. testa; descaramento, ousadia; *die – bieten*: fazer frente a.

Stirn.sei.te [chtírn-záite] s.f., -n. fachada; lado frontal.

stö.bern [chtø:-bérn] *v.* procurar, buscar; vasculhar; revirar à procura de.

sto.chern [chtó-rrérn] *v.* remexer, atiçar; esgravatar.

Stock [chtók] *s.m., Stöcke.* bastão, bengala; andar, pavimento, piso.

stock.blind [chtók-blínt] *adj.* completamente cego.

stock.dun.kel [chtók-dúnkel] *adj.* escuro como breu.

stocken [chtóken] *v.* interromper; hesitar; parar, paralisar; congestionar; coalhar.

stock.fin.ster [chtók-fínsta] *adj.* completamente escuro.

Stock.fisch [chtók-fích] *s.m., -e.* bacalhau.

Stock.fleck [chtók-flék] *s.m., -e.* caruncho.

stockig [chtókiçh] *adj.* carunchoso; *- er Zahn:* dente cariado.

stock.taub [chtók-táup] *adj.* completamente surdo.

Stockung [chtókunk] *s.f., -en.* interrupção, estagnação, paralisação; congestionamento, congestão.

Stock.werk [chtók-vérk] *s.n., -e.* andar, piso.

Stoff [chtóf] *s.m., -e.* matéria, material; estofo; fazenda, tecido; assunto.

stöh.nen [chtø:nen] *v.* gemer; *(fig.)* queixar-se de.

stol.pern [chtól-pérn] *v.* tropeçar em; topar com.

Stolz [chtólts] *s.m. (sem plural).* orgulho, altivez; soberba. *adj.* orgulhoso, soberbo, altivo.

stol.zie.ren [chtól-tsi:ren] *v.* ostentar, pavonear-se.

stop.fen [chtópfen] *v.* encher, tapar; cerzir; constipar; obstruir.

Stopf.garn [chtópf-gárn] *s.n., -e.* linha de cerzir.

Stop.pel [chtópel] *s.f., -n.* restolho, refugo.

Stöp.sel [chtøpzel] *s.m., -.* rolha; válvula.

Storch [chtói-çh] *s.m., Störche.* cegonha.

Storch.schna.bel [chtóiçh-chná:bel] *s.m., Storchschnäbel.* bico de cegonha; pantógrafo; gerânio.

stö.ren [chtø:ren] *v.* perturbar, estorvar.

stö.rend [chtø-rent] *adj.* incômodo, perturbador.

Stö.ren.fried [chtø:ren-frí:t] *s.m., -e.* desmancha-prazeres.

stör.rig [chtø:a-riçh] *adj.* teimoso, obstinado.

Stö.rung [chtø:runk] *s.f., -en.* desarranjo, perturbação; desordem.

Stoß [chtó:s] *s.m., Stöße.* golpe, choque, encontrão; solavanco; empurrão; pancada; *-truppe:* tropa de choque.

sto.ßen [chtó:ssen] *v.* empurrar, impelir; moer, pilar; *aus dem Hause -:* pôr na rua; *mit den Hörnern -:* levantar nas pontas; *sich an -:* dar contra, ofender-se com; *vor den Kopf -:* ofender, escandalizar; *von sich -:* repelir, repudiar; *- an:* bater em, dar contra; *- auf:* encontrar, topar com; *- gegen:* bater contra.

Stoß.kraft [chtó:s-kráft] *s.f. (sem plural).* impulso; força; energia.

stot.tern [chtó-térn] *v.* gaguejar; gagueira.

Straf.ab.tei.lung [chtrá:f-áp-táilunk] *s.f., -en.* prisão disciplinar.

Straf.an.stalt [chtrá:f-án-chtált] *s.f., -en.* casa de correção, penitenciária.

Straf.an.zei.ge [chtrá:f-án-tsáigue] *s.f., -n.* denúncia.

Straf.ar.beit [chtrá:f-árbáit] *s.f., -en.* trabalho forçado.

Straf.auf.schub [chtrá:f-áuf-chúp] *s.m., Strafaufschübe.* suspensão de pena.

straf.bar [chtrá:f-bá:r] *adj.* punível, reprovável; delituoso; criminal; *sich - machen:* cometer delito.

Straf.bar.keit [chtrá:f-ba:r-káit] *s.f., -en.* culpabilidade; criminalidade.

Straf.be.fehl [chtrá:f-befé:l] *s.m., -e.* auto; intimação.

Stra.fe [chtrá:fe] *s.f., -n.* pena, penalidade, castigo; sanção, multa; *- zahlen müssen:* ser multado.

stra.fen [chtrá:fen] *v.* punir, castigar.

Straf.er.lass [chtrá:f-ér-lás] *s.m., -e.* remissão de pena; anistia.

strafff [chtráf] *adj.* esticado, tenso, rijo; *(fig.)* enérgico, rigoroso.

Sträf.ling [chtré:f-link] *s.m., -e.* presidiário.

straf.los [chtrá:f-lôs] *adj.* impune.

Straf.lo.sig.keit [chtrá:f-lô:zighkáit] *s.f., -en.* impunidade.

Straf.recht.lich [chtrá:f-réçht-liçh] *adj.* penal.

Strahl [chtrá:l] *s.m., -en.* raio; jato, golfada.

strah.len [chtrá:len] *v.* irradiar, brilhar; *(fig.)* estar radiante.

sträh.len [chtré:len] *v.* pentear; alisar.

strah.lend [chtrá:lent] *adj.* radiante, radioso; brilhante.

Strah.lung [chtrá:lunk] *s.f., -en.* radiação.

Sträh.ne [chtré:ne] *s.f., -n.* madeixa.

stramm [chtrám] *adj.* forte, vigoroso.

stram.peln [chtrám-péln] *v.* estrebuchar, espernear.

Strand [chtránt] *s.m., Strände.* praia, litoral.

stran.den [chtránden] *v.* encalhar; naufragar.

Strand.gut [chtánt-gu:t] *s.n., Strandgüter.* despojos do mar atirados à praia; salvados de um naufrágio.

Stran.dung [chtrándunk] *s.f., -en.* naufrágio.

Strang [chtránk] *s.m., Stränge.* corda, cordão; tirante.

Stra.pa.ze [chtrapá:tse] *s.f., -n.* fadiga, estafa.

stra.pa.zie.ren [chtrapatsi:ren] *v.* cansar, estafar; desgastar.

Stra.ße [chtrá:sse] *s.f.*, *-n.* rua, estrada, caminho; via pública.

Stra.ßen.bahn [chtrá:ssen-bá:n] *s.f.*, *-en.* trilho de bonde.

Stra.ßen.fe.ger [chtrá:ssen-fê:ga] *s.m.*, *-.* varredor; limpador de rua.

Stra.ßen.han.del [chtrá:ssen-rhándel] *s.m.* (sem plural). comércio ambulante.

Stra.ßen.jun.ge [chtrá:ssen-júngue] *s.m.*, *-n.* garoto de rua; *(fig.)* moleque.

Stra.ßen.kreu.zung [chtrá:ssen-króitsunk] *s.f.*, *-en.* cruzamento de ruas; encruzilhada.

Stra.ßen.mäd.chen [chtrá:ssen-mêt-chen] *s.n.*, *-.* prostituta.

Stra.ßen.schild [chtrá:ssen-chílt] *s.n.*, *-er.* placa de rua.

Stra.ßen.ver.kehr [chtrá:ssen-ferkê:r] *s.m.*, *-e.* trânsito, circulação; movimento nas ruas.

Stra.ßen.zoll [chtrá:ssen-tsól] *s.m.*, *Straßenzölle.* pedágio.

Stra.te.ge [chtratê:gue] *s.m.*, *-n.* estrategista.

Stra.te.gie [chtrategui:] *s.f.*, *-n.* estratégia.

stra.te.gisch [chtratê:guich] *adj.* estratégico.

sträu.ben [chtróiben] *v.* eriçar; *sich -*: arrepiar-se; *(fig.)* opor-se a, resistir a.

Strauch [chtráurr] *s.m.*, *Sträucher.* arbusto.

strau.cheln [chtráu-rréln] *v.* tropeçar.

Strauss [chtráus] *s.m.*, *Sträusse.* ramo; ramalhete de flores; *(zool.)* avestruz.

Stre.be [chtrê:be] *s.f.*, *-n.* escora, espeque.

stre.ben [chtrê:ben] *v.* aspirar a; ambicionar; esforçar-se por alcançar; aspiração, ambição.

Stre.ber [chtrê:ba] *s.m.*, *-.* ambicioso.

streb.sam [chtrê:p-zám] *adj.* assíduo, aplicado.

Streck.bar.keit [chtrék-bá:r-káit] *s.f.*, *-en.* ductilidade.

Strecke [chtréke] *s.f.*, *-n.* espaço, lanço, trajeto, pedaço de caminho, distância; *auf einer - von:* numa extensão de; *zur- bringen:* matar.

strecken [chtréken] *v.* estender, alongar, esticar; *sich -*: esticar-se; espreguiçar-se ; *zu Boden -*: derrubar, derrotar, prostrar.

strecken.wei.se [chtréken-váize] *adv.* aqui e ali; de tempos a tempos.

Streck.mus.kel [chtrék-múskel] *s.m.*, *-n.* músculo extensor.

Streich [chtráich] *s.m.*, *-e.* golpe, pancada; *dummer -*: tolice, disparate; *lustiger -*: travessura.

strei.cheln [chtrái-chéln] *v.* acariciar, afagar.

strei.chen [chtrái-chen] *v.* passar ligeiramente sobre; vaguear; passar manteiga em; alisar; pintar.

Streich.holz [chtráich-rhólts] *s.n.*, *Streichhölzer.* palito de fósforo.

Streich.in.stru.ment [chtráich-instrumênt] *s.n.*, *-e.* instrumento de corda.

Streif [chtráif] en *s.m.*, *-.* tira, risca, risco, listra.

strei.fen [chtráifen] *v.* listrar, riscar levemente; *(fig.)* chegar às raias de.

strei.fig [chtráifich] *adj.* listrado.

Streif.schuss [chtráif-chús] *s.m.*, *Streifschüsse.* tiro de raspão.

Streif.wa.che [chtráif-várre] *s.f.*, *-n.* patrulha.

Streif.zug [chtráif-tsú:k] *s.m.*, *Streifzüge.* incursão.

Streik [chtráik] greve.

Streik.bre.cher [chtráik-bré-cha] antigrevista; fura-greve.

strei.ken [chtráiken] *v.* fazer greve.

Streit [chtráit] *s.m.*, *-.* contenda, disputa; altercação, polêmica.

strei.ten [chtráiten] *v.* disputar, lutar por.

Streit.sucht [chtráit-zúrrt] *s.f.*, *Streitsüchte.* gosto exagerado (ou mania) pela polêmica ou pelas discussões.

streng [chtrênk] *adj.* severo, rigoroso, austero, exato; acerbo; *adv. -stens, aufs -ste*: à risca.

Stren.ge [chtrênge] *s.f.* (sem plural). severidade, rigor, austeridade, exatidão.

streng.gläu.big [chtrênk-glóibich] *adj.* ortodoxo.

streu.en [chtróien] *v.* espalhar, espargir, polvilhar; semear, disseminar.

Streu.sand [chtrói-zánt] *s.m.* (sem plural). areia.

Strich [chtrich] *s.m.*, *-e.* traço, risco; linha.

Strich.punkt [chtrich-púnkt] *s.m.*, *-e.* ponto e vírgula.

strich.wei.se [chtrich-váize] *adj.* local, regional; *adv.* em certas áreas, em alguns pontos.

Strich.zeich.nung [chtrich-tsáich-nunk] *s.f.*, *-en.* desenho a traço.

Strick [chtrik] *s.m.*, *-e.* corda, linha.

stricken [chtriken] *v.* fazer malha; tecer rede.

Strick.garn [chtrik-gárn] *s.n.*, *-e.* fio (de algodão ou lã) para fazer tecer malha.

Strick.lei.ter [chtrik-láita] *s.f.*, *-n.* escada de corda.

Strick.na.del [chtrik-ná:del] *s.f.*, *-n.* agulha de tricô.

Strie.me [chtri:me] *s.f.*, *-n.* vinco; vergão; estria.

Strip.pe [chtripe] *s.f.*, *-n.* corda; cordão, cordel.

strit.tig [chtritich] *adj.* duvidoso, discutível; litigioso.

Stroh [chtrô:] *s.n.* (sem plural). palha.

Stroh.blüh.me [chtrô:-blúme] *s.f.*, *-n.* perpétua.

stroh.blond [chtrô:-blônt] *adj.* ruço.

Stroh.dach [chtrô:-dárr] *s.n.*, *Strohdächer.* telhado de colmo; cobertura de sapé.

STROHHUT • STURM

Stroh.hut [chtrô:-rhú:t] *s.m.*, *Strohhüte*. chapéu de palha.

Stroh.hüt.te [chtrô:-rhyte] *s.f.*, *-n.* palhoça.

Stroh.mann [chtrô:-mán] *s.m.*, *Strohmänner*. espantalho.

Stroh.mat.te [chtrô:-máte] *s.f.*, *-n.* esteira de palha.

Stroh.sack [chtrô:-zák] *s.m.*, *Strohsäcke*. colchão de palha; enxergão.

Strolch [chtrólçh] *s.m.*, *-e.* vadio; vagabundo.

Strom [chtrô:m] *s.m.*, *Ströme.* rio, caudal; corrente; torrente.

strom.ab [chtrô:m-áp] *adv.* rio abaixo; seguindo a corrente.

strom.auf [chtrô:m-áuf] *adv.* rio acima; contra a corrente.

strö.men [chtrǿ:men] *v.* correr, afluir; chover torrencialmente.

strö.mend [chtrǿ-ment] *adj.* torrencial.

Strom.er.zeu.ger [chtrô:m-ér-tsóiga] *s.m.*, *-.* gerador eletromotor.

Strom.kreis [chtrô:m-kráis] *s.m.*, *-e.* circuito elétrico.

strom.los [chtrô:m-lôs] *adj.* sem corrente; desligado.

Strom.mes.ser [chtrô:m-méssa] *s.n.*, *-.* medidor de corrente elétrica; amperímetro.

Strom.span.nung [chtrô:m-chpá-nunk] *s.f.*, *-en.* voltagem.

Strom.stär.ke [chtrô:m-chtérke] *s.f.*, *-n.* intensidade da corrente; amperagem.

Strö.mung [chtrǿ-munk] *s.f.*, *-en.* corrente; correnteza.

Strom.ver.brauch [chtrô:m-fér-bráurr] *s.m.* (*sem plural*). consumo de energia.

Strom.zäh.ler [chtrô:m-tsé:la] *s.m.*, *-.* contador (medidor) de eletricidade.

strot.zend [chtrô-tsent] *adj.* regurgitante; pujante.

Stru.del [chtrú:del] *s.m.*, *-.* turbilhão, redemoinho; espécie de bolo, feito com massa enrolada em espiral.

stru.deln [chtrú-déln] *v.* redemoinhar.

Struk.tur [chtrúktur] *s.f.*, *-en.* estrutura.

Strumpf [chtrúmpf] *s.m.*, *Strümpfe*. meia.

Strumpf.hal.ter [chtrúmpf-rhálta] *s.m.*, *-.* liga de meia.

strup.pig [chtrúpiçh] *adj.* desgrenhado; eriçado; hirsuto.

Stu.be [chtú:be] *s.f.*, *-n.* quarto, aposento; cômodo; sala.

Stu.ben.mäd.chen [chtú:ben-mêt-çhen] *s.n.*, *-.* camareira.

Stuck [chtúk] *s.m.* (*sem plural*). estuque.

Stück [chtyk] *s.n.*, *-e.* pedaço, peça, parte; peça teatral; torrão, fragmento; trecho; – *für* –: peça por peça, um por um; *das ist ein starkes* –!: é incredivelmente!; parece impossível!; *aus einem* –, *in einem* –: inteiro; *in allen* –*en*: inteiramente, completamente; *große -e auf jemanden halten*: estimar, ter alguém em muita consideração; *aus freien* –*en*: espontaneamente; *in vielen* –*en*: a muitos respeitos; *in -e schlagen*: partir, despedaçar; *in -e gehen*: partir-se, despedaçar-se.

stückeln [chty-kéln] *v.* despedaçar, fragmentar; fracionar; dividir em pedaços ou em parcelas.

stück.wei.se [chtyk-váize] *adv.* aos pedaços, por partes; a retalho, a varejo.

Stück.werk [chtyk-vérk] *s.n.*, *-e.* obra malfeita; – *sein*: ser incompleto; ser fragmentário.

Stu.dent [chtudént] *s.m.*, *-en.* estudante.

Stu.die [chtú:die] *s.f.*, *-n.* estudo.

Stu.dien.zeit [chtú:dien-tsáit] *s.f.* (*sem plural*). anos de estudo; tempos de estudantado.

stu.die.ren [chtudí:ren] *v.* estudar.

Stu.di.um [chtú:dium] *s.n.*, *Studien.* estudo.

Stu.fe [chtú:fe] *s.f.*, *-n.* degrau; andar, piso, plano; grau, categoria, fase, nível.

stu.fen.wei.se [chtú:fen-váize] *adv.* gradualmente.

Stuhl [chtú:l] *s.m.*, *Stühle.* cadeira; *der Heilige* –: a Santa Sé.

Stuhl.gang [chtú:l-gánk] *s.m.* (*sem plural*). evacuação; excrementos, fezes.

Stuhl.leh.ne [chtú:l-lê:ne] *s.f.*, *-n.* encosto, espaldar.

Stul.le [chtúle] *s.f.*, *-n.* fatia de pão com manteiga.

stumm [chtúm] *adj.* mudo; (*fig.*) calado.

Stum.mel [chtúmel] *s.m.*, *-.* coto, toco; *Zigarren–*: ponta de charuto.

Stumm.heit [chtúm-rháit] *s.f.* (*sem plural*). mudez, mutismo; (*fig.*) silêncio.

Stüm.per [chtympa] *s.m.*, *-.* ignorante; remendão.

Stüm.pe.rei [chtype-rái] *s.f.*, *-en.* obra ou trabalho malfeito.

stumpf [chtúmpf] *adj.* embotado; rombudo, pouco afiado; cepo, tronco.

Stumpf.heit [chtúmpf-rháit] *s.f.*, *-en.* embotamento, embrutecimento.

stumpf.sin.nig [chtúmpf-zíniçh] *adj.* estúpido, parvo.

Stun.de [chtúnde] *s.f.*, *-n.* hora; vez, volta; lição, aula.

stun.den.lang [chtúnden-lánk] *adv.* por horas a fio; por horas e horas.

Stun.den.lohn [chtúnden-lô:n] *s.m.*, *Stundenlöhne*. salário ou pagamento por hora.

Stun.den.plan [chtúnden-plá:n] *s.m.*, *Stundenpläne*. horário.

stun.den.wei.se [chtúnden-váize] *adv.* por horas; por lições.

stünd.lich [chtynt-liçh] *adv.* de hora em hora; de uma hora para outra; *einmal* –: por hora.

Sturm [chtúrm] *s.m.*, *Stürme.* tempestade, tormenta; trovoada.

Sturm.an.griff [chtúrm-ángrif] *s.m., -e.* assalto; ataque.

stür.men [chtyrmen] *v.* assaltar, tomar de assalto; forçar; arremessar-se; atacar; haver tempestade.

Stür.mer [chtyrma] *s.m., -.* assaltante; *(futebol)* atacante.

stür.misch [chtyrmich] *adj.* tempestuoso, turbulento; impetuoso; intempestivo.

Sturm.wind [chtúrm-vint] *s.m., -e.* ventania.

Sturz [chtúrts] *s.m., Stürze.* queda, caída; baixa.

stür.zen [chtyrtsen] *v.* derrubar, precipitar; lançar abaixo.

Sturz.flug [chtúrts-flú:k] *s.m., Sturzflüge.* voo em mergulho.

Stu.te [chtú:te] *s.f., -n.* égua; jumenta.

Stütz.bal.ken [chtyts-bálken] *s.m., -.* esteio, escora; *(fig.)* amparo, auxílio.

Stutz.bart [chtúts-bárt] *s.m., Stutzbärte.* barbicha; cavanhaque.

Stüt.ze [chtytse] *s.f., -n.* apoio, estaca, escora; suporte.

stut.zen [chtútsen] *v.* cortar, aparar, podar; surpreender-se, pasmar-se.

stüt.zen [chtytsen] *v.* apoiar, suster, amparar.

Stut.zer [chtútsa] *s.m., -.* janota.

stut.zig [chtútsich] *adj.* surpreso, admirado, pasmado.

Stütz.pfei.ler [chtyts-pfáila] *s.m., -.* esteio, pilar.

Stütz.punkt [chtys-púnkt] *s.m., -e.* ponto de apoio; base militar.

Sub.jekt [zubiékt] *s.n., -e.* (gram.) sujeito.

Sub.jek.ti.vi.tät [zubiêk-tivitê:t] *s.f., -en.* subjetividade; subjetivismo.

Su.che [zúrre] *s.f., -n.* busca, procura, pesquisa.

su.chen [zúrren] *v.* buscar, procurar; *adj.* rebuscado.

Sucht [zúrrt] *s.f., Süchte.* mania, obsessão; vício.

süch.tig [zych-tich] *adj.* obsessivo, vicioso; viciado.

Sud [zú:t] *s.m., -e.* fervura; cozimento, cocção.

Su.de.lei [zu:deláil] *s.f., -en.* sujeira, porcaria; coisa malfeita.

su.deln [zú:-déln] *v.* emporcalhar, sujar; trabalhar mal.

Sü.den [zy:den] *s.m.* (sem plural). sul; *adv.* ao sul.

süd.län.disch [zy:t-léndich] *adj.* meridional.

Süd.pol [ziy-pô:l] *s.m.* (sem plural). polo sul.

Süh.ne [zy:ne] *s.f., -n.* reparação, desagravo; (rel.) expiação, penitência.

süh.nen [zy:nen] *v.* reparar; expiar.

Sühn.op.fer [zy:n-ópfa] *s.n., -.* sacrifício expiatório.

Süh.nung [zy:nunk] *s.f., -en.* expiação.

Sum.me [zúme] *s.f., -n.* soma, número, quantia, total.

sum.men [zúmen] *v.* zumbir, sussurrar; zumbido, sussurro.

sum.mie.ren [zumí:ren] *v.* somar, adicionar.

Sumpf [zúmpf] *s.m., Sümpfe.* pântano, charco.

Sumpf.fie.ber [zúmpf-fí:ba] *s.n., -.* malária; impaludismo.

sump.fig [zúmpfiçh] *adj.* pantanoso.

Sün.de [zynde] *s.f., -n.* pecado.

Sün.den.bock [zynden-bók] *s.m., Sündenböcke.* bode expiatório.

Sün.der [zynda] *s.m., -.* pecador.

sün.dig [zyndiçh] *adj.* pecaminoso, vicioso.

sün.di.gen [zyndigen] *v.* pecar.

Sup.pe [zúpe] *s.f., -n.* sopa; caldo.

Sup.pen.löf.fel [zúpen-løfel] *s.m., -.* colher de sopa.

Sup.pen.schüs.sel [zúpen-chyssel] *s.f., -n.* sopeira, terrina.

Sup.pen.tel.ler [zúpen-téla] *s.m., -.* prato de sopa.

sur.ren [zú-ren] *v.* zunir; zumbir.

süß [zy:s] *adj.* doce, açucarado; *(fig.)* suave; encantador; *-es Geschöpf:* amor.

sü.ßen [zy:ssen] *v.* adoçar, açucarar.

Süß.holz [zy:s-rhólts] *s.n., Süßhölzer.* alcaçuz; *(fig.) – raspeln:* galantear, fazer a corte a, namorar.

Sü.ßig.keit [zy:ssiçh-káit] *s.f., -en.* doçura.

süß.lich [zy:s-liçh] *adj.* adocicado; *(fig.)* sentimental.

Süß.was.ser [zy:s-vássa] *s.n., -.* água-doce.

Sym.bol [zym-bốl] *s.n., -e.* símbolo; emblema.

Sym.bo.lik [zymbô:lik] *s.f.* (sem plural). simbologia; simbolismo.

sym.bo.lisch [zymbô:lich] *adj.* simbólico.

Sym.pa.thie [zympatí:] *s.f., -n.* simpatia.

sym.pa.thisch [zympá:tich] *adj.* simpático.

sym.pa.thi.sie.ren [zympatizí:ren] *v.* simpatizar.

Sys.tem [zystê:m] *s.n., -e.* sistema.

sy.ste.ma.tisch [zystemá:tich] *adj.* sistemático.

Sze.ne [stsê:ne] *s.f., -n.* cena, cenário; *in – setzen:* encenar, levar ao palco.

Sze.nen.wech.sel [stsê:nen-véksel] *s.m., -.* mudança de cena.

Sze.ne.rie [stsenê:rie] *s.f., -n.* cenário.

sze.nisch [stsê:nich] *adj.* cênico.

T

T [te:] vigésima letra do alfabeto alemão; T,t.

Ta.bak [tabá:k] *s.m., -e.* tabaco, fumo.

Ta.bak.pfei.fe [tabá:k-pfáife] *s.f., -n.* cachimbo.

Ta.blett [tablét] *s.n., -s, -e.* bandeja, tabuleiro.

Ta.blet.te [tabléte] *s.f., -n.* comprimido; pastilha, tablete.

Ta.del [tá:del] *s.m., -.* repreensão, censura.

ta.del.haft [tá:del-rháft] *adj.* condenável.

ta.del.los [tá:del-lôs] *adj.* irrepreensível, perfeito.

ta.deln [tá:dèln] *v.* censurar, desaprovar, criticar; repreender.

Ta.fel [tá:fel] *s.f., -n.* tábua, lousa; placa, tabuleta, quadro.

ta.fel.för.mig [tá:fel-fǿrmiçh] *adj.* tabular; plano, chato.

ta.feln [tá:-féln] *v.* jantar, estar à mesa.

tä.feln [tè:-féln] *v.* assoalhar.

Ta.fel.run.de [tá:fel-rúnde] *s.f., -n.* mesa redonda; (*lit.*) a Távola Redonda.

Tä.fe.lung [tè:fe-lunk] *s.f., -en.* pavimento; painéis de assoalho.

Taft [táft] *s.m., -e.* tafetá.

Tag [tá:k] *s.m., -e.* dia; jornada; *der Jüngste –:* O Dia do Juízo Final; *am –, bei –:* de dia; *am helllichten –:* à luz do dia; em pleno dia; *am – nach:* no dia seguinte; *am – vor:* na véspera; *über – e:* à superfície da terra; *unter – e:* debaixo da terra; *zu – e:* à luz; *einen – um dem andern:* dia sim, dia não; *eines – es:* qualquer dia; *an den – bringen:* revelar, descobrir; trazer à luz; *an den – kommen:* revelar-se, descobrir-se; *am den – legen:* manifestar; *– werden:* amanhecer; *guten –!:* bom dia! (*vormittags:* bom dia; *nachmittags:* boa tarde); *in den – hinein leben:* viver ao Deus dará.

Ta.ge.blatt [tá:gue-blát] *s.n., Tageblätter.* jornal, boletim diário.

Ta.ge.buch [tá:gue-búrr] *s.n., Tagebücher.* diário.

Ta.ge.dieb [tá:gue-di:p] *s.m., -e.* vagabundo.

ta.ge.lang [tá:gue-láng] *adj.* que dura dias; *adv.* por dias a fio.

Ta.ge.löhner [tá:gue-lǿ:na] *s.m., -.* diarista.

ta.gen [tá:guen] *v.* amanhecer; reunir-se com data marcada; deliberar.

Ta.ges.an.bruch [tá:gues-án-brurr] *s.m.* (*sem plural*). alvorada; romper do dia.

Ta.ges.be.richt [tá:gues-beríçht] *s.m., -e.* boletim diário; comunicação diária.

Ta.ges.ge.spräch [tá:gues-guech-préçh] *s.n., -e.* assunto do dia; assunto de todas as conversas.

Ta.ges.zei.tung [tá:gues-tsáitunk] *s.f., -en.* jornal diário.

ta.ge.wei.se [tá:gue-váize] *adv.* diariamente.

Ta.ge.werk [tá:gue-vérk] *s.n., -e.* trabalho diário; cotidiano.

tag.hell [tá:k-rhéll] *adj.* claro; *– sein:* ser (ou estar em) pleno dia; *em dia claro; – erleuchten:* acender todas as luzes.

täg.lich [tèk-liçh] *adj.* diário, cotidiano; diurno; *adv.* todos os dias.

Tail.le [táile] *s.f., -n.* cinta; espartilho, corpete.

ta.keln [tá:-kéln] *v.* aparelhar.

Takt [tákt] *s.m., -e.* compasso, cadência; tato.

takt.fest [tákt-fést] *adj.* firme, sólido; (*fig.*) versado.

Takt.ge.fühl [tákt-guefy:l] *s.n.* (*sem plural*). tato; delicadeza, discrição.

Tak.tik [táktik] *s.f., -en.* tática.

tak.tisch [táktich] *adj.* tático.

takt.los [tákt-lôs] *adj.* indiscreto, grosseiro, indelicado.

takt.mä.ßig [tákt-mè:ssiçh] *adj.* compassado, cadenciado.

Takt.mes.ser [tákt-méssa] *s.m., -.* metrônomo.

Takt.stock [tákt-chtók] *s.m., Taktstócke.* batuta.

takt.voll [tákt-fól] *adj.* discreto, delicado.

Tal [tá:l] *s.n., Täler.* vale.

Talg [tálk] *s.m., -e.* sebo; banha, gordura.

talgig [tálguiçh] *adj.* seboso, sebento.

Tal.soh.le [tál-zô:le] *s.f., -n.* baixada; fundo de vale.

Tand [tánt] *s.m.* (*sem plural*). futilidade.

Tän.de.lei [ténde-lái] *s.f., -en.* brincadeira, frivolidade; namoreio.

Tang [tánk] *s.m., -e.* algas; sargaço.

Tank [tánk] *s.m., -.* depósito, tanque; carro blindado.

Tan.ne [táne] *s.f., -n.* pinheiro, abeto.

Tan.nen.baum [tánen-báum] *s.m., Tannenbäume.* árvore de Natal, pinheiro, abeto.

Tan.nen.harz [tánen-rhárts] *s.n., -e.* resina de pinheiro.

TANNENHOLZ • TECHNIK

Tan.nen.holz [tánen-rhólts] s.n. (sem plural). pinho; madeira de pinheiro.

Tan.nen.wald [tánen-vált] s.m., Tannenwälder. pinhal.

Tan.nen.zap.fen [tánen-tsáp-fen] s.m., -. pinha.

Tan.te [tánte] s.f., -n. tia.

Tanz [tánts] s.m., Tänze. dança, bailado; baile.

Tanz.bo.den [tánts-bô:den] s.m., Tanzböden. salão de baile.

tän.zeln [tén-tsèln] v. dançar, bailar.

tan.zen [tán-tsen] v. dançar, bailar.

Tän.zer [tén-tsa] s.m., -. bailarino; dançarino.

Tanz.mu.sik [tánts-muzí:k] s.f., -en. música de baile.

Tanz.tee [tánts-tê:] s.m., -. chá dançante.

Ta.pe.te [tapê:te] s.f., -n. papel de parede.

ta.pe.zie.ren [tapetsí:ren] v. colocar papel de parede.

tap.fer [táp-fa] adj. valente, corajoso; bravo.

Tap.fer.keit [táp-fa-káit] s.f. (sem plural). valentia, coragem; bravura.

tap.pen [tápen] v. apalpar; tatear.

täp.pisch [tépich] adj. desajeitado.

Ta.rif [tarif:] s.m., -e. tarifa, taxa; tabela.

tar.nen [tárnen] v. disfarçar, dissimular; camuflar.

Tar.nung [tár-nunk] s.f., -en. disfarce; camuflagem.

Ta.sche [táche] s.f., -n. bolsa, bolso; maleta, valise; *jemandem auf der – liegen*: viver à custa de alguém; *jemanden in die – stecken*: ser superior a alguém; *in der – haben*: ter assegurado.

Ta.schen.aus.ga.be [táchen-áus-gá:be] s.f., -n. edição de bolso.

Ta.schen.buch [táchen-búrr] s.n., Taschenbücher. livro de bolso.

Ta.schen.ka.len.der [táchen-kalénda] s.m., -. agenda.

Ta.schen.mes.ser [táchen-méssa] s.n., -. navalha, canivete.

Ta.schen.tuch [táchen-túrr] s.n., Taschentücher. lenço.

Tas.se [tásse] s.f., -n. xícara, chávena.

Ta.sta.tur [tás-tátu:r] s.f., -en. teclado.

Ta.ste [táste] s.f., -n. tecla.

tasten [tásten] v. apalpar, tocar.

Tat [tá:t] s.f., -en. ação, feito, proeza.

ta.ten.los [tá:ten-lôs] adj. inativo.

Tä.ter [tê:ta] s.m., -. autor, agente.

tä.tig [tê:tich] adj. ativo, efetivo; em atividade.

tä.ti.gen [tê:tiguen] v. efetuar; agir.

Tä.tig.keit [tê:tich-káit] s.f., -en. atividade; ação; atuação.

Tat.kraft [tá:t-kráft] s.f. (sem plural). energia; atividade.

tat.kräf.tig [tá:t-kréftich] adj. enérgico, ativo.

Tat.ort [tá:t-órt] s.m., -e. local do crime; teatro de operações.

tä.to.wie.ren [têto-ví:ren] v. tatuar.

Tä.to.wie.rung [têto-ví:runk] s.f., -en. tatuagem.

Tat.sa.che [tát-zárre] s.f., -n. fato; realidade.

tat.säch.lich [tát-zéçh-liçh] adj. real, positivo, efetivo; adv. de fato, com efeito.

Tat.ze [tátse] s.f., -n. garra, pata.

Tau [táu] s.m. (sem plural). corda, cabo, amarra; orvalho.

taub [táup] adj. surdo; oco, vazio; estéril; *– machen, – werden*: ensurdecer.

Tau.be [táube] s.f., -n. pomba.

Tau.ben.schlag [táuben-chlá:k] s.m., Taubenschläge. pombal.

Taub.heit [táup-rháit] s.f. (sem plural). surdez.

taub.stumm [táup-chtúm] adj. surdo-mudo.

tau.chen [táu-rren] v. mergulhar, submergir; embeber, molhar.

Tau.cher [táu-rra] s.m., -. mergulhador.

tau.en [táuen] v. degelar, derreter; *es taut*: (a neve) degela, derrete; *fällt Tau*: cai (o) orvalho.

Tau.fe [táufe] s.f., -n. batismo.

tau.fen [táufen] v. batizar.

Täuf.ling [tóif-link] s.m., -e. batizando; neófito; afilhado.

Tauf.pa.te [táuf-pá:te] s.m., -n. padrinho; *fem.* Taufpatin.

tau.gen [táuguen] v. prestar, valer, servir para.

taug.lich [táuk-liçh] adj. útil; apto; próprio, bom para.

Tau.mel [táumel] s.m. (sem plural). vertigem, tontura; (fig.) delírio.

tau.meln [táu-méln] v. vacilar, cambalear.

Tausch [táuch] s.m., -e. troca, permuta.

tau.schen [táuchen] v. trocar, permutar.

Tausch.han.del [táuch-rhándel] s.m. (sem plural). câmbio; negócio de câmbio.

Täu.schung [tói-chunk] s.f., -en. engano; ilusão; *optische –*: ilusão de óptica.

Tau.send [táu-zent] num. mil; milhar, milheiro; *zu –en*: aos milhares.

tau.sen.der.lei [táuzenda-lái] adj. de muitas espécies, de muitos aspectos; multifacetado.

tau.send.fach [táu-zênt-fárr] adj. milenar; adv. milhares de vezes.

tau.send.fäl.tig [táu-zênt-féltiçh] adj. milenar; adv. milhares de vezes.

Tau.send.füß.ler [táu-zênt-fy:s-la] s.m., -. centopeia.

tau.send.jäh.rig [táu-zênt-ié:riçh] adj. de mil anos, milenar.

Tau.send.stel [táu-zêntstel] num. milésimo; milésima parte.

Ta.xe [tákse] s.f., -n. taxa, tarifa.

ta.xie.ren [taksí:ren] v. taxar; avaliar, estimar.

Tech.nik [téçh-ni:k] s.f., -en. técnica; forma de execução.

Tech.ni.ker [téch-nika] *s.m.*, -. técnico; perito.

tech.nisch [téch-nich] *adj.* técnico.

Tee [tê:] *s.m.*, -s chá; infusão.

Tee.kes.sel [té-késsel] *s.m.*, -. chaleira.

Teer [tê:a] *s.m.*, -e. alcatrão, breu.

tee.ren [tê:ren] *v.* alcatroar, brear.

Teich [táiçh] *s.m.*, -e. tanque, açude, lago; *Fisch–*: viveiro de peixe.

Teig [táik] *s.m.*, -e. massa; pasta.

Teig.wa.ren [táik-vá:ren] *plural.* massas alimentícias.

Teil [táil] *s.m.*, -e. parte, porção, quota; elemento.

teil.bar [táil-bá:r] *adj.* divisível; *(Fi)* cindível.

Teil.be.trag [táil-betrá:k] *s.m.*, *Teilbeträge*. parte (de uma quantia).

Teil.chen [táil-çhen] *s.n.*, -. partícula.

tei.len [táilen] *v.* dividir; partir; repartir; partilhar, compartilhar.

Tei.ler [táila] *s.m.*, -. divisor.

Teil.ha.ber [táil-rhá:ba] *s.m.*, -. sócio; *adj.* comanditário, participante.

Teil.nah.me [táil-ná:me] *s.f.*, -n. participação em; interesse em; assistência; condolência; pêsames.

teil.neh.men [táil-nê:men] *v. – an:* tomar parte em; colaborar com; interessar-se por.

Teil.neh.mer [táil-nê:ma] *s.m.*, -. participante, colaborador; assistente.

Teil.strecke [táil-chtréke] *s.f.*, -n. zona; área.

Tei.lung [táilunk] *s.f.*, -en. divisão; repartição; separação; distribuição; partilha.

teil.wei.se [táil-váize] *adj.* parcial; *adv.* parcialmente, em parte.

Teil.zah.lung [táil-tsá:lunk] *s.f.*, -en. prestação; pagamento em prestações; *auf –, in –en:* a prestações.

Te.le.fon [telefó:n] *s.n.*, -e. telefone.

Te.le.fon.ge.spräch [telefó:n-guech-préçh] *s.n.*, -e. telefonema; conversa telefônica.

te.le.fo.nie.ren [telefoni:ren] *v.* telefonar.

Te.le.fon.lei.tung [telefó:n-láitunk] *s.f.*, -en. linha telefônica.

Te.le.fon.netz [telefó:n-néts] *s.n.*, -e. rede telefônica.

Te.le.graf [telè-grá:f] *s.m.*, -en. telégrafo.

Te.le.gra.fie.ren [tèle-grafí:ren] *v.* telegrafar.

Te.le.gramm [tèle-grám] *s.n.*, -e. telegrama.

Te.le.skop [teleskóp] *s.n.*, -e. telescópio.

Tel.ler [téla] *s.m.*, -. prato; *flacher –:* prato raso; *tiefer –:* prato fundo; *Hand–:* palma da mão.

Tem.pel [témpel] *s.m.*, -. templo.

Tem.pel.herr [témpel-rhér] *s.m.*, -en. templário.

Tem.pe.ra.ment [témpera-ment] *s.n.*, -e. temperamento, índole; gênio, feitio.

Tem.pe.ra.tur [témpera-tú:r] *s.f.*, -en. temperatura.

Tem.po [témpo] *s.n.*, - *(-mú)* tempo, andamento.

Te.nor [tèno:r] *s.m.*, *Tenöre*. tenor.

Tep.pich [tépiçh] *s.m.*, -e. tapete; carpete.

Ter.min [térmi:n] *s.m.*, -e. prazo; termo, término.

Terz [térts] *s.f.*, -en *(mú)* terça; terceira.

Te.sta.ment [tès-tament] *s.n.*, -e. testamento.

te.sta.men.ta.risch [tès-tamentá:rich] *adj.* testamentário.

te.sten [tésten] *v.* testar.

teu.er [tóia] *adj.* caro; *sich – stellen:* ficar caro; sair por muito dinheiro; *jemandem – zu stehen kommen:* custar caro a alguém; *wie – ist...?* quanto custa...?

Teue.rung [tóierunk] *s.f.*, -en. carestia.

Teu.fel [tóifel] *s.m.*, -. diabo, demônio.

teuf.lisch [tóif-lich] *adj.* diabólico; infernal.

Text [tékst] *s.m.*, -e. texto.

text.mä.ßig [tèkst-mé:sssiçh] *adj.* textual; literal; integral.

Thea.ter [tê-á:ta] *s.n.*, -. teatro, espetáculo; *– spielen:* representar; *(fig.)* simular, fingir.

Thea.ter.abend [tê-á:ta-ábent] *s.m.*, -e. sarau teatral.

Thea.ter.stück [tê-á:ta-chtyk] *s.n.*, -e. peça dramática; peça de teatro.

Thea.ter.vor.stel.lung [tê-á:ta-fór-chtélunk] *s.f.*, -en. representação teatral.

The.ma [tê:ma] *s.n.*, *Themen*. tema; assunto.

the.ma.tisch [temá:tich] *adj.* temático.

The.se [tê:ze] *s.f.*, -n. tese; dissertação.

Thron [tró:n] *s.m.*, -e. trono.

thro.nen [tró:nen] *v.* estar sentado no trono; dominar.

Thron.fol.ge [tró:n-fólgue] *s.f.*, -n. sucessão ao trono.

Thron.him.mel [tró:n-rhímel] *s.m.*, -. dossel; pálio.

Thun.fisch [tún-fich] *s.m.*, -e. atum.

Tick [tik] *s.m.*, - tique; tara, mania; *(fig.) einen – haben:* ter um parafuso solto.

tief [ti:f] *adj.* fundo, profundo; baixo, grave; depressão atmosférica; baixa pressão.

Tie.fe [tí:fe] *s.f.*, -n. profundidade, profundeza; abismo, fundo.

tief.grei.fend [ti:f-gráifent] *adj.* profundo; essencial, radical.

Tief.land [tí:f-lant] *s.n. (sem plural)*. terra baixa.

Tief.sinn [tí:f-zin] *s.m. (sem plural)*. profundidade do pensamento; melancolia.

tief.sin.nig [ti:f-ziniçh] *adj.* profundo, pensativo; melancólico.

Tie.gel [ti:guel] *s.m.*, -. caçarola, cadinho.

Tier [ti:r] *s.n.*, -e. animal;animal, bicho; besta.

TIERARZT • TOKELN

Tier.arzt [tíːr-ártst] *s.m., Tierärzte.* veterinário.

tie.risch [tíːrich] *adj.* animalesco; brutal, bestial.

Tier.kun.de [tíːr-kúnde] *s.f. (sem plural).* zoologia.

Tier.welt [tíːr-vélt] *s.f. (sem plural).* fauna.

Ti.ger [tíːga] *s.m., -.* tigre.

til.gen [tílguen] *v.* exterminar, extinguir, anular; riscar, apagar; amortizar, pagar.

Tink.tur [tink-túːr] *s.f., -en.* tintura.

Tin.te [tínte] *s.f., -n.* tinta; *in der – sitzen: (fig.)* ver-se em apuros.

Tin.ten.fisch [tínten-fich] *s.m., -e.* lula; polvo.

tip.peln [tipéln] *v. (fig.)* andar, caminhar.

tip.pen [tipen] *v.* tocar levemente; datilografar.

Tisch [tich] *s.m., -e.* mesa; *am –, bei –:* à mesa; *auf dem –:* na mesa; *vor –:* antes da refeição; *nach –:* à sobremesa; depois da refeição; *zu – kommen:* vir comer; vir almoçar ou jantar; *zu – bitten:* convidar para o almoço ou para o jantar.

Tisch.decke [tich-déke] *s.f., -n.* toalha de mesa.

Tisch.ler [tichla] *s.m., -.* carpinteiro; marceneiro.

Tisch.ten.nis [tich-tênis] *s.n. (sem plural).* tênis de mesa.

Tisch.tuch [tich-túrr] *s.n., Tischtücher.* toalha de mesa.

Ti.tel [tíːtel] *s.m., -.* título.

Ti.tel.bild [tíːtel-bilt] *s.n., -er.* vinheta.

Ti.tel.blatt [tíːtel-blát] *s.n., Titelblätter.* frontispício; folha de rosto.

Ti.tel.rol.le [tíːtel-róle] *s.f., -n.* papel principal em uma peça teatral; papel-título.

ti.tu.lie.ren [tituliːren] *v.* intitular; chamar de.

to.ben [tóːben] *v.* enraivecer, enfurecer; vociferar, clamar.

Tob.sucht [tóːp-zúrrt] *s.f. (sem plural).* raiva, fúria; *(fig.)* frenesi, delírio.

Toch.ter [tórr-ta] *s.f., Töchter.* filha.

Toch.ter.ge.sell.schaft [tórr-ta-guezél-cháft] *s.f., -en.* filial; sucursal.

Tod [tóːt] *s.m., -e.* morte; *bis in –:* até a morte; *auf Leben und –:* de vida e morte; *zu –e:* mortalmente; *sich zu –e ärgern:* morrer de tédio.

To.des.ah.nung [tóːdes-áːnunk] *s.f., -en.* pressentimento da morte.

To.des.angst [tóːdes-ánkst] *s.f., Todesängste.* angústia mortal.

To.des.an.zei.ge [tóːdes-án-tsáigue] *s.f., -n.* participação de morte.

To.des.fall [tóːdes-fál] *s.m., Todesfälle.* morte, falecimento.

To.des.ge.fahr [tóːdes-guefáːr] *s.f., -en.* perigo de vida.

To.des.kampf [tóːdes-kámpf] *s.m., Todeskämpfe.* agonia.

To.des.stra.fe [tóːdes-chtráːfe] *s.f., -n.* pena capital; *bei –:* sob pena de morte.

To.des.tag [tóːdes-táːk] *s.m., -e.* dia da morte; aniversário da morte.

To.des.ur.teil [tóːdes-urtáil] *s.n., -e.* sentença de morte.

Tod.feind [tóːt-fáint] *s.m., -e.* inimigo mortal.

tod.krank [tóːt-kránk] *adj.* mortalmente doente; moribundo.

töd.lich [tóːt-lich] *adj.* mortal, mortífero; *adv.* de morte; *– hassen:* odiar até a morte.

tod.mü.de [tóːt-myːde] *adj.* extremamente cansado.

toll [tól] *adj.* louco; frenético; furioso.

Toll.heit [tól-ráit] *s.f., -en.* loucura; maluquice, extravagância.

toll.kühn [tól-kyːn] *adj.* audacioso, audaz, temerário.

Toll.patsch [tól-pátch] *s.m., -e.* desastrado.

Toll.pat.schig [tól-pátchich] e *adj.* desastrado.

Töl.pel [tœl-pél] *s.m., -.* pateta.

töl.pel.haft [tœl-pél-ráft] *adj.* grosseirão, desajeitado.

Töl.pe.lei [tœl-peláı] *s.f., -en.* grosseria, rusticidade.

Ton [tóːn] *s.m., Töne.* som; tom; acento tônico; barro, argila.

ton.an.ge.bend [tóːn-án-guêːbent] *adj.* dominante; *– sein:* dar o tom; *(fig.)* mandar.

tö.nen [tøːnen] *v.* soar, ressoar; matizar.

Ton.fall [tóːn-fál] *s.m., Tonfälle.* entoação; inflexão; cadência, tom.

Ton.ge.fäß [tóːn-guefáːs] *s.n., -e.* vasilha de barro.

ton.hal.tig [tóːn-rháltich] *adj.* argiloso.

Ton.la.ge [tóːn-láːgue] *s.f., -n.* tonalidade.

Ton.lei.ter [tóːn-láita] *s.f., -n.* escala.

ton.los [tóːn-lóːs] *adj.* átono.

Ton.ne [tóne] *s.f., -n.* tonel, barril; tonelada.

Ton.nen.ge.halt [tónen-guê-rhált] *s.m., -e.* tonelagem.

Ton.sil.be [tóːn-zílbe] *s.f., -n.* sílaba tônica.

Tö.nung [tøːnunk] *s.f., -en.* tonalidade, timbre; matização.

Ton.wa.ren [tóːn-váːren] *s.f., -n.* cerâmica; louça.

Ton.zei.chen [tóːn-tsái-çhen] *s.n., -.* nota musical; acento.

To.pas [topáːs] *s.m., -e.* topázio.

Topf [tópf] *s.m., Töpfe.* pote; vaso; panela, tacho, caldeirão.

Töp.fer [tœpfa] *s.m., -.* oleiro.

Töp.fe.rei [tœp-feráı] *s.f., -en.* olaria.

Tor [tóːr] *s.n., -e.* portão, porteira; *s.m., -en (fig.)* doido, tolo.

Torf [tórf] *s.m., -e.* turfa.

Tor.flü.gel [tóːr-flyːguel] *s.m., -.* batente; soleira.

Tor.heit [tóːr-rháit] *s.f., -en.* tolice, loucura.

tö.richt [tœricht] *adj.* tolo, louco; disparatado, insensato.

to.keln [tóː-kéln] *v.* cambalear, vacilar.

Tor.ni.ster [tó:r-nísta] *s.m.,* -. mochila.

Tor.te [tórte] *s.f.,* -n. torta, pastel; bolo recheado.

Tor.tur [tõr-tú:r] *s.f.,* -en. tortura.

Tor.wart [tõ:r-várt] *s.m.,* -e. porteiro; (futebol) goleiro.

to.sen [tó:zen] *v.* bramar, bramir, rugir; retumbar.

tot [tō:t] *adj.* morto; falecido, finado, defunto; (fig.) inânime; deserto.

tö.ten [tø:ten] *v.* matar; assassinar.

Tot.schlag [tō:t-chlá:k] *s.m.* (sem plural). homicídio.

Tö.tung [tø:tunk] *s.f.,* -en. morte, matança; homicídio, execução.

Trab [trá:p] *s.m.* (sem plural). marcha, trote; *auf – bringen:* fazer andar.

Tra.bant [trábánt] *s.m.,* -en. soldado de guarda, sentinela; satélite.

tra.ben [trá:ben] *v.* trotar; ir a trote.

Tracht [trártt] *s.f.,* -en. traje, indumentária; carga.

trach.ten [trárr-ten] *v.* – *nach:* ambicionar; aspirar a; pretender; *jemandem nach dem Leben –:* atentar contra a vida de alguém; ambição, interesse.

trãch.tig [tréch-tich] *adj.* grávida; prenhe.

Trag.bah.re [trá:k-bã:re] *s.f.,* -n. maca, padiola; andor.

trag.bar [trá:k-bá:r] *adj.* portátil; (fig.) suportável.

trã.ge [trẽ:gue] *adj.* preguiçoso, indolente; inerte.

tra.gen [trá:guen] *v.* trazer, levar, portar; vestir, usar; render; acarretar; arcar, suportar, aguentar; (adj.) (*mú) getragen:* grave.

tra.gend [trá:guent] *adj.* prenhe; (fig.) basilar, fundamental, principal; portador.

Trã.ger [trẽ:ga] *s.m.,* -. portador, carregador; detentor.

Trãg.heit [trẽ:k-rháit] *s.f.,* -en. preguiça, indolência; (Fi) inércia.

Tra.gik [trá:guik] *s.f.* (sem plural). *die* – *:* o elemento trágico; tragicidade.

tra.gisch [trá:guich] *adj.* trágico.

Tra.gö.die [tragø:die] *s.f.,* -n. tragédia.

Trag.wei.te [trá:k-váite] *s.f.* (sem plural). alcance; transcendência; envergadura.

trak.tie.ren [trák-ti:ren] *v.* tratar, obsequiar.

trãl.lern [trél-lérn] *v.* cantarolar.

tram.peln [trám-péln] *v.* patear, pisotear; *Fahrrad –:* pedalar.

Tram.pel.tier [trámpel-ti:r] *s.n.,* -e. camelo; dromedário.

Trã.ne [trẽ:ne] *s.f.,* -n. lágrima.

trã.nend [trẽ:-nent] *adj.* lacrimoso, choroso.

Trã.nen.gas [trẽ:nen-gás] *s.n.,* -e. gás lacrimogêneo.

Trank [tránk] *s.m.,* *Trãnke.* bebida; beberagem.

Trãn.ke [trénke] *s.f.,* -n. bebedouro.

trãn.ken [trénken] *v.* dar de beber; embeber, impregnar.

Trans.fer [tráns-fé:r] *s.m.,* -. transferência.

trans.pa.rent [tráns-parént] *adj.* transparente.

Tran.spi.ra.tion [tráns-piratsiõ:n] *s.f.,* -en. transpiração.

Trans.port [tráns-põrt] *s.m.,* -e. transporte, frete.

Trau.be [tráube] *s.f.,* -n. cacho de uvas.

Trau.ben.le.se [tráuben-lẽ:ze] *s.f.,* -n. vindima.

Trau.ben.saft [tráuben-záft] *s.m.,* *Traubensãfte.* suco de uva.

trau.en [tráuen] *v.* confiar em, acreditar em; fiar-se em, ter confiança em; casar; *sich – lassen:* casar-se.

Trau.er [tráua] *s.f.* (sem plural). tristeza, aflição, dó; *tief –:* luto carregado; *halbe –:* luto aliviado; *– anlegen:* tomar luto; *– haben, in – sein:* estar de luto.

Trau.er.an.zei.ge [tráua-án-tsáigue] *s.f.,* -n. participação de luto.

Trau.er.fei.er [tráua-fáia] *s.f.,* -n. exéquias.

Trau.er.marsch [tráua-márch] *s.m.,* *Trauermãrsche.* marcha fúnebre.

trau.ern [tráu-érn] *v.* estar de luto; *– um:* afligir-se por.

Trau.er.spiel [tráua-chpi:l] *s.n.,* -e. tragédia.

Trau.er.zug [tráua-tsú:k] *s.m.,* *Trauerzüge.* séquito fúnebre.

Trau.fe [tráufe] *s.f.,* -n. beiral; goteira.

trãu.feln [trói-féln] *v.* instilar; gotejar, pingar.

Trauf.rin.ne [tráuf-rine] *s.f.,* -n. calha.

trau.lich [tráu-liçh] *adj.* íntimo, familiar; aconchegante, confortável.

Traum [tráum] *s.m.,* *Trãume.* sonho.

Traum.bild [tráum-bílt] *s.n.,* -er. ilusão, alucinação, visão.

trãu.men [tróimen] *v.* sonhar; imaginar, devanear.

Trãu.mer [tróima] *s.m.,* -. sonhador, visionário.

Trãu.me.rei [tróime-rái] *s.f.,* -en. sonho, fantasia.

trãu.me.risch [trói-merich] *adj.* embevecido, distraído; utópico, quimérico.

traum.haft [tráum-rháft] *adj.* visionário, fantástico; onírico.

trau.rig [tráu-riçh] *adj.* triste; aflito.

Trau.rig.keit [tráu-riçh-káit] *s.f.,* -en. tristeza; aflição.

Trau.ring [tráu-rink] *s.m.,* -e. aliança.

Trau.schein [tráu-cháin] *s.m.,* -e. certidão de casamento.

traut [tráut] *adj.* querido, caro.

Trau.ung [tráu-unk] *s.f.,* -en. casamento; cerimônia nupcial.

Tre.ber [trē:ba] *s.m.,* -. bagaço; borra, resíduo.

tref.fen [tréfen] *v.* acertar; encontrar, achar; alcançar, atingir; interessar; encontro; reunião; confronto, embate.

tref.fend [tréfent] *adj.* acertado, exato; justo; oportuno.

Tref.fer [tréfa] *s.m.,* -. acerto; sorte.
treff.lich [tréf-liçh] *adj.* excelente; *adv.* muito bem.
Treib.eis [tráip-áis] *s.n. (sem plural).* gelo flutuante.
trei.ben [tráiben] *v.* mover, fazer andar, impelir; *(fig.)* estimular, dar impulso a; levar, conduzir; *in hinein–:* empurrar para; *in die Enge –:* apertar; *zur Eile –:* apressar; *es zu weit –:* abusar de; movimento, atividade.
Trei.ber [tráiba] *s.m.,* -. condutor; tropeiro, batedor.
Treib.haus [tráip-ráus] *s.n., Treibhäuser.* estufa.
Treib.kraft [tráip-kráft] *s.f. (sem plural).* força motriz.
tren.nen [trénen] *v.* separar; dividir, partir; desligar; dissociar; dissolver; desunir; cortar, interromper.
Tren.nung [trénunk] *s.f.,* -en. separação; divisão, dissolução.
Trep.pe [trépe] *s.f.,* -n. escada; andar, piso; *eine – hoch:* no primeiro andar.
Trep.pen.ab.satz [trépen-áp-záts] *s.m., Treppenabsätze.* patamar.
Trep.pen.ge.län.der [trépen-guelénda] *s.n.,* -. corrimão.
Trep.pen.stu.fe [trépen-chtú:fe] *s.f.,* -n. degrau.
Tre.ster [trésta] *s.m.,* -. borra, resíduo, bagaço.
tre.ten [tré:ten] *v.* ir, andar; aproximar-se, dirigir-se; comparecer, entrar; pisar, calcar os pés.
Tret.müh.le [trét-my:le] *s.f.,* -n. moinho de tambor; *(fig.)* rotina.
treu [trói] *e adj.* fiel, leal; *auf – und Glauben:* de boa-fé.
Treu.bruch [trói-brürr] *s.m., Treubrüche.* traição.
Treue [tróie] *s.f. (sem plural).* fidelidade, lealdade.
Treu.eid [trói-áit] *s.m.,* -e. juramento de fidelidade.
Treu.hän.der [trói-rhénda] *s.m.,* -. fiel depositário.
Treu.her.zig.keit [trói-rhértsiçh-káit] *s.f. (sem plural).* franqueza, ingenuidade, candura.
Treu.lo.sig.keit [trói-lòziçh-káit] *s.f. (sem plural).* infidelidade, traição.
Trich.ter [triçhta] *s.m.,* -. funil.
Trick [trik] *s.m.,* -. truque.
Trick.film [trik-film] *s.m.,* -e. desenho animado; animação.
Trieb [tri:p] *s.m.,* -e. impulso, inclinação; broto, rebento; *natürlicher –:* instinto.
Trieb.fe.der [tri:p-fê:da] *s.f.,* -n. mola; *(fig.)* motivo; móbil.
Trieb.kraft [tri:p-kráft] *s.f. (sem plural).* força motriz.
Trieb.sand [tri:p-zánt] *s.m. (sem plural).* areia movediça.
trie.fen [trí:fen] *v.* gotejar, pingar; escorrer.
trif.tig [trif-tiçh] *adj.* justo, acertado; concludente, importante.
Tril.ler [trila] *s.m.,* -. trilo, trinado, gorjeio.
tril.lern [tri-lérn] *v.* trinar, gorjear.
trink.bar [trink-bá:r] *adj.* potável, tragável.
trin.ken [trinken] *v.* beber; tomar.
Trin.ker [trinka] *s.m.,* -. bebedor.
Trink.ge.la.ge [trink-guelá:gue] *s.n.,* -. orgia, bacanal.
Trink.geld [trink-guélt] *s.n., -er.* gorjeta.
Trink.lied [trink-lí:t] *s.n., -er.* canção entoada ao beber.
Trink.spruch [trink-chprúrr] *s.m., Trinksprüche.* brinde; *einen – ausbringen auf:* brindar por.
Trink.was.ser [trink-vássa] *s.n., Trinkwässer.* água potável.
Trio [trío] *s.n.,* - trio.
trip.peln [tri-péln] *v.* andar a passos pequenos; patear.
Trip.per [tripa] *s.m.,* - *(vulg.)* gonorreia.

Tritt [trit] *s.m.,* -e. passo, passada; vestígio, rastro; *Fuß–:* pontapé; *– fassen:* marchar ao compasso; *– halten:* acompanhar; *auf Schritt und –:* a cada passo.
Tritt.lei.ter [trít-láita] *s.f.,* -n. escadote.
Tri.umph [triúmf] *s.m.,* -e. triunfo.
Tri.umph.bo.gen [triúmf-bô:guen] *s.m.,* -. arco de triunfo.
tri.um.phie.ren [triúm-fí:ren] *v.* triunfar.
trocken [tróken] *adj.* seco, enxuto; árido.
trock.nen [tróknen] *v.* secar, enxugar.
Trod.del [tródel] *s.f.,* -n. borla.
Trö.del [trø:del] *s.m. (sem plural).* tralha; velharias, traste.
trö.deln [trø:déln] *v.* demorar; ser lento.
Trog [trò:k] *s.m. Tröge.* gamela; comedouro.
trol.len [trólen] *v. sich –:* ir-se embora; safar-se.
Trom.mel [trómel] *s.f.,* -n. tambor.
trom.meln [tró-méln] *v.* rufar tambores; *mit den Fingern –:* tamborilar.
Tromm.ler [tróm-la] *s.m.,* -. tamborileiro.
Trom.pe.te [tròm-pê:te] *s.f.,* -n. trombeta; corneta.
trom.pe.ten [tròm-pê:ten] *v.* tocar trombeta.
Tro.pen [trò:pen] *plural.* trópicos; zonas tropicais.
Tropf [trópf] *s.m.,* -e. pateta, simplório.
trop.fen [trópfen] *v.* gotejar, pingar; gota, pingo.
trop.fen.wei.se [trópfen-váize] *adv.* gota a gota.
tro.pisch [trò:piçh] *adj.* tropical.
Trost [trôst] *s.m. (sem plural).* consolação; consolo, conforto.
trö.sten [trø:sten] *v.* consolar.
tröst.lich [trø:st-liçh] *adj.* consolador.

trost.los [tróst-lôs] *adj.* desolador, aflitivo; desesperado, desconsolado, aflito.

Trost.preis [tróst-práis] *s.m., -e.* prêmio de consolação.

Trö.stung [tröstunk] *s.f. (sem plural).* consolação.

Trott [trót] *s.m., -e.* trote.

trot.ten [tróten] *v.* trotar.

trotz [tróts] *prep.* não obstante, apesar de; teimosia, obstinação; *zum –:* a despeito de.

trot.zen [trótsen] *v.* opor-se, resistir a; *jemandem –:* desafiar alguém.

trot.zig [trótsiçh] *adj.* teimoso, obstinado.

trotz.köp.fig [tróts-køpfiçh] *adj.* cabeçudo; teimoso.

trü.be [try:be] *adj.* turvo, opaco; nebuloso.

Tru.bel [trú:bel] *s.m. (sem plural).* tumulto, desordem; confusão.

trü.ben [try:ben] *v.* turvar; nublar.

Trüb.sal [try:p-zál] *s.f. (sem plural).* aflição; melancolia, tristeza.

trüb.se.lig [try:p-zè:liçh] *adj.* melancólico.

Trü.bung [try:bunk] *s.f., -en.* turvação; opacidade; *(fig.)* perturbação mental.

tru.deln [trú-déln] *v.* rebolar.

Trüf.fel [tryfél] *s.f., -n.* trufa.

trü.gen [try:guen] *v.* iludir; enganar; ludibriar.

trü.ge.risch [try:gue-rich] *adj.* ilusório, fictício; enganador, mentiroso.

Tru.he [trú:e] *s.f., -n.* baú, arca, cofre.

Trüm.mer [tryma] *plural.* escombros, ruínas.

Trumpf [trümpf] *s.m., Trümpfe.* trunfo.

Trunk [trunk] *s.m. (sem plural).* bebida; trago.

trun.ken [trünken] *adj.* bêbado, embriagado.

Trupp [trúp] *s.m., -* tropa; grupo, bando.

Trut.hahn [trú:t-rhá:n] *s.m., Truthähne.* peru.

Tu.be [tú:be] *s.f., -n.* bisnaga; tubo.

Tuch [túrr] *s.n., Tücher.* fazenda, pano.

tüch.tig [tyçh-tiçh] *adj.* hábil, capaz, bom; *adv.* muito, a valer; *(iron.)* que é uma beleza.

Tüch.tig.keit [tyçh-tiçh-káit] *s.f. (sem plural).* habilidade, competência, capacidade.

Tuch.wa.ren [túrr-vá:ren] *plural.* tecidos, fazenda.

Tücke [tyke] *s.f., -n.* perfídia, insídia, maldade; falsidade, malícia.

tückisch [tykich] *adj.* pérfido, insidioso; traidor; falso, malicioso; *(med.)* maligno.

Tüf.te.lei [tyf-telái] *s.f., -en.* sutileza.

tüf.teln [tyf-téln] *v.* sutilizar.

Tu.gend [tú:guent] *s.f., -en.* virtude.

Tul.pe [túlpe] *s.f., -n.* tulipa.

tum.meln [tú-méln] *v.* amestrar; adestrar, ensinar animais.

Tum.mel.platz [tú-mêl-pláts] *s.m. Tummelplätze.* campo de jogos; parque infantil; picadeiro; *(fig.)* arena.

Tümm.ler [tym-la] *s.m., -.* delfim, golfinho.

Tu.mult [tumúlt] *s.m., -e.* tumulto; alvoroço, desordem.

tun [tú:n] *v.* fazer, agir, cumprir, dar; *an –:* pôr em: *in –:* meter em; *alle Hände voll zu – haben:* não ter mãos a medir; *zu – haben mit:* ter que ver com; *es zu – haben mit:* ter de lidar com; *das tut nichts:* não importa, não tem importância.

tün.chen [tyn-rhen] *v.* caiar; pintar.

tun.ken [túnken] *v.* molhar, embeber.

tun.lich [tú:n-liçh] *adj.* oportuno.

Tun.nel [túnel] *s.m., -ou -* túnel.

Tüp.fel.chen [typfel-çhen] *s.n., -.* ponto, pingo; mancha.

tüp.feln [typ-féln] *v.* salpicar, pontear.

tup.fen [túpfen] *v.* tocar ligeiramente; pinta, marca de nascença.

tup.fen.för.mig [túpfen-førmiçh] *adj.* mosqueado, malhado.

Tür [ty:r] *s.f., -en.* porta; portinhola.

Turm [túrm] *s.m., Türme.* torre; *(xadrez)* roque.

tür.men [tyrmen] *v.* empilhar; acumular; amontoar.

Turm.fal.ke [túrm-fálke] *s.m., -n.* milhafre.

tur.nen [túrnen] *v.* exercitar-se fisicamente; fazer ginástica.

Tur.ner [túrna] *s.m., -.* ginasta.

Turn.hal.le [túrn-rhále] *s.f., -n.* ginásio de esportes.

Tur.nier [túr-ni:r] *s.n., -e.* torneio.

Tur.tel.tau.be [túrtel-táube] *s.f., -n.* pomba-rola.

Tusch [túch] *s.m., -e.* fanfarra; toque de clarim.

Tu.sche [túche] *s.f., -n.* tinta nanquim.

tu.scheln [tú:chéln] *v.* cochichar.

tu.schen [túchen] *v.* manchar, pintar com tinta.

Tu.te [ty:te] *s.f., -n.* cartucho; saco de papel; sacola.

tu.ten [tú:ten] *v.* buzinar.

Typ [ty:p] *s.m., -en. (tipogr.)* tipo; corpo.

Ty.phus [ty:fus] *s.m. (sem plural).* tifo; febre tifoide.

ty.pisch [ty:pich] *adj.* típico.

Ty.po.graphie [typó-gráfí:] *s.f., -n.* tipografia.

ty.po.gra.phisch [typográ:fich] *adj.* tipográfico.

Ty.rann [ty:rán] *s.m., -en.* tirano.

ty.ran.nisch [ty:ránich] *adj.* tirânico.

ty.ran.ni.sie.ren [tyraniziːren] *v.* tiranizar.

U

U [ú:] vigésima primeira letra do alfabeto alemão; U, u.

U-Bahn [ú:-bá:n] s.f., -en. metrô; trem urbano.

übel [y:bel] *adj.* mau; *adv.* mal; *mir ist –, mir wird –*: não me sinto bem; sinto-me mal; *wohl oder –*: quer queira quer não; *vom – sein*: ser prejudicial, ser pernicioso.

übel.ge.launt [y:bel-guelául ̱ nt] *adj.* mal-humorado.

übel.ge.sinnt [y:bel-guezínt] *adj.* mal-intencionado.

Übel.keit [y:bel-káit] *s.f., -en.* náusea, enjôo; mal-estar.

übel neh.men [y:bel-nê:men] *v.* levar a mal; melindrar-se.

übel.rie.chend [y:bel-rí:-chent] *adj.* fétido; – *sein*: cheirar mal.

Übel.täter [y:bel-tê:ta] *s.m.,* -. delinquente, criminoso.

üben [y:ben] *v.* exercitar, praticar; ensaiar, treinar.

über [y:ba] *prep.* sobre, acima de, mais de; *den Tag –*: durante (o dia; o tempo todo etc.); – *die Straße gehen*: atravessar a rua; – *See*: no ultramar; *ein Mal – das andere*: uma vez sim, outra não; alternadamente; – *und –*: completamente.

über.all [y:ba-ál] *adv.* em toda parte.

über.an.stren.gen [y:ba-án-chtrênguen] *v.* extenuar, cansar, fadigar; sobrecarregar.

über.ar.bei.ten [y:ba-árbáiten] *v.* retocar, aperfeiçoar; *sich –*: trabalhar excessivamente; cansar-se.

über.aus [y:ba-áus] *adv.* sumamente, extremamente, sobremaneira.

Über.bau [y:ba-báu] *s.m.* superestrutura.

Über.bein [y:ba-báin] *s.n.,* -e. exostose; proliferação óssea na superfície de um osso.

Über.be.la.stung [y:ba-belástunk] *s.f., -en.* sobrecarga.

über.be.wer.ten [y:ba-bevérten] *v.* superestimar; exagerar o valor de algo.

Über.bleib.sel [y:ba-bláipzel] *s.n.,* -. restos, resíduos.

Über.blick [y:ba-blík] *s.m.,* -e. golpe de vista.

über.brin.gen [y:ba-brínguen] *v.* trazer, entregar; transmitir.

über.brücken [y:ba-bryken] *v. (fig.)* atravessar uma situação (ou momento) difícil; construir uma ponte sobre algo.

über.da.chen [y:ba-dárren] *v.* telhar; cobrir com um telhado.

über.dau.ern [y:ba-dáu-érn] *v.* sobreviver a.

über.decken [y:ba-déken] *v.* cobrir.

über.den.ken [y:ba-dênken] *v.* meditar, refletir.

über.dies [y:ba-dí:s] *adv.* além disso; de mais a mais.

Über.druss [y:ba-drús] *s.m. (sem plural).* tédio, aborrecimento; fastio.

über.eilt [y:ba-áilt] *adj.* precipitado, prematuro.

über.ein.kom.men [y:ba-áin-kómen] *v.* combinar, acordar; pôr-se de acordo; acordo, convênio; ajuste.

über.ein.stim.men [y:ba-áin-chtímen] *v.v.* concordar, estar conforme, conjugar-se; *mit jemandem –*: estar de acordo com alguém; *adj. -d*: conforme; análogo; *adv.* de acordo.

über.emp.find.lich [y:ba-êmp-fint-lich] *adj.* hipersensível.

Über.fahrt [y:ba-fá:rt] *s.f., -en.* travessia, passagem; trajeto.

Über.fall [y:ba-fál] *s.m., Überfälle.* assalto, investida, ataque de surpresa.

über.fal.len [y:ba-fálen] *v.* assaltar, atacar de surpresa.

über.flie.gen [y:ba-flí:guen] *v.* sobrevoar; passar os olhos sobre.

über.flü.geln [y:ba-fly:-guéln] *v.* exceder, sobrepujar; superar, ultrapassar.

Über.fluss [y:ba-flus] *s.m. (sem plural).* abastança, abundância; excesso; *im –*: em demasia.

über.flüs.sig [y:ba-flyssigh] *adj.* supérfluo; – *sein*: sobejar; *(fig.)* ser escusado.

über.flu.tung [y:ba-flútunk] *s.f., -en.* inundação.

über.füh.ren [y:ba-fy:ren] *v.* transportar, trasladar; convencer, persuadir.

über.führt [y:ba-fy:rt] *adj.* convicto.

über.füllt [y:ba-fult] *adj.* repleto, apinhado.

Über.ga.be [y:ba-gá:be] *s.f.,* -n. entrega; transmissão (de cargo etc.); rendição.

Über.gang [y:ba-gánk] *s.m., Übergänge.* passagem; *(fig.)* transição.

ÜBERGEBEN • ÜBERSCHWEMMEN

über.ge.ben [y:ba-guê:ben] v. entregar; transmitir (cargo etc.); render-se.

über.ge.hen [y:ba-guê:en] v. omitir; desertar, passar para o outro lado; (fig.) passar por cima, passar por alto; – in: transformar-se em; tornar-se; jemanden –: passar por alguém sem notar; não fazer caso de alguém; preterir alguém.

Über.ge.hung [y:ba-guê:unk] s.f., -en. omissão; preterição.

Über.ge.wicht [y:ba-guê-vicht] s.n., -e sobrepeso, excesso de peso; preponderância.

über.glück.lich [y:ba-glyk-liçh] adj. muito feliz, radiante.

über.häu.fen [y:ba-rhóifen] v. acumular, sobrecarregar; cobrir de; jemanden mit Freundlichkeiten –: obsequiar alguém.

über.haupt [y:ba-rháupt] adv. em geral; geralmente.

über.he.ben [y:ba-rhê:ben] v. dispensar; sich –: exceder-se; (fig.) ufanar-se, ensoberbecer-se.

über.heb.lich [y:ba-rhêp-liçh] adj. presunçoso, petulante; arrogante; soberbo.

über.hin [y:ba-rhin] adv. superficialmente; (fig.) por cima, de leve.

über.ho.len [y:ba-rhô:len] v. ultrapassar; (fig.) passar além de, passar por diante de; examinar, vistoriar.

über.hö.ren [y:ba-rhø:ren] v. não ouvir; não reparar.

über.ir.disch [y:ba-irdich] adj. aéreo; (rel.) celeste; sobrenatural.

über.kom.men [y:ba-kómen] v. acometer; –:sein passar para; ser transmitido; adj. tradicional.

Über.la.dung [y:ba-lá:dunk] s.f., -en. sobrecarga.

über.las.sen [y:ba-lássen] v. abandonar; ceder; deixar; permitir.

Über.la.stung [y:ba-lástunk] s.f., -en. sobrecarga.

über.lau.fen [y:ba-láufen] v. transbordar; deitar fora; desertar.

Über.läu.fer [y:ba-lóifa] s.m., -. desertor; traidor.

über.le.ben [y:ba-lê:ben] v. sobreviver.

über.le.gen [y:ba-lê:guen] v. pôr em cima de, sobrepor; refletir, reconsiderar; adj. superior.

Über.le.gen.heit [y:ba-lê:guen-rháit] s.f. (sem plural). superioridade.

über.lie.fern [y:ba-li:-férn] v. transmitir.

Über.lie.fe.rung [y:ba-li:-ferunk] s.f., -en. tradição.

über.li.sten [y:ba-listen] v. enganar, lograr; iludir.

Über.macht [y:ba-márrt] s.f. (sem plural). superioridade numérica, preponderância; prepotência.

über.mäch.tig [y:ba-méçh-tiçh] adj. superior, mais forte; prepotente.

Über.maß [y:ba-má:s] s.n. (sem plural). excesso.

über.mä.ßig [y:ba-mé:ssiçh] adj. excessivo, desmedido; exorbitante; adv. demais; demasiadamente.

über.mensch.lich [y:ba-ménch-liçh] adj. sobre-humano.

über.mor.gen [y:ba-mórguen] adv. depois de amanhã.

über.mü.tig [y:ba-my:tiçh] adj. doido de alegria; atrevido, petulante, arrogante; travesso.

über.nach.ten [y:ba-nárr-ten] v. pernoitar.

Über.nah.me [y:ba-ná:me] s.f., -n. recepção; aceitação; tomada de posse, subida ao poder; embarque; carregamento.

über.neh.men [y:ba-nê:men] v. assumir; tomar posse; receber, aceitar.

über.ra.gen [y:ba-rá:guen] v. sobressair; dominar, sobrepujar; predominar; adj. predominante; (fig.) transcendente.

über.ra.schen [y:ba-ráchen] v. surpreender.

Über.ra.schung [y:ba-ráchunk] s.f., -en. surpresa.

über.re.den [y:ba-rê:den] v. persuadir.

über.rei.chen [y:ba-ráiçhen] v. entregar, apresentar.

über.reif [y:ba-ráif] adj. demasiado maduro.

Über.rest [y:ba-rést] s.m., -e. resto, resíduo; sobras; sterbliche -e: restos mortais.

Über.rum.pe.lung [y:ba-rúmpelunk] s.f., -en. surpresa; imprevisto; assalto.

über.schat.ten [y:ba-cháten] v. sombrear.

über.schät.zen [y:ba-ché-tsen] v. superestimar; exagerar o valor de; (fig.) atribuir demasiada importância a.

über.schau.en [y:ba-cháuen] v. abranger com a vista.

Über.schlag [y:ba-chlá:k] s.m., Überschläge. avaliação; orçamento; cálculo aproximativo.

über.schla.gen [y:ba-chlá:guen] v. calcular aproximativamente; passar por alto; resumir, omitir; cruzar, dobrar.

über.schnap.pen [y:ba-chnápen] v. saltar por cima de; (fig.) perder o juízo.

Über.schrei.bung [y:ba-chráibunk] s.f., -en. transcrição; transferência; (jur.) transporte, averbação.

über.schrei.ten [y:ba-chráiten] v. atravessar; transpassar; ultrapassar, exceder; transcender; transgredir, violar.

Über.schrift [y:ba-chrift] s.f., -en. título.

Über.schuss [y:ba-chús] s.m., Überschüsse. excesso, excedente; saldo; superavit.

Über.schwang [y:ba-chvánk] s.m. (sem plural). excesso; transborde.

über.schwem.men [y:ba-chvémen] v. inundar; submergir.

ÜBERSCHWEMMUNG • ÜBRIGENS

Über.schwem.mung [y:ba.chvémunk] *s.f., -en.* inundação.

über.schweng.lich [y:ba.chvênk-lich] *adj.* exaltado, efusivo.

Über.see [y:ba-zê:] *s.f. (sem plural).* ultramar.

über.se.hen [y:ba-zê:en] *v.* abranger com a vista; *(nicht sehen)* não ver, não reparar, não dar por; *(fig.)* dar-se conta.

über.set.zen [y:ba-zé-tsen] *v.* traduzir, verter; levar; transportar.

Über.set.zer [y:ba-zé-tsa] *s.m., -.* tradutor.

Über.set.zung [y:ba-zé-tsunk] *s.f., -en.* tradução, versão; transmissão.

über.sicht [y:ba-zicht] *s.f., -en.* resumo; visão geral.

über.sicht.lich [y:ba-zicht-lich] *adj.* claro, distinto, nítido.

über.sie.deln [y:ba-zí:-déln] *v.* mudar; emigrar.

über.sinn.lich [y:ba-zín-lich] *adj.* sobrenatural; metafísico; transcendente.

über.spannt [y:ba-chpánt] *adj. (fig.)* exagerado; exaltado; excêntrico.

über.ste.hen [y:ba-chtê:en] *v.* sobressair; passar por, suportar, (acabar por) vencer; *glücklich –:* sair ileso de.

über.stei.gen [y:ba-chtáiguen] *v.* passar por cima de; transpor; *(fig.)* ultrapassar, exceder.

über.strah.len [y:ba-chtrá:len] *v.* eclipsar, ofuscar; *(fig.)* deslumbrar.

Über.stun.de [y:ba-chtúnde] *s.f., -n.* serão, hora extra.

über.töl.peln [y:ba-tøl-péln] *v.* burlar.

über.trag.bar [y:ba-trá:k-bá:r] *adj.* transmissível; *(med.)* contagioso.

über.tra.gen [y:ba-trá:guen] *v.* confiar; *jemandem –:* encarregar alguém de; transferir; transportar; transmitir; contagiar; transcrever; *–setzen:* traduzir, verter; *in –er Bedeutung:* em sentido figurado.

Über.tra.gung [y:ba-trá:gunk] *s.f., -en.* transporte, transferência; tradução, versão.

über.tref.fen [y:ba-tréfen] *v.* exceder, ultrapassar; superar, ser superior a.

über.trei.ben [y:ba-tráiben] *v.* exagerar.

Über.trei.bung [y:ba-tráibunk] *s.f., -en.* exagero.

über.tre.ten [y:ba-trê:ten] *v. Fluss –:* transbordar (um rio); *Fuß –:* torcer (um pé); *– auf:* passar para o outro lado; *– zu:* (rel.) converter-se a; transgredir, violar, infringir.

Über.tre.tung [y:ba-trê:tunk] *s.f., -en.* transgressão, infração; violação, contravenção.

über.trie.ben [y:ba-trí:ben] *adj.* exagerado.

Über.tritt [y:ba-trit] *s.m., -e.* passagem; *(rel.)* conversão.

über.tün.chen [y:ba-tyn-chen] *v.* rebocar; branquear, caiar; *(fig.)* disfarçar.

Über.völ.ke.rung [y:ba-følkerunk] *s.f., -en.* superpovoamento; superpopulação.

über.voll [y:ba-fól] *adj.* repleto; abarrotado.

Über.vor.tei.lung [y:ba-fortáilunk] *s.f., -en.* logro, embuste.

Über.wa.chung [y:ba-várrunk] *s.f., -en.* vigilância, fiscalização.

über.wäl.ti.gen [y:ba-véltiguen] *v.* dominar; subjugar.

über.wäl.ti.gend [y:ba-vélti-guent] *adj. (fig.)* imponente.

über.wei.sen [y:ba-váizen] *v.* enviar, remeter; lançar.

Über.wei.sung [y:ba-váizunk] *s.f., -en.* envio, remessa; lançamento.

über.wer.fen [y:ba-vérfen] *v. sich –:* cobrir-se de ou com; *sich mit jemandem –:* zangar-se com alguém.

über.wie.gen [y:ba-ví:guen] *v.* predominar; preponderar; prevalecer.

über.wie.gend [y:ba-ví:guent] *adj.* preponderante; *adv.* na maior parte, na maioria; mormente.

über.win.dung [y:ba-víndunk] *s.f. (sem plural).* dominação; *(fig.) – kosten:* ser um grande sacrifício, custar muito.

über.win.tern [y:ba-vín-térn] *v.* hibernar.

Über.wurf [y:ba-vúrf] *s.m., Überwürfe.* capa, manta; demão, cobertura.

Über.zahl [y:ba-tsá:l] *s.f. (sem plural).* número ou quantidade superior; *in der – sein:* estar na maioria.

über.zäh.lig [y:ba-tsá:lich] *adj.* supranumerário; demais, excessivo.

über.zeu.gen [y:ba-tsóiguen] *v.* convencer.

Über.zeu.gung [y:ba-tsóigunk] *s.f., -en.* convicção.

über.zie.hen [y:ba-tsi:en] *v.* pôr, vestir; revestir, forrar.

Über.zug [y:ba-tsú:k] *s.m., Überzüge.* cobertura, revestimento; capa, fronha, forro.

üb.ler [y:p-la] *adj. compar. de übel;* pior.

üb.lich [y:p-lich] *adj.* normal, habitual, usual; de costume.

üb.rig [y:brich] *adj.* restante; *das –e:* o resto, o demais; *die –en:* os outros, os demais; *ein –es tun:* mais que o necessário; *nichts – haben für:* não se interessar por; não estimar.

üb.rig be hal.ten [y:brich-berháltén] *v.* ficar com.

üb.rig blei.ben [y:brich-bláiben] *v.* ficar, restar, sobrar.

üb.ri.gens [y:briguéns] *adv.* de resto; aliás; a propósito.

ÜBRIG LASSEN • UMKEHREN

üb.rig las.sen [ý:briçh-lássen] v. deixar; *viel zu wünschen –:* deixar muito a desejar.

Übung [ý:bunk] s.f., *-en.* exercício, prática; uso, hábito; *aus der – kommen:* perder o hábito, perder a prática.

Uhr [ú:a] s.f., *-en.* relógio; hora; *was ist die –?:* que horas são?; *es ist ein –:* é uma hora; *es ist zwei –:* são duas horas.

Uhr.ma.cher [ú:a-márra] s.m., -. relojoeiro.

Uhr.zei.ger [ú:a-tsáiga] s.m., -. ponteiro de relógio.

Uhr.zeit [ú:a-tsáit] s.f., *-en.* hora.

Ulk [úlk] s.m. *(sem plural).* gracejo, piada, pilhéria.

ul.kig [úlkjch] *adj.* engraçado, cômico.

um [um] *prep.* em volta de, ao redor de; cerca de, perto de; pelo(s), pela(s); por; *Jahr – Jahr:* pelos anos, por anos; *einen Tag – den andern:* dia sim, dia não; *– willen:* por; por causa de; no interesse de; *– Gottes willen:* por amor de Deus; pelo amor de Deus; *conj. – zu:* para; *adv. – und –:* por todos os lados; completamente.

Um.än.de.rung [úm-énderunk] s.f., *-en.* mudança, alteração.

um.ar.men [úm-ármen] v. abraçar; abraçar-se.

Um.ar.mung [úm-ármunk] s.f., *-en.* abraço; abarcamento.

Um.bau [úm-báu] s.m., *-ten.* reconstrução; *(fig.)* reforma, reorganização.

um.bie.gen [úm-bí:guen] v. dobrar; torcer.

Um.bil.dung [úm-bildunk] s.f., *-en.* transformação; reorganização; remodelação.

um.blät.tern [úm-blé-térn] v. virar as folhas, folhear.

um.brin.gen [úm-brínguen] v. matar; assassinar.

um.bu.chen [úm-búrren] v. estornar; passar para outra conta.

um.dre.hen [úm-drê:en] v. virar; dar uma volta a; *zweimal –:* dar duas voltas a.

Um.dre.hung [úm-drê:unk] s.f., *-en.* volta, giro, rotação.

Um.druck [úm-drúk] s.m., *Umdrücke.* reprodução; reimpressão.

um.fal.len [úm-fálen] v. cair, tombar; virar-se; *(fig.)* retratar-se; mudar de opinião (ou de atitude).

Um.fang [úm-fánk] s.m., *Umfänge.* circunferência; circuito; perímetro, extensão; *(mú)* diapasão; volume; *(fig.)* proporções; envergadura.

um.fas.sen [úm-fássen] v. abranger, abarcar, compreender; *mit der Faust –:* empunhar; cercar; *(fig.)* envolver.

Um.fas.sung [úm-fássunk] s.f., *-en.* cerca; circuito; cerco; envolvimento.

um.for.men [úm-fórmen] v. transformar.

Um.for.mung [úm-fórmunk] s.f., *-en.* transformação.

Um.fra.ge [úm-frá:gue] s.f., *-n.* inquérito; *– halten:* fazer um inquérito.

Um.frie.dung [úm-fri:dunk] s.f., *-en.* cerca; sebe.

um.fül.len [úm-fylen] v. transvasar; passar de um vaso para outro.

Um.gang [úm-gánk] s.m., *Umgänge.* volta; procissão; relações; *– haben mit:* lidar com; *mit jemandem – haben:* dar-se com alguém.

um.gäng.lich [úm-guénk-lich] *adj.* tratável, sociável; de bem.

Um.gangs.for.m [úm-gánks-fórm] s.f., *-en.* maneiras, modos; trato.

Um.gangs.spra.che [úm-gánks-chpráre] s.f., *-n.* linguagem corrente; linguagem coloquial.

um.gar.nen [úm-gárnen] v. enredar; *(fig.)* iludir, seduzir.

um.ge.ben [úm-guê:ben] v. rodear, cercar, envolver.

um.ge.hen [úm-guê:en] v. circular, andar; *mit jemandem –:* ter relações com, dar-se com; dar a volta em; envolver.

um.ge.hend [úm-guê:ent] *adj.* imediato.

um.ge.kehrt [úm-guekê:at] *adj.* inverso; *adv.* às avessas, ao contrário; *conj.* é vice-versa.

Um.ge.stal.ten [úm-guê-chtálten] v. transformar; remodelar; *(fig.)* reorganizar.

Um.ge.stal.tung [úm-guê-chtáltunk] s.f., *-en.* transformação; remodelação.

um.gra.ben [úm-grá:ben] v. escavar.

Um.gren.zung [úm-gréntsunk] s.f., *-en.* limite; demarcação.

Um.hang [úm-ránk] s.m., *Umhänge.* capa, manta.

um.hän.gen [úm-rhénguen] v. pendurar; cobrir com manta.

um.hau.en [úm-ráuen] v. abater; derrubar; cortar.

um.her [úm-rhér] *adv.* em volta, em redor, em roda.

um.her.fah.ren [úm-rhér-fá:ren] v. andar a passear; dar volta.

um.her.ge.hen [úm-rhér-guê:en] v. andar a passear; dar volta.

um.her.ste.hen [úm-rhér-chtê:en] v. vagar, errar; vagabundear.

um.her.zie.hen [úm-rhér-tsí:en] v. *– in:* andar por; *-d: (adj.)* ambulante.

um.hül.len [úm-rhylen] v. envolver, encapar, revestir; encobrir.

Um.hül.lung [úm-rhylunk] s.f., *-en.* capa, invólucro, revestimento.

Um.kehr [úm-kê:a] s.f. *(sem plural).* volta, regresso; *-ung: (fig.)* conversão.

um.kehr.bar [úm-kê:a-bá:r] *adj.* reversível.

um.keh.ren [úm-kê:ren] v. virar, mudar; inverter; *alles –:* revolver tudo, remexer tudo; voltar, regressar.

UMKIPPEN • UMSTAND

um.kip.pen [úm-kípen] v. virar; –: sein virar-se, voltar-se; (fig.) mudar de opinião, mudar de atitude.

um.klam.mern [úm-klá-mérn] v. apertar; (fig.) agarrar-se a.

Um.klam.me.rung [úm-klámerunk] s.f., -en. aperto; cerco.

um.klap.pen [úm-klápen] v. dobrar.

um.klei.den [úm-kláiden] v. mudar de roupa; revestir; sich –: mudar de roupa.

Um.klei.de.raum [úm-kláide-ráum] s.m., Umkleideräume. vestiário.

um.kom.men [úm-kómen] v. perecer, morrer; perder-se algo.

Um.kreis [úm-kráis] s.m., -e. circuito; circunferência; âmbito; amplitude.

Um.krei.sung [úm-kráizunk] s.f., -en. cerco, envolvimento; abrangência.

Um.la.ge [úm-lá:gue] s.f., -n. repartição; quota.

um.la.gern [úm-lá:-guérn] v. mudar; cercar, sitiar.

Um.lauf [úm-láuf] s.m., Umläufe. circulação; revolução; in – bringen, in – setzen: fazer circular.

Um.laut [úm-láut] s.m., -e. vogal modificada.

um.lei.ten [úm-láiten] v. desviar.

Um.lei.tung [úm-láitunk] s.f., -en. desvio.

um.len.ken [úm-lénken] v. fazer voltar; desviar.

um.ler.nen [úm-lérnen] v. mudar de método; mudar de hábito; seguir uma orientação diferente.

um.lie.gend [úm-lí:-guent] adj. vizinho; circunvizinho; adjacente; circunjacente.

um.nach.tet [úm-nárr-têt] adj. demente.

um.ne.beln [úm-nê:béln] v. ofuscar; enevoar.

um.po.len [úm-pô:len] v. comutar.

um.quar.tie.ren [úm-kvárr-tí:ren] v. dar outro alojamento a; sich –: mudar de alojamento.

um.ran.ken [úm-ránken] v. cobrir; enroscar(-se).

um.rei.ßen [úm-ráissen] v. derrubar, demolir; esboçar.

um.rin.gen [úm-ríngüen] v. rodear.

Um.riss [úm-rís] s.m., -e. esboço; contorno.

um.rüh.ren [úm-ry:ren] v. remexer.

um.sat.teln [úm-zá-téln] v. mudar de sela; (fig.) mudar de profissão.

Um.satz [úm-záts] s.m., Umsätze. movimento; venda.

um.schal.ten [úm-cháltén] v. comutar; (auto.) mudar a marcha, mudar a velocidade.

Um.schal.tung [úm-cháltunk] s.f., -en. comutação; comando para mudança.

um.scha.uen [úm-cháuen] v. sich –: olhar em volta; olhar para trás; virar a cabeça; sich – nach: procurar; sich in der Welt –: ver (ou correr) o mundo.

um.schau.feln [úm-cháu-féln] v. revolver, remexer.

Um.schich.tung [úm-chícht-unk] s.f., -en. alternância; soziale –: revolução social.

Um.schlag [úm-chlá:k] s.m., Umschläge. embrulho, pacote; envelope; envoltório; capa; compressa, cataplasma.

um.schla.gen [úm-chlá:guen] v. virar, mudar; – in: transformar-se em.

um.schlie.ßen [úm-chlí:ssen] v. cercar, abarcar; (fig.) abranger; –d: (adj.) abarcador.

Um.schlin.gung [úm-chlín-gunk] s.f., -en. abarcamento.

um.schmei.ßen [úm-chmáissen] v. derrubar; falir.

um.schnal.len [úm-chnálen] v. cingir.

um.schrei.ben [úm-chráiben] v. transcrever; refundir; transferir; circunscrever, delimitar; (fig.) parafrasear.

Um.schrei.bung [úm-chráibunk] s.f., -en. transcrição; transferência; circunscrição, delimitação; circunlóquio, perífrase.

um.schüt.ten [úm-chyten] v. verter; entornar; derramar.

Um.schwung [úm-chvunk] s.f., Umschwünge. mudança, revolução, reviravolta.

um.se.hen [úm-zê:en] v. sich –: olhar em volta, olhar par trás, virar a cabeça; sich – nach: procurar; sich in der Welt –: ver o mundo; im –: (fig.) num instante.

um.sei.tig [úm-záitiçh] adj. reverso.

um.seits [úm-záits] adv. no verso.

um.setz.bar [úm-zéts-bá:r] adj. vendável; convertível.

um.set.zen [úm-zé-tsen] v. vender; dispor; transplantar; – in: transformar em, converter em.

Um.sicht [úm-ziçht] s.f. (sem plural). vista, panorama; situação; (fig.) cautela, circunspecção.

um.sich.tig [úm-ziçh-tiçh] adj. cauteloso, prudente, circunspecto.

um.sonst [úm-zônst] adv. em vão, inutilmente; de graça.

um.span.nen [úm-chpánen] v. transformar; abraçar, abarcar; (fig.) abranger, incluir.

um.sprin.gen [úm-chpringuen] v. mudar o vento; übel – mit: maltratar.

Um.stand [úm-chtánt] s.m., Umstände. circunstâncias, condições; situação; – machen: fazer cerimônias; jemandem – machen: causar transtorno a alguém; sich – machen: incomodar-se; in anderen (ou gesegneten) –n: em estado interessante; unter –n: sob estas circunstâncias; talvez; unter allen –n: a todo o custo; em todo o caso; unter keinen –n: de modo algum.

um.ständ.lich [úm-chtént-liçh] *adj.* complicado, detalhado, pormenorizado; cerimonioso; maçante.

Um.stands.wort [úm-chtánts-vórt] *s.n., Umstandswörter.* advérbio.

um.ste.hend [úm-chtè:ent] *adj.* circunstante.

um.stel.len [úm-chtélen] *v.* mudar, dispor de outra forma; *sich –:* adaptar-se às circunstâncias.

Um.stel.lung [úm-chtélunk] *s.f., -en.* inversão; reorganização; *(fig.)* nova orientação; adaptação; cerco.

um.stim.men [úm-chtímen] *v.* mudar para outra tonalidade; demover; fazer mudar de opinião.

um.sto.ßen [úm-chtô:ssen] *v.* derrubar; *(fig.)* anular; revogar.

um.stricken [úm-chtriken] *v. (fig.)* iludir; seduzir.

um.strit.ten [úm-chtriten] *adj.* duvidoso; discutido.

Um.sturz [úm-chtúrts] *s.m., Umstürze.* subversão; revolução.

um.stür.zen [úm-chtyrtsen] *v.* tombar, virar.

Um.tausch [úm-táuch] *s.m., -e.* troca.

um.tau.schen [úm-táuchen] *v.* trocar.

Um.trie.be [úm-trí:be] *pl.* intrigas, maquinações.

Um.wäl.zung [úm-vélsunk] *s.f., -en.* revolução, reviravolta; transtorno.

Um.wand.lung [úm-vánt-lunk] *s.f., -en.* transformação; comutação; *(rel.)* transubstanciação.

um.wech.seln [úm-véksèln] *v.* trocar; alternar(-se).

Um.weg [úm-vè:k] *s.m., -e.* volta; desvio; *(fig.)* rodeio; *auf -en:* indiretamente.

Um.welt [[um-vélt] *s.f., -en.* meio ambiente.

um.wen.den [úm-vénden] *v. sich –:* voltar-se; virar a cabeça.

um.wer.ben [úm-vérben] *v.* namorar, cortejar; solicitar.

um.wer.fen [úm-vérfen] *v.* derrubar; falir, quebrar.

Um.zäu.nung [úm-tsóinunk] *s.f., -en.* grade, cerca; cercado.

um.zie.hen [úm-tsi:en] *v.* mudar de casa; mudar a roupa e; *sich –:* mudar de roupa; rodear, cercar.

Um.zug [úm-tsú:k] *s.m., Umzüge.* mudança de casa; *(rel.)* cortejo, procissão.

un.ab.än.der.lich [ún-áp-énda-liçh] *adj.* inalterável, invariável; irrevogável.

un.ab.hän.gig [ún-áp-rhénguiçh] *adj.* independente.

Un.ab.hän.gig.keit [ún-áp-rhénguiçh-káit] *s.f. (sem plural).* independência.

un.ab.kömm.lich [ún-áp-kǿm-liçh] *adj.* indispensável.

un.ab.läs.sig [ún-áp-léssiçh] *adj.* contínuo; ininterrupto.

un.ab.seh.bar [ún-áp-zê:-bá:r] *adj.* imenso; ilimitado, interminável; incalculável.

un.ab.sicht.lich [ún-áp-ziçht-liçh] *adj.* involuntário; *adv.* sem querer; involuntariamente.

un.ab.weis.bar [ún-áp-váis-bá:r], *adj.* imperioso; irrecusável; *– sein:* impor-se.

un.ab.weis.lich [ún-áp-váis-liçh] *adj.* imperioso; irrecusável; *– sein:* impor-se.

un.ab.wend.bar [ún-áp-vènt-bá:r] *adj.* inevitável; fatal.

un.acht.sam [ún-árrt-zám] *adj.* distraído, desatento; descuidado.

Un.acht.sam.keit [ún-árrt-zám-káit] *s.f., -en.* distração; inadvertência; desatenção, descuido.

un.ähn.lich [ún-é:n-liçh] *adj.* diferente; desigual, diverso.

un.an.fecht.bar [ún-án-fèçht-bá:r] *adj.* incontestável, indiscutível.

un.an.ge.bracht [ún-án-gue-brárrt] *adj.* inoportuno; descabido, despropositado.

un.an.ge.foch.ten [ún-án-gue-fórr-ten] *adj.* tranquilo; incólume; sem ser molestado; incontestado; *– lassen:* deixar em paz.

un.an.ge.mes.sen [ún-án-guemèssen] *adj.* inconveniente.

un.an.ge.nehm [ún-án-guenè:m] *adj.* desagradável; antipático.

un.an.ge.ta.stet [ún-án-guetás-tèt] *adj.* intato.

un.an.nehm.bar [ún-án-nè:m-bá:r] *adj.* inaceitável.

un.an.nehm.lich.keit [ún-án-nè:m-liçh-káit] *s.f., -en.* desgosto, transtorno.

un.an.stän.dig [ún-án-chténdiçh] *adj.* indecente, indecoroso.

un.an.tast.bar [ún-án-tást-bá:r] *adj.* intangível, inviolável.

un.ar.tig [ún-ártiçh] *adj.* mau, ruim; descortês, grosseiro.

un.auf.dring.lich [ún-áuf-drink-liçh] *adj.* discreto; simples.

un.auf.fäl.lig [ún-áuf-féliçh] *adj.* discreto; simples.

un.auf.halt.sam [ún-áuf-rhált-zám] *adj.* irresistível.

un.auf.hör.lich [ún-áuf-rhør-liçh] *adj.* incessante, constante, contínuo; *adv.* sem cessar.

un.auf.lös.bar [ún-áuf-lø:s-bá:r] *adj.* insolúvel; *(fig.)* indissolúvel.

un.auf.lös.lich [ún-áuf-lø:s-liçh] *adj.* insolúvel; *(fig.)* indissolúvel.

un.auf.merk.sam [ún-áuf-mérk-zám] *adj.* descuidado, desatento, distraído.

un.auf.rich.tig [ún-áuf-riçh-tiçh] *adj.* falso, insincero.

un.aus.führ.bar [ún-áus-fy:r-bá:r] *adj.* irrealizável, impraticável, inexequível.

UNAUSGESETZT • UNBEWUSST

un.aus.ge.setzt [ún-áus-guezétst] *adj.* incessante, constante, contínuo.

un.aus.lösch.lich [ún-áus-lǿch-lich] *adj.* indelével.

un.aus.sprech.lich [ún-áus-chpréch-lich] *adj.* indizível; inefável.

un.aus.steh.lich [ún-áus-chtê:-lich] *adj.* insuportável.

un.aus.weich.lich [ún-áus-váich-lich] *adj.* inevitável.

un.bän.dig [ún-béndich] *adj.* indomável, indômito; (*fig.*) doido.

un.barm.her.zig [ún-bárm-rhér-tsich] *adj.* cruel; desumano.

un.be.ach.tet [ún-beárr-têt] *adj.* despercebido; – *lassen:* não fazer caso de.

un.be.ant.wor.tet [ún-beánt-vórtêt] *adj.* sem resposta; por responder.

un.be.dacht [ún-bedárrt] *adj.* inconsiderado; irrefletido.

un.be.dacht.sam [ún-bedárrt-zám] *adj.* inconsiderado; irrefletido.

un.be.deckt [ún-bedékt] *adj.* descoberto.

un.be.denk.lich [ún-bedénk-lich] *adv.* sem hesitar; – *sein:* não ter inconveniente; ser inofensivo.

un.be.deu.tend [ún-bedói-tent] *adj.* insignificante; sem importância.

un.be.dingt [ún-bedínkt] *adj.* incondicional, absoluto; *adv.* sem falta; – *nötig:* indispensável, imprescindível.

un.be.ein.flusst [ún-be-áin-flúst] *adj.* imparcial; independente; sem ser influenciado por.

un.be.fahr.bar [ún-befá:r-bá:r] *adj.* impraticável; intransitável.

un.be.fan.gen [ún-befánguen] *adj.* desenvolto; ingênuo; imparcial.

un.be.fleckt [ún-beflékt] *adj.* sem mancha; sem mácula; (*rel.*) imaculado.

un.be.frie.di.gend [ún-befrí:di-guent] *adj.* insatisfatório.

un.be.frie.digt [ún-befrí:-díkt] *adj.* descontente; insatisfeito.

un.be.fugt [ún-befúkt] *adj.* não autorizado; estranho ao serviço; incompetente.

un.be.gabt [ún-begápt] *adj.* sem talento; pouco inteligente; inepto.

un.be.greif.lich [ún-begráif-lich] *adj.* incompreensível; inconcebível.

un.be.grenzt [ún-begrênst] *adj.* ilimitado; – *haltbar:* de duração ou resistência ilimitada.

un.be.grün.det [ún-begryn-dét] *adj.* infundado; sem fundamento; injustificado.

Un.be.ha.gen [ún-be-rhá:guen] *s.n.* (sem plural). mal-estar; desagrado.

un.be.hag.lich [ún-be-rhá:k-lich] *adj.* desagradável; incômodo.

un.be.kannt [ún-bekánt] *adj.* desconhecido; – *sein mit:* desconhecer; ignorar; não conhecer; *die* –e: a incógnita.

un.be.klei.det [ún-beklái-dêt] *adj.* despido, nu.

un.be.küm.mert [ún-be-ky-mért] *adj.* indiferente; despreocupado.

un.be.liebt [ún-belí:pt] *adj.* impopular; malvisto; malquisto.

un.be.merk.bar [ún-bemérk-bá:r] *adj.* imperceptível.

un.be.merkt [ún-bemérkt] *adj.* despercebido; sem ser notado, sem ser visto.

un.be.mit.telt [ún-bemit-têlt] *adj.* sem meios; desapossado.

un.be.re.chen.bar [ún-be-réchen-bá:r] *adj.* irregular, incerto; incalculável.

un.be.ru.fen [ún-berú:fen] *adj.* sem autorização.

un.be.rührt [ún-bery:rt] *adj.* intacto.

un.be.schä.digt [ún-bechédikt] *adj.* intacto, ileso; são e salvo.

un.be.schäf.tigt [ún-bechéf-tikt] *adj.* desocupado.

Un.be.schei.den.heit [ún-becháiden-rháit] *s.f.* (sem plural). imodéstia; presunção.

un.be.schol.ten.heit [ún-bechólten-rháit] *adj.* integridade; irrepreensibilidade; reputação intacta.

un.be.schränkt [ún-bechrénkt] *adj.* ilimitado.

un.be.schreib.lich [ún-bechráip-lich] *adj.* indescritível.

un.be.schrie.ben [ún-bechrí:ben] *adj.* em branco.

un.be.se.hen [ún-bezé:en] *adj.* não notado; não visto.

un.be.sieg.bar [ún-bezí:k-bá:r] *adj.* invencível; inexpugnável.

un.be.son.nen [ún-bezónen] *adj.* imprudente; desatinado.

un.be.sorgt [ún-bezórkt] *adj.* descansado.

un.be.stän.dig [ún-bechténdich] *adj.* instável; inconstante.

un.be.stech.lich [ún-bechtéch-lich] *adj.* incorruptível; íntegro.

un.be.stimmt [ún-bechtimt] *adj.* indeterminado.

un.be.straft [ún-bechtráft] *adj.* impune.

un.be.streit.bar [ún-bechtráit-bá:r] *adj.* incontestável.

un.beug.sam [ún-bóik-zám] *adj.* firme; inflexível, inexorável.

un.be.waff.net [ún-bevárf-nêt] *adj.* desarmado.

un.be.weg.lich [ún-be-vé:k-lich] *adj.* imóvel.

un.be.wohnt [ún-bevô:nt] *adj.* despovoado; deserto, desabitado.

un.be.wusst [ún-bevúst] *adj.* inconsciente; instintivo, involuntário; *etwas ist mir* –: ignoro, desconheço; *sich* – *sein:* não ter a consciência de; *adv.* sem perceber, sem reparar.

UNBEZWEIFELBAR • UNFREUNDLICH

un.be.zwei.fel.bar [ún-bê-tsváifel-bá:r] *adj.* indubitável.

un.be.zwing.bar [ún-bêtsvink-bá:r] *adj.* imbatível, invencível.

un.be.zwing.lich [ún-bêtsvink-liçh] *adj.* imbatível, invencível.

un.brauch.bar [ún-bráurr-bá:r] *adj.* inútil; – *sein:* não prestar para nada; ser inútil para; – *machen:* inutilizar.

und [únt] *conj.* e; – *so weiter:* e assim por diante; – *zwar:* e precisamente.

Un.dank [ún-dánk] *s.m. (sem plural).* ingratidão.

un.dank.bar [ún-dánk-bá:r] *adj.* ingrato.

un.denk.bar [ún-dénk-bá:r] *adj.* inconcebível; inimaginável.

un.deut.lich [ún-dóit-liçh] *adj.* indistinto, confuso; ininteligível; ilegível.

Un.ding [ún-dínk] *s.n.,* -e. absurdo, disparate.

Un.duld.sam.keit [ún-dúlt-zám-káit] *s.f. (sem plural).* intolerância.

un.durch.dring.lich [ún-dúiçh-drínk-liçh] *adj.* impenetrável; impermeável.

un.durch.sich.tig [ún-dúiçh-zích-tiçh] *adj.* opaco.

un.echt [ún-éçht] *adj.* falso; imitado; contrafeito; artificial; postiço; não fixo.

un.ehe.lich [ún-è:e-liçh] *adj.* ilegítimo.

un.ehr.lich.keit [ún-è:r-liçh] *adj.* desonesto; desleal.

Un.ehr.lich.keit [ún-è:r-lliçh-káit] *s.f. (sem plural).* deslealdade; má-fé.

un.ei.gen.nüt.zig [ún-áiguen-nytsiçh] *adj.* desinteressado, altruísta.

un.ei.nig [ún-ái-niçh] *adj.* discordante, desunido.

un.ein.nehm.bar [ún-áin-nè:m-bá:r] *adj.* inexpugnável.

un.emp.find.lich [ún-êmp-fínt-liçh] *adj.* insensível; indiferente; apático; – *machen:* anestesiar.

Un.emp.find.lich.keit [ún-êmp-fínt-liçh-káit] *s.f. (sem plural).* insensibilidade; apatia.

un.end.lich [ún-ênt-liçh] *adj.* infinito; enorme, imenso.

Un.end.lich.keit [ún-ênt-liçh-káit] *s.f. (sem plural).* infinitude; infinidade.

un.ent.behr.lich [ún-ênt-bè:r-liçh] *adj.* indispensável; imprescindível.

un.ent.gelt.lich [ún-ent-guélt-liçh] *adj.* gratuito; *adv.* grátis.

un.ent.schie.den [ún-ênt-chí:den] *adj.* indeciso; pendente; *(esporte)* empatado.

un.ent.schlos.sen [ún-ênt-chlóssen] *adj.* irresoluto, indeciso, hesitante.

un.er.bitt.lich [ún-ér-bít-liçh] *adj.* inexorável, implacável.

un.er.fah.ren [ún-ér-fá:ren] *adj.* inexperiente.

un.er.freu.lich [ún-ér-erfrói-liçh] *adj.* desagradável.

un.er.füll.bar [ún-erfýl-bá:r] *adj.* irrealizável.

un.er.gründ.lich [ún-ergrynt-liçh] *adj.* impenetrável; insondável.

un.er.heb.lich [ún-er-rhé:p-liçh] *adj.* insignificante.

un.er.hört [ún-er-rhørt] *adj.* inaudito.

un.er.kannt [ún-erkánt] *adj.* incógnito.

un.er.kenn.bar [ún-erkén-bá:r] *adj.* inintelegível; incognoscível.

un.er.klär.bar [ún-erklér-bár] *adj.* inexplicável.

un.er.klär.lich [ún-erklér-liçh] *adj.* inexplicável.

un.er.läss.lich [ún-er-léss-liçh] *adj.* indispensável, imprescindível.

un.er.laubt [ún-er-láupt] *adj.* ilícito; não permitido.

un.er.mess.lich [ún-er-méss-liçh] *adj.* imenso.

un.er.müd.lich [ún-ermy:t-liçh] *adj.* incansável, infatigável.

un.er.reich.bar [ún-er-ráiçh-bá:r] *adj.* inacessível; fora de alcance; igualável.

un.er.reicht [ún-er-ráiçht] *adj.* sem igual; sem par.

un.er.sätt.lich [ún-er-érzét-liçh] *adj.* insaciável.

un.er.schloss.en [ún-er-chlóssen] *adj.* inexplorado; virgem.

un.er.schöpf.lich [ún-er-chøpf-liçh] *adj.* inesgotável.

un.er.schrocken [ún-ér-chró-ken] *adj.* intrépido, destemido; arrojado, ousado.

un.er.schüt.ter.lich [ún-er-chytér-liçh] *adj.* imperturbável; inabalável.

un.er.schwing.lich [ún-er-chvink-liçh] *adj.* exorbitante; inacessível.

un.er.setz.bar [ún-erzéts-bár] *adj.* irreparável; insubstituível.

un.er.setz.lich [ún-erzéts-liçh] *adj.* irreparável; insubstituível.

un.er.träg.lich [ún-ertré:k-liçh] *adj.* insuportável.

un.er.wähnt [ún-ervé:nt] *adj.* – *bleiben:* não ser mencionado; – *lassen:* não fazer menção de.

un.er.war.tet [ún-ervár-têt] *adj.* inesperado; imprevisto.

un.er.wünscht [ún-er-vyncht] *adj.* indesejado; inoportuno; *adv.* fora de propósito.

un.er.zo.gen [ún-ertsô:guen] *adj.* mal-educado; malcriado.

un.fä.hig [ún-fé:içh] *adj.* incapaz, incompetente.

Un.fall [ún-fál] *s.m., Unfälle.* acidente; desastre.

un.fehl.bar [ún-fê:l-bá:r] *adj.* infalível.

un.folg.sam [ún-fólk-zám] *adj.* desobediente.

un.förm.lich [ún-førm-liçh] *adj.* informe.

un.frei.wil.lig [ún-frái-viliçh] *adj.* involuntário; forçado.

un.freund.lich [ún-fróint-liçh] *adj.* desagradável; indelicado; sisudo, carrancudo.

206

UNFRUCHTBAR • UNGEZWUNGEN

un.frucht.bar [ún-frúrrt-bá:r] *adj.* estéril; infértil; árido.

un.fug [ún-fú:k] *s.m. (sem plural).* abuso; disparate; desordem.

un.füg.sam [ún-fy:k-zám] *adj.* indisciplinado.

un.fühl.bar [ún-fíy:l-bá:r] *adj.* insensível.

un.ge.ach.tet [ún-gue-árr-têt] *adj.* pouco estimado; *prep.* não obstante, apesar de, a despeito de.

un.ge.ahn.det [ún-gue-á:n-dêt] *adj.* impune.

un.ge.beugt [ún-gue-bóikt] *adj.* direito; *(fig.)* firme, inabalado.

un.ge.bil.det [ún-gue-bíldet] *adj.* inculto; sem educação, iletrado.

un.ge.braucht [ún-gue-bráurrt] *adj.* novo, não usado.

un.ge.bühr.lich [ún-gue-by:r-liçh] *adj.* inconveniente, impertinente, irreverente; injusto.

un.ge.bun.den [ún-gue-búnden] *adj.* (livro) não encadernado, em bruchura; livre, independente; dissoluto; *-e Rede:* prosa.

un.ge.deckt [ún-guedékt] *adj.* descoberto; mesa não posta.

un.ge.duld [ún-guedúlt] *s.f. (sem plural).* impaciência.

un.ge.dul.dig [ún-guedúldiçh] *adj.* impaciente; *- machen:* impacientar; *- werden:* impacientar-se.

un.ge.eig.net [ún-gue-áik-nêt] *adj.* inadequado, impróprio; incapaz.

un.ge.fähr [ún-guefé:r] *adj.* aproximativo; *adv.* cerca de, pouco mais ou menos, aproximadamente; *von -:* por acaso.

un.ge.hal.ten [ún-gue-rhálten] *adj.* descontente; indignado, irritado; *- werden:* zangar-se.

un.ge.hemmt [ún-gue-rhémt] *adj.* livre; *adv.* sem entraves.

Un.ge.heu.er [ún-gue-rhóia] *s.n., -.* monstro.

un.ge.heu.er.lich [ún-gue-rhóia-liçh] *adj.* monstruoso; enorme, ingente.

un.ge.ho.belt [ún-gue-rhô:-bêlt] *adj.* não aplainado; *(fig.)* grosseiro, rústico; impolido, não lapidado.

un.ge.hö.rig [ún-gue-rhø:riçh] *adj.* impertinente.

un.ge.hor.sam [ún-gue-rhô:r-zám] *adj.* desobediente; desobediência.

un.ge.klärt [ún-gue-klért] *adj.* obscuro; inexplicado.

un.ge.le.gen [ún-guelê:guen] *adj.* inoportuno; *- kommen:* não vir a jeito.

un.ge.lenk [ún-guelênk] *adj.* acanhado; desajeitado.

un.ge.mein [ún-guemáin] *adj.* extraordinário; *adv.* extremamente.

un.ge.müt.lich [ún-guemyt-liçh] *adj.* pouco confortável; incômodo.

un.ge.nau [ún-guenáu] *adj.* impreciso, inexato.

Un.ge.nau.ig.keit [ún-guenáu-içh-káit] *s.f. (sem plural).* inexatidão; imprecisão.

un.ge.niert [ún-gueni:rt] *adj.* tranquilo; desembaraçado.

un.ge.nieß.bar [ún-gueni:s-bá:r] *adj.* péssimo; intragável; *- sein:* que não se pode comer ou beber; *(fig.)* ser insuportável.

un.ge.nü.gend [ún-gueny:-guent] *adj.* insuficiente.

un.ge.ord.net [ún-gueórt-nêt] *adj.* desorganizado; desordenado; desregrado.

un.ge.ra.de [ún-guerá:de] *adj.* desigual; torto; *(num.)* ímpar.

un.ge.ra.ten [ún-guerá:ten] *adj.* ruim; malvado.

un.ge.recht [ún-gueréçht] *adj.* injusto.

Un.ge.rech.tig.keit [ún-gueréçh-tiçh-káit] *s.f., -en.* injustiça.

un.gern [ún-guérn] *adj.* e *adv.* de má vontade.

un.ge.rührt [ún-guery:rt] *adj.* insensível; impassível.

un.ge.sal.zen [ún-gue-záltsen] *adj.* sem sal, insosso; fresco.

un.ge.schickt [ún-guechýkt] *adj.* desajeitado.

un.ge.schlif.fen [ún-guêch-lifen] *adj.* impolido; *(fig.)* bruto, tosco.

un.ge.schützt [ún-guechytst] *adj.* indefeso; desprotegido, desamparado.

un.ge.se.hen [ún-gue-zê:en] *adj.* despercebido; sem ser visto.

un.ge.setz.lich [ún-guezéts-liçh] *adj.* ilegal.

un.ge.stal.tet [ún-guêch-táltet] *adj.* informe, amorfo.

un.ge.stört [ún-guêch-tø:rt] *adj.* imperturbado, tranquilo; *adv.* em paz.

un.ge.stüm [ún-guê-chty:m] *adj.* impetuoso.

un.ge.sund [ún-guezúnt] *adj.* insalubre; *- sein:* fazer mal à saúde.

un.ge.teilt [ún-guetáilt] *adj.* indiviso, inteiro; unânime.

un.ge.trübt [ún-guetrýpt] *adj.* claro, transparente, límpido; *(fig.)* puro, sereno.

Un.ge.tüm [ún-guety:m] *s.n., -e.* monstro.

un.ge.übt [ún-gue-y:pt] *adj.* sem experiência, sem prática; desajeitado.

un.ge.wöhn.lich [ún-guevø:n-liçh] *adj.* invulgar, extraordinário; insólito, estranho.

un.ge.wohnt [ún-guevô:nt] *adj.* desacostumado, desusado; insólito.

un.ge.zählt [ún-gue-tsé:lt] *adj.* não contado; inúmero; *(fig.)* pouco sereno.

Un.ge.zie.fer [ún-gue-tsí:fa] *s.n. (sem plural).* bicharada; bichos, pragas urbanas.

un.ge.zo.gen [ún-gue-tsô:guen] *adj.* malcriado; ruim; descortês; impertinente.

un.ge.zwun.gen [ún-gue-tsvúnguen] *adj.* desembaraçado; à vontade, natural; sem constrangimento.

UNGLAUBE • UNNÜTZ

Un.glau.be [ún-gláube] *s.m. (sem plural).* incredulidade; descrença.

un.gläu.big [ún-glóibiç] *adj.* incrédulo; descrente.

un.glaub.lich [ún-gláup-liç] *adj.* incrível.

un.gleich [ún-gláiç] *adj.* desigual, diferente; *adv. (+ comp.):* sem comparação; muito.

un.gleich.ar.tig [ún-gláiç-ártiç] *adj.* heterogêneo.

un.gleich.för.mig [ún-gláiç-førmiç] *adj.* desproporcionado; assimétrico.

Un.gleich.heit [ún-gláiç-ráit] *s.f., -en.* desigualdade.

un.gleich.mä.ßig [ún-gláiç-méssiç] *adj.* desigual; irregular; *-es Dreieck:* triângulo escaleno.

un.glimpf.lich [ún-glimpf-liç] *adj.* injusto; duro.

Un.glück [ún-glyk] *s.n., -e.* desgraça, infortúnio; má sorte; *ins – stürzen:* arruinar.

un.glück.lich [ún-glyk-liç] *adj.* infeliz; desgraçado; calamitoso.

un.glück.se.lig [ún-glyk-zê:liç] *adj.* desditoso, malfadado; funesto.

Un.glücks.fall [ún-glyks-fál] *s.m., Unglücksfälle.* acidente, desastre; sinistro.

Un.gna.de [únk-ná:de] *s.f. (sem plural).* desgraça; desfavor.

un.gnä.dig [únk-nê:diç] *adj.* maléfico; desfavorável; azíago.

un.gül.tig [ún-gyl-tiç] *adj.* inválido; nulo; sem valor.

Un.gunst [ún-gúnst] *s.f., -en.* desfavor; prejuízo; *zu jemandes –en:* em detrimento de alguém, em desabono de alguém; *zu meinen –en:* em meu desfavor.

un.gün.stig [ún-gyns-tiç] *adj.* desfavorável; pouco propício; contrário.

un.gut [ún-gút] *adj.* mal; *nichts für –!:* não o leve a mal!; sem desfazer de.

un.halt.bar [ún-rhált-bá:r] *adj.* insustentável.

Un.heil [ún-rháil] *s.n. (sem plural).* desgraça; calamidade.

un.heil.bar [ún-rháil-bá:r] *adj.* incurável; irremediável.

un.heil.voll [ún-rháil-fól] *adj.* funesto; calamitoso.

un.heim.lich [ún-rháim-liç] *adj.* inquietante; sinistro, lúgubre; medonho; *mir ist – zumute:* tenho medo.

un.höf.lich.keit [ún-rhøf-liç-káit] *s.f., -en.* descortesia.

un.hold [ún-rhólt] *adj.* malvado; maligno; hostil.

un.hör.bar [ún-rhø:r-bá:r] *adj.* imperceptível; *adv.* silenciosamente, imperceptivelmente.

un.kennt.lich [ún-kênt-liç] *adj.* irreconhecível; desfigurado; *– machen:* desfigurar; disfarçar.

Un.kennt.nis [ún-kênt-nís] *s.f. (sem plural).* ignorância; desconhecimento.

un.klar [ún-klá:r] *adj.* obscuro, confuso; turvo; *über im – sein:* não saber bem; *jemanden im –en lassen:* não informar a alguém.

un.kon.trol.lier.bar [ún-kontroli:r-bá:r] *adj.* incontrolável.

Un.ko.sten [ún-kósten] *plural.* despesas.

Un.kraut [ún-kráut] *s.n. (sem plural).* erva daninha.

un.kul.ti.viert [ún-kultivi:rt] *adj.* inculto; bárbaro.

un.längst [ún-lênkst] *adv.* recentemente, há pouco.

un.lau.ter [ún-láuta] *adj.* impuro; ilícito, desonesto; ilegal.

Un.lau.ter.keit [ún-láuta-káit] *s.f., -en.* impureza; deslealdade.

un.le.ser.lich [ún-lê:za-liç] *adj.* ilegível.

un.lieb.sam [ún-li:p-zám] *adj.* desagradável.

un.lös.bar [ún-lø.s-bá:r] *adj.* insolúvel; indissolúvel.

un.lös.lich [ún-lø:s-liç] *adj.* insolúvel; indissolúvel.

Un.lust [ún-lúst] *s.f. (sem plural).* falta de vontade; repugnância; *mit –:* contrariado.

un.lu.stig [ún-lús-tiç] *adj.* mal-humorado; *adv.* de mau humor.

un.ma.nier.lich [ún-máni:r-liç] *adj.* grosseiro; mal-educado.

un.maß.geb.lich [ún-má:s-gue:pliç] *adj.* incompetente.

un.mä.ßig [ún-méssiç] *adj.* imoderado; excessivo.

un.mensch.lich [ún-ménch-liç] *adj.* monstruoso, desumano; atroz.

un.merk.lich [ún-mérk-liç] *adj.* imperceptível.

un.mess.bar [ún-més-bá:r] *adj.* imensurável.

un.miss.ver.ständ.lich [ún-mis-fer-chtént-liç] *adj.* inequívoco; categórico.

un.mit.tel.bar [ún-mítel-bá:r] *adj.* direto, imediato; espontâneo.

un.mög.lich [ún-mø:k-liç] *adj.* impossível; *das ist –!:* é impossível!; não pode ser!

un.mo.ra.lisch [ún-moráliç] *adj.* imoral.

Un.mün.dig.keit [ún-myndiç-káit] *s.f. (sem plural).* menoridade.

Un.mut [ún-mút] *s.m. (sem plural).* mau humor; má disposição.

un.nach.ahm.lich [ún-nárr-a:m-liç] *adj.* inimitável.

un.nach.gie.big [ún-nárr-gui:biç] *adj.* inflexível, intransigente.

un.nach.sich.tig [ún-nárr-ziçh-tiç] *adj.* severo; incorruptível.

un.nah.bar [ún-ná:-bá:r] *adj.* inacessível.

un.na.tür.lich [ún-natyr-liç] *adj.* artificial, afetado; desnaturado.

un.nö.tig [ún-nø:tiç] *adj.* desnecessário, inútil; escusado; redundante.

un.nütz [ún-nyts] *adj. e adv.* inútil; em vão.

un.or.dent.lich [ún-órdent-liçh] *adj.* desordenado; desarranjado.

Un.ord.nung [ún-órt-nunk] *s.f. (sem plural).* desordem; confusão.

un.pas.sier.bar [ún-passi:r-bá:r] *adj.* intransitável.

Un.päs.slich.keit [ún-pés-liçh-káit] *s.f., -en.* indisposição.

un.per.sön.lich [ún-pér-zøn-liçh] *adj.* impessoal.

Un.pünkt.lich.keit [ún-pynkt-liçh-káit] *s.f. (sem plural).* impontualidade.

un.recht [ún-réçht] *adj.* injusto; mau; inoportuno; *zu –er Zeit:* fora de tempo; *adv.* mal; sem razão; *– haben:* não ter razão, injustiça, agravo; *mit –; zu –:* injustamente, sem razão; *im – sein:* não ter razão; *– tun:* fazer mal.

un.recht.mä.ßig [ún-réçht-mé:ssiçh] *adj.* ilegítimo, ilegal; *adv.* sem direito; *sich – aneignen:* usurpar.

Un.recht.mä.ßig.keit [ún-réçht-mé:ssiçh-káit] *s.f., -en.* ilegitimidade, ilegalidade.

un.red.lich [ún-rét-liçh] *adj.* desleal; desonesto.

un.rein [ún-ráin] *adj.* impuro; sujo; dissonante; *ins – schreiben:* escrever um rascunho.

Un.ru.he [ún-rú:e] *s.f., -n.* inquietação, desassossego; agitação, perturbação; *jemandem – machen; jemanden in – versetzen:* inquietar alguém.

un.ru.hig [ún-rú:içh] *adj.* inquieto, agitado; irrequieto, desassossegado.

un.rühm.lich [ún-ry:m-liçh] *adj.* inglório.

uns [ùns] *pron.* nos; a nós; *ein Freund von –:* um amigo nosso.

un.säg.lich [ún-zé:k-liçh] *adj.* indizível; indescritível.

un.sanft [ún-zánft] *adj.* rude; duro, áspero.

un.schäd.lich [ún-chét-liçh] *adj.* inofensivo, inócuo.

un.schätz.bar [ún-chéts-bá:r] *adj.* inestimável, incalculável.

un.schein.bar [ún-cháin-bá:r] *adj.* discreto; pouco vistoso.

un.schick.lich [ún-chíck-liçh] *adj.* indecente, indecoroso.

un.schlüs.sig [ún-chlyssiçh] *adj.* indeciso; irresoluto.

un.schön [ún-chø:n] *adj.* feio; deselegante.

Un.schuld [ún-chúlt] *s.f. (sem plural).* inocência.

un.schul.dig [ún-chúldiçh] *adj.* inocente.

un.se.lig.keit [ún-zé:liçh-káit] *s.f., -en.* desgraça; infelicidade; fatalidade.

un.ser [ún-za] *pron.* de nós; nosso, nossa.

un.se.re [ún-zère] *pron.* nosso; nossa.

un.si.cher [ún-ziçha] *adj.* incerto, inseguro; duvidoso; precário; arriscado, perigoso.

Un.si.cher.heit [ún-ziçha-ráit] *s.f., -en.* incerteza, insegurança.

un.sicht.bar [ún-ziçht-bá:r] *adj.* invisível.

Un.sinn [ún-zín] *s.m. (sem plural).* absurdo, disparate.

un.sin.nig [ún-ziniçh] *adj.* absurdo, disparatado.

un.sitt.lich [ún-zít-liçh] *adj.* vicioso; licencioso, imoral.

un.statt.haft [ún-chtát-ráft] *adj.* ilícito, inadmissível; proibido.

Un.sterb.lich.keit [ún-chtérp-liçh-káit] *s.f. (sem plural).* imortalidade.

un.stet [ún-chtè:t] *adj.* inconstante, instável; volúvel.

un.ste.tig [ún-chtè:tiçh] *adj.* inconstante, instável; volúvel.

un.sühn.bar [ún-zy:n-bá:r] *adj.* inexpiável; irremissível.

Un.sum.me [ún-zúme] *s.f., -n.* quantia enorme; *eine – Geld:* (fig.) um dinheirão; *eine – von Arbeit:* (fig.) um trabalhão.

un.ta.del.haft [ún-tá:del-ráft] *adj.* impecável, irrepreensível.

un.ta.de.lig [ún-tá:deliçh] *adj.* impecável, irrepreensível.

Un.tat [ún-tá:t] *s.f., -en.* crime.

Un.tä.tig.keit [ún-tétiçh-káit] *s.f., -en.* inatividade.

un.taug.lich [ún-táuk-liçh] *adj.* inútil; inepto; incapaz; insuficiente; *– sein:* não prestar.

un.teil.bar [ún-táil-bá:r] *adj.* indivisível.

un.ten [únten] *adv.* debaixo; embaixo, por baixo, abaixo; inferior; *da –; dort –:* lá em baixo; *hier –:* aqui embaixo; *nach –:* para baixo, abaixo; *von oben bis –:* de cima para baixo; *von – herauf:* de baixo para cima; *weiter (nach) –:* mais abaixo, mais para baixo; *siehe –!:* veja-se abaixo, veja-se adiante; *– in:* no fundo de.

un.ten.an [únten-án] *adv.* por último; *– sitzen:* estar em último lugar.

un.ten ge.nannt [únten-guenánt] *adj.* abaixo citado.

un.ten ste.hend [únten-chtè:ent] *adj.* abaixo citado.

un.ter [únta] *prep. e adv.* sob, debaixo de, por baixo de, abaixo de; entre, dentre; *– uns:* entre nós; *– der Hand:* particularmente; *– vier Augen:* a sós; *– dem Preis:* abaixo do preço; *nicht –; nicht mehr als...:* não menos do que...; *– aller Kritik:* inqualificável; *adj.* inferior; baixo.

Un.ter.ab.tei.lung [únta-áp-táilunk] *s.f., -en.* subdivisão; alínea.

Un.ter.arm [únta-árm] *s.m., -e.* antebraço.

Un.ter.bau [únta-báu] *s.m., -ten.* infraestrutura; fundamento.

Un.ter.bin.dung [únta-bindunk] *s.f., -en.* atadura; ligadura.

un.ter.blei.ben [únta-bláiben] *v.* não ter lugar; não se realizar; não se levado a cabo.

un.ter.bre.chen [únta-bréçhen] *v.* interromper; quebrar; suspender; desligar.

Un.ter.bre.chung [únta-bréçhunk] *s.f., -en.* interrupção; suspensão.

UNTERBREITEN • UNTERSEEBOOT

un.ter.brei.ten [únta-bráiten] v. submeter; apresentar.

un.ter.brin.gen [únta-bringuen] v. colocar; acomodar; alojar, abrigar.

un.ter.des.sen [únta-déssen] adv. entretanto.

Un.ter.drückung [únta-drykunk] s.f., -en. repressão; supressão; opressão.

un.te.re [úntere] adj. inferior.

un.ter.ein.an.der [únta-áin-ánda] adv. entre eles; entre si; uns com os outros; reciprocamente.

Un.ter.fan.gen [únta-fánguen] s.n., -. atrevimento, ousadia; empreendimento.

Un.ter.gang [únta-gánk] s.m., Untergänge. naufrágio; afundamento; (fig.) decadência, declínio; ocaso; ruína.

un.ter.ge.hen [únta-guë:en] v. ir a pique, naufragar; pôr-se (o sol).

un.ter.ge.ord.net [únta-gue-órt-nêt] adj. subordinado, subalterno; secundário.

Un.ter.ge.schoss [únta-guechós] s.n., -e. andar térreo; rés do chão.

un.ter.gra.ben [únta-grá:ben] v. minar; sapar.

un.ter.halb [únta-rhálp] prep. por baixo de, abaixo de; adv. da parte de baixo.

Un.ter.halt [únta-rhált] s.m. (sem plural). sustento, subsistência; manutenção.

un.ter.hal.ten [únta-rhálten] v. sustentar, manter, suster; subvencionar; sich –: conversar, divertir, distrair.

un.ter.hal.tend [únta-rhál-tênt] adj. interessante, divertido; (lit.) ameno.

un.ter.hal.sam [únta-rhált-zám] adj. interessante, divertido; (lit.) ameno.

Un.ter.hal.tung [únta-rháltunk] s.f., -en. conversa, distração; divertimento, distração; manutenção, conservação.

Un.ter.händ.ler [únta-rhént-la] s.m., -. negociador; delegado, agente parlamentário.

Un.ter.hand.lung [únta-rhánt-lunk] s.f., -en. negociação.

Un.ter.haus [únta-rháus] s.n., Unterhäuser. câmara baixa; câmara dos comuns.

Un.ter.hemd [únta-rhêmt] s.n., -en. camiseta.

Un.ter.höh.len [únta-rhø:len] v. sapar, minar.

un.ter.ir.disch [únta-irdich] adj. subterrâneo.

un.ter.jo.chen [únta-ió-rren] v. subjugar.

Un.ter.kie.fer [únta-kí:fa] s.m., -. maxilar inferior, mandíbula.

un.ter.kom.men [únta-kómen] v. caber; encontrar alojamento; encontrar emprego.

un.ter.krie.gen [únta-krí:guen] v. (fig.) vencer, dominar.

Un.ter.kunft [únta-kúnft] s.f., Unterkünfte. alojamento, hospedagem; aquartelamento; colocação, emprego; abrigo.

Un.ter.la.ge [únta-lá:gue] s.f., -n. base, suporte; elementos, documentação.

un.ter.las.sen [únta-lássen] v. deixar; deixar-se.

un.ter.lau.fen [únta-láufen] v. esgueirar-se; passar inadvertidamente; escapar; adj. mit Blut –: injetado de sangue.

un.ter.le.gen [únta-lê:guen] v. pôr por baixo; atribuir; – mit: forrar de; adj. – sein: ficar vencido; tornar-se inferior a.

Un.ter.leib [únta-láip] s.m., -er. baixo-ventre; abdômen.

un.ter.lie.gen [únta-lí:guen] v. sucumbir; ser vencido; (fig.) ficar sujeito a; ser suscetível de.

Un.ter.neh.men [únta-nê:men] v. empreender; empresa, empreendimento.

Un.ter.neh.mer [únta-nê:ma] s.m., -. empresário.

Un.ter.neh.mung [únta-nê:munk] s.f., -en. empresa, empreendimento.

Un.ter.ord.nen [únta-órt-nen] v. subordinar.

Un.ter.re.dung [únta-rê:dunk] s.f., -en. conversa, conferência; entrevista.

Un.ter.richt [únta-rírht] s.m., -e. ensino, instrução; aula; der – fällt aus: não há aula.

un.ter.rich.ten [únta-rírh-ten] v. ensinar, dar lições; jemanden –: instruir alguém.

Un.ter.richts.fach [únta-rírhts-fárr] s.n., Unterrichtsfächer. disciplina.

Un.ter.richts.stun.de [únta-rírhts-chtúnde] s.f., -n. aula.

un.ter.sa.gen [únta-zá:guen] v. proibir; interditar; vedar.

Un.ter.satz [únta-záts] s.n., Untersätze. suporte, apoio.

un.ter.schät.zen [únta-chétsen] v. subestimar; menosprezar.

un.ter.schei.den [únta-cháiden] v. distinguir; sich von –: diferir.

Un.ter.schei.dung [únta-chái-dunk] s.f., -en. distinção.

un.ter.schie.ben [únta-chí:ben] v. pôr por baixo; substituir; jemandem etwas –: imputar alguma coisa a alguém.

Un.ter.schied [únta-chí:t] s.m., -e. diferença.

un.ter.schied.lich [únta-chí:t-lich] adj. diferente; diverso.

un.ter.schla.gen [únta-chlá:guen] v. defraudar; desfalcar; extraviar; (fig.) abafar, ocultar, encobrir.

Un.ter.schla.gung [únta-chlá:gunk] s.f., -en. fraude, dolo, desfalque.

Un.ter.schlupf [únta-chlúpf] s.m., -e. abrigo; refúgio.

Un.ter.schrei.ben [únta-chráiben] v. subscrever, assinar.

Un.ter.schrift [únta-chrift] s.f., -en. assinatura; subscrição; legenda.

Un.ter.see.boot [únta-zê:-bô:t] s.n., -e. submarino.

un.ter.setzt [únta-zétst] *adj.* baixo; *(pop.)* baixote.

un.ter.stand [únta-chtánt] *s.m., Unterstände.* abrigo.

un.ter.ste.hen [únta-chtê:en] *v.* depender de; *sich – zu:* atrever-se a.

un.ter.stel.len [únta-chtélen] *v.* pôr debaixo de; subordinar; supor; atribuir; imputar; *als wahr –:* dar como provado.

un.ter.strei.chen [únta-chtrái-chen] *v.* sublinhar, acentuar.

un.ter.stüt.zung [únta-chty-tsunk] *s.f., -en.* apoio, proteção; auxílio, socorro; subvenção; subsídio.

un.ter.su.chen [únta-zú-rren] *v.* examinar, investigar; inquirir; analisar.

un.ter.su.chung [únta-zú-␣runk] *s.f., -en.* exame, observação; análise, investigação.

un.ter.tan [únta-tá:n] *s.m., -en.* súdito; *adj.* sujeito a; *sich – machen:* sujeitar.

un.ter.tas.se [únta-tásse] *s.f., -n.* pires.

un.ter.tau.chen [únta-táu-rren] *v.* mergulhar; submergir.

un.ter.tei.len [únta-táilen] *v.* subdividir.

un.ter.tei.lung [únta-táilunk] *s.f., -en.* subdivisão.

un.ter.ti.tel [únta-tí:tel] *s.m., -.* subtítulo.

un.ter.wä.sche [únta-véche] *s.f. (sem plural).* roupa íntima.

un.ter.wegs [únta-vê:ks] *adv.* de caminho; no caminho; *nach –:* a caminho de.

un.ter.wei.sung [únta-váizunk] *s.f., -en.* instrução.

un.ter.welt [únta-vélt] *s.f. (sem plural).* submundo; *(fig.)* inferno.

un.ter.wer.fung [únta-vérfunk] *s.f., -en.* sujeição; submissão.

un.ter.wür.fig [únta-vyrfírrh] *adj.* servil, submisso; humilde.

un.ter.zeich.nen [únta-tsáich-nen] *v.* assinar, firmar.

un.ter.zie.hen [únta-tsí:en] *v.* pôr por baixo; submeter(-se) a; sujeitar(-se) a; *sich einer Aufgabe –:* encarregar-se de, tomar conta de.

Un.tier [ún-ti:r] *s.n., -e.* monstro.

un.tilg.bar [ún-tilk-bá:r] *adj.* inextinguível.

un.trag.bar [ún-trá:k-bá:r] *adj.* insuportável.

un.treu [ún-trói] *adj.* infiel, desleal.

Un.treue [ún-tróie] *s.f. (sem plural).* infidelidade, deslealdade.

un.trink.bar [ún-trink-bá:r] *adj.* não potável; intragável.

un.tröst.lich [ún-trøst-liçh] *adj.* inconsolável; desconsolado.

un.trüg.lich [ún-try:k-liçh] *adj.* infalível; seguro.

un.tüch.tig [ún-tyçh-tiçh] *adj.* incapaz.

un.über.brück.bar [ún-y:ba-bryk-bá:r] *adj. (fig.)* irreconciliável.

un.über.legt [ún-y:ba-lêkt] *adj.* imprudente, leviano.

un.über.seh.bar [ún-y:ba-zê:-bá:r] *adj.* imenso, ilimitado.

un.über.setz.bar [ún-y:ba-zéts-bá:r] *adj.* intraduzível.

un.über.sicht.lich [ún-y:ba-zíçht-liçh] *adj.* desordenado, confuso; difuso; intrincado, complicado.

un.über.steig.bar [ún-y:ba-chtáik-bá:r] *adj.* insuperável.

un.über.treff.lich [ún-y:ba-tréf-liçh] *adj.* insuperável.

un.über.trof.fen [ún-y:ba-trófen] *adj.* insuperável.

un.über.wind.bar [ún-y:ba-vínt-bá:r] *adj.* invencível, inexpugnável.

un.über.wind.lich [ún-y:ba-vínt-liçh] *adj.* invencível, inexpugnável.

un.üb.lich [ún-y:p-liçh] *adj.* inusitado.

un.um.gäng.lich [ún-um-guénk-liçh] *adj.* inevitável; indispensável.

un.um.schränkt [ún-úm-chrénk] *adj.* absoluto.

un.um.stöß.lich [ún-úm-chtǿ:s-liçh] *adj.* irrefutável; incontestável; peremptório; irrevogável.

un.um.wun.den [ún-um-vúnden] *adj.* franco; *adv.* francamente; sem rodeios, sem reserva.

un.un.ter.bro.chen [ún-únta-brô-␣rren] *adj.* ininterrupto, contínuo; *adv.* sem cessar; sem interrupção.

un.ver.än.der.lich [ún-fér-éndér-liçh] *adj.* invariável; inalterável; imutável.

un.ver.än.dert [ún-fér-éndért] *adj.* inalterado; como sempre; *– sein:* continuar na mesma.

un.ver.ant.wort.lich [ún-vér-ánt-vórt-liçh] *adj.* irresponsável.

un.ver.ar.bei.tet [ún-vér-árbái-tét] *adj.* tosco, não lavrado; *(fig.)* mal-assimilado.

un.ver.äu.ßer.lich [ún-fér-óisser-liçh] *adj.* inalienável.

un.ver.bes.ser.lich [ún-fér-béssa-liçh] *adj.* incorrigível.

un.ver.däch.tig [ún-fér-déçh-tiçh] *adj.* insuspeito.

un.ver.dau.lich [ún-fér-dáu-liçh] *adj.* indigerível; indigesto.

un.ver.dor.ben [ún-fér-dórben] *adj.* em bom estado; *(fig.)* intacto, incorrupto; puro; inocente, ingênuo.

un.ver.dros.sen [ún-fér-dróssen] *adj.* infatigável; incansável.

un.ver.ein.bar [ún-fér-áin-bá:r] *adj.* incompatível.

un.ver.fälscht [ún-fér-félcht] *adj.* autêntico; puro, natural.

un.ver.gäng.lich [ún-fér-guénk-liçh] *adj.* imorredouro, imperecível; eterno.

UNVERGESSEN • UNWIRSCH

un.ver.ges.sen [ún-fér-guéssen] *adj.* inolvidável; inesquecível.

un.ver.ges.slich ún-fér-gués-liçh] *adj.* inolvidável; inesquecível.

un.ver.gleich.lich [ún-fér-gláiçh-liçh] *adj.* incomparável.

un.ver.hofft [ún-fér-rhóft] *adj.* inesperado.

un.ver.käuf.lich [ún-fér-kóif-liçh] *adj.* invendável; *– sein:* não se vender.

unverletzbar [ún-vér-léts-bá:r] *adj.* invulnerável; inviolável; imune.

unverletzlich [ún-vér-lést-bá:r] *adj.* invulnerável; inviolável; imune.

un.ver.meid.bar [ún-férmáit-bár] *adj.* inevitável.

un.ver.meid.lich [ún-férmáit-liçh] *adj.* inevitável.

Un.ver.mö.gen [ún-fér-mǿ:guen] *s.n. (sem plural).* incapacidade; impotência.

un.ver.mö.gend [ún-fér-mǿ:guent] *adj.* incapaz; sem recurso.

un.ver.mu.tet [ún-fér-mú:tet] *adj.* inesperado.

Un.ver.nunft [ún-fér-núnft] *s.f. (sem plural).* desrazão; insensatez; imprudência.

un.ver.nünf.tig [ún-fér-nynf-tiçh] *adj.* insensato; imprudente.

un.ver.rich.tet [ún-fér-riçh-tét] *adj.* não feito; *–er Dinge; –er Sache:* sem ter feito nada, sem ter conseguido nada.

Un.ver.schämt.heit [ún-fér-chêmt-rháit] *s.f., -en.* descaramento, insolência, sem-vergonhice.

un.ver.se.hens [ún-fér-zê:ens] *adv.* inesperadamente, de repente; de improviso.

un.ver.sehrt [ún-fér-zê:rt] *adj.* intato, ileso; incólume.

un.ver.sieg.bar [ún-fér-zi:k-bá:r] *adj.* inesgotável.

un.ver.söhn.lich [ún-fér-zǿ:n-liçh] *adj.* irreconciliável; implacável; intransigente.

un.ver.ständ.lich [ún-fér-chtént-liçh] *adj.* incompreensível; ininteligível; indistinto.

un.ver.träg.lich [ún-fér-tréːk-liçh] *adj.* intratável; nocivo; inassimilável; incompatível.

Un.ver.träg.lich.keit [ún-fértre:k-liçh-káit] *s.f. (sem plural).* mau gênio; nocividade; incompatibilidade.

un.ver.wehrt [ún-fér-vé:rt] *adj.* não proibido; livre; *es ist jemandem – zu:* alguém está livre de.

un.ver.wund.bar [ún-fér-vúnt-ba:r] *adj.* invulnerável.

un.ver.wüst.lich [ún-fér-vyst-liçh] *adj.* indestrutível.

un.ver.zagt [ún-fér-tsákt] *adj.* destemido, intrépido.

un.ver.zeih.lich [ún-fér-tsái-liçh] *adj.* imperdoável.

un.ver.züg.lich [ún-fér-tsy:k-liçh] *adj.* imediato; *adv.* imediatamente; sem demora; ato-contínuo.

un.voll.en.det [ún-fól-êndet] *adj.* incompleto.

un.voll.kom.men [ún-fól-kómen] *adj.* imperfeito, incompleto.

un.voll.stän.dig [ún-fól-chténdiçh] *adj.* incompleto.

un.vor.be.rei.tet [ún-fór-beráit-tét] *adj.* não preparado; improvisado.

un.vor.sich.tig [ún-fór-ziçh-tiçh] *adj.* imprudente; descuidado.

Un.vor.sich.tig.keit [ún-fór-ziçh-tiçh-káit] *s.f., -en.* imprudência; descuido.

un.vor.teil.haft [ún-fór-táil-rháft] *adj.* desvantajoso; de mau gosto; *– wirken:* fazer má figura; não fazer efeito.

un.wäg.bar [ún-vê:k-bá:r] *adj.* imponderável.

un.wahr [ún-vá:r] *adj.* falso.

un.wahr.haf.tig [ún-vá:r-rháf-tiçh] *adj.* mentiroso.

Un.wahr.heit [ún-vá:r-rháit] *s.f., -en.* falsidade, mentira; *eine – sagen:* dizer uma mentira; faltar com a verdade.

un.wahr.schein.lich [ún-vá:r-cháin-liçh] *adj.* inverossímil; improvável.

un.weg.sam [ún-vê:k-zám] *adj.* intransitável; impraticável.

un.weit [ún-váit] *adj., prep.* e *adv.* perto; próximo; não distante.

Un.we.sen [ún-vê:zen] *s.n., -.* desordem.

un.wet.ter [ún-véta] *s.n., -.* temporal; borrasca.

un.wich.tig [ún-viçh-tiçh] *adj.* insignificante; sem importância.

un.wi.der.leg.bar [ún-vida-lê:k-bár] *adj.* irrefutável.

un.wi.der.leg.lich [ún-vida-lê:k-liçh] *adj.* irrefutável.

un.wi.der.ruf.lich [ún-vida-rú:f-liçh] *adj.* irrevogável; improrrogável.

un.wi.der.steh.lich [ún-vida-chtê:-liçh] *adj.* irresistível.

un.wi.der.bring.lich [ún-vida-brink-liçh] *adj.* irreparável.

Un.wil.le [ún-vile] *s.m. (sem plural).* indignação; mau humor.

un.wil.lig [ún-viliçh] *adj.* indignado; mal-humorado; *– werden:* indignar-se, irritar-se; *adv.* de mau humor.

un.will.kom.men [ún-víl-kómen] *adj.* importuno; maçador; inoportuno; *adv.* mal a propósito.

un.will.kür.lich [ún-víl-kyr-liçh] *adj.* involuntário; *adv.* sem querer.

un.wirk.sam [ún-vírk-zám] *adj.* ineficaz.

un.wirsch [ún-virçh] *adj.* mal-humorado; rude, áspero.

UNWIRTSCHAFTLICH • UZEREI

un.wirt.schaft.lich [ún-vírt-chaft-liçh] *adj.* pouco econômico; custoso, caro; improdutivo.

Un.wis.sen.heit [ún-víssen-rháit] *s.f. (sem plural).* ignorância.

un.wohl [ún-vô:l] *adj.* indisposto; *mir ist –:* sinto-me mal.

Un.wohl.sein [ún-vô:l-záin] *s.n. (sem plural).* indisposição; incômodo.

un.wür.dig [ún-vyr-diçh] *adj.* indigno; *– sein:* desmerecer de.

un.zähl.bar [ún-tsé:l-ba:r] *adj.* inumerável; inúmero.

un.zäh.lig [ún-tsé-liçh] *adj.* inumerável; inúmero.

un.zähm.bar [ún-tsé:m-ba:r] *adj.* indomesticável; indomável.

un.zei.tig, [ún-tsáitiçh] *adj.* inoportuno, prematuro.

un.zeit.ge.mäß [ún-tsáit-guemé:s] *adj.* inoportuno, prematuro.

un.zer.brech.lich [úntsér-bréçh-liçh] *adj.* inquebrável.

un.zer.stör.bar [úntsér-chtǿr-ba:r] *adj.* indestrutível.

un.zer.trenn.lich [úntsér-trén-liçh] *adj.* inseparável.

Un.zucht [ún-tsúrrt] *s.f. (sem plural).* impudicícia; luxúria; *öffentliche –:* prostituição.

un.züch.tig [ún-tsyçh-tiçh] *adj.* impudico; obsceno, pornográfico.

un.zu.frie.den [ún-tsufrí:den] *adj.* descontente; insatisfeito.

un.zu.gäng.lich [ún-tsuguénk-liçh] *adj.* inacessível.

un.zu.läng.lich [ún-tsu-lénk-liçh] *adj.* insuficiente.

un.zu.läs.sig [ún-tsu-léssiçh] *adj.* inadmissível.

un.zu.rech.nungs.fä.hig [ún-tsurréçh-nunks-fè:içh] *adj.* irresponsável por seus atos; inimputável; imbecil.

un.zu.rei.chend [ún-tsu-rái-çhent] *adj.* insuficiente.

un.zu.ver.läs.sig [ún-tsu-fér-léssiçh] *adj.* inseguro; não confiável.

un.zweck.mä.ßig [ún-tsvék-mé:ssiçh] *adj.* inoportuno; inconveniente; contraproducente.

un.zwei.fel.haft [ún-tsvái-fél-háft] *adj.* indubitável; *adv.* sem dúvida.

üp.pig [ypiçh] *adj.* exuberante; frondoso; suntuoso; opulento, opíparo, lauto; voluptuoso; *(fig.)* travesso; arrogante.

Üp.pig.keit [y-piçh-káit] *s.f., -en.* exuberância; opulência; suntuosidade; voluptuosidade.

ur.alt [ú:r-ált] *adj.* velhíssimo; antiquíssimo.

ur.bar [ú:r-bá:r] *adj.* arável, cultivável; *– machen:* desbravar; desmatar.

Ur.be.woh.ner [ú:r-bevô:na] *s.m., -.* aborígene; habitante primitivo.

Ur.el.tern [ú:r-él-térn] *plural.* antepassado.

Ur.en.kel [ú:r-énkel] *s.m., -.* bisneto.

Ur.en.ke.lin [ú:r-énkelin] *s.f., -nen.* bisneta.

Ur.ge.schich.te [ú:r-gue-çhiçhte] *s.f. (sem plural).* pré-história; história primitiva.

Ur.groß.mut.ter [ú:r-grô:s-múta] *s.f., Urgroßmütter.* bisavó.

Ur.groß.va.ter [ú:r-grô:s-fáta] *s.m., Urgroßväter.* bisavô.

Ur.he.ber [ú:r-rhê:ba] *s.m., -.* autor.

Ur.kun.de [ú:r-kúnde] *s.f., -n.* documento; certificado, diploma.

ur.kund.lich [ú:r-kúnt-liçh] *adj.* documental; *adv.* com documentos; *– belegen:* documentar.

Ur.laub [ú:r-láup] *s.m., -e.* licença, féria.

Ur.mensch [ú:r-mênch] *s.m., -en.* homem primitivo.

Ur.ne [úrne] *s.f., -n.* urna.

Ur.sa.che [ú:r-zárre] *s.f., -n.* motivo, razão, causa; *keine –!:* não há de quê!; não tem de quê!

Ur.sprung [ú:r-chprunk] *s.m., Ursprünge.* origem; procedência.

ur.sprüng.lich [ú:r-chprynk-liçh] *adj.* original; espontâneo.

Ur.teil [ú:r-táil] *s.n., -e.* juízo; sentença, julgamento; parecer.

ur.tei.len [ú:r-táilen] *v.* julgar, sentenciar; decidir.

Ur.teils.kraft [ú:r-táils-kráft] *s.f. (sem plural).* juízo, razão.

Ur.teils.spruch [ú:r-táils-chprúrr] *s.m., Urteilssprüche.* sentença.

Ur.text [ú:r-tékst] *s.m., -e.* texto original.

ur.tüm.lich [ú:r-tym-liçh] *adj.* originário.

Ur.wald [ú:r-vált] *s.m., Urwälder.* selva; floresta; mata virgem.

Ur.welt [ú:r-vélt] *s.f., -en.* mundo pré-histórico; mundo primitivo.

Ur.zeit [ú:r-tsáit] *s.f., -en.* tempos pré-históricos; tempos primitivos, primórdios.

Ur.zweck [ú:r-tsvék] *s.m., -e.* fim verdadeiro.

Uto.pie [utopí:] *s.f., -n.* utopia.

uto.pisch [utó:pich] *adj.* utópico.

uzen [ú:tsen] *v.* caçoar; fazer troça de.

Uze.rei [ú:tse-rái] *s.f., -en.* caçoada; troça, gozação.

213

V

V [fáu] vigésima segunda letra do alfabeto alemão; V, v.

Va.ga.bund [vága-búnt] *s.m., -en.* vagabundo.

va.ga.bun.die.ren [vága-bundí:ren] *v.* vagabundear; vadiar.

va.kant [vakánt] *adj.* vago; vazio.

Va.ku.um [váku-úm] *s.n., Vakua ou Vakuen.* vácuo; aspirador de pó.

Va.lu.ta [valú:ta] *s.f., Valuten.* taxa de câmbio; valor de cotização; moeda.

Va.ter [fá:ta] *s.m., Väter.* pai; *der heilige –:* o santo padre, o papa; *Ihr Herr –:* o senhor seu pai.

Va.ter.land [fá:ta-lánt] *s.n., Vaterländer.* pátria.

Va.ter.lands.lie.be [fá:ta-lánts-lí:be] *s.f., -n.* patriotismo; amor pátrio.

Va.ter.lands.ver.rä.ter [fá:ta-lánds-fér-ré:ta] *s.m., -.* traidor à pátria.

Va.ter.mord [fá:ta-mórt] *s.m., -e.* parricídio.

Va.ter.schaft [fá:ta-cháft] *s.f., -en.* paternidade.

Va.ter.un.ser [fá:ta-únza] *s.n., -.* Pai-nosso.

Ve.ge.ta.ri.er [vègue-tá:ria] *s.m., -.* vegetariano.

ve.ge.ta.risch [vègue-tá:rich] *adj.* vegetariano.

Ve.ge.ta.ti.on [végue-tatsiö:n] *s.f., -en.* vegetação.

Veil.chen [váil-chen] *s.n., -.* violeta.

veil.chen.blau [váil-chên-bláu] *adj.* roxo; violeta.

Ve.ne [vé:ne] *s.f., -n.* veia.

Ven.til [vénti:l] *s.n., -e.* válvula.

Ven.ti.la.ti.on [véntila-tsiö:n] *s.f., -en.* ventilação.

Ver.ab.fol.gung [fér-áp-fólgunk] *s.f., -en.* aplicação; ministração.

ver.ab.re.den [fér-áp-ré:den] *v.* combinar; *sich mit jemandem –:* encontrar-se com alguém; acordar, ajustar.

Ver.ab.re.dung [fér-áp-rê:dunk] *s.f., -en.* compromisso; encontro, entrevista; acordo, ajuste, combinação.

ver.ab.reichen [fér-áp-rái-chen] *v.* ministrar, dar, aplicar.

verabfolgen [fér-áp-fólguen] *v.* ministrar, dar, aplicar.

ver.ab.säu.men [fér-áp-zóimen] *v.* omitir; descuidar, negligenciar.

ver.ab.scheu.en [fér-áp-chóien] *v.* detestar.

ver.ab.schie.den [fér-áp-chí:den] *v.* despedir; licenciar; exonerar.

ver.ächt.lich [fér-écht-lich] *adj.* desprezível, desdenhoso; *adv.* com desdém; *– machen:* desprestigiar, desacreditar; ridicularizar.

Ver.ach.tung [fér-árr-tunk] *s.f. (sem plural).* desdém, desprezo.

ver.al.tet [fér-ál-tèt] *adj.* antiquado; *er Ausdruck:* arcaísmo.

ver.än.der.lich [fér-énda-lich] *adj.* variável, mutável; inconstante.

ver.än.dern [fér-én-dérn] *v.* modificar, alterar; transformar; mudar.

Ver.än.de.rung [fér-én-derunk] *s.f., -en.* alteração, modificação; transformação; mudança; variação.

ver.an.las.sen [fér-án-lássen] *v.* causar, ocasionar; provocar, originar; *jemanden – zu:* levar alguém a.

Ver.an.schla.gung [fér-án-chlá:gunk] *s.f., -en.* avaliação.

ver.an.stal.ten [fér-án-chtál-ten] *v.* organizar; promover.

Ver.an.stal.tung [fér-án-chtál-tunk] *s.f., -en.* organização; promoção; festa ou evento artístico, desportivo ou social.

ver.ant.wor.ten [fér-ánt-vórten] *v.* responder por, ser responsável por.

ver.ant.wort.lich [fér-ánt-vórt-lich] *adj.* responsável; *jemanden für etwas – machen:* tornar alguém responsável por alguma coisa.

Ver.ant.wor.tung [fér-ánt-vórtunk] *s.f., -en.* responsabilidade.

Ver.ar.bei.tung [fér-ér-báitunk] *s.f., -en.* emprego, uso; fabricação, manufatura; assimilação.

ver.är.gern [fér-ér-guérn] *v.* desgostar, aborrecer, irritar.

Ver.äste.lung [fér-és-te:lunk] *s.f., -en.* ramificação.

ver.aus.ga.ben [fér-áus-gá:ben] *v.* gastar, dispender; *sich –:* ficar sem recursos; *(fig.)* arruinar-se, esgotar-se.

Ver.äu.ße.rung [fér-óisserunk] *s.f., -en.* alienação; venda.

Verb [vérp] *s.n., -en.* verbo.

Ver.band [fér-bánt] *s.m., Verbände.* associação, liga; grêmio, junta; ligadura.

ver.ban.nen [fér-bánen] *v.* desterrar, exilar, degredar.

Ver.ban.nung [fér-bánunk] *s.f.*, -en. desterro, exílio.

ver.ber.gen [fér-bérguen] *v.* esconder, ocultar, dissimular.

ver.bes.sern [fér-béssérn] *v.* melhorar, reformar; corrigir, emendar; aperfeiçoar.

Ver.bes.se.rung [fér-bássérunk] *s.f.*, -en. melhoramento; correção, emenda, aperfeiçoamento.

Ver.beu.gung [fér-bói-gunk] *s.f.*, -en. reverência, cumprimento.

ver.bie.ten [fér-bí:ten] *v.* proibir, vedar; interditar.

ver.bin.den [fér-bínden] *v.* juntar, unir, ligar.

ver.bind.lich [fér-bínt-lich] *adj.* obrigatório; solícito, amável; *–sten Dank:* muitíssimo obrigado.

Ver.bin.dung [fér-bíndunk] *s.f.*, -en. união; casamento; enlace; ligação.

ver.bit.ten [fér-bíten] *v.* não admitir; não consentir.

Ver.bit.terung [fér-bíterunk] *s.f.*, -en. amargura, azedume.

ver.blas.sen [fér-blássen] *v.* desbotar; *(fig.)* empalidecer; desvanecer-se.

ver.blei.ben [fér-bláiben] *v.* ficar, permanecer.

Ver.blen.dung [fér-blêndunk] *s.f.*, -en. cegueira, obcecação; deslumbramento.

ver.blüfft [fér-blyft] *adj.* atônito, perplexo, estupefato.

ver.blü.hen [fér-bly:en] *v.* murchar, desflorescer.

ver.blümt [fér-blymt] *adj.* figurado; indireto, velado.

ver.blu.ten [fér-blú:ten] *v.* sangrar; perder o sangue.

ver.bor.gen [fér-bór-guen] *v.* emprestar; *adj.* escondido, secreto; clandestino.

Ver.bot [fér-bó:t] *s.n.*, -e. proibição; interdição.

ver.bo.ten [fér-bô:ten] *adj.* proibido, vedado; interditado.

Ver.brauch [fér-bráurr] *s.m. (sem plural).* desgaste, consumo.

ver.brau.chen [fér-bráu-rren] *v.* consumir, gastar.

Ver.bre.chen [fér-bréchen] *s.n.*, -. atentado; crime. *v.* cometer crime.

Ver.bre.cher [fér-bré-chá] *s.m.*, -. criminoso.

ver.brei.ten [fér-bráiten] *v.* divulgar, propagar; difundir.

Ver.brei.tung [fér-bráitunk] *s.f. (sem plural).* divulgação, propagação; propaganda; difusão, disseminação; *– durch den Rundfunk:* radiodifusão.

ver.bren.nen [fér-brénen] *v.* queimar, arder; incinerar.

Ver.bren.nung [fér-brénunk] *s.f.*, -en. combustão; incineração; cremação.

Ver.brü.de.rung [fér-bry:-derunk] *s.f.*, -en. confraternização.

ver.brü.hen [fér-bry:en] *v.* escaldar.

ver.bu.chen [fér-bú-rren] *v.* assentar, registrar.

ver.bun.den [fér-búnden] *adj.* obrigado; *jemandem sehr – sein:* ser muito obrigado a alguém.

ver.bün.den [fér-bynden] *v. sich –:* aliar-se, unir-se.

Ver.bün.de.te [fér-byndete] *s.m. ou s.f.*, -n. aliado; confederado.

ver.bür.gen [fér-byrguen] *v.* garantir; *sich – für:* responder por, responsabilizar-se por.

ver.bü.ßen [fér-by:ssen] *v.* expiar.

Ver.dacht [fér-dárrt] *s.m.*, -e ou *Verdächte.* suspeita; *in – kommen; in – geraten:* cair na suspeita.

ver.däch.tig [fér-déch-tich] *adj.* suspeito.

Ver.dam.mung [fér-dámunk] *s.f.*, -en. condenação.

ver.dammt! [fér-dámt] *interj.* maldito!; desgraçado!

ver.damp.fen [fér-dámp-fen] *v.* evaporar.

ver.dan.ken [fér-dánken] *v.* dever.

ver.dau.lich [fér-dáu-lich] *adj.* digerível.

ver.dau.ung [fér-dáu-unk] *s.f. (sem plural).* digestão.

Ver.deck [fér-dék] *s.n.*, - convés; coberta de navio.

ver.decken [fér-déken] *v.* cobrir; *(fig.)* encobrir, ocultar.

ver.der.ben [fér-dérben] *v.* arruinar, estragar, deteriorar, corromper, viciar, perverter; *es mit jemandem –:* perder a simpatia de; *sich den Magen –:* ter uma indigestão; ruína, perdição; *ins – stürzen:* perder, arruinar.

ver.derb.lich [fér-dérp-lich] *adj.* pernicioso; *leicht – sein:* estragar-se facilmente.

ver.deut.li.chen [fér-dóit-li-chen] *v.* elucidar; evidenciar; tornar explícito.

ver.dich.ten [fér-dich-ten] *v.* condensar; comprimir; concentrar.

ver.dicken [fér-díken] *v.* engrossar, espessar.

ver.die.nen [fér-dí:nen] *v.* ganhar, merecer; *sich sein Brot –:* ganhar a vida.

Ver.dienst [fér-dí:nst] *s.m.*, -e. mérito; ganho; *–e:* serviços prestados.

ver.dient [fér-dí:nt] *adj.* merecido; *sich – machen um:* bem merecer.

ver.dien.ter.ma.ßen [fér-dí:nta-má:ssen] *adv.* devidamente, merecidamente; com justiça.

ver.din.gen [fér-dínguen] *v.* contratar; *sich –:* servir.

ver.dop.pe.ln [fér-dópéln] *v.* duplicar.

Ver.dor.ben.heit [fér-dórben-rháit] *s.f. (sem plural).* corrupção.

ver.dor.ren [fér-dó-rren] *v.* secar, ressequir.

ver.drän.gen [fér-drén-guen] *v.* desalojar, deslocar; *(psicol.)* reprimir.

ver.dre.hen [fér-dré:en] *v.* torcer; revirar os olhos; esgazear; deturpar; *jemandem den Kopf –:* *(fig.)* fazer alguém perder a cabeça.

VERDRIEßLICH • VERFÜGUNG

ver.drieß.lich [fér-drí:s-liçh] *adj.* aborrecido; rabugento, carrancudo.

ver.dros.sen [fér-dróssen] *adj.* deprimido; de mau humor.

ver.drücken [fér-drýken] *v. sich –:* (fig.) safar-se.

Ver.druss [fér-drús] *s.m., -e.* desgosto, dissabor.

ver.duf.ten [fér-dúften] *v.* evaporar-se; perder-se; (fig.) sumir-se; safar-se.

Ver.dun.ke.lung [fér-dún-kelunk] *s.f., -en.* escurecimento; (fig.) obscurecimento; encobrimento.

Ver.dün.nung [fér-dynunk] *s.f., -en.* adelgaçamento; diluição; rarefação.

ver.dun.sten [fér-dúns-ten] *v.* evaporar.

ver.dur.sten [fér-dúrs-ten] *v.* morrer de sede.

ver.dutzt [fér-dútst] *adj.* perplexo, aparvalhado.

Ver.ede.lung [fér-ê:delunk] *s.f., -en.* enobrecimento; melhoramento; refinação.

ver.eh.rung [fér-ê:runk] *s.f., -en.* veneração, respeito; (rel.) adoração; culto.

ver.ei.den [fér-áiden] *v.* juramentar.

ver.ei.di.gen [fér-ái-diguen] *v.* juramentar.

Ver.ein [fé:rain] *s.m., -e.* sociedade, associação; união; clube; *im – mit:* em colaboração com.

ver.ein.bar [fér-áin-bá:r] *adj.* compatível.

Ver.ein.ba.rung [fér-áin-bárunk] *s.f., -en.* acordo, ajuste.

ver.ei.nen [fér-áinen] *v.* juntar, reunir, concentrar.

ver.ein.fa.chen [fér-áin-fá-rren] *v.* simplificar.

Ver.ei.ni.gung [fér-ái-nigunk] *s.f., -en.* união, associação; sociedade.

Ver.ein.sa.mung [fér-áin-rá:munk] *s.f., -en.* isolamento.

Ver.eins.mit.glied [fé:rains-mit-gli:t] *s.n., -er.* sócio.

ver.ein.zelt [fér-áin-tsélt] *adj.* esporádico.

ver.ei.teln [fér-ái-téln] *v.* frustrar; fazer malograr.

Ver.ei.te.rung [fér-ái-terunk] *s.f., -en.* supuração.

ver.en.den [fér-énden] *v.* findar(-se); morrer.

ver.en.gen [fér-énguen] *v.* estreitar; restringir.

ver.er.ben [fér-érben] *v.* legar, deixar; transmitir por herança.

ver.ewi.gen [fér-è:viguen] *v.* eternizar, perpetuar; imortalizar.

Ver.fah.ren [fér-fá:ren] *s.n., -.* procedimento, método; processo. *v.* proceder, portar-se.

Ver.fall [fér-fál] *s.m. (sem plural).* decadência, declínio; ruína, corrupção; vencimento; prescrição.

ver.fal.len [fér-fálen] *v.* decair; desmoronar, ruir; vencer, caducar; *auf –:* lembrar-se de; *in –:* incorrer em; *jemandem –:* caber a alguém; *adj.* em ruínas; vencido; caduco.

ver.fan.gen [fér-fánguen] *v.* valer, servir; fazer efeito; *sich –:* atrapalhar-se, prender-se, enredar-se.

ver.fäng.lich [fér-fénk-liçh] *adj.* ardiloso; capcioso; insidioso; melindroso.

ver.fär.ben [fér-férben] *v. sich –:* mudar de cor; descorar, desbotar.

ver.fas.sen [fér-fássen] *v.* compor, escrever; redigir.

Ver.fas.ser [fér-fássa] *s.m., -.* autor.

Ver.fas.sung [fér-fássunk] *s.f., -en.* composição; estado, disposição; situação, condição; constituição.

ver.fas.sungs.mä.ßig [fér-fássungs-mé:ssiçh] *adj.* constitucional.

Ver.fasungs.recht [fér-fássunks-réçht] *s.n., -e.* direito constitucional.

ver.fas.sungs.wid.rig [fér-fássunks-vid-riçh] *adj.* inconstitucional; anticonstitucional.

ver.fech.ten [fér-féçh-ten] *v.* defender.

ver.feh.len [fér-fê:len] *v.* falhar, errar; perder.

ver.fehlt [fér-fê:lt] *adj.* errado; mal-organizado; fracassado.

ver.fei.nern [fér-fái-nérn] *v.* refinar, requintar; aperfeiçoar.

ver.fe.men [fér-fê:men] *v.* proscrever.

Ver.fin.ste.rung [fér-fíns-terunk] *s.f., -en.* eclipse.

ver.flech.tung [fér-fléçh-tunk] *s.f., -en.* entrelaçamento; (fig.) interdependência.

ver.flie.gen [fér-flí:guen] *v.* evaporar-se, dissipar-se; passar, correr (o tempo).

ver.flie.ßen [fér-flí:ssen] *v.* decorrer; expirar.

ver.flos.sen [fér-flóssen] *adj.* antigo, passado; expirado; vencido.

ver.flu.chen [fér-flú-rren] *v.* amaldiçoar; (rel.) anatemizar.

ver.flucht [fér-flúrrt] *adj.* maldito.

ver.flüch.ti.gen [fér-flyçh-tiguen] *v. sich –:* volatilizar-se.

ver.flüs.si.gen [fér-flyssiguen] *v.* liquefazer; derreter; condensar.

ver.fol.gen [fér-fólguen] *v.* perseguir, processar; *weiter –:* prosseguir, continuar.

Ver.fol.gung [fér-fólgunk] *s.f., -en.* perseguição; (fig.) prosseguimento.

ver.frach.ten [fér-fráhrr-ten] *v.* fretar; embarcar.

ver.füg.bar [fér-fyk-bá:r] *adj.* disponível.

Ver.fü.gen [fér-fyguen] *v.* ordenar, dispor; *sich – nach:* dirigir-se a.

Ver.fü.gung [fér-fygunk] *s.f., -en.* disposição, ordem; decreto; *letztwillige –:* testamento; *jemandem zur – stehen:* estar à disposição de alguém.

ver.füh.ren [fér-fy:ren] *v.* seduzir; *– zu:* levar a.

ver.füh.rung [fér-fy:runk] *s.f., -en.* sedução, tentação.

ver.gan.gen [fér-gánguen] *adj.* passado; transcorrido.

ver.gan.gen.heit [fér-gánguen-rhait] *s.f., -en.* passado; *(gram.)* pretérito imperfeito; *der – angehören:* ter passado para a história.

ver.gäng.lich [fér-guénk-liçh] *adj.* passageiro, transitório; efêmero.

ver.gäng.lich.keit [fér-guénk-liçh-káit] *s.f., -en.* transitoriedade; inconstância.

ver.ge.ben [fér-guê:ben] *v.* dar, conferir; adjudicar; ceder; *zu – haben:* dispor de; *zu – sein:* estar vago, estar vacante; *sich – Karten:* enganar-se; *sich –:* fazer um sacrifício; *sich nichts –:* não fazer nenhum sacrifício.

ver.ge.bens [fér-guê:bens] *adv.* inutilmente; em vão, debalde.

ver.geb.lich [fér-guê:p-liçh] *adj.* inútil, frustrado, perdido; *adv.* em vão, debalde.

Ver.ge.bung [fér-guê:bunk] *s.f., -en.* perdão; *(rel.)* absolvição.

ver.ge.gen.wär.ti.gen [fér-guê:guen-vértiguen] *v.* apresentar; *sich –:* ter presente.

ver.ge.hen [fér-guê:en] *v.* passar; definhar; desvanecer-se; perecer; *–: vor morrer de; sich –: violar, sich – gegen:* faltar ao respeito a; transgredir.

Ver.gel.tung [fér-guél-tunk] *s.f., -en.* paga; retribuição; desforra.

ver.ges.sen [fér-guéssen] *v.* esquecer-se de; olvidar; *sich –:* ser incorreto.

Ver.ges.sen.heit [fér-guéssen-rháit] *s.f. (sem plural).* esquecimento; *in – geraten:* cair no esquecimento.

Ver.ges.slich.keit [fér-guéss-liçh-káit] *s.f. (sem plural).* falta de memória; esquecimento; *aus –:* por distração.

Ver.geu.dung [fér-góidunk] *s.f., -en.* desperdício; dissipação.

Ver.ge.wal.ti.gung [fér-gueváhl-tigunk] *s.f., -en.* violação, estupro.

ver.ge.wis.sern [fér-guevissérn] *v.* assegurar; *sich –:* certificar-se.

Ver.gif.tung [fér-guif-tunk] *s.f., -en.* envenenamento; intoxicação.

Ver.gleich [fér-gláiçh] *s.m., -e.* confronto, comparação; compromisso, acordo.

ver.gleich.bar [fér-gláiçh-bá:r] *adj.* comparável.

ver.glei.chen [fér-glái-çhen] *v.* comparar, confrontar; conferir.

Ver.gleichs.wei.se [fér-gláiçhs-váize] *adv.* em comparação; relativamente.

ver.glim.men [fér-glimen] *v.* apagar-se, extinguir-se.

Ver.gnü.gen [férk-ny:guen] *v. sich –:* divertir-se; prazer; divertimento, recreio.

Ver.gnü.gung [férk-ny:gunk] *s.f., -en.* divertimento.

ver.gol.den [fér-góldan] *v.* dourar.

ver.gön.nen [fér-guønen] *v.* permitir, conceder.

ver.göt.tern [fér-guø-térn] *v.* deificar; adorar, idolatrar.

ver.gra.ben [fér-grá:ben] *v.* enterrar; *(fig.) sich – in:* enfronhar-se em.

ver.grämt [fér-grémt] *adj.* azedado.

ver.grei.fen [fér-gráifen] *v.* enganar-se; *(fig.)* equivocar-se; *sich – an:* violar, atentar contra; *sich an jemandem –:* maltratar alguém; *sich an etwas –:* profanar alguma coisa ou algum lugar.

ver.grif.fen [fér-grifen] *adj.* esgotado.

ver.grö.ßern [fér-grø:ssérn] *v.* engrandecer; aumentar, ampliar, alargar; exagerar.

Ver.grö.ße.rung [fér-grø:sserunk] *s.f., -en.* engrandecimento; aumento, ampliação; exagero.

Ver.gün.sti.gung [fér-gyns-tigunk] *s.f., -en.* favor, facilidade; bônus.

Ver.gü.tung [fér-gy:tunk] *s.f., -en.* remuneração, reembolso; reparação, indenização.

ver.haf.ten [fér-rháften] *v.* prender, deter.

Ver.haf.tung [fér-rháf-tunk] *s.f., -en.* prisão, detenção.

ver.hal.len [fér-rhálen] *v.* perder-se.

ver.hal.ten [fér-rhálten] *v.* reter, reprimir; *sich zu –:* ser em relação a; *sich ruhig –:* ficar quieto; atitude, conduta, comportamento, procedimento.

Ver.hält.nis [fér-rhélt-nis] *s.n., Verhältnisse.* relação, proporção; *im – zu:* em relação a.

ver.hält.nis.mä.ßig [fér-rhélt-nis-mé:ssiçh] *adj.* relativo; proporcional.

ver.han.deln [fér-rhán-déln] *v.* negociar; tratar de; discutir.

Ver.hand.lung [fér-rhánt-lunk] *s.f., -en.* negociação, discussão; debate.

ver.hän.gen [fér-rhén-guen] *v.* cobrir; impor, infligir.

Ver.häng.nis [fér-rhénk-nis] *s.n., Verhängnisse.* fatalidade; destino.

ver.har.ren [fér-rhá-ren] *v.* permanecer, ficar, continuar; persistir.

ver.här.ten [fér-rhérten] *v.* endurecer; *verhärtet: adj. (fig.)* obstinado.

ver.hasst [fér-rhást] *adj.* odioso; odiado.

ver.hau.en [fér-rháuen] *v.* espancar; *sich –:* enganar-se; *– werden:* apanhar.

ver.hee.rend [fér-rhê:rent] *adj.* devastador; assolador.

ver.heh.len [fér-rhê:len] *v.* encobrir, dissimular, ocultar.

ver.hei.len [fér-rháilen] *v.* cicatrizar; sarar, curar-se.

ver.heim.li.chen [fér-rháim-liçhen] *v.* dissimular; ocultar.

VERHEIRATEN • VERLÄNGERUNG

ver.hei.ra.ten [fér-rhái-ráten] v. casar(-se).

ver.hei.ßen [fér-rháissen] v. prometer.

ver.hei.ßungs.voll [fér-rháissunks-fól] adj. promissor.

ver.hel.fen [fér-rhélfen] v. jemandem zu etwas –: proporcionar alguma coisa a alguém; arranjar alguma coisa para alguém.

Ver.herr.li.chung [fér-rhér-li-çhunk] s.f., -en. glorificação.

ver.he.xen [fér-rhéksen] v. enfeitiçar.

ver.hin.de.rung [fér-rhín-derunk] s.f., -en. impedimento.

ver.höh.nung [fér-rhø̈-nunk] s.f., -en. escárnio; troça.

Ver.hör [fér-rhǿ:r] s.n., -e. interrogatório.

ver.hül.len [fér-rhylen] v. encobrir, acobertar; (fig.) velar, ocultar.

ver.hun.gern [fér-rhún-guérn] v. morrer de fome.

ver.hun.zen [fér-rhún-tsen] v. estragar.

ver.hü.ten [fér-rhy:ten] v. impedir, evitar; preservar.

Ver.hü.tung [fér-rhy:-tunk] s.f., -en. prevenção; preservação; profilaxia.

Ver.hü.tungs.mit.tel [fér-rhy:i-tunks-mítel] s.n., -. preservativo.

ver.ir.ren [fér-í-ren] v. extraviar; sich –: perder-se.

Ver.ir.rung [fér-í-runk] s.f., -en. extravio, perda; deslize; (fig.) aberração.

ver.ja.gen [fér-iá:guen] v. afugentar, expulsar.

ver.jäh.rung [fér-ié:runk] s.f., -en. prescrição.

ver.ju.beln [fér-iú:-béln] v. dissipar; esbanjar.

Ver.jün.gung [fér-iyn-gunk] s.f., -en. rejuvenescimento; redução, diminuição.

ver.kal.ken [fér-kálken] v. calcificar; endurecer.

ver.kannt [fér-kánt] adj. incompreendido.

ver.kappt [fér-kápt] adj. encapuzado; (fig.) disfarçado.

Ver.kauf [fér-káuf] s.m., Verkäufe. venda.

ver.kau.fen [fér-káufen] v. vender.

Ver.käu.fer [fér-kóifa] s.m., -. vendedor.

ver.käuf.lich [fér-kóif-liçh] adj. vendável.

Ver.kehr [fér-kè:a] s.m., -e. trânsito, tráfego, circulação, movimento; viagem; serviço de comunicações; correspondência; in – stehen mit: ter relações com; in – bringen: fazer circular.

ver.keh.ren [fér-kè:ren] v. circular, mover-se; in einem Hause –: frequentar; mit jemandem –: lidar com alguém, dar-se com alguém; geschlechtlich – mit: ter relações sexuais com.

ver.kehrt [fér-kè:rt] adj. invertido, errado; adv. às avessas; mal.

ver.ken.nen [fér-kénen] v. desconhecer; não compreender.

ver.kla.gen [fér-klá:guen] v. acusar; denunciar.

ver.klä.ren [fér-klé:ren] v. transfigurar.

Ver.klä.rung [fér-klé:runk] s.f., -en. transfiguração; apoteose.

ver.klat.schen [fér-klátchen] v. difamar; caluniar.

ver.klei.dung [fér-kláidunk] s.f., -en. revestimento; forro; disfarce, fantasia.

ver.klei.nern [fér-klái-nérn] v. diminuir, reduzir.

Ver.klei.ne.rung [fér-kláine-runk] s.f., -en. diminuição, redução.

ver.knüp.fen [fér-knypfen] v. ligar, juntar; associar, combinar.

ver.koh.len [fér-kó:len] v. carbonizar, queimar-se.

ver.kom.men [fér-kómen] v. arruinar-se, degenerar-se; perder-se; adj. arruinado, decadente, depravado.

Ver.kom.men.heit [fér-kómen-rháit] s.f. (sem plural). decadência, depravação.

ver.kör.pern [fér-kør-pérn] v. personificar; encarnar; sich –: tomar corpo; (teat.) representar, interpretar.

Ver.kör.pe.rung [fér-kør-perunk] s.f., -en. encarnação, personificação; (teat.) representação.

ver.kra.chen [fér-krá-rren] v. falir; quebrar; fracassar; sich –: zangar-se.

ver.krie.chen [fér-krí:-çhen] v. sich –: esconder-se.

ver.krü.meln [fér-kry:-méln] v. esmigalhar; sich –: (fig.) sumir-se.

ver.krüp.peln [fér-kry-péln] v. atrofiar-se; ficar aleijado.

ver.küm.mern [fér-ky-mérn] v. enfraquecer-se, estiolar-se; perturbar.

ver.küm.mert [fér-ky-mért] adj. raquítico.

ver.kün.di.gen [fér-kyn-diguen] v. anunciar, preconizar; proclamar; promulgar, publicar.

ver.kür.zen [fér-kýr-tsen] v. reduzir, encurtar, abreviar.

ver.la.den [fér-lá:den] v. carregar, embarcar.

Ver.lag [fér-lá:k] s.m., -e. edição; in – nehmen: publicar.

Ver.la.ge.rung [fér-lá:gue-runk] s.f., -en. deslocamento.

Ver.lags.an.stalt [fér-lá:ks-án-chtált] s.f., -en. casa editora.

Ver.lags.recht [fér-lá:ks-réçht] s.n., -e. direito editorial.

ver.lan.gen [fér-lánguen] v. pedir a; exigir de; ansiar por; nach jemandem –: ter saudade de alguém; desejo; exigência; reclamo; ânsia; saudade.

ver.län.gern [fér-lén-guérn] v. alongar, prolongar; prorrogar.

Ver.län.ge.rung [fér-lén-guerunk] s.f., -en. alongamento, prolongamento; prorrogação.

VERLANGSAMUNG • VERMÖGEN

Ver.lang.sa.mung [fér-lànk-zá:munk] s.f., -en. atraso; retardamento.

ver.las.sen [fér-lássen] v. deixar, abandonar; *sich auf –*: fiar-se em, confiar em; contar com.

Ver.las.sen.heit [fér-lássen-rháit] s.f. *(sem plural).* abandono; solidão.

ver.läs.slich [fér-lés-lich] *adj.* seguro; confiável, de confiança; sério, fiel; correto, fidedigno.

Ver.lauf [fér-láuf] s.m., *Verläufe.* decurso, decorrer; marcha, progresso, evolução; *im – des Jahres*: pelo ano afora; *nach – von*: ao cabo de.

ver.lau.fen [fér-láufen] v. decorrer, passar, evoluir, progredir; *gut –*: tomar rumo favorável; *sich –*: dispersar-se.

ver.laust [fér-láust] *adj.* piolhento; infestado de piolho.

ver.laut.ba.ren [fér-láut-bá:ren] v. *– lassen*: comunicar.

Ver.laut.ba.rung [fér-láut-bá:runk] s.f., -en. publicação, comunicado.

ver.lau.ten [fér-láuten] v. constar; *– lassen*: manifestar, mandar dizer, mandar publicar, mandar divulgar; *nichts – lassen*: calar-se; *nichts von sich – lassen*: não dar notícia.

ver.lebt [fér-lé:pt] *adj.* velho, gasto; vivido.

ver.le.gen [fér-lê:guen] v. transferir, trasladar, mudar; *adj.* embaraçado.

ver.le.gen.heit [fér-lê:guen-rháit] s.f., -en. embaraço; apuros.

ver.lei.den [fér-láiden] v. *jemandem etwas –*: estragar alguma coisa a alguém; tirar o prazer de alguém.

Ver.leih [fér-lái] s.m., -e. aluguel.

ver.lei.hen [fér-láien] v. emprestar; alugar.

ver.lei.ten [fér-láiten] v. induzir, tentar.

Ver.lei.tung [fér-láitunk] s.f., -en. indução; tentação.

ver.letz.bar [fér-léts-bá:r] *adj.* vulnerável; *(fig.)* melindroso.

ver.let.zen [fér-lé-tsen] v. ferir, lesar; prejudicar; danificar; melindrar, ofender.

Ver.let.zung [fér-lé-tsunk] s.f., -en. ferida, lesão; violação, ofensa.

ver.leug.nen [fér-lóiknen] v. negar, desmentir; renegar.

ver.leum.den [fér-lóim-den] v. caluniar; difamar.

ver.lie.ben [fér-lí:ben] v. enamorar-se de; apaixonar-se por.

ver.liebt [fér-lí:pt] *adj.* namorado; apaixonado.

ver.lie.ren [fér-lí:ren] v. perder.

Ver.lie.rer [fér-lí:ra] s.m., -. perdedor.

Ver.lies [fér-lí:s] s.n., -e. calabouço; prisão.

ver.lo.ben [fér-ló:ben] v. noivar.

Ver.lob.te [fér-ló:pte] s.m. ou s.f., -n. noivo(a).

Ver.lo.bung [fér-ló:bunk] s.f., -en. noivado.

ver.lockend [fér-lókent] *adj.* atrativo, atraente.

ver.lo.gen [fér-ló:guen] *adj.* mentiroso.

ver.lo.ren [fér-ló:ren] v. considerar perdido; dar por perdido.

ver.lo.ren.ge.hen [fér-ló:ren-guê:en] v. perder-se.

ver.lö.schen [fér-lóchen] v. extinguir.

Ver.lo.sung [fér-ló:zunk] s.f., -en. sorteio; rifa.

Ver.lust [fér-lúst] s.m., -e. perda; prejuízo.

ver.ma.chen [fér-má-rren] v. legar.

Ver.mächt.nis [fér-mécht-nis] s.n., *Vermächtnisse.* legado; patrimônio; testamento.

ver.mäh.len [fér-mé:len] v. casar-se.

Ver.mah.nung [fér-má:nunk] s.f., -en. admoestação.

Ver.meh.rung [fér-mê:runk] s.f., -en. aumento; multiplicação, reprodução.

ver.mei.den [fér-máiden] v. evitar.

ver.meint.lich [fér-máint-lich] *adj.* suposto, pretenso; fictício.

ver.mel.den [fér-mélden] v. noticiar, notificar; informar, avisar.

Ver.merk [fér-mérk] s.m., -e. nota.

ver.mer.ken [fér-mérken] v. notar; *übel –*: levar a mal.

ver.mes.sen [fér-méssen] v. medir; *sich –*: enganar-se na medida; *(fig.) sich – zu*: *(inf.)* atrever-se a; *adj.* atrevido.

Ver.mes.sen.heit [fér-méssen-rháit] s.f., -en. atrevimento.

Ver.mes.sung [fér-méssunk] s.f., -en. medição; levantamento topográfico.

ver.mie.ten [fér-mí:ten] v. alugar; arrendar.

Ver.mie.ter [fér-mí:ta] s.m., -. locador; arrendador.

Ver.mie.tung [fér-mí:tunk] s.f., -en. aluguel; arrendamento.

ver.min.dern [fér-mín-dérn] v. diminuir, reduzir.

Ver.min.de.rung [fér-minde-runk] s.f., -en. diminuição, redução.

ver.mischt [fér-micht] *adj.* misturado; misto.

Ver.mi.schung [fér-michunk] s.f., -en. mistura, mescla; *(zool.)* cruzamento.

ver.mis.sen [fér-méssen] v. sentir falta de; fazer falta a.

ver.misst [fér-míst] *adj.* desaparecido.

ver.mit.teln [fér-mítéln] v. intervir; intermediar; mediar; conciliar; facilitar, arranjar.

Ver.mit.tler [fér-mít-la] s.m., -. mediador, intermediador.

Ver.mitt.lung [fér-mít-lunk] s.f., -en. mediação.

ver.mo.dern [fér-mô:-dérn] v. apodrecer.

ver.mö.gen [fér-mø:guen] v. poder; *nichts über jemanden –*: não ter autoridade sobre alguém.

Ver.mö.gen [fér-mø:guen] s.n., -. fortuna, bens, patrimônio; poder.

VERMÖGEND • VERSCHENKEN

ver.mö.gend [fér-mø:guent] *adj.* abastado, rico.

Ver.mum.mung [fér-múmunk] *s.f., -en.* disfarce; máscara.

ver.mu.ten [fér-mú:ten] *v.* supor; presumir; suspeitar.

ver.mut.lich [fér-mút-lich] *adj.* provável; presumível; *adv.* parece que, é de supor que.

Ver.mu.tung [fér-mú:tunk] *s.f., -en.* suposição; conjetura; suspeita; *gegen alle* –: contra toda a expectativa.

ver.nach.läs.si.gen [fér-nárr-léssigen] *v.* descuidar, deslexar; desprezar.

ver.nar.ben [fér-nárben] *v.* cicatrizar.

ver.nehm.bar [fér-nê:m-bá:r] *adj.* perceptível.

ver.nehm.en [fér-nê:men] *v.* perceber; sentir.

ver.nehm.lich [fér-nê:m-lich] *adj.* distinto, claro, inteligível.

Ver.neh.mung [fér-nê:munk] *s.f., -en.* interrogatório.

ver.nei.gen [fér-náiguen] *v. sich* –: inclinar-se; cumprimentar.

ver.nei.nen [fér-náinen] *v.* negar.

Ver.nei.nung [fér-nái-nunk] *s.f., -en.* negação.

ver.nich.ten [fér-niçh-ten] *v.* aniquilar, exterminar.

Ver.nich.tung [fér-niçh-tunk] *s.f., -en.* aniquilação, extermínio.

ver.nie.ten [fér-ní:ten] *v.* rebitar.

Ver.nunft [fér-núnft] *s.f. (sem plural).* razão, juízo; *zur – bringen:* chamar à razão; *zur – kommen; zur – annehmen:* vir à razão; tomar juízo.

ver.nunft.ge.mäß [fér-núnft-guemé:s] *adj.* razoável, sensato, lógico.

ver.nünf.tig [fér-nynf-tiçh] *adj.* razoável, sensato.

ver.öden [fér-ø:den] *v.* ficar deserto; tornar-se despovoado.

ver.ord.nen [fér-órt-nen] *v.* ordenar, decretar; receitar; prescrever.

Ver.ord.nung [fér-órt-nunk] *s.f., -en.* decreto, edital; receita, prescrição.

Ver.pach.tung [fér-párr-tunk] *s.f., -en.* arrendamento.

ver.packen [fér-páken] *v.* enfardar, empacotar.

Ver.packung [fér-pákunk] *s.f., -en.* embalagem.

ver.pas.sen [fér-pássen] *v.* perder; *jemanden* –: desencontrar-se com alguém.

ver.pe.sten [fér-pésten] *v.* infestar; empestar.

ver.pfän.den [fér-pfénden] *v.* empenhar; penhorar.

ver.pfle.gen [fér-pflê:guen] *v.* alimentar; sustentar; *jemanden* –: dar pensão a alguém; abastecer.

Ver.pfle.gung [fér-pflê:gunk] *s.f., -en.* alimentação; víveres; abastecimento.

ver.pflich.ten [fér-pfliçh-ten] *v.* obrigar; empenhar; comprometer(-se).

Ver.pflich.tung [fér-pfliçh-tunk] *s.f., -en.* obrigação, dever; compromisso.

ver.prü.geln [fér-pry:-guéln] *v.* espancar, surrar; desancar.

ver.qualmt [fér-kválmt] *adj.* cheio de fumo; enfumaçado.

ver.ram.meln [fér-rá-méln] *v.* trancar; atravancar.

ver.ra.ten [fér-rá:ten] *v.* trair, atraiçoar; denunciar, revelar.

Ver.rä.ter [fér-rê:ta] *s.m.,* –. traidor.

ver.rä.te.risch [fér-rê:te-rich] *adj.* traiçoeiro.

ver.rau.chen [fér-ráu-rren] *v.* dissipar-se; evaporar-se.

ver.rau.schen [fér-ráuchen] *v.* passar.

ver.rech.nen [fér-réçh-nen] *v.* descontar; *sich* –: enganar-se na conta.

Ver.rech.nung [fér-réçh-nunk] *s.f., -en.* compensação.

ver.recken [fér-réken] *v.* espichar.

ver.rei.sen [fér-ráizen] *v.* viajar; partir em viagem.

Ver.ren.kung [fér-rênkunk] *s.f., -en.* deslocamento; luxação.

ver.rich.tem [fér-riçh-ten] *v.* executar.

ver.rie.geln [fér-rí:-guéln] *v.* trancar, aferrolhar.

ver.rin.gern [fér-rín-guérn] *v.* diminuir, reduzir; minguar.

Ver.rin.ge.rung [fér-rín-guerunk] *s.f., -en.* diminuição, redução.

ver.rückt [fér-rykt] *adj.* louco.

Ver.rückt.heit [fér-rykt-rháit] *s.f., -en.* loucura; demência.

Ver.ruf [fér-rú:f] *s.m. (sem plural).* má fama; descrédito.

ver.ru.fen [fér-rú:fen] *adj.* de má fama, de má reputação; desacreditado.

Vers [vérs] *s.m., -e.* verso; versículo.

Ver.sa.gen [fér-zá:guen] *s.n.,* –. falha, insuficiência. *v.* negar, refutar; recusar; *sich* –: privar-se de, desistir de; *sich nicht – können zu:* não poder deixar de.

ver.sal.zen [fér-zál-tsen] *v.* salgar; *(fig.)* desmanchar.

Ver.samm.lung [fér-zám-lunk] *s.f., -en.* reunião; assembleia, comício.

Ver.sand [fér-zánt] *s.m. (sem plural).* expedição, envio; exportação.

Ver.sand.haus [fér-zánt-rháus] *s.n., Versandhäuser.* casa de expedição.

ver.säu.men [fér-zóimen] *v.* faltar a; perder; deixar de.

ver.scha.chern [fér-chá-rrérn] *v.* vender barato; liquidar.

ver.schaf.fen [fér-cháfen] *v.* arranjar, conseguir; proporcionar.

ver.schämt [fér-chémt] *adj.* envergonhado; *(fig.)* tímido, acanhado.

ver.schan.zen [fér-chán-tsen] *v.* entrincheirar; *(fig.)* escusar-se.

Ver.schär.fung [fér-chérfunk] *s.f., -en.* agravamento; aceleração.

ver.schar.ren [fér-chá-ren] *v.* soterrar; enterrar.

ver.schei.den [fér-cháiden] *v.* expirar, falecer; falecimento.

ver.schen.ken [fér-chénken] *v.* presentear; fazer presente de.

ver.scheu.chen [fér-chói-chen] v. afugentar; (fig.) dissipar.

ver.schi.cken [fér-chíken] v. expedir, enviar; remeter; deportar.

ver.schieb.bar [fér-chí:p-bá:r] adj. móvel.

ver.schie.ben [fér-chí:ben] v. mover; remover; deslocar; adiar, protelar; (fig.) traficar.

Ver.schie.bung [fér-chí:-bunk] s.f., -en. mudança; modificação; transposição; adiamento; (fig.) tráfico.

ver.schie.den [fér-chí:den] adj. diverso, diferente, distinto.

Ver.schie.den.heit [fér-chí:den-rháit] s.f., -en. diversidade, variedade; heterogeneidade.

ver.schie.ßen [fér-chí:ssen] v. desbotar, descorar; esgotar a munição; (fig.) sich in –: apaixonar-se de.

Ver.schif.fung [fér-chífunk] s.f., -en. embarque; transporte fluvial ou marítimo.

ver.schim.meln [fér-chímeln] v. embolorar.

ver.schla.fen [fér-chlá:fen] v. acordar tarde; dormir demais; adj. sonolento.

Ver.schlag [fér-chlá:k] s.m., Verschläge. tabique.

ver.schla.gen [fér-chlá:guen] v. revestir de tábuas; perder; desnortear; –werden: derivar; – werden nach: desviar-se para; ir parar em; nichts –: não importar; adj. astuto, manhoso.

Ver.schla.gen.heit [fér-chlá:guen-rháit] s.f., -en. astúcia, manha.

ver.schlam.pen [fér-chlámpen] v. desmazelar-se.

Ver.schlech.te.rung [fér-chléch-terunk] s.f., -en. piora, agravamento; deterioração, degradação.

ver.schlei.ern [fér-chlái-ern] v. disfarçar, velar; encobrir; falsificar.

Ver.schleiß [fér-chláis] s.m., -e. venda em liquidação; desgaste.

ver.schlei.ßen [fér-chláissen] v. vender barato; desgastar; puir, estragar.

ver.schlep.pen [fér-chlépen] v. raptar; desviar, roubar.

ver.schleu.dern [fér-chlói-dérn] v. dissipar; malbaratar.

ver.schließ.bar [fér-chlí:s-bá:r] adj. provido de fechadura; com tranca.

ver.schlie.ßen [fér-chlí:ssen] v. fechar, encerrar; trancar.

ver.schlim.mern [fér-chlím-mérn] v. piorar, agravar.

ver.schlin.gen [fér-chlínguen] v. devorar, tragar, engolir; viel Geld –: custar um dinheirão.

ver.schlis.sen [fér-chlíssen] adj. gasto; puído.

ver.schlos.sen [fér-chlóssen] adj. fechado; (fig.) reservado; pouco comunicativo.

ver.schlucken [fér-chlúken] v. engolir; ingerir.

Ver.schluss [fér-chlús] s.m., Verschlüsse. fechadura, fecho; tampa; (fotog.) obturador.

ver.schmach.ten [fér-chmárr-ten] v. morrer de sede; (f) enlanguescer.

ver.schmä.hen [fér-chmé:en] v. desdenhar, desprezar.

Ver.schmel.zung [fér-chmél-tsunk] s.f., -en. fusão.

ver.schmie.ren [fér-chmí:ren] v. calafetar; sujar, lambuzar; engraxar.

ver.schmitzt [fér-chmít-tst] adj. astuto, sabido; manhoso, maroto.

ver.schmut.zen [fér-chmút-tsen] v. sujar(-se).

ver.schnau.fen [fér-chnáufen] v. descansar; tomar fôlego.

ver.schnupft [fér-chnúpft] adj. constipado; (fig.) amuado.

ver.schol.len [fér-chólen] adj. desaparecido; extinto.

ver.scho.nen [fér-chô:nen] v. poupar, deixar em paz; jemanden mit etwas –: dispensar alguém de alguma coisa.

ver.schö.nern [fér-chǿ:-nérn] v. embelezar; amenizar.

ver.schrän.ken [fér-chrénken] v. cruzar.

ver.schrau.ben [fér-chráuben] v. parafusar.

ver.schrei.ben [fér-chráiben] v. receitar, prescrever; legar; gastar a tinta de uma caneta; sich dem Teufel –: vender a própria alma ao Diabo; sich etwas –: encomendar alguma coisa; sich jemanden –: contratar alguém.

Ver.schrei.bung [fér-chrái-bunk] s.f., -en. prescrição, receita; promessa escrita.

Ver.schro.ben.heit [fér-chrô:ben-rháit] s.f., -en. excentricidade, extravagância.

ver.schul.den [fér-chúlden] v. endividar-se; ter a culpa de, ser a causa de; culpa, falta.

Ver.schul.dung [fér-chúl-dunk] s.f., -en. dívidas; hipoteca.

ver.schüt.ten [fér-chýten] v. verter; entulhar, enterrar.

ver.schwä.gern [fér-chvé-guérn] v. sich –: aparentar-se; contrair parentesco por casamento.

ver.schwei.gen [fér-chváiguen] v. calar, silenciar; ocultar.

ver.schwen.den [fér-chvénden] v. dissipar, esbanjar.

ver.schwen.de.risch [fér-chvénde-rich] adj. profuso, esbanjador.

Ver.schwen.dung [fér-chvéndunk] s.f., -en. desperdício, esbanjamento; profusão.

ver.schwie.gen [fér-chví:guen] adj. calado, discreto; reservado.

Ver.schwie.gen.heit [fér-chví:guen-rháit] s.f (sem plural). reserva, discrição.

ver.schwin.den [fér-chvínden] v. desaparecer; (fig.) safar-se; – lassen: escamotear(-se).

ver.schwö.ren [fér-chvǿ:ren] v. abjurar; conspirar, conjurar.

Ver.schwö.rung [fér-chvǿ:runk] s.f., -en. conspiração, conjura.

ver.se.hen [fér-zé:en] *v.* exercer, desempenhar; guarnecer de; *mit Bänken –:* abancar; *– mit:* abastecer de, abastar de, munir de, equipar com; *sich –:* enganar-se, equivocar-se; *ehe man sich dessen versieht:* sem se dar por isso; erro, engano, equívoco.

ver.se.hent.lich [fér-zé:ent-liçh] *adv.* por engano.

ver.sen.den [fér-zênden] *v.* enviar, expedir, despachar.

ver.sen.gen [fér-zênguen] *v.* chamuscar.

ver.sen.ken [fér-zênken] *v.* submergir; afundar, pôr a pique; *ins Meer –:* lançar ao mar; embeber; mergulhar; *sich –:* mergulhar-se; *(fig.)* abismar-se.

Ver.sen.kung [fér-zênkunk] *s.f. (sem plural).* submersão; afundamento.

ver.ses.sen [fér-zéssen] *adj. – auf:* aferrado a.

Ver.set.zung [fér-zé-tsunk] *s.f., -en.* transferência; transposição; transplantação.

ver.si.chern [fér-zí-çhérn] *v.* assegurar; pôr no seguro; afirmar, asseverar.

Ver.si.che.rung [fér-zíçhe-runk] *s.f., -en.* afirmação, garantia; seguro.

ver.sickern [fér-zi-kérn] *v.* perder-se.

ver.sie.geln [fér-zí-guéln] *v.* selar; lacrar.

ver.sie.gen [fér-zí-guen] *v.* secar; esgotar-se.

ver.sin.ken [fér-zinken] *v.* afundar, ir a pique.

ver.sinn.bild.li.chen [fér-zín-bílt-li-çhen] *v.* simbolizar.

ver.söh.nen [fér-zø:nen] *v.* reconciliar; *sich –:* fazer as pazes.

ver.söhn.lich [fér-zø:n-liçh] *adj.* reconciliador, conciliante.

Ver.söh.nung [fér-zø:nunk] *s.f., -en.* reconciliação.

ver.sor.gen [fér-zórguen] *v.* prover, fornecer a; abastecer, aprovisionar.

Ver.sor.gung [fér-zórgunk] *s.f., -en.* abastecimento; provimento.

ver.spä.ten [fér-chpè:ten] *v.* atrasar-se.

Ver.spä.tung [fér-chpè:tunk] *s.f., -en.* atraso.

ver.spei.sen [fér-chpáizen] *v.* comer, consumir.

ver.sper.ren [fér-chpé-ren] *v.* trancar, fechar, vedar; tapar, impedir, obstruir.

ver.spie.len [fér-chpí:len] *v.* perder no jogo.

Ver.spot.tung [fér-chpótunk] *s.f., -en.* escárnio; troça, zombaria.

Ver.spre.chen [fér-chpré-çhen] *s.n., -.* promessa. *v.* prometer.

ver.sprit.zen [fér-chpri-tsen] *v.* derramar; salpicar, respingar.

ver.spü.ren [fér-chpy:ren] *v.* sentir; ressentir-se de.

Ver.stand [fér-chtánt] *s.m. (sem plural).* entendimento; inteligência, intelecto; razão, juízo.

ver.stan.des.kraft [fér-chtándes-kráft] *s.f. (sem plural).* inteligência.

ver.stan.des.mä.ßig [fér-chtándes-mè:ssiçh] *adj.* intelectual; racional.

ver.stän.dig [fér-chténdiçh] *adj.* sensato, razoável; ajuizado.

ver.stän.di.gen [fér-chtén-diguen] *v.* informar, avisar; explicar; *sich –:* entender-se.

Ver.stän.di.gung [fér-chtén-digunk] *s.f., -en.* entendimento; compreensão.

ver.ständ.lich [fér-chtént-liçh] *adj.* compreensível; inteligível.

Ver.ständ.nis [fér-chtént-nis] *s.f., Verständnisse.* compreensão; inteligência.

ver.ständ.nis.los [fér-chtént-nis-lôs] *adj.* sem compreensão.

ver.ständ.nis.voll [fér-chtént-nis-fól] *adj.* compreensivo.

ver.stär.ken [fér-chtérken] *v.* reforçar; aumentar; acentuar; amplificar.

Ver.stär.kung [fér-chtérkunk] *s.f., -en.* reforço; aumento; fortalecimento.

ver.stau.ben [fér-chtáuben] *v.* empoeirar; ficar cheio de pó.

Ver.stau.chung [fér-chtáu-runk] *s.f., -en.* torção; luxação.

Ver.steck [fér-chték] *s.n., -e.* esconderijo; emboscada.

ver.stecken [fér-chtéken] *v.* esconder, ocultar.

ver.steckt [fér-chtékt] *adj.* escondido, oculto.

ver.ste.hen [fér-chtè:en] *v.* entender, compreender, perceber; saber.

ver.stei.gern [fér-chtái-guérn] *v.* leiloar, arrematar.

Ver.stei.ne.rung [fér-chtái-nerunk] *s.f., -en.* petrificação; fóssil.

ver.stell.bar [fér-chtél-bá:r] *adj.* móvel.

ver.stel.len [fér-chtélen] *v.* deslocar, mudar; *sich –:* fingir; dissimular.

ver.stie.gen [fér-chtí:guen] *adj.* extravagante; quimérico.

ver.stim.men [fér-chtímen] *v.* desafinar; desgostar.

ver.stim.mend [fér-chtím-ment] *adj.* amuado, mal-humorado.

Ver.stim.mung [fér-chtím-munk] *s.f., -en.* descontentamento, indisposição; desafinação.

ver.stockt [fér-chtókt] *adj.* obstinado, teimoso.

ver.stoh.len [fér-chtò:len] *adj.* furtivo; clandestino.

Ver.stop.fung [fér-chtóp-funk] *s.f., -en.* obstrução; prisão de ventre.

ver.stor.ben [fér-chtórben] *adj.* falecido; defunto.

ver.stört [fér-chtø:rt] *adj.* perturbado, transtornado.

Ver.stoß [fér-chtò:s] *s.m., Verstöße.* falta, infração, violação.

ver.sto.ßen [fér-chtò:ssen] *v.* infringir; violar; repudiar.

Ver.sto.ßung [ferchtó:ssunk] s.f., -en. repúdio; expulsão.

ver.strei.chen [fer-chtrái-chen] v. tapar; barrar.

ver.streu.en [fér-chtróien] v. espalhar, dispersar.

ver.stricken [fér-chtríken] v. envolver, enredar.

ver.strö.men [fér-chtrø:men] v. escorrer.

Ver.stüm.me.lung [fér-chty-melunk] s.f., -en. mutilação.

ver.stum.men [fér-chtú-men] v. emudecer.

Ver.such [férzúrr] s.m., -e. ensaio; tentativa; experiência.

ver.su.chen [fer-zú-rren] v. ensaiar; experimentar; provar; tentar.

Ver.su.chung [fér-zú-rrunk] s.f., -en. tentação.

ver.sump.fen [fér-zúmpfen] v. encharcar-se; (fig.) corromper-se.

Ver.sün.di.gung [fér-zyn-digunk] s.f., -en. pecado; ofensa.

Ver.sun.ken.heit [fér-zúnken-rháit] s.f., -en. meditação.

ver.sü.ßen [férzy:ssen] v. adoçar; atenuar.

ver.ta.gen [fér-tá:guen] v. adiar, transferir; protelar.

ver.tau.schen [fér-táuchen] v. trocar, confundir.

ver.tei.di.gen [fér-tái-diguen] v. defender.

Ver.tei.di.ger [fér-tái-diga] s.m., -. defensor.

Ver.tei.di.gung [fér-tái-digunk] s.f., -en. defesa.

ver.tei.len [fér-táilen] v. distribuir; difundir; repartir.

Ver.tei.lung [fér-táilunk] s.f., -en. distribuição; partilha.

Ver.teue.rung [fér-tói-erunk] s.f. (sem plural). encarecimento; carestia.

ver.teu.felt [fér-tói-fëlt] adj. endiabrado; diabólico, demoníaco.

ver.tie.fen [fér-tí:fen] v. aprofundar; sich –: enfronhar-se.

Ver.tie.fung [fér-tí:funk] s.f., -en. aprofundamento; cavidade; depressão; escavação.

ver.til.gen [fér-tílguen] v. exterminar; consumir.

Ver.trag [fer-trá:k] s.m., Verträge. contrato; tratado; pacto; acordo.

ver.tra.gen [fér-trá:guen] v. suportar, aguentar; gut –; sich gut – mit: dar-se bem com; sich wieder –: fazer as pazes.

ver.trag.lich [fér-trá:k-liçh] adj. contratual; convencional.

ver.träg.lich [fér-trë:k-liçh] adj. tratável, pacífico; assimilável; (fig.) compatível.

Ver.träg.lich.keit [fér-trë:k-liçh-káit] s.f. (sem plural). compatibilidade; bom gênio, docilidade de caráter.

ver.trau.en [fér-tráuen] v. confiar; jemandem –; auf –: confiar em, ter confiança em.

ver.trau.lich [fér-tráu-liçh] adj. confidencial.

Ver.trau.lich.keit [fér-tráu-liçh-káit] s.f. (sem plural). caráter confidencial; intimidade.

ver.träumt [fér-tróimt] adj. sonhador; absorto, enlevado.

ver.traut [fér-tráut] adj. familiar, íntimo; – sein mit: conhecer a fundo; – werden mit; sich – machen mit: familiarizar-se com.

ver.trei.ben [fér-tráiben] v. expulsar; desalojar.

Ver.trei.bung [fér-trái-bunk] s.f., -en. expulsão.

ver.tre.ten [fér-trë:ten] v. substituir; representar.

Ver.tre.tung [fér-trë:tunk] s.f., -en. substituição; representação, delegação.

Ver.trieb [fér-trí:p] s.m., -e. venda.

ver.trock.nen [fér-trók-nen] v. secar.

ver.übeln [fér-y:béln] v. levar a mal.

ver.üben [fér-y:ben] v. cometer, perpetrar.

ver.un.glimp.fen [fér-un-glímpfen] v. difamar.

ver.un.glücken [fér-ún-glyken] v. sofrer um acidente; tödlich –: morrer num acidente; malograr; naufragar.

ver.un.rei.ni.gen [férún-ráiniguen] v. sujar, infectar; (rel.) profanar.

ver.un.stal.tung [férún-chtál-tunk] s.f., -en. deformação; desfiguração.

Ver.un.treu.ung [fér-ún- trói-unk] s.f., -en. desfalque, fraude; malversação.

ver.ur.sa.chen [fér-ua-zá-rren] v. causar, produzir.

ver.ur.tei.len [fér-u:a-táilen] v. condenar; sentenciar.

Ver.ur.tei.lung [fér-u:a-táilunk] s.f., -en. condenação.

ver.viel.fäl.ti.gen [fér-fí:l-féltiguen] v. multiplicar; reproduzir.

Ver.viel.fäl.ti.gung [fér-fí:l-félti-gunk] s.f., -en. multiplicação, reprodução.

ver.voll.kommen [fér-fól-kómen] v. aperfeiçoar.

ver.voll.stän.di.gen [fér-fól-chtén-diguen] v. completar.

ver.wach.sen [fér-váksen] v. cicatrizar; adj. aleijado; corcunda.

ver.wah.ren [fér-vá:ren] v. guardar; acautelar.

Ver.wahr.lo.sung [fér-vá:r-lôzunk] s.f., -en. abandono; negligência.

Ver.wah.rung [fér-vá:runk] s.f., -en. preservação; custódia, guarda.

ver.wai.sen [fér-váizen] v. ficar órfão; ficar desamparado.

ver.wal.ten [fér-válten] v. administrar; exercer.

Ver.wal.ter [fér-válta] s.m., -. administrador; gerente.

Ver.wal.tung [fér-váltunk] s.f., -en. administração; gerência.

ver.wan.deln [fér-ván-déln] v. transformar; transmutar; converter, comutar.

ver.wandt [fér-vánt] *adj.* aparentado, parente.
ver.wandt.schaft [fér-vánt-cháft] *s.f., -en.* parentesco; parentes, parentela; *(fig.)* afinidade.
ver.wäs.sern [fér-véssérn] *v.* misturar com água; aguar; *(fig.)* trivializar.
ver.wech.seln [fér-vékséln] *v.* confundir, trocar.
Ver.wech.se.lung [fér-vékselunk] *s.f., -en.* engano, equívoco; confusão.
ver.we.gen [fér-vè:guen] *adj.* temerário, ousado, audaz.
ver.weh.ren [fér-vè:ren] *v.* vedar, impedir; proibir.
ver.wei.gern [fér-vái-guérn] *v.* negar, recusar.
ver.wei.len [fér-váilen] *v.* demorar(-se); ficar.
Ver.weis [fér-váis] *s.m., -e.* repreensão, censura.
ver.wei.sen [fér-váizen] *v.* remeter, referir-se; *jemandem etwas -:* repreender alguém por causa de; interditar alguma coisa a alguém; *des Landes -:* desterrar; banir, expulsar.
Ver.wei.sung [fér-váizunk] *s.f., -en.* referência; expulsão, desterro.
ver.wel.ken [fér-vélken] *v.* murchar.
ver.wen.den [fér-vênden] *v.* empregar, utilizar, aplicar; *jemanden -:* servir-se de alguém (para); *sich - für:* interessar-se por; intervir a favor de.
Ver.wen.dung [fér-vêndunk] *s.f., -en.* emprego, uso, aplicação; *(fig.)* intervenção.
ver.wer.fen [fér-vérfen] *v.* rejeitar, repudiar; *(rel.)* condenar.
ver.werf.lich [fér-vérf-liçh] *adj.* reprovável, condenável.
Ver.wer.fung [fér-vérfunk] *s.f., -en.* rejeição, repúdio; condenação; *(geol.)* falha.
ver.wert.bar [fér-vért-bá:r] *adj.* aproveitável; utilizável.
Ver.wer.tung [fér-vértunk] *s.f., -en.* aproveitamento; utilização; valorização.

ver.we.sen [fér-vè:zen] *v.* apodrecer, decompor-se; administrar; reger.
ver.wi.ckeln [fér-vi-kéln] *v.* embrulhar; *(fig.)* complicar, *-: in* implicar em; *sich in Widersprüche -:* incorrer em.
ver.wi.ckelt [fér-vi-kêlt] *adj. (fig.)* complicado.
Ver.wick.lung [fér-vik-lunk] *s.f., -en.* complicação, confusão; *(lit.)* enredo; entrecho.
ver.wil.dert [fér-vil-dért] *adj.* selvagem, inculto.
ver.wir.ken [fér-vírken] *v.* incorrer em.
Ver.wirk.li.chung [fér-virk-liçhunk] *s.f., -en.* realização.
ver.wir.ren [fér-vi-ren] *v.* emaranhar; confundir, perturbar; *jemanden -:* desconcertar alguém; *etwas -:* complicar alguma coisa.
ver.wir.rend [fér-vi-rent] *adj.* desconcertante.
ver.wirrt [fér-virt] *adj.* confuso; embaraçado, desnorteado.
Ver.wir.rung [fér-vi-runk] *s.f., -en.* confusão; perturbação.
ver.wi.schen [fér-vichen] *v.* sujar; confundir.
ver.wit.tern [fér-vi-térn] *v.* decompor-se; aluir.
ver.wit.wet [fér-vít-vêt] *adj.* enviuvado; viúvo.
ver.wöh.nen [fér-vø:nen] *v.* acarinhar; mimar; estragar com mimos.
Ver.wöh.nung [fér-vø:nkunk] *s.f., -en.* mimo.
ver.wor.fen [fér-vórfen] *adj.* abjeto; *(rel.)* réprobo.
ver.wor.ren [fér-vó-ren] *adj.* confuso.
ver.wund.bar [fér-vúnt-bá:r] *adj.* vulnerável.
ver.wun.den [fér-vúnden] *v.* ferir; *(fig.)* magoar.
ver.wun.dern [fér-vún-dérn] *v.* causar surpresa a; *sich - admirar-se; zu -:* de estranhar, de admirar.
ver.wun.dert [fér-vún-dért] *adj.* admirado; surpreso.

Ver.wun.de.rung [fér-vún-derunk] *s.f. (sem plural).* admiração; surpresa.
ver.wun.det [fér-vún-dêt] *adj.* ferido; mutilado.
Ver.wun.dung [fér-vún-dunk] *s.f., -en.* ferida, ferimento.
ver.wün.schen [fér-vynchen] *v.* amaldiçoar; encantar, enfeitiçar.
Ver.wünscht! [fér-vyncht] *interj.* maldito!
Ver.wü.stung [fér-vystunk] *s.f., -en.* devastação.
ver.za.gen [fér-tsá:guen] *v.* desanimar.
Ver.zagt.heit [fér-tsá:kt-rháit] *s.f., -en.* desalento.
Ver.zah.nung [fér-tsá:nunk] *s.f., -en.* engrenagem.
Ver.zau.be.rung [fér-tsáu-berunk] *s.f., -en.* encantamento.
ver.zeh.ren [fér-tsè:ren] *v.* consumir; comer.
ver.zeh.rend [fér-tsè:rent] *adj. (fig.)* ardente; consumptivo.
Ver.zeh.rung [fér-tsè:runk] *s.f., -en.* consumpção.
ver.zeich.nen [fér-tsáiçh-nen] *v.* registrar, assinalar; desenhar mal, desfigurar.
Ver.zeich.nis [fér-tsáiçh-nís] *s.n., Verzeichnisse.* lista, rol; catálogo, índice.
ver.zei.hen [fér-tsái:en] *v.* perdoar.
ver.zeih.lich [fér-tsái-liçh] *adj.* perdoável.
Ver.zei.hung [fér-tsái:unk] *s.f. (sem plural).* perdão, desculpa.
ver.zer.ren [fér-tsé-ren] *v.* desfigurar; torcer, deformar.
Ver.zer.rung [fér-tsé-runk] *s.f., -en.* desfiguração; contorção, distorção.
ver.zet.teln [fér-tsé-têln] *v.* dispersar; espalhar; distribuir; organizar por categorias.
Ver.zicht [fér-tsiçht] *s.m., -e.* renúncia, desistência; abdicação.
ver.zich.ten [fér-tsiçh-ten] *v.* renunciar, desistir; abdicar.

ver.zie.hen [fér-tsí:en] *v.* estragar com mimos, criar mal; distorcer; *das Gesicht –:* fazer caretas; *keine Miene –: nem pestanejar; sich – Holz:* empenar; demorar; mudar, deslocar-se.

Ver.zie.rung [fér-tsí:runk] *s.f., -en.* adorno, ornamento.

Ver.zin.sung [fér-tsín-zunk] *s.f., -en.* rendimento de juros; taxa de juro, percentagem.

ver.zö.gern [fér-tsø:guérn] *v.* retardar; *sich –:* demorar-se.

Ver.zö.ge.rung [fér-tsø:gue-runk] *s.f., -en.* demora; tardança.

ver.zol.len [fér-tsólen] *v.* pagar direitos tributários.

Ver.zug [fér-tsú:k] *s.m. (sem plural).* demora, atraso.

ver.zwei.feln [fér-tsvái-feln] *v.* desesperar.

Ver.zweif.lung [fér-tsváif-lunk] *s.f., -en.* desespero.

ver.zwei.gen [fér-tsváiguen] *v. sich –:* ramificar-se.

Ver.zwei.gung [fér-tsváigunk] *s.f., -en.* ramificação.

Ve.te.ran [veterá:n] *s.m., -en.* veterano.

Ve.te.ri.när [veteriné:r] *s.m., -e.* veterinário.

Ve.to [vê:to] *s.n., -* veto; *– einlegen:* opor.

Ve.to.recht [vê:to-réçht] *s.n., -e.* direito ao veto.

Vet.ter [féta] *s.m., -.* primo.

Vet.tern.schaft [fétérn-cháft] *s.f., -en.* parentela.

Vet.tern.wirt.schaft [fétérn-virt-cháft] *s.f. (sem plural).* nepotismo.

Vieh [fi:] *s.n. (sem plural).* gado; *Stück –:* cabeça de gado, rês; *(fig.)* besta; bruto.

Vieh.fut.ter [fi:-fúta] *s.n. (sem plural).* forragem; pasto.

viel [fi:l] *adj.* e *adv.* muito.

viel.deu.tig [fi:l-dói-tiçh] *adj.* ambíguo.

Viel.eck [fi:l-ék] *s.n., -e.* polígono.

viel.fach [fi:l-fárr] *adj.* múltiplo; variado; frequente, reiterado; *adv.* muitas vezes.

Viel.falt [fi:l-fált] *s.f. (sem plural).* multiplicidade.

Viel.göt.te.rei [fi:l-gøte-rái] *s.f., -en.* politeísmo.

Viel.heit [fi:l-ráhit] *s.f. (sem plural).* pluralidade; variedade; grande quantidade.

viel.leicht [fi:l-láiçht] *adv.* talvez; por acaso, porventura.

viel.mals [fi:l-máls] *adv.* muitas vezes; frequentemente; *danke –:* muitíssimo obrigado.

viel.mehr [fi:l-mê:r] *adv.* antes; pelo contrário.

viel.sa.gend [fi:l-zá-guent] *adj.* significativo.

viel.sei.tig [fi:l-zái-tiçh] *adj.* poligonal; multifacetado; *(fig.)* vasto, vário; universal; enciclopédico.

Viel.wei.be.rei [fi:l-váibe-rái] *s.f. (sem plural).* poligamia.

Vier [fi:r] *num.* quatro.

vier.eckig [fi:r-ékiçh] *adj.* quadrado, quadrangular.

Vier.ling [fi:r-link] *s.m., -e.* quadrigêmeo.

Vier.te [fi:r-te] *num. ord.* quarto.

Vier.tel [fi:r-têl] *quarto, quarta parte; bairro.*

Vier.tel.jahr [fi:r-têl-iá:r] *s.n., -e.* trimestre; três meses; *Drei –:* nove meses.

Vier.tel.stun.de [fi:r-têl-chtúnde] *s.f., -n.* quarto de hora; quinze minutos.

vier.zehn [fi:r-tse:n] *num.* quatorze.

vier.zig [fi:r-tsiçh] *num.* quarenta.

Vil.la [vila] *s.f. Villen.* vivenda; casa de campo ou de praia, mansão.

vio.lett [violét] *adj.* roxo, violeta.

Vio.li.ne [violí:ne] *s.f., -n.* violino; rabeca.

Vio.lin.schlüs.sel [violí:n-chlyssel] *s.m., -.* clave de sol.

Vi.per [vípa] *s.f., -n.* víbora.

Vi.si.on [vizió:n] *s.f., -en.* visão.

Vi.si.ten.kar.te [vizí:ten-kárte] *s.f., -n.* cartão de visitas.

Vi.sum [ví:zum] *s.n., Visa* ou *Visen.* visto; permissão de viagem e/ou estadia por tempo determinado, registrado no passaporte.

Vo.gel [fô:guel] *s.m., Vögel.* ave, pássaro; *Sing–:* ave canora.

Volk [fólk] *s.n., Völker.* povo, nação; *das gemeine –:* o vulgo, a plebe.

Völ.ker.kun.de [fǿlka-kúnde] *s.f. (sem plural).* etnologia; etnografia.

Völ.ker.recht [fǿlka-réçht] *s.n. (sem plural).* direito internacional.

Volksbrauch [fólks-bráurr] *s.m., Volksbräuche.* costume popular; costume nacional.

Volks.spra.che [fólks-chpráre] *s.f., -n.* linguagem vulgar.

Volks.zäh.lung [fólks-tsé:lunk] *s.f., -en.* censo, recenseamento.

voll [fól] *adj.* cheio, pleno, repleto, opulento; completo, inteiro; *bis an den Rand –:* a não poder mais; a sair pelo ladrão; *mit –er Kraft, aus vollem Halse:* a toda a força; *– und ganz:* inteiramente; *aus –em Herzen:* de todo o coração; *mit –en Segeln:* a todo o pano; *für – nehmen:* levar a sério.

voll.auf [fól-áuf] *adv.* completamente; em abundância.

voll.brin.gen [fól-bringuen] *v.* realizar.

voll.en.den [fól-énden] *v.* terminar, concluir, ultimar; completar.

voll.en.det [fól-éndet] *adj.* perfeito; consumado.

voll.ends [fól-énts] *adv.* de todo, inteiramente.

voll.en.dung [fól-éndunk] *s.f., -en.* conclusão, acabamento; aperfeiçoamento.

Völ.le.rei [fǿle-rái] *s.f. (sem plural).* gula.

voll.füh.ren [fól-fy:ren] *v.* realizar; executar, cumprir.

voll.jäh.rig [fól-ié:riçh] *adj.* maior; de maior idade.

VOLLJÄHRIGKEIT • VORHABEN

Voll.jäh.rig.keit [fól-iè:rich-káit] s.f. (sem plural). maioridade.

voll.kom.men [fól-kómen] adj. perfeito.

Voll.kom.men.heit [fól-kòmen-rháit] s.f. (sem plural). perfeição.

Voll.macht [fól-márrt] s.f., -en. pleno poder; procuração.

Voll.mond [fól-mônt] s.m., -e. lua cheia.

voll.stän.dig [fól-chténdich] adj. completo, integral; adv. de todo.

voll.strecken [fól-chtréken] v. executar.

Voll.streckung [fól-chtrékunk] s.f., -en. execução.

voll.zäh.lig [fól-tsé:lich] adj. completo.

Voll.zie.hung [fól-tsí:-unk] s.f., -en. consumação; ratificação.

vom [fôm] contr. de von dem: do.

von [fôn] prep. de; desde; a partir de; por; nichts – haben: não lucrar nada com alguma coisa.

von.ein.an.der [fôn-áin-ánda] adv. um do outro; uns dos outros.

von.nö.ten [fôn-nø:ten] adj. necessário, preciso.

vor [fór] prep. diante; ante; perante; na frente; em frente; – der Küste: ao largo da costa; – dem Winde: de vento em pane; – allen Dingen: antes de mais nada; – allem: sobretudo; adv. antes; nach wie –: como antes, como de hábito; da sei Gott –!: Deus nos livre!

vor.ab [fór-áp] adv. em primeiro lugar.

Vor.abend [fór-ábent] s.m., -e. véspera; am – : em vésperas de.

Vor.ah.nung [fór-á:nunk] s.f., -en. pressentimento.

vor.an [fór-án] adv. à frente, adiante.

Vor.an.schlag [fór-án-chlá:k] s.m., Voranschläge. orçamento.

Vor.ar.beit [fór-árbáit] s.f., -en. trabalho preparatório; (lit.) trabalho anterior; trabalho preliminar.

vor.ar.bei.ten [fór-árbàiten] v. adiantar o trabalho; facilitar o trabalho; preparar o caminho para.

Vor.ar.bei.ter [fór-árbáita] s.m., -. capataz; contramestre.

vor.aus [fóráus] adv. para diante; im – : de antemão; antecipadamente.

vor.aus.ge.setzt [fór-áus-guezétst] adj. pressuposto.

Vor.aus.sa.ge [fór-áus-zá:gue] s.f., -n. vaticínio; prognóstico.

Vor.aus.set.zung [fór-áus-zé-tsunk] s.f., -en. pressuposto; hipótese, suposição; condição prévia.

vor.aus.sicht.lich [fór-áus-zicht-lich] adj. presumível, presuntivo; adv. provavelmente.

Vor.bau [fór-báu] s.m., -ten. sacada; marquise.

vor.be.dacht [fór-bedárrt] adj. premeditado.

Vor.be.halt [fór-be-rhált] s.m., -e. reserva; ressalva.

vor.be.halt.los [fór-be-rhált-lôs] adj. sem reservas; incondicional.

vor.bei [fór-bái] adv. ao lado de, junto de; por diante de.

vor.be.rei.ten [fór-beráiten] v. preparar.

Vor.be.rei.tung [fór-beráitunk] s.f., -en. preparação; preparativo.

Vor.be.richt [fór-beríçht] s.m., -e. relatório preliminar; reportagem preliminar.

vor.beu.gen [fór-bóiguen] v. debruçar-se; inclinar-se para frente; prevenir, evitar.

vor.beu.gend [fór-bói-guent] adj. preventivo, preservativo; profilático.

Vor.bild [fór-bilt] s.n., -er. exemplo, modelo.

Vor.bo.te [fór-bó:te] s.m., -n. precursor; arauto; (fig.) indício; sintoma.

Vor.dach [fór-dárr] s.n., Vordächer. alpendre.

vor.dem [fór-dêm] adv. antes, outrora.

vor.der [fór-da] adj. anterior; dianteiro.

vor.der.hand [fór-dér-rhánt] adv. por enquanto.

vor.drin.gen [fór-drínguen] v. avançar; avanço.

vor.ei.lig [fór-áilich] adj. precipitado; arrebatado.

vor.ent.hal.ten [fór-ént-rhálten] v. reter; deter; jemandem etwas – : privar alguém de alguma coisa; sonegar.

vor.erst [fór-érst] adv. em primeiro lugar; por agora.

Vor.fall [fór-fál] s.m., Vorfälle. caso, acontecimento; incidente.

vor.fal.len [fór-fálen] v. acontecer, suceder; dar-se.

vor.fin.den [fór-finden] v. encontrar, achar.

vor.füh.ren [fó-fý:ren] v. levar para a frente; apresentar, mostrar; (cine) projetar, exibir; (teat.) representar.

Vor.gang [fór-gánk] s.m., Vorgänge. sucesso; caso; fenômeno; processo; precedência.

Vor.gän.ger [fór-guénga] s.m., -. predecessor; antecessor.

vor.gau.keln [fór-gáu-kéln] v. simular; fingir.

vor.ge.ben [fór-guê:ben] v. pretender.

vor.ge.fasst [fór-guefást] adj. preconcebido; -e Meinung: preconceito.

vor.ge.hen [fór-guê:en] v. passar para diante, passar para a frente, ir à frente; estar adiantado, ir adiantado; proceder, avançar; preceder; suceder; procedimento, avanço.

Vor.ge.schich.te [fór-guechíçhte] s.f. (sem plural). pré-história; s.f., -n (just.) antecedente.

vor.ge.stern [fór-guéstern] adv. anteontem.

vor.ha.ben [fór-rhá:ben] v. tencionar fazer; pretender; intenção; projeto, propósito.

226

Vor.hal.le [fór-rhále] *s.f., -n.* vestíbulo; pórtico; átrio.

vor.hal.ten [fór-rhálten] *v.* pôr em frente; mostrar, apresentar; *(fig.) jemandem etwas –:* repreender alguém por alguma coisa.

Vor.hand [fór-rhánt] *s.f., Vorhände.* antebraço; prioridade, preferência.

vor.han.den [fór-rhánden] *adj.* existente; *– sein:* existir; haver.

Vor.han.den.sein [fór-rhánden-záin] *s.n., -.* existência.

Vor.hang [fór-rhánk] *s.m., Vorhänge.* cortina.

Vor.hän.ge.schloss [fór-rhén-gue-chlós] *s.n., Vorhängeschlösser.* cadeado.

Vor.haut [fór-rháut] *s.f., Vorhäute.* prepúcio.

vor.her [fór-rhéa] *adv.* antes; de antemão, adiantado; *am Abend –:* na véspera.

Vor.her.be.stim.mung [fór-rhér-be-chtímunk] *s.f., -en.* predeterminação; predestinação.

Vor.herr.schaft [fór-rhér-cháft] *s.f. (sem plural).* supremacia; hegemonia; predomínio.

vor.herr.schen [fór-rhér-chen] *v.* predominar; *(fig.)* prevalecer.

vor.her.sa.gen [fór-rhér-zá:guen] *v.* prever; antever.

vor.her.se.hen [fór-rhér-zê:en] *v.* prever; antever.

vor.hin [fór-rhín] *adv.* há pouco.

Vor.hof [fór-rhô:f] *s.m., Vorhöfe.* átrio; *(rel.)* adro; *(anat.)* aurícula.

Vor.hut [fór-rhú:t] *s.f., Vorhüte.* vanguarda.

vo.rig [fó:riçh] *adj.* precedente, anterior; passado, transacto.

Vor.jahr [fór-iá:r] *s.n., -e.* ano passado.

Vor.kämp.fer [fór-kémpfa] *s.m., -.* defensor, propugnador; paladino; campeão.

vor.kau.en [fór-káuen] *v.* mastigar; *(fig.)* explicar.

Vor.keh.rung [fór-kê:runk] *s.f., -en.* medida, disposição, precaução; dispositivo, mecanismo.

Vor.kennt.nis [fór-két-nis] *s.f., Vorkenntnisse.* preparação, conhecimento prévio.

vor.kom.men [fór-kómen] *v.* aparecer, haver, encontrar-se; acontecer, suceder; parecer; *sich – wie:* sentir-se como; presença.

Vor.la.dung [fór-lá:dunk] *s.f., -en.* citação; intimação.

Vor.la.ge [fór-lá:gue] *s.f., -n.* projeto de lei; moção; modelo, padrão.

Vor.läu.fer [fór-lóifa] *s.m., -.* precursor.

vor.läu.fig [fór-lóifiçh] *adj.* provisório, interino; *adv.* por enquanto, por agora.

vor.laut [fór-láut] *adj.* indiscreto, abelhudo; petulante.

vor.le.gen [fór-lê:guen] *v.* apresentar; pôr; servir; submeter.

Vor.le.ger [fór-lê:ga] *s.m., -.* tapete.

vor.le.sen [fór-lê:zen] *v.* ler; ler para alguém.

Vor.le.sung [fór-lê:zunk] *s.f., -en.* leitura; leitura em voz alta.

vor.letzt [fór-létst] *adj.* penúltimo.

Vor.lie.be [fór-lí:be] *s.f., -n.* predileção.

vor.lie.gen [fór-lí:guen] *v.* haver, existir; *fertig –:* estar pronto.

vor.ma.chen [fór-márren] *v.* ensinar; *sich nichts – lassen:* não se deixar enganar.

vor.ma.lig [fór-máliçh] *adj.* antigo; anterior.

vor.mals [fór-máls] *adv.* antigamente; anteriormente.

Vor.mit.tag [fór-mít-tá:k] *s.m., -e.* manhã.

vor.mit.tags [fór-mít-tá:ks] *adv.* de manhã; antes do meio-dia.

Vor.mund [fór-múnt] *s.m., -e ou Vormünder.* tutor.

Vor.mund.schaft [fór-múnt-cháft] *s.f., -en.* tutela; tutoria.

vorn [fórn] *adv.* à frente, em frente; diante; *von –:* de frente; de topo, de ponta; *nach – hinaus liegen:* dar para a rua.

Vor.nah.me [fór-ná:me] *s.f., -n.* despacho, execução.

Vor.na.me [fór-iá:me] *s.m., -n.* prenome, nome de batismo.

vorn.an [fórn-án] *adv.* à frente.

vor.nehm [fór-nê:m] *adj.* distinto, nobre; elegante, aristocrático.

vor.neh.men [fór-nê:men] *v.* pôr, fazer, efetuar.

vor.nehm [fór-nê:m] *adj.* nobre; distinto; fidalgo; elegante.

vor.nehm.lich [fór-nê:m-liçh] *adv.* principalmente, nomeadamente.

Vor.ort [fór-órt] *s.m., -e.* subúrbio.

Vor.rang [fór-ránk] *s.m. (sem plural).* precedência, primazia, prioridade.

Vor.rat [fór-rá:t] *s.m., Vorräte.* provisão; reserva; abastecimento.

Vor.recht [fór-réçht] *s.n., -e.* privilégio, prerrogativa.

Vor.re.de [fór-rê:de] *s.f., -n.* prefácio, prólogo.

Vor.rich.tung [fór-riçh-tunk] *s.f., -en.* disposição, preparação; dispositivo.

vor.rücken [fór-ryken] *v.* avançar, adiantar; avanço.

Vor.run.de [fór-rúnde] *s.f., -n.* eliminatória.

vor.sa.gen [fór-zá:guen] *v.* dizer; ditar.

Vor.satz [fór-záts] *s.m., Vorsätze.* intenção; propósito.

vor.sätz.lich [fór-zéts-liçh] *adj.* de propósito, premeditado.

Vor.schein [fór-cháin] *s.m., -e. zum – bringen:* trazer à luz; revelar; *zum – kommen:* aparecer; manifestar-se.

Vor.schlag [fór-chlá:k] *s.m., Vorschläge.* proposta.

vor.schla.gen [fór-chlá:guen] *v.* propor.

vor.schrei.ben [fór-chráiben] *v.* escrever; *(fig.)* prescrever; fixar.

Vor.schrift [fór-chríft] *s.f., -en.* prescrição; regulamento; instrução.

vor.schrifts.mä.ßig [fór-chrífts-mé:ssich] *adj.* correto, regular; regulamentar.

vor.schuss [fór-chús] *s.m., Vorschüsse.* adiantamento; empréstimo.

vor.schwe.ben [fór-chvê:ben] *v.* intuir; ter uma vaga ideia a respeito de.

vor.se.hen [fór-zê:en] *v.* prever; projetar; *sich* –: acautelar-se.

vor.se.hung [fór-zê:unk] *s.f. (sem plural)* providência.

Vor.sicht [fór-zícht] *s.f. (sem plural)* cautela, cuidado; precaução.

vor.sich.tig [fór-zích-tich] *adj.* cauteloso, cuidadoso, prudente.

vor.sichts.hal.ber [fór-zíchts-rhálba] *adv.* por precaução.

Vor.sil.be [fór-zílbe] *s.f., -n.* prefixo.

vor.sint.flut.lich [fór-zínt-flút-lich] *adj.* antediluviano.

Vor.sitz [fór-zíts] *s.m., -e.* presidência.

vor.sit.zen [fór-zítsen] *v.* presidir.

Vor.sit.zen.de [fór-zítsênde] *s.m. ou s.f., -n.* presidente.

Vor.sor.ge [fór-zórgue] *s.f. (sem plural)* precaução.

vor.sorg.lich [fór-zórk-lich] *adj.* precavido; *adv.* por precaução.

vor.spie.geln [fór-chpí:-guéln] *v.* simular, fingir.

Vor.spie.ge.lung [fór-chpí:gue-lunk] *s.f., -en.* miragem, ilusão.

Vor.spiel [fór-chpí:l] *s.n., -e.* prelúdio; *(teat.)* prólogo.

vor.spre.chen [fór-chpré-chen] *v. jemandem etwas* –: dizer algum coisa para que alguém repita.

vor.sprin.gen [fór-chprínguen] *v.* saltar para a frente; ressaltar, salientar.

Vor.sprung [fór-chprunk] *s.m., Vorsprünge.* saliência; ressalto; dianteira, vantagem.

Vor.stadt [fór-chtát] *s.f., Vorstädte.* arrabalde; subúrbio.

Vor.stand [fór-chtánt] *s.m., Vorstände.* direção; diretoria.

vor.ste.hen [fór-chtê:en] *v.* sobressair; dirigir.

Vor.ste.her [fór-chtê:a] *s.m., -.* diretor; chefe.

vor.stel.len [fór-chtélen] *v.* pôr à frente; adiantar; *(teat.)* representar; significar; apresentar; fazer observar; *sich* –: imaginar; *sich* – *können:* fazer ideia de; calcular.

Vor.stel.lung [fór-chtélunk] *s.f., -en.* apresentação; ideia, noção; *(teat.)* representação, espetáculo, récita.

Vor.stoß [fór-chtó:s] *s.m., Vorstöße.* investida, ataque; avanço.

vor.sto.ßen [fór-chtó:ssen] *v.* avançar; – *gegen:* investir contra, atacar.

vor.stra.fe [fór-chtrá:fe] *s.f., -n.* antecedentes judiciais.

vor.strecken [fór-chtréken] *v.* estender; adiantar quantia em dinheiro.

Vor.stu.die [fór-chtú:die] *s.f., -n.* estudo preliminar, estudo preparatório.

Vor.stu.fe [fór-chtú:fe] *s.f., -n.* primeiro grau; curso elementar.

vor.stür.men [fór-chtyr-men] *v.* arremessar-se.

vor.täu.schen [fór-tóichen] *v.* simular, fingir; *jemandem* –: fazer crer a alguém.

Vor.teil [fór-táil] *s.m., -e.* vantagem; proveito; *zum* – *gereichen:* ser vantajoso para alguém.

vor.teil.haft [fór-táil-rháft] *adj.* vantajoso, proveitoso.

Vor.trag [fór-trák] *s.m., -e.* conferência; relato, exposição; declamação, recitação; *(mú)* interpretação, execução.

vor.tra.gen [fór-trá:guen] *v.* expor, recitar; *(mú)* executar; tocar.

vor.treff.lich [fór-tréflich] *adj.* excelente, primoroso; esmerado.

vor.tre.ten [fór-trê:ten] *v.* avançar; adiantar-se.

Vor.tritt [fór-trít] *s.m. (sem plural)* precedência.

vor.über [fór-y:ba] *adv.* passado.

Vor.ur.teil [fór-úr-táil] *s.n., -e.* preconceito.

vor.ur.teilfrei [fór-úr-táilch-frái], *adj.* sem preconceitos, independente, imparcial.

vor.ur.teils.los [fór-úr-táils-lôs] *adj.* sem preconceitos, independente, imparcial.

vor.wa.gen [fór-vá:guen] *v. sich* –: atrever-se a avançar; *(fig.)* arriscar-se.

Vor.wand [fór-vánt] *s.m., Vorwände.* pretexto; subterfúgio.

vor.wärts [fór-vérts] *adv.* avante.

vor.weg [fór-vê:k] *adv.* antecipadamente, primeiro; de antemão.

vor.wei.sen [fór-váizen] *v.* apresentar, mostrar; exibir.

vor.wer.fen [fór-vérfen] *v.* lançar à frente; *(fig.)* censurar, repreender.

vor.wie.gen [fór-ví:guen] *v.* preponderar; predominar.

vor.wie.gend [fór-ví:-guent] *adj.* preponderante; *adv.* principalmente.

Vor.wis.sen [fór-víssen] *s.n. (sem plural)* conhecimento prévio.

vor.wit.zig [fór-vítsich] *adj.* indiscreto; abelhudo.

Vor.wort [fór-vórt] *s.n., -e.* prefácio.

Vor.wurf [fór-vúrf] *s.m., Vorwürfe.* censura; repreensão.

Vor.zei.chen [fór-tsái-chen] *s.n., -.* augúrio, presságio.

vor.zei.gen [fór-tsáiguen] *v.* apresentar, mostrar.

vor.zei.ten [fór-tsáiten] *adv.* antigamente, outrora.

vor.zei.tig [fór-tsái-tich] *adj.* prematuro, precoce; *adv.* antes do tempo.

vor.zie.hen [fór-tsí:en] *v. (fig.)* preferir.

Vor.zim.mer [fór-tsíma] *s.n., -.* antecâmara; antessala.

Vor.zug [fór-tsú:k] *s.m., Vorzüge.* preferência; prioridade; vantagem; mérito, qualidade; prerrogativa.

vor.züg.lich [fór-tsy:k-liçh] *adj.* ótimo, excelente; *adv.* principalmente.

Vor.zugs.preis [fór-tsú:ks-práis] *s.m., -e.* preço especial; preço de amigo.

vor.zugs.wei.se [fór-tsu:ks-váize] *adv.* de preferência; preferencialmente.

vul.gär [vulgué:r] *adj.* vulgar.

Vul.kan [vulká:n] *s.m., -e.* vulcão.

vul.ka.nisch [vulká:nich] *adj.* vulcânico.

vul.ka.ni.sie.ren [vulkáni-zí:ren] *v.* vulcanizar.

W

W [vê:] vigésima terceira letra do alfabeto alemão; W, w.

Waa.ge [vá:gue] s.f., -n. balança; (astr.) Libra; báscula; zur- führen: à pesagem; sich die - halten: equilibrar-se, estar em equilíbrio.

waa.ge.recht [vá:gue-réçht] adj. horizontal; nivelado.

Waag.scha.le [vá:k-chále] s.f., -n. prato de balança.

wab.be.lig [váp-be:liçh] adj. molenga.

Wa.be [vá:be] s.f., -n. favo.

wach [várr] adj. acordado; desperto; - werden: acordar, despertar.

Wa.che [vá-rre] s.f., -n. guarda, sentinela.

wa.chen [vá-rren] v. estar acordado, estar desperto; - bei: velar; - über: vigiar.

Wachs [váks] s.n., -e. cera.

wach.sam [várr-zám] adj. vigilante.

wach.sen [váksen] v. crescer; (fig.) aumentar; subir.

Wachs.tuch [váks-túrr] s.n., Wachstücher. oleado.

Wachs.tum [váks-túm] s.n. (sem plural). crescimento; vegetação.

Wach.tel [várr-tel] s.f., -n. codorniz.

Wäch.ter [véçh-ta] s.m., -. vigia, guarda.

Wacht.po.sten [várrt-pósten] s.m., -. sentinela.

Wacht.turm [várrt-túrrm] s.m., Wachttürme. torre de observação; atalaia.

wacke.lig [várrt-túrrm] adj. abalado.

wackeln [vá-kéln] v. (fig.) vacilar; estar pouco seguro.

wacker [váka] adj. honrado; bravo.

Wa.de [vá:de] s.f., -n. panturrilha, batata da perna.

Waf.fe [váfe] s.f., -n. arma.

Waf.fen.still.stand [váfen-chtil-chtánt] s.m., Waffenstillstände. armistício; trégua.

wa.ge.hal.sig [vá:gue-rhál-ziçh] adj. atrevido, temerário, arrojado.

Wa.ge.mut [vá:gue-mú:t] s.m. (sem plural). ousadia, audácia; iniciativa.

wa.gen [vá:guen] v. ousar; atrever-se a; arriscar(-se); carro; carruagem.

wä.gen [vê:guen] v. pesar; (fig.) ponderar.

Wag.nis [vá:k-nis] s.n., Wagnisse. risco; façanha.

Wahl [vá:l] s.f., -en. escolha; alternativa; opção.

wähl.bar [vê:l-bá:r] adj. elegível.

wahl.be.rech.tigt [vá:l-bê-réçh-tiçht] adj. com direito a voto; die -en: eleitorado.

wäh.len [vê:len] v. escolher; (pol.) eleger; votar.

Wäh.ler [vê:la] s.m., -. eleitor.

wäh.le.risch [vê:le-rich] adj. seletivo; meticuloso.

Wäh.ler.schaft [vê:la-cháft] s.f., -en. eleitorado.

Wahl.gang [vá:l-gánk] s.m., Wahlgänge. escrutínio; votação.

Wahn [vá:n] s.m. (sem plural). ilusão.

Wahn.sinn [vá:n-zin] s.m. (sem plural). loucura, demência; alienação mental.

wahn.sin.nig [vá:n-ziniçh] adj. demente, louco, alienado.

wahr [vá:r] adj. verdadeiro, verídico; certo; - sein: ser verdade; autêntico; nicht -?: não é verdade?; - machen: cumprir, realizar; so - mir Gott helfe!: Deus me livre!

wah.ren [vá:ren] v. cuidar de; conservar.

wäh.ren [vê:ren] v. durar; continuar.

wäh.rend [vê:rent] prep. durante; enquanto.

wahr.haft [vá:r-rháft] adj. verdadeiro, verídico; sincero; adv. deveras; realmente.

wahr.haf.tig [vá:r-rháf-tiçh] adj. verdadeiro, verídico; sincero; adv. deveras; realmente.

Wahr.heit [vá:r-rháit] s.f., -en. verdade; jemandem die - sagen: dizer as verdades a alguém; der - zu nahe treten: faltar à verdade.

wahr.lich [vá:r-liçh] adv. verdadeiramente; realmente, deveras.

wahr.nehm.bar [vá:r-nê:m-bá:r] adj. perceptível, visível.

wahr.neh.men [vá:r-nê:men] v. perceber, distinguir, notar.

Wahr.neh.mung [vá:r-nê:munk] s.f., -en. percepção, observação.

wahr.sa.gen [vá:r-zá:guen] v. adivinhar, predizer o futuro; aus der Hand -: ler a sorte nas linhas da mão.

Wahr.sa.ger [vá:r-zá:ga] s.m., -. adivinho; quiromante, cartomante.

wahr.schein.lich [vá:r-cháin-liçh] adj. provável, verossímil.

Wahr.schein.lich.keit [vá:r-cháin-liçh-káit] s.f., -en. probabilidade; verossimilhança.

Wah.rung [vá:runk] *s.f. (sem plural).* defesa.

Wäh.rung [vɛ̈:runk] *s.f., -en.* valor monetário.

Wahr.zei.chen [vá:r-tsái-chen] *s.n., -.* símbolo.

Wai.se [váize] *s.f., -n.* órfão.

Wai.sen.haus [váizen-ráus] *s.n., Waisenhäuser.* orfanato.

Wal [vá:l] *s.m., -e.* baleia.

Wald [vált] *s.m., Wälder.* floresta; bosque; mata.

Wald.brand [vált-bránt] *s.m., Waldbrände.* incêndio florestal.

Wald.erd.bee.re [vált-ért-bê:re] *s.f., -n.* morango silvestre.

Wald.mei.ster [vált-máista] *s.m., -.* aspérula.

Wald.rand [vált-ránt] *s.m., Waldränder.* orla da floresta.

Wal.dung [váldunk] *s.f., -en.* mata.

Wal.fisch [vál-fích] *s.m., -e.* baleia.

wal.ken [válken] *v.* apisoar; calcar.

Wall [vál] *s.m., Wälle.* terrapleno; talude; dique; trincheira; *Stadt-:* circunvalação.

Wal.lach [vá:l-lárr] *s.m., -e.* cavalo castrado.

wal.len [válen] *v.* flutuar, ondear; ferver, efervescer.

Wall.fah.rer [vál-fá:ra] *s.m., -.* peregrino, romeiro.

Wall.fahrt [vál-fá:rt] *s.f., -en.* peregrinação, romaria.

Wal.lung [vál-lunk] *s.f., -en.* ondulação; ebulição, fervura, efervescência; *(fig.)* fervor.

Wal.nuss [vál-nús] *s.f., Walnüsse.* noz.

Wal.ross [vál-rós] *s.n., -e.* morsa; leão-marinho.

wal.ten [válten] *v.* reinar; dominar; governar; *das walte Gott!:* assim seja!

Wal.ze [váltse] *s.f., -n.* rolo, cilindro; *(pop.) auf der -:* a vadiar.

wal.zen [váltsen] *v.* laminar, aplanar com um rolo; valsar.

wäl.zen [vɛ̈ltsen] *v.* rolar, revolver; *sich -:* dar voltas.

wal.zen.för.mig [vátsen-førmiçh] *adj.* cilíndrico.

Wal.zer [váltsa] *s.m., -.* valsa.

Walz.werk [válts-vérk] *s.n., -e.* laminação.

Wand [vánt] *s.f., Wände.* parede; muro, muralha.

Wan.del [vándel] *s.m. (sem plural).* mudança.

wan.del.bar [vándel-bá:r] *adj.* mutável; variável, inconstante.

wan.deln [ván-déln] *v.* passear, andar, caminhar; transformar.

Wan.de.rer [vánde-ra] *s.m., -.* viajante, caminhante; peregrino, romeiro.

wan.dern [ván-dérn] *v.* andar, caminhar, viajar; peregrinar.

Wan.der.schaft [vánda-cháft] *s.f., -en.* peregrinação; viagem a pé; *(hist.)* migração.

Wan.de.rung [vánderunk] *s.f., -en.* peregrinação; viagem a pé; *(hist.)* migração.

Wan.der.stab [vánda-chtáp] *s.m., Wanderstäbe.* cajado, bastão; bordão.

Wan.ge [vángue] *s.f., -n.* face.

wan.kel.mü.tig [vánkel-my:tiçh] *adj.* inconstante, vacilante; versátil.

wan.ken [vánken] *v.* vacilar; hesitar; titubear; claudicar.

wann [ván] *adv.* quando; *dann und wann:* de vez em quando.

Wan.ne [váne] *s.f., -n.* banheira, tina.

Wanst [vánst] *s.m., Wänste.* pança, barriga.

Wan.ze [ván-tse] *s.f., -n.* percevejo.

Wap.pen [vápen] *s.n., -.* brasão; arma.

Wap.pen.kunde [vápen-kúnde] *s.f. (sem plural).* heráldica.

Wap.pen.schild [vápen-chilt] *s.m., -e.* escudo; brasão.

wapp.nen [váp-nen] *v.* armar.

Wa.re [vá:re] *s.f., -n.* mercadoria; gênero.

Wa.ren.ab.satz [vá:ren-áp-záts] *s.m., Warenabsätze.* venda.

Wa.ren.be.stand [vá:ren-bé-chtánt] *s.m., Warenbestände.* existência.

Wa.ren.bör.se [vá:ren-børze] *s.f., -n.* bolsa de mercadoria.

Wa.ren.ein.fuhr [vá:ren-áin-fú:r] *s.f., -en.* importação.

Wa.ren.haus [vá:ren-ráus] *s.n., Warenhäuser.* armazém.

Wa.ren.la.ger [vá:ren-lá:ga] *s.n., - ou Warenläger.* depósito.

Wa.ren.pro.be [vá:ren-prô:be] *s.f., -n.* amostra.

Wa.ren.zei.chen [vá:ren-tsái-çhen] *s.n., -.* marca registrada.

warm [várm] *adj.* quente; *(fig.)* caloroso.

warm.blü.tig [várm-bly:tiçh] *adj.* de sangue quente.

Wär.me [vérme] *s.f. (sem plural).* calor.

wär.men [vérmen] *v.* aquecer.

war.nen [várnen] *v.* advertir, prevenir, avisar.

War.nung [várnunk] *s.f., -en.* advertência, aviso, admoestação.

war.ten [várten] *v.* aguardar, esperar; *auf sich – lassen:* fazer-se esperar, demorar-se; cuidar de.

Wär.ter [vérta] *s.m., -.* guarda, zelador; *(med.)* enfermeiro.

War.te.raum [várte-ráum] *s.m., Warteräume.* sala de espera.

War.tung [vártunk] *s.f., -en.* cuidados, tratamento; manutenção, conservação.

war.um [va-rúm] *por quê?*

War.ze [vártse] *s.f., -n.* verruga; *Brust-:* mamilo.

was [vás] *pron. neut.* que, o que, o qual; algo, alguma coisa; *-?:* o quê?; *– sagt er?:* que diz?; *– kostet...?:* quanto custa...?

wasch.bar [vách-bá:r] *adj.* lavável.

Wasch.becken [vách-béken] *s.n., -.* lavatório; pia, bacia.

Wä.sche [véche] *s.f., -n.* roupa; suja; lavagem de roupa; roupa de baixo.

wasch.echt [vách-écht] *adj.* de cor firme; que não desbota com a lavagem; *(fig.)* autêntico; da gema.

wa.schen [váchen] *v.* lavar.

Wasch.frau [vách-fráu] *s.f., -en.* lavadeira.

Wasch.lap.pen [vách-lápen] *s.m., -.* luva de lavar; esfregão; *(fig.)* poltrão.

Wasch.ma.schi.ne [vách-machí:ne] *s.f., -n.* máquina de lavar roupa.

Was.ser [vássa] *s.n., - ou Wässer.* água.

Was.ser.ader [vássa-á:da] *s.f., -n.* veio d'água.

Was.ser.arm [vássa-árm] *s.m., -e.* braço de rio; *adj.* árido, seco.

Was.ser.becken [vássa-béken] *s.n., -.* bacia, tanque.

was.ser.dicht [vássa-dicht] *adj.* impermeável.

Was.ser.fall [vássa-fál] *s.m., Wasserfälle.* cascata, catarata; queda d'água.

Was.ser.far.be [vássa-fárbe] *s.f., -n.* aquarela.

Was.ser.flut [vássa-flú:t] *s.f., -en.* inundação, dilúvio; enxurrada.

Was.ser.gra.ben [vássa-grá:ben] *s.m., Wassergräben.* rego, fosso.

Was.ser.ho.se [vássa-rhô:ze] *s.f., -n.* tromba d'água.

wäs.se.rig [vésseriçh] *adj.* cheio de água, aguado; *(fig.)* insípido.

Was.ser.kan.ne [vássa-káne] *s.f., -n.* jarro; caneca.

Was.ser.kraft [vássa-kráft] *s.f. (sem plural).* força hidráulica.

Was.ser.kraft.werk [vássa-kráft-vérk] *s.n., -e.* usina hidrelétrica.

Was.ser.lei.tung [vássa-láitunk] *s.f., -en.* canalização, encanamento; aqueduto.

wäs.sern [véssérn] *v.* regar; pôr de molho; lavar.

was.ser.reich [vássa-ráiçh] *adj.* caudaloso.

was.ser.scheu [vássa-chói] *adj.* hidrófobo.

Was.ser.schlauch [vássa-chláurr] *s.m., Wasserschläuche.* mangueira.

Was.ser.spie.gel [vássa-chpí:guel] *s.m., -.* espelho d'água; nível de água.

Was.ser.stoff [vássa-chtóf] *s.m. (sem plural).* hidrogênio.

Was.ser.sucht [vássa-zúrrt] *s.f., -en ou Wassersüchte.* hidropisia.

wa.ten [vá:ten] *v.* passar a vau; vadear.

Wat.sche [vátche] *s.f., -n.* bofetada.

Wat.te [váte] *s.f., -n.* algodão em rama; chumaço.

we.ben [vê:ben] *v.* tecer.

We.ber [vê:ba] *s.m., -.* tecelão.

We.be.rei [vê:be-rái] *s.f., -en.* tecelagem.

Wech.sel [vékšel] *s.m., -.* mudança, modificação; câmbio, troca monetária.

Wech.sel.geld [vékšêl-guélt] *s.n. (sem plural).* troco.

Wech.sel.kurs [vékšêl-kúrs] *s.m., -e.* cotação, câmbio.

wech.seln [vékšéln] *v.* trocar; corresponder-se; mudar; alternar.

wech.sel.sei.tig [vékšêl-záitiçh] *adj.* mútuo, recíproco.

wech.sel.wei.se [vékšêl-váize] *adv.* reciprocamente, alternadamente.

wecken [véken] *v.* acordar, despertar; *(fig.)* chamar; toque de alvorada.

Wecker [véka] *s.m., -.* relógio despertador.

we.der [vê:da] *conj.* nem; -... *noch:* nem... nem.

Weg [vêk] *s.m., -e.* caminho; estrada; carreira; *(fig.)* remédio; *auf dem -e: über:* via; *auf dem -e: wegen -e machen:* pôr-se a caminho; *aus dem -e gehen:* afastar-se de; *(fig.)* evitar; *aus dem -e räumen:* tirar; *(fig.)* afastar; *im -e stehen:* estorvar; *in den - treten:* impedir o caminho a; *in die -e leiten:* encaminhar; *v. - sein:* não

estar, estar ausente; *(fig.)* estar fora de si; estar pasmado; *-!: vamos!; - damit!:* fora! *- mit!:* abaixo!; morra!

weg.be.ge.ben [vék-begué:ben] *v.* ir-se embora; sair.

weg.blei.ben [vék-bláiben] *v.* faltar, não vir.

weg.fah.ren [vék-fá:ren] *v.* partir.

weg.fall [vék-fál] *s.m., Wegfälle.* supressão, omissão; ausência.

weg.fal.len [vék-fálen] *v.* cair; ser suprimido; não se realizar.

weg.fe.gen [vék-fê:guen] *v.* varrer.

weg.füh.ren [vék-fy:ren] *v.* levar consigo; portar.

Weg.gang [vék-gánk] *s.m. (sem plural).* saída.

weg.gie.ßen [vék-guí:ssen] *v.* despejar.

weg.ha.ben [vék-rhá:ben] *v.* ter recebido; *(fig.)* ser inteligente; *einen -:* ter bebido demais.

weg.kom.men [vék-kómen] *v.* escapar; conseguir sair.

weg.le.gen [vék-lê:guen] *v.* reservar; guardar.

weg.neh.men [vék-nê:men] *v.* tirar; roubar; capturar.

weg.raf.fen [vék-ráfen] *v.* arrebatar.

weg.schaf.fen [vék-cháfen] *v.* levar para fora; eliminar.

weg.schie.ben [vék-chí:ben] *v.* tirar, afastar; empurrar.

weg.schlep.pen [vék-chlépen] *v.* arrastar.

weg.schwem.men [vék-chvémen] *v.* lavar; ser arrastado pela água.

weg.se.hen [vék-zê:en] *v.* desviar o olhar; *(fig.) über etwas -:* não fazer caso de alguma coisa.

weg.set.zen [vék-zé-tsen] *v.* pôr de lado; *- über:* saltar por cima de; *(fig.) sich über -:* não se importar com.

weg.tra.gen [vék-trá:guen] *v.* levar embora.

Weg.wei.ser [vék-váiza] *s.m., -.* itinerário, placa de trânsito; *(fig.)* guia.

weg.wer.fen [vék-vérfen] v. deitar fora; sich –: rebaixar-se, aviltar-se, prostituir-se.

Weg.zeh.rung [vég-tsê:runk] s.f., -en. viático.

weg.zie.hen [vék-tsi:en] v. retirar, correr; ir-se embora; mudar-se de casa; ir de passagem.

Weg.zug [vék-tsú:k] s.m., Wegzüge. partida; mudança.

weh [vê:] adj. magoado, doente; mágoa, dor. – tun: doer; jemandem – tun: magoar alguém; sich – tun: magoar-se; Wahl und –: bem-estar; –n: dores do parto.

Weh.kla.ge [vê:-klá:gue] s.f., -n. pranto, lamento.

weh.kla.gen [vê:-klá:guen] v. – über: lamentar-se de.

weh.lei.dig [vê:-láidiçh] adj. dolorido, plangente.

Weh.mut [vê:-mú:t] s.f. (sem plural). melancolia, tristeza; saudade.

weh.mü.tig [vê:-my:tiçh] adj. melancólico, triste; –e Erinnerung: recordações melancólicas; saudade.

Wehr [vê:a] s.n., -e. defesa, arma; couraça; sich zur – setzen: defender-se; parapeito; barragem; resistência.

weh.ren [vê:ren] v. vedar, combater; sich –: defender-se.

wehr.haft [vê:a-ráft] adj. capaz de portar armas; resistente; – machen: armar.

wehr.los [vê:a-lôs] adj. indefeso; – machen: desarmar.

Wehr.macht [vê:a-márrt] s.f. (sem plural). forças armadas.

Weib [váip] s.n., -er. mulher; esposa.

Weib.chen [váip-çhen] s.n., -. mulherzinha; (zool.) fêmea.

Wei.ber.feind [váiber-fáint] s.m., -e. misógino.

wei.bisch [vái-bich] adj. efeminado.

weib.lich [váip-liçh] adj. feminino.

Weib.lich.keit [váip-liçh-káit] s.f., -en. feminilidade.

weich [váiçh] adj. mole, brando; meigo, sensível; (fig.) doce, suave.

Wei.che [vái-çhe] s.f., -n. (anat.) flanco; ilharga.

wei.chen [vái-çhen] v. ceder, retirar(-se), retroceder.

Weich.heit [váiçh-ráit] s.f. (sem plural). moleza, brandura; maciez.

weich.her.zig [váiçh-rhér-tsiçh] adj. meigo; terno, compassivo.

weich.lich [váiçh-liçh] adj. mole, molenga.

Weich.sel.kir.sche [váiksél-kírche] s.f., -n. ginja.

Weich.tei.le [váiçh-táile] plural. entranhas.

Weich.tier [váiçh-tí:r] s.n., -e. molusco.

Wei.de [váide] s.f., -n. salgueiro; vimeiro; vime.

Wei.de.land [váide-lánt] s.n., Weideländer. pastagem, pasto.

wei.den [váiden] v. pastar, pascer; (fig.) apascentar; sich –: deleitar-se, regalar-se; adj. de vime.

Wei.den.baum [váiden-báum] s.m., Weidenbäume. salgueiro.

Wei.den.ru.te [váiden-rú:te] s.f., -n. vime.

Wei.de.platz [váide-pláts] s.m., Weideplätze. pasto.

weid.lich [váit-liçh] adj. e adv. a valer.

wei.gern [vái-guérn] v. recusar, negar.

Wei.ge.rung [vái-guerunk] s.f., -en. recusa.

Weih.becken [vái-béken] s.n., -. pia de água-benta.

Weih.bi.schof [vái-bí-chô:f] s.m., Weihbischöfe. bispo auxiliar.

Wei.he [váie] s.f., -n. consagração; bênção.

wei.hen [váien] v. consagrar(-se); dedicar(-se); (rel.) ordenar; benzer.

Weih.her [váía] s.m., -. pia batismal; tanque batismal.

Weih.nacht [vái-nárrt] en s.n., -. Natal.

Weih.nachts.abend [vái-nárrts-ábent] s.m., -e. véspera do Natal; consoada.

Weih.nachts.krip.pe [vái-nárrts-kripe] s.f., -n. presépio.

Weih.nachts.mes.se [vái-nárrts-mésse] s.f., -n. Missa do Galo.

Weih.rauch [vái-ráurr] s.m. (sem plural). incenso.

Weih.was.ser [vái-vássa] s.n. (sem plural). água-benta.

weil [váil] conj. porque; porquanto; visto que.

Wei.le [váile] s.f. (sem plural). instante, momento.

wei.len [váilen] v. tardar; demorar(-se).

Wein [váin] s.m., -e. vinho.

Wein.bee.re [váin-bê:re] s.f., -n. bago de uva.

Wein.berg [váin-bérk] s.m., -e. vinha.

Wein.brand [váin-bránt] s.m., Weinbrände. conhaque.

wei.nen [váinen] v. chorar.

wei.ner.lich [váina-liçh] adj. choroso.

Wein.ern.te [váin-érnte] s.f., -n. vindima.

Wein.kel.ler [váin-kéla] s.m., -. adega.

Wein.stock [váin-chtók] s.m., Weinstöcke. videira; cepa.

Wei.se [váize] s.f., -n. modo, maneira. adj. sábio.

wei.sen [váizen] v. mostrar, indicar; jemanden –: an remeter alguém para; – aus: expulsar de; jemandem die Tür –: pôr alguém na rua.

Weis.heit [váis-rháit] s.f., -en. sabedoria.

Weis.heits.zahn [váis-rháits-tsá:n] s.m., Weisheitszähne. dente do siso.

weis.lich [váis-liçh] adj. prudente; adv. prudentemente.

weiß [váis] adj. branco.

Weis.sa.gung [váis-zá:gunk] s.f., -en. profecia, vaticínio.

weiß.haa.rig [váis-rhá:riçh] adj. de cabelos brancos; de cãs.

Weiß.kohl [váis-kò:l] *s.m.* (sem plural). repolho.

Weiß.mehl [váis-mê:l] *s.n.*, -e. farinha branca; farinha de trigo.

Wei.sung [váizunk] *s.f.*, -en. ordem, instrução; diretiva.

weit [váit] *adj.* e *adv.* extenso, vasto; espaçoso; (fig.) amplo; largo; – *entfernt (von):* longe (de); *wie –?:* até onde?; *wie – ist es bi..?:* que distância é até...?; – *sein:* estar adiantado; *zu – gehen:* exagerar; *zu – treiben:* abusar; – *und breit:* por toda parte.

weit.ab [váit-áp] *adv.* (muito) longe; (muito) distante.

weit.aus [váit-áus] *adv.* de muito.

Wei.te [váite] *s.f.*, -n. largura, amplidão; calibre; extensão; distância; (fig.) amplitude.

wei.ten [váiten] *v.* alargar.

wei.ter [váita] *adj.* (comp. de *weit*) ulterior; outro; *pl. weitere:* demais; *adv.* de mais a mais; a seguir; depois; – *nichts:* nada mais; *ohne –es:* sem mais nada; *bis auf –es:* por agora; até nova ordem.

wei.ter.ge.hen [váita-guê:en] *v.* passar, seguir; continuar o seu curso.

Wei.te.rung [váite-runk] *s.f.*, -en. consequência, decorrência; complicação; dificuldade.

weit.her [váit-rhér] *adj.* e *adv.* de (muito) longe.

weit.läu.fig [váit-lóifiçh] *adj.* vasto; *adv.* por extenso.

weit.schau.end [váit-cháu-ent] *adj.* de visão ampla; previdente.

weit.sich.tig [váit-ziçh-tiçh] *adj.* perspicaz, previdente.

weit.tra.gend [váit-trä:gent] *adj.* de grande alcance; (fig.) transcendente.

weit.ver.brei.tet [váit-fér-brái-têt] *adj.* muito frequente, muito divulgado; popular.

Weit.win.kel.ob.jek.tiv [váit-vínkel-ôp-iêk-tif] *s.n.*, -e. lente grande-angular.

Wei.zen [váitsen] *s.m.*, -. trigo; *türkischer –:* milho.

Wei.zen.feld [váitzen-félt] *s.n.*, -er. trigal.

Wei.zen.mehl [váitzen-mê:l] *s.n.*, -e. farinha de trigo.

Welt [vélt] *s.f.*, -en. mundo, universo; *zur – bringen:* dar à luz.

welt.ab.ge.wandt [vélt-áp-guevánt] *adj.* isolado, retirado; recolhido.

Welt.all [vélt-ál] *s.n.* (sem plural). universo.

welt.an.schau.lich [vélt-an-cháu-liçh] *adj.* ideológico.

Welt.an.schau.ung [vélt-an-cháu-unk] *s.f.*, -en. concepção, visão do mundo.

Welt.bür.ger [vélt-byrga] *e adj. s.m.*, -. cosmopolita.

Welt.krieg [vélt-kri:ç] *s.m.*, -e. guerra mundial; Grande Guerra.

welt.lich [vélt-liçh] *adj.* mundano, frívolo; (rel.) profano; temporal; leigo.

Welt.mei.ster [vélt-máis-ta] *s.m.*, -. campeão mundial.

Welt.wun.der [vélt-vúnda] *s.n.*, -. maravilha, prodígio.

wem [vê:m] *pron. dat.* – *?:* a quem; *von – ?:* de quem.

wen [vê:n] *pron. acu* – *?:* (a) quem?

Wen.de [vénde] *s.f.*, -n. volta; viragem; transição.

Wen.de.kreis [vénde-kráis] *s.m.*, -e. trópico.

Wen.del [véndel] espiral.

Wen.del.trep.pe [véndel-trépe] *s.f.*, -n. escada em caracol.

wen.den [vénden] *v.* virar.

Wen.de.punkt [vénde-púnkt] *s.m.*, -e. momento crítico; ponto de mutação.

Wen.dung [véndunk] *s.f.*, -en. volta; viragem.

we.nig [véniçh] *adj.* e *adv.* pouco.

we.nig.ste [vénikste] *adj. compar.* o menor.

we.nig.stens [vénikstens] *adv.* ao menos, no mínimo.

wenn [vén] *conj.* quando; se, caso.

wer [vér] *pron.* quem; qual, que; – *da?:* quem mora (vive, está) aí?; – *es auch sei:* quem quer que seja, seja quem for.

wer.ben [vérben] *v.* angariar, engajar, alistar; *ein Mädchen –:* pedir uma moça em casamento; pedir a mão de uma moça; *um jemandes Gunst –:* cortejar alguém.

Wer.bung [vérbunk] *s.f.*, -en. recrutamento, alistamento; pedido de casamento.

wer.den [vérden] *v.* ficar, chegar a ser, resultar, sair, tornar-se; desenvolvimento; evolução; gênese; processo evolutivo; gestação; (fil.) devir.

wer.fen [vérfen] *v.* atirar, lançar; *sich auf –:* (fig.) dedicar-se a.

Werft [vérft] *s.f.*, -en. estaleiro.

Werk [vérk] *s.n.*, -e. obra; labor, trabalho; tarefa; fábrica, oficina; central elétrica.

Werk.statt [vérk-chtát] *s.f.*, *Werkstätten.* oficina; estúdio, atelier.

werk.tä.tig [vérk-tétiçh] *adj.* ativo, atuante; – *sein:* trabalhar, ter uma profissão.

Werk.zeug [vérk-tsóik] *s.n.*, -e. instrumento de trabalho; ferramenta.

Wert [vért] *s.m.*, -e. valor, mérito; – *legen auf:* dar importância a, dar valor a; *adj.* digno, merecedor; – *sein:* valer, merecer; *nicht der Rede – sein:* não ser nada.

wert.los [vért-lôs] *adj.* sem valor.

Wer.tung [vértunk] *s.f.*, -en. avaliação; qualificação.

wert.voll [vért-fól] *adj.* valioso, precioso.

We.sen [vê:zen] *s.n.*, -. ser, ente, criatura; índole, caráter, gênio, natureza; essência, substância; *viel –s machen von:* fazer muito caso de.

we.sen.los [vê:zen-lôs] *adj.* vão, ilusório.

we.sent.lich [vé:zent-liçh] *adj.* essencial, substancial; integrante; *adv.* sensivelmente; substancialmente.

wes.halb [vés-hálp] *adv.* por quê?; por qual motivo?; qual a razão?; *relat.* pelo qual; razão essa por que.

Wes.pe [véspe] *s.f., -n.* vespa.

wessen [véssen] *pron. genit.* de quem?; de que?; *relat.* cujo, cuja.

We.sten [vésten] *s.m. (sem plural).* oeste, ocidente; poente.

west.lich [vést-liçh] *adj.* ocidental.

west.wärts [vést-vérts] *adv.* para o oeste.

Wet.te [véte] *s.f., -n.* aposta.

wett.ei.fern [vét-áiférn] *v.* rivalizar.

wet.ten [véten] *v.* apostar.

Wet.ter [véta] *s.n., -.* tempo (meteorológico); temporal.

Wet.ter.kun.de [véta-kúnde] *s.f. (sem plural).* meteorologia.

Wet.ter.leuch.ten [véta-lóiçh-ten] *s.n. (sem plural).* relâmpago.

wet.tern [vé-térn] *v.* trovejar, *(fig.)* praguejar.

Wet.ter.wen.disch [véta-véndich] *adj.* inconstante, variável; volúvel; versátil.

Wett.kampf [vét-kámpf] *s.m., Wettkämpfe.* desafio, disputa, competição; luta, combate.

Wett.lauf [vét-láuf] *s.m., Wettläufe.* corrida, carreira.

wet.zen [vé-tsen] *v.* aguçar, afiar.

Wich.tel.männ.chen [viçhtel-mén-çhen] *s.n., -.* duende.

wich.tig [viçh-tiçh] *adj.* importante.

Wich.tig.tu.er [viçh-tiçh-tú:a] *s.m., -.* presumido; *ein – sein:* dar-se ares de importância.

Wickel [vikel] *s.m., -.* novelo; rolo; compressa, atadura.

wickeln [ví-kéln] *v.* enrolar, enfaixar.

Wid.der [ví-da] *s.m., -.* carneiro, bode; *(astr.)* Áries, Carneiro.

wi.der [vída] *prep.* contra; oposto.

wi.der.fah.ren [vída-fá:ren] *v.* acontecer, suceder.

Wi.der.hall [vída-rhál] *s.m., -e.* eco, ressonância, *(fig.)* repercussão.

wi.der.hal.len [vída-rhálen] *v.* ecoar, ressoar; *(fig.)* repercutir.

Wi.der.halt [vída-rhált] *s.m., -e.* apoio, estribo.

wi.der.le.gen [vída-lê:guen] *v.* refutar, desmentir.

wi.der.lich [vída-liçh] *adj.* repugnante, nojento; *adv.* asquerosamente.

wi.der.na.tür.lich [vída-natyr-líçh] *adj.* contrário à natureza; perverso.

wi.der.ra.ten [vída-rá:ten] *v.* desaconselhar; *jemandem etwas –:* dissuadir alguém de alguma coisa.

wi.der.recht.lich [vída-réçht-liçh] *adj.* ilegal; arbitrário.

Wi.der.re.de [vída-rê:de] *s.f., -n.* réplica.

Wi.der.ruf [vída-rú:f] *s.m., -e.* revogação; desmentido; retratação; abjuração.

wi.der.ru.fen [vída-rú:fen] *v.* revogar; abjurar; desmentir.

wi.der.ruf.lich [vída-rú:f-liçh] *adj.* revogável.

Wi.der.sa.cher [vída-zá-rra] *s.m., -.* adversário; rival.

Wi.der.schein [vída-cháin] *s.m., -e.* reflexo.

wi.der.set.zen [vída-zé-tsen] *v. sich –:* opor-se, resistir.

wi.der.setz.lich [vída-zéts-liçh] *adj.* desobediente; insubordinado; recalcitrante.

Wi.der.sinn [vída-zín] *s.m. (sem plural).* contra-senso, absurdo.

wi.der.sin.nig [vída-ziníçh] *adj.* absurdo.

wi.der.spen.stig [vída-chpéns-tiçh] *adj.* renitente, rebelde, obstinado.

wi.der.spie.geln [vída-chpí:-guêln] *v.* refletir.

wi.der.spre.chen [vída-chpré-çhen] *v.* contradizer, contrariar, protestar contra, opor-se a; *adj.* contraditório.

Wi.der.spruch [vída-chpúrrr] *s.m., Widersprüche.* contradição, protesto; antinomia.

wi.der.spruchs.voll [vída-chpúrrs-fól] *adj.* contraditório.

Wi.der.stand [vída-chtánt] *s.m., Widerstände.* resistência, oposição; – *leisten:* resistir.

wi.der.stands.fä.hig [vída-chtánts-fè:içh] *adj.* resistente.

wi.der.stands.los [vída-chtánts-lôs] *adj.* sem resistência.

wi.der.ste.hen [vída-chtê:en] *v.* resistir a, contrariar a; repugnar a.

wi.der.stre.ben [vída-chtrê:ben] *v.* resistir.

Wi.der.streit [vída-chtráit] *s.m. (sem plural).* conflito; antagonismo; colisão.

wi.der.wär.tig [vída-vértiçh] *adj.* antipático; repugnante.

Wi.der.wil.le [vída-vile] *s.m. (sem plural).* relutância; repugnância; antipatia.

wi.der.wil.lig [vída-viliçh] *adj.* contrariado; *adv.* de má vontade; malgrado.

wid.men [vít-men] *v.* dedicar, consagrar; *sich –:* dedicar-se.

Wid.mung [vít-munk] *s.f., -en.* dedicatória.

wid.rig [vídriçh] *adj.* contrário, oposto; adverso.

wie [ví:] *adv. e conj.* como; como?; de que modo?; conforme, segundo; quanto, quão.

wie.der [ví:da] *adv.* de novo, novamente, outra vez.

wie.der.ein.set.zen [ví:da-áin-zé-tsen] *v.* restabelecer; reinstalar, reintegrar, reconduzir.

Wie.der.ga.be [ví:da-gá:be] *s.f.*, -n. restituição; reprodução; *kurze –*: resumo.

wie.der.ge.ben [ví:da-guê:ben] *v.* devolver, restituir; reproduzir.

Wie.der.ge.burt [ví:da-guebúrt] *s.f.*, -en. renascimento; *(rel.)* regeneração.

Wie.der.ho.len [ví:da-rhô:len] *v.* ir buscar novamente; repetir, reiterar.

Wie.der.ho.lung [ví:da-rhô:lunk] *s.f.*, -en. repetição; *kurze –*: recapitulação, revisão.

Wie.der.käu.er [ví:da-kóia] *s.m.*, -. ruminante.

Wie.der.kehr [ví:da-kê:r] *s.f.* (*sem plural*). volta, regresso.

Wie.der.se.hen [ví:da-zê:en] *v.* tornar a ver; rever; novo encontro; reencontro; *auf –!*: até a vista; até logo!

wie.der.um [ví:dér-úm] *adv.* por outro lado; em compensação; em contrapartida; por sua vez.

Wie.ge [ví:gue] *s.f.*, -n. berço.

wie.gen [ví:guen] *v.* embalar; abalançar, pesar.

wie.hern [ví:-rhérn] *v.* rinchar, relinchar.

Wie.se [ví:ze] *s.f.*, -n. prado, pastagem.

Wie.sel [ví:zel] *s.n.*, -. doninha.

wie.so [ví:-zô] *adv.* como?; como assim?; de que maneira?; por quê?; *–?:* por quê?

wie.viel [ví:-fí:l] *adv.* quanto; quanto.

wie.weit [ví:-váit] *adv.* até que ponto.

wie.wohl [ví:-vô:l] *adv.* se bem que; ainda que.

wild [vilt] *adj.* selvagem, selvático; inculto; agreste; bravio; (*zool.*) bravo; *– machen:* enfurecer, enraivecer; *– werden:* ficar furioso, enfurecer-se; *–e Ehe:* concubinato; *–es Tier:* fera; caça, veação.

Wild.en.te [vilt-ênte] *s.f.*, -n. pato selvagem.

wild.fremd [vilt-frêmt] *adj.* desconhecido, estranho.

Wild.heit [vilt-rháit] *s.f.* (*sem plural*). selvageria; ferocidade.

Wild.le.der [vilt-lé:da] *s.n.* (*sem plural*). camurça.

Wild.nis [vilt-nis] *s.f.*, *Wildnisse*. e *adj.* deserto; ermo.

Wild.park [vilt-párk] *s.m.*, - tapada.

Wild.schwein [vilt-chváin] *s.n.*, -e. javali.

Wil.le [vile] *s.m.*, -n. vontade.

wil.len.los [vilen-lôs] *adj.* indolente; abúlico.

Wil.len.frei.heit [vilen-frái-rháit] *s.f.* (*sem plural*). livre-arbítrio.

Wil.lens.kraft [vilens-kráft] *s.f.* (*sem plural*). energia; força de vontade.

will.fah.ren [vil-fá:ren] *v. jemandem –*: condescender para com alguém; anuir à vontade de alguém.

will.fäh.rig [vil-fé:rich] *adj.* condescendente; complacente.

wil.lig [vílich] *adj.* solícito, dócil; *adv.* de boa vontade, de bom grado.

Will.kom.men [vil-kómen] *s.n.* (*sem plural*). boas-vindas; *adj.* bem-vindo; oportuno; *jemanden – heißen:* dar as boas-vindas a alguém.

Will.kür [vil-ky:r] *s.f.* (*sem plural*). arbitrariedade.

will.kür.lich [vil-ky:r-lich] *adj.* arbitrário, despótico.

wim.meln [víméln] *v.* formigar; *von Menschen –*: amontoar pessoas de modo a parecer um formigueiro.

wim.mern [vímérn] *v.* gemer, choramingar.

Wim.pel [vímpel] *s.m.*, - flâmula, bandeirola.

Wim.per [vímpa] *s.f.*, -n. pestana; *mit der – zucken:* pestanejar.

Wind [vint] *s.m.*, -e. vento; flato; *mit dem –e:* de vento em popa; *– bekommen von:* (chegar a) ter conhecimento de; *in den – schlagen:* desprezar, não querer saber de.

Wind.beu.tel [vint-bóitel] *s.m.*, - cabeça de vento; sonho (espécie de bolo).

Win.del [víndel] *s.f.*, -n. cueiro, fralda.

win.den [vínden] *v.* torcer; tecer; enroscar; serpear.

Wind.hund [vint-rhúnt] *s.m.*, -e. galgo.

Wind.müh.le [vint-my:le] *s.f.*, -n. moinho de vento.

Wind.ro.se [vint-rô:ze] *s.f.*, -n. rosa dos ventos.

Wind.stil.le [vint-chtíle] *s.f.*, -n. calmaria, bonança.

Win.dung [víndunk] *s.f.*, -en. volta; circunvolução; rosca; *(fig.)* sinuosidade.

Wink [vink] *s.m.*, -e. sinal, aceno; *(fig.)* aviso, advertência, indicação; *jemandem einen – geben:* *(fig.)* avisar alguém.

Win.kel [vínkel] *s.m.*, -. ângulo, canto; recanto, rincão.

win.ke.lig [vínke-lich] *adj.* angular; anguloso.

Win.kel.mes.ser [vínkel-méssa] *s.m.*, -. transferidor.

win.ken [vínken] *v.* acenar; fazer sinais.

win.seln [vín-zéln] *v.* gemer, choramingar.

Win.ter [vínta] *s.m.*, -. inverno.

win.ter.lich [vinta-lich] *adj.* de inverno, invernal; hibernal.

Win.zer [vin-tsa] *s.m.*, -. vinhateiro, vindimador; viticultor.

win.zig [vín-tsich] *adj.* diminuto, minúsculo; mesquinho.

Wip.fel [vip-fél] *s.m.*, -. cimo, copa; cume.

Wip.pe [vípe] *s.f.*, -n. gangorra.

wip.pen [vípen] *v.* balançar.

wir [vi:r] *pron.* nós; nos.

Wir.bel [vírbel] *s.m.*, -. *(anat.)* vértebra; redemoinho, turbilhão.

wir.beln [vír-béln] *v.* agitar; rufar; girar, rodopiar; redemoinhar.

wir.ken [vírken] *v.* atuar; agir; fazer efeito; produzir; operar; tecer.

wirk.lich [vírk-lich] *adj.* real, efetivo; verdadeiro; *adv.* de fato, devera.

WIRKLICHKEIT • WOHNEN

Wirk.lich.keit [vík-liçh-káit] *s.f., -en.* realidade.

wirk.sam [vírk-zám] *adj.* eficaz, eficiente; ativo.

Wirk.sam.keit [vírk-zám-káit] *s.f., -en.* ação, eficácia; eficiência.

Wir.kung [vír-gunk] *s.f., -en.* efeito; reação; resultado.

wir.kungs.los [vír-kúnks-lôs] *adj.* ineficaz, sem efeito.

wir.kungs.voll [vír-kúnks-fól] *adj.* eficaz; *(lit., arte)* impressionante.

wirr [vír] *adj.* confuso; desordenado.

Wirr.warr [vir-vár] *s.m. (sem plural).* confusão, trapalhada; barulho; perturbação.

Wirt [vírt] *s.m., -e.* dono da casa; patrão; taberneiro, hospedeiro.

Wirt.schaft [virt-cháft] *s.f., -en.* economia; organização.

Wirt.schaf.ter [virt-cháfta] *s.m., -.* administrador, gerente; economista.

wirt.schaft.lich [virt-cháft-liçh] *adj.* econômico.

Wirt.schaft.lich.keit [virt-cháft-liçh-káit] *s.f. (sem plural).* economia; rentabilidade.

Wisch [vich] *s.m., -e.* papelucho.

wi.schen [vichen] *v.* esfregar, limpar.

wis.pern [vís-pérn] *v.* cochichar.

wiss.be.gie.rig [vis-beguí:-riçh] *adj.* curioso.

Wis.sen [vissen] *s.n. (sem plural).* saber, erudição; conhecimento.

Wis.sen.schaft [vissen-cháft] *s.f., -en.* saber, conhecimento; ciência.

wis.sen.schaft.lich [vissen-cháft-liçh] *adj.* científico.

wis.sens.wert [vissens-vért] *adj.* interessante.

wis.sent.lich [víssent-liçh] *adj.* consciente; *adv.* de propósito, de caso pensado.

Wit.we [vit-ve] *s.f., -n.* viúva.

Wit.wer [vit-va] *s.m., -.* viúvo.

Witz [vits] *s.m., -e.* graça, graciosidade; espirituosidade; piada, pilhéria.

Witz.bold [vits-bólt] *s.m., -e.* brincalhão.

Wit.ze.lei [vi-tse-lái] *s.f., -en.* gracejo.

wit.zig [vítsiçh] *adj.* engraçado; – *sein:* ter graça.

wo [vô:] *adv.* onde, em que lugar.

wo.bei [vô:-bái] *adv.* em que, no qual, pelo qual, pela qual; perto de, perto do qual, perto da qual.

Wo.che [vó-rre] *s.f., -n.* semana.

Wo.chen.tag [vó-rrên-tá:k] *s.m., -e.* dia de semana; dia útil.

wö.chent.lich [vø-chênt-liçh] *adj.* semanal; *adv.* semanalmente.

wo.durch [vô:-dúiçh] *adv.* como?, de que modo?; por onde?; *relat.* pelo que, pelo qual, pela qual; por meio de, por onde, através de que.

wo.fern [vô:-férn] *adv.* caso; contanto que; – *nicht:* a não ser que.

wo.für [vô:-fyr] *adv.* –?: para que?; a favor de que?; *relat.* para o que, pelo qual, pela qual.

Wo.ge [vô:gue] *s.f., -n.* vaga, onda.

wo.ge.gen [vô:-guê:guen] *adv.* –?: contra que?, contra quem?; em troca de que?; *relat.* contra que, contra o qual, contra a qual, em troca de que, em troca do qual, em troca da qual.

wo.gen [vô:guen] *v.* ondelar, flutuar.

wo.her [vô:-rhér] *adv.* de onde.

wo.hin [vô:-rhín] *adv.* para onde; aonde.

wohl [vô:l] *adv.* bem.

wohl.auf [vô:l-áuf] *adj.* bem de saúde; de boa saúde.

wohl.be.dacht [vô:l-bê-dárrt] *adj.* planejado, ponderado; refletido, pensado.

Wohl.be.fin.den [vô:l-bê-finden] *s.n. (sem plural).* bem-estar; boa saúde.

wohl.be.hal.ten [vô:l-bê-rhálten] *adj.* são e salvo; intacto; em boas condições.

wohl.be.kannt [vô:l-bekánt] *adj.* bem-conhecido.

wohl.be.leibt [vô:l-beláipt] *adj.* corpulento.

Wohl.er.ge.hen [vô:l-érguê:en] *s.n., -.* prosperidade; bem-estar.

wohl.er.zo.gen [vô:l-értsô:guen] *adj.* bem-educado.

Wohl.fahrt [vô:l-fá:rt] *s.f. (sem plural).* bem-estar.

wohl.feil [vô:l-fáil] *adj.* barato.

Wohl.ge.fal.len [vô:l-guefálen] *s.n. (sem plural).* prazer, satisfação.

wohl.ge.fäl.lig [vô:l-guefélíçh] *adj.* agradável, aprazível; *adv.* com prazer.

wohl.ge.meint [vô:l-guemáint] *adj.* bem-intencionado, amigável.

wohl.ge.mut [vô:l-guemú:t] *adj.* alegre, bem-disposto, contente.

wohl.ge.sinnt [vô:l-guezínt] *adj.* bem intencionado; *jemandem – sein:* ser amigo de alguém.

wohl.ha.bend [vô:l-rhá:-bent] *adj.* rico, abastado.

woh.lig [vô:-liçh] *adj.* agradável.

Wohl.klang [vô:l-klánk] *s.m., Wohlklänge.* harmonia.

wohl.klin.gend [vô:l-klín-guent] *adj.* harmonioso.

Wohl.tat [vô:l-tá:t] *s.f., -en.* benefício, favor; alívio.

wohl.tä.tig [vô:l-té:tiçh] *adj.* benéfico, benfazejo; caritativo.

wohl.tu.end [vô:l-tú-ent] *adj.* agradável; simpático.

wohl.ver.dient [vô:l-fer-dínt] *adj.* bem-merecido.

wohl.ver.sorgt [vô:l-fer-zórkt] *adj.* abastado.

wohl.ver.stan.den [vô:l-fer-chtánden] *adj.* bem-entendido.

wohl.wol.lend [vô:l-vólent] *adj.* benévolo, *adv.* com simpatia, com benevolência.

wohn.bar [vô:n-bá:r] *adj.* habitável.

woh.nen [vô:nen] *v.* viver, habitar; morar, residir.

wohn.haft [vó:n-ráft] *adj.* residente, domiciliado.

Woh.nung [vô:-nunk] *s.f., -en.* casa, habitação, morada.

Wöl.bung [vǿl-bunk] *s.f., -en.* abóbada.

Wolf [vólf] *s.m., Wölfe.* lobo.

Wol.ke [vólke] *s.f., -n.* nuvem.

Wol.ken.bruch [vólken-brúrr] *s.m., Wolkenbrüche.* chuva torrencial; tromba d'água.

wol.kig [vól-kiç] *adj.* nublado.

Woll.decke [vól-déke] *s.f., -n.* coberta de lã.

Wol.le [vóle] *s.f., -n.* algodão; lã, lanugem; *sich in die – geraten:* discutir, altercar.

wol.len [vólen] *v.* querer, desejar, *wie Sie –:* como quiser; *lieber –:* preferir; querer, *(fil.)* volição; *adj.* de lã.

Wol.lust [vól-lúst] *s.f., Wollhlüste.* voluptuosidade, luxúria.

wol.lü.stig [vól-lystiç] *adj.* voluptuoso, lascivo.

wo.mit [vô:-mit] *adv.* com que?, com o qual, com a qual.

wo.mög.lich [vô:-møk-liç] *adv.* porventura; possivelmente.

wo.nach [vô:-nárr] *adv.* segundo o qual, segundo a qual.

Won.ne [vóne] *s.f., -n.* delícia, encanto; *(fig.)* glória.

won.nig [vóniç] *adj.* delicioso.

wor.an [vórán] *adv.* a que, em que, onde; no qual, na qual; ao qual, à qual.

wor.auf [vó:ráuf] *adv.* sobre que; onde, aonde; sobre o qual, sobre a qual.

wor.aus [vó:ráus] *adv.* de que, donde, de que, qual.

wor.ein [vó:ráin] *adv.* em que, onde; para onde; no qual, na qual.

wor.in [vó:rín] *adv.* onde; em que; no qual, na qual.

Wort [vórt] *s.n., -e ou Wörter.* palavra, termo; frase, dito célebre, sentença; senha; *(rel.)* Verbo; *aufs – gehorchen:* obedecer cegamente; *auf mein –!:* palavra de honra!; *das – führen:* discursar; *– halten:* cumprir a palavra.

wort.arm [vórt-árm] *adj.* lacônico.

Wort.bruch [vórt-brúrr] *s.m., Wortbrüche.* falta de palavra; quebra de palavra.

Wör.ter.buch [vǿrta-búrr] *s.n., Wörterbücher.* dicionário.

Wör.ter.ver.zeich.nis [vǿrta-fer-tsáiçh-nis] *s.n., Wörterverzeichnisse.* vocabulário; glossário.

Wort.füh.rer [vórt-fy:ra] *s.m., -.* orador; porta-voz; *(fig.)* representante.

wort.ge.treu [vórt-guetrói] *adj.* literal, textual; *adv.* ao pé da letra.

wort.los [vórt-lôs] *adj.* silencioso, calado; *adv.* sem dizer nada.

wort.reich [vórt-ráiçh] *adj.* verboso; prolixo.

Wort.wech.sel [vórt-véksél] *s.m., -.* discussão; disputa; altercação.

wor.über [vô:ry:ba] *adv.* sobre que, de que; sobre o qual, sobre a qual, do qual, da qual, no qual, na qual.

wor.un.ter [vó:rúnta] *adv.* debaixo de, entre quem, entre quais pessoas; debaixo do qual, debaixo da qual; entre os quais, entre as quais.

wo.selbst [vô:zélpst] *adv.* onde.

wo.von [vô:-fón] *adv.* de que; do qual, da qual.

wo.vor [vô:-fór] *adv.* diante do que; diante do qual, diante da qual.

wo.zu [vô:-tsú:] *adv. -?:* para que?; para que fim?; *relat.* para o que, para o qual, para a qual.

Wrack [vrák] *s.n., -.* destroços de um naufrágio; carcaça.

Wu.cher [vúrra] *s.m. (sem plural).* usura.

wu.chern [vú-rrérn] *v.* usurar.

Wuchs [vúks] *s.m. (sem plural).* crescimento, desenvolvimento, estatura; tamanho, forma.

Wucht [vúrrt] *s.f., -en.* ímpeto, força, pujança; peso; *mit voller –:* com toda a força.

wuch.tig [vúrr-tiçh] *adj.* impetuoso; pesado; *(fig.)* impressionante, imponente.

wüh.len [vy:-len] *v.* remexer, revolver; escavar; *(fig.)* exaltar os ânimos.

Wulst [vúlst] *s.m., Wülste.* chumaço; bojo; protuberância, inchaço.

wund [vúnt] *adj.* ferido, esfolado, escoriado.

Wun.de [vúnde] *s.f., -n.* ferida, chaga.

Wun.der [vúnda] *s.n., -.* milagre, maravilha; prodígio, portento.

wun.der.bar [vúnda-bá:r] *adj.* maravilhoso, prodigioso.

wun.der.lich [vúnda-liçh] *adj.* estranho, esquisito; extravagante.

wun.dern [vún-dérn] *v. sich –:* admirar-se.

wun.der.schön [vúnda-chø:n] *adj.* magnífico; *adv.* às mil maravilha.

wun.der.voll [vúnda-fól] *adj.* maravilhoso; admirável, magnífico.

Wunsch [vúnch] *s.m., Wünsche.* desejo, vontade.

Wün.schel.ru.te [vínchel-rú:te] *s.f., -n.* varinha mágica.

wün.schen [vynchen] *v.* desejar, ansiar, anelar.

wün.schens.wert [vynchens-vért] *adj.* desejável.

Wür.de [vyrde] *s.f., -n.* dignidade.

wür.de.los [vyrde-lôs] *adj.* indigno; indecoroso.

wür.de.voll [vyrde-fól] *adj.* grave; decoroso; solene.

wür.dig [vyr-diçh] *adj.* digno.

wür.di.gen [vyr-diguen] *v.* apreciar; julgar digno.

Wür.di.gung [vyr-digunk] *s.f., -en.* apreciação; *(lit.)* crítica.

Wurf [vúrf] *s.m., Würfe.* lance, arremesso; jogada.

Wür.fel [vyrfel] *s.m., -.* cubo; dado.

wür.feln [vyr-féln] *v.* jogar os dados.

wür.gen [vyrguen] *v.* sufocar, estrangular.

Wurm [vúrm] *s.m., Würmer.* verme, lombriga.

wur.men [vúrmen] *v.* mortificar.

wurm.för.mig [vúrm-førmiçh] *adj.* vermiforme.

Wurm.mit.tel [vúrm-mítel] *s.n.*, -. vermicida, vermífugo.

wurm.sti.chig [vúrm-chti-çhiçh] *adj.* carunchoso.

Wurst [vúrst] *s.f., Würste.* salsichão; linguiça, chouriço.

Würst.chen [vyrst-çhen] *s.n.*, -. salsicha.

Wür.ze [vyr-tse] *s.f.*, -n. tempero, condimento.

Wur.zel [vúr-tsél] *s.f.*, -n. raiz; *(gram.)* radical.

wur.zeln [vúr-tséln] *v.* radicar; arraigar.

wüst, [vyst] *adj.* deserto; ermo, inculto.

Wü.ste, [vyste] *s.f.*, -n. deserto.

wü.sten [vysten] *v.* devastar.

Wüst.ling [vyst-link] e *adj.s.m.*, -e. estroina, perdulário; libertino.

Wut [vú:t] *s.f. (sem plural).* raiva, fúria, furor; sanha, mania.

wü.ten [vy:ten] *v.* enfurecer-se, estar furioso; – *in:* causar estragos em; devastar.

wü.tend [vy:tent] *adj.* raivoso, furioso; – *machen:* zangar, enfurecer, enraivecer; *auf jemanden – sein:* estar furioso com alguém.

wü.tig [vy:tiçh] *adj.* raivoso, furioso; – *machen:* zangar, enfurecer, enraivecer; *auf jemanden – sein:* estar furioso com alguém.

X

X [iks] vigésima quarta letra do alfabeto alemão; X, x; *Herr X:* fulano; *ein X für ein U vormachen:* vender gato por lebre; enganar, ludibriar.

X-be.lie.big [íks-belí:biçh] *adj.* qualquer.

X-Strah.len [íks-chtrá:len] *plural.* raios X.

Xy.lo.gra.phie [ksylo-grafí:] *s.f., -n.* xilogravura.

xy.lo.gra.phisch [ksylo-grá:fich] *adj.* xilográfico.

Xy.lo.phon [ksy-lo-f:ôn] *s.n., -e.* xilofone.

X-Beine [iks-báine] *pl.* pernas tortas.

x-mal [iks-mál] *adv.* várias vezes.

Y [ypsi-lô:n] vigésima quinta letra do alfabeto alemão; Y, y.

Y

Yams.wur.zel [yáms-vúrtsel] *s.f., -n.* raiz de inhame.

Z

Z [tsét] vigésima sexta letra do alfabeto alemão; Z;z; *von A bis* –: do princípio ao fim, de ponta a ponta.

Zacke [tsá-ke] *s.f., -n.* ponta; dente, ressalto.

zackig [tsákiçh] *adj.* denteado; *(fig.)* bizarro.

za.gen [tsá:guen] *v.* ter medo; hesitar; medo.

zag.haft [tsák-ráft] *adj.* tímido, medroso.

zäh [tsè:] *adj.* tenaz; teimoso; resistente; duro.

zäh.flüs.sig [tsè:-flyssiçh] *adj.* espesso; viscoso; *adv.* tenazmente.

Zäh.flüs.sig.keit [tsè:-flyssiçh-káit] *s.f. (sem plural).* dureza, tenacidade; viscosidade.

Zahl [tsá:l] *s.f., -en.* número; algarismo.

zahl.bar [tsá:l-bá:r] *adj.* pagável; – *werden:* vencer.

zähl.bar [tsè:l-bá:r] *adj.* contável, enumerável.

zah.len [tsá:len] *v.* pagar; –*!:* a conta, por favor!; *was habe ich zu* –?: quanto devo pagar?, quanto é?.

zäh.len [tsè:len] *v.* contar; recensear; *nicht bis 3 – können:* ser parvo.

zah.len.mä.ßig [tsá:len-mé:ssiçh] *adj.* numérico.

Zah.ler [tsá:la] *s.m., -.* pagador.

Zäh.ler [tsé:la] *s.m., -.* contador; numerador.

zahl.los [tsá:l-lôs] *adj.* inumerável.

Zah.lung [tsá:lunk] *s.f., -en.* pagamento.

Zäh.lung [tsè:lunk] *s.f., -en.* numeração; contagem; recenseamento.

zah.lungs.fä.hig [tsá:lunks-fè:içh] *adj.* solvente.

zah.lungs.un.fä.hig [tsá:lunks-ún-fè:içh] *adj.* insolvente.

zahm [tsá:m] *adj.* manso; domesticado, doméstico; – *werden:* amansar, domesticar.

zähm.bar [tsè:m-bá:r] *adj.* domável.

zäh.men [tsé:men] *v.* amansar, domar; *(fig.)* dominar.

Zahn [tsá:n] *s.m., Zähne.* dente.

Zahn.arzt [tsá:n-ártst] *s.m., Zahnärzte.* dentista.

zah.nen [tsá:nen] *v.* dentar; nascer os dentes; dentição.

Zahn.fleisch [tsá:n-fláich] *s.n. (sem plural).* gengiva.

Zahn.fül.lung [tsá:n-fylunk] *s.f., -en.* obturação.

zahn.los [tsá:n-lôs] *adj.* desdentado.

Zahn.lücke [tsá:n-lyke] *s.f., -n.* falta de um dente.

Zahn.schmerz [tsá:n-chmérts] *em plural.* dor de dente.

Zan.ge [tsángue] *s.f., -n.* tenaz, alicate; pinça.

Zank [tsánk] *s.m. (sem plural).* disputa, briga; querela, rixa; – *apfel:* pomo de discórdia.

zan.ken [tsánken] *v.* brigar, disputar.

Zän.ker [tsénka] *s.m., -.* querelante, contendor.

zän.kisch [tsénkich] *adj.* brigão, quezilento.

zap.fen [tsáp-fen] *v.* tirar; pino; batoque; torneira; bucha.

zap.peln [tsáp-péln] *v.* estrebuchar; debater-se, agitar-se.

Zar.ge [tsárgue] *s.f., -n.* borda; encaixe, caixilho.

zart [tsárt] *adj.* tenro; terno, delicado; frágil, tênue.

zart.füh.lend [tsárt-fy:lent] *adj.* sensível, delicado.

Zart.ge.fühl [tsárt-guefy:l] *s.n., -e.* delicadeza.

Zart.heit [tsárt-rháit] *s.f., -en.* fragilidade, delicadeza; *(fig.)* ternura.

zärt.lich [tsért-liçh] *adj.* meigo, terno, afetuoso.

Zärt.lich.keit [tsért-liçh-káit] *s.f., -en.* ternura, carinho.

Zau.ber [tsáu-ba] *s.m., -.* encanto; magia, feitiço; *(fig.)* fascinação.

Zau.be.rei [tsáu-be-rái] *s.f., -en.* feitiçaria, encantamento; magia, bruxaria.

Zau.be.rer [tsáu-be-ra] *s.m., -.* mágico; feiticeiro, bruxo.

zau.bern [tsáu-bérn] *v.* prestidigitar; exercer a magia; produzir alguma coisa magicamente.

Zau.de.rer [tsáu-de-ra] *s.m., -.* irresoluto; temporizador.

zau.dern [tsáu-dérn] *v.* hesitar, temporizar; vacilar; irresolução, hesitação.

Zaum [tsáum] *s.m., Zäume.* rédea, freio.

zäu.men [tsóimen] *v.* bridar, enfrenar; *(fig.)* refrear.

Zaun [tsáun] *s.m., Zäune.* cerca, sebe, gradil.

zäu.nen [tsóinen] *v.* cercar.

Zaun.pfahl [tsáun-pfá:l] *s.m., Zaunpfähle.* moirão, estaca.

zau.sen [tsáu-zen] *v.* arrepelar; desgrenhar.

Zech.bru.der [tséçh-brú:da] s.m., Zechbrüder. cupincha, companheiro de esbórnia.

Ze.che [tséçhe] s.f., -n. conta, despesa feita numa taverna; die – bezahlen müssen: pagar o pato.

ze.chen [tsé-çhen] v. embebedar-se.

Ze.cher [tsé-çha] s.m., -. beberrão.

Zecke [tsé-ke] s.f., -n. carrapato.

Ze.der [tsé:da] s.f., -n. cedro.

Ze.h [tsè:] s.m., -en. Zehe s.f., -n. dedo do pé.

Zehn [tse:n] num. dez.

Zehn.eck [tsë:n-ék] s.n., -e. decágono.

Zeh.ner [tsë:na] s.m., -. dezena.

zehn.fach [tsë:n-fárr] adj. décuplo.

Zehn.te [tsë:nte] num. ord. décimo.

Zehn.tel [tsë:n-tel] s.n., -. décimo; décima parte.

zehn.tens [tsë:n-tens] adj. décimo; adv. em décimo lugar.

zeh.ren [tsë:ren] v. enfraquecer, consumir, (fig.) viver de, alimentar-se de.

Zei.chen [tsái-çhen] s.n., -. sinal, marca; distintivo, insígnia; indício, sintoma; (astr.) signo.

Zei.chen.heft [tsái-çhen-rhéft] s.n., -e. caderno de desenho.

Zei.chen.stift [tsái-çhen-chtíft] s.m., -e. lápis de desenho.

Zei.chen.tisch [tsái-çhen-tich] s.m., -e. prancheta; mesa de desenho.

Zei.chen.set.zung [tsái-çhen-zé-tsunk] s.f. (sem plural). (gram.) pontuação.

zeich.nen [tsáiçh-nen] v. desenhar; traçar, riscar, esboçar.

Zeich.ner [tsáiçh-na] s.m., -. desenhista.

Zeich.nung [tsáiçh-nunk] s.f., -en. desenho.

Zei.ge.fin.ger [tsái-gue-fínga] s.m., -. dedo indicador.

zei.gen [tsáiguen] v. mostrar, indicar; ensinar; sich –: mostrar-se; –: auf apontar para.

Zei.ger [tsáiga] s.m., -. indicador.

Zei.ge.stock [tsáigue-chtók] s.m., Zeigestöcke. ponteiro.

Zei.le [tsáile] s.f., -n. linha; alínea; fileira; zwischen den –n: nas entrelinha.

Zeit [tsáit] s.f., -en. tempo, época, idade, prazo, período; lange – hindurch: ao longo de grande período de tempo; du liebe –!: meu Deus!; auf –: a prazo; von – zu –: de vez em quando, de tempos em tempos; zur –: atualmente; zur rechten –: a tempo; sich – lassen, sich – nehmen: não precipitar; vor –en: outrora, antigamente.

Zeit.ab.schnitt [tsáit-áp-chnít] s.m., -e. período, época.

Zeit.al.ter [tsáit-álta] s.n., -. idade, era.

Zeit.ge.nos.se [tsáit-guenósse] s.m., -n. contemporâneo.

Zeit.ge.schich.te [tsáit-guechíçhte] s.f. (sem plural). história contemporânea.

zei.tig [tsáitiçh] adj. oportuno; maduro; adv. cedo; a tempo.

zeit.lang [tsáit-lánk] prep. por algum tempo; durante algum tempo.

zeit.le.bens [tsáit-lê:bens] prep. durante toda a (minha) vida.

zeit.lich [tsáit-líçh] adj. temporal, transitório; das –e segnen: morrer.

zeit.los [tsáit-lôs] adj. independente da moda; de todos os tempos.

Zeit.mes.ser [tsáit-méssa] s.m., -. cronômetro.

Zeit.schrift [tsáit-chríft] s.f., -en. revista.

Zei.tung [tsáitunk] s.f., -en. jornal; periódico; diário.

Zeit.ver.treib [tsáit-fér-tráip] s.m., -e. passatempo.

zeit.wei.lig [tsáit-váiliçh] adj. temporário.

zeit.wei.se [tsáit-váize] adv. temporariamente; de vez em quando; por momento.

Zeit.wort [tsáit-vórt] s.n., -e. verbo.

Zel.le [tséle] s.f., -n. célula; alvéolo; cela.

Zelt [tsélt] s.n., -e. tenda, barraca.

Zelt.dach [tsélt-dárr] s.n., Zeltdächer. toldo.

zel.ten [tsél-ten] v. acampar.

Ze.ment [tsement] s.m., -e. cimento.

zen.tral [tsentrál] adj. central.

zen.tra.li.sie.ren [tsentra-lizí:ren] v. centralizar.

Zen.trum [tséntrum] s.n., Zentren. centro.

Zep.ter [tsép-ta] s.n., ou s.m., -. cetro.

zer.bei.ßen [tsér-báissen] v. partir com os dentes.

zer.bre.chen [tsér-bré-çhen] v. partir(-se), quebrar(-se), despedaçar(-se).

zer.brech.lich [tsér-bréçh-liçh] adj. frágil; quebradiço.

zer.bröckeln [tsér-brø-kéln] v. esmigalhar (-se); esboroar(-se).

zer.drücken [tsér-dryken] v. esmagar; amarrotar; esborrachar.

Ze.re.mo.nie [tsère-mòni:] s.f., -n. cerimônia.

Ze.re.mo.ni.ell [tsère-moniél] s.n., -e. cerimonial; adj. cerimonioso.

Zer.fall [tsér-fál] s.m., Zerfälle. ruína, desmoronamento, desagregação; decomposição; (fig.) decadência, desintegração.

zer.fal.len [tsér-fálen] v. desmoronar-se; desfazer-se; desintegrar-se; decompor-se.

zer.flei.schen [tsér-fláichen] v. dilacerar.

zer.flie.ßen [tsér-flí:ssen] v. derreter-se, diluir-se, desfazer-se, dissolver-se.

zer.fres.sen [tsér-fréssen] v. corroer; carcomer; adj. corroído; carcomido.

zer.glie.dern [tsér-gli:-dérn] v. desmembrar; (anat.) dissecar; (fig.) dividir; analisar.

zer.hacken [tsér-rháken] v. partir; despedaçar; rachar.

zer.kau.en [tsér-káuen] v. mastigar; moer.

zer.klop.fen [tsér-klóp-fen] v. britar.

zer.knirscht [tsér-nírcht] adj. contrito.

zer.knit.tern [tsér-ní-térn] v. amarrotar; machucar.

zer.krat.zen [tsér-krá-tsen] v. arranhar.

zer.las.sen [tsér-lássen] v. fundir, derreter; adj. fundido, derretido.

zer.lau.fen [tsér-láufen] v. desfazer-se; diluir-se.

zer.le.gen [tsér-lê:guen] v. decompor; (anat.) dissecar; trinchar, retalhar; desmontar, desmanchar.

Zer.le.gung [tsér-lê:gunk] s.f., -en. decomposição; dissecação; desmonte.

zer.mal.men [tsér-málmen] v. triturar; (fig.) esmagar.

zer.plat.zen [tsér-plá-tsen] v. rebentar, estourar.

zer.quet.schen [tsér-kvét-chen] v. esmagar; machucar.

zer.rei.ben [tsér-ráiben] v. triturar.

zer.reiß.bar [tsér-ráis-bá:r] adj. leicht –: fácil de rasgar.

zer.rei.ßen [tsér-ráissen] v. rasgar(-se); partir, dilacerar; violar.

zer.ren [tsé-ren] v. puxar, estirar, distender; arrastar.

Zer.rung [tsé-runk] s.f., -en. distensão.

zer.rin.nen [tsér-rínen] v. desfazer-se, derreter-se, diluir-se.

zer.ris.sen.heit [tsér-ríssen-ráit] s.f. (sem plural). desunião; jemandes innere –: desequilíbrio moral.

zer.rüt.ten [tsér-ry-ten] v. desconcertar; desorganizar; arruinar; Nerven –: desmoralizar.

Zer.rüt.tung [tsér-ry-tunk] s.f., -en. desordem; desorganização; ruína; desmoralização; perturbação.

zer.sä.gen [tsér-zê:guen] v. serrar.

zer.schel.len [tsér-chélen] v. despedaçar-se; (fig.) naufragar.

zer.schla.gen [tsér-chlá:guen] v. destroçar; (fig.) malograr; wie –: adj. moído.

zer.schlis.sen [tsér-chlíssen] adj. puído.

zer.schmet.tern [tsér-chmé-térn] v. esmagar; (fig.) fulminar, destroçar.

zer.schnei.den [tsér-chnáiden] v. cortar em pedaços, retalhar; despedaçar; trinchar.

zer.set.zen [tsér-zé-tsen] v. decompor; desagregar; (fig.) corromper.

Zer.set.zung [tsér-zé-tsunk] s.f. (sem plural). decomposição; desagregação; (fig.) corrupção.

zer.split.te.rung [tsér-chpli-terunk] s.f. (sem plural). fragmentação, estilhaçamento; (fig.) desunião, dispersão.

zer.sprin.gen [tsér-chpríngen] v. romper-se; estalar, rachar.

zer.stamp.fen [tsér-chtámpfen] v. pisar, esmagar com os pés; triturar.

zer.stäu.ben [tsér-chtóiben] v. pulverizar.

Zer.stäu.ber [tsér-chtóiba] s.m., -. pulverizador.

zer.stö.ren [tsér-chtø:ren] v. destruir; demolir; fazer fracassar.

Zer.stö.rer [tsér-chtø:ra] s.m., -. destruidor; contratorpedeiro.

Zer.stö.rung [tsér-chtø:runk] s.f., -en. destruição, demolição; danos, estrago.

zer.sto.ßen [tsér-chtô:ssen] v. triturar, pulverizar; pilar.

zer.streu.en [tsér-chtróien] v. dispersar, dissipar; distrair, divertir.

zer.streut [tsér-chtróit] adj. disperso, distraído.

Zer.streu.ung [tsér-chtrói-unk] s.f., -en. dispersão, distração.

zerstückeln [tsér-chty-kéln] v. despedaçar; fragmentar; parcelar; esquartejar, desmembrar.

zer.tei.lung [tsér-táilunk] s.f., -en. divisão.

zer.tre.ten [tsér-trê:ten] v. pisotear; esmagar com os pés; (fig.) aniquilar, destruir.

zer.trüm.me.rung [tsér-trymerunk] s.f., -en. destruição; (Fí) desintegração.

Zer.würf.nis [tsér-vyrfnis] s.n., Zerwürfnisse. desavença, desentendimento.

zer.zau.sen [tsér-tsáu-zen] v. sacudir; desgrenhar; (fig.) amarrotar.

Ze.ter.ge.schrei [tsê:-ta-gue-chrái] s.f., -en. grito de desespero; gritaria; clamor.

ze.tern [tsê:-térn] v. clamar.

Zet.tel [tsé-tél] s.m., -. papelzinho; bilhete; rótulo; cartão.

Zeug [tsóik] s.n. (sem plural). coisa; matéria; material; estofo; trastes, quinquilharias, ninharias; was das – hält: até não poder mais; sich ins – legen; sich – werfen: meter-se a fundo em alguma coisa.

Zeu.ge [tsóigue] m.s.m., -n. testemunha.

zeu.gen [tsóiguen] v. testemunhar, depor; – von: mostrar, revelar; gerar, procriar; engendrar.

Zeug.haus [tsóik-ráus] s.n., Zeughäuser. arsenal; almoxarifado.

Zeug.nis [tsóik-nis] s.n., Zeugnisse. testemunho, depoimento; certificado, atestado; probidade.

Zeu.gung [tsói-gunk] s.f., -en. geração; procriação.

Zick.lein [tsik-láin] s.n., -. cabrito.

Zie.ge [tsí:gue] s.f., -n. cabra; alte –; dumme –: estafermo, palerma.

Zie.gel [tsí:guel] s.m., -. tijolo; telha.

Zie.ge.lei [tsí:gue-lái] s.f., -en. olaria; fábrica de tijolos.

Zie.gen.bock [tsí:guen-bók] s.m., Ziegenböcke. bode.

Zieh.brun.nen [tsi:-brúnen] s.m., -. poço.

zie.hen [tsí:en] v. puxar, tirar, arrancar, extrair; *sich – Holz:* empenar; *an sich –, auf sich –:* atrair, chamar: *nach sich –:* arrastar rebocar, trazer consigo, acarretar; *jemanden ins Vertrauen –:* confiar-se a alguém; *– durch:* atravessar, passar; dor reumática.

Zieh.har.mo.ni.ka [tsi:-rhár-mô:nika] s.f., *-s ou Ziehharmoniken.* acordeão.

Zie.hung [tsi:-unk] s.f., *-en.* sorteio.

Ziel [tsi:l] s.n., *-e.* alvo; fim, meta, objetivo; finalidade; prazo.

ziel.be.wusst [tsí:l-bevúst] adj. enérgico; consequente.

zie.len [tsí:len] v. apontar, visar, tender para; pontaria.

Ziel.li.nie [tsí:l-li:nie] s.f., *-n.* linha de chegada.

ziel.los [tsí:l-lôs] adj. desnorteado, desorientado; indeciso; confuso.

zie.men [tsí:men] v. *sich –:* convir.

ziem.lich [tsí:m-liçh] adj. conveniente, suficiente; módico, razoável; *– viel:* bastante bem; *– gut:* bastante; *so –:* quase, pouco mais ou menos.

zie.ren [tsí:ren] v. enfeitar, adornar.

zier.lich [tsí:r-liçh] adj. gracioso; fino, elegante.

Zier.lich.keit [tsí:r-liçh-káit] s.f. (sem plural). graça; elegância.

Zif.fer [tsífa] s.f., *-n.* algarismo, cifra.

Zif.fer.blatt [tsífa-blát] s.n., *Zifferblätter.* mostrador.

Zi.ga.ret.te [tsi-ga-ré-te] s.f., *-n.* cigarro.

Zi.ga.ret.ten.päck.chen [tsi-ga-ré-ten-pék-çhen] s.n., *-.* maço de cigarro.

Zi.ga.ret.ten.stum.mel [tsi-ga-ré-ten-chtumel] s.m., *-.* ponta de cigarro.

Zi.gar.re [tsi-gá-re] s.f., *-n.* charuto.

Zi.geu.ner [tsi-gói-na] s.m., *-.* cigano.

Zi.ka.de [tsiká:de] s.f., *-n.* cigarra.

Zim.mer [tsima] s.n., *-.* quarto; sala.

Zim.mer.ar.beit [tsíma-árbáit] s.f., *-en.* carpintaria.

Zim.mer.mann [tsima-mán] s.m., *Zimmerleute.* carpinteiro.

zim.per.lich [tsímpa-liçh] adj. melindroso, mimoso; *– tun:* afetar melindres.

Zimt [tsimt] s.m., *-e.* canela (especiaria).

Zink [tsink] s.n. (sem plural). zinco.

Zinn [tsin] s.n. (sem plural). estanho.

Zin.no.ber [tsi-nô:ba] s.m. (sem plural). zinabre.

Zinn.sol.dat [tsin-zoldát] s.m., *-en.* soldadinho de chumbo.

Zins [tsins] s.m., *-en.* juro; renda, aluguel; tributo, imposto.

zins.bar [tsins-bá:r] adj. tributário.

zin.sen [tsín-zen] v. render juros.

zins.frei [tsins-frái] adj. isento de juros; isento de impostos.

Zins.fuß [tsins-fú:s] s.m., *Zinsfüße.* taxa de juro; percentagem.

Zip.fel [tsip-fél] s.m., *-.* ponta; cauda.

zir.ka [tsírka] adv. cerca de; por volta de; perto de.

Zir.kel [tsír-kèl] s.m., *-.* círculo; compasso.

zir.keln [tsír-kéln] v. circundar; compassar.

zir.ku.lie.ren [tsirkulí:ren] v. circular.

Zir.kus [tsírkus] s.m., *Zirkusse.* circo.

zir.pen [tsírpen] v. trinar, cantar; piar.

zi.scheln [tsi-chéln] v. cochichar.

zi.schen [tsíchen] v. sibilar, assobiar.

Zisch.laut [tsích-láut] s.m., *-e.* letra sibilante.

Zi.tat [tsitá:t] s.n., *-e.* citação.

Zi.ther [tsíta] s.f., *-n.* cítara.

zi.tie.ren [tsití:ren] v. citar.

Zi.tro.ne [tsitrô:ne] s.f., *-n.* limão.

Zi.tro.nen.was.ser [tsitrô:nen-vássa] s.n., *-.* limonada.

zit.te.rig [tsite-riçh] adj. trêmulo.

zit.tern [tsít-térn] v. tremer, estremecer, vibrar.

Zit.ze [tsit-tse] s.f., *-n.* teta.

zi.vil [tsi-víl] adj. civil.

zi.vi.li.sa.ti.on [tsi-vi-líza-tsiô:n] s.f., *-en.* civilização.

zi.vi.li.sie.ren [tsi-vi-lizí:ren] v. civilizar.

Zo.bel [tsô:bel] s.m., *-.* marta; zibelina.

Zo.fe [tsô:fe] s.f., *-n.* criada, camareira.

zö.gern [tsø:-guérn] v. hesitar; hesitação.

Zög.ling [tsø:k-link] s.m., *-e.* educando; aluno, discípulo; pupilo.

Zö.li.bat [tsø:li-bá:t] s.m. ou s.n. (sem plural). celibato.

Zoll [tsól] s.m., *Zölle.* polegada; tributo alfandegário; *– um –:* palmo a palmo.

Zoll.ab.fer.ti.gung [tsól-ap-fértiguek] s.f., *-en.* despacho aduaneiro.

Zoll.amt [tsól-ámt] s.n., *Zollämter.* alfândega.

zol.len [tsólen] v. tributar.

zoll.frei [tsól-frái] adj. isento de impostos alfandegários.

Zoll.haus [tsól-rháus] s.n., *Zollhäuser.* alfândega.

Zöll.ner [tspøl-na] s.m., *-.* fiscal aduaneiro.

zoll.pflich.tig [tsól-pflich-tiçh] adj. sujeito a impostos.

Zoll.stock [tsól-chtók] s.m., *Zollstöcke.* metro articulado.

Zo.ne [tsô:ne] s.f., *-n.* zona; território.

Zopf [tsópf] s.m., *Zöpfe.* trança, rabicho; *alter –: (fig.)* atraso; costume atrasado.

zop.fig [tsopf-fiçh] adj. atrasado.

Zorn [tsórn] s.m. (sem plural). cólera, ira.

zor.nig [tsór-niçh] adj. colérico; irado; encolerizado.

Zo.te [tsô:te] s.f., *-n.* obscenidade.

ZOTTELIG • ZUGEGEN

zot.te.lig [tsóte-liçh] *adj.* viloso; peludo, cabeludo.

zu [tsú:] *prep.* em, para, até, no sentido de, com, em direção a; *adv.* fechado, trancado; abaixado.

zu.al.ler.erst [tsú:-ála-érst] *adj.* o primeiro de todos; *adv.* em primeiro lugar; primeiramente.

zu.al.ler.letzt [tsú:-ála-lé-tst] *adj.* o último de todos; *adv.* em último lugar; por último.

zu.bei.ßen [tsú:-báissen] *v.* morder.

zu.be.rei.ten [tsú:-beráiten] *v.* preparar.

zu.be.rei.tung [tsú:-beráitunk] *s.f., -en.* preparação; apresentação.

zu.bin.den [tsú:-bínden] *v.* atar, ligar; vendar.

Zucht [tsúrrt] *s.f., -en.* criação; cultura, educação; disciplina; honestidade.

züch.ten [tyçh-ten] *v.* educar, criar; cultivar.

Zucht.haus [tsúrrt-rháus] *s.n., Zuchthäuser.* casa de correção; penitenciária.

züch.tig [tsyçh-tiçh] *adj.* decente, honesto; casto.

züch.ti.gen [tsyçh-tiguen] *v. (fig.)* endireitar; castigar, açoitar.

Züch.ti.gung [tsyçh-tigunk] *s.f., -en.* castigo.

zucht.los [tsúrrt-lôs] *adj.* indisciplinado, desregrado.

Zucht.lo.sig.keit [tsúrrt-lózigh-káit] *s.f. (sem plural).* indisciplina; imoralidade.

Züch.tung [tsyçh-tunk] *s.f., -en.* criação, educação; cultura.

Zucht.vieh [tsúrrt-ví:] *s.n. (sem plural).* gado de criação.

zucken [tsú-ken] *v.* palpitar; confranger-se; estremecer; fulminar; oscilar; *mit den Achseln –*: encolher os ombros, *mit den Wimpern –*: pestanejar.

Zucker [tsú-ka] *s.m., -.* açúcar.

Zucker.do.se [tsú-ka-dô:ze] *s.f., -n.* açucareiro.

Zucker.krank.heit [tsú-ka-kránk-rháit] *s.f. (sem plural).* diabetes.

zuckern [tsú-kérn] *v.* açucarar.

Zucker.rohr [tsú-ka-rô:a] *s.n. (sem plural).* cana-de-açúcar.

Zucker.rü.be [tsú-ka-ry:be] *s.f., -n.* beterraba.

Zuckung [tsú-kunk] *s.f., -en.* contração, convulsão; palpitação.

zu.decken [tsú:-déken] *v.* cobrir; abafar; tapar.

zu.dem [tsú:-dê:m] *adv.* ademais, além disso; de mais a mais.

zu.den.ken [tsú:-dénken] *v.* destinar.

zu.dre.hen [tsú:-drê:en] *v.* fechar torcendo; *jemandem den Rücken –*: virar as costas a alguém.

zu.dring.lich [tsú:-drink-liçh] *adj.* importuno; impertinente; abelhudo.

zu.drücken [tsú:-dryken] *v.* fechar apertando.

zu.eig.nen [tsú:-áiknen] *v.* dedicar; adjudicar; oferecer; *sich –*: apropriar-se.

zu.er.ken.nen [tsú:-érkénen] *v.* conceder, conferir; adjudicar; infligir.

zu.erst [tsú:-érst] *adj.* primeiro; *adv.* primeiramente.

Zu.fall [tsú:-fál] *s.m., Zufälle.* acaso; acidente.

zu.fal.len [tsú:-fálen] *v.* fechar-se; tocar a alguém, caber a alguém.

zu.fäl.lig [tsú:-féliçh] *adj.* casual, acidental, fortuito; aleatório.

zu.fäl.li.ger.wei.se [tsú:-féliga-váize] *adv.* por acaso, casualmente.

zu.flie.gen [tsú:-flí:guen] *v.* voar para; *(fig.) jemandem –*: não custar nada a alguém.

zu.flie.ßen [tsú:-flí:ssen] *v.* afluir; *(fig.) jemandem etwas – lassen*: conceder alguma coisa a alguém; outorgar alguma coisa a alguém.

Zu.flucht [tsú:-flúrrt] *s.f., -en.* abrigo, refúgio, asilo; recurso.

Zu.fluss [tsú:-flús] *s.m., Zuflüsse.* afluência; *adj.* afluente.

zu.flü.stern [tsú:-flys-térn] *v.* segredar; cochichar.

zu.fol.ge [tsú:-fólgue] *prep.* de acordo com; conforme, segundo, consoante.

zu.frie.den [tsú:-frí:den] *adj.* contente, satisfeito; – *lassen*: deixar em paz.

Zu.frie.den.heit [tsú:-frí:den-rháit] *s.f. (sem plural).* contentamento, satisfação; sossego.

zu.frie.den.stel.len [tsú:-frí:den-chtélen] *v.* satisfazer, contentar.

zu.frie.ren [tsú:-frí:ren] *v.* gelar, cobrir-se de gelo.

zu.fü.gen [tsú:-fy:guen] *v.* acrescentar; causar, infligir.

Zu.fuhr [tsú:-fú:r] *s.f., -en.* transporte; abastecimento; entrada, adução.

zu.füh.ren [tsú:-fy:ren] *v.* levar, transportar; arranjar.

Zu.füh.rung [tsú:-fy:runk] *s.f., -en.* conduta.

Zu.ga.be [tsú:-gá:be] *s.f., -n.* suplemento; acréscimo.

Zu.gang [tsú:-gank] *s.m., Zugänge.* acesso; entrada.

zu.gäng.lich [tsú:-guénk-liçh] *adj.* acessível.

Zug.brücke [tsú:k-bryke] *s.f., -n.* ponte levadiça.

Zü.ge [tsy:gue] *plural.* feições; estrias, raias; letra, caligrafia; *in den letzten –n liegen*: estar agonizante, agonizar.

zu.ge.ben [tsú:-guê:ben] *v.* dar a mais; admitir, reconhecer, confessar; permitir, deixar.

zu.ge.gen [tsú:-guê:guen] *adj.* presente; – *sein bei*: assistir a, presenciar.

ZUGEHEN • ZUNEHMEN

zu.ge.hen [tsú:-guê:en] v. acontecer, ser possível; – auf: aproximar-se de; dem Ende –: aproximar-se do fim; – lassen: enviar, mandar.

zu.ge.hö.ren [tsú:-gue-rhø:ren] v. pertencer.

zu.ge.hö.rig [tsú:-gue-rhø:riçh] adj. pertencente; anexo; correspondente; afim; acessório.

Zü.gel [tsy:guel] s.m., -. freio; rédea, brida.

zü.gel.los [tsy:guel-lôs] adj. desenfreado; abandonado.

zü.geln [tsy:-guéln] v. refrear, reprimir.

zu.ge.sel.len [tsú:-guezélen] v. juntar, associar; sich –: acompanhar.

Zu.ge.ständ.nis [tsú:-gue-chtént-nis] s.n., Zugeständnisse. concessão.

zu.ge.ste.hen [tsú:-gue-chtê:en] v. conceder; confessar.

zu.ge.tan [tsú:-gue-tán] adj. dedicado a; afeiçoado a.

Zug.fe.der [tsú:k-fê:da] s.f., -n. espiral.

zu.gig [tsú:-guiçh] adj. exposto à corrente de ar; es ist –: há corrente de ar.

Zug.kraft [tsúk-kráft] s.f. (sem plural). força de tração; (fig.) atração.

zug.kräf.tig [tsúk-kréf-tiçh] adj. atraente; de boa venda; (teat.) êxito; sucesso de bilheteria.

zu.gleich [tsú:-gláiçh] adj. simultâneo, concomitante; adv. ao mesmo tempo, simultaneamente.

Zug.luft [tsúk-lúft] s.f. (sem plural). corrente de ar.

zu.grei.fen [tsú:-gráifen] v. pegar, agarrar; servir-se; aproveitar a oportunidade.

zu.grun.de [tsú:-gründe] v. – gehen: perecer; arruinar-se; ir a pique; – legen: tomar por base, partir de; – liegen: ser o motivo de, estar na origem de; – richten: arruinar.

Zug.wind [tsúk-vint] s.m. (sem plural). corrente de ar.

zu.hal.ten [tsú:-rhálten] v. guardar fechado; cobrir com as mãos; tapar; – auf: dirigir-se para.

zu.hei.len [tsú:-rháilen] v. sarar, cicatrizar.

zu.hö.ren [tsú:-rhø:ren] v. escutar, ouvir com atenção.

Zu.hö.rer [tsú:-rhø:ra] s.m., -. ouvinte.

zu.keh.ren [tsú:-kê:ren] v. virar para; apresentar; jemandem den Rücken –: virar as costas a alguém.

zu.kle.ben [tsú:-klê:ben] v. colar.

zu.knöp.fen [tsú:-nøp-fen] v. abotoar.

zu.kom.men [tsú:-kómen] v. – auf: vir para, vir ao encontro de; jemandem –: competir a alguém, caber a alguém, pertencer a alguém; jemandem etwas – lassen: proporcionar alguma coisa a alguém fazer chegar alguma coisa às mãos de alguém.

Zu.kunft [tsú:-kúnft] s.f., Zukünfte. futuro, porvir; in –: no futuro; daqui em diante.

zu.künf.tig [tsú:-kynf-tiçh] adj. futuro, vindouro.

zu.lä.cheln [tsú:-lé-çhéln] v. sorrir a alguém.

Zu.la.ge [tsú:-lá:gue] s.f., -n. aumento, acréscimo.

zu.las.sen [tsú:-lássen] v. permitir, admitir.

zu.läs.sig [tsú:-léssiçh] adj. admissível; permitido, lícito.

Zu.läs.sig.keit [tsú:-léssiçh-kàit] s.f., -en. legitimidade.

Zu.lauf [tsú:-láuf] s.m. (sem plural). afluência, concorrência, frequência; großen – haben: ser concorrido, ser muito frequentado; ter grande clientela.

zu.lau.fen [tsú:-láufen] v. – jemandem –: vir para alguém, – auf: correr para; spitz –: terminar em ponta.

zu.le.gen [tsú:-lê:guen] v. cobrir; acrescentar; dar mais; sich –: adquirir, arranjar.

zu.letzt [tsú:-lé-tst] adv. em último lugar; por fim; – kommen: ser o último a chegar.

zu.lie.be [tsú:-lí:be] adv. por amor de.

zu.ma.chen [tsú:-má-rren] v. fechar; abotoar; fazer depressa, aviar-se.

zu.mal [tsú:-mál] adv. sobretudo, tanto mais que.

zu.mau.ern [tsú:-máu-érn] v. tapar.

zu.meist [tsú:-máist] adv. geralmente, quase sempre.

zu.mu.ten [tsú:-mú:ten] v. exigir; sich zuviel –: exagerar.

Zu.mu.tung [tsú:-mú:tunk] s.f., -en. exigência; starke –: impertinência.

zu.nächst [tsú:-néçhst] adv. em primeiro lugar; por agora; prep. muito perto de.

zu.na.geln [tsú:-ná:guéln] v. pregar.

zu.nä.hen [tsú:-nê:en] v. coser; consertar.

Zu.nah.me [tsú:-ná:me] s.f., -n. aumento, incremento.

Zu.na.me [tsú:-ná:me] s.m., -n. apelido.

zün.den [tsyn-den] v. acender, inflamar; pegar (motor); (fig.) eletrizar, arrebatar.

zün.dend [tsyn-dent] adj. vibrante.

Zun.der [tsúnda] s.m., -. isca.

Zün.der [tsynda] s.m., -. espoleta, pavio.

Zünd.holz [tsynt-rhólts] s.n., Zündhölzer. palito de fósforo.

Zünd.hüt.chen [tsynt-rhyt-çhen] s.n., -. espoleta.

Zünd.kap.sel [tsynt-káp-zel] s.f., -n. detonador.

Zünd.ker.ze [tsynt-kértse] s.f., -n. vela de ignição.

Zünd.schnur [tsynt-chnúr] s.f., Zündschnüre. mecha; estopim.

Zünd.stoff [tsynt-chtóf] s.m., -e. matéria inflamável.

Zün.dung [tsyn-dunk] s.f., -en. inflamação; ignição.

zu.neh.men [tsú:-nê:men] v. crescer, aumentar; subir, fazer progresso.

ZUNEHMEND • ZUSAMMENHANG

zu.neh.mend [tsú:-nê:ment] *adj.* crescente, progressivo.

zu.nei.gung [tsú:-nái-gunk] *s.f., -en.* inclinação; simpatia para com.

zünf.tig [tsynft-tiçh] *adj.* em conformidade com os estatutos da corporação; em forma.

Zunft.we.sen [tsúnft-vê:zen] *s.n., -.* corporativismo.

Zun.ge [tsúngue] *s.f., -n.* língua; lingueta.

zun.gen.fer.tig [tsúnguen-fértiçh] *adj.* liguarudo; verboso, prolixo.

zu.ord.nen [tsú:-órt-nen] *v.* ajuntar, agregar; coordenar.

zup.fen [tsúpfen] *v.* puxar; desfiar.

zu.pfrop.fen [tsú:-pfróp-fen] *v.* arrolhar, tapar.

zu.rech.nen [tsú:-réçh-nen] *v.* acrescentar; pôr na conta de, atribuir a.

zu.rech.nungs.fä.hig [tsú:-réçh-núnks-féçih] *adj.* responsável, imputável.

Zu.rech.nungs.fä.hig.keit [tsú:-réçh-núnks-féçih-káit] *s.f., -en.* responsabilidade pessoal, imputabilidade.

zu.recht [tsú:-réçht] *adj.* em ordem; *adv.* devidamente.

zu.recht.bie.gen [tsú:-réçht-bí:guen] *v.* endireitar, destorcer.

zu.recht.ma.chen [tsú:-réçht-má-rren] *v.* arrranjar, preparar.

zu.recht.wei.sen [tsú:-réçht-váizen] *v.* encaminhar; ensinar o caminho a; *(fig.)* pôr alguém no seu lugar.

zu.re.den [tsú:-rê:den] *v.* persuadir; animar alguém; instâncias, conselho.

zu.rei.chend [tsú:-rái-çhent] *adj.* suficiente.

zu.rich.ten [tsú:-ríçh-ten] *v.* preparar; arranjar; ajustar; *übel –:* maltratar, estragar.

zu.rie.geln [tsú:-rí:-guéln] *v.* aferrolhar.

zür.nen [tsyrnen] *v.* estar zangado.

zu.rück [tsú:-ryk] *adv.* atrás, para trás; – *sein:* estar de volta.

zu.rück.be.hal.ten [tsú:-ryk-bê-hálten] *v.* guardar, reter; ficar com.

zu.rück.be.kom.men [tsú:-ryk-bekómen] *v.* recuperar, recobrar.

zu.rück.be.zah.len [tsú:-ryk-bê-tsá:len] *v.* reembolsar, restituir.

zu.rück.blei.ben [tsú:-ryk-bláiben] *v.* ficar para trás, atrasar-se.

zu.rück.blicken [tsú:-ryk-blíken] *v.* olhar atrás; – *auf:* lançar um olhar retrospectivo.

zu.rück.brin.gen [tsú:-ryk-bringuen] *v.* acompanhar até a casa; repor no seu lugar; *(fig.)* fazer perder tempo.

zu.rück.da.tie.ren [tsú:-ryk-da-tí:ren] *v.* antedatar.

zu.rück.drän.gen [tsú:-ryk-drén-guen] *v.* repelir; fazer recuar; *(fig.)* reprimir.

zu.rück.ei.len [tsú:-ryk-áilen] *v.* voltar depressa; correr para trás.

zu.rück.er.obern [tsú:-ryk-ér-ô:bérn] *v.* reconquistar.

zu.rück.flie.ßen [tsú:-ryk-flí:ssen] *v.* refluir.

zu.rück.for.dern [tsú:-ryk-fór-dérn] *v.* reclamar, reivindicar.

Zu.rück.ga.be [tsú:-ryk-gá:be] *s.f., -n.* restituição; devolução.

zu.rück.ge.ben [tsú:-ryk-guê:ben] *v.* devolver; restituir.

zu.rück.hal.ten [tsú:-ryk-rhálten] *v.* deter; reter; conter; *(fig.)* impedir.

zu.rück.keh.ren [tsú:-ryk-kê:ren] *v.* regressar, voltar.

zu.rück.kom.men [tsú:-ryk-kómen] *v.* voltar; *(fig.)* ficar atrás.

zu.rück.le.gen [tsú:-ryk-lê:guen] *v.* pôr de parte, pôr de lado; poupar, reservar; vencer, percorrer; *an seinen Platz –:* repor no lugar.

zu.rück.neh.men [tsú:-ryk-nê:men] *v.* retirar; recuar; *(fig.)* revogar; *seine Aussage –:* retratar-se; *sein Wort –:* desdizer-se.

zu.rück.set.zen [tsú:-ryk-zé-tsen] *v.v.* pôr atrás; *(fig.)* tratar alguém injustamente; preterir alguém.

zu.rück.wei.sen [tsú:-ryk-váizen] *v.* repelir; recusar; rejeitar, não aceitar.

zu.rück.wer.fen [tsú:-ryk-vérfer:] *v.* repelir; devolver; refletir.

zu.rück.zie.hen [tsú:-ryk-tsí:en] *v.* retirar; recolher.

Zu.ruf [tsú:-rú:f] *s.m., -e.* grito, voz; *durch –:* por aclamação.

zu.ru.fen [tsú:-rú:fen] *v.* gritar; *Beifall –:* aclamar.

Zu.rü.stung [tsú:-rysí-tunk] *s.f., -en.* preparação; preparativo.

Zu.sa.ge [tsú:-zá:gue] *s.f., -n.* resposta afirmativa; promessa, palavra.

zu.sa.gen [tsú:-zá:guen] *v.* prometer; *jemandem auf den Kopf –:* dizer na cara de alguém; aceitar; agradar.

zu.sam.men [tsú:-zá-men] *adv.* junto; juntamente; em conjunto; *mit jemandem –:* em colaboração com alguém.

zu.sam.men.fas.sen [tsú:-zá-men-fássen] *v.* reunir, concentrar, centralizar; coordenar.

Zu.sam.men.fluss [tsú:-zá-men-flúss] *s.m., Zusammenflüsse.* confluência.

Zu.sam.men.halt [tsú:-zá-men-rhált] *s.m. (sem plural).* consistência; coesão; *(fig.)* união, solidariedade.

Zu.sam.men.hang [tsú:-zá-men-rhánk] *s.m., Zusammenhänge.* nexo, conexão; coesão; *(Fi)* coerência.

ZUSAMMENKLANG • ZUSTÄNDIGKEIT

Zu.sam.men.klang [tsú-zá-men-klánk] *s.m.*, *Zusammenklänge.* consonância; acordo; *(fig.)* harmonia.

Zu.sam.men.le.sen [tsú-zá-men-lê:zen] *v.* respigar; coligir; compilar.

zu.sam.men.raf.fen [tsú-zá-men-ráfen] *v.* apanhar; acumular; sich –: aprumar-se; fazer um grande esforço.

zu.sam.men.rech.nen [tsú-zá-men-réch-nen] *v.* adicionar, somar.

zu.sam.men.rol.len [tsú-zá-men-rólen] *v.* enrolar.

Zu.sam.men.rot.tung [tsú-zá-men-rótunk] *s.f.*, -en. motim; ajuntamento, tumulto.

zu.sam.men.ru.fen [tsú-zá-men-rú:fen] *v.* convocar; chamar.

zu.sam.men.set.zen [tsú-zá-men-zê-tsen] *v.* compor; montar, armar.

Zu.sam.men.set.zung [tsú-zá-men-zêt-tsunk] *s.f.*, -en. composição; montagem.

zu.sam.men.stim.men [tsú-zá-men-chtímen] *v.* concordar; conjugar-se; *(mú)* harmonizar.

Zu.sam.men.stoß [tsú-zá-men-chtô:s] *s.m.*, *Zusammenstöße.* choque, embate; colisão; confronto, conflito.

zu.sam.men.sto.ßen [tsú-zá-men-chtô:ssen] *v.* chocar, embater; colidir, abalroar; confrontar.

zu.sam.men.strö.men [tsú-zá-men-chtrø:men] *v.* confluir; afluir.

zu.sam.men.tref.fen [tsú-zá-men-tréfen] *v.* encontrar-se; reunir-se; encontro; coincidência.

zu.sam.men.tre.ten [tsú-zá-men-trê:ten] *v.* reunir-se.

zu.sam.men.zie.hen [tsú-zá-men-tsí:en] *v.* contrair; franzir; estreitar, apertar; adstringir; concentrar; *sich* –: apertar-se, constranger-se; ir viver junto.

Zu.sam.men.zie.hung [tsú-zá-men-tsí-unk] *s.f.*, -en. contração; contração.

Zu.satz [tsú:-záts] *s.m.*, *Zusätze.* aditamento; ingrediente.

zu.sätz.lich [tsú:-zéts-liçh] *adj.* adicional; suplementar; acessório.

zu.schan.den [tsú-chánden] *v.* – *machen:* frustrar; – *reiten,* – *schlagen:* estragar; – *werden:* malograr-se, fracassar.

zu.schan.zen [tsú-chán-tsen] *v.* arranjar.

zu.schau.en [tsú-cháuen] *v.* ver, olhar, assitir, observar.

Zu.schau.er [tsú-cháua] *s.m.*, -. espectador.

Zu.schau.er.raum [tsú-cháua-ráum] *s.m.*, *Zuschauerräume.* plateia; sala de espetáculo.

zu.schicken [tsú-chíken] *v.* mandar, enviar; remeter.

zu.schie.ben [tsú-chí:ben] *v.* fechar; correr; *jemandem etwas* –: passar alguma coisa para alguém; deferir; atribuir a, imputar a.

zu.schie.ßen [tsú-chí:ssen] *v.* subsidiar, subvencionar.

Zu.schlag [tsú-chlá:k] *s.m.*, *Zuschläge.* adjudicação, arrematação; suplemento; sobretaxa; aumento.

zu.schla.gen [tsú-chlá:guen] *v.* fechar batendo; adjudicar; acrescentar; *jemandem die Tür vor der Nase* –: dar com a porta na cara de alguém.

zu.schlie.ßen [tsú-chlí:ssen] *v.* fechar à chave.

zu.schnal.len [tsú-chnálen] *v.* afivelar, apertar.

zu.schnei.den [tsú-chnáiden] *v.* talhar, cortar.

Zu.schnitt [tsú:-chnít] *s.m.*, -e. corte; feitio; *(fig.)* caráter, estilo; talhe.

zu.schnü.ren [tsú:-chny:ren] *v.* apertar, amarrar; *jemandem die Kehle* –: estrangular alguém.

zu.schrau.ben [tsú:-chráuben] *v.* aparafusar.

zu.schrei.ben [tsú:-chráiben] *v.* conferir por escrito; assentar (na conta de); acrescentar; *(fig.)* atribuir, imputar.

Zu.schuss [tsú:-chús] *s.m.*, *Zuschüsse.* subvenção, subsídio.

zu.schüt.ten [tsú:-chyten] *v.* entulhar, encher.

zu.se.hen [tsú:-zê:en] *v.* olhar, assistir, observar.

zu.se.hends [tsú:-zê:ents] *adv.* visivelmente; a olhos vistos.

zu.sen.den [tsú:-zênden] *v.* mandar; remeter.

zu.set.zen [tsú:-zê-tsen] *v.* acrescentar; perder, sacrificar (dinheiro); pôr do próprio bolso, arcar com despesas; *jemandem* –: importunar alguém; *etwas* – *haben:* dispor de reservas; dispor de saúde.

zu.si.chern [tsú:-zi-çhérn] *v.* assegurar, asseverar; prometer.

Zu.si.che.rung [tsú:-zi-çherunk] *s.f.*, -en. asseveração, promessa.

zu.spie.len [tsú:-chpí:len] *v.* passar a; *(fig.)* proporcionar a.

zu.spit.zen [tsú:-chpí-tsen] *v.* apontar, aguçar; *(fig.)* agravar-se.

zu.spre.chen [tsú:-chpré-çhen] *v.* adjudicar; *jemandem Mut* –: animar alguém; *jemandem Trost* –, *jemandem gut* –: consolar alguém, tranquilizar alguém.

zu.sprin.gen [tsú:-chpringuen] *v.* acudir.

Zu.stand [tsú:-chtánt] *s.m.*, *Zustände.* estado, condição; situação.

zu.stän.dig [tsú:-chténdiçh] *adj.* competente.

Zu.stän.dig.keit [tsú:-chténdiçh-káit] *s.f.*, -en. competência.

248

zu.stecken [tsú:-chtéken] v. segurar com alfinete; (fig.) jemandem etwas –: passar alguma coisa furtivamente a alguém.

zu.ste.hen [tsú:-chtê:en] v. pertencer; caber a, competir a.

zu.stel.len [tsú:-chtélen] v. tapa, trancar, obstruir; remeter, entregar; distribuir; notificar.

Zu.stel.ler [tsú:-chtéla] s.m., –. distribuidor.

zu.stel.lung [tsú:-chtélunk] s.f., -en. entrega, envio; distribuição; notificação.

zu.stim.men [tsú:-chtímen] v. concordar com, anuir a; estar de acordo com; jemandem –: aprovar a opinião de alguém, aderir à opinião de alguém.

zu.stim.mend [tsú:-chtí-ment] adj. afirmativo.

Zu.stim.mung [tsú:-chtímunn] s.f., -en. assentimento, consentimento; adesão.

zu.stop.fen [tsú:-chtópfen] v. tapar; remendar.

zu.sto.ßen [tsú:-chtô:ssen] v. fechar empurrando; dar uma pancada, dar um golpe; acontecer, suceder.

Zu.strom [tsú:-chtrô:m] s.m. (sem plural). afluência.

zu.strö.men [tsú:-chtrø:men] v. afluir.

Zu.tat [tsú:-tá:t] s.f., -en. ingrediente; elaboração, preparo.

zu.tei.len [tsú:-táilen] v. distribuir; repartir.

Zu.tei.lung [tsú:-táilunk] s.f., -en. distribuição; partilha; racionamento.

zu.tra.gen [tsú:-trá:guen] v. trazer; (fig.) contar, denunciar, mexericar; sich –: acontecer, suceder, ocorrer.

Zu.trä.ge.rei [tsú:-tré:gue-rái] s.f., -en. delação; (fig.) indiscrição, mexerico.

zu.träg.lich [tsú:-trék-liç] adj. propício, salutar.

zu.trau.en [tsú:-tráuen] v. jemandem etwas –: julgar alguém capaz de alguma coisa; sich zuviel –: exagerar, exceder-se; confiança.

zu.trau.lich [tsú:-tráuliç] adj. confiado; familiar; meigo, manso.

Zu.trau.lich.keit [tsú:-tráuliçh-káit] s.f. (sem plural). confiança, familiaridade; meiguice.

Zu.tritt [tsú:-trít] s.m. (sem plural). entrada; (fig.) acesso.

zu.ver.läs.sig [tsú:-fér-léssiç] adj. seguro, de confiança; sério; fiel, certo; autêntico, fidedigno.

Zu.ver.läs.sig.keit [tsú:-fér-léssiçh-káit] s.f. (sem plural). confiança, certeza; autenticidade; seriedade.

Zu.ver.sicht [tsú:-fér-ziçht] s.f. (sem plural). confiança, esperança.

zu.ver.sicht.lich [tsú:-fér-ziçht-liç] adj. confiante; firme; adv. com toda certeza.

zu.viel [tsú:-fí:l] adj. demais, demasiado; excedente.

zu.vor.kom.men [tsú:-fór-kómen] v. antecipar-se a; prevenir.

zu.vor.kom.mend [tsú:-fór-kómend] adj. obsequioso, atencioso, solícito.

Zu.vor.kom.men.heit [tsú:-fór-kómen-ráit] s.f., -en. gentileza, atenção, deferência.

zu.vor.tun [tsú:-fór-tún] v. es jemandem –: an exceder alguém em.

Zu.wachs [tsú:-váks] s.m. (sem plural). aumento, incremento; acréscimo.

zu.wach.sen [tsú:-váksen] v. aumentar, crescer; cicatrizar-se.

Zu.wan.de.rer [tsú:-vándera] s.m., –. imigrante; migrante.

zu.wan.dern [tsú:-ván-dérn] v. imigrar; migrar.

Zu.wan.de.rung [tsú:-vánderunk] s.f., -en. imigração; migração; afluência.

zu.wei.len [tsú:-váilen] adv. às vezes, de vez em quando.

zu.wei.sen [tsú:-váizen] v. destinar; enviar, mandar.

zu.wen.den [tsú:-vénden] v. voltar para, virar para; (fig.) dedicar a, dispensar a; jemandem etwas –: proporcionar alguma coisa a alguém; contemplar alguém com alguma coisa.

Zu.wen.dung [tsú:-véndunk] s.f., -en. doação; donativo.

zu.we.nig [tsú:-vèniç] adj. muito pouco, insuficiente; – sein: não chegar, não bastar.

zu.wi.der [tsú:-vída] prep. contra, contrário a; adj. adverso; antipático; repugnante.

zu.wi.der.han.deln [tsú:-vída-rhán-deln] v. contrariar; transgredir, violar, infringir.

Zu.wi.der.hand.lung [tsú:-víder-rhánt-lunk] s.f., -en. contravenção; transgressão; violação.

zu.wi.der.lau.fen [tsú:-víder-láufen] v. contrariar.

zu.win.ken [tsú:-vínken] v. fazer sinal a; sinalizar com gesto.

zu.zie.hen [tsú:-tsí:en] v. fechar; correr; apertar; (med.) chamar, consultar; convidar; sich –: apanhar, contrair, ter; chegar a, vir a ser; mudar-se para; instalar-se em.

zu.züglich [tsúzy:k-liçh] adv. além de.

zwacken [tsváken] v. beliscar.

Zwang [tsvánk] s.m., Zwänge. obrigação; pressão; coação, constrangimento; – sein: ser obrigatório; jemandem – antun: exercer pressão sobre alguém; sich – antun: conter-se; fazer cerimônia; sich keinen – antun: estar à vontade.

zwän.gen [tsvénguen] v. apertar; etwas durch –: fazer força para alguma coisa passar por; etwas in –: fazer força para alguma coisa entrar em.

zwang.los [tsvánk-lôs] *adj.* sem constrangimento, sem violência; *(fig.)* desembaraçado, íntimo; *adv.* à vontade, sem-cerimônia.

Zwangs.ar.beit [tsvánks-árbáit] *s.f., -en.* trabalhos forçados.

Zwangs.jacke [zvánks-iáke] *s.f., -n.* camisa de força.

Zwangs.la.ge [tsvánks-lá:gue] *s.f., -n.* posição forçada; dilema.

zwangs.läu.fig [tsvánks-lóifiçh] *adj.* forçoso; automático.

Zwangs.ver.gleich [tsvánks-fér-gláiçh] *s.m., -e.* concordata.

Zwangs.voll.streckung [tsvánks-fól-chtrékunk] *s.f., -en.* execução.

Zwangs.vor.stel.lung [tsvánks-fór-chtélunk] *s.f., -en.* alucinação; obsessão.

zwangs.wei.se [tsvánks-váize] *adv.* forçosamente; por força; à força.

Zwangs.wirt.schaft [tsvánks-virt-cháft] *s.f., -en.* economia dirigida; dirigismo econômico.

Zwan.zig [tsván-tsiçh] *num.* vinte.

zwan.zig.ste [tsván-tsikste] *adj.* vigésimo.

Zwan.zig.stel [tsván-tsikstel] *s.n., -.* um vigésimo; vigésima parte.

Zweck [tsvék] *s.m., -e.* fim; intenção; desígnio; objetivo, finalidade; *keinen – haben:* ser inútil; não fazer sentido.

Zweck.be.stim.mung [tsvék-bê-chtímunk] *s.f., -en.* finalidade.

zweck.dien.lich [tsvék-di:n-liçh] *adj.* útil; oportuno, conveniente.

zweck.ent.spre.chend [tsvék-ênt-chpré-çhent] *adj.* conveniente, oportuno.

zweck.los [tsvék-lôs] *adj.* inútil.

zweck.mä.ßig [tsvék-mé:ssiçh] *adj.* conveniente; prático, útil.

zweck.wid.rig [tsvék-widriçh] *adj.* contraproducente, inoportuno.

Zwei [tsvái] *num.* dois.

zwei.bei.nig [tsvái-báiniçh] *adj.* bípede.

zwei.deu.tig [tsvái-dóitiçh] *adj.* ambíguo, equívoco; obsceno.

Zwei.deu.tig.keit [tsvái-dóitiçh-káit] *s.f., -en.* ambiguidade; obscenidade.

zwei.fach [tsvái-fárr] *adj.* dobrado; duplo.

zwei.far.big [tsvái-fárbiçh] *adj.* de duas cores, bicolor.

Zwei.fel [tsváifel] *s.m., -.* dúvida; *in – ziehen:* pôr em dúvida, duvidar de; *keinen – unterliegen:* não haver dúvida (de que), não caber dúvida (de que).

zwei.fel.haft [tsváifel-ráft] *adj.* duvidoso; incerto, indeciso; suspeito.

zwei.fel.los [tsváifel-lôs] *adv.* sem dúvida.

zwei.feln [tsvái-féln] *v.* duvidar; desconfiar.

Zweif.ler [tsváif-la] *s.m., -.* cético.

zweif.le.risch [tsváif-lé:riçh] *adj.* cético, desconfiado.

Zweig [tsvaik] *s.m., -e.* ramo; *auf keinen grünen – kommen:* não ter sorte; não conseguir nada.

zwei.ge.schlech.tig [tsvái-guech-léçh-tiçh] *adj.* bissexual.

Zweig.ge.schäft [tsváik-guê-chéft] *s.n., -e.* filial, sucursal.

Zweig.lei.tung [tsváik-láitunk] *s.f., -en.* derivação.

Zweig.li.nie [tsváik-li:nie] *s.f., -n.* ramal ferroviário.

Zweig.stel.le [tsváik-chtéle] *s.f., -n.* delegação.

zwei.hän.dig [tsvái-rhéndiçh] *adj.* bimano; *(mú)* a duas mãos.

zwei.jäh.rig [tsvái-ié:riçh] *adj.* de dois anos (de idade); bienal, bianual.

Zwei.kampf [tsvái-kámpf] *s.m., -kämpfe.* duelo, luta.

zwei.mal [tsvái-mál] *adv.* duas vezes.

zwei.ma.lig [tsvái-máliçh] *adj.* duplo; que sucede duas vezes.

Zwei.ma.ster [tsvái-másta] *s.m., -.* barco com dois mastros.

zwei.mo.nat.lich [tsvái-mô:nat-liçh] *adj.* bimestral.

Zwei.rad [tsvái-rá:t] *s.n., Zeiräder.* bicicleta.

zwei.schnei.dig [tsvái-chnáidiçh] *adj.* de dois gumes; *(fig.)* perigoso.

zwei.sei.tig [tsvái-záitiçh] *adj.* bilateral; *adv.* dos dois lados.

zwei.sit.zig [tsvái-zí-tsiçh] *adj.* de lugares; de dois assentos.

zwei.stim.mig [tsvái-chtímiçh] *adj.* a duas vozes.

zwei.stün.dig [tsvái-chtyndiçh] *adj.* de duas horas.

Zwei.te [tsváite] *num. ord.* segundo.

zwei.tei.lig [tsvái-táiliçh] *adj.* bipartido; dividido em duas partes.

zwei.tens [tsvái-tens] *adj.* segundo; *adv.* em segundo lugar.

zweit.klas.sig [tsváit-klássiçh] *adj.* de segunda categoria; *(fig.)* inferior.

zweit.letzt [tsváit-letst] *adj.* penúltimo.

zwei.zei.lig [tsvái-tsáiliçh] *adj. (lit.)* de dois versos.

Zwerg [tsvérk] *s.m., -e.* anão.

zwicken [tsvíken] *v.* beliscar.

Zwick.müh.le [tsvík-my:le] *s.f., -n.* moinho duplo; *(fig.)* dilema.

Zwie.back [tsví:-bák] *s.m., -e ou Zwiebäcke.* biscoito; torrada.

Zwie.bel [tsví:-bêl] *s.f., -n.* cebola; bulbo.

zwie.beln [tsví:-béln] *v. (fig.)* molestar.

Zwie.ge.spräch [tsví:-guê-chpréçh] *s.n., -e.* diálogo; conversa, colóquio.

Zwie.licht [tsví:-liçht] *s.n. (sem plural).* lusco-fusco; meia-luz; crepúsculo.

Zwie.spalt [tsví:-chpált] *s.m., -e ou Zwiespälte.* discórdia; discrepância; *innerer –:* dilema existencial.

Zwie.tracht [tsvíː-trárrt] *s.f. (sem plural).* discórdia.

Zwil.ling [tsvílink] *s.m., -e.* gêmeo.

zwin.gen [tsvín-guen] *v.* forçar, obrigar, coagir; *sich –:* fazer força.

zwin.gend [tsvín-guent] *adj.* grave; urgente.

Zwin.ger [tsvín-ga] *s.m., -.* baluarte; *Tier–:* jaula; *Hunde–:* canil.

zwin.kern [tsvín-kérn] *v. mit den Augen –:* piscar os olhos; pestanejar.

zwir.beln [tsvír-béln] *v.* retorcer.

Zwirn [tsvírn] *s.m., -e.* linha; *Seiden–:* retrós.

zwir.nen [tsvírnen] *v.* tecer, fiar; torcer; *adj.* de linha.

zwi.schen [tsvíchen] *prep.* entre; ladeado por.

Zwi.schen.ding [tsvíchen-dínk] *s.n., -e.* meio-termo; intermediário.

zwi.schen.durch [tsvíchen-dúich] *adv.* entrementes; ao mesmo tempo; nos intervalos.

Zwi.schen.fall [tsvíchen-fál] *s.m. Zwischenfälle.* incidente.

Zwi.schen.han.del [tsvíchen-rhándel] *s.m. (sem plural).* comércio intermediário.

Zwi.schen.händ.ler [tsvíchen-rhént-la] *s.m., -.* intermediário; corretor; *(pop.)* atravessador.

Zwi.schen.ruf [tsvíchen-rúːf] *s.m., -e.* aparte; interrupção; interpelação.

zwi.schen.schal.ten [tsvíchen-chálten] *v.* intercalar, interpor; interpolar.

Zwi.schen.spiel [tsvíchen-chpíːl] *s.n., -e. (teat.)* entreato; intervalo.

Zwi.schen.sta.ti.on [tsvíchen-chtatsióːn] *s.f., -en.* estação intermediária.

Zwi.schen.wand [tsvíchen-vánt] *s.f., Zwischenwände.* parede divisória; tabique; biombo.

Zwi.schen.zeit [tsvíchen-tsáit] *s.f., -en.* intervalo de tempo; *in der –:* entretanto.

Zwist [tsvíst] *s.m., -e.* discórdia.

Zwi.stig.keit [tsvístiçh-káit] *s.f., -en.* dissensão, desavença; inimizade; discórdia, contenda, questão.

zwit.schern [tsvít-chérn] *v.* gorjear, trinar.

Zwit.ter [tsvíta] *s.m., -.* ser híbrido; hermafrodita.

zwit.ter.haft [tsvíta-rháft] *adj.* híbrido; hermafrodita; bissexual.

Zwölf [tsvølf] *num.* doze; *– Stück:* uma dúzia.

Zwölf.eck [tsvølf-ék] *s.n., -e.* dodecágono.

Zwölf.fin.ger.darm [tsvølf-finga-dárm] *s.m., Zwölffingerdärme.* duodeno.

zwölf.jäh.rig [tsvølf-iéːriçh] *adj.* de doze anos (de idade).

Zwölf.te [tsvølfte] *num.* duodécimo.

zwölf.tel [tsvølf-tel] *s.n., -.* um doze avos; duodécima parte.

zwölf.tens [tsvølf-tens] *adj.* décimo segundo; *adv.* em décimo segundo lugar.

zy.klisch [tsyklich] *adj.* cíclico.

Zy.klon [tsyklóːn] *s.m., -e.* ciclone.

Zy.klus [tsyklus] *s.m., Zyklen.* ciclo; série.

Zy.lin.der [tsylínda] *s.m., -.* cilindro.

Zy.lin.der.hut [tsylínda-rhúːt] *s.m., Zylinderhüte.* cartola.

Zy.ni.ker [tsyni-ka] *s.m., -.* cínico.

zy.nisch [tsynich] *adj.* cínico.

Zy.nimus [tsy-nismus] *s.m. (sem plural).* cinismo.

Zy.pres.se [tsy-présse] *s.f., -n.* cipreste.

Zy.ste [tsyste] *s.f., -n.* cisto.

Português
Alemão

A

A primeira letra do alfabeto português e do alfabeto alemão; lá (nota musical); *art.* die; *pron. pes.* Sie; *prep.* nach.
a.ba *s.f.* Rand.
a.ba.ca.te *s.m.* Avocado.
a.ba.ca.xi *s.m.* Ananas.
á.ba.co *s.* Abakus.
a.ba.de *s.m.* Abt.
a.ba.des.sa *s.f.* Äbtissin.
a.ba.di.a *s.f.* Abtei.
a.ba.fa.di.ço *adj.* dumpf.
a.ba.far *v.t.* ersticken.
a.ba.fo *s.m.* warme Kleidung.
a.bai.xar *v.t.* erniedrigen.
a.bai.xo *adv.* unten.
a.ba.jur *s.m.* Lampenschirm.
a.ba.la.do *adj.* schwach, feig.
a.ba.lar *v.t.* erschüttern.
a.ba.li.za.do *adj. fig.* ausgezeichnet.
a.ba.li.zar *v.t.* abgrenzen.
a.ba.lo *s.m.* Erschütterung.
a.ba.nar *v.t.* fächeln, wedeln mit.
a.ban.da.lhar *v.t.* entwürdigen.
a.ban.dar *v.t.* zusammenscharen.
a.ban.do.nar *v.t.* verlassen.
a.ban.do.no *s.m.* Verlassenheit.
a.ba.no *s.m.* Fächer.
a.bar.ca.dor *s.m.* Hamsterer.
a.bar.car *v.t.* aufkaufen.
a.bar.ra.car *v.t.* lagern, zelten.
a.bar.ran.car *v.t.* erschweren.
a.bar.ro.ta.do *adj.* voll.
a.bar.ro.tar *v.t.* überfüllen.
a.bas.ta.do *adj.* wohlversehen.
a.bas.tan.ça *s.f.* wohlstand.
a.bas.tar.dar *v.t.* entarten.
a.bas.te.ce.dor *s.m.* Lieferant.
a.bas.te.cer *v.t.* versorgen, beliefern, einfüllen, verproviantieren.
a.bas.te.ci.do *adj.* überdrüssig.
a.bas.te.ci.men.to *s.m.* Versorgung.
a.ba.ta.tar *v.t.* kneten, massieren.
a.ba.te *s.m.* Niedergeschlagenheit.
a.ba.ter *v.t.* niederwerfen.
a.ba.ti.do *adj.* niedergeschlagen.
a.ba.ti.men.to *s.m.* Niedergeschlagenheit.
a.bau.la.do *adj.* ballig.
a.bau.lar *v.t.* wölben, bombieren.
ab.ces.são *s.f.* Abreise, Abfahrt.
ab.di.ca.ção *s.f.* Abdankung.
ab.di.car *v.t.* abdanken.
ab.do.me *s.m.* Unterleib.
ab.du.ção *s.m.* (*separação, afastamento; rapto*) Trennung, Beschlagnahme.
a.be.be.rar *v.t.* (*embeber, impregnar; umedecer, ensopar; saciar*) durchdringen.
a.be.ce.dá.ri.o *s.m.* ABC; Anfangsgründe.
a.be.lha *s.f.* Biene.
a.be.lhão *s.m.* Drohne.
a.be.lhei.ro *s.m.* Bienenkorb.
a.be.lhu.do *adj.* unbescheiden.
a.be.mo.la.do *adj.* (*brando, suave*) leiblich.
a.be.mo.lar *v.t.* lindern.
a.ben.ço.a.do *adj.* geweiht.
a.ben.ço.ar *v.t.* segnen.
a.ber.ra.ção *s.f.* Aberration, Abirrung.
a.ber.rar *v.t.* abirren.
a.ber.to *adj.* offen.
a.ber.tu.ra *s.f.* Öffnung.
a.bes.pi.nhar.se *v.p.* (*irritar-se, zangar-se, enfurecer-se*) aufgebracht, sich aufregen.
a.be.to *s.m.* Tanne.
a.bis.ma.do *adj.* bestürzt.
a.bis.mar *v.t.* e *v.i.* wundern.
a.bis.mo *s.m.* Abgrund.
ab.je.ção *s.f.* Niedertracht.
ab.je.to *adj.* niederträchtig.
ab.jun.ção *s.f.* Trennung.
ab.ju.rar *v.t.* abschwören.
a.blu.ção *s.f.* Abwaschung.
ab.ne.gar *v.t.* entsagen.
a.bó.ba.da *s.f.* Aufwölbung, Gewölb.
a.bó.bo.ra *s.f.* Kürbis.
a.bo.ca.nhar *v.t.* beißen.
a.bo.car *v.t.* (*entrar, desembocar, assestar*) münden.
a.bo.chor.na.do *adj.* (*quente, calmoso, abafadiço, sufocante, abatido, desanimado, adoentado*) gelassen.
a.bo.iz *s.* (*armadilha; cilada, ardil, engano, logro*) Falle.
a.bo.li.ção *s.f.* Abschaffung.
a.bo.lir *v.t.* abschaffen.
a.bo.lo.re.cer *v.i.* verschimmeln.
a.bo.mi.na.ção *s.f.* Abscheu.
a.bo.mi.nar *v.t.* verabscheuen.
a.bo.mi.ná.vel *adj.* abscheulich.
a.bo.na.do *adj.* glaubwürdig.
a.bo.nan.çar *v.t.* aufheitern (Wetter), sich legen (Sturm).
a.bo.nar *v.t.* bürgen.
a.bo.no *s.m.* Gutschrift.
a.bor.da.gem *s.f.* Ansprechen.
a.bor.dar *v.t.* anlaufen.
a.bo.rí.gi.ne *s.* Ureinwohner.
a.bor.ras.ca.do *adj.* (*ameaçador, desabrido, tempestuoso*) dunkel.
a.bor.re.cer *v.t.* ärgen.
a.bor.re.ci.do *adj.* verdrossen.
a.bor.re.ci.men.to *s.m.* Ärger.
a.bor.re.cí.vel *adj.* abscheulich.
a.bor.tar *v.t.* vorzeitig gebären.
a.bor.to *s.m.* Fehlgeburt, Abtreibung.

a.bra s.f. *(angra, baía, enseada, ancoradouro)* Bucht.
a.bra.çar v.t. umarmen.
a.bra.ço s.m. Umarmung.
a.bran.dar v.t. erweichen.
a.bran.ger v.t. umfassen.
a.bra.sa.do adj. glühend.
a.bra.sa.dor adj. sengend.
a.bra.sar v.i. entzünden.
a.bra.si.vo s.m. Schleifmittel.
a.bre.nún.ci.o s.m. Fluch.
a.bre.vi.a.ção s.f. Abkürzung.
a.bre.vi.ar v.t. abkürzen.
a.bre.vi.a.tu.ra s.f. Abkürzung.
a.bri.có s.m. Aprikose.
a.bri.dor s.m. Öffner.
a.bri.gar v.t. zuflucht gewähren.
a.bri.go s.m. Schutz; Mantel.
a.bril s.m. April.
a.brir v.t. e v.i. öffnen.
a.bro.gar v.t. *(anular, suprimir, abolir, derrogar, invalidar, aniquilar, eliminar)* abschaffen.
a.bro.lho s.m. *(estrepe, espinho; obstáculo, dificuldade)* klippen.
a.bru.nho s.m. *(ameixa)* Zwetschge.
ab.rup.to adj. schroff.
abs.ces.so s.m. Geschwür.
ab.sin.to s.m. Absinth.
ab.so.lu.to adj. unumschränkt.
ab.sol.ver v.t. freisprechen.
ab.sol.vi.ção s.f. Freisprechung.
ab.sor.ção s.f. Einsaugung.
ab.sor.ver v.t. aufsaugen.
abs.tê.mi.o s.m. Abstinenzler.
abs.ten.ção s.f. Verzichtleistung.
abs.ter-se v.p. sich enthalten.
abs.ti.nên.ci.a s.f. Enthaltsamkeit, Abstinenz.
abs.tra.ção s.f. Zerstreutheit.
abs.tra.ir v.t. e v.p. abstrahieren, in Gedanken absondern.
abs.tra.to adj. begrifflich, abstrakt.
ab.sur.do adj. e s.m. unsinnig, Unsinn.
a.bun.dân.ci.a s.f. Überfluss.
a.bun.dan.te adj. reichlich.
a.bun.dar v.t. e v.i. in Fülle vorhanden sein.
a.bu.sar v.t. missbrauchen.
a.bu.si.vo adj. missbräuchlich.

a.bu.so s.m. Missbrauch.
a.bu.tre s.m. Geier.
a.ca.ba.do adj. fertig.
a.ca.ba.men.to s.m. Fertigstellung, Vollendung.
a.ca.bar v.t. beenden.
a.cá.ci.a s.f. Akazie.
a.ca.dê.mi.a s.f. Akademie.
a.ca.dê.mi.co adj. akademisch.
a.ça.fa.te s.m. *(cestinho, canastrinha, cabazinho)* Korb.
a.ça.frão s.m. Safran.
a.ca.ju s.m. Mahagoni.
a.cal.ma.do adj. ruhig, gelassen.
a.cal.mar v.t. e v.p. beruhigen.
a.ca.lo.rar v.t. erhitzen.
a.çam.bar.car v.t. alleinhandeln.
a.cam.pa.men.to s.m. Feldlager.
a.cam.par v.t. e v.t. kampieren.
a.ca.nhar v.t. e v.p. schüchtern.
a.can.to s.m. *(planta herbácea de folhas largas e recortadas)* Akanthus.
a.ção s.f. Handlung, Aktion.
a.ca.pa.char v.t. e v.p. *(humilhar, rebaixar, prostituir, desmoralizar)* demütigen.
a.ca.ri.ci.ar v.t. liebkosen.
a.car.re.ar v.t. veranlassen.
a.car.re.tar v.t. führen, herausfordern.
a.ca.sa.lar v.t. e v.p. zusammenfinden.
a.ca.so s.m. Zufall.
a.ca.tar v.t. ehren.
a.cau.te.lar-se v.p. vorsichtig sein.
a.ce.der v.t. beipflichten.
a.cei.ta.ção s.f. Annahme.
a.cei.tar v.t. annehmen.
a.cei.tá.vel adj. zulässig.
a.cei.to adj. angesehen.
a.ce.le.ra.ção s.f. Beschleunigung.
a.ce.le.ra.dor adj. beschleunigend.
a.ce.le.rar v.t. beschleunigen.
a.cel.ga s.f. Mangold.
a.cen.der v.t. e v.p. anzünden.
a.ce.no s.m. Wink.
a.cen.to s.m. Akzent.

a.cen.tu.ar v.t. akzentuieren.
a.cep.ção s.f. Sinn, Bedeutung.
a.cer.bo adv. streng.
a.cer.car-se v.p. sich nähern.
a.cer.tar v.t. e v.i. treffen.
a.cer.to s.m. Akkord.
a.cer.vo s.m. Menge.
a.ces.sí.vel adj. zugänglich.
a.ces.so s.m. Eingang, Zugang.
a.ces.só.ri.o s.m. Zubehör.
a.cha s.f. *(arma antiga semelhante ao machado)* Axt; *(pedaço de madeira; lasca)* Splitter.
a.cha.do adj. gefunden.
a.char v.t. finden.
a.cha.tar v.t. abplatten.
a.che.gar v.t. e v.p. nähren.
a.ci.ca.te s.m. *(espora; estímulo, incentivo)* Sporn.
a.ci.den.ta.do adj. verunglückt.
a.ci.den.tal adj. zufällig.
a.ci.den.tar-se v.p. verunglücken.
a.ci.den.te s.m. Unfall.
a.ci.dez s.f. Säure.
á.ci.do adj. e s.m. sauer, Säure.
a.ci.ma adv. herauf, nach oben.
a.ci.o.nar v.t. bewegen.
a.ci.o.nis.ta s.m. Aktieninhaber.
a.cir.rar v.t. aufmuntern.
a.cla.ma.ção s.f. Beifall.
a.cla.mar v.t. Beifall klatschen.
a.cla.ra.ção s.f. Aufklärung.
a.cli.mar v.t. akklimatisieren, gewöhnen.
a.cli.va.do adj. steil.
a.ço s.m. Stahl.
a.co.ber.tar v.t. e v.p. beherbergen.
a.çoi.te s.m. Peitsche.
a.col.cho.ar v.t. wattieren.
a.co.lhe.dor adj. gastlich.
a.co.lher v.t. aufnehmen.
a.co.lhi.men.to s.m. Aufnahme.
a.co.me.ter v.t. angreifen.
a.co.mo.da.ção s.f. Anpassung.
a.co.mo.dar v.t. anpassen.
a.co.mo.dar-se v.p. sich anpassen, sich fügen.
a.com.pa.nha.men.to s.m. Begleitung.
a.com.pa.nhar v.t. begleiten.

ACONDICIONAMENTO • AEROMOÇA

a.con.di.ci.o.na.men.to *s.m.* Verpackung.
a.con.di.ci.o.nar *v.t.* verpacken.
a.con.se.lhar *v.t.* beraten.
a.con.te.cer *v.i.* sich ereignen.
a.con.te.ci.men.to *s.m.* Begebenheit.
a.çor *s.m. (ave de rapina, semelhante ao gavião)* Habicht.
a.cor.dar *v.t., v.i.* e *v.i.* aufwachen.
a.cor.do *s.m.* Vertrag.
a.cor.rer *v.i.* e *v.t.* herbeieilen.
a.cos.sar *v.t.* verfolgen.
a.cos.ta.men.to *s.m.* Rand, Kante.
a.cos.tar-se *v.p.* schlafengehen.
a.cos.tu.ma.do *adj.* gewöhnt.
a.cos.tu.mar *v.t.* e *v.p.* gewöhnen.
a.co.to.ve.lar *v.t* e *v.p.* anstoßen.
a.çou.gue *s.m.* Schlachthaus, Metzgerei.
a.cre *adj.* herb, rauh.
a.cre.di.ta.do *adj.* angesehen.
a.cre.di.tar *v.t.* Kredit gewähren, glauben.
a.cres.cen.ta.men.to *s.m.* Zunahme.
a.cres.cen.tar *v.t.* anwachsen.
a.cres.cer *v.t.* hinzukommen.
a.crés.ci.mo *s.m.* Zunahme.
a.cri.dez *s.f. (acrimônia; aspereza)* Schärfe.
a.cro.ba.ta *s.m.* Akrobat.
a.çú.car *s.m.* Zucker.
a.çu.ca.rei.ro *s.m.* Zuckerdose.
a.çu.ce.na *s.f.* weiße Lilie.
a.çu.de *s.m.* Schleuse.
a.cu.dir *v.t.* herbeieilen.
a.cu.i.da.de *s.f.* Schärfe.
a.cu.mi.nar *v.t.* zuspitzen.
a.cu.mu.la.ção *s.f.* Anhäufung.
a.cu.mu.lar *v.t.* anhäufen.
a.cu.rar *v.t.* vervollkommnen.
a.cu.sa.ção *s.f.* Anklage.
a.cu.sa.do *adj.* angeklagt.
a.cu.sa.dor *s.m.* Ankläger.
a.cu.sar *v.t.* anklagen.
a.cu.ti.lar *v.t.* hauen, stechen, verwunden.
a.dá.gi.o *s.m.* Sprichwort.
a.dap.ta.ção *s.m.* Anpassung.
a.dap.tar *v.t.* anpassen.

a.de.ga *s.f.* Vorratskeller.
a.de.jar *v.i.* flattern.
a.del.ga.çar *v.t.* dünner machen.
a.de.mais *adv.* außerdem.
a.den.tro *adv.* drinnen.
a.dep.to *s.m.* Anhänger.
a.de.qua.do *adj.* geeignet.
a.de.re.çar *v.t.* anrichten.
a.de.rên.ci.a *s.f.* Anhänglichkeit.
a.de.ren.te *s.m.* Parteigänger.
a.de.rir *v.t.* anhaften.
a.de.são *s.f.* Anhänglichkeit.
a.de.si.vo *adj.* anhänglich. *s.* Heftpflaster.
a.des.tra.men.to *s.m.* Schulung, Dressur.
a.des.trar *v.t.* abrichten.
a deus *s.m.* Lebwohl; *interj.* Auf Wiedersehen!
a.di.a.men.to *s.m.* Vertagung.
a.di.an.ta.do *adj.* fortgeschritten.
a.di.an.ta.men.to *s.m.* Fortschritt; Vorschuss.
a.di.an.tar *v.t.* e *v.p.* vorrücken.
a.di.an.te *adv.* vorwärts.
a.di.ar *v.t.* vertagen.
a.di.ção *s.f.* Addition.
a.di.ci.o.nal *adj.* zusätzlich.
a.di.ci.o.nar *v.t.* summieren, hinzufügen.
a.dic.to *adj.* Anhänger.
a.di.do *s.m. (do francês)* Attaché.
a.di.po.so *adj.* fetthaltig.
a.di.ta.men.to *s.m.* Zusatz.
a.di.vi.nha.dor *s.m.* Wahrsager.
a.di.vi.nhar *v.i.* voraussehen.
ad.ja.cen.te *adj.* angrenzend.
ad.je.ti.vo *s.m.* Adjektiv.
ad.ju.di.car *v.t.* zusprechen.
ad.jun.to *adj.* beigefügt.
ad.ju.rar *v.t. (esconjurar; exorcismar; suplicar, pedir, rogar; invocar)* beschwören.
ad.mi.nis.tra.ção *s.f.* Verwaltung.
ad.mi.nis.trar *v.t.* verwalten.
ad.mi.ra.ção *s.f.* Bewunderung.
ad.mi.rar *v.t.* e *v.i.* bewundern.
ad.mi.rá.vel *adj.* bewundernswert.
ad.mis.são *s.f.* Annahme, Zulassung.
ad.mis.sí.vel *adj.* zulässig.

ad.mi.tir *v.t.* zulassen, annehmen.
a.do.çan.te *adj.* lindernd.
a.do.ção *s.f.* Adoption.
a.do.çar *v.* versüßen.
a.do.les.cên.ci.a *s.f.* Jugend.
a.do.les.cen.te *adj.* jugendlich.
a.do.ra.ção *s.f.* Anbetung.
a.do.rar *v.t.* verehren.
a.do.rá.vel *adj.* verehrenswert.
a.dor.me.cer *v.i.* einschläfern.
a.dor.men.tar *v.t.* e *v.i.* einschläfern.
a.dor.nar *v.t.* schmücken.
a.dor.no *s.m.* Schmuck.
a.do.tar *v.t.* adoptieren.
a.do.ti.vo *adj.* adoptiv.
ad.qui.rir *v.t.* erwerben.
a.dre.de *adv. (expressamente, intencionalmente, de propósito, acintosamente)* absichtlich.
a.dro *s.m.* Kirchplatz.
ads.tri.to *adj.* gebunden an.
a.du.a.na *s.f.* Zollamt.
a.du.a.nei.ro *adj.* zollamtlich.
a.du.bo *s.m.* Dung.
a.du.la.ção *s.f.* Schmeichelei.
a.du.lar *v.t.* schmeicheln.
a.dul.te.rar *v.t.* verfälschen.
a.dul.te.ri.no *adj.* ehebrecherisch.
a.dul.té.ri.o *s.m.* Ehebruch.
a.dul.to *adj.* e *s.m.* erwachsen, Erwachsener.
a.dun.co *adj.* gebogen.
ad.ven.to *s.m.* Ankunft.
ad.vér.bi.o *s.m.* Adverb.
ad.ver.são *s.f. (aviso; oposição; observação; perigo, risco; objeção; impugnação)* Gegnerschaft.
ad.ver.sá.ri.o *adj.* e *s.m.* gegnerisch, Gegner.
ad.ver.si.da.de *s.f.* Missgeschick.
ad.ver.tên.ci.a *s.f.* Mahnung.
ad.ver.tir *v.t.* benachrichtigen.
ad.vo.ga.do *s.m.* Rechtsanwalt.
ad.vo.gar *v.i.* befürworten, verteidigen.
a.é.re.o *adj.* luftig.
a.e.ro.mo.ça *s.f.* Stewardess.

AERONÁUTICA • ALARMANTE

a.e.ro.náu.ti.ca s.f. Aeronautik, Luftfahrt.
a.e.ro.na.ve s.f. Luftschiff.
a.e.ro.por.to s.m. Flughafen.
a.fã s.m. Angst, Unruhe.
a.fa.di.gar v.t. e v.p. ermüden.
a.fa.gar v.t. liebkosen.
a.fa.ma.do adj. berühmt.
a.fa.mar v.t. berühmt machen.
a.fa.nar v.t. stehlen.
a.fa.no.so adj. strebsam.
a.fas.ta.men.to s.m. Fortschaffung.
a.fas.tar v.t. e v.p. entfernen.
a.fa.ze.res s.m. pl. Verpflichtungen.
a.fei.ção s.f. Zuneigung.
a.fei.ço.a.do adj. zugeneigt.
a.fe.rir v.t. eichen.
a.fer.rar v.t. e v.p. verankern.
a.fer.ro.ar v.t. verwunden.
a.fe.ta.ção s.f. Gezierheit.
a.fe.ta.do adj. erkünstelt.
a.fe.tar v.t. vorgeben.
a.fe.ti.vo adj. liebevoll.
a.fe.tu.o.so adj. liebreich.
a.fi.ar v.t. schleifen.
a.fim adj. verwandt.
a.fi.nal adv. endlich.
a.fi.nar v.t. verfeinern.
a.fi.ni.da.de s.f. Ähnlichkeit.
a.fir.ma.ção s.f. Bekräftigung.
a.fir.mar v.t. e v.i. bestätigen.
a.fi.xar v.t. festmachen.
a.fli.ção s.f. Betrübnis.
a.fli.gir v.t. betrüben.
a.flu.ên.ci.a s.f. Überfluss.
a.flu.ir v.t. enfliessen, andrängen.
a.fo.gar v.t. ertränken.
a.foi.te.za s.f. Kühnheit.
a.fô.ni.co adj. heiser.
a.fo.ra adv. außer.
a.for.tu.na.do adj. glücklich.
a.fre.tar v.t. verfrachten.
a.fron.ta s.f. Beleidigung.
a.frou.xar v.t. lockern.
a.fu.gen.tar v.t. verscheuchen.
a.fu.ma.ça.do adj. geräuchert.
a.fun.da.men.to s.m. Untergang.
a.fun.dar v.t. versenken.

a.ga.char-se v.p. sich ducken.
a.gar.ra.do adj. knauserig.
a.gar.rar v.t. anklammern.
a.ga.sa.lhar v.t. e v.p. beherbergen.
a.ga.sa.lho s.m. freundliche Aufnahme; warme Kleidung.
a.gên.ci.a s.f. Tätigkeit, Agentur.
a.gen.da s.f. Terminkalender, Agenda.
a.gen.te s.m. Agent, Vertreter.
á.gil adj. behende, hurtig; geschickt.
a.gi.li.da.de s.f. Gewandtheit.
a.gi.ta.ção s.f. Bewegung.
a.gi.ta.dor s.m. Unruhestifter.
a.gi.tar v.t. schütteln.
a.glo.me.ra.ção s.f. Ansammlung.
a.glo.me.rar v.t. anhäufen.
a.go.ni.a s.f. Todeskampf.
a.go.ni.zan.te adj. sterbend.
a.go.ra adv. jetzt.
a.gos.to s.m. August.
a.gou.rar v.t. verkünden, mutmaßen.
a.gou.ro s.m. Vorzeichen.
a.gra.ci.ar v.t. begnadigen.
a.gra.dar v.t. gefallen.
a.gra.dá.vel adj. angenehm, gefällig.
a.gra.de.cer v.t. danken.
a.gra.de.ci.do adj. dankbar.
a.gra.de.ci.men.to s.m. Erkenntlichkeit; Dank.
a.gra.do s.m. Befriedigung.
a.gra.var v.t. erschweren.
a.gra.vo s.m. Unbill.
a.gre.dir v.t. angreifen.
a.gre.ga.do adj. Aggregat-.
a.gre.gar v.t. beigesellen.
a.gres.são s.f. Angriff.
a.gres.si.vo adj. angreifend.
a.gres.sor s.m. Angreifer.
a.gres.te adj. unbebaut, roh.
a.grí.co.la adj. landwirtschaftlich.
a.gri.cul.tor s.m. Landwirt.
a.gri.cul.tu.ra s.f. Landwirtschaft.
a.gro adj. e s.m. (acre, amargo; amargor, azedume) sauer, bitter; Acker.
a.gro.no.mi.a s.f. Ackerbaukunde.

a.gru.pa.men.to s.m. Zusammenstellung.
a.gru.par v.t. gruppieren.
a.gu.ra s.f. Bitterkeit.
á.gua s.f. Wasser.
a.gua.cei.ro s.m. Platzregen.
a.guar v.t. wässern.
a.guar.dar v.t. bewachen.
a.guar.den.te s.f. Branntwein.
a.guar.rás s.f. Terpentin.
a.gu.çar v.t. schleifen, spitzen.
a.gu.de.za s.f. Schärfe.
a.gu.do adj. scharf.
a.guen.tar v.t. ertragen.
a.guer.ri.do adj. tapfer.
á.gui.a s.f. Adler.
a.gui.lhão s.m. Stachel.
a.gu.lha s.f. Nadel.
a.í adv. dort.
a.in.da adv. noch.
ai.po s.m. Sellerie.
a.jei.tar v.t. zurechtlegen.
a.jo.e.lhar-se v.p. knien.
a.ju.da s.f. Hilfe.
a.ju.dan.te s. Gehilfe.
a.ju.dar v.t. helfen.
a.ju.i.za.do adj. vernünftig.
a.ju.i.zar v.t. richten.
a.jun.ta.men.to s.m. Zusammenkunft.
a.jun.tar v.t. sparen.
a.jus.ta.do adj. passend.
a.jus.tar v.t. anpassen.
a.jus.te s.m. Akkord.
a.la s.f. Flügel.
a.la.bas.tro s.m. Alabaster.
á.la.cre adj. froh, heiter.
a.la.ga.do adj. überströmt.
a.la.gar v.t. unter Wasser setzen.
a.lam.bi.que s.m. Branntweinblase.
a.la.me.da s.f. (Pappel) Allee.
á.la.mo s.m. Pappel, Espe.
a.lan.ce.ar v.t. (pungir, ferir, golpear) schlagen.
a.lar.de.ar v.t. prahlen.
a.lar.ga.men.to s.m. Erweiterung.
a.lar.gar v.t. erweitern, verbreitern.
a.la.ri.do s.m. Geschrei.
a.lar.man.te adj. beunruhigend.

ALARMAR • ALUSÃO

a.lar.mar v.t. beunruhigen, alarmieren.
a.lar.me s.m. Tumult, Schrecken, Alarm.
a.lar.ve s.m. (homem rústico, selvagem) rude, boçal; (indelicado, ignorante) grutão, comilão) Bauer, Unwissender, Vielfresser.
a.las.trar v.t. ausbreiten.
a.la.van.ca s.f. Hebel.
al.ber.gar v.t. beherbergen.
al.ber.gue s.m. Herberge.
al.bri.co.que s.m. (damasco) Aprikose.
ál.bum s.m. Album, Notizbuch.
al.bu.mi.na s.f. Eiweißstoff.
al.ca.cho.fra s.f. Artischocke.
al.can.çar v.t. erreichen.
al.can.ce s.m. Erlangung.
al.çar v.t. heben.
al.ca.tei.a s.f. Herde von Wölfen, Rudel.
al.ca.trão s.m. Teer.
al.ce s.m. Elch.
ál.co.ol s.m. Alkohol.
al.co.ó.la.tra s.m. e s.f. Alkoholiker, Betrunkener.
al.co.vi.tei.ro s.m. Angeber.
al.cu.nha s.f. Spitzname.
al.de.ão s.m. Bauer.
al.dei.a s.f. Dorf, Land.
al.dra.va s.f. (peça que levanta a tranqueta interna da porta) Türdrücker.
a.le.gar v.t. anführen.
a.le.go.ri.a s.f. Sinnbild.
a.le.grar v.t. erfreuen.
a.le.gre adj. froh, munter, heiter.
a.le.gri.a s.f. Fröhlichkeit.
a.lei.a s.f. (alameda; fileira, renque) Reihe, Park.
a.lei.ja.do adj. verkrüppelt.
a.lei.jar v.t. verstümmeln.
a.lei.vo.si.a s.f. (traição, perfídia) Verrat, Verleumdung.
a.lei.vo.so adj. treulos.
a.le.lu.i.a s.f. Jubel, Halleluja.
a.lém adv. dort, jenseits.
a.lém-mar s.m. Übersee.
a.le.mão adj. e s.m. deutsch, Deutscher.
a.len.ta.do adj. mutig.

a.len.tar v.t. ermutigen.
a.len.to s.m. Atem, Hauch.
a.ler.gi.a s.f. Allergie.
a.ler.ta adv. wachsam; interj. Achtung!
al.fa.be.to s.m. Alphabet.
al.fa.ce s.f. Kopfsalat.
al.fai.a.te s.m. Schneider.
al.fân.de.ga s.f. Zollamt.
al.fa.ze.ma s.f. Lavendel.
al.fi.ne.te s.m. Stecknadel.
al.for.je s.m. Rucksack.
al.ga s.f. Alge.
al.ga.ris.mo s.m. Ziffer.
al.ga.zar.ra s.f. Lärm, Radau.
al.ge.ma s.f. Handschelle.
al.ge.mar v.t. fesseln.
al.gi.do adj. (frio, gelado, gélido, glacial) eisig, kalt.
al.go pron. indef. etwas.
al.go.dão s.m. Baumwolle.
al.goz s.m. Henker.
al.guém pron.indef. jemand.
al.gum pron.indef. irgendein(e).
a.lhei.o adj. e s.m. fremd, fremdes Eigentum.
a.lho s.m. Knoblauch.
a.li adv. dort, da.
a.li.a.do adj. e s.m. verbündet, Verbündeter.
a.li.an.ça s.f. Verbindung, Bündnis.
a.li.ar v.t. e v.i. verbinden.
a.li.ás adv. sonst.
á.li.bi s.m. Alibi.
a.li.cer.ce s.m. Unterbau.
a.li.e.nar v.t. übertragen.
a.li.men.ta.ção s.f. Ernährung.
a.li.men.tar v.t. e v.p. ernähren.
a.li.men.to s.m. Nahrung.
a.li.nhar v.t. aufreihen, verzieren.
a.li.nha.var v.t. heften.
a.li.nho s.m. Sorgfalt, Nettigkeit.
a.li.sar v.t. glätten, ebnen, polieren.
a.lis.ta.men.to s.m. Einschreibung.
a.lis.tar v.t. (arrolar, relacionar, inventariar, catalogar, recensear) einschreiben.
a.lis.tar-se v.p. (assentar praça) sich einschreiben.

a.li.vi.ar v.t. e v.p. abladen, trösten.
a.li.vi.o s.m. Erleichterung.
al.ma s.f. Seele, Geist.
al.ma.na.que s.m. Kalender.
al.me.jar v.t. ersehnen.
al.mo.ço s.m. Mittagessen.
al.mo.fa.da s.f. Kissen.
al.môn.de.ga s.f. Fleischklößchen.
a.lo.cu.ção s.f. Ansprache.
a.lo.ja.men.to s.m. Unterkunft.
a.lo.jar v.t. e v.p. Wohnung geben, aufnehmen.
a.lon.gar v.t. verlängern, ausdehnen.
al.pa.ca s.f. Kamelziege, Lama, Alpakastoff.
al.pen.dre s.m. Wetterdach, Schuppen.
al.pi.nis.mo s.m. Bergsport.
al.ta.nei.ro adj. hochmütig.
al.tar s.m. Altar.
al.te.ar v.t. erheben.
al.te.ra.ção s.f. Veränderung, Unruhe.
al.ter.car v.t. besprechen.
al.ter.nar v.t. abwechseln.
al.ter.na.ti.va s.f. Wahl zwischen zwei Gegenständen, Alternative.
al.ter.no adj. wechselweise.
al.te.za s.f. Erhabenheit, Hoheit.
al.tis.so.nan.te adj. klangvoll.
al.ti.tu.de s.f. Höhe.
al.ti.vo adj. hochmütig, stolz.
al.to adj. hoch, erhaben.
al.tru.ís.mo s.m. Selbstlosigkeit.
al.tu.ra s.f. Anhöhe, Überlegenheit, Höhe.
a.lu.ci.na.ção s.f. Sinnestäuschung.
a.lu.dir v.t. auf etwas anspielen.
a.lu.gar v.t. vermieten.
a.lu.guel s.m. Miete.
a.lu.ir v.t. (abalar, oscilar, sacudir, mover; arruinar, destruir; cair, desabar, ruir) lockern.
a.lu.mi.ar v.t. leuchten, aufklären.
a.lu.no s.m. Schüler.
a.lu.são s.f. Hinweis.

ALUVIÃO • ANDAIME

a.lu.vi.ão s.m. (inundação, cheia, enxurrada; multidão; abundância; quantidade) Überschwemmung.
al.va s.f. (alvorada, aurora) Morgendämmerung.
al.ve.jar v.i. (branquear, clarear) bleichen.
al.vo.ra.da s.f. Morgendämmerung.
al.vo.ra.ça.do adj. streitsüchtig.
al.vo.ro.çar v.t. erregen, begeistern.
al.vo.ro.ço s.m. Aufregung, Alarm.
al.vu.ra s.f. Weiße.
a.ma s.f. Amme, Herrin.
a.ma.ci.ar v.t. erweichen.
a.ma.do adj. lieb, geliebt.
a.ma.du.re.cer v.t. reifen.
â.ma.go s.m. Kern.
a.mál.ga.ma s.f. Mischung.
a.ma.men.tar v.t. säugen.
a.ma.nei.ra.do adj. geziert.
a.ma.nhã s.m. Morgen.
a.ma.nhar v.t. (cultivar, gradear, lavrar; dispor, preparar, arranjar; estrumar; ajeitar, acomodar, compor, enfeitar; ativar; adquirir, conseguir, obter) Feld bestellen.
a.ma.nhe.cer v.i. tagen, Tag werden.
a.man.te adj., s.m. e s.f. liebend, Geliebter.
a.mar v.t. lieben.
a.ma.re.la.do adj. gelblich.
a.ma.re.lar v.i. gelb färben.
a.ma.re.lo adj. gelb, fahl.
a.mar.gar v.t. verbittern.
a.mar.go adj. bitter, herb.
a.mar.gu.ra s.f. Bitterkeit.
a.mar.rar v.t. festbinden.
a.mar.ro.tar v.t. zerdrücken, zerknüllen.
a.má.si.a s.f. (do francês) Amant, Geliebte.
a.mas.sar v.t. kneten, massieren.
a.má.vel adj. liebenswürdig, freundlich.
âm.bar s.m. Bernstein.
am.bi.ção s.f. Ehrgeiz.

am.bi.ci.o.nar v.t. ehrgeizig erstreben.
am.bi.ci.o.so adj. ehrgeizig, bombastisch.
am.bi.en.te s.m. Umwelt, Stimmung, Umgebung.
am.bí.guo adj. zweideutig.
âm.bi.to s.m. Umfang.
am.bos num. beide.
am.bu.lân.ci.a s.f. Krankenwagen, Ambulanz.
am.bu.lan.te adj. umherziehend.
am.bu.la.tó.ri.o s.m. ärztliche Beratungsstelle.
a.me.a.ça s.f. Drohung.
a.me.a.çar v.t. drohen, bedrohen.
a.mei.xa s.f. Pflaume.
a.mên.do.a s.f. Mandel.
a.men.do.im s.m. Erdnuss.
a.me.ni.da.de s.f. Weichheit.
a.me.ni.zar v.t. mildern.
a.me.no adj. unterhaltend.
a.mes.trar v.t. abrichten.
a.me.tis.ta s.f. Amethyst.
a.mi.an.to s.m. Asbest.
a.mi.do s.m. Stärkemehl.
a.mi.ga s.f. Freundin, Geliebte.
a.mi.gá.vel adj. freundschaftlich.
a.mig.da.la s.f. Mandel.
a.mi.go s.m. Freund.
a.mi.mar v.t. (acariciar, acarinhar, afagar) verwöhnen.
a.mis.to.so adj. freundschaftlich.
a.mi.ú.de adv. häufig.
a.mi.za.de s.f. Freundschaft.
am.né.si.a s.f. Gedächtnisschwund.
a.mo s.m. Herr, Besitzer.
a.mo.fi.nar v.t. verdrießen.
a.mo.la.ção s.f. Widerwillen.
a.mo.lan.te s. Scherenschleifer.
a.mo.lar v.t. e v.i. schleifen, belästigen.
a.mo.le.cer v.t. e v.i. erweichen, rühren.
a.mo.ní.a.co s.m. Ammoniak.
a.mon.to.ar v.t. behäufeln, verwirren.
a.mor s.m. Liebe.
a.mo.ra s.f. Brombeere.
a.mo.rá.vel adj. zärtlich.
a.mor.da.çar v.t. knebeln.

a.mor.fo adj. formlos.
a.mor.nar v.t. anwärmen.
a.mo.ro.so adj. liebreich, sanft.
a.mor.te.ce.dor s. Stoßdämpfer.
a.mor.te.cer v.t. abschwächen, dämpfen, abtöten.
a.mor.ti.za.ção s.f. Tilgung.
a.mor.ti.zar v.t. tilgen.
a.mos.tra s.f. Muster, Probe.
am.pa.rar v.t. beschützen.
am.pa.ro s.m. Schutz, Zuflucht.
am.pli.a.ção s.f. Erweiterung.
am.pli.ar v.t. erweitern, ausdehnen.
am.pli.dão s.f. Weite, Umfang.
am.pli.fi.ca.dor s.m. Verstärker.
am.pli.tu.de s.f. Weite, Umfang.
am.plo adj. weitläufig.
am.pu.tar v.t. ein Glied abnehmen.
a.mu.a.do adj. eigensinnig.
a.mu.le.to s.m. Abwehrzauber, Amulett.
a.mu.ra.da s.f. Reling.
a.na.crô.ni.co adj. die Zeit verwechselnd, anachronistisch.
a.na.is s.m. pl. Jahrbücher.
a.nal.fa.be.to adj. des Lesens und Schreibens unkundig. s. Analphabet.
a.nal.gé.si.co adj. schmerzstillend.
a.na.li.sar v.t. zerlegen.
a.ná.li.se s.f. Zerlegung.
a.na.lo.gi.a s.f. Ähnlichkeit, Analogie.
a.ná.lo.go adj. ähnlich.
a.não s.m. Zwerg.
a.nar.qui.a s.f. Wirrwarr, Anarchie.
a.nar.qui.zar v.t. aufwiegeln.
a.ná.te.ma s.f. (excomunhão; maldição; opróbrio) Verfluchter, Bannfluch.
an.ca s.f. Hüfte, Hinterteil.
an.cho adj. (amplo, largo) breit, lang.
an.ci.ão s.m. Greis.
an.ci.nho s.m. Harke, Rechen.
ân.co.ra s.f. Anker.
an.co.rar v.t. ankern, befestigen.
an.dai.me s.m. Baugerüst.

an.dar v.i. gehen, sich fortbewegen; s.m. (pavimento, piso) Stockwerk.
an.do.ri.nha s.f. Schwalbe.
an.dra.jo s.m. Fetzen.
a.ne.do.ta s.f. Geschichtchen, Anekdote, Witz.
a.nel s.m. Ring, Glied.
a.ne.lar v.t. ringeln, ersehnen.
a.ne.lo s.m. Verlangen, Wunsch.
a.ne.mi.a s.f. Bleichsucht.
a.nê.mi.co adj. blutarm.
a.nes.te.si.a s.f. Unempfindlichkeit, Narkose.
a.ne.xa.ção s.f. Einverleibung.
a.ne.xar v.t. annektieren.
a.ne.xo adj. verbunden.
an.fi.tri.ão s.m. Gastgeber.
ân.gu.lo s.m. Winkel.
an.gús.ti.a s.f. Herzensangst.
an.gus.ti.ar v.t. beängstigen.
a.ni.ma.ção s.f. Belebung, Leben, Eifer.
a.ni.mal s.m. Tier; adj. tierisch.
a.ni.ma.les.co adj. grob.
a.ni.mar v.t. beleben, ermuntern.
â.ni.mo s.m. Herz, Mut.
a.ni.mo.si.da.de s.f. Abneidung.
a.ni.mo.so adj. mutig, lebhaft.
a.ni.qui.lar v.t. null und nichtig erklären.
a.nis.ti.a s.f. Amnestie.
a.ni.ver.sá.ri.o s.m. Jahrestag; Geburtstag.
an.jo s.m. Engel.
a.no s.m. Jahr.
a.noi.te.cer v.i. Nacht werden.
a.no.ma.li.a s.f. Ausnahme.
a.nô.ni.mo adj. anonym.
a.no.re.xi.a s.f. Unlust.
a.nor.mal adj. abnormal, ungewöhnlich.
a.nor.ma.li.da.de s.f. Unregelmäßigkeit.
a.no.so adj. (idoso; antigo, velho) bejahrt.
a.no.ta.ção s.f. Anmerkung.
a.no.tar v.t. vermerken.
an.sei.o s.m. Wunsch.
ân.si.a s.f. Herzensangst.
an.si.ar v.t. ängstigen.
an.si.e.da.de s.f. Ängstlichkeit.

an.si.o.so adj. angstvoll.
an.ta s.f. Tapir.
an.ta.go.nis.ta s.f. Gegner.
an.ta.nho adv. ehemals.
an.te prep. vor, angesichts.
an.te.ce.den.te adj. Präzedenzfall.
an.te.ce.der v.t. vorausgehen.
an.te.ces.sor s.m. Vorgänger.
an.te.ci.pa.ção s.f. Vorwegnehme.
an.te.ci.par v.t. vorwegnehmen.
an.te.mão, de loc. adv. im voraus.
an.te.na s.f. Antenne.
an.te.on.tem adv. vorgestern.
an.te.pas.sa.do adj. vergangen.
an.te.por v.t. vorsetzen, voriziehen.
an.te.ri.or adv. vorangehend.
an.te.ri.o.ri.da.de s.f. Vorzeitigkeit, Vorzug, Vorrang.
an.tes adv. vorher.
an.tí.do.to s.m. Gegengift.
an.ti.go adj. alt.
an.ti.gui.da.de s.f. Altertum, Antike.
an.tí.lo.pe s.m. Antilope.
an.ti.pa.ti.a s.f. Widerwille.
an.ti.pá.ti.co adj. zuwider.
an.ti.qua.do adj. veraltet.
an.ti.quá.ri.o s.m. Altertumsforscher.
an.tis.sép.ti.co adj. fäulniswidrig, antiseptisch.
an.tí.te.se s.f. Antithese, Gegensatz.
an.to.jar v.t. lüstern sein, begehren.
an.to.lo.gi.a s.f. Blumenlese.
an.tô.ni.mo s.m. Gegenteil. adj. entgegengesetzt.
an.tro s.m. Höhle, Spelunke.
a.nu.al adj. jährlich.
a.nu.ên.ci.a s.f. Zustimmung.
a.nu.la.ção s.f. Nichtigkeitserklärung.
a.nu.lar v.t. annullieren, null und nichtig erklären.
a.nun.ci.ar v.t. ankündigen.
a.nún.ci.o s.m. Anzeige.
a.nu.vi.ar v.t. schwärzen.
an.zol s.m. Angel.

a.on.de adv. wohin.
a.pa.ga.do adj. erloschen.
a.pa.gar v.t. löschen.
a.pai.xo.na.do adj. leidenschaftlich, verliebt.
a.pai.xo.nar v.t. e v.p. Leidenschaft wecken, sich verlieben.
a.pa.la.vrar v.t. verabreden, verloben.
a.pal.par v.t. abtasten, spielen.
a.pa.nha.do adj. übersichtlich.
a.pa.nhar v.t. greifen, fassen.
a.pa.ra.dor s.m. Anrichte.
a.pa.rar v.t. beschneiden, zurechtstutzen.
a.pa.ra.to s.m. Pracht, Apparat.
a.pa.re.cer v.i. erscheinen.
a.pa.re.ci.men.to s.m. Erscheinung.
a.pa.re.lhar v.t. ausrüsten.
a.pa.re.lho s.m. Apparat, Zubereitung.
a.pa.re.lho de bar.be.ar s.m. Rasierapparat.
a.pa.rên.ci.a s.f. Anschein.
a.pa.ren.tar v.t. zeigen, den Anschein haben.
a.pa.ren.te adj. anscheinend.
a.pa.ri.ção sf. Erscheinung.
a.par.ta.do s.m. Postfach. adj. abgelegen, einsam.
a.par.ta.men.to s.m. Wohnung.
a.par.tar v.t. trennen, fernhalten.
a.pas.cen.tar v.t. weiden.
a.pa.ti.a s.f. Gefühllosigkeit.
a.pá.ti.co adj. unempfindlich.
a.pa.vo.rar v.t. erschrecken.
a.pe.dre.jar v.t. steinigen, beleidigen.
a.pe.gar-se v.p. Zuneigung fassen.
a.pe.go s.m. Zuneigung.
a.pe.la.ção s.f. Berufung.
a.pe.lar v.t. appellieren.
a.pe.li.do s.m. Familienname.
a.pe.nas adv. kaum, nur.
a.pên.di.ce s.m. Anhang.
a.pen.di.ci.te s.f. Blinddarmentzündung.
a.per.fei.ço.a.men.to s.m. Vervollkommung.

APERFEIÇOAR • ARDOROSO

a.per.fei.ço.ar *v.t.* vervollkommnen.
a.pe.ri.ti.vo *adj. e s.m.* abführend, appetitanregend, Aperitif.
a.per.ta.do *adj.* eng, gedrängt.
a.per.tar *v.t.* drängen, pressen.
a.per.to *s.m.* Druck, Enge, Eile, Not.
a.pe.te.ci.vel *adj.* wünschenswert.
a.pe.ti.te *s.m.* Appetit, Begierde.
a.pe.ti.to.so *adj.* appetitlich.
á.pi.ce *s.m.* Gipfel, Tüpfel.
a.pi.men.ta.do *adj.* pikant.
a.pi.nhar *v.t.* zusammendrängen.
a.pi.tar *v.i.* pfeifen.
a.plau.dir *v.t.* Beifall klatschen.
a.plau.so *s.m.* Beifall.
a.pli.ca.ção *s.f.* Anwendung.
a.pli.car *v.t.* auflegen, verwenden.
a.po.de.rar-se *v.p.* sich bemächtigen.
a.po.do *s.m.* Spitzname.
a.po.dre.cer *v.i.* verfaulen.
a.po.geu *s.m.* Erdferne, Höhepunkt.
a.poi.ar *v.t.* stützen, halten, unterstützen.
a.pó.li.ce *s.f.* Police, Versicherungsschein.
a.poi.o *s.m.* Stütze, Hilfe.
a.po.lo.gi.a *s.f.* Verteidigungsrede.
a.pon.ta.dor *s.m. (do francês)* Souffleur; Aufseher.
a.pon.ta.men.to *s.m.* Hinweis.
a.pon.tar *v.t.* aufzeichnen, einflüstern.
a.po.ple.xi.a *s.f.* Schlaganfall.
a.po.quen.tar *v.t.* herabsetzen, bedrücken.
a.por.re.ar *v.t. (espancar, desancar; vexar, afligir)* verprügeln.
a.por.tar *v.t.* landen, in den Hafen führen.
pós *prep.* nach, hinter.
a.po.sen.ta.do.ri.a *s.f.* Pensionierung.
a.po.sen.to *s.m.* Zimmer.

a.po.si.ção *s.f. (agregação, colocação, junção, justaposição)* Verbindung.
a.pos.ta *s.f* Wette.
a.pos.tar *v.t.* wetten.
a.pós.ta.ta *s.m. e s.f. (renegado, perjuro)* Abtrünniger.
a.pos.to *adj. (acrescentado, agregado, adjunto)* stattlich, schmuck, nett. s. Beisatz.
a.pós.to.lo *s.m.* Apostel.
a.po.te.o.se *s.f.* Verherrlichung.
a.pra.zar *v.t.* festsetzen.
a.pra.zer *v.t.* gefallen.
a.pra.zi.men.to *s.m.* Vergnügen.
a.pre.çar *v.t.* schätzen.
a.pre.ci.a.ção *s.f.* Schätzung.
a.pre.ci.ar *v.t.* schätzen.
a.pre.ço *s.m.* Wertschätzung.
a.pre.en.der *v.t.* fürchten, ergreifen.
a.pre.en.são *s.f.* Festnahme.
a.pre.en.si.vo *adj.* ängstlich.
a.pre.go.ar *v.t.* ausrufen.
a.pren.der *v.t. e v.i.* lernen, erfahren.
a.pren.diz *s.m.* Lehrling.
a.pre.sen.ta.ção *s.f.* Einreichung, Präsentation.
a.pre.sen.tar *v.t.* überreichen, vorstellen, präsentieren.
a.pres.sa.do *adj.* eilig.
a.pres.sar *v.t.* beeilen, antreiben.
a.pres.tar *v.t. (aprontar, preparar, aparelhar)* herrichten.
a.pri.mo.rar *v.t.* vervollkommnen.
a.pri.si.o.nar *v.t.* gefangen nehmen.
a.pro.fun.dar *v.t.* vertiefen.
a.pron.tar *v.t. e v.i.* fertigmachen.
a.pro.po.si.ta.do *adj.* passend.
a.pro.pri.a.ção *s.f.* Aneigung.
a.pro.pri.a.do *adj.* geeignet.
a.pro.pri.ar *v.t. e v.p.* anpassen.
a.pro.va.ção *s.f.* Zustimmung.
a.pro.var *v.t. e v.i.* billigen.
a.pro.vei.ta.men.to *s.m.* Verwertung, Ausnutzung.
a.pro.vei.tar *v.t.* benutzen.
a.pro.vei.tá.vel *adj.* brauchbar.
a.pro.xi.ma.ção *s.f.* Annäherung.

a.pro.xi.mar *v.t.* nähern.
a.pro.xi.mar-se *v.p.* sich nähern.
ap.ti.dão *s.f.* Geschicklichkeit.
ap.to *adj.* fähig.
a.pu.par *v.t.* auspfeifen.
a.pu.ra.ção *s.f.* Abrechnung.
a.pu.rar *v.t.* reinigen, prüfen.
a.pu.ro *s.m.* Vollkommenheit, Bedrängnis.
a.quá.ri.o *s.m.* Aquarium.
a.que.cer *v.t.* erwärmen.
a.que.ci.men.to *s.m.* Heizung.
a.que.le *pron. dem.* jener; *fem.* jene.
a.quen.tar *v.t.* erhitzen.
a.qui *adv.* hier.
a.qui.es.cên.ci.a *s.f.* Zustimmung.
a.qui.la.tar *v.t.* abschätzen.
a.qui.li.no *adj.* adlerähnlich.
a.qui.lo *pron. dem.* jenes.
a.qui.si.ção *s.f.* Kauf.
ar *s.m.* Luft, Atem, Aussehen.
a.ra.do *s.m.* Pflug.
a.ra.me *s.m.* Draht, Messing.
a.ra.nha *s.f.* Spinne.
a.rar *v.t.* pflügen.
ar.bi.tra.men.to *s.m.* Schiedsspruch.
ar.bi.trar *v.t.* entscheiden.
ar.bi.tra.ri.e.da.de *s.f* Willkür.
ar.bi.trá.ri.o *adj.* beliebig.
ar.bí.tri.o *s.m.* Ausweg.
ár.bi.tro *s.m.* Schiedsrichter.
ar.bus.to *s.m.* Strauch.
ar.ca *s.f.* Koffer, Kasten.
ar.cai.co *adj.* altertümlich.
ar.can.jo *s.m.* Erzengel.
ar.ca.no *s.m.* Geheimnis.
ar.cho.te *s.m.* Fackel.
ar.co *s.m.* Bogen.
ar.co-í.ris *s.m.* Regenbogen.
ar.dên.ci.a *s.f.* Glut, Feuer.
ar.den.te *adj.* glühend, heftig.
ar.der *v.i.* brennen.
ar.di.do *adj.* sauer.
ar.dil *s.m.* Schlauheit.
ar.di.lo.so *adj.* hinterlistig.
ar.dor *s.m.* Brand, Hitze, Begierde.
ar.do.ro.so *adj.* brennend, glühend, hitzig, inbrünstig.

ÁRDUO • ASFIXIANTE

ár.du.o *adj.* schroff, mühsam.
á.re.a *s.f.* Fläche.
a.re.ar *v.t.* Sand bedecken.
a.rei.a *s.f.* Sand.
a.re.jar *v.t.* lüften.
a.ren.ga *s.f.* feierliche Anrede.
a.ren.que *s.m.* Hering.
a.res.ta *s.f.* Kante.
ar.far *v.i.* keuchen.
ar.gi.la *s.f.* Tonerde.
ar.go.la *s.f.* eiserner Ring, Metallring.
ar.gú.cia *s.f.* Spitzfindigkeit.
ar.guir *v.t.* tadeln, folgern.
ar.gu.men.ta.ção *s.f.* Beweisführung.
ar.gu.men.tar *v.i.* beweisführen, begründen.
ar.gu.men.to *s.m.* Beweisgrund.
ar.gu.to *adj.* spitzfindig.
á.ri.a *s.f.* Arie, Lied.
a.ri.dez *s.f.* Trockenheit.
á.ri.do *adj.* trocken.
a.ris.co *adj.* sandig, barsch.
a.ris.to.cra.ci.a *s.f.* Adelsherrschaft.
a.ris.to.cra.ta *s.m. e s.f.* Adelsmann, Aristokrat.
ar.le.quim *s.m.* Hanswurst, Harlekin.
ar.ma *s.f.* Waffe.
ar.ma.ção *s.f.* Bewaffnung, Gerüst.
ar.ma.di.lha *s.f.* Falle.
ar.ma.men.to *s.m.* Kriegsrüstung.
ar.mar *v.t.* bewaffnen, ausstatten.
ar.má.rio *s.m.* Schrank.
ar.ma.zém *s.m.* Lager.
ar.ma.ze.nar *v.t.* bewachen.
ar.mi.nho *s.m.* Hermelin.
ar.mis.tí.cio *s.m.* Waffenstillstand.
aro *s.m.* Reif.
a.ro.ma *s.m.* Duft, Parfüm, Aroma.
a.ro.má.ti.co *adj.* aromatisch.
a.ro.ma.ti.zar *v.t.* aromatisieren.
ar.pão *s.m.* Harpune.
ar.que.ar *v.t.* eichen.
ar.que.jar *v.i.* keuchen.
ar.qui.pé.la.go *s.m.* Inselgruppe.
ar.qui.te.to *s.m.* Baumeister, Architekt.
ar.qui.te.tu.ra *s.f.* Baukunst, Architektur.
ar.qui.var *v.t.* behüten, bewachen.
ar.qui.vo *s.m.* Aktensammlung, Archiv.
ar.ra.bal.des *s.m. pl.* Vorstadt, Umgegend.
ar.rai.al *s.m.* Festplatz, Lager.
ar.ran.car *v.t.* ausreißen.
ar.ra.nhar *v.t.* kratzen.
ar.ran.jar *v.t.* ordnen, einrichten.
ar.ran.jo *s.m.* Verfügung.
ar.ra.sar *v.t.* ebnen, verheeren.
ar.ras.tar *v.t.* schleppen.
ar.re.ba.ta.men.to *s.m.* Anfall.
ar.re.ba.tar *v.t.* entreißen.
ar.re.ben.tar *v.t.* bersten, aufreißen.
ar.re.bol *s.m.* Morgendämmerung.
ar.re.ca.da.ção *s.f.* Eintreibung.
ar.re.ca.dar *v.t.* Geld eintreiben.
ar.re.dar *v.t.* entfernen, abbringen.
ar.re.don.dar *v.t.* abrunden.
ar.re.fe.ci.men.to *s.m.* Abkühlung.
ar.re.ga.çar *v.t.* öffnen.
ar.re.ga.nhar *v.t.* fletschen.
ar.re.gi.men.tar *v.t.* gruppieren.
ar.rei.o *s.m.* Zuggeschirr.
ar.re.li.a *s.f.* Verdruss.
ar.re.li.ar *v.t.* necken.
ar.re.ma.tar *v.t.* meistbietend verkaufen.
ar.re.me.dar *v.t.* nachahmen.
ar.re.me.do *s.m.* Nachahmung.
ar.re.mes.sar *v.t.* werfen.
ar.re.me.ter *v.t.* einfallen.
ar.re.me.ti.da *s.f.* Angriff.
ar.ren.da.men.to *s.m.* Verpachtung.
ar.ren.dar *v.t.* verpachten.
ar.ren.da.tá.ri.o *s.m.* Mieter, Pächter.
ar.re.pen.der-se *v.p.* etwas bereuen.
ar.re.pen.di.men.to *s.m.* Reue.
ar.re.pi.ar *v.t.* entsetzen.
ar.re.pi.o *s.m.* Schauder.
ar.res.to *s.m.* Beschlagnahme.
ar.re.ve.sar *v.t.* umkehren.

ar.ri.ba *adv.* oben, zieht.
ar.ri.ba.ção *s.f.* Landung.
ar.ri.mo *s.m.* Schutz.
ar.ris.ca.do *adj.* tollkühn.
ar.ris.car *v.t.* wagen.
ar.ro.gân.ci.a *s.f.* Anmaßung.
ar.ro.gan.te *adj.* anmaßend.
ar.roi.o *s.m.* Bach.
ar.ro.ja.do *adj.* kühn.
ar.ro.jar *v.t.* schleudern.
ar.ro.jo *s.m.* Verwegenheit.
ar.ro.lar *v.t.* eintragen, rollen.
ar.ro.lhar *v.t.* zukorken.
ar.rom.bar *v.t.* einbrechen.
ar.rou.bo *s.m.* Verzückung.
ar.roz *s.m.* Reis.
ar.ru.a.ça *s.f.* Getümmel.
ar.ru.fo *s.m.* Schmollen.
ar.ru.i.nar *v.t.* zerstören.
ar.ru.lhar *v.t.* girren, gurren.
ar.ru.ma.ção *s.f.* Anordnung.
ar.ru.mar *v.t.* ordnen, verstauen.
ar.se.nal *s.m.* Zeughaus.
ar.te *s.f.* Kunst, Handwerk.
ar.té.ri.a *s.f.* Schlagader.
ar.te.são *s.m.* Handwerker.
ar.ti.cu.la.ção *s.f.* Gelenkverbindung, Deutlichkeit (Aussprache).
ar.ti.cu.lar *v.t.* aussprechen.
ar.tí.fi.ce *s.m.* Handwerker, Mechaniker.
ar.ti.fi.ci.al *adj.* künstlich.
ar.ti.fí.ci.o *s.m.* Kunstfertigkeit.
ar.ti.ma.nha *s.f.* List, Betrug.
ar.tis.ta *s.m. e s.f.* Künstler.
ár.vo.re *s.f.* Baum.
ár.vo.re.do *s.m.* Hain.
a.sa *s.f.* Flügel, Henkel.
as.cen.dên.ci.a *s.f.* Aufstiegen.
as.cen.den.te *adj.* aufsteigend.
as.cen.der *v.t.* aufsteigen.
as.cen.ção *s.f.* Erhebung.
as.cen.sor *s.m.* Fahrstuhl, Aufzug, Lift.
as.cé.ti.co *adj.* mönchisch, asketisch.
as.co *s.m.* Ekel.
ás.cu.a *s.f.* (brasa; brilho; chispa, fagulha) Kohle, Glanz.
as.fi.xi.an.te *adj.* erstickend.

ASILO • ÁTRIO

a.si.lo s.m. Herberge, Asyl.
as.nei.ra s.f. Eselei.
as.no s.m. Esel.
as.pas s.f. pl. Anführungszeichen.
as.pec.to s.m. Anblick.
as.pe.re.za s.f. Rauhheit.
as.per.gir v.t. nässen, besprengen.
ás.pe.ro adj. rauh, hart.
as.per.são s.f. benetzen, befeuchten.
as.pi.ra.ção s.f. Atemholen.
as.pi.rar v.t. einatmen, nach etwas streben.
as.que.ro.so adj. ekelhaft.
as.sa.do adj. braten.
as.sa.la.ri.ar v.t. besolden, einstellen.
as.sal.tar v.t. anfallen, Sturm laufen, überfallen.
as.sal.to s.m. Anfall, Ansturm, Überfall.
as.sa.nhar v.t. beunruhigen.
as.sar v.t. braten, rösten.
as.sas.si.nar v.t. ermorden.
as.sas.si.na.to s.m. Mord.
as.sas.si.no s.m. Mörder.
as.se.cla s.m. e s.f. Anhänger.
as.sé.di.o s.m. Dringlichkeit.
as.se.gu.rar v.t. e v.i. versichern.
as.sei.o s.m. Reinlichkeit.
as.sem.blei.a s.f. Versammlung.
as.se.me.lhar v.t. e v.p. ähneln.
as.sen.tar v.t. aufstellen, abstellen.
as.sen.ti.men.to s.m. Zustimmung.
as.sen.tir v.t. e v.i. übereinstimmen.
as.sen.to s.m. Sitz.
as.ser.ção s.f. Bekräftigung.
as.ses.sor s.m. Gehilfe.
as.se.ve.rar v.t. versichern.
as.si.du.i.da.de s.f. Fleiß, Eifer.
as.si.du.o adj. beharrlich.
as.sim adv. so, demnach.
as.si.mi.lar v.t. anpassen.
as.si.nar v.t. unterschreiben.
as.si.na.tu.ra s.f. (rubrica) Unterschrift; (subscrição; do francês) Abonnement.
as.si.sa.do adj. vernünftig.
as.sis.tên.ci.a s.f. Anwesenheit.

as.sis.ten.te s.m. e s.f. Assistent, Beisitzer.
as.sis.tir v.t. beistehen.
as.so.a.lho s.m. Fußbodenbelag.
as.so.bi.o s.m. Pfeife.
as.so.ci.a.ção s.f. Vereinigung.
as.so.ci.ar v.t. e v.p. als Mitglied aufnehmen.
as.so.lar v.t. dem Erdboden gleichmachen.
as.som.bra.do adj. erschrocken.
as.som.brar v.t. beschatten.
as.som.bro s.m. Erschrecken, Wunder.
as.som.bro.so adj. erstaunlich.
as.su.a.da s.f. Tumult, Getümmel.
as.su.mir v.t. e v.i. annehmen.
as.sun.to s.m. Thema, Stoff, Angelegenheit.
as.sus.ta.do adj. erschrocken.
as.sus.tar v.t. erschrecken.
as.tro s.m. Stern.
as.tró.lo.go s.m. Sterndeuter.
as.tro.lo.gi.a s.f. Sterndeuterei, Astrologie.
as.tro.no.mi.a s.f. Sternkunde.
as.tú.ci.a s.f. Schlauheit.
as.tu.to adj. arglistig, schlau.
a.ta s.f. Protokoll.
a.ta.ca.dis.ta s.m. Großhändler.
a.ta.can.te s. Angreifer.
a.ta.car v.t. angreifen.
a.ta.du.ra s.f. Schärpe.
a.ta.lai.a s.f. Wachtturm.
a.ta.lhar v.t. abschneiden.
a.ta.lho s.m. Richtweg.
a.ta.que s.m. Angriff, Anfall.
a.ta.ú.de s.m. Sarg, Gruft.
a.ta.vi.o s.m. Schmuck.
a.té adv. bis, sogar.
a.to.ar v.t. entzünden.
a.te.ís.mo s.m. Gottlosigkeit.
a.ten.ção s.f. Aufmerksamkeit.
a.ten.ci.o.so adj. höflich.
a.ten.der v.t. aufmerken.
a.ten.ta.do s.m. Attentat.
a.ten.tar v.t. (reparar, olhar, observar) aufmerksam werden auf.
a.ten.to adj. aufmerksam.
a.te.nu.ar v.t. mildern.

a.ter.ra.dor adj. entsetzlich.
a.ter.rar v.t. e v.i. zudecken (Erde), erschrecken.
a.tes.ta.do s.m. Bescheinigung.
a.tes.tar v.t. bescheinigen.
a.teu s.m. Gottloser, Atheist.
a.ti.çar v.t. hetzen, schüren.
a.ti.la.do adj. scharfsinnig.
a.ti.nen.te adj. bezüglich.
a.tin.gir v.t. berühren, erlangen.
a.ti.rar v.t. schleudern.
a.ti.tu.de s.f. Haltung.
a.ti.vi.da.de s.f. Tätigkeit.
a.ti.vo adj. tätig, aktiv.
a.tle.ta s.m. e s.f. Wettkämpfer, Athlet.
a.tlé.ti.co adj. stark.
at.mos.fe.ra s.f. Atmosphäre, Luftkreis.
a.to s.m. Handlung, Urkunde, Akt.
a.to.lei.ma.do adj. toll.
a.to.lei.ro s.m. Sumpf.
a.tô.mi.co adj. atomisch.
á.to.mo s.m. Atom, Nichtigkeit.
a.tô.ni.to adj. erschrocken.
a.to.pe.tar v.t. überfüllen.
a.tor s.m. Schauspieler.
a.tor.do.ar v.t. irremachen.
a.tra.ção s.f. Anziehung.
a.tra.car v.t. anlegen, landen.
a.tra.en.te adj. angenehm, attrakhu.
a.tra.ir v.t. anziehen.
a.tra.pa.lha.ção s.f Wirwarr.
a.tra.pa.lhar v.t. verwirren.
a.trás adv. hinter, zurück.
a.tra.sar v.t. hemmen.
a.tra.so s.m. Verspätung.
a.tra.ti.vo adj. anziehend, attraktiv, s. Reiz.
a.tra.van.çar v.t. versporren.
a.tra.vés adv. hindurch.
a.tra.ves.sar v.t. hindurchgehen, hemmen.
a.tre.ver-se v.p. sich erdreisten.
a.tre.vi.do adj. kühn, unverschämt.
a.tri.bu.i.ção s.f. Zuneigung.
a.tri.bu.ir v.t. zuteilen, zuschreiben.
a.tri.bu.la.ção s.f. Missgeschick.
á.tri.o s.m. Vorhalle.

ATRITO • AZULEJO

a.tri.to s.m. Reibung.
a.triz s.f. Schauspielerin.
a.tro adj. (negro, lúgubre, escuro, tenebroso, medonho, pavoroso, tétrico, infausto, funesto, aziago, desgraçado) entsetzlich.
a.tro.a.dor adj. (ruidoso, estrondoso) betäubend.
a.tro.ar v.i. erschüttern.
a.tro.ci.da.de s.f. Abscheulichkeit.
a.tro.fi.ar v.t. schwächen, abmagern.
a.tro.o s.m. Getöse, Knall.
a.tro.pe.lar v.t. überfahren.
a.troz adj. grässlich.
a.tu.al adj. aktuell.
a.tu.a.li.da.de s.f. Aktualität.
a.tu.ar v.t. e v.i. duzen, handeln.
a.tu.lhar v.t. überfüllen.
a.tum s.m. Thunfisch.
a.tu.rar v.t. ertragen, beharren.
au.dá.ci.a s.f. Kühnheit.
au.da.ci.o.so adj. verwegen.
au.daz adj. kühn, verwegen.
au.di.ção s.f. Aufführung.
au.di.ên.ci.a s.f. Audienz.
au.di.tó.ri.o s.m. Zuhörerschaft.
au.ge s.m. Erdferne, Gipfel.
au.gu.rar v.t. prophezeien, voraussagen.
au.gú.ri.o s.m. Wahrsagerei, Vorzeichen.
au.gus.to adj. erhaben.
au.la s.f. Klasse, Hörsaal.
au.men.tar v.t. vermehren, zunehmen.
au.men.to s.m. Vermehrung, Zunahme.
au.ra s.f. Hauch.
áu.re.o adj. golden, vom Gold.
au.ré.o.la s.f. Heiligenschein, Aureole.
au.re.o.lar v.t. verherrlichen.
au.ro.ra s.f. Morgenröte.
a.us.cul.tar v.t. ergründen.
au.sên.ci.a s.f. Abwesenheit.
au.sen.tar-se v.p. sich entfernen.
au.sen.te adj. abwesend.
a.us.pi.ci.o s.m. Vorzeichen.
a.us.pi.ci.o.so adj. günstig.
a.us.te.ri.da.de s.f. Strenge.

a.us.te.ro adj. sittenstreng.
au.ten.ti.ci.da.de s.f. Glaubwürdigkeit.
au.tên.ti.co adj. glaubwürdig.
au.to.má.ti.co adj. automatisch.
au.tô.ma.to s.m. Automat.
au.to.mó.vel s.m. Auto.
au.to.no.mi.a s.f. Selbstverwaltung.
au.tor s.m. Urheber, Verfasser, Autor.
au.to.ri.da.de s.f. Obrigkeit, Autorität.
au.to.ri.tá.ri.o adj. herrisch.
au.to.ri.za.ção s.m. Genehmigung.
au.to.ri.zar v.t. genehmigen.
au.xi.li.ar v.t. helfen; s.m. e s.f. Beistehen.
au.xí.li.o s.m. Hilfe.
a.va.ca.lha.ção s.f. Nachlässigkeit.
a.va.ca.lhar v.t. demoralisieren.
a.va.li.a.ção s.f. Abschätzung, Einschätzung.
a.va.li.ar v.t. abschätzen.
a.van.çar v.t. vorrücken.
a.van.ço s.m. Fortschritt.
a.van.ta.ja.do adj. höher.
a.van.ta.jar v.t. verbessern.
a.van.te adv. vorwärts.
a.va.ren.to adj. geizig.
a.va.re.za s.f. Geiz.
a.va.ri.a s.f. Seeschaden.
a.va.ri.ar v.t. zugrunderichten.
a.va.ro adj. geizig.
a.vas.sa.lar v.t. herrschen.
a.ve s.f. Vogel.
a.vei.a s.f. Hafer.
a.ve.jão s.m. Trugbild.
a.ve.lã s.f. Haselnuss.
a.ve.lu.da.do adj. weich.
a.ven.ça s.f. (ajuste, acordo, convenção, concórdia, harmonia, união) Vertrag, Vergleich.
a.ve.ni.da s.f. Allee.
a.ven.tal s.m. Schürze.
a.ven.tu.ra s.f. Abenteuer.
a.ven.tu.rar v.t. wagen.
a.ven.tu.rei.ro s. Glücksritter, Abenteurer.

a.ver.me.lhar v.t. e v.p. erröten, rot werden.
a.ver.no s.m. (inferno, avernal) Hölle.
a.ver.são s.f. Abneigung.
a.ves.truz s.m. e s.f. Vogel Strauß.
a.ve.zar v.t. gewöhnen.
a.vi.a.ção s.f. Flugwesen.
a.vi.a.dor s.m. Luftfahrer, Flieger.
a.vi.ão s.m. Flugzeug.
a.vi.ar v.t. ausfertigen.
a.vi.dez s.f. Gier, Habsucht.
á.vi.do adj. (be)gierig.
a.vil.ta.men.to s.m. Erniedrigung.
a.vil.tan.te adj. demütigend.
a.vi.sa.do adj. klug, vorsichtig.
a.vi.sar v.t. benachrichtigen.
a.vi.so s.m. Nachricht, Warnung.
a.vis.tar v.t. erblicken.
a.vi.var v.t. beleben, erneuern.
a.vô s.m. Großvater.
a.vó s.f. Großmutter.
a.vul.so adj. los, frei.
a.vul.ta.do adj. groß.
a.vul.tar v.t. sich vermehren.
a.xi.o.ma s.m. Strafe, Sentenz.
a.zá.fa.ma s.f. Eile, Hetze.
a.zar s.m. Zufall. Pech!.
a.za.ra.do adj. unglücklich.
a.za.ren.to adj. gefahrvoll.
a.ze.dar v.t. säuern.
a.ze.do adj. sauer.
a.ze.du.me s.m. Bitterkeit.
a.zei.tar v.t. einölen.
a.zei.te s.m. Öl.
a.zei.to.na s.f. Olive.
a.zê.mo.la s.f. Lasttier, Maultier.
a.ze.vi.nho s.m. Stechpalme.
a.zi.a s.f. Sodbrennen.
a.zi.a.go adj. (infausto, funesto, nefasto, infeliz) unglücklich.
a.zi.nhei.ra s.f. Eiche.
a.zo s.m. (ensejo, pretexto, ocasião, oportunidade; meio, jeito) Gelegenheit.
a.zou.gue s.m. Lebhaftigkeit.
a.zu.cri.nar v.t. herabsetzen.
a.zul s.m. Blau.
a.zu.lar v.t. e v.i. blau färben.
a.zu.le.jo s.m. Kachel, Fliese.

B

B segunda letra do alfabeto português e do alfabeto alemão; si (nota musical).
ba.ba s.f. Speichel, Geifer.
ba.ba.do adj. leidenschaftlich.
ba.bar v.i. e v.p. geifern.
ba.bel s.f. Verwirrung.
ba.bo.so adj. toll.
ba.ca.lhau s.m. Stockfisch.
ba.ca.nal s.m. Zechgelage.
ba.cha.rel s.m. Schwätzer, Bakkalaureus.
ba.ci.a s.f. Becken.
ba.ci.lo s.m. Bazillus.
ba.ci.o s.m. Nachttopf.
ba.ço s.m. (víscera glandular localizada no hipocôndrio esquerdo) Milz; adj. (escuro, embaçado) trübe, matt.
bac.té.ri.a s.f. Spaltpilz, Bakterie.
bá.cu.lo s.m. (bastão episcopal; cajado, bordão) Stab, Stock.
ba.da.lar v.t. schlagen, plappern.
ba.der.na s.f. Zechgelage.
ba.e.ta s.f. Flanell, Grobian.
ba.fe.jar v.t. pusten.
ba.fo s.m. Hauch.
ba.ga s.f. Beere.
ba.ga.cei.ra s.f. Branntwein.
ba.ga.ço s.m. Begasse.
ba.ga.gem s.f. Lasttier, Gepäck.
ba.ga.te.la s.f. Kleinigkeit.
ba.go s.m. Beere, Korn.
ba.gun.ça s.f. Wirwarr.
ba.i.a s.f. Bucht.
bai.lar v.i. tanzen.
bai.la.ri.na s.f. Ballettänzerin.
bai.la.ri.no s.m. Ballettänzer.
bai.le s.m. Ball, Tanz.
bai.nha s.f. Scheide, Hülle, Futteral.
bair.ro s.m. Stadtviertel.
bai.ta adj. ungeheuer.
bai.u.ca s.f. Kneipe, Schenke.

bai.xa s.f. Niedergeschlagenheit.
bai.xa.da s.f. Abstieg.
bai.xar v.t. herabnehmen, senken.
bai.xel s.m. (batel; embarcação) Fahrzeug.
bai.xe.la s.f. Geschirr.
bai.xo adj. tief, niedrig, gemein.
ba.ju.la.ção s.f. Schmeichelei.
ba.ju.la.dor adj. schmeichlerisch.
ba.ju.lar v.t. schmeicheln.
ba.la s.f. (caramelo, confeito) Kugel, Ballen, Bonbon; (projétil) Geschoss.
ba.lai.o s.m. Korb, Weidenkorb.
ba.lan.ça s.f. Waage.
ba.lan.çar v.t. abwägen.
ba.lan.ço s.m. Schwanken, Schaukeln.
ba.lão s.m. Ballen, Luftballon.
ba.lar v.i. meckern.
bal.bu.ci.ar v.t. stottern, stammeln.
bal.cão s.m. Tresen.
bal.de s.m. Eimer.
bal.di.o adj. unkultiviert.
ba.lei.a s.f. Walfisch.
ba.li.za s.f. Boje.
ba.li.zar v.t. begrenzen.
bal.ne.á.ri.o s.m. Badeanstalt, Badeort.
ba.lo.fo adj. weich.
ba.lou.çar v.t. schaukeln.
bal.sa s.f. Hecke, Floß.
bal.sa.mi.zar v.t. unterhalten.
bál.sa.mo s.m. Balsam.
ba.lu.ar.te s.m. Bollwerk.
bam.be.ar v.t. abspannen, schwächen.
bam.bo adj. schlaff, schlapp.
ba.nal adj. gewöhnlich.
ba.na.li.da.de s.f. Gemeinheit.
ba.na.na s.f. Banane.
ban.ca s.f. Tisch.

ban.co s.m. Bank.
ban.da s.f. Schärpe, Band.
ban.dei.ra s.f. Fahne.
ban.de.ja s.f. Tablett.
ban.di.do s.m. Bandit, Verbrecher.
ban.do s.m. Bande, Partei.
ban.do.lei.ro s.m. Straßenräuber.
ba.nhar v.t. baden.
ba.nhei.ra s.f. Badewanne.
ba.nho s.m. Bad.
ba.nir v.t. verbannen.
ban.quei.ro s.m. Bankier.
ban.que.te s.m. Festmahl, Bankett.
ba.que s.m. Fall.
ba.ra.lhar v.t. Spielkarten mischen.
ba.ra.lho s.m. Spielkarten.
ba.ra.ta s.f. Küchenschabe.
ba.ra.te.ar v.t. verbilligen, feilschen.
ba.ra.to adj. wohlfeil, billig.
bar.ba s.f. Bart.
bar.ban.te s.m. Bindfaden, Schnur.
bar.ba.ri.da.de s.f. Grausamkeit, Roheit.
bar.ba.ri.zar v.t. verrohen.
bár.ba.ro adj. barbarisch, unwissend.
bar.be.ar v.t. e v.p. rasieren.
bar.co s.m. Kahn, Boot.
bar.do s.m. Dichter.
bar.ga.nha s.f. Tausch.
bar.ga.nhar v.t. tauschen.
bar.ra s.f. Barre, Sandbank.
bar.ra.ca s.f. Baracke.
bar.ra.gem s.f. Sperre.
bar.ran.co s.m. Schlucht.
bar.rar v.t. versperren.
bar.rei.ra s.f. Schranke.
bar.ri.ca s.f. Tonne.

266

bar.ri.ca.da s.f. Barrikade.
bar.ri.ga s.f. Bauch.
bar.ril s.m. Fass, Tone.
ba.ru.lhei.ra s.f. Krach, Radau, Spektel.
ba.ru.lho s.m. Lärm, Zank.
ba.se s.f. Grundlage.
ba.se.ar v.t. begründen.
bá.si.co adj. wesentlich.
bas.tan.te adj. e adv. hinreichend.
bas.tão s.m. Stock.
bas.tar v.i. genügen.
bas.tar.do adj. unehelich.
bas.ti.dor s.m. Stickrahmen.
bas.to adj. (denso, abundante, cerrado, espesso) dick, trübe.
ba.ta s.f. Hauskleid.
ba.ta.lha s.f. Schlacht.
ba.ta.lha.dor adj. Kämpfer.
ba.ta.lhar v.t. e v.i. streiten.
ba.ta.ta s.f. Kartoffel.
ba.te-bo.ca s.m. Geschimpfe.
ba.tel s.m. Kahn, Boot.
bá.te.ga s.f. (aguaceiro) Tasse, Becken.
ba.ter v.t. schlagen.
ba.te.ri.a s.f. Angriff, Batterie.
ba.ti.da s.f. Treibjagd, Streife, Razzia.
ba.ti.do adj. geschlagen.
ba.tis.mo s.m. Taufe.
ba.ti.zar v.t. taufen.
ba.tu.ta s.f. Taktstock.
ba.ú s.m. Blechkoffer.
bau.ni.lha s.f. Vanille.
ba.zar s.m. Verkaufshalle.
be.a.ta s. Betschwester.
be.a.ti.tu.de s.f. Seligkeit.
be.a.to adj. e s.m. selig, scheinheilig, frömmlerisch.
be.bê s.m. e s.f. Säugling.
be.be.dei.ra s.f. Rausch.
bê.be.do adj. betrunken.
be.be.dou.ro s.f. Tränke.
be.ber v.t. e v.i. trinken.
be.bi.da s.f. Getränk.
be.ca s.f. (vestuário de cor preta, usado por funcionários judiciais)Talar.
bei.ço s.m. Lippe.
bei.jar v.t. küssen.

bei.jo s.m. Kuss.
bei.ra s.f. Rand.
bei.ra-mar s.f. Küstengebiet.
be.le.za s.f. Schönheit.
be.lis.cão s.m. Kniff.
be.lis.car v.t. kneifen.
be.lo adj. schön.
bem adv. gut, sehr, viel.
bem-a.ma.do adj. geliebt.
bem-cri.a.do adj. wohlerzogen.
bem-es.tar s.m. Wohlergehen.
bem-que.rer v.t. wohlwollen, gern haben.
bem-vin.do adj. willkommen.
bem-vis.to adj. gern gesehen.
bên.ção s.m. Segen.
be.ne.fi.cên.ci.a s.f. Wohltätigkeit.
be.ne.fi.ci.ar v.t. begünstigen.
be.ne.fi.ci.o s.m. Wohltat.
be.né.fi.co adj. wohltätig.
be.ne.vo.lên.ci.a s.f. Wohlwollen.
be.né.vo.lo adj. gütig.
ben.fei.tor s.m. Wohltäter.
ben.ga.la s.f. Stock.
be.nig.no adj. gühig.
ben.to adj. geweiht.
ben.zer v.t. segnen.
ben.zi.na s.f. Benzin.
ber.ço s.m. Wiege.
be.rin.je.la s.f. Aubergine.
ber.rar v.t. e v.i. brüllen.
ber.rei.ro s.m. Gebrüll.
ber.ro s.m. Brüllen, Schrei.
bes.ta s.f. Vierfüßler, Vieh; adj. dumm.
bes.tei.ra s.f. Dummheit.
bes.ti.al adj. viehisch, roh.
bes.ti.a.li.da.de s.f. Bestialität.
be.ter.ra.ba s.f. rote Rübe, Zuckerrübe.
be.tu.mar v.t. kitten.
be.tu.me s.m. Bitumen.
be.xi.ga s.f. Blase.
be.zer.ro s.m. Kalb.
bí.bli.a s.f. Bibel.
bi.bli.o.te.ca s.f. Bibliothek.
bi.cha s.f. (lombriga, verme) Kriechtier.
bi.cho s.m. Tier, Wurm.
bi.ci.cle.ta s.f. Fahrrad.

bi.co s.m. Schnabel.
bi.cu.do adj. geschnabelt.
bi.fe s.m. (do inglês) Beefsteak; Schnitzel.
bi.fur.ca.ção s.f. Verzweigung.
bi.go.de s.m. Schnurrbart.
bi.gor.na s.f. Amboss.
bi.lhar s.m. (do francês) Billard.
bi.lhe.te s.m. (senha que autoriza a entrada) Eintrittskarte; (carta ligeira e curta) Briefchen, Zettel.
bi.lhe.te.ri.a s.f. Kasse.
bi.lis s.f (líquido esverdeado segregado pelo fígado) Galle; (fel; mau humor, tristeza) Ärger.
bil.tre s.m. Schuft.
bi.nó.cu.lo s.m. Opernglas, Fernglas.
bi.o.gra.fi.a s.f. Lebensbeschreibung.
bi.om.bo s.m. Wandschirm.
bí.pe.de s.m. Zweifüßler.
bir.ra s.f Widerwille.
bis (repetição) zweimal.
bi.sa.vô s.m. Urgroßvater.
bis.ca s.f. (jogo de cartas) Kartenspiel.
bis.coi.to s.m. Keks.
bis.ne.to s.m. Urenkel.
bi.so.nho adj. (acanhado; inexperiente; calado; triste) unerfahren, ungeschickt.
bis.pa.do s.m. Bistum.
bis.po s.m. Bischof.
bis.sex.to s.m. Schaltjahr.
bi.tar.ro adj. mutig.
bi.to.la s.f. Maß, Norm.
blas.fe.mar v.t. e v.i. lästern.
blas.fê.mi.a s.f. Blasphemie.
blin.dar v.t. panzern.
blo.que.ar v.t. blockieren.
blo.quei.o s.m. Blockade.
blu.sa s.f. Bluse.
bo.a.to s.m. Gerücht.
bo.bi.ce s.f. Dummheit.
bo.bi.na s.f. Spule.
bo.bo s.m. Narr, Dummkopf; adj. dumm, närrisch, albern.
bo.bo.ca adj. toll.
bo.ca s.f. Mund.
bo.ca.do s.m. Bissen.

BOÇAL • BRUXARIA

bo.çal *adj.* dumm, unwissend.
bo.ce.jar *v.t.* gähnen.
bo.che.cha *s.f.* Backe.
bó.ci.o *s.m.* Kropf.
bo.da *s.f.* Hochzeit.
bo.de *s.m.* Ziegenbock.
bo.ê.mi.a *s.f.* Böhmini, liederliches Leben.
bo.ê.mi.o *adj.* Böhmisch; verbummeltes Genie.
bo.fe.ta.da *s.f.* Ohrfeige.
boi *s.m.* Ochse.
bói.a *s.f.* Boje.
boi.na *s.f.* Baskenmütze.
bo.la *s.f.* Kugel, Ball.
bo.la.cha *s.f.* Keks.
bo.le.tim *s.m.* Bericht, Zettel, Schein.
bo.lha *s.f.* Blase.
bo.lo *s.m.* Kuchen.
bo.lor *s.m.* Schimmel.
bol.sa *s.f.* Beutel.
bol.so *s.m.* Tasche.
bom *adj.* gut.
bom.ba *s.f. (petardo contendo substâncias explosivas)* Bombe; *(máquina para elevar líquidos)* Pumpe.
bom.bar.de.ar *v.t.* bombardieren.
bom.bei.ro *s.m.* Feuerwehrmann.
bom.bom *s.m.* Praline.
bom.bor.do *s.m. (lado esquerdo do navio, olhando da popa à proa)* Backbord.
bo.nan.ça *s.f.* ruhiges Wetter.
bon.da.de *s.f.* Güte.
bon.do.so *adj.* gütig.
bo.ne.ca *s.f.* Puppe.
bo.ni.to *adj.* schön.
bô.nus *s.m.* Prämie, Ermäßigung.
bo.qui.a.ber.to *adj.* verdutzt, baff.
bor.bo.le.ta *s.f.* Schmetterling.
bor.bu.lha *s.f.* Bläschen.
bor.bu.lhar *v.t.i.* brodeln, sprudeln.
bor.da *s.f.* Rand.
bor.da.do *s.m.* Stickerei.
bor.dão *s.m.* Krückstock.
bor.dar *v.t.* sticken.

bor.do *s.m. (árvore da família Aceráceas)* Ahorn; *(borda, eira)* Kante, Rand.
bor.la *s.f. (obra de passamanaria; barrete doutoral)* Quaste, Troddel.
bor.ra.cha *s.f.* Weinschlauch, Gummi.
bor.rão *s.m.* Klecks.
bor.ras.ca *s.f.* Unwetter.
bos.que *s.m.* Wald.
bos.que.jar *v.t. (delinear, esboçar; resumir, sintetizar; planear)* entwerfen, skizzieren, planen.
bos.que.jo *s.m. (esboço, rascunho)* Entwurf, Skizze.
bo.ta *s.f.* Stiefel.
bo.tão *s.m. (peça arredondada que entra nas casas dos vestuários)* Knopf, Knauf; *(olho da planta, de onde se desenvolve o gomo)* Knospe.
bo.tar *v.t. (pôr, colocar)* setzen, legen.
bo.te *s.m.* Boot.
bo.te.lha *s.f. (garrafa, frasco)* Flasche.
bo.te.quim *s.m.* Schenke.
bo.ti.ca *s.f.* Apotheke.
bo.ti.cá.ri.o *s.m.* Apotheker.
bo.ti.ja *s.f. (vaso de boca estreita e gargalo curto)* Wärmflasche.
bo.xe *s.m. (luta de socos; pugilato)* Boxsport, Boxen.
bra.ça.da *s.f.* Faden.
bra.ce.le.te *s.m.* Armband.
bra.ço *s.m.* Arm.
bra.do *s.m.* Geschrei.
bran.co *adj.* weiß.
bran.cu.ra *s.f.* Weiße.
bran.do *adj.* weich.
bran.du.ra *s.f.* Weichheit.
bran.que.ar *v.t. e v.i.* weißen.
bra.sa *s.f.* Glut.
bra.são *s.m.* Wappen.
bra.vi.o *adj.* wild.
bra.vo *adj.* tapfer.
bra.vu.ra *s.f.* Tapferkeit.
bre.cha *s.f.* Bresche.
bre.jo *s.m.* Sumpf(land), Heide(land).

bre.nha *s.f. (matagal, mata)* Gestrüpp, Wildnis.
breu *s.m. (substância escura, semelhante ao pez)* Teer.
bre.ve *adj.* kurz.
bre.vi.da.de *s.f.* Kürze.
bri.da *s.f. (rédea)* Zaum, Zügel.
bri.ga *s.f.* Streit, Schlägerei.
bri.gar *v.t. e v.i.* streiten, kämpfen.
bri.lhan.te *adj.* glänzend.
bri.lhan.tis.mo *s.m.* Glanz, Schein.
bri.lhar *v.i.* glänzen, schimmern.
bri.lho *s.m.* Glanz, Schimmer.
brin.ca.dei.ra *s.f.* Scherz, Spaß, Spielerei.
brin.ca.lhão *adj.* verspielt.
brin.car *v.i.* spielen.
brin.co *s.m.* Ohrringe.
brin.dar *v.t.* zutrinken.
brin.de *s.m.* Trinkspruch.
brin.que.do *s.m.* Spiel(zeug).
bri.o *s.m.* Mut, Schneid.
bri.sa *s.f.* Brise.
bro.ca *s.f. (instrumento com o qual se abrem buracos)* Bohrer.
bro.car *v.t. (furar com broca)* ausbohren.
bro.che *s.m.* Brosche.
bro.chu.ra *s.f. (caderno, folheto)* Broschüre.
bró.di.o *s.m. (festim, banquete)* Bankett.
bron.co *adj. (rude, grosseiro, estúpido, ignorante)* roh, unbearbeitet.
bron.ze *s.m.* Bronze.
bron.ze.ar *v.t.* bronzieren, braun brennen.
bro.tar *v.t. e v.i.* keimen, knospen, sprießen.
bro.to *s.m.* Knospe.
brus.co *adj.* plötzlich, jäh, heftig.
bru.tal *adj.* roh, brutal.
bru.ta.li.da.de *s.f.* Roheit, Brutalität.
bru.ta.mon.tes *s.m.* Schafskopf, Flegel.
bru.to *adj.* roh.
bru.xa *s.f.* Hexe.
bru.xa.ri.a *s.f.* Hexerei.

bru.xo *s.m.* Hexenmeister, Zauberer.
bu.ço *s.m.* Flaum.
bu.ei.ro *s.m.* Abflussrinne, Abflussrohr.
bu.fão *s. (palhaço)* Prahlhans; *adj. (fanfarrão, bravateador)* Possenreißer.
bu.far *v.t.* pusten, schnauben.
bu.fo *adj. (burlesco, cômico)* komisch, possierlich *s.* Uhu, Kröte.
bu.gi.gan.gas *s.f. pl.* Kleinkram.
bu.gre *s.m. (selvagem, incivilizado)* Wilde(r).
bu.le *s.m.* Kanne.
bu.le.var *s.m. (alameda)* Allee.
bu.lha *s.f. (gritaria, algazarra)* Lärm, Streit, Rauferei.
bu.lir *v.i. (agitar, provocar; incomodar)* sich rühren.
bu.ra.co *s.m.* Loch.
bu.rel *s.m. (tecido rústico de lã; hábito de frade ou freira)* grobe(r) Wollstoff, Kutte.
bur.guês *s.m.* Bürger.
bur.gue.si.a *s.f.* Bürgertum.
bu.ri.lar *v.t. (lavrar; gravar, entalhar; apurar, aprimorar)* stechen, graben, einprägen, ausfeilen.
bur.la *s.f. (engano, fraude; zombaria, escárnio)* Betrug, Neckerei.
bur.lão *s.* Betrüger.
bur.les.co *adj.* drollig, grotesk.
bur.ri.ce *s.f.* Eselei, Dummheit.
bur.ro *s.m.* Esel.
bus.ca *s.f.* Suche.
bus.car *v.t. e v.i.* suchen.
bús.so.la *s.f.* Kompass.
bus.to *s.m.* Büste.
bu.zi.na *s.f.* Horn, (Auto)hupe.
bú.zi.o *s.m.* Taucher, Perlenfischer.

C

C terceira letra do alfabeto português e do alfabeto alemão; dó (nota musical).
cá adv. hier, hierher.
cã s.f. (cabelo branco) graues Haar.
ca.ba.ça s.f. Flaschenkürbis.
ca.bal adj. völlig.
ca.ba.lís.ti.co adj. geheimnisvoll.
ca.ba.na s.f. Hütte.
ca.be.ça s.f. Kopf.
ca.be.cei.ra s.f. Spitze.
ca.be.ço s.m. (cume, pico) Gipfel, Hügel.
ca.be.çu.do adj. starrköpfig.
ca.be.lei.ra s.f. Haar.
ca.be.lei.rei.ro s.m. (do francês) Friseur.
ca.be.lo s.m. Haar.
ca.ber v.i. Platz haben, passen.
ca.bi.de s.m. Kleiderhaken.
ca.bi.men.to s.m. Platz, Raum.
ca.bis.bai.xo adj. niedergeschlagen.
ca.bo s.m. Kabel.
ca.bo.ta.gem s.f. Küstenfahrt.
ca.bra s.f. Ziege.
ca.bri.to s.m. Ziegesohn.
cá.bu.la s.m. e s.f. (astuto, manhoso; ardil, manha) Schliche.
ca.ça s.f. Jagd.
ca.ça.da s.f. Jagd.
ca.ça.dor s.m. Jäger.
ca.çar v.t. jagen.
ca.ca.re.jar v.i. gackern.
ca.ça.ro.la s.f. Schmortopf.
ca.cau s.m. Kakao.
ca.ce.te s.m. Stock.
ca.cha.ça s.f. Branntwein.
ca.cha.ço s.m. (nuca) Nacken.
ca.che.col s.m. Halstuch.
ca.chim.bo s.m. Pfeife.
ca.chi.mô.ni.a s.f. (cabeça; juízo, paciência, capacidade, memória) Kopf.
ca.cho.pa s.f. Trause.
ca.cho.pa s.f. Mädchen.
ca.chor.ra.da s.f. Lumperei.
ca.chor.ro s.m. Hund.
ca.ci.fo s.m. (caixa, cofre; gaveta) Kasten.
ca.cim.ba s.f. (nevoeiro denso; cova, poço de água potável) Feuchte.
ca.ci.que s.m. Häuptling.
ca.ço.a.da s.f. Spott.
ca.ço.ar v.t. verspotten.
ca.co.e.te s.m. Sucht.
cac.to s.m. Kaktus.
ca.da pron. indef. jeder.
ca.da.fal.so s.m. Schafott.
ca.das.tro s.m. Register.
ca.dá.ver s.m. Leiche.
ca.dá.vé.ri.co adj. bleich.
ca.de.a.do s.m. Schloss.
ca.dei.a s.f. Kette.
ca.dei.ra s.f. Stuhl; (matéria escolar) Fach; ~s (quadris; nádegas) Hüfte.
ca.de.la s.f. Hündin.
ca.dên.ci.a s.f. Tonfall.
ca.der.no s.m. Heft, Notizbuch.
ca.du.car v.i. verfallen.
ca.du.co adj. hinfällig.
ca.fé s.m. Kaffee.
ca.fe.tei.ra s.f. Kaffeekanne.
cai.ar v.t. kalken, tünchen.
cãi.bra s.f. Krampf.
cai.bro s.m. Sparren.
cai.da s.f. Fall.
cai.pi.ra adj., s.m. e s.f. Scheu.
cai.po.rá adj. (malfadado, infeliz, azarento, azarado) gefahrvoll.
ca.ir v.i. fallen.
ca.ís s.m. Kai, Bahnsteig.
cai.xa s.f. Kiste, Schachtel.
cai.xão s.m. Schublade.
cai.xi.lho s.m. Rahmen.
cal s.f. Kalk.
ca.la.bou.ço s.m. Verlies.
ca.la.bre s.m. (cabo, corda, amarra) Strick.
ca.la.ce.ar v.i. (vadiar, vagabundear) lungern.
ca.la.cei.ro s. Faultier.
ca.la.da s.f. (silêncio) Stille; Schweigen.
ca.la.do adj. still; schweigend.
ca.la.fri.o s.m. Frösteln.
ca.la.mi.da.de s.f. Kalamität.
ca.la.mi.to.so adj. unheilvoll.
ca.lar v.i. e v.t. schweigen.
cal.ça.da s.f. Bürgersteig.
cal.ça.dei.ra s.f. Schuhlöffel.
cal.car v.t. pausen.
cal.çar v.t. Schuhe anziehen.
cal.ci.nar v.t. verbrennen.
cal.cu.lar v.t. berechnen.
cál.cu.lo s.m. Berechnung.
cal.da s.f. Sirup.
cal.de.ar v.t. heizen.
cal.dei.ra s.f. Kessel.
cal.do s.m. (do francês) Bouillon.
ca.len.dá.ri.o s.m. Kalender.
ca.lha s.f. Rinne.
ca.lhan.dra s.f. (espécie de cotovia, de voo rasteiro) Lerche.
ca.lhar v.i. treffen, erraten.
ca.lhau s.m. (seixo, pedra) Kieselstein.
ca.li.bre s.m. Kaliber.
cá.li.ce s.m. Kelch.
ca.li.ci.da s.m. (medicamento que elimina calos) Hühneraugenmittel.
ca.li.gi.no.so adj. (denso, escuro, tenebroso) dunkel.
cal.ma s.f. Ruhe.

CALMANTE • CARECA

cal.man.te s.m. Beruhigungsmittel.
cal.mar v.t. e v.i. beruhigen.
cal.ma.ri.a s.f. Ruhe.
cal.mo adj. ruhig.
cal.mo.so adj. gelassen.
ca.lo s.m. Hühnerauge.
ca.lor s.m. Hitze.
ca.lo.ri.fi.co adj. erwärmend.
ca.lo.ro.so adj. warm.
ca.lou.ro adj. unerfahren.
ca.lú.ni.a s.f. Verleumdung.
ca.lu.ni.ar v.t. verleumden.
cal.va s.f. Glatze.
cal.vo adj. kahlköpfig.
ca.ma s.f. Bett.
ca.ma.da s.f. Schicht.
câ.ma.ra s.f. Kammer.
ca.ma.ra.da s.m. Kamerad.
ca.ma.rão s.m. Krabbe.
ca.ma.rei.ra s.f. Kammerfrau, Zimmermädchen.
ca.ma.rei.ro s.m. Kämmerer.
ca.ma.rim s.m. Künstlerloge.
ca.ma.ro.te s.m. Kabine.
cam.ba.do adj. (torto, cambaio) krumm.
cam.ba.cho s.m. (troca, barganha; negociata, tramoia) Tausch.
cam.ba.le.ar v.i. taumeln.
cam.ba.lho.ta s.f. Luftsprung.
cam.bi.ar v.t. wechseln.
câm.bi.o s.m. Wechsel.
ca.me.lo s.m. Kamel.
ca.mi.nha.da s.f. Wanderung.
ca.mi.nhan.te s.m. e s.f. Fußgänger.
ca.mi.nhão s.m. Lastkraftwagen.
ca.mi.nhar v.i. e v.t. gehen.
ca.mi.nho s.m. Weg.
ca.mi.sa s.f. Hemd.
ca.mi.so.la s.f. Unterhemd.
cam.pa s.f. (tumba, túmulo) Glocke.
cam.pa.i.nha s.f. Glöckchen.
cam.pa.ná.ri.o s.m. Kirchturm.
cam.pa.nha s.f. Feldzug.
cam.pe.ão s.m. Meister.
cam.pe.si.no adj. ländlich.
cam.pes.tre adj. ländlich.
cam.pi.na s.f. Feld.

cam.po s.m. Land.
cam.po.nês s.m. Bauer.
ca.mu.flar v.t. tarnen.
ca.mur.ça s.f. Gemse.
ca.na s.f. Schilfrohr.
ca.nal s.m. Kanal.
ca.na.lha s.f. Schurke.
ca.na.lhi.ce s.f. Lumperei.
ca.na.li.za.ção s.f. Kanalisierung.
ca.na.li.zar v.t. kanalisieren.
ca.na.pé s.m. (espécie de cadeira comprida com respaldo e braços) Kanapee.
ca.ná.ri.o s.m. Kanarienvogel.
ca.nas.tra s.f. Tragkorb.
can.ção s.f. Lied.
can.ce.lar v.t. annulieren.
cân.cer s.m. Krebs.
can.de.ei.ro s.m. Lampe.
can.de.la.bro s.m. Leuchter.
can.den.te adj. weißglühend.
can.di.da.to s.m. Anwärter.
can.di.da.tu.ra s.f. Bewerbung.
cân.di.do adj. naiv.
can.du.ra s.f. Harmlosigkeit.
ca.ne.la s.f. Zimt.
ca.ne.ta s.f. Halter.
câ.nho.ra s.f. Kämpfer.
can.gu.ru s.m. Känguruh.
câ.nha.mo s.m. Hanf.
ca.nhão s.m. Kanone.
ca.nho.to s.m. Linkshänder.
ca.ni.bal adj. kannibalisch.
ca.ni.ve.te s.m. Messer.
ca.no s.m. Rohr.
ca.no.a s.f. Kanu.
câ.non s.m. (regra, decreto, norma, padrão, modelo) Regel.
ca.no.ni.za.ção s.f. Heiligsprechung.
ca.no.ni.zar v.t. heiligen.
can.sa.ço s.m. Müdigkeit.
can.sa.do adj. müde.
can.sar v.t. e v.i. ermüden.
can.sei.ra s.f. Erschöpfung.
can.ti.ga s.f. Lied.
can.til s.m. Feldflasche.
can.to s.m. (mús.) Kante; (ângulo, aresta, quina) Ecke.
can.tor s.m. Sänger.
ca.nu.do s.m. Röhre.

cão s.m. Hund.
ca.os s.m. Verwirrung, Wirwarr, Chaos.
ca.ó.ti.co adj. verwirrt.
ca.pa s.f. Umhang.
ca.pa.ce.te s.m. Stahlhelm, Helm.
ca.pa.cho s.m. Fußmatte.
ca.pa.ci.da.de s.f. Kapazität.
ca.pa.ci.tar v.t. sich habilitieren.
ca.par v.t. kastrieren.
ca.pa.taz s.m. Aufseher.
ca.paz adj. fähig.
cap.ci.o.so adj. (enganador, ardiloso) verfänglich.
ca.pe.la s.f. Kapelle.
ca.pi.tal s.m. e s.f. Hauptstadt.
ca.pi.ta.li.zar v.t. kapitalisieren.
ca.pi.ta.ne.ar v.t. befehligen.
ca.pi.tão s.m. Kapitän.
ca.pi.tu.la.ção s.f. Kapitulation.
ca.pi.tu.lar v.t. e v.i. kapitulieren.
ca.pi.tu.lo s.m. Kapitel.
ca.po.ta s.f. Verdeck.
ca.po.te s.m. Mantel.
ca.pri.char v.i. e v.t. bestehen auf; sich versteifen auf.
ca.pri.cho s.m. Laune.
ca.pri.cho.so adj. launisch.
cáp.su.la s.f. Kapsel.
cap.tar v.t. gewinnen.
cap.tu.ra s.f. Fang.
cap.tu.rar v.t. fangen.
ca.ra s.f. Gesicht.
ca.ra.bi.na s.f. Gewehr.
ca.ra.col s.m. Schnecke.
ca.rac.te.ri.zar v.t. charakterisieren.
ca.ra.man.chão s.m. Laube.
ca.ra.me.lo s.m. Karamelzucker; Bonbon.
ca.ran.gue.jo s.m. Krebs.
ca.rá.ter s.m. Eigenart, Charakter.
ca.ra.va.na s.m. Karawane.
car.bu.ra.dor s.m. Vergaser.
cár.ce.re s.m. Kerker, Gefängnis.
car.co.mer v.t. nagen.
car.co.mi.do adj. wurmstichig.
car.de.al s.m. (clérigo) Kardinal; adj. hauptsächlich.
car.du.me s.m. Schwarm.
ca.re.ca s.f. Glatze.

CARECER • CELESTIAL

ca.re.cer *v.t.* mangeln.
ca.rên.ci.a *s.f.* Mangel.
ca.re.ta *s.f.* Grimasse.
car.ga *s.f.* Last.
car.go *s.m.* Posten.
ca.ri.a.do *adj.* hohler Zahn.
ca.ri.ar *v.i.* anfaulen.
ca.ri.ci.a *s.f.* Liebkosung.
ca.ri.da.de *s.f.* Barmherzigkeit.
ca.ri.do.so *adj.* mildtätig.
ca.rim.bar *v.t.* stempeln.
ca.rim.bo *s.m.* Stempel.
ca.ri.nho *s.m.* Liebe.
ca.ri.ta.ti.vo *adj.* barmherzig.
car.mim *adj. (do francês)* rouge.
car.nal *adj.* sinnlich.
car.na.val *s.m.* Fasching.
car.ne *s.f.* Fleisch.
car.nei.ro *s.m.* Hammel.
car.ni.fi.ci.na *s.f.* Gemetzel.
car.ní.vo.ro *s.* Fleischfresser.
ca.ro *adj.* teuer.
ca.ro.ço *s.m.* Fruchtkern.
car.pa *s.f.* Karpfen.
car.pi.do *adj.* klagend.
car.pin.tei.ro *s.m.* Zimmermann.
car.pir *v.t. (capinar)* pflücken.
car.ran.ca *s.f.* Fratze, Maske.
car.ran.cu.do *adj.* brummig.
car.ras.co *s.m.* Scharfrichter.
car.re.ar *v.t.* karren.
car.re.ga.men.to *s.m.* Fracht.
car.re.gar *v.t.* beladen, belasten, aufladen.
car.re.go *s.m. (carga; encargo)* Last.
car.rei.ra *s.f.* Lauf, Fahrt, Rennen.
car.re.ta *s.f.* Karren.
car.re.tel *s.m.* Rolle.
car.re.to *s.m.* Fracht.
car.ril *s.m. (trilho)* Geleise, Schiene.
car.ro *s.m.* Wagen, Karren.
car.taz *s.m.* Plakat.
car.tei.ro *s.m.* Briefträger.
car.tó.ri.o *s.m.* Notariat, Standesamt.
car.va.lho *s.m.* Eiche.
car.vão *s.m.* Kohle.
ca.sa *s.f.* Haus.
ca.sa.co *s.m.* Rock, Jacke.

ca.sal *s.m.* Ehepaar.
ca.sa.men.to *s.m.* Heirat, Hochzeit.
ca.sar *v.t.* e *v.i.* verheiraten.
cas.ca *s.f.* Rinde, Schale.
cas.ca.ta *s.f.* Wasserfall.
cas.ca.vel *s.f.* Rassel; Klapperschlange.
ca.se.bre *s.m.* Hütte.
ca.sei.ro *adj.* hauslich; anspruchslos.
ca.so *s.m.* Fall, Tatsache.
cas.ta *s.f. (raça; espécie)* Geschlecht, Rasse.
cas.ta.nha *s.f.* Kastanie.
cas.te.lo *s.m.* Burg, Schloss, Festung.
cas.ti.da.de *s.f.* Keuschheit.
cas.ti.gar *v.t.* strafen.
cas.ti.go *s.m.* Strafe.
cas.to *adj.* keusch, rein.
cas.tor *s.m.* Biber.
cas.trar *v.i.* entmannen.
ca.su.al *adj.* zufällig.
ca.su.a.li.da.de *s.f.* Zufall.
ca.ta.lo.gar *v.t.* klassenteilen.
ca.tá.lo.go *s.m.* Katalog.
ca.ta.ra.ta *s.f.* Wasserfall.
ca.tás.tro.fe *s.f.* schweres Unglück, Katastrophe.
ca.tas.tró.fi.co *adj.* unheilvoll.
ca.ta-ven.to *s.m.* Wetterfahne.
cá.te.dra *s.f.* Katheder.
ca.te.dral *s.f.* Hauptkirche, Dom.
ca.te.go.ri.a *s.f.* Kategorie, Rang.
ca.te.gó.ri.co *adj.* bestimmt.
ca.te.qui.sar *v.t.* unterrichten.
ca.ter.va *s.f. (bando, malta, turba, súcia)* Bande, Rotte.
ca.ti.van.te *adj.* anziehend.
ca.ti.var *v.t.* bändigen, fesseln.
ca.ti.vei.ro *s.m.* Gefangenschaft.
ca.ti.vo *adj.* gefangen.
ca.tó.li.co *adj.* katholisch.
ca.tor.ze *num.* Vierzehn.
ca.tur.ra *adj. (cabeçudo, teimoso)* halsstarrig.
cau.ção *s.f.* Sicherheit.
cau.ci.o.nar *v.t.* Sicherheit leisten.
cau.da *s.f.* Schwanz, Ende.
cau.da.lo.so *adj.* wasserreich, reißend.

cau.di.lho *s.m.* Anführer.
cau.le *s.m.* Stengel.
cau.sa *s.f.* Ursache; Grund; Veranlassung.
cau.sar *v.t.* verursachen, hervorbringen.
caus.ti.car *v.t.* verbrennen.
cáus.ti.co *adj.* ätzend, kaustikum.
cau.te.la *s.f.* Vorsicht; Anteil.
cau.te.lo.so *adj.* vorsichtig, arglistig.
ca.va *s.f.* Grube, Graben.
ca.va.dor *s.* Erdarbeiter.
ca.va.la.ri.a *s.f.* Reiterei.
ca.va.lei.ro *s.m.* Reiter; Ritter.
cav.al.ga.du.ra *s.f.* Reittier.
ca.val.gar *v.t.* reiten.
ca.va.lhei.ro *s.m.* Kavalier.
ca.va.lhei.res.co *adj.* artig, galant, ritterlich.
ca.va.lo *s.m.* Pferd.
ca.var *v.t.* graben.
ca.ver.na *s.f.* Höhle, Grotte.
ca.ver.no.so *adj.* heiser.
ca.vi.da.de *s.f.* Höhlung.
ca.vi.la.ção *s.f. (sofisma; astúcia, ardil, fraude)* Schlauheit.
ce.ar *v.t.* Abendbrot essen.
ce.bo.la *s.f.* Zwiebel.
ce.dên.ci.a *s.f. (cessão, transferência)* Übertragung.
ce.der *v.t.* abtreten, überlassen.
ce.do *adv.* früh, bald.
ce.dro *s.m.* Zeder.
cé.du.la *s.f.* Zettel, Schein, Banknote.
ce.gar *v.t.* blenden, erblinden.
ce.go *adj.* blind.
ce.go.nha *s.f.* Storch.
ce.guei.ra *s.f.* Blindheit.
cei.a *s.f.* Abendbrot, Abendessen.
ce.le.bra.ção *s.f.* Feier, Abhaltung.
ce.le.brar *v.t.* e *v.i.* feiern, preisen.
cé.le.bre *adj.* berühmt.
ce.le.bri.da.de *s.f.* Berühmtheit.
ce.lei.ro *s.m.* Speicher.
ce.le.ra.do *s.* Bandit.
ce.le.ri.da.de *s.f.* Schnelligkeit.
ce.les.te *adj.* himmlisch.
ce.les.ti.al *adj.* himmlisch.

ce.lha s.f. (pestana; cílio) Wimper.
ce.li.ba.tá.ri.o s. Junggeselle.
ce.li.ba.to s.m. Ehelosigkeit.
cem num. Hundert.
ce.mi.té.ri.o s.m. Begräbnisplatz; Friedhof.
ce.na s.f. Szene.
ce.ná.ri.o s.m. Bühnenausstattung.
ce.nou.ra s.f. Mohrrübe.
cen.so s.m. Volkszählung.
cen.sor s.m. Zensor.
cen.su.ra s.f. Zeugnis, Zensur.
cen.su.rar v.t. beurteilen, zensurieren.
cen.tei.o s.m. Roggen.
cen.te.lha s.f. Funke, Blitz.
cen.te.na s.f. Hunderter.
cen.te.ná.ri.o adj. hundertjährig; s. Hundertjahrfeier.
cen.tí.me.tro s.m. Zentimeter.
cen.to s.m. (cem unidades) Hundert.
cen.tro s.m. Mittelpunkt, Zentrum.
ce.po s.m. Klotz, Stumpf.
cép.ti.co; cético adj. ungläubig, skeptisch.
ce.ra s.f. Wachs.
ce.râ.mi.ca s.f. Keramik.
cer.ca adv. beinahe, nahe.
cer.ca.du.ra s.f. Einfassung.
cer.car v.t. belagern, umzäunen.
cer.ce.ar v.t. beschneiden.
cer.co s.m. Kreis, Zaun, Ring, Zirkus.
ce.re.al adj. getreideartig.
cé.re.bro s.m. Gehirn.
ce.re.ja s.f. Kirsche.
ce.ri.mô.ni.a s.f. Feierlichkeit.
ce.ri.mo.ni.o.so adj. umständlich.
cer.rar v.t. einzäunen.
cer.ro s.m. Hügel.
cer.ta.me s.m. (combate, luta; disputa, torneio) Kampf, Wettkampf.
cer.tei.ro adj. treffsicher.
cer.te.za s.f. Gewissheit.
cer.ti.dão s.f. Bescheinigung.
cer.ti.fi.car v.t. bescheinigen.
cer.to adj. gewiss, wahr, sicher.
cer.ve.ja s.f. Bier.

cer.viz s.m. (cabeça, nuca) Nacken.
cer.vo s.m. Hirsch.
ce.zir v.t. flicken.
ces.sa.ção s.f. Unterbrechung.
ces.sar v.t. aufhören.
ces.ta s.f. Korb.
ces.to s.m. Korb, Mastkorb.
ce.tro s.m. Zepter.
céu s.m. Himmel.
ce.va.da s.f. Gerste.
ce.va.do adj. (gordo; nutrido; saciado) dick, fett.
ce.var v.t. ernähren.
chá s.m. Tee.
chã s.f. (planície, planura, chapada) Flachland.
chá.ca.ra s.f. Landhaus.
cha.ci.na s.f. Gemetzel.
cha.co.ta s.f. Hohn, Spott.
cha.fa.riz s.m. Brunnen.
cha.ga s.f. offene Wunde, Schmerz.
cha.la.ça s.f. (gracejo) Spaß, Scherz.
cha.lé s.m. Schweizerhaus, Villa.
cha.lei.ra s.f. Teekessel, Teekanne.
cha.ma s.f. Flamme, Lockvogel.
cha.ma.da s.m. Anruf, Appell.
cha.mar v.t. rufen.
cha.ma.riz s.m. Lockvogel.
cha.me.jar v.i. flammen, funkeln, flickern.
cha.mi.né s.f. Kamin.
cha.mus.car v.t. sengen, rösten.
chan.ce s.f. gute Gelegenheit.
chan.ce.la s.f. Stempel.
chan.ce.ler s.m. Kanzler.
chan.frar v.t. ausblinken.
chan.ta.gem s.f. Erpressung.
chão s.m. Grund.
cha.pa s.f. Platte.
cha.pe.ar v.t. stempeln.
cha.péu s.m. Hut.
cha.ra.da s.f. Silbenrätsel.
char.co s.m. (pântano, brejo) Pfütze.
char.la.tão s. Marktschreier.
cha.ru.to s.m. Zigarre.
cha.te.ar v.t. verabscheuen.
cha.to adj. flach, platt.
cha.ve s.f. Schlüssel.

chá.ve.na s.f. Tasse.
che.fa.tu.ra s.f. Polizeiwache.
che.fe s.m. Vorgesetzter, Chef.
che.fi.ar v.t. führen, leiten.
che.ga.da s.f. Ankunft.
che.ga.do adj. nahe.
che.gar v.i. e. v.t. ankommen.
chei.a s.f. Hochwasser.
chei.o adj. voll.
chei.rar v.t. duften, wittern.
chei.ro s.m. Geruch, Duft.
che.que s.m. Scheck.
chi.ar v.i. quietschen.
chi.ba.ta s.f. Gerte.
chi.ca.na s.f. (trapaça, tramoia) Kniff, Finte.
chi.clé s.m. Kaugummi.
chi.có.ri.a s.f. Zichorie.
chi.co.te s.m. Peitsche.
chi.fre s.m. Horn.
chi.ne.lo s.m. Pantoffel.
chi.que adj. fein.
chi.quei.ro s.m. Schweinestall.
chis.par v.i. funken sprühen.
chis.te s.m. (gracejo, pilhéria) Scherz, Wertspiel.
cho.ça s.f. Hütte.
cho.ca.lhar v.t. läuten, bimmeln.
cho.ca.lho s.m. Kuhglocke.
cho.can.te adj. erstaunlich.
cho.car v.t. brüten.
cho.cho adj. (estéril; goro; oco; insípido) trocken.
cho.co.la.te s.m. Schokolade.
cho.que s.m. Zusammenstoß.
cho.rar v.t. e v.i. weinen.
cho.ro s.m. Weinen.
chou.ri.ço s.m. Wurst.
cho.ver v.i. regnen.
chu.cro adj. wild.
chu.lo adj. ordinär, unanständig.
chum.bar v.t. löten, plombieren.
chum.bo s.m. Blei.
chu.par v.t. saugen.
chu.pe.ta s.f. Lutscher.
chu.va s.f. Regen.
chu.vei.ro s.m. Regenguss, Schauer.
chu.vo.so adj. regnerisch.
ci.ca.triz s.f. Narbe.
ci.ca.tri.zar v.t. vernarben.

ci.ce.ro.ne s.m. e s.f. Fremdenführer.
ci.clo s.m. Zyklus.
ci.clo.ne s.m. Wirbelsturm.
ci.da.dão s.m. Bürger.
ci.da.de s.f. Stadt.
ci.da.de.la s.f. Festung, Kraft.
ci.dra s.m. Obstwein.
ci.ên.ci.a s.f. Wissenschaft.
ci.en.ti.fi.car v.t. benachrichtigen.
ci.en.tis.ta s.m. e s.f. Wissenschaftler.
ci.fra s.f. Ziffer.
ci.frar v.t. kurzzusammenfassen.
ci.ga.no s.m. Zigeuner.
ci.gar.ra s.f. Grille.
ci.gar.ro s.m. Zigarette.
ci.la.da s.f. Falle.
ci.li.ci.o s.m. *(martírio; tormento)* Folter.
ci.li.o s.m. Wimper.
ci.ma s.f. Kuppe.
ci.ma.lha s.f. Gesims.
ci.men.tar v.t. befestigen.
ci.men.to s.m. Zement, Grundlage.
ci.mo s.m. Gipfel.
cin.co num. Fünf.
ci.ne.ma s.m. Lichtspielhaus; Kino.
cin.gir v.t. gürten.
ci.ni.co adj. zynisch.
ci.nis.mo s.m. Anstandsverletzung, Zynismus.
cin.ta s.f. Gürtel, Band.
cin.ti.lar v.i. funkeln.
cin.to s.m. Gurt.
cin.tu.ra s.f. Taille.
cin.za s.f. Asche.
cin.zei.ro s.m. Aschenbecher.
cin.zel s.m. Meißel.
cin.ze.lar v.t. meißeln.
ci.pres.te s.m. Zypresse.
cir.co s.m. Zirkus.
cir.cui.to s.m. Umkreis.
cir.cu.la.ção s.f. Kreislauf, Verkehr.
cir.cu.lar v.t. kreisen.
cir.cu.lo s.m. Kreis, Zirkel.
cir.cun.dar v.t. umschließen, umgeben.
cir.cun.fe.rên.ci.a s.f. Umkreis.

cir.cun.flu.ir v.t. entleeren.
cir.cuns.cre.ver v.t. umgrenzen.
cir.cuns.pec.to adj. vorsichtig.
cir.cuns.tân.ci.a s.f. Umstand.
cir.cun.vi.zi.nhan.ça s.f. Nachbarschaft.
ci.ri.o s.m. *(vela grande, de cera)* Wachskerze.
ci.rur.gi.a s.f. Chirurgie.
ci.rur.gi.ão s.m. Chirurg.
ci.são s.f. Spaltung.
cis.ma s.f. Grübelei, Sorge.
cis.mar v.i. e v.t. grübeln.
cis.má.ti.co adj. nachdenklich.
cis.ne s.m. Schwan.
cis.to s.m. Grützbeutel.
ci.ta.ção s.f. Zitat, Vorladung.
ci.tar v.t. vorladen, zitieren.
ci.ta.ra s.f. Zither.
ci.ú.me s.m. Eifersucht.
ciu.men.to adj. eifersüchtig.
ci.vi.co adj. staatsbürgerlich.
ci.vil adj. bürgerlich.
ci.vi.li.da.de s.f. Höflichkeit.
ci.vi.li.za.ção s.f. Verfeinerung, Bildung.
ci.vi.li.zar v.t. zivilisieren.
ci.vis.mo s. Nationalgefühl.
ci.zâ.ni.a s.f. *(discórdia, intriga)* Streit.
clã s.m. Herde, Volk.
cla.mar v.t. forden, anrufen.
cla.mor s.m. Ruf, Klage.
clan.des.ti.no adj. heimlich, unerlaubt.
cla.ra.boi.a s.f. Oberlicht, Ochsenauge.
cla.rão s.m. Glanz.
cla.re.ar v.t. tagen, aufhellen.
cla.ri.da.de s.f. Helle, Klarheit.
cla.rim s.m. Horn, Trompete.
cla.ro adj. klar, hell.
clas.se s.f. Klasse.
clas.si.fi.ca.ção s.f. Rang, Einordnung.
clas.si.fi.car v.t. klassenteilen, klassifizieren.
clau.di.can.te adj. *(incerto, hesitante; coxo, manco)* unentschlossen.
claus.tro s.m. Kloster, Kreuzgang.
cláu.su.la s.f. Vorbehalt, Klausel.

clau.su.ra s.f. Zurückgezogenheit.
cla.vi.cu.la s.f. Schlüsselbein.
cle.mên.ci.a s.f. Gnade, Milde.
cle.men.te adj. gnädig, gütig.
clé.ri.go s.m. Geistlicher.
cli.en.te s.m. Kunde, Klient.
cli.en.te.la s.f. Kundschaft.
cli.ma s.m. Klima, Himmelsstrich.
cli.má.ti.co adj. klimatisch.
cli.max s.m. Gipfel.
cli.ni.ca s.f. Klinik.
cli.ni.co s.m. praktischer Arzt.
clis.ter s.m. *(ajuda; mezinha; clisma)* Einlauf.
clo.a.ca s.f. *(sentina; fossa; cano)* abzugskanal, unsauberer Ort.
co.a.ção s.f. Zwang.
co.ad.ju.var v.t. mitarbeiten.
co.a.dor s.m. Seiher, Filter.
co.a.gir v.t. jemand zwingen; nötigen.
co.a.gu.lar v.t. e v.p. gerinnen.
co.a.lha.da s.f. Joghurt.
co.a.lhar v.t. gerinnen.
co.a.li.zão s.f. Verbindung.
co.ar v.t. durchseihen, erdulden.
co.arc.tar v.t. *(restringir, limitar; estreitar)* einschränken.
co.bai.a s.f. Versuchstier.
co.ber.ta adj. bedeckt, versteckt.
co.ber.tor s.m. Woll, Filz, Steppdecke.
co.ber.tu.ra s.f. Decke, Umschlag.
co.bi.ça s.f. Begierde.
co.bi.çar v.t. begehren.
co.bi.ço.so adj. begierig.
co.bra s.f. Schlange.
co.bra.dor s.m. Einnehmer, Kassierer.
co.bran.ça s.f. Eintreibung.
co.brar v.t. einnehmen.
co.bre s.m. Kupfer.
co.brir v.t. bedecken, verhüllen.
co.çar v.t. kratzen.
có.ce.gas s.f. pl. Kitzeln.
co.che s.m. Kutsche, Wagen.
co.chei.ro s.m. Kutscher.
co.chi.char v.i. e v.t. flüstern.
co.chi.lo s.m. Nicken.
co.co s.m. Kokosnuss.

274

co.cu.ru.to s.m. Gipfel, Kopfwirbel.
có.di.go s.m. Gesetzbuch.
co.e.lho s.m. Kaninchen.
co.e.ren.te adj. zusammenhängend.
co.e.são s.f. Zusammenhalt.
co.e.xis.tir v.t. gleichzeitig vorhanden sein.
co.fre s.m. Koffer, Kiste, Lade.
co.gi.tar v.t. e v.i. nachdenken, grübeln.
co.gu.me.lo s.m. Pilz.
co.i.bir v.t. verhindern.
co.i.ce s.m. Hinterteil, Fußtritt.
co.in.ci.dên.ci.a s.f. Übereinstimmung.
co.in.ci.dir v.t. zusammentreffen.
co.i.sa s.f. Sache.
co.i.ta.do adj. arm, unglücklich.
co.la s.f. Leim, Klebstoff.
co.la.bo.ra.ção s.f. Mitwirkung.
co.la.bo.ra.dor s.m. Mitarbeiter.
co.la.bo.rar v.t. mitarbeiten.
co.lar v.t. (grudar, unir, juntar) kleben; s.m. (colarinho, adereço para o pescoço; cadeia) Halsband, Halskette.
col.cha s.f. (cobertura de cama) Steppdecke, Bettdecke.
col.chão s.m. Matratze.
co.le.ar v.i. (serpear) sich schlängeln.
co.le.ção s.f. Sammlung.
co.le.ci.o.nar v.t. sammeln.
co.lé.gi.o s.m. Schule.
có.le.ra s.f. (ira, raiva) Wutanfall; s.f. e s.m. (doença) Wut, Tollwut.
co.lé.ri.co adj. (zangado, irritado) wütend.
co.le.tâ.ne.a s.f. Blumenlese.
co.le.te s.m. Weste.
co.le.ti.vi.da.de s.f. Gesellschaft.
co.le.ti.vo adj. gemeinschaftlich.
co.lhei.ta s.f. Ernte.
co.lher (è) v.t. (apanhar, recolher, coletar) sammeln; (é) s.f. (utensílio usado especialmente para levar alimentos líquidos ou brandos à boca) Löffel.
co.li.bri s.m. Kolibri.
có.li.ca s.f. Krampf, Kolik.

co.li.dir v.t. zusammenstoßen.
co.li.ga.ção s.f. Bündnis.
co.li.gir v.t. (reunir, ajuntar, colecionar) sammeln.
co.li.na s.f. Hügel.
co.li.são s.f. Zusammenstoß.
col.mei.a s.f. Bienenkorb, Bienenstock.
col.mo s.m. Halm.
co.lo s.m. Hals.
co.lo.ca.ção s.f. Anstellung, Anordnung.
co.lo.car v.t. einsetzen, ordnen, stellen.
co.ló.qui.o s.m. Gespräch.
co.lo.ri.do adj. bunt.
co.lo.rir v.t. kolorieren.
co.los.sal adj. übergroß, kolossal.
co.lu.na s.f. Säule, Stütze, Kolonne.
com prep. mit, bei, durch.
co.ma.dre s.f. Gevatterin.
co.man.dan.te s.m. Kommandant.
co.man.dar v.t. befehlen.
co.man.do s.m. Befehl.
com.ba.li.do adj. schwach.
com.ba.te s.m. Kampf.
com.ba.ten.te s.m. e s.f. Kämpfer.
com.ba.ter v.t. kämpfen.
com.bi.na.ção s.f. Berechnung.
com.bi.nar v.t. kombinieren.
com.boi.o s.m. Geleit.
com.bus.tão s.f. Verbrennung.
com.bus.tí.vel s.m. Brennstoff.
co.me.çar v.t. anfangen.
co.me.ço s.m. Anfang.
co.mé.di.a s.f. Lustspiel.
co.me.di.an.te s.m. e s.f. Schauspieler.
co.me.di.do adj. klug, bescheiden.
co.me.dir v.t. e v.p. mäßigen.
co.me.mo.ra.ção s.f. Feier.
co.me.mo.rar v.t. gedenken, feiern.
co.men.tar v.t. auslegen, kritisieren.
co.men.tá.ri.o s.m. Auslegung, Kommentar.
co.mer v.t. e v.i. essen.

co.mer.ci.al adj. kaufmännisch.
co.mer.ci.an.te s.m. e s.f. Kaufmann.
co.mer.ci.ar v.t. handeln.
co.mér.ci.o s.m. Handel.
co.mes.tí.ve.is s.m. pl. Esswaren.
co.me.ter v.t. auftragen.
co.mi.chão s.m. (coceira; impaciência) Jucken, Kitzel.
co.mí.ci.o s.m. Versammlung.
cô.mi.co adj. komisch, lustig; s. Komiker.
co.mi.da s.f. Speise, Essen.
co.mi.go pron. mit (bei, zu) mir.
co.mi.lão s. Vielfraß.
co.mi.nar v.t. (impor; prescrever; decretar) Ehrfurcht gebieten.
co.mi.se.ra.ção s.f. Mitleid.
co.mis.são s.f. Auftrag, Bestellung.
co.mis.sá.ri.o s.m. Beauftragter; Kommissar (Polizei).
co.mis.si.o.nar v.t. beauftragen.
co.mi.ti.va s.f. Gefolge.
co.mo conj. e adv. wie.
co.mo.ção s.f. Aufregung.
co.mo.di.da.de s.f. (bem-estar, conforto, ensejo) Bequemlichkeit.
cô.mo.do adj. (adequado, favorável, moderado) bequem; s.m. (aposento, sala, quarto) Zimmer.
co.mo.ver v.t. bewegen, rühren.
com.pac.to adj. dicht, fest.
com.pa.dre s.m. Gevatter.
com.pai.xão s.f. Erbarmen.
com.pa.nhei.ro s.m. (colega, confrade; amigo) Gefährte, Kamerad.
com.pa.nhi.a s.f. Begleitung, Gesellschaft.
com.pa.ra.ção s.f. Vergleichung.
com.pa.rar v.t. vergleichen.
com.pa.re.cer v.t. sich stellen.
com.pa.re.ci.men.to s.m. Gegenwart.
com.par.sa s.m. e s.f. (parceiro, sócio) Statist(in).
com.par.ti.lhar v.t. (ab-, ein-, ver-) teilen.

com.par.ti.men.to *s.m.* Abteilung.
com.pas.sa.do *adj.* angemessen.
com.pas.so *s.m.* Zirkel, Takt, Kompass.
com.pa.tí.vel *adj.* vereinbar.
com.pa.tri.o.ta *s.m.* e *s.f.* Landsmann.
com.pe.lir *v.t.* erweisen.
com.pên.di.o *s.m.* Auszug, Leitfaden.
com.pen.sa.ção *s.f.* Ausgleich, Ersatz.
com.pen.sar *v.t.* ausgleichen.
com.pe.tên.ci.a *s.f.* Zuständigkeit.
com.pe.ten.te *adj.* zuständig, befugt.
com.pe.ti.ção *s.f.* Kampf.
com.pe.ti.dor *s.* Mitbewerber, Konkurrent.
com.pe.tir *v.t.* mitbewerben.
com.pi.la.ção *s.f.* Leitfaden.
com.pi.lar *v.t.* vereinigen.
com.pla.cên.ci.a *s.f.* Gefälligkeit, Wohlgefallen.
com.ple.men.tar *v.t.* ergänzend.
com.ple.men.to *s.m.* Ergänzung.
com.ple.tar *v.t.* vervollständigen.
com.ple.to *adj.* vollständig.
com.ple.xo *adj.* (*complicado*) verworren.
com.pli.ca.ção *s.f.* Verwicklung.
com.pli.ca.do *adj.* verworren, verwickelt.
com.pli.car *v.t.* schwierig machen.
com.por *v.t.* (*escrever, redigir, inventar, criar*) zusammensetzen.
com.por.ta.men.to *s.m.* Betragen.
com.por.tar *v.t.* erlauben.
com.po.si.ção *s.f.* Anordnung, Aufsatz.
com.po.si.tor *s.m.* Setzer, Tonsetzer, Komponist.
com.pos.to *adj.* zusammengesetzt.
com.pos.tu.ra *s.f.* Anstand, Haltung.
com.pra *s.f.* Kauf.

com.pra.dor *s.m.* Käufer.
com.prar *v.t.* kaufen.
com.pre.en.der *v.t.* erfassen, fassen, begreifen, verstehen.
com.pre.en.são *s.f.* Verständnis.
com.pre.en.sí.vel *adj.* verständlich.
com.pri.do *adj.* lang.
com.pri.men.to *s.m.* Länge.
com.pri.mir *v.t.* pressen.
com.pro.me.ter *v.t.* versprechen.
com.pro.mis.so *s.m.* Ausgleich, Kompromiss.
com.pro.var *v.t.* beglaubigen.
com.pul.sar *v.t.* (*manusear; percorrer; folhear*) nachschlagen.
com.pun.gir *v.t.* (*magoar; enternecer; afligir*) kummer bereiten.
com.pu.ta.dor *s.m.* Computer.
com.pu.tar *v.t.* berechnen.
co.mum *adj.* gemein, gewöhnlich.
co.mu.nhão *s.f.* Kommunion.
co.mu.ni.ca.ção *s.f.* Mitteilung, Verbindung.
co.mu.ni.ca.do *s.m.* amtliche Meldung.
co.mu.ni.car *v.t.* mitteilen, verbinden.
co.mu.ni.ca.ti.vo *adj.* mitteilsam.
co.mu.ni.da.de *s.f.* Gemeinschaft.
co.mu.nis.mo *s.m.* Kommunismus.
co.mu.ta.dor *s.m.* (*interruptor da corrente elétrica*) Umschalter.
co.mu.tar *v.t.* (*trocar; permutar; substituir*) umschalten.
con.ca.te.nar *v.t.* (*encadear, ligar, prender*) verketten, verbinden.
côn.ca.vo *adj.* nach innen gekrümmt.
con.ce.ber *v.t.* begreifen, auffassen.
con.ce.der *v.t.* bewilligen, gewähren.
con.cei.to *s.m.* Vorstellung, Begriff.

con.cei.tu.ar *v.t.* betrachten.
con.cen.tra.ção *s.f.* Konzentration.
con.cen.tra.do *adj.* konzentriert.
con.cen.trar *v.t.* konzentrieren.
con.cep.ção *s.f.* Empfängnis, Begriff.
con.cer.nir *v.t.* sich beziehen auf.
con.cer.tar *v.t.* (*harmonizar, compor, arranjar, ornar*) ordnen, abmachen.
con.cer.to *s.m.* (*arranjo, ordem, regra, simetria*) Konzert.
con.ces.são *s.f.* (*permissão, licença*) Bewilligung, Abtretung.
con.cha *s.f.* (*invólucro calcário dos mariscos, moluscos; concreção córnea dos quelônios*) Muschel.
con.cha.vo *s.m.* (*acordo; conluio*) Vertrag.
con.ci.li.a.ção *s.f.* (*harmonia, acordo*) Vermittlung, Versöhnung.
con.ci.li.ar *v.t.* erwerben.
con.cí.li.o *s.m.* Versammlung.
con.ci.são *s.f.* Kürze.
con.ci.tar *v.t.* (*incitar, agitar*) anreizen.
con.clu.ir *v.t.* vollenden, folgern.
con.clu.são *s.f.* Vollendung, Schlussfolgerung.
con.cor.dân.ci.a *s.f.* Übereinstimmung, Eintracht.
con.cor.dar *v.t.* übereinstimmen.
con.cor.da.ta *s.f.* kirchlicher Vertrag, Konkordat.
con.cór.di.a *s.f.* Wohlklang, Harmonie.
con.cor.rên.ci.a *s.f.* Bewerbung, Konkurrenz.
con.cor.ren.te *s.* Bewerber.
con.cor.rer *v.t.* zusammenlaufen.
con.cre.ti.zar *v.t.* veranschaulichen, verwirklichen.
con.cre.to *adj.* dinglich, greifbar.
con.cur.so *s.m.* Andrang, Mitbewerb.
con.dão *s.m.* (*dom, virtude, poder*) Kraft.
con.de *s.m.* Graf.

con.de.co.ra.ção s.f. Auzeichnung.

con.de.na.ção s.f. (pena, sentença, multa) Verurteilung.

con.de.nar v.t. verurteilen, verdammen.

con.den.sa.ção s.f. Verdichtung.

con.den.sar v.t. verdichten, verdicken.

con.des.cen.dên.ci.a s.f. Nachgiebigkeit.

con.des.cen.den.te adj. nachgiebig.

con.des.sa s.f. Gräfin.

con.di.ção s.f. Bedingung.

con.di.ci.o.nal adj. bedingt.

con.dig.no adj. (devido, merecido, adequado) angemessen.

con.di.men.to s.m. Gewürz.

con.dis.ci.pu.lo s.m. (companheiro de estudo) Mitschüler.

con.di.zen.te adj. geeignet.

con.di.zer v.t. übereinstimmen.

con.du.ção s.f. Führung, Leitung.

con.du.ta s.f. Geleit, Leitung.

con.du.to s.m. (via, estrada; canal, tubo) Röhre, Rinne, Kanal.

con.du.tor s.m. Führer.

con.du.zir v.t. führen, leiten, steuern.

co.ne.xão s.f. Verknüpfung.

con.fec.ção s.f. Konfektion, Weinbereitung.

con.fec.ci.o.nar v.t. ausführen.

con.fe.de.ra.ção s.f. Bündnis.

con.fei.ta.ri.a s.f. Konditorei.

con.fe.rên.ci.a s.f. Konferenz.

con.fe.ren.ci.ar v.t. beratschlagen.

con.fe.rir v.t. bestätigen.

con.fes.sar v.t. gestehen, bekennen.

con.fes.sor s.m. Beichtvater.

con.fi.an.ça s.f. Vertrauen.

con.fi.ar v.t. anvertrauen.

con.fi.dên.ci.a s.f. Geheimnis.

con.fi.den.ci.al adj. vertraulich.

con.fins s.m. pl. (limites, fronteiras, raias) Grenzen.

con.fi.nar v.t. begrenzen.

con.fir.ma.ção s.f. Bekräftigung.

con.fir.mar v.t. bestätigen.

con.fis.ca.ção s.f. Einziehung.

con.fis.car v.t. gerichtlich einziehen.

con.fis.são s.f. Bekenntnis.

con.fla.gra.ção s.f. Krieg.

con.fli.to s.m. Streit, Konflikt, Gegensatz.

con.flu.ir v.t. beschlagnahmen.

con.for.ma.ção s.f. Bildung.

con.for.mar v.t. bilden.

con.for.me adj. entsprechend.

con.for.mi.da.de s.f. Übereinstimmung.

con.for.tar v.t. aufrichten.

con.for.tá.vel adj. behaglich.

con.for.to s.m. Stärkung, Komfort.

con.fran.ger v.t. (oprimir; afligir, angustiar, atormentar) bedrücken.

con.fran.gi.men.to s.m. Beklemmung.

con.fron.tar v.t. gegenüberstellen.

con.fron.to s.m. Gegenüberstellung.

con.fun.dir v.t. vermengen, verwirren.

con.fu.são s.f. Verwirrung.

con.fu.so adj. verwirrt.

con.ge.lar v.t. gefrieren, gerinnen.

con.gê.ne.re adj. (idéntico, igual; semelhante) gleichartig.

con.gê.ni.to adj. (natural, inato) angeboren.

con.ges.tão s.f. Blutandrang.

con.ges.ti.o.na.men.to s.m. Verstopfung.

con.ges.ti.o.nar v.t. verstopfen.

con.gra.çar v.t. versöhnen.

con.gra.tu.la.ção s.f. Beglückwünschung.

con.gra.tu.lar-se v.p. sich beglückwünschen.

con.gres.so s.m. Zusammenkunft, Kongress.

con.gru.ên.ci.a s.f. Schicklichkeit; Kongruenz.

con.gru.en.te adj. angemessen.

co.nhe.ce.dor s. Kenner.

co.nhe.cer v.t. erkennen.

co.nhe.ci.do adj. bekannt.

co.nhe.ci.men.to s.m. Kenntnis.

co.ni.ven.te adj. (cúmplice; conluiado, mancomunado) nachsichtig, gebogen.

con.je.tu.rar v.t. mutmaßen.

con.ju.gar v.t. konjugieren, paaren.

côn.ju.ge s.m. e s.f. Ehegatte.

con.jun.ção s.f. Verbundenheit, Vereinigung.

con.jun.to s. Ganze, Gesamtheit. adj. verbunden, vermischt.

con.ju.ra.ção s.f. Verschwörung.

con.ju.rar v.t. beschwören.

con.quan.to conj. obgleich, sofern.

con.quis.ta s.f. Eroberung.

con.quis.ta.dor s.m. Eroberer.

con.quis.tar v.t. erobern.

con.sa.gra.ção s.f. Weihe, Einsegnung.

con.sa.grar v.t. weihen.

cons.ci.ên.ci.a s.f. Gewissen.

cons.ci.en.ci.o.so adj. gewissenhaft.

cons.ci.en.te adj. (selbst) bewusst.

con.se.cu.ção s.f. (obtenção) Erlangung.

con.se.guir v.t. erlangen.

con.se.lho s.m. Meinung, Rat.

con.sen.so s.m. Konsens.

con.sen.ti.men.to s.m. Zustimmung.

con.sen.tir v.t. einwilligen.

con.se.quên.ci.a s.f. Folge, Folgerichtigkeit.

con.se.quen.te adj. folgerichtig.

con.ser.tar v.t. wiederherstellen.

con.ser.to s.m. Reparatur.

con.ser.va s.f. Konserve.

con.ser.va.ção s.f. Erhaltung.

con.ser.va.dor adj. erhaltend, konservativ.

con.ser.var v.t. erhalten.

con.si.de.ra.ção s.f. Betrachtung.

con.si.de.rar v.t. betrachten.

con.si.de.rá.vel adj. bedeutend.

con.sig.nar v.t. (assinalar; afirmar; citar; declarar, estabelecer, registrar) gerichtlich hinterlegen.

con.si.go pron. mit, bei sich (ihnen).

con.sis.tên.ci.a s.f. Bestand, Festigkeit.

con.sis.ten.te adj. fest, stark.

con.sis.tir v.t. bestehen in (aus).

con.so.an.te prep. (conforme, segundo) je nach, gemäß.

con.so.la.ção s.f. (alívio, lenitivo, conforto) Trost.

con.so.la.dor s.m. Tröster.

con.so.lar v.t. trösten.

con.so.li.dar v.t. festigen.

con.so.lo s.m. Trost.

con.sór.cio s.m. (associação; casamento) Interessengemeinschaft, Ehe.

con.sor.te s.m. e s.f. Gatte, Gattin.

cons.pí.cu.o adj. (distinto; ilustre, notável) berühmt, bemerkenswert.

cons.pi.ra.ção s.f. Verschwörung.

cons.pi.rar v.t. verschworen.

cons.pur.car v.t. beflecken.

cons.tân.ci.a s.f. Standhaftigkeit.

cons.tan.ger v.t. erhellen bestehen aus.

cons.te.la.ção s.f. Sternbild.

cons.ter.na.ção s.f. Bestürzung, Betroffenheit.

cons.ter.nar v.t. betroffen machen, bestürzen.

cons.ti.pa.do adj. erkältet.

cons.ti.tu.i.ção s.f. Verfassung, Beschaffenheit.

cons.ti.tu.ir v.t. bilden, gründen.

cons.tran.ger v.t. zwingen.

cons.tran.gi.men.to s.m. Zwang.

cons.tri.ção s.f. (aperto, estreitamento) Druck, Enge, Eile.

cons.trin.gir v.t. drängen, pressen.

cons.tri.to adj. eng.

cons.tru.ção s.f. Bau, Bauart, Erbauung.

cons.tru.ir v.t. erbauen, entwerfen.

cons.tru.tor s.m. Erbauer, Konstrukteur.

con.subs.tan.ci.ar v.t. (ligar, unificar; consolidar) festbinden.

con.su.e.tu.di.ná.ri.o adj. (habitual, usual; costumado) üblich.

côn.sul s.m. Konsul.

con.su.la.do s.m. Konsulat.

con.sul.ta s.f. Befragung.

con.sul.tar v.t. Rat fragen, begutachten.

con.sul.tó.ri.o s.m. Sprechzimmer.

con.su.ma.do adj. fertig.

con.su.mar v.t. beenden.

con.su.mi.dor s.m. Verbraucher.

con.su.mir v.t. verzehren.

con.su.mo s.m. Verbrauch, Konsum.

con.ta s.f. Rechnen, Rechnung.

con.ta.bi.li.da.de s.f. Buchführung.

con.ta.dor s.m. Buchhalter.

con.ta.gi.ar v.t. anstecken.

con.tá.gi.o s.m. Ansteckung, Epidemie.

con.ta.mi.nar v.t. beflecken, anstecken.

con.tar v.t. zählen, rechnen.

con.ta.to s.m. Berührung.

con.tem.pla.ção s.f. Betrachtung.

con.tem.plar v.t. betrachten.

con.tem.po.râ.ne.o adj. gleichzeitig.

con.tem.po.ri.zar v.t. hinhalten.

con.ten.ça s.f. Kraft.

con.ten.da s.f. Wettkampf.

con.ten.ta.men.to s.m. Freude, Befriedigung.

con.ten.tar v.t. befriedigen.

con.ten.te adj. zufrieden, froh.

con.ter v.t. enthalten.

con.ter.râ.ne.o s.m. Landsmann.

con.tes.ta.ção s.f. Streitigkeit.

con.tes.tar v.t. bestreiten.

con.tes.tá.vel adj. anfechtbar.

con.te.ú.do s.m. Inhalt.

con.ti.go pron. mit dir.

con.ti.guo adj. (junto, vizinho, próximo) anliegend.

con.ti.nên.ci.a s.f. Enthaltsamkeit.

con.ti.nen.te adj. keusch. s. Festland.

con.tin.gen.te adj. (eventual, fortuito, duvidoso) zufällig, Anteil.

con.ti.nu.a.ção s.f. Folge, Fortsetzung.

con.ti.nu.ar v.t. e v.i. fortsetzen.

con.ti.nu.o adj. beständig, fortwährend.

con.to s.m. Erzählung, Märchen.

con.tor.nar v.t. herumgehen.

con.tor.no s.m. Umriss, Umkreis.

con.tra prep. gegen, wider.

con.tra.ba.lan.çar v.t. gleichstellen.

con.tra.ban.dis.ta s.m. Schmuggler.

con.tra.ban.do s.m. Schmuggelware.

con.tra.ção s.f. Zusammenziehung.

con.tra.di.ção s.f. Widerspruch, Einwurf.

con.tra.di.zer v.t. widersprechen, bestreiten.

con.tra.fa.ção s.f. Fälschung.

con.tra.fei.to adj. gezwungen.

con.tra.for.te s.m. (defesa, anteparo) Strebepfeiler.

con.tra.i.do adj. gedrängt.

con.tra.ir v.t. zusammenziehen.

con.tra.pe.so s.m. Gegengewicht.

con.tra.por v.t. entgegenstellen.

con.tra.ri.ar v.t. widersprechen.

con.tra.ri.e.da.de s.f. Unannehmlichkeit.

con.trá.ri.o adj. entgegengesetzt.

con.tras.se.nha s.f. (contrassinal) Losungswort.

con.tras.sen.so s.m. Torheit.

con.tras.te s.m. Gegensatz.

con.tra.tar v.t. vertraglich abmachen.

con.tra.tem.po s.m. Widerwärtigkeit.

con.tra.to s.m. Vertrag.

con.tra.ven.ção s.f. Übertretung.
con.tra.ve.ne.no s.m. Gegengift.
con.tra.vir v.t. übertreten.
con.tri.bu.i.ção s.f. Steuer, Beitrag.
con.tri.bu.ir v.t. beitragen, mitwirken.
con.tri.ção s.f. *(arrependimento; pena, pesar)* Zerknirschung.
con.tri.to adj. zerknirscht.
con.tro.lar v.t. bestätigen.
con.tro.le s.m. Kontrolle.
con.tro.vér.si.a s.f. Streit, Streitpunkt.
con.tro.ver.ter v.t. besprechen.
con.tu.do conj. dennoch,trotzdem.
con.tu.má.ci.a s.f. Eigensinn.
con.tu.maz adj. hartnäckig.
con.tun.dir v.t. verwunden.
con.tur.ba.ção s.f. Verwirrung.
con.tu.são s.f. Quetschung.
co.nú.bi.o s.m. *(casamento; união, ligação)* Heirat.
con.va.les.cen.ça s.f. Genesung.
con.va.les.cer v.i. genesen.
con.ven.ção s.f. Übereinkunft.
con.ven.cer v.t. überzeugen.
con.ven.ci.men.to s.m. Überzeugung.
con.ven.ci.o.nal adj. vertragsmäßig.
con.ven.ci.o.nar v.t. abmachen.
con.ve.ni.ên.ci.a s.f. Schicklichkeit, Nutzen.
con.ve.ni.en.te adj. angemessen.
con.vê.ni.o s.m. Vertrag.
con.ven.to s.m. Kloster, Stift.
con.ver.gên.ci.a s.f. Übereinstimmung.
con.ver.gen.te adj. übereinstimmend.
con.ver.gir v.t. einfließen.
con.ver.sa s.f. Gespräch, Unterhaltung.
con.ver.sa.ção s.f. Gespräch, Unterhaltung.
con.ver.são s.f. Umwandlung.
con.ver.sar v.t. verkehren, plaudern.
con.ver.ter v.t. verwandeln, bekehren.

con.vic.ção s.f. Überzeugung.
con.vic.to adj. überführt.
con.vi.da.do s. Geladener, Gast.
con.vi.dar v.t. einladen, anreizen.
con.vin.cen.te adj. überzeugend.
con.vir v.t. übereinkommen über, passen.
con.vi.te s.m. Einladung.
con.vi.vên.ci.a s.f. Vertraulichkeit.
con.vi.ver v.t. vertrauten Umgang haben.
con.vo.ca.ção s.f. Einberufung.
con.vo.car v.t. einberufen.
con.vul.são s.f. Zuckung.
co.o.nes.tar v.t. zudecken.
co.o.pe.ra.ção s.f. Mithilfe, Mitarbeit.
co.o.pe.rar v.t. mitwirken, beitragen.
co.or.de.na.ção s.f. Gleichschaltung, Koordinierung.
co.or.de.nar v.t. beiordnen, koordinieren.
co.or.te s.f. *(legião, magote, tropa; multidão)* Menge.
co.pa s.f. *(taça)* Trinkschale, Glas, Kelch.
có.pi.a s.f. Kopie, Menge, Abschrift.
co.pi.ar v.t. abschreiben, kopieren.
co.pla s.f. *(estrofe; quadra)* Strophe.
co.po s.m. Glas.
co.quei.ro s.m. Kokospalme.
cor s.f. Anstrich, Farbe.
co.ra.ção s.m. Herz.
co.ra.do adj. rot, übertüncht.
co.ra.gem s.f. Mut.
co.ra.jo.so adj. mutig.
co.rar v.t. färben.
cor.ça s.f. *(espécie de cabrita selvagem)* Reh.
cor.co.va.do adj. *(arqueado, curvo)* höckerig.
cor.co.var v.t. krümmen.
cor.da s.f. Strick, Seil.
cor.dão s.m. Schnur, Strippe, Strang.
cor.dei.ro s.m. Lamm.
cor.del s.m. Bindfaden.

cor.di.al adj. herzlich, innig; s. Herzstärkung.
cor.di.a.li.da.de s.f. Herzlichkeit, Freimut.
co.ri.feu s.m. *(diretor, mestre)* Chef.
co.ri.za s.f. *(defluxo)* Schnupfen.
cor.ja s.f. Rotte, Bande.
cor.ne.ta s.f. Horn, Trompete, Hornist.
cor.no s.m. *(chifre, chavelho)* Horn, Füllhorn.
co.ro s.m. Chor.
co.ro.a s.f. Krone.
co.ro.ar v.t. krönen.
co.ro.nel s.m. Oberst.
cor.po s.m. Körper.
cor.po.ra.ção s.f. Innung.
cor.po.ral adj. körperlich.
cor.pó.re.o adj. körperlich.
cor.pu.len.to adj. beleibt.
cor.re.ção s.f. Berichtigung, Korrektur, Zucht.
cor.re.dor s.m. *(galeria; viela, passagem)* Hausgang, Renner.
cor.rei.a s.f. *(tira de couro)* Riemen.
cor.rei.o s.m. Post.
cor.re.la.ção s.f. Wechselbeziehung.
cor.ren.te adj. laufend.
cor.ren.ti.o adj. *(usual, comum)* üblich.
cor.rer v.t. laufen.
cor.re.ri.a s.f. Rennen.
cor.res.pon.dên.ci.a s.f. *(correlação; conformidade)* Übereinstimmung.
cor.res.pon.den.te adj., s.m. e s.f. geeignet, entsprechend, Korrespondent.
cor.res.pon.der v.t. entsprechen.
cor.re.ti.vo s.m. Strafe.
cor.re.to adj. korrekt.
cor.re.tor s.m. Vermittler, Makler.
cor.ri.da s.f. Rennen.
cor.ri.do adj. verlegen.
cor.ri.gir v.t. verbessern.
cor.ri.quei.ro adj. alltäglich.
cor.ro.bo.rar v.t. *(fortificar, fortalecer, vigorizar)* stärken.
cor.ro.er v.t. zerfressen, korrodieren.

CORROMPER • CUME

cor.rom.per *v.t.* verderben.
cor.ro.são *s.f.* Verwitterung.
cor.rup.ção *s.f.* Ätzmittel, Verdorbenheit, Korruption.
cor.rup.to *adj.* verdorben, korrupt.
cor.ta.do *adj.* geschnitten.
cor.tan.te *adj.* scharf.
cor.tar *v.t.* zerschneiden.
cor.te *s.m.* Schnitt.
cor.te.jar *v.t.* grüßen, Hof machen.
cor.te.jo *s.m.* Begrüßung, Gefolge.
cor.tês *adj.* höflich.
cor.te.sã *s.f.* Straßendirne.
cor.te.si.a *s.f.* Höflichkeit.
cor.ti.ça *s.f.* Kork, Rinde.
cor.ti.ço *s.m.* (*colmeia*) Bienenkorb.
cor.ti.na *s.f.* Vorhang.
co.ru.ja *s.f.* Eule.
cor.vo *s.m.* Rabe.
co.ser *v.t.* (*costurar*) nähen.
cos.mé.ti.co *s.m.* Schönheitsmittel, Kosmetik.
cos.ta *s.f.* (*declive; litoral, praia*) Küste.
cos.ta.do *s.m.* Seite, Flanke.
cos.tas *s.f. pl.* (*dorso, lombo, verso*) Rücken.
cos.te.la *s.f.* Rippe.
cos.tu.mar *v.t.* (*fazer*) zu tun pflegen.
cos.tu.me *s.m.* Gewohnheit.
cos.tu.mei.ro *adj.* üblich.
cos.tu.ra *s.f.* Nähen, Naht.
cos.tu.rar *v.t.* nähen.
cos.tu.rei.ra *s.f.* Näherin.
co.ta *s.f.* Anteil, Rate, Quote.
co.ta.ção *s.f.* Kurs.
co.te.jar *v.t.* gegenüberstellen.
co.ti.di.a.no *adj.* täglich.
co.ti.za.ção *s.f.* Kurs.
co.to.ve.lo *s.m.* Ellbogen.
co.to.vi.a *s.f.* Lerche.
cou.ra.ça *s.f.* Kürassier.
cou.ro *s.m.* Haut, Leder.
cou.ve *s.f.* Kohl.
co.va *s.f.* Grube, Höhle, Grab.
co.var.de *adj., s.m. e s.f.* feige, Feigling.
co.var.di.a *s.f.* Feigheit.

co.vil *s.m.* Bau wilder Tiere, Spelunke.
co.xa *s.f.* (*parte superior da perna*) Schenkel.
co.xe.ar *v.i.* (*mancar, claudicar; vacilar*) hinken.
co.xim *s.m.* (*almofada*) Kissen.
co.xo *adj.* hinkend, lahm.
co.zer *v.t.* (*cozinhar*) kochen.
co.zi.nha *s.f.* Küche.
co.zi.nhar *v.t.* kochen.
co.zi.nhei.ro *s.m.* Koch.
crâ.ni.o *s.m.* Schädel.
cras.so *adj.* (*grosseiro; denso, espesso*) krass, grob, plump.
cra.te.ra *s.f.* Krater, Trinkschale.
cra.var *v.t.* nageln, einfassen.
cra.vei.ra *s.f.* (*medida, bitola*) Muster.
cra.ve.jar *v.t.* einlegen.
cra.vo *s.m.* Nelke.
cre.che *s.f.* Kinderkrippe.
cre.di.tar *v.t.* gutschreiben.
cré.di.to *s.m.* Glauben, Kredit.
cre.do *s.m.* Glaubenslehre.
cre.dor *s.m.* Gläubiger.
cré.du.lo *adj.* leichtgläubig.
cre.mar *v.t.* (*queimar, incinerar*) verbrennen.
cren.ça *s.f.* Glaube.
cren.di.ce *s.f.* Aberglaube.
cre.pe *s.m.* (*luto*) Trauer.
cre.pi.tan.te *adj.* glänzend.
cre.pi.tar *v.i.* funkeln.
cre.pús.cu.lo *s.m.* Dämmerung.
crer *v.t.* glauben.
cres.cer *v.i.* wachsen.
cres.ci.men.to *s.m.* Wachstum.
cres.po *adj.* kraus.
cre.ti.no *s.m.* Kretin, Trottel.
cri.a.ção *s.f.* Schöpfung, Kreation.
cri.a.da *s.f.* Dienerin.
cri.a.do *s.m.* Diener.
cri.a.dor *s.m.* Schöpfer.
cri.an.ça *s.f.* Kind.
cri.ar *v.t.* nähren, erschaffen.
cri.a.tu.ra *s.f.* Geschöpf.
cri.me *s.m.* Verbrechen, Krimi.
cri.mi.no.so *adj.* verbrecherisch; *s.m.* Verbrecher.

cri.ou.lo *adj. e s.m.* (*negro; nativo, aborígine*) schwarz, Schwarzer.
crip.ta *s.f.* Grotte.
cri.se *s.f.* Krise; Krisis.
cris.par *v.t.* zusammenziehen, zücken.
cris.ta *s.f.* Gipfel.
cris.tão *s.* Christ.
cri.té.ri.o *s.m.* Merkmal, Urteil.
cri.te.ri.o.so *adj.* vernünftig.
crí.ti.ca *s.f.* Prüfung, Kritik.
cri.ti.car *v.t.* kritisieren.
crí.ti.co *adj. e s.m.* kritisch, Kritiker.
cri.var *v.t.* (*furar, transpassar; cravejar; encher*) durchsieben.
cri.vel *adj.* (*verossímil*) wahrscheinlich.
cri.vo *s.m.* (*peneira, coador; ralo*) Sieb.
cro.co.di.lo *s.m.* Krokodil.
crô.ni.ca *s.f.* Chronik.
crô.ni.co *adj.* chronisch.
cro.nô.me.tro *s.m.* Chronometer.
cros.ta *s.f.* Rinde, Schale.
cru *adj.* roh, unreif.
cru.ci.an.te *adj.* (*aflitivo; pungente*) schmerzlich.
cru.ci.ar *v.t.* ängstigen.
cru.ci.fi.car *v.t.* kreuzigen, aufs Kreuz nageln.
cru.el *adj.* grausam.
cru.el.da.de *s.f.* Grausamkeit.
cru.en.to *adj.* grausam.
cruz *s.f.* Kreuz.
cru.za.men.to *s.m.* Kreuzung.
cru.zar *v.t.* kreuzen.
cu.e.cas *s.f. pl.* Unterhosen.
cui.da.do *adj. e s.m.* Vorsicht.
cui.dar *v.t.* meinen, vermuten.
cu.jo *pron. rel.* dessen, deren.
cul.mi.nân.ci.a *s.f.* Gipfel.
cul.mi.nar *v.i.* kulminieren.
cul.pa *s.f.* Schuld, Sünde.
cul.par *v.t.* beschuldigen.
cul.ti.var *v.t.* anbauen, bebauen.
cul.ti.vo *s.m.* Anbau.
cul.to *adj.* gesittet, gebildet.
cul.tu.ra *s.f.* Kultur.
cu.me *s.m.* Gipfel.

cúm.pli.ce *s.m.* e *s.f.* Mitschuldiger.
cum.pri.men.tar *v.t.* (be)grüßen.
cum.pri.men.to *s.m.* Gruß, Begrüßung, Erfüllung.
cum.prir *v.t.* erfüllen.
cú.mu.lo *s.m.* Gipfel, Haufen.
cu.nha.da *s.f.* Schwägerin.
cu.nha.do *s.m.* Schwager.
cu.nhar *v.t. (formar, compor, inventar)* stempeln, prägen.
cu.nho *s.m.* Prägestempel.
cu.pi.dez *s.f. (ambição; cobiça, avidez)* Ehrgeiz.
cu.ra *s.m.* e *s.f. (pároco, sacerdote)* Pfarrer; *(tratamento; remédio, medicamento)* Heilung, Kur.

cu.ran.dei.ro *s.m.* Zauberer, Kurpfuscher.
cu.rar *v.t.* heilen, bleichen.
cu.ra.ti.vo *adj.* heilkräftig. *s.m.* Heilmittel, *(band-aid)* Pflaster, Heftpflaster.
cu.ri.al *adj. (adequado, próprio, conveniente; decente; sensato; elegante)* geeignet.
cu.ri.o.si.da.de *s.f.* Neugier.
cu.ri.o.so *adj.* neugierig.
cur.ral *s.m.* Stall.
cur.sar *v.t.* öfter besuchen.
cur.so *s.m. (marcha, trajeto, carreira)* Lauf, Kurs.
cur.tir *v.t. (endurecer, enrijar; calejar, acostumar)* gerben.
cur.to *adj.* kurz, knapp.

cur.va *s.f.* Krümmung, Knie.
cur.var *v.t.* Krümmern.
cur.vo *adj.* krumm.
cus.pir *v.i.* e *v.t.* speien, anspeien, spucken.
cus.po *s.m.* Speichel.
cus.tar *v.t.* kosten.
cus.to *s.m.* Preis, Kosten.
cus.tó.di.a *s.f. (detenção, prisão; guarda, proteção, cuidado)* Gewahrsam.
cus.to.di.ar *v.t.* in Obhut nehmen.
cu.te.lo *s.m. (alfanje)* Hackbeil.
cú.tis *s.f. (tez; pele)* Menschenhaut.

D

D quarta letra do alfabeto português e do alfabeto alemão; ré (nota musical); 500, em numeração romana.

dá.di.va *s.f. (dom, presente, oferta)* Gabe, Geschenk.

da.do *adj.* anhänglich, ergeben; *s.m. (pequeno cubo marcado com pontos de um a seis)* Würfel; *ñs s.m. pl. (fato; elemento)* Daten.

dá.li.a *s.f.(flor)* Dahlie.

da.ma *s.f.* Dame.

da.nar *v.t.* aufbringen; zugrunde richten.

dan.ça *s.f.* Tanz, Ball.

dan.ça.dor *s.m. (bailarino)* Tänzer.

dan.çar *v.t.* tanzen.

dan.ça.ri.na *s.f.* Tänzerin.

dan.ça.ri.no *s.m.* Tänzer.

da.ni.fi.car *v.t.* beschädigen.

da.ni.nho *adj.* schädlich.

da.no *s.m.* Schaden.

da.no.so *adj.* schädlich.

dar *v.t. e v.i.* geben.

dar.do *s.m.* Wurfspieß.

da.ta *s.f.* Datum.

da.tar *v.t.* datieren.

da.ti.lo.gra.fi.a *s.f.* Maschinenschrift, Maschinschreiben.

de *prep.* von.

de.am.bu.lar *v.t.* lustwandeln.

de.bai.xo *adv.* unter, unten.

de.bal.de *adv.* umsonst.

de.ba.te *s.m.* Streitigkeit, Debatte.

de.ba.ter *v.t.* verhandeln.

dé.bil *adj.* schwach.

de.bi.li.da.de *s.f.* Schwäche.

de.bi.li.tar *v.t.* schwächen.

de.bi.que *s.m. (troça, escárnio, deboche)* Spott.

dé.bi.to *s.m.* Schuld.

de.bo.cha.do *adv.* freidenkend.

de.bo.che *s.f.* Spott.

de.bru.ar *v.t.* verbrämen.

de.bu.lhar *v.t.* dreschen.

de.bu.xar *v.t. (esboçar, desenhar; imaginar, planejar)* zeichnen.

dé.ca.da *s.f.* Dekade.

de.ca.dên.ci.a *s.f.* Verfall.

de.ca.ir *v.t.* in Verfall geraten.

de.cal.co *s.m. (decalque, cópia; plágio)* Abklatsch.

de.ca.no *s.* Dekan.

de.can.tar *v.t.* besingen.

de.ca.pi.tar *v.t.* enthäupten.

de.cen.ci.a *s.f.* Anständigkeit.

de.cen.te *adj.* anständig.

de.ce.par *v.t.* verstümmeln.

de.cep.ção *s.f.* Enttäuschung.

de.ces.so *s.m. (falecimento, morte)* Tod.

de.ci.di.do *adv.* energisch.

de.ci.dir *v.t. e v.i.* entscheiden.

de.ci.frar *v.t.* entziffern.

de.ci.são *s.f.* Entscheidung.

de.ci.si.vo *adv.* ausschlaggebend.

de.cla.mar *v.t.* vortragen.

de.cla.ra.ção *s.f.* Verzeichnis, Erklärung.

de.cla.ra.do *adj.* sichtlich.

de.cla.rar *v.t.* erklären, deklarieren.

de.cli.na.ção *s.f.* Deklination, Neigung.

de.cli.nar *v.t. (afastar-se, desviar; ceder, desistir, esquivar-se)* sich neigen, ablehnen.

de.cli.ni.o *s.m.* Neigung, Verfall.

de.cli.ve *adj.* e *s.m.* abschüssig, Abhang.

de.com.por *v.t.* zerlegen.

de.com.po.si.ção *s.m.* Zersetzung.

de.co.ra.ção *s.f.* Verzierung.

de.co.rar *v.t.* ausschmücken.

de.cor.rer *v.t.* verlaufen.

de.co.te *s.m.* Ausschnitt.

de.cré.pi.to *adj.* abgelebt.

de.cres.cer *v.t. e v.i.* abnehmen.

de.cres.ci.men.to *s.m.* Verminderung.

de.cre.tar *v.t.* verordnen.

de.cre.to *s.m.* Verordnung.

de.cur.so *s.m.* Verlauf, Dauer.

de.dal *s.m.* Fingerhut.

de.di.ca.ção *s.f.* Hingabe, Widmung.

de.di.car *v.t.* zueignen, sich widmen.

de.do *s.m.* Finger.

de.du.ção *s.f.* Abzug, Folgerung.

de.du.zir *v.t.* abrechnen, folgern.

de.fe.car *v.t.* entleeren.

de.fei.to *s.m.* Fehler, Defekt.

de.fei.tu.o.so *adj.* fehlerhaft, mangelhaft.

de.fen.der *v.t.* verteidigen.

de.fen.sá.vel *adj.* vertretbar.

de.fen.sor *s.* Verteidiger.

de.fe.rên.ci.a *s.f.* Ehrerbietung.

de.fe.rir *v.i. e v.t. (despachar, responder, atender, conferir, outorgar)* bewilligen.

de.fe.sa *s.f.* Verteidigung.

de.fi.ci.ên.ci.a *s.f.* Mangel.

de.fi.ci.en.te *adj.* mangelhaft.

de.fi.nhar *v.t.* abmagern.

de.fi.ni.ção *s.f.* Erklärung, Bestimmung.

de.fi.nir *v.t.* bestimmen.

de.fi.ni.ti.vo *adj.* endgültig.

de.fla.grar *v.t.* aufflackern.

de.flu.xo *s.m. (coriza; catarro)* Schnupfen.

de.for.mar *v.t.* ungestalten.

de.for.mi.da.de *s.f.* Missgestalt.

de.frau.dar *v.t.* betrügen.

de.fron.tar v.t. sitzen.
de.fu.mar v.t. räuchern.
de.fun.to s.f. Verstorbener, Toter.
de.ge.ne.ra.ção s.f. Entartung.
de.ge.ne.ra.do adj. verdorben.
de.ge.ne.rar v.t. e v.i. entarten.
de.go.lar v.t. enthaupten.
de.gra.da.ção s.f. Degradierung.
de.gra.dar v.t. herabsetzen.
de.grau s.m. Stufe.
de.gre.dar v.t. verbannen.
de.gre.do s.m. Verbannung.
de.gus.tar v.t. probieren, degustieren.
dei.tar v.t. e v.p. zubett legen, niederlegen.
dei.xar v.t. e v.i. lassen, unterlassen.
de.le.ga.ção s.f. Abordnung.
de.le.ga.do s.m. Abgeordneter.
de.le.gar v.t. abordnen.
de.lei.tar v.t. ergötzen.
de.lei.te s.m. Wonne.
de.le.té.ri.o adj. (prejudicial, danoso; nocivo) schädlich.
del.ga.do adj. dünn.
de.li.be.ra.ção s.f. Beratung.
de.li.be.rar v.t. beratschlagen.
de.li.ca.de.za s.f. Zartheit.
de.li.ca.do adj. zart.
de.lí.cia s.f. Lust, Wollust, Wonne.
de.li.ci.o.so adj. wonnig, lecker.
de.li.mi.ta.ção s.f. Abgrenzung.
de.li.mi.tar v.t. abgrenzen.
de.li.ne.ar v.t. umreißen.
de.lin.quen.te s.f. Verbrecher.
de.lí.qui.o s.m. (desmaio) Ohnmacht.
de.li.ran.te adj. wahnsinnig.
de.li.rar v.i. faseln.
de.lí.ri.o s.m. Wahnsinn, Delirium.
de.li.to s.m. Vergehen.
de.ma.is adv. zuviel, zusehr; die übrigen, die anderen.
de.man.da s.f. Streit; Nachfrage.
de.man.dar v.t. e v.i. klagen, verklagen.
de.mar.ca.ção s.f. Abgrenzung.
de.mar.car v.t. abgrenzen.
de.ma.si.a s.f. Überfluss.
de.ma.si.a.do adj. überflüssig.

de.men.tar v.t. e v.i. (enlouquecer) verrückt werden.
de.men.te adj. geisteskrank.
de.mis.são s.f. Abdankung.
de.mi.tir v.t. absetzen.
de.mo.cra.ci.a s.f. Demokratie.
de.mo.cra.ta s.m. e s.f. Demokrat.
de.mo.li.ção s.f. Sprengung, Demolierung.
de.mo.lir v.t. abbrechen.
de.mô.ni.o s.m. Dämon, Teufel.
de.mons.tra.ção s.f. Beweisführung.
de.mons.trar v.t. beweisen, demonstrieren.
de.mo.ra s.f. Verzögerung.
de.mo.ra.do adv. langwierig.
de.mo.rar v.i. sich aufhalten.
de.mos.trar v.t. (mostrar; patentear; revelar, demonstrar) zeigen.
de.mo.ver v.t. versetzen.
de.ne.gar v.t. (negar, recusar) leugnen.
den.go.so adj. erkünstelt.
de.no.do s.m. (audácia, brio, intrepidez) Kühnheit.
de.no.mi.na.ção s.f. Benennung.
de.no.mi.nar v.t. mannhaftmachen.
de.no.tar v.t. bezeichnen.
den.si.da.de s.f. Dichtigkeit, Dichte.
den.so adj. dicht.
den.ta.da s.f. Biss.
den.ta.du.ra s.f. Gebiss.
den.te s.m. Zahn.
den.ti.ção s.f. Zahnen.
den.tis.ta s.m. e s.f. Zahnarzt, Zahntechniker.
den.tro adj. in, innerhalb, hinein.
de.nún.cia s.f. Angeberei, Anzeige.
de.nun.ci.an.te s.m. e s.f. Denunziant.
de.nun.ci.ar v.t. anzeigen.
de.par.ta.men.to s.m. Regierungsbezirk.
de.pau.pe.rar v.t. (debilitar, extenuar, enfraquecer) aussaugen.

de.pen.dên.ci.a s.f. Abhängigkeit.
de.pen.den.te adj. abhängig.
de.pen.der v.t. (- de) abhängen von.
de.pen.du.rar v.t. aufhängen.
de.pi.lar v.t. enthaaren.
de.plo.rar v.t. e v.i. beweinen.
de.plo.rá.vel adj. beweinenswert.
de.po.i.men.to s.m. Erlebnisbericht.
de.po.is adj. nach, darauf, nachher.
de.por v.i. hinterlegen, niederlegen.
de.por.ta.ção s.f. Landesverweisung.
de.por.tar v.t. des Landes verweisen.
de.po.si.ção s.f. Absetzung.
de.po.si.tar v.t. in Verwahrung geben, niederlegen.
de.pó.si.to s.m. Depot, Lager, Speicher.
de.pra.va.do adj. verdorben.
de.pre.ci.a.ção s.f. Entwertung.
de.pre.ci.ar v.t. entwerten.
de.pre.dar v.t. plündern.
de.pre.en.der v.t. entnehmen.
de.pres.sa adj. schnell, eilig.
de.pres.são s.f. Depression, Senkung, Rückgang.
de.pri.men.te adj. niederdrückend.
de.pri.mir v.t. niederdrücken.
de.pu.rar v.t. e v.p. reinigen, säubern.
de.pu.ta.do s.m. Abgeordneter.
de.pu.tar v.t. senden.
de.ri.va.ção s.f. Ableitung.
de.ri.var v.t. ableiten, abstammen.
der.ra.dei.ro adj. letzt.
der.ra.ma s.f. Ausbreitung.
der.ra.mar v.t. ausgießen.
der.ra.me s.m. (derramamento) Erguss.
der.re.ter v.t. e v.p. schmelzen.
der.ri.são s.m. (troça, zombaria) Spott.
der.ro.ca.da s.f. Einsturz.
der.ro.car v.t. abreißen.

der.ro.ga.ção s.f. *(anulação, abolição)* Nichtigkeitserklärung.
der.ro.gar v.t. aufheben.
der.ro.ta s.f. Niederlage.
der.ro.tar v.t. in die Flucht schlagen, besiegen.
der.ro.tis.mo s.m. Mutlosigkeit.
der.ru.bar v.t. einreißen.
de.sa.ba.far v.t. e v.i. frei aufatmen.
de.sa.ba.fo s.m. Ausdehnung.
de.sa.ba.men.to s.m. Einsturz.
de.sa.bar v.t. herunterklappen.
de.sa.bi.tu.ar v.t. e v.p. entwöhnen.
de.sa.bo.nar v.t. entwerten.
de.sa.bo.no s.m. Misskredit.
de.sa.bri.do adj. *(violento, rude, ríspido)* rauh, unfreundlich.
de.sa.bri.gar v.t. des Schutzes berauben, sitzenlassen.
de.sa.bri.go s.m. Verlassenheit.
de.sa.bro.char v.t. e v.i. losknöpfen, sprießen.
de.sa.cei.tar v.t. *(desaprovar; recusar)* ablehnen.
de.sa.cer.ta.do adj. irrig.
de.sa.cer.tar v.t. e v.i. (sich) irren.
de.sa.cer.to s.m. Versehen.
de.sa.com.pa.nhar v.t. verlassen.
de.sa.con.se.lhar v.t. abraten.
de.sa.cor.do s.m. Uneinigkeit.
de.sa.co.ro.ço.ar v.t. *(desanimar)* entmutigen.
de.sa.cos.tu.mar v.t. e v.p. abgewöhnen.
de.sa.cre.di.tar v.t. um das Ansehen bringen.
de.sa.fei.to adj. nicht mehr.
de.sa.fe.ta.ção s.f. *(singeleza, naturalidade)* Einfachheit.
de.sa.fe.to adj. e s.m. feindlich, Teufel.
de.sa.fi.ar v.t. herausfordern, trotzen, reizen.
de.sa.fi.na.ção s.f. Misston.
de.sa.fi.nar v.i. verstimmen.
de.sa.fi.o s.m. Herausforderung zum Wettkampf.
de.sa.fo.ro s.m. Unverschämtheit.
de.sa.for.tu.na.do adj. unglücklich.
de.sa.fron.ta s.f. Rache.
de.sa.fron.tar v.t. rächen.
de.sa.gra.dar v.t. missbehagen.
de.sa.gra.dá.vel adj. unangenehm.
de.sa.gra.de.ci.do adj. undankbar.
de.sa.gra.de.ci.men.to s.m. *(ingratidão)* Undankbarkeit.
de.sa.gra.vo s.m. Entschädigung.
de.sai.ro.so adj. steif, linkisch.
de.sa.jei.ta.do adj. unbeholfen.
de.sa.jus.tar v.t. e v.p. stören.
de.sa.jus.te s.m. Unordnung.
de.sa.len.tar v.t. außer Atem setzen, entmutigen.
de.sa.li.nha.do adj. nachlässig.
de.sa.lo.jar v.t. räumen.
de.sal.te.rar v.t. *(sossegar, serenar)* lindern.
de.sa.mar v.t. verabscheuen.
de.sa.mar.rar v.t. lösen, entbinden.
de.sam.pa.ra.do adj. verlassen, hilflos.
de.sam.pa.rar v.t. verlassen, sich abwenden.
de.sam.pa.ro s.m. Verlassenheit.
de.sa.ni.ma.do adj. niedergeschlagen.
de.sa.ni.mar v.t. entmutigen.
de.sâ.ni.mo s.m. Mutlosigkeit.
de.sa.pa.re.cer v.i. verschwinden.
de.sa.pa.re.ci.men.to s.m. Verschwinden.
de.pe.go.go s.m. Lossagung.
de.sa.per.ce.bi.do adj. vermisst.
de.sa.per.tar v.t. aufmachen, lockern.
de.sa.pon.ta.men.to s.m. Enttäuschung.
de.sa.pon.tar v.t. enttäuschen.
de.sa.pro.pri.a.ção s.f. Enteignung.
de.sa.pro.pri.ar v.t. enteignen.
de.sa.pro.va.ção s.f. Verwurf.
de.sa.pro.var v.t. missbilligen.
de.sa.pro.vei.tar v.t. verschwenden.

de.sar.mar v.t. entwaffnen, entladen.
de.sar.mo.ni.a s.f. Misston.
de.sar.ran.jar v.t. stören, in Unordnung bringen.
de.sar.ru.ma.ção s.f. Wirrwarr.
de.sar.ru.mar v.t. in Unordnung bringen.
de.sar.ti.cu.lar v.t. losmachen.
de.sas.so.ci.ar v.t. absondern.
de.sas.som.bro s.m. *(firmeza, franqueza, coragem)* Unerschrockenheit.
de.sas.sos.se.go s.m. Rastlosigkeit.
de.sas.tra.do adj. unglücklich.
de.sas.tre s.m. Unglücksfall, Unstern.
de.sas.tro.so adj. entsetzlich.
de.sa.ta.vi.a.do adv. *(desadornado, desalinhado; natural, simples)* einfach.
de.sa.ten.ção s.f. Unaufmerksamkeit.
de.sa.ten.ci.o.so adj. unhöflich.
de.sa.ten.to adj. unaufmerksam.
de.sa.ti.no s.m. Torheit, Unsinn.
de.sau.to.ri.zar v.t. um das Ansehen bringen.
des.ban.car v.t. siegen, übertreffen.
des.ba.ra.ta.do adj. unordentlich.
des.ba.ra.tar v.t. durchbringen.
des.ba.ra.to s.m. Niederlage.
des.bo.ca.do adj. lästernd, frech.
des.bo.tar v.t. verbleichen, verblassen.
des.cal.çar v.t. ausziehen.
des.cal.ço adj. barfüßig, barfuß.
des.ca.mi.nho s.m. Irregehen.
des.can.sa.do adj. ruhig.
des.can.sar v.t. e v.i. ruhen, ausruhen.
des.can.so s.m. Rast, Ruhe.
des.car.ga s.f. Entladung.
des.car.go s.m. *(desobrigação; alívio)* Entlastung.
des.car.re.gar v.t. abladen, entladen.
des.car.ri.la.men.to s.m. Entgleisung.
des.car.te s.m. Entschuldigung.

DESCASCAR • DESFALCAR

des.cas.car v.t. schälen.
des.ca.so s.m. Unaufmerksamkeit.
des.cen.dên.ci.a s.f. Abstammung, Abkommen.
des.cen.den.te s.m. e s.f. Nachkomme.
des.cen.der v.t. abstammen.
des.cer v.t. e v.i. absteigen.
des.ci.da s.f. Abhang, Abstieg.
des.clas.si.fi.car v.t. entehren.
des.co.ber.ta s.f. Entdeckung.
des.co.ber.to adj. unbedeckt.
des.co.bri.dor s.m. Entdecker.
des.co.bri.men.to s.m. Entdeckung.
des.co.brir v.t. entdecken.
des.co.lar v.t. scheiden.
des.co.lo.ra.ção s.f. Entfärbung.
des.co.lo.rir v.t. verbleichen, verblassen.
des.co.me.di.men.to s.m. Kühnheit.
des.co.mo.di.da.de s.f. lästig.
des.con.cen.trar v.t. aus dem Mittelpunkt bringen.
des.con.cer.ta.do adj. verwirrt.
des.con.cer.tar v.t. (desarranjar, descompor) verwirren, faseln.
des.con.cer.to s.m. Unordnung, Verwirrung.
des.con.fi.a.do adj. misstrauisch.
des.con.fi.an.ça s.f. Misstrauen.
des.con.fi.ar v.t. misstrauen.
des.con.for.to s.m. Trostlosigkeit.
des.co.nhe.cer v.t. verkennen.
des.co.nhe.ci.do adj. unbekannt.
des.co.nhe.ci.men.to s.m. Unwissenheit.
des.con.si.de.ra.ção s.f. Unüberlegtheit.
des.con.si.de.rar v.t. nicht beachten.
des.con.tar v.t. abrechnen.
des.con.ten.ta.men.to s.m. Missfallen.
des.con.ten.tar v.t. verstimmen.
des.con.ten.te adj. unzufrieden.
des.con.to s.m. Rabatt.
des.cor.tês adj. unhöflich.

des.cor.ti.nar v.t. (notar; descobrir; distinguir) unterscheiden.
des.cré.di.to s.m. Verlust des Ansehens.
des.crer v.i. keinen Glauben beimessen.
des.cre.ver v.t. beschreiben.
des.cri.ção s.f. Beschreibung.
des.cri.ti.vo adj. beschreibend.
des.cui.da.do adj. nachlässig.
des.cui.dar v.t. vernachlässigen.
des.cui.do s.m. Vernachlässigung.
des.cul.pa s.f. Entschuldigung.
des.cul.par v.t. entschuldigen.
des.de prep. seit.
dés.dem s.m. Verachtung.
des.do.bra.men.to s.m. Entfaltung.
de.se.jar v.t. wünschen, begehren.
de.se.já.vel adj. wünschenswert.
de.se.jo s.m. Wunsch.
de.se.jo.so adj. begierig.
de.sem.ba.ra.ça.do adj. hurtig.
de.sem.ba.ra.çar v.t. freimachen.
de.sem.ba.ra.ço s.m. Ungezwungenheit.
de.sem.bar.car v.t. e v.i. landen.
de.sem.bar.go s.m. Freigabe.
de.sem.bar.que s.m. Ausschiffung.
de.sem.bo.ca.du.ra s.f. (foz; desaguadouro) Mündung.
de.sem.bo.car v.i. (desaguar) münden.
de.sem.bol.sar v.t. auslegen.
de.sem.bol.so s.m. Zahlung, Auslage.
de.sem.bru.lhar v.t. entwirren.
de.sem.bru.lho s.m. Erleuchtung.
de.sem.pa.co.tar v.t. entwirren.
de.sem.pa.re.lhar v.t. (desunir; separar) absondern.
de.sem.pa.te s.m. Unterbrechung.
de.sem.pe.nar v.t. (endireitar; aprumar) aufrichten.
de.sem.pe.nhar v.t. Pfand einlösen.

de.sem.pe.nho s.m. Ausführung; Leistung.
de.sem.pre.ga.do adj. e s.m. arbeitsloße; Arbeitsloser.
de.sem.pre.go s.m. Arbeitslosigkeit.
de.sen.can.tar v.t. enttäuschen.
de.sen.can.to s.m. Enttäuschung.
de.sen.con.trar v.t. e v.p. verfehlen.
de.sen.con.tro s.m. Missverständnis.
de.sen.co.ra.jar v.t. entmutigen.
de.sen.fa.do s.m. Ungezwungenheit.
de.sen.ga.nar v.t. eines Besseren belehren.
de.sen.ga.no s.m. Enttäuschung.
de.se.nhar v.t. zeichnen.
de.se.nhis.ta s.m. e s.f. Zeichner.
de.se.nho s.m. Zeichnung.
de.sen.la.ce s.m. Entwicklung.
de.sen.re.dar v.t. entwirren.
de.sen.ro.lar v.t. e v.p. entrollen.
de.sen.ten.der v.t. überhören, sich dumm stellen.
de.sen.ten.di.men.to s.m. Uneinigkeit.
de.sen.ter.rar v.t. ausgraben.
de.sen.tu.pir v.t. öffnen.
de.sen.vol.tu.ra s.f. Gewandtheit.
de.sen.vol.ver v.t. entrollen.
de.sen.vol.vi.men.to s.m. Entwicklung.
de.se.qui.li.bra.do adj. unausgeglichen.
de.se.qui.li.brar v.t. aus dem Gleichgewicht bringen.
de.se.qui.lí.bri.o s.m. Unausgeglichenheit.
de.ser.ção s.m. Fahnenflucht.
de.ser.tar v.t. e v.i. überlaufen.
de.ser.to adj. (despovoado, abandonado) Wüste, öde; s.m. (lugar ermo e estéril), Leere.
de.ses.pe.rar v.t. e v.i. verzweifeln.
de.ses.pe.ro s.m. Hoffnungslosigkeit.
des.fa.ça.do adj. (cínico; desavergonhado) schamlos.
des.fal.car v.t. stehlen.

des.fa.le.cer v.i. e v.t. schwächen.
des.fa.le.ci.men.to s.m. Ohnmacht.
des.fal.que s.m. Unterschlagung.
des.fa.vor s.m. Verachtung.
des.fa.vo.rá.vel adj. ungünstig.
des.fa.vo.re.cer v.t. widersprechen.
des.fa.zer v.t. vernichten.
des.fe.char v.t. Schuss abfeuern.
des.fe.cho s.m. Ausgang, Ende.
des.fei.ta s.f. Beleidigung.
des.fi.lar v.t. e v.i. ausfädeln.
des.fi.lar v.i. aufmarschieren.
des.fi.le s.m. Vorbeimarsch.
des.fo.lhar v.t. e v.p. ablauben.
des.for.rar v.t. sich schadlos halten.
des.for.tu.na.do adj. unbekümmert.
des.fru.tar v.t. e v.p. Ertrag genießen.
des.gar.rar v.t. e v.p. irreleiten.
des.gas.tar v.t. verbrauchen.
des.gos.to s.m. Abscheu.
des.gos.to.so adj. verärgert, betrübt.
des.go.ver.na.do adj. unordentlich.
des.go.ver.nar v.t. e v.i. verschwenden.
des.go.ver.no s.m. Wirwarr.
des.gra.ça s.f. Unglück.
des.gra.ça.do adj. unglücklich.
des.gru.dar v.t. losmachen.
de.sig.na.ção s.f. Bezeichnung.
de.sig.nar v.t. bezeichnen.
de.sig.ni.o s.m. Vorhaben, Plan.
de.si.gual adj. unähnlich, ungleich.
de.si.gual.da.de s.f. Ungleichheit.
de.si.lu.são s.f. Enttäuschung.
de.sim.pe.dir v.t. beseitigen, freilegen.
de.sin.fec.ção s.f. Entseuchung.
de.sin.fe.tar v.t. desinfizieren.
de.sin.te.res.sa.do adj. uneigennützig.
de.sin.te.res.se s.m. Gleichgültigkeit.
de.sis.tên.ci.a s.f. Verzicht.
de.sis.tir v.t. von etwas absehen, aufgeben.

des.la.va.do adj. (atrevido; descarado) kühn.
des.le.al adj. treulos.
des.le.al.da.de s.f. Treulosigkeit.
des.lei.xa.do adj. nachlässig.
des.lei.xo s.m. Nachlässigkeit.
des.li.gar v.t. losmachen, ausschalten.
des.li.zar v.t. ausgleiten.
des.li.ze s.m. Fehltritt.
des.lo.ca.ção s.f. Übersiedlung, Verlegung.
des.lo.car v.t. versetzen.
des.lum.bra.men.to s.m. Glanz, Luxus.
des.lum.bran.te adj. prächtig.
des.lum.brar v.t. e v.p. blenden.
des.lus.trar v.t. (embaciar; empanar) verdunkeln.
des.lus.tre s.m. (desdouro, desonra; mácula) Unehre.
des.mai.a.do adj. schwach, ohnmächtig.
des.mai.ar v.t. ohnmächtig werden.
des.mai.o s.m. Ohnmacht.
des.man.cha.pra.ze.res s.m. e s.f. Störenfried.
des.man.char v.t. auflösen.
des.man.cho s.m. (desarranjo; contratempo) Unordnung.
des.man.do s.f. Missbrauch.
des.mas.ca.rar v.t. entlarven.
des.ma.ze.lar-se v.p. sich gehenlassen.
des.me.di.do adj. maßlos.
des.men.ti.do s.m. Dementi.
des.men.tir v.t. Lügen strafen.
des.mi.u.dar v.t. (esmiuçar, pormenorizar) zerkrümeln.
des.mon.tar v.t. abmontieren, anwerfen, absitzen.
des.mo.ra.li.za.ção s.f. Zersetzung.
des.mo.ra.li.zar v.t. demoralisieren.
des.mo.ro.na.men.to s.m. Einsturz.
des.ne.ces.sá.ri.o adj. unnötig, unnütz.
des.ní.vel s.m. Unebenheit.
des.ni.ve.lar v.t. unterscheiden, vershellen, stören.

des.nu.tri.ção s.f. Abmagerung.
de.so.be.de.cer v.t. ungehorsam sein.
de.so.be.di.ên.ci.a s.f. Ungehorsam.
de.so.be.di.en.te adj. ungehorsam.
de.so.bri.gar v.t. freisprechen.
de.sobs.tru.ir v.t. Verstopfung beheben.
de.so.cu.pa.do adj. arbeitslos, Arbeitsloser.
de.so.cu.par v.t. räumen.
de.so.la.ção s.f. Trostlosigkeit.
de.so.la.do adj. trostlos.
de.so.lar v.t. verwüsten.
de.so.nes.ti.da.de s.f. Unehrlichkeit.
de.so.nes.to adj. unehrenhaft.
de.son.ra s.f. Unehre.
de.son.rar v.t. entehren.
de.son.ro.so adj. demütigend.
de.sor.dem s.f. Wirwarr, Unordnung.
de.sor.de.na.do adj. unordentlich.
de.sor.de.nar v.t. unordentlich werden.
de.sor.ga.ni.za.ção s.f. Zerrüttung.
de.sor.ga.ni.zar v.t. auflösen.
de.so.ri.en.ta.ção s.f. Ziellosigkeit.
de.so.ri.en.tar v.t. irremachen.
de.so.var v.i. laichen.
des.pa.cha.do adj. behende.
des.pa.char v.t. abfertigen.
des.pa.cho s.m. Abfertigung.
des.pau.té.ri.o s.m. (disparate; tolice) Torheit.
des.pe.di.da s.f. Abschied, Ende.
des.pe.dir v.t. verabschieden.
des.pei.tar v.t. ärgern.
des.pei.to s.m. Verdruss, Trotz.
des.pe.ja.do adj. leer, frei, frech.
des.pe.jar v.t. ausgießen, entleeren.
des.pen.der v.t. ausgeben.
des.pen.sa s.f. Speisekammer.
des.per.di.çar v.t. verschwenden.
des.per.di.ci.o s.m. Verschwendung.
des.per.ta.dor s.m. Wecker.

des.per.tar v.t. wecken, ermuntern.
des.per.to adj. aufgeweckt.
des.pe.sa s.f. Ausgabe, Kosten.
des.pi.do adj. kahl.
des.pir v.t. entkleiden.
des.po.jar v.t. berauben.
des.po.jo s.m. (presa; espólio; restos) Plünderung.
des.por.to s.m. Zerstreuung, Erholung.
des.po.sar v.t. verheiraten.
dés.po.ta s.m. e s.f. Gewaltherrscher.
des.pó.ti.co adj. beliebig.
des.po.tis.mo s.m. (absolutismo; tirania, opressão) Willkür.
des.pre.gar v.t. entfalten.
des.pren.di.men.to s.m. Loslösung.
des.pre.o.cu.pa.ção s.f. Vorurteilslosigkeit.
des.pres.ti.gi.o s.m. Verlust des Ansehens.
des.pre.ten.si.o.so adj. einfach.
des.pre.ve.nir v.t. vernachlässigen.
des.pre.zar v.t. verachten.
des.pre.zí.vel adj. verächtlich.
des.pre.zo s.m. Verachtung.
des.pro.por.ção s.f. Missverhältnis.
des.pro.por.ci.o.nal adj. unverhältnismäßig.
des.pro.po.si.ta.do adj. unsinnig.
des.pro.te.ger v.t. verlassen.
des.qua.li.fi.ca.do adj. ungeschickt.
des.qua.li.fi.car v.t. entehren.
des.re.grar v.t. in Unordnung bringen.
des.res.pei.tar v.t. missbeachten, nicht beachten.
des.res.pei.to s.m. Frechheit.
des.ta.car v.t. entsenden, hervorheben, auszeichnen.
des.ta.car-se v.p. hervortreten.
des.tam.par v.t. den Deckel abheben, entkorken.
des.tem.pe.ran.ça s.f. (desordem; intempérie) Ausschweifung.

des.tem.pe.ro s.m. Durcheinander.
des.ti.la.ção s.f. Destillierung.
des.ti.la.dor s.m. Brennkolben.
des.ti.lar v.t. destillieren.
des.ti.nar v.t. bestimmen.
des.ti.no s.m. Schicksal.
des.ti.tu.i.ção s.f. Absetzung.
des.ti.tu.ir v.t. entsetzen.
des.to.an.te adj. falsch, unpassend.
des.tor.cer v.t. (endireitar) aufrichten.
des.tram.be.lha.do adj. unbeholfen.
des.tram.be.lhar v.t. (desarranjar-se, desconcertar-se) stören, in Unordnung bringen.
des.tra.var v.t. lockern.
des.tre.za s.f. Geschicklichkeit.
des.trin.çar v.t. (desenredar, deslindar, esmiuçar) entwirren.
des.tro adj. geschickt, schlau.
des.tro.çar v.t. in Stücke teilen, aufteilen.
des.tro.ço s.m. Verfall.
des.tru.i.ção s.f. Zerstörung.
des.tru.ir v.t. zerstören.
de.su.ma.ni.da.de s.f. Grausamkeit.
de.su.ma.no adj. unmenschlich.
de.su.ni.ão s.f. Uneinigkeit.
de.su.nir v.t. trennen.
des.va.li.do adj. hilflos, unglücklich, flendig.
des.va.lo.ri.za.ção s.f. Abwertung.
des.va.lo.ri.zar v.t. entwerten.
des.va.ne.ci.do adj. eitel.
des.va.ne.ci.men.to s.m. Ohnmacht.
des.van.ta.gem s.f. Nachteil.
des.van.ta.jo.so adj. nachteilig.
des.vão s.m. (recanto; esconderijo) Dachgeschoss.
des.ve.lo s.m. Eifer, Wachsamkeit.
des.ven.dar v.t. entdecken.
des.ven.tu.ra s.f. Unglück.
des.vi.ar v.t. vom Wege abbringen.
des.vin.cu.lar v.t. losmachen.

des.vi.o s.m. Ablenkung.
de.ta.lhar v.t. ausführlich beschreiben.
de.ta.lhe s.m. Einzelheit, Detail.
de.ten.ça s.f. (tardança; demora; delonga) Verzögerung.
de.ten.ção s.f. Verhaftung.
de.ten.tor s.m. Träger.
de.ter v.t. zurückbehalten.
de.ter.mi.na.ção s.f. Entschluss.
de.ter.mi.nar v.t. entscheiden.
de.tes.tar v.t. verabscheuen.
de.tes.tá.vel adj. abscheulich.
de.ti.do s. Häftling.
de.to.nar v.t. knallen, verpuffen.
de.tra.ção s.f. Verleumdung.
de.tra.ir v.t. (desacreditar, difamar) verleumden.
de.trás adv. hinten.
de.tra.tor s. Verleumder.
de.tri.to s.m. Gestein.
de.us s.m. Gott.
de.u.sa s.f. Göttin.
de.va.gar adv. langsam; nicht so eilig.
de.va.ne.ar v.t. e v.i. grübeln.
de.va.nei.o s.m. Phantasie.
de.vas.sar v.t. aufdecken, verbreiten.
de.vas.si.dão s.f. Liederlichkeit.
de.vas.so adj. liederlich.
de.vas.ta.ção s.f. Verwüstung.
de.vas.tar v.t. verwüsten.
de.ve.dor s.m. Schuldner.
de.ver s.m. (obrigação, incumbência) Pflicht; v.t. (ter dívidas) schulden.
de.ve.ras adv. (realmente; verdadeiramente, francamente) wirklich.
de.vi.do adj. infolge.
de.vo.ção s.f. Andacht.
de.vo.lu.ção s.f. Rückgabe.
de.vol.ver v.t. zurückgeben.
de.vo.rar v.t. verschlingen, verzehren.
de.vo.tar v.t. schenken.
de.vo.to adj. andächtig.
dez num. Zehn.
de.zem.bro s.m. Dezember.
di.a s.m. Tag.
di.a.bo s.m. Teufel.
di.a.bó.li.co adj. teuflisch.

DIABRURA • DISSERTAÇÃO

di.a.bru.ra s.f. Kinderstreich.
di.á.fa.no adj. (transparente, translúcido) durchscheinend.
di.ag.nós.ti.co s.m. Diagnose, Erkennen der Krankheit.
di.a.go.nal adj. schräg, diagonal. s. Diagonale.
di.a.le.to s.m. Mundart, Dialekt.
di.á.lo.go s.m. Dialog, Zwiegespräch.
di.a.man.te s.m. Diamant.
di.â.me.tro s.m. Durchmesser.
di.an.te adv. vor.
di.an.tei.ra s.f. Vorderteil.
di.á.ri.a s.f. (ganho por um dia; quantia que se paga por um dia) Tagelohn.
di.á.ri.o adj. täglich, s.m. Tagebuch.
di.ar.rei.a s.f. Durchfall.
dic.ção s.f. Wort, Ausdruck.
di.ci.o.ná.ri.o s.m. Wörterbuch.
di.e.ta s.f. Krankenkost, Diät.
di.fa.ma.ção s.f. Verleumdung.
di.fa.ma.dor s.m. Verleumder.
di.fa.mar v.t. verleumden.
di.fe.ren.ça s.f. Unterschied, Differenz.
di.fe.ren.çar v.t. unterscheiden.
di.fe.ren.te adj. verschieden.
di.fe.rir v.t. aufschieben.
di.fí.cil adj. schwierig.
di.fi.cul.da.de s.f. Schwierigkeit.
di.fi.cul.tar v.t. erschweren.
di.fun.dir v.t. ausgießen.
di.fu.são s.f. Ausgießung.
di.fu.so adj. verschwommen.
di.ge.rir v.t. Verdauung.
di.ges.tão s.f. Verdauung.
dig.ni.da.de s.f. Würde.
dig.ni.fi.car v.t. wachsen, preisen.
dig.no adj. würdig.
di.gres.são s.f. (divagação; passeio, viagem) Ausflug.
di.la.ção s.f. (adiamento, delonga) Aufschub.
di.la.ce.ra.ção s.f. Zerrissenheit.
di.la.pi.da.ção s.f. Verschwendung.
di.la.ta.ção s.f. Erweiterung.
di.la.ta.do adj. weitläufig.
di.la.tar v.t. ausdehnen.

di.le.ma s.m. Zwiespalt.
di.le.tan.te s.m. e s.f. (amador) Nichtfachmann.
di.li.gên.ci.a s.f. Emsigkeit.
di.lu.ci.dar v.t. (esclarecer, explicar) aufklären.
di.lu.ir v.t. auflösen.
di.lú.vi.o s.m. Überschwemmung, Flut, Sintflut.
di.ma.nar v.t. (fluir; emanar, manar) entstammen.
di.men.são s.f. Ausdehnung, Dimension.
di.mi.nu.i.ção s.f. Verminderung.
di.mi.nu.ir v.t. vermindern.
di.mi.nu.to adj. klein, gering.
di.nâ.mi.co adj. dynamisch.
di.na.mi.te s.f. Dynamit.
di.nas.ti.a s.f. Herrscherhaus, Dynastie.
di.nhei.ro s.m. Geld.
di.plo.ma s.m. Diplom.
di.plo.ma.ci.a s.f. Diplomatie.
di.plo.má.ti.co adj. diplomatisch.
di.que s.m. (açude, comporta) Deich, Damm.
di.re.ção s.f. Richtung.
di.rei.ta s.f. (a mão direita; o lado direito) Rechte.
di.rei.to adj. rechts.
di.re.to adj. direkt, gerade.
di.re.tor s.m. Leiter, Direktor.
di.ri.gen.te s.m. Leiter.
di.ri.gir v.t. leiten, richten.
di.ri.mir v.t. (anular; extinguir) null und nichtig erklären.
dis.ci.pli.na s.f. Zucht, Lehre, Disziplin.
dis.ci.pli.nar v.t. strafen.
dis.ci.pu.lo s.m. Schüler, Jünger.
dis.co s.m. Scheibe, Schallplatte.
dis.cor.dân.ci.a s.f. Misston, Uneinigkeit.
dis.cor.dan.te adj. unvereinbar.
dis.cor.dar v.t. nicht übereinstimmen.
dis.cór.di.a s.f. Streit.
dis.cor.rer v.t. (tratar, expor; discutir) durchlaufen.
dis.cre.pân.ci.a s.f. (disparidade, divergência) Widerspruch.

dis.cre.pan.te adj. widersprechend.
dis.cre.par v.t. sich unterscheiden.
dis.cre.to adj. verschwiegen.
dis.cri.ção s.f. Verschwiegenheit.
dis.cri.mi.na.ção s.f. Diskriminierung, Unterscheidung.
dis.cri.mi.nar v.t. unterscheiden.
dis.cur.so s.m. Vortrag, Gespräch, Diskurs.
dis.cus.são s.f. Erörterung.
dis.cu.tir v.t. besprechen.
dis.cu.tí.vel adj. zweifelhaft.
dis.far.çar v.t. verkleiden.
dis.far.ce s.m. Verkleidung.
dis.for.me adj. unförmlich, plump.
dis.par adj. ungleich.
dis.pa.rar v.t. abschießen.
dis.pa.ra.te s.m. Torheit.
dis.pa.ri.da.de s.f. Unterschied.
dis.pa.ro s.m. Schuss.
dis.pên.di.o s.m. Aufwand, Verlust.
dis.pen.di.o.so adj. kostspielig.
dis.pen.sa s.f. Erlass, Befreiung.
dis.pen.sar v.t. von etwas entbinden.
dis.pen.sá.ri.o s.m. (onde se atende gratuitamente doentes pobres ou crianças) Armenapotheke.
dis.pen.sá.vel adj. erlässlich, unnötig.
dis.pep.si.a s.f. (distúrbio da função digestiva) Verdauungsschwäche.
dis.per.são s.f. Zerstreuung.
dis.per.sar v.t. zerstreuen.
dis.per.so adj. zerstreut.
dis.po.ní.vel adj. verfügbar.
dis.por v.t. verfügen.
dis.po.si.ção s.f. Verfügen.
dis.po.si.ti.vo s.m. Vorrichtung.
dis.pos.to adj. bereit.
dis.pu.ta s.f. Streit, Kampf.
dis.pu.tar v.t. streiten, kämpfen.
dis.se.mi.nar v.t. zerstreuen.
dis.sen.são s.f. (divergência, desavença) Misshelligkeit.
dis.ser.ta.ção s.f. Abhandlung.

dis.ser.tar v.t. behandeln, sprechen über.
dis.si.dên.ci.a s.f. Spaltung.
dis.si.den.te adj. andersdenkend.
dis.si.dí.o s.m. (desinteligência; dissenção) Misshelligkeit.
dis.si.mu.la.ção s.m. Vortäuschung.
dis.si.mu.lad.o adj. verborgen.
dis.si.mu.lar v.t. (disfarçar, fingir; ocultar, encobrir) sich verstellen.
dis.si.pa.ção s.f. Verschwendung.
dis.si.pa.dor s. Verschwender.
dis.si.par v.t. durchbringen.
dis.so.ci.a.ção s.f. Trennung.
dis.so.ci.ar v.t. trennen, absondern.
dis.so.lu.ção s.f. Auflösung.
dis.so.lú.vel adj. (que se pode dissolver) auflösbar.
dis.sol.ven.te s. (corruptor; demolidor; desorganizador) Auflösungs, Lösemittel.
dis.sol.ver v.t. auflösen.
dis.so.nân.ci.a s.f. Misston.
dis.so.nar v.t. verstimmen.
dis.tân.ci.a s.f. Entfernung, Abstand, Distanz.
dis.tan.ci.ar v.t. fernhalten.
dis.tan.te adj. entfernt.
dis.ten.der v.t. strecken.
dis.ten.são s.f. Ausdehnung.
dis.ti.co s.m. (divisa, letreiro; lema; rótulo) Distichon; Inschrift, Aufschrift.
dis.tin.ção s.f. Unterscheidung.
dis.tin.guir v.t. unterscheiden.
dis.tin.ti.vo s.m. Kennzeichen.
dis.tin.to adj. deutlich.
dis.tra.ção s.f. Zerstreutheit.
dis.tra.í.do adj. zerstreut.
dis.tra.ir v.t. e v.p. zerstreuen.
dis.tri.bu.i.ção s.f. Verteilung.
dis.tri.bu.ir v.t. verteilen.
dis.tri.to s.m. Bezirk.
dis.túr.bi.o s.m. Unruhe.
di.ta s.f. (ventura, fortuna; felicidade, satisfação; prazer) Glückseligkeit.
di.ta.do s.m. Diktat, Sprichwort.

di.ta.dor s.m. Diktator.
di.ta.du.ra s.f. Diktatur.
di.ta.me s.m. (parecer, opinião; preceito; sentença) Urteil.
di.tar v.t. in die Feder sagen, diktieren.
di.to s.m. Sprichwort.
di.ur.no s. Tagesdienst.
di.vã s.m. (sofá sem encosto) Diwan.
di.va.ga.ção s.f. Abschweifung.
di.va.gar v.i. e v.t. umherschweifen.
di.ver.gên.ci.a s.f. Auseinanderlaufen.
di.ver.gen.te adj. entgegengesetzt.
di.ver.gir v.t. vom Wege abbringen.
di.ver.são s.f. Zerstreuung.
di.ver.si.da.de s.f. Verschiedenheit.
di.ver.so adj. verschieden.
di.ver.ti.do adj. unterhaltend.
di.ver.ti.men.to s.m. Vergnügen.
di.ver.tir v.t. e v.p. vergnügen.
di.ví.da s.f. Schuldigkeit, Schuld.
di.vi.dir v.t. e v.p. teilen.
di.vin.da.de s.f. Gottheit.
di.vi.ni.zar v.t. vergöttern.
di.vi.no adj. göttlich.
di.vi.sa s.f. Devise, Wahlspruch.
di.vi.são s.f. Teilung, Division.
di.vi.sar v.t. bemerken.
di.vor.ci.ar v.t. e v.p. absondern, scheiden.
di.vór.cio s.m. Scheidung.
di.vul.ga.ção s.f. Verbreitung.
di.vul.gar v.t. verbreiten.
di.zer v.t. sagen, aussagen.
di.zi.mar v.t. dezimieren.
dó s.m. Schmerz, Trauer.
do.a.ção s.f. Schenkung.
do.a.dor s.m. Geber; Spender.
do.ar v.t. schenken, spenden.
do.blez s.f. (fingimento, simulação; hipocrisia) Falschheit.
do.bra.di.ça s.f. (bisagra) Scharnier.
do.bra.do adj. doppelt.
do.brar v.t. verdoppeln, falten.

do.brez s.f. (hipocrisia; perfídia) Heuchelei.
do.bro s.m. Doppel.
do.ca s.f. Dock.
do.ça.ri.a s.f. (confeitaria) Süßwaren.
do.ce adj. süß.
do.cil adj. gelehrig.
do.ci.li.da.de s.f. Süßigkeit.
do.cu.men.to s.m. Dokument, Urkunde.
do.çu.ra s.f. Süßigkeit, Süße.
do.en.ça s.f. Krankheit.
do.en.te adj. krank. s.m. e s.f. Kranke.
do.er v.i. e v.t. schmerzen.
do.es.to s.m. (injúria, insulto; descompostura, vitupério) Beleidigung.
dog.ma s.m. Vorschrift.
dog.má.ti.co adj. dogmatisch.
doi.di.ce s.f. Narrheit.
doi.do adj. toll. s. Verrückter, Narr.
do.is num. Zwei.
do.len.te adj. (doloroso; aflitivo; triste) schmerzlich.
do.lo s.m. (engano, fraude) Betrug.
do.lo.ro.so adj. schmerzhaft.
do.lo.so adj. (desleal, fraudulento) treulos.
dom s.m. (condão; poder) Gabe, Begabung.
do.mar v.t. bändigen.
do.mes.ti.car v.t. zähmen.
do.més.ti.co adj. häuslich.
do.mi.ci.li.o s.m. Wohnung, Wohnsitz.
do.mi.na.ção s.f. Herrschaft.
do.mi.nan.te adj. vorherrschend.
do.mi.nar v.t. herrschen.
do.min.go s.m. Sonntag.
do.mi.ni.o s.m. Macht, Herrschaft, Gewalt, Domäne.
do.mo s.m. (cúpula, zimbório) Kuppel.
do.na s.f. Herrin, Dame, Gebieterin.
do.nai.re s.m. (elegância, garbo) Anstand.
do.na.ti.vo s.m. Schenkung.
do.no s.m. Herr, Eigentümer.

don.ze.la *s.f. (virgem, pura)* Fräulein.
dor *s.f.* Schmerz.
dor.mên.ci.a *s.f.* Lähmung.
dor.men.te *adj.* schlafend.
dor.mir *v.i.* schlafen, ruhen.
dor.mi.tó.ri.o *s.m.* Schlafsaal.
dor.so *s.m. (costa, reverso)* Rücken.
do.sar *v.t.* dosieren.
do.se *s.f. (porção, quantidade)* Dosis.
do.ta.ção *s.f.* Ausstattung.
do.tar *v.t.* ausstatten.
do.te *s.m.* Mitgift.
dou.ra.do *adj.* vergoldet, golden.
dou.rar *v.t.* vergolden.
dou.to *adj. (sábio, ilustre, erudito)* gelehrt.
dou.tor *s.m.* Doktor, Arzt.
dou.tri.na *s.f.* Glaubenslehre.
dou.tri.nar *v.t.* lehren.
do.ze *num.* Zwölf.
dra.ma *s.m.* Schauspiel.
dra.má.ti.co *adj.* dramatisch.
dra.ma.ti.zar *v.t.* dramatisieren.
dra.ma.tur.go *s.m.* Dramatiker.
drás.ti.co *adj.* tatkräftig, drastisch.
dro.ga *s.f.* Droge.
du.bi.e.da.de *s.f.* Zweifel.
dú.bi.o *adj.* unschlüssig.
du.cha *s.f.* Dusche, Brause.
dúc.til *adj. (flexível; adaptável; elástico)* geschmeidig.
du.e.lo *s.m.* Zweikampf.
du.en.de *s.m.* Kobold.
du.e.to *s.m.* Duett.
dul.ci.fi.car *v.t. (adoçar; suavizar, abrandar)* versüßen.
du.pli.ca.ção *s.f.* Verdoppelung.
du.pli.ca.do *s.* Duplikat.
du.pli.car *v.t.* verdoppeln.
du.pli.ca.ta *s.f.* Duplikat, Kopie.
du.plo *num. e s.m.* Doppelte.
du.ra.ção *s.f.* Dauer.
du.ra.dou.ro *adj.* dauernd, dauerhaft.
du.ran.te *prep.* während.
du.rar *v.t.* währen.
du.rá.vel *adj.* dauerhaft.
du.re.za *s.f.* Härte.
du.ro *adj.* hart.
dú.vi.da *s.f.* Zweifel.
du.vi.dar *v.t. e v.i.* zweifeln.
du.vi.do.so *adj.* zweifelhaft.
dú.zi.a *s.f.* Dutzend.

E

E quinta letra do alfabeto português e do alfabeto alemão; mi (nota musical); *conj. (mas, também)* und.
é.ba.no *s.m.* Ebenholz.
é.bri.o *adj.* berauscht.
e.bu.li.ção *s.f.* Sieden.
e.bu.li.en.te *adj. (fervente)* kochend, siedend.
e.clip.se *s.m.* Verfinsterung.
e.co *s.m.* Echo.
e.co.ar *v.t.* widerhallen.
e.co.lo.gi.a *s.f.* Ökologie.
e.co.no.mi.a *s.f.* Sparsamkeit, Wirtschaft.
e.co.nô.mi.co *adj.* sparsam, billig.
e.co.no.mi.zar *v.t.* sparen, erübrigen.
ec.ze.ma *s.m. (afecção cutânea)* Hautflechte.
e.de.ma *s.m. (inchação, tumefação)* Geschwulst.
e.di.ção *s.f.* Ausgabe, Auflage.
e.di.fi.ca.ção *s.f.* Erbauung.
e.di.fi.can.te *adj.* erbaulich, beispielhaft.
e.di.fi.car *v.t.* erbauen.
e.di.fí.ci.o *s.m.* Gebäude.
e.di.tar *v.t.* herausgeben.
e.di.to *s.m.* Edikt.
e.di.tor *s.m.* Herausgeber, Verleger.
e.di.to.ra *s.f.* Verlagshaus.
e.du.ca.ção *s.f.* Erziehung.
e.du.ca.dor *s.m.* Hofmeister.
e.du.car *v.t.* erziehen.
e.du.ca.ti.vo *adj.* erzieherisch.
e.fei.to *s.m.* Wirkung.
e.fê.me.ro *adj.* eintägig, Kurzlebig.
e.fe.mi.na.do *adj.* weibisch.
e.fe.mi.nar *v.t.* verweichlichen.
e.fer.ves.cên.ci.a *s.f.* Aufbrausen, Wallung.
e.fe.ti.var *v.t.* verwirklichen.
e.fe.ti.vo *adj.* effektiv.
e.fe.tu.ar *v.t.* ausführen.
e.fi.cá.ci.a *s.f.* Wirksamkeit.
e.fi.caz *adj.* wirksam.
e.fi.ci.ên.ci.a *s.f.* Wirksamkeit.
e.fi.ci.en.te *adj.* wirksam.
e.fí.gi.e *s.f. (figura; imagem, representação)* Gestalt, Bildnis.
e.fu.são *s.f. (expansão; demonstração, manifestação)* Erguss.
e.gíp.ci.o *adj.* e *s.m.* ägyptisch, Ägypter.
e.go.ís.mo *s.m.* Selbstsucht, Egoismus.
e.go.ís.ta *adj.* selbstsüchtig, egoistisch.
e.gres.so *s.m.* Fortschaffung.
é.gua *s.f.* Stute.
eis *adv.* e *interj.* da ist es!, hier ist.
ei.xo *s.m.* Achse.
e.ja.cu.la.ção *s.f.* Ausspritzung.
e.ja.cu.lar *v.t.* ausspritzen.
ela *pron. pessoal* sie.
e.la.bo.ra.ção *s.f.* Ausarbeitung.
e.la.bo.rar *v.t.* ausarbeiten.
e.las.ti.ci.da.de *s.f.* Elastizität.
e.lás.ti.co *adj.* elastisch.
ele *pron. er.*
e.le.fan.te *s.m.* Elefant.
e.le.gân.ci.a *s.f.* Eleganz.
e.le.gan.te *adj.* fein, elegant.
e.le.ger *v.t.* wählen.
e.lei.ção *s.f.* Wahl.
e.lei.to *adj.* erwählt.
e.lei.tor *s.m.* Wähler.
e.le.men.tar *adj.* grundlegend.
e.le.men.to *s.m.* Grundstoff.
e.le.tri.ci.da.de *s.f.* Elektrizität.
e.le.tri.cis.ta *s.m.* e *s.f.* Elektriker, Elektroinstallateur.
e.lé.tri.co *adj.* elektrisch.
e.le.tri.zar *v.t.* elektrisieren.
e.le.va.ção *s.f.* Lobspruch, Lob.
e.le.va.do *adj.* hoch.
e.le.va.dor *s.m.* Lift, Aufzug.
e.le.var *v.t.* erhöhen, aufstellen.
e.li.mi.na.ção *s.f.* Beseitigung.
e.li.mi.nar *v.t.* wegschaffen, eliminieren.
e.lip.se *s.f.* Ellipse.
e.li.são *s.f. (supressão, eliminação, exclusão)* Beseitigung.
e.li.te *s.f.* Adelsherrschaft, Elite.
e.li.xir *s.m.* Filter, Elixier.
el.mo *s.m.* Helm.
e.lo *s.m.* Ring, Ranke, Glied.
e.lo.gi.ar *v.t.* loben, preisen.
e.lo.gi.o *s.m.* Lobspruch, Lob.
e.lo.quên.ci.a *s.f.* Beredsamkeit.
e.lu.ci.da.ção *s.f.* Erklärung.
em *prep.* in.
e.ma.gre.cer *v.i.* abnehmen.
e.ma.gre.ci.men.to *s.m.* Gewichtsabnahme.
e.man.ci.pa.ção *s.f.* Emanzipation, bürgerliche Gleichstellung.
e.man.ci.par *v.t.* emanzipieren, mündigsprechen.
e.ma.ra.nha.do *adj.* verworren.
em.ba.ça.do *adj.* sprachlos.
em.ba.çar *adj.* sprachlos sein.
em.ba.ir *v.t. (empanar; embaçar)* trüben, beschlagen.
em.bai.xa.da *s.f.* Gesandtschaft, Botschaft.
em.bai.xa.dor *s.m.* Gesandter, Botschafter.
em.ba.la.gem *s.f.* Verpackung.
em.ba.lar *v.t.* verpacken, einpacken.

em.bal.de *adv. (inutilmente, em vão)* vergeblich.
em.ba.lo *s.m.* Schwanken.
em.bal.sa.mar *v.t.* einbalsamieren.
em.ba.ra.çar *v.t.* hindern, hemmen.
em.ba.ra.ço *s.m.* Hindernis, Verlegenheit.
em.ba.ra.lhar *v.t.* mischen.
em.bar.ca.ção *s.f.* Fahrzeug.
em.bar.ca.dou.ro *s.m.* Landungsplatz.
em.bar.car *v.t. e v.i.* einschiffen.
em.bar.go *s.m.* Beschlagnahme, Hindernis.
em.bar.que *s.m.* Einschiffung.
em.ba.te *s.m.* Prall, Aufprall.
em.ba.ter *v.t.* prallen (auf).
em.be.ber *v.t.* imprägnieren, eintränken.
em.be.bi.do *adj.* durchdrungen (von).
em.be.le.zar *v.t.* verschönern.
em.ble.ma *s.m.* Sinnbild.
em.bo.ca.du.ra *s.f.* Mündung.
êm.bo.lo *s.f.* Kolben.
em.bol.sar *v.t.* einstecken.
em.bo.ra *adv. e conj.* obgleich.
em.bor.ra.char *v.t.* betrunken machen.
em.bo.tar *v.t.* abstumpfen, stumpf machen.
em.bran.que.cer *v.t.* bleichen, weiß werden.
em.bra.ve.cer *v.t. (enfurecer, irritar)* wild werden.
em.bre.nhar *v.t.* durchdringen.
em.bri.a.gar *v.t. e v.p.* berauschen.
em.bri.ão *s.m.* Embryo, Keimling.
em.bru.lha.da *s.f.* Verwirrung.
em.bru.lhar *v.t.* einwickeln.
em.bru.lho *s.m.* Paket, Verwirrung.
em.bus.te *s.m.* Schwindel.
em.bu.ti.do *adj.* eingelegt, eingebaut. *s.m.* Einbauschrank.
em.bu.tir *v.t.* tiefziehen, versenken, einlegen.
e.men.da *s.f.* Verbesserung.

e.men.dar *v.t. e v.p.* berichtigen, verbessern.
e.mer.gên.ci.a *s.f.* Ernstfall, Dringlichkeit.
e.mer.gir *v.i.* auftauchen.
e.mé.ri.to *adj.* ausgedient.
e.mer.são *s.f.* Auftauchen.
e.mi.gra.ção *s.f.* Auswanderung.
e.mi.grar *v.t.* auswandern.
e.mi.nên.ci.a *s.f.* Anhöhe.
e.mi.nen.te *adj.* erhaben.
e.mis.são *s.f.* Ausstrahlung, Sendung (rádio, TV).
e.mis.sá.ri.o *s.m.* Sendbote, Abgesandter.
e.mi.tir *v.t.* bekanntgeben.
e.mo.ção *s.f.* Aufregung, Emotion.
e.mo.ci.o.nar *v.t.* bewegen.
em.pa.char *v.t. (empanturrar)* sättigen.
em.pa.co.tar *v.t.* in Pakete verpacken.
em.pa.re.lhar *v.t. e v.p.* paaren.
em.pas.tar *v.t. (reduzir a pasta; untar com pasta)* leimen, verkleben.
em.pa.te *s.m.* Unentschieden, Remis.
em.pa.vo.nar *v.t. (ensoberbecer, envaidecer)* schwellen.
em.pe.cer *v.t. (prejudicar, transtornar; embaraçar; impedir)* verhindern.
em.pe.ci.lho *s.m.* Hindernis.
em.pe.der.ni.do *adj.* unerbittlich.
em.pe.dra.do *adj.* gepflasterte Straße.
em.pe.nar *v.t.* sich werfen.
em.pe.nhar *v.t. e v.p.* verpfänden, versetzen.
em.pe.nho *s.m.* Verpfändung.
em.per.rar *v.t.* zum Stocken bringen.
em.per.ti.ga.do *adj.* eitel.
em.per.ti.gar *v.t. e v.p.* aufrichten.
em.pes.tar *v.t.* beflecken.
em.pi.lhar *v.t.* aufstapeln.
em.pi.na.do *adj.* hochragend.
em.pi.nar *v.t.* emporheben.
em.pí.ri.co *adj.* erfahrungsmäßig.

em.po.bre.cer *v.t. e v.i.* verarmen.
em.po.la *s.f. (ampola; bolha, borbulha)* Blase.
em.po.lar *v.t.* blasen werfen, sich aufspielen.
em.pol.gar *v.t. e v.p.* erwischen.
em.pó.ri.o *s.m.* Handelsplatz.
em.pre.en.de.dor *adj.* unternehmend. *s.* Unternehmer.
em.pre.en.di.men.to *s.m.* Unternehmen.
em.pre.ga.do *adj.* angestellt. *s.m.* Angestellter.
em.pre.gar *v.t.* anwenden.
em.pre.go *s.m.* Verwendung, Anstellung.
em.prei.ta.da *s.f.* Akkord.
em.pre.sa *s.f.* Unternehmen.
em.pre.sá.ri.o *s.m.* Unternehmer, Leiter.
em.pres.tar *v.t.* leihen, borgen.
em.prés.ti.mo *s.m.* Anleihe, Darlehen.
em.pro.a.do *adj. (vaidoso, orgulhoso, soberbo, arrogante)* eitel.
em.pu.nhar *v.t.* ergreifen, packen.
em.pur.rão *s.m.* Stoß, Puff.
em.pur.rar *v.t.* stoßen, puffen.
e.mu.la.ção *s.f. (estímulo; rivalidade, concorrência)* Wetteifer.
ê.mu.lo *s.m.* Nebenbuhler.
en.ca.bu.lar *v.t.* beschämen.
en.ca.de.a.men.to *s.m.* Verkettung.
en.ca.de.ar *v.t.* anketten, fesseln.
en.ca.der.na.ção *s.f.* Einband.
en.ca.der.nar *v.t.* einbinden.
en.cai.xar *v.t.* in Kisten verpacken.
en.cal.ço *s.m.* Spur.
en.ca.lhar *v.t.* stranden, festfahren.
en.ca.lhe *s.m.* Sandbank, Untiefe.
en.ca.mi.nhar *v.t.* auf den Weg, in Gang bringen.
en.ca.na.men.to *s.m.* Rohrstrang, Kanalisation.

en.ca.nar v.t. kanalisieren, schienen (Verwundete)
en.ca.ne.cer v.t. ergrauen.
en.can.ta.dor s. Zauberer. adj. bezaubernd.
en.can.tar v.t. bezaubern.
en.can.to s.m. Zauberei.
en.ca.par v.t. einhüllen.
en.ca.pe.lar v.t. e v.i. (agitar; erguer, levantar) aufwühlen.
en.ca.po.tar v.t. verhüllen.
en.ca.rar v.t. ins Auge fassen.
en.car.ce.rar v.t. einkerkern.
en.ca.re.cer v.t. verteuern.
en.ca.re.ci.men.to s.m. Verteuerung.
en.car.go s.m. Auftrag.
en.car.na.do adj. rot.
en.car.ni.çar v.t. (açular, assanhar, excitar) aufhetzen.
en.car.re.ga.do s.m. Beauftragter.
en.car.re.gar v.t. beauftragen.
en.cé.fa.lo s.m. Gehirn.
en.ce.na.ção s.f. Inszenierung.
en.ce.nar v.t. inszenieren.
en.ce.ra.do s.m. Öltuch.
en.ce.rar v.t. wichsen.
en.cer.ra.men.to s.m. Einschließung.
en.cer.rar v.t. absperren, verbergen.
en.ce.tar v.t. (iniciar, começar, principiar) anschneiden, kosten.
en.char.car v.t. überfluten, durchnässen.
en.chen.te s.f. Flut, Hochwasser.
en.cher v.t. füllen.
en.chi.men.to s.m. Füllung.
en.ci.clo.pé.di.a s.f. Konversationslexikon.
en.ci.mar v.t. höherstellen.
en.co.ber.to adj. verstohlen.
en.co.lher v.t. abkürzen.
en.co.men.da s.f. Bestellung, Auftrag.
en.co.men.dar v.t. beauftragen.
en.con.trar v.t. antreffen.
en.con.tro s.m. Begegnung.
en.cor.pa.do adj. dick, beleibt.
en.cor.par v.t. zunehmen, wachsen.

en.cos.ta s.f. Hang.
en.cos.tar v.t. e v.i. stützen.
en.cos.to s.m. Stütze, Lehne.
en.co.var v.t. vergraben.
en.cra.var v.t. festnageln.
en.cren.ca s.f. Verwicklung.
en.cren.car v.t. schwierig machen.
en.cru.zi.lha.da s.f. Kreuzweg.
en.cur.tar v.t. verkürzen.
en.de.re.çar v.t. adressieren, richten an.
en.de.re.ço s.m. Anschrift.
en.di.vi.dar v.t. in Schulden setzen.
en.doi.de.cer v.t. verrückt werden.
en.dos.so s.m. (garantia) Indossament, Giro.
en.du.re.cer v.t. härten.
en.du.re.ci.men.to s.m. Verhärtung.
e.ner.gi.a s.f. Energie, Tatkraft.
e.nér.gi.co adj. tatkräftig.
e.ner.gú.me.no adj. besessen.
e.ne.vo.ar v.t. in Nebel hüllen.
en.fa.do s.m. Langeweile, Ärger.
en.fa.do.nho adj. langweilig.
en.far.dar v.t. verpacken.
en.far.tar v.t. vollstopfen.
ên.fa.se s.f. Eindringlichkeit, Emphase.
en.fá.ti.co adj. nachdrücklich.
en.fei.te s.m. Schminke.
en.fei.ti.çar v.t. bezaubern.
en.fei.xar v.t. bündeln.
en.fer.mar v.i. erkranken.
en.fer.ma.ri.a s.f. Krankensaal.
en.fer.mei.ro s.m. Krankenwärter.
en.fer.mi.da.de s.f. Krankheit.
en.fer.ru.jar v.t. verrosten.
en.fe.zar v.t. aufbringen.
en.fi.ar v.t. einfädeln.
en.fim adv. (finalmente, afinal) endlich.
en.for.car v.t. hängen, erhängen.
en.fra.que.cer v.t. abmagern.
en.fra.que.ci.do adj. feig.
en.fre.ar v.t. unterdrücken.
en.fren.tar v.t. gegenüberstellen.
en.fu.re.cer v.t. wütend machen.

en.ga.na.dor adj. lügenhaft.
en.ga.nar v.t. täuschen.
en.gan.char v.t. einhaken.
en.ga.no s.m. Betrug, Irrtum.
en.ga.no.so adj. trügerisch.
en.gas.gar v.t. (-se) sich verschlucken.
en.ga.tar v.t. zuhaken.
en.ga.ti.lhar v.t. spannen.
en.ge.nha.ri.a s.f. Ingenieurwissenschaft.
en.ge.nhei.ro s.m. Ingenieur.
en.ge.nho s.m. (gênio, talento; invenção, artifício) Anlage, Geist.
en.ge.nho.so adj. erfinderisch.
en.glo.bar v.t. zusammenfinden.
en.go.do s.m. Köder.
en.go.lir v.t. erschlingen.
en.go.mar v.t. leimen.
en.gor.dar v.t. dicker werden.
en.gra.ça.do adj. lustig.
en.gran.de.cer v.t. wachsen, preisen.
en.gran.de.ci.men.to s.m. Vergrößerung.
en.gra.xar v.t. Schuhe putzen.
en.gre.na.gem s.f. Zahngetriebe.
en.gre.nar v.t. einrasten.
en.gri.nal.dar v.t. (coroar; adornar, enfeitar) krönen.
en.gros.sar v.t. verdicken.
en.gui.a s.f. Aal.
en.gui.çar v.i. Unglück bringen.
en.gui.ço s.m. Unglück, Pech.
en.gu.lho s.m. Übelkeit.
e.nig.ma s.m. Rätsel.
e.nig.má.ti.co adj. geheimnisvoll.
en.jei.ta.do. adj. (rejeitado, desprezado, recusado, abandonado, exposto) verstoßen.
en.jei.tar v.t. verstoßen, aussetzen.
en.jo.ar v.t. übel, seekrank werden.
en.jo.a.ti.vo adj. widerwärtig, eklig.
en.jo.o s.m. Übelkeit.
en.la.ce s.m. Verbindung.
en.le.a.do adj. befangen.
en.lei.o s.m. Schlinge.

en.le.vo s.m. Begeisterung.
en.lo.dar v.t. (enlamear, conspurcar) besudeln.
en.lou.que.cer v.t. e v.i. verrückt werden.
en.lu.tar v.t. bestürzen.
en.no.bre.cer v.t. adeln, veredeln.
en.no.jar v.t. beleidigen.
en.no.jo s.m. (nojo, náusea) Ärger.
e.nor.me adj. enorm, ungeheuerlich.
e.nor.mi.da.de s.f. Ungeheuerlichkeit.
en.quan.to conj. während.
en.re.dar v.t. in Netzen fangen.
en.re.do s.m. Verwicklung.
en.re.ge.lar v.t. erstarren.
en.ri.je.cer v.t. abhärten.
en.ri.que.cer v.t. e v.i. reich werden.
en.ro.di.lhar v.t. (enrolar, torcer) einwickeln.
en.ro.lar v.t. zusammenrollen.
en.ros.car v.t. sich winden.
en.rou.par v.t. (vestir, agasalhar) anziehen.
en.ru.gar v.t. runzeln.
en.sa.bo.ar v.t. einseifen.
en.sa.car v.t. einsacken.
en.sai.ar v.t. versuchen.
en.sai.o s.m. Versuch, Probe.
en.se.bar v.t. beflecken.
en.se.jar v.t. (experimentar; ensaiar) verschaffen.
en.se.jo s.m. günstige Gelegenheit.
en.si.na.men.to s.m. Unterricht.
en.si.nar v.t. unterrichten, lehren.
en.si.no s.m. Unterricht.
en.so.pa.do s.m. Gulasch.
en.so.par v.t. einkochen.
en.ta.la.ção s.f. (apuro, dificuldade) Bedrängnis.
en.ta.lar v.t. in die Enge treiben.
en.ta.lha.dor s.m. Schnitzer.
en.ta.lhar v.t. schnitzen, meißeln, ausarbeiten.
en.tan.gui.do adj. (murcho, tolhido, fraco) schmächtig.
en.tan.to adv. e conj. indessen.
en.tão adv. damals, alsdann.
en.tar.de.cer s.m. Abend werden.

en.te s.m. Wesen.
en.te.a.do s.m. Stiefsohn.
en.te.di.ar v.t. verabscheuen.
en.ten.der v.t. verstehen, begreifen.
en.ten.di.do s. Kenner, Kundiger, adj. bewandert.
en.ten.di.men.to s.m. Verstand, Einsicht.
en.ter.ne.cer v.t. erweichen.
en.ter.ne.ci.men.to s.m. Rührung.
en.ter.rar v.t. begraben, verleumden.
en.ter.ro s.m. Beerdigung.
en.te.sou.rar v.t. Schätze sammeln.
en.ti.da.de s.f. Körperschaft.
en.to.a.ção s.m. Intonation, Tonfall.
en.to.ar v.t. Ton angeben, leiten.
en.tor.nar v.t. umwerfen.
en.tor.pe.ci.men.to s.m. Lähmung.
en.tor.tar v.t. verbiegen.
en.tra.da s.f. Beerdigung.
en.tra.nhar v.t. durchbohren.
en.tra.nhas s.f. Eingeweide.
en.trar v.t. e v.i. eintreten.
en.tra.var v.t. in Verlegenheit bringen.
en.tra.ve s.m. Hindernis.
en.tre prep. zwischen, unter.
en.tre.a.to s.m. Zwischenakt.
en.tre.cho s.m. Verwicklung, Handlung.
en.tre.ga s.f. Übergabe.
en.tre.gar v.t. übergeben, abliefern, abgeben.
en.tre.gue adj. verzehrt.
en.tre.la.çar v.t. verflechten.
en.tre.li.nha s.f. Zwischenzeile.
en.tre.me.ar v.t. untermischen.
en.tre.mei.o s.m. Zwischenstecken.
en.tre.men.tes adj. unterdessen.
en.tre.tan.to adv. e conj. inzwischen.
en.tre.te.ni.men.to s.m. Zeitvertreib.
en.tre.ter v.t. unterhalten.
en.tre.va.do adj. gelähmt.
en.tre.vis.ta s.f. Zusammenkunft.

en.tre.vis.tar v.t. interviewen.
en.tris.te.cer v.t. e v.i. traurig werden.
en.tron.ca.men.to s.m. Knotenpunkt.
en.tru.do s.m. (carnaval) Fasching.
en.tu.lhar v.t. überfüllen.
en.tu.lho s.m. Schutt.
en.tu.pi.men.to s.m. Verstopfung.
en.tu.pir v.t. verstopfen.
en.tur.var v.t. trüben.
en.tu.si.as.mar v.t. begeistern.
en.tu.si.as.mo s.m. Begeisterung.
en.tu.si.as.ta s. Enthusiast.
e.nu.me.ra.ção s.f. Aufzählung.
e.nu.me.rar v.t. aufzählen.
en.ve.lhe.cer v.t. e v.i. altern, veralten, alt werden.
en.ve.lo.pe s.m. Briefumschlag.
en.ve.ne.na.men.to s.m. Vergiftung.
en.ve.ne.nar v.t. vergiften.
en.ver.ga.du.ra s.f. Spannweite, Ausmaß.
en.ver.go.nha.do adj. verschämt.
en.ver.go.nhar v.t. beschämen, verwirren.
en.ver.ni.zar v.t. lackieren.
en.vi.a.do s. Gesandter.
en.vi.ar v.t. senden.
en.vi.dra.çar v.t. verglasen.
en.vi.e.sa.do adj. (que se põe de modo oblíquo) schräg, schief.
en.vi.o s.m. Sendung, Versand.
en.vol.tu.ra s.f. Hülle.
en.vol.ver v.t. einhüllen.
en.xa.da s.f. Spaten, Hacke.
en.xa.me s.m. Menge, Schwarm.
en.xa.me.ar v.t. schwärmen.
en.xa.que.ca s.f. Migräne.
en.xer.gar v.t. gewahr werden.
en.xer.to s.m. Pfropfreis, Pfropfen.
en.xo.fre s.m. Schwefel.
en.xo.tar v.t. verjagen.
en.xo.val s.m. Aussteuer.
en.xu.gar v.t. trocknen, austrinken.
en.xu.to adj. trocken.

é.pi.co adj. (heroico, maravilhoso) episch.
e.pi.de.mi.a s.f. Seuche.
e.pi.der.me s.f. Oberhaut.
e.pi.gra.fe s.f. Inschrift, Motto.
e.pí.lo.go s.m. Schlussrede, Nachwort.
e.pi.só.di.o s.m. Episode.
e.pi.só.di.co s.m. Zwischenfall, Episode.
e.pis.to.la s.f. (missiva, carta) Sendschreiben, Brief.
e.pi.tá.fi.o s.m. Grabschrift.
e.pí.te.to s.m. Beiwort, Beiname.
é.po.ca s.f. Zeitabschnitt.
e.po.pei.a s.f. Heldengedicht.
e.qua.ção s.f. Gleichung.
e.qua.dor s.m. Äquator.
e.qua.ni.mi.da.de s.f. Gleichmut.
e.qui.li.brar v.t. e v.p. auswuchten, entlasten.
e.qui.lí.bri.o s.m. Gleichgewicht.
e.qui.pa.men.to s.m. Ausrüstung.
e.qui.par v.t. ausrüsten.
e.qui.pa.rar v.t. gleichstellen.
e.qui.pe s.f. Mannschaft.
e.qui.ta.ti.vo adj. gerecht.
e.qui.va.lên.ci.a s.f. (igual valor) Gegenwert.
e.qui.va.len.te adj. gleichwertig.
e.qui.va.ler v.t. gleich sein.
e.qui.vo.car v.t. e v.p. täuschen.
e.qui.vo.co s.m. Verwechslung.
e.ra s.f. (data, época, período, tempo) Ära, Zeitrechnung.
e.rá.ri.o s.m. (Staats) Kasse.
e.re.ção s.f. Aufrichtung.
e.re.mi.ta s.m. Einsiedler.
er.guer v.t. errichten.
e.ri.çar v.t. brennen.
e.ri.gir v.t. errichten.
e.ro.são s.f. Ätzung, Erosion.
e.ró.ti.co adj. erotisch.
er.ra.di.o adj. unstet.
er.ran.te adj. irrend.
er.rar v.t. e v.i. irren, umherirren.
er.ro s.m. Irrtum, Fehler.
er.rô.ne.o adj. irrig.
e.ru.di.ção s.f. Gelehrsamkeit.
e.ru.di.to adj. gelehrt.
e.rup.ção s.f. Ausbruch.

er.va s.f. Kraut, Gras, Gemüse.
er.vi.lha s.f. Erbse.
es.ban.ja.dor adj. verschwenderisch.
es.ban.ja.men.to s.m. Vergeudung.
es.bar.rar v.t. schleudern, stolpern.
es.ba.ter v.t. (adelgaçar, atenuar, diminuir) mildern.
es.bei.çar v.t. zugrunderichten.
es.bel.to adj. schlank.
es.bo.çar v.t. skizzieren, andeuten.
es.bo.ço s.m. Entwurf, Skizze.
es.bo.fe.te.ar v.t. ohrfeigen.
es.bor.ra.char v.t. e v.p. zerquetschen.
es.bra.se.ar v.t. zum Glühen bringen.
es.bra.ve.jar v.t. in Zorn geraten.
es.bu.lhar v.t. (espoliar, despojar) berauben.
es.bu.ra.car v.t. durchbohren.
es.ca.be.lar v.t. e v.p. (despentear) zerzausen.
es.ca.bro.so adj. rauh, heikel.
es.ca.da s.f. Treppe, Leiter.
es.ca.da.ri.a s.f. Freitreppe.
es.ca.la s.f. Skala, Rangordnung.
es.ca.la.da s.f. Anfall.
es.ca.lar v.t. klettern.
es.cal.dar v.t. verbrühen, schelten.
es.ca.ma s.f. Schuppe (Fisch).
es.can.ca.rar v.t. e v.p. aufreiben.
es.can.da.li.zar v.t. Anstoß erregen.
es.cân.da.lo s.m. Ärgernis, Skandal.
es.can.da.lo.so adj. skandalös.
es.can.ga.lhar v.t. kaputt machen.
es.ca.ni.nho s.m. Geheimfach.
es.ca.par v.i. entkommen.
es.ca.pa.tó.ri.a s.f. Entschuldigung.
es.ca.pe s.m. Flucht.

es.ca.pu.lá.ri.o s.m. (fita com imagens de santos que alguns religiosos trazem ao pescoço) Skapulier.
es.ca.ra.mu.ça s.f. Scharmützel, Ringen, Streit.
es.ca.ra.ve.lho s.m. (inseto coleóptero) Käfer.
es.car.la.te adj. scharlachrot.
es.car.men.tar v.t. (castigar, repreender) durch Schaden klug werden.
es.car.men.to s.m. Lehre.
es.car.ne.cer v.t. verspotten.
es.cár.ni.o s.m. Spott, Hohn.
es.car.pa s.f. Böschung.
es.car.pa.do adj. steil.
es.car.rar v.t. ausspucken.
es.cas.se.ar v.t. knapp sein.
es.cas.sez s.f. Seltenheit.
es.cas.so adj. spärlich, selten.
es.ca.va.ção s.f. Ausgrabung.
es.cla.re.cer v.t. klarmachen.
es.cla.re.ci.do adj. berühmt.
es.cla.re.ci.men.to s.m. Erleuchtung.
es.co.a.men.to s.m. Ausfluss.
es.col s.m. (elite, flor, nata) Sahne.
es.co.la s.f. Schule.
es.co.lha s.f. Wahl.
es.co.lher v.t. auslesen, wählen.
es.co.lho s.f. (perigo, obstáculo, dificuldade) Klippe.
es.col.ta s.f. Geleit.
es.col.tar v.t. geleiten.
es.com.bro s.m. Trümmer, Schutt.
es.con.der v.t. verstecken.
es.con.de.ri.jo s.m. Versteck.
es.con.di.do adj. verbogen.
es.co.pe.ta s.f. Gewehr.
es.co.po s.m. (intuito; fim, propósito) Absicht, Zweck.
es.co.ra s.f. Stütze.
es.có.ri.a s.f. Schlacke, Pack.
es.co.ri.ar v.t. aufscheuern.
es.cor.pi.ão s.m. Skorpion.
es.cor.ra.çar v.t. vertreiben.
es.cor.re.ga.di.o adj. schlüpfrig.
es.cor.re.gar v.i. ausgleiten.
es.cor.rer v.t. ausfließen.
es.co.va s.f. Bürste.

es.co.var v.t. bürsten.
es.cra.vi.dão s.f. Sklaverei.
es.cra.vi.zar v.t. versklaven.
es.cra.vo s.m. Sklave.
es.cre.ver v.t. schreiben.
es.cri.ta s.f. Schrift.
es.cri.to adj. schriftlich.
es.cri.tor s.m. Schriftsteller.
es.cri.tó.ri.o s.m. Schreibstube, Büro.
es.cri.tu.ra s.f. Schrift.
es.cri.tu.ra.ção s.f. Buchführung.
es.cri.tu.rar v.t. Buch führen.
es.cri.va.ni.nha s.f. Tisch.
es.cri.vão s.m. Schreiber.
es.crú.pu.lo s.m. Zweifel, Skrupel.
es.cru.pu.lo.so adj. allzugenau, gewissenhaft, gründlich.
es.cru.tar v.t. (investigar, sondar) nachforschen.
es.cu.do s.m. (amparo, defesa, proteção) Schild, Schutz.
es.cu.lham.bar v.t. demoralisieren.
es.cul.pir v.t. schnitzen.
es.cul.tor s.m. Bildschnitzer.
es.cul.tu.ra s.f. Skulptur, Plastik.
es.cu.re.cer v.t. e v.i. verdunkeln.
es.cu.ri.dão s.f. Dunkelheit.
es.cu.ro adj. dunkel.
es.cu.sar v.t. entschuldigen.
es.cu.so adj. frei, entschuldigt.
es.cu.tar v.t. lauschen.
es.fa.que.ar v.t. erstechen.
es.far.ra.par v.t. zerfetzen.
es.fe.ra s.f. Kugel, Sphäre.
es.fin.ge s.f. Sphynx.
es.fo.lar v.t. abbalgen.
es.for.ça.do adj. tapfer, stark.
es.for.çar v.t. e v.p. anstrengen.
es.for.ço s.m. Kraft, Anstrengung.
es.fre.gar v.t. scheuern.
es.fri.a.men.to s.m. Abkühlung.
es.fri.ar v.t. e v.i. abkühlen.
es.fu.mar v.t. verwischen.
es.ga.nar v.t. erdrosseln.
es.gar s.m. Grimasse.
es.ga.ra.va.tar v.t. durchwühlen.
es.gar.çar v.t. abreißen, durchreißen.

es.go.ta.men.to s.m. Erschöpfung.
es.go.tar v.t. e v.p. erschöpfen.
es.go.to s.m. Abfluss.
es.gri.ma s.f. Fechtkunst.
es.gri.mir v.t. e v.i. fechten.
es.gue.lha s.f. von der Seite, (de -) schief.
es.gui.char v.t. verspritzen.
es.gui.cho s.m. Spritzer.
es.gui.o adj. schlank.
es.ma.gar v.t. quetschen.
es.mal.tar v.t. emaillieren.
es.mal.te s.m. Schmelz.
es.me.ra.do adj. sorgfältig.
es.me.ral.da s.f. Smaragd.
es.me.rar-se v.p. sich die größte Mühe geben.
es.me.ro s.m. Sorgfalt.
es.mi.u.çar v.t. zerkrümmeln.
es.mi.u.dar v.t. (dividir em partes miúdas) zerkleinern.
es.mo s.m. Schätzung.
es.mo.la s.f. Almosen.
es.mo.lar v.t. betteln.
es.mo.re.cer v.t. entmutigen.
es.pa.ço s.m. Zwischenraum.
es.pa.ço.so adj. geräumig.
es.pa.da s.f. Degen.
es.pá.du.a s.f. Schulter.
es.pal.dar s.m. Lehne.
es.pa.lhar v.t. Spreu entfernen.
es.pal.mar v.t. ausrollen.
es.pa.na.dor s.m. Federwisch.
es.pa.nar v.t. abstauben.
es.pan.car v.t. durchprügeln.
es.pa.nhol adj. e s.m. spanisch, Spanier.
es.pan.tar v.t. erschrecken.
es.pan.to s.m. Schreck.
es.pan.to.so adj. erstaunlich.
es.par.gir v.t. (espalhar, derramar) vergießen.
es.par.ra.mar v.t. e v.p. verschütten.
es.par.re.la s.f. (armadilha, arapuca; cilada) Betrug.
es.pas.mo s.m. Krampf.
es.pá.tu.la s.f. Spatel, Spachtel.
es.pa.ven.to s.m. (luxo, ostentação) Geprahle, Getue.
es.pe.ci.al adj. besonders.

es.pe.ci.a.li.da.de s.f. Besonderheit, Spezialität.
es.pe.ci.a.lis.ta s.m. e s.f. Fachmann, Spezialist.
es.pe.ci.a.li.za.ção s.f. Spezialisierung.
es.pe.ci.a.li.zar v.t. e v.p. besonders kennzeichnen, sich spezialisieren.
es.pé.ci.e s.f. Art, Gattung, Gewürz.
es.pe.ci.fi.ca.ção s.f. genaue Aufstellung.
es.pe.ci.fi.car v.t. einzeln aufführen.
es.pe.cí.fi.co adj. eigenartig, spezifisch.
es.pé.ci.me s.m. Probeexemplar.
es.pec.ta.dor s.m. Zuschauer.
es.pec.tro s.m. Gespenst.
es.pe.cu.la.ção s.f. Unternehmung, Spekulation.
es.pe.cu.lar v.t. spekulieren.
es.pe.lhar v.t. e v.p. polieren.
es.pe.lho s.m. Spiegel.
es.pe.ra s.f. Erwartung, Hoffnung.
es.pe.ran.ça s.f. Hoffnung.
es.pe.rar v.t. warten, erwarten.
es.per.ma s.m. Same.
es.per.ta.lhão adj. aufgeweckt.
es.per.te.za s.f. Schlauheit, Lebhaftigkeit.
es.per.to adj. aufgeweckt, schlau.
es.pes.so adj. dick, trübe.
es.pes.su.ra s.f. Dicke, Stärke, Dichtigkeit, Dickicht.
es.pe.ta.cu.lar adj. Aufsehen erregend.
es.pe.tá.cu.lo s.m. Anblick, Schauspiel.
es.pe.ta.cu.lo.so adj. auffallend.
es.pe.tar v.t. aufspießen.
es.pe.to s.m. Bratspieß.
es.pi.ão s.m. Spion.
es.pi.ar v.t. spionieren.
es.pi.char v.t. aufspießen, reinflechten.
es.pi.ga s.f. Ähre, Bergspitze.
es.pi.gar v.t. reinlegen.
es.pi.na.frar v.t. (ridicularizar, desmoralizar) lächerlich machen.
es.pi.na.fre s.m. Spinat.

es.pin.gar.da s.f. Flinte.
es.pi.nha s.f. Gräte, Pickel.
es.pi.nho s.m. Dorn, Stachel.
es.pi.nho.so adj. dornig, schwierig.
es.pi.o.na.gem s.f. Spionage.
es.pi.o.nar v.t. (aus)spionieren.
es.pi.ral s.f. Spirale.
es.pi.ri.tis.mo s.m. Spiritismus, Geisterverkehr.
es.pi.ri.to s.m. Geist, Spiritus.
es.pi.ri.tu.al adj. geistig, mystisch.
es.pi.ri.tu.a.li.da.de s.f. Spiritualität.
es.pi.ri.tu.a.li.zar v.t. vergeistigen.
es.pi.ri.tu.o.so adj. geistreich.
es.pir.rar v.t. niesen, heftig werden.
es.pir.ro s.m. Niesen.
es.plên.di.do adj. prächtig.
es.plen.dor s.m. Glanz, Luxus.
es.pó.li.o s.m. Nachlass, Kriegsbeute.
es.pon.ja s.f. Schwamm.
es.pon.jo.so adj. schwammig.
es.pon.ta.nei.da.de s.f. Urwüchsigkeit.
es.pon.tâ.ne.o adj. selbsttätig.
es.po.ra s.f. Sporn.
es.po.rá.di.co adj. selten, sporadisch.
es.po.re.ar v.t. anspornen.
es.po.sa s.f. Braut, Gattin.
es.po.so s.m. Gatte, Verlobter.
es.prai.ar v.t. ausbreiten.
es.pre.gui.çar v.t. e v.p. sich erholen.
es.prei.tar v.t. belauern.
es.pre.mer v.t. auspressen.
es.pu.ma s.f. Schaum.
es.pu.mar v.t. schäumen.
es.pu.mo.so adj. schäumend.
es.qua.dra s.f. Flotte.
es.qua.dri.lha s.f. Staffel, Flottille.
es.qua.dri.nhar v.t. erforschen.
es.quar.te.jar v.t. zerhauen.
es.que.cer v.t. e v.p. vergessen.
es.que.ci.men.to s.m. Vergesslichkeit.

es.que.le.to s.m. Skelett, Gerippe.
es.que.ma s.m. Schema.
es.quen.tar v.t. erhitzen, heizen.
es.quer.da s.f. Linke.
es.quer.do adv. links.
es.qui s.m. Ski.
es.qui.fe s.m. (ataúde, caixão) Sarg.
es.qui.lo s.m. Eichhörnchen.
es.qui.na s.f. Ecke.
es.qui.si.to adj. sonderbar.
es.qui.var v.t. e v.p. sich entziehen.
es.qui.vo adj. ungesellig.
es.sa pron. demonst. diese.
es.se pron. demonst. dieser.
es.sên.ci.a s.f. Wesen, Essenz.
es.sen.ci.al adj. wesentlich.
es.ta pron. demonst. diese.
es.ta.be.le.cer v.t. begründen.
es.ta.be.le.ci.men.to s.m. Errichtung, Laden.
es.ta.bi.li.da.de s.f. Beständigkeit.
es.ta.bi.li.zar v.t. stabilisieren.
es.tá.bu.lo s.m. Stall.
es.ta.ca s.f. Pfahl, Steckling.
es.ta.ção s.f. Station, Bahnhof.
es.ta.car v.t. abstützen, stocken.
es.ta.ci.o.nar v.t. stehen bleiben, parken.
es.ta.da s.f. Aufenthalt.
es.tá.di.o s.m. Stadion.
es.ta.do s.m. Staat.
es.ta.fa s.f. Ermüdung.
es.ta.fa.do adj. erschöpft.
es.ta.far v.t. ermüden.
es.ta.fer.mo adj. (imbecil, idiota) Dummkopf.
es.ta.fe.ta s.m. (mensageiro) Bote.
es.ta.gi.á.ri.o s.m. Lehrling.
es.tá.gi.o s.m. Lehrzeit, Praktikum.
es.tag.na.ção s.f. Stillstand.
es.tag.nar-se v.p. stocken.
es.ta.lar v.t. platzen, knallen.
es.ta.lei.ro s.m. Werft.
es.ta.lo s.m. Knall.
es.ta.me s.m. (fio de tecelagem; fibra) Staubfaden.

es.tam.pa s.f. (imagem, figura; impressão) Abdruck, Muster.
es.tam.pa.do adj. gedruckt.
es.tam.par v.t. stempeln, drucken.
es.tam.pi.do s.m. Knall.
es.tan.car v.t. stausen.
es.tân.ci.a s.f. Aufenthaltsort.
es.tan.dar.te s.m. Fahne.
es.ta.nho s.m. Zinn.
es.tan.te s.f. Regal, Bücherbord.
es.tar v. predicativo sein.
es.tar.re.cer v.t. beschatten.
es.tá.ti.co adj. unbeweglich.
es.ta.tís.ti.ca s.f. Statistik.
es.tá.tu.a s.f. Standbild, Statue.
es.ta.tu.ra s.f. Gestalt, Wuchs.
es.ta.tu.to s.m. Satzung.
es.tá.vel adj. beständig.
es.te s.m. (leste, oriente) Osten.
es.te pron. demonst. dieser.
es.tei.o s.m. Stütze, Steg.
es.tei.ra s.f. Kielwasser.
es.ten.der v.t. ausbreiten.
es.ter.co s.m. Dünger, Unrat.
es.té.ril adj. unfruchtbar.
es.te.ri.li.da.de s.f. Unfruchtbarkeit.
es.te.ri.li.za.ção s.f. Sterilisierung.
es.te.ri.li.zar v.t. sterilisieren.
es.ti.a.gem s.f. Trockenheit, Dürre.
es.ti.ar v.i. aufhören zu regnen.
es.ti.car v.t. ziehen.
es.tig.ma s.m. Narbe.
es.ti.lha s.f. (lasca, fragmento) Splitter.
es.ti.lha.çar v.t. zersplittern.
es.ti.lha.ço s.m. Splitter.
es.ti.lo s.m. Schreibart, Stil.
es.ti.ma s.f. Achtung, Achtbarkeit.
es.ti.mar v.t. achten, wertschätzen.
es.ti.ma.ti.va s.f. Schätzung.
es.ti.má.vel adj. schätzbar.
es.ti.mu.lan.te s. Anregungsmittel.
es.ti.mu.lar v.t. anreizen.
es.ti.mu.lo s.m. Anreiz.
es.ti.pên.di.o s.m. (salário, paga, remuneração) Auszahlung, Vergütung, Stipendium.

es.ti.pu.lar v.t. festsetzen, abmachen, sich ausbedingen.
es.ti.rar v.t. ausziehen.
es.to s.m. (ardor, paixão, ímpeto) Glut.
es.to.ca.da s.f. (golpe) Degenstich.
es.to.far v.t. polstern.
es.to.fo s.m. Überzugstoff.
es.toi.co adj. (austero; firme, impassível) unempfindlich.
es.to.jo s.m. Hülle, Kapsel.
es.to.li.dez s.f. (estupidez, tolice) Dummheit.
es.tô.ma.go s.m. Magen.
es.ton.te.ar v.t. betäuben.
es.to.pa s.f. Werg.
es.to.pa.da s.f. langweilige Sache.
es.to.que s.m. Vorrat, Lager, Hinterlegung.
es.tor.cer v.t. e v.p. verdrehen.
es.tor.nar v.t. (anular, cancelar) null und nichtig erklären.
es.tor.no s.m. Nichtigkeitserklärung.
es.tor.vo s.m. Hindernis.
es.tou.rar v.t. zerplatzen.
es.tou.ro s.m. Knall, Hieb.
es.tou.va.do adj. (imprudente, estabanado) unbesonnen.
es.trá.bi.co adj. schielend.
es.tra.ça.lhar v.t. zerstückeln.
es.tra.da s.f. Landstraße.
es.tra.dei.ro adj. gut zu Fuß.
es.tra.do s.m. Podium.
es.tra.gar v.t. zugrunderichten.
es.tra.go s.m. Verderbnis, Schaden.
es.tram.bó.ti.co adj. (extravagante, excêntrico) verschroben, seltsam.
es.tran.gei.ro adj. ausländisch. s.m. Ausländer.
es.tran.gu.lar v.t. erdrosseln.
es.tra.nhar v.t. seltsam finden.
es.tra.nhe.za s.f. Fremdartigkeit, Seltsamkeit.
es.tra.nho adj. fremd, ausländisch.
es.tra.ta.ge.ma s.m. List, Feldherrnkunst.

es.tra.té.gi.a s.f. Strategie, Feldherrnkunst.
es.tra.to s.m. (camada) Erdschicht.
es.tre.ar v.t. einweihen.
es.trei.a s.f. Premiere.
es.trei.tar v.t. verengern.
es.trei.te.za s.f. Enge, Meerenge, Engpass.
es.tre.la s.f. Stern.
es.tre.lar v.t. glänzen.
es.tre.mar v.t. (demarcar, delimitar) verdichten.
es.tre.me.cer v.t. e v.i. erschüttern.
es.tre.me.ci.men.to s.m. Zittern.
es.tré.pi.do s.m. (fragor, estrondo) Lärm, Gepolter.
es.tri.bi.lho s.m. Kehrreim, Sprichwort.
es.tri.bo s.m. Steigbügel.
es.tri.den.te adj. markerschütternd.
es.tri.to adj. streng, strikt.
es.tron.do s.m. Getöse.
es.tru.mar v.t. düngen.
es.tru.me s.m. Dünger.
es.tru.tu.ra s.f. Gliederung, Struktur.
es.tu.dan.te s.m. Schüler, Student.
es.tu.dar v.t. studieren.
es.tu.di.o.so adj. lernbegierig.
es.tu.do s.m. Studium.
es.tu.fa s.f. Treibhaus, Ofen.
es.tu.far v.t. dämpfen.
es.tu.pe.fa.to adj. sprachlos.
es.tu.pen.do adj. erstaunlich.
es.tu.pi.dez s.f. Dummheit.
es.tú.pi.do adj. dumm.
es.tu.por s.m. Erstarrung, Lähmung.
es.tu.prar v.t. schänden.
es.tu.pro s.m. Schändung, Notzucht.
es.tu.que s.m. Stuck.
es.va.e.ci.men.to s.m. Auflösung.
es.va.ir v.t. leeren.
es.va.zi.ar v.t. e v.p. ausleeren.
es.vo.a.çar v.t. flattern.
e.ta.pa s.f. Abschnitt, Etappe.

e.ter.ni.da.de s.f. Ewigkeit.
e.ter.ni.zar v.t. verewigen.
e.ter.no adj. ewig.
é.ti.ca s.f. Ethik.
e.ti.que.ta s.f. Etikette, Hofsitte.
eu pron. pess. ich.
eu.ca.ris.ti.a s.f. das heilige Abendmahl.
eu.fo.ni.a s.f. (sucessão harmoniosa de sons orais) Wohlklang.
eu.ro.peu adj. e s.m. europäisch, Europäer.
e.va.cu.a.ção s.f. Evakuierung, Entleerung.
e.va.cu.ar v.t. entleeren.
e.va.dir v.p. vermeiden.
e.van.ge.lho s.m. Evangelium.
e.va.po.ra.ção s.f. Verdunstung.
e.va.po.rar v.t. e v.p. ausdünsten.
e.va.são s.f. Entweichung.
e.va.si.va s.f. Ausrede.
e.ven.tu.al adj. eventuell, etwaig.
e.ven.tu.a.li.da.de s.f. Möglichkeit, Zufall.
e.vi.dên.ci.a s.f. Augenscheinlichkeit.
e.vi.den.ci.ar v.t. beweisen.
e.vi.den.te adj. offenkundig.
e.vi.tar v.t. vermeiden, meiden.
e.vo.car v.t. vorfordern.
e.vo.lu.ção s.f. Fortschritt, Evolution.
e.vo.lu.ir v.t. entwickeln.
e.xa.ge.rar v.t. übertreiben.
e.xa.ge.ro s.m. Übertreibung.
e.xa.lar v.t. ausatmen.
e.xal.ta.ção s.f. Begeisterung.
e.xal.tar v.t. erheben, aufregen.
e.xa.me s.m. Prüfung, Examen.
e.xa.mi.nar v.t. prüfen.
e.xan.gue adj. bleich.
e.xâ.ni.me adj. leblos.
e.xa.rar v.t. (gravar, entalhar, lavrar) eintragen.
e.xar.cer.bar v.t. erbittern.
e.xas.pe.ra.ção s.f. Erbitterung.
e.xa.ti.dão s.f. Genauigkeit.
e.xa.to adj. genau.
e.xau.rir v.t. e v.p. leeren.
e.xa.us.to adj. erschöpft.
ex.ce.ção s.f. Ausnahme.
ex.ce.den.te adj. überschüssig.

ex.ce.der v.t. e v.i. überschreiten.
ex.ce.lên.ci.a s.f. Vortrefflichkeit.
ex.ce.len.te adj. vortrefflich.
ex.cel.so adj. erhaben.
ex.cen.tri.ci.da.de s.f. Überspanntheit.
ex.cên.tri.co adj. überspannt, exzentrisch.
ex.cep.ci.o.nal adj. ausnahmsweise.
ex.ces.si.vo adj. übermäßig.
ex.ces.so s.m. Übermaß.
ex.ce.to prep. ausgenommen.
ex.ce.tu.ar v.t. ausnehmen.
ex.ci.ta.ção s.f. Erregung.
ex.ci.tan.te adj. aufreizend.
ex.ci.tar v.t. erregen, reizen.
ex.cla.ma.ção s.f. Ausruf.
ex.cla.mar v.t. ausrufen.
ex.clu.ir v.t. ausschließen.
ex.clu.são s.f. Ausschluß.
ex.clu.si.vo adj. ausschließlich.
ex.co.mun.gar v.t. verwünschen.
ex.co.mu.nhão s.f. Kirchenbann.
ex.cre.ção s.f. Ausscheidung.
ex.cre.men.to s.m. Auswurf.
ex.cre.tar v.t. ausscheiden.
ex.cur.são s.m. Ausflug.
ex.xe.cu.ção s.f. Ausführung.
ex.e.cu.tar v.t. ausführen.
ex.e.cu.ti.vo adj. e s.m. Exekutive.
ex.e.cu.tor s.m. Vollstrecker.
ex.em.plar s.m. Beispiel, Muster, Exemplar. adj. mustergültig, beispielhaft.
ex.em.pli.fi.car v.t. veranschaulichen.
ex.em.plo s.m. Beispiel, Muster.
ex.é.qui.as s.f. (honras, cerimônias ou solenidades fúnebres) Trauerfeier, Exequien.
ex.er.cer v.t. ausüben, betreiben.
ex.er.ci.ci.o s.m. Übung.
ex.er.ci.tar v.t. ausüben.
ex.ér.ci.to s.m. Wehrmacht.
ex.i.bi.ção s.f. Ausstellung.
ex.i.bir v.t. vorzeigen, ausstellen.
ex.i.gên.ci.a s.f. Erfordernis.
ex.i.gen.te adj. anspruchsvoll.
ex.i.gir v.t. erfordern, eintreiben.
ex.í.guo adj. gering.
ex.i.lar v.t. verbannen.

ex.í.li.o s.m. Verbannung.
ex.i.mi.o adj. hervorragend.
ex.i.mir v.t. (desobrigar; dispensar, isentar) erlassen.
e.xis.tên.ci.a s.f. Existenz, Dasein.
e.xis.ten.te adj. bestehend, vorhanden.
e.xis.tir v.i. existieren, da sein.
ê.xi.to s.m. Erfolg.
ê.xo.do s.m. Auszug, Exodus.
e.xo.ne.ra.ção s.f. Entlassung.
e.xo.ne.rar v.t. entlassen.
e.xor.bi.tân.ci.a s.f. Übermaß.
e.xor.bi.tan.te adj. übertrieben.
e.xor.bi.tar v.t. überschreiten.
e.xor.cis.mo s.m. Beschwörung, Exorzismus.
e.xor.ta.ção s.f. Ermahnung.
e.xor.tar v.t. (induzir, incitar, estimular) ermahnen.
e.xó.ti.co adj. fremdländisch, exotisch.
ex.pan.dir v.t. e v.p. ausdehnen.
ex.pan.são s.f. Ausdehnung.
ex.pan.si.vo adj. ausdehnbar.
ex.pa.tri.ar v.t. ausweisen.
ex.pec.ta.ti.va s.f. Erwartung.
ex.pe.di.ção s.f. Versand, Abfertigung, Expedition.
ex.pe.di.en.te s.m. Ausweg.
ex.pe.dir v.t. ausfertigen.
ex.pe.di.to adj. (desembaraçado, hábil; esperto, ligeiro) aufgeweckt.
ex.pe.lir v.t. vertreiben.
ex.pe.ri.ên.ci.a s.f. Erfahrung.
ex.pe.ri.en.te adj. erfahren.
ex.pe.ri.men.tar v.t. Versuch machen, prüfen, experimentieren.
ex.per.to adj. (perito; experimentado) sachkundig, erfahren.
ex.pi.a.ção s.f. (penitência, castigo) Sühne.
ex.pi.ar v.t. büßen.
ex.pi.rar v.t. ausatmen.
ex.pla.nar v.t. erklären.
ex.pli.ca.ção s.f. Erklärung.
ex.pli.car v.t. erklären.
ex.plí.ci.to adj. ausdrücklich.
ex.plo.dir v.i. platzen.

ex.plo.ra.ção s.f. Erforschung.
ex.plo.ra.dor s.m. Erforscher.
ex.plo.rar v.t. erforschen.
ex.plo.são s.f. Explosion, Zerplatzen.
ex.por v.t. ausstellen.
ex.por.ta.ção s.f. Ausfuhr, Export.
ex.por.ta.dor s.m. Exporteur, Ausführer.
ex.por.tar v.t. ausführen, exportieren.
ex.po.si.ção s.f. Ausstellung.
ex.po.si.tor s.m. Aussteller.
ex.pres.são s.f. Ausdruck.
ex.pres.sar v.t. ausdrücken.
ex.pres.si.vo adj. ausdrucksvoll.
ex.pres.so adj. ausdrücklich.
ex.pri.mir, v.i. e v.p. ausdrücken.
ex.pro.pri.a.ção s.f. Enteignung.
ex.pro.pri.ar v.t. enteignen.
ex.pul.são s.f. Vertreibung.
ex.pul.sar v.t. vertreiben, verstoßen.
ex.pur.gar v.t. (purgar; limpar; purificar) abführen (Darm); purgieren.
êx.ta.se s.m. Verzückung, Ekstase.
ex.ta.si.ar v.t. in Verzückung geraten.
ex.tem.po.râ.ne.o adj. (intempestivo; inoportuno; improvisado; momentâneo) unzeitgemäß.
ex.ten.são s.f. Ausdehnung.
ex.ten.si.vo adj. dehnbar.
ex.ten.so adj. geräumig, umfassend.
ex.te.nu.an.te adj. mühsam.
ex.te.nu.ar v.t. entkräften.
ex.te.ri.or adj. äußerlich.
ex.te.ri.o.ri.za.ção s.f. Äußerung.
ex.ter.mi.nar v.t. vernichten, ausrotten.
ex.ter.mí.ni.o s.m. Ausrottung.
ex.ter.nar v.t. ausstellen.
ex.ter.no adj. äußerlich.
ex.tin.ção s.f. Löschung.
ex.tin.guir v.t. auslöschen.
ex.tin.to adj. erloschen.
ex.tin.tor s.m. Feuerlöschgerät.

ex.tir.par v.t. ausrotten.
ex.tor.quir v.t. erpressen.
ex.tor.são s.f. Erpressung.
ex.tra.ção s.f. Ausziehung.
ex.tra.di.ção s.f. Auslieferung.
ex.tra.ir v.t. ausscheiden.
ex.tra.or.di.ná.ri.o adj. außerordentlich.
ex.tra.to s.m. (cópia; compilação; fragmento; resumo, sinopse; perfume, essência) Auszug, Extrakt.
ex.tra.va.gân.ci.a s.f. Überspanntheit.
ex.tra.va.gan.te adj. ausschweifend.
ex.tra.va.sar v.t. überlaufen.
ex.tra.vi.ar v.t. e v.p. irreführen.
ex.tra.vi.o s.m. Irregehen.
ex.tre.ma.do adj. übertrieben.
ex.tre.mar v.t. erheben.
ex.tre.mi.da.de s.f. Grenze, Spitze, Extremität, äußerstes Ende.
ex.tre.mo adj. äußerst, letzt. s.m. Ende, Extrem.
ex.tre.mo.so adj. (afetuoso, apaixonado; excessivo; dedicado) freundlich, zärtlich.
e.xu.be.rân.ci.a s.f. Üppigkeit.
e.xu.be.ran.te adj. üppig.
e.xul.tar v.i. (regozijar-se; alvoroçar-se) vor Freude hüpfen, frohlocken.
e.xu.mar v.t. (desenterrar; escavar) ausgraben (Leiche).

F

F sexta letra do alfabeto português e do alfabeto alemão; fá (nota musical).
fã s.m. e s.f. Parteigänger.
fá.bri.ca s.f. Fabrik.
fa.bri.ca.ção s.f. Fertigung, Fabrikation.
fa.bri.can.te s.f. Fabrikant.
fa.bri.car v.t. erzeugen bauen, erfinden.
fá.bu.la s.f. Fabel, Lüge.
fa.bu.lo.so adj. fabelhaft.
fa.ca s.f. Messer.
fa.ça.nha s.f. Heldentat.
fac.ção s.f. (partido, bando; parcialidade) Waffentat.
fac.ci.o.so adj. einzeln.
fa.ce s.f. Gesicht.
fa.cei.ro adj. fein.
fa.ce.ta s.f. Gesichtspunkt.
fa.ce.to adj. (alegre; chistoso, gracioso) verspielt.
fa.cha.da s.f. Vorderseite (Haus), Fassade.
fa.cho s.m. Fackel.
fá.cil adj. einfach, leicht, mühelos.
fa.ci.li.da.de s.f. Einfachheit, Leichtigkeit.
fa.ci.li.tar v.t. erleichtern.
fac.tí.vel adj. tunlich.
fa.cul.da.de s.f. Fähigkeit, Fakultät.
fa.cul.ta.ti.vo adj. e s.m. freiwillig, Arzt.
fa.cún.di.a s.f. (eloquência; verbosidade) Dreistigkeit.
fa.da s.f. Fee.
fa.dar v.t. (determinar; dotar; predestinar) voraussagen.
fa.dá.ri.o s.m. (fado; sorte, destino) Verhängnis.
fa.di.ga s.f. Ermüdung.
fa.do s.m. Schicksal.
fa.gu.lha s.f. Funken.
fai.a s.m. (árvore ornamental da família das fagáceas) Buche.
fai.na s.f. Arbeit.
fai.são s.m. Fasan.
fa.is.ca s.f. Funke.
fa.is.car v.i. funken, sprühen.
fai.xa s.f. Schärpe, Band; Streifen.
fa.la s.f. Sprache, Rede, Stimme.
fa.la.dor adj. gesprächig.
fa.lar v.t. sprechen.
fal.cão s.m. Falke.
fal.ca.tru.a s.f. Schlauheit.
fa.le.cer v.i. fehlen, sterben.
fa.le.ci.men.to s.m. Tod, Mangel, Entbehrung.
fa.lên.ci.a s.f. Fehler.
fa.lha s.f. Splitter.
fa.lhar v.t. e v.i. fehlschlagen.
fa.lir v.i. Zahlungen einstellen.
fal.sá.ri.o s.m. Schwindler.
fal.si.da.de s.f. Falschheit.
fal.si.fi.ca.ção s.f. Fälschung.
fal.si.fi.car v.t. fälschen.
fal.so adj. falsch.
fal.ta s.f. Fehler, Mangel.
fal.tar v.i. fehlen.
fa.ma s.f. Ruf, Gerücht.
fa.mí.li.a s.f. Familie.
fa.mi.li.ar adj. vertraulich.
fa.mi.li.a.ri.da.de s.f. Vertraulichkeit.
fa.mi.li.a.ri.zar v.t. e v.p. sich hineinfinden.
fa.min.to adj. hungrig.
fa.mo.so adj. berühmt.
fâ.mu.lo s.m. (servo; criado) Diener.
fa.ná.ti.co adj. fanatisch.
fa.na.tis.mo s.m. Fanatismus, Glaubenseifer.
fan.far.rão s. Prahler.
fan.ta.si.a s.f. Phantasie, Einbildung.
fan.ta.si.ar v.t. phantasieren; ausdenken.
fan.tas.ma s.m. Trugbild, Hirngespinst.
fan.tás.ti.co adj. eingebildet, phantastisch.
fan.to.che s.m. e s.f. Hampelmann.
far.da s.f. Uniform.
far.do s.m. Ballen, Packen.
fa.re.jar v.t. riechen, wittern.
fa.re.lo s.m. Kleie.
fa.rin.ge s.f. Schlund, Rachen.
fa.ri.nha s.f. Mehl.
far.ma.cêu.ti.co s.m. (boticário) Apotheker.
far.má.ci.a s.f. Apotheke.
fa.rol s.m. Leuchtfeuer, Leuchtturm.
far.ra s.f. tolles Fest.
far.ra.po s.m. Fetzen, Lumpen.
far.sa s.f. Komödie; Farce.
far.san.te adj. heuchlerisch.
far.tar v.t. sättigen.
far.to adj. überdrüssig.
far.tu.ra s.f. Sättigung.
fas.ci.na.ção s.f. Bezauberung.
fas.ci.nan.te adj. bezaubernd.
fas.ci.nar v.t. bezaubern.
fas.cí.ni.o s.m. Zauber.
fa.se s.f. Phase.
fas.ti.di.o.so adj. (enfadonho, tedioso) langweilig.
fas.tí.gi.o s.m. (cume; auge) Erdferne.
fa.tal adj. verhängnisvoll.
fa.ta.li.da.de s.f. Verhängnis.
fa.ta.lis.ta s.m. e s.f. Fatalist.
fa.ti.a s.f. Schnitte.
fa.tí.di.co adj. unheilvoll.
fa.ti.gan.te adj. mühsam.
fa.ti.gar v.t. ermüden.
fa.to s.m. Handlung, Tatsache.
fa.tor s.m. Faktor.

301

fa.tu.i.da.de s.f. (enfatuação, presunção, vaidade) Vermutung.
fá.tu.o adj. (presumido, pretensioso, pedante) albern, flüchtig.
fa.tu.ra s.f. Machwerk, Rechnung.
fa.tu.rar v.t. Rechnung eintragen oder ausstellen.
fau.na s.f.Tierwelt eines Landes.
fa.us.to adj. (feliz, próspero; pompa, luxo) glückbringend, prunkvoll.
fa.va s.f. Bohne.
fa.vo s.m. Zelle, Wabe.
fa.vor s.m. Gunst.
fa.vo.rá.vel adj. günstig.
fa.vo.re.cer v.t. begünstigen.
fa.vo.ri.to s. Günstling, Favorit.
fa.zen.da s.f. Landgut.
fa.zer v.t. machen.
fé s.f. Glaube.
fe.al.da.de s.f. Hässlichkeit.
fe.bra s.f. (filamento; músculo; fibra, energia, força) Kraft, Energie.
fe.bre s.f. Fieber.
fe.bril adj. fieberhaft.
fe.cha.do adj. geschlossen.
fe.cha.du.ra s.f. Schloss.
fe.cha.men.to s.m. Schließen.
fe.char v.t. zumachen, schließen.
fe.cho s.m. Riegel.
fé.cu.la s.f. (amido) Stärke.
fe.cun.da.ção s.f. Nachbildung.
fe.cun.dar v.t. befruchten.
fe.cun.do adj. fruchtbar, ergiebig.
fe.der v.t. stinken.
fe.de.ra.ção s.f. Verbündung.
fe.de.ral adj. bundes-.
fe.dor s.m. Gestank.
fei.ção s.f. Form, Gestalt.
fei.jão s.m. Bohne.
fei.o adj. hässlich.
fei.ra s.f. Messe.
fei.ti.ça.ri.a s.f. Zauberei.
fei.ti.cei.ro s.m. Zauberer (fem.) Zauberin.
fei.ti.ço s.m. Götzenbild.
fei.ti.o s.m. Form, Gestalt.
fei.to s.m.Tatsache.
fei.tu.ra s.f Anfertigung, Machart.
fei.xe s.m. Bündel.

fel s.m. (bilis; rancor, amargor) Galle.
fe.li.ci.da.de s.f Glück.
fe.li.ci.ta.ção s.f. Beglückwünschung.
fe.li.ci.tar v.t. beglückwünschen.
fe.liz adj. glücklich.
fe.lo.ni.a s.f. (traição, deslealdade; crueldade) Untreue, Verrat.
fel.pa s.f. (lanugem, penugem; buço) Baumwollplüsch.
fel.tro s.m. Filz.
fê.me.a s.f. Weibchen.
fe.mi.ni.no adj. weibisch, weiblich.
fê.mur s.m. Schenkel.
fen.da s.f. Spalte.
fen.der v.t. spalten.
fe.ne.cer v.i. (acabar, terminar; morrer, extinguir-se) endigen.
fe.no s.m. Heu.
fe.no.me.nal adj. fabelhaft.
fe.nô.me.no s.m. Erscheinung.
fe.ra s.f. Raubtier.
fe.re.za s.f. (crueldade, perversidade) Wildheit.
fé.ri.as s.f. pl. Ferien.
fe.ri.da s.f. Wunde.
fe.ri.men.to s.m. Verwundung.
fe.ri.no adj. unmenschlich.
fe.rir v.t. verwunden.
fer.men.ta.ção s.f. Gärung.
fer.men.tar v.t. gären.
fer.men.to s.m. Gärungsmittel.
fe.ro adj. (selvagem) wild.
fe.ro.ci.da.de s.f. Wildheit.
fe.roz adj. wild, reißend.
fer.ra.du.ra s.f. Hufeisen.
fer.ra.men.ta s.f. Werkzeug.
fer.rão s.m. Stachel.
fer.rar v.t. beschlagen.
fer.rei.ro s.m. Schmied.
fer.re.nho adj. eisern, hart.
fér.re.o adj. eisenhaltig, hart.
fer.ro s.m. Eisen.
fer.ro.a.da s.f. Zensur.
fer.ro.lho s.m. Riegel.
fer.ro.vi.a s.f. Eisenbahn.
fer.ro.vi.á.ri.o adj. eisenbahn-.
fer.ru.gem s.f. Rost.
fér.til adj. fruchtbar.

fer.ti.li.da.de s.f. Fruchtbarkeit.
fer.ti.li.zar v.t. fruchtbar machen.
fer.ven.te adj. inbrünstig.
fer.ver v.i. kochen, brennen.
fer.vi.do adj. (abrasador; arrebatado, veemente, impetuoso) warm.
fer.vi.lhar v.i. in Fülle vorhanden sein.
fer.vor s.m. Glut, Inbrunst.
fer.vo.ro.so adj. inbrünstig.
fer.vu.ra s.f. Eifer.
fes.ta s.f. Fest.
fes.te.jar v.t. feiern, liebkosen.
fes.te.jo s.m. Feierlichkeit.
fes.tim s.m. Familienfest.
fes.ti.val s.m. Festspiel.
fes.ti.vi.da.de s.f. Festlichkeit.
fes.ti.vo adj. festlich.
fe.to s.m. Farnkraut, Leibesfrucht.
fe.ve.rei.ro s.m. Februar.
fe.zes s.f. pl. Hefe.
fi.a.dor s.m. Bürge.
fi.an.ça s.f. Bürgschaft.
fi.ar v.t. spinnen, bürgen.
fi.bra s.f. Fiber, Faser.
fi.bro.so adj. faserig.
fi.car v.t. e v.i. bleiben.
fic.ção s.f. Erdichtung.
fi.cha s.f. Spielmarke, Zettel.
fi.char v.t. registrieren.
fic.tí.ci.o adj. versteckt, erdichtet.
fi.dal.go adj. adelig.
fi.dal.gui.a s.f. Adel, Vornehmheit.
fi.de.dig.no adj. glaubwürdig.
fi.de.li.da.de s.f.Treue.
fi.el adj. treu, pünktlich.
fí.ga.do s.m. Leber.
fi.go s.m. Feige.
fi.gu.ra s.f. Gestalt, Abbildung.
fi.gu.rar v.t. abbilden, vorstellen.
fi.gu.ri.no s.m. Modebild.
fi.la s.f. Reihe, Schnur.
fi.lan.tro.pi.a s.f. Menschenliebe.
fi.lan.tro.po adj. menschenfreundlich.
fi.la.te.li.a s.f. Briefmarkensammeln.
fi.lei.ra s.f. Reihe.
fi.lho s.m. Sohn (fem.) Tochter.

fi.li.a.ção s.f. Herkunft, Verbindung.
fi.li.al adj. kindlich.
fil.ma.gem s.f. Verfilmung.
fil.mar v.t. (ver)filmen.
fil.me s.m. Film.
fi.lo.so.fi.a s.f. Weltweisheit, Philosophie.
fi.ló.so.fo s.m. Weltweiser, Philosoph.
fil.trar v.t. durchsieben.
fil.tro s.m. Seihtuch, Filter.
fim s.m. Ende.
fi.na.do s.m. Verstorbener.
fi.nal adj. e s.m. endlich, Ende.
fi.na.li.da.de s.f. Zweck.
fi.na.li.zar v.t. beenden.
fi.nan.ças s.f. pl. Staatseinkünfte.
fi.nan.ci.a.men.to s.m. Finanzierung.
fi.nan.ci.ar v.t. finanzieren.
fin.car v.t. bestehen auf.
fi.ne.za s.f. Feinheit.
fin.gi.men.to s.m. Verstellung.
fin.gir v.t. vorschützen, erfinden.
fi.no adj. fein, zart, schlau.
fi.nu.ra s.f. Schlauheit.
fi.o s.m. Faden, Schnur.
fir.ma s.f. Unterschrift; Firm.
fir.ma.men.to s.m. Himmelsgewölbe.
fir.mar v.t. e v.p. unterschreiben, unterzeichnen.
fir.me adj. fest.
fir.me.za s.f. Festigkeit.
fis.ca.li.za.ção s.f. Kontrolle, Aufsicht.
fis.ca.li.zar v.t. beaufsichtigen.
fí.si.ca s.f. Naturkunde, Physik.
fí.si.co adj. physisch.
fi.si.o.lo.gi.a s.f. Wissenschaft der Lebenserscheinungen.
fi.si.o.no.mi.a s.f. Miene, Aussehen.
fís.tu.la s.f. (chaga; ferida; úlcera) Fistel.
fi.ta s.f. Band, Binde.
fi.tar v.t. den Blick heften auf.
fi.ve.la s.f. Schnalle.
fi.xar v.t. starr ansehen, festsetzen, fixieren.
fi.xo adj. fest.
flá.ci.do adj. schlaff, welk.

fla.ge.lar v.t. ängstigen.
fla.ge.lo s.m. Geißel.
fla.gran.te adj. offenkundig.
fla.ma s.f. Flamme.
fla.me.jan.te adj. glänzend.
fla.me.jar v.i. flammen.
flâ.mu.la s.f. Wimpel.
fla.nar v.i. (passear; vagabundear) lustwandeln.
flan.co s.m. Seite, Flanke.
fla.ne.la s.f. Flanell.
flau.ta s.f. Flöte.
fle.cha s.f. Pfeil.
fler.tar v.t. umwerben.
fleu.ma s.f. Trägheit, Phlegma.
fle.xão s.f. Biegung, Flexion.
fle.xi.bi.li.da.de s.f. Biegsamkeit, Flexibilität.
fle.xí.vel adj. biegsam, flexibel.
flo.co s.m. Flocke.
flor s.f. Blume.
flo.ra.ção s.f. Blütezeit.
flo.res.cen.te adj. blühend.
flo.res.cer v.t. blühen.
flo.res.ta s.f. Wald.
flo.ri.do adj. blühend.
flo.rir v.i. aufblühen.
flu.ên.ci.a s.f. Flüssigkeit.
flu.en.te adj. flüssig, fließend.
flui.do adj. fließend.
flu.ir v.i. fließen.
flu.tu.a.ção s.f. Schwankung.
flu.tu.ar v.i. wallen, schwanken.
flu.xo s.m. Flut, Ausfluss.
fo.ca s.f. Robbe.
fo.ci.nho s.m. Schnauze.
fo.co s.m. Brennpunkt.
fo.fo adj. weich.
fo.gão s.m. Herd, Ofen.
fo.go s.m. Feuer.
fo.go.si.da.de s.f. Feurigkeit.
fo.go.so adj. feurig, heftig.
fo.guei.ra s.f. Scheiterhaufen; Lagerfeuer.
fo.gue.te s.m. Rakete.
foi.ce s.f. Sense.
fol.clo.re s.m. Volkskunst, Folklore, Wissenschaft der Volksdichtung.
fo.le s.m. Blasebalg.
fô.le.go s.m. Atem, Atmung.
fol.ga s.f. Ruhepause, Muße.

fol.ga.do adj. müßig, weit.
fol.gar v.t. e v.i. sich vergnügen.
fol.ga.zão s. Faulenzer.
fo.lha s.f. Blatt.
fo.lha.gem s.f. Laub, Laubwerk.
fo.lhe.ar v.t. durchblättern.
fo.lhe.to s.m. Flugschrift.
fo.lhi.nha s.f. (calendário; almanaque) Kalender.
fo.li.a s.f. Belustigung.
fo.li.ão adj. verspielt.
fo.li.ar v.i. sich vergnügen.
fo.me s.f. Hunger.
fo.men.tar v.t. nähren.
fo.men.to s.m. Forderung.
fon.te s.f. Quelle, Brunnen.
fo.ra adj. e interj. draußen; fort, hinaus!
fo.ra.gi.do adj. geflüchtet, verfolgt.
fo.ras.tei.ro adj. fremd, auswärtig.
for.ca s.f. Galgen.
for.ça s.f. Kraft, Gewalt.
for.ça.do adj. gezwungen.
for.ça.men.to s.m. Kraft.
for.çar v.t. zwingen, aufbrechen.
for.ce.jar v.t. Gewalt anwenden.
for.ço.so adj. notgedrungen.
for.ja s.f. Schmiede.
for.ja.dor s.m. Schmied.
for.jar v.t. schmieden, aushecken.
for.ma s.f. Form, Gestalt.
for.ma.ção s.f. Gestaltung, Bildung.
for.mal adj. förmlich.
for.ma.li.da.de s.f. Förmlichkeit.
for.ma.li.zar v.t. wiederbeleben.
for.mar v.t. e v.p. bilden.
for.ma.to s.m. Format.
for.ma.tu.ra s.f. Abschlussprüfung.
for.mi.dá.vel adj. toll.
for.mi.ga s.f. Ameise.
for.mi.ga.men.to s.m. Jucken, Kitzel.
for.mi.guei.ro s.m. Ameisenhaufen.
for.mo.so adj. schön.
for.mo.su.ra s.f. Schönheit.
for.mu.la s.f. Vorschrift, Rezept.
for.mu.lar v.t. formulieren.

for.na.lha *s.f.* Backofen.
for.ne.cer *v.t.* liefern.
for.ne.ci.men.to *s.m.* Lieferung.
for.no *s.m.* Ofen, Backofen, Schmelzofen.
fo.ro *s.m.* (foral, jurisdição, alçada, privilégio, uso, direito, prerrogativa, imunidade) Vorrecht.
for.qui.lha *s.f.* Haarnadel.
for.ra.gem *s.f.* (erva para alimentação do gado) Viehfutter.
for.rar *v.t.* mit Stoff füttern oder bekleiden.
for.ro *s.m.* Futter (Kleider), Verkleidung (Holz).
for.ta.le.cer *v.t.* befestigen.
for.ta.le.ci.men.to *s.m.* Befestigung.
for.ta.le.za *s.f.* Festung, Kraft.
for.te *adj.* stark.
for.ti.fi.ca.ção *s.f.* Befestigung.
for.ti.fi.car *v.t.* e *v.p.* befestigen.
for.tui.to *adj.* zufällig.
for.tu.na *s.f.* Glück.
fos.co *adj.* undurchsichtig.
fós.fo.ro *s.m.* Phosphor, Streichholz.
fos.sa *s.f.* Grab, Graben.
fos.sar *v.t.* (revolver, escavar; bisbilhotar) umwenden.
fos.so *s.m.* Graben.
fo.to.gra.far *v.t.* fotografieren, Lichtbild aufnehmen.
fo.to.gra.fi.a *s.f.* Fotografie, Lichtbild.
fo.tó.gra.fo *s.m.* Fotograf, Lichtbildner.
foz *s.f.* (embocadura) Flussmündung.
fra.ção *s.f.* Bruchteil.
fra.cas.sar *v.i.* scheitern, misslingen.
fra.cas.so *s.m.* Scheitern.
fra.co *adj.* schwach, feig.
fra.de *s.m.* Mönch.
frá.gil *adj.* zerbrechlich.
fra.gi.li.da.de *s.f.* Zerbrechlichkeit.
frag.men.tar *v.t.* zerstückeln.
frag.men.to *s.m.* Bruchstück.

fra.go.ro.so *adj.* krachend, tosend.
fra.grân.ci.a *s.f.* Duft, Wohlgeruch.
fra.gran.te *adj.* (odorífero, perfumado, aromático) wohlriechend.
fral.da *s.f.* Unterrock, Windel.
fram.bo.e.sa *s.f.* Himbeere.
fran.cês *adj.* e *s.m* französisch, Franzose.
fran.co *adj.* e *s.m* freimütig, Franken.
fran.ga.lho *s.m.* Lumpen.
fran.go *s.m.* Hähnchen.
fran.ja *s.f.* Franse.
fran.que.ar *v.t.* (desimpedir; facilitar) freimachen, frankieren.
fran.que.za *s.f.* Freimütigkeit.
fran.qui.a *s.f.* Befreiung.
fran.zi.no *adj.* mager.
fran.zir *v.t.* runzeln, kräuseln.
fra.que.za *s.f.* Schwäche.
fras.co *s.m.* Flasche.
fra.se *s.f.* Satz.
fra.ter.nal *adj.* brüderlich.
fra.ter.ni.da.de *s.f.* Brüderlichkeit.
fra.ter.no *adj.* brüderlich.
fra.tu.ra *s.f.* Bruch.
fra.tu.rar *v.t.* zersplittern, fraktionieren.
frau.de *s.f.* Betrug.
frau.du.len.to *adj.* betrügerisch.
fre.guês *s.m.* Kunde.
fre.gue.si.a *s.f.* Kundschaft.
frei.o *s.m.* Bremse.
frei.ra *s.f.* Nonne.
frei.xo *s.m.* (árvore da família das oleáceas) Esche.
fre.men.te *adj.* (vibrante) brausend.
frê.mi.to *s.m.* Brausen.
fre.ne.si *s.m.* Raserei.
fre.né.ti.co *adj.* rasend.
fren.te *s.f.* Vorderseite, Front.
fre.quên.ci.a *s.f.* Häufigkeit.
fre.quen.tar *v.t.* öfter besuchen.
fre.quen.te *adj.* oftmals, rasch.
fres.co *adj.* frisch.
fres.cor *s.m.* Frische.
fres.cu.ra *s.f.* Frische, Kühle.

fres.ta *s.f.* Spalt, Luke.
fre.tar *v.t.* chartern, mieten.
fre.te *s.m.* Fracht.
fric.ção *s.f.* Reibung.
fri.ei.ra *s.f.* Frostbeule.
fri.e.za *s.f.* Kälte.
fri.gi.dei.ra *s.f.* Bratpfanne.
frí.gi.do *adj.* kalt, eisig.
fri.gir *v.t.* braten.
fri.go.rí.fi.co *s.m.* Eisschrank, Kühlhaus.
fri.o *adj.* kalt.
fri.sar *v.t.* frisieren.
fri.tar *v.t.* (frigir) braten.
fri.vo.li.da.de *s.f.* Leichtfertigkeit.
fri.vo.lo *adj.* leichtsinnig, frivol, nichtig.
fron.de *s.f.* (copa; ramagem) Gezweig, Laub.
fron.do.so *adj.* dichtbelaubt.
fron.tal *adj.* stirnseitig, frontal.
fron.te *s.f.* Stirn.
fron.tei.ra *s.f.* Grenze.
fron.tis.pí.ci.o *s.m.* Vorderseite, Titelblatt.
fro.ta *s.f.* Flotte.
frou.xi.dão *s.f.* Schwäche.
frou.xo *adj.* matt, schaff, lose.
fru.gal *adj.* nüchtern, genügsam.
fru.ga.li.da.de *s.f.* Genügsamkeit.
fru.ir *v.t.* genießen.
frus.trar *v.t.* vereiteln, frustrieren.
fru.ta *s.f.* Frucht, Obst.
fru.tí.fe.ro *adj.* fruchttragend.
fru.ti.fi.car *v.i.* Frucht bringen.
fru.to *s.m.* Frucht.
fru.tu.o.so *adj.* fruchtbar, einträglich.
fu.ga *s.f.* Flucht.
fu.gaz *adj.* flüchtig, scheu.
fu.gir *v.i.* e *v.t.* fliehen.
fu.gi.ti.vo *adj.* e *s.m.* flüchtig, Flüchtling.
fu.i.nha *s.f.* Hausmarder.
fu.la.no *s.m.* Herr Soundso.
ful.gen.te *adj.* glänzend.
ful.gir *v.t.* e *v.i.* (brilhar, resplandecer; sobressair) glänzen.
ful.gor *s.m.* Glanz.
ful.gu.rar *v.i.* blitzen, leuchten.
fu.li.gem *s.f.* Kaminruß.

ful.mi.nan.te *adj.* niederschmetternd.
ful.mi.nar *v.t.* Blitze schleudern gegen; treffen, niederschmettern.
fu.ma.ça *s.f.* Rauchwolke.
fu.mar *v.i.* rauchen.
fu.me.gar *v.i.* rauchen, qualmen.
fu.mo *s.m.* Rauch.
fu.mo.so *adj. (vaidoso; enfatuado, presunçoso)* rauchig, eingebildet.
fun.ção *s.f.* Tätigkeit, Funktion.
fun.ci.o.nar *v.i.* funktionieren, in Betrieb sein.
fun.ci.o.ná.ri.o *s.m.* Beamter; Mitarbeiter.
fun.da.ção *s.f.* Gründung.
fun.da.dor *s.* Gründer.
fun.da.men.tal *adj.* grundlegend.
fun.da.men.tar *v.t. e v.i.* den Grund legen zu, egründen.

fun.da.men.to *s.m.* Grundlage, Fundament.
fun.dar *v.t.* gründen.
fun.de.ar *v.t.* vor Anker gehen.
fun.di.ção *s.f.* Gießerei.
fun.dir *v.t.* gießen.
fun.do *adj.* tief, grund-.
fun.du.ra *s.f.* Tiefe.
fú.ne.bre *adj.* traurig, düster.
fu.ne.ral *s.m.* Trauergottesdienst.
fu.nes.to *adj.* unheilvoll.
fun.gar *v.i.* schnauben.
fun.go *s.m.* Schwamm.
fu.nil *s.m.* Trichter.
fu.ra.cão *s.m.* Windstoß, Taifun.
fu.ra.dor *s.* Bohrer.
fu.rar *v.t.* durchbohren.
fur.gão *s.m.* Gepäckwagen.
fú.ri.a *s.f.* Wut, Furie.
fu.ri.o.so *adj.* rasend, heftig.
fur.na *s.f.* Grotte, Höhle.
fu.ro *s.m.* Bohrloch.

fu.ror *s.m.* Raserei.
fur.tar *v.t. e v.p.* stehlen.
fur.to *s.m.* Diebstahl.
fu.são *s.f.* Verschmelzung.
fu.sí.vel *adj. e s.m.* schmelzbar, Sicherung.
fus.te *s.m. (parte da coluna entre o capitel e a base)* Schaft.
fus.ti.gar *v.t. (açoitar, chibatar; bater, castigar)* peitschen.
fu.te.bol *s.m.* Fußball.
fú.til *adj.* wertlos, nichtig.
fu.ti.li.da.de *s.f.* Geringfügigkeit.
fu.tri.ca *s.f.* Klatsch.
fu.tu.ro *adj.* (zu)künftig. *s.m.* Zukunft.
fu.zil *s.m.* Feuerstahl, Flinte.
fu.zi.la.men.to *s.m.* Erschießung.
fu.zi.lar *v.t.* erschießen.
fu.zi.la.ri.a *s.f.* Schießerei.

G

G sétima letra do alfabeto português e do alfabeto alemão; sol (nota musical).
ga.ba.ção s.f. Lobhudelei.
ga.ba.nha s.f. (foice) Sense, Sichel.
ga.bar v.t. (louvar, elogiar, lisonjear) rühmen.
ga.bar.di.na s.f. Gabardinmantel.
ga.bi.ne.te s.m. Arbeitszimmer.
ga.bo s.m. (elogio; jactância, vaidade) Lobspruch.
ga.bo.li.ce s.f. Eitelkeit.
ga.do s.m. Vieh, Herde.
ga.fa.nho.to s.m. Heuschrecke, Grashüpfer.
ga.go adj. stotternd.
ga.gue.jar v.i. schwanken.
gai.a.to adj. mutwillig.
gai.o adj. (jovial, alegre) lustig, fröhlich.
gai.o.la s.f. Käfig.
gai.ta s.f. Dudelsack.
gai.vo.ta s.f. Möwe.
ga.la s.f. Prunk.
ga.lan.ta.ri.a s.f. (cortesia, delicadeza, finura) Artigkeit.
ga.lan.te adj. vornehm.
ga.lan.te.ar v.t. den Hof machen.
ga.lão s.m. Tresse, Litze.
ga.lar.dão s.m. (prêmio, recompensa; honraria, glória) Vergeltung.
ga.le.ri.a s.f. Galerie.
gal.gar v.t. hinaufklettern.
gal.go s.m. Windhund.
ga.lhar.do adj. anmutig, stattlich.
ga.lhe.ta s.f. Ölfläschchen.
ga.lho s.m. Zweig, Ast.
ga.lho.fa s.f. Spott, Ausgelassenheit.
ga.li.nha s.f. Henne.
ga.li.nhe.i.ro s.m. Hühnerstall.
ga.lo s.m. Hahn, Beule.
ga.lo.par v i. galoppieren.
ga.lo.pe s.m. Galopp.
gal.pão s.m. Remise, Bretterbude.
gal.va.ni.zar v.t. (alentar, estimular, incentivar; eletrizar por meio de pilha voltaica; zincar) galvanisieren.
ga.ma s.f. (escala, série, sucessão)Tonleiter.
gam.bá s.m. Krabbe.
ga.mo s.m. (mamífero ruminante da família dos cervídeos) Damhirsch.
ga.na s.f. (apetite, fome; desejo) Begierde, Hunger.
ga.nân.ci.a s.f. Gewinn, Wucher.
ga.nan.ci.o.so adj. gewinnsüchtig.
gan.cho s.m. Haken, Nadel.
gan.ga s.f. (substância resultante da mistura de pedra preciosa ou metal) Ganggestein, Nebengestein.
gan.gor.ra s.f. Wippe.
gan.gre.na s.f. Brand (Krankheit).
ga.nhar v.i. erwerben, gewinnen.
ga.nho s.m. Gewinn, Nutzen.
ga.nir v.i. heulen, winseln.
gan.so s.m. Gans.
ga.ra.gem s.f. Garage, Autohof.
ga.ran.te s.m. e s.f. (abonador, fiador) Gewährleistung.
ga.ran.ti.a s.f. Gewährleistung, Garantie.
ga.ran.tir v.t. gewährleisten, garantieren.
ga.ra.tu.ja s.f. (rabiscos, borrões) Tintenkleks.
ga.ra.tu.jar v.t. bekritzeln.
gar.bo s.m. Anmut, Ritterlichkeit.
gar.bo.so adj. anmutig.
gar.ça s.f. Reiher.
gar.ção s.m. Diener.
gar.fo s.m. Gabel.
gar.ga.lha.da s.f. Gelächter.
gar.gan.ta s.f. Kehle.
gar.ga.re.jar v.t. gurgeln.
gar.ga.re.jo s.m. Gurgeln.
ga.ro.to s.m. Junge.
gar.ra s.f. Kralle, Klaue.
gar.ra.fa s.f. Flasche.
gar.ri.do adj. (janota; elegante, vistoso) zierlich.
gar.ro.te s.m. (bezerro; filhote) Knebel, Jungstier.
gar.ru.lar v.i. (palrar; tagarelar) klingen.
ga.ru.pa s.f. Hüfte.
gás s.m. Gas.
ga.so.li.na s.f. Benzin.
ga.so.so adj. gashaltig.
gas.tar v.t. verbrauchen, verzehren.
gas.to s.m. Ausgabe, Verbrauch.
ga.ta s.f. Katze.
ga.ti.lho s.m. Hahn, Abzug.
ga.to s.m. Kater.
ga.tu.no s.m. Spitzbube, Gauner.
ga.ve.ta s.f. Schublade.
ga.vi.ão s.m. Sperber.
ga.ze.la s.f. Gazelle.
ga.ze.ta s.f. Zeitung.
ga.zu.a s.f. (ferro com que se abrem fechaduras) Nachschlüssel, Dietrich.
ge.a.da s.f. Reif, Frost.
ge.ar v.t. reifen, frieren.
ge.la.do adj. eisig.
ge.lar v.t. zufrieren, vereisen.
ge.la.ti.na s.f. Gelatine, Sülze.
ge.la.ti.no.so adj. gallertartig.
ge.lei.a s.f. Gelee.
ge.lei.ra s.f. Eismaschine, Gletscher.
ge.lo s.m. Eis.
ge.lo.si.a s.f. (rótula; postigo) Stahlrolladen.
ge.ma s.f. Eidotter.

gê.me.o s.m. Zwilling.
ge.mer v.t. stöhnen, wimmern.
ge.mi.do s.m. Ächzen.
gen.ci.a.na s.f. *(planta da família das gencianáceas)* Enzian.
ge.ne.a.lo.gi.a s.f. Herkunft.
ge.ne.ral s.m. Feldherr, General.
ge.ne.ra.li.da.de s.f. Allgemeinheit.
ge.ne.ra.li.zar v.t. verallgemeinern.
ge.né.ri.co adj. allgemein.
gê.ne.ro s.m. Geschlecht, Gattung.
ge.ne.ro.si.da.de s.f. Großmut.
ge.ne.ro.so adj. großmütig.
gen.gi.va s.f. Zahnfleisch.
ge.ni.al adj. genial, unterhaltend.
gê.ni.o s.m. Genie, Geist, Charakter.
ge.ni.tor s.m. Vater.
gen.ro s.m. Schwiegersohn.
gen.te s.f. Leute.
gen.til adj. artig, ritterlich, freigiebig.
gen.ti.le.za s.f. Liebenswürdigkeit.
gen.ti.o adj. heidnisch.
ge.nu.í.no adj. echt.
ge.o.gra.fi.a s.f. Erdkunde, Geografie.
ge.o.lo.gi.a s.f. Erdgeschichte, Geologie.
ge.o.me.tri.a s.f. Messkunst, Geometrie.
ge.ra.ção s.f. Generation.
ge.ra.dor s.m. Generator.
ge.ral adj. allgemein.
ge.rar v.t. erzeugen.
ge.rên.ci.a s.f. Geschäftsführung.
ge.ren.te s.m. Geschäftsführer, Prokurist.
ge.rir v.t. leiten.
ger.ma.no adj. germanisch.
ger.me s.m. Keim.
ger.mi.nar v.t. keimen.
ges.so s.m. Gips.
ges.ta s.f. *(façanha, proeza; história)* Tat.
ges.tão s.f. Verwaltung.
ges.ti.cu.la.ção s.f. Handbewegung.
ges.ti.cu.lar v.i. gebärden.

ges.to s.m. Gebärde.
gi.gan.te adj. e s. riesig, Riese.
gi.gan.tes.co adj. riesenhaft.
gi.nás.ti.ca s.f. Turnkunst, Gymnastik.
gi.ra.fa s.f. Giraffe.
gi.rar v.i. sich drehen.
gi.ras.sol s.m. Sonnenblume.
gi.ra.tó.ri.o adj. kreisend.
gí.ri.a s.f. Jargon.
gi.ro s.m. Umlauf, Drehung.
giz s.m. Kreide.
gla.bro adj. *(liso; imberbe, calvo)* kahl, glatt.
gla.ci.al adj. eisig.
glan.de s.f. Eichel.
glân.du.la s.f. Drüse.
gle.ba s.f. Scholle.
gli.co.se s.f. Traubenzucker.
glo.bo s.m. Kugel, Globus.
gló.ri.a s.f. Ruhm, Glanz.
glo.ri.fi.ca.ção s.f. Verherrlichung.
glo.ri.fi.car v.t. verherrlichen.
glo.ri.o.so adj. ruhmvoll, stolz.
glo.sa s.f. *(comentário; censura, crítica)* Erklärung.
glo.sar v.t. erklären.
glos.sá.ri.o s.m. Glossar.
glu.tão s. Vielfraß.
go.e.la s.f. Schlund.
go.la s.f. Kragen.
go.le s.m. Schluck.
gol.far v.t. *(vomitar; jorrar, brotar)* ausströmen.
gol.fi.nho s.m. Delphin.
gol.fo s.m. Meerbusen, Golf.
gol.pe s.m. Schlag.
go.ma s.f. Gummi.
go.mo s.m. Knospe.
gôn.do.la s.f. Gondel.
gon.zo s.m. *(dobradiça; eixo)* Haspe, Kloben.
go.rar v.t. *(malograr; frustrar; inutilizar)* vereiteln.
gor.do adj. dick, fett.
gor.du.ra s.f. Fett.
go.ri.la s.f. Gorilla.
gor.ja s.f. *(garganta)* Kehle.
gor.je.ar v.i. zwitschern, trillern.
gor.je.ta s.f. Trinkgeld.
gor.ro s.m. Mütze.

gos.tar v.t. schmecken.
gos.to s.m. Geschmack.
gos.to.so adj. schmackhaft.
gos.to.su.ra s.f. Vergnügen.
go.ta s.f. Tropfen.
go.tei.ra s.f. Dachtraufe.
go.te.jar v.i. tröpfeln, tropfen.
go.ver.na.dor s.m. Statthalter, Hofmeister.
go.ver.nan.ta s.f. Haushälterin.
go.ver.nar v.t. regieren, leiten.
go.ver.no s.m. Regierung, Betragen.
go.zar v.t. genießen, besitzen.
go.zo s.m. Genuss, Nutzen.
gra.ça s.m. Scherz, Gnade, Gunst.
gra.ce.jar v.t. e v.i. scherzen.
gra.ce.jo s.m. Anekdote.
grá.cil adj. *(delicado, gracioso)* zart, fein.
gra.ci.o.si.da.de s.f. Liebreiz, Anmut.
gra.ci.o.so adj. anmutig.
gra.de s.f. Egge, Gitter.
gra.do adj. angesehen.
gra.du.a.ção s.f. Gradeinteilung.
gra.du.ar v.t. abstufen, ordnen.
gra.lha s.f. Krähe.
gra.ma s.f. Rasen.
gra.má.ti.ca s.f. Sprachlehre, Grammatik.
gram.po s.m. Klammer, Krampe.
gra.na.da s.f. Granate.
gran.de adj. groß.
gran.de.za s.f. Größe, Erhabenheit.
gran.di.o.si.da.de s.f. Großartigkeit.
gran.di.o.so adj. herrlich, erhaben.
gra.ni.to s.m. Körnchen, Granit.
gra.ni.zo s.m. Hagel.
gran.ja s.f. Hühnerfarm.
gran.je.ar v.t. bebauen, erwerben.
grã.nu.lo s.m. *(grãozinho)* Körnchen.
grão s.m. Korn.
gras.nar v.i. krächzen.
gras.sar v.t. *(alastrar-se, difundir-se, espalhar-se)* um sich greifen.

gras.so adj. (graxo, gorduroso) fettig.
gra.ti.dão s.f. Dankbarkeit.
gra.ti.fi.ca.ção s.f. Geschenk.
gra.ti.fi.car v.t. beschenken.
grá.tis adv. umsonst, unentgeltlich, gratis.
gra.to adj. dankbar, angenehm.
gra.tui.to adj. freiwillig, umsonst.
gra.tu.lar v.t. (cumprimentar, felicitar) beglückwünschen.
grau s.m. Rang, Grad.
gra.ú.do adj. vornehm.
gra.va.ção s.f. (Schallplatten)aufnahme.
gra.var v.t. einschneiden.
gra.va.ta s.f. Krawatte.
gra.ve adj. schwer, feierlich.
gra.vi.da.de s.f. Schwere, Gewicht, Schwerkraft.
grá.vi.do adj. schwanger, beladen.
gra.xa s.f. Wichse, Fett.
gre.go adj. e s.m griechisch, Grieche.
gre.lar v.i. e v.t. (germinar, brotar, espigar) sprossen.
gre.lha s.f. Rost, Grill.
gre.lo s.m. (rebento, broto, renovo, gomo) Spross.
grê.mi.o s.m. Genossenschaft.

gre.ta s.f. Spalte.
gre.tar v.t. (abrir-se, fender-se, rachar-se) aufspringen.
gre.ve s.f. Ausstand, Streik.
gri.lo s.m. Grille.
gri.nal.da s.f. Girlande.
gri.pe s.f. Grippe.
gris adj. (pardo, cinzento, ruço) grau.
gri.sa.lho adj. grau.
gri.tar v.i. schreien.
gri.to s.m. Schrei.
gro.sa s.f. (doze dúzias) Gros; (lima, ferramenta) Holzraspel.
gro.se.lha s.f. Johannisbeere.
gros.so adj. dick, grob, schwer.
gros.su.ra s.f. Dicke, Stärke.
gro.tes.co adj. seltsam, grotesk.
grou s.m. (ave pernalta) Kranich.
gru.dar v.t. aufkitten.
gru.de s.m. Leim, Kleister.
gru.nhir v.i. grunzen, brummen.
gru.po s.m. Gruppe.
gru.ta s.f. Grotte, Höhle.
gua.po adj. (animoso, ousado; corajoso, valente) fesch, schneidig.
guar.da s.f. Wächter.
guar.da-chu.va s.m. Regenschirm.
guar.da-cos.tas s.m. e s.f. Leibwächter, Küstenwache.

guar.da.na.po s.m. Serviette, Mundtuch.
guar.dar v.t. bewachen, behüten.
guar.da-rou.pa s.m. Garderobe, Kleiderschrank.
guar.da-sol s.m. Sonnenschirm.
gua.ri.da s.f. Höhle.
guar.ne.cer v.t. ausrüsten, verzieren.
guar.ni.ção s.f. Besatz, Garnitur.
guer.ra s.f. Krieg.
guer.re.ar v.t. bekriegen.
guer.rei.ro adj. kriegerisch. s.m. Krieger.
guer.ri.lha s.f. Partisanenkrieg.
gui.a s.f. Führung, Führer.
gui.ar v.t. führen, leiten.
guin.char v.t. kreischen.
guin.cho s.m. Kreischen, Winde.
guin.dar v.t. (içar, elevar, erguer; alçar) aufwinden, erheben.
gui.sa.do s.m. Ragout.
gui.sar v.t. schmoren.
gui.tar.ra s.f. Gitarre, Zither.
gu.la s.f. Gier.
gu.lo.sei.ma s.f. Leckerei.
gu.lo.so adj. gierig, naschhaft.
gu.me s.m. Schneide, Scharfsinn.
gus.ta.ção s.f. Kosten, Schmecken.
gu.tu.ral adj. zur Kehle gehörig.

H

H oitava letra do alfabeto português e do alfabeto alemão.

há.bil *adj.* geschickt, gewandt.
ha.bi.li.da.de *s.f.* Geschicklichkeit.
ha.bi.li.do.so *adj.* geschickt.
ha.bi.li.ta.ção *s.f.* Befähigung.
ha.bi.li.tar *v.t.* sich habilitieren.
ha.bi.ta.ção *s.f.* Wohnung, Heimat.
ha.bi.tan.te *s.* Bewohner.
ha.bi.tar *v.t.* bewohnen.
ha.bi.tá.vel *adj.* bewohnbar.
há.bi.to *s.m.* Gewand, Gewohnheit.
ha.bi.tu.al *adj.* üblich.
ha.bi.tu.ar *v.t.* e *v.p.* gewöhnen.
há.li.to *s.m.* Hauch.
han.gar *s.m.* Flugzeugschuppen.
har.mô.ni.ca *s.f.* Wohlklang, Harmonie.
har.mô.ni.ca *s.f. (instrumento musical; acordeão, sanfona)* Harmonika.
har.mô.ni.co *adj.* harmonisch.
har.mo.ni.zar *v.t.* harmonieren.
har.pa *s.f.* Harfe.
has.te *s.f.* Schaft, Stange.
has.te.ar *v.t.* Fahne hissen.
ha.ver *v.t.* haben.
he.brai.co *adj.* e *s.m.* hebräisch, Hebräer.
he.breu *adj.* e *s.m.* hebräisch, Hebräer.
he.di.on.do *adj.* hässlich.
he.ge.mo.ni.a *s.f.* Oberherrschaft.
hé.li.ce *s.f.* Schiffsschraube, Propeller.
he.li.cóp.te.ro *s.m.* Hubschrauber, Helikopter.
he.li.o.tró.pi.o *s.m. (planta borraginácea; girassol; nome de uma pedra preciosa)* Heliotrop.
he.mis.fé.ri.o *s.m.* Hemisphäre.
he.mor.ra.gi.a *s.f.* Blutsturz.
he.mor.roi.das *s.f. pl.* Hämorrhoiden.
he.pá.ti.co *adj. (relativo ao fígado)* leberkrank.
he.ra *s.f. (nome comum a diversas trepadeiras)* Efeu.
he.rál.di.ca *s.f.* Wappenkunde, Heraldik.
he.ran.ça *s.f.* Erbschaft.
her.da.de *s.f. (chácara, fazenda, quinta, sítio)* Landgut, Erbe.
her.dar *v.t.* erben.
her.dei.ro *s.m.* Erbe.
he.re.di.tá.ri.o *adj.* erblich.
he.re.si.a *s.f.* Ketzerei.
he.rói *s.m.* Held.
he.roi.co *adj.* heldenmütig.
he.ro.ís.mo *s.m.* Heldentum.
he.si.ta.ção *s.f.* Unentschlossenheit.
he.si.tan.te *adj.* unentschlossen.
he.si.tar *v.i.* zögern.
he.te.ro.gê.ne.o *adj.* ungleichartig.
hi.ber.na.ção *s.f.* Winterschlaf.
hi.bri.do *adj.* zweigeschlechtig.
hi.dráu.li.ca *s.f.* Wasserkunst, Hydraulik.
hi.dráu.li.co *adj.* hydraulisch.
hi.dro.a.vi.ão *s.m.* Wasserflugzeug.
hi.dro.fo.bi.a *s.f.* Tollwut.
hi.dro.gê.ni.o *s.m.* Wasserstoff.
hi.e.na *s.f.* Hyäne.
hi.e.rar.qui.a *s.f.* Klasse, Gradeinteilung, Hierarchie.
hí.fen *s.m.* Bindestrich, Abteilungszeichen.

hi.gi.e.ne *s.f.* Gesundheitspflege, Hygiene.
hi.gi.ê.ni.co *adj.* hygienisch.
hi.la.ri.an.te *adj.* erheiternd.
hi.la.ri.da.de *s.f. (riso, gargalhada; alegria, folguedo)* Heiterkeit.
hi.me.neu *s.m. (matrimônio, casamento, bodas, núpcias)* Hochzeit.
hi.no *s.m.* Hymnus, Hymne, Lobgesang.
hí.pi.co *adj. (cavalar, equino)* pferd-, reit-.
hip.no.ti.zar *v.t.* einschlafen.
hi.po.cri.si.a *s.f.* Heuchelei.
hi.pó.cri.ta *adj.* scheinheilig.
hi.pó.dro.mo *s.m.* Rennbahn.
hi.po.pó.ta.mo *s.m.* Nilpferd.
hi.po.te.ca *s.f.* Hypothek.
hi.po.te.car *v.t.* verpfänden.
hi.pó.te.se *s.f.* Hypothese, Annahme, Voraussetzung.
hi.po.té.ti.co *adj.* mutmaßlich.
hir.to *adj. (inteiriçado, retesado, imóvel, ereto)* unbeweglich.
his.tó.ri.a *s.f.* Geschichte.
his.to.ri.a.dor *s.m.* Geschichtsschreiber.
his.to.ri.ar *v.t.* geschichtlich darstellen.
his.tó.ri.co *adj.* geschichtlich.
ho.di.er.no *adj. (atual, recente, contemporâneo, moderno)* heutig.
ho.je *adv.* heute.
ho.lo.ca.us.to *s.m.* Opfer.
hom.bri.da.de *s.f.* Männlichkeit.
ho.mem *s.m.* Mensch, Mann.
ho.me.na.gem *s.f.* Huldigung.
ho.mi.cí.di.o *s.m.* Mord.
ho.mo.ge.nei.da.de *s.f.* Gleichartigkeit.
ho.mo.gê.ne.o *adj.* gleichartig.

ho.mo.lo.gar *v.t.* billigen.
ho.mô.ni.mo *adj.* gleichlautend. *s.m.* Namensvetter, Homonym.
ho.nes.tar *v.t. (honrar, coonestar, nobilitar)* ehren.
ho.nes.ti.da.de *s.f.* Ehrlichkeit.
ho.nes.to *adj.* ehrlich.
ho.no.ra.bi.li.da.de *s.f.* Ehrbarkeit.
ho.no.rá.ri.o *adj.* ehrenvoll.
ho.no.ri.fi.co *adj.* ehrerbringend.
hon.ra *s.f.* Ehre.
hon.ra.dez *s.f.* Ehrenhaftigkeit.
hon.ra.do *adj.* ehrlich, ehrenhaft.
hon.rar *v.t.* ehren, auszeichnen.
hon.ro.so *adj.* ehrenvoll.
ho.ra *s.f.* Stunde.
ho.rá.ri.o *s.m.* Stundenplan, Arbeitszeit. *adj.* stündlich.
hor.da *s.f.* Horde, Bande.
ho.ri.zon.tal *adj.* waagerecht.
ho.ri.zon.te *s.m.* Gesichtskreis, Horizont.
hor.ren.do *adj.* entsetzlich.
hor.ri.pi.lan.te *adj.* haarsträubend.
hor.ri.vel *adj.* schrecklich, schauerlich.
hor.ror *s.m.* Entsetzen, Horror.
hor.ro.ri.zar *v.t.* entsetzen.
hor.ro.ro.so *adj.* entsetzlich.
hor.ta.li.ça *s.f.* Gemüse.
hor.tên.si.a *s.f.* Hortensie.
hor.ti.cul.tor *s.m.* Kunstgärtner.
hor.to *s.m.* Küchengarten.
hos.pe.da.gem *s.f.* Gastfreundschaft.
hos.pe.dar *v.t.* beherbergen.
hos.pe.da.ri.a *s.f.* Herberge.
hós.pe.de *s.m. e s.f.* Fremder, Gast.
hos.pí.ci.o *s.m.* Pilgerherberge.
hos.pi.tal *s.m.* Krankenhaus, Spital, Armenhaus.
hos.pi.ta.lei.ro *adj.* gastfrei, gastlich.
hos.pi.ta.li.da.de *s.f.* Gastfreundschaft.
hos.te *s.f. (tropa, exército; bando, multidão)* Horde, Schaar, Heer.
hós.ti.a *s.f.* Abendmahlsbrot, Hostie.
hos.til *adj.* feindlich.
hos.ti.li.da.de *s.f.* Feindschaft.
hos.ti.li.zar *v.t.* anfeinden.
ho.tel *s.m.* Gasthof, Hotel.
hu.lha *s.f. (carvão de pedra)* Steinkohle.
hu.ma.ni.da.de *s.f.* Menschlichkeit.
hu.ma.ni.zar *v.t.* zivilisieren.
hu.ma.no *adj.* menschlich.
hu.mil.da.de *s.f.* Demut.
hu.mil.de *adj.* demütig.
hu.mi.lha.ção *s.f.* Demütigung.
hu.mi.lhan.te *adj.* demütigend.
hu.mi.lhar *v.t.* demütigen.
hu.mor *s.m.* Humor, Laune, Feuchtigkeit im menschlichen Körper.
hu.mo.ris.ta *s.m. e s.f.* Humorist; Humoristin.
hu.mo.rís.ti.co *adj. (espirituoso, satírico)* erheiternd, humoristisch.

I

I nona letra do alfabeto português e do alfabeto alemão.
i.a.te s.m. Jacht.
i.çar v.t. hissen (Fahne).
i.da s.f. Fortgang, Abreise.
i.da.de s.f. Alter.
i.de.al adj. e s.m. verträumt, ideal.
i.de.a.lis.mo s.m. Begeisterung.
i.de.a.li.zar v.t. idealisieren.
i.de.ar v.t. (planear, delinear, projetar; fantasiar, idealizar, sonhar) ersinnen.
i.dei.a s.f. Gedanke, Begriff, Idee.
i.dên.ti.co adj. gleichbedeutend.
i.den.ti.da.de s.f. Einerlei, Identität.
i.den.ti.fi.car v.t. gleichsetzen.
i.di.li.o s.m. (sonho, devaneio; namoro) Idylle.
i.di.o.ma s.m. Sprache, Mundart.
i.di.o.ta adj. idiotisch.
i.do.la.tri.a s.f. Vergötterung.
í.do.lo s.m. Götze, Idol.
i.dô.ne.o adj. geeignet, tauglich.
i.do.so adj. bejahrt.
ig.ni.ção s.f. Zündung.
ig.no.rân.ci.a s.f. Unwissenheit.
ig.no.ran.te adj. unwissend.
ig.no.rar v.t. nicht wissen, ignorieren.
i.gre.ja s.f. Kirche.
i.gual adj. gleich.
i.gua.lar v.t. gleichstellen.
i.gual.da.de s.f. Gleichheit.
i.gua.ri.a s.f. Leckerbissen.
i.le.gal adj. ungesetzlich.
i.le.ga.li.da.de s.f. Ungesetzlichkeit.
i.le.gí.ti.mo adj. unrechtmäßig, unehelich.
i.le.gí.vel adj. unleserlich.
i.le.so adj. unbeschädigt.
i.lha s.f. Insel.

i.lhar v.t. absondern, isolieren.
i.lhar.ga s.f. (quadril, flanco) Seite, Flanke.
i.li.ba.do adj. (incorrupto, imaculado, puro) echt, rein.
i.lí.ci.to adj. unerlaubt.
i.li.mi.ta.do adj. unbegrenzt.
i.lu.dir v.t. täuschen, verspotten.
i.lu.mi.na.ção s.f. Beleuchtung.
i.lu.mi.nar v.t. erleuchten, Glanz geben.
i.lu.são s.f. Täuschung, Illusion.
i.lu.só.ri.o adj. falsch.
i.lus.tra.ção s.f. Auszeichnung, Bild.
i.lus.tra.do adj. gebildet, illustriert.
i.lus.trar v.t. unterrichten.
i.lus.tre adj. berühmt.
i.mã s.m. Magnet.
i.ma.cu.la.do adj. unbefleckt.
i.ma.gem s.f. Bild, Abbild.
i.ma.gi.na.ção s.f. Einbildungskraft.
i.ma.gi.nar v.t. (sich) einbilden.
i.ma.nen.te adj. (perdurável, permanente, persistente) ständig.
i.ma.te.ri.al adj. geistig.
i.ma.tu.ro adj. unreif.
im.be.ci.li.da.de s.f. Dummheit.
im.bu.ir v.t. einflößen.
i.me.di.a.to adj. unmittelbar.
i.men.si.da.de s.f. Unermesslichkeit.
i.men.so adj. unermesslich.
i.me.re.ci.do adj. unverdient.
i.mer.gir v.t. eintauchen.
i.mer.são s.f. Untertauchen.
i.mi.gra.ção s.f. Einwanderung.
i.mi.gran.te s.m. e s.f. Einwanderer.
i.mi.grar v.t. einwandern.
i.mi.nên.ci.a s.f. Nähe, Drohung.

i.mi.nen.te adj. drohend.
i.mi.ta.ção s.f. Nachahmung.
i.mi.tar v.t. nachahmen.
i.mo.bi.li.da.de s.f. Unbeweglichkeit.
i.mo.bi.li.zar v.t. halten.
i.mo.des.to adj. unbescheiden.
i.mo.la.ção s.f. Opferung.
i.mo.ra.li.da.de s.f. Unsittlichkeit.
i.mor.ta.li.da.de s.f. Unsterblichkeit.
i.mor.ta.li.zar v.t. verewigen.
i.mó.vel adj. unbeweglich.
im.pa.ci.ên.ci.a s.f. Ungeduld.
im.pa.ci.en.te adj. ungeduldig.
im.pa.gá.vel adj. unbezahlbar.
ím.par adj. ungerade.
im.par.ci.a.li.da.de s.f. Unparteilichkeit.
im.pas.sí.vel adj. unempfindlich.
im.pa.vi.dez s.f. Unerschrockenheit.
im.pá.vi.do adj. unerschrocken.
im.pe.cá.vel adj. tadellos.
im.pe.di.men.to s.m. Hindernis.
im.pe.dir v.t. verhindern.
im.pe.lir v.t. treiben, antreiben.
im.pe.ne.trá.vel adj. undurchdringlich.
im.pe.ni.tên.ci.a s.f. Hartnäckigkeit.
im.pe.ni.ten.te adj. halsstarrig.
im.pe.ra.dor s.m. Kaiser.
im.pe.rar v.t. gebieten, herrschen.
im.pe.ra.triz s.f. Kaiserin.
im.per.cep.tí.vel adj. unmerklich.
im.per.do.á.vel adj. unverzeihlich.
im.pe.re.cí.vel adj. unvergänglich.

IMPERFEIÇÃO • INCENDIAR

im.per.fei.ção *s.f.* Unvollkommenheit.
im.pe.ri.al *adj.* kaiserlich.
im.pe.ri.ci.a *s.f.* Unerfahrenheit.
im.pé.ri.o *s.m.* Reich, Kaiserreich.
im.pe.ri.o.so *adj.* notwendig.
im.per.me.á.vel *adj.* wasserdicht.
im.per.ti.nên.ci.a *s.f.* Ungezogenheit.
im.per.ti.nen.te *adj.* unverschämt.
im.per.tur.ba.do *adj.* unerschüttert.
im.per.tur.bá.vel *adj.* unerschütterlich.
im.pes.so.al *adj.* unpersönlich.
im.pe.to *adj.* ungestüm.
im.pe.trar *v.t.* erbitten.
im.pe.tu.o.si.da.de *s.f.* Heftigkeit, Gewalt.
im.pi.e.da.de *s.f.* Gottlosigkeit.
im.pi.e.do.so *adj.* unbarmherzig, grausam.
ím.pi.o *adj.* gottlos, ketzer.
im.pla.cá.vel *adj.* unversöhnlich.
im.plan.tar *v.t.* anpflanzen; errichten; einführen.
im.pli.ca.ção *s.f.* Verbindung.
im.pli.car *v.t.* verwickeln, enthalten.
im.pli.ci.to *adj.* miteinbegriffen.
im.plo.rar *v.t.* anflehen.
im.pon.de.ra.do *adj.* unbedacht.
im.po.nen.te *adj.* Achtung gebietend.
im.por *v.t.* Ehrfurcht gebieten, sich geltend machen.
im.por.ta.ção *s.f.* Einfuhr, Import.
im.por.ta.dor *s.m.* Importeur.
im.por.tân.ci.a *s.f.* Wichtigkeit.
im.por.tan.te *adj.* wichtig.
im.por.tar *v.t.* wichtig sein, Waren einführen, importieren.
im.por.tu.nar *v.t.* belästigen.
im.por.tu.no *adj.* beschwerlich.
im.po.si.ção *s.f.* Ordnung.
im.pos.si.bi.li.da.de *s.f.* Unmöglichkeit.
im.pos.si.bi.li.tar *v.t.* verhindern.
im.pos.sí.vel *adj.* unmöglich.

im.pos.to *s.m.* Steuer, Auflage.
im.pos.tor *s.m.* Betrüger.
im.pos.tu.ra *s.f.* Betrug.
im.po.tên.ci.a *s.f.* Machtlosigkeit.
im.po.ten.te *adj.* machtlos.
im.pra.ti.cá.vel *adj.* undurchführbar.
im.pre.ca.ção *s.f.* Fluch.
im.pre.car *v.t. (pedir, rogar; amaldiçoar, praguejar)* fluchen.
im.preg.na.ção *s.f.* Imprägnierung.
im.preg.nar *v.t.* e *v.p.* durchdringen.
im.pren.sa *s.f.* Presse.
im.pren.sar *v.t.* pressen, drucken.
im.pres.cin.dí.vel *adj.* unerlässlich.
im.pres.são *s.f.* Druck, Eindruck.
im.pres.si.o.nan.te *adj.* eindringlich.
im.pres.sio.nar *v.t.* e *v.p.* Eindruck machen.
im.pres.tá.vel *adj.* unnütz.
im.pre.vi.dên.ci.a *s.f.* Unvorsichtigkeit.
im.pre.vi.den.te *adj.* leichtsinnig.
im.pre.vi.são *s.f.* Unvorsichtigkeit.
im.pre.vis.to *adj.* unvorhergesehen.
im.pri.mir *v.t.* drucken.
im.pro.bi.da.de *s.f.* Unehrlichkeit.
im.pro.ce.den.te *adj.* grundlos.
im.pro.du.ti.vo *adj.* unfruchtbar.
im.pró.pri.o *adj.* ungeeignet.
im.pro.vá.vel *adj.* unwahrscheinlich.
im.pro.vi.sa.ção *s.f.* Dichtung.
im.pro.vi.sar *v.t.* ohne Vorbereitung reden, improvisieren.
im.pru.dên.ci.a *s.f.* Unvorsichtigkeit.
im.pu.dên.ci.a *s.f. (descaramento, despudor; descaso, cinismo)* Schamlosigkeit.
im.pu.di.co *adj.* unkeusch, unzüchtig.

im.pug.nar *v.t.* anfechten, bestreiten.
im.pul.sar *v.t.* antreiben, in Bewegung setzen.
im.pul.si.vo *adj.* treibend.
im.pul.so *s.m.* Antrieb, Anstrengung, Impuls.
im.pu.ne *adj.* unbestraft.
im.pu.re.za *s.f.* Unkeuschheit.
im.pu.ro *adj.* unrein.
im.pu.tar *v.t.* zurechnen.
i.mun.dí.ci.e *s.f.* Schmutz.
i.mun.do *adj.* unrein.
i.mu.ne *adj.* immun.
i.mu.ni.da.de *s.f.* Befreiung.
i.mu.tá.vel *adj.* unveränderlich.
i.ná.bil *adj.* ungeschickt.
i.na.bi.li.tar *v.t.* verhindern.
i.na.cei.tá.vel *adj.* unannehmbar.
i.na.ces.sí.vel *adj.* unzugänglich.
i.na.cre.di.tá.vel *adj.* unglaublich.
i.na.de.qua.do *adj.* unangemessen.
i.na.di.á.vel *adj.* unaufschiebbar.
i.nad.mis.sí.vel *adj.* unzulässig.
i.nad.ver.tên.ci.a *s.f.* Unachtsamkeit.
i.na.li.e.ná.vel *adj.* unveräußerlich.
i.nal.te.ra.do *adj.* unverändert.
i.nal.te.rá.vel *adj.* unveränderlich.
i.na.ni.ma.do *adj.* unbelebt, leblos.
i.na.pe.tên.ci.a *s.f.* Unlust.
i.na.pre.ci.á.vel *adj.* unschätzbar.
i.nap.ti.dão *s.f.* Unfähigkeit.
i.na.tin.gí.vel *adj.* unerreichbar.
i.na.ti.vi.da.de *s.f.* Untätigkeit.
i.na.ti.vo *adj.* untätig.
i.na.to *adj.* ungeboren.
i.nau.gu.ra.ção *s.f.* Einweihung.
i.nau.gu.rar *v.t.* einweihen.
in.cal.cu.lá.vel *adj.* unberechenbar.
in.can.des.cen.te *adj.* feurig.
in.can.sá.vel *adj.* unermüdlich.
in.ca.pa.ci.da.de *s.f.* Unfähigkeit.
in.ca.paz *adj.* unfähig.
in.cen.di.ar *v.t.* anzünden, anbrennen.

INCÊNDIO • INDISCUTÍVEL

in.cên.di.o s.m. Feuersbrunst.
in.cen.so s.m. Weihrauch.
in.cen.ti.var v.t. anreizen.
in.cen.ti.vo s.m. Anreiz, Lockmittel.
in.cer.te.za s.f. Ungewissheit.
in.cer.to adj. ungewiss, unsicher.
in.ces.san.te adj. stetig.
in.ces.to s.m. Unzucht.
in.cha.ção s.f. Anschwellung.
in.char v.i. schwellen.
in.ci.den.te s.m. Zwischenfall.
in.ci.dir v.t. verfallen.
in.ci.ne.ra.ção s.f. Einäscherung.
in.ci.ne.rar v.t. einäschern.
in.ci.pi.en.te adj. (principiante, inicial; novato) beginnend.
in.ci.são s.f. Einschnitt.
in.ci.si.vo adj. einschneidend.
in.ci.ta.ção s.f. Reizen.
in.ci.tar v.t. anreizen.
in.ci.vi.li.da.de s.f. Taktlosigkeit.
in.cle.mên.ci.a s.f. Härte.
in.cli.na.ção s.f. Neigung.
in.cli.nar v.t. neigen.
in.clu.ir v.t. einschließen.
in.clu.si.ve adj. einschließlich.
in.clu.so adj. eingeschlossen.
in.co.e.rên.ci.a s.f. Widerspruch.
in.co.e.ren.te adj. unzusammenhängend.
in.cóg.ni.to adj. unbekannt.
in.co.lor adj. farblos.
in.có.lu.me adj. unversehrt.
in.co.men.su.rá.vel adj. unermesslich.
in.co.mo.dar v.t. belästigen.
in.cô.mo.do adj. lästig.
in.com.pa.rá.vel adj. unvergleichlich.
in.com.pa.ti.bi.li.da.de s.f. Unvereinigbarkeit.
in.com.pa.tí.vel adj. unerträglich.
in.com.pe.tên.ci.a s.f. Unfähigkeit, Unzuständigkeit.
in.com.pe.ten.te adj. unfähig, unbefugt.
in.com.ple.to adj. unvollendet.
in.com.pre.en.sí.vel adj. unbegreiflich.
in.con.ce.bí.vel adj. undenkbar.

in.con.di.ci.o.nal adj. bedingungslos.
in.con.gru.ên.ci.a s.f. Widerspruch.
in.cons.ci.ên.ci.a s.f. Unzurechnungsfähigkeit.
in.cons.ci.en.te adj. haltlos, unbeständig.
in.con.se.quen.te adj. widerspruchsvoll.
in.con.si.de.ra.do adj. unbesonnen.
in.con.sis.ten.te adj. haltlos.
in.cons.tân.ci.a s.f. Unstetigkeit.
in.cons.tes.tá.vel adj. unstreitig.
in.con.ve.ni.ên.ci.a s.f. Ungelegenheit.
in.con.ve.ni.en.te adj. unschicklich.
in.cor.po.ra.ção s.f. Einverleibung.
in.cor.pó.re.o adj. körperlos.
in.cor.rer v.t. begehen.
in.cor.re.to adj. fehlerhaft, unrichtig.
in.cré.du.lo adj. ungläubig.
in.cre.men.to s.m. Anwachsen.
in.cri.mi.na.ção s.f. Beschuldigung, Anklage.
in.cri.mi.nar v.t. beschuldigen.
in.crí.vel adj. unglaublich.
in.crus.tar v.t. einlegen.
in.cu.bar v.t. ausbrüten.
in.cul.par v.t. beschuldigen.
in.cul.to adj. unangebaut, unkultiviert.
in.cum.bên.ci.a s.f. Auftrag, Amt.
in.cum.bir v.t. beauftragen, obliegen.
in.cu.rá.vel adj. unheilbar.
in.cu.tir v.t. einflößen.
in.da.ga.ção s.f. Nachforschung.
in.de.cên.ci.a s.f. Unanständigkeit.
in.de.cen.te adj. unanständig.
in.de.ci.são s.f. Unentschlossenheit.
in.de.ci.so adj. unentschlossen.
in.de.co.ro.so adj. unanständig.
in.de.fe.rir v.t. ablehnen.
in.de.fe.so adj. wehrlos.
in.de.fi.ni.do adj. unbestimmt.

in.de.fi.ní.vel adj. unbestimmbar.
in.de.lé.vel adj. unauslöschlich.
in.de.li.ca.de.za s.f. Unhöflichkeit.
in.de.li.ca.do adj. taktlos.
in.de.ni.za.ção s.f. Entschädigung, Vergütung.
in.de.ni.zar v.t. entschädigen, vergüten.
in.de.pen.dên.ci.a s.f. Unabhängigkeit.
in.de.pen.den.te adj. unabhängig.
in.des.cri.tí.vel adj. unbeschreiblich.
in.des.cul.pá.vel adj. unentschuldbar.
in.des.tru.tí.vel adj. unveränderlich.
in.de.ter.mi.na.ção s.f. Unentschiedenheit.
in.de.ter.mi.na.do adj. unbestimmt.
in.de.vi.do adj. fälschlich.
in.di.ca.ção s.f. Anzeichen, Angabe.
in.di.car v.t. bezeichnen, weisen.
ín.di.ce s.m. Register, Inhaltsverzeichnis.
in.di.ci.ar v.t. anzeigen.
in.dí.ci.o s.m. Anzeichen, Spur, Indiz.
in.di.fe.ren.ça s.f. Gleichgültigkeit.
in.di.fe.ren.te adj. gleichgültig.
in.dí.ge.na adj. einheimisch, eingeboren.
in.di.gên.ci.a s.f. Armut.
in.di.gen.te adj. bedürftig.
in.di.ges.tão s.f. Verdauungsstörung.
in.di.ges.to adj. unverdaulich.
in.dig.na.ção s.f. Entrüstung.
in.dig.nar v.t. empören.
in.dig.no adj. unwürdig.
in.di.re.to adj. mittelbar.
in.dis.cre.to adj. unbescheiden.
in.dis.cri.ção s.f. Taktlosigkeit.
in.dis.cri.mi.na.do adj. undeutlich.
in.dis.cu.tí.vel adj. unbestreitbar.

INDISPENSÁVEL • INQUIETAÇÃO

in.dis.pen.sá.vel *adj.* unerlässlich.
in.dis.por *v.t.* verderben.
in.dis.po.si.ção *s.f.* Unwohlsein.
in.dis.so.lú.vel *adj.* unauflöslich.
in.dis.tin.to *adj.* undeutlich.
in.di.vi.du.al *adj.* persönlich, individuell.
in.di.ví.duo *s.m.* einzeln, Einzelwesen.
in.di.zí.vel *adj.* unsagbar.
in.do.lên.ci.a *s.f.* Lässigkeit.
in.do.len.te *adj.* lässig.
in.do.má.vel *adj.* unbändig.
in.du.ção *s.f.* Überredung.
in.dul.gên.ci.a *s.f.* Schonung, Nachsicht.
in.dul.gen.te *adj.* nachsichtig.
in.dul.tar *v.t.* (perdoar, desculpar; atenuar) verzeihen.
in.dul.to *s.m.* Straferlass.
in.du.men.tá.ri.a *s.f.* Tracht, Kleidung.
in.dús.tri.a *s.f.* Industrie, Gewerbe, Betriebsamkeit.
in.dus.tri.al *adj.* industriell.
in.du.zir *v.t.* verleiten.
i.ne.bri.ar *v.t.* berauschen.
i.né.di.to *adj.* unveröffentlicht.
i.ne.fá.vel *adj.* (indizível, indescritível; encantador) unaussprechlich.
i.ne.fi.cá.ci.a *s.f.* Unwirksamkeit.
i.ne.fi.caz *adj.* unwirksam.
i.ne.gá.vel *adj.* unleugbar.
i.nep.to *adj.* albern, unfähig.
i.nér.ci.a *s.f.* Trägheit.
i.ne.ren.te *adj.* innewohnend.
i.ner.te *adj.* regungslos, bewegungslos.
i.nes.go.tá.vel *adj.* unerschöpflich.
i.nes.pe.ra.do *adj.* unverhofft.
i.ne.vi.tá.vel *adj.* unvermeidlich.
i.ne.xa.to *adj.* ungenau.
i.ne.xis.tên.ci.a *s.f.* Mangel.
i.nex.pe.ri.en.te *adj.* unerfahren.
i.nex.pli.cá.vel *adj.* unerklärlich.
i.nex.pres.si.vo *adj.* ausdruckslos.
in.fa.li.bi.li.da.de *s.f.* Unfehlbarkeit.
in.fa.lí.vel *adj.* unfehlbar.

in.fa.ma.ção *s.f.* Entehrung.
in.fa.mar *v.t.* (desonrar, desdourar, desacreditar) entehren.
in.fa.me *adj.* schändlich, infam.
in.fâ.mi.a *s.f.* Ehrlosigkeit.
in.fân.ci.a *s.f.* Kindheit.
in.fan.til *adj.* kindisch.
in.fa.ti.gá.vel *adj.* unermüdlich.
in.fa.us.to *adj.* (infeliz, desgraçado) unheilvoll.
in.fec.ção *s.f.* Ansteckung, Infektion, Seuche.
in.fec.ci.o.nar *v.t.* anstecken.
in.fec.tar *v.t.* anstecken.
in.fec.to *adj.* stinkend.
in.fe.li.ci.da.de *s.f.* Unglück.
in.fe.liz *adj.* unglücklich.
in.fe.ri.or *adj.* geringer, untergeben.
in.fe.rir *v.t.* erschließen.
in.fer.nal *adj.* höllisch.
in.fer.no *s.m.* Hölle.
in.fes.tar *v.t.* verheeren.
in.fi.de.li.da.de *s.f.* Untreue, Verrat.
in.fi.el *adj.* untreu.
in.fil.tra.ção *s.f.* Eindringen.
in.fil.trar *v.t.* durchdringen.
ín.fi.mo *adj.* unterst-, niedrigst-.
in.fi.ni.da.de *s.f.* Unendlichkeit.
in.fi.ni.to *adj.*, *s.m.* e *adv.* unendlich, grenzenlos, Unendlichkeit.
in.fla.ção *s.f.* Schwellung.
in.fla.ma.ção *s.f.* Entzündung.
in.fla.mar *v.t.* entzünden.
in.flar *v.t.* aufblasen.
in.fle.tir *v.t.* (dobrar, curvar; flexionar) sich biegen.
in.fle.xão *s.f.* Biegung.
in.fle.xí.vel *adj.* unbeugsam.
in.fli.gir *v.t.* auferlegen.
in.flu.ên.ci.a *s.f.* Einfluss.
in.flu.en.te *adj.* einflussreich.
in.flu.ir *v.t.* beeinflussen.
in.for.ma.ção *s.f.* Auskunft, Information.
in.for.mar *v.t.* benachrichtigen, unterrichten, informieren.
in.for.me *adj.* gestaltlos, formlos, *s.m.* Auskunft, Information.

in.fra.ção *s.f.* Überschreitung; Bruch.
in.fru.tí.fe.ro *adj.* fruchtlos, unfruchtbar.
in.fun.da.do *adj.* grundlos.
in.fun.dir *v.t.* einflößen.
in.fu.são *s.f.* Aufguss.
in.ge.nu.i.da.de *s.f.* Naivität.
in.gê.nu.o *adj.* unbefangen, naiv, arglos.
in.ge.rên.ci.a *s.f.* Einmischung.
in.ge.rir *v.t.* sich einmischen.
in.glês *adj.* e *s.m.* englisch, Engländer.
in.gra.ti.dão *s.f.* Undankbarkeit.
in.gra.to *adj.* undankbar.
in.gre.di.en.te *s.m.* Zutat, Bestandteil.
in.gre.me *adj.* steil.
in.gres.so *s.m.* Eintritt, Zutritt.
i.ni.bi.ção *s.f.* Hindernis.
i.ni.bir *v.t.* untersagen, verhindern.
i.ni.ci.a.ção *s.f.* Einführung.
i.ni.ci.ar *v.t.* anfangen, einweihen.
i.ni.ci.a.ti.va *s.f.* Anregung, Initiative.
i.ni.ci.o *s.m.* Anfang, Einweihung.
i.ni.mi.go *adj.* feindlich, *s.* Feind, Gegner, Teufel.
i.ni.mi.za.de *s.f.* Feindschaft.
in.je.ção *s.f.* Einspritzung.
in.je.tar *v.t.* einspritzen.
in.jú.ri.a *s.f.* Beleidigung.
in.ju.ri.o.so *adj.* beleidigend.
in.jus.ti.ça *s.f.* Ungerechtigkeit.
in.jus.to *adj.* ungerecht.
i.no.cên.ci.a *s.f.* Unschuld.
i.no.cen.te *adj.* unschuldig.
i.no.cu.lar *v.t.* impfen (Baum).
i.nó.cu.o *adj.* unschädlich.
i.no.do.ro *adj.* geruchlos.
i.no.fen.si.vo *adj.* harmlos.
i.nol.vi.dá.vel *adj.* unvergesslich.
i.no.por.tu.no *adj.* ungelegen, unzeitig.
i.no.va.ção *s.f.* Neuerung.
i.no.var *v.t.* erneuern.
in.qua.li.fi.cá.vel *adj.* nicht zu bezeichnen.
in.qué.ri.to *s.m.* Untersuchung.
in.qui.e.ta.ção *s.f.* Unruhe.

in.qui.e.tar *v.t.* beunruhigen.
in.qui.e.to *adj.* unruhig.
in.qui.li.no *s.m.* Mieter.
in.qui.rir *v.t.* nachforschen.
in.sa.ci.á.vel *adj.* unersättlich.
in.sa.ná.vel *adj.* unheilbar.
in.sa.no *adj.* unsinnig.
ins.cre.ver *v.t.* einschreiben, eingraben.
ins.cri.ção *s.f.* Inschrift, Eintragung.
in.sen.sa.to *adj.* unverständig.
in.sen.si.bi.li.da.de *s.f.* Gefühllosigkeit.
in.sen.sí.vel *adj.* unempfindlich.
in.se.pa.rá.vel *adj.* untrennbar.
in.ser.ção *s.f.* Einfügung.
in.se.rir *v.t.* einrücken, einsetzen.
in.se.ti.ci.da *s.m.* Insektenpulver.
in.se.to *s.m.* Insekt.
in.sí.di.a *s.f. (perfídia, aleivosia; ardil, emboscada)* Hinterlist.
in.si.di.o.so *adj.* verräterisch.
in.sig.ne *adj.* ausgezeichnet, hervorragend.
in.sig.ni.fi.can.te *adj.* geringfügig.
in.si.nu.ar *v.t.* andeuten.
in.sí.pi.do *adj.* geschmacklos.
in.sis.tên.ci.a *s.f.* Dringlichkeit.
in.sis.tir *v.t.* beharren.
in.so.ci.á.vel *adj.* ungesellig.
in.so.la.ção *s.f.* Sonnenstich.
in.so.lên.ci.a *s.f.* Unverschämtheit.
in.so.len.te *adj.* unverschämt.
in.só.li.to *adj.* ungewöhnlich.
in.só.lú.vel *adj.* unlöslich.
in.só.ni.a *s.f.* Schlaflosigkeit.
ins.pe.ção *s.f.* Aufsicht, Musterung.
ins.pe.ci.o.nar *v.t.* besichtigen, prüfen.
ins.pi.rar *v.t.* einatmen, eingeben.
ins.ta.bi.li.da.de *s.f.* Unbeständigkeit.
ins.ta.la.ção *s.f.* Einrichtung.
ins.ta.lar *v.t.* einrichten.
ins.tân.ci.a *s.f.* Instanz, Gesuch.
ins.tan.tâ.ne.o *adj.* augenblicklich, s. Momentfotografie, Schnappschuss.
ins.tan.te *s.m.* Augenblick. *adj.* dringend.
ins.tar *v.t.* dringend, bitten um.
ins.tau.rar *v.t.* errichten.
ins.tá.vel *adj.* unbeständig.
ins.ti.ga.ção *s.f.* Anstiftung.
ins.tin.to *s.m.* Naturtrieb, Instinkt.
ins.ti.tu.i.ção *s.f.* Einrichtung.
ins.ti.tu.ir *v.t.* einsetzen.
ins.ti.tu.to *s.m.* Institut, Anstalt.
ins.tru.ção *s.f.* Unterricht, Auftrag.
ins.tru.ir *v.t.* unterrichten.
ins.tru.men.to *s.m. (objeto musical; documento; ferramenta)* Werkzeug, Instrument.
in.su.bor.di.na.ção *s.* Widersetzlichkeit.
in.su.bor.di.na.do *adj.* widersetzlich.
in.su.ces.so *s.m.* Scheitern.
in.su.fi.ci.en.te *adj.* ungenügend.
in.sul.tar *v.t.* beschimpfen.
in.sul.to *s.m.* Beleidigung.
in.su.pe.rá.vel *adj.* unüberwindlich.
in.su.por.tá.vel *adj.* unerträglich.
in.sur.gir *v.t.* e *v.p.* sich auflehnen, empören.
in.sus.ten.tá.vel *adj.* unhaltbar.
in.tac.to *adj.* unverletzt.
in.te.gral *adj.* vollständig.
in.te.grar *v.t.* ergänzen, einordnen.
in.te.gri.da.de *s.f.* Vollständigkeit.
in.te.gro *adj.* unbescholten.
in.tei.rar *v.t.* vervollständigen, in Kenntnis setzen.
in.tei.ro *adj.* ganz.
in.te.lec.to *s.m.* Verstand.
in.te.lec.tu.al *adj.* geistig, verstandesmäßig. *s.m.* Geistesarbeiter, Intelektueller.
in.te.li.gên.ci.a *s.f.* Verstand, Intelligenz.
in.te.li.gen.te *adj.* klug, einsichtig.
in.tem.pé.ri.e *s.f.* Umbilden der Witterung.
in.tem.pes.ti.vo *adj.* ungelegen.
in.ten.ção *s.f.* Absicht.
in.ten.ci.o.nal *adj.* absichtlich.
in.ten.den.te *s.m.* e *f.* Verwalter.
in.ten.si.da.de *s.f.* Wirksamkeit, Intensität.
in.ten.so *adj.* angespannt.
in.ten.tar *v.t.* beabsichtigen.
in.ten.to *s.m.* Absicht.
in.ter.ca.lar *v.t.* einschieben.
in.ter.câm.bi.o *s.m.* Austausch.
in.ter.ce.der *v.t.* fürbitten.
in.ter.cep.tar *v.t.* unterbrechen.
in.ter.ces.são *s.f.* Vermittlung.
in.ter.di.ção *s.f.* Verbot, Entzug.
in.te.res.sa.do *adj.* interessiert, eigennützig, berechnend. *s.* Teilhaber, Interessent.
in.te.res.san.te *adj.* interessant, erregend.
in.te.res.sar *v.t.* e *v.p.* interessieren, betreffen.
in.te.res.se *s.m.* Interesse, Anteilnahme, Zinsen.
in.ter.fe.rên.ci.a *s.f.* Einmischung.
in.ter.fe.rir *v.t.* vermitteln.
in.te.ri.no *adj.* einstweilig.
in.te.ri.or *adj.* inwendig, innerlich.
in.ter.me.di.á.ri.o *s.m.* Vermittler.
in.ter.mi.ná.vel *adj.* endlos, unendlich.
in.ter.nar *v.t.* e *v.p.* internieren.
in.ter.no *adj.* innerlich.
in.ter.pe.lar *v.t.* anfragen.
in.ter.por *v.t.* e *v.p.* einschieben.
in.ter.pre.tar *v.t.* auslegen, dolmetschen.
in.tér.pre.te *s.m.* e *s.f.* Ausleger, Übersetzer, Dolmetscher.
in.ter.ro.ga.ção *s.f.* Befragung.
in.ter.ro.gar *v.t.* fragen.
in.ter.ro.ga.tó.ri.o *s.m.* Verhör.
in.ter.rom.per *v.t.* unterbrechen.
in.ter.rup.ção *s.f.* Unterbrechung.

INTERVALO • ITINERÁRIO

in.ter.va.lo *s.m.* Zwischenraum, Pause.
in.ter.ven.ção *s.f.* Vermittlung, Eingreifen.
in.ter.vir *v.t.* dazwischentreten, vermitteln.
in.tes.ti.no *s.v.* Darm, Eingeweide.
in.ti.mar *v.t.* vorladen, intimieren.
in.ti.mi.da.de *s.f.* Vertraulichkeit.
in.ti.mi.dar *v.t.* einschüchtern.
in.ti.mo *s.m.* Busenfreund. *adj.* intim.
in.ti.tu.lar *v.t.* betiteln.
in.to.le.rân.ci.a *s.f.* Intoleranz.
in.to.le.rá.vel *adj.* unerträglich.
in.to.xi.ca.ção *s.f.* Vergiftung.
in.tran.si.gen.te *adj.* unnachgiebig.
in.tra.tá.vel *adj.* unbeugsam, ungesellig.
in.tré.pi.do *adj.* verwegen, furchtlos.
in.trin.ca.do *adj.* verwickelt.
in.tri.ga *s.f.* Intrige, Machenschaft.
in.tri.gan.te *adj.* intrigant.
in.tro.du.ção *s.f.* Einleitung, Zugang.
in.tro.du.zir *v.t.* einführen.
in.tro.me.ter *v.t.* e *v.p.* einschieben.
in.tro.me.ti.do *s.m.* Schnüffler.
in.tro.mis.são *s.f.* Einmischung.
in.tru.so *s.m.* Eindringling.
in.tu.i.ção *s.f.* Intuition, Einfühlung.
in.tu.i.ti.vo *adj.* intuitiv, anschaulich.
in.tu.i.to *s.m.* Zweck, Absicht.
in.tu.mes.cer *v.i.* aufschwellen.
i.nu.ma.no *adj.* unmenschlich.
i.nu.mar *v.t.* begraben.
i.nu.me.rá.vel *adj.* zahllos, unzählig.
i.nun.da.ção *s.f.* Überschwemmung.

i.nun.dar *v.t.* überschwemmen.
i.nú.til *adj.* unnütz, fruchtlos, vergeblich.
i.nu.ti.li.da.de *s.f.* Nutzlosigkeit.
i.nu.ti.li.zar *v.t.* unbrauchbar machen.
in.va.dir *v.t.* eindringen.
in.vá.li.do *adj.* ungültig, *s.m.* Invalider.
in.va.ri.á.vel *adj.* unveränderlich.
in.va.são *s.f.* feindlicher Einfall, Invasion.
in.ve.ja *s.f.* Neid.
in.ve.jar *v.t.* beneiden.
in.ve.jo.so *adj.* neidisch.
in.ven.ção *s.f.* Erfindung.
in.ven.ci.vel *adj.* unbesiegbar.
in.ven.tar *v.t.* erfinden.
in.ven.tor *s.m.* Erfinder.
in.ver.nar *v.t.* e *v.i.* (hibernar) überwintern.
in.ver.no *s.m.* Winter.
in.ver.so *adj.* umgekehrt.
in.ver.ter *v.t.* umkehren.
in.vés *s.m.* (avesso, o contrário) Kehrseite.
in.ves.ti.da *s.f.* Anfall.
in.ves.ti.du.ra *s.f.* Besitz.
in.ves.ti.ga.ção *s.f.* Forschung.
in.ves.ti.gar *v.t.* erforschen.
in.ves.tir *v.t.* belehnen.
in.vic.to *adj.* unbesiegt, unbesiegbar, unüberwindlich.
in.vi.o.lá.vel *adj.* unverletzlich.
in.vi.si.vel *adj.* unsichtbar.
in.vo.car *v.t.* anrufen, anflehen.
in.vó.lu.cro *s.m.* Hülle.
in.vul.gar *adj.* selten.
in.vul.ne.rá.vel *adj.* unverletzlich.
i.o.do *s.m.* Jod.
ir *v.i.* gehen.
i.ra *s.f.* Zorn.
i.ra.do *adj.* aufgebracht.
i.ras.cí.vel *adj.* reizbar.
í.ris *s.m.* e *s.f.* Iris.
ir.mã *s.f.* Schwester.
ir.mão *s.m.* Bruder.

i.ro.ni.a *s.f.* Ironie.
i.rô.ni.co *adj.* ironisch.
ir.ra.ci.o.nal *adj.* unvernünftig.
ir.ra.di.a.ção *s.f.* Ausstrahlung.
ir.ra.di.ar *v.t.* ausstrahlen.
ir.re.al *adj.* unwirklich.
ir.re.a.li.zá.vel *adj.* undurchführbar.
ir.re.con.ci.li.á.vel *adj.* unversöhnlich.
ir.re.gu.lar *adj.* unregelmäßig.
ir.re.gu.la.ri.da.de *s.f.* Unregelmäßigkeit.
ir.re.me.di.á.vel *adj.* unvermeidlich.
ir.re.mis.sí.vel *adj.* unverzeihlich.
ir.re.pa.rá.vel *adj.* unheilbar.
ir.re.qui.e.to *adj.* unruhig.
ir.re.sis.tí.vel *v.t.* unwiderstehlich.
ir.re.so.lu.to *adj.* unentschlossen.
ir.res.pon.sá.vel *adj.* unverantwortlich.
ir.res.tri.to *adj.* umfassend.
ir.re.ve.rên.ci.a *s.f.* Unehrbietigkeit.
ir.re.vo.gá.vel *adj.* unwiderruflich.
ir.ri.ga.ção *s.f.* Bewässerung.
ir.ri.gar *v.t.* bewässern.
ir.ri.ta.ção *s.f.* Reizung.
ir.ri.tar *v.t.* reizen, erzürnen.
ir.ri.tá.vel *adj.* reizbar.
ir.rom.per *v.t.* eindringen.
ir.rup.ção *s.f.* Einbruch.
is.ca *s.f.* Köder.
i.sen.ção *s.f.* Befreiung.
i.sen.tar *v.t.* befreien.
i.sen.to *adj.* frei.
i.so.lar *v.t.* e *v.p.* absondern, isolieren.
is.quei.ro *s.m.* Feuerzeug.
is.so *pron.* das, dort, jenes.
is.to *pron.* das (hier).
i.ta.li.a.no *adj.* e *s.m.* italienisch, Italiener.
i.ti.ne.rá.ri.o *s.m.* Kurs, Reise, Fahrt, Reiseführer, Fahrplan; Route.

J

J décima letra do alfabeto português e do alfabeto alemão.

já *adv.* schon, sogleich.

ja.ca.ré *s.m.* Kaiman, Krokodil.

ja.cen.te *adj. (estacionário)* liegend.

jac.tân.ci.a *s.f. (bazófia, pedantismo, soberba)* Prahlerei, Eitelkeit.

jac.tar-se *v.p.* sich rühmen.

ja.ma.is *adj.* niemals.

ja.nei.ro *s.m.* Januar.

ja.ne.la *s.f.* Fenster.

jan.ga.da *s.f.* Floß.

ja.no.ta *adj. (pedante, almofadinha)* schick, elegant.

jan.tar *v.t.* abendessen. *s.m.* Abendessen.

ja.po.nês *s.m. adj.* Japaner; japanisch.

ja.que.ta *s.f.* Jacke.

jar.dim *s.m.* Garten.

jar.di.nei.ro *s.m.* Gärtner.

jar.ra *s.f.* Vase.

jar.ro *s.m.* Wasserkrug.

jas.mim *s.m.* Jasmin.

ja.to *s.m.* Wurf.

jau.la *s.f.* Zwinger.

ja.va.li *s.m.* Eber.

ja.zi.da *s.f.* Ruheplatz.

ja.zi.go *s.m.* Ruheplatz.

jei.to *s.m.* Art und Weise.

jei.to.so *adj.* geschickt.

je.jum *s.m.* Fasten.

ji.boi.a *s.f.* Riesenschlange.

jo.a.lhei.ro *s.m.* Goldschmied.

jo.a.lhe.ri.a *s.f.* Juwelenhandlung.

jo.co.so *adj.* lustig.

jo.e.lho *s.m.* Knie.

jo.ga.dor *s.m.* Spieler.

jo.gar *v.t.* spielen.

jo.go *s.m.* Spiel.

joi.a *s.f.* Kleinod, Juwel.

jor.na.da *s.f.* Reise, Tagelohn.

jor.nal *s.m.* Zeitung.

jor.na.lis.ta *s.m.* e *s.f.* Zeitungschreiber, Journalist.

jor.rar *v.t.* sprudeln, triefen.

jor.ro *s.m.* Strahl.

jo.vem *adj. s.m.* e *s.f.* jung, Jüngling.

jo.vi.a.li.da.de *s.f.* Heiterkeit.

ju.bi.la.ção *s.f. (alegria, contentamento, júbilo; reforma, aposentadoria)* Jubel, Versetzung in den Ruhestand.

ju.bi.lar *v.i.* in den Ruhestand versetzen.

ju.bi.leu *s.m. (quinquagésimo aniversário)* Jubiläum.

jú.bi.lo *s.m.* Freude.

ju.dai.co *adj.* jüdisch.

ju.deu *adj.* e *s.m.* jüdisch, Jude.

ju.di.ar *v.t.* misshandeln.

ju.di.ci.á.ri.o *adj.* richterlich.

ju.di.ci.o.so *adj. (sensato, ajuizado)* verständig, gescheit.

ju.go *s.m. (sujeição; cativeiro)* Joch, Druck.

ju.iz *s.m.* Richter.

ju.í.zo *s.m.* Vernunft, Urteil, Gutachten.

jul.ga.men.to *s.m.* Prozess, Gericht.

jul.gar *v.t.* richten.

ju.lho *s.m.* Juli.

ju.men.to *s.m.* Esel.

jun.ção *s.f.* Verbindung.

jun.gir *v.t. (emparelhar, unir; prender, subjugar)* vereinigen.

ju.nho *s.m.* Juni.

jun.ta *s.f.* Gelenk, Versammlung.

jun.tar *v.t.* verbinden, zusammenfinden.

jun.to *adj.* verbunden, zusammen.

ju.ra.do *s.m.* Geschworener.

ju.ra.men.to *s.m.* Eid, Fluch, Schwur.

ju.rar *v.t.* fluchen, schwören.

ju.ri.di.co *adj.* rechtlich.

ju.ris.di.ção *s.f.* Rechtsprechung.

ju.ris.pru.dên.ci.a *s.f.* Rechtswissenschaft.

ju.ris.ta *s.m.* e *s.f.* Rechtsgelehrter, Jurist.

ju.ro *s.m.* Zinsen, Zinsfuß.

jus.ta.por *v.t.* neben etwas setzen.

jus.te.za *s.f. (exatidão, precisão)* Richtigkeit.

jus.ti.ça *s.f.* Gerechtigkeit.

jus.ti.fi.ca.ção *s.f.* Rechtfertigung.

jus.ti.fi.car *v.t.* rechtfertigen.

jus.to *adj.* gerecht, richtig.

ju.ve.nil *adj.* jugendlich.

ju.ven.tu.de *s.f.* Jugend.

K

K décima primeira letra do alfabeto português, usada principalmente em abreviaturas e símbolos consagrados internacionalmente, além de nomes próprios e em vocábulos derivados deles, que se escrevem com esta letra; décima primeira letra do alfabeto alemão.

kitsch *s. e adj.* palavra alemã utilizada, também em português, para designar material artístico, literário etc., geralmente de gosto duvidoso ou de má qualidade, que se caracteriza, sobretudo, por seu cunho sentimentalista ou sensacionalista, bem ao gosto popular.

L

L décima segunda letra do alfabeto português e do alfabeto alemão.

lá adv. dort, da.
lã s.f. Wolle.
la.ba.re.da s.f. Feuergarbe.
la.bé.u s.m. (desdouro; mancha, nódoa, mácula) Schimpf, Makel.
lá.bi.o s.m. Lippe.
la.bi.rin.to s.m. Irrgarten, Wirrwarr.
la.bor s.m. (trabalho, lida) Arbeit.
la.bo.rar v.t. arbeiten.
la.bu.tar v.t. (trabalhar, lidar, lutar) hart arbeiten, sich plagen.
la.ca s.f. Lack.
la.ça.da s.f. Schlinge.
la.cai.o s.m. Diener, Lakai.
la.çar v.t. verbinden.
la.ço s.m. Schlinge, Fessel.
la.cô.ni.co adj. (breve, resumido, conciso, abreviado) wortkarg.
la.crar v.t. versiegeln.
la.cri.mo.so adj. weinend.
lác.te.o adj. milchig.
la.cu.na s.f. Lücke, Vertiefung.
la.di.no adj. schlau, gerissen.
la.do s.m. Seite, Flanke.
la.drão s.m. Dieb.
la.drar v.i. bellen.
la.dri.lho s.m. Fliese, Ziegel.
la.dro.ei.ra s.f. Raub, Diebstahl.
la.gar.ti.xa s.f. Raupe, Eidechse.
la.gar.to s.m. Eidechse.
la.go s.m. Lache, Teich, See.
la.go.a s.f. Kleinsee, Stausee.
la.gos.ta s.f. Hummer.
lá.gri.ma s.f. Träne.
la.je s.f. Backsteinplatte.
la.ma s.f. Schlamm.
la.ma.çal s.m. Morast.
lam.ber v.t. lecken.

la.mei.ra s.f. Morast.
la.men.ta.ção s.f. Wehklage.
la.men.tar v.t. e v.p. beklagen, jammern.
la.men.tá.vel adj. bedauernswert.
la.men.to s.m. Wehklage, Jammer.
lâ.mi.na s.f. Metallplatte.
lâm.pa.da s.f. Lampe.
lam.pe.jar v.i. aufblitzen.
lam.pi.ão s.m. Straßenlaterne.
lan.ça.men.to s.m. Abwurf, Buchung.
lan.çar v.t. schleudern.
lan.ce s.m. Wurf, Vorfall.
lan.cha s.f. Boot, Barkasse.
lan.che s.m. Imbiss.
lan.ci.nan.te adj. schmerzhaft.
lan.gui.dez s.f. Mattigkeit.
la.nhar v.t. (ferir, golpear; arranhar) kratzen.
lan.ter.na s.f. Laterne.
la.pe.la s.f. Aufschlag.
la.pi.dar v.t. steinigen.
lá.pi.de s.f. Grabstein.
lá.pis s.m. Bleistift.
lap.so s.m. Versehen, Fehler.
lar s.m. Heim.
la.ran.ja s.f. Apfelsine, Orange.
la.ran.jei.ra s.f. Apfelsinenbaum.
la.rei.ra s.f. Herd.
lar.gar v.t. loslassen, verlassen.
lar.go adj. breit, lang.
lar.gue.za s.f. Freigiebigkeit.
lar.gu.ra s.f. Breite, Weite.
la.rin.ge s.f. Kehlkopf.
las.ci.vi.a s.f. Geilheit.
las.ci.vo adj. unzüchtig.
las.si.dão s.f. (cansaço, fadiga; tédio, fastio) Erschlaffung.
las.so adj. schlaff.
lás.ti.ma s.f. Mitleid.
las.tro s.m. Ballast, Unterlage.

la.ta s.f. Blechkasten, Latte.
la.tão s.m. Messing.
lá.te.go s.m. (açoite, chicote; castigo, flagelo) Lederpeitsche.
la.te.jar v.i. klopfen, pulsieren.
la.ten.te adj. verborgen, geheim.
la.te.ral adj. seitlich.
la.ti.fún.di.o s.m. Großgrundbesitz.
la.tir v.i. bellen, klopfen.
la.ti.tu.de s.f. Breite, Umfang.
la.to adj. (amplo, extenso, largo, dilatado) weitläufig.
la.tro.cí.ni.o s.m. Straßenraub.
lau.do s.m. Schiedsspruch.
lau.re.ar v.t. belohnen.
lau.to adj. reichlich.
la.va s.f. Lava.
la.van.de.ri.a s.f. Bachstelze.
la.var v.t. e v.p. waschen.
la.va.tó.ri.o s.m. Waschtisch.
la.vou.ra s.f. Ackerbau.
la.vra.dor s.m. Feldarbeiter.
la.vrar v.t. Feldarbeit verrichten.
la.xan.te s.m. Abführmittel.
la.xar v.t. (afrouxar, alargar; dilatar; desobstruir) lockern, erleichtern.
la.zer s.m. Freizeit, Muße.
le.al adj. treu, ehrlich.
le.al.da.de s.f. Treue.
le.ão s.m. Löwe.
le.bre s.f. Hase.
le.bréu s.m. (cão amestrado na caça à lebre) Windhund.
le.ci.o.nar v.t. unterrichten, Stunden geben.
le.di.ce s.f. (alegria, prazer, júbilo, contentamento) Freude.
le.do adj. (alegre, jovial) lustig.
le.ga.do s.m. Gesandter.
le.gal adj. gesetzlich.
le.ga.li.zar v.t. beurkunden, beglaubigen.

LEGAR • LIVRAR

le.gar v.t. hinterlassen.
le.gen.da s.f. Inschrift; Untertitel.
le.gi.ão s.f. Menge.
le.gis.la.ção s.f. Gesetzgebung.
le.gis.lar v.t. e v.i. Gesetze geben.
le.gis.la.ti.vo adj. gesetzgebend.
le.gi.ti.mar v.t. legitimieren.
le.gí.ti.mo adj. gesetzmäßig; legitim.
le.gí.vel adj. leserlich.
lé.gua s.f. (medida itinerária equivalente a 6.000 metros) Meile.
le.gu.me s.m. Gemüse.
lei s.f. Gesetz.
lei.go adj. unwissend.
lei.lão s.m. Versteigerung.
lei.te s.m. Milch.
lei.tei.ro s.m. Milchmann.
lei.te.ri.a s.f. Milchwirtschaft.
lei.to s.m. Bett, Grundlage.
lei.tor s.m. Vorleser.
lei.tu.ra s.f. Vorlesung, Lesung.
lem.bran.ça s.f. Erinnerung.
lem.brar v.t. e v.p. erinnern.
le.me s.m. Steuer, Leitung.
len.ço s.m. Taschentuch, Leinwand.
len.çol s.m. Bettuch.
len.dá.ri.o adj. sagenhaft.
le.nha s.f. Brennholz.
le.nha.dor s.m. Holzhacker.
le.ni.men.to s.m. (remédio que mitiga dores) Linderung.
le.nir v.t. lindern, beruhigen.
le.ni.ti.vo adj. e s.m. Linderungsmittel.
len.te s.m. e s.f. (professor de faculdade) Professor; (disco de vidro que refrange os raios luminosos) Linsenglas.
len.ti.dão s.f. Langsamkeit.
len.ti.lha s.f. Linse.
len.to adj. langsam.
le.o.par.do s.m. Leopard.
lé.pi.do adj. lustig, behend.
le.pra s.f. Aussatz.
le.que s.m. Fächer.
ler v.t. vorlesen, lesen.
le.são s.f. Verletzung.
le.sar v.t. verletzen.
les.te s.m. Osten, Ostwind.
le.tal adj. sterblich.

le.tar.gi.a s.f. Schlaf.
le.tra s.f. Buchstabe, Handschrift.
le.trei.ro s.m. Schild.
léu s.m. Muße, Zeit.
le.va s.f. Trupp, Schub.
le.va.do adj. ungezogen.
le.van.ta.men.to s.m. Erhebung, Aufstand.
le.van.tar v.t. aufheben, erheben.
le.van.te s.m. Osten.
le.var v.t. wegbringen, wegtragen.
le.ve adj. leicht.
le.ve.za s.f. Leichtigkeit.
le.vi.an.da.de s.f. Leichtsinn.
le.vi.a.no adj. gering.
lé.xi.co s.m. Lexikon, Nachschlagewerk.
lha.no adj. aufrichtig.
li.a.me s.m. (ligação, laço; vínculo) Verbindung.
lhe pron. pess. ihm, ihr, ihnen.
li.bé.lu.la s.f. Wasserjungfer.
li.be.ra.ção s.f. Erlassung, Quittung.
li.be.ral adj. freigebig.
li.be.ra.li.da.de s.f. Freigebigkeit.
li.ber.da.de s.f. Freiheit.
li.ber.tar v.t. freilassen, befreien.
li.ber.ti.no s.m. freidenkend, Wüstling.
li.bi.di.no.so adj. lüstern, geil.
li.bra s.f. Pfund, Pfund Sterling.
li.ção s.f. Lehrstunde, Lektion, Verweis, Lesart.
li.cen.ça s.f. Erlaubnis.
li.cen.ci.a.do s.m. Referendar, Lizentiat.
li.cen.ci.ar v.t. freigeben.
li.cen.ci.o.si.da.de s.f. Unzucht.
li.cen.ci.o.so adj. ausgelassen.
lí.ci.to adj. erlaubt.
li.cor s.m. Flüssigkeit, Likör.
li.da s.f. Arbeit, Mühe.
li.dar v.i. kämpfen.
lí.de s.f. (lida, trabalho) Rechtsstreit.
lí.der s.m. Führer.
li.do adj. (entendido, versado, erudito, culto) belesen.
li.ga s.f. Bund.
li.ga.ção s.f. Verbindung.

li.ga.men.to s.m. Verband, Binde.
li.gar v.t. verbinden.
li.gei.re.za s.f. Leichigkeit.
li.gei.ro adj. leicht.
li.lás s.m. Flieder, Syringe.
li.ma s.f. Feile.
li.mão s.m. Zitrone.
li.mar v.t. feilen.
li.mi.ar s.m. Schwelle.
li.mi.ta.ção s.f. Begrenzung.
li.mi.tar v.t. begrenzen.
li.mi.te s.m. Grenze.
li.mo.na.da s.f. Limonade.
lim.par v.t. säubern, putzen.
lim.pe.za s.f. Sauberkeit.
lím.pi.do adj. klar, rein, durchsichtig.
lim.po adj. rein, sauber.
lin.ce s.m. Luchs.
lin.de.za s.f. Schönheit.
lin.do adj. anmutig, schön.
lín.gua s.f. Zunge, Sprache.
lin.gua.do s.m. Seezunge.
lin.gua.gem s.f. Sprechweise.
lin.gui.ça s.f. Wurst.
li.nha s.f. Linie, Schnur.
li.nho s.m. Flachs.
li.qui.da.ção s.f. Abrechnung.
li.qui.dar v.t. e v.p. berechnen.
li.qui.do s.m. Flüssigkeit. adj. flüssig.
lí.ri.co adj. lyrisch.
lí.ri.o s.m. Lilie.
li.so adj. glatt, schlicht, eben.
li.son.ja s.f. Schmeichelei.
li.son.je.ar v.t. schmeicheln.
lis.ta s.f. Liste.
lis.tra s.f. Streifen.
li.su.ra s.f. Glätte, Schlichtheit.
li.te.ral adj. buchstäblich.
li.te.ra.to s.m. Schriftsteller.
li.te.ra.tu.ra s.f. Schrifttum, Literatur.
li.ti.gi.ar v.t. rechten.
li.ti.gi.o s.m. Rechtsstreit.
li.to.ral s.f. Küste.
li.tro s.m. Liter.
li.tur.gi.a s.f. Ordnung des Gottesdienstes.
li.vi.do adj. fahl.
li.vrar v.t. befreien, retten.

li.vra.ri.a *s.f.* Buchhandlung.
li.vre *adj.* frei.
li.vre.te *s.m.* Büchlein.
li.vro *s.m.* Buch.
li.xa *s.f.* Sandpapier.
li.xar *v.t.* abschmirgeln.
li.xo *s.m.* Müll.
lo.bo *s.m.* Wolf.
lô.bre.go *adj. (lúgubre, tétrico, sombrio, tenebroso)* dunkel.
lo.ca.ção *s.f.* Miete.
lo.cal *s.m.* Ort.
lo.ca.li.da.de *s.f.* Örtlichkeit.
lo.ca.li.zar *v.t.* lokalisieren.
lo.ção *s.f.* Haarwasser.
lo.ca.tá.ri.o *s.m.* Mieter.
lo.co.mo.ção *s.f.* Fortbewegung.
lo.co.mo.ti.va *s.f.* Lokomotive.
lo.cu.ção *s.f.* Sprechweise.
lo.cu.tor *s.m.* Ansager.
lo.da.çal *s.m.* Morast.
lo.do *s.m.* Schlamm.
ló.gi.ca *s.f.* Logik.
ló.gi.co *adj.* logisch.
lo.go *adv.* e *conj.* gleich, sofort, folglich.
lo.grar *v.t.* erlangen, erhalten.
lo.gro *s.m.* Täuschung.
lo.ja *s.f.* Erdgeschoss, Lagerraum.

lo.jis.ta *s.m.* e *s.f.* Ladenbesitzer.
lom.bo *s.m.* Lende.
lom.bri.ga *s.f.* Wurm.
lo.na *s.f.* Zelttuch.
lon.ge *adv.* weit, fern.
lon.gi.tu.de *s.f.* geographische Länge.
lon.go *adj.* langwierig.
lo.qua.ci.da.de *s.f.* Geschwätzigkeit.
lo.quaz *adj.* geschwätzig.
lo.ta.ção *s.f.* Schätzung.
lo.tar *v.t.* einteilen.
lo.te *s.m.* Anteil, Posten.
lo.te.ri.a *s.f.* Verlosung, Lotterie.
lou.ça *s.f.* Porzellan, Steingut.
lou.co *adj.* wahnsinnig, toll.
lou.cu.ra *s.f.* Wahnsinn.
lou.rei.ro *s.m. (arbusto que produz bagas escuras e amargas)* Lorbeer.
lou.ro *adj.* blond.
lou.sa *s.f.* Schiefertafel, Steinplatte.
lou.va.ção *s.f.* Lobrede.
lou.var *v.t.* e *v.p.* loben.
lou.vor *s.m.* Lob.
lua *s.f.* Mond.
lu.ar *s.m.* Mondschein.
lú.bri.co *adj.* schlüpfrig.

lu.bri.fi.ca.ção *s.f.* Schmierung.
lu.bri.fi.car *v.t.* schmieren.
lu.ci.dez *s.f.* Klarheit.
lú.ci.do *adj.* klar, leuchtend.
lu.crar *v.t.* gewinnen; profitieren.
lu.cra.ti.vo *adj.* einträglich.
lu.cro *s.m.* Gewinn; Profit.
lu.fa.da *s.f.* Windstoß.
lu.gar *s.m.* Ort.
lu.me *s.m.* Feuer, Licht.
lu.mi.no.so *adj.* leuchtend.
lu.ná.ti.co *adj.* mondsüchtig.
lu.si.ta.no *adj.* portugiesisch.
lus.trar *v.t.* blankziehen.
lus.tre *s.m.* Glanz.
lus.tro.so *adj.* glänzend.
lu.ta *s.f.* Kampf.
lu.ta.dor *s.m.* Kämpfer.
lu.tar *v.t.* kämpfen.
lu.to *s.m.* Trauer, Trauerkleidung.
lu.va *s.f.* Handschuh.
lu.xo *s.m.* Aufwand, Luxus.
lu.xu.o.so *adj.* üppig.
lu.xú.ri.a *s.f.* Unzucht.
lu.xu.ri.o.so *adj.* unzüchtig.
luz *s.f.* Licht.
lu.zei.ro *s.m.* Gestirn.
lu.zi.di.o *adj.* licht, glänzend.
lu.zir *v.i.* leuchten, glänzen.

M

M décima terceira letra do alfabeto português e do alfabeto alemão.

ma.ca s.f. Hängematte, Tragbahre.
ma.ça s.f. (clava, tacape; pilão) Keule.
ma.çã s.f. Apfel.
ma.ca.bro adj. schauerlich.
ma.ca.co s.m. Affe.
ma.ça.dor adj. (importuno, fastidioso, impertinente; maçante) lästig.
ma.ca.que.ar v.i. nachäffen.
ma.car v.t. (bater, pisar; aborrecer, importunar) quetschen, drücken.
ma.car.rão s.m. Makkaroni.
ma.ce.rar v.t. (abrandar, amolecer; machucar; torturar) beizen.
ma.cha.do s.m. Axt.
ma.cho adj. e s.m. männlich, Männchen.
ma.chu.car v.t. quetschen, zerdrücken.
ma.ci.ço adj. fest, dick, voll.
ma.ci.ei.ra s.f. Apfelbaum.
ma.ci.len.to adj. (descorado, anêmico; magro, esquelético) fahl.
ma.ci.o adj. weich, glatt.
ma.ço s.m. (clava) Holzhammer; (feixe, porção) Papierballen.
má.cu.la s.f. (mancha, nódoa; desonra) Schande, Makel.
ma.cu.lar v.t. beflecken, besudeln.
ma.da.ma s.f. Mutter.
ma.dei.ra s.f. Holz, Bauholz.
ma.dei.ro s.m. (lenho, tronco) Balken, Bohle.
ma.dei.xa s.f. (cacho, trança) Strähne.
ma.dras.ta s.f. Stiefmutter.

ma.dre s.f. Mutter, Nonne.
ma.dres.sil.va s.f. (planta ornamental) Geißblatt.
ma.dri.nha s.f. Patin.
ma.dru.ga.da s.f. Morgendämmerung, Morgenfrühe.
ma.du.rar v.i. reifen.
ma.du.ro adj. reif.
mãe s.f. Mutter.
ma.es.tri.a s.f. Meisterschaft.
ma.gi.a s.f. Zauserei.
má.gi.co adj. feenhaft, zauberhaft, zauberisch.
ma.gis.té.ri.o s.m. Lehramt.
ma.gis.tra.do s.m. Richter.
ma.gis.tral adj. meisterlich.
mag.nâ.ni.mo adj. großherzig.
mag.na.ta s.m. Magnat.
mag.ni.fi.cên.ci.a s.f. Pracht, Herrlichkeit.
mag.ni.fi.co adj. prachtvoll.
mag.ni.tu.de s.f. Größe.
mag.nó.li.a s.f. Magnolie.
ma.go s.m. e adj. Zauberer.
má.go.a s.f. Schmerz; Kummer.
ma.go.ar v.t. Kummer bereiten, quetschen.
ma.go.te s.m. (bando, grupo; ajuntamento) Trupp, Haufen.
ma.gre.za s.f. Magerkeit.
ma.gro adj. mager.
mai.o s.m. Mai.
mai.or adj. größer, mündig.
mai.o.ri.a s.f. Überlegenheit.
mai.o.ri.da.de s.f. Mündigkeit, Großjährigkeit.
ma.is adv., s.m. e adj. mehr.
mai.ús.cu.la s.f. großer Buchstabe.
ma.jes.ta.de s.f. Majestät.
ma.jes.to.so adj. erhaben.
ma.jor s.m. Major.

mal adj. schlecht, kaum. s. Übel, Leiden, Schaden.
ma.la s.f. Briefsack, Koffer.
mal-a.gra.de.ci.do adj. undankbar.
ma.lan.dro s.m. Taugenichts, Halunke.
ma.la.ven.tu.ra.do adj. unglücklich.
mal.tra.tar v.t. verschleudern.
mal.cri.a.do adj. ungezogen.
mal.da.de s.f. Bosheit.
mal.di.ção s.f. Plage.
mal.di.to adj. verflucht, boshaft.
mal.le.á.vel adj. geschmeidig.
ma.le.fí.ci.o s.m. Bosheit.
ma.lé.fi.co adj. bösartig.
mal-en.ten.di.do s.m. Missverständnis.
mal-es.tar s.m. Unbehagen, Befinden.
ma.le.vo.lên.ci.a s.f. Böswilligkeit.
mal.fa.da.do adj. unselig.
mal.fa.dar v.t. Unglück bringen.
mal.fei.to adj. missgestaltet.
mal.fei.tor s.m. Verbrecher.
ma.lha s.f. Masche.
ma.lha.do adj. gefleckt.
ma.lhar v.t. dreschen, schmieden.
ma.lho s.m. Schmiedehammer.
mal-hu.mo.ra.do adj. schlecht gelaunt, kränklich.
ma.lí.ci.a s.f. Schalkheit, Bosheit.
ma.li.ci.o.so adj. schelmisch, boshaft.
ma.lig.ni.da.de s.f. Schlechtigkeit.
ma.lo.grar v.t. e v.i. vereiteln.
ma.lo.gro s.m. Scheitern.
mal.que.ren.ça s.f. Übelwollen.
mal.são adj. kränklich.
mal.si.nar v.t. bespitzeln.

mal.ta s.f. (súcia, bando, quadrilha) Gesindel.
mal.tra.pi.lho adj. lumpig.
mal.tra.tar v.t. misshandeln.
ma.lu.co adj. verrückt.
ma.lu.qui.ce s.f. Verrücktheit.
mal.va.dez s.f. Schlechtigkeit.
mal.va.do adj. schlecht.
ma.ma s.f. Brust, Zitze, Muttermilch.
ma.ma.dei.ra s.f. Saugflasche.
ma.mar v.t. saugen.
ma.mí.fe.ro s.m. Säugetier.
ma.na.da s.f. Vieh, Herde.
ma.nan.ci.al s.m. (fonte, nascente; origem) Quelle.
man.car v.t. e v.i. hinken.
man.ce.bo s.m. (jovem; moço) junger Mann.
man.cha s.f. Fleck.
man.char v.t. beflecken.
man.co adj. krüppel, einarmig.
man.da.do s.m. Auftrag.
man.da.men.to s.m. Auftrag.
man.dar v.t. befehlen, lenken, senden.
man.da.tá.ri.o s.m. Sachwalter.
man.da.to s.m. Auftrag, Befehl.
man.dí.bu.la s.f. Kiefer.
man.di.o.ca s.f. Maniok.
man.do s.m. Befehl, Recht.
man.dri.ão s. (indolente, preguiçoso) Faulpelz.
man.dri.ar v.i. faulenzen.
ma.nei.ra s.f. Art und Weise, Manier.
ma.ne.jar v.t. behandeln.
ma.ne.jo s.m. Führung, Handhabung.
ma.ne.ta adj. einarmig.
man.ga s.f. (manga de camisa) Ärmel; (fruta) Mangofrucht.
man.gar v.i. spotten.
ma.nha s.f. Trick.
ma.nhã s.f. Morgen.
ma.nho.so adj. gerissen.
ma.ni.a s.f. Sucht, Tollheit.
ma.ní.a.co adj. manisch.
ma.ni.fes.ta.ção s.f. Kundgebung.
ma.ni.fes.tar v.t. bekanntmachen, deklarieren.
ma.ni.fes.to adj. sichtlich.

ma.ni.pu.la.ção s.f. Handgriff.
ma.ni.pu.lar v.t. kunstgerecht behandeln; manipulieren.
ma.ni.ve.la s.f. Kurbel.
man.jar s.m. Essen, Speise.
man.je.dou.ra s.f. Krippe.
ma.no.bra s.f. Truppenübung.
ma.no.brar v.t. manövrieren.
man.são s.f. Wohnung; Villa.
man.si.dão s.f. Sanftmut, Milde.
man.so adj. sanft, zahm.
man.ta s.f. Decke.
man.tei.ga s.f. Butter.
man.ter v.t. erhalten.
man.ti.lha s.f. (véu; capuz; manto) Halskopftuch.
man.ti.men.to s.m. Vorrat.
man.to s.m. Mantel, Schleier.
ma.nu.al adj. e s.m. (portátil, leve) zur Hand gehörig; (compêndio; livro de instrução) Handbuch.
ma.nu.fa.tu.ra s.f. Verfertigung, Fabrik.
ma.nu.fa.tu.rar v.t. verarbeiten, herstellen.
ma.nus.cri.to s.m. Manuskipt.
ma.nu.ten.ção s.f. Aufrechterhaltung.
mão s.f. Hand.
ma.pa s.m. Landkarte.
ma.que.te s.f. (esboço de uma obra em ponto pequeno; modelo) Modell.
má.qui.na s.f. Maschine.
ma.qui.na.ção s.f. geheimer Anschlag.
ma.qui.nar v.t. ersinnen.
ma.qui.nis.mo s.m. Mechanismus.
mar s.m. Meer.
ma.ra.vi.lha s.f. Wunder.
ma.ra.vi.lhar v.t. verwundern.
ma.ra.vi.lho.so adj. wunderbar.
mar.ca s.f. (cunho, firma; distintivo; classe, espécie) Abzeichen, Stempel, Grenze.
mar.ca.do adj. ausgezeichnet.
mar.car v.t. bezeichnen, stempeln.
mar.cha s.f. Marsch.
mar.char v.i. marschieren, gehen.
mar.ci.al adj. kriegerisch.

mar.co s.m. Rahmen, Mark.
mar.ço s.m. März.
ma.ré s.f. Ebbe und Flut, Gezeiten.
ma.re.chal s.m. Marschall.
mar.fim s.m. Elfenbein.
mar.gem s.f. Rand.
mar.gi.nal adj., s.m. e s.f. Rand-.
ma.ri.do s.m. Ehemann, Gatte.
ma.ri.nha s.f. Seedienst, Flotte.
ma.ri.nhei.ro s.m. Seemann, Matrose.
ma.ri.po.sa s.f. Schmetterling.
ma.ris.co s.m. Muschel.
ma.rí.ti.mo adj. e s.m. See-.
mar.me.la.da s.f. Mus, Marmelade.
már.mo.re s.m. Marmor.
mar.mo.ta s.f. Murmeltier.
mar.quês s.m. Marquis.
mar.te.la.da s.f. Hammerschlag.
mar.te.lar v.t. hämmern, mürbe machen.
mar.te.lo s.m. Hammer.
már.tir s.m. e s.f. Märtyrer.
ma.ru.jo s.m. Seemann, Matrose.
mas conj. e s.m. aber.
mas.car v.t. kauen.
más.ca.ra s.f. Maske.
mas.ca.rar v.t. verbergen.
mas.cu.li.no adj. männlich.
más.cu.lo adj. männlich.
mas.sa s.f. Teig, Masse.
mas.sa.crar v.t. niedermetzeln.
mas.sa.cre s.m. Blutbad.
mas.sa.gem s.f. Massage.
mas.ti.gar v.t. kauen.
mas.tim s.m. (cão que guarda o gado) Wolfshund.
mas.tro s.m. Mast.
ma.ta s.f. Busch, Wald, Reisig.
ma.ta.dou.ro s.m. Schlachthaus.
ma.ta.gal s.m. Wald.
ma.tar v.t. töten, schlachten.
ma.te.má.ti.ca s.f. Mathematik.
ma.te.má.ti.co s.m. Mathematiker.
ma.té.ri.a s.f. Stoff, Materie.
ma.te.ri.al adj. stofflich, materiell.
ma.ter.nal adj. mütterlich.
ma.ter.ni.da.de s.f. Mutterschaft.
ma.ter.no adj. mütterlich.

ma.ti.lha s.f. Meute.
ma.ti.nal adj. morgendlich.
ma.tiz s.m. Farbgebung.
ma.to s.m. Gebüsch, Wald.
ma.tri.cu.la s.f. Stammrolle.
ma.tri.cu.lar v.t. als Student aufnehmen, immatrikulieren.
ma.tri.mô.ni.o s.m. Ehe.
ma.triz s.f. Matrix, Matrize, Quelle.
ma.tu.ra.ção s.f. Reife.
ma.tu.rar v.i. reifen.
ma.tu.ti.no adj. morgendlich, früh.
mau adj. schlecht, verkehrt.
ma.vi.o.so adj. (doce, ameno; harmonioso; deleitável) liebevoll.
ma.xi.la s.f. Kiefer.
má.xi.ma s.f. Grundsatz.
má.xi.mo adj. höchste.
ma.ze.la s.f. (doença; ferida) Wunde.
me pron. pess. mir, mich.
me.a.da s.f. Strang.
me.a.lhei.ro s.m. (pecúlio) Spardose, Sparpfennig.
me.ão adj. (mediano, medíocre; médio; interposto, intermediário) mittler, mittelgroß.
me.câ.ni.ca s.f. Mechanik.
me.câ.ni.co adj. e s.m. mechanisch, Mechaniker.
me.ca.nis.mo s.m. (artifício) Vorrichtung; (estrutura) Mechanismus.
me.cha s.f. Docht.
me.da.lha s.f. Medaille.
me.da.lhão s.m. Schmuckanhänger.
me.di.a s.f. Durchschnitt.
me.di.a.ção s.f. Vermittelung.
me.di.al adj. mittler.
me.di.a.no adj. mittelmäßig.
me.di.an.te prep. hindurch.
me.di.ca.men.to s.m. Heilmittel, Arznei.
me.di.ção s.f. Messung.
me.di.car v.t. (ärztlich) behandeln.
me.di.ci.na s.f. Medizin; Arzneikunde.

mé.di.co s.m. Arzt; adj. ärztlich.
me.di.da s.f. Längenmaß.
mé.di.o adj. mittel.
me.di.o.cre adj. mittelmäßig.
me.dir v.t. messen.
me.di.ta.ção s.f. Nachdenken.
me.di.tar v.t. nachsinnen.
me.do s.m. Furcht, Angst.
me.do.nho adj. fürchterlich.
me.dro.so adj. furchtsam, ängstlich.
me.du.la s.f. Mark.
mei.a s.f. (parte do vestuário que cobre o pé e parte da perna) Strumpf.
mei.a-noi.te s.f. Mitternacht.
mei.go adj. freundlich.
mei.gui.ce s.f. Zärtlichkeit.
mei.o s.m. e adj. (centro; maneira, modo, recurso) Mitte, Mittel; (metade, partido) halb.
mei.o-di.a s.f. Mittag.
mel s.m. Honig.
me.lan.ci.a s.f. Wassermelone.
me.lan.co.li.a s.f. Schwermut.
me.lan.có.li.co adj. schwermütig.
me.lão s.m. Melone.
me.lhor adj. comp. e adv. besser.
me.lho.ra s.f. Besserung.
me.lho.ra.men.to s.m. Verbesserung.
me.lho.rar v.t. verbessern.
me.lho.ri.a s.f Verbesserung, Vorteil.
me.lin.dre s.m. Empfindlichkeit.
me.lin.dro.so adj. zartfühlend.
me.lo.di.a s.f. Singweise, Melodie.
me.lo.di.o.so adj. harmonisch.
mel.ro s.m. (pássaro de plumagem negra e bico amarelo) Amsel.
mem.bra.na s.f. Häutchen.
mem.bro s.m. Glied.
me.mo.rar v.t. erinnern.
me.mo.rá.vel adj. denkwürdig.
me.mó.ri.a s.f. Gedächtnis.
men.ção s.f. Erwähnung.
men.ci.o.nar v.t. berichten.
men.di.ci.da.de s.f. (miséria; mendicância) Bettelei.
men.di.gar v.t. e v.i. betteln.

men.di.go s.m. Bettler.
me.ne.ar v.t. (mover, sacudir, abalar) schwenken, schütteln.
me.nei.o s.m. Wink, Handhabung.
me.ni.na s.f. Mädchen.
me.ni.no s.m. Knabe.
me.nor adj. kleiner.
me.nos adv. e prep. weniger.
me.nos.pre.zar v.t. geringschätzen.
me.nos.pre.zo s.m. Verachtung.
men.sa.gei.ro s.m. Bote.
men.sa.gem s.f. Botschaft.
men.sal adj. monatlich.
men.sa.li.da.de s.f. Monatsgehalt.
mens.tru.a.ção s.f. monatliche Regel, Menstruation.
men.tal adj. geistig.
men.te s.f. Geist, Sinn, Verstand.
men.tir v.t. Lügen.
men.ti.ra s.f. Lüge.
men.ti.ro.so adj. lügenhaft, verlogen.
men.tor s.m. (conselheiro, guia, orientador) Führer.
me.nu s.m. Liste.
mer.ca.do s.m. Markt.
mer.ca.dor s.m. Krämer, Händler.
mer.ca.do.ri.a s.f. Handelsware.
mer.can.til adj. kaufmännisch.
mer.ce.ná.ri.o adj. Teilhaber.
mer.cú.ri.o s.m. Quecksilber.
me.re.ce.dor adj. würdig.
me.re.cer v.t. e v.i. verdienen.
me.re.ci.men.to s.m. Verdienst.
me.ren.da s.f. Vesperbrot.
me.ren.dar v.t. vespern.
mer.gu.lha.dor s.m. Taucher.
mer.gu.lhar v.t. e v.i. tauchen, sinken.
me.ri.di.o.nal adj. südlich.
mé.ri.to s.m. Verdienst.
me.ro adj. (extremo; simples, puro) rein, bloß.
mês s.m. Monat.
me.sa s.f. Tisch, Tafel.
mes.clar v.t. (misturar, matizar; fundir) mischen, vermischen.
mes.mo pron., s.m. e adv. selbst, derselbe.
mes.qui.nhez s.f. Gemeinheit.

mes.qui.nho adj. knauserig, kleinlich.
mes.se s.f. (colheita, seara; aquisição, conquista) Ernte, Gewinn.
mes.ti.ço adj. mischling.
mes.tra s.f. Lehrerin.
mes.tre s.m. Lehrer, Meister.
me.su.ra s.f. (cortesia, reverência, cumprimento) Maß.
me.ta s.f. Grenze, Ziel.
me.ta.de s.f. Hälfte, Mitte.
me.tal s.m. Metall.
me.ta.lur.gi.a s.f. Metallgewinnung.
me.ta.mor.fo.se s.f. Verwandlung.
me.ter v.t. setzen, stellen.
me.ti.cu.lo.so adj. furchtsam, peinlich.
me.tó.di.co adj. regelrecht.
mé.to.do s.m. Methode, Lehrweise, Verfahren.
me.tra.lha.do.ra s.f. Maschinengewehr.
me.tro s.m. Meter.
me.tró.po.le s.f. Hauptstadt.
meu pron. mein.
me.xer v.t. rühren, schaukeln.
me.xe.ri.ca s.f. Mandarine.
me.xe.ri.co s.m. Klatsch.
me.xe.ri.quei.ro s. Angeber.
me.xi.da s.f. Verwirrung, Wirrwarr.
mi.ar v.i. miauen.
mi.cró.bio s.m. Keim.
mi.cro.fo.ne s.m. Mikrophon.
mi.ga.lha s.f. Brotkrume, Brosame.
mi.gra.ção s.f. Völkerwanderung.
mil num. tausend.
mi.la.gre s.m. Wunder.
mi.la.gro.so adj. wunderbar.
mi.lha s.f. (medida de distância) Meile.
mi.lho s.m. Mais.
mi.lí.cia s.f. Kriegswesen, Miliz.
mi.li.o.ná.ri.o adj. sehr reicher Mann, Millionär.
mi.li.tan.te adj. Kämpfer.
mi.li.tar v.t., v.i e s.m. Militär, Soldat.
mim pron. pess. mir, mich.

mi.mar v.t. mimen, verwöhnen.
mi.mo s.m. Liebkosung.
mi.mo.so adj. zart.
mi.na s.f. Bergwerk, Grube.
mi.nar v.t. (solapar, corroer, estragar) zerstören.
mi.ne.ral adj. e s.m. mineralisch, Gestein.
min.gua s.f. Mangel, Armut.
min.guar v.t. e v.i. abnehmen.
mi.ni.a.tu.ra s.f. Kleinmalerei, Miniatur.
mi.ní.mo adj. sehr klein, geringst.
mi.nis.té.ri.o s.m. Amt, Ministerium.
mi.nis.trar v.t. liefern, reichen.
mi.nis.tro s.m. Gesandter, Minister.
mi.no.rar v.t. lindern.
mi.no.ri.a s.f. Minderheit, Minderzahl.
mi.nú.ci.a s.f. Kleinigkeit.
mi.nu.ci.o.so adj. kleinlich, genau.
mi.nu.dên.ci.a s.f. (minúcia, miudeza; atenção, cuidado) Genauigkeit.
mi.nús.cu.la s.f. (letra minúscula) kleiner Buchstabe.
mi.nús.cu.lo adj. (mínimo, miúdo; pequeno) klein.
mi.nu.ta s.f. (nota, rascunho, borrão) Entwurf, Konzept.
mi.nu.to s.m. Minute.
mi.o.lo s.m. Kern, Gehirn.
mí.o.pe adj. kurzsichtig.
mi.o.pi.a s.f. Kurzsichtigkeit.
mi.ra s.f. Ziel, Absicht.
mi.ra.gem s.f. Täuschung.
mi.ran.te s.m. Aussichtsturm.
mi.rar v.t. genau betrachten, anschauen.
mir.ra.do adj. mager.
mir.rar v.t. e v.i. abmagern, ausdorren.
mi.san.tro.po adj. (macambúzio, triste; solitário; taciturno, melancólico) Menschenfeind.
mis.ce.lâ.ne.a s.f. Verwirrung.
mi.se.rá.vel adj. elendig.
mi.sé.ri.a s.f. Elend.

mi.se.ri.cór.di.a s.f. Barmherzigkeit.
mi.se.ro adj. elend.
mis.sa s.f. Messe.
mis.são s.f. Sendung, Auftrag, Aufgabe.
mis.sil s.m. Rakete.
mis.si.o.ná.ri.o s.m. Heidenbekehrer, Missionar.
mis.si.va s.f. Brief.
mis.té.ri.o s.m. Geheimnis, Glaubenslehre.
mis.te.ri.o.so adj. geheimnisvoll.
mís.ti.co adj. geheimnisvoll.
mis.ti.fi.ca.ção s.f. Irreführung.
mis.ti.fi.car v.t. irreführen.
mis.to adj. gemischt.
mis.tu.ra s.f. Mischung.
mis.tu.rar v.t. mischen.
mí.ti.co adj. (fabuloso, fantástico, lendário) fabelhaft.
mi.ti.gar v.t. mildern.
mi.to s.m. Mythos, Götter.
mi.to.lo.gi.a s.f. Götterlehre.
mi.u.de.za s.f. Kleinheit.
mi.ú.do adj. klein.
mo.bí.li.a s.f. Hausrat; Möbelstück.
mo.bi.li.da.de s.f. Beweglichkeit.
mo.bi.li.zar v.t. beweglich machen.
mo.ça s.f. junges Mädchen.
mo.ção s.f. (comoção, movimento; proposta em assembleia) Bewegung.
mo.chi.la s.f Tornister; Rucksack.
mo.ci.da.de s.f. Jugend.
mo.ço adj. jung.
mo.da s.f. Mode.
mo.da.li.da.de s.f. Form, Art, Bedingung.
mo.de.lar v.t. modellieren.
mo.de.lo s.m. Muster.
mo.de.ra.ção s.f. Mäßigung.
mo.de.ra.do adj. genügsam.
mo.de.rar v.t. mäßigen.
mo.der.no adj. neuzeitlich, modern.
mo.dés.ti.a s.f. Bescheidenheit.
mó.di.co adj. (modesto, moderado) mäßig, sparsam.
mo.di.fi.ca.ção s.f. Ermäßigung.
mo.di.fi.car v.t. mäßigen.

MODO • MUNGIR

mo.do s.m. Wesensart, Methode, Art.
mo.du.la.ção s.f. *(melodia; suavidade)* Intonation, Tonfall.
mo.du.lar v.t. *(articular, cantar, entoar)* anstimmen.
mo.e.da s.f. Münze.
mo.er v.t. e v.i. mahlen.
mo.fa s.f. *(desdém, escárnio; zombaria)* Spott.
mo.far v.t. e v.i. *(zombar, motejar, escarnecer, caçoar)* spotten.
mo.fo s.m. *(bolor)* Schimmel.
mo.i.nho s.m. Mühle.
mo.la s.f. Sprungfeder.
mol.dar v.t. formen, gestalten.
mol.de s.m. Vorbild, Form.
mol.du.ra s.f. Rahmen.
mo.le adj. weichlich.
mo.lei.ro s.m. Müller.
mo.les.tar v.t. belästigen.
mo.lés.ti.a s.f. Unruhe, Belästigung.
mo.le.za s.f. Weichheit.
mo.lhar v.t. anfeuchten.
mo.lho s.m. Tunke.
mo.lus.co s.m. Weichtier.
mo.men.tâ.ne.o adj. augenblicklich.
mo.men.to s.m. Augenblick, Zeitpunkt.
mo.nar.ca s.m. Alleinherrscher, Monarch.
mo.nás.ti.co adj. klösterlich.
mon.co s.m. *(ranho, muco nasal)* Rotz.
mon.dar v.t. *(corrigir, limpar, expurgar, emendar)* gäten.
mon.ge s.m. Mönch.
mo.nó.lo.go s.m. Selbstgespräch.
mo.no.pó.li.o s.m. Alleinhandelsrecht, Monopol.
mo.no.po.li.zar v.t. alleinhandeln, monopolisieren.
mo.no.to.ni.a s.f. Eintönigkeit.
mo.nó.to.no adj. eintönig.
mons.tro adj. e s.m. ungetüm, Scheusal.
mons.tru.o.so adj. ungeheuerlich.
mon.ta s.f. *(soma; importância; valor)* Betrag.

mon.ta.gem s.f. Montage.
mon.ta.nha s.f. Gebirge, Berg.
mon.ta.nho.so adj. bergig.
mon.tan.te s.m. *(soma, total)* Summe.
mon.tar v.t. aufsetzen, steigen.
mon.ta.ri.a s.f. Wildbahn.
mon.te s.m. Berg, Wald, Maße.
mon.te.pi.o s.m. *(pensão; aposentadoria)* Pensionskasse, Krankenkasse.
mo.nu.men.tal adj. monumental, großartig.
mo.nu.men.to s.m. Denkmal, Grabmal.
mo.ra.da s.f. Wohnung, Aufenthalt.
mo.ra.dor s.m. Einwohner.
mo.ral s.f. Moral, Sittenlehre.
mo.ra.li.da.de s.f. Sittlichkeit.
mo.ra.li.zar v.t. verbessern.
mo.ran.go s.m. Erdbeere.
mo.rar v.t. e v.i. wohnen.
mór.bi.do adj. krankhaft.
mor.ce.go s.m. Fledermaus.
mor.da.ça s.f. Mundknebel.
mor.daz adj. *(ferino, cruel, picante)* scharf, bissig.
mor.de.du.ra s.f. Biss.
mor.der v.t. beißen.
mor.di.car v.t. *(picar, estimular; morder de leve)* prickeln.
mor.do.mo s.m. Haushofmeister.
mor.re.no adj. braunhaarig, dunkelbraun.
mor.ri.bun.do adj. sterbend.
mor.no adj. lauwarm.
mo.ro.si.da.de s.f. *(lentidão; demora)* Saumseligkeit.
mor.rer v.i. sterben.
mor.ro s.m. Hügel.
mor.sa s.f. *(mamífero dos mares polares)* Walross.
mor.tal adj. sterblich.
mor.ta.li.da.de s.f. Sterblichkeit.
mor.te s.f. Tod.
mor.ti.fe.ro adj. sterblich.
mor.ti.fi.ca.ção s.f. Abtötung.
mor.ti.fi.car v.t. abtöten, kränken.
mor.to adj. tot.
mos.ca s.f. Fliege.

mos.qui.tei.ro s.m. Moskitonetz.
mos.qui.to s.m. Mücke.
mos.tar.da s.f. Senf.
mos.tei.ro s.m. Kloster.
mos.tra s.f. Vorführung.
mos.trar v.t. zeigen.
mos.tru.á.ri.o s.m. Schaukasten.
mo.te s.m. *(divisa, sentença, emblema)* Spruch.
mo.te.jar v.t. *(zombar, troçar, gracejar)* verspotten.
mo.tim s.m. Aufruhr, Aufstand.
mo.ti.var v.t. begründen.
mo.ti.vo s.m. Beweggrund.
mo.to.ci.cle.ta s.f. Motorrad.
mo.tor adj. e s.m. treibend, Motor.
mo.to.ris.ta s.m. Kraftfahrer.
mó.vel s.m. Beweggrund, Möbel.
mo.ver v.t. bewegen.
mo.vi.men.tar v.t. bewegen.
mo.vi.men.to s.m. Bewegung, Leben.
mu.ar s.m. *(mulo, mula; besta de carga)* Maultier.
mu.co s.m. Nasenschleim.
mu.co.sa s.f. Schleimhaut.
mu.da s.f. Wechsel.
mu.dan.ça s.f. Veränderung.
mu.dar v.t. umstellen, wechseln.
mu.dez s.f. Stummheit.
mu.do adj. stumm.
mu.gir v.i. brüllen, rauschen.
mui.to adj. e adv. viel, sehr.
mu.la s.f. Maulesel.
mu.la.to s.m. Mulatte, Mischung.
mu.le.ta s.f. Krückstock.
mu.lher s.f. Frau.
mu.lo s.m. Maultier.
mul.ta s.f. Geldstrafe.
mul.tar v.t. verdammen.
mul.ti.cor adj. vielfarbig.
mul.ti.dão s.f. Menge.
mul.ti.pli.ca.ção s.f. Vervielfachung.
mul.ti.pli.car v.t. vervielfachen.
múl.ti.plo adj. vielfach.
mun.da.no adj. weltlich, sinnlich.
mun.di.al adj. zur Welt gehörig.
mun.do s.m. Welt.
mun.gir v.t. *(ordenhar; explorar, tirar)* melken.

mu.ni.ção *s.f.* Befestigung.
mu.ni.ci.pal *adj.* Gemeinde-.
mu.ni.ci.pa.li.da.de *s.f.* Stadtverwaltung.
mu.ni.cí.pi.o *s.m.* Bürger, Gemeinde.
mu.nir *v.t.* e *v.p.* versorgen.
mu.ra.lha *s.* Mauer.
mur.char *v.i.* welken, verkümmern.
mur.cho *adj.* welk, schlaff.
mur.mu.ra.ção *s.f.* Gemurmel.
mur.mú.ri.o *s.m.* Gemurmel.
mu.ro *s.m.* Wand, Mauer.
mur.ro *s.m.* Sockel, Puff.
mu.sa *s.f.* Muse.
mús.cu.lo *s.m.* Muskel.
mus.cu.lo.so *adj.* kräftig.
mu.seu *s.m.* Museum.
mus.go *s.m.* Moos.
mú.si.ca *s.f.* Musik.
mu.si.cal *adj.* musikalisch.
mu.si.car *v.t.* vertonen.
mú.si.co *adj.* wohltönend; *s.m.* Musiker.
mu.ta.ção *s.f.* Veränderung.
mu.tá.vel *adj.* veränderlich.
mu.ti.la.do *s.* Krüppel.
mu.ti.lar *v.t.* verstümmeln.
mu.tis.mo *s.m.* Stummheit.
mu.tu.ar *v.t. (permutar, trocar)* austauschen, leihen (Pfand).
mú.tu.o *adj. (recíproco)* gegenseitig, wechselseitig.

N

N décima quarta letra do alfabeto português e do alfabeto alemão.

na.bo s.m. Rübe.
na.ção s.f. Volk, Nation, Landsmannschaft.
na.ci.o.nal adj. zum Volk gehörig, volkstümlich.
na.ci.o.na.li.da.de s.f. Volksangehörigkeit, Staatsangehörigkeit.
na.ci.o.na.lis.mo s.m. Nationalgefühl.
na.ci.o.na.li.zar v.t. verstaatlichen.
na.da s.m. Nichts.
na.da.dor s.m. Schwimmer.
na.dar v.i. schwimmen.
ná.de.ga s.f. Hinterbacke.
nai.pe s.m. (sinal distintivo das cartas de baralho) Spielkarte.
na.mo.ra.da s.f. Liebchen.
na.mo.rar v.t. umwerben.
na.mo.ro s.m. Liebschaft.
não adv. nein s.m. Nein.
nar.ci.so adj. (vaidoso, presunçoso; galanteador) Narziss.
nar.có.ti.co adj. betäubend.
nar.co.ti.zar v.t. lähmen.
na.riz s.m. Nase.
nar.ra.ção s.f. Erzählung.
nar.rar v.t. erzählen.
nar.ra.ti.va s.f. Erzählung.
nas.cer v.i. geboren werden, keimen.
nas.ci.men.to s.m. Geburt, Ursprung.
na.ta s.f. Rahm, Sahne.
na.ta.ção s.f. Schwimmen.
na.tal s.m. Weihnachten. adj. heimatlich.
na.ta.li.ci.o s.m. Geburt.
na.ti.vo adj. angeboren, gebürtig.

na.to adj. geboren.
na.tu.ral adj. natürlich.
na.tu.ra.li.da.de s.f. Natürlichkeit.
na.tu.ra.li.zar v.t. einbürgern.
na.tu.re.za s.f. Natur, Anlage.
nau.fra.gar v.i. Schiffbruch erleiden.
nau.frá.gi.o s.m. Schiffbruch.
náu.se.a s.f. Übelkeit, Ekel.
na.va.lha s.f. Messer, scharfe Zunge.
na.ve.ga.dor s. Seefahrer.
na.ve.gar v.t. zur See fahren.
na.vi.o s.m. Schiff.
ne.bli.na s.f. Nebel.
ne.bu.lo.so adj. diesig, trüb, nebelhaft.
ne.ces.sá.ri.o adj. notwendig.
ne.ces.si.da.de s.f. Notwendigkeit.
ne.ces.si.ta.do adj. bedürftig, arm.
ne.ces.si.tar v.t. brauchen, benötigen.
ne.cró.po.le s.f. (cemitério) Friedhof.
ne.cro.té.ri.o s.m. Leichenschauhaus.
néc.tar s.m. (delícia; encanto; prazer, gozo; alívio, conforto) Lust, Wonne.
ne.fas.to adj. unheilvoll.
ne.ga.ção s.f. Verneinung, Weigerung.
ne.gar v.t. verneinen.
ne.ga.ti.va s.f. Absage.
ne.ga.ti.vo adj. verneinend.
ne.gli.gên.ci.a s.f. Nachlässigkeit.
ne.gli.gen.te adj. nachlässig.
ne.go.ci.a.ção s.f. Handel, Verhandlung.
ne.go.ci.an.te s.m. e s.f. Kaufmann.

ne.go.ci.ar v.t. Handel treiben, Händler.
ne.gó.ci.o s.m. Handel, Unternehmen.
ne.gro adj. schwarz, s. Neger.
nem conj. nicht einmal.
ne.nhum pron. indef. kein, keiner.
ner.vo s.m. Nerv.
ner.vo.sis.mo s.m. Nervosität.
ner.vo.so adj. nervös.
nés.ci.o adj. (ignorante; estúpido) albern, dumm.
ne.to s.m. Enkel.
neu.tra.li.zar v.t. rückgängig machen.
neu.tro adj. sächlich.
ne.var v.i. schneien.
ne.ve s.f. Schnee.
né.vo.a s.f. Nebel.
ne.vo.ei.ro s.m. dicker Nebel.
ne.xo s.m. Verknüpfung.
ni.cho s.m. (vão, cavidade, abertura; retiro) Nische.
nin.guém pron. indef. niemand.
ni.nha.ri.a s.f. Kleinigkeit.
ni.nho s.m. Nest.
ni.ti.dez s.f. Reinheit, Glanz.
ni.ti.do adj. deutlich, klar.
ni.vel s.m. Waagerechte, Niveau.
ni.ve.lar v.t. einebnen, gleichmachen.
ni.ve.o adj. (branco, alvo; nevado) weiß, rein.
nó s.m. Knoten.
no.bi.li.tar v.t. (enobrecer; engrandecer, exaltar) adeln.
no.bre adj. adlig, edel.
no.bre.za s.f. Adel.
no.ção s.f. Begriff, Kenntnis.
no.ci.vo adj. schädlich.
nó.doa s.f. Fleck, Makel.
noi.te s.f. Nacht.
noi.va s.f. Braut.

NOIVO • NUVEM

noi.vo s.m. Bräutigam.
no.jen.to adj. widerlich.
no.jo s.m. Übelkeit, Ekel.
no.me s.m. Name.
no.me.a.ção s.f. Ernennung.
no.me.ar v.t. ernennen, benennen.
no.mi.nal adj. namentlich.
no.ra s.f. Schwiegertochter.
nor.mal adj. normal, regelrecht.
nor.ma.li.zar v.t. normalisieren.
nor.te s.m. Norden.
nor.te.ar v.t. leiten.
nós pron. pess. wir, uns.
nos.so pron. pess. unser.
nos.tal.gi.a s.f. (melancolia, abatimento, tristeza) Heimweh.
no.ta s.f. Aufzeichnung.
no.ta.bi.li.zar v.t. (afamar, celebrizar) feiern.
no.tar v.t. anmerken.
no.tá.vel adj. angesehen.
no.ti.ci.a s.f. Nachricht.
no.ti.ci.ar v.t. mitteilen.
no.ti.fi.ca.ção s.f. Notiz.
no.ti.fi.car v.t. anzeigen.
no.to.ri.e.da.de s.f. Offenkundigkeit.
no.tó.ri.o adj. offenkundig, allgemein.
no.tur.no adj. nächtlich.
no.va s.f. Nachricht.
no.va.to adj. unerfahren.
no.ve num. e s.m. Neun.
no.ve.la s.f. Novelle, Roman.
no.ve.lo s.m. Knäuel.
no.vem.bro s.m. November.
no.ven.ta num. Neunzig.
no.vi.da.de s.f. Neuigkeit.
no.vi.lho s.m. Kalb.
no.vo adj. neu, jung, fremd.
noz s.f. Nuss.
nu adj. nackt, kahl.
nu.bla.do adj. wolkig, unglücklich.
nu.blar v.t. bewölken.
nu.ca s.f. Nacken, Genick.
nú.cle.o s.m. Kern, Mittelpunkt.
nu.dez s.f. Nacktheit.
nu.li.da.de s.f. Nichtigkeit.
nu.lo adj. kein, null und nichtig.
nu.me.ra.ção s.f. Numerierung.
nu.me.rar v.t. beziffern, numerieren.
nú.me.ro s.m. Zahl, Anzahl, Nummer.
nu.me.ro.so adj. zahlreich.
nun.ca adv. niemals.
núp.ci.as s.f. Hochzeit.
nu.tri.ção s.f. Ernährung.
nu.trir v.t. ernähren.
nu.tri.ti.vo adj. nahrhaft.
nu.vem s.f. Wolke.

O décima quinta letra do alfabeto português e do alfabeto alemão.

o *art. def. masc. sing. e pron. demonst.* der, ihn.

o.á.sis *s.f.* Oase.
o.be.de.cer *v.t.* gehorchen.
o.be.di.ên.ci.a *s.f.* Gehorsam.
o.be.di.en.te *adj.* folgsam.
o.be.so *adj.* fettleibig.
ó.bi.to *s.m. (falecimento, passamento, morte)*Tod.
ob.je.ção *s.f.* Einwand.
ob.je.tar *v.t. (opor, contrapor)* einwenden.
ob.je.ti.vo *s.m.* Ziel.
ob.je.to *s.m.* Gegenstand.
o.blí.quo *adj. (diagonal; inclinado, torto; indireto; ambíguo, confuso)* schräg, verdächtig.
o.bli.te.rar *v.t. (apagar, suprimir; obscurecer, tapar)* ausschalten.
o.bra *s.f.* Werk.
o.bri.ga.ção *s.f.* Verpflichtung.
o.bri.ga.do *interj.* Besten Dank!
o.bri.gar *v.t.* verpflichten, erweisen.
o.bri.ga.tó.ri.o *adj.* verbindlich.
obs.ce.ni.da.de *s.f.* Zote.
obs.ce.no *adj.* unflätig, zotenhaft.
obs.cu.ri.da.de *s.f.* Dunkelheit.
obs.cu.ro *adj.* unbekannt, niedrig.
ob.sé.qui.o *s.m. (serventia; auxílio, ajuda)* Gefälligkeit.
ob.ser.va.ção *s.f.* Beobachtung, Warnung.
ob.ser.va.dor *s.* Beobachter.
ob.ser.var *v.t.* beobachten, bemerken.
ob.ser.va.tó.ri.o *s.m.* Observatorium.

ob.ses.são *s.f. (preocupação; mania, ideia fixa)* Besessenheit.
ob.so.le.to *adj. (antiquado, desusado)* veraltet.
obs.tá.cu.lo *s.m.* Hindernis, Schranke.
obs.tar *v.t.* entgegenstehen.
obs.ti.na.ção *s.f.* Hartnäckigkeit.
obs.ti.na.do *adj.* halsstarrig.
obs.ti.nar *v.t. e v.p. (porfiar, teimar, insistir; asseverar)* beharren.
obs.tru.ção *s.f.* Verstopfung.
obs.tru.ir *v.t.* versperren, verstopfen.
ob.ten.ção *s.f.* Erlangung.
ob.ter *v.t.* erlangen.
ob.tu.rar *v.t.* verschließen, verstopfen.
ob.tu.so *adj. (rude; estúpido, ignorante; rombo, tosco)* stumpfsinnig.
ob.vi.o *adj.* augenscheinlich, klar.
o.ca.si.ão *s.f.* Gelegenheit, Veranlassung.
o.ca.si.o.nal *adj.* gelegentlich.
o.ca.si.o.nar *v.t.* veranlassen.
o.ce.a.no *s.m.* Ozean.
o.ci.den.tal *adj.* westlich.
o.ci.den.te *s.m.* Westen, Abendland.
ó.ci.o *s.m.* Muße.
o.ci.o.so *adj.* unnütz, untätig.
o.co *adj.* hohl, nichtig.
o.cor.rên.ci.a *s.f.* Zufall.
o.cor.rer *v.i.* vorfallen, sich ereignen.
o.cu.lar *adj.* augen.
o.cu.lis.ta *s.f.* Augenarzt.
ó.cu.los *s.m. pl.* Brille.
o.cul.tar *v.t.* verheimlichen, verbergen.

o.cul.to *adj.* verborgen.
o.cu.pa.ção *s.f.* Beschäftigung.
o.cu.par *v.t.* besetzen, innehaben.
o.di.ar *v.t.* hassen.
ó.di.o *s.m.* Hass, Abscheu.
o.di.o.so *adj.* verhasst.
o.dor *s.m.* Duft, Geruch.
o.do.ran.te *adj. (cheiroso, perfumado, odorífero)* wohlriechend.
o.es.te *s.m.* Westen.
o.fe.gan.te *adj.* atemlos.
o.fe.gar *v.i.* ängstigen.
o.fen.der *v.t.* beleidigen, verletzen.
o.fen.sa *s.f.* Beleidigung.
o.fen.si.va *s.f.* Angriff.
o.fe.re.cer *v.t.* anbieten, offerieren.
o.fe.re.ci.men.to *s.m.* Anerbieten.
o.fer.ta *s.f.* Angebot, Offerte.
o.fer.tar *v.t.* anbieten.
o.fi.ci.al *adj.* amtlich.
o.fí.ci.o *s.m.* Dienst.
o.fus.car *v.t.* verdunkeln.
oi.ten.ta *num.* Achtzig.
oi.to *num.* Acht.
oi.to.cen.tos *num.* Achthundert.
o.je.ri.za *s.f. (antipatia, aversão; birra)* Eigensinn.
o.la.ri.a *s.f. (fábrica de louça de cerâmica, tijolos etc.)*Töpferei, Hafnerei.
o.le.a.gi.no.so *adj.* ölig.
ó.le.o *s.m.* Öl.
ol.fa.to *s.m.* Geruchssinn.
o.lha.de.la *s.f.* Seitenblick.
o.lhar *v.t.* sehen, schauen.
o.lho *s.m.* Auge.
o.li.va *s.f.* Olive.

o.li.vei.ra s.f. Ölbaum, Olivenbaum.
ol.mo s.m. Ulme.
ol.vi.do s.m. (esquecimento, deslembrança; repouso, descanso; adormecimento) Vergessenheit.
om.bro s.m. Schulter.
o.me.le.te s.f. Torte, Omelette.
o.mis.são s.f. Unterlassung.
o.mi.tir v.t. unterlassen.
on.ça s.f. Unze.
on.da s.f. Welle, Flut.
on.de adv. wo.
on.du.la.ção s.f. Wellenbewegung.
on.du.lar v.i. Wellen legen, ondulieren.
o.ne.rar v.t. belasten.
o.ne.ro.so adj. beschwerlich.
ô.ni.bus s.m. Omnibus.
o.ni.po.tên.ci.a s.f. Allmacht.
o.ni.po.ten.te adj. allmächtig.
on.tem adv. gestern.
ô.nus s.m. Last, Abgabe.
on.ze num. Elf.
o.pa.ci.da.de s.f. Undurchsichtigkeit.
o.pa.co adj. undurchsichtig.
op.ção s.f. Wahl.
ó.pe.ra s.f. Oper.
o.pe.ra.ção s.f. Operation, Geschäft.
o.pe.ra.dor s.m. Operator, Funker.
o.pe.rar v.t. bewirken, operieren.
o.pe.rá.ri.o s.m. Arbeiter.
o.pi.nar v.t. meinen.
o.pi.ni.ão s.f. Meinung.
o.po.nen.te adj. gegen.
o.por v.t. gegenüberstellen.
o.por.tu.ni.da.de s.f. gute Gelegenheit.
o.por.tu.no adj. gelegen.
o.po.si.ção s.f. Widerspruch.
o.po.si.tor s. Gegner.
o.pos.to adj. entgegengesetzt.
o.pres.são s.f. Beklemmung, Druck.
o.pri.mi.do adj. ärgerlich.

o.pri.mir v.t. bedrücken, unterdrücken.
op.tar v.t. wählen.
o.pu.lên.ci.a s.f. (fausto, riqueza, esplendor) Überfluss, Opulenz.
o.pu.len.to adj. reich, begütert.
o.ra adv. (agora, atualmente; ademais, além disso) nun; jetzt.
o.ra.ção s.f. Rede, Predigt.
o.ra.dor s.m. Redner.
o.ral adj. mündlich.
o.rar v.i. beten, flehen.
ór.bi.ta s.f. Kreisbahn.
or.ça.men.to s.m. Kostenanschlag.
or.çar v.t. veranschlagen.
or.dem s.f. Ordnung.
or.de.na.ção s.f. Anordnung.
or.de.nar v.t. anordnen, ordinieren.
or.di.ná.ri.o adj. (vulgar, trivial, normal; vil, ruim, grosseiro, baixo) gewöhnlich.
o.re.lha s.f. Ohr.
or.fa.na.to s.m. Waisenhaus.
ór.fão adj. verwaist, s. Waisenkind.
or.gâ.ni.co adj. organisch.
or.ga.ni.za.ção s.f. Verfassung, Organisation.
or.ga.ni.zar v.t. beleben, organisieren.
or.gão s.m. Organ, Orgel.
or.gi.a s.f. Orgie.
or.gu.lhar-se v.p. stolz sein.
or.gu.lho s.m. Stolz, Hochmut.
o.ri.en.ta.ção s.f. Richtung, Orientierung.
o.ri.en.tar v.t. lenken, orientieren.
o.ri.en.te s.m. Osten, Morgenland.
o.ri.fi.ci.o s.m. Öffnung.
o.ri.gem s.f. Ursprung.
o.ri.gi.nal adj. ursprünglich.
o.ri.gi.na.li.da.de s.f. Ursprünglichkeit.
o.ri.gi.nar v.t. e v.p. verursachen.
o.ri.gi.ná.ri.o adj. ursprünglich.
o.ri.un.do adj. (originário; proveniente) gebürtig.

or.la s.f. Einfassung.
or.lar v.t. einfassen.
or.na.men.tar v.t. schmücken.
or.na.men.to s.m. Schmuck.
or.nar v.t. schmücken.
or.ques.tra s.f. Musikchor, Orchester.
or.quí.de.a s.f. Orchidee.
or.to.gra.fi.a s.f. Orthographie.
or.va.lho s.m. Tau.
os.ci.la.ção s.f. Schwingung.
os.ci.lar v.i. schwingen.
ós.cu.lo s.m. Kuss.
os.so s.m. Knochen.
os.ten.si.vo adj. prahlend.
os.ten.ta.ção s.f. Prahlerei.
os.ten.tar v.t. prahlen.
os.tra s.f. Auster.
ó.ti.mo adj. vortrefflich, der Beste.
ou conj. oder.
ou.re.la s.f. (orla, beira, margem, borda) Borte.
ou.ri.ço s.m. Igel.
ou.ro s.m. Gold.
ou.sa.di.a s.f. Kühneit.
ou.sa.do adj. kühn.
ou.sar v.i. wagen, unternehmen.
ou.to.no s.m. Herbst.
ou.trem pron. indef. (outra pessoa, outras pessoas) andere.
ou.tro pron. andere.
ou.tro.ra adv. früher, ehemals.
ou.tros.sim adv. (igualmente; também) gleichfalls.
ou.tu.bro s.m. Oktober.
ou.vi.do s.m. Gehör.
ou.vin.te s.m. e s.f. Hörer, Zuhörer.
ou.vir v.t. hören.
o.va.ção s.f. (aclamação, aplausos) Beifallssturm.
o.va.ci.o.nar v.t. beifallklatschen.
o.vá.ri.o s.m. Eierstock.
o.ve.lha s.f. Schaf.
o.vo s.m. Ei.
o.xa.lá interj. (queira Deus!; tomara!; quem dera!) Gebe Gott! Hoffentlich!
o.xi.gê.ni.o s.m. Sauerstoff.

P

P décima sexta letra do alfabeto português e do alfabeto alemão.

pá s.f. Schaufel.
pa.ca.to adj. ruhig, gelassen.
pa.chor.ra s.f. (paciência; calma, despreocupação, vagar) Langsamkeit.
pa.ci.ên.ci.a s.f. Geduld.
pa.ci.en.te adj. geduldig.
pa.ci.fi.car v.t. befrieden, beruhigen.
pa.ci.fi.co adj. friedlich.
pa.co.te s.m. Paket.
pac.to s.m. (ajuste, acordo, convenção, contrato) Vertrag, Pakt.
pa.da.ri.a s.f. Bäckerei, Brotladen.
pa.de.cer v.t. leiden, erdulden.
pa.dei.ro s.m. Bäcker, Brotmann.
pa.drão s.m. Muster, Vorlage.
pa.dras.to s.m. Stiefvater.
pa.dre s.m. Priester, Pater.
pa.dri.nho s.m. Taufzeuge, Pate.
pa.dro.ei.ro s.m. Schutzheiliger.
pa.ga s.f. (remuneração, pagamento) Zahlung, Lohn.
pa.ga.men.to s.m. Zahlung, Bezahlung.
pa.gão adj. (idólatra, herético; infiel) heidnisch.
pa.gar v.t. zahlen, erwidern.
pá.gi.na s.f. Seite.
pai s.m. Vater.
pai.nel s.m. Gemälde.
pa.ís s.m. Land, Heimat.
pai.sa.gem s.f. Landschaft.
pai.sa.no s.m. (civil; patrício, compatriota) Zivilist.
pai.xão s.f. Leidenschaft.
pa.lá.ci.o s.m. Palast.
pa.la.dar s.m. Gaumen.
pa.lan.que s.m. Tribüne.

pa.la.to s.m. (céu da boca) Gaumen.
pa.la.vra s.f. Wort.
pal.co s.m. Vorbühne, Loge.
pa.ler.ma adj. dämlich.
pa.les.tra s.f. Plauderei, Geplauder.
pa.le.tó s.m. Mantel, Überzieher.
pa.lha s.f. Stroh.
pa.lha.ço s.m. Clown. adj. strohern.
pa.li.dez s.f. Blässe.
pá.li.do adj. bleich, blass.
pa.li.to s.m. Zahnstocher.
pal.ma s.f. Palme.
pal.ma.da s.f. Schlag.
pal.mei.ra s.f. Palme.
pal.mi.lhar v.t. (percorrer; andar, marchar) durcheilen.
pal.mo s.m. Spanne.
pál.pe.bra s.f. Augenlid.
pal.pi.ta.ção s.f. Herzklopfen.
pal.pi.tar v.t. e v.i. zuchen, pochen (Herz), ahnen.
pal.pi.te s.m. Ahnung.
pal.rar v.i. (tagarelar, palrear; palestrar) schwatzen.
pan.ça s.f. (barriga, ventre) Wanst, Pansen.
pan.ca.da s.f. Schlag, Kralle.
pan.cre.as s.m. (glândula que segrega o suco pancreático) Bauchspeicheldrüse.
pan.çu.do adj. dickbäuchig.
pan.de.ga s.f. (farra; boemia) Fest, Rummel.
pa.ne.gí.ri.co s.m. (louvor, encômio) Lobrede.
pa.ne.la s.f. Kochtopf.
pâ.ni.co s.m. Massenangst, Panik.
pa.no s.m. Tuch, Segel.
pa.no.ra.ma s.m. Panorama, Ausblick.

pan.ta.lha s.f. (abajur; quebra-luz) Lichtschirm.
pân.ta.no s.m. Sumpf.
pan.te.ra s.f. Panther.
pão s.m. Brot.
pa.pa s.m. Papst.
pa.pa.gai.o s.m. Papagei.
pa.par v.t. essen.
pa.pel s.m. Papier.
pa.po s.m. Kropf.
par adj. gleich, paar.
pa.ra prep. für, nach, zu, auf, um zu.
pa.ra.béns s.m. pl. Glückwunsch.
pa.ra.da s.f. Stillstand, Haltestelle.
pa.ra.dei.ro s.m. Grenze, Ende.
pa.ra.dig.ma s.m. (exemplo; norma, regra) Norm, Regel.
pa.ra.do.xo s.m. (proposição contrária à opinião comum) Widerspruch.
pa.ra.fu.so s.m. Schraube.
pa.ra.gem s.f. (sítio, lugar, zona) Stillstand, Gegend.
pa.rá.gra.fo s.m. Absatz.
pa.ra.í.so s.m. Paradies.
pa.ra.li.sar v.t. lähmen.
pa.ra.li.si.a s.f. Lähmung.
pa.ra.lí.ti.co adj. gelähmt.
pa.ra.men.to s.m. Schmuck, Zierat.
pa.ra.pei.to s.m. Brüstung.
pa.ra.que.das s.m. Fallschirm.
pa.rar v.i. e v.t. stillstehen, halten.
pa.ra.rai.os s.m. Blitzableiter.
par.cei.ro s.m. Partner, Teilhaber.
par.ce.la s.f. Stück.
par.ci.al adj. einzeln, parteiisch.
par.ci.mô.ni.a s.f. (sobriedade, moderação) Mäßigung.
par.dal s.m. Sperling.
par.do adj. grau.

PARECER • PELEJA

pa.re.cer v.i. *(assemelhar-se, afigurar-se, convir)* scheinen; s.m. *(opinião, voto, juizo, conceito)* Anschein, Meinung.
pa.re.de s.f. Wand, Mauer.
pa.re.lha s.f. *(junta, par)* Paar, Gespann.
pa.ren.te adj. e s. verwandt, Verwandter.
pa.ren.te.la s.f. Verwandtschaft.
pa.ren.tes.co s.m. Verwandtschaft.
pa.ri.da.de s.f. *(semelhança, analogia, igualdade)* Gleichheit.
pa.rir v.t. gebären.
par.la.men.tar s.m. Unterhändler, Parlamentarier.
par.la.men.to s.m. Parlament.
pá.ro.co s.m. *(cura, sacerdote)* Pfarrer.
pa.ró.di.a s.f. *(imitação; arremedo)* Nachahmung.
pa.ró.qui.a s.f. Pfarrkirche.
par.que s.m. Park, Anlage.
par.rei.ra s.f. Weingelände.
par.te s.f. Teil, Partei.
par.tei.ra s.f. Hebamme.
par.ti.ci.pa.ção s.f. Mitteilung, Teilnahme.
par.ti.ci.par v.t. mitteilen, teilnehmen.
par.ti.cu.la s.f. Teilchen, Partikel.
par.ti.cu.lar adj. besonders, privat.
par.ti.cu.la.ri.da.de s.f. Eigentümlichkeit.
par.ti.da s.f. Abreise, Abfahrt.
par.ti.dá.ri.o s.m. Anhänger.
par.ti.do s.m. Partei.
par.ti.lha s.f. Erbteilung.
par.tir v.t. teilen, zerlegen, abreisen.
par.to s.m. Entbindung, Niederkunft.
par.tu.ri.en.te s.f. Wöchnerin.
par.vo adj. *(estúpido, tolo, idiota)* klein, dumm.
pás.co.a s.f. Ostern.
pas.mar v.i. verblüffen.
pas.mo s.m. Verblüffung.
pas.quim s.m. *(jornal satírico ou difamador)* Schmähschrift.

pas.sa s.f. *(fruta seca, principalmente uva)* Rosine.
pas.sa.do adj. vergangen. s.m. Vergangenheit.
pas.sa.gei.ro adj. vorübergehend; s.m. Fahrgast.
pas.sa.gem s.f. Durchfahrt, Fahrgeld.
pas.sa.por.te s.m. Pass, Reisepass.
pas.sar v.t. vorübergehen.
pás.sa.ro s.m. Vogel.
pas.sa.tem.po s.m. Zeitvertreib.
pas.se s.m. Erlaubnisschein.
pas.se.ar v.i. lustwandeln.
pas.sei.o s.m. Spaziergang.
pas.si.vo adj. untätig, leidend.
pas.so s.m. Schritt.
pas.ta s.f. Paste, Mappe.
pas.ta.gem s.f. Weide.
pas.tar v.i. weiden, grasen.
pas.tel s.m. Pastete, Kuchen.
pas.te.la.ri.a s.f. Konditorei.
pas.to s.m. Weide.
pas.tor s.m. Hirt, Hirte.
pas.to.so adj. teigig, dick.
pa.ta s.f. *(fêmea do pato)* Ente; *(pé de animal)* Huf, Tatze, Pfote.
pa.te.ar v.i. *(fracassar, sucumbir)* auspfeifen, stampfen.
pa.ten.te adj. offenbar.
pa.ten.te.ar v.t. zeigen, bekunden.
pa.ter.ni.da.de s.f. Vaterschaft.
pa.ter.no adj. väterlich.
pa.te.ta adj. schwachsinnig.
pa.té.ti.co adj. *(comovente, sensibilizante; sentimental)* leidenschaftlich.
pa.tí.bu.lo s.m. *(cadafalso; forca, guilhotina)* Galgen, Schafott.
pa.ti.fe adj. schurkisch.
pa.tim s.m. Schlittschuh.
pa.ti.nar v.t. Schlittschuh laufen.
pá.ti.o s.m. Innenhof.
pa.to s.m. Ente.
pa.trão s.m. Handelsherr.
pá.tri.a s.f. Vaterland.
pa.tri.mô.ni.o s.m. Vorrecht, Patrimonium.
pa.tro.ci.nar v.t. verteidigen, unterstützen.
pa.tro.ci.ni.o s.m. Schutz.

pa.tro.no s. Verteidiger.
pa.tru.lha s.f. Streife.
pa.tus.co adj. *(folgazão, pândego; excêntrico)* lustig, drollig.
pau s.m. Holz, Stock.
pau.sa s.f. Pause.
pau.sar v.i. unterbrechen.
pau.ta s.f. Linienblatt, Liste.
pa.vão s.m. Pfau.
pa.vi.lhão s.m. Pavillon.
pa.vi.men.to s.m. Fußboden, Pflaster.
pa.vor s.m. Schreck, Furcht.
pa.vo.ro.so adj. entsetzlich.
paz s.f. Friede.
pé s.m. Fuß.
pe.ça s.f. Stück.
pe.ca.do s.m. Sünde.
pe.ca.dor s.m. Sünder.
pe.car v.i. sündigen.
pe.ço.nha s.f. *(veneno; malícia, perversidade, maldade)* Gift.
pe.cu.li.ar adj. besonder.
pe.cú.li.o s.m. Barschaft.
pe.da.ço s.m. Stück, Scherbe.
pe.dal s.m. Tritt, Pedal.
pe.dan.te adj. anmaßend.
pe.des.tal s.m. Sockel, Postament.
pe.di.do s.m. Auftrag, Bitte.
pe.dir v.t. bitten.
pe.dra s.f. Stein.
pe.drei.ra s.f. Steinbruch.
pe.drei.ro s.m. Maurer, Steinmetz.
pe.ga s.f. *(aderência; desavença, desordem, discussão)* Elster, Streit.
pe.ga.da s.f. Fußspur, Fährte.
pe.gar v.t. kleben, leimen, halten.
pei.tar v.t. *(subornar, corromper, comprar)* bestechen.
pei.to s.m. Brust, Seele, Mut.
pei.to.ril s.m. Brüstung.
pei.xe s.m. Fisch.
pe.jar v.t. *(encher, estorvar, ocupar, embaraçar)* verstopfen.
pe.la.do adj. nackt.
pe.lar v.t. schälen.
pe.le s.f. Haut.
pe.le.ja s.f. *(briga; luta, disputa)* Streit.

PELICANO • PERTURBAR

pe.li.ca.no s.m. Pelikan, Kropfgans.
pe.li.cu.la s.f. Häutchen, Film.
pe.lo s.m. (de animais) Tierhaar.
pe.lo.ta s.f. (bola) Ball.
pe.lu.do adj. behaart.
pe.na s.f. Strafe, Feder, Handschrift.
pe.na.cho s.m. Federbusch.
pe.na.li.da.de s.f. Strafbestimmung.
pe.na.li.zar v.t. quetschen.
pe.nar v.i. leiden.
pen.dão s.m. (estandarte, pavilhão) Banner.
pen.dên.ci.a s.f. Streit.
pen.den.te adj. schwebend, hangend.
pen.der v.i. hängen.
pen.du.rar v.t. aufhängen.
pe.nei.ra s.f. Sieb.
pe.nei.rar v.t. durchsieben.
pe.ne.tra.ção s.f. Durchdringung.
pe.ne.trar v.t. durchdringen.
pe.nha s.f. (rocha; penhasco, rochedo) Felsen.
pe.nhas.co s.m. Felsen, Klippe.
pe.nhor s.m. (depósito, hipoteca; testemunho; prova) Pfand.
pe.nho.rar v.t. pfänden.
pe.nín.su.la s.f. Halbinsel.
pe.ni.tên.ci.a s.f. Reue.
pe.ni.ten.te adj. bußfertig, reuig.
pe.no.so adj. peinlich.
pen.sa.men.to s.m. Gedanke.
pen.são s.f. Pension.
pen.sar v.t. e v.i. denken.
pen.sa.ti.vo adj. nachdenklich.
pen.te s.m. Kamm.
pen.te.a.do s.m. Frisur.
pen.te.ar v.t. e v.p. kämmen, frisieren.
nul.ti.mo adj. vorletzt.
pe.num.bra s.f. (crepúsculo, névoa; meia-luz) Halbschatten.
pe.nú.ri.a s.f. (miséria, indigência) Armut.
pe.pi.no s.m. Gurke.
pe.que.no adj. klein, demütig.
pe.ra s.f. (fruto) Birne.
pe.ram.bu.lar v.i. umherschweifen.

pe.ran.te prep. vor, in Gegenwart von.
per.cal.ço s.m. (contrariedade, enfado) Gewinn.
per.ce.ber v.t. begreifen, wahrnehmen.
per.cen.ta.gem s.f. Prozentsatz.
per.cep.ção s.f. Wahrnehmung.
per.cep.ti.vel adj. sichtbar.
per.ce.ve.jo s.m. Wanze.
per.cor.rer v.t. durchlaufen.
per.cur.so s.m. Strecke.
per.cus.são s.f. Stoß, Schlag.
per.da s.f. Verlust.
per.dão s.m. Vergebung, Verzeihung.
per.der v.t. verlieren.
per.di.ção s.f. Verderb.
per.di.do adj. verloren.
per.diz s.f. Rebhuhn.
per.do.ar v.t. vergeben, verzeihen.
per.du.rar v.i. anhalten, bestehen.
pe.re.cer v.i. untergehen, sterben.
pe.re.gri.na.ção s.f. Wallfahrt.
pe.re.gri.no adj. e s.m. fremdartig, Pilger.
pe.re.ne adj. dauernd, beständig, ewig.
per.fa.zer v.t. vollenden.
per.fei.ção s.f. Vollkommenheit.
per.fei.to adj. vollkommen.
per.fi.di.a s.f. (deslealdade, infidelidade, traição) Treulosigkeit.
pér.fi.do adj. treulos, falsch.
per.fil s.m. Seitenansicht, Profil.
per.fu.mar v.t. durchduften, parfümieren.
per.fu.ma.ri.a s.f. Parfümerie.
per.fu.me s.m. Duft, Parfüm.
per.fu.rar v.t. durchlochen.
per.gun.ta s.f. Frage.
per.gun.tar v.t. fragen, befragen.
pe.rí.ci.a s.f. Geschicklichkeit.
pe.ri.go s.m. Gefahr.
pe.ri.go.so adj. gefährlich.
pe.ri.me.tro s.m. Umfang.
pe.ri.o.do s.m. Zeitraum.
pe.ri.pé.ci.a s.f. Wendepunkt.
pe.ri.qui.to s.m. Sittich.

pe.ri.to adj. erfahren.
per.ju.rar v.t. (abjurar; jurar falso, mentir) abschwören.
per.ju.ro adj. meineidig.
per.ma.ne.cer v.i. bleiben, dauern.
per.ma.nên.ci.a s.f. Fortdauer, Verbleib.
per.ma.nen.te adj. ständig.
per.mis.são s.f. Erlaubnis.
per.mi.tir v.t. erlauben.
per.mu.ta s.f. Austausch.
per.mu.tar v.t. vertauschen.
per.na s.f. Bein.
per.ni.ci.o.so adj. (nocivo, prejudicial, perigoso) schädlich.
per.noi.tar v.i. übernachten.
pé.ro.la s.f. Perle.
per.pas.sar v.t. überschreiten, verbringen.
per.pen.di.cu.lar adj. senkrecht.
per.pe.tu.ar v.t. verewigen.
per.pé.tu.o adj. verewigt.
per.ple.xo adj. bestürzt.
per.se.gui.ção s.f. Verfolgung.
per.se.ve.ran.ça s.f. Beharrlichkeit, Ausdauer.
per.se.ve.rar v.t. aushalten, beharren.
per.si.a.na s.f. Laden, Jalousie.
per.sis.tên.ci.a s.f. Ausdauer.
per.sis.ten.te adj. ausdauernd.
per.so.na.gem s.m. e s.f. Persönlichkeit, Figur.
per.so.na.li.da.de s.f. Persönlichkeit, Eigentümlichkeit.
per.so.ni.fi.car v.t. vorstellen.
pers.pec.ti.va s.f. Aussicht, Perspektive.
pers.pi.cá.ci.a s.f. Scharfsinn.
pers.pi.caz adj. scharfsinnig.
per.su.a.são s.f. Überredung.
per.su.a.si.vo adj. überzeugend.
per.ten.cer v.i. betreffen, gehören.
per.ti.ná.ci.a s.f. (obstinação, contumácia, perseverança) Hartnäckigkeit.
per.ti.naz adj. hartnäckig.
per.to adv. nah.
per.tur.ba.ção s.f. Verwirrung.
per.tur.bar v.t. verwirren.

pe.ru s.m. Truthahn, Puter.
per.ver.si.da.de s.f. Unnatur.
per.ver.so adj. unnatürlich, pervers.
per.ver.ter v.t. verführen, verderben.
pe.sa.de.lo s.m. Alpdrücken.
pe.sa.do adj. schwer.
pê.sa.mes s.m. pl. Beileid.
pe.sar s.m. (mágoa, aflição, tristeza, sentimento) Abwiegen; v.t. (determinar o peso de) wiegen.
pe.sa.ro.so adj. bekümmert.
pes.ca s.f. Fischfang, Suche.
pes.ca.dor s.m. Fischer.
pes.car v.t. fischen.
pes.co.ço s.m. Hals.
pe.so s.m. Gewicht.
pes.qui.sa s.f. Nachforschung, Recherche.
pes.qui.sar v.t. untersuchen.
pês.se.go s.m. Pfirsich.
pês.si.mo adj. sehr schlecht.
pes.so.a s.f. Person.
pes.so.al adj. persönlich.
pes.ta.na s.f. (cílio; cochilo) Wimper.
pes.te s.f. Seuche, Pest.
pé.ta.la s.f. Blumenblatt.
pe.ti.ção s.f. Bitte, Gesuch.
pe.tis.co s.m. Leckerbissen.
pe.tiz s.m. (criança) kleiner Knirps.
pe.tró.le.o s.m. Petroleum.
pe.tu.lân.ci.a s.f. Anmaßung.
pe.tu.lan.te adj. unbändig.
pi.a s.f. Waschtrog.
pi.a.da s.f. Anekdote.
pi.a.nis.ta s.m. e s.f. Klavierspieler, Pianist.
pi.a.no s.m. Klavier.
pi.ão s.m. Kreisel.
pi.ca.da s.f. Stich.
pi.ca-pau s.m. Specht.
pi.car v.t. stechen.
pi.ca.re.ta s.f. Spitzhacke.
pi.co s.m. Spitze.
pi.e.da.de s.f. Erbarmen.
pi.e.do.so adj. fromm, mitleidig.
pi.e.gas adj. (ridículo; sentimental) kleinlich.

pi.ja.ma s.m. Schlafanzug, Hausanzug.
pi.lar s.m. Pfeiler.
pi.lha s.f. (montão) Haufen, Element, Batterie.
pi.lhar v.t. (roubar, surripiar) stehlen, ertappen.
pi.lhé.ri.a s.f. (graça; piada) Gnade, Anmut.
pi.lo.tar v.t. führen, lenken, fahren.
pi.lo.to s.m. Lotse, Pilot.
pí.lu.la s.f. Pille.
pi.men.ta s.f. Pfeffer.
pi.men.tão s.m. spanischer Pfeffer.
pin.cel s.m. Pinsel.
pin.ga s.f. (aguardente) Branntwein.
pin.gar v.t. tropfen.
pin.go s.m. Tropfen.
pi.nha s.f. Tannenzapfen.
pi.nhão s.m. Piniennuss.
pi.nhei.ro s.m. Kiefer, Fichte.
pi.no s.m. Stift, Gipfel.
pin.ta s.f. Flecken.
pin.ta.do adj. gefleckt.
pin.tar v.t. malen, schildern.
pin.to s.m. Küken.
pin.tor s.m. Maler.
pin.tu.ra s.f. Malerei, Gemälde.
pi.o.lho s.m. Laus.
pi.or adj. schlechter.
pi.o.rar v.i. verschlechtern.
pi.pa s.f. (vasilha bojuda de madeira para conter líquidos) Fass.
pi.ra.ta s.m. Seeräuber.
pi.res s.m. Untertasse.
pi.ri.lam.po s.m. (vaga-lume) Leuchtkäfer.
pi.ru.e.ta s.f. Kreiseldrehung.
pi.sa.da s.f. Fußtapfe.
pi.sar v.t. treten, zerstampfen.
pis.ci.na s.f. (tanque artificial para a prática da natação) Schwimmbassin, Schwimmteich.
pi.so s.m. Gang, Stockwerk.
pis.ta s.f. (raia, estrada, trilha) Bahn.
pi.té.u s.m. (petisco, iguaria) Leckerbissen.

pi.to.res.co adj. malerisch.
pla.ca s.f. Metallschild, Platte.
pla.ci.dez s.f. Ruhe.
plá.ci.do adj. ruhig, sanft, gelassen.
pla.gi.ar v.t. geistig bestehlen, nachahmen.
pla.nal.to s.m. Hochebene.
pla.ne.jar v.t. planen.
pla.ne.ta s.m. Wandelstern, Planet.
pla.ní.ci.e s.f. Ebene.
pla.no adj. eben, plan.
plan.ta s.f. Pflanze.
plan.ta.ção s.f. Pflanzung.
plan.tar v.t. pflanzen.
pla.nu.ra s.f. (planície, planalto; chão) Hochebene.
plas.mar v.t. (modelar, formar; materializar) modellieren.
pla.ta.for.ma s.f. Plattform.
plá.ta.no s.m. (árvore frondosa de folhas largas) Platane.
pla.tei.a s.f. Parkettplatz (Theater).
plau.sí.vel adj. glaubhaft.
ple.be s.f. (povo, populacho) gemeines Volk.
ple.beu adj. e s.m. (grosseiro, ordinário, rústico) pöbelhaft, Pöbel.
plei.te.ar v.t. (discutir, demandar) verklagen.
plei.to s.m. (demanda, discussão, questão) Rechtshandel, Prozess.
ple.ni.tu.de s.f. Gesamtheit.
ple.no adj. voll.
plu.ma s.f. Feder.
plu.vi.o.so adj. (chuvoso) regnerisch.
pneu.má.ti.co s.m. (pneu) Luftreifen, Autoreifen.
pneu.mo.ni.a s.f. Lungenentzündung.
pó s.m. Staub.
po.bre adj. arm.
po.bre.za s.f. Armut.
po.ça s.f. Pfütze.
po.ço s.m. Brunnen.
po.der s.m. Können; Macht, Vollmacht.
po.de.ro.so adj. mächtig.

PODRE • PRECISÃO

po.dre *adj.* modrig, verfault.
po.ei.ra *s.f.* Staub.
po.e.ma *s.m.* Gedicht.
po.en.te *s.m.* Westen.
po.e.si.a *s.f.* Dichtung, Poesie.
po.e.ta *s.m.* Dichter.
po.is *conj.* weil, also, demnach, denn.
po.lai.na *s.f. (peça de vestuário que protege a parte inferior da perna e superior do pé)* Gamasche.
po.le.ga.da *s.f.* Zoll.
po.le.gar *s.m.* Daumen.
po.lê.mi.ca *s.f.* Streit, Polemik.
po.li.ci.a *s.f.* Polizei.
po.li.dez *s.f.* Höflichkeit.
po.li.do *adj.* poliert, fein.
po.lir *v.t.* polieren, verfeinern.
po.li.ti.ca *s.f.* Staatskunst, Weltlugheit, Politik.
po.lí.ti.co *adj.* politisch. *s.m.* Staatsmann, Politiker.
pol.trão *adj. (covarde, pusilânime)* Feigling.
pol.tro.na *s.f.* Sessel.
po.lu.ir *v.t.* besudeln, beflecken.
pol.vi.lhar *v.t. (empoar; pulverizar)* einpudern.
pól.vo.ra *s.f.* Schießpulver.
po.ma.da *s.f.* Salbe.
pom.ba *s.f.* Taube.
pom.bo *s.m.* Brieftaube.
po.mo *s.m. (fruto)* Apfel.
pom.pa *s.f. (aparato, fausto, gala, esplendor)* Pracht.
pom.po.so *adj.* pomphaft.
pon.de.ra.ção *s.f.* Schätzung.
pon.de.rar *v.t.* abwägen.
pon.ta *s.f.* Spitze.
pon.ta.da *s.f.* Stich.
pon.ta.pé *s.m.* Fußtritt.
pon.ta.ri.a *s.f.* Ziel, Absicht.
pon.te *s.f.* Brücke, Verdeck.
pon.tí.fi.ce *s.m. (prelado, bispo; papa)* Papst.
pon.to *s.m.* Punkt.
pon.tu.al *adj.* pünktlich.
pon.tu.a.li.da.de *s.f.* Pünktlichkeit.
po.pa *s.f. (parte posterior de uma embarcação)* Hinterschiff, Heck.
po.pu.la.ção *s.f.* Bevölkerung.

po.pu.lar *adj.* gemeinverständlich, leutselig.
po.pu.la.ri.da.de *s.f. (simpatia)* Leutseligkeit, Volksgunst, Popularität.
po.pu.lo.so *adj.* volkreich.
por *v.t.* setzen, stellen, legen.
por *prep.* durch.
por.ção *s.f.* Teil, Stück, Portion.
por.ca.ri.a *s.f.* Schweinerei.
por.ce.la.na *s.f.* Porzellan.
por.co *s.m.* Schwein.
po.rém *conj.* aber; jedoch.
por.fi.a *s.f. (disputa, altercação; perseverança, teima)* Ausdauer.
por.que *conj.* weil.
por.ta *s.f.* Tür, Pforte.
por.ta.dor *s.m.* Träger, Überbringer.
por.tan.to *conj.* demnach.
por.tão *s.m.* Tor.
por.ta.ri.a *s.f.* Portal, Vorhalle.
por.tá.til *adj.* tragbar, zerlegbar.
por.te *s.m. (aspecto, aparência; modos)* Beförderung.
por.tei.ro *s.m.* Pförtner.
por.ten.to *s.m. (prodígio; maravilha)* Wunderding.
por.to *s.m.* Hafen.
por.tu.guês *adj. e s.m.* portugiesisch, Portugiese.
por.ven.tu.ra *adv.* zufällig.
por.vir *s.m. (futuro)* Zukunft.
po.se *s.f.* Haltung.
po.si.ção *s.f.* Position, Lage, Stellung, Haltung.
po.si.ti.vo *adj.* wirklich, positiv.
pos.por *v.t. (preterir, postergar, atrasar)* zurücksetzen.
pos.san.te *adj.* mächtig, kraftvoll.
pos.se *s.f.* Besitz.
pos.ses.são *s.f.* Besitzung.
pos.si.bi.li.da.de *s.f.* Möglichkeit.
pos.sí.vel *adj.* möglich.
pos.su.i.dor *s.m.* Besitzer.
pos.su.ir *v.t.* besitzen.
pos.ta *s.f. (fatia, pedaço, talhada, naco)* Stück.
pos.tal *adj.* postal; *s.m. (cartão)* Postkarte.
pos.te *s.m.* Pfosten.

pos.te.ri.da.de *s.f.* Nachkommenschaft.
pos.te.ri.or *adj.* nachherig, hinter.
pos.ti.ço *adj.* unecht.
pos.ti.go *s.m. (abertura; portinha)* Luke, Schalter.
pos.to *s.m.* Posten, Amt.
pos.tu.ra *s.f.* Haltung, Stellung.
po.tá.vel *adj.* trinkbar.
po.te *s.m.* Topf.
po.tên.ci.a *s.f.* Macht, Potenz.
po.ten.te *adj.* mächtig.
pou.co *adj.* wenig.
pou.pan.ça *s.f.* Knickerigkeit, Sparsamkeit.
pou.par *v.t.* sparen, haushalten.
pou.sar *v.t.* setzen.
po.vo *s.m.* Volk.
po.vo.ar *v.t.* bevölkern.
pra.ça *s.f.* Platz.
pra.do *s.m.* Wiese.
pra.ga *s.f.* Plage.
pra.gue.jar *v.i.* fluchen, lästern.
prai.a *s.f.* Strand, Seebad, Küste.
pran.to *s.m.* Wehklage.
pra.ta *s.f.* Silber.
prá.ti.ca *s.f.* Ausübung.
pra.ti.car *v.t.* ausführen.
prá.ti.co *adj.* praktisch.
pra.to *s.m.* Teller.
pra.xe *s.f.* Brauch.
pra.zer *s.m.* Vergnügen.
pra.zo *s.m.* Frist.
pre.âm.bu.lo *s.m. (introdução)* Einleitung.
pre.cá.ri.o *adj.* schwierig.
pre.cau.ção *s.f.* Vorsicht.
pre.ce *s.f.* Gebet.
pre.ce.der *v.t.* vorhergehen.
pre.cei.to *s.m.* Vorschrift.
pre.cep.tor *s.m. (educador, mestre, professor, mentor)* Hauslehrer, Hofmeister.
pre.ci.o.si.da.de *s.f.* Kostbarkeit.
pre.ci.o.so *adj.* kostbar.
pre.ci.pi.ci.o *s.m.* Verderben, Abgrund.
pre.ci.pi.ta.ção *s.f.* Überstürzung.
pre.ci.pi.tar *v.t., v.i. e v.p.* hinabstürzen.
pre.ci.são *s.f.* Bedürfnis.

pre.ci.sar v.t. e v.i. brauchen, genau angeben, genau bestimmen.
pre.ci.so adj. genau, nötig.
pre.ço s.m. Preis, Wert.
pre.co.ce adj. frühreif.
pre.con.cei.to s.m. Vorurteil.
pre.cur.sor s.m. Vorläufer.
pre.des.ti.na.ção s.f. Vorherbestimmung.
pre.des.ti.nar v.t. (predizer, anunciar) vorherbestimmen.
pre.di.ca.do s.m. Eigenschaft.
pre.di.ção s.f. (vaticínio, prognóstico, profecia) Vorhersage.
pre.di.le.ção s.f. Vorliebe.
pre.di.le.to adj. Lieblings-.
pré.di.o s.m. Gebäude.
pre.dis.por v.t. zubereiten.
pre.dis.po.si.ção s.f. Zubereitung.
pre.di.zer v.t. voraussetzen.
pre.do.mi.nar v.t. vorherrschen.
pre.do.mí.ni.o s.m. Vorherrschaft.
pre.e.mi.nen.te adj. (nobre, superior) hervorragend.
pre.en.cher v.t. ausfüllen.
pre.es.ta.be.le.cer v.t. zubereiten.
pre.fá.ci.o s.m. Vorrede, Vorwort.
pre.fei.to s.m. Bürgermeister.
pre.fe.rên.ci.a s.f. Vorzug.
pre.fe.rir v.t. vorziehen.
pre.ga.ção s.f. Predigt.
pre.gar v.t. e v.i. predigen; vernageln.
pre.go s.m. Nagel.
pre.gui.ça s.f. Faulheit.
pre.gui.ço.so adj. faul.
pre.ju.di.car v.t. schaden.
pre.ju.di.ci.al adj. schädlich.
pre.ju.í.zo s.m. Schaden, Nachteil.
pre.li.mi.nar adj. vorläufig.
pre.lú.di.o s.m. Vorspiel.
pre.ma.tu.ro adj. frühreif.
pre.mi.ar v.t. belohnen.
prê.mi.o s.m. Preis, Prämie.
pren.da s.f. Geschenk, Gabe, Talent.
pren.der v.t. ergreifen.

pre.nhe adj. (repleto, pleno, cheio, impregnado; grávida) schwanger.
pren.sar s.f. Presse.
pren.sar v.t. pressen, verdichten.
pre.nún.ci.o s.m. Ankündigung.
pre.o.cu.pa.ção s.f. Besorgnis, Sorge, Unruhe.
pre.o.cu.par v.t. e v.p. beunruhigen.
pre.pa.rar v.t. e v.p. vorbereiten.
pre.pa.ra.ti.vo s.m. Vorbereitung.
pre.pa.ro s.m. Vorbereitung.
pre.pon.de.rân.ci.a s.f. Übergewicht.
pre.pon.de.rar v.t. überwiegen.
pre.po.tên.ci.a s.f. (autoritarismo, arbitrariedade) Übermacht, Überlegenheit.
prer.ro.ga.ti.va s.f. Vorrecht.
pre.sa s.f. Wegnahme.
pres.cin.dir v.t. erlassen.
pres.cre.ver v.t. vorschreiben.
pres.cri.ção s.f. Vorschrift.
pre.sen.ça s.f. Gegenwart; Anwesenheit.
pre.sen.ci.ar v.t. zugegen sein.
pre.sen.te adj. (atual, evidente) anwesend. s.m. Gegenwart, Geschenk.
pre.sen.te.ar v.t. beschenken.
pre.ser.var v.t. bewahren vor, schützen.
pre.si.den.te s.m. e s.f. Vorsitzender, Präsident.
pre.sí.di.o s.m. Verteidigung, Zuchthaus.
pre.si.dir v.t. leiten.
pre.so s.m. Gefangener.
pres.sa s.f. Eile, Gewühl.
pres.sá.gi.o s.m. Vorzeichen, Ahnung.
pres.são s.f. Druck, Zwang.
pres.sen.ti.men.to s.m. Ahnung.
pres.su.por v.t. voraussetzen.
pres.su.ro.so adj. (impaciente; ativo) schnell.
pres.ta.ção s.f. Leistung; Abzahlung.
pres.tar v.t. taugen.
pres.tes adj. e adv. fertig, bereit.

pres.te.za s.f. Behendigkeit.
pres.ti.gi.o s.m. Zauber, Weihe.
prés.ti.mo s.m. Brauchbarkeit.
prés.ti.to s.m. (séquito, cortejo) Gefolge, Zug.
pre.su.mir v.t. einbilden.
pre.sun.ção s.f. Vermutung.
pre.sun.ço.so adj. anspruchsvoll.
pre.sun.to s.m. Schinken.
pre.ten.den.te s.m. e s.f. Bewerber.
pre.ten.der v.t. beanspruchen, behaupten.
pre.ten.são s.f. Anspruch, Vermutung.
pre.ten.si.o.so adj. anmaßend, geziert.
pre.te.rir v.t. übergehen.
pre.tex.to s.m. Vorwand.
pre.to adj. e s.m. schwarz, Neger.
pre.va.le.cer v.t. überwiegen.
pre.va.ri.car v.i. pflichtwidrig handeln.
pre.ven.ção s.f. Vorsorge, Warnung.
pre.ve.ni.do adj. vorsichtig.
pre.ve.nir v.t. warnen, vorbeugen.
pre.ver v.t. voraussehen.
pre.vi.den.te adj. vorsichtig, weitblickend.
pré.vi.o adj. vorherig.
pre.vi.são s.f. Voraussicht.
pre.vis.to p.p. vorausgesehen.
pri.má.ri.o adj. erster.
pri.ma.ve.ra s.f. Frühling.
pri.ma.zi.a s.f. Vorrang.
pri.mei.ro adj. vorhergehend.
pri.mi.ti.vo adj. ursprünglich.
pri.mo s.m. (indivíduo em relação aos filhos de seus tios e tias) Vetter.
prin.ci.pal adj. hauptsächlich.
prin.ci.pi.an.te s. Anfänger.
prin.ci.pi.ar v.t. anfangen, beginnen.
prin.cí.pi.o s.m. Anfang, Prinzip.
pri.o.ri.da.de s.f. Vorrang.
pri.são s.f. Verhaftung, Haft, Fessel.
pri.si.o.nei.ro s.m. Gefangener.
pri.va.ção s.f. Entziehung.
pri.va.da s.f. (latrina) Abort.

pri.va.do *adj.* privat.
pri.var-se *v.p.* sich berauben.
pri.vi.lé.gi.o *s.m.* Vorrecht.
pro.a *s.f. (parte anterior de uma embarcação)* Bug.
pro.ba.bi.li.da.de *s.f.* Möglichkeit.
pro.bi.da.de *s.f. (honestidade, pundonor, retidão, brio)* Rechtschaffenheit.
pro.ble.ma *s.m.* Aufgabe, Problem.
pro.ble.má.ti.co *adj. (duvidoso, ambíguo)* zweifelhaft, problematisch.
pro.bo *adj. (justo, reto, honrado, virtuoso, honesto)* rechtschaffen.
pro.ce.dên.ci.a *s.f. (origem, proveniência)* Herkunft, Lauf, Verhalten.
pro.ce.der *v.t.* verfahren.
pro.ce.di.men.to *s.m.* Verhalten.
pro.ce.la *s.f. (borrasca, tempestade, agitação, tumulto)* Sturm.
pro.ces.sar *v.t.* verklagen, fordern.
pro.ces.so *s.m.* Rechtsstreit, Prozess.
pro.cis.são *s.f.* Umzug, Prozession.
pro.cla.ma *s.m. (aclamação; pregão; publicação)* Aufgebot (Kirche).
pro.cla.mar *v.t.* verkündigen.
pro.cri.a.ção *s.f.* Generation.
pro.cri.ar *v.t.* erzeugen.
pro.cu.ra *s.f.* Suche, Nachfrage.
pro.cu.ra.ção *s.f.* Vollmacht.
pro.cu.ra.dor *s.m.* Bevollmächtigter.
pro.cu.rar *v.t. (buscar, examinar)* suchen, trachten, besorgen.
pro.di.ga.li.zar *v.t. (dissipar, dar, larguear, arriscar)* verschwenden.
pro.dí.gi.o *s.m.* Wunder.
pro.di.gi.o.so *adj.* verschwenderisch.
pro.du.ção *s.f.* Erzeugung, Produktion.
pro.du.ti.vo *adj.* leistungsfähig, produktiv.
pro.du.to *s.m.* Erzeugnis.

pro.du.zir *v.t.* hervorbringen, erzeugen.
pro.e.mi.nen.te *adj. (alto, elevado, saliente, notável, distinto, relevante)* hervorragend.
pro.e.za *s.f.* Heldentat.
pro.fa.na.ção *s.f.* Entweihung.
pro.fa.nar *v.t.* entweihen.
pro.fa.no *adj.* weltlich.
pro.fe.ci.a *s.f.* Weissagung.
pro.fe.rir *v.t.* vorbringen.
pro.fes.sor *s.m.* Lehrer.
pro.fe.ta *s.m.* Seher, Prophet.
pro.fe.ti.zar *v.t.* wahrsagen.
pro.fí.cu.o *adj. (útil, conveniente, proveitoso, vantajoso)* nützlich.
pro.fis.são *s.f.* Bekenntnis, Beruf.
pro.fun.di.da.de *s.f.* Tiefe.
pro.fun.do *adj.* tief.
pro.fu.são *s.f.* Reichhaltigkeit.
pro.fu.so *adj. (abundante)* reichlich.
prog.nos.ti.car *v.t.* vorhersagen.
pro.gra.ma *s.m.* Spielfolge, Programm.
pro.gre.dir *v.t.* vorrücken, Fortschritte machen.
pro.gres.so *s.m.* Fortschritt.
pro.i.bi.ção *s.f.* Verbot.
pro.i.bir *v.t.* verbieten.
pro.je.ção *s.f.* Projektion.
pro.je.tar *v.t.* entwerfen, planen.
pro.je.to *s.m.* Projekt.
pro.le *s.f. (descendência, progênie; filharada)* Nachkommenschaft.
pro.le.tá.ri.o *s.m. (operário, trabalhador)* Lohnarbeiter, Proletarier.
pro.li.fe.rar *v.t.* nachbilden.
pró.lo.go *s.m.* Vorwort.
pro.lon.gar *v.t.* verlängern.
pro.mes.sa *s.f.* Versprechen.
pro.me.ter *v.t.* versprechen.
pro.mo.ção *s.f.* Beförderung.
pro.mon.tó.ri.o *s.m. (saliência, cabo elevado)* Vorgebirge.
pro.mo.tor *s.m.* Förderer.
pro.mo.ver *v.t.* befördern, erregen.
pro.no.me *s.m.* Fürwort.
pron.ti.dão *s.f.* Eifer.

pron.to *adj.* schnell, bald. fertig, bereit.
pro.nún.ci.a *s.f.* Aussprache.
pro.nun.ci.ar *v.t.* aussprechen.
pro.pa.ga.ção *s.f.* Verbreitung.
pro.pa.gan.da *s.f.* Verbreitung, Reklame.
pro.pa.gar *v.t. (divulgar, espalhar)* bekanntmachen, verbreiten.
pro.pen.so *adj.* geneigt.
pro.pí.ci.o *adj.* günstig.
pro.por *v.t.* vorschlagen.
pro.por.ção *s.f.* Verhältnis.
pro.por.ci.o.nar *v.t.* verschaffen.
pro.po.si.ção *s.f. (proposta; sentença)* Vorschlag.
pro.pó.si.to *s.m.* Absicht.
pro.pos.ta *s.f.* Vorschlag, Antrag.
pro.pri.e.da.de *s.f.* Eigentum, Landgut.
pro.pri.e.tá.ri.o *s.m.* Besitzer, Eigentümer.
pró.pri.o *adj.* eigen, angemessen.
pro.pul.são *s.f.* Stoß, Antrieb.
pror.ro.ga.ção *s.f.* Aufschub.
pro.sa *s.f.* Unterhaltung.
pros.cre.ver *v.t. (abolir, banir, desterrar, proibir)* verbannen.
pro.sé.li.to *s.m. (adepto, correligionário, partidário, seguidor)* Neubekehrter.
pros.pe.rar *v.t.* gedeihen.
pros.pe.ri.da.de *s.f.* Gedeihen.
prós.pe.ro *adj.* gedeihlich.
pros.se.guir *v.t.* verfolgen.
pros.ti.tu.ir *v.t.* verderben, herabwürdigen, prostituieren.
pros.ti.tu.ta *s.f.* Straßenmädchen, Prostituierte, Dirne.
pros.trar *v.t.* niederschlagen.
pro.ta.go.nis.ta *s.m. e s.f. (personagem principal)* Hauptperson.
pro.te.ção *s.f.* Schutz.
pro.te.ger *v.t.* beschützen.
pro.te.lar *v.t.* hinauszögern.
pro.tes.tar *v.t.* beteuerrn, protestieren.
pro.tes.to *s.m.* Protest.
pro.te.tor *s.m.* Beschützer.

PROTOCOLO • PUXAR

pro.to.co.lo s.m. Urkunde, Protokoll.
pro.tó.ti.po s.m. Urbild.
pro.va s.f. Beweis, Probe.
pro.va.ção s.f. Marter, Qual.
pro.var v.t. beweisen, erproben.
pro.vá.vel adj. wahrscheinlich.
pro.vei.to s.m. Gewinn, Nutzen.
pro.vei.to.so adj. nützlich.
pro.ve.ni.ên.ci.a s.f. (origem, procedência; fonte) Ursprung.
pro.ver v.t. vorsehen.
pro.vér.bi.o s.m. Sprichwort.
pro.vi.dên.ci.a s.f. Vorsehung.
pro.vi.den.ci.ar v.t. vorsorgen.
pro.vín.ci.a s.f. Provinz.
pro.vir v.t. abstammen.
pro.vi.são s.f. Vorrat, Versorgung, Provision.
pro.vi.só.ri.o adj. zeitweilig.
pro.vo.ca.ção s.f. Herausforderung.
pro.vo.car v.t. anreizen, anstiften.

pro.xi.mi.da.de s.f. Nähe.
pró.xi.mo adj. künftig, nächster.
pru.dên.ci.a s.f. Vorsicht.
pru.den.te adj. vorsichtig.
psí.qui.co adj. seelisch, psychisch.
pu.a s.f. (ponta aguçada, bico, aguilhão, ferrão) Stachel.
pu.bli.ca.ção s.f. Bekanntmachung, Herausgabe.
pu.bli.car v.t. bekanntmachen.
pú.bli.co adj. öffentlich.
pu.dim s.m. Pudding.
pu.e.ril adj. (infantil, frívolo) kindisch.
pu.gi.lis.ta s.m. (lutador de boxe) Boxer.
pu.lar v.t. springen, hüpfen.
pul.ga s.f. Floh.
pul.mão s.m. Lunge.
pu.lo s.m. Sprung, Satz.

púl.pi.to s.m. Tribüne.
pul.sar v.t. klopfen, pulsieren.
pul.sei.ra s.f. Armband.
pul.so s.m. Handgelenk, Puls.
pul.ve.ri.zar v.t. zerstäuben, pulvern.
pu.nha.do s.m. Handvoll.
pu.nhal s.m. Dolch.
pu.nho s.m. Griff.
pu.ni.ção s.f. Bestrafung.
pu.nir v.t. bestrafen.
pu.pi.lo s.m. Mündel.
pu.re.za s.f. Reinheit.
pu.ri.fi.car v.t. reinigen.
pu.ro adj. echt, rein, einfach.
pus s.m. (humor mórbido que se forma nas ulcerações) Eiter.
pu.si.lâ.ni.me adj. e s.m. (fraco, covarde; tímido) feig, Feigling.
pu.tre.fa.ção s.f. Verwesung.
pú.tri.do adj. faul.
pu.xar v.t. ziehen, reißen.

Q

Q décima sétima letra do alfabeto português e do alfabeto alemão.
qua.dra *s.f. (lote, quarteirão)* Raum, Zimmer.
qua.dra.do *adj.* viereckig, quadratisch.
qua.dril *s.m.* Hüfte.
qua.dri.lha *s.f.* Rotte, Bande, Quadrille.
qua.dro *s.m.* Rahmen, Viereck, Bild.
qual *pron.* welcher.
qua.li.da.de *s.f.* Qualität, Eigenschaft, Wert, Stand.
qua.li.fi.car *v.t.* benennen.
qual.quer *pron.* irgendein, jeder.
quan.do *adv. e conj.* wann.
quan.ti.a *s.f.* Betrag, Summe.
quan.ti.da.de *s.f.* Menge.
quan.to *adv., pron. e adj.* wie viel.
qua.ren.ta *num.* Vierzig.
quar.ta-fei.ra *s.f.* Mittwoch.
quar.tel *s.m. (quadra, período; um quarto de)* Viertel, Quartier.
quar.to *s.m. (aposento, alcova, câmara)* Zimmer; *num. (o último de uma série de quatro)* Vierte.
qua.se *adv.* beinahe, fast.
qua.tro *num.* Vier.
que *pron.* welcher, was, dass, etwas.
que.bran.tar *v.t. (abater; abrandar, enfraquecer)* zerbrechen, entkräften.
que.brar *v.t.* brechen, sprengen.
que.da *s.f.* Fall, Verfall.
que.dar *v.i. e v.p. (estacionar; conservar-se, deter-se; permanecer, ficar)* bleiben, stehen bleiben.
que.do *adj. (quieto, imóvel, parado)* ruhig, unbeweglich.
quei.jo *s.m.* Käse.
quei.ma *s.f.* Verbrennung.
quei.ma.du.ra *s.f.* Brandfleck, Sorge.
quei.mar *v.t. e v.i.* verbrennen.
quei.xa *s.f.* Klage.
quei.xar-se *v.p.* sich beklagen.
quei.xo *s.m.* Kinn.
quei.xo.so *s.m.* Kläger.
quem *pron.* wer.
quen.te *adj.* warm, heiß.
quen.tu.ra *s.f.* Wärme, Hitze.
que.re.la *s.f. (pendência, questão; altercação, contenda)* Anklage.
que.rer *v.t.* wollen.
que.ri.do *v.t.* lieb.
ques.tão *s.f.* Frage.
ques.ti.o.nar *v.t. (contestar, argumentar)* in Frage stellen, bestreiten.
ques.ti.o.ná.ri.o *s.m.* Fragebogen.
qui.e.ta.ção *s.f. (repouso, descanso)* Beruhigung.
qui.e.to *adj.* still, ruhig.
qui.la.te *s.m.* Wert, Karat.
qui.lo *s.m.* Kilo.
qui.lô.me.tro *s.m.* Kilometer.
qui.me.ra *s.f. (fantasia, sonho; esperança, ilusão)* Hirngespinst.
qui.mi.ca *s.f.* Chemie.
qui.nhão *s.m. (parte, pedaço, porção)* Anteil.
qui.nhen.tos *num.* Fünfhundert.
quin.ta-fei.ra *s.f.* Donnerstag.
quin.tal *s.m.* Garten, Zentner.
quin.ze *num.* Fünfzehn.
quin.ze.na *s.f.* Mandel; zwei Wochen.
qui.ta.ção *s.f.* Erlassung, Quittung.
qui.tar *v.t.* befreien, vermeiden; erlassen.
qui.te *adj. (desobrigado, pago, livre)* quitt.
quo.ta *s.f.* Anteil, Rate, Quote.

R décima oitava letra do alfabeto português e do alfabeto alemão.
rã s.f. Frosch.
ra.ba.ne.te s.m. Radieschen.
rá.ba.no s.m. (planta crucífera) Rettich.
ra.bis.car v.t. bekritzeln.
ra.bo s.m. Schwanz.
ra.bu.gen.to adj. räudig, schlecht gelaunt.
ra.ça s.f. Rasse.
ra.ção s.f. Ration, Portion.
ra.cha s.f. Riss, Splitter.
ra.char v.t. spalten.
ra.ci.o.ci.nar v.i. denken.
ra.ci.o.cí.nio s.m. Überlegung.
ra.ci.o.nal adj. vernünftig.
ra.di.an.te adj. strahlend.
ra.di.ar v.i. (brilhar, luzir) strahlen.
ra.di.cal adj. gründlich, radikal.
ra.di.car v.t. einwurzeln.
rá.di.o s.m. Rundfunkgerät, Radium.
rai.a s.f. (linha, limite, fronteira; pista; listra, risco) Streifen, Strich.
rai.ar v.t. streifen, strahlen.
ra.i.nha s.f. Königin.
rai.o s.m. Strahl, Radius.
rai.va s.f. Wut, Tollheit, Hass.
rai.vo.so adj. tollwütig.
ra.iz s.f. Wurzel, Grundlage.
ra.ja.da s.f. Bö.
ra.lar v.t. reiben, ärgern.
ra.lhar v.t. schimpfen.
ra.mal s.m. Strang, Abzweigung.
ra.mi.fi.ca.ção s.f. Verzweigung.
ra.mo s.m. Zweig.
ram.pa s.f. Steigung, Auffahrt.
ran.cho s.m. Schar, Gruppe, Hütte.
ran.cor s.m. Groll.
ra.par v.t. (roubar, sacar, tirar; matar; raspar) kratzen, raspeln.
ra.pa.ri.ga s.f. Mädchen.
ra.paz s.m. Knabe, Junge.
ra.pi.dez s.f. Schnelligkeit.
rá.pi.do adj. schnell, reißend.
ra.po.sa s.f. Fuchs.
rap.to s.m. Entführung.
ra.ri.da.de s.f. Seltenheit.
ra.ro adj. selten.
ras.gar v.t. zerreißen.
ras.go s.m. Riss.
ra.so adj. kahl.
ras.par v.t. schaben.
ras.te.jar v.i. nachspüren, kriechen.
ras.tro s.m. Spur.
ra.ti.fi.ca.ção s.f. Bestätigung.
ra.ti.fi.car v.t. (comprovar, autenticar, confirmar, validar) bestätigen.
ra.to s.m. Maus.
ra.zão s.f. Vernunft, Verstand.
ra.zo.á.vel adj. vernünftig.
ré s.f. (mulher incriminada) Angeklagte; (parte traseira; popa) Hecke.
re.a.bas.te.cer v.t. versorgen.
re.a.bi.li.tar v.t. rehabilitieren.
re.a.ção s.f. Rückwirkung, Reaktion.
re.a.gir v.t. zurückwirken, reagieren.
re.al adj. wirklich.
re.al.çar v.t. hervorheben.
re.al.ce s.f. Erhabenheit, Glanz.
re.a.li.da.de s.f. Wirklichkeit.
re.a.li.za.ção s.f. Verwirklichung.
re.a.li.zar v.t. verwirklichen.
re.a.ni.mar v.t. wiederbeleben.
re.ba.i.xa.men.to s.m. Preisnachlass.
re.bai.xar v.t. herabsetzen (Preis), niedriger hängen.
re.ba.nho s.m. Herde.
re.ba.te s.m. Alarm, Warnung.
re.ba.ter v.t. zurückschlagen.
re.bel.de adj. rebellisch.
re.be.li.ão s.f. Aufstand.
re.ben.tar v.t. e v.i. zerplatzen.
re.ben.to s.m. (botão, fruto, filho, descendente) Trieb.
re.bo.car v.t. schleppen.
re.bo.lar v.i. wälzen, rollen.
re.bo.que s.m. Schleppe.
re.ca.do s.m. Bestellung, Besorgung.
re.ca.í.da s.f. Rückfall.
re.ca.ir v.t. zurückfallen.
re.ca.pi.tu.la.ção s.f. Wiederholung.
re.ca.pi.tu.lar v.t. wiederholen.
re.ca.to s.m. Vorsicht.
re.ce.ber v.t. empfangen, aufnehmen.
re.ce.bi.men.to s.m. Empfang, Annahme.
re.cei.o s.m. Befürchtung.
re.cei.ta s.f. Rezept.
re.cei.tar v.t. verschreiben.
re.cen.se.a.men.to s.m. Zählung.
re.cen.te adj. neu, letzt.
re.cep.ção s.f. Empfang.
re.cep.tá.cu.lo s.m. Sammelplatz.
re.cep.tor s.m. Empfänger.
re.che.a.do s.m. Füllung.
re.che.ar v.t. füllen.
re.ci.bo s.m. Empfangsschein, Quittung.
re.ci.fe s.m. Riff.
re.cin.to s.m. Umkreis, Bereich.
re.ci.pi.en.te s.m. Gefäß.
re.ci.pro.ci.da.de s.f. Gegenseitigkeit.
re.cí.pro.co adj. gegenseitig.

re.ci.tal *s.m.* Konzert, Vortragsabend.
re.ci.tar *v.t.* vortragen.
re.cla.ma.ção *s.f.* Einspruch, Forderung, Reklamation.
re.cla.mar *v.t.* (*protestar, exigir, opor-se*) beanstanden, sich beschweren, reklamieren.
re.cli.nar *v.t.* anlehnen.
re.co.lher *v.t.* e *v.i.* einsammeln.
re.co.lhi.men.to *s.m.* (*concentração; asilo*) Ernte, Zurückgezogenheit.
re.co.men.dar *v.t.* empfehlen, raten.
re.com.pen.sa *s.f.* Belohnung.
re.com.pen.sar *v.t.* belohnen.
re.com.por *v.t.* wieder in Ordnung bringen.
re.con.ci.li.a.ção *s.f.* Versöhnung.
re.con.ci.li.ar *v.t.* versöhnen.
re.co.nhe.cer *v.t.* wiedererkennen.
re.co.nhe.ci.men.to *s.m.* Wiedererkennen, Dankbarkeit.
re.con.quis.tar *v.t.* wiedererobern.
re.cons.ti.tu.ir *v.t.* wiederherstellen.
re.cons.tru.ir *v.t.* wiederaufbauen.
re.cor.da.ção *s.f.* Erinnerung.
re.cor.dar *v.t.* erinnern.
re.cor.rer *v.t.* durchlaufen.
re.cor.tar *v.t.* ausschneiden.
re.cre.a.ção *s.f.* Erholung.
re.cre.ar *v.t.* erfrischen.
re.crei.o *s.m.* Erholung.
re.cri.mi.na.ção *s.f.* Zensur, Tadel.
re.cri.mi.nar *v.t.* zensieren, tadeln.
re.cru.ta *s.m.* Neuling, Rekrut.
re.cu.ar *v.t.* e *v.i.* zurückweichen.
re.cu.o *s.m.* Rückgang.
re.cu.pe.ra.ção *s.f.* Wiedergewinnung.
re.cu.pe.rar *v.t.* wiedergewinnen.
re.cur.so *s.m.* Rückgang, Mittel.
re.cu.sa *s.f.* Ablehnung.
re.cu.sar *v.t.* e *v.i.* sich weigern, ablehnen.

re.da.ção *s.f.* Abfassung.
re.de *s.f.* Netz.
re.den.ção *s.f.* Erlösung.
re.den.tor *s.m.* Erlöser.
re.di.gir *v.t.* abfassen.
re.do.brar *v.t.* verdoppeln.
re.don.de.za *s.f.* Rundung.
re.don.do *adj.* rund.
re.dor *s.m.* Umkreis.
re.du.ção *s.f.* Verkleinerung.
re.du.zir *v.t.* vereinfachen, zurückführen.
re.em.bol.sar *v.t.* zurückbezahlen.
re.fa.zer *v.t.* umarbeiten.
re.fei.ção *s.f.* Wiederherstellung, Mahlzeit.
re.fei.tó.ri.o *s.m.* Speisesaal.
re.fém *s.m.* e *s.f.* Geisel.
re.fe.rên.ci.a *s.f.* Bericht.
re.fe.ren.te *adj.* bezüglich.
re.fe.ri.do *adj.* berichtet.
re.fi.na.do *adj.* raffiniert.
re.fi.na.men.to *s.m.* Verfeinerung.
re.fi.nar *v.t.* verfeinern.
re.fle.tir *v.t.* e *v.i.* zurückwerfen; überlegen.
re.fle.xão *s.f.* Zurückstrahlung.
re.fle.xo *s.m.* (*relexão, reprodução*) Reflex, Widerschein.
re.for.çar *v.t.* verstärken.
re.for.ço *s.m.* Hilfe.
re.for.ma *s.f.* (*reparação, revisão*) Neugestaltung, Reformation.
re.for.mar *v.t.* neugestalten.
re.frão *s.m.* Kehrreim, Sprichwort.
re.fra.tá.ri.o *adj.* widerspenstig.
re.fre.ar *v.t.* zügeln.
re.fres.car *v.t.* e *v.i.* erfrischen, ermutigen.
re.fres.co *s.m.* Erfrischung.
re.fri.ge.ra.dor *s.m.* Eisschrank.
re.fri.ge.rar *v.t.* kühlen.
re.fri.gé.ri.o *s.m.* (*frescura; refrigeração, resfriamento*) Erquickung, Trost.
re.fu.gi.a.do *s.m.* Flüchtling.
re.fu.gi.ar-se *v.p.* flüchten.
re.fú.gi.o *s.m.* Zufluchtsort.
re.fu.tar *v.t.* widerlegen, ablehnen.

re.ga *s.f.* (*ato ou efeito de regar*) Bewässerung.
re.ga.ço *s.m.* (*colo, seio, abrigo*) Schoß, Mitte.
re.ga.dor *s.m.* Gießkanne.
re.ga.lar *v.t.* e *v.i.* bewirten.
re.ga.li.a *s.f.* Vorrecht.
re.gar *v.t.* begießen.
re.ga.to *s.m.* Bach.
re.ge.ne.ra.ção *s.f.* Erneuerung.
re.ge.ne.rar *v.t.* e *v.i.* wiederherstellen.
re.gen.te *s.m.* Regent, Vorsteher, Studiendirektor.
re.ger *v.t.* verwalten, regieren.
re.gi.ão *s.f.* Gegend, Landstrich, Region.
re.gi.me *s.m.* Regierungsform.
re.gi.men.to *s.m.* Verhalten, Regiment.
re.gis.trar *v.t.* eintragen.
re.gis.tro *s.m.* Register.
re.go.zi.jo *s.m.* Freude, Vergnügen.
re.gra *s.f.* Regel.
re.grar *v.t.* e *v.p.* regeln.
re.gres.sar *v.t.* zurückkehren.
re.gres.so *s.m.* Rückkehr.
ré.gua *s.f.* Lineal.
re.gu.la.men.to *s.m.* Regelung, Reglement.
re.gu.lar *v.t.* (*regularizar; dirigir*) regeln, ordnen; *adj.* (*normal, natural; simétrico*) regelmäßig.
re.gu.la.ri.da.de *s.f.* (*harmonia; proporção*) Regelung, Regelmäßigkeit.
rei *s.m.* König.
rei.nar *v.t.* beherrschen, regieren.
rei.no *s.m.* Königreich.
re.in.te.grar *v.t.* wiedereinsetzen.
rei.vin.di.ca.ção *s.f.* Forderung.
re.jei.tar *v.t.* ablehnen.
re.ju.ve.nes.cer *v.t.* verjüngen.
re.la.ção *s.f.* Beschreibung, Verhältnis.
re.lâm.pa.go *s.m.* Blitz.
re.la.tar *v.t.* berichten.
re.la.ti.vo *adj.* bezüglich, relativ.
re.la.to *s.m.* Bericht.
re.la.tó.ri.o *s.m.* Beschreibung.
re.la.xa.do *adj.* nachlässig; entspannt.

re.la.xa.men.to *s.m.* Nachlässigkeit; Entspannung.
re.la.xar *v.t.* e *v.i.* erschlaffen.
re.lem.brar *v.t.* erinnern.
re.le.vân.ci.a *s.f.* Wichtigkeit.
re.le.van.te *adj.* wichtig.
re.le.var *v.t.* wichtig sein, lossprechen.
re.le.vo *s.m.* Relief.
re.li.gi.ão *s.f.* Religion.
re.li.gi.o.so *adj.* gottesfürchtig, fromm.
re.ló.gi.o *s.m.* Uhr.
re.lo.jo.a.ri.a *s.f.* Uhrmacherkunst, Uhrenladen.
re.lo.jo.ei.ro *s.m.* Uhrmacher.
re.lu.tân.ci.a *s.f.* Widerstreben.
re.lu.zir *v.i.* glänzen.
rel.va *s.f.* Rasen.
re.ma.dor *s.m.* Ruderer.
re.mar *v.i.* rudern.
re.ma.te *s.m.* (termo, acabamento, fim, fecho; auge) Abschluss, Ende.
re.me.di.ar *v.t.* e *v.i.* abhelfen.
re.mé.di.o *s.m.* Heilmittel.
re.men.dar *v.t.* flicken.
re.mes.sa *s.f.* Sendung.
re.me.ten.te *s.m.* e *s.f.* Absender.
re.me.ter *v.t.* senden.
re.me.xer *v.t.* umrühren.
re.mo *s.m.* Ruder.
re.mo.ção *s.f.* Übertragung.
re.mo.i.nho *s.m.* Strudel.
re.mo.to *adj.* entlegen.
re.mo.ver *v.t.* verschieben.
re.mu.ne.ra.ção *s.f.* Vergütung.
re.mu.ne.rar *v.t.* vergüten.
re.nas.cen.ça *s.f.* Wiederaufleben.
re.nas.cer *v.i.* wieder geboren werden, aufleben.
ren.da *s.f.* Einkommen.
ren.der *v.t.* e *v.p.* zurückgeben, einbringen.
ren.di.men.to *s.m.* Einkommen, Vorteil.
re.ne.ga.do *adj.* schlecht.
re.ne.gar *v.t.* verleugnen.
re.ni.ten.te *adj.* widerspenstig.
re.no.me *s.m.* Ruf, Ruhm.
re.no.va.ção *s.f.* Erneuerung.
re.no.var *v.t.* erneuern.

re.nún.ci.a *s.f.* Verzichtsleistung.
re.nun.ci.ar *v.t.* e *v.i.* verzichten.
re.pa.ra.ção *s.f.* Entschädigung.
re.pa.rar *v.t.* e *v.i.* wiedergutmachen.
re.pa.ro *s.m.* Sorgfalt, Bedenken.
re.par.ti.ção *s.f.* Verteilung, Einteilung.
re.par.tir *v.t.* einteilen, absondern.
re.pas.sar *v.t.* imprägnieren.
re.pe.len.te *adj.* widerlich.
re.pe.lir *v.t.* zurückweisen.
re.pen.ti.no *adj.* plötzlich.
re.per.cus.são *s.f.* Rückstoß.
re.per.cu.tir *v.t.* zurücktreiben.
re.per.tó.ri.o *s.m.* Sachregister, Spielplan.
re.pe.tir *v.t.* wiederholen.
re.ple.to *adj.* übersatt, übervoll.
ré.pli.ca *s.f.* Entgegnung.
re.po.lho *s.m.* Kopfkohl.
re.por *v.t.* wiederherstellen.
re.por.tar *v.t.* e *v.p.* zurückhalten.
re.po.si.ção *s.f.* Rückgabe.
re.pou.sar *v.t.* e *v.i.* ruhen, beruhigen.
re.pou.so *s.m.* Ruhestätte.
re.pre.en.der *v.t.* tadeln.
re.pre.en.são *s.f.* Tadel.
re.pre.sá.li.a *s.f.* Wiedervergeltung.
re.pre.sen.ta.ção *s.f.* Vertretung.
re.pre.sen.tar *v.t.* würdevoll auftreten, eine Stelle vertreten.
re.pri.mir *v.t.* unterdrücken, im Zaum halten.
re.pro.du.ção *s.f.* (cópia, imitação; repetição) Nachbildung, Reproduktion.
re.pro.du.zir *v.t.* wieder hervorbringen.
re.pro.va.ção *s.f.* Verwurf.
re.pro.var *v.t.* verwerfen.
re.pro.vá.vel *adj.* verwerflich.
rép.til *s.m.* Kriechtier, Reptil.
re.pú.bli.ca *s.f.* Republik.
re.pu.di.ar *v.t.* verstoßen.
re.pug.nân.ci.a *s.f.* Widerwille, Ekel.
re.pug.nar *v.t.* zuwider sein.
re.pul.si.vo *adj.* abstoßend.
re.pu.ta.ção *s.f.* Ruf, Ansehen.

re.que.rer *v.t.* bitten, fordern.
re.que.ri.men.to *s.m.* Antrag.
re.qui.si.tar *v.t.* anfordern.
re.quin.te *s.m.* Vollkommenheit.
re.qui.si.to *s.m.* Erfordernis.
res.cin.dir *v.t.* aufheben.
re.se.nha *s.f.* Durchsicht.
re.ser.va *s.f.* Vorbehalt; Reserve.
re.ser.va.do *adj.* vorsichtig.
re.ser.var *v.t.* vorbehalten.
re.ser.va.tó.ri.o *s.m.* Behälter.
res.fri.a.do *s.m.* Erkältung.
res.ga.tar *v.t.* loskaufen, erlösen.
res.ga.te *s.m.* Loskauf, Befreiung.
res.guar.dar *v.t.* behüten.
re.si.dên.ci.a *s.f.* Wohnsitz.
re.si.dir *v.i.* wohnen.
re.sí.duo *adj.* zurückbleibend.
re.sig.na.ção *s.f.* Verzicht, Resignation.
re.sis.tên.ci.a *s.f.* Haltbarkeit, Resistenz.
re.sis.ten.te *adj.* haltbar.
re.sis.tir *v.t.* Widerstand leisten.
res.mun.gar *v.i.* zwischen den Zähnen brummen.
re.so.lu.ção *s.f.* Entschluss, Lösung.
re.so.lu.to *adj.* entschlossen.
re.sol.ver *v.t.* beschließen.
res.pei.tar *v.t.* achten, schonen.
res.pei.tá.vel *adj.* achtbar.
res.pei.to *s.m.* Hochachtung, Beziehung.
res.pi.ra.ção *s.f.* Atmen, Atmung.
res.pi.rar *v.i.* e *v.t.* atmen, ersehnen.
res.plan.de.cer *v.t.* funkeln, glänzen.
res.pon.der *v.t.* antworten.
res.pon.sa.bi.li.da.de *s.f.* Verantwortlichkeit.
res.pos.ta *s.f.* Antwort.
res.sa.ca *s.f.* Brandung.
res.sal.tar *v.t.* abprallen.
res.se.car *v.t.* austrocknen.
res.sen.ti.men.to *s.m.* Erinnerung, Groll.
res.sen.tir-se *v.p.* lebhaft empfinden.
res.sur.rei.ção *s.f.* Auferstehung.
res.sus.ci.tar *v.i.* auferwecken.

res.ta.be.le.cer *v.t.* e *v.p.* *(recobrar, reparar; curar-se)* wiederherstellen.
res.tar *v.t.* übrig sein, fehlen.
res.tau.ra.ção *s.f.* Wiederherstellung.
res.tau.rar *v.t.* wieder ausbauen.
res.ti.tu.i.ção *s.f.* Wiederherstellung, Wiedergabe.
res.ti.tu.ir *v.t.* wiederherstellen.
res.to *s.m.* Rest.
res.tri.ção *s.f.* Einschränkung.
re.sul.ta.do *s.m.* Ergebnis, Erfolg.
re.sul.tar *v.t.* folgern, sich ergeben.
re.su.mir *v.t.* kurz zusammenfassen.
re.su.mo *s.m.* Übersicht, Abriss.
res.va.lar *v.t.* ausgleiten.
re.ta.lhar *v.t.* zerschneiden.
re.ta.lho *s.m.* Bruchteil.
re.tar.dar *v.t.* verzögern.
re.ten.ção *s.f.* Zurückhaltung.
re.ter *v.t.* zurückhalten.
re.ti.cên.ci.a *s.f.* Hinterhältigkeit.
re.ti.fi.ca.ção *s.f.* Berichtigung.
re.ti.na *s.f.* *(membrana interna do olho)* Netzhaut.
re.ti.ra.da *s.f.* Rückzug, Ruhesitz.
re.ti.rar *v.t.* zurückziehen.
re.ti.ro *s.m.* Abgeschiedenheit, Zufluchtsort.
re.to *adj.* gerade, rechtschaffen.
re.to.car *v.t.* überarbeiten.
re.to.que *s.m.* Retuschierung.
re.tor.cer *v.t.* drehen, verdrehen.
re.tor.nar *v.t.* zurückbringen.
re.tor.no *s.m.* Rückgabe.
re.tra.i.men.to *s.m.* Verschlossenheit.
re.tra.ir-se *v.p.* sich flüchten.
re.tra.tar *v.t.* e *v.p.* malen, widerrufen.
re.tra.to *s.m.* Bildnis, Abbild.
re.tri.bu.i.ção *s.f.* Belohnung.
re.tri.bu.ir *v.t.* belohnen.
re.tro.ce.der *v.t.* zurückweichen.
re.tro.ces.so *s.m.* Zurücktreten.
re.tru.car *v.t.* einwenden.
réu *s.m.* Schuldiger, Angeklagter.
re.u.ni.ão *s.f.* Versammlung.

re.u.nir *v.t.* vereinigen.
re.ve.la.ção *s.f.* Offenbarung.
re.ve.lar *v.t.* e *v.i.* enthüllen, offenbaren.
re.ver *v.t.* wiedersehen.
re.ver.be.rar *v.i.* zurückprallen.
re.ve.rên.ci.a *s.f.* Verbeugung.
re.ve.ren.te *adj.* ehrerbietig.
re.ver.so *s.m.* Rückseite.
re.vés *s.m.* Missgeschick.
re.ves.ti.men.to *s.m.* Überzug.
re.ves.tir *v.t.* kleiden.
re.ve.zar *v.t.* abwechseln.
re.vi.são *s.f.* Revision.
re.vis.ta *s.f.* Durchsicht, Zeitschrift.
re.vi.ver *v.t.* e *v.i.* wiederaufleben.
re.vo.ga.ção *s.f.* Nichtigkeitserklärung.
re.vo.gar *v.t.* widerrufen.
re.vol.ta *s.f.* Aufruhr.
re.vol.to *adj.* gekrümmt.
re.vo.lu.ção *s.f.* Erschütterung.
re.vo.lu.ci.o.ná.ri.o *adj.* revolutionär.
re.vol.ver *v.t.* umwenden, durchwühlen.
re.zar *v.i.* beten, schelten.
ri.a.cho *s.m.* Bach.
ri.bei.ra *s.f.* Ufer.
ri.bei.ro *s.m.* Bach.
ri.co *adj.* reich, üppig, wertvoll.
ri.di.cu.la.ri.zar *v.t.* lächerlich machen.
ri.di.cu.lo *adj.* lächerlich.
ri.fa *s.f.* Verlosung.
ri.fão *s.m.* Sprichwort.
ri.gi.dez *s.f.* Starrheit.
ri.gi.do *adj.* starr, streng.
ri.gor *s.m.* Strenge.
ri.go.ro.so *adj.* unerbittlich, hart.
ri.jo *adj.* hart, zäh, derb.
rim *s.m.* Niere.
ri.ma *s.f.* Reim.
ri.o *s.m.* Fluss, Strom.
ri.que.za *s.f.* Reichtum.
rir *v.i.* lachen.
ri.sa.da *s.f.* Gelächter.
ris.co *s.m.* Strich, Skizze.
ri.so *s.m.* Lachen.
ri.so.nho *adj.* heiter.
ris.pi.do *adj.* rauh.

ri.to *s.m.* Kirchenbrauch, Ritual.
ri.val *adj.* wetteifernd; *s.* Gegner.
ri.va.li.zar *v.t.* wetteifern, rivalisieren.
ri.xa *s.f.* Rauferei, Streit.
ro.bus.tez *s.f.* Kraft, Robustheit.
ro.bus.to *adj.* handfest, stark.
ro.cha *s.f.* Felsgestein.
ro.che.do *s.m.* Klippe.
ro.da *s.f.* Rad.
ro.dar *v.t.* e *v.i.* umgeben, rollen.
ro.dei.o *s.m.* Umkreis, Umweg.
ro.do.pi.ar *v.i.* wirbeln.
ro.er *v.i.* e *v.t.* nagen.
ro.gar *v.t.* dringend bitten.
ro.lar *v.t.* rollen.
rol.da.na *s.f.* Flaschenzug.
ro.lha *s.f.* Pfropfen, Kork.
ro.li.nha *s.f.* Turteltaube.
ro.lo *s.m.* Rolle.
ro.mã *s.f.* Granatapfel.
ro.man.ce *s.m.* Romanze, Roman.
ro.mân.ti.co *adj.* romantisch.
ro.ma.ri.a *s.f.* Wallfahrt, Kirchweih.
ro.mei.ro *s.m.* Pilger.
rom.per *v.t.* e *v.p.* durchbrechen.
ron.car *v.i.* schnarchen, brüllen.
ron.co *s.m.* Schnarchen, Brausen, Heiserkeit.
ron.da *s.f.* Runde, Rundgang.
ro.sa *s.f.* Rose.
ro.sa.do *adj.* rosig.
ros.ca *s.f.* Gewinde.
ro.sei.ra *s.f.* Rosenstock.
ros.to *s.m.* Gesicht.
ro.ta *s.f.* Reiseführer.
ro.ti.na *s.f.* Gewohnheit.
ro.to *adj.* lump.
ró.tu.lo *s.m.* Aufschrift, Etikette.
rou.bar *v.t.* stehlen, rauben.
rou.bo *s.m.* Diebstahl, Raub.
rou.co *adj.* heiser.
rou.pa *s.f.* Zeug, Kleidung.
rou.pão *s.m.* Morgenrock.
rou.qui.dão *s.f.* Heiserkeit.
rou.xi.nol *s.m.* Nachtigall.
ro.xo *adj.* violett.
ru.a *s.f.* Straße, Weg.
ru.bor *s.m.* Schamröte.

SONHADOR

...rdnung, System.
...rständig.
..., Stelle, Platz.
...f. Lage, Stellung.
...setzen, legen, stellen.
...n, einsam, erst.
...s.m. Fußboden.
...klingen, tonen.
...p. unter.
...**jo** adj. überflüssig.
...**ra.ni.a** s.f. Oberherrschaft, ...öchmut.
...e.ra.no s.m. Herrscher.
...ber.ba s.f. (orgulho, sobranceria, arrogância) Stolz, Pracht.
so.bran.ce.lha s.f. Augenbraue.
so.bra s.f. Rest, Überfluss.
so.brar v.t. übrig sein, übersteigen.
so.bre prep. auf, über.
so.bre.car.re.gar v.t. überladen, überlasten.
so.bre.di.to adj. (mencionado, aludido, supradito) obengenannt.
so.bre.me.sa s.f. Nachtisch.
so.bre.na.tu.ral adj. übernatürlich.
so.bre.no.me s.m. Beiname, Familienname.
so.bre.por v.t. stellen, legen (auf, über).
so.bres.cri.to s.m. (envelope; sobrecapa) Briefumschlag.
so.bres.sa.ir v.t. überragen, ausstechen.
so.bres.sal.to s.m. Überraschung.
so.bre.tu.do s.m. Überrock, Mantel.
so.bre.vi.ver v.i. überleben.
so.bri.nho s.m. Neffe.
só.bri.o adj. genügsam.
so.ci.al adj. (cortês) gesellschaftlich, volksverbunden.
so.ci.á.vel adj. (tratável) gesellig.
so.ci.e.da.de s.f. (parceria) Gesellschaft, Genossenschaft.
só.ci.o s.m. Mitglied, Teilhaber.
so.co s.m. Puff, Faustschlag.
so.cor.rer v.t. zu Hilfe kommen.
so.cor.ro s.m. Hilfe.
so.fá s.m. Sofa.
sô.fre.go adj. (ávido, ambicioso, voraz) gierig.
so.frer v.i. leiden, ertragen.
so.fri.men.to s.m. Leiden.
so.gra s.f. Schwiegermutter.
so.gro s.m. Schwiegervater.
sol s.m. Sonne.
so.la s.f. Sohle.
sol.da.do s.m. Soldat.
sol.dar v.t. löten.
so.lei.ra s.m. Schwelle.
so.le.ne adj. feierlich, festlich.
so.le.ni.da.de s.f. Feierlichkeit.
so.le.trar v.t. buchstabieren.
so.li.ci.ta.ção s.f. Gesuch.
so.li.ci.tar v.t. dringend bitten, bewerben.
so.li.ci.to adj. dienstbeflissen, eifrig.
so.li.ci.tu.de s.f. Sorgfalt.
so.li.dão s.f. Einsamkeit.
so.li.dez s.f. Festigkeit.
so.li.di.fi.car v.t. festigen.
só.li.do adj. fest, dicht, haltbar.
so.li.tá.ri.o adj. einsam.
so.lo s.m. Grund, Ackerboden.
sol.tar v.t. losmachen, befreien.
sol.tei.ro adj. unverheiratet. s.m. Junggeselle.
sol.to adj. los, frei.
sol.tu.ra s.f. Freilassung, Lockerung.
so.lu.ção s.f. Lösung.
so.lu.çar v.t. glucksen, schluchzen.
so.lu.ci.o.nar v.t. lösen.
sol.ver v.t. beschließen.
som s.m. Klang, Ton.
so.ma s.f. Summe.
so.mar v.t. addieren.
som.bra s.f. Schatten.
som.bri.o adj. dunkel.
so.men.te adv. lediglich, nur.
so.nâm.bu.lo adj. mondsüchtig.
son.da s.f. Sonde.
son.dar v.t. ergründen, sondieren.
so.ne.gar v.t. (subtrair; esconder, esquivar) verhehlen, unterschlagen.
so.nha.dor s. Träumer.

RUBRICA • RÚSTICO

ru.bri.ca s.f. (sinal, assinatura, firma; nota, observação) Rubrik, Überschrift.
ru.bro adj. rot.
ru.de adj. herb, streng, grob.
ru.de.za s.f. Rauheit.
ru.di.men.to s.m. Anfang.
ru.ga s.f. Falte, Hautfurche.
ru.gir v.i. brüllen, tosen.
ru.í.do s.m. Lärm.
ru.im adj. schlecht, verdorben.
ru.í.na s.f. Verfall, Ruine.
ru.ir v.i. einstürzen.
rui.vo adj. blond.
ru.mi.nar v.t. wiederkäuen.
ru.mo s.m. Richtung, Fahrtrichtung, Weg, Ziel, Gang, Kurs.
ru.mor s.m. Aufregung, Gerücht.
rup.tu.ra s.f. Bruch.
ru.ral adj. ländlich.
rus.so adj. e s.m. russisch, Russe.
rús.ti.co adj. grob, streng.

S

S décima nona letra do alfabeto português e do alfabeto alemão.
sá.ba.do *s.m.* Sonnabend, Samstag.
sa.bão *s.m.* Seife.
sa.be.do.ri.a *s.f.* Weisheit.
sa.ber *v.t.* wissen.
sá.bi.o *adj.* gelehrt; *s.* Weiser.
sa.bo.ne.te *s.m.* feine Seife.
sa.bor *s.m.* Geschmack.
sa.bo.re.ar *v.t.* schmackhaft machen, kosten.
sa.bo.ro.so *adj.* schmackhaft, lieblich.
sa.car *v.t.* herausziehen.
sa.ca.ro.lhas *s.m.* Korkzieher.
sa.cer.do.te *s.m.* Priester.
sa.ci.ar *v.t.* e *v.p.* stillen (Hunger, Durst).
sa.ci.e.da.de *s.f.* Sättigung.
sa.co *s.m.* Sack.
sa.cri.fi.car *v.t.* e *v.p.* opfern.
sa.cri.lé.gi.o *s.m.* Entweihung.
sa.cris.tão *s.m.* Mesner, Küster.
sa.cro *adj.* heilig, geweiht.
sa.cu.dir *v.t.* schütteln, vertreiben.
sa.di.o *adj.* gesund, heilsam.
sa.gaz *adj.* scharfsinnig.
sa.gra.do *adj.* heilig.
sai.a *s.f.* Frauenrock.
sa.í.da *s.f.* Ausgang.
sa.ir *v.i.* ausgehen.
sal *s.m.* Salz, Witz.
sa.lá.ri.o *s.m.* Besoldung, Lohn.
sal.dar *v.t.* begleichen.
sal.do *s.m.* Abrechnung, Saldo.
sal.ga.do *adj.* salzig.
sal.guei.ro *s.m.* Weidenbaum.
sa.li.en.tar *v.t.* hervorheben.
sa.li.en.te *adj.* vortretend, überschüssig.
sa.li.tre *s.m.* Salpeter.
sa.li.va *s.f.* Speichel.
sal.pi.car *v.t.* mit Salz bestreuen.
sal.sa *s.f.* Petersilie, Soße.
sal.si.cha *s.f.* Wurst.
sal.tar *v.t.* springen.
sal.te.a.dor *s.m.* Straßenräuber.
sal.tim.ban.co *s.m.* Gaukler.
sal.to *s.m.* Sprung, Überfall.
sa.lu.bre *adj.* gesund.
sa.lu.tar *adj.* besprechen, heilsam.
sal.va.ção *s.f.* Rettung, Heil.
sal.va.dor *s.m.* Retter, Erlöser.
sal.va.men.to *s.m.* Rettung.
sal.var *v.t.* retten.
sal.ve! *interj.* Grüß Gott!
sal.vo *adj.* unverletzt, heil.
sa.nar *v.t.* heilen, gesunden.
san.ção *s.f.* Genehmigung.
san.ci.o.nar *v.t.* (*aprovar, ratificar, confirmar*) bestätigen, sanktionieren.
sa.ne.a.men.to *s.m.* Behebung.
sa.ne.ar *v.t.* heilen, entseuchen.
san.grar *v.t.* bluten.
san.gren.to *adj.* blutig.
san.gue *s.m.* Blut.
san.gui.ná.ri.o *adj.* blutgierig, grausam.
san.guí.ne.o *adj.* vollblütig.
sa.nha *s.f.* (*ira, raiva, indignação*) Grimm, Wut.
san.ti.da.de *s.f.* Heiligkeit.
san.ti.fi.car *v.t.* heiligen.
san.to *adj.* heilig, fromm; *s.* Heiliger.
san.tu.á.ri.o *s.m.* Heiligenschrein.
são *adj.* gesund.
sa.pa.ta.ri.a *s.f.* Schuhmacherei.
sa.pa.tei.ro *s.m.* Schuhmacher.
sa.pa.to *s.m.* Schuh.
sa.pi.ên.ci.a *s.f.* Weisheit.
sa.po *s.m.* Unke.

sa.que *s.m.* Plünderung.
sa.que.ar *v.t.* plündern.
sa.rai.va *s.f.* Hagel.
sa.ram.po *s.m.* Masern.
sa.rar *v.i.* heilen.
sar.cás.ti.co *adj.* höhnisch.
sar.da *s.f.* Makrele, Sommersprosse.
sar.di.nha *s.f.* Sardine.
sar.gen.to *s.m.* Unteroffizier.
sar.na *s.f.* Krätze.
sa.ta.nás *s.m.* Teufel.
sá.ti.ra *s.f.* Satire.
sa.tis.fa.ção *s.f.* Genugtuung.
sa.tis.fa.tó.ri.o *adj.* befriedigend.
sa.tis.fa.zer *v.t.* befriedigen.
sa.tis.fei.to *adj.* zufrieden, befriedigt.
sa.tu.rar *v.t.* sättigen.
sau.da.ção *s.f.* Empfehlung, Gruß.
sau.da.de *s.f.* Sehnsucht, Wehmut, Heimweh.
sau.dar *v.t.* grüßen.
sau.dá.vel *adj.* gesund.
sa.ú.de *s.f.* Gesundheit.
sau.zo.na.do *adj.* (*maduro, experiente, versado; pensado, refletido*) reif, erfahren.
se *pron.* sich, ob.
sé *s.f.* (*metrópole; catedral*) Bistum, Kathedrale.
se.a.ra *s.f.* (*messe, colheita*) Saat.
se.bá.ce.o *adj.* (*sebento, ensebado, gorduroso*) talgig.
se.be *s.f.* (*cerca, tapume*) Zaun, Hecke.
se.bo *s.m.* Talg.
se.ca *s.f.* Trockenheit, Dürre.
se.ção *s.f.* Abteilung, Abschnitt.
se.car *v.t.* trocknen, verdorren.
se.co *adj.* trocken, dürr.
se.cre.ção *s.f.* Absonderung, Sekretion.
se.cre.ta.ri.a *s.f.* Kanzlei, Sekretariat.
se.cre.tá.ri.o *s.m.* Sekr...
se.cre.to *adj.* geh...
sec.ta.ri.o *s...* Anhäng...
se.cu...

se.de *s.f.* ... da nece... especialm... cobiça, dese...
se.den.tá.ri.o *adj.* ... parado, quieto) s... sesshaft.
se.den.to *adj.* durstig.
se.di.men.to *s.m.* Ablager...
se.du.ção *s.f.* Verführung, Re... Zauber.
se.du.tor *adj.* verführerisch.
se.du.zir *v.t.* verführen.
se.gar *v.t.* (*ceifar, cortar*) mähen.
se.gre.dar *v.t.* flüstern.
se.gre.do *s.m.* Geheimnis.
se.gre.ga.ção *s.f.* Absonderung.
se.guin.te *adj.* folgend.
se.guir *v.t.* folgen, befolgen.
se.gun.da-fei.ra *s.f.* Montag.
se.gun.do *adj.* (*semelhante, consoante*) zufolge, nach, zweitens.
se.gun.do *num. ord.* Zweiter.
se.gu.ran.ça *s.f.* Sicherheit, Versicherung.
se.gu.rar *v.t.* versichern.
se.gu.ro *adj.* sicher, gewiss.
sei.o *s.m.* Busen, Mutterleib.
se.is *num.* Sechs.
sei.va *s.f.* Lebenssaft.
sei.xo *s.m.* Kieselstein.
se.lar *v.t.* sarreln.
se.le.ção *s.f.* Wahl, Auswahl, Selektion.
se.le.ci.o.nar *v.t.* auswählen.

sen.sa...
sen.si.bi.li...
Empfindlic...
sen.si.vel *adj.* ...
sen.so *s.m.* Sinn, ...
sen.su.al *adj.* sinnlic...
sen.su.a.li.da.de *s.f.* ... Sinnlichkeit.
sen.tar *v.t.* e *v.p.* sich niederlassen, setzen.
sen.ten.ça *s.f.* Strafe, Sentenz.
sen.ten.ci.ar *v.t.* Urteil sprechen, geloben.
sen.ti.do *adj.* empfindlich, gefühlvoll. *s.* Sinn, Bedeutung.
sen.ti.men.tal *adj.* gefühlvoll.
sen.ti.men.to *s.m.* Gefühl.
sen.tir *v.t.* e *v.i.* fühlen, ahnen.
se.pa.ra.ção *s.f.* Trennung, Scheidung.

so.nhar v.t. träumen.
so.nho s.m. Traum.
so.no s.m. Schlaf.
so.no.ro adj. klangreich, klangvoll.
so.pa s.f. Suppe.
so.pé s.m. Rand.
so.prar v.t. blasen.
so.pro s.m. Hauch.
sór.di.do adj. schmutzig.
sor.ri.den.te adj. lächelnd.
sor.rir v.i. lächeln.
sor.ri.so s.m. Lächeln.
sor.te s.f. Glück, Schicksal.
sor.te.ar v.t. austeilen.
sor.tei.o s.m. Auswahl, Sortiment.
sor.ti.lé.gi.o s.m. Zauber.
sor.ti.men.to s.m. Vorrat, Versorgung.
sor.ver v.t. schlürfen, verzehren.
sor.ve.te s.m. Speise.
sos.se.gar v.i. beruhigen, erfrischen.
sos.se.go s.m. Friede.
só.tão s.m. Dachboden.
so.ter.rar v.t. vergraben.
so.va s.f. Tracht, Prügel.
so.var v.t. durchkneten, pressen (Trauben).
so.vi.na adj. geizig.
so.zi.nho adj. allein, mutterseelenallein.
su.ar v.i. schwitzen.
su.a.ve adj. mild, sanft, zart.
su.a.vi.da.de s.f. Milde.
su.a.vi.zar v.t. lindern.
su.bal.ter.no adj. (subordinado, inferior) untergeordnet, untergeben.
sub.cons.ci.en.te s.m. Unterbewusstsein.
su.bir v.t. steigen.
sú.bi.to adj. plötzlich, jäh.
su.bli.me adj. erhaben.
su.bli.nhar v.t. unterstreichen.
sub.ma.ri.no s.m. Unterseeboot.
sub.mer.gir v.i. tauchen, untertauchen.
sub.me.ter v.t. unterwerfen.
sub.mis.são adj. gehorsam. s.f. Unterwerfung.
sub.mis.so adj. untergeben.

su.bor.di.na.ção s.f. Unterordnung.
su.bor.di.nar v.t. unterordnen.
su.bor.nar v.t. bestechen, verleiten.
su.bor.no s.m. Bestechung.
subs.cre.ver v.t. (assinar; aprovar, aceitar, consentir) unterschreiben.
sub.se.quen.te adj. nachfolgend.
sub.si.di.o s.m. Beihilfe.
subs.sis.tên.ci.a s.f. Fortdauer.
sub.sis.tir v.i. vorhanden sein.
subs.tân.ci.a s.f. Stoff, Kraft, Substanz.
subs.ti.tu.i.ção s.f. Ersatz.
subs.ti.tu.ir v.t. an die Stelle setzen.
subs.ti.tu.to s.m. Vertreter.
sub.ter.fú.gi.o s.m. Ausflucht, Vorwand.
sub.ter.râ.ne.o adj. unterirdisch.
sub.tra.ção s.f. Unterschlagung.
sub.tra.ir v.t. unterschlagen.
su.búr.bi.o s.m. Vorstadt.
sub.ven.ção s.f. Steuer.
sub.ver.são s.f. Umsturz.
sub.ver.ter v.t. umstürzen.
su.ce.der v.t. folgen, sich ereignen.
su.ces.são s.f. Nachfolge, Erbschaft.
su.ces.so s.m. Erfolg, Ereignis.
su.cin.to adj. kurz, gedrängt.
su.co s.m. Saft.
su.cu.len.to adj. saftreich.
su.cum.bir v.t. unterliegen.
su.cur.sal s.f. Zweiganstalt, Filiale.
sú.di.to adj. staatsangehörig.
su.e.co adj. e s.m. schwedisch, Schwede.
su.fi.ci.en.te adj. genügend.
su.fo.car v.t. beklemmen.
su.frá.gi.o s.m. Stimmrecht.
su.gar v.t. einsaugen.
su.ge.rir v.t. einflüstern.
su.ges.tão s.f. Einflüsterung.
su.i.ci.dar-se v.p. Selbstmord begehen.
su.i.cí.di.o s.m. Selbstmord.

su.í.ço adj. e s.m. schweizerisch, Schweizer.
su.jar v.t. beschmutzen.
su.jei.ção s.m. Unterwerfung.
su.jei.to s.m. Subjekt, Untertan.
su.jo adj. schmutzig.
sul s.m. Süden.
sul.car v.t. durchfurchen (Meer).
sul.co s.m. Furche.
su.má.ri.o s.m. Übersicht.
su.mo adj. höchst, größt-; s.m. Saft.
sun.tu.o.si.da.de s.f. Pracht.
su.or s.m. Schweiß.
su.pe.rar v.t. übertreffen.
su.per.fi.ci.al adj. oberflächlich.
su.per.fí.ci.e s.f. Oberfläche.
su.pér.flu.o adj. überflüssig.
su.pe.ri.or adj. höher, überlegen.
su.pe.ri.o.ri.da.de s.f. Überlegenheit.
su.pers.ti.ção s.f. Aberglaube.
su.pers.ti.ci.o.so adj. abergläubisch.
su.plan.tar v.t. verdrängen.
su.ple.men.to s.m. Nachtrag, Beilage.
su.plen.te adj., s.m. e s.f. (substituto) Stellvertreter.
sú.pli.ca s.f. flehentliches Bitten.
su.pli.car v.t. inständig bitten.
su.pli.ci.o s.m. (tormento, castigo, aflição, martirio) Pein, Todesstrafe.
su.por v.t. vermuten, vorgeben.
su.por.tar v.t. tragen, ertragen.
su.po.si.ção s.f. Vermutung.
su.po.si.tó.ri.o s.m. Stuhlzäpfchen.
su.pos.to adj. vermeintlich.
su.pre.ma.ci.a s.f. Überlegenheit, Vorrang.
su.pre.mo adj. höchst-; letzt-.
su.pres.são s.f. Aufhebung.
su.pri.men.to s.m. Ergänzung.
su.pri.mir v.t. unterdrücken.
su.prir v.t. ersetzen.
sur.dez s.f. Taubheit.
sur.do adj. taub, heimlich.
sur.do-mu.do adj. taubstumm.
sur.gir v.t. auftauchen, auftreten.
sur.pre.en.den.te adj. überraschend.

sur.pre.en.der *v.t.* überraschen.
sur.pre.sa *s.f.* Überraschung, Überfall.
sur.ra *s.f.* Strafe.
sur.rar *v.t.* gerben, prügeln.
sus.ce.ti.vel *adj. (capaz, apto; melindroso)* empfänglich, reizbar.
sus.ci.tar *v.t. (provocar, promover)* hervorrufen.
sus.pei.ta *s.f.* Verdacht.
sus.pei.tar *v.t.* vermuten.
sus.pei.to *adj.* verdächtig.
sus.pen.der *v.t.* aufhängen, aufschieben.
sus.pen.são *s.f.* Unterbrechung.
sus.pen.so *adj.* anhängig.
sus.pi.rar *v.i.* seufzen, sich sehnen.
sus.pi.ro *s.m.* Seufzer.
sus.sur.ro *s.m.* Summen, Geflüster.
sus.tar *v.t. (parar, interromper, sobrestar)* aufhalten.
sus.ten.tar *v.t.* stützen, unterhalten.
sus.ten.to *s.m.* Lebensunterhalt, Stütze.
sus.to *s.m.* Schreck, Furcht.
su.til *adj.* fein, zart, spitzfindig.
su.ti.le.za *s.f.* Feinheit, Scharfsinn.

T

T vigésima letra do alfabeto português e do alfabeto alemão.
ta.be.la *s.f.* Verzeichnis, Tabelle.
ta.be.li.ão *s.m. (notário)* Notar.
ta.ber.na *s.f.* Schenke, Kneipe, Taverne.
ta.bi.que *s.m. (palanque, estrado)* Tribüne.
ta.bu *s.m. (sagrado; dogma)* Tabu.
tá.bu.a *s.f.* Brett, Platte.
ta.bu.lei.ro *s.m.* Teebrett, Beet.
ta.bu.le.ta *s.f.* Schild, Schaukasten.
ta.ça *s.f.* Trinkbecher, Tasse.
ta.ga.re.la *s.f.* Geschwätz.
tal *adj.* e *pron.* solch, so.
ta.len.to *s.m.* Begabung, Talent.
ta.lhar *v.t.* zuschneiden, einkerben.
ta.lhe *m.* Wuchs, Taille.
ta.lis.mã *s.m.* Schutzmittel, Talisman.
tal.vez *adv.* vielleicht.
ta.man.co *s.m.* Holzpantoffel.
ta.ma.nho *s.m.* e *adj.* Größe.
tam.bém *adv.* auch.
tam.par *v.t.* zustopfen.
tan.ge.ri.na *s.f.* Mandarine.
tan.gí.vel *adj.* fühlbar.
tan.to *adj.* e *adv.* soviel, so sehr.
tão *adv.* so, ebenso.
ta.par *v.t.* zudecken.
ta.pe.ça.ri.a *s.f.* Wandteppich.
ta.pe.te *s.m.* Teppich, Decke.
ta.pu.me *s.m.* Bretterzaun.
ta.qui.gra.fi.a *s.f. (estenografia)* Kurzschrift, Stenographie.
tar.dar *v.t.* verzögern.
tar.de *adv.* nachmittags. *s.f.* Nachmittag.
tar.di.o *adj.* spät, träge.
ta.re.fa *s.f.* Arbeit, Aufgabe.

ta.ri.fa *s.f.* Tarif.
tar.ja *s.f.* Umrandung, Trauerrand.
tar.ta.ru.ga *s.f.* Schildkröte.
ta.te.ar *v.t.* betasten.
ta.to *s.m.* Takt.
ta.xa *s.f.* Taxe, Gebühr, Abgabe.
ta.xar *v.t.* tadeln.
te.a.tro *s.m.* Theater.
te.cer *v.t.* weben, anspinnen.
te.ci.do *s.m.* Gewebe, Stoff.
téc.ni.co *adj.* technisch.
té.di.o *s.m.* Überdruss, Langeweile.
tei.a *s.f.* Gewebe, Tuch.
tei.ma *s.f.* Eigensinn.
tei.mar *v.t.* beharren.
tei.mo.si.a *s.f.* Starrköpfigkeit.
tei.mo.so *adj.* halsstarrig.
te.la *s.f.* Gewebe, Stoff.
te.le.fo.nar *v.t.* anrufen, telefonieren.
te.le.fo.ne *s.m.* Fernsprecher, Telefon.
te.le.gra.far *v.t.* telegrafieren.
te.le.gra.ma *s.m.* Telegramm.
te.lha *s.f.* Dachziegel.
te.lha.do *s.m.* Dach.
te.ma *s.m.* Thema, Schulaufsatz.
te.mer *v.t.* fürchten.
te.me.rá.ri.o *adj.* tollkühn.
te.mor *s.m.* Furcht.
tem.pe.ra.men.to *s.m.* Temperament.
tem.pe.ran.ça *s.f.* Mäßigkeit.
tem.pe.rar *v.t.* mildern; würzen.
tem.pe.ra.tu.ra *s.f.* Witterung, Temperatur.
tem.pe.ro *s.m.* Gewürz, Zubereitung.
tem.pes.ta.de *s.f.* Gewitter.
tem.plo *s.m.* Kirche, Tempel.
tem.po *s.m.* Zeit, Wetter.
tem.po.ral *s.m.* Sturm.

tem.po.rá.ri.o *adj.* vorübergehend.
te.na.ci.da.de *s.f.* Zähigkeit.
te.naz *adj.* geizig; *s.* Zange.
ten.ci.o.nar *v.t. (intentar, planear, projetar) resolver, assentar)* beabsichtigen.
ten.da *s.f.* Zelt.
ten.dên.ci.a *s.f.* Tendenz. Streben, Hang.
ten.der *v.t.* abzielen, neigen zu.
te.ne.bro.so *adj.* düster, lichtscheu.
te.nen.te *s.m.* Leutnant.
ten.ro *adj.* zart.
ten.so *adj.* gespannt, straff.
ten.ta.ção *s.f.* Versuchung.
ten.tar *v.t.* versuchen.
ten.ta.ti.va *s.f.* Versuch.
te.or *s.m.* Wortlaut, Norm.
te.o.ri.a *s.f.* Ansicht, Theorie.
ter *v.t.* haben.
ter.ça-fei.ra *s.f.* Dienstag.
ter.cei.ro *num. ord.* Dritte.
ter.mi.nar *v.t.* beenden.
ter.mo *s.m.* Ende, Frist, Ausdruck.
ter.no *adj. (doce, brando, amável)* zärtlich; *s. (roupa, fato)* Anzug.
ter.nu.ra *s.f.* Liebe, Zartheit.
ter.ra *s.f.* Erde.
ter.re.mo.to *s.m.* Erdbeben.
ter.re.no *s.m.* Gebiet, Grundstück.
ter.ri.na *s.f. (sopeira)* Suppenschüssel.
ter.ri.tó.ri.o *s.m.* Bezirk, Gebiet.
ter.rí.vel *adj.* schrecklich.
ter.ror *s.m.* Schrecken.
te.se *s.m.* Vorschlag.
te.sou.ra *s.f.* Schere.
te.sou.ro *s.m.* Schatz.
tes.ta *s.f.* Stirn.
tes.ta.men.to *s.m.* Testament.

351

tes.te.mu.nha s.f. Zeuge, Beweis.
tes.te.mu.nhar v.t. bezeugen, beweisen.
tes.te.mu.nho s.m. Zeugnis, Zeuge, Beweis.
te.to s.m. Dach.
teu pron. dein.
tex.to s.m. Wortlaut, Text.
tex.tu.al adj. wörtlich.
tez s.f. (epiderme, pele, cútis) Hautfarbe, Teint.
ti.a s.f. Tante.
ti.bi.o adj. lau.
ti.fo s.m. Typhus.
ti.ge.la s.f. Napf, Tigel, große Tasse, Schüssel.
ti.gre s.m. Tiger.
tim.bre s.m. Stempel.
ti.mi.dez s.f. Schüchternheit.
tí.mi.do adj. scheu, schüchtern.
ti.mo.nei.ro s.m. Leiter.
ti.na s.f. Wanne.
tin.gir v.t. färben.
ti.no s.m. (juízo, sentido, tato, sensatez) Kenntnis, Takt, Vernunft.
tin.ta s.f. Tinte, Farbton.
tin.tu.ra s.f. Tinktur.
tin.tu.ra.ri.a s.f. Färberei.
ti.o s.m. Onkel.
tí.pi.co adj. typisch.
ti.po s.m. Urbild, Type.
ti.po.gra.fi.a s.f. Druckerei, Buchdruck.
ti.ra s.f. Streifen, Binde.
ti.ra.no adj. tyrannisch.
ti.rar v.t. ziehen.
ti.ro s.m. Schuss, Wurf.
ti.ro.ci.ni.o s.m. (aprendizagem, prática, estágio, trabalho) Lehre, Lehrzeit.
ti.ro.tei.o s.m. Schießerei.
ti.tu.lar adj. betiteln.
tí.tu.lo s.m. (nome; rótulo; reputação) Titel (Buch, Ehre), Urkunde.
to.a.lha s.f. Handtuch, Laken.
to.ca s.f. Höhle, Bau.
to.cai.a s.f. Falle.
to.car v.t. berühren, spielen.
to.cha s.f. Fackel.
to.da.vi.a conj. aber, doch, jedoch.
to.do pron. ganz, all.

to.do-po.de.ro.so adj. allmächtig.
to.le.rân.ci.a s.f. Duldung, Geduld.
to.le.ran.te adj. duldsam.
to.le.rar v.t. dulden, zulassen.
to.li.ce s.f. Dummheit.
to.lo adj. toll.
tom s.m. Tonart.
to.mar v.t. nehmen, halten.
to.ma.te s.m. Tomate.
tom.bar v.t. (cair) fallen, purzeln.
tom.bo s.m. (queda) Fall, Sturz.
to.mo s.m. (volume, parte, divisão) Band, Buch.
to.nel s.m. Tonne, großes Fass.
to.ne.la.da s.f. Tonnengehalt, Tonne.
to.ni.fi.car v.t. kräftigen.
ton.to adj. dumm, albern.
ton.tu.ra s.f. Schwindelanfall.
to.par v.t. finden, begegnen.
to.po s.m. (cume, cimo, tope, extremidade) Gipfel, Spitze.
to.que s.m. Berührung, Ton.
tó.rax s.m. Brust.
tor.cer v.t. drehen, beugen.
tor.ci.da s.f. Reiz, Anreiz, Lockmittel.
tor.men.ta s.f. Sturm.
tor.men.to s.m. Marter.
tor.nar v.t. umdrehen; (tornar-se) werden.
tor.nei.o s.m. Turnier.
tor.nei.ra s.f. Hahn.
tor.no s.m. Schraubstock.
tor.no.ze.lo s.m. Fußknöchel.
tor.pe.za s.f. Schändlichkeit.
tor.por s.m. Erstarrung.
tor.rar v.t. rösten.
tor.re s.f. Turm, Festung.
tor.ren.ci.al adj. strömend.
tór.ri.do adj. verbrannt.
tor.ta s.f. (espécie de pastelão) Torte, Kuchen.
tor.to adj. krumm, falsch.
tor.tu.o.so adj. krumm, gewunden.
tor.tu.ra s.f. Krümmung, Qual.
tor.tu.rar v.t. foltern.
tor.vo adj. (terrível, iracundo, pavoroso, ameaçador, agastado) grimmig.

tos.co adj. roh, unbearbeitet.
tos.qui.ar v.t. scheren.
tos.se s.f. Husten.
tos.tar v.i. rösten, bräunen.
to.tal s.m. Total, das Ganze.
to.ta.li.da.de s.f. Gesamtheit.
tou.ro s.m. Stier.
tó.xi.co s.m. Gift.
tra.ba.lha.dor s.m. Arbeiter.
tra.ba.lhar v.t. e v.i. arbeiten.
tra.ba.lho s.m. Arbeit.
tra.ba.lho.so adj. mühselig.
tra.ça.do s.m. Entwurf, Vorhaben, Spur.
tra.çar v.t. entwerfen, zernagen.
tra.ço s.m. Strich, Merkmal.
tra.di.ção s.f. Überlieferung, Sage.
tra.du.ção s.f. Übersetzung.
tra.du.zir v.t. übersetzen.
trá.fe.go s.m. Handel, Verkehr, Treiben.
tra.fi.can.te s.m. Handelsmann.
trá.fi.co s.m. Handel, Verkehr.
tra.gar v.t. verschlingen, aushalten.
tra.gé.di.a s.f. Trauerspiel, Tragödie.
trá.gi.co adj. unheilvoll.
tra.go s.m. (gole) Schluck.
tra.i.ção s.f. Untreue, Verrat.
tra.i.dor adj. verräterisch.
tra.ir v.t. verraten.
tra.je s.m. Tracht, Anzug.
tra.je.to s.m. Reise, Umlauf.
tra.mar v.t. anspinnen.
trâ.mi.te s.m. Dienstweg.
tran.ça s.f. Zopf.
tran.car v.t. verriegeln, streichen.
tran.çar v.t. einflechten.
tran.qui.li.da.de s.f. Ruhe.
tran.qui.li.zar v.t. beruhigen.
tran.qui.lo adj. ruhig, gelassen.
tran.sa.ção s.f. (negócio, ajuste, contrato) Vereinbarung, Transaktion.
trans.cen.den.tal adj. übersinnlich.
trans.cen.der v.t. überlegen sein.
trans.cor.rer v.t. vergehen.
trans.cre.ver v.t. abschreiben.

trans.fe.rên.ci.a *s.f.* Übertragung.
trans.fe.rir *v.t.* übertragen.
trans.for.ma.ção *s.f.* Umbildung.
trans.for.mar *v.t.* e *v.p.* verwandeln.
trans.gre.dir *v.t.* übertreten.
trans.gres.são *s.f.* Übertretung.
tran.si.ção *s.f.* Übergang.
tran.si.gen.te *adj.* nachgiebig.
tran.si.gir *v.t.* (*condescender, ceder, harmonizar, conciliar, contemporizar*) sich vergleichen.
tran.si.tar *v.t.* durchgehen.
trân.si.to *s.m.* Durchgang, Verkehr.
trans.lú.ci.do *adj.* (*transparente; evidente*) durchsichtig, durchscheinend.
trans.mis.são *s.f.* (*transferência, expedição*) Übertragung, Übersetzung.
trans.mi.tir *v.t.* übersenden, zustellen.
trans.pa.rên.ci.a *s.f.* Durchsichtigkeit.
trans.pa.ren.te *adj.* durchsichtig.
trans.pi.ra.ção *s.f.* Schwitzen.
trans.pi.rar *v.i.* schwitzen.
trans.plan.tar *v.t.* verpflanzen.
trans.por *v.t.* versetzen.
trans.por.tar *v.t.* befördern.
trans.por.te *s.m.* (*condução*) Beförderung, Transport.
trans.tor.nar *v.t.* verwirren.
trans.tor.no *s.m.* Verwirrung.
trans.ver.sal *adj.* schräg, seitlich.
tra.pa.ça *s.f.* Betrug, Neckerei.
tra.pé.zi.o *s.m.* Trapez.
tra.po *s.m.* Lumpen, Zeugfetzen.
trás *prep.* e *adv.* nach.
trans.bor.dar *v.t.* überfließen.
tra.sei.ra *s.f.* Rückseite.
tra.sei.ro *adj.* hinten.
tras.la.do *s.m.* (*cópia, retrato; tradução; reprodução; transporte; transunto, exemplo, estatuto*) Verlegung.
tras.te *s.m.* Hausgerät.
tra.ta.do *s.m.* Vertrag.
tra.ta.men.to *s.m.* Bewirtung, Behandlung.

tra.tar *v.t.* behandeln.
tra.to *s.m.* Behandlung.
tra.tor *s.m.* Schlepper, Traktor.
tra.va *s.f.* Hindernis.
tra.var *v.t.* verbinden, hemmen.
tra.ve *s.f.* Balken.
tra.ves.sa *s.f.* Querbalken.
tra.ves.si.a *s.f.* Überfahrt.
tra.ves.so *adj.* ungezogen, mutwillig; schräg, quer.
tra.ves.su.ra *s.f.* Mutwille.
tra.zer *v.t.* herbringen.
tre.cho *s.m.* Zwischenraum, Strecke.
tré.gua *s.f.* Stillstand.
trei.nar *v.t.* trainieren.
tre.jei.to *s.m.* Mienenspiel.
trem *s.m.* Zug.
tre.men.do.do *adj.* furchtbar, schrecklich.
tre.mer *v.t.* e *v.i.* fürchten, zittern.
tre.mor *s.m.* Zittern.
trê.mu.lo *adj.* zitternd.
tre.nó *s.m.* Schlitten.
tre.par *v.t.* klettern.
tre.pi.dar *v.i.* beben.
três *num.* Drei.
tre.vas *s.f. pl.* Finsternis.
tre.vo *s.m.* Kleeblatt.
tre.ze *num.* Dreizehn.
tre.zen.tos *num.* Dreihundert.
tri.ân.gu.lo *s.m.* Dreieck.
tri.bo *s.f.* Volksstamm, Stamm.
tri.bu.la.ção *s.f.* Missgeschick.
tri.bu.na *s.f.* Tribüne.
tri.bu.nal *s.m.* Gerichtshof.
tri.bu.tar *v.t.* besteuern.
tri.bu.tá.ri.o *adj.* steuerpflichtig.
tri.bu.to *s.m.* Abgabe, Zoll.
tri.go *s.m.* Weizen.
tri.lha *s.f.* Schiene.
tri.lhar *v.t.* dreschen.
tri.lho *s.m.* Geleise.
tri.mes.tre *s.m.* Vierteljahr.
trin.car *v.t.* knuppern.
trin.chei.ra *s.f.* Graben, Schranke.
trin.da.de *s.f.* Dreieinigkeit.
trin.ta *num.* Dreißig.
tri.pa *s.f.* Darm, Bauch.
tri.pli.ce *adj.* dreifach.
tri.plo *adj.* dreifach.

tri.pu.la.ção *s.f.* Besatzung.
tris.te *adj.* traurig.
tris.te.za *s.f.* Traurigkeit.
tri.tu.rar *v.t.* zerreiben.
tri.un.far *v.t.* e *v.i.* siegen, frohlocken.
tri.un.fo *s.m.* Sieg, Triumph.
tri.vi.al *adj.* platt.
tri.vi.a.li.da.de *s.f.* Plattheit.
tro.ca *s.f.* Tausch.
tro.ça *s.f.* Spott.
tro.car *v.t.* tauschen.
tro.co *s.m.* Kleingeld.
tro.fé.u *s.m.* Siegeszeichen.
trom.ba *s.f.* Rüssel, Wasserhose.
trom.be.ta *s.f.* Trompete.
tron.co *s.m.* Stumpf, Stamm, Klotz.
tro.no *s.m.* Thron.
tro.pa *s.f.* Trupp, Truppe.
tro.pe.çar *v.t.* stolpern, irren.
tro.pi.cal *adj.* tropisch.
tró.pi.co *s.m.* Wendekreis.
tro.vão *s.m.* Donner.
tro.ve.jar *v.i.* donnern.
trun.car *v.t.* (*cortar, mutilar, decepar*) abschneiden.
tru.ta *s.f.* (*peixe salmonídeo*) Forelle.
tu *pron. pess. da 2ª pess. sing., caso reto du.*
tu.ba.rão *s.m.* Haifisch.
tu.bo *s.m.* Rohr, Röhre.
tu.fão *s.m.* Orkan.
tum.ba *s.f.* Grab.
tu.mor *s.m.* Geschwulst.
tú.mu.lo *s.m.* Grab, Tod.
tu.mul.to *s.m.* Getümmel.
tú.nel *s.m.* Durchstich, Tunnel.
tur.bar *v.t.* verwirren.
tur.bu.len.to *adj.* unruhig, ungestüm.
tur.co *adj.* e *s.m.* türkisch, Türke.
tu.ris.mo *s.m.* Fremdenverkehr.
tu.ris.ta *s.m.* e *s.f.* Wanderer, Tourist.
tur.no *s.m.* Reihe.
tur.var *v.t.* trüben.
tur.vo *adj.* verwirrt.
tu.te.la *s.f.* Vormundschaft, Schutz.
tu.tor *s.m.* Vormund.

U

U vigésima primeira letra do alfabeto português e do alfabeto alemão.
u.fa.nar-se *v.p. (alegrar-se; vangloriar-se; envaidecer-se)* schmeicheln.
u.fa.no *adj.* stolz, prahlerisch.
ui.var *s.m.* Schreien, Heulen.
ui.vo *s.m.* Geheul.
úl.ce.ra *s.f.* Geschwür.
ul.te.ri.or *adj. (posterior, recente)* letzt, jenseitig.
úl.ti.mo *adj.* letzt.
ul.tra.jar *v.t.* beschimpfen.
ul.tra.je *s.m.* Beschimpfung.
ul.tra.pas.sar *v.t.* überschreiten.
um *num., art. e s.m.* ein; Eins.
u.me.de.cer *v.t.* anfeuchten.
ú.mi.do *adj.* feucht.
u.nâ.ni.me *adj.* einstimmig.
un.gir *v.t.* salben.
u.nha *s.f.* Fingernagel.
u.ni.ão *s.f.* Vereinigung.
ú.ni.co *adj.* einzig.
u.ni.da.de *s.f.* Einheit.
u.ni.for.me *adj.* uniform.
u.ni.for.mi.da.de *s.f.* Gleichförmigkeit.
u.nir *v.t. e v.i.* verbinden, antrauen.
u.ni.ver.sal *adj.* allumfassend, allgemein.
u.ni.ver.so *s.m.* Weltall.
un.tar *v.t.* einreiben.
ur.ba.ni.da.de *s.f.* Höflichkeit.
ur.ba.no *adj.* städtisch, fein gesittet.
ur.dir *v.t. (tecer, tramar, intrigar, maquinar)* anzetteln.
ur.gên.ci.a *s.f.* Dringlichkeit.
ur.gen.te *adj.* dringend.
ur.gir *v.i.* drängen, dringend sein.
u.ri.na *s.f.* Harn, Urin.
u.ri.nar *v.i.* harnen, urinieren.
ur.rar *v.i.* brüllen.
ur.ro *s.m.* Gebrüll.
ur.so *s.m.* Bär.
u.sar *v.t.* anwenden, tragen.
u.so *s.m.* Benutzung, Sitte.
u.su.al *adj.* üblich.
u.su.fru.ir *v.t.* ausnutzen.
u.su.fru.to *s.m.* Nutznießung.
u.su.ra *s.f.* Wucher.
u.su.rá.ri.o *s.m.* Wucherer.
u.sur.par *v.t.* widerrechtlich zueignen.
u.ten.sí.li.o *s.m.* Hausgerät.
ú.te.ro *s.m.* Gebärmutter.
ú.til *adj.* nützlich.
u.ti.li.da.de *s.f.* Nützlichkeit.
u.ti.li.zar *v.t.* nutzbar machen, benutzen.
u.to.pi.a *s.f.* Hirngespinst, Utopie.

V

V vigésima segunda letra do alfabeto português e do alfabeto alemão.

va.ca s.f. Kuh.
va.ci.la.ção s.f. Schwankung.
va.ci.lar v.i. schwanken.
va.ci.na s.f. Impfung.
va.ci.na.ção s.f. Schutzimpfung.
va.ci.nar v.t. impfen.
vá.cu.o adj. leer. s.m. Vakuum, Leere.
va.di.ar v.i. herumbummeln.
va.di.o adj. lungernd.
va.ga s.f. (onda; multidão; torrente)Welle, unbesetzte Stelle.
va.ga.bun.do s.m. Landstreicher.
va.gão s.m. Eisenbahnwagen.
va.gar v.i. Umherstreifen.
va.go adj. unbestimmt.
vai.a s.f. Hohn.
vai.da.de s.f. Nichtigkeit, Eitelkeit.
vai.do.so adj. eitel.
va.le s.m. Tal.
va.len.te adj. tapfer.
va.len.ti.a s.f. Tapferkeit.
va.ler v.t. Wert sein, taugen.
va.li.da.de s.f. Gültigkeit.
vá.li.do adj. gültig.
va.li.o.so adj. wertvoll, kostbar.
va.li.se s.f. Reisetasche.
va.lor s.m. Wert, Preis.
va.lo.ro.so adj. tapfer.
val.sa s.f. Walzer.
van.glo.ri.a s.f. Eitelkeit.
van.glo.ri.ar v.t. e v.p. prahlen.
van.guar.da s.f. Vorhut.
van.ta.gem s.f. Gewinn, Vorteil.
van.ta.jo.so adj. vorteilhaft.
vão adj. eitel, leer.
va.por s.m. Dampf.

va.po.ro.so adj. dunstig.
va.ra s.f. Rute, Stange, Stab.
va.ran.da s.f. Balkon.
va.rão s.m. Mann.
va.rar v.t. verprügeln.
va.ri.ar v.t. abweichen.
va.ri.e.da.de s.f. Verschiedenheit, Abart.
vá.ri.o adj. (alternado, diferente, inconstante) unterschiedlich.
var.rer v.t. fegen, kehren.
va.si.lha s.f. Gefäß.
va.so s.m. Gefäß, Blumentopf.
vas.to adj. ausgedehnt.
va.zan.te s.f. Ebbe.
va.zar v.t. entleeren.
va.zi.o adj. leer.
ve.a.do s.m. Hirsch.
ve.da.ção s.f. Absperrung, Zaun.
ve.dar v.t. verbieten.
ve.e.men.te adj. ungestüm, heftig.
ve.ge.ta.ção s.f. Pflanzenwelt, Wachstum.
ve.ge.tal adj. pflanzenhaft.
vei.a s.f. Ader.
ve.í.cu.lo s.m. Fahrzeug.
ve.la s.f. Nachtwache.
ve.lar v.t. bewachen, verhüllen.
ve.lei.ro s.m. Segelboot.
ve.lha.ca.ri.a s.f. (dissolução, devassidão) Gaunerei, Schurkenstreich.
ve.lha.co s.m. Schuft.
ve.lhi.ce s.f. Greisenalter.
ve.lho adj. bejahrt, alt.
ve.lo.ci.da.de s.f. Geschwindigkeit, Gang.
ve.loz adj. schnell, flüchtig.
ve.lu.do s.m. Samt.
ve.nal adj. (corrupto, desonesto, subornável) bestechlich.

ven.ce.dor s. Sieger.
ven.cer v.t. siegen, übertreffen.
ven.ci.men.to s.m. Besiegung.
ven.da s.f. Verkauf, Augenbinde.
ven.da.val s.m. Unwetter.
ven.der v.t. verkaufen, weismachen.
ve.ne.no s.m. Gift.
ve.ne.no.so adj. giftig.
ve.ne.ra.ção s.f. Verehrung.
ve.ne.rar v.t. verehren.
ve.ne.rá.vel adj. ehrwürdig.
ve.ni.al adj. verzeihlich.
ven.ti.la.dor s.m. Ventilator.
ven.ti.lar v.t. windig sein.
ven.to s.m. Wind.
ven.tre s.m. Bauch, Kern.
ven.tu.ra s.f. Glück.
ven.tu.ro.so adj. glücklich, gewagt.
ver v.t. sehen.
ve.ra.ci.da.de s.f. Wahrhaftigkeit.
ve.rão s.m. Sommer.
ve.raz adj. (verídico, verdadeiro) wahr.
ver.ba s.f. Klausel.
ver.bal adj. mündlich.
ver.bo s.m. Zeitwort, Verb.
ver.da.de s.f. Wahrheit.
ver.da.dei.ro adj. wahrhaftig, echt.
ver.de adj. grün.
ver.du.go s.m. (carrasco, algoz; tirano, cruel) Scharfrichter.
ver.du.ra s.f. Pflanzengrün, Gemüse.
ve.re.da s.f. (senda, atalho, trilha) Fußpfad.
ver.go.nha s.f. Scham.
ver.go.nho.so adj. schamhaft.
ve.rí.di.co adj. wahrheitsgetreu.
ve.ri.fi.ca.ção s.f. Nachprüfung.

ve.ri.fi.car v.t. bestätigen.
ver.me s.m. Wurm.
ver.me.lho adj. e s.m. rot.
ver.ná.cu.lo adj. (pátrio, nacional; correto, genuíno, puro) unverfälscht, rein.
ver.niz s.m. Firnis, Lack.
ve.ros.si.mil adj. wahrscheinlich.
ver.ru.ga s.f. Warze.
ver.ru.ma s.f. (instrumento de aço para abrir furos na madeira; broca) Bohrer.
ver.são s.f. Übersetzung.
ver.sá.til adj. veränderlich.
ver.so s.m. Vers.
vér.te.bra s.f. Rückenwirbel.
ver.ter v.t. überlaufen.
ver.ti.cal adj. senkrecht.
ver.ti.gem s.f Taumel, Schwindel.
ver.ti.gi.no.so adj. schwindelig.
ves.pa s.f. Wespe.
ves.tí.bu.lo s.m. Hausflur, Vorsaal.
ves.ti.do s.m. Kleid.
ves.tí.gi.o s.m. Spur.
ves.tir v.t. bekleiden, anziehen.
ves.tu.á.ri.o s.m. Kleidung.
véu s.m. Schleier.
ve.xa.me s.m. Plage.
ve.xar v.t. belästigen.
vez s.f. Mal.
vi.a s.f. Weg, Straße.
vi.a.gem s.f. Reise.
vi.a.jan.te s.m. Reisender.
vi.a.jar v.t. reisen.
vi.a.tu.ra s.f. Fahrzeug.
vi.á.vel adj. gangbar.
vi.bra.ção s. Schwingung.
vi.brar v.t. schwingen.
vi.ce.jar v.t. wuchern, strotzen.
vi.ci.ar v.t. verderben.
ví.ci.o s.m. Laster.
vi.ci.o.so adj. lasterhaft.
vi.cis.si.tu.de s.f Missgeschick.
vi.ço.so adj. vollsaftig.
vi.da s.f. Leben.
vi.dei.ra s.f Weinstock.
ví.dro s.m. Glas.
vi.ga s.f. Balken, Träger.

vi.gá.ri.o s.m. Pfarrer.
vi.gi.a s.m. e s.f Wache.
vi.gi.ar v.t. wachen.
vi.gi.lân.ci.a s.f. Vorsicht.
vi.gi.lan.te adj. wachsam.
vi.gor s.m. Kraft, Lebenskraft.
vi.go.ro.so adj. kräftig.
vi.la s.f. Kleinstadt.
vi.li.pên.di.o s.m. (desprezo, menoscabo, desdouro, ultraje) Verachtung.
vi.na.gre s.m. Essig.
vín.cu.lo s.m. Band.
vin.da s.f. Ankunft.
vin.di.ma s.f. (colheita, aquisição, conquista) Weinlese.
vin.dou.ro adj. kommend.
vin.gan.ça s.f. Rache.
vin.gar v.t. rächen.
vi.nha s.f. (vinhedo) Weinberg.
vi.nho s.m. Wein.
vin.te num. Zwanzig.
vi.o.lão s.m. Bassgeige.
vi.o.la.ção s.f Verletzung.
vi.o.lar v.t. verletzen, schänden.
vi.o.lên.ci.a s.f. Heftigkeit, Zwang.
vi.o.len.tar v.t. vergewaltigen.
vi.o.len.to adj. gewaltsam, heftig.
vi.o.li.no s.m. Geige.
vir v.i. kommen.
vi.rar v.t. drehen, wenden.
vir.gem s.f Jungfrau.
vír.gu.la s.f Komma.
vi.ril adj. männlich.
vi.ri.li.da.de s.f Mannbarkeit.
vir.tu.de s.f Tugend, Wirksamkeit.
vir.tu.o.so adj. sittsam, tugendhaft.
vi.são s.f. Sehen, Vision.
vi.sar v.t. zielen nach.
vís.ce.ras s.f. pl. Eingeweide.
vis.co.so adj. klebrig.
vi.si.ta s.f. Besuch.
vi.si.tar v.t. besuchen.
vi.sí.vel adj. sichtbar.
vis.lum.brar v.t. glimmen.
vis.ta s.f. Gesicht, Sicht.

vis.to.so adj. prächtig, anziehend.
vi.tal adj. lebenswichtig.
vi.te.la s.f. (bezerra, novilha) Kalbfleisch.
ví.ti.ma s.f. Opfer, Opfertier.
vi.ti.mar v.t. opfern.
vi.tó.ri.a s.f Sieg.
vi.to.ri.o.so adj. siegreich.
vi.tri.na s.f. Glaskasten, Glasschrank.
vi.tu.pé.ri.o s.m. (vileza, ignomínia, menoscabo, ultraje, agravo, injúria, ofensa, crime) Verweis, Schimpf.
vi.ú.vo adj. Witwer; (fem.) Witwe.
vi.va.ci.da.de s.f Lebhaftigkeit.
vi.ver v.i. leben.
vi.ve.res s.m. pl. Lebensmittel.
vi.vo adj. lebendig, lebhaft.
vi.zi.nhan.ça s.f. Nachbarschaft.
vi.zi.nho adj. e s.m. nahe, Nachbar.
vo.ar v.i. fliegen, eilen.
vo.ca.bu.lá.ri.o s.m Wörterbuch, Wortschatz.
vo.ca.ção s.f. Berufung.
vo.cê pron. pess. (empregado na 2ª pessoa do singular) Sie.
vol.ta s.f Umdrehung, Wendung.
vol.tar v.t. umkehren, sich drehen.
vo.lu.me s.m. Volumen, Rauminhalt, Stimmumfang.
vo.lu.mo.so adj. umfangreich.
vo.lun.tá.ri.o adj. freiwillig.
vo.lup.tu.o.so adj. wollüstig.
vo.lú.vel adj. flatterhaft.
vol.ver v.t. umrühren.
vo.mi.tar v.t. sich erbrechen, ausspeien.
von.ta.de s.f. Wille.
vo.o s.m. Flug.
vo.raz adj. gefräßig.
vós pron. pess. da 2ª pessoa do plural (usado em relação a uma só pessoa, em determinados casos) ihr, Sie.
vos.so pron. pess. euer, eure, ihre.
vo.tar v.t. abstimmen.

vo.to *s.m.* Wahlstimme.
voz *s.f.* Stimme.
vul.cão *s.m.* Vulkan.
vul.gar *adj.* gewöhnlich.

vul.ga.ri.da.de *s.f.* Gemeinheit.
vul.ga.ri.zar *v.t.* verbreiten.
vul.go *s.m.* Volk, der große Haufen.

vul.ne.rá.vel *adj.* verwundbar.
vul.to *s.m.* Gesicht, Umfang.
vul.to.so *adj.* umfangreich.

W

W vigésima terceira letra do alfabeto português e do alfabeto alemão. No alfabeto português, substitui-se por *u* ou *v*, segundo a procedência do vocábulo (usa-se, contudo, em algumas palavras derivadas de nomes próprios estrangeiros, sobretudo ingleses [em que soa como *u*] e alemães [em que soa como *v*], bem como em termos técnicos de uso internacional e em abreviaturas e símbolos; *w*: Oeste; watt; tungstênio).

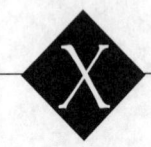

X

X vigésima quarta letra do alfabeto português e do alfabeto alemão.

xa.drez *s.m. (jogo disputado sobre um tabuleiro de 64 casas)* Schachspiel.

xa.ro.pe *s.m.* Sirup.

xe.que *s.m. (perigo, risco, prejuízo, contratempo)* Schach.

xi.ca.ra *s.f.* Teetasse.

xin.gar *v.t.* beschimpfen.

Y

Y vigésima quinta letra do alfabeto português e do alfabeto alemão. No alfabeto português, antigamente, substituía-se por *i* (usa-se, porém, em palavras derivadas de certos nomes próprios estrangeiros, em abreviaturas e como símbolo de alguns termos técnicos e científicos; *y*: ítrio).

Z

Z vigésima sexta letra do alfabeto português e do alfabeto alemão.
zan.ga *s.f.* Ärger, Verdruss.
zan.ga.do *adj.* ärgerlich.
zan.gar-se *v.p.* ärgern.
zar.par *v.t.* e *v.i.* ausfahren.
ze.bra *s.f.* Zebra.
ze.lar *v.t.* eifern.
ze.lo *s.m.* Eifer.
ze.lo.so *adj.* eifersüchtig.
ze.ro *num.* e *s.m.* Null.
zom.bar *v.t.* verspotten.
zom.ba.ri.a *s.f.* Spott.
zom.be.tei.ro *s.m.* Spötter.
zo.na *s.f.* Landstrich, Zone.
zon.zo *adj.* betäubt.
zum.bir *v.i.* summen.
zu.nir *v.t.* *(produzir som agudo e sibilante)* sausen, brausen.
zur.zir *v.t.* *(vergastar, fustigar, espancar, azorragar, exprobar, punir, verberar, atormentar)* auspeitschen, prügeln.

Gramática

Há três gêneros para os substantivos em alemão. `substantivo`

Gênero	**Artigo** definido Singular	**Artigo** definido Plural	**Artigo** indefinido
masculino	**der Mann** (o homen)	**die Männer** (os ...)	**ein Mann** (um ...)
feminino	**die Frau** (a mulher)	**die Frauen** (as ...)	**eine Frau** (uma ...)
neutro	**das Kind** (a criança)	**die Kinder** (as ....)	**ein Kind** (uma ....)

■ **Femininos:** Substantivos com as terminações **-ung; -schaft; -ei; -heit; -keit; -in**
■ **Masculinos:** Substantivos com as terminações **-ling; -ich; -ig**
■ **Neutros:** Substantivos com as terminações **-chen** ou **-lein**, que são acrescentados para a formação do diminuitivo e servem também para expressar um **apelativo carinhoso:** der Hund (o cachorro) –> **das** Hündchen (o cachorrinho); der Hans (o João) –> **das** Hänschen (o Joãozinho). Também qualquer verbo no infinitivo empregado **como substantivo:** leben (viver) –> **das** Leben (a vida).
■ **Mudança de sentido na mudança de gênero.** Há um certo número de substantivos cuja significação varia com a mudança de gênero: der **Gehalt** (o conteúdo, o teor) –> das Gehalt (o salário); die **Leiter** (a escada) –> der Leiter (o diretor); der **See** (o lago) –> die See (o mar); der **Tor** (o tolo) –> das Tor (o portão); der **Schild** (o escudo) –> das Schild (o letreiro); der **Erbe** (o herdeiro) –> das Erbe (a herança)

Todos os substantivos são escritos com letra inicial maiúscula !

Formação do feminino `substantivo`

■ Na maioria dos casos acrescentando-se ao masculino a terminação **-in**: der Schüler (o aluno) –> die Schüler**in** (a aluna); der Freund (o amigo) –> die Freund**in** (a amiga).
■ Quando a **palavra é monossílaba**, a vogal sofre modificação: der Ko**ch** (o cozinheiro) –> die Kö**ch**in (a cozinheira); der Wo**lf** (o lobo) –> die Wö**lf**in (a loba).
■ **Formas completamente diversas** do masculino, ou seja, provenientes de um radical distinto: der Onkel (o tio) –> die **Tante** (a tia); der Kater (o gato) –> die **Katze** (a gata); der Ehemann (o esposo) –> die **Ehefrau** (a esposa)

Alguns termos gramaticais e abreviaturas `substantivo`

das **Alphabet** - o alfabeto; die **Aussprache** - a pronúncia; die **Betonung** - a acentuação; das **Fremdwort** - a palavra estrangeira; der **Grossbuchstabe** - a letra maiúscula; der **Kleinbuchstabe** - a letra minúscula; die **Rechtschreibung** - a ortografia; die **Silbentrennung** - a divisão silábica; das **Vokabular** - o vocabulário; **Abkürzungen** - Abreviaturas: **bzw.** (beziehungsweise - respectivamente); **ca.** (circa, etwa - cerca de); **d.h.** (das heisst - quer dizer); **Fr.** (Frau - Senhora); **Frl.** (Fräulein - Senhorita); **Hr.** (Herr - Senhor); **Kfz.** (Kraftfahrzeug - automóvel); **St.** (Sankt - São); **Str.** (Strasse - rua); **usw.** (und so weiter - etcétera); **z.B.** (zum Beispiel - por exemplo)

Gramática

Formação do plural — **substantivo**

Regras **básicas** de formação do plural:
- **Sem mudança** no plural: der **Lehrer** –> die **Lehrer**; (outros: Fehler, Fenster)
- **Terminações com -e**: das Heft –> die Hefte; (outros: Freunde, Bleistifte, Tage) der Satz –> die Sätze; (outros: Stühle, Wände, Wünsche)
- **Terminações com -er**: das Kind –> die Kinder; (outros: Bücher, Häuser, Länder, Götter); das Wort –> die Wörter; (outros: Bücher, Häuser, Länder, Götter)
- **Terminações com -en / -n**: die Antwort –> die Antworten; (outros: Frauen, Herren, Türen); die Frage –> die Fragen; (outros: Karten, Namen, Schulen)
- **Terminações com plural dos femininos -nen**. Forma derivada do radical do masculino, mediante a substituição ou o acréscimo de desinências: die Lehrerin –> die Lehrerinnen; (outros: Freundinnen, Schülerinnnen, Göttinnen)
- **Existem substantivos que não são usados no plural**. Exemplos: die **Post** (o correio); das **Alter** (a idade)
- **Há substantivos que só se empregam no plural**. Exemplos: **die Eltern** (os pais); **die Leute** (as pessoas; a gente)

Casos (Kasus/Fälle) e Declinação (Deklination/Beugung) — **substantivo**

Declinar um substantivo é transformá-lo nos quatro casos. **Como saber qual caso deve-se usar?** Aqui vamos tentar explicar por meio de perguntas, percebendo naturalmente o objeto da frase.

- **O nominativo** é o sujeito da oração, quer dizer a pessoa ou coisa de que se diz algo. Wer? (**Quem? / Que coisa?**)
Frase: Der Schüler antwortet dem Lehrer. - O aluno responde ao professor.
Pergunta: **Wer** antwortet? - **Quem** responde?
Resposta: **Der Schüler!** - O aluno! ("Schüler" então no nominativo)

- **O genitivo** denota posse. Wessen? (**De quem? / De quê?**)
Frase: Die Antwort des Schülers ist richtig. - A resposta do aluno está certa.
Pergunta: **Wessen** Antwort ist richtig? - A resposta **de quem** está certa?
Resposta: **Des Schülers!** - Do aluno! ("Schüler" então no genitivo)

- **O dativo** indica a pessoa ou coisa a que se refere a ação do verbo, sem ser objeto direto do mesmo. Wem? (**A quem? / Para quem?**)
Frase: Der Schüler antwortet dem Lehrer. - O aluno responde ao professor.
Pergunta: **Wem** antwortet der Schüler? - **A quem** responde o aluno?
Resposta: **Dem Lehrer!** - Ao professor! ("Lehrer" então no dativo)

- **O acusativo** expressa a pessoa ou coisa à qual recai diretamente a ação do verbo transitivo - marca o objeto direto. Wen? / Was? (**Quê? O quê? / Quem?**)
Frase: Der Schüler gibt eine Antwort. - O aluno dá uma resposta.
Pergunta: **Was** gibt der Schüler? - **O que** o aluno dá?
Resposta: **Eine Antwort!** - Uma resposta! ("Antwort" então no acusativo)

Gramática

Declinação — adjetivo

Com artigo definido

Singular

	masculino	feminino	neutro
Nominativo	der **alte** Mann	die **junge** Frau	das **kleine** Kind
Genitivo	des **alten** Mannes	der **jungen** Frau	des **kleinen** Kindes
Dativo	dem **alten** Mann	der **jungen** Frau	dem **kleinen** Kind
Acusativo	den **alten** Mann	die **junge** Frau	das **kleine** Kind

Plural

Nominativo	der **alten** Männer	die **jungen** Frauen	die **kleinen** Kinder
Genitivo	der **alten** Männer	der **jungen** Frauen	der **kleinen** Kinder
Dativo	den **alten** Männern	den **jungen** Frauen	den **kleinen** Kindern
Acusativo	die **alten** Männer	die **jungen** Frauen	die **kleinen** Kinder

Com artigo indefinido (não há plural)

Nominativo	ein **alter** Mann	eine **junge** Frau	ein **kleines** Kind
Genitivo	eines **alten** Mannes	einer **jungen** Frau	eines **kleinen** Kindes
Dativo	einem **alten** Mann	einer **jungen** Frau	einem **kleinen** Kind
Acusativo	einen **alten** Mann	eine **junge** Frau	ein **kleines** Kind

Com pronome possessivo

Singular

Nominativo	mein **alter** Mann	meine **junge** Frau	mein **kleines** Kind
Genitivo	meines **alten** Mannes	meiner **jungen** Frau	meines **kleinen** Kindes
Dativo	meinem **alten** Mann	meiner **jungen** Frau	meinem **kleinen** Kind
Acusativo	meinen **alten** Mann	meine **junge** Frau	mein **kleines** Kind

Plural

Nominativo	unsere **alten** Männer	unsere **jungen** Frauen	unsere **kleinen** Kinder
Genitivo	unserer **alten** Männer	unserer **jungen** Frauen	unserer **kleinen** Kinder
Dativo	unseren **alten** Männern	unseren **jungen** Frauen	unseren **kleinen** Kindern
Acusativo	unsere **alten** Männer	unsere **jungen** Frauen	unsere **kleinen** Kinder

masculino	feminino	neutro

Se forem declinados sem um artigo, os adjetivos assumem a terminação do artigo definido, exceto no caso do genitivo.

Comparação — adjetivo/advérbio

A maioria é formada com a adição de **-er/-r** e **-st/-ste** respectivamente.

Adjetivo/Advérbio	Comparativo	Superlativo
schön (bonito)	**schöner** (mais bonito)	der/die **schönste** (o/a mais bonito/a)
klein (pequeno)	**kleiner** (menor)	der/die **kleinste** (o/a menor)
gross (grande)	**grösser** (maior)	der/die **grösste** (o/a maior)

Alguns formam o comparativo e o superlativo de modo especial: **gut** (bom) - besser (melhor) - der beste (o melhor); **viel** (muito) - mehr (mais) - die meisten (a maioria); **gern** (de boa vontade; com prazer) - lieber (gostar mais de; preferir; antes) - am liebsten (de preferência).

Ich habe ihn gern. - Eu gosto dele. **Ich möchte lieber nicht.** - Eu prefiro que não. **Ich habe Tee lieber als Kaffee.** - Eu gosto mais de chá do que de café. **Ich bleibe am liebsten zu Hause.** - O que eu mais gosto é ficar em casa.

Gramática

Pessoais — pronomes

		Nominativo	Acusativo	Dativo
Singular	1ª pessoa	**ich** (eu)	**mich** (me)	**mir** (mim, comigo)
	2ª pessoa*	**du** (tu; você)	**dich** (te)	**dir** (ti, contigo)
	3ª pessoa (m)	**er** (ele)	**ihn** (o)	**ihm** (ele)
	(f)	**sie** (ela)	**sie** (a)	**ihr** (ela)
	(n)	**es** (ele, ela)	**es** (o, a)	**ihm** (ele, ela)
Plural	1ª pessoa	**wir** (nós)	**uns** (nos)	**uns** (nós, conosco)
	2ª pessoa	**ihr** (vocês)	**euch** (vos)	**euch** (vós, convosco)
	3ª pessoa	**sie** (eles, elas)	**sie** (os, as, lhes)	**ihnen** (eles, elas)

* O tratamento formal é "**Sie**" ou "**Ihnen**" (no dativo) que equivale, em português, a "o senhor/a senhora", sempre escrito com inicial maiúscula, seguido do verbo na terceira pessoa do plural.

Wie geht es Ihnen? - Como vai o senhor/a senhora? (formal)
Wie geht es dir? - Como vai você? (informal)   **Wer bist du?** - Quem é você?
Ich liebe dich. - Eu te amo.   **Was glauben Sie?** - O que o Sr./a Sra. acha?

Possessivos — pronomes

Nominativo	masculino ou neutro	feminino ou plural
meu, minha	**mein**	**meine**
teu, tua	**dein**	**deine**
seu/sua (dele)	**sein**	**seine**
seu/sua (dela)	**ihr**	**ihre**
nosso(a)	**unser**	**unsere**
vosso(a)	**euer**	**eure**
seu/sua (deles)	**ihr**	**ihre**
seu/sua (formal)	**Ihr**	**Ihre**

Os pronomes possessivos tomam no singular as mesmas desinências do artigo indefinido, e, no plural, as do artigo definido. As terminações variam, segundo o gênero, número e caso do substantivo que acompanha o possessivo. "**Ihr**" significa "seu/sua" no tratamento formal e é escrito com inicial maiúscula.

Interrogativos — pronomes

Wie? - Como? **Wer/Wen?** - Quem? **Wem?** - (para) quem? **Wo?** - Onde? **Wie viel?** - Quanto? **Woher?** - De onde? **Wohin?** - Para onde? **Wann?** - Quando? **Wie lange?** - Quanto tempo? **Wie oft?** - Quantas vezes? **Was?** - O que? **Welch-?** - Qual? **Warum/Weshalb/Wieso?** - Por que? **Wofür?** - Para que? **Womit?** - Com que?

A **frase interrogativa direta** inicia-se por pronome interrogativo e o verbo é sempre o segundo termo.

Tradução: a) Para onde vai o Hans? b) Quanto custa (isto)? c) Por que o senhor está perguntando?

	Pronome interrogativo	Verbo	Sujeito
a)	**Wohin**	**geht**	**Hans?**
b)	**Wieviel**	**kostet**	**das?**
c)	**Warum**	**fragen**	**Sie?**

364

Gramática

Temos quatro tipos de verbos em alemão **verbos**

■ **Auxiliares** - Hilfsverben; **verbos modais** - Modalverben; **Regulares** (fracos) - regelmässige Verben; **Irregulares** (fortes) - unregelmässige Verben.
■ A maior parte dos verbos acaba no **infinitivo** em **-en**, alguns com **-n** (sein; tun), **-eln** ou **-ern**.

Verbos auxiliares sein - haben - werden **verbos**

	sein (ser ou estar)		**haben** (ter)		**werden** (tornar-se)
	Presente	Passado	Presente	Passado	Presente
ich	**bin**	war	**habe**	hatte	**werde**
du	**bist**	warst	**hast**	hattest	**wirst**
er, sie, es	**ist**	war	**hat**	hatte	**wird**
wir	**sind**	waren	**haben**	hatten	**werden**
ihr	**seid**	wart	**habt**	hattet	**werdet**
sie/Sie	**sind**	waren	**haben**	hatten	**werden**
	Partizip II ich bin ... **gewesen**		Partizip II ich habe ... **gehabt**		Partizip II ich habe ... **geworden**

O pretérito perfeito (**Perfekt**) é um tempo verbal composto pelos verbos auxiliares "haben" e "sein" e pelo verbo principal no particípio passado (**Partizip II**). O **verbo auxiliar é conjugado** no presente e o **verbo principal no particípio passado** ocupa a última posição da frase. Exemplo:
Wo **hast** du gestern **gegessen**? - Onde você comeu ontem?
Ich **habe** im Restaurant Müller **gegessen**. - Eu comi no restaurante Müller.

antworten (responder) - **geantwortet**; bleiben (ficar) - **geblieben***; brauchen (precisar de) - **gebraucht**; erzählen (contar) - **erzählt**; essen (comer) - **gegessen**; geben (dar)⊠- **gegeben**; glauben (acreditar; pensar) - **geglaubt**; hören (ouvir)⊠- **gehört**; kaufen (comprar) - **gekauft**; kommen (vir) - **gekommen***; leben (viver) - **gelebt**; lernen (aprender) - **gelernt**; lieben (amar) - **geliebt**; machen (fazer) - **gemacht**; reisen (viajar) - **gereist***; sagen (dizer) - **gesagt**; schlafen (dormir) - **geschlafen**; schreiben (escrever) - **geschrieben**; spielen (jogar) - **gespielt**; suchen (procurar)⊠- **gesucht**; telefonieren (telefonar) - **telefoniert**; treffen (encontrar) - **getroffen**; trinken (beber) - **getrunken**; vergessen (esquecer) - **vergessen**; verstehen (entender) - **verstanden**; wählen (escolher) - **gewählt**; warten (esperar) - **gewartet**; wohnen (morar) - **gewohnt**; zeigen (mostrar) - **gezeigt**

O passado (**Präteritum/Imperfekt**) é o tempo que situa a ação verbal no passado. É usado, principalmente, em textos escritos. Na língua oral usa-se mais o "Perfekt".

Alguns verbos irregulares no presente **verbos**

	gehen (ir)	**heissen** (chamar-se)	**sprechen** (falar)	**wissen** (saber)	**tun** (fazer)	**sehen** (ver)	**kennen** (conhecer)
ich	**gehe**	**heisse**	**spreche**	**weiss**	**tue**	**sehe**	**kenne**
du	**gehst**	**heisst**	**sprichst**	**weisst**	**tust**	**siehst**	**kennst**
er, sie, es	**geht**	**heisst**	**spricht**	**weiss**	**tut**	**sieht**	**kennt**
wir	**gehen**	**heissen**	**sprechen**	**wissen**	**tun**	**sehen**	**kennen**
ihr	**geht**	**heisst**	**sprecht**	**wisst**	**tut**	**seht**	**kennt**
sie/Sie	**gehen**	**heissen**	**sprechen**	**wissen**	**tun**	**sehen**	**kennen**
Partizip II	**gegangen***	**geheissen**	**gesprochen**	**gewusst**	**getan**	**gesehen**	**gekannt**

*Perfekt com "sein"

Gramática

As diversas funções do verbo "werden"   verbos

■ Como verbo principal com **significado próprio** = "chegar a ser", "tornar-se".

ich **werde** (Presente) / **wurde** (Pretérito imperfeito indicativo)   du **wirst** / **wurdest**
er/sie/es **wird** / **wurde**   wir **werden** / **wurden**   ihr **werdet** / **wurdet**   sie/Sie **werden** /
wurden   Particípio passado 3ª pessoa: **ist ... geworden**

> **Peter wird Arzt.** - Peter está tornando-se médico. **Der Lärm wird grösser.**
> - O barulho está aumentando. **Ich wurde nervös.** - Estava ficando nervoso.

■ Como verbo auxiliar + infinitivo = **Konjunktiv II**

ich **würde**   du **würdest**   er/sie/es **würde**   wir **würden**   ihr **würdet**   sie/Sie **würden**
+ verbo no infinitivo

> **Monika würde sehr gern kommen, wenn...** - Monika gostaria muito de
> vir, se ... **Ich würde fragen, wenn...** - Eu perguntaria, se ...

■ Como verbo auxiliar + infinitivo = **Futur** (Poderá ser traduzido como "vai".)

ich **werde**   du **wirst**   er/sie/es **wird**   wir **werden**   ihr **werdet**   sie/Sie **werden**
+ verbo no infinitivo

> **Wir werden nach Berlin reisen.** - Nós vamos viajar para Berlim.
> **Das Seminar wird zehn Tage dauern.** - O seminário vai durar 10 dias.

■ Como verbo auxiliar + Partizip II = **Passiv**

> **Monika wird von Peter eingeladen.** - Monika é convidada pelo Peter.
> **Diese Arbeiten werden von den Frauen gemacht.** - Estes trabalhos são
> feitos pelas mulheres.

Verbos Modais   verbos

São verbos auxiliares que modificam a ação do verbo que acompanham. O verbo por
eles modificado vai sempre no infinitivo e no final da frase.

	wollen querer	**müssen** dever, precisar	**sollen** dever (moral)	**dürfen** ter permissão	**möchten** gostar, querer	**können** poder
ich	will/wollte	muss/musste	soll/sollte	darf/durfte	möchte/mochte	kann/ konnte
du	willst/wolltest	musst/musstest	sollst/solltest	darfst/durftest	möchtest/mochtest	kannst/ konntest
er/sie/es	will/wollte	muss/musste	soll/sollte	darf/durfte	möchte/mochte	kann/ konnte
wir	wollen/wollten	müssen/mussten	sollen/sollten	dürfen/durften	möchten/mochten	können/ konnten
ihr	wolltet/wolltet	müsst/musstet	sollt/solltet	dürft/durftet	möchtet/mochtet	könnt/ konntet
sie/Sie	wollen/wollten	müssen/mussten	sollen/sollten	dürfen/durften	möchten/mochten	können/ konnten
	presente/passado					

> **Hier darf man nicht rauchen.** - Aqui não se pode fumar. **Ich muss jetzt
> gehen.** - Tenho de ir agora. **Sie wollte nach Hause gehen**. - Ela queria ir
> para casa. **Können Sie mir helfen?** - O Sr. pode me ajudar?

Gramática

Preposições definem o caso — preposições

Regem **exclusivamente o dativo**: **ausser** (além de, exceto, fora de); **bei** (junto a, em casa de, perto); **binnen** (dentro de; no prazo de); **gegenüber** (em frente de, em frente a); **gemäss** (segundo, conforme); **mit** (com; de (meio de transporte)); **nach** (para, depois de); **seit** (desde): **von** (de, por); **von** (de (procedência ou posse)); **zu** (a, em, de, em casa de).
Regem **exclusivamente o acusativo**: **bis** (dentro de; no prazo de); **für** (para); **gegen** (contra; em direção a; para); **ohne** (sem); **um** (em torno de; em volta de; ao redor de; para; às;); **wider** (contra; diante; em face; oposto). Regem **exclusivamente o genitivo**: **anhand** (através); **aufgrund** (basear(-se) em); **ausserhalb** (fora de; além de); **infolge** (em consequência de; em virtude de); **innerhalb** (dentro de; no interior de); **trotz*** (apesar de; a despeito de; mesmo); **während*** (durante; ao longo; enquanto); **wegen*** (por causa de; devido); **zwecks** (com o fim de; com o objetivo de)   * também usados no dativo
Regem **o dativo** (Indicação de localização: Wo? - Onde? Ex. Ich bin **im** Kino - Eu estou no cinema.) **ou acusativo** (Indicação de direção: Wohin? - Aonde? Ex. Ich gehe **ins** Kino - Eu vou ao cinema.): **an** (para; em; sobre a; ao, no); **hinter** (atrás de; detrás de; por detrás de); **in** (em; dentro de; ao; no); **neben** (ao lado de (junto, contra); além de); **unter** (sob; por baixo de; embaixo de; entre; dentre; debaixo de); **über** (sobre; em cima de; acima de; através de; via); **vor** (em frente de; diante de; pré; antes de); **zwischen** (entre; no meio de).

Contrações de preposição e artigo: an dem –> **am**; an das –> **ans**; bei dem –> **beim**; in das –> **ins**; in dem –> **im**; von dem –> **vom**; zu dem –> **zum**; zu der –> **zur**

vor allen Dingen - antes de mais nada   vor allem - sobretudo
Siehe unten! - Veja-se abaixo! Veja-se adiante!   **unter uns** - entre nós
Ich bin aus Brasilien. - Sou do Brasil. **je mehr, desto besser** - quanto mais, melhor   **bis auf weiteres** - por agora; até nova ordem   **in der Karl-Strasse** - na rua "Karl"   **in der Mitte** - no meio   **Die Grenze zwischen ...** - A fronteira entre ...   **durch und durch** - completamente   **Der Zug fährt über Köln nach Frankfurt.** - O trêm vai para Frankfurt passando em Colônia.

Relacionar termos ou orações — conjunções

aber (mas, porém); **sondern** (mas sim, porém, senão); **sowie** (assim como, bem como); **denn** (pois, então, que, porque); **oder** (ou); **doch** (isso é que sue; também) — emprega-se também para dar mais ênfase a uma frase; **bevor** (antes de); **damit** (para que); **dass** (que); **ehe** (antes que); **indem** (enquanto); **ob** (se); **obwohl** (embora)

Er arbeitet langsam, aber genau. - Ele trabalha devagar, mas exato. **Nicht ich war dort, sondern ein Freund.** - Eu não estava lá, mas sim um amigo. **Mein Auto ist nicht grün, sondern schwarz.** - Meu carro não é verde, mas sim preto. **Ich sowie andere Schüler ...** - Eu assim como outros alunos... **Er muss gehen, denn das Taxi wartet.** - Ele tem de ir, porque o táxi está esperando. **Ich oder du.** - Eu ou você. **Nehmen Sie doch bitte Platz!** - Ora, tome assento por favor!

ru.bri.ca *s.f. (sinal, assinatura, firma; nota, observação)* Rubrik, Überschrift.
ru.bro *adj.* rot.
ru.de *adj.* herb, streng, grob.
ru.de.za *s.f.* Rauheit.
ru.di.men.to *s.m.* Anfang.
ru.ga *s.f.* Falte, Hautfurche.

ru.gir *v.i.* brüllen, tosen.
ru.i.do *s.m.* Lärm.
ru.im *adj.* schlecht, verdorben.
ru.i.na *s.f.* Verfall, Ruine.
ru.ir *v.i.* einstürzen.
rui.vo *adj.* blond.
ru.mi.nar *v.t.* wiederkäuen.

ru.mo *s.m.* Richtung, Fahrtrichtung, Weg, Ziel, Gang, Kurs.
ru.mor *s.m.* Aufregung, Gerücht.
rup.tu.ra *s.f.* Bruch.
ru.ral *adj.* ländlich.
rus.so *adj. e s.m.* russisch, Russe.
rús.ti.co *adj.* grob, streng.

S

S décima nona letra do alfabeto português e do alfabeto alemão.

sá.ba.do *s.m.* Sonnabend, Samstag.
sa.bão *s.m.* Seife.
sa.be.do.ri.a *s.f.* Weisheit.
sa.ber *v.t.* wissen.
sá.bi.o *adj.* gelehrt; *s.* Weiser.
sa.bo.ne.te *s.m.* feine Seife.
sa.bor *s.m.* Geschmack.
sa.bo.re.ar *v.t.* schmackhaft machen, kosten.
sa.bo.ro.so *adj.* schmackhaft, lieblich.
sa.car *v.t.* herausziehen.
sa.ca-ro.lhas *s.m.* Korkzieher.
sa.cer.do.te *s.m.* Priester.
sa.ci.ar *v.t.* e *v.p.* stillen (Hunger, Durst).
sa.ci.e.da.de *s.f.* Sättigung.
sa.co *s.m.* Sack.
sa.cri.fi.car *v.t.* e *v.p.* opfern.
sa.cri.lé.gi.o *s.m.* Entweihung.
sa.cris.tão *s.m.* Mesner, Küster.
sa.cro *adj.* heilig, geweiht.
sa.cu.dir *v.t.* schütteln, vertreiben.
sa.di.o *adj.* gesund, heilsam.
sa.gaz *adj.* scharfsinnig.
sa.gra.do *adj.* heilig.
sai.a *s.f.* Frauenrock.
sa.í.da *s.f.* Ausgang.
sa.ir *v.i.* ausgehen.
sal *s.m.* Salz, Witz.
sa.lá.ri.o *s.m.* Besoldung, Lohn.
sal.dar *v.t.* begleichen.
sal.do *s.m.* Abrechnung, Saldo.
sal.ga.do *adj.* salzig.
sal.guei.ro *s.m.* Weidenbaum.
sa.li.en.tar *v.t.* hervorheben.
sa.li.en.te *adj.* vortretend, überschüssig.
sa.li.tre *s.m.* Salpeter.

sa.li.va *s.f.* Speichel.
sal.pi.car *v.t.* mit Salz bestreuen.
sal.sa *s.f.* Petersilie, Soße.
sal.si.cha *s.f.* Wurst.
sal.tar *v.t.* springen.
sal.te.a.dor *s.m.* Straßenräuber.
sal.tim.ban.co *s.m.* Gaukler.
sal.to *s.m.* Sprung, Überfall.
sa.lu.bre *adj.* gesund.
sa.lu.tar *adj.* besprechen, heilsam.
sal.va.ção *s.f.* Rettung, Heil.
sal.va.dor *s.m.* Retter, Erlöser.
sal.va.men.to *s.m.* Rettung.
sal.var *v.t.* retten.
sal.ve! *interj.* Grüß Gott!
sal.vo *adj.* unverletzt, heil.
sa.nar *v.i.* heilen, gesunden.
san.ção *s.f.* Genehmigung.
san.ci.o.nar *v.t.* (aprovar, ratificar, confirmar) bestätigen, sanktionieren.
sa.ne.a.men.to *s.m.* Behebung.
sa.ne.ar *v.t.* heilen, entseuchen.
san.grar *v.t.* bluten.
san.gren.to *adj.* blutig.
san.gue *s.m.* Blut.
san.gui.ná.ri.o *adj.* blutgierig, grausam.
san.guí.ne.o *adj.* vollblütig.
sa.nha *s.f.* (ira, raiva, indignação) Grimm, Wut.
san.ti.da.de *s.f.* Heiligkeit.
san.ti.fi.car *v.t.* heiligen.
san.to *adj.* heilig, fromm; *s.* Heiliger.
san.tu.á.ri.o *s.m.* Heiligenschrein.
são *adj.* gesund.
sa.pa.ta.ri.a *s.f.* Schuhmacherei.
sa.pa.tei.ro *s.m.* Schuhmacher.
sa.pa.to *s.m.* Schuh.
sa.pi.ên.ci.a *s.f.* Weisheit.
sa.po *s.m.* Unke.

sa.que *s.m.* Plünderung.
sa.que.ar *v.t.* plündern.
sa.rai.va *s.f.* Hagel.
sa.ram.po *s.m.* Masern.
sa.rar *v.i.* heilen.
sar.cás.ti.co *adj.* höhnisch.
sar.da *s.f.* Makrele, Sommersprosse.
sar.di.nha *s.f.* Sardine.
sar.gen.to *s.m.* Unteroffizier.
sar.na *s.f.* Krätze.
sa.ta.nás *s.m.* Teufel.
sá.ti.ra *s.f.* Satire.
sa.tis.fa.ção *s.f.* Genugtuung.
sa.tis.fa.tó.ri.o *adj.* befriedigend.
sa.tis.fa.zer *v.t.* befriedigen.
sa.tis.fei.to *adj.* zufrieden, befriedigt.
sa.tu.rar *v.t.* sättigen.
sau.da.ção *s.f.* Empfehlung, Gruß.
sau.da.de *s.f.* Sehnsucht, Wehmut, Heimweh.
sau.dar *v.t.* grüßen.
sau.dá.vel *adj.* gesund.
sa.ú.de *s.f.* Gesundheit.
sa.zo.na.do *adj.* (maduro, experiente, versado; pensado, refletido) reif, erfahren.
se *pron.* sich, ob.
sé *s.f.* (metrópole; catedral) Bistum, Kathedrale.
se.a.ra *s.f.* (messe, colheita) Saat.
se.bá.ce.o *adj.* (sebento, ensebado, gorduroso) talgig.
se.be *s.f.* (cerca, tapume) Zaun, Hecke.
se.bo *s.m.* Talg.
se.ca *s.f.* Trockenheit, Dürre.
se.ção *s.f.* Abteilung, Abschnitt.
se.car *v.t.* trocknen, verdorren.
se.co *adj.* trocken, dürr.
se.cre.ção *s.f.* Absonderung, Sekretion.

se.cre.ta.ri.a s.f. Kanzlei, Sekretariat.
se.cre.ta.ri.o s.m. Sekretär.
se.cre.to adj. geheim.
sec.tá.ri.o s.m. Sektierer, Anhänger.
se.cu.lar adj. hundertjährig, weltlich.
sé.cu.lo s.m. Jahrhundert.
se.cun.dá.ri.o adj. untergeordnet.
se.cu.ra s.f. Trockenheit.
se.da s.f. Seide.
se.da.ti.vo s. Beruhigungsmittel.
se.de s.f. (centro, núcleo, sítio, local) Stuhl, Sitz.
se.de s.f. (sensação imperiosa da necessidade de beber, especialmente água; ambição, cobiça, desejo) Durst.
se.den.tá.ri.o adj. (inativo, parado, quieto) sitzend, sesshaft.
se.den.to adj. durstig.
se.di.men.to s.m. Ablagerung.
se.du.ção s.f. Verführung, Reiz, Zauber.
se.du.tor adj. verführerisch.
se.du.zir v.t. verführen.
se.gar v.t. (ceifar, cortar) mähen.
se.gre.dar v.t. flüstern.
se.gre.do s.m. Geheimnis.
se.gre.ga.ção s.f. Absonderung.
se.guin.te adj. folgend.
se.guir v.t. folgen, befolgen.
se.gun.da-fei.ra s.f. Montag.
se.gun.do adj. (semelhante, consoante) zufolge, nach, zweitens.
se.gun.do num. ord. Zweiter.
se.gu.ran.ça s.f. Sicherheit, Versicherung.
se.gu.rar v.t. versichern.
se.gu.ro adj. sicher, gewiss.
sei.o s.m. Busen, Mutterleib.
seis num. Sechs.
sei.va s.f. Lebensaft.
sei.xo s.m. Kieselstein.
se.lar v.t. sarreln.
se.le.ção s.f. Wahl, Auswahl, Selektion.
se.le.ci.o.nar v.t. auswählen.

se.lim s.m. (pequena sela; assento de bicicleta ou motocicleta) Fahrradsattel.
se.lo s.m. Siegel, Briefmarke.
sel.va s.f. Wald, Urwald.
sel.va.gem adj., s.m. e s.f. wild, Wilder.
sem prep. ohne.
se.ma.na s.f. Woche.
sem.blan.te s.m. Antlitz.
se.me.ar v.t. säen, ausstreuen.
se.me.lhan.te adj. ähnlich, gleich.
se.men.te s.f. Samen.
sem.pre adv. immer.
sem-ver.go.nha adj. unverschämt.
se.na.do s.m. Senat.
se.na.dor s.m. Senator, Ratsherr.
se.não cj. sonst, sondern, prep. außer, nur, bloß.
sen.da s.f. Fußweg.
se.nha s.f. Zeichen.
se.nhor s.m. Herr.
se.nho.ra s.f. Dame.
se.nil adj. greisenhaft.
se.ni.li.da.de s.f. Altersschwäche.
sen.sa.ção s.f. Aufsehen, Sensation.
sen.sa.ci.o.nal adj. aufsehen erregend.
sen.sa.to adj. vernünftig, besonnen.
sen.si.bi.li.da.de s.f. Empfindlichkeit.
sen.sí.vel adj. merklich, reizbar.
sen.so s.m. Sinn, Verstand.
sen.su.al adj. sinnlich.
sen.su.a.li.da.de s.f. Sinnlichkeit.
sen.tar v.t. e v.p. sich niederlassen, setzen.
sen.ten.ça s.f. Strafe, Sentenz.
sen.ten.ci.ar v.t. Urteil sprechen, geloben.
sen.ti.do adj. empfindlich, gefühlvoll. s. Sinn, Bedeutung.
sen.ti.men.tal adj. gefühlvoll.
sen.ti.men.to s.m. Gefühl.
sen.tir v.t. e v.i. fühlen, ahnen.
se.pa.ra.ção s.f. Trennung, Scheidung.

se.pa.rar v.t. absondern, scheiden.
se.pul.cro s.m. Grab, Gruft.
se.pul.tar v.t. begraben.
se.pul.tu.ra s.f. Grab.
se.que.la s.f. (consequência, conclusão) Folgerung.
se.quên.ci.a s.f. Folge.
se.quer adv. wenigstens.
se.ques.trar v.t. entführen.
se.ques.tro s.m. Entführung, Pfand.
sé.qui.to s.m. Gefolge.
ser v.i. sein, s. Wesen.
se.rão s.m. Nachtschicht.
se.re.nar v.t. beruhigen, aufheitern.
se.re.ni.da.de s.f. Heiterkeit.
se.re.no s.m. heiter, gelassen.
sé.ri.e s.f. Reihe, Serie.
se.ri.e.da.de s.f. Ernst, Aufrichtigkeit.
se.rin.ga s.f. Spritze.
sé.ri.o adj. ernst.
ser.mão s.m. Predigt.
ser.pen.te s.f. Schlange.
ser.ra s.f. Säge.
ser.ro.te s.m. Handsäge.
ser.tão s.m. (unerforschtes) Binnenland.
ser.ven.te s.m. Gehilfe, Knecht; (fem.) Magd.
ser.vi.ço s.m. Dienst.
ser.vi.dão s.f. Knechtschaft, Sklaverei.
ser.vi.dor adj. dienstfertig. s.m. Diener.
ser.vir v.t. dienen, aufwarten.
ser.vo s.m. Knecht, Diener.
ses.são s.f. Sitzung, Sitzungszeit.
ses.sen.ta num. Sechzig.
se.ta s.f. Pfeil.
se.te num. Sieben.
se.tem.bro s.m. September.
se.ten.ta num. Siebzig.
se.tor s.m. Abschnitt, Sektor.
se.ve.ri.da.de s.f. Strenge.
se.ve.ro adj. streng, hart.
se.xo s.m. Geschlecht.
sex.ta-fei.ra s.f. Freitag.
si.gi.lo s.m. Geheimnis, Heimlichkeit.
si.gla s.f. Siegel.

SIGNATÁRIO • SONHADOR

sig.na.tá.ri.o *s.m.* Unterzeichner.
sig.ni.fi.ca.ção *s.f.* Bedeutung.
sig.ni.fi.car *v.t.* bedeuten, ausdrücken.
sig.no *s.m.* Sternzeichen.
si.lên.ci.o *s.m.* Schweigen, Ruhe.
si.len.ci.o.so *adj.* schweigend.
sil.ves.tre *adj.* wildwachsend.
sil.vo *s.m. (apito, assobio)* Pfeife.
sim.bo.li.zar *v.t.* bedeuten.
sím.bo.lo *s.m.* Sinnbild, Symbol.
si.me.tri.a *s.f.* Ebenmaß.
si.mi.o *s.m. (macaco)* Affe.
sim.pa.ti.a *s.f.* Neigung, Teilnahme.
sim.pá.ti.co *adj.* angenehm, sympathisch.
sim.pa.ti.zar *v.t.* zuneigen.
sim.ples *adj.* einfach, schlicht.
sim.pli.ci.da.de *s.f.* Einfachheit, Einfalt.
sim.pli.fi.car *v.t.* vereinfachen.
si.mu.la.ção *s.f.* Verstellung, Simulation.
si.mu.lar *v.t.* heucheln, vorgeben.
si.mul.tâ.ne.o *adj.* gleichzeitig.
si.na *s.f. (destino, fado, sorte, sestro)* Schicksal.
si.nal *s.m.* Zeichen, Signal.
sin.ce.ri.da.de *s.f.* Aufrichtigkeit.
sin.ce.ro *adj.* aufrichtig; ehrlich.
sin.co.pe *s.f. (chilique, desmaio, vertigem)* Herzschlag.
sin.di.cân.ci.a *s.f.* Untersuchung.
sin.di.ca.lis.mo *s.m.* Gewerkschaftsbewegung.
sin.di.ca.to *s.m.* Syndikat, Gewerkschaft.
sin.ge.le.za *s.f.* Einfachheit.
sin.ge.lo *adj.* einfach.
sin.gu.lar *adj.* eigentümlich, einzig.
sin.gu.la.ri.da.de *s.f.* Sonderbarkeit.
si.nis.tro *adj. (nocivo, temível, assustador)* unheilvoll.
si.no *s.m.* Glocke.
sín.te.se *s.f.* Zusammenfassung.
sin.té.ti.co *adj.* künstlich.
si.nu.o.si.da.de *s.f.* Windung.
si.nu.o.so *adj.* gekrümmt.
si.so *s.m. (juizo, tino, sensatez)* Verstand, Umsicht.

sis.te.ma *s.m.* Ordnung, System.
si.su.do *adj.* verständig.
si.tio *s.m.* Ort, Stelle, Platz.
si.tu.a.ção *s.f.* Lage, Stellung.
si.tu.ar *v.t.* setzen, legen, stellen.
só *adj.* allein, einsam, erst.
so.a.lho *s.m.* Fußboden.
so.ar *v.t.* klingen, tonen.
sob *prep.* unter.
so.be.jo *adj.* überflüssig.
so.be.ra.ni.a *s.f.* Oberherrschaft, Hochmut.
so.be.ra.no *s.m.* Herrscher.
so.ber.ba *s.f. (orgulho, sobranceria, arrogância)* Stolz, Pracht.
so.bran.ce.lha *s.f.* Augenbraue.
so.bra *s.f.* Rest, Überfluss.
so.brar *v.t.* übrig sein, übersteigen.
so.bre *prep.* auf, über.
so.bre.car.re.gar *v.t.* überladen, überlasten.
so.bre.di.to *adj. (mencionado, aludido, supradito)* obengenannt.
so.bre.me.sa *s.f.* Nachtisch.
so.bre.na.tu.ral *adj.* übernatürlich.
so.bre.no.me *s.m.* Beiname, Familienname.
so.bre.por *v.t.* stellen, legen (auf, über).
so.bres.cri.to *s.m. (envelope; sobrecapa)* Briefumschlag.
so.bres.sa.ir *v.t.* überragen, ausstechen.
so.bres.sal.to *s.m.* Überraschung.
so.bre.tu.do *s.m.* Überrock, Mantel.
so.bre.vi.ver *v.i.* überleben.
so.bri.nho *s.m.* Neffe.
só.bri.o *adj.* genügsam.
so.ci.al *adj. (cortês)* gesellschaftlich, volksverbunden.
so.ci.á.vel *adj. (tratável)* gesellig.
so.ci.e.da.de *s.f. (parceria)* Gesellschaft, Genossenschaft.
só.ci.o *s.m.* Mitglied, Teilhaber.
so.co *s.m.* Puff, Faustschlag.
so.cor.rer *v.t.* zu Hilfe kommen.

so.cor.ro *s.m.* Hilfe.
so.fá *s.m.* Sofa.
só.fre.go *adj. (ávido, ambicioso, voraz)* gierig.
so.frer *v.i.* leiden, ertragen.
so.fri.men.to *s.m.* Leiden.
so.gra *s.f.* Schwiegermutter.
so.gro *s.m.* Schwiegervater.
sol *s.m.* Sonne.
so.la *s.f.* Sohle.
sol.da.do *s.m.* Soldat.
sol.dar *v.t.* löten.
so.lei.ra *s.m.* Schwelle.
so.le.ne *adj.* feierlich, festlich.
so.le.ni.da.de *s.f.* Feierlichkeit.
so.le.trar *v.t.* buchstabieren.
so.li.ci.ta.ção *s.f.* Gesuch.
so.li.ci.tar *v.t.* dringend bitten, bewerben.
so.li.ci.tu.de *s.f.* Sorgfalt.
so.li.dão *s.f.* Einsamkeit.
so.li.dez *s.f.* Festigkeit.
so.li.di.fi.car *v.t.* festigen.
só.li.do *adj.* fest, dicht, haltbar.
so.li.tá.ri.o *adj.* einsam.
so.lo *s.m.* Grund, Ackerboden.
sol.tar *v.t.* losmachen, befreien.
sol.tei.ro *adj.* unverheiratet. *s.m.* Junggeselle.
sol.to *adj.* los, frei.
sol.tu.ra *s.f.* Freilassung, Lockerung.
so.lu.ção *s.f.* Lösung.
so.lu.çar *v.t.* glucksen, schluchzen.
so.lu.ci.o.nar *v.t.* lösen.
sol.ver *v.t.* beschließen.
som *s.m.* Klang, Ton.
so.ma *s.f.* Summe.
so.mar *v.t.* addieren.
som.bra *s.f.* Schatten.
som.bri.o *adj.* dunkel.
so.men.te *adv.* lediglich, nur.
so.nâm.bu.lo *adj.* mondsüchtig.
son.da *s.f.* Sonde.
son.dar *v.t.* ergründen, sondieren.
so.ne.gar *v.t. (subtrair; esconder, esquivar)* verhehlen, unterschlagen.
so.nha.dor *s.* Träumer.